РОССИЙСКАЯ АКАДЕМИЯ НАУК

ИНСТИТУТ РУССКОГО ЯЗЫКА

Орфографический СЛОВАРЬ русского языка

около 100 000 слов

30-е издание, стереотипное

МОСКВА
«РУССКИЙ ЯЗЫК»
1992

ББК 81.2Р—4
О—70

Редакционная коллегия: В. В. ЛОПАТИН (ответственный редактор), Б. З. БУКЧИНА, Л. П. КАЛАКУЦКАЯ, Ю. Н. КАРАУЛОВ, С. М. КУЗЬМИНА

29-е издание подготовлено авторским коллективом в составе: С. Н. Борунова, Б. З. Букчина, О. Л. Дмитриева, О. Е. Иванова, Л. П. Калакуцкая, С. М. Кузьмина, В. В. Лопатин, Н. В. Мамина, Л. К. Чельцова

Рецензенты: д-р филол. наук В. Ф. Иванова, д-р филол. наук Л. П. Крысин

До тринадцатого издания словарь выходил под редакцией С. Г. Бархударова, С. И. Ожегова, А. Б. Шапиро; с 13-го по 28-е издания – под редакцией С. Г. Бархударова, И. Ф. Протченко и Л. И. Скворцова

Тринадцатое издание было подготовлено Б. З. Букчиной

Орфографический словарь русского языка: около 100 000
О-70 слов/ АН СССР. Ин-т русск. яз.; Редкол.: В. В. Лопатин (отв. ред.), Б. З. Букчина, Л. П. Калакуцкая и др.— 30-е изд., стер.— М.: Рус. яз.,1992.— 416 с.— ISBN 5-200-01571-5

Словарь содержит около 100 тыс. слов в их нормативном написании, с ударением и необходимой грамматической информацией. Настоящее издание является стереотипным повторением 29-го исправленного и дополненного издания.

Словарь рассчитан на широкий круг читателей.

О $\frac{4602030000—083}{015(01)—92}$ без объявления

ББК 81.2Р—4

© Издательство „Русский язык", 1974, с изменениями

© Издательство «Русский язык», 1992

ISBN 5-200-01571-5

ПРЕДИСЛОВИЕ К ДВАДЦАТЬ ДЕВЯТОМУ ИЗДАНИЮ

Впервые после большого перерыва «Орфографический словарь русского языка» выходит исправленным и значительно дополненным изданием.

Со времени последнего переработанного издания «Орфографического словаря русского языка» (13-е издание 1974 г.) прошло почти 20 лет; за это время накопился обширный материал, который должен войти в словарь. В данное издание включено около 3000 слов; в основном это слова, вошедшие в русский язык в последние десятилетия. Источником для пополнения словаря послужила периодическая печать, а также новые и переработанные издания энциклопедических и лингвистических словарей, вышедших за это время, таких, как «Советский энциклопедический словарь», «Словарь иностранных слов», «Словарь русского языка» в 4-х томах под редакцией А. П. Евгеньевой, «Словарь русского языка» С. И. Ожегова под редакцией Н. Ю. Шведовой, словари «Новые слова и значения» и выпуски серии «Новое в русской лексике» под редакцией Н. З. Котеловой, «Орфоэпический словарь русского языка. Произношение, ударение, грамматические формы» под редакцией Р. И. Аванесова.

В новом издании в ряде случаев уточнена подача грамматических форм и ударений.

В настоящем издании словаря проведена унификация подачи слов с вариантными формами и с вариантами ударения в отдельных формах или в слове в целом. Так, у имен существительных во многих случаях добавлены вариантные формы родительного падежа и формы множественного числа, отличные от форм единственного числа по ударению; у прилагательных и страдательных причастий — вариантные и обособленные по ударению краткие формы. Упорядочена подача таких групп слов, как названия парных предметов и лиц по национальной или территориальной принадлежности (с исходной формой множественного числа), единицы измерения (с вариантными формами родительного падежа множественного числа) и некоторых других. Последовательно уточнена родовая принадлежность несклоняемых существительных; заново проверена система «подтолкований» слов-омографов, паронимов, вариантных форм слова; соотнесены варианты слова, отделенные друг от друга в алфавите словаря более чем одним словом, и др.

Пересмотр орфографических рекомендаций касается как отдельных слов (*приумножить* вместо вариантов *приумножить* и *преумножить, разыскной* вместо *розыскной* и др.), так и групп слов. Изменения в написании групп слов затронули в основном слитные и дефисные написания сложных прилагательных. Правило о написании этого разряда слов (см. §§ 80, 81 «Правил русской орфографии и пунктуации» 1956 г.) в значительной мере устарело и уже давно нарушается и орфографической практикой, и «Орфографическим словарем». В основу изменений в написании сложных прилагательных данного издания словаря легли рекомендации специального словаря-справочника «Слитно или раздельно?», вышедшего к настоящему времени 7-м изданием. Однако авторы «Орфографического словаря» вынуждены считаться с тем, что «Правила» 1956 года формально не отменены, и поэтому последовательно провести написание всех сложных прилагательных в соответствии с рекомендациями «Слитно или раздельно?» на данном этапе невозможно.

При написании слов *бог, богородица, господь* и т. п., а также названий религиозных праздников, священных книг, которые согласно уже установившемуся орфографическому узусу пишутся со строчной и с прописной буквы либо только с прописной, нужно учитывать, что в «Орфографическом словаре русского языка» все заголовочные слова приводятся только со строчной буквы.

29-е издание «Орфографического словаря русского языка» существует в машинной форме: текст сформирован на машинных носителях ЭВМ СМ-4 и ПЭВМ. Подготовка к изданию

осуществлялась по безнаборной технологии, разработанной Г. А. Черкасовой, с использованием персональных компьютеров. Эта работа выполнялась Г. А. Черкасовой (руководитель), О. Л. Дмитриевой и Н. В. Маминой.

Авторы благодарны рецензентам словаря и редактору издательства «Русский язык».

Авторы будут признательны всем, кто пришлет свои критические замечания, предложения по поводу данного издания словаря, и постараются учесть их в новом издании. Наш адрес: 121019 Москва Г-19, Волхонка 18/2, Институт русского языка АН СССР.

Авторы

1990 г.

ПРЕДИСЛОВИЕ К ТРИНАДЦАТОМУ ИЗДАНИЮ

Реформа русской орфографии 1917-1918 гг., явившаяся актом первостепенного общественного и культурного значения, обновила русское письмо, но не затронула отдельных и частных вопросов русского правописания, в котором еще в 19 в. и начале 20 в. накопилось значительное количество колебаний и противоречий. С течением времени, особенно в связи с развитием словарного состава русского литературного языка, число таких колебаний и противоречий увеличилось. Разнобой в орфографии вредно отражался на культуре письменной речи, мешал изучению правописания в школе и вносил орфографическую пестроту в печатную продукцию.

К работе по упорядочению русской орфографии с целью устранения разнобоя были привлечены крупнейшие советские языковеды, учителя и работники печати. Результатом этой работы, начавшейся в 30-е годы, явилось издание в 1956 г. «Правил русской орфографии и пунктуации», утвержденных Академией наук СССР, Министерством высшего образования СССР и Министерством просвещения РСФСР. В соответствии с «Правилами» сектором культуры речи Института языкознания АН СССР был составлен «Орфографический словарь русского языка», выпущенный Государственным издательством иностранных и национальных словарей в 1956 г. В 1957, 1958, 1959 гг. вышли 2-е, 3-е и 4-е издания словаря, печатавшиеся без изменений с 1-го издания. В 1963 г. Институт русского языка АН СССР подготовил 5-е, исправленное и дополненное издание. В этом издании были учтены замечания и предложения, поступившие в Институт русского языка от отдельных лиц и учреждений (в частности от Комитета научно-технической терминологии АН СССР). С 1963 по 1973 г. вышло еще 7 стереотипных изданий словаря.

Подготовка Орфографического словаря под общим руководством академика С. П. Обнорского началась в учреждениях Академии наук СССР до Великой Отечественной войны. При подготовке 1-го издания в организации работы, в выработке типа Орфографического словаря и инструкции по его составлению, а также в первоначальном редактировании некоторых частей словаря большое участие принимал проф. С. Б. Крючков.

В основу 1-го издания были положены словари русского языка — «Толковый словарь живого великорусского языка» В. И. Даля, «Толковый словарь русского языка» под редакцией Д. Н. Ушакова, а также широко была использована академическая словарная картотека. В последующих изданиях были использованы «Словарь современного русского литературного языка» (в 17 томах), «Словарь русского языка» (в 4-х томах), «Словарь русского языка» С. И. Ожегова, словари иностранных слов, «Большая Советская Энциклопедия».

Орфографический словарь содержит лексику современного русского литературного языка. Однако, поскольку словарь является справочником собственно орфографическим, а не словарем, нормализующим современное словоупотребление, в него включаются слова, хотя и не бытующие широко в общем литературном языке, но встречающиеся в художественной или специальной литературе и нуждающиеся в орфографической нормализации, а именно: научные и научно-технические термины, просторечные и диалектные (областные) слова, устарелые слова, историзмы и т. п. Как правило, в словарь включаются производные, сложные и сложносокращенные слова, которые могут вызвать затруднения с точки зрения правильного их написания.

Орфографический словарь дает одно, признанное правильным, написание слова и не допускает орфографических вариантов. Но словарь включает варианты словообразовательные, стилистические, лексические, произносительные, например: *воробышек* и *воробушек*, *туннель* и *тоннель*, которые отражаются в письме. Словарь должен явиться единым руководством для правильного написания слов и их форм. Поскольку он является собственно орфографическим словарем, то к нему следует обращаться лишь для того, чтобы справиться о правильном написании уже известного слова. Указание на значение слова обычно дается только в тех случаях, когда при одинаковом произношении двух слов их написание различается, например: *кампания* (поход; деятельность) и *компания* (общество). При изменяемых словах приводятся грамматические формы. В словаре указываются ударение слов и их форм; в случаях колебания в словаре даются оба возможные для литературного языка ударения без указания на предпочтительность или большую нормативность того или другого ударения.

В 5-м издании сохранилась общая структура словаря, но был пересмотрен словник: пополнен новыми словами и сокращен за счет исключения малоактуальных и вышедших из употребления научно-технических терминов, а также за счет групп слов с первой частью

авто-, авиа-, радио- и др. Было внесено много отдельных, частных исправлений, уточнений (в написании сложных прилагательных, в грамматических пометах, в образовании форм слов, в ударениях и т. д.). По-иному были даны слова с отрицательной частицей *не*: при словах с *не* были сняты звездочки, так как слитное и раздельное написание этих слов регулируется правилами. Подготовка 5-го издания и техническое его оформление велись научным сотрудником сектора современного русского языка и культуры речи Института русского языка АН СССР Б. З. Букчиной.

Подготовка настоящего издания Орфографического словаря вызвана отнюдь не тем, что должны быть пересмотрены написания слов. Цель переиздания словаря в обновлении словника, в более рациональной подаче орфографической информации, в устранении непоследовательностей, внесении уточнений и отдельных исправлений с учетом замечаний и предложений, поступивших в Институт русского языка начиная с 1963 г.

В настоящем издании сохранена общая структура предыдущих изданий словаря. Так как общий объем словаря нецелесообразно было увеличивать, то словник одновременно пополнялся и сокращался. Естественно, что беспрерывное появление новых слов и терминов требует постоянного обновления словника Орфографического словаря. В словарь включены в первую очередь новые слова, вошедшие в язык за последнее десятилетие. Особенное внимание уделено было словам с неустановившимся орфографическим оформлением (например, *фломастер, кримплен, постижер, дзюдо, бьеннале, офис* и др.). Сокращение же шло за счет исключения редко употребляемых, устарелых, областных слов, не представляющих орфографического интереса; сокращались также словообразовательные гнезда (исключены частично некоторые категории регулярных образований, например, существительные на *-ость* в тех случаях, когда имеются соответствующие им прилагательные, некоторые отглагольные именные образования, некоторые существительные, обозначающие профессии, неактуальные для современного языка). Более компактно осуществлена подача слов в словаре; например, возвратные глаголы и причастия объединены с невозвратными формами, хотя не всегда между ними существует прямая грамматическая и семантическая связь. Внесены изменения в подачу грамматической информации: в словаре приведены те сведения, практическая целесообразность которых очевидна. Поэтому некоторые грамматические формы предыдущих изданий сняты в настоящем издании, например, окончания женского и среднего рода при прилагательных на *-ий*, форма творительного падежа ед. ч. существительных, основа которых оканчивается на *ж,ш,ч,щ, ц*, формы с беглой гласной у существительных и кратких прилагательных. Форма родительного падежа мн. ч. с беглой гласной у существительных и кратких прилагательных. Форма родительного падежа мн. ч. с беглой гласной приводится только в случаях, связанных с грамматическими и орфографическими сложностями: от существительных на *-ня* с предшествующей согласной или *й*, например *боен, читален, деревень, кухонь;* от существительных, оканчивающихся в ед. ч. на *-ья -ье*, например *шалуний, дуний, ожерелий, ущелий*. Те грамматические формы, которые в письменном виде могут быть по-разному представлены, вводятся вновь, например, при существительных мужского рода — форма второго родительного падежа ед. ч.: *газ, газа* и *газу, прок, прока* и *проку;* форма второго предложного падежа ед. ч.: *спирт, -а* и *-у*, предл. *в спирте* и *в спирту; отпуск, -а*, предл. *в отпуске* и *в отпуску.*

Внесены изменения и в оформление сложных слов, слитное или раздельное написание которых определяется в контексте в зависимости от того, являются ли они термином или словосочетанием, прилагательным или причастным оборотом. Такие слова в словаре отмечаются звездочкой, например, *долгоиграющий** (*долгоиграющая пластинка* и *долго играющая музыка*), *малоизученный** (*малоизученная проблема* и *мало изученная специалистами проблема*). При группах сложных слов, в которых первая часть всегда пишется одинаково (слитно или через дефис) в составе сложного слова, в словаре дается соответствующая «шапка», которая позволяет не приводить с исчерпывающей полнотой образования с выделяемой первой частью.

В настоящем издании изменена также система подачи вариантов: слова, одинаковые по значению, но имеющие разное письменное оформление, разную стилистическую окраску и особенности в употреблении, даются на своих алфавитных местах без сопоставления. Сопоставление делается в редких случаях, например: *гиджра* (устар. к *хиджра*). Параллельно в одной словарной статье даются только варианты слов и форм (словообразовательные, грамматические, акцентологические) в случае их одинакового употребления в современном русском литературном языке (например *творог, -а* и *творог, -а́, валериана, -ы* и *валерьяна, -ы, гомункул, -а* и *гомункулус, -а, акселерация, -и* и *акцелерация, -и*).

В настоящем издании упорядочена подача личных окончаний глаголов, действительных причастий прошедшего и настоящего времени. Приведены все случаи, где имеются вариантные формы образований, например, *полощущий(ся)* и *полоскающий(ся)*, а также формы причастий, где возможны образования с суффиксом *-ну-* и без него.

6

В словаре по возможности систематизирована подача отдельных грамматических и семантических классов слов, в частности, субстантивированных прилагательных, названий национальностей. Специальная терминология в словаре в основном представлена типичными моделями слов и словами, наиболее важными по их лексическому значению и функционированию в языке, а также словами, трудными для написания и особенно имеющими орфографические варианты и колебания.

В настоящем издании терминологическая часть словаря была пересмотрена при непосредственном участии сотрудников Комитета научно-технической терминологии Академии наук СССР. Так как словарь не ставит своей задачей нормализовать современное употребление терминов, термины, помещенные в словаре, не следует рассматривать как единственно рекомендуемые. Словарь является справочником орфографическим, поэтому он содержит в отдельных случаях как современные рекомендуемые термины, так и термины, вышедшие из употребления или вариантные, представляющие орфографический интерес. В словаре, естественно, не приводятся полностью все термины определенных тематических групп — названий денежных единиц, единиц измерения, лекарств, сплавов, тканей, лаков, красок, болезней, минералов и т. п., даны только типовые, хотя в той мере, в какой это возможно для словаря ограниченного объема, некоторая системность в подаче групп слов и терминов соблюдалась.

В словаре внесены уточнения, исправления в написание отдельных слов и форм и в ударение слов. Приведено в соответствие с официальными наименованиями, материалами «Правил» и самого словаря написание слов *амударьинский, гоминьдан, тулий, мороковать, на изготовку, малоросска, монсеньор, не нынче завтра, несолоно хлебавши, середка на половинку, семяочистительный, эмитировать.* Отдельные коррективы в написании слов (*хазары, вибрафон, бефстроганов, до-мажорный, ре-минорный, серосодержащий, соединительнотканный*) вызваны появлением новых трудов, посвященных истории и функционированию отдельных слов, а также выходом новых словарей и энциклопедических изданий. Исправления вызваны не изменением действующих правил, а недостаточностью некоторых формулировок «Правил», а также наличием отдельных групп слов, не учтенных правилами, что, естественно, вызывает подчас разнобой в написании слов в практике печати. Это относится прежде всего к написанию сложных слов. В настоящем издании изменены по сравнению с 5-м и последующими изданиями написания слов *азотно-туковый, бальнеогрязевой, буровзрывной, бурообгонный, воздушно-десантный, парашютно-десантный, глиносоломенный, рельсобалочный, спиртоводочный, торфоперегнойный, электронно-лучевой.* Перечень сложных слов также несколько изменен. Связано это с тем, что объем настоящего словаря, для которого написание сложных слов является одной из многочисленных орфографических проблем, не позволяет охватить всю продуктивную группу сложных терминологических образований. Цель словаря — показать возможные написания в разных группах сложных слов.

Вся работа по переизданию словаря (пересмотр словника, грамматической информации, содержащейся в словаре, устранение непоследовательностей, внесение уточнений, отдельных исправлений и др.) могла быть сделана только на основе вновь составленных специальных картотек, собранного большого материала. Источниками для картотеки служили «Словарь современного русского литературного языка» (в 17 томах), «Словарь русского языка» (в 4 томах), Словник 3-го издания «Большой Советской Энциклопедии», вышедшие тома 3-го издания БСЭ, словарь-справочник «Новые слова и значения», словарь-справочник «Слитно или раздельно?», материалы ГОСТов, современной прессы, художественной и научно-технической литературы, материалы Справочной службы Института русского языка, а также письма отдельных лиц и учреждений.

В подготовке настоящего издания принимали участие сотрудники сектора культуры русской речи Института русского языка АН СССР: Л. П. Калакуцкая (упорядочение подачи глаголов и причастий), Л. К. Чельцова (унификация написания существительных на *-ие, -ье*), В. И. Ходыкина, а также нештатные сотрудники Н. Г. Бландова и Т. А. Страховская (составление картотек, техническая подготовка рукописи). В словаре были использованы некоторые материалы по грамматической информации, подготовленные научным сотрудником Института Н. А. Еськовой.

Терминологическая часть словаря просмотрена научным сотрудником Комитета научно-технической терминологии АН СССР Т. Л. Канделаки.

Ценные замечания и пожелания по словарю сделаны редакторами и другими работниками издательств Москвы и разных городов Советского Союза.

Редколлегия словаря благодарна проф. И. А. Василенко и действительному члену Академии педагогических наук СССР А. В. Текучеву, взявшим на себя труд прорецензировать рукопись словаря.

Все замечания и дополнения к словарю просьба направлять в Институт русского языка АН СССР (121019, Москва, Г-19, Волхонка, 18).

СОСТАВ И СТРУКТУРА СЛОВАРЯ

§ 1. Слова помещены в алфавитном порядке.

§ 2. Слова, за исключением собственных имен, пишутся в словаре со строчной буквы.

§ 3. Отдельными словами в словарь включаются уменьшительные и увеличительные существительные, уменьшительные прилагательные, сравнительная степень прилагательных, причастия страдательные прошедшего времени, а также в необходимых случаях и иные причастия. Деепричастия, как правило, в словаре не даются.

§ 4. В словарь включаются широко распространенные сложносокращенные слова.

§ 5. Собственные имена в словарь включаются в тех случаях, когда их написание противопоставлено написанию имен нарицательных, например, западноавстрали́йский, но За́падно-Австрали́йское течение; восточноевропе́йский, но Восто́чно-Европе́йская равни́на.

§ 6. В словарь включаются также связанные с различием в написании произносительные, словообразовательные и грамматические варианты слов, например бу́дничный и бу́днишний, кало́ша и гало́ша, фортепиа́но и фортепья́но, де́ревце и деревцо́, воро́бушек и воро́бышек, лягуша́чий и лягу́шечий, матра́с и матра́ц, битумиза́ция и битуминиза́ция.

Варианты слов и форм, неравноправные с точки зрения современного употребления, а также семантически или стилистически неравноправные, приводятся на своих местах без каких-либо ссылок.

§ 7. Устойчивые сочетания слов вносятся в алфавит по первому слову или слову, отдельно не употребляющемуся, например, ариа́днина нить; лататы́: зада́ть лататы́.

§ 8. Значения слов в словаре не даются. Только в тех случаях, когда при одинаковом произношении двух слов их написание различается, краткое указание на значение или сферу употребления слова дается в скобках, например, адапта́ция (приспосабливание) адопта́ция (усыновление), компа́ния (общество) — кампа́ния (поход; деятельность), воскресе́нье (день недели) — воскресе́ние (от воскреснуть), хлори́д (хим.) — хлори́т (минерал), маре́на (бот.) — море́на (геол.).

§ 9. Стилистические пометы в словаре не даются. Отмечаются только некоторые устарелые варианты слов, например: брами́н (устар. к брахма́н), да́ле (устар. к да́лее).

§ 10. Как правило, в словаре даются формы слов, связанные с их морфологической принадлежностью (родительный падеж существительного, личные окончания глаголов).

§ 11. Слова (кроме односложных) и формы слов снабжаются ударением. Если в словах или на формах возможно двоякое ударение, то это указывается, например тво́рог, -а и творо́г, -а́; и́на́че; городи́ть, -ожу́, -оди́т. Буква ё в словаре служит указанием одновременно и на произношение, и на место ударения, поэтому значок над буквой ё не ставится, например: аме́ба, боксёр, вселённый; кр. ф. -ён, -ена́. В сложных словах типа четырёхэта́жный ё отражает произношение слова.

Грамматические разряды и формы слов

§ 12. Принадлежность слова к той или иной части речи, как правило, указывается в тех случаях, когда необходимо разграничить написание, например: гла́женный, прич., гла́женый, прил.; воспи́танный; кр. ф. прич. -ан, -ана; кр. ф. прил. -ан, -анна; вдали́, нареч., но сущ. в да́ли; также, нареч. и союз, но нареч. с частицей та́к же; зато́, союз, но местоим. за то; несмотря́ на, предлог, но дееп. не смотря́...

§ 13. Формы слов приводятся обычно усеченно, начиная с той буквы основного слова, после которой изменяется начертание слова в данной форме или с которой изменяется в форме ударение в словах с подвижным ударением, например: ребёнок, -нка; китобо́ец, -о́йца; атрофи́роваться, -руется; докорми́ть, -ормлю́, -о́рмит.

§ 14. Скобки в словарных статьях употребляются в случаях, когда технически возможно объединение в одном слове разных форм, например: саботи́ровать(ся), -рую, -рует(ся); поезжа́й(те); когда́ б(ы); рва́ть(ся), рву(сь), рвёт(ся).

Имена существительные

§ 15. Имена существительные даются в именительном падеже ед. числа с указанием родительного падежа ед. числа, например: дра́ма, -ы, клевета́, -ы́, кора́бль, -я́, птене́ц, -нца́, боло́то, -а, чай, ча́я и ча́ю.

§ 16. При существительных, употребляющихся только во множественном числе, указывается окончание родительного падежа мн. числа, например: бели́ла, -и́л, са́ни, -е́й, обо́и, обо́ев. Во множественном числе даются также те существительные, которые употребляются преимущественно в этом числе; в таких случаях форма именительного падежа ед. числа дается после мн. числа, например: бо́тики, -ов, *ед.* бо́тик, -а; бу́рки, -рок, *ед.* бу́рка, -и (обувь). Единственное число при таких существительных показывает их отличие от существительных, употребляющихся только во множественном числе.

§ 17. Род имен существительных указывается только в тех случаях, когда окончания именительного и родительного падежей недостаточны для определения принадлежности слова к тому или иному роду, а также при словах так называемого общего рода и при несклоняемых словах, например: доми́на, -ы, м.: доми́ще, -а, м.; мулла́, -ы́, м.; сирота́, -ы́, мн. -о́ты, -о́т, м. и ж.; всезна́йка, -и м. и ж.; депо́, *нескл.* с.; маэ́стро, *нескл.* м.

§ 18. Если отдельные падежи отличаются от родительного падежа ед. числа по образованию, по месту ударения или затруднительны в орфографическом отношении, то соответствующие формы отмечаются в словаре.

1. Если формы множественного числа отличаются от форм единственного числа или от формы именительного падежа мн. числа по образованию или по месту ударения, то после формы родительного падежа ед. числа указывается форма именительного и родительного, а также и дательного падежей мн. числа, например: бе́рег, -а, *предл.* о бе́реге, на берегу́, мн. -а́, -о́в; плечо́, -а́, *мн.* пле́чи, плеч, плеча́м; крестья́нин, -а, *мн.* -я́не, -я́н; ко́лос, -а, *мн.* коло́сья, -ьев; штёпсель, -я, *мн.* -и, -ей и -я́, -е́й; свеча́, -и́, свеч и свече́й, свеча́м; долгота́, -ы́, *мн.* -о́ты, -о́т.

2. Указываются особенности написания и образования следующих отдельных падежей:

а) предложный падеж ед. числа, когда в языке возможны формы с разными окончаниями, например: тиф, -а, *предл.* о ти́фе и в тифу́; луг, -а, *предл.* о лу́ге, на лугу́; дом, -а, *предл.* на до́ме, на дому́ (до́ма);

б) родительный падеж мн. числа от существительных на -ня с предшествующим согласным или й, от существительных на -ья, -ье, например: двойня́, -и, *р. мн.* дво́ен и дво́йней; пе́сня, -и, *р. мн.* пе́сен; ба́сня, -и, *р. мн.* ба́сен; бо́йня, -и, *р. мн.* бо́ен; шалу́нья, -и, *р. мн.* -ний; бадья́, -и́, *р. мн.* -де́й; копьё, -я́, *мн.* ко́пья, ко́пий, ко́пьям; ревунья, -и, *р. мн.* -ний;

в) родительный падеж мн. числа дается в тех случаях, когда в языке наблюдаются колебания (грамм, -а, *р. мн.* грамм и гра́ммов; ом, о́ма, *р. мн.* ом; грузи́н, -а, *р. мн.* -и́н; калмы́к, -а́ и -а, *мн.* -и́, -о́в и -и, -ов);

г) родительный падеж мн. числа с разными окончаниями, если последние связаны с различиями в значении существительных или в их сочетаемости с другими словами, например: арши́н, -а, *р. мн.* арши́н (мера) и -ов (мерная линейка);

д) если образование падежных форм связано с различием по значению, то это всегда отмечается, например: учи́тель, -я, *мн.* -я́, -е́й (преподаватель) и -и, -ей (глава учения); ко́рпус, -а, *мн.* -ы, -ов (туловище) и -а́, -о́в (здание; *воен.*);

е) именительный и родительный мн. числа в тех случаях, когда в употреблении встречаются отступления от литературной нормы или когда в языке существуют варианты, например: сле́сарь, -я, *мн.* -и, -ей и -я́, -е́й; корре́ктор, -а, *мн.* -а́, -о́в и -ы, -ов; дя́дя, -и, *мн.* -и, -ей и -ья́, -ьёв.

Имена прилагательные

§ 19. Имена прилагательные на -ый, -ий и -ой даются в форме именительного падежа ед. числа мужского рода без указания форм женского и среднего рода, например: серебря́ный, техни́ческий, золото́й, бледноли́цый.

§ 20. При притяжательных именах прилагательных указываются формы женского и среднего рода, например: за́ячий, -ья, -ье; ма́терин, -а, -о.

§ 21. Из пары прилагательного и субстантивированного прилагательного приводится второе в случае его большей распространенности. Прилагательное же, как правило, дается в тех случаях, когда соответствующая ему субстантивированная форма употребительна в женском роде и в некоторых отдельных случаях в мужском роде, например: бу́лочная, -ой — бу́лочный; пивна́я, -о́й — пивно́й; рабо́чий, -его — рабо́чий, *прил.*; часово́й, -о́го — часово́й, *прил.*

§ 22. Краткие формы прилагательных даются, если они вызывают затруднения в образовании, ударении или написании. Краткая форма среднего рода приводится лишь в том случае, если она отличается от формы женского рода по ударению, например: больно́й; *кр. ф.* бо́лен, больна́; совреме́нный; *кр. ф.* -е́нен, -е́нна; бессмы́сленный; *кр. ф.* -лен, -ленна; отве́тственный; *кр. ф.* -ен, -енна; коро́ткий; *кр. ф.* ко́роток, коротка́, ко́ротко; га́дкий; *кр. ф.* га́док, гадка́, га́дко; бле́дненький; *кр. ф.* -енек, -енька.

§ 23. Формы сравнительной и превосходной степени даются обычно в тех случаях, когда они образуются не на -ее и не на -ейший, и ставятся на своем алфавитном месте. При формах сравнит. степени в скобках указывается прилагательное и наречие, от которых оно образовано, например: я́рче, *сравн. ст.* (*от* я́ркий, я́рко); твёрже, *сравн. ст.* (*от* твёрдый, твёрдо); ме́льче, *сравн. ст.* (*от* ме́лкий, ме́лко).

§ 24. При отглагольных прилагательных на -ный ставится помета *прил.* в отличие от пишущихся с двумя *н* причастий, которые соответственно снабжаются пометой *прич.*, например: гла́женный, *прич.*, гла́женый, *прил.*; ва́ренный, *прич.*, варёный, *прил.*

§ 25. При совпадении полной формы причастия и образовавшегося из него прилагательного и при различии их кратких форм делается на это указание, например, воспи́танный; *кр. ф. прич.* -ан, -ана; *кр. ф. прил.* -ан, -анна.

§ 26. При сложных именах прилагательных, слитное или раздельное написание которых различается в зависимости от того, является ли данное слово термином или свободным сочетанием, дается звездочка, например: свободнопа́дающий*, мелкоразмо́лотый*. В тех случаях, когда слитное и раздельное написание вызывает другие орфографические различия, слово приводится два раза, например: легко́ ра́ненный, легкора́неный, *прил.*, ме́лко ру́бленный, мелкору́бленый, *прил.*

Имена числительные

§ 27. Имена числительные даются в именительном падеже с указанием формы родительного падежа, а также других косвенных падежей, если они могут вызвать затруднение в написании или содержат в себе какие-нибудь отличия по образованию или месту ударения, например: три, трёх, трём, тремя́, о трёх; пять, пяти́, пятью́; пятьсо́т, пятисо́т, пятиста́м, пятьюста́ми, о пятиста́х.

§ 28. При сложениях с числительными, где это возможно, в скобках приводится вариант с цифровым обозначением первой части, например: трёхсотле́тие (300-ле́тие), девятиэта́жный (9-эта́жный), восьмидесятиле́тний (80-ле́тний).

Местоимения

§ 29. Местоимения, имеющие особенности в образовании форм, даются с перечислением этих форм, например: мой, моего́, моя́, мое́й, моё, моего́, *мн.* мои́, мои́х; сам, самого́, сама́, само́й, само́е и саму́, само́, самого́, *мн.* са́ми, сами́х; ты, тебя́, тебе́, тобо́й и тобо́ю, о тебе́.

Наречия

§ 30. Наречия даются на своем алфавитном месте. Помета *нареч.* ставится в следующих случаях:

а) когда слитное написание наречия в словаре противопоставляется раздельному написанию такого же сочетания, относящегося к другой части речи, например: насто́лько, *нареч.* (насто́лько хоро́ш), но *числит.* на сто́лько (на сто́лько часте́й); вглубь, *нареч.*, но *сущ.* в глубь (в глубь океа́на);

б) когда слитному написанию наречия может быть противопоставлено раздельное написание такого же сочетания, например: вразно́с, *нареч.*; дове́рху, *нареч.*; напока́з, *нареч.*;

в) когда наречие совпадает с падежной формой существительного, например: ле́том, *нареч.*; наско́ком, *нареч.*

§ 31. Устойчивые сочетания существительного или прилагательного с предлогом, а также различные сочетания наречного значения даются по алфавиту предлога, например: с хо́ду (по алфавиту буквы *с*). В более затруднительных случаях они даются дважды — по алфавиту предлога и по алфавиту имени, например: на попя́тную, на попя́тный (двор) (по алфавиту буквы *н*) и попя́тный (идти́ на попя́тный *или* на попя́тную) (по алфави́ту буквы *п*).

Глаголы

§ 32. Глаголы возвратной и невозвратной форм объединяются в одной словарной единице. Частица *ся* дается в скобках при неопределенной форме и окончаниях, например: огради́ть(ся), -ажу́(сь), -ади́т(ся).

Если в каком-либо лице глагола возвратная форма неупотребительна, то это находит свое отражение в соответствующем оформлении, например: выду́мывать(ся), -аю, -ает(ся); запуска́ть(ся), -а́ю, -а́ет(ся).

Не объединяются глаголы в случаях, когда в словаре отмечаются пары переходных и непереходных глаголов, близких по произношению и различных по написанию, например: белёть, -ею, -еет (становиться белым), белёться, -еется; белúть, белю, бéлит (*что*), белúться, белюсь, бéлится.

§ 33. Глаголы даются в неопределенной форме, за которой указываются окончания 1 и 3 лица согласно правилам написания форм, изложенным в§ 13, например: дéлать(ся), -аю(сь), -ает(ся); отмежевáть(ся), -жýю(сь), -жýет(ся); напýтствовать, -твую, -твует; терпéть(ся), терплю, тéрпит(ся).

§ 34. Если другие личные формы глагола отличаются по образованию от 3 лица единственного числа, то приводятся эти формы, например: хотéть(ся), хочý, хóчется, хотúм, хотúте, хотя́т.

§ 35. Если форма 1 лица неупотребительна, то дается форма 3 лица, например: победúть, -úт; для безличных глаголов, не употребляющихся в 1 лице, указывается форма 3 лица единственного числа, например: светáть, -áет.

Если формы настоящего или будущего времени неупотребительны, то указывается: *наст. вр. не употр., буд. вр. не употр.*, например, вáривать, *наст. вр. не употр.* Формы прошедшего времени даются в тех случаях, когда в языке употребительны два варианта (например: кис и кúснул, ввяз и ввя́знул) или же два ударения (например: сóздáл), или наблюдается переход ударения с одного слога на другой (например: ждал, ждалá), а также от глаголов на согласные (типа нестú, гребтú, везтú, брестú), например: нестú(сь), несý(сь), несёт(ся), *прош.* нёс(ся), неслá(сь).

§ 36. В отдельных случаях приводятся личные формы глагола, которые хотя и правильны по образованию, но могут вызвать орфографические затруднения, например: борóть(ся), борюсь, бóрется, бóрются.

§ 37. При переходных и непереходных глаголах, близких по звучанию, но различающихся по написанию, в скобках дается текст, уточняющий разницу в употреблении этих глаголов, например: синéть, -ею, -еет (становиться синим), синúть, синю́, синúт (*что*).

§ 38. Причастия даются в именительном падеже ед. числа и оформляются в соответствии с §§ 19 и 22.

РУССКИЙ АЛФАВИТ

А а [а]	К к [ка]	Х х [ха]
Б б [бэ]	Л л [эль]	Ц ц [це]
В в [вэ]	М м [эм]	Ч ч [че]
Г г [гэ]	Н н [эн]	Ш ш [ша]
Д д [дэ]	О о [о]	Щ щ [ща]
Е е [е]	П п [пэ]	Ъ ъ [твёрдый знак]
Ё ё [ё]	Р р [эр]	Ы ы [ы]
Ж ж [жэ]	С с [эс]	Ь ь [мягкий знак]
З з [зэ]	Т т [тэ]	Э э [э оборотное]
И и [и]	У у [у]	Ю ю [ю]
Й й [и краткое]	Ф ф [эф]	Я я [я]

Список сокращений
и обозначений,
используемых в словаре

авиа — авиация
анат. — анатомия
архит. — архитектура
астр. — астрономия
биол. — биология
бот. — ботаника
буд. — будущее время (глагола)
вводн. сл. — вводное слово
вин. — винительный падеж
воен. — военный термин
вр. — время
геогр. — география
геол. — геология
глаг. — глагол
дат. — дательный падеж
деепр. — деепричастие
ден. ед. — денежная единица
ед. — единственное число
ед. измер. — единица измерения
ж. — женский род
знач. — значение
зоол. — зоология
им. — именительный падеж
ист. — история
косв. п. — косвенный падеж
кр. ф. — краткая форма
кто-н. — кто-нибудь
кулин. — кулинария
л. — лицо (глагола)
ласкат. — ласкательное
лингв. — лингвистика
м. — мужской род
матем. — математика
мед. — медицина
местоим. — местоимение
метео — метеорология
мн. — множественное число
многокр. — многократный вид
  (глагола)
мор. — морской термин
назв. — название
накл. — наклонение (глагола)
нареч. — наречие
нар.-поэт. — народно-поэтический
  ский
наст. — настоящее время (глагола)
  гола)
неизм. — неизменяемое слово
нескл. — несклоняемое (существительное)
  вительное)

несов. — несовершенный вид
  (глагола)
однокр. — однократный вид
  (глагола)
отриц. — отрицание
п. — падеж
перен. — переносное (значение)
пов. — повелительное наклонение
  ние
полигр. — полиграфия
полит. — политический термин
превосх. ст. — превосходная
  степень
предл. — предложный падеж
прил. — прилагательное
прич. — причастие
противоп. — противоположное
  (по значению)
прош. — прошедшее время (глагола)
  гола)
р. мн. — родительный падеж
  множественного числа
род. — родительный падеж
с. — средний род
сказ. — сказуемое
собир. — собирательное (значение)
  ние)
сов. — совершенный вид (глагола)
  ла)
спорт. — спортивный термин
сравн. ст. — сравнительная степень
  пень
сущ. — существительное
тв. — творительный падеж
тех. — технический термин
увелич. — увеличительное
уменьш. — уменьшительное
употр. — употребляется
устар. — устарелое
филос. — философия
фин. — финансовый термин
фото — фотография
хим. — химия
церк. — церковное
ч. — число
числит. — числительное
что-н. — что-нибудь
* — слово в нетерминологическом значении пишется раздельно
  ском значении пишется раздельно

А

абажу́р, -а
абажуродержа́тель, -я
аба́з, -а
абази́н, -а, *р. мн.* -и́н
абази́нец, -нца
абази́нка, -и
абази́нский
аба́к, -а и аба́ка, -и (*архит.*)
абака́, -и́ (пенька)
абба́т, -а
абба́тиса, -ы
абба́тский
абба́тство, -а
аббревиату́ра, -ы
аббревиа́ция, -и
а́бвер, -а
абдика́ция, -и
абдо́мен, -а
абдомина́льный
абду́ктор, -а (отводящая мышца)
абду́кция, -и
аберрацио́нный
аберра́ция, -и
абза́ц, -а
абза́цный
абиети́н, -а
абиети́новый
абиогене́з, -а
абиоге́нный
абисса́льный
абисси́нец, -нца
абисси́нка, -и
абисси́нский
абитурие́нт, -а
абитурие́нтский
аблакти́рование, -я
аблакти́рованный
аблакти́ровать(ся), -рую, -рует(ся)
аблактиро́вка, -и
аблати́в, -а и абляти́в, -а
абла́ут, -а и абля́ут, -а
абляцио́нный
абля́ция, -и
аболициони́зм, -а
аболициони́ст, -а
аболициони́стский
аболи́ция, -и
абонеме́нт, -а
абонеме́нтный
абоне́нт, -а
абоне́нтка, -и
абоне́нтный
абоне́нтский
абони́рование, -я

абони́рованный
абони́ровать(ся), -рую(сь), -рует(ся)
аборда́ж, -а
аборди́рованный
аборди́ровать(ся), -рую, -рует(ся)
абориге́н, -а
абориге́нный
або́рт, -а
аборта́рий, -я
аборти́вный
аборти́рованный
аборти́ровать(ся), -рую, -рует(ся)
абрази́в, -а
абрази́вный
абразио́нный
абра́зия, -и
абракада́бра, -ы
абреже́, *нескл., с.*
абре́к, -а
абрико́с, -а, *р. мн.* -ов
абрико́сный
абрико́совый
абрикоти́н, -а
а́брис, -а
абру́ццкий (*от* Абру́цци)
абсе́нт, -а
абсентеи́зм, -а
абсенте́ист, -а
абсолю́т, -а
абсолюти́вный
абсолютиза́ция, -и
абсолютизи́рование, -я
абсолютизи́ровать(ся), -рую, -рует(ся)
абсолюти́зм, -а
абсолюти́ст, -а
абсолюти́стский
абсолю́тно прозра́чный
абсолю́тно сухо́й
абсолю́тный
абсолю́ция, -и
абсорбе́нт, -а
абсо́рбер, -а
абсорби́рованный
абсорби́ровать(ся), -рую, -рует(ся)
абсорбциоме́тр, -а
абсорбцио́нный
абсо́рбция, -и
абстенциони́ст, -а
абстине́нт, -а
абстине́нция, -и
абстраги́рование, -я
абстраги́рованный

абстраги́ровать(ся), -рую(сь), -рует(ся)
абстра́ктно-идеалисти́ческий
абстра́ктно-экономи́ческий
абстра́ктный
абстракциони́зм, -а
абстракциони́ст, -а
абстракциони́стский
абстра́кция, -и
абсу́рд, -а
абсу́рдный
абсце́сс, -а
абсци́сса, -ы
абули́я, -и
абха́з, -а, *р. мн.* -ов
абха́зец, -зца
абха́зка, -и
абха́зский
а́бцуг, -а
а́бшид, -а
а́бштрих, -а
абъюра́ция, -и
ава́ль, -я
аванга́рд, -а
авангарди́зм, -а
авангарди́ст, -а
авангарди́стский
аванга́рдный
аванза́л, -а
аванка́мера, -ы
аванло́жа, -и
аванпо́рт, -а
аванпо́ст, -а
аванпо́стный
аванре́йд, -а
ава́нс, -а
ава́нси́рование, -я
ава́нси́рованный
ава́нси́ровать(ся), -рую(сь), -рует(ся)
ава́нсовый
авансода́тель, -я
авансодержа́тель, -я
ава́нсом, *нареч.*
авансце́на, -ы
аванта́ж, -а
аванта́жный
авантти́тул, -а
аванттю́ра, -ы
авантю́рин, -а
авантю́риновый
авантюри́ст, -а
авантюристи́ческий
авантюри́стка, -и

авантюри́стский
авантю́рный
а́ва-пе́рец, -рца
ава́р, -а, *р. мн.* ава́р и -ов
ава́рец, -рца
авари́йно-диспе́тчерский
авари́йно-сигна́льный
авари́йно-спаса́тельный
авари́йный
авари́йщик, -а
ава́рия, -и
ава́рка, -и
ава́рский
а́вгиевы коню́шни
авги́т, -а
авгу́р, -а
а́вгуст, -а
августе́йший
августи́нец, -нца
а́вгустовский
авдо́тка, -и (птица)
авеню́, *нескл., ж.*
авести́йский
аве́стский
авиа... — первая часть сложных слов, пишется всегда слитно
авиаба́за, -ы
авиабензи́н, -а
авиабиле́т, -а
авиабо́мба, -ы
авиагоризо́нт, -а
авиадвигателестрои́тельный
авиадви́гатель, -я
авиадеса́нт, -а
авиадеса́нтный
авиадиспе́тчер, -а
авиазаво́д, -а
авиа- и ракетострое́ние, -я
авиа- и ракетострои́тельный
авиакатастро́фа, -ы
авиакомпа́ния, -и
авиаконве́рт, -а
авиаконстру́ктор, -а
авиала́йнер, -а
авиалесоохра́на, -ы
авиали́ния, -и
авиа́ль, -я
авиама́як, -а
авиаметеослу́жба, -ы
авиаметеоста́нция, -и
авиамодели́зм, -а
авиамодели́ст, -а
авиамоде́ль, -и
авиамоде́льный

авиамотóр, -а
авиамоторостроéние, -я
авианавигациóнный
авианóсец, -сца
авианóсный
авиаопрыскивание, -я
авиаотря́д, -а
авиапáрк, -а
авиапассажи́р, -а
авиапатрýль, -я́
авиаподкóрмка, -и
авиапóчта, -ы
авиаприбóр, -а
авиапромы́шленность, -и
авиаразвéдка, -и
авиаракéтный
авиаракетостроéние, -я
авиаракетострои́тельный
авиасвя́зь, -и
авиасекстáнт, -а
авиаспóрт, -а
авиастроéние, -я
авиастрои́тельный
авиастрои́тельство, -а
авиатéхник, -а
авиатéхника, -и
авиáтор, -а
авиáторский
авиатрáнспорт, -а
авиатрáсса, -ы
авиахими́ческий
авиациóнно-косми́ческий
авиациóнно-ракéтный
авиациóнно-спорти́вный
авиациóнно-техни́ческий
авиациóнно-хими́ческий
авиациóнный
авиáция, -и
авиачáсть, -и, мн. -и, -éй
авиашкóла, -ы
авивáж, -а
авиéтка, -и
авизéнт, -а
авизи́ровать, -рую, -рует
ави́зный
ави́зо, нескл., с.
авитаминóз, -а
авителлинóз, -а
авифáуна, -ы
авокáдо, нескл., с.
авóсь
авóсь да небóсь
авóська, -и
авóсь-лúбо
аврáл, -а
аврáлить, -лю, -лит
аврáльный
аврóра, -ы (заря)
австрали́ец, -и́йца
австрали́йка, -и
австрали́йский
австралóидный
австралопитéк, -а
австри́ец, -и́йца
австри́йка, -и
австри́йский
австрия́к, -а
австрия́чка, -и
австроазиáтский
áвстро-венгéрский
áвстро-гермáнский
áвстро-итáло-францýз-
   ский
áвстро-италья́нский

áвстро-совéтский
автарки́ческий
автáркия, -и
автó, нескл. с.
авто... — первая часть
   сложных слов, пишется
   всегда слитно
автоанноти́рование, -я
автобáза, -ы
автобиографи́ческий
автобиографи́чный
автобиогрáфия, -и
автоблокирóвка, -и
автоблокирóвочный
автобронетáнковый
автóбус, -а
автóбусно-таксомотóрный
автóбусный
автовесы́, -óв
автовладéлец, -льца
автоводи́тель, -я
автовокзáл, -а
автогáмия, -и
автогéн, -а
автогенéз, -а
автогенерáтор, -а
автогéнно-свáрочный
автогéнный (тех.)
автогéнщик, -а
автогидроподъёмник, -а
автогравю́ра, -ы
автóграф, -а
автографи́ческий
автографи́чный
автогрáфия, -и
автогрéйдер, -а
автогрузовóй
автогужевóй
автодекремéнтный
автодéло, -а
автодидáкт, -а
автодиспéтчер, -а
автодоéние, -я
автодойлка, -и
автодорóга, -и
автодорóжный
автодрези́на, -ы
автодрóм, -а
автожи́р, -а
автозавóд, -а
автозавóдец, -дца
автозавóдский и автоза-
   водскóй
автозапрáвка, -и
автозапрáвочный
автозапрáвщик, -а
автоинкремéнтный
автоинспéктор, -а
автоинспéкция, -и
автокáр, -а и автокáра, -ы
автокатáлиз, -а и аутокатáлиз, -а
автокатастрóфа, -ы
автокефáлия, -и
автокефáльный
автокинопередви́жка, -и
автоклáв, -а
автоклýб, -а
автоколебáния, -ий
автоколебáтельный
автоколóнна, -ы
автокомбинáт, -а
автокомментáрий, -я
автокормýшка, -и

автокоррéкция, -и
автокосмéтика, -и
автокрáн, -а
автокрáт, -а
автократи́ческий
автокрáтия, -и
автокружóк, -жкá
автóл, -а
автолáвка, -и
автолессóвоз, -а
автóлиз, -а и аутóлиз, -а
автолитогрáфия, -и
автолюби́тель, -я
автомагистрáль, -и
автомассажёр, -а
автомáт, -а
автоматизáция, -и
автоматизи́рование, -я
автоматизи́рованный
автоматизи́ровать(ся),
   -рую, -рует(ся)
автоматúзм, -а
автомáтика, -и
автомати́ческий
автомати́чный
автомáтно-пулемётный
автомáтный
автомáт-пакетирóвщик,
   автомáта-пакетирóвщи-
   ка
автомáт-упакóвщик, автомá-
   та-упакóвщика
автомáтчик, -а
автомáтчица, -ы
автомаши́на, -ы
автомаши́нист, -а
автометаморфи́зм, -а
автометри́я, -и
автомехáник, -а
автомехани́ческий
автомобилевóз, -а
автомобилеопроки́дыва-
   тель, -я
автомобилеразгрýзчик, -а
автомобилестроéние, -я
автомобилестрои́тельный
автомобилетракторостроé-
   ние, -я
автомобилизáция, -и
автомобилúзм, -а
автомобилúст, -а
автомобилúстка, -и
автомоби́ль, -я
автомоби́ль-вы́шка, авто-
   моби́ля-вы́шки
автомоби́льно-дорóжный
автомоби́льно-железнодо-
   рóжный
автомоби́льно-трáкторный
автомоби́льный
автомодели́зм, -а
автомодéльный
автоморфи́зм, -а
автомотоклýб, -а
автомотолотерéя, -и
автомотолюби́тель, -я
автомотóрный
автомотосéкция, -и
автомотоспорти́вный
автомототрáнспорт, -а
автомототури́зм, -а
автомотошкóла, -ы
автомотри́са, -ы
автони́м, -а

автономизáция, -и
автономи́ст, -а
автономи́стский
автономи́ческий
автонóмия, -и
автонóмный
автооксидáция, -и
автооперáтор, -а
автопавильóн, -а
автопансионáт, -а
автопáрк, -а
автопассажи́р, -а
автопассажи́рский
автопатрýль, -я́
автоперевóзка, -и
автопередви́жка, -и
автопередвижнóй
автопилóт, -а
автоплáстика, -и
автоплýг, -а
автопогрýзчик, -а
автоподзавóд, -а
автоподстрóйка, -и
автоподъёмник, -а
автопóезд, -а, мн. -á, -óв
автопóйлка, -и
автопокры́шка, -и
автопортрéт, -а
автопреобразовáтель, -я
автопробéг, -а
автопрокáт, -а
автопроклáдчик, -а
автопромы́шленность, -и
áвтор, -а, мн. -ы, -ов
авторадиогрáмма, -ы
авторадиогрáфия, -и
авторазгрýзчик, -а
авторазли́вочный
авторáлли, нескл. с.
авторегуля́тор, -а
авторези́на, -ы
авторемóнтный
авторессóра, -ы
автореф́ерáт, -а
авторефрижерáтор, -а
авторизáция, -и
авторизи́ровать, -рую, -рует
авторизóванный
авторизовáть(ся), -зýю, -зý-
   ет(ся)
авторитáрный
авторитéт, -а
авторитéтный
авторóллер, -а
авторóта, -ы
авторотáция, -и
áвторский
áвторско-правовóй
áвторство, -а
авторулевóй, -óго
авторýчка, -и
автосалóн, -а
автосамосвáл, -а
автосбóрка, -и
автосбóрочный
автосéрвис, -а
автослéсарь, -я, мн. -и, -éй
   и -я́, -éй
автоспóрт, -а
автостáнция, -и
автостáрт, -а
автостáртер, -а и автостар-
   тёр, -а
автостóп, -а

автостоя́нка, -и
автостра́да, -ы
автострое́ние, -я
автострои́тель, -я
автосце́п, -а
автосце́пка, -и
автотермоцисте́рна, -ы
автотехобслу́живание, -я
автотипи́ческий
автоти́пия, -и
автоти́пный
автотоми́я, -и и аутотоми́я,
  -и
автото́рмоз, -а, мн. -á, -óв
автотормозно́й
автотра́кторный
автотракторострое́ние, -я
автотра́нспорт, -а
автотра́нспортный
автотрансформа́тор, -а
автотра́сса, -ы
автотренажёр, -а
автотропи́зм, -а
автотури́зм, -а
автотури́ст, -а
автотяга́ч, -á
автоукла́дчик, -а
автофазиро́вка, -и
автофили́я, -и
автофурго́н, -а
автохарактери́стика, -и
автохозя́йство, -а
автохро́мный
автохронометра́ж, -а
автохто́н, -а
автохто́нный
автоцементово́з, -а
автоцисте́рна, -ы
авточа́с, -а, мн. -ы́, -óв
авточа́сть, -и, мн. -и, -éй
автоша́рж, -а
автошко́ла, -ы
автошту́рман, -а
автощепово́з, -а
автощётка, -и
автоэлектро́нный
авуа́ры, -ов
агá, -и́, м. (восточный титул)
агá, неизм.
ага́ва, -ы
ага́вный
агали́т, -а
агальматоли́т, -а
ага́ма, -ы (ящерица)
агáми, нескл., ж. (птица)
агами́я, -и
ага́мный
агамого́ния, -и
ага́р-ага́р, -а
ага́рный
ага́ровый
агаря́нин, -а, мн. -я́не, -я́н
агаря́нка, -и
ага́т, -а
ага́товый
ага́-ха́н, -а
агглютина́бельный
агглютинати́вный
агглютина́ция, -и
агглютини́н, -а
агглютини́рование, -я
агглютини́ровать(ся), -ру-
  ет(ся)

агглютини́рующий
агграва́ция, -и
аге́нт, -а
аген́ти́рование, -я
аге́нтский
аге́нтство, -а
агенту́ра, -ы
агенту́рный
агиографи́ческий
агиогра́фия, -и
агиоло́гия, -и
агит... — первая часть
  сложных слов, пишется
  всегда слитно
агита́тор, -а
агита́торский
агитацио́нно-ма́ссовый
агитацио́нный
агита́ция, -и
агитбрига́да, -ы
агитва́гон, -а
агити́ровать, -рую, -рует
аги́тка, -и
агиткампа́ния, -и
агитколлекти́в, -а
агитма́ссовый
агитплака́т, -а
агитпое́зд, -а, мн. -á, -óв
агитпохо́д, -а
агитпробе́г, -а
агитпро́п, -а
агитпропотде́л, -а
агитпу́нкт, -а
агитфи́льм, -а
агломера́т, -а
агломера́тчик, -а
агломерацио́нный
агломера́ция, -и
агломери́ровать(ся), -рую,
  -рует(ся)
аглопори́т, -а
аглофа́брика, -и
а́гнец, а́гнца
агно́зия, -и
агно́стик, -а
агностици́зм, -а
агности́ческий
агонизи́ровать, -рую,
  -рует
агони́ческий
аго́ния, -и
агорафоби́я, -и
аграма́нт, -а
грама́нтный
грама́нтовый
агранулоци́т, -а
агранулоцита́рный
агранулоцито́з, -а
агра́рий, -я
агра́рник, -а
агра́рно-индустриа́льный
агра́рно-промы́шленный
агра́рный
агра́ф, -а
агра́фия, -и
агрега́т, -а
агрегати́рование, -я
агрега́тированный
агрегати́ровать(ся), -рую,
  -рует(ся)
агрега́тно-сбо́рочный
агрега́тный
агрега́ция, -и
агреги́ровать, -рую -рует

агрема́н, -а
агресси́вно-коррозио́нный
агресси́вность, -и
агресси́вный
агре́ссия, -и
агре́ссор, -а
агрикульту́ра, -ы (земледе-
  лие; устар.)
агро... — первая часть
  сложных слов, пишется
  всегда слитно
агроба́за, -ы
агробио́лог, -а
агробиологи́ческий
агробиоло́гия, -и
агробиоцено́з, -а
агробота́ника, -и
агроботани́ческий
агрогородо́к, -дка́
агрозоотéхника, -и
агрозоотехни́ческий
агроклиматоло́гия, -и
агрокружо́к, -жка́
агрокульту́ра, -ы
агролесомелиорати́вный
агролесомелиора́тор, -а
агролесомелиора́ция, -и
агрома́ксимум, -а
агромелиора́тор, -а
агромелиора́ция, -и
агрометеоро́лог, -а
агрометеорологи́ческий
агрометеороло́гия, -и
агро́метр, -а
агроми́нимум, -а
агроно́м, -а
агрономи́ческий
агроно́мия, -и
агропо́чвенный
агропочвове́дение, -я
агропроизво́дство, -а
агропро́м, -а
агропромы́шленный
агропропага́нда, -ы
агропу́нкт, -а
агрорайо́н, -а
агросе́ть, -и, мн. -се́ти, -се-
  те́й
агроте́хник, -а
агроте́хника, -и
агротехни́ческий
агроуча́сток, -тка
агрофи́зик, -а
агрофи́зика, -и
агрофизи́ческий
агрофитоцено́з, -а
агрохи́мик, -а
агрохими́ческий
агрохи́мия, -и
агрохимлаборато́рия, -и
агроцéх, -а
агрошко́ла, -ы
агроэкологи́ческий
агроэкономи́ческий
агроэкосисте́ма, -ы
агу́, неизм.
агу́л, -а, р. мн. -ов
агу́лец, -льца
агу́лка, -и
агу́льский
ад, -а, предл. об а́де, в аду́
ада́жио, неизм. и нескл.,
  с.
адали́н, -а

адама́нт, -а
адами́т, -а
ада́мово я́блоко
адамси́т, -а
ада́мсия, -и
адапта́нт, -а
адаптацио́нный
адапта́ция, -и (приспосабливание)
ада́птер, -а
адапти́вный (к адапта́-
  ции)
адапти́рованный (от
  адапти́ровать)
адапти́ровать(ся),
  -рую(сь), -рует(ся) (к
  адапта́ции)
адапто́метр, -а
ала́т, -а
адве́кция, -и
адвенти́вный
адвенти́ст, -а
адвербиализа́ция, -и
адвербиализи́роваться,
  -руется
адвербиа́льный
адвока́т, -а
адвока́тский
адвока́тство, -а
адвока́тствовать, -твую,
  -твует
адвокату́ра, -ы
адгезио́нный
адге́зия, -и
адде́нда, -ы
аддисо́нова боле́знь
аддити́вный
адду́ктор, -а (приводящая
  мышца)
адду́кция, -и
адеква́тный
адени́т, -а
аденови́рус, -а
аденови́русный
адено́ид, -а
аденокарцино́ма, -ы
адено́ма, -ы
аде́пт, -а
адерми́н, -а
адеструкти́вный
аджа́рец, -рца
аджа́рка, -и
аджа́рский
аджи́ка, -и
адиаба́та, -ы
адиабати́ческий
адиаба́тный
адида́с, неизм.
адида́совский
адинами́я, -и
администрати́вно-волево́й
администрати́вно-дисци-
  плина́рный
администрати́вно-кома́нд-
  ный
администрати́вно-приказ-
  но́й
административно-терри-
  ториа́льный
административно-управ-
  ле́нческий
административно-хозя́йст-
  венный
администрати́вный

администра́тор, -а
администра́торский
администра́торство, -а
администра́ция, -и
администри́рование, -я
администри́ровать, -рую,
　-рует
адмира́л, -а
адмира́л-инжене́р, адмира́ла-инжене́ра
адмиралте́йский
адмиралте́йств-колле́гия,
　-и
адмиралте́йство, -а
адмиралте́йств-сове́т, -а
адмира́льский
адмира́льство, -а
адмотде́л, -а
адмтехперсона́л, -а
адмча́сть, -и, мн. -и, -е́й
а́дов, -а, -о
адонизи́д, -а
адониле́н, -а
адо́нис, -а
адопта́ция, -и (усыновление)
адопти́вный (к адопта́ция)
адопти́рованный (от
　адопти́ровать)
адопти́ровать(ся), -рую,
　-рует(ся) (к адопта́ция)
адора́ция, -и
адренали́н, -а
адренали́новый
адренерги́ческий
адренокортикотро́пный
а́дрес, -а, мн. -а́, -о́в
адреса́нт, -а (отправитель
　письма)
адреса́т, -а (получатель
　письма)
адреса́ция, -и
а́дрес-календа́рь, -я́
а́дресно-спра́вочный
а́дресный
адресова́ние, -я
адресо́ванный
адресова́ть(ся), -су́ю(сь),
　-су́ет(ся)
адря́с, -а
а́дский
адсорбе́нт, -а
адсо́рбер, -а
адсорби́рованный
адсорби́ровать(ся), -рую,
　-рует(ся)
адсорбцио́нно-ко́мплекс-
　ный
адсорбцио́нный
адсо́рбция, -и
адуля́р, -а
адъектива́ция, -и
адъективи́рование, -я
адъективи́рованный
адъективи́роваться, -руется
адъекти́вный
адъю́нкт, -а (о человеке)
адъю́нкта, -ы (матем.)
адъю́нкт-профе́ссор, -а,
　мн. -а́, -о́в
адъю́нктский
адъю́нктство, -а
адъюнкту́ра, -ы

адъюста́ж, -а
адъюта́нт, -а
адъюта́нтский
адъюта́нтство, -а
адыге́, нескл., м. и ж.
адыге́ец, -е́йца
адыге́йка, -и
адыге́йский
ады́гский
адюльте́р, -а
аж, частица
ажго́н, -а
а́жио, нескл., с.
ажиота́ж, -а
ажита́ция, -и
ажу́р, -а
ажу́рный
ажости́ровать, -рую, -рует
аз, -а́, мн. азы́, -о́в
аза́лия, -и
аза́рин, -а
аза́рт, -а
аза́ртничать, -аю, -ает
аза́ртный
аза́т, -а
а́збука, -и
азбуко́вник, -а
а́збучный
азеотро́пный
азербайджа́нец, -нца
азербайджа́нка, -и
азербайджа́нский
азе́фовщина, -ы
азиани́ческий
азиа́т, -а
азиати́ческий
азиа́тка, -и
азиа́тский
азиа́тско-тихоокеа́нский
азиа́тчина, -ы
ази́д, -а
а́зимут, -а
азимута́льный
а́зимутный
азобензо́л, -а
азо́вский
азогру́ппа, -ы
азо́йский
азокраси́тель, -я
азоксисоедине́ние, -я
азомета́н, -а
азона́льный
азооспермия, -и
азосоедине́ние, -я
азо́т, -а
азотдобыва́ющий
азотемия, -и
азотиза́ция, -и
азоти́рование, -я
азоти́ровать(ся), -рую, -ру-
　ет(ся)
азо́тисто-водоро́дный
азотистоки́слый
азо́тистый
азотова́тистый
азотова́тый
азо́тно-кали́йно-фо́сфор-
　ный
азо́тно-кали́йный
азотноки́слый
азо́тно-ту́ковый
азо́тно-фо́сфорный
азо́тный

азотоба́ктер, -а
азотобактери́н, -а
азотобакте́рия, -и
азотоге́н, -а
азотоме́тр, -а
азототдаю́щий
азотсодержа́щий
азотусва́ивающий
азотфикса́тор, -а
азотфикса́ция, -и
азотфикси́рующий
азофо́ска, -и
азу́, нескл., с.
азу́р, -а
азури́т, -а
азы́м, -а
азя́мчик, -а
ай, нескл., с.
а́йл, -а
айр, -а
а́ист, -а
аисте́нок, -нка, мн. -тя́та,
　-тя́т
а́истник, -а
а́истовый
аистообра́зные, -ых
ай-ай-а́й, неизм.
айва́, -ы́
айво́вый
айда́, неизм.
а́йканье, -я
а́йкать, -аю, -ает
а́йкнуть, -ну, -нет
айла́нт, -а
айма́к, -а́
айма́ковый
айма́чный
айра́н, -а
айро́л, -а
а́йсберг, -а
а́йсинг, -а
айсо́р, -а, р. мн. -ов
айсо́рка, -и
айсо́рский
айс-ревю́, нескл., с.
академгородо́к, -дка́
академи́зм, -а
акаде́мик, -а
академи́ческий
академи́чный
акаде́мия, -и
акажу́, нескл., с.
ака́нт, -а
ака́нтовый
а́канье, -я
а капе́лла, неизм.
акариа́зис, -а
акари́ды, -и́д
акарици́д, -а
акароло́гия, -и
а́кать, -аю, -ает
ака́фист, -а
ака́фистный
ака́циевый
ака́ция, -и
а́кающий
аквада́г, -а
аквакульту́ра, -ы
аквала́нг, -а
акваланги́ст, -а
аквамари́н, -а
аквамари́нный
аквамари́новый
акваме́трия, -и

аквана́вт, -а
аквапла́н, -а
акваполисоедине́ние, -я
акварели́ст, -а
акварели́стка, -и
акваре́ль, -и
акваре́льный
аква́риум, -а
аква́риуми́ст, -а
аква́риумный
аквасоедине́ние, -я
акваи́нта, -ы
акваи́пия, -и
аквато́рия, -и
аквафо́рте, нескл., с.
аквафорти́ст, -а
акведу́к, -а
аквизи́тор, -а
аквиле́гия, -и
аквило́н, -а
аквипа́ры, -ов
акинезия, -и
акка́дский
акклама́ция, -и
акклиматизацио́нный
акклиматиза́ция, -и
акклиматизи́рование, -я
акклиматизи́рованный
акклиматизи́ровать(ся),
　-рую(сь), -рует(ся)
аккола́да, -ы
аккомода́нтный
аккомодацио́нный
аккомода́ция, -и
аккомоди́ровать(ся), -рую,
　-рует(ся)
аккомпанеме́нт, -а
аккомпаниа́тор, -а
аккомпани́рование, -я
аккомпани́ровать, -рую,
　-рует
аккомпаниро́вка, -и
акко́рд, -а
аккордео́н, -а
аккордеони́ст, -а
аккордеони́стка, -и
акко́рдный
акко́рдовый
аккредита́ция, -и
аккредити́в, -а
аккредито́вание, -я
аккредито́ванный
аккредитова́ть(ся),
　-ту́ю(сь), -ту́ет(ся)
аккузати́в, -а
аккумули́рование, -я
аккумули́ровать(ся), -рую,
　-рует(ся)
аккумуляти́вный
аккумуля́тор, -а
аккумуля́торно-заря́дный
аккумуля́торный
аккумуляцио́нный
аккумуля́ция, -и
аккура́ти́ст, -а
аккура́тненький
аккура́тность, -и
аккура́тный
акли́на, -ы
акмеи́зм, -а
акмеи́ст, -а
акмеи́стический
акмеи́стка, -и
акмеи́стский

акони́т, -а
аконити́н, -а
акони́товый
а-ко́нто, неизм.
акр, -а, р. мн. -ов
акриди́н, -а
акриди́новый
акри́ды, -и́д
акри́л, -а
акрила́т, -а
акрихи́н, -а
акроба́т, -а
акробати́зм, -а
акроба́тика, -и
акробати́ческий
акробати́чный
акроба́тка, -и
акроба́тничание, -я
акроба́тничать, -аю, -ает
акроба́тство, -а
акроба́тствовать, -твую,
  -твует
акролеи́н, -а
акромега́лия, -и
акро́поль, -я
акро́стих, -а
акроцефа́лия, -и
аксака́л, -а
аксами́т, -а
акселера́т, -а
акселера́тка, -и
акселера́тор, -а
акселера́ция, -и
акселеро́граф, -а
акселеро́метр, -а
аксельба́нт, -а
аксерофто́л, -а
аксессуа́р, -а
аксиа́льно-поршнево́й
аксиа́льный
аксиоло́гия, -и
аксио́ма, -ы
аксиома́тика, -и
аксиомати́ческий
аксиомати́чный
аксио́метр, -а
аксоло́тль, -я
аксо́н, -а
аксонометри́ческий
аксонометри́я, -и
аксо́н-рефле́кс, -а
акт, -а
актёр, -а
актёришка, -и, м.
актёрка, -и
актёрский
актёрство, -а
актёрствовать, -твую,
  -твует
акти́в, -а
актива́тор, -а
активацио́нный
актива́ция, -и
активиза́ция, -и
активизи́рование, -я
активизи́рованный
активизи́ровать(ся),
  -рую(сь), -рует(ся)
активи́рование, -я
активи́рованный
активи́ровать(ся), -рую,
  -рует(ся)
активи́ст, -а
активи́стка, -и

активи́стский
акти́вничать, -аю, -ает
акти́вно-ёмкостный
акти́вно-индукти́вный
акти́вность, -и
акти́вный
акти́н, -а
актини́дия, -и
акти́ниевый
акти́ний, -я (хим.)
акти́ния, -и (зоол.)
актинобацилёз, -а
актино́граф, -а
актино́ид, -а
актино́метр, -а
актинометри́ческий
актиноме́трия, -и
актиномико́з, -а
актиномице́т, -а, р. мн. -ов
актиномици́н, -а
актинотерапи́я, -и
акти́рование, -я
акти́рованный
акти́ровать(ся), -рую, -ру-
  ет(ся)
а́ктовый
актомиози́н, -а
актри́са, -ы
актуализа́ция, -и
актуализи́рование, -я
актуализи́рованный
актуализи́ровать(ся), -рую,
  -рует(ся)
актуализо́ванный
актуализова́ть(ся), -зу́ю,
  -зу́ет(ся)
актуа́льность, -и
актуа́льный
актуа́рий, -я
аку́ла, -ы
аку́лий, -ья, -ье
аку́ловые, -ых
акупункту́ра, -ы
аку́стика, -и
аку́стико-пневмати́ческий
акусти́ческий
аку́т, -а
акути́рованный
аку́товый
акушёр, -а и акуше́р, -а
акуше́рка, -и
акуше́рский
акуше́рство, -а
акуше́рствовать, -твую,
  -твует
акце́нт, -а
акцента́тор, -а
акценти́рование, -я
акценти́рованный
акценти́ровать(ся), -рую,
  -рует(ся)
акценти́ро́вка, -и
акце́нтный
акцентова́ть(ся), -ту́ю, -ту́-
  ет(ся)
акценто́лог, -а
акцентологи́ческий
акцентоло́гия, -и
акцентуацио́нный
акцентуа́ция, -и
акце́пт, -а
акцепта́нт, -а
акцепта́тор, -а
акцепта́ция, -и

акце́птный
акцепто́вание, -я
акцепто́ванный
акцептова́ть(ся), -ту́ю, -ту́-
  ет(ся)
акце́птор, -а
акце́пция, -и
акцесси́онный
акце́ссия, -и
акцессо́рный
акциде́нтный
акциде́нция, -и
акци́з, -а
акци́зный
акционе́р, -а
акционе́рка, -и
акционе́рный
акционе́рский
акцио́нный
а́кция, -и
акы́н, -а
алала́лия, -и
алани́н, -а
аларми́ст, -а
аларми́стка, -и
аларми́стский
алата́уский
ала́тырь, -я
алба́нец, -нца
алба́нка, -и
алба́нский
а́лгебра, -ы
алгебраи́ст, -а
алгебраи́ческий
алго́л, -а
алгори́тм, -а
алгоритмиза́ция, -и
алгоритмизи́ровать, -рую,
  -рует
алгоритми́ческий
алеба́рда, -ы
алеба́рдный
алеба́рдовый
алеба́стр, -а
алеба́стровый
алеври́т, -а
алеври́товый
алевроли́т, -а
алейкеми́ческий
алейкеми́я, -и
алейро́метр, -а
алейро́н, -а
алейро́новый
александри́йский
александри́т, -а
алекси́н, -а
алекси́я, -и
алема́ны, -ов, ед. алема́н, -а
алёнка, -и (жук)
а́ленький
але́ть(ся), -е́ю, -е́ет(ся)
алеу́т, -а, р. мн. -ов
алеу́тка, -и
алеу́тский
алжи́рец, -рца
алжи́рка, -и
алжи́рский
а́ли, аль, союз
а́либи, нескл. с.
алиготе́, нескл. с.
алида́да, -ы
ализари́н, -а
ализари́новый
алимента́рный

алиме́нтный
алиме́нтщик, -а
алиме́нтщица, -ы
алиме́нты, -ов
алинеа́тор, -а
али́ссум, -а
алити́рование, -я
алити́ровать(ся), -рую, -ру-
  ет(ся)
алкализа́ция, -и
алкалиме́три́я, -и
алкало́з, -а
алкало́ид, -а
алка́ние, -я
алка́ть, а́лчу, а́лчет и ал-
  ка́ю, алка́ет
алка́ш, -а́
алка́я и а́лча, деепр. (от
  алка́ть)
алки́л, -а
алкили́рование, -я
алкоголиза́ция, -и
алкоголизи́ровать(ся),
  -рую, -рует(ся)
алкоголи́зм, -а
алкоголизова́ть(ся), -зу́ю,
  -зу́ет(ся)
алкого́лик, -а
алкоголи́ческий
алкоголи́чка, -и
алкого́ль, -я
алкого́льный
алконо́ст, -а
алкора́н, -а
алла́х, -а
аллегори́зм, -а
аллегори́ческий
аллегори́чность, -и
аллегори́чный
аллего́рия, -и
аллегре́тто, неизм. и
  нескл. с.
алле́гри, нескл. с. (лоте-
  рея)
алле́гро, неизм. и нескл.
  с. (муз.)
алле́йка, -и, р. мн. -еек
аллели́зм, -а
аллеломо́рф, -а
аллеломорфи́зм, -а
алле́ль, -я
алле́манда, -ы
аллемани́ст, -а
аллерге́н, -а
алле́ргик, -а
аллерги́ческий
аллерго́лог, -а
аллергологи́ческий
аллерголо́гия, -и
алле́я, -и
аллига́тор, -а
аллига́ция, -и
алли́ловый
аллилса́т, -а
аллилу́йный
аллилу́йщик, -а
аллилу́йщина, -ы
аллилу́йя, -и и неизм.
аллилче́п, -а
аллитерацио́нный
аллитера́ция, -и
аллити́рование, -я
аллици́н, -а

аллӧ, неизм.
аллӧд, -а
аллодиа́льный
аллока́ция, -и
алломе́три́я, -и
алломо́рф, -а и алломо́р-
фа, -ы
алломо́рфный
аллӧнж, -а
аллопа́т, -а
аллопати́ческий
аллопа́тия, -и
аллопла́стика, -и
аллопласти́ческий
аллоскӧп, -а
аллотропи́ческий
аллотрӧпия, -и
аллофӧн, -а и аллофӧна, -ы
аллохӧл, -а
аллохтӧн, -а
аллювиа́льный
аллю́вий, -я
аллю́зия, -и
аллю́р, -а
алмаати́нец, -нца
алма-ати́нский
алма́з, -а
алма́зно-расто́чный
алма́зно-твёрдый
алма́зный
алмазодобыва́ющий
алмазозамени́тель, -я
алоги́зм, -а
алоги́ческий
алоги́чный
алӧйный
а́ло-кирпи́чный
а́ло-кра́сный
алӧэ, нескл., с.
алоэви́дный
алта́ец, -а́йца
алта́йка, -и
алта́йский
алта́рный
алта́рь, -я́
алте́й, -я
алте́йный
алты́н, -а, р. мн. алты́н и
-ов
алты́нник, -а
алты́нница, -ы
алты́нничать, -аю, -ает
алты́нный
алуду́р, -а
алуни́т, -а
алфави́т, -а
алфави́тно-цифровӧй
алфави́тный
алхи́мик, -а
алхими́ческий
алхи́мия, -и
а́лча и алка́я, деепр. (от
алка́ть)
алчба́, -ы́
а́лчность, -и
а́лчный
а́лчущий
а́лый; кр. ф. ал, ала́, а́ло
алыча́, -и́
алычӧвый
аль, а́ли, союз
альбатрӧс, -а
альбе́до, нескл., с.
альбедӧметр, -а

альбигӧец, -ӧйца
альбигӧйский
альби́дум, -а
альбини́зм, -а
альбинӧс, -а
альбинӧска, -и
альби́т, -а
альби́ция, -и
альбӧм, -а
альбӧм-букле́т, альбӧма-
букле́та
альбора́да, -ы
альбуми́н, -а
альбуми́нный
альбуми́новый
альбуминӧид, -а
альбуминури́я, -и
альбуци́д, -а
альвеӧла, -ы
альвеоля́рный
альгвази́л, -а
альги́н, -а
альголӧгия, -и
альгра́фия, -и
альдеги́д, -а
альдостерӧн, -а
алька́льд, -а
алькӧв, -а
альмави́ва, -ы (плащ)
а́льма-ма́тер, нескл., ж.
альмана́х, -а
альмана́шный
альманди́н, -а
альпака́, нескл. м. и ж.
(животное) и нескл., с.
(шерсть)
альпа́ри, неизм. и нескл.,
с.
альпенштӧк, -а
альпи́йский
альпина́рий, -я
альпиниа́да, -ы
альпини́зм, -а
альпини́ст, -а
альпини́стка, -и
альпини́стский
альсе́кко, неизм.
альт, -а́ и -а, мн. -ы́, -ӧв
альта́зимут, -а
альтерати́вный (к альте-
ра́ция)
альтера́ция, -и
альтери́рованный
альтернанте́ра, -ы
альтерна́т, -а (юр.)
альтерна́тива, -ы
альтернати́вный (к аль-
тернати́ва)
альтерна́тор, -а
альтернацио́нный
альтерна́ция, -и
альтерни́рующий
альтиме́тр, -а
а́льтинг, -а
альти́ст, -а
альти́стка, -и
альтиту́да, -ы
альтӧвый
альтруи́зм, -а
альтруи́ст, -а
альтруисти́ческий
альтруисти́чный
альтруи́стка, -и
а́льфа, -ы

а́льфа-, бе́та- и га́мма-из-
луче́ние, -я
а́льфа-желе́зо, -а
а́льфа-лучи́, -е́й
альфаме́тр, -а
а́льфа-радиоакти́вный
а́льфа-радиӧметр, -а
а́льфа-распа́д, -а
а́льфа-спе́ктр, -а
а́льфа-спектрӧметр, -а
а́льфа-спектроскопи́я, -и
а́льфа-стабилиза́тор, -а
а́льфа-терапи́я, -и
альфатрӧн, -а
а́льфа-части́ца, -ы
альфӧль, -и
альфӧнс, -а
альфре́ско, неизм.
алья́нс, -а
алюмина́т, -а
алюми́ниево-ка́лиевый
алюми́ниево-ма́гниевый
алюми́ниевый
алюми́ний, -я
алюминийоргани́ческий
алюминӧн, -а
алюминотерми́я, -и
алюмо... — первая часть
сложных слов, пишется
всегда слитно
алюмоаммони́йный
алюмока́лиевый
алюмосилика́т, -а
алюмосилика́тный
а-ля́ (вроде, подобно)
аляпова́тый
аляски́т, -а
аляфурше́т, -а и неизм.
амазӧнит, -а
амазӧнка, -и
амазӧнский
амальга́ма, -ы
амальгама́тор, -а
амальгамацио́нный
амальгама́ция, -и
амальгамирова́льный
амальгами́рование, -я
амальгами́рованный
амальгами́ровать(ся),
-рую, -рует(ся)
амальгами́ческий
амальга́мный
амана́т, -а
амана́тский
амара́нт, -а
амари́ллис, -а
амате́р, -а
амате́рка, -и
а́мба, неизм.
амба́л, -а
амба́р, -а
амба́ришко, -а, м.
амба́рище, -а, м.
амба́рный
амбару́шка, -и
амбивале́нтный
амбисто́ма, -ы
амбицио́зный
амбицио́нный
амби́ция, -и
а́мбра, -ы
амбразу́ра, -ы
амбре́, нескл., с.

а́мбровый
амбрӧзия, -и
амбулатӧрия, -и
амбулато́рно-поликлини́-
ческий
амбулатӧрный
амбушӧр, -а
амвӧн, -а
амёба, -ы
амёбиа́з, -а
амёбный
амёбови́дный
амёбоноси́тель, -я
амёбообра́зный
амёбоци́т, -а
амелиора́ция, -и
аменоре́я, -и
америка́нец, -нца
американиза́ция, -и
американизи́рованный
американизи́ровать(ся),
-рую(сь), -рует(ся)
американи́зм, -а
американи́ст, -а
американи́стика, -и
америка́нка, -и
америка́но-англи́йский
америка́ноби́дный
америка́но-кита́йский
америка́но-сове́тский
америка́нский
аме́риций, -я
амети́ст, -а
амети́стовый
аметропи́я, -и
амиа́нт, -а
амиа́нтовый
амигдали́н, -а
ами́д, -а
амиди́рование, -я
амидӧл, -а
амидопири́н, -а
амикошӧнский
амикошӧнство, -а
амикошӧнствовать, -твую,
-твует
амикрӧн, -а
амила́за, -ы
амила́н, -а
амилацета́т, -а
амиле́н, -а
амилитри́т, -а
ами́ловый
амилодекстри́н, -а
амилӧза, -ы
амилӧид, -а
амилоидӧз, -а
амилопекти́н, -а
ами́н, -а
аминази́н, -а
аминогру́ппа, -ы
аминокислота́, -ы́, мн.
-ӧты, -ӧт
аминокислӧтный
аминопла́ст, -а
аминосоедине́ние, -я
аминоспи́рт, -а, мн. -ы́,
-ӧв
ами́нь, неизм.
амиста́л, -а (танец)
амита́л-на́трий, -я
амитӧз, -а
а́мия, -и
а́мми, нескл., ж.

аммиа́к, -а
аммиака́т, -а
аммиачноки́слый
аммиа́чный
аммона́л, -а
аммониа́к, -а
аммо́ниевый
аммониза́ция, -и
аммонизи́рованный
аммонизи́ровать, -рую, -ру-
  ет
аммо́ний, -я
аммони́йный
аммони́йфосфа́т, -а
аммони́т, -а
аммонифика́ция, -и
аммоно́лиз, -а
аммото́л, -а
аммофи́ла, -ы
аммофо́с, -а
амнези́я, -и
амнио́н, -а
амнио́ты, -от
амнисти́рование, -я
амнисти́рованный
амнисти́ровать(ся), -рую,
  -рует(ся)
амни́стия, -и
аморали́зм, -а
амора́льный
амортиза́тор, -а
амортизацио́нный
амортиза́ция, -и
амортизи́рованный
амортизи́ровать(ся), -рую,
  -рует(ся)
амортифика́ция, -и
аморфи́зм, -а
амо́рфный
ампелогра́фия, -и
ампелоло́гия, -и
ампело́псис, -а
ампелотерапи́я, -и
а́мпельный
ампе́р, -а, р. мн. ампе́р и
  -ов
ампе́р-весы́, -о́в
ампе́р-вито́к, -тка́
ампервольтва́ттме́тр, -а
ампервольтме́тр, -а
амперво́льтомме́тр, -а
амперме́тр, -а
ампе́рный
амперометри́ческий
амперометри́я, -и
ампе́р-секу́нда, -ы
ампе́р-ча́с, -а, мн. часы́, -о́в
ампи́р, -а
ампи́рный
амплиди́н, -а
амплитро́н, -а
амплиту́да, -ы
амплиту́дноимпу́льсный
амплиту́дно-часто́тный
амплиту́дный
амплифика́ция, -и
амплуа́, нескл. с.
а́мпула, -ы
ампутацио́нный
ампута́ция, -и
ампути́рованный
ампути́ровать(ся), -рую,
  -рует(ся)
амударьи́нский

амуле́т, -а
амуницио́нный
амуни́ция, -и
амуни́чный
аму́р, -а
аму́риться, -рюсь, -рится
аму́рничать, -аю, -ает
аму́рный
амфиби́йный
амфи́бия, -и
амфибо́л, -а
амфиболи́т, -а
амфиболи́я, -и
амфибра́хий, -я
амфибрахи́ческий
амфипо́д, -а
амфитеа́тр, -а
амфитрио́н, -а
а́мфора, -ы
амфоте́рный
амха́ра, нескл. м. и ж.
амха́рский
ан, частица, союз
анаба́зин, -а
анаба́зис, -а (бот.)
анабапти́зм, -а
анабапти́ст, -а
анабапти́стка, -и
анабапти́стский
анаби́оз, -а
анабиоти́ческий
анаболи́зм, -а
анаболи́я, -и
анагалакти́ческий
анагра́мма, -ы
анаграммати́ческий
анагра́ммный
анака́рдиевые, -ых
анако́луф, -а
анако́нда, -ы
анакре́онтика, -и
анакреонти́ческий
анакру́за, -ы и анакру́са, -ы
ана́лиз, -а
анализа́тор, -а
анализа́торный
анализа́торский
анализи́рование, -я
анализи́рованный
анализи́ровать(ся), -рую,
  -рует(ся)
анали́тик, -а
анали́тика, -и
анали́тико-синтети́ческий
аналити́ческий
анало́г, -а
аналогизи́рование, -я
аналогизи́ровать, -рую,
  -рует
аналоги́ческий
аналоги́чный
анало́гия, -и
анало́говый
ана́лого-цифрово́й
анало́й, -я
анало́йный
анальгези́я, -и
анальге́тик, -а
анальгети́ческий
анальги́н, -а
анальги́я, -и
ана́льный
ана́мнез, -а
анамнести́ческий

ана́мнии, -ий
анаморфи́зм, -а
анаморфи́рование, -я
анаморфи́ческий
анаморфо́з, -а
анаморфо́тный
анана́с, -а, р. мн. -ов
анана́сный
анана́совый
ана́нас, -а
анапести́ческий
анаплази́я, -и
анапла́зма, -ы
анаплазмо́з, -а
анархи́зм, -а
анархи́ст, -а
анархи́ствующий
анархи́стка, -и
анархи́стский
анархи́ческий
анархи́чный
ана́рхия, -и
ана́рхо-синдикали́зм, -а
ана́рхо-синдикали́ст, -а
ана́рхо-синдикали́стский
ана́рхо-террори́зм, -а
анастати́ческий
анастигма́т, -а
анастигмати́зм, -а
анастигмати́ческий
анастомо́з, -а
анатокси́н, -а
ана́том, -а
анатоми́рование, -я
анатоми́рованный
анатоми́ровать(ся), -рую,
  -рует(ся)
анатоми́ческий
анатоми́чка, -и
анато́мия, -и
ана́томо-клини́ческий
ана́томо-физиологи́че-
  ский
анатоци́зм, -а
анафа́за, -ы
ана́фема, -ы
анафема́тствовать, -твую,
  -твует
анафе́мский
анафилакси́я, -и
анафилакти́ческий
анафо́ра, -ы
анафоре́з, -а
анафори́ческий
анахоре́т, -а
анахоре́тский
анахрони́зм, -а
анахрони́ческий
анахрони́чный
анаша́, -и́
анаэро́бб, -а
анаэроби́оз, -а
анаэро́бный
анаэроста́т, -а
ангажеме́нт, -а
ангажи́рование, -я
ангажи́рованный
ангажи́ровать(ся),
  -рую(сь), -рует(ся)
ангажиро́вка, -и
анга́р, -а
ангармони́ческий
анга́рный
а́нгел, -а

ангело́чек, -чка
а́нгельский
ангидри́дный (хим.)
ангидри́довый
ангидри́т, -а (минерал)
ангидри́товый
анги́на, -ы
анги́нный
ангино́зный
ангиогра́мма, -ы
ангиогра́фия, -и
ангиоло́гия, -и
ангио́ма, -ы
ангионевро́з, -а
ангиоспа́зм, -а
ангиостоми́я, -и
англе́з, -а
англези́т, -а
англизи́рованный
англизи́ровать(ся), -рую,
  -рует(ся)
англи́йский
англика́нец, -нца
англика́нский
англици́зм, -а
англича́нин, -а, мн. -а́не,
  -а́н
англича́нка, -и
а́нгло-америка́нский
а́нгло-бу́рский
а́нгло-еги́петский
англома́н, -а
англома́ния, -и
англома́нка, -и
англома́нский
а́нгло-ру́сский
англоса́ксы, -ов, ед. англо-
  са́кс, -а
англоса́ксский
англосаксо́нцы, -ев, ед.
  англосаксо́нец, -нца
англосаксо́нский
а́нгло-сове́тский
а́нгло-сове́тско-ира́н-
  ский
англофи́л, -а
англофи́льский
англофо́бб, -а
англофо́бский
анго́б, -а
анго́рский
а́нгстрем, -а, р. мн. а́нгст-
  рем и -ов
андакси́н, -а
андалузи́т, -а
анда́нте, неизм. и нескл.,
  с.
андонти́но, неизм. и
  нескл. с.
андези́н, -а
андези́т, -а
анди́ец, -и́йца
анди́йка, -и
анди́йский
а́ндо-дидо́йский
а́ндо-це́зский
андроге́н, -а, р. мн.
  -ов
андрогене́з, -а
андроги́ния, -и
андрофо́бия, -и
а́ндшпуг, -а и а́ншпуг,
  -а

аневри́зм, -а и аневри́зма, -ы

аневри́н, -а

анекдо́т, -а

анекдо́тец, -тца

анекдоти́ческий

анекдоти́чный

анекдо́тчик, -а

анеми́ческий

анеми́чный

анеми́я, -и

анемо́граф, -а

анемоклино́граф, -а

анемо́метр, -а

анемоме́трия, -и

анемо́н, -а и анемо́на, -ы

анемоско́п, -а

анемофили́я, -и

анемохори́я, -и

анергги́я, -и

анеро́ид, -а

анестези́н, -а

анестезио́лог, -а

анестезиологи́ческий

анестезиоло́гия, -и

анестези́рованный

анестези́ровать(ся), -рую, -рует(ся)

анестези́рующий

анестези́я, -и

анесте́тик, -а

анестети́ческий

анети́н, -а

ането́л, -а

анзери́н, -а

ани́д, -а

анизога́мия, -и

анизокори́я, -и

анизо́л, -а

анизомери́я, -и

анизотропи́я, -и

анизотро́пный

анили́н, -а

анили́новый

анилинокра́сочный

анилокраси́тель, -я

анимализа́ция, -и

анимали́зм, -а

анимали́ст, -а

анималисти́ческий

анима́льный

аними́зм, -а

аними́ст, -а

анимисти́ческий

анио́н, -а

анио́нный

анионоакти́вный

анионообме́нный

ани́с, -а

ани́совка, -и

ани́совый

а́нкер, -а, мн. -ы, -ов

анкери́т, -а

а́нкерный

анкеро́к, -рка́

анке́та, -ы

анкети́рование, -я

анкети́ровать, -рую, -рует

анке́тный

анкило́з, -а

анкилоза́вр, -а

анкилосто́ма, -ы

анкилостоми́да, -ы, р. мн. -и́д

анкилостомидо́з, -а

анкилостомо́з, -а

анкла́в, -а

аннали́ст, -а

анна́лы, -ов

анна́мец, -мца

аннами́т, -а

аннами́тский

анна́мский

анна́ты, -а́т

аннексиони́зм, -а

аннексиони́ст, -а

аннексиони́стский

аннексио́нный

аннекси́рование, -я

аннекси́рованный

аннекси́ровать(ся), -рую, -рует(ся)

анне́ксия, -и

аннели́ды, -и́д, ед. аннели́да, -ы

анниба́лова кля́тва

аннигили́ровать, -рует

аннигиля́ция, -и

а́ннинский

анно́на, -ы

анно́новые, -ых

анно́тация, -и

анноти́рование, -я

анноти́рованный

анноти́ровать(ся), -рую, -рует(ся)

аннуите́т, -а

аннули́рование, -я

аннули́рованный

аннули́ровать(ся), -рую, -рует(ся)

аннуля́ция, -и

ано́д, -а

аноди́рование, -я

ано́дно-и́мпульсный

ано́дно-механи́ческий

ано́дно-хими́ческий

ано́дный

анодо́нта, -ы

аномалисти́ческий

анома́лия, -и

анома́льный

анони́м, -а

анони́мка, -и

анони́мный

анони́мщик, -а

ано́нс, -а

анонси́рованный

анонси́ровать(ся), -рую, -рует(ся)

анорма́льный

анорти́т, -а

анортози́т, -а

анортокла́з, -а

аносми́я, -и

ано́фелес, -а

анофта́льм, -а

анса́мблевый

анса́мбль, -я

анта́бка, -и

антаблеме́нт, -а

анта́бус, -а

антагони́зм, -а

антагони́ст, -а

антагонисти́ческий

антагонисти́чный

антагони́стка, -и

анта́нтовский

антаркти́ческий

антаци́дный

антегми́т, -а

антекли́за, -ы

антената́льный

анте́нна, -ы

анте́нно-фи́дерный

анте́нщик, -а

анте́нный

антери́дий, -я

антерозо́ид, -а

антефи́кс, -а

антецеде́нт, -а

анти... — первая часть сложных слов, пишется слитно со всеми словами, кроме имен собственных (Анти-Дюринг)

антиалкого́льный

антиамерикани́зм, -а

антиамерика́нский

антиа́пекс, -а

антибактериа́льный

антибарио́н, -а

антибио́тик, -а

антибиотикоусто́йчивость, -и

антибиотикоусто́йчивый

антибиоти́ческий

антибольшеви́зм, -а

антибюрократи́ческий

антивещество́, -а́

антивибра́тор, -а

антивибрацио́нный

антиви́рус, -а

антивое́нный

антиге́н, -а

антиге́нный

антигеро́й, -я

антигигиени́ческий

антигосуда́рственный

антигризу́тный

антигуманисти́ческий

антигума́нный

антида́ктиль, -я

антидарвини́зм, -а

антидемократи́зм, -а

антидемократи́ческий

антидепресса́нт, -а

антидепресси́вный

антидетона́тор, -а

антидетонацио́нный

антидиалекти́ческий

антидо́т, -а

антизапотева́тель, -я

антиимпериалисти́ческий

антиистори́зм, -а

антиистори́ческий

анти́к, -а

антикатализа́тор, -а

антика́тод, -а

анти́ква, -ы

антиква́р, -а

антиквариа́т, -а

антиква́рий, -я

антиква́рный

антиклерикали́зм, -а

антиклина́ль, -и

антиклина́льный

антикоагуля́нт, -а

антиколониа́льный

антикоммуни́зм, -а

антикоммунисти́ческий

антикоррози́йный и антикоррозио́нный

антикрепостни́ческий

антику́льтовый

антилогари́фм, -а

антило́па, -ы

антимагни́тный

антимаркси́стский

антиматериалисти́ческий

антиметаболи́т, -а

антимикро́бный

антимилитари́зм, -а

антимилитари́ст, -а

антимилитаристи́ческий

антимилитари́стский

антими́нс, -а

антими́р, -а, мн. -ы́, -о́в

антимо́ль, -и

антимонархи́ческий

антимони́д, -а (соединение сурьмы с металлом)

антимо́ний, -я (сурьма)

антимони́л, -а

антимони́т, -а (минерал; соль сурьмянистой кислоты)

антимо́ния, -и: разводи́ть антимо́нии

антимора́льный

антимутаге́н, -а

антинаркоти́ческий

антинаро́дный

антинау́чный

антинациона́льный

антинейтри́но, нескл., с.

антинейтро́н, -а

антинейтро́нный

антиникоти́нный

антиникоти́новый

антиноми́ческий

антино́мия, -и

антиобледени́тель, -я

антиобще́ственный; кр. ф. -вен и -венен, -венна

антиокисли́тель, -я

антиоксида́нт, -а

антипарти́йный

антипасса́т, -а

антипати́ческий

антипати́чный

антипа́тия, -и

антипатриоти́ческий

антипатриоти́чный

антипедагоги́ческий

антипедагоги́чный

антиперестро́ечник, -а

антиперестро́ечный

антиперриста́льтика, -и

антипире́н, -а

антипире́тики, -ов

антипири́н, -а

антипо́д, -а

антиправи́тельственный

антипрото́н, -а

антираба́чий

антираке́та, -ы

антираствори́тель, -я

антирелигио́зный

антирри́нум, -а

антисанита́рный

антисвёртывающий

антисейсми́ческий

антиселево́й и антисе́левый

антисеми́т, -а
антисемити́зм, -а
антисемити́ческий
антисеми́тка, -и
антисеми́тский
антисе́птик, -а
антисе́птика, -и
антисепти́рование, -я
антисепти́ческий
антисиони́стский
антисклероти́ческий
антисове́тизм, -а
антисове́тский
антисове́тчик, -а
антисове́тчина, -ы
антиспасти́ческий
антиста́линский
антистари́тель, -я
антиста́тик, -а
антистати́ческий
антистре́ссовый
антистрофа́, -ы́, мн. -стро́-
    фы, -стро́ф
антите́за, -ы
антите́зис, -а
антитела́, -е́л, ед. -те́ло, -а
антитети́ческий
антитети́чный
антитокси́н, -а
антитокси́ческий
антиуто́пия, -и
антифаши́ст, -а
антифаши́стский
антифебри́н, -а
антифеода́льный
антиферме́нт, -а
антифо́н, -а
антифри́з, -а
антифрикцио́нный
антифунги́н, -а
антихло́р, -а
анти́христ, -а
антихудо́жественный; кр.
    ф. -вен и -венен, -венна
антицикло́н, -а
антициклона́льный
антициклони́ческий
антицикло́нный
антиципацио́нный
антиципа́ция, -и
антиципи́ровать(ся), -рую,
    -рует(ся)
античасти́ца, -ы
анти́чность, -и
анти́чный
антиэлектро́н, -а
антия́дро́, -а́, мн. -я́дра,
    -я́дер
антологи́ческий
антологи́чный
антоло́гия, -и
анто́ним, -а
анто́новка, -и
анто́нов ого́нь
анто́новские я́блоки
антофилли́т, -а
антохло́р, -а
антоциа́н, -а
антракно́з, -а
антрако́з, -а
антра́кт, -а
антра́ктный
антра́ктовый
антраце́н, -а

антраце́новый
антраци́т, -а
антраци́тный
антраци́товый
антраша́, нескл., с.
антре́, нескл., с.
антреко́т, -а
антрепренёр, -а
антрепренёрский
антрепренёрство, -а
антрепренёрствовать,
    -твую, -твует
антрепри́за, -ы
антресо́ли, -ей и антре-
    со́ль, -и
антропоге́н, -а
антропогене́з, -а
антропогене́тика, -и
антропоге́нный
антропо́ид, -а
антропо́лог, -а
антропологи́зм, -а
антропологи́ческий
антрополо́гия, -и
антропо́метр, -а
антропометри́ческий
антропоме́трия, -и
антропоморфи́зм, -а
антропоморфи́ческий
антропомо́рфный
антропоморфоло́гия, -и
антропоно́мика, -и
антропос, -а
антропосо́ф, -а
антропософи́ческий
антропосо́фия, -и
антропосо́фский
антропосфе́ра, -ы
антропофа́гия, -и
антропоце́нтризм, -а
антура́ж, -а
анту́риум, -а
а́нты, -ов
анури́я, -и
анфа́с, нареч.
анфила́да, -ы
анча́р, -а
анчо́ус, -а
анчо́усный
анше́ф, -а
аншла́г, -а
аншла́говый
а́ншлюс, -а
а́ншпуг, -а и а́ндшпуг, -а
анэлектрото́н, -а
анэнцефали́я, -и
аони́ды, -и́д
абри́ст, -а
аористи́ческий
абрта, -ы
аорта́льный
аорти́т, -а
абртный
абртовый
апагоги́ческий
апарта́ме́нты, -ов, ед. апар-
    та́ме́нт, -а
апартеи́д, -а
апати́т, -а
апати́товый
апатитонефели́новый
апатитоно́сный
апати́ческий

апати́чный
апа́тия, -и
апатри́д, -а
апа́чи, -ей
апа́ш, -а и неизм.
а́пекс, нескл., с.
апе́лла, -ы
апелле́нт, -а
апелли́рование, -я
апелли́ровать, -рую, -рует
апелля́нт, -а
апелляти́в, -а
апелляцио́нный
апелля́ция, -и
апельси́н, -а, р. мн. -ов
апельси́нный
апельси́новый
апельси́нчик, -а
апериоди́ческий
аперити́в, -а
аперто́метр, -а
аперту́ра, -ы
апика́льный
апила́к, -а
апио́ид, -а
апитерапи́я, -и
апитокси́н, -а
апла́зия, -и
аплана́т, -а
апланати́зм, -а
аплоди́рование, -я
аплоди́ровать, -рую, -рует
аплодисме́нты, -ов
апло́мб, -а
апно́э, нескл., с.
агами́я, -и
апоге́й, -я
аподикти́ческий
апока́липсис, -а
апокалипси́ческий и апо-
    калипти́ческий
апокони́н, -а
апокри́нный
апокри́новый
апо́криф, -а
апокрифи́ческий
апокрифи́чный
аполити́зм, -а
аполити́чность, -и
аполити́чный
аполо́г, -а
апологе́т, -а
апологе́тика, -и
апологети́ческий
апологи́ст, -а
апологи́ческий
аполо́гия, -и
апоморфи́н, -а
апоневро́з, -а
апоплекси́ческий
апоплекси́я, -и
апопле́ктик, -а
апори́я, -и
апо́рт, -а (сорт яблок)
апо́рт, неизм.
    (команда)
апо́ртовый
апоселе́ний, -я
апоспори́я, -и
апостерио́ри, неизм.
апостерио́рный
апо́стол, -а
апо́стольский
апостро́ф, -а (надстрочный

    знак)
апостро́фа, -ы (риториче-
    ская фигура)
апофе́гма, -ы
апофегмати́ческий
апофегма́ты, -а́т
апофе́ма, -ы
апофео́з, -а
апофе́рмент, -а
апофи́з, -а (анат.)
апофи́за, -ы (бот., геол.)
апохрома́т, -а
апоце́нтр, -а
аппара́т, -а
аппара́тная, -ой
аппара́тно-бюрократи́чес-
    кий
аппара́тно-поддержива́е-
    мый
аппара́тно-совмести́мый
аппара́тный
аппаратострое́ние, -я
аппарату́ра, -ы
аппара́тчик, -а
аппара́тчица, -ы
аппаре́ль, -и
аппассиона́то, неизм. и
    нескл., с. (в назв.: Ап-
    пассиона́та, -ы)
аппе́ндикс, -а
аппендици́т, -а
апперко́т, -а
апперцепти́вный
апперцепцио́нный
апперце́пция, -и
апперципи́рованный
апперципи́ровать(ся),
    -рую, -рует(ся)
аппети́т, -а
аппети́тный
аппли́ка́та, -ы
аппликати́вный
аппликату́ра, -ы
аппликацио́нный
апплика́ция, -и
апплике́, неизм. и нескл.,
    с.
аппозити́вный
аппозицио́нный (к аппо-
    зи́ция)
аппози́ция, -и (биол.,
    лингв.)
аппре́т, -а
аппрети́рование, -я
аппрети́ровать(ся), -рую,
    -рует(ся)
аппрету́ра, -ы
аппрету́рщик, -а
аппроксима́ция, -и
апра́ксия, -и
апре́ль, -я
апре́льский
апресси́н, -а
априо́ри, неизм.
априори́зм, -а
априористи́ческий
априо́рный
апроба́ция, -и
апроби́рование, -я
апроби́рованный
апроби́ровать(ся), -рую,
    -рует(ся)
апроприа́ция, -и
апро́ш, -а

АПС

а́псель, -я
апси́да, -ы
апте́ка, -и
апте́карский
апте́карь, -я, *мн.* -и, -ей
апте́чка, -и
апте́чный
апчхи́, *неизм.*
ар, -а, *р. мн.* -ов
а́ра, *нескл., м.*
ара́б, -а
арабе́ск, -а (в танце)
арабе́ска, -и (*архит.;*
  муз.)
арабе́сковый
арабе́сочный
араби́зм, -а
араби́ст, -а
араби́стика, -и
ара́бка, -и
ара́бский
арави́йский
аравитя́нин, -а, *мн.* -я́не,
  -я́н
аравитя́нка, -и
арагони́т, -а
ара́к, -а
аракче́евец, -вца
аракче́евский
аракче́евщина, -ы
ара́лиевые, -ых
ара́лия, -и
араме́ец, -е́йца
араме́йка, -и
араме́йский
аранжи́рованный
аранжи́ровать(ся), -рую,
  -рует(ся)
аранжиро́вка, -и
аранжиро́вщик, -а
ара́п, -а (темнокожий че-
  ловек)
ара́пка, -и (*к* ара́п)
ара́пник, -а
арапчо́нок, -нка, *мн.* -ча́та,
  -ча́т
ара́т, -а
ара́тский
арука́нский
аука́рия, -и
арахи́дный
ара́хис, -а
ара́хисовый
арахноиди́т, -а
арахноло́гия, -и
арба́, -ы́, *мн.* а́рбы, арб,
  а́рбам
арбале́т, -а
арбале́тчик, -а
арби́тр, -а
арбитра́ж, -а
арбитра́жный
арбови́рус, -а, *мн.* -ы, -ов
арбови́русный
арболи́т, -а
арбори́ци́д, -а
арбу́з, -а
арбу́зище, -а, *м.*
арбути́н, -а
арга́л, -а (сухой помёт)
аргали́, *нескл., м.* (дикий
  баран)
аргама́к, -а
аргенти́на, -ы (рыба)

АРИ

аргенти́нец, -нца
аргенти́нка, -и
аргенти́нский
аргенти́т, -а
аргентоме́три́я, -и
аргилли́т, -а
аргина́за, -ы
аргини́н, -а
аргиро́ид, -а
аргирофа́н, -а
арго́, *нескл., с.*
аргро́н, -а
аргона́вт, -а
арго́нный
арго́новый
арготи́зм, -а
арготи́ческий
арготи́чный
аргуме́нт, -а
аргумента́ция, -и
аргументи́рование, -я
аргументи́рованный
аргументи́ровать(ся),
  -рую, -рует(ся)
а́ргус, -а
ардо́метр, -а
ареа́л, -а
ареало́гия, -и
ареа́льный
а́редовы ве́ки
аре́на, -ы
аре́нда, -ы
аренда́тор, -а
аренда́торский
аре́ндный
арендова́ние, -я
арендо́ванный
арендова́ть(ся), -ду́ю, -ду́-
  ет(ся)
ареогра́фия, -и
аре́бла, -ы
аребме́тр, -а
ареоме́трия, -и
ареопа́г, -а
ареоцентри́ческий
аре́ст, -а
ареста́нт, -а
ареста́нтка, -и
ареста́нтский
аре́стный
арестова́нный
арестова́ть, -ту́ю, -ту́ет
аресто́вывать(ся), -аю,
  -ает(ся)
арефле́ксия, -и
аржа́нец, -нца
арзама́сский
ариа́днина нить
ариа́нство, -а
арие́тта, -ы
ари́ец, ари́йца
а́рийка, -и (*уменьш. от*
  а́рия)
ари́йка, -и (*к* ари́ец)
ари́йский
арили́рование, -я
арилло́ид, -а
ари́ллус, -а
арио́зо, *нескл., с.*
аристокра́т, -а
аристократи́зм, -а
аристократи́ческий
аристократи́чный
аристокра́тия, -и

АРО

аристокра́тка, -и
аристо́н, -а
аритми́ческий
аритми́чный
аритми́я, -и
арифме́тика, -и
арифме́тико-логи́ческий
арифмети́ческий
арифмо́граф, -а
арифмо́метр, -а
а́рия, -и
а́рка, -ы
арка́да, -ы
арка́дский
арка́н, -а
арканза́с, -а (минерал)
арка́нить, -ню, -нит
арка́нный
аркату́ра, -ы
аркбута́н, -а
аркебу́з, -а и аркебу́за, -ы
арккосе́канс, -а
арккоси́нус, -а
арккота́нгенс, -а
аркотро́н, -а
арксе́канс, -а
аркси́нус, -а
аркта́нгенс, -а
аркти́ческий
арлеки́н, -а
арлекина́да, -ы
арма́да, -ы
армади́лл, -а, *р. мн.* -ов
арма́та, -ы
арма́тор, -ы
армату́ра, -ы
армату́рно-сва́рочный
армату́рный
армату́рщик, -а
армату́рщица, -ы
арме́ец, -е́йца
арме́йский
армени́ст, -а
армени́стика, -и
армено́идный
армилля́рный
арми́рование, -я
арми́рованный
арми́ровать(ся), -рую, -ру-
  ет(ся)
армиро́вка, -и
а́рмия, -и
армобло́к, -а
армока́менный
армоконстру́кция, -и
армоцеме́нтный
армю́р, -а
армя́к, -а́
армяни́н, -а, *мн.* -я́не, -я́н
армя́нка, -и
армя́но-григориа́нский
армя́но-туре́цкий
армя́нский
армячи́шко, -а, *м.*
армя́чный
армячо́к, -чка́
арнау́тка, -и
а́рника, -и
а́рниковый
арома́т, -а
ароматиза́тор, -а
ароматиза́ция, -и
аромати́ческий
аромати́чный

АРТ

арома́тный
ароматобразу́ющий
аро́нник, -а
аро́нниковые, -ых
а́рочный
арпе́джио и арпе́джо, *не-*
  изм. и нескл., с.
аррети́р, -а
аррети́рование, -я
арро́зия, -и
аррору́т, -а
арсена́л, -а
арсена́льный
арсени́д, -а (соединение
  мышьяка с металлом)
арсени́т, -а (соль мышья-
  ковистой кислоты)
арсенопири́т, -а
арси́н, -а
арт... — первая часть
  сложных слов, пишется
  всегда слитно
арта́лин, -а
арта́читься, -чусь, -чится
артдивизио́н, -а
артезиа́нский
арте́ль, -и
арте́льный
арте́льщик, -а
арте́льщица, -ы
артериа́льный
артери́ит, -а
артериовено́зный
артерио́ла, -ы
артериосклеро́з, -а
арте́рия, -и
артефа́кт, -а
арти́кль, -я
арти́кул, -а (тип товара)
артику́л, -а (ружейный
  приём)
артикули́ровать(ся), -рую,
  -рует(ся)
артикуляцио́нный
артикуля́ция, -и
артиллери́йский
артиллери́йско-техни́че-
  ский
артиллери́ст, -а
артилле́рия, -и
арти́ст, -а
артисти́зм, -а
артисти́ческий
артисти́чный
арти́стка, -и
артишо́к, -а
артканона́да, -ы
артналёт, -а
артобстре́л, -а
артого́нь, -гня́
а́ртос, -а
артподгото́вка, -и
артпо́лк, -а́
артралги́я, -и
артри́т, -а
артрити́зм, -а
артрити́ческий
артри́тный
артро́з, -а
артрозоартри́т, -а
артроло́гия, -и
артропла́стика, -и
артротоми́я, -и
артучи́лище, -а

а́рфа, -ы
арфи́ст, -а
арфи́стка, -и
архаиза́ция, -и
архаизи́рованный
архаизи́ровать(ся), -рую,
-рует(ся)
архаи́зм, -а
арха́ика, -и
архаи́ст, -а
архаи́стика, -и
архаисти́ческий
архаи́ческий
архаи́чный
архалу́к, -а
арха́нгел, -а
арха́нгельский
архантро́п, -а
арха́р, -а
арха́ровец, -вца
архаромери́нос, -а
архебакте́рия, -и
архе́йский
архео́граф, -а
археографи́ческий
археогра́фия, -и
археозо́йский
архео́лог, -а
археологи́ческий
археоло́гия, -и
археопте́рикс, -а
архео́рнис, -а
археспо́ра, -ы
археспо́рий, -я
архети́п, -а
архи... — первая часть
сложных слов, пишется
всегда слитно
архибе́стия, -и
архи́в, -а
архива́жный
архива́риус, -а
архиви́ст, -а
архи́вный
архивове́дение, -я
архивове́дческий
архивохрани́лище, -а
архидья́кон, -а и архидиа́-
кон, -а
архидья́конский и архи-
диа́конский
архидья́конство, -а и архи-
диа́конство, -а
архиепи́скоп, -а
архиеписко́пия, -и
архиепи́скопский
архиере́й, -я
архиере́йский
архимандри́т, -а
архимандри́тский
архимиллионе́р, -а
архимице́т, -а
архипа́стырский
архипа́стырь, -я
архипела́г, -а
архипела́гский
архиплу́т, -а
архиреакцио́нный
архисерьёзный
архисло́жный
архисовреме́нный
архите́ктоника, -и
архитектони́ческий
архитектони́чный

архите́ктор, -а, мн. -ы, -ов
архите́кторский
архитекту́ра, -ы
архитекту́рно-истори́че-
ский
архитекту́рно-мемориа́ль-
ный
архитекту́рно-планиро́-
вочный
архитекту́рно-стро́итель-
ный
архитекту́рно-худо́жест-
венный
архитекту́рный
архитра́в, -а
архифоне́ма, -ы
архоза́вр, -а
архо́нт, -а
арча́, -и́
арчи́нец, -нца
арчи́нка, -и
арчи́нский
арчо́вник, -а
арчо́вый
арши́н, -а, р. мн. арши́н
(мера) и -ов (мерная ли-
не́йка)
арши́нник, -а
арши́нный
ары́к, -а
ары́чный
арьерга́рд, -а
арьерга́рдный
арьерсце́на, -ы
ас, -а (лётчик)
асбе́ст, -а
асбести́т, -а
асбестобето́н, -а
асбестобето́нный
асбестобиту́м, -а
асбестобиту́мный
асбе́стовый
асбестографи́товый
асбестообогати́тельный
асбестотеплоизоляцио́н-
ный
асбестотерми́т, -а
асбестотехни́ческий
асбестофане́ра, -ы
асбестоцеме́нт, -а
асбестоцеме́нтный
асбестсодержа́щий
асбо... — первая часть
сложных слов, пишется
всегда слитно
асбоволокни́т, -а
асбогетина́кс, -а
асболи́т, -а
асбопла́стик, -а
асборези́новый
асбостально́й
асботекстоли́т, -а
асбофане́ра, -ы
асбоцеме́нт, -а
асбоцеме́нтный
асбоши́фер, -а
асбошла́к, -а
асейсми́ческий
асексуа́льный
асе́птика, -и
асепти́ческий
асе́ссор, -а, мн. -ы,
-ов
асидо́л, -а

асимметри́ческий
асимметри́чный
асимметри́я, -и
асимпто́та, -ы
асимптоти́ческий
аси́ндетон, -а
асинерги́я, -и
асинхро́нный
асистоли́я, -и
аскани́т, -а
аскари́да, -ы
аскари́дии, -ий
аскаридио́з, -а
аскаридо́з, -а
аске́за, -ы
аске́р, -а
аске́т, -а
аскети́зм, -а
аскети́ческий
аскети́чный
асколиза́ция, -и
асколи́рование, -я
аскомице́т, -а, р. мн.
-ов
аскорби́новый
аскорбиноме́трия,
-и
асоциа́льный
аспара́гус, -а
аспе́кт, -а
аспекти́вный
аспе́ктный
асперги́лл, -а
аспергиллёз, -а
а́спид, -а
аспиди́ум, -а
а́спидно-се́рый
а́спидно-чёрный
а́спидный
а́спидский
аспира́нт, -а
аспира́нтка, -и
аспира́нтский
аспиранту́ра, -ы
аспира́т, -а (согласный
звук)
аспира́тор, -а
аспира́торный
аспира́ция, -и
аспири́н, -а
асс, -а (монета)
ассамбле́я, -и
ассамбля́ж, -а
асса́мец, -мца
асса́мка, -и
асса́мский
ассельский
ассениза́тор, -а
ассенизацио́нный
ассениза́ция, -и
ассенизи́ровать, -рую,
-рует
ассерто́рический
ассигнацио́нный
ассигна́ция, -и
ассигнова́ние, -я
ассигно́ванный
ассигнова́ть(ся), -ну́ю,
-ну́ет(ся)
ассигно́вка, -и
ассигно́вывать(ся), -аю,
-ает(ся)
ассимили́рование, -я
ассимили́рованный

ассимили́ровать(ся),
-рую(сь), -рует(ся)
ассимиляти́вный
ассимиля́тор, -а
ассимиля́торный
ассимиля́торский
ассимиля́торство, -а
ассимиляцио́нный
ассимиля́ция, -и
ассири́ец, -и́йца
ассири́йка, -и
ассири́йский
ассирио́лог, -а
ассириоло́гия, -и
ассирия́нин, -а, мн. -яне,
-ян
ассирия́нка, -и
асси́ро-вавило́нский
ассисте́нт, -а
ассисте́нтка, -и
ассисте́нтский
ассисти́ровать, -рую, -ру-
ет
ассона́нс, -а
ассона́нсный
ассорти́, неизм. и нескл.,
с.
ассортиме́нт, -а
ассортиме́нтный
ассоциати́вный
ассоциациони́зм,
-а
ассоциацио́нный
ассоциа́ция, -и
ассоции́рованный
ассоции́ровать(ся),
-рую(сь), -рует(ся)
аста́зия, -и
аста́т, -а
астати́ческий
асте́ник, -а
астени́ческий
астени́я, -и
астенопи́я, -и
астеносфе́ра, -ы
астери́зм, -а
астери́ск, -а
асте́рия, -и
астеро́ид, -а
астероксило́н, -а
астеро́метр, -а
астигма́т, -а
астигмати́зм, -а
астигмати́ческий
а́стма, -ы
астма́тик, -а
астмати́ческий
астмати́чный
астмато́л, -а
а́стра, -ы
астрага́л, -а
астрали́н, -а
астрали́т, -а
астра́льный
астраха́нка, -и
астраха́нский
астро... — первая часть
сложных слов, пишется
всегда слитно
астробиоло́гия, -и
астробота́ника, -и
астрогеогра́фия, -и
астрогеоло́гия, -и
астрогно́зия, -и

астрóграф, -а
астродáтчик, -а
астродинáмика, -и
астрóида, -ы
астроколоримéтрия, -и
астрокоррéкция, -и
астролáтрия, -и
астрóлог, -а
астрологи́ческий
астроло́гия, -и
астроля́бия, -и
астрометри́ческий
астромéтрия, -и
астронавигáция, -и
астронáвт, -а
астронáвтика, -и
астронавти́ческий
астронóм, -а
астрономи́ческий
астроно́мия, -и
астрóномо-геодези́ческий
астроориентáция, -и
астроскóп, -а
астроспектрóграф, -а
астроспектроскопи́я, -и
астроспектрофотомéтрия, -и
астросфéра, -ы
астротелефотóметр, -а
астрофи́зика, -и
астрофизи́ческий
астрофотогрáфия, -и
астрофотóметр, -а
астрофотомéтрия, -и
астроцитóма, -ы
асфáлия, -и
асфáльт, -а
асфальтéн, -а
асфальти́рование, -я
асфальти́рованный
асфальти́ровать(ся), -рую,
   -рует(ся)
асфальтирóвка, -и
асфальти́т, -а
асфáльтный
асфальтобетóн, -а
асфальтобетóнный
асфальтобетоноуклáдчик,
   -а
асфальтоби́тумный
асфáльтовый
асфальтоглинобетóн, -а
асфальтозавóд, -а
асфальтоподóбный
асфальтосмеси́тель, -я
асфальтоуклáдчик, -а
асфи́ксия, -и
асци́дия, -и
асци́т, -а
ась, *неизм.*
атави́зм, -а
атависти́ческий
атависти́чный
атáка, -и
атакóванный
атаковáть(ся), -кýю, -кý-
   ет(ся)
атакси́т, -а
атакси́я, -и
атакти́ческий
атамáн, -а
атамáнец, -нца
атамáнить, -ню, -нит
атамáновец, -вца

атамáнский
атамáнство, -а
атамáнствовать, -твую,
   -твует
атамáнша, -и
атамáнщина, -ы
атáнде, *неизм.*
атарáксия, -и
атеи́зм, -а
атеи́ст, -а
атеисти́ческий
атеи́стка, -и
ателектáз, -а
ателье́, *нескл., с.*
атенéй, -я
атерóма, -ы
атероматóз, -а
атеросклерóз, -а
атеросклероти́ческий
атеротромбóз, -а
атетóз, -а
атипи́ческий
атлáнт, -а (статуя; шейный
   позвонок)
атланти́ческий
атлантозáвр, -а
атлантозаты́лочный
атлáнтроп, -а
áтлас, -а (альбом)
атлáс, -а и -у (ткань)
атлáсистый (*от* атлáс)
áтласный (*от* áтлас)
атлáсовый (*от* атлáс)
атлéт, -а
атлети́зм, -а
атлéтика, -и
атлети́ческий
атлети́чески сложённый
атлети́чный
атмóметр, -а
атмосфéра, -ы
атмосфери́ческий
атмосфéрный
атмосферостóйкий
атмосфероусто́йчивый
атóлл, -а
атóлловый
áтом, -а
атомизáтор, -а
атомизáция
атоми́зм, -а
атоми́стика, -и
атомисти́ческий
атомификáция, -и
атоми́ческий
áтомник, -а
áтомно-абсорбцио́нный
áтомно-молекуля́рный
áтомный
атомохóд, -а
áтомщик, -а
атонáльный
атони́ческий
атони́я, -и
атофáн, -а
атрепси́я, -и
атрибýт, -а
атрибути́вный
атрибýтика, -и
атрибýтный
атрибýция, -и
áтрий, -я и áтриум, -а
атропи́н, -а
атрофи́рованный

атрофи́роваться, -руется
атрофи́ческий
атрофи́я, -и
атталéя, -и
атташé, *нескл., м.*
аттентáт, -а
аттенюáтор, -а
аттестáт, -а
аттестацио́нный
аттестáция, -и
аттестóванный
аттестовáть(ся), -тýю, -тý-
   ет(ся)
áттик, -а
áттиковый
аттици́зм, -а
атти́ческий
аттóрней-генерáл, -а
аттрактáнт, -а
аттракцио́н, -а
аттракцио́нный
аттрáкция, -и
аттри́т, -а
атý, *неизм.*
атýканье, -я
атýкать, -аю, -ает
атýкнуть, -ну, -нет
аугментáция, -и
аудиéнц-зáл, -а
аудиéнция, -и
аудиовизуáльный
аудиоло́гия, -и
аудиомéтр, -а
аудиомéтрия, -и
ауди́тор, -а
аудитóрия, -и
аудитóрный
ауди́торский
аудифóн, -а
аýканье, -я
аýкать(ся), -аю(сь),
   -ает(ся)
аýкнуть(ся), -ну(сь),
   -нет(ся)
ауксанóграф, -а
ауксанóметр, -а
ауксúн, -а
ауксоспóра, -ы
ауксотрóф, -а
аукýба, -ы
аукцио́н, -а
аукциони́ст, -а
аукцио́нный
аýл, -а
аýльный
аýльский
áура, -ы
аурéлия, -и
ауреомицúн, -а
аускультáция, -и
ауспи́ции, -ий
аустени́т, -а
аустéрия, -и
áут, -а
аутбри́динг, -а
аутентификáция, -и
аутенти́ческий
аутенти́чный
аутовакци́на, -ы
аутогемотерапи́я, -и
аутогéнный (*мед.*)
аутодафé, *нескл., с.*
аутоиммýнный
аутоинтоксикáция, -и

аутокатáлиз, -а и автокатáлиз, -а
аутóлиз, -а и автóлиз, -а
аутопси́я, -и
аутотóмия, -и и автотóмия,
   -и
аутотрéнинг, -а
аутсáйдер, -а
афáзия, -и
афали́на, -ы
афгáнец, -нца
афгани́, *нескл., ж. и с.*
афгáнка, -и
афгáно-пакистáнский
афгáнский
афгáнско-совéтский
афéлий, -я
афéра, -ы
афери́ст, -а
афери́стка, -и
афи́нянин, -а, *мн.* -яне, -ян
афи́нянка, -и
афи́ша, -и
афиши́рованный
афиши́ровать(ся), -рую,
   -рует(ся)
афони́ческий
афони́я, -и
афóнский
афори́зм, -а
афористи́ческий
афористи́чный
афоти́ческий
африкаáнс, -а
африкáндер, -а и африкá-
   нер, -а
африкáнец, -нца
африкани́ст, -а
африкани́стика, -и
африкáнка, -и
африкáнский
африкáнтроп, -а
áфро-азиáтский
афрóнт, -а
аффéкт, -а
аффектáция, -и
аффекти́вный
аффекти́рованный
аффекти́ровать, -рую, -рует
афферéнтный
áффикс, -а
аффиксáльный
аффинáж, -а
аффинáция, -и
аффинéрный
аффини́рование, -я
аффини́рованный
аффини́ровать(ся), -рую,
   -рует(ся)
аффи́нный
аффинóр, -а
аффирмáция, -и
аффрикáта, -ы
ахалтеки́нский
áханье, -я
áхать, -аю, -ает
ах-ах-áх, *неизм.*
ахвáхский
ахéйский
ахéйцы, -ев, *ед.* ахéец, -йца
áхи, -ов
ахили́я, -и
ахиллéсова пятá
ахинéя, -и

áхнуть, -ну, -нет
áховый
ахолѝя, -и
ахондрѝт, -а
ахондроплáзия, -и
áхоньки, -нек
ахромáт, -а
ахроматѝзм, -а
ахроматѝн, -а
ахроматѝческий
ахроматопсѝя, -и
ахромѝя, -и
ахтерлюк, -а
ахтерпѝк, -а
ахтерштéвень, -вня
ахтѝ, неизм.
ацетáт, -а
ацетáтный
ацетѝл, -а
ацетилéн, -а
ацетилéновый
ацетиленокислорóдный
ацетилѝрование, -я
ацетилсалицѝловый
ацетилхлорѝд, -а
ацетилцеллюлóза, -ы
ацетѝльный
ацетóметр, -а
ацетóн, -а
ацетóновый
ацидиметрѝя, -и
ацидóз, -а
ацидофилѝн, -а
ацидофилѝя, -и
ацидофѝльный
ацидофóбный
ациклѝческий
ацтéк, -а
ацтéкский
ашéльский
ашýг, -а
аэрáрий, -я
аэрáтор, -а
аэрáция, -и
аэренхѝма, -ы
аэрѝровать, -рую, -рует
аэро... — первая часть
  сложных слов, пишется
  всегда слитно
аэрóб, -а
аэрóбика, -и
аэробиóз, -а
аэрóбный
аэрóбус, -а
аэровизуáльный
аэровокзáл, -а
аэрогаммамéтод, -а
аэрогаммаспектрометрѝ-
  ческий
аэрогаммаспектрометрѝя,
  -и
аэрогаммасъёмка, -и
аэрогéнный
аэрогеологѝческий
аэрогеолóгия, -и
аэрогеосъёмка, -и
аэрогеофизѝческий
аэрогидродинамѝческий
аэрогравиметрѝческий
аэрóграф, -а
аэрографѝческий
аэрогрáфия, -и
аэродинáмик, -а
аэродинáмика, -и

аэродинамѝческий
аэродрóм, -а
аэродрóмно-стройтельный
аэродрóмно-технѝческий
аэродрóмный
аэрозóль, -я
аэрозóльный
аэрозольтерапѝя, -и
аэроионизáтор, -а
аэроионотерапѝя, -и
аэроклýб, -а
аэроклубóвский
аэрокосмѝческий
аэролѝт, -а
аэролѝфт, -а
аэролóг, -а
аэрологѝческий
аэролóгия, -и
аэролóция, -и
аэромагнѝтный
аэромагнитóметр, -а
аэрóметр, -а
аэрометрѝческий
аэромéтрия, -и
аэромехáника, -и
аэромобѝль, -я
аэромóст, -а и -á, мн. -ы́,
  -óв
аэрóн, -а
аэронавигациóнный
аэронавигáция, -и
аэронáвт, -а
аэронáвтика, -и
аэронóмия, -и
аэроплáн, -а
аэроплáнный
аэропóника, -и
аэропóнный
аэропóрт, -а, предл. об
  аэропóрте, в аэропортý
аэропрофилáктика, -и
аэрорадионивелѝрование,
  -я
аэросáни, -éй
аэросáнный
аэросéв, -а
аэросинóптик, -а
аэросиноптѝческий
аэроснѝмок, -мка
аэросолярий, -я
аэростáнция, -и
аэростáт, -а
аэростáтика, -и
аэростатѝческий
аэросъёмка, -и
аэросъёмочный
аэротáксис, -а
аэротéнк, -а и аэротáнк, -а
аэротерапѝя, -и
аэротермóметр, -а
аэротóрия, -и
аэротропѝзм, -а
аэрофáгия, -и
аэрофѝльтр, -а
аэрофѝт, -а
аэрофлóт, -а
аэрофóн, -а
аэрофотоаппарáт, -а
аэрофотограммéтрия, -и
аэрофотогрáфия, -и
аэрофотометрѝческий

аэрофотомéтрия, -и
аэрофоторазвéдка, -и
аэрофотосъёмка, -и
аэрофототопогрáфия, -и
аэроцистѝт, -а
аэроэлектроразвéдка, -и
аятоллá, -ы́, м.

Б

бáба, -ы
бабáх, неизм.
бабáханье, -я
бабáхать, -аю, -ает
бабáхнуть(ся), -ну(сь),
  -нет(ся)
бабáшка, -и
бáба-ягá, бáбы-ягѝ
баббѝт, -а
баббѝтный
баббѝтовый
бабёнка, -и
бабéнька, -и
бáбий, -ья, -ье
бáбиться, -блюсь, -бится
бáбища, -и
бáбка, -и
бáбкин, -а, -о
бáбник, -а
бáбничать, -аю, -ает
бáбонька, -и
бáбочка, -и
бáбочница, -ы
бабувѝзм, -а
бабувѝст, -а
бабувѝстский
бабуѝн, -а
бабýля, -и, р. мн. -уль
бабýся, -и, р. мн. -усь
бабýши, -уш, ед. -ша, -и
  (туфли)
бáбушка, -и
бабьё, -я́
бавáрец, -рца
бавáрка, -и
бавáрский
багáж, -á
багáжник, -а
багáжный
багатéль, -и
багаýд, -а
бáгги, нескл., м.
баггѝст, -а
багдáдский
бáгер, -а
багермéйстер, -а
багéт, -а
багéтный
багéтовый
багéтчик, -а
багóвник, -а
багóр, багрá
багóрик, -а
багóрный
багрéние, -я (от багрѝть)
бáгренный, прич. (от бáг-
  рить)
багрённый; кр. ф. -ён, -енá,
  прич. (от багрѝть)
бáгреный, прил. (от бáг-
  рить)

бáгренье, -я (от бáгрить)
багрéть, -éю, -éет (становиться багровым)
багрéц, -á
багрецóвый
бáгрить, -рю, -рит (таскать
  багром)
багрѝть, -рю, -рѝт (окра-
  шивать в багряный
  цвет)
багрѝще, -а, м.
багровéть, -éю, -éет
багровѝще, -а
багрóво-крáсный
багрóво-сѝний
багрóвый
багрянéть, -éет (становиться багряным)
багрянéц, -нца
багрянѝстый
багрянѝть, -ню, -нѝт и
  багрянить, -ню, -нит
  (что)
багрянѝться, -нѝтся и баг-
  ря́ниться, -нится
багрянѝца, -ы
багря́нка, -и
багря́ный
багýльник, -а
багýльниковый
бадáн, -а
бадéечка, -и
бадéечный
бадéйка, -и
бадéйный
баделéйт, -а
бадминтóн, -а
бадминтонѝст, -а
бадминтóнный
бадья́, -ѝ, р. мн. -дéй
бадья́н, -а
баз, -а, предл. о бáзе, на
  базý, мн. -ы́, -óв
бáза, -ы
базáльный
базáльт, -а
базальтобетóн, -а
базáльтовый
базамéнт, -а
базанѝт, -а
базáр, -а
базáрить, -рю, -рит
базáрный
базáровщина, -ы
базéдова болéзнь
базедовѝзм, -а
базидиомицéт, -а, р. мн. -ов
базилѝк, -а (бот.)
базилѝка, -и (архит.)
базилѝковый (от базилѝк)
базѝрование, -я
базѝровать(ся), -рую(сь),
  -рует(ся)
бáзис, -а
бáзисный
базификáция, -и
бáзовый
базофилѝя, -и
базýка, -и
бáиньки, неизм.
бáиньки-баю, неизм.
бай, -я
бай-бáй и бáю-бáй, неизм.

БАЙ

байба́к, -а́
байба́чий, -ья, -ье
байда́ра, -ы
байда́рка, -и
байда́рный (от байда́ра)
байда́рочник, -а
байда́рочный (от байда́рка)
ба́йка, -и
байкали́т, -а
ба́йковый
байоне́т, -а
байо́сский
байпа́с, -а
байра́м, -а
байрони́зм, -а
байрони́ст, -а
байрони́ческий
ба́йский
ба́йство, -а
байт, -а, р. мн. байт и -ов
байт-мультипле́ксный
ба́йтовый
ба́йховый
байцева́ть(ся), -цу́ю, -цу́-
  ет(ся)
байцо́ванный
бак, -а
бакала́вр, -а
бакале́йный
бакале́йщик, -а
бакале́я, -и
ба́кан, -а и ба́кен, -а, мн.
  -ы, -ов (буй)
бака́н, -а (краска)
бака́новый
бакау́т, -а
бакау́тный
бакау́товый
ба́кборт, -а
бакелиза́ция, -и
бакели́т, -а
бакели́товый
ба́кен, -а и ба́кан, -а, мн.
  -ы, -ов (буй)
бакенба́рды, -а́рд и -ов, ед.
  бакенба́рда, -ы и бакен-
  ба́рд, -а
ба́кенный
ба́кенщик, -а
ба́кены, -ов, ед. ба́кен, -а
  (бакенбарды)
ба́ки, бак (бакенбарды)
баккара́, нескл. с.
бакла́га, -и
баклажа́н, -а, р. мн. -ов
баклажа́нный
бакла́жка, -и
бакла́н, -а
бакла́ний, -ья, -ье
бакла́новый
баклу́ша: бить баклу́ши
баклу́шничать, -аю, -ает
ба́ковый
бактериа́льный
бактериеми́я, -и
бактериза́ция, -и
бактеризо́ванный
бактеризова́ть(ся), -зу́ю,
  -зу́ет(ся)
бактери́йный
бактерио́з, -а
бактерио́лиз, -а
бактериолизи́н, -а

БАЛ

бактерио́лог, -а
бактериологи́ческий
бактериоло́гия, -и
бактериоскопи́я, -и
бактериостати́ческий
бактериоуловитель, -я
бактериофа́г, -а
бактериофаги́я, -и
бактериохлорофи́лл, -а
бактериоци́н, -а
бактерици́д, -а
бактерици́дный
бакте́рия, -и
бактеро́ид, -а
бактриа́н, -а
бакуни́зм, -а
бакши́ш, -а
бакшта́г, -а
бакште́йн, -а
бакшто́в, -а
бакшто́вный
бал, -а, предл. о ба́ле, на
  балу́, мн. -ы́, -о́в (танце-
  вальный вечер)
балаба́н, -а (муз.)
балабо́лить, -лю, -лит
балабо́лка, -и, м. и ж.
балабо́шка, -и, м. и ж.
балага́н, -а
балага́нить, -ню, -нит
балага́нничать, -аю, -ает
балага́нный
балага́нчик, -а
балага́нщик, -а
балага́нщина, -ы
балагу́р, -а
балагу́рить, -рю, -рит
балагу́рка, -и
балагу́рный
балагу́рство, -а
бала́канье, -я
бала́кать, -аю, -ает
балала́ечка, -и
балала́ечник, -а
балала́ечный
балала́йка, -и
баламу́т, -а
баламу́тить(ся), -у́чу,
  -у́тит(ся)
баламу́тица, -ы
баламу́тка, -и
бала́нда, -ы
бала́нс, -а
балансёр, -а (акробат)
балансёрка, -и
баланси́р, -а (рычаг)
баланси́рование, -я
баланси́ровать(ся), -рую,
  -рует(ся)
балансиро́вка, -и
балансиро́вочный
бала́нсный
бала́нсовый
балансоме́р, -а
балахо́н, -а
балбе́с, -а
балбе́сничать, -аю, -ает
балда́, -ы́, м. и ж.
балдахи́н, -а
балдахи́нный
балдёж, -ежа́
балде́ть, -е́ю, -е́ет
балери́на, -ы
бале́т, -а

БАЛ

бале́тки, -ток, ед. бале́тка,
  -и
балетме́йстер, -а
балетме́йстерский
бале́тный
балетома́н, -а
балетома́ния, -и
балетома́нка, -и
балетома́нский
ба́ливать, наст. вр. не
  употр.
ба́лка, -и
балкани́стика, -и
балка́рец, -рца
балка́рка, -и
балка́рский
балко́н, -а
балко́нный
балко́нчик, -а
балл, -а, (отметка)
балла́да, -ы
балла́дный
балла́ст, -а
балла́стер, -а
балласти́ровать, -рую, -рует
балластиро́вка, -и
балла́стный
балла́стовый
балли́ста, -ы
балли́стика, -и
баллисти́т, -а
баллисти́ческий
баллистокардиогра́мма, -ы
баллистокардиогра́фия, -и
ба́лловый
балло́н, -а
баллоне́т, -а
балло́нный
баллоти́рование, -я
баллоти́рованный
баллоти́ровать(ся),
  -рую(сь), -рует(ся)
баллотиро́вка, -и
баллотиро́вочный
ба́лльник, -а
ба́лльный (от балл)
бал-маскара́д, ба́ла-маска-
  ра́да
балоба́н, -а (сокол)
бало́ванный
балова́ть(ся), балу́ю(сь),
  балу́ет(ся)
ба́ловень, -вня
баловни́к, -а
баловни́ца, -ы
баловно́й
бало́вство́, -а́
бало́к, балка́
ба́лочный
балти́ец, -и́йца
балти́йский
балха́ш, -а
балы́к, -а́
балыко́вый
балы́чный
балычо́к, -чка́
бальза́м, -а
бальзами́н, -а
бальзами́нный
бальзами́новый
бальзами́рование, -я
бальзами́рованный
бальзами́ровать(ся), -рую,
  -рует(ся)

БАН

бальзамиро́вка, -и
бальзамиро́вочный
бальзами́ческий
бальза́мный
бальза́мовый
бальзо́вый
бальнеогрязево́й
бальнеогрязелече́бница,
  -ы
бальнео́блог, -а
бальнеологи́ческий
бальнеоло́гия, -и
бальнеопроцеду́ра, -ы
бальнеотерапи́я, -и
бальнеофизиотерапевти́-
  ческий
ба́льный (от бал)
балюстра́да, -ы
баля́сина, -ы
баля́сник, -а
баля́сничать, -аю, -ает
баля́сы: баля́сы точи́ть
бамби́но, нескл., м.
бамбу́к, -а
бамбу́ковый
ба́мовец, -вца
ба́мовский
ба́мпер, -а
баналите́т, -а
бана́льность, -и
бана́льный
бана́н, -а, р. мн. -ов
бана́нник, -а
бана́новый
бананое́д, -а
ба́нда, -ы
банда́ж, -а́
бандажи́стка, -и
банда́жный
бандгру́ппа, -ы
бандерилье́ро, нескл., м.
банде́ровец, -вца
бандеро́ль, -и
бандеро́лька, -и
бандеро́льный
ба́нджо, нескл, с.
банди́т, -а
банди́зм, -а
банди́тский
банду́ра, -ы
бандури́ст, -а
бандури́стка, -и
ба́нить, ба́ню, ба́нит
банк, -а
ба́нка, -и
банкабро́ш, -а
банкабро́шница, -ы
банке́т, -а
банке́тный
банки́р, -а
банки́рский
банкно́т, -а, р. мн. -ов и
  банкно́та, -ы, р. мн. -о́т
ба́нковский
ба́нковско-промы́шлен-
  ный
ба́нковый
банкоме́т, -а
банкро́т, -а
банкро́титься, -о́чусь, -о́тит-
  ся
банкро́тство, -а
ба́нник, -а
ба́нно-пра́чечный

бáнный
бáночка, -и
бáночный
бант, -а
бáнтик, -а
бантовóй
бáнту, *неизм. и нескл., м.* (язык), *м. и ж.* (народ)
банчúшко, -а, *м.*
банчóк, -чкá
бáнщик, -а
бáнщица, -ы
бáнька, -и
баньян, -а
бáня, -и, *р. мн.* бань
бáня-прáчечная, бáни-прáчечной
баобáб, -а
баобáбовый
баптúзм, -а
баптúст, -а
баптистéрий, -я
баптúстка, -и
баптúстский
бар, -а
барабáн, -а
барабáнить, -ню, -нит
барабáнно-шаровóй
барабáнный
барабáнчик, -а
барабáнщик, -а
барабáнщица, -ы
барабóшка, -и
барабýлька, -и
барáк, -а
баралгúн, -а
барáн, -а
барáнец, -нца
барáний, -ья, -ье
барáнина, -ы
барáнинка, -и
барáнка, -и
барáночник, -а
барáночница, -ы
барáночный
барантá, -ы́
барáнчик, -а
барахлúть, -лю, -лúт
барахлúшко, -а
барахлó, -á
барахóлка, -и
барахóльный
барахóльщик, -а
барахóльщица, -ы
барáхтанье, -я
барáхтаться, -аюсь, -ается
барáчный
барáшек, -шка
барáшковый
барбамúл, -а
барбарúс, -а
барбарúсник, -а
барбарúсный
барбарúсовый
барбитáл, -а
барбóс, -а
барботúн, -а
барботúрование, -я
барвúнковый
барвúнок, -нка
барвúночек, -чка
баргузúн, -а
бард, -а
бардá, -ы́

бардáк, -á
бáрдовый
бардянóй
барéж, -а
барéжевый
барельéф, -а
барéтки, -ток, *ед.* барéтка, -и
барéттер, -а
бáржа, -и, *р. мн.* барж и баржá, -й, *р. мн.* баржéй
баржевóй и бáржевый
баржестроéние, -я
баржóнка, -и
барибáл, -а
бáриевый
бáрий, -я
бáрин, -а, *мн.* бáре и бáры, бар
барибóн, -а
барисфéра, -ы
барúт, -а
барúтовый
баритóн, -а
баритонáльный
баритóнный
баритóновый
барицéнтр, -а
барицентрúческий
бáрич, -а
барúческий
барк, -а (парусный корáбль)
бáрка, -и (речное судно)
баркáн, -а
баркáновый
баркарóла, -ы
баркáс, -а
баркентúна, -ы
бáрмен, -а
бáрмы, барм
барн, -а, *р. мн.* барн и -ов
бароаппарáт, -а
барогрáмма, -ы
барóграф, -а
барокáмера, -ы
барóкко, *неизм. и нескл., с.*
бароклúнный
барóметр, -а
барометрúческий
барóн, -а
баронéсса, -ы
баронéт, -а
барóнский
барóнство, -а
бароскóп, -а
баростáт, -а
баротерапúя, -и
баротермóметр, -а
баротрáвма, -ы
бáрочник, -а
бáрочный (*от* бáрка)
барóчный (*от* барóкко)
баррáж, -а
барражúрование, -я
барражúровать, -рую, -рует
барракýда, -ы
бáррель, -я
баррéмский
баррикáда, -ы
баррикадúровать(ся), -рую(сь), -рует(ся)
баррикáдный

бáрристер, -а
барс, -а
барсёнок, -нка, *мн.* -сята, -сят
бáрский
бáрски пренебрежúтельный
бáрсовый
бáрственный
бáрство, -а
бáрствовать, -твую, -твует
барсýк, -á
барсукóвый
барсýчий, -ья, -ье
барсучóнок, -нка, *мн.* -чáта, -чáт
барханный
бáрхат, -а
бáрхатец, -тца
бáрхатистый
бáрхатка, -и и бархóтка, -и
бáрхатный
бáрхатцы, -цев
бархóтка, -и и бáрхатка, -и
барчóнок, -нка, *мн.* -чáта, -чáт
барчýк, -á
бáрщина, -ы
бáрщинник, -а
бáрщинный
барыга, -и, *м. и ж.*
бáрынька, -и
бáрыня, -и, *р. мн.* -ынь
барыш, -á
барышник, -а
барышничать, -аю, -ает
барышнический
барышничество, -а
бáрышня, -и, *р. мн.* -шень
барьéр, -а
барьерúст, -а
барьерúстка, -и
барьéрный
бас, -а, *мн.* -ы́, -óв
бас-гитáра, -ы
бáсенка, -и
бáсенник, -а
бáсенный
басúстый
басúть, башý, басúт
баск, -а, *р. мн.* -ов
бáска, -и (оборка)
баскáк, -а
баскетбóл, -а
баскетболúст, -а
баскетболúстка, -и
баскетбóльный
бас-кларнéт, -а
баскóнка, -и (к баск)
баскский
бáсма, -ы, (краска)
басмá, -ы́, *мн.* бáсмы, басм, басмáм (пластинка с изображением)
басмáч, -á
басмáческий
басмáчество, -а
баснопúсец, -сца
баснослóвие, -я
баснослóвный
бáсня, -и, *р. мн.* бáсен
басовúтый
басóвый

басóк, баскá
басóн, -а
басóнный
бáсочка, -и
бассéйн, -а
бассéйновый
бассéйнный
бассéтгóрн, -а
бáста, *неизм.*
бастáрд, -а
бастиóн, -а
бастиóнный
бастовáть, -тýю, -тýет
бастонáда, -ы
бастр, -а
бастурмá, -ы́
бастýющий
басурмáн, -а
басурмáнка, -и
басурмáнский
баталёр, -а
баталúст, -а
баталия, -и
батáльный
батальóн, -а
батальóнный
батáн, -а
батарéец, -éйца
батарéйка, -и
батарéйный
батарéя, -и
батáт, -а
бáтенька, -и, *м.*
батиáль, -и
батиáльный
батигрáмма, -ы
бáтик, -а
батиметрúческий
батимéтрия, -и
батиплáн, -а
батискáф, -а
батúст, -а
батúстовый
батисфéра, -ы
батлачóк, -чкá
батлéйка, -и
батмáн, -а
бáтник, -а
батóг, -á
батожóк, -жкá
батожьё, -я
батолúт, -а
батóметр, -а
батóн, -а
батóнница, -ы
батóнчик, -а
батопóрт, -а
батохрóмный
батрáк, -á
батрáцкий
батрáческий
батрáчество, -а
батрáчий, -ья, -ье
батрáчить, -чу, -чит
батрáчка, -и
батрáчный
батрачóнок, -нка, *мн.* -чáта, -чáт
баттерфляúст, -а
баттерфля́й, -я
батýд, -а и батýт, -а
батудúст, -а и батутúст, -а
батýн, -а
батыр, -а и батырь, -я

ба́тька, -и, м.
ба́тюшка, -и, м.
ба́тюшки, неизм.
ба́тюшки-све́ты
ба́тя, -и, р. мн. -ей, м.
бау́л, -а
бау́льчик, -а
бах, неизм.
ба́ханье, -я
ба́хать(ся), -аю(сь),
   -ает(ся)
бахва́л, -а
бахва́литься, -люсь, -лится
бахва́лка, -и
бахва́льство, -а
бахи́лы, -и́л, ед. бахи́ла, -ы
ба́хнуть(ся), -ну(сь),
   -нет(ся)
бахрома́, -ы́
бахро́мка, -и
бахро́мный
бахромокрути́льный
бахро́мчатый
бахтарма́, -ы́
бахча́, -и́, р. мн. -че́й
бахче́вник, -а
бахчево́д, -а
бахчево́дство, -а
бахчево́дческий
бахчево́й
бахши, нескл., м.
бац, неизм.
ба́цать, -аю, -ает
бацби́ец, -и́йца
бацби́йка, -и
бацби́йский
баци́лла, -ы
баци́лловый
бациллоноси́тель, -я
бациллоноси́тельство, -а
бацилля́рный
ба́цнуть(ся), -ну(сь),
   -нет(ся)
ба́чки, -чек (к ба́ки)
бачо́к, -чка́ (от бак)
ба́шенка, -и
ба́шенный
башибузу́к, -а
башибузу́кский
башка́, -и́
башки́р, -а, р. мн.
   -и́р
башки́рка, -и
башки́рский
башкови́тый
башлы́к, -а́
башлычо́к, -чка́
башмаки́, -о́в, ед. башма́к, -а
башмачки́, -о́в, ед. башмачо́к, -чка́
башма́чник, -а
башма́чный
ба́шня, -и, р. мн. -шен
башта́н, -а
ба́ю-ба́й и бай-ба́й, неизм.
ба́ю-ба́юшки-баю́, неизм.
баю́канье, -я
баю́кать, -аю,
   -ает
ба́юшки-баю́, неизм.
баяде́ра, -ы

баяде́рка, -и
бая́н, -а
баяни́ст, -а
бая́нный
ба́ять, ба́ю, ба́ет
бде́ние, -я
бдеть, бдит
бди́тельность, -и
бди́тельный
бебе́, нескл., с.
бебе́шка, -и
бе́би, нескл., м.
бе́бут, -а
бег, -а, предл. в бе́ге, на бегу́
бега́, -о́в
бе́ганье, -я
бе́гать, -аю, -ает
бегемо́т, -а
бегемо́тик, -а
бегемо́тник, -а
бегле́ц, -а́
беглопопо́вец, -вца
бе́глый
бегля́нка, -и
бегово́й
бего́м, нареч.
бего́ниевый
бего́ния, -и
беготня́, -и́
бе́гство, -а
бегу́н, -а́
бегунки́, -о́в (сани)
бегуно́к, -нка́ (тех.)
бегу́нья, -и, р. мн. -ний
бегу́чий, прил.
бегу́щий, прич.
беда́, -ы́, мн. бе́ды, бед, бе́дам
бе́декер, -а
бедла́м, -а
бе́дненький
бедне́ть, -е́ю, -е́ет
бе́дность, -и
беднота́, -ы́
бе́дный; кр. ф. бе́ден, бедна́, бе́дно
бедня́га, -и, м. и ж.
бедня́жка, -и, м. и ж.
бедня́к, -а́
бедня́цкий
бедня́цко-середня́цкий
бедня́чество, -а
бедня́чка, -и
бедова́ть, -ду́ю, -ду́ет
бедо́вый
бедоку́р, -а
бедоку́рить, -рю, -рит
бедоку́рка, -и
бедола́га, -и, м. и ж.
бедре́нец, -нца́
бе́дренный
бедро́, -а́, мн. бёдра, бёдер, бёдрам
бе́дственный; кр. ф. -ен и -енен, -венна
бе́дствие, -я
бе́дствование, -я
бе́дствовать, -твую, -твует
бедуи́н, -а
бедуи́нка, -и
бедуи́нский

беж, неизм.
бежа́вший
бежа́ть, бегу́, бежи́т, бегу́т
бе́жевый
бе́женец, -нца
бе́женка, -и
бе́женский
без, безо, предлог
безава́рийный
безала́берный
безала́берщина, -ы
безалкало́идный
безалкого́льный
безалма́зный
безапелляцио́нный; кр. ф. -о́нен, -о́нна
безато́мный
безбанда́жный
безбандеро́льный
безбе́дный
безбиле́тник, -а
безбиле́тница, -ы
безбиле́тный
безбо́жие, -я
безбо́жник, -а
безбо́жница, -ы
безбо́жный
безболе́зненный; кр. ф. -знен, -зненна
безборо́дый
безбоя́зненный; кр. ф. -знен, -зненна
безбра́чие, -я
безбра́чный
безбре́жие, -я
безбре́жный
безбро́вый
безбуква́рный
безбу́рный
безва́хтенный
без ве́дома
безве́дренный; кр. ф. -рен, -ренна
безве́дрие, -я
безверетённый
безве́рие, -я
безве́рный
безве́рхий
безверши́нник, -а
безверши́нный
бе́з вести пропа́вший
безве́стный
безве́стный; кр. ф. -рен, -ренна
безве́трие, -я
безви́зовый
безви́нно пострада́вший
безви́нный; кр. ф. -и́нен, -и́нна
безвку́сие, -я
безвку́сица, -ы
безвку́сный
безвла́стие, -я
безвла́стный
безво́дный
безво́дье, -я
безвозбра́нный
безвозвра́тный
безвозду́шный
безвозме́здный
безво́лие, -я
безволо́сый
безво́льный
безвре́дный

безвре́менный
безвре́менье, -я
безвы́годный
безвы́ездный
безвы́лазный
безвы́ходный
безгара́жный
безгла́вый
безглаго́льный
безгла́зый
безгла́сный
безгне́вный
безгнёздный и безгнёздый
бе́з году неде́ля
безголо́вый
безголо́сица, -ы
безголо́сный (лингв.)
безголо́сый
безгра́мотный
безграни́чно пре́данный
безграни́чный
безгра́нный; кр. ф. -а́нен, -а́нна
безгра́ночный
безгрехо́вный
безгре́шный
безгро́зный
безда́нно-беспо́шлинно
безда́рность, -и
безда́рный
бе́здарь, -и
безде́йственный; кр. ф. -вен и -венен, -венна
безде́йствие, -я
безде́йствовать, -твую, -твует
безде́йствующий
безде́лица, -ы
безде́лка, -и
безделу́шка, -и
безде́лье, -я
безде́льник, -а
безде́льница, -ы
безде́льничанье, -я
безде́льничать, -аю, -ает
безде́льничество, -а
безде́льный
безде́нежный
безде́нежье, -я
безде́тный
бездефе́ктный
бездефици́тный
безде́ятельность, -и
безде́ятельный
бе́здна, -ы
безбо́ждье, -я
бездоказа́тельность, -и
бездоказа́тельный
бездо́лье, -я
бездо́льный
бездо́мник, -а
бездо́мница, -ы
бездо́мничать, -аю, -ает
бездо́мный
бездомо́вник, -а
бездомо́вница, -ы
бездо́нный; кр. ф. -о́нен, -о́нна
бездоро́жный
бездоро́жье, -я
бездотацио́нный
бездохо́дный

бездрена́жный
безду́мный
безду́мье, -я
бездухо́вность, -и
бездухо́вный
без души́
безду́шие, -я
безду́шный
безды́мный
бездыха́нный; кр. ф. -а́нен, -а́нна
безе́, нескл., с.
безжа́лостный
безжеле́зный
безжелту́шный
безжи́зненный; кр. ф. -знен, -зненна
беззабо́тливый
беззабо́тный
беззаве́тно пре́данный
беззаве́тный
без зазре́ния со́вести
беззако́ние, -я
беззако́нник, -а
беззако́нница, -ы
беззако́нничать, -аю, -ает
беззако́нный
беззапре́тный
без запро́са
беззасте́нчивый
беззащи́тный
беззвёздный
беззву́чие, -я
беззву́чный
безземе́лье, -я
безземе́льный
беззло́бие, -я
беззло́бный
беззо́льный
беззу́бка, -и
беззу́бый
без конца́
безлафе́тный
безлёгочный
безлепестно́й
безле́сный
безле́сье, -я
безли́кий
безли́нзовый
безли́ственный; кр. ф. -твен, -твенна
безли́стный и безли́стый
безли́чие, -я
безли́чный
безло́пастный
безлоша́дник, -а
безлоша́дный
безлу́ние, -я
безлу́нный; кр. ф. -у́нен, -у́нна
безлю́дный
безлю́дье, -я
без ма́ла
без ма́лого
безма́терний
безма́ток, -тка
безма́точный
безмёздный
безмён, -а
безме́нный
безме́рный
безмо́зг父лый
безмо́лвие, -я
безмо́лвный

безмо́лвствовать, -твую, -твует
безмоло́чный
безморо́зный
безмото́рный
безму́жний
безмяте́жный
безнабо́рный
безнадёжность, -и
безнадёжный
безнадзо́рный
безнака́занный; кр. ф. -ан, -анна
безнали́чный
безнапо́рный
безнача́лие, -я
безнача́льный
безникоти́новый
безни́точный
безно́гий
безно́сый
безнра́вственность, -и
безнра́вственный; кр. ф. -вен и -венен, -венна
безо, без, предлог
безоа́р, -а
безоа́рный
безоа́ровый
безобжиговый
безоби́дный
без обиняко́в
безо́блачный
безобма́нный
безобмоло́тный
безоборо́тный
безобра́зие, -я
безобра́зить, -а́жу, -а́зит
безобра́зник, -а
безобра́зница, -ы
безобра́зничать, -аю, -ает
безобра́зный (не содержащий образа)
безобра́зный (к безобра́зие)
безбро́чный
без огля́дки
безогля́дный
безогово́рочный
безокисли́тельный
безоко́нный
безопа́сность, -и
безопа́сный
безопи́лочный
безопо́рный
безо́пытный
безору́жный
безоско́лочный
безосно́ва́тельный
безо́сный (от ось)
безстано́вочный
безо́стый (от ость)
безотва́льный
безотве́тный
безотве́тственность, -и
безотве́тственный; кр. ф. -вен и -венен, -венна
безотвя́зный
без отка́за
безотка́зный
безотка́тный
безотлага́тельный
безотло́жный
безотлу́чный
безотноси́тельный

безотра́дный
безотры́вный
безотхо́дный
безотцо́вщина, -ы
безотчётный
безоши́бочный
без про́маху и без про́маха
без просве́та
без про́сыпу и без про́сы́па
безрабо́тица, -ы
безрабо́тная, -ой
безрабо́тный, -ого
безра́достный
без разбо́ру и без разбо́ра
безразде́льный
безразли́чие, -я
безразли́чный
безразме́рный
безра́мный
безраспо́рный
безрассве́тный
безрассу́дный
безрассу́дство, -а
безрасчётливый
безрасчётный
безрезульта́тный
безре́льсовый
безремо́нтный
безрессо́рный
безро́гий
безро́дный
безрука́вка, -и
безрука́вный
безру́кий
безру́льный
безры́бица, -ы
безры́бье, -я
без спро́су и без спро́са
бе́з толку и без то́лку
безубы́точный
безуга́рный
безуглеро́дистый
безугомо́нный
безуда́рный
безуде́ржный
без уде́ржу
безуе́здный
безуёмный
безузлово́й
безукори́зненный; кр. ф. -знен, -зненна
безуме́ть, -ею, -еет
безу́мец, -мца
безу́мие, -я
безу́мный
без у́молку
безумо́лчный
безу́мство, -а
безу́мствовать, -твую, -твует
безупре́чный
безуро́чный
безуря́дица, -ы
безуса́дочный
безусло́вно-рефлекторный
безусло́вный
безуспе́шный
без у́стали
безуста́нный

безу́сый
без ута́йки
безуте́шный
безу́хий
безуча́стие, -я
безуча́стный
безъёмкостный
безъя́дерный
безъязы́кий
безъязы́чный
безъя́корный
безы́глый
безыго́льный
безыгрово́й
безыдеа́льный
безыде́йность, -и
безыде́йный
безызве́стный
безызлуча́тельный
безызно́сность, -и
безызно́сный
безы́крый
безыллюзо́рный
безымённый
безымя́нка, -и
безымя́нный
безынвента́рный
безынди́ка́торный
безындукцио́нный
безынерцио́нный
безынициати́вный
безынтегра́льный
безынтере́сный
безыскажённый
безы́скровый
безыску́сный
безыску́сственный; кр. ф. -вен и -венен, -венна
безысхо́дный
безытоговый
безэлектро́дный
безэмоциона́льный
бей, -я
бейдеви́нд, -а
бейделли́т, -а
бе́йка, -и
бейсбо́л, -а
бейсболи́ст, -а
бейсболи́стка, -и
бек, -а
бека́р, -а
бека́с, -а
бека́синник, -а
бека́синый
бека́сница, -ы
беке́ша, -и
беке́шный
беккро́сс, -а
бекме́с, -а
беко́н, -а
бекониза́ция, -и
беко́нный
бел, -а, р. мн. бел и -ов (ед. измер.)
беле́вой (от бель)
белёк, белька́
белемни́т, -а
белена́, -ы
беленд ря́сы, -ов
беле́ние, -я
белено́й (от белена́)
белёный; кр. ф. -ён, -ена́, прич.
белёный, прил.

бе́ленький; *кр. ф.* -енек,
　-енька
белесова́тый
белёсо-голубо́й и белёсо-
　голубо́й
белёсый и белёсый
белёть, -ею, -еет (стано-
　виться белым)
белёться, -еется
белёхонький; *кр. ф.* -нек,
　-нька
белёц, бельца́
белёшенький; *кр. ф.* -нек,
　-нька
бе́ли, бе́лей
белиберда́, -ы́
белизна́, -ы́
бели́ла, -и́л
бели́льный
бели́льня, -и, *р. мн.* -лен
бели́тель, -я
бели́ть, белю́, бели́т (*что*)
бели́ться, белю́сь, бе́лится
белица, -ы
бе́личий, -ья, -ье
бе́лка, -и
белкови́на, -ы
белко́во-витами́нный
белкововмоло́чность, -и
белковоподо́бный
белко́вый
белладо́нна, -ы
беллетри́ст, -а
беллетри́стика, -и
беллетристи́ческий
белоатла́сный
белобанди́т, -а
белоби́лётник, -а
белобо́кий
белоборо́дый
белобо́чка, -и
белобро́вый
белобры́сый
белобрю́хий
белова́то-голубо́й
белова́то-ро́зовый
белова́тый
белови́к, -а́
белово́й
белово́йлочный
белово́лосый
белогварде́ец, -ейца
белогварде́йский
белогварде́йщина, -ы
белогла́зка, -и
белоголо́вый
бело-голубо́й
белогоря́чечный
белогру́дый
белогу́зка, -и
белодере́вец, -вца
белодере́вщик, -а
белоду́шка, -и
белозёрный (с белым зер-
　ном)
белозо́р, -а
белозу́бка, -и
белозу́бый
бело́к, белка́
белоказа́к, -а, *мн.* -и, -ов
белокали́льный
белока́менный
белокопы́тник, -а
белокоча́нный

бе́ло-кра́сный
белокро́вие, -я
белокры́лый
белокры́льник, -а
белоксодержа́щий
белоку́рый
белоли́ственник, -а
белоли́ственный
белоли́цый
белоли́чка, -и, *м. и ж.*
белоло́бый
беломо́р, -а (папиросы)
беломо́рско-балти́йский
беломра́морный
белоподкла́дочник, -а
белоподкла́дочный
бе́ло-ро́зовый
белору́с, -а
белору́ска, -и
белору́сский
белору́чка, -и, *м. и ж.*
белоры́бий, -ья, -ье
белоры́бица, -ы
белосне́жный
белоство́льный
белоте́лый
белоу́с, -а
белоу́совые, -ых
белофи́нн, -а
белофи́нский
белохво́стый
бело́чка, -и
бело́чный
белоше́вйка, -и
белоше́вйный
белошёрстный и бело-
　шёрстый
белощёкий
белоэмигра́нт, -а
белоэмигра́нтский
белоэмигра́нтщина, -ы
белу́га, -и
белу́дж, -а, *р. мн.* -ей
белу́джский
белу́жий, -ья, -ье (*от* белу́-
　га)
белу́жина, -ы
белу́ха, -и
белу́ший, -ья, -ье (*от* белу́-
　ха)
бе́лый; *кр. ф.* бел, бела́,
　бело́
бель, -и
бельведе́р, -а
бельги́ец, -ийца
бельги́йка, -и
бельги́йский
бельдю́га, -и
бельё, -я́
бельева́я, -о́й
бельево́й (*от* белье́)
бельевщи́ца, -ы
бельецо́, -а́
бельи́шко, -а
бе́льище, -а
белька́нто, *нескл., с.*
белько́вый (*от* белёк)
бельме́с: ни бельме́са
бельмо́, -а́, *мн.* бе́льма,
　бельм
бельмово́й
бельморе́з, -а
бе́льтинг, -а
бельфлё́р, -а

бельфлё́р-кита́йка, -и
бельча́тник, -а
бельчо́нок, -нка, *мн.* -ча́та,
　-ча́т
бельэта́ж, -а
беля́к, -а́
беля́на, -ы
беля́нка, -и
беля́ночка, -и
беля́ш, -е́й, *ед.* беля́ш, -а́
бемо́ль, -я
бемо́льный
бе́мский
бенга́лец, -льца
бенга́ли, *неизм. и нескл.,*
　м.
бенга́лка, -и
бенга́льский
бе́нди, *нескл., м.*
бенедикти́н, -а
бенефи́с, -а
бенефи́сный
бенефициа́нт, -а
бенефициа́нтка, -и
бенефи́ций, -я
бе́нзель, -я, *мн.* -и, -ей
бензилцеллюло́за, -ы
бензи́н, -а
бензи́нка, -и
бензи́нный
бензи́новый
бензиноулови́тель, -я
бензохрани́лище, -а
бензо... — первая часть
　сложных слов, пишется
　всегда слитно
бензоба́к, -а
бензоваку́умный
бензово́з, -а
бензозапра́вка, -и
бензозапра́вочный
бензозапра́вщик, -а
бензо- и маслосто́йкость,
　-и
бензои́н, -а
бензои́новый
бензо́йный
бензоколо́нка, -и
бензо́л, -а
бензо́ловый
бензоме́р, -а
бензомото́рный
бензонасо́с, -а
бензонафто́л, -а
бензопила́, -ы́, *мн.* -и́лы,
　-и́л
бензопрово́д, -а
бензоразда́точный
бензоре́з, -а
бензоснабже́ние, -я
бензосучкоре́зка, -и
бензоуказа́тель, -я
бензофи́льтр, -а
бензохрани́лище, -а
бензоцисте́рна, -ы
бензоэлектри́ческий
бентони́т, -а
бе́нтос, -а
бенуа́р, -а
бербе́р, -а, *р. мн.* -ов
бербе́рка, -и
бербе́рский
бергамо́т, -а
бергамо́тный

бергамо́товый
берг-колле́гия, -и
берг-привиле́гия, -и
берг-регла́мент, -а
берда́нка, -и
бёрдо, -а
бёрдовый
берды́ш, -а́
бе́ре, *неизм.*
бе́рег, -а, *предл.* о бе́реге,
　на берегу́, *мн.* -а́, -о́в
берегово́й
берегову́шка, -и
берегозащи́тный
берегоукрепи́тельный
берегу́щий
берёгший
береди́ть, -ежу́, -еди́т
бережённый; *кр. ф.* -ён,
　-ена́, *прич.*
бережёный, *прил.*
бережли́вый
бе́режный
бережо́к, -жка́
берёза, -ы
берёзина, -ы
берёзка, -и
березня́к, -а и березня́к, -а́
берёзовик, -а
берёзовица, -ы
берёзовка, -и
берёзовый
берёзонька, -и
бере́йтор, -а
бере́йторский
беременеть, -ею, -еет
беременная; *кр. ф.* -нна
бере́менность, -и
бере́мя, -мени
беренде́й, -я
берескле́товый
бересклётовый
бе́рест, -а (дерево)
береста́, -ы́ и берёста, -ы
берёстка, -и
берёстовый
берестя́ник, -а
берестя́нка, -и
берестяно́й
берёт, -а
бере́чь(ся), -егу́(сь),
　-ежёт(ся), -егу́т(ся);
　прош. -ёг(ся), -егла́(сь)
бе́ри-бе́ри, *нескл., ж.*
бе́риевский
бе́риевщина, -ы
бери́лл, -а (минерал)
бери́ллевый (*от* бери́л-
　лий)
бериллиза́ция, -и
бери́ллий, -я (хим. эле-
　мент)
бери́лловый (*от* бери́лл)
берке́лий, -я и бёрклий, -я
берклиа́нство, -а
бёрклий, -я и берке́лий, -я
берко́вец, -вца
бёркут, -а
берки́ширский
берли́на, -ы (барка)
берло́га, -и
берло́жный
бе́рма, -ы
бернарди́нец, -нца

бернштейниа́нец, -нца
бернштейниа́нство, -а
берсалье́р, -а
берсе́з, -а
бертоле́това соль
бе́рущий
берцо́, -а́ и бёрце, -а, *мн.*
    бёрца, бёрец
берцо́вый
бес, -а
бесало́л, -а
бесе́да, -ы
бесе́дка, -и
бесе́дковые, -ых
бесе́довать, -дую, -дует
бесе́дочка, -и
бесе́дочный
бесе́дчик, -а
бесёнок, -нка, *мн.* -еня́та,
    -еня́т
беси́ть(ся), бешу́(сь), бе́-
    сит(ся)
беска́мерный
бескана́льный
бескапите́льный
бескапсю́льный
бескарка́сный
бескла́ссовый
бескилево́й
бескингсто́нный
бескислоро́дный
бескла́панный
бескла́ссовый
бескозы́рка, -и
бескозы́рный
бесколёсный
бескомпре́ссорный
бескомпроми́ссный
бесконду́кторный
бесконе́чно большо́й
бесконе́чно ма́лый
бесконе́чность, -и
бесконе́чно удалённый
бесконе́чный
бесконта́ктный
бесконтро́льность, -и
бесконтро́льный
бесконфли́ктность, -и
бесконфли́ктный
беско́рмица, -ы
бескоро́вный
бескоры́стие, -я
бескоры́стность, -и
бескоры́стный
беско́стный
бескосто́чковые, -ых
бескотлова́нный
бескра́йний; *кр. ф.* -а́ен,
    -а́йня
бескра́новый
бескра́сочный
бескри́зисный
бескро́вный
бескры́л, -а
бескры́лый
бескульту́рье, -я
беснова́ние, -я
бесноватый
беснова́ться, -ну́юсь, -ну́ет-
    ся
бесо́вка, -и
бесо́вский
бесо́вщина, -ы
беспа́лубный

беспа́лый
беспа́мятный
беспа́мятство, -а
беспа́нцирный
беспардо́нный
беспарти́йность, -и
беспарти́йный
беспа́русный
беспа́спортный
беспа́стбищный
беспате́нтный
беспатро́нный
бесперебо́йный; *кр. ф.*
    -бен, -бойна
бесперемённый
беспереса́дочный
бе́сперечь, *нареч.*
бесперспекти́вный
беспёрый
беспеча́льный
беспе́чность, -и
беспе́чный
беспило́тный
беспи́сьменный
беспла́менный
беспла́новый
беспла́тный
бесплацка́ртный
беспло́дие, -я
беспло́дный (*от* плод)
беспло́тный (*от* плоть)
бесповоро́тный
бесподва́льный
бесподо́бный
беспозвоно́чный
беспои́сковый
беспоко́ить(ся), -о́ю(сь),
    -о́ит(ся)
беспоко́йный
беспоко́йство, -а
беспокро́вный
беспо́лезный
беспо́лосный
беспо́лый
беспоме́стный
беспо́мощность, -и
беспо́мощный
беспопо́вец, -вца
беспопо́вщина, -ы
беспоро́дный
беспоро́чный
беспорто́чный
беспоря́док, -дка
беспоря́дочный
беспоса́дочный
беспо́чвенный
беспо́шлинный
беспоща́дность, -и
беспоща́дный
беспра́вие, -я
беспра́вность, -и
беспра́вный
беспреде́льный
беспредло́жный
беспредме́тный
беспрекосло́вный
беспреме́нно
беспрепя́тственный; *кр. ф.*
    -вен *и* -венен, -венна
беспреры́вный
беспреста́нный; *кр. ф.*
    -а́нен, -а́нна
беспрецеде́нтный
беспри́быльный

беспривязно́й
бесприда́нница, -ы
беспризо́рник, -а
беспризо́рница, -ы
беспризо́рничать, -аю, -ает
беспризо́рный
бесприла́вочный
бесприме́рный
беспримéрный
беспри́месный
беспринци́пность, -и
беспринци́пный
беспристра́стие, -я
беспристра́стный
беспритяза́тельный
беспричи́нный; *кр. ф.*
    -и́нен, -и́нна
бесприю́тный
беспробле́мный
беспробу́дный
беспрово́лочный
беспрогля́дный
беспрого́нный
беспрогра́ммный
беспрогу́льный
беспрои́грышный
беспросве́тный
беспросы́пный
беспроце́нтно-вы́игрыш-
    ный
беспроце́нтный
беспу́тица, -ы
беспу́тник, -а
беспу́тница, -ы
беспу́тничать, -аю, -ает
беспу́тный
беспу́тство, -а
беспу́тствовать, -твую, -тву-
    ет
беспу́тье, -я
бесса́льниковый
бессара́бский
бессвя́зный
бессезо́нье, -я, *р. мн.* -ний
бессеме́йный
бессеме́нной
бессемерова́ние, -я
бессеме́ровский
бессемя́нка, -и
бессемя́нный
бессерде́чие, -я
бессерде́чность, -и
бессерде́чный
бессетево́й
бесси́леть, -ею, -еет
бесси́лие, -я
бесси́льный
бессимпто́мный
бессисте́мный
бессла́вие, -я
бессла́вить(ся), -влю(сь),
    -вит(ся)
бессла́вный
бессле́дный
бесслёзный
бессли́тковый
бессло́весный
бессме́нный
бессме́ртие, -я
бессме́ртник, -а
бессме́ртный
бессме́тный
бессмы́сленный; *кр. ф.*
    -лен, -ленна
бессмы́слие, -я

бессмы́слица, -ы
бесснéжный
бессне́жье, -я
бессобы́тийный
бессо́вестный
бессодержа́тельный
бессозна́тельный
бессолево́й
бессо́лнечный
бессо́нница, -ы
бессо́нный
бессосло́вный
бессою́зие, -я
бессою́зный
бесспо́рный
бессре́бреник, -а
бессре́бреница, -ы
бессро́чноотпускно́й
бессро́чный
бессто́чный
бесстра́стие, -я
бесстра́стный
бесстра́шие, -я
бесстра́шный
бесстру́жковый
бесструкту́рный
бесстру́нный
бессту́пенчатый
бессты́дник, -а
бессты́дница, -ы
бессты́дничать, -аю, -ает
бессты́дный
бессты́дство, -а
бессты́жий
бессты́ковой
бессу́бъектный
бессу́дный
бессу́чковый
бессча́стный
бессчётный
бессюже́тный
бессяжко́вый
беста́ктность, -и
беста́ктный
бестала́нный; *кр. ф.* -а́нен,
    -а́нна (несчастливый)
бестала́нтный (бездар-
    ный)
бестари́фный
беста́рка, -и
беста́рный
бестеле́сный
бестеневой
бе́стер, -а
бестиали́зм, -а
бе́стия, -и
бесткáневый
бестова́рный
бестова́рье, -я
бестолко́вщина, -ы
бестолко́вый
бесто́лочь, -и
бестра́нспортный
бестранше́йный
бестре́петный
бестсе́ллер, -а
бестя́гольный
бесфа́бульный
бесфами́льный
бесфо́рменный; *кр. ф.*
    -мен, -менна
бесхара́ктерность, -и
бесхара́ктерный
бесхво́стый

31

бесхи́тростность, -и
бесхи́тростный
бесхле́бица, -ы
бесхле́бный
бесхле́бье, -я
бесхло́потный
бесхо́зный
бесхозя́йный
бесхозя́йственность, -и
бесхозя́йственный; кр. ф.
-вен и -венен, -венна
бесхребе́тный
бесцветко́вый
бесцве́тный
бесце́льный
бесцемо́нтный
бесцензу́рный
бесце́нный; кр. ф. -о́нен,
-о́нна
бесце́нок, -нка: за бесце́-
нок
бесцентрово-тока́рный
бесцентрово-шлифова́ль-
ный
бесце́нтровый
бесцеремо́нный; кр. ф.
-о́нен, -о́нна
бесцехово́й
бесчелно́чный
бесчелове́чие, -я
бесчелове́чность, -и
бесчелове́чный
бесчелюстно́й
бесчерепно́й
бесчерешко́вые, -ых
бесче́стить(ся), -е́щу, -е́с-
тит(ся)
бесче́стный
бесче́стье, -я
бесчи́ние, -я
бесчи́нный
бесчи́нство, -а
бесчи́нствовать, -твую,
-твует
бесчи́сленный; кр. ф. -лен,
-ленна
бесчле́нный
бесчо́керный
бесчу́вственность, -и
бесчу́вственный; кр. ф.
-вен и -венен, -венна
бесчу́вствие, -я
бесшаба́шный
бешша́жный
бесшарни́рный
бесшёрстный и бесшёр-
стый
бесшо́вный
бесшпо́ночный
бесшта́нговый
бесшу́мный
бесщелево́й
бе́та-глобули́н, -а
бе́та-желе́зо, -а
бе́та-излуче́ние, -я
бета́ин, -а
бе́та-лучи́, -е́й
бе́та-распа́д, -а
бе́та-спектро́метр, -а
бе́та-спектроскопи́я, -и
бе́та-терапи́я, -и
бетатро́н, -а
бетатро́нный
бе́та-фи́льтр, -а

бе́та-фу́нкция, -и
бе́та-части́цы, -и́ц
бете́ль, -я
бето́н, -а
бетони́рование, -я
бетони́рованный
бетони́ровать(ся), -рую,
-рует(ся)
бетониро́вка, -и
бетони́т, -а
бето́нка, -и
бето́нно-раство́рный
бето́нный
бетоново́з, -а
бетоноло́м, -а
бетономеша́лка, -и
бетононасо́с, -а
бетоносмеси́тель, -я
бетоноукла́дка, -и
бетоноукла́дчик, -а
бето́нщик, -а
бето́нщица, -ы
бетули́н, -а
беф-брезе́, нескл., с.
бефстро́ганов, -а
бечева́, -ы́
бечёвка, -и
бечёвник, -а́ и бечёвник, -а
бечево́й
бечёвочка, -и
бешаме́ль, -и
бешбарма́к, -а
бе́шенство, -а
бе́шенствовать, -твую, -тву-
ет
бе́шеный
бешме́т, -а
бештауни́т, -а
биа́ндрия, -и
биатло́н, -а
биатлони́ст, -а
бибабо́, нескл., м. и ж.
би-би-си́, нескл., ж. и с.
бибколле́ктор, -а
библе́йский
библио́граф, -а
библиографи́рование, -я
библиографи́ровать, -рую,
-рует
библиографи́ческий
библиогра́фия, -и
библио́лог, -а
библиологи́ческий
библиоло́гия, -и
библиома́н, -а
библиома́ния, -и
библиота́ф, -а
библиоте́ка, -и
библиоте́ка-передви́жка,
библиоте́ки-передви́ж-
ки
библиоте́карский
библиоте́карша, -и
библиоте́карь, -я, мн. -и,
-ей
библиотекове́дение, -я
библиотекове́дческий
библиоте́чка, -и
библиоте́чный
библиофи́л, -а
библиофи́льский
библиофи́льство, -а
би́блия, -и
бива́к, -а и бивуа́к, -а

бива́ть, наст. вр. не
употр.
бива́чный
би́вни, -ей, ед. би́вень,
-вня
бивуа́к, -а и бива́к, -а
бига́мия, -и
бигара́дия, -и
бигуди́, нескл. с. и мн.
биде́, нескл. с.
бидо́н, -а
бидо́нный
бие́ние, -я
биенна́ле и бьенна́ле,
нескл., м. и ж.
бижуте́рия, -и
бизáнь, -и
бизáнь-ва́нты, -ва́нт
бизáнь-ма́чта, -ы
би́знес, -а
бизнесме́н, -а
бизо́н, -а
бизо́ний, -ья, -ье
бизо́новый
бикарби́д, -а
бикарбона́т, -а
бикарми́нт, -а
биквадра́т, -а
бики́ни, нескл., с.
биколлатера́льный
бикс, -а
бикфо́рдов шнур
билабиа́льный
билатера́льный
биле́т, -а
билетёр, -а
билетёрша, -и
биле́тно-ка́ссовый
биле́тный
билетопеча́тающий
бели́нгвы, -ов
билингви́зм, -а
билингвисти́ческий
билине́йный
билируби́н, -а
билирубинеми́я, -и
биллио́н, -а
биллио́нный
билль, -я
билло́н, -а
билло́нный
би́ло, -а
бильбоке́, нескл., с.
бильдаппара́т, -а
билья́рд, -а
билья́рдная, -ой
билья́рдный
бимета́лл, -а
биметалли́зм, -а
биметалли́ческий
бимолекуля́рный
бимс, -а
бина́рный
биндю́жник, -а
бино́клевый
бино́кль, -я
бинокуля́рный
бино́м, -а
биномиа́льный
бинорма́ль, -и
бинт, -а́
би́нтик, -а
бинтова́ние, -я
бинто́ванный

бинтова́ть(ся), -ту́ю(сь),
-ту́ет(ся)
бинто́вка, -и
бинтово́й
био... — первая часть
сложных слов, пишется
всегда слитно
биоаку́стика, -и
биобиблиографи́ческий
биобиблиогра́фия, -и
биогене́з, -а
биогенети́ческий
биоге́нный
биогеографи́ческий
биогеогра́фия, -и
биогеосфе́ра, -ы
биогеохими́ческий
биогеохи́мия, -и
биогеоцено́з, -а
биогеоценоло́гия, -и
биогидроаку́стика, -и
био́граф, -а
биографи́ческий
биогра́фия, -и
биода́тчик, -а
биодина́мика, -и
биодинами́ческий
биодо́за, -ы
биозо́на, -ы
биоиндика́тор, -а
биоинжене́рия, -и
биоинформа́ция, -и
биоката́лиз, -а
биокатализа́тор, -а
биокиберне́тика, -и
биоклимати́ческий
биоко́мплекс, -а
биокосми́ческий
биоли́т, -а
био́лог, -а
биологи́ческий
биоло́гия, -и
биоло́го-по́чвенный
биолока́ция, -и
биолюминесце́нция, -и
биомагнитогидродина́ми-
ка, -и
биома́сса, -ы
биометри́ческий
биоме́трия, -и
биомеха́ника, -и
биомехани́ческий
биомици́н, -а
био́ник, -а
био́ника, -и
биони́ческий
бионо́мия, -и
био́нт, -а
биооргани́ческий
биоориента́ция, -и
биопо́ле, -я, мн. -я́, -е́й
биополиме́р, -а
биопотенциа́л, -а
биопрепара́т, -а
биопси́я, -и
биореа́ктор, -а
биори́тм, -а
биоси́нтез, -а
биосистема́тика, -и
биоста́нция, -и
биостимули́рующий
биостимуля́тор, -а
биостратиграфи́ческий
биостратигра́фия, -и

биосфе́ра, -ы́
биосфе́рный
биотелеметри́ческий
биотелеметри́я, -и
биотехни́ческий
биоте́хния, -и
биотехнологи́ческий
биотехноло́гия, -и
биоти́н, -а
биоти́т, -а
биоти́ческий
биото́ки, -ов, ед. биото́к, -а
биото́п, -а
биото́пливо, -а
биотро́н, -а
биоуправле́ние, -я
биоуправля́емый
биофармацевти́ческий
биофарма́ция, -и
биофи́зик, -а
биофи́зика, -и
биофизи́ческий
биофи́льтр, -а
биохи́мик, -а
биохими́ческий
биохи́мия, -и
биоцено́з, -а
биоценологи́ческий
биоцено́логия, -и
биоцено́метр, -а
биоци́кл, -а
биоэлектри́ческий
биоэнерге́тика, -и
бипатри́д, -а
бипла́н, -а
бипла́нный
биполя́рный
би́ржа, -и
биржеви́к, -а́
биржево́й
би́рка, -и
бирма́нец, -нца
бирма́нка, -и
бирма́нский
биро́новщина, -ы
би́рочный
бирюза́, -ы́
бирюзо́вый
бирю́к, -а́
бирюкова́тый
бирю́лечный
бирю́лька, -и
бирю́ч, -а́
бирю́чий, -ья, -ье
бирю́чина, -ы
бис, неизм.
бисексуа́льный
би́сер, -а
би́серина, -ы
би́серинка, -и
би́серник, -а
би́серный
бисирова́ть, -рую, -рует
бискви́т, -а
бискви́тный
бисмути́т, -а и висмути́т, -а
    (минерал)
биссектри́са, -ы
биссино́з, -а
бистр, -а
бистро́, нескл. с.
бисульфа́т, -а
бисульфи́т, -а
бит, -а, р. мн. бит и -ов

бита́, -ы́, мн. би́ты, бит,
    бита́м и би́та, -ы, мн.
    би́ты, бит, би́там
бит-анса́мбль, -я
би́тва, -ы
бит-гру́ппа, -ы
би́тенг, -а
бити́ния, -и
битко́вый
битко́м, нареч.
битл, -а
бит-му́зыка, -и
би́тник, -а
би́товый
бито́к, -тка́
бито́чек, -чка
би́тум, -а
битумиза́ция, -и и битуми-
    низа́ция, -и
битумини́рованный
битумино́зный
би́тумный
битумово́з, -а
би́тый
бить, бью, бьёт
битьё, -я́
би́ться, бьюсь, бьётся
битю́г, -а́
битю́говый
бифиля́рный
бифурка́ция, -и
бифште́кс, -а
бихевиори́зм, -а
би́цепс, -а
бицилли́н, -а
бич, -а́
бичева́ние, -я
бичева́ть(ся), -чу́ю, -чу́-
    ет(ся)
бишь, частица (ка́к бишь,
    то бишь)
бия, деепр.
бла́го, -а
благове́рная, -ой
благове́рный, -ого
бла́говест, -а
бла́говестить, -ещу, -ес-
    тит
благове́щение, -я
благове́щенский
благови́дный
благово́ление, -я
благоволи́ть, -лю́, -ли́т
благово́ние, -я
благово́нный
благовоспи́танность, -и
благовоспи́танный; кр. ф.
    -ан, -анна
благовре́менный
благоглу́пость, -и
благогове́йный
благогове́ние, -я
благогове́ть, -е́ю, -е́ет
благодаре́ние, -я
благодари́ть, -рю́, -ри́т
благода́рный
благода́рственный
благода́рствовать, -твую,
    -твует
благодаря́ (кому, чему)
благода́тный
благода́тный, -и
благоде́нствие, -я

благоде́нствовать, -твую,
    -твует
благоде́тель, -я
благоде́тельница, -ы
благоде́тельный
благоде́тельствовать,
    -твую, -твует
благодея́ние, -я
благоду́шествовать, -твую,
    -твует
благоду́шие, -я
благоду́шный
благожела́тель, -я
благожела́тельница, -ы
благожела́тельность, -и
благожела́тельный
благожела́тельствовать,
    -твую, -твует
благозву́чие, -я
благозву́чность, -и
благозву́чный
благо́й
благоле́пие, -я
благоле́пный
благомы́слящий
благонаде́жность, -и
благонадёжный
благонаме́ренный; кр. ф.
    -рен, -ренна
благонра́вие, -я
благонра́вный
благообра́зие, -я
благообра́зность, -и
благообра́зный
благополу́чие, -я
благополу́чный
благоприобрете́ние, -я
благоприобре́тенный; кр.
    ф. -ен, -ена и благопри-
    обретённый; кр. ф. -ён,
    -ена́
благопристо́йность, -и
благопристо́йный
благоприя́тный
благоприя́тствование, -я
благоприя́тствовать, -твую,
    -твует
благоразу́мие, -я
благоразу́мный
благорасположе́ние, -я
благорасположенность,
    -и
благорасположенный
благорастворе́ние, -я: бла-
    горастворе́ние возду́хов
благораство́ренный
благоро́дие, -я
благоро́дный
благоро́дство, -а
благоскло́нность, -и
благоскло́нный; кр. ф.
    -о́нен, -о́нна
благослове́ние, -я
благослове́нный; кр. ф.
    -ве́н и -ве́нен, -ве́нна,
    прил.
благослови́ть(ся),
    -влю́(сь), -ви́т(ся)
благословлённый; кр. ф.
    -ён, -ена́, прич.
благословля́ть(ся),
    -я́ю(сь), -я́ет(ся)
благосостоя́ние, -я
бла́гостный

благосты́ня, -и, р. мн.
    -ы́нь
бла́гость, -и
благотворе́ние, -я
благотвори́тель, -я
благотвори́тельница, -ы
благотвори́тельность, -и
благотвори́тельный
благотвори́тельствовать,
    -твую, -твует
благотвори́ть, -рю́, -ри́т
благотво́рный
благоусмотре́ние, -я
благоустра́ивать(ся),
    -аю(сь), -ает(ся)
благоустро́енный
благоустро́ить(ся),
    -о́ю(сь), -о́ит(ся)
благоустро́йство, -а
благоуха́ние, -я
благоуха́нный; кр. ф.
    -а́нен, -а́нна
благоуха́ть, -а́ю, -а́ет
благочести́вый
благоче́стие, -я
благочи́ние, -я
благочи́нный
блаже́нненький
блаже́нный; кр. ф. -е́н, -е́н-
    на
блаже́нство, -а
блаже́нствовать, -твую,
    -твует
блажи́ть, -жу́, -жи́т
блажно́й
блажь, -и
бланк, -а
бланки́, -а
бланки́рующий сигна́л
бланки́ст, -а
бланки́стский
бла́нковый
бланманже́, нескл. с.
бла́ночный
бланфи́кс, -а
бланширова́ние, -я
бланширо́ванный
бланширова́ть(ся), -ру́ю,
    -ру́ет(ся)
бласте́ма, -ы
бластоде́рма, -ы
бласто́ма, -ы
бластомико́з, -а
бластомоге́нный
бла́стула, -ы
блат, -а
блатно́й
блева́ть, блюю, блюёт
блево́та, -ы
блево́тина, -ы
блево́тный
бле́дненький; кр. ф. -енек,
    -енька
бледне́ть, -е́ю, -е́ет (стано-
    ви́ться бледным)
бледнёхонький; кр. ф.
    -нек, -нька
бледнёшенький; кр. ф.
    -нек, -нька
бледни́ть, -ню́, -ни́т (кого,
    что)
бледнова́то-ро́зовый
бледнова́тый
бле́дно-голубо́й

бле́дно-жёлтый
бле́дно-зелёный
бледноли́цый
бле́дно-ро́зовый
бле́дность, -и
бледнота́, -ы́
бле́дный; кр. ф. -ден, -дна́, -дно, -дны́ и -дны
блези́р, -у: для блези́ру
блейве́йс, -а
блёкло-голубо́й и блёкло-голубо́й
блёкло-зелёный и блёк-ло-зелёный
блёкло-лило́вый и блёк-ло-лило́вый
блёкло-си́ний и блёкло-си́ний
блёкло-сире́невый и блёкло-сире́невый
блёклый и блёклый
блёкнувший и блёкнув-ший
блёкнуть, -ну, -нет; прош. блёкнул, блёкла и блёк-нуть, -ну, -нет; прош. блёкнул, блёкла
бле́нда, -ы
бле́нкер, -а
бленноре́йный
бленноре́я, -и
блеск, -а
блесна́, -ы́
блесну́ть, -ну́, -нёт
блесте́ть, блещу́, блести́т
блёстка, -и
блёсточка, -и
блести́нка, -и
блестя́щий
блеф, -а
блефари́т, -а
блефароспа́зм, -а
блефова́ть, -фу́ю, -фу́ет
бле́щущий
бле́яние, -я
бле́ять, бле́ю, бле́ет
ближа́йший
бли́же, сравн. ст. (от бли́зкий, бли́зко)
ближневосто́чный
бли́жний
близ, предлог
близёхонько
близёшенько
бли́зиться, -ится
бли́зкий; кр. ф. -зок, -зка́, -зко, -зки́ и -зки
близкоро́дственный
близкостоя́щий*
близлежа́щий
близнецо́вый
близнецы́, -о́в, ед. близ-не́ц, -а́
близору́кий
близору́кость, -и
бли́зость, -и
близпове́рхностный
близраст́ущий
близсидя́щий
близстоя́щий
блик, -а
бли́ковый
блин, -а́
блинда́ж, -а́

блинда́жный
блиндирова́ние, -я
блинди́рованный
блиндирова́ть(ся), -ру́ю, -ру́ет(ся) и блинди́ровать(ся), -рую, -рует(ся)
блинк-микроско́п, -а
бли́нная, -ой
бли́нник, -а
бли́нный
блино́к, -нка́
блино́чек, -чка
блинт, -а́
блинтова́ние, -я
блинто́ванный
блинтова́ть(ся), -ту́ю, -ту́ет(ся)
бли́нчатый
бли́нчик, -а
блиста́ние, -я
блиста́тельный
блиста́ть, -а́ю, -а́ет и блещу́, бле́щет
бли́стер, -а
блиц, -а
блицкри́г, -а
блицтурни́р, -а
блок, -а
блока́да, -ы
блока́дный
блок-аппара́т, -а
блокга́уз, -а
блок-диагра́мма, -ы
бло́кинг-генера́тор, -а
блокира́тор, -а
блоки́рование, -я
блоки́рованный
блоки́ровать(ся), -рую(сь), -рует(ся)
блокиро́вка, -и
блокиро́вочный
блок-конта́кт, -а
блок-конта́ктор, -а
блок-ма́ркер, -а
блок-механи́зм, -а
блок-мультипле́ксный
блокно́т, -а
блокно́тный
бло́ковый
блокообжи́мный
блокообраба́тывающий
блокпо́ст, -а
блокпо́стный
блок-пу́нкт, -а
блок-сигна́л, -а
блок-сополиме́р, -а
блок-схе́ма, -ы
блок-уча́сток, -тка
блокши́в, -а
блонди́н, -а
блонди́нистый
блонди́нка, -и
блоха́, -и́, мн. бло́хи, блох, блоха́м
бло́чно-секцио́нный
бло́чный
блоши́ный
блоши́стый
бло́шка, -и
блошли́вый
блуд, -а
блуди́ть 1, блужу́, блудит (ходить)

блуди́ть 2, блужу́, блуди́т (распутничать)
блудли́вый
блу́дни, -ей
блудни́к, -а́
блудни́ца, -ы
блу́дный
блужда́ние, -я
блужда́ть, -а́ю, -а́ет
блужда́ющий
блу́за, -ы
блу́зка, -и
блу́зник, -а
блузо́н, -а
блу́зочка, -и
блюва́л, -а
блю́дечко, -а
блю́до, -а
блюдоли́з, -а
блюдо́мый
блюду́щий
блю́дце, -а, р. мн. -дец
блю́щий
блюз, -а
блюм, -а
блю́минг, -а
блю́минговый
блюмингострое́ние, -я
блю́минг-сля́бинг, -а
блюсти́(сь), блюду́, блю-дёт(ся); прош. блю-л(ся), блюла́(сь)
блюсти́тель, -я
блюсти́тельница, -ы
бля́ха, -и
бля́шка, -и
боа́, нескл., с. (меховой шарф) и м. (удав)
боб, -а́
бо́бби, нескл., м.
бобёр, бобра́ (животное; мех)
боби́на, -ы
боби́нный
бобко́вый
бобови́дный
бобо́вник, -а
бобо́во-зла́ковый
бобо́вый
бобо́к, -бка́
бобр, -а́ (животное)
бобрёнок, -нка, мн. -ря́та, -ря́т
бо́брик, -а
бо́бриковый
бо́бриком, нареч.
бобри́ха, -и
бобро́вина, -ы
бобро́вник, -а
бобро́вый
бобслеи́ст, -а
бо́бслей, -я
бобыли́ха, -и
бобы́лка, -и
бобы́ль, -я́
бобы́льский
бог, -а, мн. -и, -о́в
богаде́ленка, -и
богаде́ленный
богаде́лка, -и
богаде́льный
богаде́льня, -и, р. мн. -лен
богара́, -ы́
бога́рный

богате́й, -я
богате́йка, -и
богате́йший
богате́нький; кр. ф. -енек, -е́нька
богате́ть, -е́ю, -е́ет
бога́то насы́щенный
бога́тство, -а
бога́тый
богаты́рка, -и
богаты́рский
богаты́рство, -а
богаты́рь, -я́
бога́ч, -а́
бога́че, сравн. ст. (от бога́тый, бога́то)
бога́чество, -а
бога́чка, -и
бог весть
богдыха́н, -а
богдыха́нский
боге́ма, -ы
боге́мный
боге́мствующий
боги́ня, -и, р. мн. -и́нь
богобо́рец, -рца
богобо́рческий
богобо́рчество, -а
богобоя́зненный; кр. ф. -знен, -зненна
боговдохнове́нный; кр. ф. -вен, -ве́нна
богода́нный
богоиска́тель, -я
богоиска́тельство, -а
богома́з, -а
богома́терь, -и
богоме́рзкий
богоми́л, -а
богоми́льский
богоми́льство, -а
богомо́л, -а
богомо́лец, -льца
богомо́лка, -и
богомо́лье, -я
богомо́льный
богоненави́стник, -а
богоненави́стница, -ы
богоотсту́пник, -а
богоотсту́пница, -ы
богоотсту́пнический
богоотсту́пничество, -а
богоподо́бный
богопроти́вный
богоро́дица, -ы
богосло́в, -а
богосло́вие, -я
богосло́вский
богослуже́бный
богослуже́ние, -я
богоспаса́емый
богостро́итель, -я
богостро́ительство, -а
боготвори́ть, -рю́, -ри́т
богоуго́дный
богоху́льник, -а
богоху́льница, -ы
богоху́льничать, -аю, -ает
богоху́льный
богоху́льство, -а
богоху́льствовать, -твую, -твует
богочелове́к, -а
бо́гхед, -а

бод, -а, *р. мн.* бод и -ов
бодание, -я
бодать(ся), -аю(сь) -ает(ся)
бодливый
боднуть, -ну, -нёт
бодренький; *кр. ф.* -енек, -енька
бодрёхонький; *кр. ф.* -нек, -нька
бодрёшенький; *кр. ф.* -нек, -нька
бодрить(ся), -рю(сь), -рит(ся)
бодрость, -и
бодрствование, -я
бодрствовать, -твую, -твует
бодрый; *кр. ф.* бодр, бодра, бодро, бодры
бодрячок, -чка
бодрящий
бодун, -а
бодунья, -и, *р. мн.* -ний
бодяга, -и
бодяк, -а
бое... — первая часть сложных слов, пишется всегда слитно
боевик, -а
боевитость, -и
боевичка, -и
боевой
боеголовка, -и
боеготовность, -и
боезапас, -а
боёк, бойка
боекомплект, -а
боенский
боепитание, -я
боеподготовка, -и
боеприпасы, -ов
боеспособность, -и
боеспособный
боец, бойца
божба, -ы
боже
боженька, -и, *м.*
божеский
божественный; *кр. ф.* -вен и -венен, -венна
божество, -а
божий, -ья, -ье
божиться, божусь, божится
божница, -ы
божок, -жка
бозе-жидкость, -и
бозе-частица, -ы
бозон, -а
боинг, -а
бой 1, боя, *предл.* о бое, в бою, *мн.* бои, боёв (сражение)
бой 2, боя, *мн.* бои, боёв (мальчик-слуга)
бой-баба, -ы
бой-девка, -и
бойкий; *кр. ф.* боек, бойка, бойко
бойкот, -а
бойкотированный
бойкотировать(ся), -рую, -рует(ся)

бойлер, -а, *мн.* -ы, -ов
бойлерная, -ой
бойница, -ы
бойничный
бойня, -и, *р. мн.* боен
бойскаут, -а
бойскаутский
бойцовый
бойче и бойчее, *сравн. ст. (от* бойкий, бойко*)*
бок, -а, *предл.* о боке, на боку, *мн.* -а, -ов
бокаж, -а
бокал, -а
бокаловидный
бокальчик, -а
бок о бок
боковина, -ы
боковой
боковушка, -и
боком, *нареч.*
боконервный
бокоплав, -а
бокоход, -а
бокошейный
бокс, -а
боксёр, -а
боксёрский
боксировать, -рую, -рует
боксит, -а
бокситовый
боксовый
болван, -а
болванистый
болванка, -и
болваночный
болванчик, -а
болвашка, -и
болгарин, -а, *мн.* -ары, -ар
болгарка, -и
болгаро-советский
болгаро-турецкий
болгарский
болгарско-русский
болевой
более, *сравн. ст. (от* большой, много*)*
болезненный; *кр. ф.* -знен, -зненна
болезнетворный
болезнеустойчивый
болезнь, -и
болельщик, -а
болельщица, -ы
болеро, *нескл. с.*
болеть 1, -ею, -еет (быть больным)
болеть 2, болит (испытывать боль)
болеутоляющий
боливар, -а (ден. ед.)
боливар, -а (шляпа)
боливиец, -ийца
боливийка, -и
боливийский
болиголов, -а
болид, -а
болометр, -а
болометрический
болона, -ы, *мн.* болоны, болон
болонка, -и
болонья, -и, *р. мн.* -ний
болотина, -ы

болотистый
болотник, -а
болотница, -ы
болотно-лесной
болото, -а
болотоведение, -я
болотоведческий
болотце, -а, *р. мн.* -ев
болт, -а
болтание, -я
болтанка, -и
болтанный, *прич.*
болтаный, *прил.*
болтать(ся), -аю(сь), -ает(ся)
болтик, -а
болтливость, -и
болтливый
болтнуть(ся), -ну, -нёт(ся)
болтовня, -и
болтовой
болтология, -и
болторезный
болторезчик, -а
болтун, -а
болтунишка, -и, *м. и ж.*
болтунья, -и, *р. мн.* -ний
болтушка, -и
боль, -и
больверк, -а
больнёхонький; *кр. ф.* -нек, -нька
больнёшенький; *кр. ф.* -нек, -нька
больница, -ы
больнично-поликлинический
больничный
больно
больной; *кр. ф.* болен, больна
большак, -а
больше, *сравн. ст. (от* большой, много*)*
большеберцовый
большебородый
большевизация, -и
большевизированный
большевизировать(ся), -рую, -рует(ся)
большевизм, -а
большевик, -а
большевистский
большевичка, -и
большеглазый
большеголовый
большегруз, -а
большегрузный
большелобый
большеногий
большеносый
большепролётный
большерогий
большеротый
большерукий
больший
большинство, -а
большой
большущий
болюс, -а
болячка, -и

болящий
бомба, -ы
бомбаж, -а
бомбарда, -ы
бомбардир, -а
бомбардирование, -я
бомбардированный
бомбардировать(ся), -рую, -рует(ся)
бомбардировка, -и
бомбардировочный
бомбардировщик, -а
бомбардирский
бомбёжка, -и
бомбить, -блю, -бит
бомбовоз, -а
бомбовый
бомбодержатель, -я
бомболюк, -а
бомбомёт, -а
бомбометание, -я
бомбометатель, -я
бомбомётчик, -а
бомбосбрасыватель, -я
бомбоубежище, -а
бомбочка, -и
бом-брамсель, -я
бом-брам-стеньга, -и
бомж, -а
бомонд, -а
бон, -а (плавучее заграждение)
бона, -ы (денежный документ)
бонапартизм, -а
бонапартист, -а
бонапартистский
бонбоньерка, -и
бонбоньерочный
бонвиван, -а
бонвиванка, -и
бондарить, -рю, -рит
бондарный
бондарня, -и, *р. мн.* -рен
бондарский
бондарство, -а
бондарь, -я и бондарь, -я
бонза, -ы, *м.*
бонистика, -и
бонитет, -а
бонитировка, -и
бонитировочный
бонификация, -и
бонмо, *нескл. с.*
бонна, -ы (гувернантка)
бонтон, -а
бонтонный
бор 1, -а, *предл.* о боре, в бору, *мн.* -ы, -ов (лес)
бор 2, -а (хим. элемент; сверло)
бора, -ы и бора, -ы
борат, -а
борацит, -а
боргес, -а
бордель, -я
бордеро, *нескл. с.*
бордо, *нескл. с.* (вино)
бордо, *неизм.* (цвет)
бордовый
бордоский
бордюр, -а
бордюрный
бореальный

борей, -я
борение, -я
борец, -рца́
боржо́м, -а и -у и боржо́-
ми, нескл., с.
боржо́мный
борзая, -о́й
борзовщи́к, -а
борзой (о собаке)
борзописа́ние, -я
борзопи́сец, -сца
бо́рзый (быстрый)
борзя́тник, -а
бори́д, -а
бори́рование, -я
бормаши́на, -ы
бормота́ние, -я
бормота́ть, -очу́, -о́чет
бормоту́н, -а́
бормоту́нья, -и, р. мн.
  -ний
бормоту́ха, -и
бормо́чущий
бо́рный (хим.)
бо́ров 1, -а, мн. -ы, -ов
  (кабан)
бо́ров 2, -а, мн. -а́, -о́в
  (часть дымохода)
борови́к, -а́
борови́нка, -и
борови́чо́к, -чка́
бороводоро́д, -а
борово́й (от бор 1)
боро́вок, -вка́
борода́, -ы́, вин. бо́роду,
  мн. бо́роды, боро́д
борода́вка, -и
борода́вочка, -и
борода́вочник, -а
борода́вочный
борода́вчатка, -и
борода́вчатый
борода́стый
борода́тенький
борода́тый
борода́ч, -а́
бороде́нка, -и
бороди́ща, -и
боро́дка, -и
боро́душка, -и
борозда́, -ы́, мн. бо́розды,
  боро́зд, борозда́м
борозди́ть(ся), -зжу́,
  -зди́т(ся)
борозди́на, -и
боро́здко́вый
бороздни́к, -а́
бороздно́й
бороздова́ние, -я
бороздово́й
борозде́л, -а
бороздоде́латель, -я
борозд́оме́р, -а
боро́здочка, -и
борозд́чатый
борок, -рка́ (от бор 1)
бороменто́л, -а
борона́, -ы́, вин. бо́рону,
  мн. бо́роны, боро́н
бороне́нный; кр. ф. -ён,
  -ена́
борони́ть, -ню́, -ни́т
боро́нка, -и

боронова́льщик, -а
боронова́ние, -я
боронова́ть(ся), -ну́ю, -ну́-
  ет(ся)
борон́ьба́, -ы́
борорган́ический
боросилика́т, -а
боро́ться, борю́сь, бо́рется,
  бо́рются
борсодержа́щий
борт, -а, предл. о бо́рте,
  на борту́, мн. -а́, -о́в
бортвра́ч, -а́
бортево́й (от борть)
бортжурна́л, -а
бо́ртик, -а
бортинжене́р, -а
бортмеха́ник, -а
бо́ртник, -а
бо́ртничанье, -я
бо́ртничать, -аю, -ает
бо́ртничество, -а
бо́ртный
бортовка, -и
бортово́й (от борт)
бортовщи́к, -а́
бортпроводни́к, -а́
бортпроводни́ца, -ы
бортради́ст, -а
борть, -и
борштанга, -и
борщ, -а́
борщеви́к, -а́
борщо́вник, -а
борщо́вый
борщо́к, -щка́
боры́, -о́в (складки)
борьба́, -ы́
бо́рющийся
босико́м, нареч.
боске́т, -а
босня́к, -а
босо́й; кр. ф. бос, боса́ (на
  бо́су но́гу), бо́со
босоно́гий
босоно́жки, -жек, ед. бо-
  соно́жка, -и
босс, -а
босто́н, -а
босто́нный
босто́новый
бося́к, -а́
бося́цкий
бося́чество, -а
бот, -а
бо́тало, -а
бо́тулный
ботанизи́рка, -и
ботанизи́ровать, -рую, -ру-
  ет
ботан́ик, -а
бота́ника, -и
бота́нико-географи́ческий
бота́нический
бо́тать, -аю, -ает
ботва́, -ы́
ботви́нник, -а
ботви́нья, -и
ботворе́з, -а
ботвоубо́рочный
ботвоудаля́ющий
бо́тик, -а (судно)
бо́тики, -ов, ед. бо́тик, -а
боти́нки, -нок, ед. боти́-
  нок, -нка

боти́ночки, -чек, ед. боти́-
  ночек, -чка
бо́товый
ботриомико́з, -а
ботули́зм, -а
ботфо́рты, -ов, ед. бот-
  фо́рт, -а
бо́ты, -ов и бот, ед. бот, -а
бо́цман, -а, мн. -ы, -ов
боцманма́т, -а
бо́цманский
боча́г, -а́
боча́жина, -ы
боча́жный
бочажо́к, -жка́
боча́р, -а́
боча́рить, -рю, -рит
боча́рничать, -аю, -ает
боча́рный
боча́рия, -и, р. мн. -рен
бо́чечка, -и
бо́чечный
бо́чка, -и
бочкова́тый
бочкови́дный
бо́чковый
бочко́м, нареч.
бочкообра́зный
бочкопогру́зчик, -а
бочо́к, -чка́, предл. о боч-
  ке́, на бочку́
бочо́нок, -нка
бочо́ночек, -чка
бочо́ночный
боязли́вость, -и
боязли́вый
боя́зно
боя́знь, -и
боя́рин, -а, мн. боя́ре,
  боя́р
боя́рский
боя́рство, -а
боя́рщина, -ы
боя́рыня, -и, р. мн. -ынь
боя́рышник, -а
боя́рышница, -ы
боя́рышня, -и, р. мн. -шен
боя́ться, бою́сь, бои́тся
бра, нескл., с.
брабансо́н, -а
брава́да, -ы
брави́рование, -я
брави́ровать, -рую, -рует
брави́ссимо, неизм.
бра́во, неизм.
браву́рный
бра́вый
бра́га, -и
бради́кардия, -и
брадобре́й, -я
бра́жка, -и
бра́жник, -а
бра́жничанье, -я
бра́жничать, -аю, -ает
бра́жнический
бра́жничество, -а
бра́жный
бразды́ правле́ния
брази́лец, -льца
брази́льский
брази́льско-сове́тский
бразилья́нка, -и
брак, -а
браке́р, -а

бракера́ж, -а
брако́ванный
бракова́ть, -ку́ю, -ку́ет
брако́вка, -и
брако́вочный
брако́вщик, -а
брако́вщица, -ы
бракоде́л, -а
бракоде́льский
бракоде́льство, -а
браконье́р, -а
браконье́рский
браконье́рство, -а
бракоразво́дный
бракосочета́ние, -я
брама́н, -а (устар. к
  брахма́н)
браман́изм, -а (устар. к
  брахман́изм)
брами́н, -а (устар. к
  брахма́н)
бра́мсель, -я, мн. -и,
  -ей
бра́мсельный
брам-сте́ньга, -и
брандахлы́ст, -а
брандва́хта, -ы
брандва́хтенный
бра́ндер, -а
брандмайо́р, -а
брандма́уэр, -а
брандма́уэрный
брандме́йстер, -а
брандспо́йт, -а
бра́нивать(ся), наст. вр.
  не употр.
брани́ть(ся), -ню́(сь),
  -ни́т(ся)
бра́нный (к брань)
бранхиомико́з, -а
бранчли́вый
бра́ный (о скатерти)
брань, -и
брас, -а (корабельная
  снасть)
брасле́т, -а
брасле́тик, -а
брасле́тка, -и
брасле́тный
брасс, -а (способ плава-
  ния)
брасси́ст, -а
брасси́стка, -и
брат, -а, мн. бра́тья, -ьев
брата́н, -а
брата́ние, -я
брата́ться, -а́юсь, -а́ется
братва́, -ы́
брате́льник, -а
бра́тец, -тца
бра́тик, -а
бра́тина, -ы (сосуд)
брати́шка, -и, м.
бра́тия, -и
бра́тний
бра́тнин, -а, -о
брато́к, -тка́
братолюби́вый
братолю́бие, -я
братоненави́стник, -а
братоненави́стнический
братоуби́йственный
братоуби́йство, -а
братоуби́йца, -ы, м. и ж.

бра́тский
бра́тство, -а
брату́шка, -и, м.
бра́тчик, -а
бра́тчина, -ы
бра́ть(ся), беру́(сь), берёт(ся); прош. бра́л(ся), брала́(сь), бра́ло, брало́сь
бра́унинг, -а
брахикефа́л, -а и брахицефа́л, -а
брахикефа́лия, -и и брахицефа́лия, -и
брахимо́рфный
брахиоза́вр, -а
брахиоля́рия, -и
брахицефа́л, -а и брахикефа́л, -а
брахицефа́лия, -и брахикефа́лия, -и
брахма́н, -а
брахмани́зм, -а
брахма́нский
бра́чащиеся, -ихся
бра́чный
бра́шно, -а
бра́шпилевый
бра́шпиль, -я, мн. -и, -ей
бреве́нчатый
бреве́шко, -а и бревёшко, -а
бревно́, -а́, мн. брёвна, брёвен
бревноме́р, -а
бревноспу́ск, -а
бревнота́ска, -и
бревноукла́дчик, -а
брёвнышко, -а
бреге́т, -а
бред, -а, предл. о бре́де, в бреду́
бре́день, -дня
бреди́на, -ы
бре́дить(ся), -е́жу, -е́дит(ся)
бре́дни, -ей
бредово́й и бредо́вый
бреду́щий
бре́дший
брезга́ть, -аю, -ает и бре́згать, -гаю, -гует
брезгли́вец, -вца
брезгли́вица, -ы
брезгли́вость, -и
брезгли́вый
бре́згать, -гую, -гует и брезга́ть, -аю, -ает
брезгу́н, -а́
брезгу́нья, -и, р. мн. -ний
брезе́нт, -а
брезе́нтовый
бре́зжить(ся), -ит(ся)
бре́зжущий
брейд-вы́мпел, -а
брейк, -а
бреква́тер, -а
бре́кчия, -и
брело́к, -а и -лка́
брело́чек, -чка
брело́чный
бремени́ть, -ню, -ни́т
бре́мсберг, -а
бре́мя, -мени

бре́нди, нескл., м. и с.
бре́нный; кр. ф. бре́нна, бре́нно
бренча́ние, -я
бренча́ть, -чу́, -чи́т
бре́нькать, -аю, -ает
брести́, бреду́, бредёт; прош. брёл, брела́
брете́ль, -и
брете́лька, -и
брете́р, -а
брете́рский
бре́тонец, -нца
бре́тонка, -и
бре́тонский
брёх, -а
бреха́ть, брешу́, бре́шет
брехну́ть, -ну́, -нёт
брехня́, -и́
бреху́н, -а́
бреху́нья, -и, р. мн. -ний
бре́шущий
брешь, -и
бре́ющий
бриг, -а
брига́да, -ы
бригади́р, -а
бригади́рский
бригади́рство, -а
бригади́рствовать, -твую, -твует
бригадми́лец, -льца
брига́дник, -а
брига́дно-звеньево́й
брига́дный
бриганти́на, -ы
бридж, -а
бри́джи, -ей (брюки)
бриз, -а
бриза́нтный
бризо́л, -а
брике́т, -а
брикети́рование, -я
брикети́рованный
брикети́ровать(ся), -рую, -рует(ся)
брике́тный
бриллиа́нт, -а и брилья́нт, -а
бриллиа́нтик, -а и брилья́нтик, -а
бриллианти́н, -а и брилья́нтин, -а
бриллиа́нтовый и брилья́нтовый
бриллиа́нтщик, -а и брилья́нтщик, -а
бриоли́н, -а
бриоло́гия, -и
брио́ния, -и
брио́шь, -и
бристо́ль, -я (картон)
брита́нец, -нца
брита́нка, -и
брита́нский
бри́тва, -ы
бри́твенница, -ы
бри́твенный
бритоголо́вый
бри́тты, -ов
бри́тый
брить, бре́ю, бре́ет
бритьё, -я́
бри́ться, бре́юсь, бре́ется

бри́финг, -а
бри́чка, -и
брова́стый
бро́вка, -и
бро́вный
бровь, -и, мн. -и, -ей
брод, -а и -у
броди́льный
броди́льня, -и, р. мн. -лен
броди́ть, брожу́, бро́дит
бродя́га, -и, м. и ж.
бродя́жество, -а
бродя́жий, -ья, -ье
бродя́жить, -жу, -жит
бродя́жка, -и, м. и ж.
бродя́жничать, -аю, -ает
бродя́жнический
бродя́жничество, -а
бродя́жный
бродя́чий
броже́ние, -я
бро́йлер, -а, мн. -ы, -ов
бро́йлерный
бро́кер, -а
бро́кколи, нескл. ж.
бром, -а и -у
бромацето́н, -а
броми́д, -а
бромизова́л, -а
бро́мисто-водоро́дный
бро́мистый
бро́мный
бро́мовый
броможелати́на, -ы
бромосеребря́ный
бромофо́с, -а
бромура́л, -а
бромэта́н, -а
броне... — первая часть сложных слов, пишется всегда слитно
бронеавтомоби́ль, -я
бронеба́шня, -и, р. мн. -шен
бронебо́йка, -и
бронебо́йно-зажига́тельно-трасси́рующий
бронебо́йно-зажига́тельный
бронебо́йно-трасси́рующий
бронебо́йный
бронебо́йщик, -а
броневи́к, -а́
бронево́й
бронедрези́на, -ы
бронека́тер, -а, мн. -а́, -о́в
бронеколпа́к, -а́
бронелокомоти́в, -а
бронемаши́на, -ы
броненосец, -сца
бронено́сный
бронепо́езд, -а, мн. -а́, -о́в
бронеси́лы, -и́л
бронета́нковый
бронетранспортёр, -а
броневча́сть, -и, мн. -и, -е́й
бро́нза, -ы
бронзи́рование, -я
бронзи́рованный
бронзирова́ть, -иру́ю, -иру́ет
бронзиро́вка, -и
бронзи́т, -а

бронзо́вка, -и
бронзовщи́к, -а́
бро́нзовый
бронзографи́т, -а
бронзолату́нный
брони́рованный (от брони́ровать)
брониро́ванный (от бронирова́ть)
брони́ровать(ся), -рую, -рует(ся) (закреплять)
бронирова́ть(ся), -ру́ю, -ру́ет(ся) (покрывать бронёй)
брониро́вка, -и
бронтоза́вр, -а
бро́нхи, -ов, ед. бронх, -а
бронхиа́льный
бронхио́ла, -ы
бронхиомико́з, -а
бронхи́т, -а
бронхоадени́т, -а
бронхографи́ческий
бронхогра́фия, -и
бронхопневмони́я, -и
бронхоскопи́ческий
бронхоскопи́я, -и
бронхоэкта́з, -а
бронхоэктази́я, -и
бронхоэктати́ческий
бро́ня, -и (закрепление)
броня́, -и́ (защита)
броса́ние, -я
броса́тельный
броса́ть(ся), -а́ю(сь), -а́ет(ся)
бро́сить(ся), бро́шу(сь), бро́сит(ся)
бро́ский; кр. ф. бро́сок, броска́, -ско
бро́сом, нареч.
бро́совый
бросо́к, -ска́
бро́сче, сравнит. ст. (от бро́ский, бро́ско)
бротка́мера, -ы
бро́уновский
бро́шенный
бро́шечка, -и
бро́шка, -и
брошь, -и
брошю́ра, -ы
брошю́рка, -и
брошю́рный
брошюрова́льный
брошюрова́ние, -я
брошюро́ванный
брошюрова́ть(ся), -ру́ю, -ру́ет(ся)
брошюро́вка, -и
брошюро́вочный
брошюро́вщик, -а
брошюро́вщица, -ы
брошюро́чный
брр, неизм.
бруда́стый
бру́дер, -а
бруде́рация, -и
брудерга́уз, -а
брудерша́фт, -а (пить на брудерша́фт)
брульо́н, -а
брункре́сс, -а

брус, -а, *мн.* брусья, -сьев
брусоватый
брусковый
брусника, -и
брусница, -ы
брусничка, -и
брусничник, -а
руснично-красный
руснично-черничный
брусничный
брусовал, -а
брусовать, -сую, -сует
брусовка, -и
брусок, -ска
брусочек, -чка
брусочник, -а
брусочный
бруствер, -а, *мн.* -ы, -ов
бруственный
брусчатка, -и
брусчатник, -а
брусчатый
брусяной
брутто, *неизм.*
брутто-вес, -а
брутто-задолженность, -и
брутто-масса, -ы
брутто-тонна, -ы
бруцеллёз, -а
бруцеллёзный
брыжеечный
брыжейка, -и
брыжейный
брыжи, -ей
брызгалка, -и
брызгало, -а
брызгальный
брызганье, -я
брызгать(ся), -аю(сь),
  -ает(ся) и -зжу(сь),
  -зжет(ся)
брызгающий и брызжу-
  щий
брызги, брызг
брызговик, -а
брызжущий и брызгаю-
  щий
брызнуть, -ну, -нет
брыкание, -я
брыкать(ся), -аю(сь),
  -ает(ся)
брыкливый
брыкнуть(ся), -ну(сь),
  -нёт(ся)
брыкун, -а
брыкунья, -и, *р. мн.* -ний
брыластый
брылы, брыл, *ед.* брыла,
  -ы
брынза, -ы
брынзовый
брысь, *неизм.*
брюзга, -и, *м. и ж.*
брюзгливец, -вца
брюзгливость, -и
брюзгливый
брюзглый
брюзгнуть, -ну, -нет
брюзжание, -я
брюзжать, -жу, -жит
брюква, -ы
брюквенница, -ы
брюквенный
брюквина, -ы

брюки, брюк
брюки гольф, брюк гольф
брюкодержатель, -я
брюмер, -а
брюнет, -а
брюнетка, -и
брюссельский
брют, -а
брюхан, -а
брюхастый
брюхатить, -ачу, -атит
брюхатый
брюхач, -а
брюхо, -а
брюховина, -ы
брюхогорлые, -ых
брюхоногие, -их
брюхоресничный
брючки, -чек
брючник, -а
брючный
брюшина, -ы
брюшинный
брюшко, -а, *мн.* -и, -ов
брюшной
брюшнотифозный
брюшняк, -а
бряканье, -я
брякать(ся), -аю(сь),
  -ает(ся)
брякнуть(ся), -ну(сь),
  -нет(ся)
бряцание, -я
бряцательный
бряцать, -аю, -ает
бубал, -а
бубен, -бна
бубенец, -нца
бубенчик, -а
бублик, -а
бубликовый
бубличек, -чка
бубличник, -а
бубличница, -ы
бубличный
бубнист, -а
бубнить, -ню, -нит
бубновка, -и
бубновый
бубны, бубен и бубён,
  бубнам (карточная
  масть)
бубон, -а
бубонный
бугай, -я и -я
бугель, -я, *мн.* -и, -ей и -я,
  -ей
бугенвиллея, -и
буги-вуги, *нескл., с.*
бугор, бугра
бугорок, -рка
бугорчатка, -и
бугорчатый
бугристый
бугрить, -рю, -рит
бударá, -ы
бударка, -и
буддизм, -а
буддийский
буддист, -а
буддистка, -и
буденновец, -вца
буденновский

будёновка, -и
будильник, -а
будирование, -я
будировать, -рую, -рует
будить, бужу, будит
будка, -и
будни, -ей и -ден
будний
будничный и буднишний
будоражить(ся), -жу(сь),
  -жит(ся)
будочка, -и
будочник, -а
будочный
будра, -ы
будто
будто бы
будуар, -а
будуарный
будучи, *деепр.*
будущий
будущность, -и
будь что будет
будящий
буёк, буйка
буер, -а, *мн.* -а, -ов
буерак, -а
буерачина, -ы
буерачный
буерист, -а
буерный
буж, -а
буженина, -ы
буженинный
бужировать(ся), -рую, -ру-
  ет(ся)
буза, -ы
бузила, -ы, *м. и ж.*
бузина, -ы
бузинник, -а
бузинный
бузиновый
бузить, -ит
бузовать, -зую, -зует
бузотёр, -а
бузотёрка, -и
бузотёрский
бузотёрство, -а
бузун, -а
буй, -я, *мн.* -и, -ёв
буйвол, -а, *мн.* -ы, -ов
буйволёнок, -нка, *мн.* -ля-
  та, -лят
буйволица, -ы
буйволовый
буйковый
буйный; *кр. ф.* буен, буй-
  на, буйно
буйреп, -а
буйственный
буйство, -а
буйствовать, -твую, -твует
бук, -а
бука, -и, *м. и ж.*
букан, -а
букашечка, -и
букашка, -и
буква, -ы
буквалистский
буквальный
букварик, -а
букварный
букварь, -я
буквенный*

буквица, -ы
буквоед, -а
буквоедка, -и
буквоедский
буквоедство, -а
буквопечатающий
букет, -а
букетец, -тца
букетик, -а
букетировка, -и
букетный
буки, *нескл., с.*
букинист, -а
букинистический
буккер, -а
букле, *неизм. и нескл., с.*
буклет, -а
букли, -ей, *ед.* букля, -и
букмекер, -а
буковинец, -нца
буковка, -и
буковый
буколика, -и
буколический
буколька, -и
букс, -а (дерево)
букса, -ы
буксир, -а
буксирный
буксирование, -я
буксировать(ся), -рую, -ру-
  ет(ся)
буксировка, -и
буксировочный
буксировщик, -а
буксование, -я
буксовать, -сую, -сует
буксовка, -и
буксовый
булава, -ы
булавка, -и
булавница, -и
булавочка, -и
булавочник, -а
булавочница, -ы
булавочный
булавчатый
буланка, -и
буланый
булат, -а
булатный
булгачить, -чу, -чит
булка, -и
булла, -ы
буллит, -а
булочка, -и
булочная, -ой
булочник, -а
булочница, -ы
булочный
бултых, *неизм.*
бултыхать(ся), -аю(сь),
  -ает(ся)
бултыхнуть(ся), -ыхну(сь),
  -ыхнет(ся) и -ыхнёт(ся)
булыжник, -а
булыжный
буль-буль, *неизм.*
бульвар, -а
бульваришко, -а, *м.*
бульварный
бульварчик, -а
бульварщина, -ы
бульденеж, -а

бульдо́г, -а
бульдо́жий, -ья, -ье
бульдо́зер, -а, *мн.* -ы, -ов
бульдозери́ст, -а
бульдо́зерный
бу́льканье, -я
бу́лькать, -аю, -ает
бу́лькнуть, -ну, -нет
бульо́н, -а
бульо́нный
бум, -а
бума́га, -и
бумагоде́лательный
бумагодержа́тель, -я
бумагомара́ка, -и, *м. и ж.*
бумагома́рание, -я
бумагома́ратель, -я
бумагопряде́ние, -я
бумагопряди́льный
бумагопряди́льня, -и, *р.
мн.* -лен
бумагопряди́льщик, -а
бумагопряди́льщица, -ы
бумагоре́зальный
бумагоре́зательный
бумаготво́рчество, -а
бумаготка́цкий
бумаже́нция, -и
бума́жечка, -и
бума́жка, -и
бума́жник, -а
бума́жно-бакели́товый
бума́жно-де́нежный
бума́жный
бумажо́нка, -и
бумазе́йка, -и
бумазе́йный
бумазе́я, -и
бумера́нг, -а
бу́на, -ы
бу́нгало, *нескл., с.*
бундесве́р, -а
бундесве́ровский
бундеска́нцлер, -а
бундесра́т, -а
бундеста́г, -а
бу́ндовец, -вца
бу́ндовский
бу́нкер, -а, *мн.* -а́, -о́в и -ы,
   -ов
бу́нкерный
бункеро́ванный
бункерова́ть(ся), -ру́ю, -ру́-
   ет(ся)
бункеро́вка, -и
бунт 1, -а (восстание)
бунт 2, -а́ (связка; штабель)
бунта́рка, -и
бунта́рский
бунта́рство, -а
бунта́рь, -я́
бунтова́ть(ся), -ту́ю(сь),
   -ту́ет(ся)
бунтово́й (*от* бунт 2)
бунтовско́й (*от* бунт 1)
бунтовщи́к, -а́
бунтовщи́ца, -ы
бунтовщи́ческий
бунчу́жный
бунчу́к, -а́
бунчуко́вый
бур, -а
бура́, -ы́

бура́н, -а́
бура́вить(ся), -влю,
   -вит(ся)
бура́вчатый
бура́вчик, -а
бура́к, -а́
бура́н, -а
бура́нный
бура́чник, -а
бура́чный
бурачо́к, -чка́
бурбо́н, -а
бургра́ф, -а
бургоми́стерский
бургоми́стр, -а
бурго́нское, -ого
бургу́ндский
бургу́нды, -ов
бурда́, -ы́
бурдо́н, -а
бурдю́к, -а́
бурдю́чный
бурдючо́к, -чка́
буреве́л, -а
буреве́стник, -а
бурево́й
бурело́м, -а
буре́ние, -я
буре́нка, -и
бурёнушка, -и
буре́ть, -е́ю, -е́ет
буржуа́, *нескл., м.*
буржуази́я, -и
буржуа́зно-демократи́че-
   ский
буржуа́зно-националисти́-
   ческий
буржуа́зно-поме́щичий,
   -ья, -ье
буржуа́зно-реформи́ст-
   ский
буржуа́зный
буржу́й, -я
буржу́йка, -и
буржу́йский
бурида́нов осёл
бури́льный
бури́льщик, -а
бури́льщица, -ы
буриме́, *нескл., с.*
бури́ть(ся), -рю́, -ри́т(ся)
бу́рка, -и
бу́ркалы, -ал
бу́рканье, -я
бу́ркать, -аю, -ает
бу́рки, -рок, *ед.* бу́рка, -и
   (обувь)
бу́ркнуть, -ну, -нет
бурла́к, -а́
бурла́цкий
бурла́чество, -а
бурла́чить, -чу, -чит
бурле́ние, -я
бурле́ск, -а и бурле́ска, -и
бурле́скный
бурли́вый
бурли́ть, -лю́, -ли́т
бурми́стр, -а
бурми́стрский
бурну́с, -а
бу́рный; *кр. ф.* бу́рен,
   бу́рна, бу́рно
бурова́то-кори́чневый
бурова́тый

буровзрывни́к, -а́
буровзрывно́й
брови́к, -а́
брово́й
бу́ро-жёлтый
бу́ро-зелёный
бурозём, -а
бурозу́бка, -и
бу́ро-кра́сный
буросбо́ечный
бурошнёковый
бурре́, *нескл., с.*
бу́рса, -ы
бурса́к, -а́
бурса́цкий
бурси́т, -а
бу́рский
бурт, -а и -а́, *мн.* -ы, -о́в
бу́ртик, -а
буртова́ние, -я
буртоукла́дчик, -а
буру́н, -а и -а́
бурунду́к, -а́
бурундуко́вый
бурунду́чий
бурундучо́к, -чка́
буру́нный
бурха́н, -а
бурча́ние, -я
бурча́ть, -чу́, -чи́т
бурш, -а
бу́ры, -ов, *ед.* бур, -а
бу́рый; *кр. ф.* бур, бура́,
   бу́ро
бурья́н, -а
бурья́нный
бу́ря, -и
буря́т, -а, *р. мн.* -я́т
буря́тка, -и
буря́т-монго́л, -а
буря́т-монго́лка, -и
буря́т-монго́льский
буря́тский
бу́сина, -ы
бу́синка, -и
буссо́ль, -и
буссо́льный
бу́стер, -а
бу́стер-насо́с, -а
бу́сы, бус
бут, -а
бутадие́н, -а (газ)
бутадие́новый
бутадио́н, -а (лекарство)
бута́н, -а
бутафо́р, -а
бутафо́рия, -и
бутафо́рный
бутафо́рский
бутербро́д, -а
бутербро́дец, -дца
бутербро́дик, -а
бутербро́дная, -ой
бутербро́дный
бути́л, -а
бутилаце́тат, -а
бутиле́н, -а
бутилкаучу́к, -а
бути́ловый
бутиро́метр, -а
бути́ть(ся), бучу́, бу-
   ти́т(ся)
бутифо́с, -а

бутле́гер, -а
бутобето́н, -а
бутобето́нный
бутовщи́к, -а́
бу́товый
буто́н, -а
бутониза́ция, -и
буто́нчик, -а
бутонье́рка, -и
бу́тсы, бутс, *ед.* бу́тса, -ы
буту́з, -а
буту́зик, -а
буту́зить, -у́жу, -у́зит
буты́лка, -и
бутылконо́с, -а
бутыломо́ечный
буты́лочка, -и
буты́лочно-ба́ночный
буты́лочно-зелёный
буты́лочный
буты́ль, -и
буты́льный
бу́фер, -а, *мн.* -а́, -о́в
буфериза́ция, -и
бу́ферный
буфе́т, -а
буфе́тец, -тца
буфе́тная, -ой
буфе́тный
буфе́тчик, -а
буфе́тчица, -ы
буфф, -а (в театре)
буффо́н, -а
буффона́да, -ы
буффо́нить, -ню, -нит
буффо́нный
буффо́нский
буффо́нство, -а
бу́ффы, буф (сборки)
бух, *неизм.*
буха́нка, -и
бу́ханье, -я
буха́рец, -рца
буха́рка, -и
буха́рский
бу́хать(ся), -аю(сь),
   -ает(ся)
бухга́лтер, -а, *мн.* -ы, -ов
бухгалте́рия, -и
бухга́лтерский
бухга́лтерша, -и
бу́хнувший(ся)
бу́хнуть(ся), -ну(сь),
   -нет(ся)
бу́хта, -ы
бу́хточка, -и
бу́хты-бара́хты: с бу́хты-
   бара́хты
буцефа́л, -а
бу́ча, -и
бу́чение, -я (*от* бу́чить)
буче́ние, -я (*от* бути́ть)
бучи́ло, -а
бучи́льник, -а
бучи́льный
бу́чить(ся), -чу, -чит(ся)
бушева́ние, -я
бушева́ть, -шу́ю, -шу́ет
бу́шель, -я
бушла́т, -а
бушла́тный
бушме́н, -а
бушме́нка, -и
бушме́нский

бу́шприт, -а
буя́н, -а
буя́нить, -ню, -нит
буя́нство, -а
бы, б, *частица* (пишется
    раздельно с предшеству-
    ющим словом, но в сою-
    зах *чтобы, кабы, дабы*
    и в слове *якобы* —
    слитно)
быва́ло
быва́лый
быва́льщина, -ы
быва́ть, -а́ю, -а́ет
бы́вший
бы́дло, -а
бык, -а́
быкова́тый
была́ не была́
былево́й
были́на, -ы
были́нка, -и
были́нно-эпи́ческий
были́нный
были́ночка, -и
были́нушка, -и
были́нщик, -а
было́й
.быль, -и
быльё, -я (быльём порос-
    ло́)
бы́льник, -а
бы́стренький; *кр. ф.* -енек,
    -енька
быстрёхонький; *кр. ф.*
    -нек, -нька
быстрёшенький; *кр. ф.*
    -нек, -нька
быстрина́, -ы́
быстрогла́зый
быстроде́йствие, -я
быстроде́йствующий*
быстрозамороженный*
быстроизна́шивающийся*
быстроиспаря́ющийся*
быстрокры́лый
быстроно́гий
быстропа́дающий*
быстроразвива́ющийся*
быстроразъёмный
быстрораствори́мый
быстрораступ̀щий*
быстроре́жущий*
быстросме́нный
быстросо́хнущий*
быстросъёмный
быстрота́, -ы́
быстротвердеющий
быстротеку́щий*
быстроте́чный
быстрото́к, -а
быстрохо́дность, -и
быстрохо́дный
бы́стрый; *кр. ф.* быстр,
    быстра́, бы́стро, бы́-
    стры́
быстря́нка, -и
быт, -а, *предл.* о бы́те, в
    быту́
бытие́, -я
бытийный
быткомбина́т, -а

бы́тность, -и
бытова́ние, -я
бытова́ть, -ту́ет
бытови́зм, -а
бытови́к, -а́
бытови́ст, -а
бытови́стский
бытово́й
бытовщи́на, -ы
бытописа́ние, -я
бытописа́тель, -я
быть, есть, суть; *прош.*
    был, была́, бы́ло; *буд.*
    бу́ду, бу́дет
бытьё, -я́ (житьё-бытьё)
быть мо́жет
быча́тина, -ы
быча́чий, -ья, -ье
бы́чий, -ья, -ье
бычи́на, -ы, *м.* (*увелич.*) и
    ж. (шкура вола)
бычи́ный
бычи́ться, -чу́сь, -чи́тся
бычко́вый
бычо́к, -чка́
бьенна́ле и биенна́ле,
    нескл., м. и ж.
бьеф, -а
бьюик, -а
бью́щий
бэр, -а, *р. мн.* бэр и -ов
бэрчи́зм, -а
бюва́р, -а
бюва́рный
бюве́т, -а
бюдже́т, -а
бюдже́тно-фина́нсо-
    вый
бюдже́тный
бю́кса, -ы
бюллете́нить, -ню,
    -нит
бюллете́нщик, -а
бюллете́нщица, -ы
бюллете́нь, -я
бюльбю́ль, -я
бю́ргер, -а
бю́ргерский
бю́ргерство, -а
бю́ргерша, -и
бюре́тка, -и
бюро́, *нескл., с.*
бюрокра́т, -а
бюрократиза́ция, -и
бюрократизи́рован
    -ный
бюрократизи́ровать(ся),
    -рую, -рует(ся)
бюрократи́зм, -а
бюрократи́ческий
бюрократи́чный
бюрокра́тия, -и
бюрокра́тка, -и
бюст, -а
бюстга́льтер, -а, *мн.* -ы,
    -ов
бю́стик, -а
бю́стовый
бя́зевый
бязь, -и
бя́ка, -и, *м. и ж.*
бя́кать, -аю, -ает
бя́кнуть, -ну, -нет
бя́шка, -и, *р. мн.* -шек

В

в, во, *предлог*
ва-ба́нк, *нареч.*
ва́бик, -а
ва́бить, -блю, -бит
вавило́нский
вавило́ны, -ов
вавило́нянин, -а, *мн.* -яне,
    -ян
вавило́нянка, -и
ва́га, -и
вагини́т, -а
ваго́н, -а
вагоне́тка, -и
ваго́н-контейнер, ваго́на-
    контейнера
ваго́н-ле́дник, ваго́на-ле́д-
    ника
ваго́нно-паровозный
ваго́нный
вагоновожа́тый, -ого
вагонооборо́т, -а
вагоноопроки́дыватель,
    -я
вагоноремо́нтный
вагоностроение, -я
вагоностроительный
ваго́н-рестора́н, ваго́на-
    рестора́на
ваго́нчик, -а
вагра́нка, -и
вагра́нковый
вагра́ночный
вагра́нщик, -а
вадеме́кум, -а
ва́женка, -и
ва́жи, -ей, *ед.* важ, -а
ва́живать, *наст. вр. не*
    употр.
важне́цкий
ва́жничанье, -я
ва́жничать, -аю, -ает
ва́жность, -и
ва́жный; *кр. ф.* ва́жен,
    важна́, ва́жно, ва́ж-
    ны́
в ажу́ре
ва́за, -ы
вазели́н, -а
вазели́новый
вазисуба́ни, *нескл.,*
    с.
вазомото́р, -а
вазо́н, -а
ва́зопись, -и
вазопресси́н, -а
ва́зочка, -и
ва́йя, -и
вака́нсия, -и
вака́нтный
вака́ции, -ий
вакацио́нный
в аккура́т
ва́кса, -ы
ва́ксить(ся), ва́кшу, ва́к-
    сит(ся)
вакуолиза́ция, -и
вакуо́ль, -и
вакуо́льный
ва́куум, -а

вакуум-... — первая часть
    сложных слов, пишется
    всегда через дефис
    (кроме *вакуумметр*)
ва́куум-аппара́т, -а
вакууми́рование, -я
вакууми́ровать, -рую, -рует
ва́куум-ка́мера, -ы
вакууммéтр, -а
вакуумметри́я, -и
ва́куум-насо́с, -а
ва́куумно-терми́ческий
ва́куумный
ва́куум-пре́сс, -а
ва́куум-прессова́ние, -я
ва́куум-проце́сс, -а
ва́куум-суши́лка, -и
ва́куум-устано́вка, -и
ва́куум-фи́льтр, -а
ва́куум-щи́т, -а́
ва́куум-экстра́кция, -и
вакха́льный
вакхана́лия, -и
вакхана́льный
вакха́нка, -и
вакхи́ческий
вакци́на, -ы
вакцина́ция, -и
вакцини́ровать(ся), -рую,
    -рует(ся)
вакци́нный
вакцинотерапи́я, -и
вал, -а, *предл.* о ва́ле, на
    валу́, *мн.* -ы́, -о́в
валаа́мова осли́ца
вала́ндаться, -аюсь, -ается
вала́нсье́н, *неизм.*
валансье́нский
вала́х, -а
вала́шка, -и
вала́шский
валёжник, -а
валёк, -лька́
ва́ленки, -нок, *ед.* ва́ленок,
    -нка
ва́леночки, -чек, *ед.* ва́ле-
    ночек, -чка
вале́нтность, -и
валёр, -а
валериа́на, -ы и валерья́-
    на, -ы
валериа́новый и валерья́-
    новый
валерья́нка, -и
вале́т, -а
ва́ливать, *наст. вр. не*
    употр.
валидо́л, -а
вали́за, -ы
ва́лик, -а
вали́ть(ся) 1, ва́лит, ва́-
    лится (о снеге, толпе)
вали́ть(ся) 2, валю́(сь),
    ва́лит(ся) (заставлять
    падать)
ва́лище, -а, *м.*
ва́лка, -и
ва́лкий; *кр. ф.* ва́лок, ва́л-
    ка́, ва́лко
валко́вый
ва́лкость, -и
валли́йский
валово́й
вало́к, -лка́

валокордин, -а
валом вали́ть
валопрово́д, -а
валориза́ция, -и
ва́лочно-погру́зочный
валтаса́ров пир
валто́рна, -ы
валто́рнист, -а
валу́й, -я́
валу́н, -а́
валу́нный
ва́лух, -а и валу́х, -а́
вальва́ция, -и
ва́льдшнеп, -а, мн. -ы, -ов
валькири́я, -и
валько́вый
вальпу́ргиева ночь
вальс, -а
вальс-босто́н, ва́льса-босто́на
вальси́ровать, -рую, -рует
ва́льтер-ско́ттовский
вальтра́п, -а
вальцева́ние, -я
вальцева́ть(ся), -цу́ю, -цу́ет(ся)
вальцо́ванный
вальцо́вка, -и
вальцо́вочный
вальцо́вщик, -а
вальцо́вщица, -ы
вальцо́вый
вальцы́, -о́в
валя́жный
валья́н, -а
валю́та, -ы (фин.)
валюти́рование, -я
валю́тно-фина́нсовый
валю́тный
валю́тчик, -а
валя́льно-во́йлочный
валя́льный
валя́льня, -и, р. мн. -лен
валя́ние, -я
ва́лянный, прич. (от валя́ть)
ва́ляный, прил.
валя́ть(ся), -я́ю(сь), -я́ет(ся)
вампи́р, -а
вампу́ка, -и
вана́диевый
вана́дий, -я
ванда́л, -а
вандали́зм, -а
ванда́льский
вандемье́р, -а
ване́сса, -ы
вани́левый
вани́лин, -а
ванили́новый
вани́ль, -и
вани́льный
ва́нна, -ы
ва́нная, -ой
ва́нночка, -и
ва́ннщица, -ы
ва́нный
ванто́з, -а (месяц французского республиканского календаря)
вант-трос, -а
ванту́з, -а (тех.)
ва́нты, вант, ед. ва́нта, -ы

ва́нька, -и (извозчик и в выражении: лома́ть, валя́ть ва́ньку)
ва́нька-вста́нька, ва́ньки-вста́ньки, м.
ва́пор, -а
вапориза́ция, -и
вапори́метр, -а
вар, -а
вара́кушка, -и
вара́н, -а
ва́рвар, -а
варвари́зм, -а
ва́рварка, -и
ва́рварский
ва́рварство, -а
варга́н, -а
варга́нить, -ню, -нит
ва́рево, -а
ва́режки, -жек, ед. ва́режка, -и
варене́ц, -нца́
варе́ние, -я (действие)
варе́ник, -а
варе́ничная, -ой
варёнка, -и
ва́ренный, прич.
варёно-копчёный
варёный, прил.
варе́нье, -я, р. мн. -ний (кушанье)
варе́ньице, -а
вариа́бельный (в статистике)
вариа́нт, -а
вариа́нта, -ы
вариа́нтность, -и
вариати́вный
вариа́тор, -а
вариацио́нный
вариа́ция, -и
ва́рвать, наст. вр. не употр.
варика́п, -а
варико́зный
варико́нд, -а
вариокино́, нескл., с.
вариоля́ция, -и
вариоме́тр, -а
вариоскопи́ческий
вариоскопи́я, -и
вариофи́льм, -а
вариоэкра́н, -а
вари́стор, -а
вари́ть(ся), варю́(сь), ва́рит(ся)
ва́рка, -и
ва́ркий
варна́к, -а́
варна́чка, -и
ва́рница, -ы
ва́рничный
ва́рочный
варра́нт, -а
варфоломе́евская ночь
варшавя́нин, -а
варшавя́нка, -и
варьете́, нескл., с.
варьи́рование, -я
варьи́рованный
варьи́ровать(ся), -рую, -рует(ся)
варя́г, -а
варя́жский

василёк, -лька́
василёчек, -чка
васили́ск, -а
васили́стник, -а
василько́вый
васисда́с, -а (форточка)
васкули́т, -а
васса́л, -а
вассалите́т, -а
васса́льный
васса́льский
васса́льство, -а
ва́та, -ы
вата́га, -и
вата́жка, -и
вата́жный
ватажо́к, -жка́
ва́тер, -а
ватержаке́т, -а
ватержаке́тный
ватерклозе́т, -а
ватерклозе́тный
ватерли́ния, -и
ватермаши́на, -ы
ва́терный
ватерпа́с, -а
ватерпа́сный
ватерполи́ст, -а
ватерпо́ло, нескл., с.
ватерпо́льный
ватерпру́ф, -а
вати́н, -а
вати́новый
ва́тка, -и
ва́тман, -а
ва́тманский
ва́тник, -а
ва́тный (от ва́та)
ва́точный
ватру́шечка, -и
ватру́шечный
ватру́шка, -и
ватт, -а, р. мн. ватт и -ов
ваттме́тр, -а
ва́ттный (от ватт)
ватт-секу́нда, -ы
ватт-ча́с, -а, мн. -ы́, -о́в
ва́фельница, -ы
ва́фельный
ва́фля, -и, р. мн. ва́фель
вахла́к, -а́
вахла́цкий
вахла́чка, -и
ва́хмистр, -а, мн. -ы, -ов
ва́хмистрский и ва́хмистерский
вахня́, -и́
ва́хта, -ы
ва́хтенный
вахтёр, -а, мн. -ы, -ов
вахтёрский
вахтёрша, -и
ва́хтовый
вахтпара́д, -а
ваш, -его, ва́ша, -ей, ва́ше, -его, мн. ва́ши, -их
ва́шгерд, -а
вая́льный
вая́ние, -я
вая́тель, -я
вая́тельный
вая́ть, вая́ю, вая́ет
вбега́ть, -а́ю, -а́ет
в бега́х

вбежа́ть, вбегу́, вбежи́т, вбегу́т
вбива́ние, -я
вбива́ть(ся), -а́ю, -а́ет(ся)
вби́вка, -и
вбира́ть(ся), -а́ю, -а́ет(ся)
вби́тый
вбить, вобью, вобьёт
вблизи́
вбок, нареч. (смотре́л вбок), но сущ. в бок (уда́рить в бок)
вбра́сывание, -я
вбра́сывать(ся), -аю, -ает(ся)
вброд, нареч.
вбро́санный
вброса́ть, -а́ю, -а́ет
вбро́сить(ся), -о́шу, -о́сит(ся)
вбро́шенный
вбу́хать(ся), -аю(сь), -ает(ся)
вва́ленный
вва́ливать(ся), -аю(сь), -ает(ся)
ввали́ть(ся), ввалю́(сь), вва́лит(ся)
введе́ние, -я
введённый; кр. ф. -ён, -ена́
вве́дший, прич.
ввезённый; кр. ф. -ён, -ена́
ввезти́, -зу́, -зёт; прош. ввёз, ввезла́
ввёзший
ввек, нареч. (ввек не забу́ду), но сущ. в век (в век компью́теров)
вверга́ть(ся), -а́ю(сь), -а́ет(ся)
вве́ргнувший(ся) и вве́ргший(ся)
вве́ргнутый
вве́ргнуть(ся), -ну(сь), -нет(ся); прош. вве́рг(ся) и вве́ргнул(ся), вве́ргла(сь)
вве́ргший(ся) и вве́ргнувший(ся)
вве́ренный
вверже́ние, -я
вве́рженный
вве́рить(ся), -рю(сь), -рит(ся)
вве́рнутый
вверну́ть(ся), -ну́, -нёт(ся)
вве́рстанный
вверста́ть, -а́ю, -а́ет
вве́рстка, -и
вве́рстывать, -аю, -ает
вверте́ть, вверчу́, вве́ртит
вве́ртка, -и
вве́ртывание, -я
вве́ртывать(ся), -аю, -ает(ся)
вверх, нареч. (поднима́ться вверх; вверх дном, нога́ми, торма́шками), но сущ. в верх (в верх стены́)
вверху́, нареч.
вве́рченный
вве́рчивать(ся), -аю, -ает(ся)

ВВЕ

вве́рить(ся), -рю(сь),
  -рит(ся)
ввести́(сь), введу́, вве-
  дёт(ся); *прош.* ввёл(ся),
  ввела́(сь)
ввечеру́
вви́ва́ть(ся), -а́ю, -а́ет(ся)
в ви́де (*чего*)
ввиду́, *предлог* (ввиду́
  предстоя́щего отъе́зда),
  но *сущ.* в виду́ (в виду́
  го́рода, име́ть в виду́)
ввинти́ть(ся), -нчу́, ввин-
  ти́т(ся)
вви́нченный
вви́нчивание, -я
вви́нчивать(ся), -аю,
  -ает(ся)
вви́тый; *кр. ф.* ввит, вви-
  та́, вви́то
вви́ть(ся), вовью, вовь-
  ёт(ся); *прош.* вви́л(ся),
  ввила́(сь)
ввод, -а
вводи́ть(ся), ввожу́, вво́-
  дит(ся)
вво́дный
ввоз, -а
ввози́ть(ся), ввожу́, вво́-
  зит(ся)
вво́зка, -и
вво́зный и ввозно́й
вволакивать(ся), -аю,
  -ает(ся)
вволо́кший
вволочённый; *кр. ф.* -ён,
  -ена́
вволо́чь, -оку́, -очёт, -оку́т;
  прош. -о́к, -окла́
вво́лю, *нареч.*
вво́люшку, *нареч.*
ввора́чивать(ся), -аю,
  -ает(ся)
вворотить, вворочу́, вворо́-
  тит
вво́сьмеро
вво́сьмером
в-восьмы́х
ввысь, *нареч.* (взлете́ть
  ввысь), но *сущ.* в высь
  (в высь поднебе́сную)
ввя́занный
ввяза́ть(ся), ввяжу́(сь),
  ввя́жет(ся)
ввя́зка, -и
ввя́знувший и ввя́зший
ввя́знуть, -ну, -нет; *прош.*
  ввяз и ввя́знул, ввя́зла
ввя́зший и ввя́знувший
ввя́зывание, -я
ввя́зывать(ся), -аю(сь),
  -ает(ся)
вгиб, -а
вгиба́ние, -я
вгиба́ть(ся), -а́ю, -а́ет(ся)
вгладь, *нареч.*
в глаза́ (сказа́ть)
вглубь, *нареч.* (распростра-
  ни́ться вглубь и
  вширь), но *сущ.* в глубь
  (в глубь океа́на)
вглуху́ю, *нареч.*
вгляде́ться, -яжу́сь, -яди́тся
вгля́дывание, -я

ВДО

вгля́дываться, -аюсь, -аетси
вгнезди́ться, -и́тся
в голова́х (лежа́ть)
в го́лос (реве́ть, крича́ть)
вго́нка, -и
вгоня́ть(ся), -я́ю, -я́ет(ся)
в горо́шек (ткань)
в го́ру
вгоряча́х
вгорячу́ю, *нареч.*
вгрыза́ться, -а́юсь, -а́ется
вгры́зться, -зу́сь, -зётся
вгры́зшийся
вгусту́ю, *нареч.*
вдава́ться, вдаю́сь, вдаётся
вдави́ть(ся), -авлю́(сь),
  -а́вит(ся)
вда́вленный
вда́вливание, -я
вда́вливать(ся), -аю(сь),
  -ает(ся)
вда́лбливание, -я
вда́лбливать(ся), -аю,
  -ает(ся)
вдалеке́
вдали́, *нареч.* (вдали́ течёт
  река́), но *сущ.* в дали́ (в
  дали́ голубо́й)
вдаль, *нареч.* (гляде́ть
  вдаль), но *сущ.* в даль
  (в даль веко́в)
вда́ться, вда́мся, вда́шься,
  вда́стся, вдади́мся, вда-
  ди́тесь, вдаду́тся; *прош.*
  вда́лся, вдала́сь, вда́ло́сь
вдвига́ть(ся), -а́ю(сь),
  -а́ет(ся)
вдвижно́й
вдви́нутый
вдви́нуть(ся), -ну(сь),
  -нет(ся)
вдво́е
вдвоём
вдвойне́
вдева́льный
вдева́ние, -я
вдева́ть(ся), -а́ю, -а́ет(ся)
вдевятеро́
вдевятеро́м
в-девя́тых
вдёжка, -и
вде́ланный
вде́лать(ся), -аю, -ает(ся)
вде́лка, -и
вде́лывание, -я
вде́лывать(ся), -аю,
  -ает(ся)
вдёргивание, -я
вдёргивать(ся), -аю,
  -ает(ся)
вдёржка, -и
вдёрнутый
вдёрнуть(ся), -ну, -нет(ся)
вдесятеро́
вдесятеро́м
в-деся́тых
вде́тый
вде́ть(ся), вде́ну, вде́-
  нет(ся)
в дико́винку
в добавле́ние (*к чему*)
вдоба́вок, *нареч.*
вдова́, -ы, *мн.* вдо́вы, вдов
в доверше́ние (*чего*)

ВЕД

вдове́ть, -е́ю, -е́ет
вдове́ц, -вца́
вдо́вий, -ья, -ье (*к вдова́*)
вдови́ца, -ы
вдо́воль
вдо́вство, -а́
вдовствова́ть, -твую, -твует
вдо́вушка, -и
вдо́вый
вдога́д
вдого́н
вдого́нку
вдолбёжку, *нареч.*
вдолби́ть(ся), -блю́,
  -би́т(ся)
вдолблённый; *кр. ф.* -ён,
  -ена́
вдоль
вдоль и поперёк
вдо́сталь
вдо́сыть
вдох, -а
вдохнове́ние, -я
вдохнове́нность, -и
вдохнове́нный; *кр. ф.* -вен
  и -ве́нен, -ве́нна, *прил.*
вдохнови́тель, -я
вдохнови́тельница, -ы
вдохнови́тельный
вдохнови́ть(ся), -влю́(сь),
  -ви́т(ся)
вдохновлённый; *кр. ф.* -ён,
  -ена́, *прич.*
вдохновля́ть(ся), -я́ю(сь),
  -я́ет(ся)
вдохновля́ющий
вдохну́ть(ся), -ну́, -нёт(ся)
вдре́безги
вдруг
вдругоря́дь
вдры́зг
вдува́ние, -я
вдува́тель, -я
вдува́ть(ся), -а́ю, -а́ет(ся)
вдувно́й
вдуга́рь
вду́маться, -аюсь, -ается
вду́мчивость, -и
вду́мчивый
вду́мываться, -аюсь, -ается
вду́нуть, -ну, -нет
вдуть, вду́ю, вду́ет
в ду́хе (*чего*)
вдыха́ние, -я
вдыха́тельный
вдыха́ть(ся), -а́ю, -а́ет(ся)
ве́бер, -а, *р. мн.* ве́бер и -ов
ве́верица, -ы
вегетариа́нец, -нца
вегетариа́нка, -и
вегетариа́нский
вегетариа́нство, -а
вегетариа́нствовать, -твую,
  -твует
вегетати́вный
вегетацио́нный
вегета́ция, -и
вегетоневро́з, -а
ве́дание, -я
веда́нта, -ы
ве́дать(ся), -аю(сь),
  -ает(ся)
ве́дение, -я (в чьём-н. ве́-
  дении)

ВЕК

веде́ние, -я (веде́ние дела́)
веле́нный; *кр. ф.* -ён, -ена́
ведёрко, -а
ведёрница, -ы
ведёрный
ведёрочко, -а
ведёрочный
ведёрце, -а, *р. мн.* -рец и
  -рцев
ведёрышко, -а
ве́ди, *нескл. с.*
веди́йский
веди́ческий
ведовско́й
ведовство́, -а́
ве́домо
ведомости́чка, -и
ве́домость, -и, *мн.* -и, -е́й
ве́домственно-монополи-
  сти́ческий
ве́домственно-отраслево́й
ве́домственность, -и
ве́домственный
ве́домство, -а
ве́домый (*от ве́дать*)
ведо́мый (*от вести́*)
ведре́неть, -еет
ве́дренный
ведро́, -а́, *мн.* вёдра, вёдер
вёдро, -а (*ясная погода*)
веду́н, -а́
веду́нья, -и, *р. мн.* -ний
веду́щий(ся)
ве́дший(ся)
ве́ды, вед, *ед.* ве́да, -ы
ве́дывать, *наст. вр. не
  употр.*
ведь
ве́дьма, -ы
ведьмовско́й и ве́дьмов-
  ский
ве́ер, -а, *мн.* -а́, -о́в
ве́ерница, -ы
ве́ерный
веерови́дный
веерокры́лые, -ых
вееролистный
веерообра́зный
ве́ерочек, -чка
ве́жа, -и
ве́жды, вежд, *ед.* ве́жда, -ы
вежета́ль, -я
ве́жливость, -и
ве́жливый
везде́
вездесу́щий
вездехо́д, -а
везе́ние, -я
везённый; *кр. ф.* -ён, -ена́
везику́ла, -ы
везикули́т, -а
везикуля́рный
визи́р, -а (визирь, сановник)
везти́(сь), везу́, везёт(ся);
  прош. вёз(ся), везла́(сь)
везувиа́н, -а
везу́чий
вёзший(ся)
ве́йка, -и
вейсманизм, -а
век, -а, *предл.* о ве́ке, на
  веку́, *мн.* -а́, -о́в
ве́ки, век, *ед.* ве́ко, -а

вековать, наст. вр. не
   употр.
вековечный
вековой
вековуха, -и
вековуша, -и
векселедатель, -я
векселедержатель, -я
вексель, -я, мн. -я, -ей
вексельный
вектор, -а, мн. -ы, -ов
векториальный
векторметр, -а
векторный
вектор-потенциал, -а
вектор-функция, -и
векша, -и, р. мн. векш
велегласный
велелепный
велемудрый
веленевый
веление, -я
велеречивость, -и
велеречивый
велеречие, -я
велеть, велю, велит
велик, -а
великан, -а
великанский
великанша, -и
великий; кр. ф. велик,
  -ика, -ико (выдающийся)
  и -ика, -ико (большой)
великобританец, -нца
великобританка, -и
великобританский
великоватый
великовозрастный
великодержавный
великодушествовать,
  -твую, -твует
великодушие, -я
великодушничать, -аю, -ает
великодушный
великокняжеский
великолепие, -я
великолепный
великомученик, -а
великомученица, -ы
великомученический
великонек, -онька, -онько
великопостный
великородный
великоросс, -а
великороссийский
великорус, -а
великоруска, -и
великорусский
великосветский
величавость, -и
величавый
величайший
величальный
величание, -я
величать(ся), -аю(сь),
  -ает(ся)
величественный; кр. ф.
  -вен и -венен, -венна
величие, -я
величина, -ы, мн. -ины, -ин
веллингтония, -и
вело... — первая часть
  сложных слов, пишется
  всегда слитно

велобол, -а
велогонка, -и
велогонщик, -а
велогонщица, -ы
велодром, -а
велозавод, -а
велокамера, -ы
велоколяска, -и
велокросс, -а
велорикша, -и, р. мн.
  -рикш, м.
велосипед, -а
велосипедист, -а
велосипедистка, -и
велосипедный
велосит, -а
велоспорт, -а
велостоянка, -и
велотрасса, -ы
велотрек, -а
велотренажёр, -а
велотур, -а
велофигурист, -а
велофигуристка, -и
велоэргометр, -а
вельбот, -а
вельвет, -а
вельветин, -а
вельветовый
вельветон, -а
вельми
вельможа, -и, м.
вельможеский
вельможный
велюр, -а
велюровый
веляризация, -и
велярный
вена, -ы
венгерец, -рца (устар. к
  венгр)
венгерка, -и
венгеро-болгарский
венгеро-советский
венгерский
венгерско-русский
венгр, -а
вендетта, -ы
вендский
венды, -ов
венеды, -ов
венепункция, -и
венерианский
венерический
венеролог, -а
венерологический
венерология, -и
венесекция, -и
венесуэлец, -льца
венесуэлка, -и
венесуэльский
венеты, -ов
венец, -нца (к Вена)
венец, -нца
венецианец, -нца
венецианка, -и
венециано-турецкий
венецианский
венечный
вензелевый
вензелек, -лька
вензель, -я, мн. -я, -ей
веник, -а
веничек, -чка

венка, -и (к Вена)
вено, -а (выкуп)
венозный
венок, -нка
веночек, -чка
веночный
венский
вента, -ы
вентерный
вентерь, -я
вентилирование, -я
вентилированный
вентилировать(ся), -рую,
  -рует(ся)
вентиль, -я
вентилятор, -а
вентиляционный
вентиляция, -и
вентральный
венценосец, -сца
венценосный
венчальный
венчание, -я
венчанный
венчать(ся), -аю(сь),
  -ает(ся)
венчик, -а
венчиковидный
венчиковый
венчикообразный
вепрь, -я
вепс, -а, р. мн. -ов
вепсский
вера, -ы
веранда, -ы
вератрин, -а
верба, -ы
вербальный
вербейник, -а
вербена, -ы
вербеновый
верблюд, -а
верблюдица, -ы
верблюдка, -и
верблюдоводство, -а
верблюдоводческий
верблюдовые, -ых
верблюжатина, -ы
верблюжий, -ья, -ье
верблюжина, -ы
верблюжонок, -нка, мн.
  -жата, -жат
вербный
вербняк, -а
вербование, -я
вербованный
вербовать(ся), -бую(сь),
  -бует(ся)
вербовка, -и
вербовочный
вербовщик, -а
вербовщица, -ы
вербовый
вербочка, -и
вервие, -я
вервь, -и
вердикт, -а
верёвка, -и
верёвочка, -и
верёвочный
веред, -а
вередить, -ежу, -едит
верезжание, -я
верезжать, -жу, -жит

верейка, -и
верейный
вереница, -ы
вереск, -а
вересковый
веретеница, -ы
веретенник, -а
веретённый
веретено, -а, мн. -тёна, -тён
веретенообразный
веретёнце, -а, р. мн. -нец и
  -нцев
верётье, -я
верещание, -я
верещатник, -а
верещать, -щу, -щит
верея, -и
верже, нескл. с.
верзила, -ы, м. и ж.
веризм, -а
веритель, -я
верительный
верить(ся), -рю, -рит(ся)
верификация, -и
верки, -ов
верлибр, -а
вермахт, -а
вермикулит, -а
вермикулитобетон, -а
вермильон, -а
вермишелевый
вермишель, -и
вермишельный
вермут, -а
вернёхонько
вернисаж, -а
верно
верноподданнический
верноподданный, -ого
верность, -и
вернуть(ся), -ну(сь),
  -нёт(ся)
верный; кр. ф. -рен, -рна,
  -рно, -рны и -рны
вернышь -а
верняк, -а
верование, -я
веровать, -рую, -рует
вероисповедание, -я
вероисповедный
вероломность, -и
вероломный
вероломство, -а
веронал, -а
вероника, -и (растение)
вероотступник, -а
вероотступница, -ы
вероотступнический
вероотступничество, -а
вероподобный
веротерпимость, -и
веротерпимый
вероучение, -я
вероучитель, -я
вероятие, -я
вероятно
вероятностный
вероятность, -и
вероятный
верп, -а
версификатор, -а
версификация, -и
версия, -и

верста́, -ы́, *мн.* вёрсты, вёрст
верста́к, -а́
верста́льщик, -а
верста́льщица, -ы
верста́ние, -я
вёрстанный
верста́тка, -и
верста́ть(ся), -а́ю, -а́ет(ся)
верста́чный
верстачо́к, -чка́
вёрстка, -и
вёрстный
верстово́й
вёртел, -а, *мн.* -а́, -о́в
ве́ртельный (*от* вёртел)
верте́льный (*к* верте́ть)
верте́п, -а
верте́пный
верте́ть(ся), верчу́(сь), ве́ртит(ся)
вертиголо́вка, -и
вертика́л, -а (*астр.*)
вертика́ль, -и (линия)
вертика́льно взлета́ющий
вертика́льно опу́щенный
вертика́льно-подъёмный
вертика́льно-сверли́льный
вертика́льно-фре́зерный
вертика́льный
вертихво́стка, -и
вертише́йка, -и
вёрткий; *кр. ф.* вёрток, вертка́ и вёртка, вёртко
вертлю́г, -а́
вертлю́жный
вертлюжо́к, -жка́
вертля́вость, -и
вертля́вый
вертогра́д, -а
вертодро́м, -а
вертолёт, -а
вертолёт-кра́н, вертолёта-кра́на
вертолётный
вертолётоно́сец, -сца
вертолётострое́ние, -я
вертолётострои́тельный
вертолётчик, -а
вертолётчица, -ы
вертопра́х, -а
вертопра́шество, -а
вертопра́шка, -и
вертопра́шный
верту́н, -а́
верту́нья, -и, *р. мн.* -ний
верту́шка, -и
вертя́чка, -и
вертя́щий(ся)
ве́рующий, -его
ве́рфный
верфь, -и
верфяно́й
верх, -а, *предл.* о ве́рхе, на верху́ (чего), *мн.* верхи́, -о́в и верха́, -о́в
верха́ми, *нареч.* (е́хали верха́ми)
верхнево́лжский
верхнегорта́нный
верхнекла́панный
верхнелу́жицкий
верхнеме́ловой
верхненеме́цкий

верхнечелюстно́й
ве́рхний
верхове́нство, -а
верхове́нствовать, -твую, -твует
верхови́к, -а́
верхо́вный
верхово́д, -а
верхово́дить, -во́жу, -во́дит
верхово́дка, -и
верхово́й, -о́го
верхо́вый
верхо́вье, -я, *р. мн.* -вьев и -вий
верхогля́д, -а
верхогля́дка, -и
верхогля́дничать, -аю, -ает
верхогля́дство, -а
верхола́з, -а
ве́рхом, *нареч.* (по верхней части)
верхо́м, *нареч.* (е́здить)
верхоту́ра, -ы
верху́шечный
верху́шка, -и
верче́ние, -я
ве́рченный, *прич.* (*от* верте́ть)
ве́рченый, *прил.*
ве́рша, -и
верше́ние, -я
верши́на, -ы
верши́нник, -а
верши́нный
верши́тель, -я
верши́тельница, -ы
верши́ть(ся), -шу́, -ши́т(ся)
вершко́вый
ве́ршник, -а
вершо́к, -шка́
ве́рящий
вес, -а и -у, *предл.* о ве́се, на весу́, *мн.* -а́, -о́в
вес бру́тто
весёленький; *кр. ф.* -енек, -енька
веселе́ть, -е́ю, -е́ет (становиться весёлым)
веселёхонький; *кр. ф.* -нек, -нька
веселёшенький; *кр. ф.* -нек, -нька
весели́ть, -лю́, -ли́т (кого, что)
весели́ться, -лю́сь, -ли́тся
весёлость, -и
весёлый; *кр. ф.* ве́сел, весела́, ве́село, ве́селы
весе́лье, -я
весе́льный и вёсельный
весе́льце, -а, *р. мн.* -лец и -льцев
весельча́к, -а́
веселя́щий
весе́нне-ле́тний
весе́нне-полево́й
весе́нне-посевно́й
весе́нний
ве́сить, ве́шу, ве́сит
ве́ский, -ов (небольшие весы́)
ве́ский
весли́ще, -а
весло́, -а́, *мн.* вёсла, вёсел

веслоно́гие, -их
весна́, -ы́, *мн.* вёсны, вёсен
вес не́тто
весновспа́шка, -и
весно́й и весно́ю, *нареч.*
весну́шечка, -и
весну́шка, -и
весну́шчатый
весня́нка, -и
весово́й
весовщи́к, -а́
весовщи́ца, -ы
весоизмери́тельный
весо́к, -ска́ (отвес)
весо́мый
весо́чки, -ов (к веско́)
вест, -а
веста́лка, -и
вестго́ты, -ов
ве́стерн, -а
вестибуля́рный
вестибю́ль, -я
вести́мо
вести́мый
вест-и́ндский
вести́(сь), веду́, ведёт(ся); *прош.* вёл(ся), вела́(сь)
ве́стник, -а
ве́стница, -ы
вестово́й, -о́го
ве́стовый (*от* вест)
ве́сточка, -и
вестфа́льский
весть, -и, *мн.* -и, -ей
ве́сы, -ов
весь, -и (село)
весь, всё, всего́, всему́, всем, обо всём, вся, всей, *мн.* все, всех, всем, все́ми, обо всех
весьма́
вет... — первая часть сложных слов, пишется всегда слитно
ветвистоу́сый
ветви́стый
ветви́ться, -и́тся
ветвле́ние, -я
ветвра́ч, -а́
ветвь, -и, *мн.* -и, -ей
ветвяно́й
ве́тер, ве́тра, *предл.* о ве́тре, на ветру́, *мн.* -ы, -ов и -а́, -о́в
ветера́н, -а
ветерина́р, -а
ветерина́рия, -и
ветерина́рно-зоотехни́ческий
ветерина́рно-лече́бный
ветерина́рно-профилакти́ческий
ветерина́рно-санита́рный
ветерина́рный
ветеро́к, -рка́
ветеро́чек, -чка
ветиве́рия, -и
ве́тка, -и
ветла́, -ы́, *мн.* вётлы, ветел
ветлече́бница, -ы
ветло́вый
ветнадзо́р, -а

ве́то, *нескл., с.*
ве́точка, -и
ве́точный
вето́шка, -и
вето́шник, -а
вето́шница, -ы
вето́шничество, -а
вето́шный
ве́тошь, -и
ветперсона́л, -а
ветпу́нкт, -а
ветрене́ть, -е́ет
ве́треник, -а
ве́треница, -ы
ве́треничать, -аю, -ает
ве́треность, -и
ве́треный (день, человек)
ветре́ть, -е́ет
ветри́ло, -а
ветри́ще, -а, *м.*
ветроагрега́т, -а
ветробо́й, -я
ветрова́л, -а
ветрова́льный
ветрово́й
ветрого́н, -а
ветрого́нка, -и
ветрого́нный
ветродви́гатель, -я
ветрозащи́тный
ветроиспо́льзование, -я
ветроколесо́, -а́, *мн.* -лёса, -лёс
ветроло́м, -а
ветроме́р, -а
ветронепроница́емый
ветросилово́й
ветроста́нция, -и
ветроте́хника, -и
ветроуказа́тель, -я
ветроупо́рный
ветроустано́вка, -и
ветроусто́йчивость, -и
ветроусто́йчивый
веточёт, -а
ветроэлектри́ческий
ветроэлектроста́нция, -и
ветроэнерге́тика, -и
ветроэнергети́ческий
ветря́к, -а́
ветря́нка, -и
ветряно́й (дви́гатель, ме́льница)
ве́тряный: ве́тряная о́спа
ветсаннадзо́р, -а
ветсануча́сток, -тка
ветсанэкспе́рти́за, -ы
ветслу́жба, -ы
ветфе́льдшер, -а
ве́тхий; *кр. ф.* ветх, ветха́, ве́тхо
ветхозаве́тный
ве́тхость, -и
ветчина́, -ы́
ветчи́нка, -и
ветчи́нно-ру́бленый
ветчи́нный
ветша́йший
ветша́ть, -а́ю, -а́ет
ве́тше, *сравн. ст.* (*от* ве́тхий)
ве́ха, -и
вехи́ст, -а
ве́ховец, -вца

ве́че, -а
вечево́й
ве́чер, -а, *мн.* -а́, -о́в
вечере́ть, -е́ет
вечери́нка, -и
вече́рка, -и
вечерко́м, *нареч.*
вече́рний
вече́рник, -а
вече́рница, -ы
вече́рня, -и, *р. мн.* -рен
вечеро́к, -рка́
ве́чером, *нареч.*
вечеро́чек, -чка
вечёрошний
вече́ря, -и
вечеря́ть, -я́ю, -я́ет и вече-
   ря́ть, -я́ю, -я́ет (ужинать)
вечнозелёный
вечномёрзлый
ве́чность, -и
ве́чный
вечо́р, *нареч.*
ве́шалка, -и
ве́шалочный
ве́шание, -я
ве́шанный
ве́шатель, -я
ве́шать(ся), -аю(сь),
   -ает(ся)
веше́ние, -я
веши́ть, -шу́, -ши́т (ставить
   вехи)
ве́шка, -и
ве́шний
вешня́к, -а́ (*от* ве́шний)
веща́ние, -я
веща́тель, -я
веща́тельница, -ы
веща́тельный
веща́ть(ся), -а́ю, -а́ет(ся)
вещево́й
веще́ственный; *кр. ф.* -вен
   и -венен, -венна
вещество́, -а́
вещи́зм, -а
ве́щий
вещи́ца, -ы
вещи́чка, -и
вещмешо́к, -шка́
ве́щный
вещу́н, -а́
вещу́нья, -и, *р. мн.* -ний
вещь, -и, *мн.* -и, -е́й
ве́ющий
ве́ялка, -и
ве́яльщик, -а
ве́яние, -я
ве́янный, *прич.*
ве́яный, *прил.*
ве́ятель, -я
ве́ять(ся), ве́ю, ве́ет(ся)
вжа́тие, -я
вжа́тый
вжа́ть(ся), вожму́(сь),
   вожмёт(ся)
вжива́ние, -я
вжива́ться, -а́юсь, -а́ется
вжи́ве
вжи́вить, -влю, -ви́т
вживле́ние, -я
вживля́ть(ся), -я́ю, -я́ет(ся)
вжима́ть(ся), -а́ю(сь),
   -а́ет(ся)

вжи́ться, вживу́сь, вжи-
   вётся; *прош.* вжи́лся,
   вжила́сь
в забро́се
в забытьи́
в заверше́ние (*чего*)
в зави́симости
взад, *нареч.* (взад и вперёд), но *сущ.* в зад (в
   зад автомоби́ля)
взаём, *нареч.* (дать де́ньги
   взаём), но *сущ.* в заём
   (вложи́ть в заём)
взаи́мно-возвра́тный
взаи́мно отта́лкивающий-
   ся
взаи́мно перпендикуля́р-
   ный
взаи́мно свя́занный
взаи́мность, -и
взаи́мный
взаимо... — первая часть
   сложных слов, пишется
   всегда слитно
взаимовлия́ние, -я
взаимовы́годный
взаимовы́ручка, -и
взаимоде́йствие, -я
взаимоде́йствовать, -твую,
   -твует
взаимоде́йствующий
взаимодове́рие, -я
взаимодополня́ющий
взаимозави́симый
взаимозаменя́емость, -и
взаимозаменя́емый
взаимоза́мкнутый
взаимоинду́кция, -и
взаимоисключа́ющий
взаимоконтро́ль, -я
взаимообогаще́ние, -я
взаимообусло́вленность, -и
взаимоотноше́ние, -я
взаимопо́мощь, -и
взаимопонима́ние, -я
взаимопревраще́ние, -я
взаимоприе́млемый
взаимопрове́рка, -и
взаимопроникнове́ние, -я
взаимосвя́занный
взаимосвя́зь, -и
взаимоуваже́ние, -я
займы́
в заключе́ние
взакру́т
взалка́ть, -а́ю, -а́ет
взаме́н
взаперти́
взапра́вдашний
взапра́вду
взя́пуски, *нареч.*
взя́риться, -рюсь, -рится
взасо́с, *нареч.*
взатя́жку, *нареч.*
взахлёб
взахлёст
в зачёт
взя́шей
взба́дривание, -я
взба́дривать(ся), -аю(сь),
   -ает(ся)
взбаламу́тить(ся), -у́чу(сь),
   -у́тит(ся)
взбаламу́ченный

взба́лмошный
взба́лтывание, -я
взба́лтывать(ся), -аю,
   -ает(ся)
взбега́ть, -а́ю, -а́ет
взбежа́ть, -егу́, -ежи́т, -егу́т
взбеленённый; *кр. ф.* -ён,
   -ена́
взбелени́ть(ся), -ню́(сь),
   -ни́т(ся)
взбеси́ть(ся), -ешу́(сь),
   -е́сит(ся)
взбешённый; *кр. ф.* -ён,
   -ена́
взбива́ние, -я
взбива́ть(ся), -а́ю, -а́ет(ся)
взби́вка, -и
взбира́ться, -а́юсь, -а́ется
взби́тый
взби́ть(ся), взобью́, взобь-
   ёт(ся)
взбле́ск, -а
взблёскивать, -аю, -ает
взблесну́ть, -ну́, -нёт
взбодрённый; *кр. ф.* -ён,
   -ена́
взбодри́ть(ся), -рю́(сь),
   -ри́т(ся)
взбо́лтанный
взболта́ть(ся), -а́ю, -а́ет(ся)
взболтну́ть, -ну́, -нёт
взборождённый; *кр. ф.*
   -ён, -ена́
взборозди́ть, -зжу́, -зди́т
взборонённый; *кр. ф.* -ён,
   -ена́
взборони́ть, -ню́, -ни́т
взборо́нованный
взбороно́вать, -ну́ю, -ну́ет
взбра́сывание, -я
взбра́сывать(ся), -аю,
   -ает(ся)
взбреда́ть, -а́ю, -а́ет
взбре́дший
взбрести́, -еду́, -едёт;
   прош. -ёл, -ела́
взбро́с, -а
взбро́сить, -о́шу, -о́сит
взбро́шенный
взбры́згивать(ся), -аю,
   -ает(ся)
взбры́знуть(ся), -ну,
   -нет(ся)
взбры́кивать, -аю, -ает
взбрыкну́ть, -ну́, -нёт
взбугрённый; *кр. ф.* -ён,
   -ена́
взбугри́ть(ся), -рю́,
   -ри́т(ся)
взбудора́женный
взбудора́живать(ся),
   -аю(сь), -ает(ся)
взбудора́жить(ся), -жу(сь),
   -жит(ся)
взбунто́ванный
взбунтова́ть(ся), -ту́ю(сь),
   -ту́ет(ся)
взбурлённый; *кр. ф.* -ён,
   -ена́
взбурли́ть, -лю́, -ли́т
взбутете́нить, -ню,
   -нит
взбуха́ть, -а́ет

взбу́хнуть, -нет; *прош.* -ух,
   -у́хла
взбу́хший
взбу́чить, -чу, -чит
взбу́чка, -и
взбушева́ть(ся), -шу́ю(сь),
   -шу́ет(ся)
взва́ленный
взва́ливать(ся), -аю(сь),
   -ает(ся)
взвали́ть(ся), -алю́(сь),
   -а́лит(ся)
взвар, -а
взва́рец, -рца
взвева́ть(ся), -а́ю, -а́ет(ся)
   (к взвеять)
введе́ние, -я
взведённый; *кр. ф.* -ён, -ена́
взве́дший(ся)
взвезти́, -зу́, -зёт; *прош.* -ёз,
   -езла́
взвёзший
взвеселённый; *кр. ф.* -ён,
   -ена́
взвесели́ть(ся), -лю́(сь),
   -ли́т(ся)
взвеселя́ть(ся), -я́ю(сь),
   -я́ет(ся)
взве́сить(ся), -е́шу(сь),
   -е́сит(ся)
взвести́(сь), -еду́, -едёт(ся);
   прош. -ёл(ся), -ела́(сь)
взвесь, -и
взве́шенный
взве́шивание, -я
взве́шивать(ся), -аю(сь),
   -ает(ся)
взвея́нный
взве́ять(ся), -е́ю, -е́ет(ся)
взвива́ть(ся), -а́ю(сь),
   -а́ет(ся) (к взвить)
взви́зг, -а
взви́згивание, -я
взви́згивать, -аю, -ает
взви́згнуть, -ну, -нет
взвинти́ть(ся), -нчу́(сь),
   взви́нти́т(ся)
взви́нченный
взви́нчивание, -я
взви́нчивать(ся), -аю(сь),
   -ает(ся)
взви́тый; *кр. ф.* -вит, -вита́,
   -вито
взви́ть(ся), взовью́,
   взовьёт(ся); *прош.*
   -и́л(ся), -ила́(сь), -и́ло,
   -и́ло́(сь)
взви́хренный; *кр. ф.* -ен,
   -ена и взвихрённый; *кр.
   ф.* -ён, -ена́
взви́хрить(ся), -ви́хрю́,
   -ви́хри́т(ся)
взвод, -а
взводи́ть(ся), -ожу́,
   -о́дит(ся)
взводно́й (взводя́щийся)
взво́дный, -ого
взвоз, -а
взвола́кивать(ся), -аю(сь),
   -ает(ся)
взволно́ванность, -и
взволно́ванный; *кр. ф.*
   прич. -ан, -ана; *кр. ф.*
   прил. -ан, -анна

ВЗВ

взволнова́ть(ся), -ну́ю(сь), -ну́ет(ся)
взволо́к, -а
взволо́кший(ся)
взволочённый; кр. ф. -ён, -ена́
взволочи́ть(ся), -оку́(сь), -о́чит(ся)
взволо́чь(ся), -оку́(сь), -очёт(ся), -оку́т(ся); прош. -о́к(ся), -окла́(сь)
взворошённый; кр. ф. -ён, -ена́
взвороши́ть, -шу́, -ши́т
взвыва́ть, -а́ю, -а́ет
взвыть, взво́ю, взво́ет
взгада́ть: ни вздумать ни взгада́ть
взгляд, -а
взгля́дывать, -аю, -ает
взгляну́вший
взгляну́ть(ся), -яну́, -я́нет(ся)
взгомози́ть(ся), -можу́(сь), -мози́т(ся)
взгомони́ть(ся), -ню́(сь), -ни́т(ся)
взго́рбить, -блю, -бит(ся)
взго́рок, -рка
взго́рочек, -чка
взго́рье, -я, р. мн. -рий
взгрева́ть, -а́ю, -а́ет
взгреме́ть, -млю, -ми́т
взгре́тый
взгреть, -е́ю, -е́ет
взгроможда́ть(ся), -а́ю(сь), -а́ет(ся)
взгромождённый; кр. ф. -ён, -ена́
взгромозди́ть(ся), -зжу́(сь), -зди́т(ся)
взгрустну́ть(ся), -ну́, -нёт(ся)
вздва́ивание, -я
вздва́ивать(ся), -аю, -ает(ся)
вздво́енный (от вздво́ить)
вздвоённый; кр. ф. -ён, -ена́ (от вздвои́ть)
вздво́ить, -о́ю, -о́ит (удвоить)
вздвои́ть(ся), -ою́, -ои́т(ся) (вторично вспахать)
вздева́ние, -я
вздева́ть(ся), -а́ю, -а́ет(ся)
вздёвка, -и
вздёргивание, -я
вздёргивать(ся), -аю, -ает(ся)
вздёржка, -и
вздёрнутый
вздёрнуть(ся), -ну, -нет(ся)
вздётый
вздёть(ся), -е́ну, -е́нет(ся)
вздира́ть(ся), -а́ю, -а́ет(ся)
вздор, -а
взздо́рить, -рю, -рит
взздо́рный
вздорожа́ние, -я
вздорожа́ть, -а́ет
вздох, -а
вздохну́ть(ся), -ну́, -нёт(ся)
вздра́гивание, -я

ВЗМ

вздра́гивать, -аю, -ает
вздрема́ть, -емлю́, -е́млет
вздремну́ть(ся), -ну́, -нёт(ся)
вздро́гнуть, -ну, -нет
вздрю́чить, -чу, -чит
вздрю́чка, -и
вздува́ние, -я
вздува́ть(ся), -а́ю, -а́ет(ся)
взду́мать(ся), -аю, -ает(ся)
вздури́ть(ся), -рю́(сь), -ри́т(ся)
взду́тие, -я
взду́тость, -и
взду́тый
взду́ть(ся), вздую, взду́ет(ся)
вздыби́ть(ся), -блю, -бит(ся)
вздыбленный
вздыбливать(ся), -аю, -ает(ся)
вздыма́ть(ся), -а́ю, -а́ет(ся)
вздыха́ние, -я
вздыха́тель, -я
вздыха́тельница, -ы
вздыха́ть(ся), -а́ю, -а́ет(ся)
взима́ние, -я
взима́ть(ся), -а́ю, -а́ет(ся)
взира́ть, -а́ю, -а́ет
взла́мывание, -я
взла́мывать(ся), -аю, -ает(ся)
взлеза́ть, -а́ю, -а́ет
взлезть, -зу, -зет; прош. взлез, взле́зла
взле́зший
взлеле́янный
взлеле́ять, -е́ю, -е́ет
взлёт, -а
взлета́ть, -а́ю, -а́ет
взлете́ть, -лечу́, -лети́т
взлётно-поса́дочный
взлётный
взло́бок, -бка
взлом, -а
взло́манный
взлома́ть(ся), -а́ю, -а́ет(ся)
взло́мщик, -а
взлохма́тить(ся), -а́чу(сь), -а́тит(ся)
взлохма́ченный
взлохма́чивать(ся), -аю(сь), -ает(ся)
взлупи́ть, -уплю́, -у́пит
взлу́пленный
взлупцева́ть, -цу́ю, -цу́ет
взлупцо́ванный
взлу́щенный; кр. ф. -ён, -ена́
взлущи́ть, -щу́, -щи́т
взма́ливаться, -аюсь, -ается
взма́нивать(ся), -аю, -ает(ся)
взмани́ть, -ню́, -ни́т
взмах, -а
взма́хивание, -я
взма́хивать(ся), -аю, -ает(ся)
взмахну́ть, -ну́, -нёт
взма́чивать(ся), -аю, -ает(ся)
взма́щивать(ся), -аю(сь), -ает(ся)

ВЗР

взмести́, -мету́, -метёт; прош. -мёл, -мела́
взмёт, -а
взмётанный (от взмета́ть 2)
взмета́ть 1, -а́ю, -а́ет, несов. (к взмести́)
взмета́ть 2, -ечу́, -е́чет, сов. (к взмётывать)
взметённый (от взмести́)
взметну́ть(ся), -ну́(сь), -нёт(ся)
взмётший
взмётывать(ся), -аю, -ает(ся)
взмока́ть, -а́ю, -а́ет
взмо́кнуть, -ну, -нет; прош. -о́к, -о́кла
взмо́кший
взмоли́ться, -олю́сь, -о́лится
взмо́рье, -я, предл. на взмо́рье, род. мн. -рий
взмости́ть(ся), -ощу́(сь), -ости́т(ся)
взмотну́ть, -ну́, -нёт
взмочи́ть(ся), -очу́, -о́чит(ся)
взмути́ть(ся), -учу́, -у́ти́т(ся)
взму́ченный
взму́чивать(ся), -аю, -ает(ся)
взмыв, -а
взмыва́ть, -а́ю, -а́ет
взмы́ленный
взмы́ливать(ся), -аю(сь), -ает(ся)
взмы́лить(ся), -лю(сь), -лит(ся)
взмыть, взмо́ю, взмо́ет
взнесённый; кр. ф. -ён, -ена́
взнести́(сь), -су́(сь), -сёт(ся); прош. взнёс(ся), взнесла́(сь)
взнёсший(ся)
взнос, -а
взноси́ть(ся), взношу́(сь), взно́сит(ся)
взну́зданный
взнузда́ть, -а́ю, -а́ет
взну́здывать(ся), -аю, -ает(ся)
взныть, взно́ю, взно́ет
взобра́ться, взберу́сь, взберётся; прош. -а́лся, -ала́сь, -а́ло́сь
взодра́ть, вздеру́, вздерёт; прош. -а́л, -ала́, -а́ло
взойти́, взойду́, взойдёт; прош. взошёл, взошла́
взопре́ть, -е́ю, -е́ет
взор, -а
взо́рванный
взорва́ть(ся), -ву́(сь), -вёт(ся); прош. -а́л(ся), -ала́(сь), -а́ло, -а́ло́сь
взошёдший
взраста́ть, -а́ю, -а́ет
взрасти́, -ту́, -тёт; прош. взрос, взросла́
взрасти́ть, взращу́, взрасти́т

ВЗЫ

взращённый; кр. ф. -ён, -ена́
взра́щивание, -я
взра́щивать(ся), -аю, -ает(ся)
взреве́ть, -ву́, -вёт
взревнова́ть, -ну́ю, -ну́ет
взрез, -а
взре́занный
взре́зать, -е́жу, -е́жет, сов.
взреза́ть(ся), -а́ю, -а́ет(ся), несов.
взре́зывание, -я
взре́зывать(ся), -аю, -ает(ся)
взро́иться, -и́тся
взрослёть, -е́ю, -е́ет (становиться взрослым)
взросли́ть, -и́т (кого, что)
взро́слый
взро́сший
взрыв, -а
взрыва́ние, -я
взрыва́тель, -я
взрыва́ть(ся), -а́ю(сь), -а́ет(ся)
взрывни́к, -а́
взрывно́й
взрывобезопа́сный
взрывогидравли́ческий
взрывозащи́та, -ы
взрывозащищённый
взрывоопа́сный
взрывоуда́рный
взры́вчатка, -и
взры́вчатый
взрыда́ть, -а́ю, -а́ет
взры́тие, -я
взры́тый
взрыть, взро́ю, взро́ет
взрыхле́ние, -я
взрыхлённый; кр. ф. -ён, -ена́
взрыхли́ть, -лю́, -ли́т
взрыхля́ть(ся), -я́ю, -я́ет(ся)
взряби́ть(ся), -и́т(ся)
взряблённый; кр. ф. -ён, -ена́
взъеда́ться, -а́юсь, -а́ется
взъезд, -а
взъезжа́ть, -а́ю, -а́ет
взъерепе́ненный
взъерепе́нить(ся), -ню(сь), -нит(ся)
взъеро́шенный
взъеро́шивать(ся), -аю(сь), -ает(ся)
взъеро́шить(ся), -шу(сь), -чит(ся)
взъе́сться, -е́мся, -е́шься, -е́стся, -еди́мся, -еди́тесь, -еда́тся; прош. -е́лся, -е́лась
взъе́хать, -е́ду, -е́дет
взъярённый; кр. ф. -ён, -ена́
взъяри́ть(ся), -рю́(сь), -ри́т(ся)
взыва́ние, -я
взыва́ть, -а́ю, -а́ет
взыгра́ть(ся), -а́ю(сь), -а́ет(ся)
взыск, -а

взыска́ние, -я
взы́сканный
взыска́тельность, -и
взыска́тельный
взыска́ть(ся), взыщу́, взы́-
   щет(ся)
взы́скивание, -я
взы́скивать(ся), -аю,
   -ает(ся)
взя́тие, -я
взя́тка, -и
взяткода́тель, -я
взяткополуча́тель, -я
взя́ток, -тка
взя́точник, -а
взя́точница, -ы
взя́точничать, -аю, -ает
взя́точнический
взя́точничество, -а
взя́тый; кр. ф. -ят, -ята́, -я́то
взя́ть(ся), возьму́(сь),
   возьмёт(ся); прош.
   взя́л(ся), взяла́(сь), взя́-
   ло, взяло́сь
виаду́к, -а
виандо́т, -а
вибра́то, неизм. и нескл.,
   с.
вибра́тор, -а
вибрафо́н, -а
вибрацио́нный
вибра́ция, -и
вибрио́н, -а
вибри́рование, -я
вибри́ровать, -рую, -рует
вибро... — первая часть
   сложных слов, пишется
   всегда слитно
виброгаси́тель, -я
виброгидропрессова́ние, -я
виброгра́мма, -ы
вибро́граф, -а
вибродатчик, -а
виброзо́нд, -а
виброизмери́тельный
виброизоля́ция, -и
виброинструме́нт, -а
виброкато́к, -тка́
вибро́метр, -а
виброме́трия, -и
вибромо́лот, -а
вибропло́ща́дка, -и
вибропоглоща́ющий
вибропогружа́тель, -я
вибропреобразова́тель, -я
вибропрока́т, -а
вибропрока́тный
виброси́то, -а
вибро́ско́п, -а
вибраскопи́я, -и
вибросто́йкость, -и
виброустано́вка, -и
виброусто́йчивый
вива́рий, -я
вива́т, неизм.
вива́че, неизм.
вивёр, -а
виве́рра, -ы
виве́рровый
вивиани́т, -а
вивисе́ктор, -а
вивисекцио́нный
вивисе́кция, -и
вигва́м, -а

ви́ги, -ов, ед. виг, -а
виги́льность, -и
вигоневый
виго́нь, -и
вид, -а и -у, предл. о ви́де,
   на виду́, для ви́ду, мн.
   -ы, -ов
вида́м, -а
ви́данный (от вида́ть)
ви́дано-переви́дано
вида́ть(ся), -а́ю(сь),
   -а́ет(ся)
ви́дение, -я (действие)
виде́ние, -я (призрак)
ви́денный (от ви́деть)
видео... — первая часть
   сложных слов, пишется
   всегда слитно
ви́део, неизм. и нескл. с.
видеоба́р, -а
видеобу́м, -а
видеоди́ск, -а
видеоза́пись, -и
видеои́мпульс, -а
видеоинформа́ция, -и
видеоиску́сство, -а
видеокана́л, -а
видеокассе́та, -ы
видеокафе́, нескл. с.
видеокино́, нескл. с.
видеокли́п, -а
видеоконтро́ль
видеомагнитофо́н, -а
видеоно́вости, -ей
видеоноси́тель, -я
видеоплёнка, -и
видеосало́н, -а
видеосигна́л, -а
видеоте́ка, -и
видеотелефо́н, -а
видеоусили́тель, -я
видеофи́льм, -а
видеочастота́, -ы́
ви́деть(ся), ви́жу(сь), ви́-
   дит(ся)
ви́дик, -а
видико́н, -а
ви́димо
ви́димо-неви́димо
ви́димость, -и
ви́димый
видне́ться, -е́ется
ви́дно
ви́дный; кр. ф. ви́ден,
   видна́, ви́дно, видны́
видны́м-видне́шенько
видово́й
видоизмене́ние, -я
видоизменённый; кр. ф.
   -ён, -ена́
видоизмени́ть(ся),
   -ню́(сь), -ни́т(ся)
видоизменя́емость, -и
видоизменя́ть(ся), -я́ю(сь),
   -я́ет(ся)
видоиска́тель, -я
видообразова́ние, -я
ви́дящий; наст. вр. не
   употр.
ви́дящий
ви́за, -ы
визави́, неизм. и нескл.,
   м. и ж.
византи́ец, -и́йца

византи́йский
византини́зм, -а
византини́ст, -а
византинове́дение, -я
византо́лог, -а
визг, -а
ви́згли́вый
ви́згнуть, -ну, -нет
визготня́, -и́
визгу́н, -а́
визгу́нья, -и, р. мн. -ний
визжа́ние, -я
визжа́ть, -жу́, -жи́т
визи́га, -и
визионе́р, -а
визи́р, -а (прибор)
визи́рный
визи́рование, -я
визи́рованный
визи́ровать(ся), -рую, -ру-
   ет(ся)
визиро́вка, -и
визиро́вочный
визи́рь, -я (сановник)
визи́т, -а
визита́ция, -и
визитёр, -а
визити́ровать, -рую, -рует
визи́тка, -и
визи́тный
визово́й и ви́зовый
визуа́льно-двойно́й
визуа́льно наблюда́емый
визуа́льный
ви́ка, -и
викалло́й, -я
викариа́т, -а
вика́рий, -я
викари́рующий
вика́рный
ви́кинг, -а
ви́ковый
викогоро́ховый
вико́нт, -а
виконте́сса, -ы
викоовся́ный
викто́рина, -ы
викто́рия, -и
викто́рия-ре́гия, викто́-
   рии-ре́гии
вику́нья, -и, р. мн. -ний
вилайе́т, -а
ви́лка, -и
вилко́вый (от вило́к)
ви́лла, -ы
вилла́н, -а
вило́к, -лка́
вилообра́зный
вилоро́г, -а
вилохво́стка, -и
ви́лочка, -и
ви́лочковый
ви́лочный
ви́лы, вил
вильну́ть, -ну́, -нёт
виля́ние, -я
виля́ть, -я́ю, -я́ет
ви́мперг, -а
вина́, -ы, мн. ви́ны, вин
ви́ндзе́йль, -я
виндика́ция, -и
виндро́тор, -а
виндробуэр, -а

виндсёрфинг, -а
винегре́т, -а
ви́ни, -ей
вини́л, -а
винилацетиле́н, -а
винили́т, -а
вини́ловый
винило́гия, -и
винилхлори́д, -а
винипла́ст, -а
вини́тельный паде́ж
вини́ть(ся), -ню́(сь),
   -ни́т(ся)
вини́шко, -а
вини́ще, -а
ви́нкель, -я, мн. -и, -ей и -я́,
   -е́й
ви́нница, -ы
винно́вка, -и
ви́нно-во́дочный
ви́нновый (от ви́ни)
ви́нно-ка́менный
винноки́слый
ви́нно-коня́чный
ви́нно-ликёрный
ви́нный
вино́, -а́, мн. ви́на, вин
винова́тый
вино́вник, -а
вино́вница, -ы
вино́вность, -и
вино́вный
виногра́д, -а
виногра́дарский
виногра́дарство, -а
виногра́дарь, -я
виногра́дина, -ы
виногра́динка, -и
виногра́дник, -а
виногра́дный
винодел, -а
виноде́лие, -я
виноде́льный
виноде́льня, -и, р. мн. -лен
виноде́льческий
виноку́р, -а
винокуре́ние, -я
виноку́ренный
виноку́рный
виноку́рня, -и, р. мн. -рен
вино́л, -а
винопрово́д, -а
виноразли́вочный
виноторго́вец, -вца
виноторго́вля, -и
виноторго́вый
виноче́рпий, -я
винт, -а́
винтёр, -а
ви́нтик, -а
винти́ть, винчу́, ви́нти́т
винтова́льный
винтова́льня, -и, р. мн. -лен
винто́ванный
винтова́ть, -ту́ю, -ту́ет
винто́вка, -и
винтово́й
винто́вочка, -и
винто́вочный
винтокры́л, -а
винтокры́лый
винтомото́рный
винтонака́тный
винтообра́зный

винтореакти́вный
винторе́зный
винтотурби́нный
винцо́, -а́
винче́стер, -а
виньє́тка, -и
вио́ла, -ы
виолончели́ст, -а
виолончели́стка, -и
виолонче́ль, -и
виолонче́льный
ви́ра 1, -ы (штраф)
ви́ра 2, неизм.
вира́ж 1, -а́ (поворот)
вира́ж 2, -а (фото)
виражи́ровать, -рую, -рует
вира́жный
вира́ж-фикса́ж, -а
вирга́ция, -и
вирили́зм, -а
вири́рование, -я
вири́ровать(ся), -рую, -рует(ся)
виртуа́льный
виртуо́з, -а
виртуо́зность, -и
виртуо́зный
вируле́нтность, -и
вируле́нтный
ви́рус, -а, мн. -ы, -ов
ви́русный
вирусогенети́ческий
вирусо́лог, -а
вирусологи́ческий
вирусоло́гия, -и
вирусоскопи́я, -и
вируссодержа́щий
виршепи́сец, -сца
виршепле́т, -а
виршепле́тство, -а
ви́рши, -ей
вис, -а
ви́селица, -ы
ви́селичный
ви́сельник, -а
висе́ть, вишу́, виси́т
ви́ски, нескл. с.
виско́за, -ы
вискозиме́тр, -а
вискозиме́трия, -и
вискози́н, -а
виско́зный
вислобрю́хий
вислоза́дый
вислокры́лка, -и
вислопло́дник, -а
вислоу́хий
ви́слый
ви́смут, -а
висмути́д, -а (хим.)
висмути́н, -а
висмути́т, -а и бисмути́т, а (минерал)
ви́смутный
ви́смутовый
висмутсодержа́щий
висмя́ висе́ть
ви́снувший
ви́снуть, -ну, -нет; прош. ви́снул и вис, ви́сла
висо́к, -ска́
високо́сный год
височе́к, -чка
височ́ный

виссо́н, -а
виссо́нный
вист, -а
виствова́ть, -ту́ю, -ту́ет
ви́стовый
висцера́льный
висцеромото́рный
висци́н, -а
висю́лька, -и
вися́чий, прил.
вися́щий, прич.
витали́зм, -а
витали́ст, -а
виталисти́ческий
вита́ллий, -я (сплав)
вита́льный
витами́н, -а
витаминиза́ция, -и
витаминизи́рованный
витаминизи́ровать(ся), -рую, -рует(ся)
витами́нно-травяно́й
витами́нный
витаминоакти́вный
витами́новый
витамино́зный
витаминоло́гия, -и
витаминоноси́тель, -я
витаминоно́сный
витаминоподо́бный
витаминотерапи́я, -и
витаминсодержа́щий
вита́ние, -я
вита́ть, -а́ю, -а́ет
вителли́н, -а
витери́т, -а
вит-желе́зо, -а
витиева́тый
вити́йственный
вити́йство, -а
вити́йствовать, -твую, -твует
вити́я, -и, р. мн. -и́й, м.
вито́й, прил.
вито́к, -тка́
вито́чек, -чка
витра́ж, -а́ и -а
витражи́ст, -а
витра́жный
витри́на, -ы
витри́нный
витрифика́ция, -и
ви́ттова пля́ска
виту́шка, -и
ви́тый; кр. ф. вит, вита́, ви́то, прич.
витье́, -я́
ви́ть(ся), вью(сь), вье́т(ся); прош. ви́л(ся), вила́(сь), ви́ло, ви́ло́(сь)
ви́тютень, -тня
ви́тязь, -я
вихля́вый
вихля́й, -я
вихля́стый
вихля́ть(ся), -я́ю(сь), -я́ет(ся)
вихо́р, -хра́
вихоро́к, -рка́
вихо́рчик, -а
вихра́стый
вихрево́й
вихрека́мерный
вихрекопирова́ль-ный

ви́хри́ть(ся), ви́хрю́(сь), ви́хри́т(ся)
вихру́н, -а́
вихрь, ви́хря
вице-... — первая часть сложных слов, пишется всегда через дефис
ви́це-адмира́л, -а
ви́це-адмира́л-инжене́р, вице-адмира́ла-инжене́ра
ви́це-адмира́льский
ви́це-губерна́тор, -а
ви́це-губерна́торский
ви́це-ка́нцлер, -а
ви́це-ка́нцлерский
ви́це-ко́нсул, -а
ви́це-ко́нсульский
ви́це-коро́ль, -я́
ви́це-президе́нт, -а
ви́це-президе́нтский
вицмунди́р, -а
вицмунди́рный
ви́шенка, -и
ви́шенник, -а
ви́шенный
ви́шенье, -я
виши́, нескл. с. (минеральная вода)
вишнёвка, -и
вишнёвочка, -и
вишнёвый
ви́шня, -и, р. мн. -шен
вишня́к, -а́ (к ви́шня)
вишь, частица (ви́шь как, ви́шь ты)
вка́лывать(ся), -аю, -ает(ся)
вка́панный
вка́пать, -аю, -ает
вка́пнуть, -ну, -нет
вка́пывание, -я
вка́пывать(ся), -аю(сь), -ает(ся)
вкара́бкаться, -аюсь, -ается
вкара́бкиваться, -аюсь, -ается
вка́танный
вката́ть, -а́ю, -а́ет
вка́ченный (от вкача́ть)
вкати́ть(ся), вкачу́(сь), вка́тит(ся)
вка́тка, -и
вка́тывание, -я
вка́тывать(ся), -аю(сь), -ает(ся)
вка́чанный (от вкача́ть)
вкача́ть(ся), -а́ю, -а́ет(ся)
вка́ченный (от вкати́ть)
вка́чивание, -я
вка́чивать(ся), -аю(сь), -ает(ся)
вка́шивание, -я
вка́шиваться, -аюсь, -ается
вкида́ть, -а́ю, -а́ет
вки́дывать(ся), -аю, -ает(ся)
вки́нуть(ся), -ну, -нет(ся)
вклад, -а
вкла́дка, -и
вкладно́й
вкла́дчик, -а
вкла́дчица, -ы
вкла́дывание, -я

вкла́дывать(ся), -аю, -ает(ся)
вкла́дыш, -а
вкле́енный
вкле́ивание, -я
вкле́ивать(ся), -аю, -ает(ся)
вкле́ить(ся), -ею, -еит(ся)
вкле́йка, -и
вкле́панный
вклепа́ть(ся), -а́ю(сь), -а́ет(ся)
вклёпка, -и
вклёпывание, -я
вклёпывать(ся), -аю(сь), -ает(ся)
вклине́ние, -я
вкли́ненный; кр. ф. -ен, -ена и вклинённый; кр. ф. -ён, -ена́
вкли́нивание, -я
вкли́нивать(ся), -аю(сь), -ает(ся)
вклини́ть(ся), -иню́(сь), -ини́т(ся)
включа́тель, -я
включа́ть(ся), -а́ю(сь), -а́ет(ся)
включе́ние, -я
включённый; кр. ф. -ён, -ена́
включи́тельно
включи́ть(ся), -чу́(сь), -чи́т(ся)
вкба́нный
вкова́ть(ся), вкую́, вку-ёт(ся)
вко́вка, -и
вкбвывание, -я
вкбвывать(ся), -аю, -ает(ся)
вкогти́ться, -и́тся
в ко́и ве́ки
вкола́чивать(ся), -аю, -ает(ся)
вколоти́ть(ся), -очу́, -о́тит(ся)
вколотно́й
вко́лотый
вколо́ть(ся), вколю́, вко́лет(ся)
вколо́ченный
вконе́ц, нареч. (вконе́ц изму́чился), но сущ. в конец (в коне́ц коридо́ра)
в конце́ концо́в
вко́панный
вкопа́ть(ся), -а́ю, -а́ет(ся)
вкорене́ние, -я
вкоренённый; кр. ф. -ён, -ена́
вкорени́ть(ся), -ню́(сь), -ни́т(ся)
в ко́рень
вкореня́ть(ся), -я́ю, -я́ет(ся)
в ко́рне
вкоротке́
вкосу́ю, нареч.
вкось
вкра́вшийся
вкра́дчивость, -и
вкра́дчивый
вкра́дываться, -аюсь, -ается
вкра́ивание, -я

Столбец 1

вкра́ивать(ся), -аю, -ает(ся)
вкра́пить(ся), -плю, -пит(ся)
вкрапле́ние, -я
вкра́пленник, -а
вкра́пленно-прожи́лковый
вкра́пленный
вкра́пливание, -я
вкра́пливать(ся), -аю, -ает(ся)
вкрапля́ть(ся), -я́ю, -я́ет(ся)
вкра́сться, -аду́сь, -адётся; *прош.* -а́лся, -а́лась
вкра́тце
в креди́т
вкрепи́ть(ся), -я́ю, -я́ет(ся)
вкривь
вкривь и вкось
вкро́енный
вкрои́ть(ся), вкрою́, вкрои́т(ся)
вкро́йка, -и
вкруг, *нареч.* (вкруг всё но́во), но *сущ.* в круг (вступи́ть в круг)
вкругову́ю, *нареч.*
вкрути́ть(ся), вкручу́, вкрути́т(ся)
вкруту́ю, *нареч.*
вкру́ченный
вкру́чивать(ся), -аю, -ает(ся)
вку́пе, *нареч.*
вкури́ться, вкурю́сь, вку́рится
вкус, -а
вкуси́ть, вкушу́, вкуси́т
вку́сный; *кр. ф.* -сен, -сна́, -сно, вкусны́
вкусово́й
вкусовщи́на, -ы
вкуша́ть(ся), -а́ю, -а́ет(ся)
вкуше́ние, -я
вкушённый; *кр. ф.* -ён, -ена́
вла́га, -и
влага́лище, -а
влага́лищный
влага́ть(ся), -а́ю, -а́ет(ся)
влаговоздухонепроница́емый
влаговпи́тывающий
влагоёмкий
влагоёмкость, -и
влагозаря́дка, -и
влагозаря́дковый
влагозащи́та, -ы
влагозащищённый
влагоизоля́ция, -и
влаголюби́вый
влагомер, -а
влагообеспе́ченность, -и
влагоотда́ча, -и
влагооттÁлкивающий
влагопоглоти́тель, -я
влагосто́йкий
влагосто́йкость, -и
влада́ть, -а́ю, -а́ет
владе́лец, -льца
владе́лица, -ы
владе́льческий
владе́ние, -я
владе́нный: владе́нная гра́мота
владе́тель, -я

Столбец 2

владе́тельница, -ы
владе́тельный
владе́ть, -е́ю, -е́ет
влади́мирка, -и (вишня)
влады́ка, -и, *м.*
влады́чество, -а
влады́чествовать, -твую, -твует
влады́чица, -ы
влажне́ть, -е́ю, -е́ет
вла́жность, -и
вла́жно-теплово́й
вла́жно-тропи́ческий
вла́жно-экваториа́льный
вла́жный; *кр. ф.* -жен, -жна́, -жно, вла́жны́
вла́мываться, -аюсь, -ает-ся
власокры́лые, -ых
вла́ствование, -я
вла́ствовать, -твую, -тву-ет
властели́н, -а
власти́тель, -я
власти́тельница, -ы
власти́тельный
власти́тельский
вла́стность, -и
вла́стный
властолю́бец, -бца
властолюби́вый
властолю́бие, -я
власть, -и, *мн.* -и, -е́й
власяни́ца, -ы
власяно́й
влачи́ть(ся), -чу́(сь), -чи́т(ся)
вле́во
влега́ть, -а́ю, -а́ет
в лёжку
влеза́ть, -а́ю, -а́ет
влезть, -зу, -зет; *прош.* влез, влезла
вле́зший
влеко́мый
влеку́щий(ся)
влёкший(ся)
влепи́ть(ся), влеплю́, вле́-пит(ся)
вле́пленный
влепля́ть(ся), -я́ю, -я́ет-(ся)
влёт 1, -а (действие)
влёт 2, *нареч.* (стреля́ть влёт)
влета́ть, -а́ю, -а́ет
влете́ть, влечу́, влети́т
влече́ние, -я
влечь, вля́гу, вля́жет, вля́-гут; *прош.* влёг, влегла́
влечь(ся), влеку́(сь), вле-чёт(ся), влеку́т(ся); *прош.* влёк(ся), влек-ла́(сь)
влива́ние, -я
влива́ть(ся), -а́ю(сь), -а́ет(ся)
влипа́ть, -а́ю, -а́ет
вли́пнуть, -ну, -нет; *прош.* влип, вли́пла
вли́пший
вли́тие, -я
вли́тый; *кр. ф.* влит, влита́, вли́то

Столбец 3

вли́ть(ся), волью́(сь), вольёт(ся); *прош.* вли́л(ся), влила́(сь), вли́ло, вли́лóсь
в лице́ (*кого*)
влия́ние, -я
влия́тельный
влия́ть, -я́ю, -я́ет
вложе́ние, -я
вло́женный
вложи́ть(ся), вложу́, вло́-жит(ся)
вломи́ться, вломлю́сь, вло́-мится
влопа́ться, -аюсь, -ается
влопываться, -аюсь, -ается
в лоск
влю́бе: вку́пе и влю́бе
влюби́ть(ся), влюблю́(сь), влю́бит(ся)
влюблённость, -и
влюблённый; *кр. ф.* -ён, -ена́
влюблённый, -ого
влюбля́ть(ся), -я́ю(сь), -я́ет(ся)
влю́бчивость, -и
влю́бчивый
вля́пать(ся), -аю(сь), -ает(ся)
вма́занный
вма́зать(ся), вма́жу(сь), вма́жет(ся)
вма́зка, -и
вма́зывание, -я
вма́зывать(ся), -аю(сь), -ает(ся)
вма́ле
в ма́ссе
вма́тывать(ся), -аю, -ает(ся)
вмене́ние, -я
вменённый; *кр. ф.* -ён, -ена́
вмени́ть(ся), -ню́, -ни́т(ся)
вменя́емость, -и
вменя́емый
вменя́ть(ся), -я́ю, -я́ет(ся)
вмерза́ть, -а́ю, -а́ет
вмёрзнуть, -ну, -нет; *прош.* -ёрз, -ёрзла
вмёрзший
вмёртвую, *нареч.*
в ме́ру
вмести́ть(ся), вмещу́, вме-сит(ся)
вме́сте, *нареч.*
вме́сте с тем
вмести́, вмету́, вметёт; *прош.* вмёл, вмела́
вмести́лище, -а
вмести́мость, -и
вмести́тельность, -и
вмести́тельный
вмести́ть(ся), вмещу́(сь), вмести́т(ся)
вме́сто, *предлог*
вмётанный (*от* вмета́ть)
вмета́ть(ся), -а́ю, -а́ет(ся)
вметённый; *кр. ф.* -ён, -ена́ (*от* вмести́)
вметну́ть(ся), -ну́, -нёт(ся)
вмётший
вмётывать(ся), -аю, -ает(ся)

Столбец 4

вме́шанный (*от* вмеша́ть)
вмеша́тельство, -а
вмеша́ть(ся), -а́ю(сь), -а́ет(ся)
вме́шенный (*от* вмеси́ть)
вме́шивать(ся), -аю(сь), -ает(ся)
вмеща́ть(ся), -а́ю(сь), -а́ет(ся)
вмещённый; *кр. ф.* -ён, -ена́
вмиг, *нареч.* (вмиг исче́з), но *сущ.* в миг (в миг э́тот …)
вмина́ть(ся), -а́ю(сь), -а́ет(ся)
вмонти́рованный
вмонти́ровать(ся), -рую, -рует(ся)
вмора́живать(ся), -аю, -ает(ся)
вморо́женный
вморо́зить, -о́жу, -о́зит
вмо́танный
вмота́ть(ся), -а́ю, -а́ет(ся)
вмуро́ванный
вмурова́ть(ся), -ру́ю, -ру́-ет(ся)
вмуро́вывать(ся), -аю, -ает(ся)
вмя́тина, -ы
вмя́тость, -и
вмя́тый
вмя́ть(ся), вомну́(сь), вом-нёт(ся)
внабро́с
вна́ем, *нареч.*
внаймы́
внаки́дку, *нареч.*
внакла́де, *нареч.*
внакла́дку, *нареч.*
в накло́н
внакро́й
в насме́шку
внатя́жку, *нареч.*
внахлёстку, *нареч.*
внача́ле, *нареч.* (внача́ле бы́ло ве́село), но *сущ.* в нача́ле (в нача́ле расска́за)
вне, *предлог*
внеатмосфе́рный
внебра́чный
внебюдже́тный
вневе́домственный
вневойскови́к, -а́
вневойсково́й
вневре́менный
внегалакти́ческий
внегородско́й
внедре́ние, -я
внедрённый; *кр. ф.* -ён, -ена́
внедри́ть(ся), -рю́(сь), -ри́т(ся)
внедря́ть(ся), -я́ю(сь), -я́ет(ся)
внеевропе́йский
вне зако́на
внеза́пный
внеземно́й
внекла́ссный
внекла́ссовый
внекле́точный

внеконкурсный
внекорневой
внематочный
внемлющий
внеочередник, -а
внеочередной
внепарламентский
внепартийный
внеплановый
внеплодник, -а
внеположный
вне себя
внеселитебный
внесение, -я
внесённый; кр. ф. -ён, -ена
внесистемный
внеслужебный
внесметный
внести(сь), -су(сь), -сёт(ся); прош. внёс(ся), внесла(сь)
внестудийный
внесудебный
внеуставной и внеуставный
внёсший(ся)
в нетях
внеуличный
внеурочный
внеуставный и внеуставной
внешкольный
внешне
внешнеполитический
внешнеторговый
внешнеэкономический
внешний
внешность, -и
внештатный
внеэкономический
внеярусный
вниз, нареч. (спускаться вниз), но сущ. в низ (в низ стены)
внизу, нареч.
вникать, -аю, -ает
вникнувший
вникнуть, -ну, -нет; прош. вник и вникнул, вникла
вникший
внимание, -я
внимательность, -и
внимательный
внимать, -аю, -ает и внемлю, -лет
внимающий
вничью, нареч.
вновe
вновь, нареч.
в ногах
в ногу
внос, -а
вносить(ся), вношу(сь), вносит(ся)
вноска, -и
внук, -а
внука, -и (внучка)
внутрение
внутренний
внутренностный
внутренность, -и
внутри
внутриатомный
внутрибригадный

внутриведомственный
внутривенный
внутривидовой
внутригосударственный
внутризаводской
внутризёренный
внутриквартальный
внутриквартирный
внутриклассовый
внутриклеточный
внутрикомнатный
внутриконтинентальный
внутриматериковый
внутримолекулярный
внутримышечный
внутриобластной
внутриотраслевой
внутрипартийный
внутриплеменной
внутриплодник, -а
внутриполитический
внутрипортовый
внутрипроизводственный
внутрипромышленный
внутрирайонный
внутрискважинный
внутрисоюзный
внутристудийный
внутрисуставной и внутрисуставный
внутритекстовый
внутриутробный
внутрихозяйственный
внутрицеховой
внутрицилиндровый
внутричерепной
внутриэкономический
внутриядерный
внутриязыковой
внутрь
внучатый
внучек, -чка
внученька, -и
внучка, -и
внучонок, -нка, мн. -чата, -чат
внушаемость, -и
внушать(ся), -аю, -ает(ся)
внушение, -я
внушённый; кр. ф. -ён, -ена
внушительный
внушить, -шу, -шит
внюхаться, -аюсь, -ается
внюхиваться, -аюсь, -ается
внятный
внять, прош. внял, вняла, вняло
во, в, предлог
вобла, -ы
в обмен
в обнимку
вобранный
вобрать(ся), вберу(сь), вберёт(ся); прош. вобрал(ся), -ала(сь), -ало, -алось
в обрез
в обтяжку
в обхват
в общем
в общем и целом
вовек

вовеки
во веки веков
во веки вечные
во весь опор
вовлекать(ся), -аю(сь), -ает(ся)
вовлёкший(ся)
вовлечение, -я
вовлечённый; кр. ф. -ён, -ена
вовлечь(ся), -еку(сь), -ечёт(ся); прош. -ёк(ся), -екла(сь)
вовне
вовнутрь
вовремя, нареч. (вовремя прийти), но сущ. во время (во время сна)
вовсе
во всеоружии
во всеуслышание
вовсю, нареч. (бежал вовсю), но местоим. во всю (во всю ивановскую)
во-вторых
во главе
вогнанный
вогнать, вгоню, вгонит; прош. -ал, -ала, -ало
вогнутость, -и
вогнутый
вогнуть(ся), -ну, -нёт(ся)
вогул, -а
вогулка, -и
вогульский
вода, -ы, мн. воды, вод, водам
водворение, -я
водворённый; кр. ф. -ён, -ена
водворить(ся), -рю(сь), -рит(ся)
водворять(ся), -яю(сь), -яет(ся)
водевилист, -а
водевиль, -я
водевильный
воденеть, -еет
в одиночку
водитель, -я
водительский
водительство, -а
водить(ся), вожу(сь), водит(ся)
водица, -ы
водичка, -и
водка, -и
водник, -а
водно-воздушный
воднолыжник, -а
воднолыжный
водно-мелиоративный
водно-моторный
водно-солевой
водно-спиртовой
водноспортивный
водность, -и
воднотранспортный
водноэнергетический
водный
водобой, -я
водобойный
водобоязнь, -и

водовместилище, -а
водовод, -а
водо-водяной
водовоз, -а
водовоздушный
водовозка, -и
водовозничать, -аю, -ает
водовозный
водоворот, -а
водовыпуск, -а
водовыпускной
водогазоёмкий
водогазонепроницаемый
водогазопроводный
водогон, -а
водогрейка, -и
водогрейный
водогрейня, -и, р. мн. -еен и водогрельня, -и, р. мн. -лен
водогрязелечебница, -ы
водогрязелечение, -я
водогрязеторфопарафинолечение, -я
водоём, -а
водоёмкий
водоёмный
водозабор, -а
водозаборный
водозащитный
водоизмеритель, -я
водоизмерительный
водоизмещение, -я
водоканал, -а
водокачажный
водокачка, -и
водокольцевой
водокрас, -а
водолаз, -а
водолазка, -и
водолазный
водолей, -я
водолечебница, -ы
водолечебный
водолечение, -я
водолив, -а
водолюб, -а
водолюбивый
водомаслогрейка, -и
водомаслозаправщик, -а
водомелиоративный
водомер, -а
водомерка, -и
водомерный
водомёт, -а
водомётный
водомоина, -ы
водомойный
водонагреватель, -я
водонагревательный
водоналивной
водонаполненный
водонапорный
водонепроницаемый
водонос, -а
водоноска, -и
водоносность, -и
водоносный
водообеспеченность, -и
водоопреснитель, -я
водоосвящение, -я
водоотвод, -а
водоотводный
водоотдача, -и

водоотдели́тель, -я
водоотли́в, -а
водоотли́вный
водоотсто́йник, -а
водоотта́лкивающий
водоохлажде́ние, -я
водоохра́нный
водоочисти́тель, -я
водоочисти́тельный
водоочи́стка, -и
водопа́д, -а
водопа́дный
водопла́вающий
водопла́вный
водоподводя́щий
водоподгото́вка, -и
водоподогрева́тель, -я
водоподъём, -а
водоподъёмник, -а
водоподъёмный
водопо́й, -я
водопо́йный
водопо́лье, -я
водопо́льзование, -я
водопо́льзователь, -я
водопониже́ние, -я
водоприёмник, -а
водоприёмный
водопрово́д, -а
водопрово́дно-канализа-
　цио́нный
водопрово́дный
водопрово́дчик, -а
водопроводя́щий
водопроница́емый
водопропускно́й
водопрото́чный
водопро́чный
водоразбо́рный
водоразде́л, -а
водоразде́льный
водораспыли́тель, -я
водораствори́мый
водорегули́рующий
водоре́з, -а
водоро́д, -а
водороддобыва́ющий
водоро́дистый
водоро́дный
водородсодержа́щий
во́дорослевый
во́доросль, -и
водосбо́р, -а
водосбо́рник, -а
водосбо́рный
водосбро́с, -а
водосбро́сный
водосвя́тие, -я
водоска́т, -а
водоска́тный
водосли́вный
водосло́й, -а
водоснабже́ние, -я
водосодержа́щий
водоспу́ск, -а
водоспу́скный
водосто́йкий
водосто́йкость, -и
водосто́к, -а
водостолбово́й
водосто́чный
водостру́йный
водото́к, -а

водотру́бный
водоудержива́ющий
водоуказа́тельный
водоупо́рный
водоусто́йчивый
водоустро́йство, -а
водохлёб, -а
водохрани́лище, -а
водохрани́лищный
водочерпа́лка, -и
водочерпа́льный
водочерпа́тельный
во́дочка, -и
во́дочный
водружа́ть(ся), -а́ю(сь),
　-а́ет(ся)
водруже́ние, -я
водружённый; кр. ф. -ён,
　-ена́
водрузи́ть(ся), -ужу́(сь),
　-узи́т(ся)
во́дский (к водь)
водь, -и
водяни́ка, -и
водяни́стый
водя́нка, -и
водяно́й
водя́ночный
воева́ть, вою́ю, вою́ет
воево́да, -ы, м.
воево́дский
воево́дство, -а
воево́дствовать, -твую, -тву-
　ет
воеди́но
военача́льник, -а
военвра́ч, -а́
воениза́ция, -и
военизи́рованный
военизи́ровать(ся), -рую,
　-рует(ся)
военинжене́р, -а
военко́м, -а
военкома́т, -а
военко́мовский
военко́р, -а
военко́ровский
военмо́р, -а
военно... — первая часть
　сложных слов, пишется
　всегда через дефис
　(кроме военнообязан-
　ный, военнопленный,
　военнослужащий)
военно-авиацио́нный
военно-администрати́в-
　ный
военно-а́томный
военно-ветерина́рный
военно-возду́шный
военно-враче́бный
военно-геодези́ческий
военно-гражда́нский
военно-дипломати́ческий
военно-доро́жный
военно-инжене́рный
военно-инструкти́вный
военно-истори́ческий
военно-медици́нский
военно-морско́й
военно-мостово́й
военнообя́занный, -ого
военно-окружно́й
военно-охо́тничий, -ья, -ье

военно-патриоти́ческий
военнопле́нный, -ого
военно-полево́й
военно-полити́ческий
военно-полице́йский
военно-почто́вый
военно-продово́льствен-
　ный
военно-промы́шленный
военно-революцио́нный
военно-ремо́нтный
военно-речно́й
военно-санита́рный
военно-сле́дственный
военнослу́жащий, -его
военно-спорти́вный
военно-стратеги́ческий
военно-строи́тельный
военно-суде́бный
военно-сухопу́тный
военно-техни́ческий
военно-топографи́че-
　ский
военно-тра́нспортный
военно-уголо́вный
военно-уче́бный
военно-хирурги́ческий
военно-хозя́йственный
военно-ше́фский
военно-экономи́ческий
военно-юриди́ческий
вое́нный
военпре́д, -а
военру́к, -а и -а́
военспе́ц, -а и -а́
военте́хник, -а
военто́рг, -а
военфе́льдшер, -а
вое́нщина, -ы
военю́рист, -а
вожа́к, -а́
вожа́тый, -ого
вожделе́ние, -я
вожделе́нный
вожделе́ть, -е́ю, -е́ет
вожде́ние, -я
вожди́зм, -а
вождь, -я́
вожжа́ться, -а́юсь, -а́ется
вожжево́й
во́жжи, -е́й, ед. вожжа́, -и́
воз, -а, предл. о во́зе, на
　возу́, мн. -ы́, -о́в
возблагода́ренный; кр. ф.
　-ён, -ена́
возблагодари́ть, -рю́, -ри́т
возблесте́ть, -ещу́, -ести́т
возблиста́ть, -а́ю, -а́ет и -ле-
　щу́, -ле́щет
возбранённый; кр. ф. -ён,
　-ена́
возбрани́ть, -ню́, -ни́т
возбраня́ть(ся), -я́ю,
　-я́ет(ся)
возбуди́мость, -и
возбуди́мый
возбуди́тель, -я
возбуди́ть(ся), -ужу́(сь),
　-уди́т(ся)
возбужда́емость, -и
возбужда́ть(ся), -а́ю(сь),
　-а́ет(ся)
возбужда́ющий
возбужде́ние, -я

возбуждённый; кр. ф. -ён,
　-ена́
возведе́ние, -я
возведённый; кр. ф. -ён,
　-ена́
возве́дший(ся)
возвели́чение, -я
возвели́ченный
возвели́чивание, -я
возвели́чивать(ся),
　-аю(сь), -ает(ся)
возвели́чить(ся), -чу(сь),
　-чит(ся)
возвеселённый; кр. ф. -ён,
　-ена́
возвесели́ть(ся), -лю́(сь),
　-ли́т(ся)
возвеселя́ть(ся), -я́ю(сь),
　-я́ет(ся)
возвести́(сь), -еду́,
　-едёт(ся); прош. -ёл(ся),
　-ела́(сь)
возвести́ть(ся), -ещу́, -ес-
　ти́т(ся)
возвеща́ть(ся), -а́ю,
　-а́ет(ся)
возвеще́ние, -я
возвещённый; кр. ф. -ён,
　-ена́
возводи́ть(ся), -ожу́,
　-о́дит(ся)
возвра́т, -а
возврати́ть(ся), -ащу́(сь),
　-ати́т(ся)
возвра́тно-враща́тельный
возвра́тно-поворо́тный
возвра́тно-поступа́тель-
　ный
возвра́тно-сре́дний
возвра́тный
возвраща́ть(ся), -а́ю(сь),
　-а́ет(ся)
возвраще́ние, -я
возвращённый; кр. ф. -ён,
　-ена́
возвы́сить(ся), -ы́шу(сь),
　-ы́сит(ся)
возвыша́ть(ся), -а́ю(сь),
　-а́ет(ся)
возвыше́ние, -я
возвы́шенность, -и
возвы́шенный; кр. ф.
　прич. -ен, -ена; кр. ф.
　прил. -ен, -енна
возгла́вить(ся), -влю,
　-вит(ся)
возгла́вленный
возглавля́ть(ся), -я́ю,
　-я́ет(ся)
во́зглас, -а
возгласи́ть, -ашу́, -аси́т
возглаша́ть(ся), -а́ю,
　-а́ет(ся)
возглаше́ние, -я
возглашённый; кр. ф. -ён,
　-ена́
во́згнанный
возгна́ть, -гоню́, -го́нит
возго́н, -а
возго́нка, -и
возго́нный
возгоня́ть(ся), -я́ю, -я́ет(ся)
возгора́емость, -и
возгора́емый

возгора́ние, -я
возгора́ть(ся), -а́ю(сь),
　-а́ет(ся)
возгорди́ться, -ржу́сь,
　-рди́тся
возгоре́ться, -рю́сь, -ри́тся
возгреме́ть, -млю́, -ми́т
воздава́ть(ся), -даю́, -да-
　ёт(ся)
во́зданный; кр. ф. -ан, -ана́,
　-ано
возда́ть(ся), -а́м, -а́шь,
　-а́ст(ся), -ади́м, -ади́те,
　-аду́т(ся); прош. -а́л(ся),
　-ала́(сь), -а́ло, -а́ло́сь
воздая́ние, -я
воздвига́ть(ся), -а́ю,
　-а́ет(ся)
воздви́гнувший(ся)
воздви́гнутый
воздви́гнуть(ся), -ну,
　-нет(ся); прош. -и́г(ся) и
　-и́гнул(ся), -и́гла(сь)
воздви́гший(ся)
воздви́жение, -я (церк.)
воздвиже́ние, -я (дейст-
　вие)
воздева́ть(ся), -а́ю, -а́ет(ся)
возде́йствие, -я
возде́йствовать, -твую, -тву-
　ет
возде́ланный
возде́лать(ся), -аю, -ает(ся)
возде́лывание, -я
возде́лыватель, -я
возде́лывать(ся), -аю,
　-ает(ся)
воздержа́ние, -я
возде́ржанность, -и
возде́ржанный
воздержа́ть(ся), -ержу́(сь),
　-е́ржит(ся)
возде́рживать(ся), -аю(сь),
　-ает(ся)
возде́ржность, -и
возде́ржный
воздёвтый
возде́ть, -е́ну, -е́нет
во́здух, -а
воздухобо́йный
воздухово́д, -а
во́здухо-возду́шный
воздуходу́в, -а
воздуходу́вка, -и
воздуходу́вный
воздухоёмкость, -и
воздухозабо́рник, -а
воздухолече́ние, -я
воздухоме́р, -а
воздухоме́рный
воздухонагнета́тельный
воздухонагрева́тель, -я
воздухонепроница́емый
воздухоно́сный
воздухообме́н, -а
воздухоотво́дчик, -а
воздухоотводя́щий
воздухоотделе́ние, -я
воздухоотдели́тель, -я
воздухоохлади́тель, -я
воздухоохлади́тельный
воздухоочисти́тель, -я
воздухопла́вание, -я
воздухопла́ватель, -я

воздухопла́вательный
воздухоподгото́вка, -и
воздухоподогре́в, -а
воздухоподогрева́тель, -я
воздухопрово́д, -а
воздухопроница́емый
воздухоразда́точный
воздухораспредели́тель, -я
воздухораспредели́тель-
　ный
воздухосбо́рник, -а
воздухоснабже́ние, -я
воздухоула́вливатель, -я
воздухоэквивале́нтный
возду́шник, -а
возду́шно-деса́нтный
возду́шно-ка́пельный
возду́шно-кислоро́дный
возду́шно-конденсацио́н-
　ный
возду́шно-косми́ческий
возду́шно-ма́сляный
возду́шно-механи́ческий
возду́шно-морско́й
возду́шно-назе́мный
возду́шно-раке́тный
возду́шно-реакти́вный
возду́шность, -и
возду́шный
воздыма́ть(ся), -а́ю,
　-а́ет(ся)
воздыха́ние, -я
воздыха́тель, -я
воздыха́тельница, -ы
воздыха́ть, -а́ю, -а́ет
возжа́ждать, -ду, -дет
возжёгший(ся)
возжела́ть, -а́ю, -а́ет
возже́чь(ся), -жгу́,
　-жжёт(ся), -жгу́т(ся);
　прош. -жёг(ся), -жгла́(сь)
возжже́ние, -я
возжжённый; кр. ф. -ён,
　-ена́
возжига́ние, -я
возжига́ть(ся), -а́ю,
　-а́ет(ся)
воззва́ние, -я
во́ззванный
воззва́ть, -зову́, -зовёт;
　прош. -а́л, -ала́
воззре́ние, -я
воззре́ть(ся), -рю́(сь),
　-ри́т(ся)
вози́ть(ся), вожу́(сь), во́-
　зит(ся)
вози́шко, -а, м.
вози́ще, -а, м.
во́зка, -и
возлага́ть(ся), -а́ю, -а́ет(ся)
во́зле
возлега́ть, -а́ю, -а́ет
возлёгший
возлежа́ние, -я
возлежа́ть, -жу́, -жи́т
возле́чь, -ля́гу, -ля́жет, -ля́-
　гут; прош. -лёг, -легла́
возлива́ть, -а́ю, -а́ет
возлико́вать, -ку́ю, -ку́ет
возли́тый; кр. ф. -и́т, -ита́,
　-и́то
возли́ть, возолью́, возоль-
　ёт; прош. -и́л, -ила́, -и́ло
возлия́ние, -я

возложе́ние, -я
возло́женный
возложи́ть, -ожу́, -о́жит
возлюби́ть, -люблю́, -лю́бит
возлю́бленный
возме́здие, -я
возмести́тель, -я
возмести́тельница, -ы
возмести́тельный
возмести́ть(ся), -ещу́(сь),
　-ести́т(ся)
возмечта́ть, -а́ю, -а́ет
возмеща́ть(ся), -а́ю(сь),
　-а́ет(ся)
возмеще́ние, -я
возмещённый; кр. ф. -ён,
　-ена́
возмо́гший
возмо́жно
возмо́жность, -и
возмо́жный
возмо́чь, -могу́, -мо́жет, -мо́-
　гут; прош. -мо́г, -могла́
возмужа́лость, -и
возмужа́лый
возмужа́ние, -я
возмужа́ть, -а́ю, -а́ет
возмути́тель, -я
возмути́тельница, -ы
возмути́тельный
возмути́ть(ся), -ущу́(сь),
　-ути́т(ся)
возмуща́ть(ся), -а́ю(сь),
　-а́ет(ся)
возмуще́ние, -я
возмущённый; кр. ф. -ён,
　-ена́
вознагради́ть(ся),
　-ажу́(сь), -ади́т(ся)
вознагражда́ть(ся),
　-а́ю(сь), -а́ет(ся)
вознагражде́ние, -я
вознаграждённый; кр. ф.
　-ён, -ена́
в ознаменова́ние
вознаме́риваться, -аюсь,
　-ается
вознаме́риться, -рюсь, -рит-
　ся
вознегодова́ть, -ду́ю, -ду́ет
возненави́денный
возненави́деть, -и́жу,
　-и́дит
вознесе́ние, -я
вознесённый; кр. ф. -ён,
　-ена́
вознести́(сь), -су́(сь),
　-сёт(ся); прош. -ёс(ся),
　-есла́(сь)
вознёсший(ся)
возника́ть, -а́ю, -а́ет
возникнове́ние, -я
возни́кнувший
возни́кнуть, -ну, -нет
　прош. -ни́к, -ни́кла
возни́кший
возни́ца, -ы; м.
возни́чий, -его
возноси́ть(ся), -ошу́(сь),
　-о́сит(ся)
возноше́ние, -я
возня́, -и́
возоблада́ние, -я
возоблада́ть, -а́ю, -а́ет

возобнови́ть(ся), -влю́(сь),
　-ви́т(ся)
возобновле́ние, -я
возобновлённый; кр. ф.
　-ён, -ена́
возобновля́ть(ся), -я́ю(сь),
　-я́ет(ся)
возово́й
возо́к, возка́
возомни́ть, -ню́, -ни́т
возопи́ть, -плю́, -пи́т
возра́доваться, -дуюсь, -ду-
　ется
возража́ть, -а́ю, -а́ет
возраже́ние, -я
возрази́ть, -ажу́, -ази́т
во́зраст, -а, мн. -ы, -ов
возраста́ние, -я
возраста́ть, -а́ю, -а́ет
возрасти́, -расту́, -растёт;
　прош. -ро́с, -росла́
возрасти́ть, -ащу́, -асти́т
возрастно́й
во́зрастно-половой
возраща́ть, -а́ю, -а́ет
возраще́ние, -я
возращённый; кр. ф. -ён,
　-ена́
возроди́ть(ся), -ожу́(сь),
　-оди́т(ся)
возрожда́ть(ся), -а́ю(сь),
　-а́ет(ся)
возрожде́ние, -я
возрождённый; кр. ф. -ён,
　-ена́
возропта́ть, -опщу́, -о́пщет
возро́сший
возрыда́ть, -а́ю, -а́ет
во́зчик, -а
возыме́ть, -е́ю, -е́ет
во избежа́ние (чего)
во измене́ние (чего)
во́ин, -а
во́ин-интернационали́ст,
　во́ина-интернационали́-
　ста
во́инский
во́инственность, -и
во́инственный; кр. ф. -вен
　и -венен, -венна
во́инство, -а
во́инствующий
во исполне́ние (чего)
во́истину, нареч.
вои́тель, -я
вои́тельница, -ы
вой, -я
во́йлок, -а
во́йлочный
война́, -ы́, мн. во́йны, войн
во́йско, -а, мн. войска́,
　войск, -а́м
войсково́й
во́йт, -а
войти́, войду́, войдёт;
　прош. вошёл, вошла́
вока́була, -ы
вокабуля́рий, -я
вока́л, -а
вокалигра́мма, -ы
вокали́з, -а
вокализа́ция, -и
вокализи́ровать, -рую, -ру-
　ет

вокали́зм, -а
вокали́ст, -а
вока́льно-инструмента́ль-
  ный
вока́льно-симфони́ческий
вока́льно-сцени́ческий
вока́льный
вокати́в, -а
вокза́л, -а
вокза́льный
вокза́льчик, -а
вокру́г
вол, -á
вола́н, -а
волапю́к, -а
волга́рь, -я́
во́лглый
во́лго-донско́й
волдыри́ще, -а, м.
волды́рник, -а
волды́рь, -я́
волево́й
волеизъявле́ние, -я
волейбо́л, -а
волейболи́ст, -а
волейболи́стка, -и
волейбо́льный
во́лей-нево́лей
во́ленс-но́ленс, неизм.
волжа́нин, -а, мн. -а́не, -а́н
волжа́нка, -и
волисполко́м, -а
волк, -а, мн. во́лки, -ов
волк-маши́на, -ы
волкода́в, -а
волкозу́б, -а
волколи́с, -а
волна́, -ы́, мн. во́лны,
  волн, во́лна́м
волне́ние, -я
волни́стый
волнова́ть(ся), -ну́ю(сь),
  -ну́ет(ся)
волново́д, -а
волново́й
волногаси́тель, -я
волногра́мма, -ы
волно́граф, -а
волнозащи́тный
волноло́м, -а
волноме́р, -а
волнообра́зный
волноприбо́йный
волноре́з, -а
волну́ха, -и
волну́шка, -и
волну́ющий
волня́нка, -и
воло́вий, -ья, -ье
воло́вик, -а
воло́вина, -ы
воло́вня, -и, р. мн. -вен
володу́шка, -и
во́ложка, -и
во́лок, -а
воло́ка, -и (матрица)
волоки́та, -ы
волоки́тный
волоки́тство, -а
волоки́тчик, -а
волокни́стый
волокни́т, -а
волокно́, -á, мн. воло́кна,
  -кон

волокноотдели́тель, -я
волокно́-сыре́ц, волокна́-
  сырца́
волоково́й
воло́ком, нареч.
волоко́нце, -а
волоку́ша, -и
волоку́щий(ся)
воло́кший(ся)
волонтёр, -а
волонтёрка, -и
волонтёрный
волонтёрский
волоо́кий
волопа́с, -а
во́лос, -а, мн. во́лосы, во-
  ло́с, волоса́м
волоса́теть, -ею, -еет
волоса́тик, -а
волоса́тость, -и
волоса́тый
волоса́ч, -á
волосёнки, -нок
воло́сик, -а
волоси́нка, -и
волоси́стый
волосне́ц, -á
волосно́й (от во́лос)
волосови́на, -ы
волосо́к, -ска́
волосо́ньки, -нек
волосообра́зный
волосохво́ст, -а
волосо́чек, -чка
волосте́ль, -и
волостно́й (от во́лость)
во́лость, -и, мн. -и, -е́й
волося́нка, -и
волося́но́й
волоча́щий(ся)
волоче́ние, -я
воло́ченный; кр. ф. -ен,
  -ена и волочённый; кр.
  ф. -ён, -ена́, прич.
волочёный, прил.
волочи́вший(ся)
волочи́льный
волочи́льня, -и, р. мн. -лен
волочи́ть(ся), -очу́(сь),
  -о́чи́т(ся)
волочо́к, -чка́
воло́чь(ся), -оку́(сь),
  -очёт(ся), -оку́т(ся),
  прош. -о́к(ся), -окла́(сь)
воло́шский
волхв, -а́
волхвова́ние, -я
волхвова́ть, -хву́ю, -хву́-
  ет
волча́нка, -и
волча́тник, -а
волче́ц, -чца́
волчея́годник, -а
во́лчий, -ья, -ье
волчи́ха, -и
волчи́ца, -ы
волчи́ще, -а, м.
волчо́к, -чка́
волчо́нок, -нка, мн. -ча́та,
  -ча́т
волше́бник, -а
волше́бница, -ы
волше́бный
волшебство́, -á

волы́нить(ся), -ню(сь),
  -нит(ся)
волы́нка, -и
волы́нщик, -а
волы́нянин, -а, мн. -яне, -ян
вольво́кс, -а
вольго́тный
вольёр, -а и вольёра, -ы
волькаме́рия, -и
во́льница, -ы
во́льничать, -аю, -ает
во́льно, нареч.
вольно́, в знач. сказ. с
  дат. п.
вольноду́мец, -мца
вольноду́мие, -я
вольноду́мничать, -аю, -ает
вольноду́мный
вольноду́мство, -а
вольноду́мствовать, -твую,
  -твует
вольнолюби́вый
вольномы́слие, -я
вольномы́слящий
вольнонаёмный
вольноопределя́ющийся,
  -егося
вольноотпу́щенник, -а
вольноотпу́щеница, -ы
вольноотпу́щенный
вольнопрактику́ющий
вольноприходя́щий
вольнослу́шатель, -я
вольнослу́шательница, -ы
во́льность, -и
во́льный; кр. ф. во́лен,
  вольна́, во́льно, во́льны́
вольт, -а, р. мн. вольт и -ов
во́льта, -ы (ткань)
вольта́ж, -á
вольта́метр, -а
вольт-ампе́р, -а
вольтампермéтр, -а
вольт-ампе́рный
вольтамперомме́тр, -а
вольте́ровский
вольтерья́нец, -нца
вольтерья́нство, -а
вольтижёр, -а
вольтижи́ровать, -рую, -ру-
  ет
вольтижиро́вка, -и
вольтижиро́вочный
вольтме́тр, -а
вольтомме́тр, -а
вольт-секу́нда, -ы
вольфра́м, -а
вольфрами́т, -а
вольфра́мовый
волю́м, -а
волюмоме́тр, -а
волюмометри́ческий
волюнтари́зм, -а
волюнтари́ст, -а
волюнтаристи́ческий
волюнтари́стский
волю́та, -ы (архит.)
во́люшка, -и
во́ля, -и
во́ля во́льная
во мно́гом
вомча́ть(ся), -чу́(сь),
  -чи́т(ся)
во́на, -ы (ден. ед.)

во́на, частица
вонза́ть(ся), -а́ю(сь),
  -а́ет(ся)
вонзённый; кр. ф. -ён, -ена́
вонзи́ть(ся), вонжу́(сь),
  вонзи́т(ся)
вони́ща, -и
вонь, -и
воню́чий
воню́чка, -и
воня́ть, -я́ю, -я́ет
вообража́емый
вообража́ла, -ы, м. и ж.
вообража́ть(ся), -а́ю-
  -а́ет(ся)
воображе́ние, -я
вообража́ённый; кр. ф. -ён,
  -ена́
вообрази́мый
вообрази́ть(ся), -ажу́,
  -ази́т(ся)
вообще́
воодушеви́ть(ся), -влю́(сь),
  -ви́т(ся)
воодушевле́ние, -я
воодушевлённый; кр. ф.
  -ён, -ена́
воодушевля́ть(ся), -я́ю(сь),
  -я́ет(ся)
вооружа́ть(ся), -а́ю(сь),
  -а́ет(ся)
вооруже́ние, -я
вооружённость, -и
вооружённый; кр. ф. -ён,
  -ена́
вооружи́ть(ся), -жу́(сь),
  -жи́т(ся)
вобчию
во-пе́рвых
вопи́ть, воплю́, вопи́т
вопию́щий
вопия́ть, -ию́, -иёт
во́пленица, -ы
воплоти́ть(ся), -ощу́(сь),
  -оти́т(ся)
воплоща́ть(ся), -а́ю(сь),
  -а́ет(ся)
воплоще́ние, -я
воплощённый; кр. ф. -ён,
  -ена́
вопль, -я
вопну́ть, -ну́, -нёт
вопреки́ (чему)
вопро́с, -а
вопро́сец, -сца
вопро́сик, -а
вопроси́тельный
вопроси́ть, -ошу́, -оси́т
вопро́сник, -а
вопро́сный
вопросоотве́тный
вопроша́тель, -я
вопроша́тельница, -ы
вопроша́ть(ся), -а́ю,
  -а́ет(ся)
вопроша́ющий
вопрошённый; кр. ф. -ён,
  -ена́
вор, -а, мн. во́ры, -о́в
во́рванный (от во́рвань)
во́рвань, -и
ворва́ться, -рву́сь, -рвётся;
  прош. -а́лся, -ала́сь, -а́ло́сь
вори́шка, -и, м.

вори́ще, -а, м.
воркова́ние, -я
воркова́ть, -ку́ю, -ку́ет
воркота́ние, -я
воркота́ть, -очу́, -о́чет
воркотня́, -й
воркоту́н, -а́
воркоту́нья, -и, р. мн. -ний
воро́ба, -ы
воробе́й, -бья́
воробе́йник, -а
воробе́йчик, -а
воро́бка, -и
воро́бушек, -шка и воро́бышек, -шка
воробьеви́т, -а
воробьёнок, -нка, мн. -бья́та, -бья́т
воробьи́ный
воробьи́ха, -и
воробья́тник, -а
воро́ванный
ворова́тый
ворова́ть(ся), -ру́ю, -ру́ет(ся)
воро́вка, -и
воровски́
воровско́й
воровство́, -а́
во́рог, -а
ворожа́, -ы́
вороже́й, -я
вороже́йка, -и
вороже́ние, -я
ворожея́, -й
ворожи́ть, -жу́, -жи́т
во́рон, -а, мн. -ы, -ов
воро́на, -ы
вороне́ние, -я
воронённый; кр. ф. -ён, -ена́, прич.
воронёнок, -нка, мн. -ня́та, -ня́т
воронёночек, -чка
воронёный, прил.
вороненький
воро́нец, -нца́
воро́ний, -ья, -ье
воро́ника, -и
ворони́ть, -ню, -нит (ротозейничать)
ворони́ть(ся), -ню́, -ни́т(ся) (чернить металл)
воро́ниха, -и
воро́нка, -и
воронкообра́зный
во́ронов, -а, -о (как во́роново крыло́)
воро́новые, -ых
вороно́й
воро́но-пе́гий
воро́но-ча́лый
воро́ночка, -и
во́ронь, -и
воро́нье, -я
во́рот, -а, мн. -ы, -ов
воро́та, -о́т
вороти́ла, -ы, м. (делец)
вороти́ло, -а (рычаг)
вороти́ть(ся), -очу́(сь), -о́тит(ся)
воро́тища, -ищ
воро́тник, -а́
воротнико́вый

воротничо́к, -чка́
воро́тный (от воро́т)
воро́тный (от воро́та)
ворото́к, -тка́
воро́тца, -тец
во́рох, -а, мн. -а́, -о́в и -и, -ов
ворохну́ть(ся), -ну́(сь), -нёт(ся)
воро́чание, -я
воро́чать(ся), -аю(сь), -ает(ся)
вороше́ние, -я
ворошённый; кр. ф. -ён, -ена́
вороши́ть(ся), -шу́(сь), -ши́т(ся)
ворошо́к, -шка́
ворс, -а
ворси́льный
ворси́льня, -и, р. мн. -лен
ворси́льщик, -а
ворси́на, -ы
ворси́нка, -и
ворси́нчатый
ворси́стый
ворси́т, -а
ворси́ть(ся), воршу́, ворси́т(ся)
ворсова́льный
ворсова́льня, -и, р. мн. -лен
ворсова́ние, -я
ворсо́ванный
ворсова́ть(ся), -су́ю, -су́ет(ся)
ворсо́вка, -и
ворсово́й и во́рсовый
ворся́нка, -и
ворся́нковые, -ых
ворся́ной
ворча́нье, -я
ворча́ть, -чу́, -чи́т
ворчли́вость, -и
ворчли́вый
ворчу́н, -а́
ворчу́нья, -и, р. мн. -ний
ворю́га, -и, м. и ж.
восво́яси
восемна́дцатигра́дусный (18-гра́дусный)
восемна́дцатиле́тний (18-ле́тний)
восемна́дцатиметро́вый (18-метро́вый)
восемна́дцатый
восемна́дцать, -и, тв. -ью
во́семь, восьми́, тв. восьмью́ и восемью́
во́семьдесят, восьми́десяти, тв. восьмью́десятью и восемью́десятью
восемьсо́т, восьмисо́т, восьмиста́м, восьмью́стами и восемью́стами, о восьмиста́х
во́семью (при умножении)
воск, -а и -у
воскли́кнуть, -ну, -нет
восклица́ние, -я
восклица́тельный
восклица́ть, -а́ю, -а́ет
воскобо́й, -я
воскобо́йный

воскобо́йня, -и, р. мн. -бен
воско́вка, -и
восково́й
воскови́цы, -ы
воскообра́зный
воскреса́ть, -а́ю, -а́ет
воскресе́ние, -я (от воскре́снуть)
воскресе́нье, -я (день недели)
воскреси́ть, -ешу́, -еси́т
воскре́сник, -а
воскре́снувший и воскре́сший
воскре́снуть, -ну, -нет; прош. -ес, -есла
воскре́сный
воскре́сший и воскре́снувший
воскреша́ть(ся), -а́ю, -а́ет(ся)
воскреше́ние, -я (от воскреси́ть)
воскрешённый; кр. ф. -ён, -ена́
воскрыле́нный; кр. ф. -ён, -ена́
воскрыли́ть(ся), -лю́, -ли́т(ся)
воскрыля́ть(ся), -я́ю, -я́ет(ся)
воскуре́ние, -я
воску́ренный
воску́ривать(ся), -аю, -ает(ся)
воскури́ть(ся), -урю́, -у́рит(ся)
воскуря́ть(ся), -я́ю, -я́ет(ся)
восле́д, предлог и нареч.
воспале́ние, -я
воспалённый; кр. ф. -ён, -ена́
воспали́тельный
воспали́ть(ся), -лю́(сь), -ли́т(ся)
воспаля́ть(ся), -я́ю(сь), -я́ет(ся)
воспаре́ние, -я
воспари́ть, -рю́, -ри́т
воспаря́ть, -я́ю, -я́ет
воспева́ние, -я
воспева́ть(ся), -а́ю, -а́ет(ся)
воспе́ть(ся), -пою́, -поёт(ся)
воспита́ние, -я
воспита́нник, -а
воспита́нница, -ы
воспита́нность, -и
воспи́танный; кр. ф. прич. -ан, -ана; кр. ф. прил. -ан, -анна
воспита́тель, -я
воспита́тельница, -ы
воспита́тельно-профилакти́ческий
воспита́тельный
воспита́тельский
воспита́ть(ся), -а́ю(сь), -а́ет(ся)
воспи́тывать(ся), -аю(сь), -ает(ся)
воспламене́ние, -я
воспламенённый; кр. ф. -ён, -ена́

воспламени́тель, -я
воспламени́ть(ся), -ню́(сь), -ни́т(ся)
воспламеня́емость, -и
воспламеня́ть(ся), -я́ю(сь), -я́ет(ся)
воспоённый; кр. ф. -ён, -ена́
воспои́ть, -пою́, -пои́т
восполне́ние, -я
воспо́лненный
воспо́лнить(ся), -ню(сь), -нит(ся)
восполня́ть(ся), -я́ю(сь), -я́ет(ся)
воспо́льзоваться, -зуюсь, -зуется
воспомина́ние, -я
воспомина́ть(ся), -а́ю, -а́ет(ся)
воспосле́довать, -дую, -дует
воспрепя́тствовать, -твую, -твует
воспрети́тельный
воспрети́ть, -рещу́, -рети́т
воспреща́ть(ся), -а́ю, -а́ет(ся)
воспреще́ние, -я
воспрещённый; кр. ф. -ён, -ена́
восприёмник, -а
восприёмница, -ы
восприи́мчивость, -и
восприи́мчивый
воспринима́емость, -и
воспринима́ть(ся), -а́ю(сь), -а́ет(ся)
воспри́нявший
воспри́нятый; кр. ф. -и́нят, -и́нята, -и́нято
восприня́ть(ся), -иму́(сь), -и́мет(ся); прош. -и́нял и -иня́л, -иня́л(ся), -иняла́(сь), -и́няло и -яло́сь
восприя́тие, -я
восприя́ть, буд. вр. не употр.; прош. -я́л, -я́ла
воспроизведе́ние, -я
воспроизведённый; кр. ф. -ён, -ена́
воспроизве́дший(ся)
воспроизвести́(сь), -веду́, -ведёт(ся); прош. -вёл(ся), -вела́(сь)
воспроизводи́тель, -я
воспроизводи́тельница, -ы
воспроизводи́тельный
воспроизводи́ть(ся), -ожу́, -о́дит(ся)
воспроизво́дство, -а
воспроти́виться, -влюсь, -вится
воспряну́вший
воспря́нуть, -ну, -нет; прош. -я́нул, -я́нула
воспыла́ть, -а́ю, -а́ет
воссе́да́ть, -а́ю, -а́ет
воссе́сть, -ся́ду, -ся́дет; прош. -се́л, -се́ла
восси́ять, -я́ю, -я́ет
восславля́ть(ся), -влю, -ви́т(ся)
воссла́вленный
восславля́ть(ся), -я́ю, -я́ет(ся)

воссоединение, -я
воссоединённый; *кр. ф.* -ён, -ена
воссоединительный
воссоединить(ся), -ню(сь), -нит(ся)
воссоединять(ся), -яю(сь), -яет(ся)
воссоздавать(ся), -даю, -даёт(ся)
воссоздавший
воссоздание, -я
воссозданный; *кр. ф.* -создан, -создана, -создано
воссоздать(ся), -ам(ся), -ашь(ся), -аст(ся), -адим(ся), -адите(сь), -адут(ся); *прош.* -ал(ся), -ала(сь), -ало, -ало(сь)
восставать, -таю, -таёт
восставить, -влю, -вит
восставленный
восставлять, -яю, -яет
восстанавливать(ся), -аю(сь), -ает(ся)
восстание, -я
восстановитель, -я
восстановительный
восстановить(ся), -овлю(сь), -овит(ся)
восстановление, -я
восстановленный
восстановлять(ся), -яю(сь), -яет(ся)
восстать, -ану, -анет
восстающий
воссылать(ся), -аю, -ает(ся)
восток, -а
востоковед, -а
востоковедение, -я
востоковедный
востоковедческий
во сто крат и в сто крат
восторг, -а
восторгать(ся), -аю(сь), -ает(ся)
восторженность, -и
восторженный; *кр. ф.* -ен, -енна
восторжествовать, -твую, -твует
восточник, -а
восточноавстралийский, но Восточно-Австралийские горы
восточноазиатский
восточноафриканский, но Восточно-Африканское нагорье
восточноевропейский, но Восточно-Европейская равнина
восточноказахстанский, но Восточно-Казахстанская область
восточнокитайский, но Восточно-Китайское море
восточносибирский, но Восточно-Сибирское море
восточнославянский
восточный

востребование, -я; до востребования
востребованный
востребовать(ся), -бую, -бует(ся)
востренький; *кр. ф.* -енек, -енька
встрепетать, -пещу, -пещет
вострогла́зый
востроно́гий
востроно́сый
востроухий
вострюха, -и
вострюшка, -и
вострый; *кр. ф.* востёр, востра, востро
восхваление, -я
восхвалённый; *кр. ф.* -ён, -ена
восхвалить, -алю, -алит
восхвалять(ся), -яю, -яет(ся)
восхитительный
восхитить(ся), -ищу(сь), -итит(ся)
восхищать(ся), -аю(сь), -ает(ся)
восхищение, -я
восхищённый; *кр. ф.* -ён, -ена
восход, -а
восходитель, -я
восходить, -ожу, -одит
восходящий
восхождение, -я
восхотеть, -хочу, -хочет, -хотим, -хотите, -хотят
восчувствовать, -твую, -твует
восшествие, -я
восьмерик, -а
восьмериковый
восьмеричный
восьмёрка, -и
восьмерной
восьмеро, -ых
восьмибалльный (8-балльный)
восьмиведёрный и восьмиведерный
восьмивесельный и восьмивёсельный
восьмигранник, -а
восьмигранный
восьмидесятикопеечный (80-копеечный)
восьмидесятилетие (80-летие), -я
восьмидесятилетний (80-летний)
восьмидесятипятилетний (85-летний)
восьмидесятирублёвый (80-рублёвый)
восьмидесятник, -а
восьмидесятый
восьмидневный (8-дневный)
восьмидольный
восьмиклассник, -а
восьмиклассница, -ы
восьмиклассный (8-классный)

восьмикратный
восьмилетний (8-летний)
восьмимесячный (8-месячный)
восьмиметровый (8-метровый)
восьминог, -а
восьмисложный
восьмисотлетие (800-летие), -я
восьмисотлетний (800-летний)
восьмисотый
восьмистишие, -я
восьмистопный
восьмиструнный
восьмитомный (8-томный)
восьмитонный (8-тонный)
восьмиугольник, -а
восьмиугольный
восьмичасовой (8-часовой)
восьмиэтажный (8-этажный)
восьмой
восьмуха, -и
восьмушечка, -и
восьмушка, -и
вот-вот
в отдаленье и в отдалении
вотирование, -я
вотированный
вотировать(ся), -рую, -рует(ся)
вотировка, -и
вотканный
воткать(ся), -ку, -кёт(ся); *прош.* -ал(ся), -ала(сь), -ало(сь)
воткнутый
воткнуть(ся), -ну, -нёт(ся)
в открытую
в отличие (*от кого, чего*)
в отместку
в отрыве
вотский (к вотяк)
в отступление (*от чего*)
в отсутствие (*кого*)
вот те(бе) на
вот те(бе) раз
вотум, -а
вотчим, -а
вотчина, -ы
вотчинник, -а
вотчинный
вотще
вотяк, -а
вотяцкий
вотячка, -и
в охапку
в охотку
воцарение, -я
воцарить(ся), -рю(сь), -рит(ся)
воцаряться, -яюсь, -яется
вочеловеченный
во что бы то ни стало
вошедший
вошка, -и
вошь, вши, *тв.* вошью, *мн.* вши, вшей
вощанка, -и

вощаной
вощение, -я
вощённый; *кр. ф.* -ён, -ена, *прич.*
вощёный, *прил.*
вощина, -ы
вощинный
вощить(ся), -щу, -щит(ся)
воющий
воюющий
вояж, -а
вояжёр, -а
вояжирование, -я
вояжировать, -рую, -рует
вояжировка, -и
вояка, -и, *м.*
впавший
впадать, -аю, -ает
впадение, -я
впадина, -ы
впадинка, -и
впаивание, -я
впаивать(ся), -аю, -ает(ся)
впайка, -и
впалзывать, -аю, -ает
впалый
в пандан (*к кому, чему*)
впархивать, -аю, -ает
впасть, впаду, впадёт; *прош.* впал, впала
впаянный
впаять, -яю, -яет
впекать, -аю, -ает
впервинку
впервой (не впервой)
впервые
вперебежку, *нареч.*
вперебивку, *нареч.*
вперебой, *нареч.*
вперевал, *нареч.*
вперевалку, *нареч.*
вперевалочку, *нареч.*
вперевёрт, *нареч.*
вперевёртку, *нареч.*
впереворот, *нареч.*
вперегиб, *нареч.*
вперегонки, *нареч.*
вперегонку, *нареч.*
вперёд
впереди
впередисидящий, -его
впередсмотрящий, -его
вперекидку, *нареч.*
вперекор, *нареч.*
вперемежку (перемежаясь)
вперемешку (перемешиваясь)
вперённый; *кр. ф.* -ён, -ена
вперерыв (наперебой)
вперерыв (наперебой)
впереть(ся), вопру(сь), вопрёт(ся); *прош.* впёр(ся), впёрла(сь)
вперехват, *нареч.*
вперить(ся), -рю(сь), -рит(ся)
впёртый
впёрший(ся)
вперять(ся), -яю(сь), -яет(ся)
впечатление, -я
впечатлительность, -и
впечатлительный
впечатляемость, -и

ВПЕ

впечатля́ть, -я́ю, -я́ет
впечатля́ющий
впечь, впеку́, впечёт, впеку́т; *прош.* впёк, впекла́
впива́ть(ся), -а́ю(сь), -а́ет(ся)
в пи́ку
впина́ть, -а́ю, -а́ет
впира́ть(ся), -а́ю(сь), -а́ет(ся)
впи́санный
вписа́ть(ся), впишу́(сь), впи́шет(ся)
впи́ска, -и
впи́сывание, -я
впи́сывать(ся), -аю(сь), -ает(ся)
впи́танный
впита́ть(ся), -а́ю, -а́ет(ся)
впи́тывание, -я
впи́тывать(ся), -аю, -ает(ся)
впи́ть(ся), вопью́(сь), вопьёт(ся); *прош.* впи́л(ся), впила́(сь), впи́ло, впи́ло́сь
впи́ханный
впиха́ть(ся), -а́ю, -а́ет(ся)
впи́хивать(ся), -аю(сь), -ает(ся)
впи́хнутый
впихну́ть(ся), -ну́(сь), -нёт(ся)
впла́вить(ся), -влю, -вит(ся)
впла́вленный
вплавля́ть(ся), -я́ю, -я́ет(ся)
вплавь
вплёскивать(ся), -аю, -ает(ся)
вплёснутый
вплесну́ть(ся), -ну́, -нёт(ся)
вплести́(сь), вплету́, вплетёт(ся); *прош.* вплёл(ся), вплела́(сь)
вплета́ние, -я
вплета́ть(ся), -а́ю, -а́ет(ся)
вплете́ние, -я
вплетённый; *кр. ф.* -ён, -ена́
вплётший(ся)
вплотну́ю
вплоть, *нареч.,* но *сущ.* в плоть (в плоть и кровь)
вплоть до
вплыва́ть, -а́ю, -а́ет
вплы́тие, -я
вплы́ть, -ыву́, -ывёт; *прош.* -ыл, -ыла́, -ыло
впова́лку
в подбо́р
в подъём
вполгла́за
вполго́лоса
вполде́рева
вполза́ние, -я
вполза́ть, -а́ю, -а́ет
вползти́, -зу́, -зёт; *прош.* вполз, вползла́
впо́лзший
в пол-лица́
вполнака́ла, *нареч.*
вполне́
вполоборо́та, *нареч.*

•
56

ВПР

вполови́ну, *нареч.*
в поло́ску
вполоткры́та
вполприщу́р *нареч.*
вполпряма́
вполпути́
вполпья́на́
вполси́лы
вполслу́ха
вполсыта́
вполуоборо́т, *нареч.*
вполу́ха (слушать)
впопа́д
впопыха́х
впоро́жне
в по́ру (во́время)
впо́ру (по мерке)
впорхну́ть, -ну́, -нёт
впосле́дствии, *нареч.*
впота́й
в потёмках
впотьма́х
вправду, *нареч.*
впра́ве, *нареч.*
впра́вить(ся), -влю, -вит(ся)
впра́вка, -и
вправле́ние, -я
впра́вленный
вправля́ть(ся), -я́ю, -я́ет(ся)
впра́во
в прах (рассы́паться в прах)
впредь
впрессова́ть, -ссую, -ссу́ет
впрессо́вывать(ся), -аю, -ает(ся)
впригля́дку, *нареч.*
в прида́чу
вприку́ску, *нареч.*
вприпры́жку, *нареч.*
вприско́чку
в прису́тствии (*кого*)
впри́сядку, *нареч.*
вприти́рку, *нареч.*
вприту́ску
впри́тык
впри́ты́чку, *нареч.*
вприхва́тку
вприщу́р, *нареч.*
вприщу́рку, *нареч.*
впрово́дку, *нареч.*
впро́голодь
в продолже́ние (какого-л. времени)
впро́желть, *нареч.*
впро́зелень, *нареч.*
впрок, *нареч.*
впро́резь, *нареч.*
впроса́к: попасть впроса́к
впро́синь, *нареч.*
впросо́нках
впросо́нье
в противове́с (*чему*)
впро́чем, *союз*
впро́чернь
впры́гивание, -я
впры́гивать, -аю, -ает
впры́гнуть, -ну, -нет
впры́ск, -а
впры́скивание, -я
впры́скивать(ся), -аю, -ает(ся)
впры́снутый

ВРА

впры́снуть, -ну, -нет
впряга́ние, -я
впряга́ть(ся), -а́ю(сь), -а́ет(ся)
впря́дать(ся), -а́ю, -а́ет(ся)
впряда́ть(ся), -а́ю, -а́ет(ся)
впряжённый; *кр. ф.* -ён, -ена́
впря́жка, -и
впряму́ю, *нареч.*
впрямь
впря́сть(ся), -яду́, -ядёт(ся); *прош.* -я́л(ся), -я́ла́(сь)
в пря́тки
впря́чь(ся), -ягу́(сь), -яжёт(ся), -ягу́т(ся); *прош.* -я́г(ся), -ягла́(сь)
впуск, -а
впуска́ние, -я
впуска́ть(ся), -а́ю, -а́ет(ся)
впускно́й
впу́сте
впусти́ть, впущу́, впу́стит
впусту́ю, *нареч.*
впу́танный
впу́тать(ся), -аю(сь), -ает(ся)
впу́тывание, -я
впу́тывать(ся), -аю(сь), -ает(ся)
в пух: в пух и прах
впу́щенный
впа́ленный
впа́ивать(ся), -аю(сь), -ает(ся)
впа́ять(ся), -ю, -лит(ся)
впя́теро
впятеро́м
впя́тить(ся), впя́чу, впя́тит(ся)
в-пя́тых
впя́ченный
впя́чивать(ся), -аю, -ает(ся)
враба́тываться, -аюсь, -ается
врабо́таться, -аюсь, -ается
враг, -а́
вражда́, -ы́
вражде́бность, -и
вражде́бный
враждова́ть, -ду́ю, -ду́ет
вра́жеский
вра́жий, -ья, -ье
враз
вразбе́жку, *нареч.*
вразби́вку, *нареч.*
вразбро́д, *нареч.*
вразбро́с, *нареч.*
вразбро́ску, *нареч.*
вразва́л, *нареч.*
вразва́лку, *нареч.*
вразва́лочку, *нареч.*
вразве́с, *нареч.*
враздро́бь
вразла́д, *нареч.*
вразле́т, *нареч.*
в разли́в и в ро́злив
вразма́х, *нареч.*
вразма́шку, *нареч.*
вразме́т, *нареч.*
вразнобо́й, *нареч.*
вразно́с, *нареч.*
вразноты́к

ВРЕ

вразре́з (*с чем*)
вразря́дку, *нареч.*
вразуми́тельный
вразуми́ть(ся), -млю́(сь), -ми́т(ся)
вразумле́ние, -я
вразумлённый; *кр. ф.* -ён, -ена́
вразумля́ть(ся), -я́ю(сь), -я́ет(ся)
вра́ки, врак
враль, -я́
вра́нгелевец, -вца
вра́нгелевщина, -ы
враньё, -я́
враска́чку, *нареч.*
распе́в, *нареч.*
врасплёх
распо́р, *нареч.*
в рассро́чку
врассы́пку, *нареч.*
врассыпну́ю, *нареч.*
вроста́ние, -я
враста́ть, -а́ю, -а́ет
врасти́, -ту́, -тёт; *прош.* врос, вросла́
растру́ску, *нареч.*
растя́жку, *нареч.*
врата́, врат, врата́м
врата́рь, -я́
врать(ся), вру, врёт(ся); *прош.* врал, врала́, вра́ло, врало́(сь)
врач, -а́
враче́бно-консультацио́нный
враче́бно-контро́льный
враче́бно-санита́рный
враче́бный
врачева́ние, -я
врачева́ть(ся), -чу́ю(сь), -чу́ет(ся)
врач-терапе́вт, врача́-терапе́вта
врачу́ющий
враща́тельно-колеба́тельный
враща́тельный
враща́ть(ся), -а́ю(сь), -а́ет(ся)
враще́ние, -я
вред, -а́
вреди́тель, -я
вреди́тельский
вреди́тельство, -а
вреди́тельствовать, -твую, -твует
вреди́ть, врежу́, вреди́т
вре́дность, -и
вре́дный; *кр. ф.* -ден, -дна́, -дно, вре́дны́
вредоно́сный
вре́занный
вре́зать(ся), вре́жу(сь), вре́жет(ся), *сов.*
вреза́ть(ся), -а́ю(сь), -а́ет(ся), *несов.*
вре́зка, -и
врезно́й
вре́зчик, -а
вре́зывать(ся), -аю(сь), -ает(ся)
времена́ми, *нареч.*
времени́ть, -ню́, -ни́т

временни́к, -а́
временно́й (относящийся
ко времени)
временнообя́занный
вре́менно-простра́нствен-
ный
вре́менный (непостоян-
ный)
временщи́к, -а́
вре́мечко, -а
вре́мя, вре́мени, мн. вре-
мена́, -мён, -мена́м
времязадаю́щий
времяизмери́тельный
времяи́мпульсный
времяисчисле́ние, -я
время́нка, -и
вре́мя от вре́мени
времяпрепровожде́ние, -я
времяпровожде́ние, -я
вре́тище, -а
врид, -а
врио, нескл., м.
вро́вень
вро́де, предлог
врождённый
в ро́злив и в разли́в
в ро́зницу
врознь, нареч.
врозь
вро́ссыпь, нареч.
вро́сший
вруб, -а
врубание, -я
вруба́ть(ся), -а́ю(сь),
-а́ет(ся)
вруби́ть(ся), врублю́(сь),
вру́бит(ся)
вру́бка, -и
вру́бленный
врубмаши́на, -ы
врубмашини́ст, -а
вру́бовка, -и
вру́бово-отбо́йный
вру́бовый
вру́бок, -бка
врукопа́шную, нареч.
врун, -а́
вруни́шка, -и, м. и ж.
вру́нья, -и, р. мн. -ний
вруча́ть(ся), -а́ю, -а́ет(ся)
вруче́ние, -я
вручённый; кр. ф. -ён, -ена́
вручи́тель, -я
вручи́ть(ся), -чу́, -чи́т(ся)
вручну́ю, нареч.
вру́ша, -и, м. и ж.
вру́шка, -и, м. и ж.
врыва́ть(ся), -а́ю(сь),
-а́ет(ся)
врыть(ся), вро́ю(сь), вро́-
ет(ся)
в ряд (вы́строиться)
вряд ли
всади́ть(ся), всажу́, вса́-
дит(ся)
вса́дник, -а
вса́дница, -ы
вса́женный
вса́живание, -я
вса́живать(ся), -аю, -ает(ся)
всамде́лишный
в са́мом де́ле
вса́сываемость, -и

вса́сывание, -я
вса́сывательный
вса́сывать(ся), -аю, -ает(ся)
вса́чиваться, -ается
в связи́ (с чем)
всё, всего́
всеарме́йский
всева́ть(ся), -а́ю, -а́ет(ся)
всеве́дение, -я
всеве́дущий
всеви́дец, -дца
всеви́дящий
всевла́стие, -я
всевла́стный
всевобу́ч, -а (всеобщее во-
енное обучение)
всевозмо́жный
всевозраста́ющий
всё возраста́ющий
всево́лновый
всевы́шний, -его
всегда́
всегда́шний
всего́
всего́-на́все
всего́-на́всего
всего́ ничего́
всего́-то
вседержи́тель, -я
вседне́вный
вседозво́ленность, -и
в-седьмы́х
вседи́нство, -а
всё ж(е)
всё ж таки
всезна́йка, -и, м. и ж.
всезна́йство, -а
всезна́ющий
всекита́йский
всеконе́чно
вселе́ние, -я
вселённая, -ой
вселённый; кр. ф. -ён, -ена́
вселе́нский
всели́ть(ся), -лю́(сь),
всели́т(ся)
вселюбе́зный
вселя́ть(ся), -я́ю(сь),
-я́ет(ся)
всеме́рный
всёме́ро
всемеро́м
всеми́лостиве́йший
всеми́лостивый
всемину́тный
всеми́рно изве́стный
всеми́рно-истори́ческий
всеми́рный
всемогу́щество, -а
всемогу́щий
всенаро́дный
всенепреме́нно
всенижа́йший
всёно́щная, -ой
всено́щный
всеобу́ч, -а (всеобщее обучение)
всео́бщий
всео́бщность, -и
всеобъе́млемость, -и
всеобъе́млющий
всеору́жие, -я: во всеору́-
жии
всепобежда́ющий

всепоглоща́ющий
всепого́дный
всепбдда́ннейший
всепожира́ющий
всепоко́рнейший
всепреодолева́ющий
всепроща́ющий
всепроще́ние, -я
всё равно́
в сердца́х
всеросси́йский
всерьёз
всесве́тный
всеси́лие, -я
всеси́льный
всесла́вянский
всесоверше́нный
всесожже́ние, -я
всесокруша́ющий
всесосло́вный
всесою́зный
всесторо́нне
всесторо́нний
всё-таки
всеукра́инский
всеуслы́шание: во всеус-
лы́шание
всеце́ло
всеча́сный
всея́дный
всея́нный
всея́ть, все́ю, все́ет
в си́лах
в си́ле
в си́лу
вскака́ть, вскачу́, вска́чет
вска́кивание, -я
вска́кивать, -аю, -ает
вска́пывание, -я
вска́пывать(ся), -аю,
-ает(ся)
вскара́бкаться, -аюсь, -ает-
ся
вскара́бкиваться, -аюсь,
-ается
вска́рмливание, -я
вска́рмливать(ся), -аю,
-ает(ся)
вскачь
вски́дка, -и
вски́дывание, -я
вски́дывать(ся), -аю(сь),
-ает(ся)
вски́нутый
вски́нуть(ся), -ну(сь),
-нет(ся)
вскипа́ть, -а́ю, -а́ет
вскипе́ть, -плю́, -пи́т
вскипяти́ть(ся), -ячу́,
-яти́т(ся)
вскипячённый; кр. ф. -ён,
-ена́
в скла́дчину
всклепа́ть, -еплю́, -е́п-
лет
всклёпывать, -аю, -ает
всклокота́ть, -очу́,
-о́чет(ся)
всклоко́ченный
всклоко́чивать(ся), -аю,
-ает(ся)
всклоко́чить(ся), -чу,
-чит(ся)
всклоче́нный

всклокочивать(ся), -аю,
-ает(ся)
всклочи́ть(ся), -чу, -чит(ся)
всклочка, -и
в ско́бки (взять)
в ско́бку (подстри́чь)
вско́к, нареч.
всколеба́ть(ся), -ле́б-
лю(сь), -ле́блет(ся)
всколошма́тить, -а́чу, -а́тит
всколупну́ть, -ну́, -нёт
всколу́пывать, -аю, -ает
всколыха́ть(ся), -ы́шу,
-ы́шет(ся) и -а́ю, -а́ет(ся)
всколы́хивать(ся), -аю(сь),
-ает(ся)
всколыхну́ть(ся), -ну́(сь),
-нёт(ся)
всколькну́ть, -ну́, -нёт
вско́льзь
вско́панный
вскопа́ть(ся), -а́ю, -а́ет(ся)
вско́ре
вскорми́ть(ся), -ормлю́, -о́р-
мит(ся)
вско́рмленник, -а
вско́рмленница, -ы
вско́рмленный
вско́рости, нареч.
вскосма́тить(ся), -а́чу,
-а́тит(ся)
вскосма́ченный
вскосма́чивать(ся), -аю,
-ает(ся)
вскочи́ть, -очу́, -о́чит
вскрик, -а
вскри́кивание, -я
вскри́кивать, -аю, -ает
вскри́кнуть, -ну, -нет
вскрича́ть, -чу́, -чи́т
вскружи́ть(ся), -ужу́,
-у́жи́т(ся)
вскрыва́ние, -я
вскрыва́ть(ся), -а́ю,
-а́ет(ся)
вскры́тие, -я
вскры́ть(ся), вскро́ю,
вскро́ет(ся)
вскры́ша, -и
вскрышно́й
всласть, нареч.
вслед, нареч. и предлог
всле́дствие (чего)
вслепу́ю, нареч.
вслух, нареч.
в слу́чае
вслу́шаться, -аюсь, -ается
вслу́шиваться, -аюсь, -ается
всма́триваться, -аюсь, -ает-
ся
всмотре́ться, -отрю́сь, -о́т-
рится
в смы́сле (чего)
всмя́тку
всбванный
всова́ть, всую́, всуёт
всо́вывать(ся), -аю(сь),
-ает(ся)
в сопровожде́нии (кого,
чего)
всо́санный
всоса́ть(ся), всосу́, -сёт(ся)
всочи́ться, -и́тся
вспа́ивание, -я

57

ВСП

вспа́ивать(ся), -аю, -ает(ся)
вспа́лзывать, -аю, -ает
вспа́ренный
вспа́ривать(ся), -аю, -ает(ся)
вспа́рить(ся), -рю, -рит(ся)
вспа́рхивать, -аю, -ает
вспа́рывание, -я
вспа́рывать(ся), -аю, -ает(ся)
вспа́ханный
вспаха́ть, вспашу́, вспа́шет
вспа́хивание, -я
вспа́хивать(ся), -аю, -ает(ся)
вспа́шка, -и
вспе́ненный
вспе́нивать(ся), -аю, -ает(ся)
вспе́нить(ся), -ню, -нит(ся)
вспетуши́ться, -шу́сь, -ши́тся
всплакну́ть(ся), -ну́, -нёт(ся)
всплеск, -а
всплёскивание, -я
всплёскивать(ся), -аю, -ает(ся)
всплесну́ть(ся), -ну́, -нёт(ся)
всплошну́ю, нареч.
всплошь
всплыва́ние, -я
всплыва́ть, -а́ю, -а́ет
всплы́тие, -я
всплыть, -ыву́, -ывёт; прош. -ыл, -ыла́, -ыло
вспоённый; кр. ф. -ён, -ена́ и вспо́енный; кр. ф. -ен, -ена
вспои́ть, -ою́, -о́ит
вспола́скивать(ся), -аю, -ает(ся)
всползать, -а́ю, -а́ет
всползти́, -зу́, -зёт; прош. -о́лз, -олзла́
всползший
всполосну́тый
всполосну́ть, -ну́, -нёт
всполо́х, -а
всполохну́ть(ся), -ну́(сь), -нёт(ся)
всполошённый; кр. ф. -ён, -ена́
всполоши́ть(ся), -шу́(сь), -ши́т(ся)
вспо́лье, -я, р. мн. -ьев и -лий
вспо́льный
вспомина́ние, -я
вспомина́ть(ся), -а́ю(сь), -а́ет(ся)
вспо́мнить(ся), -ню(сь), -нит(ся)
вспомога́тельный
вспоможе́ние, -я
вспомоществова́ние, -я
вспомоществова́ть, -твую, -твует
вспомя́нутый
вспомяну́ть(ся), -яну́(сь), -я́нет(ся)
вспо́ротый

ВСТ

вспоро́ть(ся), -орю́, -о́рет(ся)
вспорхну́ть, -ну́, -нёт
вспоте́вший
вспоте́лый
вспоте́ть, -е́ю, -е́ет
вспры́гивать, -аю, -ает
вспры́гнуть, -ну, -нет
вспры́ск, -а
вспры́скивание, -я
вспры́скивать(ся), -аю, -ает(ся)
вспры́снутый
вспры́снуть, -ну, -нет
вспря́нуть, -ну, -нет
вспу́гивать(ся), -аю, -ает(ся)
вспу́гнутый
вспугну́ть, -ну́, -нёт
вспуха́ние, -я
вспуха́ть, -а́ю, -а́ет
вспу́хлый
вспу́хнуть, -ну, -нет; прош. -ух, -у́хла
вспу́хший
вспу́ченный
вспу́чиваемость, -и
вспу́чивание, -я
вспу́чивать(ся), -аю, -ает(ся)
вспу́чить(ся), -чу, -чит(ся)
вспуши́ть(ся), -шу́, -ши́т(ся)
вспыли́ть, -лю́, -ли́т
вспы́льчивость, -и
вспы́льчивый
вспы́хивать, -аю, -ает
вспы́хнуть, -ну, -нет
вспы́шка, -и
вспять
в сравне́нии (с чем)
в срок
встава́ние, -я
встава́ть, встаю́, встаёт
вста́вить(ся), -влю, -вит(ся)
вста́вка, -и
вста́вленный
вставля́ть(ся), -я́ю, -я́ет(ся)
вставно́й
вста́вочка, -и
вста́вочный
в старину́
встарь
вста́скивать(ся), -аю(сь), -ает(ся)
встать, -а́ну, -а́нет
вста́щенный
встащи́ть(ся), -ащу́(сь), -а́щит(ся)
встаю́щий
в сто крат и во́ сто крат
встопо́рщенный
встопо́рщить(ся), -щу, -щит(ся)
встормоши́ть(ся), -шу́(сь), -ши́т(ся)
в стороне́
в сто́рону
встоскова́ться, -ку́юсь, -ку́ется
встра́ивание, -я
встра́ивать(ся), -аю, -ает(ся)
встрева́ть, -а́ю, -а́ет

ВСЫ

встрево́женный
встрево́живать(ся), -аю(сь), -ает(ся)
встрево́жить(ся), -жу(сь), -жит(ся)
встрёпанный
встрепа́ть(ся), -еплю́, -е́плет(ся)
встрепену́ться, -ну́сь, -нётся
встрёпка, -и
встрёпывать(ся), -аю, -ает(ся)
встрепыхну́ться, -ну́сь, -нётся
встре́тить(ся), -ре́чу(сь), -ре́тит(ся)
встре́ча, -и
встреча́ть(ся), -а́ю(сь), -а́ет(ся)
встре́ченный
встре́чно-параллельный
встре́чно-после́довательный
встре́чный
встре́чный-попере́чный, встре́чного-попере́чного
встро́енный
встро́ить, -о́ю, -о́ит
встро́йка, -и
в стру́нку
вструхну́ть, -ну́, -нёт
встря́ска, -и
встря́хивание, -я
встря́хивать(ся), -аю(сь), -ает(ся)
встря́хнутый
встряхну́ть(ся), -ну́(сь), -нёт(ся)
вступа́ть(ся), -а́ю(сь), -а́ет(ся)
вступи́тельный
вступи́ть(ся), -уплю́(сь), -у́пит(ся)
вступле́ние, -я
встык, нареч.
всуе́, нареч.
всу́нутый
всу́нуть(ся), -ну(сь), -нет(ся)
всухомя́тку, нареч.
всуху́ю, нареч.
всучи́ть(ся), -а́ю, -а́ет(ся)
всу́ченный
всу́чивать(ся), -аю, -ает(ся)
всучи́ть, -учу́, -у́чит
всхлип, -а
всхли́пнуть, -ну, -нет
всхли́пывание, -я
всхли́пывать, -аю, -ает
всход, -а
всходи́ть, всхожу́, всхо́дит
всхо́ды, -ов
всходя́щий
всхо́жесть, -и
всхо́жий
всхолмле́ние, -я
всхолмлённый
всхрап, -а
всхрапну́ть, -ну́, -нёт
всхра́пывание, -я
всхра́пывать, -аю, -ает
всыпа́ние, -я
всы́панный

ВТИ

всы́пать(ся), -плю, -плет(ся), -плют(ся) и -пет(ся), -пят(ся), сов.
всыпа́ть(ся), -а́ю, -а́ет(ся), несов.
всы́пка, -и
всю́ду
вся, всей
вся́кий
вся́ко
вся́чески
вся́ческий
вся́чина, -ы (вся́кая вся́чина; со вся́чиной)
вся́чинка, -и (со вся́чинкой)
вта́йне, нареч. (сде́лать вта́йне), но сущ. в та́йне (сохрани́ть в та́йне)
вта́лкивать(ся), -аю(сь), -ает(ся)
вта́птывать(ся), -аю, -ает(ся)
вта́сканный
втаска́ть, -а́ю, -а́ет
вта́скивать(ся), -аю(сь), -ает(ся)
вта́сованный
втасова́ть, -су́ю, -су́ет
вта́совывать(ся), -аю, -ает(ся)
вта́чанный
втача́ть, -а́ю, -а́ет(ся)
вта́чивание, -я
вта́чивать(ся), -аю, -ает(ся)
вта́чка, -и
втачно́й
вта́щенный
втащи́ть(ся), втащу́(сь), вта́щит(ся)
втека́ть, -а́ю, -а́ет
втёкший
втёмную, нареч.
втеми́шенный
втеми́шивать(ся), -аю, -ает(ся)
втеми́шить(ся), -шу, -шит(ся)
в те́ поры
втере́ть(ся), вотру́(сь), вотрёт(ся); прош. втёр(ся), втёрла(сь)
втёртый
втёрший
втеса́ться, втешу́сь, втёшется
втеснённый; кр. ф. -ён, -ена́
втесни́ть(ся), -ню́(сь), -ни́т(ся)
втесня́ть(ся), -я́ю(сь), -я́ет(ся)
в тече́ние (како́го-л. вре́мени)
втечь, втечёт, втеку́т; прош. втёк, втекла́
втира́ние, -я
втира́ть(ся), -а́ю(сь), -а́ет(ся)
втиру́ша, -и, м. и ж.
вти́сканный
вти́скать(ся), -аю(сь), -ает(ся)

втискивать(ся), -аю(сь),
   -ает(ся)
втиснутый
втиснуть(ся), -ну(сь),
   -нет(ся)
втихаря
втихомолку
втихомолочку
втихую
в тиши
втолканный
втолкать(ся), -аю(сь),
   -ает(ся)
втолкнутый
втолкнуть(ся), -ну(сь),
   -нёт(ся)
втолкованный
втолковать, -кую, -кует
втолковывать(ся), -аю,
   -ает(ся)
втолокший
втолочь, -лку, -лчёт, -лкут;
   прош. -лок, -лкла
втоптанный
втоптать(ся), втопчу,
   втопчет(ся)
втора, -ы
ввторачивать(ся), -аю,
   -ает(ся)
вторгаться, -аюсь, -ается
вторгнувшийся и вторг-
   шийся
вторгнуться, -нусь, -нется;
   прош. вторгся и вторг-
   нулся, вторглась
вторгшийся и вторгнув-
   шийся
вторжение, -я
вторить, -рю, -рит
вторичнороотые, -ых
вторичный
вторник, -а
вторничный
второбрачие, -я
второбрачный
второгодник, -а
второгодница, -ы
второгодничество, -а
второе, -ого
второй
второклассник, -а
второклассница, -ы
второклассный
второкурсник, -а
второкурсница, -ы
второкурсный
второочередник, -а
второочередной
второпях
второразрядный
второсортный
второстепенный; кр. ф.
   -енен, -енна
вторченный
второчить, -чу, -чит
вторсырьё, -я
в точности
втравить(ся), -авлю(сь),
   -авит(ся)
втравленный
втравливать(ся), -аю(сь),
   -ает(ся)
втравлять(ся), -яю(сь),
   -яет(ся)

втрамбованный
втрамбовать(ся), -бую, -бу-
   ет(ся)
втрамбовывать(ся), -аю,
   -ает(ся)
втрескаться, -аюсь, -ается
в-третьих
втридешева
втридорога
в три погибели (согнуть-
   ся)
в три шеи (гнать)
втрое
втроём
втройне
втугую, нареч.
втуз, -а
втузовец, -вца
втузовка, -и
втузовский
втулка, -и
втулочка, -и
втулочный
втуне
в тупик
в тупике
втык, -а
втыкание, -я
втыкать(ся), -аю, -ает(ся)
втычка, -и
втэковский
вторрриться, -рюсь, -рится
втягивание, -я
втягивать(ся), -аю(сь),
   -ает(ся)
втяжка, -и
втяжной
втянутый
втянуть(ся), втяну(сь),
   втянет(ся)
втяпать(ся), -аю(сь),
   -ает(ся)
втяпываться, -аюсь, -ается
вуалетка, -и
вуалехвост, -а
вуалировать(ся), -рую(сь),
   -рует(ся)
вуаль, -и
вуалька, -и
в убыток
в угоду
в уголок
вуз, -а
вузком, -а
вузовец, -вца
вузовка, -и
вузовский
вулкан, -а
вулканизат, -а
вулканизационный
вулканизация, -и
вулканизирование, -я
вулканизированный
вулканизировать(ся),
   -рую, -рует(ся)
вулканизм, -а
вулканизованный
вулканизовать(ся), -зую,
   -зует(ся)
вулканит, -а
вулканический
вулканогенный
вулканолог, -а

вулканологический
вулканология, -и
вульгаризатор, -а
вульгаризаторский
вульгаризаторство, -а
вульгаризация, -и
вульгаризированный
вульгаризировать(ся),
   -рую, -рует(ся)
вульгаризм, -а
вульгарно-материалисти-
   ческий
вульгарно-социологиче-
   ский
вульгарность, -и
вульгарный
вульфенит, -а
вундеркинд, -а
в унисон
в упор
вурдалак, -а
в уровень
вхаживать, наст. вр. не
   употр.
вход, -а
в ходе (чего)
входить, вхожу, вхо-дит
входной
а ходу
входящий
вхождение, -я
вхожий
вхолодную, нареч.
вхолостую, нареч.
в целом
в целях
в цене
вцепить(ся), вцеплю(сь),
   вцепит(ся)
вцепленный
вцеплять(ся), -яю(сь),
   -яет(ся)
вцековский
в частности
вчера
вчерашний
вчерне
вчертить(ся), вчерчу,
   вчертит(ся)
вчерченный
вчерчивать(ся), -аю,
   -ает(ся)
вчетверо
вчетвером
в-четвёртых
вчинённый; кр. ф. -ён, -ена
вчинить, -ню, -нит
вчинять(ся), -яю, -яет(ся)
вчистую, нареч.
вчитаться, -аюсь, -ается
вчитываться, -аюсь, -ается
вчувствоваться, -тву-юсь,
   -твуется
вчуже
вшестеро
вшестером
в-шестых
вшивание, -я
вшивать(ся), -аю, -ает(ся)
вшиветь, -ею, -еет
вшивка, -и
вшивной
вшивок, -вка
вшивость, -и

вшивочный
вшивый
вширь, нареч. (раздаться
   вширь), но сущ. в
   ширь (в ширь степей)
вшитый
вшить(ся), вошью, вошь-
   ёт(ся)
в шутку
въедаться, -аюсь, -ается
въедливость, -и
въедливый
въедчивый
въезд, -а
въездной
въезжать, -аю, -ает
въезжий
въесться, въемся, въешься,
   въестся, въедимся, въе-
   дитесь, въедятся; прош.
   въелся, въелась
въехать, въеду, въедет
въяве
въявь
выбалтывание, -я
выбалтывать(ся), -аю(сь),
   -ает(ся)
выбег, -а
выбегание, -я
выбегать, -аю, -ает, сов.
   (обегать многие места)
выбегать, -аю, -ает, несов.
   (к выбежать)
выбегаться, -аюсь, -ается
   (потерять способность к
   быстрому бегу)
выбежать, -гу, -ежит, -егут
выбеленный
выбеливание, -я
выбеливать(ся), -аю(сь),
   -ает(ся)
выбелить(ся), -лю(сь),
   -лит(ся)
выбелка, -и
выбивалка, -и
выбивальный
выбивание, -я
выбивать(ся), -аю(сь),
   -ает(ся)
выбивка, -и
выбивной
выбирание, -я
выбирать(ся), -аю(сь),
   -ает(ся)
выбитый
выбить(ся), -бью(сь),
   -бьет(ся)
выбленки, -нок, ед. вы-
   бленка, -и
выбленочный
выбоина, -ы
выбойка, -и
выбойчатый
выболеть, -ею, -еет
выболтанный
выболтать(ся), -аю(сь),
   -ает(ся)
выболтнуть, -ну, -нет
выбор, -а
выборзок, -зка
выборка, -и
выборность, -и
выборный
выбороненный

выборонить, -ню, -нит
выборочный
выборщик, -а
выборщица, -ы
выборы, -ов
выбра́живать, -аю, -ает
выбраковать, -кую, -кует
выбрако́вка, -и
выбрако́вывать(ся), -аю,
 -ает(ся)
выбраненный
выбра́нить(ся), -ню(сь),
 -нит(ся)
выбранный
выбра́сывание, -я
выбра́сыватель, -я
выбра́сывать(ся), -аю(сь),
 -ает(ся)
выбрать(ся), -беру(сь),
 -берет(ся)
выбреда́ть, -а́ю, -а́ет
выбредший
выбрести, -еду, -едет; прош.
 -ел, -ела
выбрива́ть(ся), -а́ю(сь),
 -а́ет(ся)
выбритый
выбрить(ся), -рею(сь), -ре-
 ет(ся)
выбродить(ся), -ожу,
 -одит(ся)
выбродки, -ов
выбронзировать, -рую,
 -рует
выброс, -а, мн. -ы, -ов
выбросать, -аю, -ает
выбросить(ся), -ошу(сь),
 -осит(ся)
выброска, -и
выбросно́й
выброшенный
выбры́згивать(ся), -аю,
 -ает(ся)
выбры́знутый
выбры́знуть, -ну, -нет
выбуравить, -влю, -вит
выбуравленный
выбура́вливать(ся), -аю,
 -ает(ся)
выбуренный
выбу́ривание, -я
выбу́ривать(ся), -аю,
 -ает(ся)
выбурить, -рю, -рит
выбыва́ние, -я
выбыва́ть, -а́ю, -а́ет
выбытие, -я
выбыть, -буду, -бу-дет
вывя́живание, -я
вывя́живать(ся), -аю,
 -ает(ся)
вываленный (от выва-
 лить)
вывя́ливание, -я
вывя́ливать(ся), -аю(сь),
 -ает(ся)
выва́лить(ся), -лю(сь),
 -лит(ся)
вывялка, -и
вывялянный (от выва-
 лять)
выва́лять(ся), -яю(сь),
 -яет(ся)
выва́ренный

выва́ривание, -я
выва́ривать(ся), -аю,
 -ает(ся)
выва́рить(ся), -рю, -рит(ся)
выварка, -и
выварки, -рок и -рков
выварно́й
выва́рочный
выва́щивать(ся), -аю,
 -ает(ся)
вывева́ние, -я
вывева́ть(ся), -а́ю, -а́ет(ся)
 (к ве́ять)
вывевки, -вок
выведать, -аю, -ает
выведе́ние, -я
выведенный
выведеныш, -а
выведрить, -ит
выведший(ся)
выве́дывать(ся), -аю,
 -ает(ся)
вывезенный
вывезти, -зу, -зет
вывезший
вывеивание, -я
выве́ивать(ся), -аю,
 -ает(ся)
выверенный
выверить, -рю, -рит
выверка, -и
вывернутый
вывернуть(ся), -ну(сь),
 -нет(ся)
выверт, -а
выверстать, -рчу, -ртит
вывёртывать(ся), -аю(сь),
 -ает(ся)
выверченный
выве́рчивать(ся), -аю,
 -ает(ся)
вывершить, -шу, -шит
выверять(ся), -я́ю, -я́ет(ся)
вывес, -а
вывесить(ся), -ешу,
 -есит(ся)
вывеска, -и
вывесочный
вывести(сь), -еду, -едет(ся)
выветренность, -и
выветренный
выветреть, -еет (изме-
 ниться под действием
 ветра)
выветривание, -я
выве́тривать(ся), -аю,
 -ает(ся)
выветрить, -рю, -рит (что)
выветриться, -ится
вывешенный
выве́шивание, -я
выве́шивать(ся), -аю,
 -ает(ся)
вывесить, -шу, -шит (от
 ве́ха)
вывеянный
выве́ять(ся), -ею, -еет-
 (ся)
вывива́ть(ся), -а́ю, -а́ет(ся)
 (к вить)
вывинтить(ся), -нчу,
 -нтит(ся)
вывинченный
выви́нчивание, -я

выви́нчивать(ся), -аю,
 -ает(ся)
вывитый
вывить, -вью, -вьет
вывих, -а
выви́хивать(ся), -аю,
 -ает(ся)
вывихнутый
вывихнуть(ся), -ну,
 -нет(ся)
вывод, -а
выводить, -ожу, -одит, сов.
 (о лошади)
выводи́ть(ся), -ожу́,
 -о́дит(ся), несов. (к вы-
 вести(сь)
выводка, -и
выводковый
выводно́й
выводок, -дка
выво́женный
вывоз, -а
вывозить(ся), -ожу(сь),
 -о́зит(ся), сов. (выма-
 зать(ся)
вывозить(ся), -ожу́,
 -о́зит(ся), несов. (к вывезти)
вывозка, -и
вывозно́й
выволакивание, -я
выволакивать(ся), -аю,
 -ает(ся)
выволокший
выволоченный
выволочить, -чу, -чит
выволочка, -и
выволочный
выволочь, -оку, -очет, -окут;
 прош. -ок, -окла
вывора́чивание, -я
вывора́чивать(ся), -аю(сь),
 -ает(ся)
выворот, -а
выворотить(ся), -рочу, -ро-
 тит(ся)
выворотный
вывороченный
вывязанный
вывязать, -яжу, -яжет
вывязка, -и
вывя́зывание, -я
вывя́зывать(ся), -аю,
 -ает(ся)
вывя́ливать(ся), -аю,
 -ает(ся)
вывя́лить(ся), -лю,
 -лит(ся)
выгаданный
выгадать, -аю, -ает
выга́дывание, -я
выга́дывать(ся), -аю,
 -ает(ся)
выгар, -а
выгарки, -рок и
 -рков
выгатить, -ачу, -атит
выгаченный
выга́чивать(ся), -аю,
 -ает(ся)
выгиб, -а
выгиба́ние, -я
выгиба́ть(ся), -а́ю(сь),
 -а́ет(ся)

выгибка, -и
выгладить(ся), -ажу,
 -адит(ся)
выгла́дывать(ся), -аю,
 -ает(ся)
выглаженный
выгла́живать(ся), -аю,
 -ает(ся)
выглоданный
выглодать, -ожу, -ожет и
 -аю, -ает
выглядеть, -яжу, -ядит
выгля́дывать, -аю, -ает
выглянуть, -ну, -нет
выгнанный
выгнать, выгоню, вы-го-
 нит
выгнива́ть, -а́ет
выгнить, -иет
выгнутый
выгнуть(ся), -ну(сь),
 -нет(ся)
выгова́ривание, -я
выгова́ривать(ся), -аю(сь),
 -ает(ся)
выговор, -а, мн. -ы, -ов
выговоренный
выговорить(ся), -рю(сь),
 -рит(ся)
выгода, -ы
выгодный
выгон, -а, мн. -ы, -ов
выгонка, -и
выгонный
выгонщик, -а
выгоня́ть(ся), -я́ю, -я́ет(ся)
выгора́живание, -я
выгора́живать(ся),
 -аю(сь), -ает(ся)
выгора́ние, -я
выгора́ть, -а́ет
выгореть, -рю, -рит
выгородить(ся), -ожу(сь),
 -одит(ся)
выгороженный
выгравированный
выгравировать, -рую, -рует
выграненный
выгра́нивать(ся), -аю,
 -ает(ся)
выгранить, -ню,
 -нит
выгреб, -а
выгреба́ние, -я
выгреба́ть(ся), -а́ю(сь),
 -а́ет(ся)
выгребенный
выгребка, -и
выгребки, -ов
выгребно́й
выгребший(ся)
выгрести(сь), -гребу(сь),
 -гребет(ся); прош.
 -греб(ся), -гребла(сь)
выгружа́ть(ся), -а́ю(сь),
 -а́ет(ся)
выгруженный
выгрузить(ся), -ужу(сь),
 -узит(ся)
выгрузка, -и
выгрузно́й
выгрыза́ть(ся), -а́ю,
 -а́ет(ся)
выгрызенный

ВЫГ

вы́грызть, -зу, -зет; *прош.*
　-ыз, -ызла
вы́грызший
вы́гул, -а
выгу́ливать(ся), -аю,
　-ает(ся)
вы́гульный
вы́гулять(ся), -яю(сь),
　-яет(ся)
выдава́ть(ся), -даю́(сь), -да-
　ёт(ся)
вы́давить(ся), -влю,
　-вит(ся)
вы́давленный
выда́вливать(ся), -аю,
　-ает(ся)
выда́ивание, -я
выда́ивать(ся), -аю,
　-ает(ся)
выда́лбливать(ся), -аю,
　-ает(ся)
вы́данный
вы́данье: на вы́данье
вы́дать(ся), -ам(ся),
　-ашь(ся), -аст(ся),
　-адим(ся), -адите(сь),
　-адут(ся)
вы́дача, -и
выдаю́щийся
выдвига́ние, -я
выдвига́ть(ся), -а́ю(сь),
　-а́ет(ся)
выдвиже́нец, -нца
выдвиже́ние, -я
выдвиже́нка, -и
выдвиже́нче-
　ский
выдвиже́нчество, -а
выдвижно́й
вы́движенный
вы́двинуть(ся), -ну(сь),
　-нет(ся)
выдворе́ние, -я
выдво́ренный
вы́дворить(ся), -рю(сь),
　-рит(ся)
выдворя́ть(ся), -я́ю(сь),
　-я́ет(ся)
вы́дел, -а
вы́деланный
вы́делать(ся), -аю,
　-ает(ся)
выделе́ние, -я
вы́деленный
выдели́тельный
вы́делить(ся), -лю(сь),
　-лит(ся)
вы́делка, -и
выде́лывание, -я
выде́лывать(ся), -аю,
　-ает(ся)
выделя́ть(ся), -я́ю(сь),
　-я́ет(ся)
вы́дерганный
вы́дергать(ся), -аю,
　-ает(ся)
выдёргивание, -я
выдёргивать(ся), -аю,
　-ает(ся)
вы́держанность, -и
вы́держанный
вы́держать(ся), -жу,
　-жит(ся)
выде́рживание, -я

ВЫЕ

выде́рживать(ся), -аю,
　-ает(ся)
вы́держка, -и
вы́дернутый
вы́дернуть(ся), -ну,
　-нет(ся)
выдира́ние, -я
выдира́ть(ся), -а́ю(сь),
　-а́ет(ся)
вы́дирка, -и
вы́доенный
вы́доить(ся), -ою,
　-оит(ся)
вы́дойка, -и
вы́долбить(ся), -блю,
　-бит(ся)
вы́долбленный
вы́дох, -а
вы́дохнутый
вы́дохнуть(ся), -ну(сь),
　-нет(ся); *прош.* -дох(ся),
　-дохла(сь)
вы́дохшийся
вы́дра, -ы
вы́драенный
выдра́ивать, -аю, -ает
вы́драить, -аю, -аит
вы́дранный
вы́драть(ся), -деру(сь),
　-дерет(ся)
выдрёнок, -нка, *мн.* -ря́та,
　-ря́т
вы́дрессированный
вы́дрессировать(ся),
　-рую(сь), -рует(ся)
вы́дрий, -яя, -ее
вы́дровый
вы́дубить(ся), -блю,
　-бит(ся)
вы́дубленный
выдува́ние, -я
выдува́ть(ся), -а́ю,
　-а́ет(ся)
вы́дувка, -и
выдувно́й
вы́думанный
вы́думать(ся), -аю,
　-ает(ся)
вы́думка, -и
вы́думщик, -а
вы́думщица, -ы
выду́мывание, -я
выду́мывать(ся), -аю,
　-ает(ся)
вы́дутый
вы́дуть(ся), -дую, -ду-
　ет(ся)
выдыха́ние, -я
выдыха́тельный
выдыха́ть(ся), -а́ю(сь),
　-а́ет(ся)
вы́дюжить, -жу, -жит
выеда́ть(ся), -а́ю,
　-а́ет(ся)
вы́еденный
вы́езд, -а
вы́ездить(ся), -зжу,
　-здит(ся)
вы́ездка, -и
выездно́й
выезжа́ть, -а́ю, -а́ет
вы́езженный
вы́езживать(ся), -аю,
　-ает(ся)

ВЫЗ

вы́ем, -а
вы́емка, -и
вы́емочный
вы́емчато-зубча́тый
вы́емчатый
вы́есть(ся), -ем, -ешь,
　-ест(ся), -едим, -едите,
　-едят(ся)
вы́ехать, -еду, -едет
вы́жаренный
выжа́ривать(ся), -аю,
　-ает(ся)
вы́жарить(ся), -рю,
　-рит(ся)
вы́жарки, -ов
вы́жатый
вы́жать 1, -жму, -жмет
вы́жать 2, -жну, -жнет
вы́жаться, -жмется
выжда́ть, -жду, -ждет
вы́жегший
вы́желтить(ся), -лчу(сь),
　-лтит(ся)
вы́желченный
вы́жереб, -а
вы́жечь, -жгу, -жжет, -жгут;
　прош. -жег, -жгла
вы́жженный
выжива́емость, -и
выжива́ние, -я
выжива́ть(ся), -а́ю, -а́ет
вы́живший
вы́жиг, -а
вы́жига, -и, *м. и ж.* (прой-
　доха)
выжига́ние, -я
выжига́ть(ся), -а́ю, -а́ет-
　(ся)
выжида́ние, -я
выжида́тельный
выжида́ть, -а́ю, -а́ет
вы́жим, -а
выжима́ние, -я
выжима́ть(ся), -а́ю, -а́ет-
　(ся)
вы́жимка, -и
вы́жимки, -мок и -мков
вы́жимочный
выжина́ть(ся), -а́ю, -а́ет-
　(ся)
выжира́ть, -а́ю, -а́ет
вы́жить, -иву, -ивет
вы́жлец, -а
вы́жлица, -ы
вы́жловка, -и
выжля́та, -ля́т, -*ед.* выжлё-
　нок, -нка
выжля́тник, -а
вы́жранный
вы́жрать, -ру, -рет
вызва́нивание, -я
вызва́нивать(ся), -аю,
　-ает(ся)
вы́званный
вы́звать(ся), -зову(сь), -зо-
　вет(ся)
вы́звездить, -ит
вы́зволенный
вы́зволить(ся), -лю(сь),
　-лит(ся)
вызволя́ть(ся), -я́ю(сь),
　-я́ет(ся)
вы́звонить, -ню, -нит
выздора́вливание, -я

ВЫК

выздора́вливать, -аю, -ает
выздора́вливающий, -его
вы́здоровевший
вы́здороветь, -ею, -еет
выздоровле́ние, -я
вы́зелененный
вы́зеленить(ся), -ню(сь),
　-нит(ся)
вы́зимовать, -мую, -мует
вызнава́ть, -наю, -наёт
вы́знать, -аю, -ает
вы́зов, -а, *мн.* -ы, -ов
вы́зол, -а
вызола́чивать(ся), -аю,
　-ает(ся)
вы́золенный
вы́золить(ся), -лю, -лит-
　(ся)
вы́золотить(ся), -очу,
　-отит(ся)
вызоло́ченный
вызрева́ние, -я
вызрева́ть, -а́ю, -а́ет
вы́зреть, -ею, -еет
вы́зубренный
вызу́бривать(ся), -аю,
　-ает(ся)
вы́зубрина, -ы
вы́зубрить, -рю, -рит
вы́зудить, -ужу, -удит
вы́зуженный
вызыва́ть(ся), -а́ю(сь),
　-а́ет(ся)
вызыва́ющий
вызывно́й
вы́зябнуть, -ну, -нет; *прош.*
　-зяб, -зябла
вы́зябший
вы́игранный
вы́играть, -аю, -ает
вы́игрывание, -я
вы́игрывать(ся), -аю,
　-ает(ся)
вы́игрыш, -а
вы́игрышный
вы́исканный
вы́искать(ся), -ищу,
　-ищет(ся)
вы́искивание, -я
вы́искивать(ся), -аю,
　-ает(ся)
вы́йти, выйду, вы́йдет;
　прош. вышел, вышла
вы́казанный
вы́казать(ся), -ажу(сь),
　-ажет(ся)
выка́зывать(ся), -аю(сь),
　-ает(ся)
выка́ливание, -я
выка́ливать(ся), -аю,
　-ает(ся)
вы́калить(ся), -лю, -лит-
　(ся)
вы́калка, -и (*от* вы́калить)
выка́лывание, -я
выка́лывать(ся), -аю,
　-ает(ся)
выкама́ривать, -аю, -ает
выка́нье, -я
выка́нючивать(ся), -аю,
　-ает(ся)
выка́нючить, -чу, -чит
выка́пчивать(ся), -аю(сь),
　-ает(ся)

ВЫК

выка́пывание, -я
выка́пывать(ся), -аю, -ает(ся)
выкараба́ться, -аюсь, -ается
выкара́бкиваться, -аюсь, -ается
выка́рмливание, -я
выка́рмливать(ся), -аю(сь), -ает(ся)
вы́кат, -а
вы́катанный
вы́катать(ся), -аю, -ает(ся)
вы́катить(ся), -ачу(сь), -атит(ся)
вы́катка, -и
выкатно́й
выка́тывание, -я
выка́тывать(ся), -аю(сь), -ает(ся)
вы́кать, -аю, -ает
вы́качанный (от выка́чать)
вы́качать(ся), -аю, -ает(ся)
вы́каченный (от вы́катить)
выка́чивание, -я
выка́чивать(ся), -аю, -ает(ся)
вы́качка, -и
выка́шивание, -я
выка́шивать(ся), -аю, -ает(ся)
выка́шливать(ся), -аю(сь), -ает(ся)
вы́кашлянный
вы́кашлянуть, -ну, -нет
вы́кашлять(ся), -яю(сь), -яет(ся)
вы́квасить(ся), -ашу, -асит(ся)
вы́кваска, -и
выква́шивать(ся), -аю, -ает(ся)
вы́киданный
вы́кидать, -аю, -ает
вы́кидка, -и
выкидно́й
выки́дывание, -я
выки́дывать(ся), -аю(сь), -ает(ся)
вы́кидыш, -а
вы́кинутый
вы́кинуть(ся), -ну(сь), -нет(ся)
выкипа́ние, -я
выкипа́ть, -а́ет
вы́кипеть, -пит
вы́кипятить(ся), -ячу, -ятит(ся)
вы́кипяченный
выкиса́ние, -я
выкиса́ть, -а́ю, -а́ет
вы́киснуть, -ну, -нет; прош. -ис, -исла
вы́кисший
вы́кладка, -и
выкладно́й
выкла́дывание, -я
выкла́дывать(ся), -аю(сь), -ает(ся)
вы́клеванный
вы́клевать(ся), -люю, -лю-ет(ся)

ВЫК

выклёвывать(ся), -аю, -ает(ся)
вы́клеенный
выкле́ивание, -я
выкле́ивать(ся), -аю, -ает(ся)
вы́клеить(ся), -ею, -еит(ся)
вы́клеймить, -млю, -мит
вы́клепать(ся), -аю, -ает(ся)
вы́клепка, -и
выклёпывание, -я
выклёпывать(ся), -аю, -ает(ся)
вы́клик, -а
выклика́ние, -я
выклика́ть(ся), -а́ю, -а́ет(ся)
выкли́кивание, -я
выкли́кивать(ся), -аю, -ает(ся)
вы́кликнутый
вы́кликнуть, -ну, -нет
выкли́нивать(ся), -аю, -ает(ся)
вы́клинить(ся), -ню, -нит(ся)
вы́клонутый
вы́клонуть(ся), -ну, -нет(ся)
выключа́тель, -я
выключа́ть(ся), -а́ю(сь), -а́ет(ся)
выключе́ние, -я
вы́ключенный
вы́ключить(ся), -чу(сь), -чит(ся)
вы́ключка, -и
вы́клянченный
выкля́нчивать(ся), -аю, -ает(ся)
вы́клянчить, -чу, -чит
вы́кованный
вы́ковать(ся), -кую, -ку-ет(ся)
вы́ковка, -и
выко́вывать(ся), -аю, -ает(ся)
выкову́ривать(ся), -аю, -ает(ся)
вы́ковырнутый
вы́ковырнуть(ся), -ну, -нет(ся)
вы́ковырянный
вы́ковырять, -яю, -яет
выкола́чивание, -я
выкола́чивать(ся), -аю, -ает(ся)
выкола́шивание, -я
выкола́шиваться, -ается
вы́колка, -и (от вы́колоть)
вы́колоситься, -ится
вы́колотить(ся), -очу, -отит(ся)
вы́колотка, -и
вы́колотый
вы́колоть(ся), -лю, -лет(ся)
вы́колоченный
вы́колупанный
вы́колупать(ся), -аю, -ает(ся)
вы́колупнуть, -ну, -нет

ВЫК

выколу́пывать(ся), -аю, -ает(ся)
вы́копанный
выкопа́ть(ся), -аю, -ает(ся)
вы́копка, -и
вы́коптить(ся), -пчу(сь), -птит(ся)
вы́копченный
вы́корм, -а
вы́кормить(ся), -млю(сь), -мит(ся)
вы́кормка, -и
вы́кормленный
вы́кормок, -мка
вы́кормыш, -а
вы́корпеть, -плю, -пит
вы́корчеванный
вы́корчевать(ся), -чую, -чу-ет(ся)
вы́корчёвка, -и
выкорчёвывание, -я
выкорчёвывать(ся), -аю, -ает(ся)
вы́кос, -а
вы́косить(ся), -ошу(сь), -осит(ся)
вы́кошенный
вы́краденный
выкра́дывать(ся), -аю(сь), -ает(ся)
выкра́ивание, -я
выкра́ивать(ся), -аю, -ает(ся)
вы́красить(ся), -ашу(сь), -асит(ся)
вы́красть(ся), -аду(сь), -адет(ся); прош. -ал(ся), -ала(сь)
выкрахма́ливать, -аю, -ает
вы́крахмалить, -лю, -лит
вы́крашенный
выкра́шивать(ся), -аю, -ает(ся)
вы́крест, -а
вы́крестить(ся), -ещу(сь), -естит(ся)
вы́крестка, -и
вы́крещенный
выкре́щивать(ся), -аю(сь), -ает(ся)
вы́крик, -а
выкри́кивание, -я
выкри́кивать, -аю, -ает
вы́крикнуть, -ну, -нет
закристаллизо́ванный
вы́кристаллизовать(ся), -зую, -зует(ся)
выкристаллизо́вывать(ся), -аю, -ает(ся)
вы́кричать(ся), -чу(сь), -чит(ся)
вы́кроенный
вы́кроить(ся), -ою, -оит(ся)
вы́кройка, -и
вы́крошенный
вы́крошить(ся), -шу, -шит(ся)
вы́круглить(ся), -лю, -лит(ся)
выкругля́ть(ся), -я́ю, -я́ет(ся)
выкружа́льник, -а
выкру́живать(ся), -аю, -ает(ся)

ВЫЛ

вы́кружить, -жу, -жит
вы́кружка, -и
выкрута́сы, -ов
вы́крутить(ся), -учу(сь), -утит(ся)
вы́крутка, -и
вы́крученный
выкру́чивание, -я
выкру́чивать(ся), -аю(сь), -ает(ся)
выкувы́ркивать(ся), -аю(сь), -ает(ся)
вы́кувырнуть(ся), -ну(сь), -нет(ся)
вы́куп, -а
вы́купанный
выкупа́ть(ся), -аю(сь), -ает(ся), сов. (иску-па́ть(ся)
вы́купать(ся), -а́ю(сь), -а́ет(ся), несов. (к вы́ку-пить(ся)
вы́купить(ся), -плю(сь), -пит(ся)
вы́купленный
выкупно́й
вы́купщик, -а
вы́куренный
выку́ривание, -я
выку́ривать(ся), -аю, -ает(ся)
вы́курить(ся), -рю, -рит(ся)
вы́курка, -и
вы́курки, -ов
вы́кус, -а
вы́кусать, -аю, -ает
вы́кусить, -ушу, -усит
выку́сывать(ся), -аю, -ает(ся)
вы́кушанный (от вы́ку-шать)
вы́кушать, -аю, -ает
вы́кушенный (от вы́ку-сить)
выла́вливание, -я
выла́вливать(ся), -аю, -ает(ся)
вы́лазка, -и
вы́лакать, -аю, -ает
выла́мывание, -я
выла́мывать(ся), -аю(сь), -ает(ся)
выла́щивать(ся), -аю, -ает(ся)
вы́лежать(ся), -жу(сь), -жит(ся)
вылёживание, -я
вылёживать(ся), -аю(сь), -ает(ся)
вы́лежка, -и
вылеза́ть, -а́ю, -а́ет
вы́лезти и вы́лезть, -зу, -зет; прош. -лез, -лезла
вы́лезший
вы́лепить(ся), -плю, -пит(ся)
вы́лепленный
вылепля́ть(ся), -я́ю, -я́ет(ся)
вылепля́ть(ся), -я́ю, -я́ет(ся)
вы́лет, -а
вылета́ние, -я

ВЫЛ

вылетать, -аю, -ает
вылететь, -лечу, -летит
вылеченный
вылечивать(ся), -аю(сь), -ает(ся)
вылечить(ся), -чу(сь), -чит(ся)
выливание, -я
выливать(ся), -аю, -ает(ся)
выливка, -и
вылизанный
вылизать(ся), -ижу, -ижет(ся)
вылизывание, -я
вылизывать(ся), -аю, -ает(ся)
вылинявший
вылинялый
вылинять, -яю, -яет
вылитый
вылить(ся), -лью, -льет(ся)
вылов, -а
выловить(ся), -влю, -вит(ся)
выловленный
выложенный
выложить(ся), -жу(сь), -жит(ся)
вылом, -а
выломанный (от выломать)
выломать(ся), -аю, -ает(ся)
выломить(ся), -млю, -мит(ся)
выломка, -и
выломленный (от выломить)
вылощенный
вылощить(ся), -ощу, -ощит(ся)
вылудить(ся), -ужу, -удит(ся)
вылуженный
вылуживать(ся), -аю, -ает(ся)
вылупить(ся), -плю(сь), -пит(ся)
вылупленный
вылупливать(ся), -аю(сь), -ает(ся)
вылуплять(ся), -яю(сь), -яет(ся)
вылущенный
вылущивание, -я
вылущивать(ся), -аю, -ает(ся)
вылущить(ся), -щу, -щит(ся)
вымазанный
вымазать(ся), -ажу(сь), -ажет(ся)
вымазка, -и
вымазывание, -я
вымазывать(ся), -аю(сь), -ает(ся)
вымаканный
вымакать, -аю, -ает
вымалеванный
вымалевать(ся), -люю, -люет(ся)
вымалёвывать(ся), -аю, -ает(ся)
вымаливание, -я

ВЫМ

вымаливать(ся), -аю, -ает(ся)
выманенный
выманивание, -я
выманивать(ся), -аю, -ает(ся)
выманить, -ню, -нит
вымаранный
вымарать(ся), -аю(сь), -ает(ся)
вымаривать(ся), -аю, -ает(ся)
вымарка, -и
вымарывание, -я
вымарывать(ся), -аю(сь), -ает(ся)
выматывание, -я
выматывать(ся), -аю(сь), -ает(ся)
вымахать(ся), -аю, -ает(ся)
вымахивать(ся), -аю, -ает(ся)
вымахнуть, -ну, -нет
вымачивание, -я
вымачивать(ся), -аю(сь), -ает(ся)
вымащивать(ся), -аю, -ает(ся)
вымбовка, -и
вымежевать(ся), -жую(сь), -жует(ся)
вымежёвывание, -я
вымежёвывать(ся), -аю(сь), -ает(ся)
вымеленный
вымелить(ся), -лю(сь), -лит(ся)
вымёнивание, -я
вымёнивать(ся), -аю, -ает(ся)
выменянный
выменять, -яю, -яет
вымеренный
вымереть, вымрет; прош. вымер, вымерла
вымеривать(ся), -аю, -ает(ся)
вымерзание, -я
вымерзать, -аю, -ает
вымерзнуть, -ну, -нет; прош. -ерз, -ерзла
вымерзший
вымеривать(ся), -аю, -ает(ся)
вымерить, -рю, -рит и -ряю, -ряет
вымерок, -рка
вымерший
вымерять(ся), -яю, -яет(ся)
вымесить(ся), -ешу, -есит(ся)
вымести(сь), -мету(сь), -метет(ся); прош. -мел(ся), -мела(сь)
выместить(ся), -ешу, -естит(ся)
выметанный (от выметать)
выметать 1, -аю, -ает, сов. (о шитье)
выметать 2, -мечу, -мечет, сов. (от метать)
выметать(ся), -аю(сь), -ает(ся), несов. (к вымести(сь))

ВЫМ

выметенный (от вымести)
выметить, -мечу, -метит
выметной
выметнуть(ся), -ну(сь), -нет(ся)
выметший(ся)
вымётывать(ся), -аю, -ает(ся)
вымечать(ся), -аю, -ает(ся)
вымеченный (от выметить)
вымечко, -а
вымешанный (от вымешать)
вымешать(ся), -аю, -ает(ся)
вымешенный (от вымесить)
вымешивание, -я
вымешивать(ся), -аю, -ает(ся)
вымещать(ся), -аю, -ает(ся)
вымещение, -я
вымещенный (от выместить)
выминать(ся), -аю, -ает(ся)
вымирание, -я
вымирать, -ает
вымогание, -я
вымогатель, -я
вымогательница, -ы
вымогательский
вымогательство, -а
вымогать(ся), -аю, -ает(ся)
вымоина, -ы
вымокание, -я
вымокать, -аю, -ает
вымокнуть, -ну, -нет; прош. -мок, -мокла
вымокший
вымолачивание, -я
вымолачивать(ся), -аю, -ает(ся)
вымолвить, -влю, -вит
вымолвленный
вымоленный
вымолить, -лю, -лит
вымол, -а
вымолотить(ся), -лочу, -лотит(ся)
вымолотка, -и, р. мн. -ток и -тков
вымолотый (от вымолоть)
вымолоть, -мелю, -мелет
вымолоченный (от вымолотить)
вымораживание, -я
вымораживать(ся), -аю, -ает(ся)
выморенный
выморить(ся), -рю, -рит(ся)
вымороженный
выморозить(ся), -ожу, -озит(ся)
выморозки, -и
выморозки, -ов
выморочный
выморостить(ся), -ощу, -остит(ся)
вымотанный
вымотать(ся), -аю(сь), -ает(ся)
вымоченный

ВЫН

вымочить(ся), -чу(сь), -чит(ся)
вымочка, -и
вымощенный
вымпел, -а, мн. -ы, -ов и -а, -ов
вымпелфал, -а
вымпельный
вымуравить, -влю, -вит
вымуравливать, -аю, -ает
вымученный
вымучивать(ся), -аю, -ает(ся)
вымучить, -чу, -чит и -чаю, -чает
вымуштрованный
вымуштровать(ся), -рую(сь), -рует(ся)
вымчать(ся), -чу(сь), -чит(ся)
вымывание, -я
вымывать(ся), -аю(сь), -ает(ся)
вымывной
вымыливать(ся), -аю(сь), -ает(ся)
вымылить(ся), -лю(сь), -лит(ся)
вымылки, -ов и -лок
вымысел, -сла
вымыслить, -лю, -лит
вымытый
вымыть(ся), вымою(сь), вымоет(ся)
вымышленный
вымышлять(ся), -яю, -яет(ся)
вымя, вымени
вымятый
вымять, -мну, -мнет
вынашивание, -я
вынашивать(ся), -аю, -ает(ся)
вынесение, -я
вынесенный
вынести(сь), -су(сь), -сет(ся); прош. -ес(ся), -есла(сь)
вынесший(ся)
вынизанный
вынизать, -ижу, -ижет
вынизывать(ся), -аю, -ает(ся)
вынимать(ся), -аю, -ает(ся)
вынос, -а
выносить(ся), -ошу, -осит(ся), сов.
выносить(ся), -ошу(сь), -осит(ся), несов. (к вынести(сь))
выноска, -и
выносливость, -и
выносливый
выносной
выношенный
вынудить, -ужу, -удит
вынуждать(ся), -аю(сь), -ает(ся)
вынуждение, -я
вынужденный
вынутый
вынуть(ся), -ну, -нет(ся)

вына́ривать, -аю, -ает
вы́нырнуть, -ну, -нет
вы́нюхать, -аю, -ает
выню́хивать, -аю, -ает
вы́нянченный
выня́нчивать, -аю, -ает
вы́нянчить, -чу, -чит
вы́острить(ся), -рю, -рит(ся)
вы́павший
вы́пад, -а
выпада́ние, -я
выпада́ть, -а́ю, -а́ет
выпаде́ние, -я
вы́паивание, -я
вы́паивать(ся), -аю, -ает(ся)
вы́паленный
выпа́ливать(ся), -аю, -ает(ся)
вы́палить, -лю, -лит
вы́палывание, -я
вы́палывать(ся), -аю, -ает(ся)
вы́паренный
выпа́ривание, -я
выпа́ривать(ся), -аю(сь), -ает(ся)
выпа́рительный
вы́парить(ся), -рю(сь), -рит(ся)
вы́парка, -и (от выпарить)
вы́парки, -ов и -рок
выпарно́й
выпа́рхивать, -аю, -ает
выпа́рывание, -я
выпа́рывать(ся), -аю, -ает(ся)
вы́пас, -а
вы́паска, -и
выпасно́й
вы́пасти, -су, -сет; прош. -пас, -пасла
вы́пасть, -аду, -адет; прош. -ал, -ала
вы́паханный
вы́пахать(ся), -пашу, -пашет(ся)
выпа́хивание, -я
выпа́хивать(ся), -аю, -ает(ся)
вы́пачканный
вы́пачкать(ся), -аю(сь), -ает(ся)
вы́пашка, -и
вы́паянный
вы́паять, -яю, -яет
выпева́ть, -а́ю, -а́ет (к петь)
вы́пек, -а
выпека́ние, -я
выпека́ть(ся), -а́ю, -а́ет(ся)
вы́пекший(ся)
выпе́ндриваться, -аюсь, -ается
вы́переть(ся), -пру(сь), -прет(ся); прош. -пер(ся), -перла(сь)
вы́пертый
вы́перший(ся)
вы́пестованный

вы́пестовать, -тую, -тует
вы́петый
вы́петь, -пою, -поет (от петь)
вы́печенный
вы́печка, -и
вы́печь(ся), -еку, -ечет(ся), -екут(ся); прош. -ек(ся), -екла(сь)
выпива́ла, -ы, м. и ж.
выпива́ть(ся), -а́ю, -а́ет(ся) (к пить)
вы́пивка, -и
выпиво́ха, -и, м. и ж.
вы́пивши
вы́пиленный
выпи́ливание, -я
выпи́ливать(ся), -аю, -ает(ся)
вы́пилить(ся), -лю, -лит(ся)
вы́пилка, -и
вы́пило́вка, -и
вы́пило́вочный
выпира́ние, -я
выпира́ть(ся), -а́ю, -а́ет(ся)
вы́писанный
вы́писать(ся), -ишу(сь), -ишет(ся)
вы́писка, -и
выписно́й
выпи́сывание, -я
выпи́сывать(ся), -аю(сь), -ает(ся)
вы́пись, -и
вы́питый
вы́пить, -пью, -пьет
вы́пиханный
вы́пихать, -аю, -ает
выпи́хивать(ся), -аю, -ает(ся)
вы́пихнутый
вы́пихнуть, -ну, -нет
вы́плавить(ся), -влю, -вит(ся)
вы́плавка, -и
вы́плавленный
выплавля́ние, -я
выплавля́ть(ся), -я́ю, -я́ет(ся)
выплавно́й
вы́плавок, -вка
вы́плаканный
вы́плакать(ся), -ачу(сь), -ачет(ся)
выпла́кивать(ся), -аю(сь), -ает(ся)
вы́плата, -ы
вы́платить, -ачу, -атит
выплатно́й
вы́плаченный
выпла́чивание, -я
выпла́чивать(ся), -аю, -ает(ся)
вы́плевать, -люю, -лю-ет
выплёвывать(ся), -аю, -ает(ся)
вы́плеск, -а
вы́плесканный

вы́плескать(ся), -ещу, -ещет(ся) и -аю(сь), -ает(ся)
выплёскивание, -я
выплёскивать(ся), -аю, -ает(ся)
вы́плеснутый
вы́плеснуть(ся), -ну, -нет(ся)
вы́плести(сь), -лету, -летет(ся)
выплета́ть(ся), -а́ю, -а́ет(ся)
вы́плетенный
вы́плетший(ся)
вы́плыв, -а
выплыва́ть, -а́ю, -а́ет
вы́плывок, -вка
вы́плыть, -ыву, -ывет
вы́плюнутый
вы́плюнуть(ся), -ну, -нет(ся)
выпляса́ться, -яшусь, -яшется
выпля́сывать(ся), -аю(сь), -ает(ся)
вы́поенный
вы́поить(ся), -ою, -оит(ся)
выпола́скивать(ся), -аю, -ает(ся)
выполза́ть, -а́ю, -а́ет
вы́ползень, -зня
вы́ползок, -зка
вы́ползти, -зу, -зет; прош. -олз, -олзла
вы́ползший
вы́полированный
вы́полировать(ся), -рую, -рует(ся)
выполне́ние, -я
вы́полненный
выполни́мый
вы́полнить(ся), -ню, -нит(ся)
выполня́ть(ся), -я́ю, -я́ет(ся)
вы́полосканный
вы́полоскать(ся), -ощу, -ощет(ся) и -аю, -ает(ся)
вы́полоснутый
вы́полоснуть, -ну, -нет
вы́полотый
вы́полоть, -лю, -лет
вы́пользовать, -зую, -зует
выпонти́ровать, -рую, -рует
вы́пор, -а
выпора́жнивать(ся), -аю, -ает(ся)
вы́порка, -и (от вы́пороть)
вы́порожненный
вы́порожнить, -ню, -нит
вы́порок, -рка
вы́пороточный
вы́пороток, -тка
вы́поротый

вы́пороть(ся), -рю, -рет(ся)
вы́порхнуть, -ну, -нет
вы́пот, -а
выпотева́ние, -я
вы́потеть, -ею, -еет
вы́потрошенный
вы́потрошить(ся), -шу, -шит(ся)
выправи́тельный
вы́править(ся), -влю(сь), -вит(ся)
вы́правка, -и
выправле́ние, -я
вы́правленный
выправля́ть(ся), -я́ю(сь), -я́ет(ся)
выпра́стывание, -я
выпра́стывать(ся), -аю(сь), -ает(ся)
выпра́шивание, -я
выпра́шивать(ся), -аю(сь), -ает(ся)
выпрева́ть, -а́ет
вы́преть, -еет
выпрова́живание, -я
выпрова́живать(ся), -аю, -ает(ся)
вы́проводить, -вожу, -водит
вы́провоженный
выпроки́дывать(ся), -аю(сь), -ает(ся)
вы́прокинуть(ся), -ну(сь), -нет(ся)
вы́просить(ся), -ошу(сь), -осит(ся)
вы́простанный
вы́простать(ся), -аю(сь), -ает(ся)
вы́прошенный
вы́прудить, -ужу, -удит
выпры́гивать, -аю, -ает
вы́прыгнуть, -ну, -нет
вы́прыскать, -аю, -ает
выпры́скивать(ся), -аю, -ает(ся)
вы́прыснуть, -ну, -нет
выпряга́ние, -я
выпряга́ть(ся), -а́ю, -а́ет(ся)
вы́прягший(ся)
выпряда́ть(ся), -а́ю, -а́ет(ся)
вы́пряденный
вы́прядка, -и
вы́пряженный (от вы́прячь)
вы́пряжка, -и
выпрями́тель, -я
выпрями́тельный
вы́прямить(ся), -млю(сь), -мит(ся)
выпрямле́ние, -я
вы́прямленный
выпрямля́ть(ся), -я́ю(сь), -я́ет(ся)
вы́прясть(ся), -яду, -ядет(ся)
вы́прячь(ся), -ягу, -яжет(ся), -ягут(ся); прош. -яг(ся), -ягла(сь)

выпу́гивать(ся), -аю,
　-ает(ся)
вы́пугнуть, -ну, -нет
вы́пукло-во́гнутый
вы́пуклость, -и
вы́пуклый
вы́пуск, -а, *мн.* -и, -ов
выпуска́ние, -я
выпуска́ть(ся), -а́ю,
　-а́ет(ся)
выпуска́ющий
выпускни́к, -а́
выпускни́ца, -ы
выпускно́й
вы́пустить(ся), -ущу, -ус-
тит(ся)
вы́путанный
вы́путать(ся), -аю(сь),
　-ает(ся)
выпу́тывание, -я
выпу́тывать(ся), -аю(сь),
　-ает(ся)
вы́пученный
выпу́чивание, -я
выпу́чивать(ся), -аю,
　-ает(ся)
вы́пучить(ся), -чу, -чит-
(ся)
вы́пушенный
вы́пушить, -шу, -шит
вы́пушка, -и
выпушно́й
вы́пущенный
вы́пытанный
вы́пытать, -аю, -ает
выпы́тывать(ся), -аю,
　-ает(ся)
выпь, -и
вы́пяленный
выпя́ливать(ся), -аю(сь),
　-ает(ся)
вы́пялить(ся), -лю(сь),
　-лит(ся)
вы́пятить(ся), -пячу(сь),
　-пятит(ся)
вы́пяченный
выпя́чивание, -я
выпя́чивать(ся), -аю(сь),
　-ает(ся)
выраба́тывание,
　-я
выраба́тывать(ся), -аю(сь),
　-ает(ся)
вы́работанный
вы́работать(ся), -аю(сь),
　-ает(ся)
вы́работка, -и
вы́равненный (*от* вы́рав-
нять)
выра́внивание, -я
выра́вниватель, -я
выра́внивать(ся), -аю(сь),
　-ает(ся)
вы́равнять, -яю, -яет (*к
ра́вный*)
выража́ть(ся), -а́ю(сь),
　-а́ет(ся)
выраже́ние, -я
вы́раженный
выраже́ньице, -а
вырази́тель, -я
вырази́тельница, -ы
вырази́тельность, -и
вырази́тельный

вы́разить(ся), -ажу(сь),
　-азит(ся)
вgrowing растание, -я
вырастание, -я
выраста́ть, -а́ю, -а́ет
вы́расти, -ту, -тет; *прош.*
　-рос, -росла
вы́растить, -ащу, -астит
вы́ращенный
выра́щивание, -я
выра́щивать(ся), -аю,
　-ает(ся)
вы́рванный
вы́рвать(ся), -рву(сь),
　-рвет(ся)
вы́рез -а
выреза́ние, -я
вы́резанный
вы́резать(ся), -ежу,
　-ежет(ся), *сов.* (*от* ре́-
зать)
выреза́ть(ся), -а́ю, -а́ет(ся),
　несов. (*к* вы́резать(ся)
вы́резка, -и
вырезно́й
вы́резуб, -а
вырезы́вание, -я
вырезы́вать(ся), -аю,
　-ает(ся)
выреша́ть(ся), -а́ю, -а́ет(ся)
вы́решенный
вы́решить(ся), -шу,
　-шит(ся)
вы́рисовать(ся), -сую, -су-
ет(ся)
вырисо́вка, -и
вырисо́вывание, -я
вырисо́вывать(ся), -аю,
　-ает(ся)
вы́ровненный (*от* вы́ров-
нять)
вы́ровнять(ся), -яю(сь),
　-яет(ся) (*к* ро́вный)
вы́родиться, -ится
вы́родок, -дка
вырожда́емость, -и
вырожда́ться, -а́юсь, -а́ет-
ся
вырожде́нец, -нца
вырожде́ние, -я
вырожде́нка, -и
вырожде́нческий
вы́роиться, -ится
вы́роненный
вы́ронить, -ню, -нит
вы́рост, -а
вы́ростковый
выростно́й
вы́росток, -тка
вы́росточек, -чка
вы́росший
вы́руб, -а
выруба́ние, -я
выруба́ть(ся), -а́ю(сь),
　-а́ет(ся)
вы́рубить(ся), -блю(сь),
　-бит(ся)
вы́рубка, -и
вы́рубленный
вы́рубной
вы́рубок, -бка
вы́руганный
вы́ругать(ся), -аю(сь),
　-ает(ся)
выру́ливать, -аю, -ает

вы́рулить, -лю, -лит
выруча́лочка, -и (*и* (па́лочка-
выруча́лочка)
выруча́тель, -я
выруча́ть(ся), -а́ю(сь),
　-а́ет(ся)
выруче́ние, -я
вы́рученный
вы́ручить(ся), -чу(сь),
　-чит(ся)
вы́ручка, -и
вырыва́ть(ся), -а́ю(сь),
　-а́ет(ся)
вы́рытый
вы́рыть(ся), -рою, -ро-
ет(ся)
вы́рядить(ся), -яжу(сь),
　-ядит(ся)
выряжа́ть(ся), -а́ю(сь),
　-а́ет(ся)
вы́ряженный
выря́живать(ся), -аю(сь),
　-ает(ся)
вы́садить(ся), -ажу(сь),
　-адит(ся)
вы́садка, -и
вы́садок, -дка, *р. мн.* -дков
вы́садочный
вы́саженный
выса́живание, -я
выса́живать(ся), -аю(сь),
　-ает(ся)
выса́сывание, -я
выса́сыватель, -я
выса́сывать(ся), -аю,
　-ает(ся)
выса́чивать(ся), -аю,
　-ает(ся)
высва́тать, -аю,
　-ает
высва́тывать(ся), -аю,
　-ает(ся)
вы́сверленный
высве́рливание, -я
высве́рливать(ся), -аю,
　-ает(ся)
вы́светлить(ся), -лю(сь),
　-лит(ся)
высветля́ть(ся), -я́ю(сь),
　-я́ет(ся)
вы́свист, -а
вы́свистать(ся), -ищу(сь),
　-ищет(ся)
вы́свистеть(ся), -ищу(сь),
　-истит(ся)
высви́стывание, -я
высви́стывать(ся), -аю,
　-ает(ся)
вы́свободить(ся), -ожу(сь),
　-одит(ся)
высвобожда́ть(ся),
　-а́ю(сь), -а́ет(ся)
высвобожде́ние, -я
вы́свобожденный
вы́сев, -а
высева́ние, -я
высева́ть(ся), -а́ю,
　-а́ет(ся)
вы́севка, -и
вы́севки, -вок *и* -ов
высевно́й
высе́ивание, -я
высе́ивать(ся), -аю,
　-ает(ся)
выру́ливать, -аю, -ает

высека́ние, -я
высека́ть(ся), -а́ю,
　-а́ет(ся)
вы́секший(ся)
выселе́нец, -нца
выселе́ние, -я
вы́селенка, -и
вы́селенный
вы́селить(ся), -лю(сь),
　-лит(ся)
вы́селки, -ов *и* вы́селок,
　-лка
выселя́ть(ся), -я́ю(сь),
　-я́ет(ся)
вы́семениться, -ит-
ся
вы́серебренный
вы́серебрить(ся), -рю,
　-рит(ся)
вы́сеченный
вы́сечка, -и
вы́сечь(ся), -еку, -ечет(ся),
　-екут(ся)
вы́сеянный
вы́сеять(ся), -ею,
　-еет(ся)
вы́сидеть(ся), -ижу(сь),
　-идит(ся)
вы́сидка, -и
вы́сиженный
выси́живание, -я
выси́живать(ся), -аю(сь),
　-ает(ся)
вы́синенный
выси́нивать(ся), -аю,
　-ает(ся)
вы́синить, -ню,
　-нит
вы́ситься, вы́сится
выска́бливание, -я
выска́бливать(ся), -аю,
　-ает(ся)
вы́сказанный
вы́сказать(ся), -ажу(сь),
　-ажет(ся)
выска́зывание, -я
выска́зывать(ся), -аю(сь),
　-ает(ся)
выска́кать, -скачу, -ска-
чет
выска́кивать, -аю,
　-ает
вы́скакнуть, -ну, -нет
выска́льзывание, -я
выска́льзывать, -аю,
　-ает
вы́скобленный
вы́скоблить(ся), -лю,
　-лит(ся)
выскольза́ть, -а́ю, -а́ет
вы́скользнуть, -ну, -нет
вы́скочить, -чу, -чит
вы́скочка, -и, *м. и ж.*
выскреба́ние, -я
выскреба́ть(ся), -а́ю,
　-а́ет(ся)
вы́скребенный
вы́скребки, -ов
вы́скребший
выскрёбывать, -аю, -ает
вы́скрести, -ребу, -ребет;
　прош. -реб, -ребла
вы́сланный
вы́слать, вы́шлю, вы́шлет

вы́следить, -ежу, -едит
вы́слеженный
выслёживание, -я
выслёживать(ся), -аю,
　-ает(ся)
вы́слуга, -и
вы́служенный
выслу́живание, -я
выслу́живать(ся), -аю(сь),
　-ает(ся)
вы́служить(ся), -жу(сь),
　-жит(ся)
вы́слушанный
вы́слушать, -аю, -ает
выслу́шивание, -я
выслу́шивать(ся), -аю(сь),
　-ает(ся)
высма́ливать(ся), -аю,
　-ает(ся)
высма́тривание, -я
высма́тривать(ся), -аю,
　-ает(ся)
высме́ивание, -я
высме́ивать(ся), -аю,
　-ает(ся)
вы́смеянный
вы́смеять(ся), -ею(сь),
　-еет(ся)
вы́смоленный
вы́смолить(ся), -лю(сь),
　-лит(ся)
вы́сморканный
вы́сморкать(ся), -аю(сь),
　-ает(ся)
вы́сморкнуть(ся), -ну(сь),
　-нет(ся)
вы́смотренный
вы́смотреть, -рю, -рит
высо́вывать(ся), -аю(сь),
　-ает(ся)
высо́кий; кр. ф. -о́к, -ока́,
　-о́ко́, -о́ки́
высокоавтоматизи́-
　рованный
высокоавторите́т-
　ный
высокоакти́вный
высокоампе́рный
высокобелко́вый
высокоблагоро́дие, -я
высокобо́ртный
высокова́куумный
высокова́тый
высоковзры́вчатый
высоковируле́нтный
высоковолокни́стый
высоково́льтный
высокову́зкий
высокого́рный
высокого́рье, -я
высокогума́нный
высокодохо́дный
высокоиде́йный
высокоинтеллектуа́ль-
　ный
высокоинтеллиге́нт-
　ный
высокоинтенси́вный
высококалори́йный
высокока́чественный; кр.
　ф. -ствен и -ственен,
　-венна
высококвалифици́рован-
　ный

высококонцентри́рован-
　ный
высококульту́рный
высоколеги́рованный
высоколетя́щий*
высоколо́бый
высокома́сличный
высокоме́рие, -я
высокоме́рничать, -аю,
　-ает
высокоме́рность, -и
высокоме́рный
высокомеханизи́ро-
　ванный
высокомолекуля́р-
　ный
высоконадёжный
высоконапо́рный
высоконау́чный
высоконра́вственный;
　кр. ф. -вен и -венен,
　-венна
высо́конький; кр. ф. -о́нек,
　-о́нька
высокообразо́ванный
высокообъёмный
высокоогнеупо́рный
высокоодарённый
высокоокта́новый
высокооплачива-
　емый
высокоорбита́льный
высокоорганизо́-
　ванный
высокопа́рный
высокопатриоти́-че-
　ский
высокоподви́жный
высокополиме́рный
высокопоста́вленный
высокопревосходи́-
　тельство, -а
высокопреосвящён-
　ство, -а
высокопреподо́бие, -я
высокопринципиа́льный
высокопро́бный
высокопродукти́вный
высокопроизводи́тель-
　ный
высокопроце́нтный
высокопро́чный
высокорадиоакти́в-
　ный
высокора́звитый
высокоразрежённый
высокорасту́щий*
высокоро́дие, -я
высокоро́дный
высокоро́слый
высокоскоростно́й
высокосо́ртный
высокостаби́льный
высокотала́нтливый
высокотемперату́рный
высокотехни́чный
высокоторже́ственный;
　кр. ф. -вен и -венен,
　-венна
высокото́чный
высокотра́вье, -я
высокоуважа́емый
высокоу́мный
высокоурожа́йный

высоко́хонький; кр. ф.
　-нек, -нька
высокохудо́жественный;
　кр. ф. -вен и -венен,
　-венна
высокоце́нный
высокочасто́тный
высокочти́мый
высокочувстви́тель-
　ный
высоко́шенький; кр. ф.
　-нек, -нька
высокоширо́тный
высокоэкономи́чный
высокоэффекти́вный
вы́соленный
вы́солить(ся), -лю,
　-лит(ся)
вы́солодить, -ожу,
　-одит
высоло́женный
вы́сосанный
вы́сосать(ся), -осу,
　-осет(ся)
высота́, -ы́, мн. -о́ты,
　-о́т
высо́тка, -и
высо́тник, -а
высо́тно-компенси́рую-
　щий
высо́тный
высотоме́р, -а
высотопи́сец, -сца
вы́сохнуть, -ну, -нет; прош.
　-ох, -охла
вы́сохший
высоча́йший
высоче́нный
высо́чество, -а
вы́сочить(ся), -чу, -чит(ся)
выспа́ривать, -аю, -ает
вы́спаться, -плюсь, -пит-
　ся
выспева́ние, -я
выспева́ть, -а́ет
вы́спеть, -еет
вы́споренный
вы́спорить, -рю, -рит
выспра́шивание, -я
выспра́шивать(ся), -аю,
　-ает(ся)
вы́спренний; кр. ф. -ен,
　-ення
вы́спренность, -и
вы́спросить(ся), -ошу,
　-осит(ся)
вы́спрошенный
вы́ставить(ся), -влю(сь),
　-вит(ся)
вы́ставка, -и
вы́ставка-прода́жа, вы́-
　ставки-прода́жи
выставко́м, -а
выставле́ние, -я
вы́ставленный
выставля́ть(ся), -я́ю(сь),
　-я́ет(ся)
выставно́й
вы́ставочно-демонстра-
　цио́нный
вы́ставочный
выста́ивание, -я
выста́ивать(ся), -аю,
　-ает(ся)

вы́стеганный
вы́стегать, -аю,
　-ает
выстёгивать(ся), -аю,
　-ает(ся)
вы́стегнуться, -нет-ся
вы́стеленный и вы́стлан-
　ный
вы́стелить и вы́стлать,
　-стелю, -стелет; прош.
　-стелил, -стелила и
　-стлал, -стлала
выстила́ние, -я
выстила́ть(ся), -а́ю,
　-а́ет(ся)
вы́стилка, -и
вы́стилочный
вы́стиранный
вы́стирать(ся), -аю,
　-ает(ся)
выстира́рывать, -аю,
　-ает
вы́стланный и вы́стелен-
　ный
вы́стлать и вы́стелить,
　-стелю, -стелет; прош.
　-стлал, -стлала и -стелил,
　-стелила
вы́стоять(ся), -ою,
　-оит(ся)
выстра́гивать(ся), -аю,
　-ает(ся) и выстру́-
　гивать(ся), -аю,
　-ает(ся)
вы́страданный
вы́страдать(ся), -аю(сь),
　-ает(ся)
выстра́ивание, -я
выстра́ивать(ся), -аю(сь),
　-ает(ся)
выстра́чивать(ся), -аю,
　-ает(ся)
вы́стрел, -а, мн. -ы,
　-ов
выстре́ливать(ся), -аю,
　-ает(ся)
вы́стрелить(ся), -лю,
　-лит(ся) (произвести
　выстрел)
вы́стрелять, -яю, -яет
　(израсходовать стре-
　ляя)
выстрига́ть(ся), -а́ю,
　-а́ет(ся)
вы́стригший(ся)
вы́стриженный
вы́стрижка, -и
вы́стричь(ся), -игу,
　-ижет(ся), -игут(ся);
　прош. -иг(ся), -игла(сь)
вы́строганный и вы́стру-
　ганный
вы́строгать, -аю, -ает и
　вы́стругать, -аю, -ает
вы́строенный
вы́строить(ся), -ою(сь),
　-оит(ся)
вы́строченный
вы́строчить(ся), -чу,
　-чит(ся)
вы́струганный и вы́стро-
　ганный
вы́стругать, -аю, -ает и
　вы́строгать, -аю, -ает

выстру́гивать(ся), -аю,
　-ает(ся) и вы́страги-
　вать(ся), -аю, -ает(ся)
вы́студить(ся), -ужу,
　-удит(ся)
выстужа́ть(ся), -а́ю,
　-а́ет(ся)
вы́стуженный
выстужива́ние, -я
выстужи́вать(ся), -аю,
　-ает(ся)
вы́стуканный
вы́стукать, -аю, -ает
выстукивание, -я
высту́кивать(ся), -аю,
　-ает(ся)
вы́ступ, -а, мн. -ы, -ов
выступа́ть, -а́ю, -а́ет
вы́ступить, -плю, -пит
выступле́ние, -я
выстыва́ть, -а́ет
вы́стывший
вы́стыть, -ынет
вы́судить, -ужу, -удит
вы́суженный
высу́живать(ся), -аю,
　-ает(ся)
вы́сунутый
вы́сунуть(ся), -ну(сь),
　-нет(ся)
вы́сученный
высу́чивать(ся), -аю,
　-ает(ся)
вы́сучить(ся), -чу, -чит(ся)
вы́сушенный
высу́шивание, -я
высу́шивать(ся), -аю(сь),
　-ает(ся)
вы́сушить(ся), -шу(сь),
　-шит(ся)
вы́сушка, -и
вы́считанный
вы́считать, -аю, -ает
высчи́тывание, -я
высчи́тывать(ся), -аю,
　-ает(ся)
вы́сший
высыла́ть(ся), -а́ю,
　-а́ет(ся)
вы́сылка, -и
высыпа́ние, -я
вы́сыпанный
вы́сыпать(ся), -плю,
　-плет(ся), плют(ся) и
　-пет(ся), -пят(ся), сов.
высыпа́ть(ся), -а́ю(сь),
　-а́ет(ся), несов. (к вы́сы-
　пать(ся)
вы́сыпка, -и
высыпно́й
высыха́ние, -я
высыха́ть, -а́ю, -а́ет
высь, -и, предл. в выси́,
　мн. -и, -ей
вы́та́ивать(ся), -аю, -ает(ся)
вы́та́лкиватель, -я
выта́лкивать(ся), -аю,
　-ает(ся)
вы́танцевать(ся), -цую,
　-цует(ся)
вытанцо́вывать(ся), -аю,
　-ает(ся)
вы́та́пливать(ся), -аю,
　-ает(ся)

выта́птывать(ся), -аю,
　-ает(ся)
вы́таращенный
вытара́щивать(ся),
　-аю(сь), -ает(ся)
вы́таращить(ся), -щу(сь),
　-щит(ся)
вы́тасканный
вы́таскать, -аю, -ает
выта́скивать(ся), -аю,
　-ает(ся)
вы́тачанный
вы́тачать, -аю, -ает
выта́чивание, -я
выта́чивать(ся), -аю,
　-ает(ся)
вы́тачка, -и (от вы́тачать)
вы́тащенный
вы́тащить(ся), -щу,
　-щит(ся)
вы́таять, -ает
вы́твердить(ся), -ржу,
　-рдит(ся)
вы́твержденный
вытвёрживать(ся), -аю,
　-ает(ся)
вы́творенный
вы́творить, -рю, -рит
вытворя́ть(ся), -я́ю, -я́ет(ся)
вытека́ние, -я
вытека́ть, -а́ет
вы́текший
вы́теребить(ся), -блю,
　-бит(ся)
вы́теребленный
вытереби́ть(ся), -аю,
вы́тереть(ся), -тру(сь),
　-трет(ся); прош. -тер(ся),
　-терла(сь)
вы́терпеть, -плю, -пит
вы́тертый
вы́терший
вы́тесанный
вы́тесать, -ешу, -ешет
вы́теска, -и
вытесне́ние, -я (от вы́тес-
　нить)
вы́тесненный (от вы́тес-
　нить)
вытесни́тель, -я
вы́теснить(ся), -ню,
　-нит(ся) (к те́сный)
вытесня́ть(ся), -я́ю, -я́ет(ся)
　(к вы́теснить)
вытёсывание, -я
вытёсывать(ся), -аю,
　-ает(ся)
вы́течка, -и
вы́течь, -ечет, -екут; прош.
　-ек, -екла
вытира́ние, -я
вытира́ть(ся), -а́ю(сь),
　-а́ет(ся)
вы́тиск, -а
вытисне́ние, -я (от вы́тис-
　нить)
вы́тисненный (от вы́тис-
　нить)
вы́тиснить, -ню, -нит (сде-
　лать тиснением)
вы́тиснутый
вы́тиснуть(ся), -ну, -нет(ся)
вытисня́ть(ся), -аю,
　-я́ет(ся) (к вы́тиснить)
вы́тканный

вы́ткать(ся), -тку, -ткет(ся)
вы́толканный
вы́толкать, -аю, -ает
вы́толкнутый
вы́толкнуть, -ну, -нет
вы́топить(ся), -плю,
　-пит(ся)
вы́топка, -и
вы́топки, -пок и -ов
вы́топленный
вы́топтанный
вы́топтать(ся), -пчу,
　-пчет(ся)
вы́торгованный
вы́торговать, -гую, -гует
вытторго́вывать(ся), -аю,
　-ает(ся)
вы́точенный
вы́точить(ся), -чу, -чит(ся)
вы́точка, -и (от вы́точить)
вы́травить(ся), -влю,
　-вит(ся)
вы́травка, -и
вытравле́ние, -я
вы́травленный
выта́вливание, -я
выта́вливать(ся), -аю,
　-ает(ся)
вытравля́ть(ся), -я́ю,
　-я́ет(ся)
вытравно́й
вы́траленный
вытра́ливать(ся), -аю,
　-ает(ся)
вы́тралить, -лю, -лит
вы́требованный
вы́требовать, -бую, -бует
вытрезви́тель, -я
вытрезви́тельный
вы́трезвить(ся), -влю(сь),
　-вит(ся)
вытрезвле́ние, -я
вы́трезвленный
вытрезвля́ть(ся), -я́ю(сь),
　-я́ет(ся)
вы́трепать, -плю, -плет,
　-плют и -пет, -пят
вытрёпывать(ся), -аю,
　-ает(ся)
вы́трусить(ся), -ушу,
　-усит(ся)
вы́труска, -и
вы́трушенный
вытряса́ть(ся), -а́ю,
　-а́ет(ся)
вы́трясенный
вы́тряска, -и
вы́трясти(сь), -су,
　-сет(ся); прош. -яс(ся),
　-ясла(сь)
вы́трясший(ся)
вытряха́ть(ся), -а́ю, -а́ет(ся)
вытря́хивание, -я
вытря́хивать(ся), -аю,
　-ает(ся)
вы́тряхнутый
вы́тряхнуть(ся), -ну,
　-нет(ся)
вы́туренный
выту́ривать(ся), -аю,
　-ает(ся)
вы́турить, -рю, -рит
вы́тчик, -а
выть, во́ю, во́ет

вытьё, -я́
вы́тягать, -аю, -ает
вытя́гивание, -я
вытя́гивать(ся), -аю(сь),
　-ает(ся)
вытяже́ние, -я
вы́тяжка, -и
вытяжно́й
вы́тянутый
вы́тянуть(ся), -ну(сь),
　-нет(ся)
вы́удить, -ужу, -удит
вы́уженный
вы́уживание, -я
вы́уживать(ся), -аю,
　-ает(ся)
вы́утюженный
вы́утюжить(ся), -жу(сь),
　-жит(ся)
вы́ученик, -а
вы́ученица, -ы
вы́ученный
выу́чивание, -я
выу́чивать(ся), -аю(сь),
　-ает(ся)
вы́учить(ся), -чу(сь),
　-чит(ся)
вы́учка, -и
вы́франтиться, -нчусь,
　-нтится
выха́живание, -я
выха́живать(ся), -аю,
　-ает(ся)
вы́харканный
вы́харкать(ся), -аю(сь),
　-ает(ся)
выха́ркивать(ся), -аю(сь),
　-ает(ся)
вы́харкнуть(ся), -ну(сь),
　-нет(ся)
вы́хваленный
выхва́ливать(ся), -аю(сь),
　-ает(ся)
вы́хвалить(ся), -лю(сь),
　-лит(ся)
выхваля́ть(ся), -я́ю(сь),
　-я́ет(ся)
вы́хватить, -ачу,
　-атит
выхва́тывание, -я
выхва́тывать(ся), -аю,
　-ает(ся)
вы́хваченный
вы́хлебанный
вы́хлебать, -аю, -ает
вы́хлебнуть, -ну, -нет
выхлёбывать(ся), -аю,
　-ает(ся)
вы́хлестанный
вы́хлестать(ся), -ещу,
　-ещет(ся)
вы́хлестнутый
вы́хлестнуть(ся), -ну,
　-нет(ся)
выхлёстывать(ся), -аю,
　-ает(ся)
вы́хлоп, -а, мн. -ы, -ов
выхлопа́тывать(ся), -аю,
　-ает(ся)
вы́хлопать, -аю, -ает
выхлопно́й
вы́хлопнуть, -ну,
　-нет
вы́хлопотанный

ВЫХ

вы́хлопотать, -очу, -очет
выхло́пывать(ся), -аю, -ает(ся)
вы́ход, -а, *мн.* -ы, -ов
вы́ходец, -дца
выходи́ть, -ожу́, -о́дит, *несов.* (к вы́йти)
вы́ходить(ся), -ожу, -одит(ся), *сов.* (вырастить)
вы́ходка, -и
вы́ходо-де́нь, -дня́
выходя́щий
выхожде́ние, -я
вы́хоженный
выхола́живание, -я
выхола́живать(ся), -аю, -ает(ся)
выхола́щивание, -я
выхола́щивать(ся), -аю, -ает(ся)
вы́холенный
вы́холить, -лю, -лит
вы́холодить(ся), -ожу, -одит(ся)
вы́холоженный
вы́холостить(ся), -ощу, -остит(ся)
вы́холощенный
вы́хухолевый
вы́хухолий, -ья, -ье
вы́хухоль, -я и -и
вы́хухольный
вы́царапанный
вы́царапать(ся), -аю(сь), -ает(ся)
выцара́пывать(ся), -аю(сь), -ает(ся)
вы́цвести, -ветет; *прош.* -вел, -вела
выцвета́ние, -я
выцвета́ть, -а́ет
вы́цветший
вы́цедить(ся), -ежу, -едит(ся)
вы́цеженный
выце́живание, -я
выце́живать(ся), -аю, -ает(ся)
вы́цыганить, -ню, -нит
вы́чеканенный
вычека́нивать(ся), -аю, -ает(ся)
вы́чеканить(ся), -ню, -нит(ся)
вычёркивание, -я
вычёркивать(ся), -аю, -ает(ся)
вы́черкнутый
вы́черкнуть(ся), -ну, -нет(ся)
вы́черненный
вы́чернить(ся), -ню, -нит(ся)
вы́черпанный
вы́черпать(ся), -аю, -ает(ся)
вы́черпнуть, -ну, -нет(ся)
вычёрпывание, -я
вычёрпывать(ся), -аю, -ает(ся)

ВЫШ

вы́чертить(ся), -рчу, -ртит(ся)
вы́черченный
вычёрчивание, -я
вычёрчивать(ся), -аю, -ает(ся)
вы́чесанный
вы́чесать(ся), -ешу(сь), -ешет(ся)
вы́ческа, -и
вы́чески, -сок и -ов
вы́честь, -чту, -чтет; *прош.* -чел, -чла
вычёсывание, -я
вычёсывать(ся), -аю(сь), -ает(ся)
вы́чет, -а
вы́чиненный
вычи́нивать(ся), -аю, -ает(ся)
вы́чинить, -ню, -нит
вы́чинка, -и
вычисле́ние, -я
вы́численный
вычисли́тель, -я
вычисли́тельный
вы́числить, -лю, -лит
вычисля́ть(ся), -я́ю, -я́ет(ся)
вы́чистить(ся), -чищу(сь), -чистит(ся)
вы́чистка, -и
вычита́емое, -ого
вычита́ние, -я
вы́читанный
вы́читать, -аю, -ает, *сов.* (*от* чита́ть)
вычита́ть(ся), -а́ю, а́ает(ся), *несов.* (к вы́честь(ся))
вы́читка, -и
вычи́тывание, -я
вычи́тывать(ся), -аю, -ает(ся)
вычиха́ть(ся), -аю(сь), -ает(ся)
вычи́хивать(ся), -аю(сь), -ает(ся)
вы́чихнуть(ся), -ну, -нет(ся)
вычища́ть(ся), -а́ю, -а́ет(ся)
вычище́ние, -я
вы́чищенный
вычлене́ние, -я
вы́члененный
вы́членить(ся), -ню, -нит(ся)
вычленя́ть(ся), -я́ю, -я́ет(ся)
вы́чтенный
вы́чурный
вы́чуры, -ур, *ед.* -а, -ы
вы́шагать, -аю, -ает
выша́гивать, -аю, -ает
выша́ривать(ся), -аю, -ает(ся)
вы́шарить, -рю, -рит
вы́шарканный
вы́шаркать, -аю, -ает
выша́ркивать(ся), -аю, -ает(ся)

ВЫЩ

вышвы́ривать(ся), -аю, -ает(ся)
вы́швырнутый
вы́швырнуть, -ну, -нет
вы́швырять, -яю, -яет
вы́ше, *сравн. ст.* (*от* высо́кий, высоко́)
вы́шедший
вышеизло́женный
вышележа́щий
вы́шелушенный
вышелу́шивать(ся), -аю, -ает(ся)
вы́шелушить(ся), -шу, -шит(ся)
вышена́званный
вышеобъя́вленный
вышеозна́ченный
вышеопи́санный
вышеотме́ченный
вышеперечи́сленный
вышепоимено́ванный
вышепока́занный
вышеприведённый
вышере́ченный
вышеска́занный
вышестоя́щий
вышеука́занный
вышеупомя́нутый
вышиба́ла, -ы, *м.*
вышиба́ние, -я
вышиба́ть(ся), -а́ю, -а́ет(ся)
вы́шибить, -бу, -бет
вы́шибленный
вышива́льный
вышива́льщица, -ы
вышива́ние, -я
вышива́ть(ся), -а́ю, -а́ет(ся)
вы́шивка, -и
вышивно́й
вы́шивочный
вышина́, -ы́, *мн.* -и́ны, -и́н
вы́шитый
вы́шить, -шью, -шьет
вы́шка, -и
вы́школенный
вы́школить, -лю, -лит
вышкомонта́жный
вы́шлифовать(ся), -фую, -фует(ся)
вышлифо́вывать(ся), -аю, -ает(ся)
вы́шмыгнуть, -ну, -нет
вы́шний
вышны́ривать, -аю, -ает
вы́шнырнуть, -ну, -нет
вы́шпаренный
вышпа́ривать(ся), -аю, -ает(ся)
вы́шпарить, -рю, -рит
вышта́мповать, -пую, -пует
выштампо́вывать(ся), -аю, -ает(ся)
вы́штукатуренный
выштукату́ривать(ся), -аю, -ает(ся)
вы́штукатурить, -рю, -рит
вы́шученный
вышу́чивание, -я
вышу́чивать(ся), -аю, -ает(ся)
выщела́чивание, -я

ВЯЗ

выщела́чивать(ся), -аю, -ает(ся)
вы́щелк, -а
выщёлкивание, -я
выщёлкивать, -аю, -ает
вы́щелоченный
вы́щелочить(ся), -чу, -чит(ся)
вы́щербить(ся), -блю, -бит(ся)
вы́щербленный
выщербля́ть(ся), -я́ю, -я́ет(ся)
вы́щипанный
вы́щипать(ся), -плю, -плет(ся), -плют(ся) и -пет(ся), -пят(ся); *также* -аю, -ает(ся)
вы́щипнуть, -ну, -нет
выщи́пывание, -я
выщи́пывать(ся), -аю, -ает(ся)
вы́щупанный
вы́щупать, -аю, -ает
выщу́пывать(ся), -аю, -ает(ся)
вы́я, -и
вы́явить(ся), -влю, -вит(ся)
выявле́ние, -я
вы́явленный
выявля́ть(ся), -я́ю, -я́ет(ся)
выясне́ние, -я
вы́ясненный
вы́яснить(ся), -ню, -нит(ся)
выясня́ть(ся), -я́ю, -я́ет(ся)
вьетна́мец, -мца
вьетна́мка, -и
вьетна́мки, -мок (обувь)
вьетна́мо-сове́тский
вьетна́мский
вьетна́мско-ру́сский
вью́га, -и
вью́жистый
вью́жить, -ит
вью́жливый
вью́жный
вьюк, -а и -а́, *мн.* вью́ки, -ов и вьюки́, -о́в
вьюн, -а́
вьюнко́вый
вьюно́вый
вьюно́к, -нка́
вьюно́чек, -чка
вью́нчик, -а
вьюрко́вый и юрко́вый
вьюро́к, -рка́ и юро́к, юрка́
вью́чение, -я
вью́чит(ся), -чу, -чит(ся)
вью́чно-тра́нспортный
вью́чный
вью́шечный
вью́шка, -и
вью́щий
вя́жечка, -и
вя́жущий
вяз, -а
вяза́льно-трикота́жный
вяза́льный
вяза́льщица, -ы
вяза́ние, -я (действие)
вя́занка, -и (вязаная вещь)
вяза́нка, -и (связка дров, хвороста)

вя́занный, *прич.*
вяза́ночка, -и
вя́заный, *прил.*
вяза́нье, -я (то, что вяжут)
вяза́ть(ся), вяжу́, вя́-
　жет(ся)
вя́зель, -я
вя́зка, -и
вя́зкий; *кр. ф.* вя́зок, вяз-
　ка́, вя́зко
вязкова́тый
вя́зкостный
вя́зкость, -и
вя́знувший
вя́знуть, -ну, -нет; *прош.*
　вяз и вя́знул, вя́зла
вязови́на, -ы
вя́зовый
вя́зче, *сравн. ст. (от вя́з-
　кий, вя́зко)*
вя́зывать, *наст. вр. не
　употр.*
вязь, -и
вя́канье, -я
вя́кать, -аю, -ает
вя́кнуть, -ну, -нет
вя́ление, -я
вя́ленный, *прич.*
вя́леный, *прил.*
вя́лить(ся), -лю, -лит(ся)
вя́лость, -и
вя́лый
вя́нувший
вя́нуть, -ну, -нет; *прош.* вял
　и вя́нул, вя́ла
вя́тич, -а
вя́тка, -и
вя́тский
вя́хирь, -я
вя́щий

Г

га, *нескл., м. и с.*
гаа́гский (*от* Гаа́га)
габарди́н, -а
габарди́новый
габари́т, -а
габари́тный
га́ббро́, *нескл., с.*
габио́н, -а
габио́нный
га́битус, -а
гава́ец, -а́йца
гава́на, -ы (сорт сигар)
га́ванский (*от* га́вань)
гава́нский (*от* Гава́на)
га́вань, -и
гав-га́в, *неизм.*
га́вканье, -я
га́вкать, -аю, -ает
га́вкнуть, -ну, -нет
гаво́т, -а
га́га, -и
га-га-га́, *неизм.*
гага́ра, -ы
гага́рий, -ья, -ье
гага́рка, -и
гага́т, -а
гага́товый
гагау́з, -а, *р. мн.* -ов

гагау́зка, -и
гагау́зский
гага́чий, -ья, -ье
гад, -а
гада́лка, -и
гада́льный
гада́льщик, -а
гада́льщица, -ы
гада́ние, -я
га́данный, *прич.*
га́даный, *прил.*
гада́тель, -я
гада́тельница, -ы
гада́тельный
гада́ть, -аю, -ает
гадёныш, -а
га́денький
га́дина, -ы
га́дить(ся), га́жу, га́-
　дит(ся)
га́дкий; *кр. ф.* га́док, гад-
　ка́; га́дко
гадли́вость, -и
гадли́вый
гадоли́ний, -я
га́достный
га́дость, -и
гадю́ка, -и
гадю́чий, -ья, -ье
га́ер, -а
га́ерничать, -аю, -ает
га́ерский
га́ерство, -а
га́ерствовать, -твую, -твует
га́ечка, -и (*от* га́йка)
га́ечный
га́же, *сравн. ст. (от* га́д-
　кий, га́дко)
газ, -а и -у, *предл. о* га́зе,
　на га́зе и на газу́
газава́т, -а
газану́ть, -ну́, -нёт
газа́ция, -и
газго́льдер, -а
газе́лий, -ья, -ье
газе́лла, -ы
газе́ль, -и
газе́та, -ы
газетёнка, -и
газе́тно-журна́льный
газе́тно-ротацио́нный
газе́тный
газе́тчик, -а
газе́тчица, -ы
га́зик, -а
гази́рование, -я
газиро́ванный
газирова́ть(ся), -ру́ю, -ру́-
　ет(ся)
газиро́вка, -и
газифика́тор, -а
газифика́ция, -и
газифици́рованный
газифици́ровать(ся), -рую,
　-рует(ся)
газли́фт, -а
газоана́лиз, -а
газоанализа́тор, -а
газоаппарату́ра, -ы
газобалла́стный
газобалло́нный
газобензи́новый
газобето́н, -а
газова́ть, -зу́ю, -зу́ет

газови́к, -а́
газово́з, -а
газовоздуходу́вка, -и
газоздуду́шный
га́зово-печно́й
га́зово-пылево́й
газовщи́к, -а́
га́зовый
газовыхлопно́й
га́зо-га́зовый
газогенера́тор, -а
газогенера́торный
газогидрохими́ческий
газоди́зель, -я
газодинами́ческий
газодобы́тчик, -а
газодымозащи́тный
газожи́дкий
газожи́дкостный
газозапра́вочный
газо- и энергообме́н, -а
газо́йль, -я
газокали́льный
газока́мера, -ы
газокарота́жный
газокислоро́дный
газокомпре́ссорный
газоли́н, -а
газоли́новый
газоме́р, -а
газомёт, -а
газо́метр, -а
газо́н, -а
газонаполненный
газонапо́рный
газонепроница́емость, -и
газонепроница́емый
газонефтепроводный
газонефтяно́й
газонокоси́лка, -и
газоно́сный
газообме́н, -а
газообору́дование, -я
газообра́зный
газообразова́ние, -я
газообразу́ющий
газоку́ривание, -я
газоотво́дный
газоочисти́тельный
газоочи́стка, -и
газоочистны́й
газопаровоздду́шный
газопарово́й
газопароулови́тель, -я
газоперераба́тывающий
газопла́менный
газопре́ссовый
газопрово́д, -а
газопрово́дный
газопроница́емость, -и
газопроница́емый
газопылево́й
газоразря́дный
газораспределе́ние, -я
газораспредели́тельный
газоре́зательный
газоре́зка, -и
газоре́зчик, -а
газосва́рка, -и
газосва́рочный
газосва́рщик, -а
газосве́тный
газосилика́т, -а
газоснабже́ние, -я

газотермозащи́тный
газотро́н, -а
газотру́бный
газотурби́на, -ы
газотурби́нный
газотурбово́з, -а
газотурбострое́ние, -я
газотурбохо́д, -а
газоубе́жище, -а
газоусто́йчивый
газохими́ческий
газохо́д, -а
газохрани́лище, -а
газоэлектри́ческий
газоэлектросва́рка, -и
газоэлектросва́рщик, -а
газыри́, -е́й
гаитя́нин, -а, *мн.* -я́не, -я́н
гаитя́нка, -и
га́ичка, -и (птица)
гайдама́к, -а
гайдама́тчина, -ы
гайдама́цкий
гайдро́п, -а
гайду́к, -а́
гайду́цкий
га́йка, -и
гайкове́рт, -а
гайконарезно́й
гаймори́т, -а
га́йморова по́лость
гайта́н, -а
гак, -а
гакабо́рт, -а
га́кблок, -а
гала́, *неизм.*
галага́н, -а
галазоли́н, -а
га́ла-конце́рт, -а
гала́ктика, -и
галакти́ческий
галакто́за, -ы
галакто́метр, -а
галали́т, -а
галали́товый
галантере́йный
галантере́я, -и
гала́нтность, -и
гала́нтный
га́ла-спекта́кль, -я
галдёж, -ежа́
галде́ть, -ди́т
галени́т, -а
галенофармацевти́ческий
гале́ра, -ы
галере́я, -и
гале́рка, -и
галёрный
гале́та, -ы
га́лечник, -а
га́лечный
галиматья́, -и́
галифе́, *неизм. и нескл.,
　мн.*
га́лка, -и
га́ллий, -я
галлика́нство, -а
галлици́зм, -а
га́лловый
галлома́н, -а
галлома́ния, -и
галло́н, -а
галлуази́т, -а

ГАЛ

га́ллы, -ов, *ед.* галл, -а
га́лльский
галлюцина́торный
галлюцина́ция, -и
галлюцини́ровать, -рую, -рует
галлюциноге́н, -а
гало́, *нескл., с.*
галоге́н, -а
галогени́рование, -я
галоге́нный
галогенопроизво́дный
галои́д, -а
галоиди́рование, -я
гало́идный
гало́п, -а
галопи́ровать, -рую, -рует
га́лочий, -ья, -ье
га́лочка, -и
гало́ша, -и и кало́ша, -и
гало́шница, -ы и кало́шница, -ы
гало́шный и кало́шный
галс, -а
га́лстук, -а
га́лстучный
га́лтель, -я и галте́ль, -и
галто́вка, -и
галу́н, -а́
галу́нный
галу́ргия, -и
галу́шки, -шек, *ед.* -шка, -и
га́лфвинд, -а
галчо́нок, -нка, *мн.* -ча́та, -ча́т
гальване́р, -а
гальваниза́ция, -и
гальванизи́рованный
гальванизи́ровать(ся), -рую, -рует(ся)
гальвани́зм, -а
гальванизо́ванный
гальванизова́ть(ся), -зу́ю, -зу́ет(ся)
гальвани́ческий
гальванока́устика, -и
гальваномагни́тный
гальвано́метр, -а
гальванометри́ческий
гальванопла́стика, -и
гальваноско́п, -а
гальваносте́гия, -и
гальваностереоти́п, -а
гальваностереоти́пия, -и
гальванотерапи́я, -и
гальваноте́хника, -и
га́лька, -и
гальйо́н, -а
гам, -а и -у
гамадри́л, -а
гама́к, -а́
гама́ши, -а́ш, *ед.* гама́ша, -и
гамби́ец, -и́йца
гамби́т, -а
гамбу́зия, -и
га́млетовский
га́мма, -ы
га́мма-астроно́мия, -и
га́мма-глобули́н, -а
га́мма-дефектоско́п, -а
га́мма-дефектоскопи́я, -и
га́мма-желе́зо, -а
га́мма-излуче́ние, -я
га́мма-карота́ж, -а

ГАР

га́мма-лучи́, -е́й
гаммаскопи́я, -и
га́мма-сни́мок, -мка
га́мма-спектро́метр, -а
га́мма-спектроскопи́я, -и
га́мма-терапевти́ческий
га́мма-терапи́я, -и
га́мма-устано́вка, -и
га́мма-фу́нкция, -и
га́нглиевый
га́нглий, -я
гангре́на, -ы
гангрено́зный
га́нгстер, -а
гангстери́зм, -а
га́нгстерский
га́нгстерство, -а
гандбо́л, -а
гандболи́ст, -а
гандболи́стка, -и
гандбо́льный
ганди́зм, -а
гандика́п, -а
га́нец, -нца
ганзе́йский
га́нка, -и
ганби́д, -а
ганби́дный
га́нский
ганте́ли, -ей, *ед.* ганте́ль, -и
гаоля́н, -а
гаоля́новый
гапло́ид, -а
гаплоло́гия, -и
гапло́новщина, -ы
гара́ж, -а́
гара́жный
гара́нт, -а
гаранти́йный
гаранти́рованный
гаранти́ровать(ся), -рую, -рует(ся)
гара́нтия, -и
гардемари́н, -а, *р. мн.* (при собир. знач.) -и́н и (при обознач. отдельных лиц) -ов
гардемари́нский
гарде́ния, -и
гардеро́б, -а
гардеро́бная, -ой
гардеро́бный
гардеро́бщик, -а
гардеро́бщица, -ы
гарди́на, -ы
гарди́нно-кружевно́й
гарди́нно-тю́левый
гарди́нный
гарево́й и га́ревый
гаре́м, -а
гаре́мный
гарибальди́ец, -и́йца
га́ркать, -аю, -ает
га́ркнуть, -ну, -нет
гармониза́ция, -и
гармонизи́рованный
гармонизи́ровать(ся), -рую, -рует(ся)
гармонизо́ванный
гармонизова́ть(ся), -зу́ю, -зу́ет(ся)
гармо́ника, -и
гармони́ровать, -рую, -рует
гармони́ст, -а

ГАШ

гармони́ческий
гармони́чность, -и
гармони́чный
гармо́ния, -и
гармо́нный (*от* гармо́нь)
гармо́нь, -и
гармо́шка, -и
га́рнец, -нца
гарниери́т, -а
гарнизо́н, -а
гарнизо́нный
гарни́р, -а
гарни́ровать(ся), -рую, -рует(ся)
гарниту́р, -а
гарниту́ра, -ы (шрифт)
гарниту́рный
га́рнцевый
га́рный
га́рпиус, -а
га́рпия, -и
гарпу́н, -а́
гарпуне́р, -а
гарпу́нить, -ню, -нит
гарпу́нный
гарпу́нщик, -а
гарсо́н, -а
гарт, -а
га́ртовый
га́рус, -а
га́русный
гарцева́ть, -цу́ю, -цу́ет
га́ршнеп, -а
гарь, -и
гаси́льник, -а
гаси́тель, -я
гаси́ть(ся), гашу́, га́сит(ся)
га́снувший
га́снуть, -нет; *прош.* гас и га́снул, га́сла
гастеромице́т, -а, *р. мн.* -ов
гастралги́я, -и
гастри́т, -а
гастри́ческий
гастроле́р, -а
гастролёрша, -и
гастро́ли, -ей и гастро́ль, -и
гастроли́ровать, -рую, -рует
гастро́льный
гастроно́м, -а
гастрономи́ческий
гастроно́мия, -и
гастроско́п, -а
гастроскопи́я, -и
гастроэнтери́т, -а
гастроэнтерологи́ческий
гастроэнтероло́гия, -и
га́сший
гати́ть(ся), гачу́, гати́т(ся)
гать, -и
га́убица, -ы
га́убичный
гауптва́хта, -ы
га́усс, -а, *р. мн.* га́усс и -ов
га́учо, *нескл., м. и ж.*
га́уч-пре́сс, -а
га́фель, -я
га́фний, -я
га́шение, -я
га́шенный, *прич.*
гашёный, *прил.*
гаше́тка, -и
гаши́ш, -а

ГЕК

га́шник, -а
га́шивать, *наст. вр. не употр.*
гва́здать(ся), -аю(сь), -ает(ся)
гвалт, -а
гварде́ец, -е́йца
гварде́йский
гва́рдия, -и
гватема́лец, -льца
гватема́льский
гваю́ла, -ы
гва́йковый
гваяко́л, -а
гве́льфы, -ов
гвине́ец, -е́йца
гвине́йка, -и
гвине́йский
гвозда́рный
гвозда́рня, -и, *р. мн.* -рен
гвоздево́й
гво́здик, -а
гвозди́ка, -и
гвозди́льный
гвозди́льня, -и, *р. мн.* -лен
гвозди́ть, гвозжу́, гвозди́т
гвозди́чка, -и
гвозди́чный
гвозди́ще, -а, *м.*
гвоздодёр, -а
гвоздь, -я́, *мн.* гво́зди, -е́й
гвоздяно́й
где бы то ни́ было
где́ ж(е)
где́-либо
где́-нибудь и где-нибу́дь
где-ниге́дь
где́-то
гебраи́зм, -а
гебраи́ст, -а
гебраи́стика, -и
гегелья́нец, -нца
гегелья́нский
гегелья́нство, -а
гегемо́н, -а
гегемо́ния, -и
гедони́зм, -а
гедонисти́ческий
гедони́ческий
гее́нна, -ы: гее́нна о́гненная
гее́нский
гезе́нк, -а
гей, *неизм.*
ге́йзер, -а
гейзери́т, -а
гейм, -а
ге́йша, -и
гекато́мба, -ы
гекза́метр, -а
гексагона́льный
гекса́н, -а
гексахлора́н, -а
гексахлорбензо́л, -а
гексахло́рд, -а
гексаэ́др, -а
гексоге́н, -а
гексо́д, -а
гекта́р, -а, *р. мн.* -ов
гектова́тт, -а, *р. мн.* -ва́тт и -ваттов
гектова́тт-ча́с, -а, *мн.* -ы́, -о́в
гекто́граф, -а
гектографи́рованный

гектографи́ровать(ся),
    -рую, -рует(ся)
гектографи́ческий
гектоли́тр, -а
гектоме́тр, -а
гектопье́за, -ы
геле́ртер, -а
геле́ртерский
геле́ртерство, -а
ге́лиево-небо́вый
ге́лиевый
ге́лий, -я
гелийсодержа́щий
гелико́ид, -а
геликон, -а
геликопте́р, -а
гелио... — первая часть
    сложных слов, пишется
    всегда слитно
гелиобиоло́гия, -и
гелиоводоопресни́тель, -я
гелиогеофи́зика, -и
гелиогравю́ра, -ы
гелио́граф, -а
гелиографи́ческий
гелиогра́фия, -и
гелиоконцентра́тор, -а
гелио́метр, -а
гелиоско́п, -а
гелиоста́т, -а
гелиотерапи́я, -и
гелиоте́хника, -и
гелиотехни́ческий
гелиотро́п, -а
гелиотропи́зм, -а
гелиотропи́н, -а
гелиоустано́вка, -и
гелиофи́зика, -и
гелиофи́льный
гелиофи́т, -а
гелиофо́бный
гелиохи́мия, -и
гелиоцентри́зм, -а
гелиоцентри́ческий
ге́ллер, -а
гелофи́т, -а
гельми́нт, -а
гельминто́з, -а
гельминто́лог, -а
гельминтологи́ческий
гельминтоло́гия, -и
гемагглютина́ция, -и
гемангио́ма, -ы
гемати́т, -а
гематоге́н, -а
гематоге́нный
гемато́лог, -а
гематологи́ческий
гематоло́гия, -и
гемато́ма, -ы
гематомиели́я, -и
гемипаре́з, -а
ге́мма, -ы
гемоглоби́н, -а
гемоглоби́нный
гемоглобиноме́тр, -а
гемо́лиз, -а
гемолити́ческий
гемо́метр, -а
геморраги́ческий
геморраги́я, -и
геморроида́льный
геморро́й, -я
геморро́йный

гемотерапи́я, -и
гемото́ракс, -а
гемотрансфузиоло́гия, -и
гемотрансфу́зия, -и
гемофили́я, -и
гемоцитобла́ст, -а
ген, -а, р. мн. -ов
генеалоги́ческий
генеало́гия, -и
ге́незис, -а
генера́л, -а
генера́л-адмира́л, -а
генера́л-адъюта́нт, -а
генера́л-анше́ф, -а
генера́л-ба́с, -а
генера́л-губерна́тор, -а
генера́л-губерна́торский
генера́л-губерна́торство, -а
генера́л-дире́ктор, -а
генерализа́ция, -и
генерализи́ровать(ся),
    -рую, -рует(ся)
генерали́ссимус, -а
генералите́т, -а
генера́л-квартирме́йстер,
    -а
генера́л-лейтена́нт, -а
генера́л-лейтена́нт-инже-
    не́р, генера́л-лейтена́н-
    та-инжене́ра
генера́л-майо́р, -а
генера́л-майо́р-инжене́р,
    генера́л-майо́ра-инже-
    не́ра
генера́л от артилле́рии,
    генера́ла от артилле́рии
генера́л от инфанте́рии,
    генера́ла от инфанте́рии
генера́л от кавале́рии, ге-
    нера́ла от кавале́рии
генера́л-полко́вник, -а
генера́л-полко́вник-инже-
    не́р, генера́л-полко́вни-
    ка-инжене́ра
генера́л-прокуро́р, -а
генера́л-фельдма́ршал, -а
генера́льный
генера́льский
генера́льство, -а
генера́льствовать, -твую,
    -твует
генера́льша, -и
генерати́вный
генера́тор, -а
генера́торный
генератри́са, -ы
генера́ция, -и
генери́рованный
генери́ровать, -рую, -рует
гене́тик, -а
гене́тика, -и
гене́тико-автомати́ческий
генети́ческий
гениа́льность, -и
гениа́льный
ге́ний, -я
генити́в, -а
ге́нно-инжене́рный
ге́нный
гено́м, -а
геноти́п, -а
генофо́нд, -а
геноци́д, -а
генпла́н, -а

генсе́к, -а
генсове́т, -а
генуэ́зский
геншта́б, -а
генштаби́ст, -а
гео... — первая часть
    сложных слов, пишется
    всегда слитно
геоаку́стика, -и
геоантиклина́ль, -и
геобиологи́ческий
геобота́ник, -а
геобота́ника, -и
геоботани́ческий
гео́граф, -а
географи́ческий
геогра́фия, -и
геодези́ст, -а
геодези́ческий
геоде́зия, -и
геоди́метр, -а
геби́д, -а
геокриоло́гия, -и
гео́лог, -а
геологи́ческий
геоло́гия, -и
геолого-географи́ческий
геологоразве́дка, -и
геолого-разве́дочный
геологоразве́дчик, -а
геомагнети́зм, -а
геомагни́тный
геомагнитофо́н, -а
геоме́рида, -ы
геб́метр, -а
геометри́ческий
геоме́трия, -и
геомеха́ника, -и
геомикробиоло́гия, -и
геоморфо́лог, -а
геоморфологи́ческий
геоморфоло́гия, -и
геополи́тика, -и
ребргиевский
георги́н, -а и георги́на, -ы
геосинклина́ль, -и
геосинклина́льный
геосфе́ра, -ы
геотекто́ника, -и
геотектони́ческий
геотерма́льный
геоте́рмика, -и
геотерми́ческий
геоте́рмия, -и
геотехноло́гия, -и
геотропи́зм, -а
геофи́зик, -а
геофи́зика, -и
геофизи́ческий
геофо́н, -а
геохи́мик, -а
геохими́ческий
геохи́мия, -и
геохронологи́ческий
геохроноло́гия, -и
геоцентри́зм, -а
геоцентри́ческий
гепа́рд, -а
гепари́н, -а
гепати́т, -а
гепатохолецисти́т, -а
гепта́метр, -а
гептахло́р, -а
гептахо́рд, -а

гепта́эдр, -а
гера́льдика, -и
геральди́ческий
гера́ниевый
гера́нь, -и
герб, -а́, мн. -ы́, -о́в
гербариза́ция, -и
гербаризи́рованный
гербаризи́ровать(ся),
    -рую, -рует(ся)
герба́рий, -я
гербици́д, -а
гербици́дно-аммиа́чный
гербове́дение, -я
ге́рбовник, -а
ге́рбовый
гериатри́я, -и
герилья́сы, -ов
геркуле́с, -а (силач; кру-
    па)
геркуле́совский
геркуле́совый
геркуле́совы столпы́
    (столбы́)
ге́рма, -ы
герма́нец, -нца
герма́ниевый
германиза́ция, -и
германизи́рованный
германизи́ровать(ся),
    -рую(сь), -рует(ся)
германи́зм, -а
герма́ний, -я
германийоргани́ческий
германи́ст, -а
германи́стика, -и
герма́нка, -и
герма́но-сове́тский
германофи́л, -а
германофи́льский
германофи́льство, -а
германофо́б, -а
германофо́бский
германофо́бство, -а
германоязы́чный
герма́нский
гермафроди́т, -а
гермафродити́зм, -а
герменевти́ка, -и
герменевти́ческий
герметиза́ция, -и
герметизи́ровать, -рую, -ру-
    ет
герме́тик, -а
гермети́ческий
гермети́чность, -и
гермети́чный
герминати́вный
гермошле́м, -а
героиза́ция, -и
герои́зм, -а
геро́ика, -и
героикоми́ческий
геро́ико-патриоти́ческий
геро́ин, -а
геро́иня, -и, р. мн. -и́нь
герои́ческий
геро́й, -я
геро́йский
геро́йство, -а
геро́йствовать, -твую, -твует
геро́льд, -а
геро́льдия, -и

герольдме́йстер, -а
геронто́лог, -а
геронтоло́гия, -и
геронтоморфо́з, -а
геронтопсихоло́гия, -и
геростра́товский
герпетоло́гия, -и
геру́ндий, -я
геру́ндий, -я
герц, -а, р. мн. герц и -ев
ге́рцог, -а
герцоги́ня, -и, р. мн. -и́нь
ге́рцогский
ге́рцогство, -а
ге́ссенская му́ха
геста́по, нескл. с.
геста́повец, -вца
геста́повский
гете́ра, -ы
гете́рия, -и
гетероаллели́зм, -а
гетероауксн, -а
гетерога́мия, -и
гетерогене́з, -а и гетероге-
　незис, -а
гетероге́нный
гетерого́ния, -и
гетероди́н, -а
гетероди́нный
гетерозиго́та, -ы
гетерозиго́тность, -и
гетеро́зис, -а
гетероморфи́зм, -а
гетероморфо́з, -а
гетерони́мный
гетероно́мный
гетерополя́рный
гетеросексуали́зм, -а
гетероталли́зм, -а
гетеротро́фный
гетерофилли́я, -и
гетерохро́мный
гетерохро́ния, -и
гетероцикли́ческий
гетина́кс, -а
ге́тман, -а, мн. -ы, -ов
ге́тманский
ге́тманство, -а
ге́тманщина, -ы
ге́тры, гетр, ед. ге́тра, -ы
ге́ттер, -а
ге́тто, нескл. с.
гешефт, -а
гешефтма́хер, -а
гештальтпсихоло́гия, -и
гиали́т, -а
гиаци́нт, -а
гибберелли́н, -а
гиббо́н, -а
гиббси́т, -а
гибелли́ны, -ов
ги́бель, -и
ги́бельный
ги́бка, -и
ги́бкий; кр. ф. ги́бок, гиб-
　ка́, ги́бко
ги́бкость, -и
ги́бко-упру́гий
ги́блый
ги́бнувший
ги́бнуть, -ну, -нет; прош.
　гиб и ги́бнул, ги́бла
ги́бочно-профили́ро́воч-
　ный

ги́бочно-штампо́вочный
ги́бочный
гибри́д, -а
гибридиза́тор, -а
гибридизацио́нный
гибридиза́ция, -и
гибри́дный
гибридологи́ческий
ги́бче, сравн. ст. (от ги́б-
　кий, ги́бко)
гигакало́рия, -и
гига́нт, -а
гиганти́зм, -а
гигантоза́вр, -а
гигантома́ния, -и
гигантопите́к, -а
гига́нтский
гигие́на, -ы
гигиени́ст, -а
гигиени́ческий
гигиени́чный
гигрова́та, -ы
гигро́граф, -а
гигро́метр, -а
гигрометри́ческий
гигроме́трия, -и
гигроморфи́зм -а
гигромо́рфный
гигроскопи́ческий
гигроскопи́чность, -и
гигроскопи́чный
гигроста́т, -а
гигрофи́л, -а
гигрофи́льный
гигрофи́т, -а
гид, -а
гида́льго, нескл., м.: (ус-
　тар. к ида́льго)
гиджа́к, -а
ги́джра, -ы (устар. к хи́д-
　жра)
гид-перево́дчик, ги́да-пе-
　рево́дчика
ги́дра, -ы
гидра́влика, -и
гидравли́ческий
гидрадени́т, -а
гидрази́н, -а
гидра́нт, -а (водоразборная
　колонка)
гидраргилли́т, -а
гидра́т, -а (хим.)
гидрата́ция, -и
гидратцеллюло́за, -ы
гидратцеллюло́зный
гидри́д, -а
гидри́рование, -я
гидри́рованный
гидри́ровать, -рую, -рует
гидро... — первая часть
　сложных слов, пишется
　всегда слитно
гидроавиацио́нный
гидроавиа́ция, -и
гидроагрега́т, -а
гидроаккумули́рующий
гидроаку́стика, -и
гидроакусти́ческий
гидроаэродро́м, -а
гидроаэроиониза́ция, -и
гидроаэрометеорологи́че-
　ский
гидроаэромеха́ника, -и
гидробарометри́ческий

гидробио́лог, -а
гидробиологи́ческий
гидробиоло́гия, -и
гидробио́ника, -и
гидробу́р, -а
гидрогенера́тор, -а
гидрогениза́ция, -и
гидрогео́лог, -а
гидрогеологи́ческий
гидрогеоло́гия, -и
гидрогеотерми́ческий
гидрогеохи́мия, -и
гидро́граф, -а
гидрографи́ческий
гидрогра́фия, -и
гидродина́мика, -и
гидродинами́ческий
гидрозолоудале́ние, -я
гидро́ид, -а
гидро́идные, -ых
гидроизоляцио́нный
гидроизоля́ция, -и
гидрокарбона́т, -а
гидрокомпре́ссор, -а
гидрокортизо́н, -а
гидрокостю́м, -а
гидрокси́д, -а
гидролакколи́т, -а
гидро́лиз, -а
гидро́лизный
гидролизо́ванный
гидролизова́ть(ся), -зу́ю,
　-зу́ет(ся)
гидролити́ческий
гидро́лог, -а
гидрологи́ческий
гидроло́гия, -и
гидролока́тор, -а
гидролокацио́нный
гидролока́ция, -и
гидромасса́ж, -а
гидромеду́за, -ы
гидромелиорати́вный
гидромелиора́тор, -а
гидромелиора́ция, -и
гидрометаллурги́ческий
гидрометаллу́ргия, -и
гидрометео́ролог, -а
гидрометеорологи́ческий
гидрометеороло́гия, -и
гидрометеослу́жба, -ы
гидрометри́ческий
гидроме́трия, -и
гидромеханиза́тор, -а
гидромеханиза́ция, -и
гидромеха́ника, -и
гидромехани́ческий
гидромоду́ль, -я
гидромонито́р, -а
гидрому́фта, -ы
гидрона́вт, -а
гидроневесо́мость, -и
гидронефро́з, -а
гидрооки́сел, -сла
гидроо́кисный
гидроо́кись, -и
гидропереда́ча, -и
гидропла́н, -а
гидроплоти́на, -ы
гидропо́ника, -и
гидропо́нный
гидропри́во́д, -а, мн. -ы, -ов
　и -а́, -о́в
гидропрое́кт, -а

гидропу́льт, -а
гидрорежи́м, -а
гидросамолёт, -а
гидросооруже́ние, -я
гидроста́нция, -и
гидроста́т, -а
гидроста́тика, -и
гидростати́ческий
гидросульфа́т, -а
гидросульфи́д, -а (соль се-
　роводородной кислоты)
гидросульфи́т, -а (соль
　сернистой кислоты)
гидросфе́ра, -ы
гидрота́ксис, -а
гидротерапевти́ческий
гидротерапи́я, -и
гидротермодина́мика, -и
гидротермообрабо́тка, -и
гидроте́хник, -а
гидроте́хника, -и
гидротехни́ческий
гидроти́пия, -и
гидрото́ракс, -а
гидрото́рф, -а
гидротрансформа́тор, -а
гидротропи́зм, -а
гидротурби́на, -ы
гидротурби́нный
гидротурбострое́ние, -я
гидроу́зел, -зла́
гидрофи́зика, -и
гидрофизи́ческий
гидрофили́я, -и
гидрофи́льный
гидрофици́рованный
гидрофобиза́ция, -и
гидрофоби́я, -и
гидрофо́бный
гидрофо́н, -а
гидрохи́ми́ческий
гидрохи́мия, -и
гидрохино́н, -а
гидроцентра́ль, -и
гидроцефа́лия, -и
гидроцикло́н, -а
гидроэкстру́зия, -и
гидроэлева́тор, -а
гидроэлектри́ческий
гидроэлектроста́нция, -и
гидроэлектротурби́на, -ы
гидроэнерге́тика, -и
гидроэнергети́ческий
гие́на, -ы
гие́новый
гик, -а
ги́канье, -я
ги́кать, -аю, -ает
ги́кнуть, -ну, -нет
гиле́я, -и
ги́льберт, -а, р. мн. -ов
гильде́йский
ги́льдия
ги́льза, -ы
ги́льзовый
гильоти́на, -ы
гильотини́рованный
гильотини́ровать(ся),
　-рую, -рует(ся)
гильоти́нный
гильоши́рованный
гильоши́рование, -я
гиля́к, -а́, р. мн. -о́в

гиля́цкий
гиля́чка, -и
гимн, -а
гимназиа́ст, -а
гимнази́стка, -и
гимнази́ческий
гимна́зия, -и
гимна́ст, -а
гимнастёрка, -и
гимна́стика, -и
гимнасти́ческий
гимна́стка, -и
гинеке́й, -я (женская половина в доме)
гинеко́лог, -а
гинекологи́ческий
гинеколо́гия, -и
гинеце́й, -я (бот.)
гине́я, -и
гипер... — первая часть сложных слов, пишется всегда слитно
гипербази́т, -а
гипербари́ческий
гипербаротерапи́я, -и
гипе́рбола, -ы
гиперболиза́ция, -и
гиперболизи́рованный
гиперболи́ческий
гиперболи́чный
гиперболо́ид, -а
гиперборе́ец, -е́йца
гиперборе́йский
гипергенный
гипергеометри́ческий
гипергликеми́я, -и
гипердактили́ческий
гипереми́я, -и
гиперестези́я, -и
гиперзву́к, -а
гиперзвуково́й
гиперкине́з, -а
гиперко́мплексный
гиперморфо́з, -а
гипернефро́ма, -ы
гиперо́н, -а
гиперплази́я, -и
гиперсо́л, -а
гиперсо́рбция, -и
гипертерми́я, -и
гипертирео́з, -а
гиперто́ник, -а
гипертони́ческий
гипертони́я, -и
гипертрофи́рованный
гипертрофи́роваться, -руется
гипертрофи́ческий
гипертрофи́я, -и
гиперфу́нкция, -и
гиперэллипти́ческий
гиперядро́, -а́, мн. -я́дра, -я́дер
гипно́з, -а
гипно́лог, -а
гипнопеди́ческий
гипнопеди́я, -и
гипнотерапи́я, -и
гипнотизёр, -а
гипнотизи́ровать(ся), -рую, -рует(ся)
гипноти́зм, -а
гипноти́ческий

гипо... — первая часть сложных слов, пишется всегда слитно
гиповитамино́з, -а
гипогенный
гипогликеми́я, -и
гиподермато́з, -а
гиподинами́я, -и
гипоидный
гипокине́з, -а
гипокинези́я, -и
гипокинети́ческий
гипокси́я, -и
гипоста́з, -а
гипостази́ровать(ся), -рую, -рует(ся)
гипосульфи́т, -а
гипота́ксис, -а
гипотакти́ческий
гипотала́мус, -а
гипо́теза, -ы
гипотерми́я, -и
гипотети́ческий
гипотети́чный
гипотиази́д, -а
гипотони́ческий
гипотони́я, -и
гипотрофи́я, -и
гипо́физ, -а
гипофосфа́т, -а
гипофосфи́т, -а
гипофу́нкция, -и
гипоце́нтр, -а
гиппарио́н, -а
гиппологи́ческий
гипполо́гия, -и
гиппопота́м, -а
гипс, -а
гипсобето́н, -а
гипсобето́нный
гипсова́ние, -я
гипсо́ванный
гипсова́ть(ся), -су́ю, -су́ет(ся)
гипсоволокни́стый
ги́псовый
гипсографи́ческий
гипсолю́бка, -и
гипсо́мный
гипсометри́ческий
гипсоме́трия, -и
гипсотермо́метр, -а
гипсохро́мный
гипсошлакобето́н, -а
гипсошлакобето́нный
гипю́р, -а
гипю́ровый
гиревик, -а́
гиревой
ги́рло, -а
гирля́нда, -ы
гировертика́ль, -и
гирово́з, -а
гирогоризо́нт, -а
гироко́мпас, -а
гирома́гнитный
гиромая́тник, -а
гироориента́тор, -а
гирорулево́й, -о́го
гироско́п, -а
гироскопи́ческий
гиростабилиза́тор, -а

гиротахо́метр, -а
гиротеодоли́т, -а
гируди́н, -а
ги́рька, -и
ги́ря, -и, р. мн. гирь
гистами́н, -а
гистере́зис, -а
гистере́зисный
гистероско́п, -а
гистогене́з, -а
гистогенный
гистогра́мма, -ы
гисто́лог, -а
гистологи́ческий
гистоло́гия, -и
гистопатологи́ческий
гистопатоло́гия, -и
гистохими́ческий
гистохи́мия, -и
гит, -а
гита́на, -ы
гита́ра, -ы
гита́ра-бас, гита́ры-бас
гитари́ст, -а
гитари́стка, -и
гита́рный
гитлери́зм, -а
ги́тлеровец, -вца
ги́чка, -и
глава́, -ы́, мн. гла́вы, глав, глава́м
главарь, -я́
главбу́х, -а
главвра́ч, -а́
главе́нство, -а
главе́нствовать, -твую, -твует
главк, -а
главкове́рх, -а
главко́м, -а
главнокома́ндование, -я
главнокома́ндующий, -его
главноуправля́ющий, -его
гла́вный
главре́ж, -а
глаго́л, -а
глаго́лать, -лю, -лет
глаго́лица, -ы
глаголи́ческий
глаго́ль, -я
глаго́льный
гла́денький; кр. ф. -енек, -енька
гладиа́тор, -а
гладиа́торский
гради́лка, -и
гради́льный
гради́льня, -и, р. мн. -лен
гладио́лус, -а
гла́дить(ся), гла́жу, гла́дит(ся)
гла́дкий; кр. ф. гла́док, -дка́, -дко
гладкоко́жий
гладкокра́шеный
гладкоство́льный
гладкостекля́нный
гладкошёрстный и гладкошёрстый
гла́дыш, -а
гладь, -и
гла́же, сравн. ст. (от гла́дкий, гла́дко)
гла́женный, прич.

гла́женый, прил.
гла́женье, -я
глаз, -а и -у, предл. о гла́зе, в глазу́, мн. глаза́, глаз, глаза́м
глаза́стый
глазёнки, -нок
глазе́т, -а
глазе́товый
глазе́ть, -е́ю, -е́ет
гла́зик, -а
глазирова́ние, -я
глазиро́ванный (глазиро́ванные фру́кты, сырки́)
глазирова́ть(ся), -ру́ю, -ру́ет(ся)
глазиро́вка, -и
глазни́к, -а
глазни́ца, -ы
глазни́чный
глазно́й
глазодви́гательный
глазо́к, -зка́, мн. гла́зки, -зок (уменьш.) и глазки́, -о́в (отверстия)
глазоме́р, -а
глазоме́рный
гла́зоньки, -нек
глазо́чек, -чка
глазу́нья, -и, р. мн. -ний
глазу́рный
глазуро́ванный (глазуро́ванная кера́мика)
глазурова́ть(ся), -ру́ю, -ру́ет(ся)
глазуро́вка, -и
глазу́рь, -и
глазча́тый
гла́нды, гланд, ед. гла́нда, -ы
глас, -а
гла́сис, -а
гласи́ть, глашу́, гласи́т
гла́сная, -ой (буква)
гла́сность, -и
гла́сный,
гла́уберова соль
глауко́ма, -ы
глаукони́т, -а
глаша́тай, -я
гледи́чия, -и
гле́зер, -а
глейко́метр, -а
глёт, -а
глётчер, -а
гликеми́я, -и
гликоге́н, -а
гликоко́л, -а
глико́ль, -я
гли́на, -ы
гли́нистый
гли́нище, -а
глиноби́тный
глинозём, -а
глинозёмистый
глиноземи́стый
глинолече́ние, -я
глиномеша́лка, -и
глиномя́лка, -и
глиномя́тный
глиносоло́ма, -ы
глиносоло́менный
глинощебёночный
глинощёбень, -бня

глинтве́йн, -а
гли́няный
глио́ма, -ы
гли́птика, -и
глиптоте́ка, -и
глисса́да, -ы
глисса́ндо, неизм. и нескл. с.
гли́ссер, -а, мн. -ы, -ов и -а́, -о́в
глисси́рование, -я
глисси́ровать, -рует
глисси́рующий
глист, -а́ и глиста́, -ы́
гли́стный
глистого́нный
глифта́левый
глицери́н, -а
глицери́новый
глицеринофо́сфорный
глицерофосфа́т, -а
глици́н, -а
глици́ния, -и
глоба́льный
глоби́н, -а
глобо́ид, -а
глобоида́льный
глобо́идный
глобули́н, -а
глобуля́рный
гло́бус, -а, мн. -ы, -ов
гло́бусный
гло́данный, прич.
гло́даный, прил.
глода́ть, гложу́, гло́жет и -а́ю, -а́ет
глокси́ния, -и
гло́сса, -ы
глосса́рий, -я
глосса́тор, -а
глоссема́тика, -и
глосси́т, -а
глоссола́лия, -и
глот, -а
глота́ние, -я
глота́тельный
глота́ть(ся), -а́ю, -а́ет(ся)
гло́тка, -и
глотну́ть, -ну́, -нёт
глото́к, -тка́
глото́чек, -чка
гло́точный
глоттогони́ческий
глоттого́ния, -и
глоттохроноло́гия, -и
гло́хнувший
гло́хнуть, -ну, -нет; прош. глох и гло́хнул, гло́хла
глу́бже, сравн. ст. (от глубо́кий, глубоко́)
глубина́, -ы́, мн. -и́ны, -и́н
глуби́нка, -и
глуби́нно-насо́сный
глуби́нный
глубиноме́р, -а
глубо́кий; кр. ф. -о́к, -ока́, -о́ко́
глубоково́дный
глубоковы́емчатый
глубокозалега́ющий*
глубоколежа́щий*
глубокомы́сленный; кр. ф. -ен, -енна
глубокомы́слие, -я

глубо́конький; кр. ф. -о́нек, -о́нька
глубококорыхли́тель, -я
глубокосидя́щий*
глубокоуважа́емый
глубоко челове́чный
глубокочти́мый
глубокоэшелони́рован-ный*
глубоча́йший
глубь, -и, предл. в глуби́
глуми́ться, -млю́сь, -ми́тся
глумле́ние, -я
глумли́вый
глу́пенький; кр. ф. -е́нек, -е́нька
глупе́ть, -е́ю, -е́ет (становиться глупым)
глупе́ц, -пца́
глупи́ть, -плю́, -пи́т (поступать глупо)
глупова́тый
глу́пость, -и
глу́пый
глупы́ш, -а́
глухарёнок, -нка, мн. -ря́та, -ря́т
глухари́ный
глуха́рь, -я́
глухова́тый
глухозаземлённый
глухо́й; кр. ф. глух, глуха́, глу́хо, глу́хи́
глухома́нь, -и
глухонемо́й
глухонемота́, -ы́
глухота́, -ы́
глу́ше, сравн. ст. (от глухо́й, глухо́)
глуши́тель, -я
глуши́ть(ся), глушу́, глуши́т(ся)
глушь, -и́
глы́ба, -ы
глыбообра́зный
глюко́за, -ы
глюкозофосфа́т, -а
глютами́н, -а
глютами́новый
гляде́ть(ся), гляжу́(сь), гляди́т(ся)
глядь, неизм.
гля́дя, дееПр.
гля́нец, -нца
гля́нуть, -ну, -нет
глянцева́ние, -я
глянцева́ть, -цу́ю, -цу́ет
глянцеви́тый
гля́нцевый
глянцо́ванный
глянцо́вка, -и
глясе́, нескл. с. и неизм. (кофе глясе́)
гляцио́лог, -а
гляциологи́ческий
гляциоло́гия, -и
гм, неизм.
гми́на, -ы
гми́нный
гнать(ся), гоню́(сь), го́нит(ся); прош. гнал(ся), гнала́(сь), гна́ло, гна́ло́сь

гнев, -а
гне́ваться, -аюсь, -ается
гневи́ть, -влю́, -ви́т
гневли́вый
гне́вный; кр. ф. -вен, гневна́, -вно
гнедо́й
гнезда́рь, -я́
гнезди́ться, -и́тся
гнездо́, -а́, мн. гнёзда, гнёзд
гнездова́ние, -я
гнездова́ть(ся), -ду́ю, -ду́ет(ся)
гнездови́ще, -а
гнездо́вье, -я
гнездово́й
гнездо́вье, -я, р. мн. -вий
гнёздышко, -а
гнейсовый
гнейсограни́т, -а
гнести́, гнету́, гнетёт
гнёт, -а
гнету́щий
гни́да, -ы
гние́ние, -я
гнилова́тый
гнило́й; кр. ф. гнил, гнила́, гни́ло
гни́лостный
гнилу́шка, -и
гниль, -и
гнильё, -я́
гнильца́, -ы́ (с гнильцо́й)
гнить, гнию́, гниёт; прош. гнил, гнила́, гни́ло
гнию́щий
гноекро́вие, -я
гноеотделе́ние, -я
гноеотдели́тельный
гноеро́дный
гноетече́ние, -я
гноеточи́вый
гнои́ть(ся), гною́, гнои́т(ся)
гнои́ще, -а
гной, -я и -ю, предл. о гно́е, в гно́е и в гною́
гнойни́к, -а́
гнойничо́к, -чка́
гно́йно-воспали́тельный
гно́йно-гни́лостный
гно́йный
гном, -а (карлик)
гно́ма, -ы (изречение)
гно́мик, -а
гноми́ческий
гно́мон, -а
гносеологи́ческий
гносеоло́гия, -и
гно́стик, -а
гностици́зм, -а
гности́ческий
гнотобиоло́гия, -и
гнотобио́тика, -и
гну, нескл. м. и ж.
гнус, -а
гнуса́вить, -влю -вит
гнуса́вый
гнуси́ть, гнушу́, гнуси́т
гнусли́вый

гну́сность, -и
гну́сный; кр. ф. -сен, -сна́, -сно, гнусны́
гнусь, -и
гну́тый
гнуть, гну, гнёт
гнутьё, -я́
гну́ться, гнусь, гнётся
гнуша́ться, -а́юсь, -а́ется
го, нескл. с.
гобеле́н, -а
гобеле́новый
гобо́ист, -а
гобо́й, -я
гова́ривать, наст. вр. не употр.
гове́нье, -я
гове́ть, -е́ю, -е́ет
го́вор, -а, мн. -ы, -ов
говоре́ние, -я
говори́льный
говори́льня, -и, р. мн. -лен
говори́ть(ся), -рю́, -ри́т(ся)
говорли́вость, -и
говорли́вый
говоро́к, -рка́
говору́н, -а́
говору́нья, -и, р. мн. -ний
говоря́щий
гова́дина, -ы
говя́жий, -ья, -ье
гоголи́ный
го́голь, -я
го́голь-мо́голь, -я
го́гот, -а
гого́танье, -я
гого́тать, -очу́, -о́чет
гого́чущий
год, -а и -у, предл. о го́де, в году́, мн. го́ды и года́, -о́в
годе́ция, -и
год за го́дом
го́дик, -а
годи́на, -ы
годи́ть, гожу́, годи́т
годи́ться, гожу́сь, годи́тся
годи́чный
го́дность, -и
го́дный; кр. ф. го́ден, годна́, го́дно, го́дны
годова́лый
годови́к, -а́
годовичо́к, -чка́
годово́й
годовщи́на, -ы
годо́граф, -а
годо́к, годка́
год от го́да и год от го́ду
годо́чек, -чка
гой, неизм.
го́кко, нескл., м.
гол, -а, мн. -ы́, -о́в
гола́влевый и гола́влёвый
гола́вль, -я́
голаркти́ческий
голго́фа, -ы
голена́стый
голени́ще, -а
голеносто́пный
го́лень, -и, р. мн. -ней
го́ленький
голе́ц, гольца́
голиа́ф, -а (жук)

голизна́, -ы́
голи́к, -а́
голи́цы, -и́ц, *ед.* голи́ца, -ы
голичо́к, -чка́
голки́пер, -а
голла́ндец, -дца
голла́ндка, -и
голла́ндский
голобрю́хий
голова́, -ы́, *вин.* го́лову, *мн.* го́ловы, -о́в, -ва́м
голова́н, -а
голова́стик, -а
голова́стый
голова́ч, -а́
головёнка, -и
голове́шка, -и
головизна́, -ы
голови́ща, -и
голо́вка, -и
головнёвый
головно́й
головня́, -и́, *р. мн.* -не́й
головогру́дь, -и
головокруже́ние, -я
головокружи́тельный
головоло́мка, -и
головоло́мный
головомо́йка, -и
головоно́гий
голо́вонька, -и
головоре́з, -а
головотя́п, -а
головотя́пский
головотя́пство, -а
головохо́рдовые, -ых
голо́вушка, -и
гологами́я, -и
гологене́з, -а
гологла́з, -а
гологра́мма, -ы
гологра́ммный
голо́граф, -а
гологра́фия, -и
го́лод, -а и -у
голода́ние, -я
голода́ть, -а́ю, -а́ет
голода́ющий
голо́дный; *кр. ф.* го́лоден, голодна́, го́лодно, го́лодны́
голодова́ть, -ду́ю, -ду́ет
голодо́вка, -и
голодра́нец, -нца
голодра́нка, -и
голоду́ха, -и (*с голоду́хи)
голожа́берный
голокри́новый
гололёд, -а
гололе́дица, -ы
гололёдь, -и
голомя́нка, -и
голоно́гий
голопу́зый
го́лос, -а, *мн.* голоса́, -о́в
голосеме́нные, -ых и голосемя́нные, -ых
голоси́на, -ы, *м.*
голоси́стый
голоси́ть, -ошу́, -оси́т
голоси́шко, -а, *м.*
голоси́ще, -а, *м.*
голосло́вный

голосни́к, -а́
голосну́ть, -ну́, -нёт
голосова́ние, -я
голосова́ть(ся), -су́ю, -су́ет(ся)
голосоведе́ние, -я
голосово́й
голосо́к, -ска́
голоту́рия, -и
голоце́н, -а
голоше́ий, -ше́яя, -ше́ее
голошта́нник, -а
голошта́нный
голу́ба, -ы, *м. и ж.*
голубево́д, -а
голубево́дство, -а
голубево́дческий
голубёнок, -нка, *мн.* -бя́та, -бя́т
голубе́нький
голубеобра́зные, -ых
голубе́ть, -е́ет
голубизна́, -ы́
голуби́ка, -и
голуби́ный
голуби́ть, -блю, -бит
голуби́ца, -ы
голу́бка, -и
голубова́то-бе́лый
голубова́то-се́рый
голубова́тый
голубо́й
голу́бонька, -и
голубо́кий
голубо́чек, -чка
голу́бушка, -и
голубцы́, -о́в, *ед.* голубе́ц, -бца́
голу́бчик, -а
го́лубь, -я, *мн.* -и, -е́й
голубя́тина, -ы
голубя́тник, -а
голубя́тня, -и, *р. мн.* -тен
го́лый; *кр. ф.* гол, гола́, го́ло
голытьба́, -ы́
го́лыш, -а́
го́лышка, -и
голышо́м, *нареч.*
голь, -и
гольд, -а, *р. мн.* -ов
го́льдка, -и
го́льдский
голье́, -я́
гольево́й
гольём, *нареч.*
го́льмий, -я
гольтепа́, -ы́
гольф, -а (игра)
го́льфовый
го́льфы 1, -ов, *ед.* гольф, -а (короткие чулки)
го́льфы 2, -ов (брюки)
голья́н, -а
го́лядь, -и
голя́к, -а́
гоме́озис, -а
гомеоморфи́зм, -а
гомеоморфи́я, -и
гомеопа́т, -а
гомеопати́ческий
гомеопа́тия, -и

гомеополя́рный
гомеоста́т, -а
гоме́рический (смех)
гоминьда́н, -а
гоминьда́новец, -вца
гоминьда́новский
гоммо́з, -а
гомоаллели́зм, -а
гомога́мия, -и
гомогениза́тор, -а
гомогениза́ция, -и
гомогенизи́ровать(ся), -рую, -рует(ся)
гомоге́нный
гомозиго́та, -ы
гомозиго́тность, -и
гомози́ть(ся), -ожу́(сь), -ози́т(ся)
гомойоло́гия, -и
гомологи́ческий
гомологи́чный
гомоло́гия, -и
гомологрофи́ческий
гомоморфи́зм, -а
го́мон, -а
гомони́ть, -ню́, -ни́т
гомоно́мия, -и
гомопла́стика, -и
гомосексуали́зм, -а
гомосексуали́ст, -а
гомосексуали́стка, -и
гомосексуа́льный
гомофо́ния, -и
гомофо́нный
гомоцентри́ческий
го́мруль, -я
гому́нкул, -а и гому́нкулус, -а
гон, -а
гонвёд, -а
гонг, -а
гондо́ла, -ы
гондольёр, -а (гребец)
гондолье́ра, -ы (песня)
гоне́ние, -я
гоне́ц, гонца́
гони́мый
гонио́метр, -а
гониоме́трия, -и
гони́тель, -я
гони́тельница, -ы
го́нка, -и
го́нкий; *кр. ф.* го́нок, го́нка́, го́нко
го́нный
гонобо́бель, -я
го́нок, гонка́
гоноко́кк, -а
гоноко́кковый
гоно́р, -а
гонора́р, -а
гонора́рный
гоноре́йный
гоноре́я, -и
го́ночный
гоноши́ть(ся), -шу́(сь), -ши́т(ся)
гонт, -а
гонча́р, -а́
гонча́рничать, -аю, -ает
гонча́рня, -и, *р. мн.* -рен
гонча́рский
гонча́рство, -а

го́нчая, -ей
го́нчий
го́нщик, -а
гоньба́, -ы́
гоня́ть(ся), -я́ю(сь), -я́ет(ся)
гоня́щий
гоп, *неизм.*
гопа́к, -а́
гопкали́т, -а
гоп-компа́ния, -и
гопля́, *неизм.*
гора́, -ы́, *вин.* го́ру, *мн.* го́ры, гор, гора́м
гора́зд, -а, -о
гора́здо
гора́л, -а
горб, -а́, *предл.* о горбе́, на горбу́
горба́тенький
горба́теть, -ею, -еет (становиться горбатым)
горба́тить, -а́чу, -а́тит (что)
горба́титься, -а́чусь, -а́тит-ся
горба́тка, -и
горба́тый
горба́ч, -а́
го́рбик, -а
горби́на, -ы
горби́нка, -и
го́рбить(ся), -блю(сь), -бит(ся)
горбо́к, -бка́
горбоно́сый
горбу́н, -а́
горбу́нья, -и, *р. мн.* -ний
горбу́ша, -и
горбу́шка, -и
горбы́ль, -я́
гордели́вость, -и
гордели́вый
го́рдень, -я
горде́ц, -а́
го́рдиев у́зел
горди́ться, горжу́сь, горди́тся
гордо́вина, -ы
гордо́н, -а
го́рдость, -и
го́рдый; *кр. ф.* горд, горда́, го́рдо, го́рды́
горды́ня, -и
гордя́чка, -и
го́ре, -я
горе́, *нареч.* (кверху)
горева́ние, -я
горева́ть, -рю́ю, -рю́ет
го́ре-горева́ньице, горя-горева́ньица
го́ре го́рькое
го́ре-злосча́стие, го́ря-зло-сча́стия
горе́лка, -и
горе́лки, -лок (игра)
горе́лый
горелье́ф, -а
горелье́фный
горемы́ка, -и, *м. и ж.*
горемы́чный
горе́ние, -я
го́ренка, -и
го́ре-охо́тник, -а

го́ре-руководи́тель, -я
го́ре-рыболо́в, -а
го́рестный
го́ресть, -и
горе́ть, -рю́, -ри́т
го́рец, го́рца
горе́ц, горца́ (бот.)
гореча́вка, -и
гореча́вковый
го́речь, -и
горже́тка, -и
горизо́нт, -а
горизонта́ль, -и
горизонта́льно-вертика́льный
горизонта́льно-ко́вочный
горизонта́льно летя́щий
горизонта́льно-продо́льный
горизонта́льно-расто́чный
горизонта́льно-сверли́льный
горизонта́льно-фре́зерный
горизонта́льный
гори́лка, -и
гори́лла, -ы
горисполко́м, -а
гори́стый
горихво́стка, -и
горицве́т, -а
го́рка, -и
го́ркнувший
го́ркнуть, -нет; прош. го́ркнул и горк, го́ркла
горко́м, -а
горко́мовский
горла́н, -а
горла́нить, -ню, -нит
горла́стый
горла́тка, -и
горла́тный
горла́ч, -а́
го́рлинка, -и
го́рлица, -ы
го́рло, -а
горлови́к, -а́
горлови́на, -ы
горлово́й
горлодёр, -а
горлопа́н, -а
го́рлышко, -а
горля́нка, -и
гормо́н, -а
гормона́льный
гормонотерапи́я, -и
горн, -а
горнбленди́т, -а
го́рний
горни́ло, -а
горни́ст, -а
го́рница, -ы
го́рничная, -ой
горноартиллери́йский
го́рно-бурово́й
горново́й
горнодобыва́ющий
го́рно-доли́нный
горнозаво́дский и горнозаводско́й
горнозаво́дчик, -а
горноклимати́ческий
го́рно-леси́стый
горнолы́жник, -а

горнолы́жница, -ы
горнолы́жный
го́рно-металлурги́ческий
го́рно-морско́й
го́рно-обогати́тельный
горнопересечённый
горнопромы́шленник, -а
горнопромы́шленный
горнопрохо́дческий
го́рно-пусты́нный
горнорабо́чий, -его
горнору́дный
горноспаса́тель, -я
горноспаса́тельный
го́рно-спорти́вный
горноста́евый
горноста́й, -я
горнострелко́вый
горнотехни́ческий
горнотра́нспортный
го́рный
горня́к, -а́
горня́цкий
горовосходи́тель, -я
го́род, -а, мн. -а́, -о́в
го́род-геро́й, го́рода-геро́я, мн. города́-геро́и, городо́в-геро́ев
городи́ть, -ожу́, -о́ди́т
городи́шко, -а и -и, дат. -у и -е, тв. -ом и -ой, м.
городи́ще, -а, м. (увелич.) и с. (ист.)
городки́, -о́в (игра)
городни́чество, -а
городни́чий, -его
городово́й, -о́го
городо́к, -дка́
городо́шник, -а
городо́шный
городско́й
го́род-побрати́м, го́рода-побрати́ма
го́род-спу́тник, го́рода-спу́тника
городьба́, -ы́
горожа́нин, -а, мн. -а́не, -а́н
горожа́нка, -и
горообра́зный
горообразова́ние, -я
гороско́п, -а
горо́х, -а
горохови́дный
горо́ховик, -а
горо́ховый
горо́чный
горо́шек, -шка
горо́шина, -ы
горо́шинка, -и
го́рский
горсове́т, -а
горст, -а
го́рстка, -и
го́рсточка, -и
горсть, -и, мн. -и, -е́й
горсу́д, -а
горта́нный
горта́нь, -и
горте́нзия, -и
горча́йший
горча́к, -а́

го́рче, сравн. ст. (от го́рький, го́рько — о вкусе)
горчи́нка, -и: с горчи́нкой
горчи́ть, -и́т
горчи́ца, -ы
горчи́чник, -а
горчи́чница, -ы
горчи́чный
го́рше, сравн. ст. (от го́рький, го́рько — горе́стный)
горше́ня, -и, р. мн. -ей, м.
горше́чник, -а
горше́чный
го́рший
горшо́к, -шка́
горшо́чек, -чка
го́рькая, -ой
го́рький; кр. ф. го́рек, горька́, го́рько, го́рьки́
горькова́то-сла́дкий
горькова́тый
горькоминда́льный
го́рько-сла́дкий
го́рько-солёный
горьку́шка, -и
горючево́з, -а
горю́чее, -его
горю́че-сма́зочный
горю́чий
горю́шко, -а
горя́нка, -и
горячека́таный
горячеоцинко́ванный
горячепрессо́ванный
горя́чечный
горя́чий; кр. ф. горя́ч, горяча́, горячо́
горячи́тельный
горячи́ть(ся), -чу́(сь), -чи́т(ся)
горя́чка, -и
горя́чность, -и
горя́щий
госаппара́т, -а
госарби́тр, -а
госарбитра́ж, -а
госба́нк, -а
госбезопа́сность, -и
госбюдже́т, -а
госграни́ца, -ы
госдепарта́мент, -а
госзака́з, -а
госзака́зник, -а
госизда́т, -а
госинспе́кция, -и
госкоми́ссия, -и
госконтро́ль, -я
госкреди́т, -а
гослице́нзия, -и
госнадзо́р, -а
госпитализа́ция, -и
госпитализи́рованный
госпитализи́ровать(ся), -рую, -рует(ся)
го́спиталь, -я, мн. -и, -ей
госпитальёр, -а
госпита́льный
госплемрасса́дник, -а
госплемхо́з, -а

господа́рство, -а
господа́рь, -я
го́споди
господи́н, -а, мн. господа́, -о́д, -ода́м
госпо́дний; кр. ф. госпо́день, -дня, -дне (к госпо́дь)
госпо́дский (к господи́н)
госпо́дство, -а
госпо́дствовать, -твую, -твует
госпо́дствующий
госпо́дчик, -а
госпо́дь, го́спода
госпожа́, -и́
госпредприя́тие, -я
госприёмка, -и
госсекрета́рь, -я́
госсе́ктор, -а
госсортуча́сток, -тка
госстра́х, -а
гост, -а
гостево́й
гостеприи́мный
гостеприи́мство, -а
гости́ная, -ой
гости́нец, -нца
гости́ница, -ы
гости́ничный
гостиндво́рец, -рца
гостинодво́рский
гости́нчик, -а
гости́ный
гости́ровать, -рую, -рует
гости́ть, гощу́, гости́т
гость, -я, мн. -и, -ей
го́стьюшка, -и, ж.
го́стья, -и, р. мн. -тий
го́стюшка, -и, м. и ж.
государев, -а, -о
госуда́рственно-администрати́вный
госуда́рственно-бюрократи́ческий
госуда́рственно-колхо́зный
госуда́рственно-монополисти́ческий
госуда́рственность, -и
госуда́рственный
госуда́рство, -а
государствове́дение, -я
госуда́рыня, -и, р. мн. -ынь
госуда́рь, -я
госучрежде́ние, -я
госхо́з, -а
госцена́, -ы́
госэкза́мен, -а
го́тика, -и
готи́ческий
готова́льня, -и, р. мн. -лен
готове́нький
гото́вить(ся), -влю(сь), -вит(ся)
гото́вка, -и
гото́вность, -и
гото́вый
го́тский
готтенто́т, -а
готтенто́тка, -и
готтенто́тский

го́ты, -ов
гофма́ршал, -а
гофма́ршальский
гофме́йстер, -а
гофме́йстерский
гофр, -а
гофре́, *неизм. и нескл., с.*
гофриро́ванный
гофрирова́ние, -я
гофриро́ванный
гофрирова́ть(ся), -ру́ю,
　-ру́ет(ся)
гофриро́вка, -и
го́фрить(ся), -рю,
　-рит(ся)
го́фры, гофр
граб, -а
граба́рка, -и
граба́рный
граба́рский
граба́рь, -я́ и гра́барь, -я
граба́стать, -аю, -ает
грабёж, -ежа́
гра́бельки, -лек
гра́бен, -а
граби́ловка, -и
граби́нник, -а
граби́нный
граби́тель, -я
граби́тельница, -ы
граби́тельский
граби́тельство, -а
гра́бить, -блю, -бит
гра́бленный, *прич.*
гра́бленый, *прил.*
граблеобра́зный
гра́бли, -бель и -блей
гра́бовый
грабья́рмия, -и
гра́ве, *неизм. и нескл., с.*
граве́лит, -а
гра́вер, -а (жук)
гравёр, -а
гравёрный
гравиемо́йка, -и
гра́вий, -я
грави́йно-песча́ный
грави́йный
гравила́т, -а
грави́метр, -а
гравиметри́ческий
гравиме́трия, -и
гравирова́льный
гравирова́ние, -я
гравиро́ванный
гравирова́ть(ся), -ру́ю,
　-ру́ет(ся)
гравиро́вка, -и
гравиро́вщик, -а
гра́вис, -а
гравитацио́нный
гравита́ция, -и
гравю́ра, -ы
град, -а
града́ция, -и
градие́нт, -а
градие́нтный
градиентоме́тр, -а
гра́дина, -ы
гра́динка, -и
гради́рный
гради́рня, -и, *р. мн.* -рен
гради́рование, -я
гради́рованный

гради́ровать(ся), -рую,
　-рует(ся)
градиро́вка, -и
градиро́вочный
градоби́тие, -я
градово́й
гра́дом, *нареч.*
градонача́льник, -а
градонача́льство, -а
градоно́сный
градообразу́ющий
градоправи́тель, -я
градострои́тель, -я
градострои́тельный
градострои́тельство, -а
гра́дский
градуи́рование, -я
градуи́рованный
градуи́ровать(ся), -рую,
　-рует(ся)
градуиро́вка, -и
гра́дус, -а
гра́дусник, -а
гра́дусный
граждани́н, -а, *мн.* гра́ж-
　дане, -ан
гражда́нка, -и
гражда́ночка, -и
гражда́нский
гражда́нско-правово́й
гражда́нственность, -и
гражда́нство, -а
грай, -я
грамза́пись, -и
грамицидн́н, -а
грамм, -а, *р. мн.* грамм и
　гра́ммов
грамма́тик, -а
грамма́тика, -и
грамматикализа́ция, -и
граммати́ст, -а
граммати́ческий
грамматоло́гия, -и
грамм-а́том, -а
грамм-ве́с, -а
граммёма, -ы
грамм-ма́сса, -ы
грамм-моле́кула, -ы
грамм-молекуля́рный
грамм-мо́ль, -я
граммо́вый
граммоме́тр, -а
граммофо́н, -а
граммофо́нный
грамм-си́ла, -ы
грамм-эквивале́нт, -а
гра́мота, -ы
грамоте́й, -я
гра́мотка, -и
гра́мотность, -и
гра́мотный
грампласти́нка, -и
гран, -а
грана́т, -а, *р. мн.* -ов
грана́та, -ы, *р. мн.* -а́т
грана́тина, -ы
грана́тник, -а
грана́тный
грана́товый
гранато́мёт, -а
гранатомета́ние, -я
гранатомётчик, -а
гранд, -а
гранд-да́ма, -ы

грандио́зный
грана́ние, -я
гранённый, *прич.*
гранёный, *прил.*
грани́льник, -а
грани́льный
грани́льня, -и, *р. мн.* -лен
грани́льщик, -а
грани́льщица, -ы
грани́т, -а
гранитиза́ция, -и
грани́тный
гранитогне́йс, -а
гранито́ид, -а
гранито́левый
гранито́ль, -я
грани́тчик, -а
грани́ть(ся), -ню́, -ни́т(ся)
грани́ца, -ы (за грани́цу,
　за грани́цей, из-за гра-
　ни́цы)
грани́чить, -чит
гра́нка, -и
грановн́тый
тран-па́, *нескл., с.*
гран-при́, *нескл., м.*
гра́нула, -ы
грануле́зный
гранулёма, -ы
грануля́рованный
гранули́ровать(ся), -рую,
　-рует(ся)
гранулометри́ческий
гранулометрия, -и
гранулоци́т, -а
гранули́рный
грануля́тор, -а
грануляцио́нный
грануля́ция, -и
грань, -и
грасси́рование, -я
грасси́ровать, -рую, -рует
гратта́ж, -а
гратуа́р, -а
граф, -а
графа́, -ы́, *мн.* гра́фы,
　граф, графа́м
графеко́н, -а
графе́ма, -ы
гра́фик, -а
гра́фика, -и
графи́н, -а
графи́нный
графи́нчик, -а
графи́ня, -и, *р. мн.* -и́нь
графи́т, -а
графи́тный
графи́то-во́дный
графи́товый
графитопла́ст, -а
графи́ть, -флю́, -фи́т
графи́ческий
графлённый, *прич.*
графлёный, *прил.*
графо́лог, -а
графологи́ческий
графоло́гия, -и
графома́н, -а
графома́ния, -и
графопострои́тель, -я
гра́фский
гра́фство, -а
граффи́ти, *нескл., мн.*
　(надписи)

граффи́то, *нескл., с.* (жи-
　вопись)
грацио́зность, -и
грацио́зный
гра́ция, -и
грач, -а́
грачи́ный
грачо́вник, -а
грачо́нок, -нка, *мн.* -ча́та,
　-ча́т
гребёнка, -и
гребённик, -а
гребенно́й
гребе́нский
гребе́нчатый
гребенщи́к, -а́
гребенщико́вые, -ых
гре́бень, -бня
гребе́ц, -бца́
гребешко́вый
гребешо́к, -шка́
гребешо́чек, -чка
гре́бля, -и
гребневи́дный
гребневи́к, -а́
гребнево́й
гребнезу́бый
гребнеобра́зный
гребнечеса́льный
греби́стый
гребно́й
гребо́к, -бка́
гребу́щий
гре́бший
грёза, -ы
грёзить(ся), грёжу, грё-
　зит(ся)
гре́йдер, -а
грейдери́ст, -а
гре́йдерный
грейди́рованный
грейди́ровать, -рую, -рует
гре́йзен, -а
гре́йпфрут, -а
гре́йфер, -а
гре́йферный
грек, -а
гре́ко-лати́нский
гре́ко-перси́дский
гре́ко-росси́йский
гре́лка, -и
греме́ть, -млю́, -ми́т
грему́чий
грему́чник, -а
грему́шка, -и
грёна, -ы
гренаде́р, -а, *р. мн.* (при
　собир. знач.) -ёр и (при
　обознач. отдельных лиц)
　-ов
гренаде́рский
гренади́н, -а
грена́ж, -а
грена́жный
гренки́, -о́в, *ед.* грено́к,
　-нка́ и гре́нки, -нок, *ед.*
　гре́нка, -и
гренла́ндский
грести́, гребу́, гребёт;
　прош. грёб, гребла́
гре́ть(ся), гре́ю(сь), гре́-
　ет(ся)
грех, -а́
грехо́вный

греховóдник, -а
греховóдница, -ы
греховóдничать, -аю, -ает
грехопадéние, -я
грецизм, -а
грéцкий (орех)
грéча, -и
гречáнка, -и
грéческий
гречúха, -и
гречúшник, -а
гречúшный
грéчка, -и
грéчневик, -а
грéчневый
грéчник, -а
грешúть, -шý, -шúт
грéшник, -а
грéшница, -ы
грéшный; кр. ф. грéшен,
  грешнá, грешнó, грéшны
грешóк, -шкá
гриб, -а
гриб-зóнтик, гриба-зóнти-
  ка
грибкóвый
грибнúк, -á
грибнúца, -ы
грибнóй
грибовáр, -а
грибовáрный
грибовáрня, -и, р. мн. -рен
грибовáрочный
грибовéдение, -я
грибоéд, -а
грибóк, -бкá
грúва, -ы
гривáстый
грúвенник, -а
грúвистый
грúвна, -ы, р. мн. грúвен
гривуáзный
григориáнский
грúдлик, -а
грúдница, -ы
грúдня, -и, р. мн. -ден
гридь, -и, р. мн. -ден
гризáйль, -и
гризéтка, -и
грúзли, нескл., м.
гриль, -я
гриль-бáр, -а
гриль-кафé, нескл., с.
грильяж, -а
грим, -а
гримáса, -ы
гримáска, -и
гримáсничать, -аю, -ает
гримёр, -а
гримёрский
гримёрша, -и
гримировáльный
гримировáние, -я
гримирóванный
гримировáть(ся), -рýю(сь),
  -рýет(ся)
гримирóвка, -и
грим-убóрная, -ой
грúнвичский
грипп, -а
гриппóвать, -ппую, -ппует
гриппóзный
гриппоподóбный
гриф, -а

грúфель, -я, мн. -и, -ей
грúфельный
грифóн, -а
гроб, -а, предл. о грóбе, в
  гробý, мн. -ы́, -óв
гробанýть(ся), -нý(сь),
  -нёт(ся)
грóбик, -а
грóбить(ся), -блю(сь),
  -бит(ся)
гробнúца, -ы
гробовóй
гробовщúк, -á
гробокопáтель, -я
грог, -а
грóгги, неизм. (состояние
  грóгги)
грозá, -ы́, мн. грóзы, гроз
гроздевóй
гроздь, -и, мн. грóзди,
  гроздéй и грóздья, грóз-
  дьев
грозúть(ся), грожý(сь),
  грозúт(ся)
грóзненский
грóзный; кр. ф. -зен, -знá,
  -зно, грóзны
грозовóй
грозозащúта, -ы
грозоотмéтчик, -а
грозоупóрный
гром, -а, мн. -ы, -óв
громáда, -ы
громáдина, -ы
громáдный
громúла, -ы, м.
громúть, -млю; -мúт
грóмкий; кр. ф. грóмок,
  громкá, грóмко
громкоговорúтель, -я
громкоговорящий*
громкоголóсый
грóмкость, -и
громовéржец, -жца
громовóй и громóвый
громоглáсный
громозвýчный
громоздúть(ся), -зжý(сь),
  -здúт(ся)
громóздкий
громокипящий
громоотвóд, -а
громоподóбный
грóмче, сравн. ст. (от
  грóмкий, грóмко)
громыхáние, -я
громыхáть, -áю, -áет
громыхнýть, -нý, -нёт
гросс, -а, р. мн. -ов
гроссбáуэр, -а
гроссбýх, -а
гроссмéйстер, -а
гроссмéйстерский
гросфáтер, -а
грот, -а
грóта-гáлс, -а
грот-вáнты, -вант
гротéск, -а
гротéскный
гротéсковый
грот-мáрсель, -я
грот-мáчта, -ы
грóхать(ся), -аю(сь),
  -ает(ся)

грóхнуть(ся), -ну(сь),
  -нет(ся)
грóхот, -а
грохотáнье, -я
грохотáть, -очý, -óчет
грохотúть, -очý, -отúт
грохочéние, -я
грош, -а
грóшик, -а
грошóвый
грýббер, -а
грубéть, -éю, -éет (становиться грубым)
грубúть, -блю́, -бúт (говорить грубости)
грубиян, -а
грубиянить, -ню, -нит
грубиянка, -и
грубовáтый
грубодроблёный
грубозернúстый
грубоизмельчённый
грубооблóмочный
грубоочúщенный
грубопровокацúонный
грубостебéльчатый
грýбость, -и
грубосукóнный
грубошёрстный
грýбый; кр. ф. груб, гру-
  бá, грýбо, грýбы
грýда, -ы
грудáстый
грудúна, -ы
грудúнка, -и
грудúно-рёберный
грýдиться, -ýдится
грýдка, -и
груднúца, -ы
груднóй
грудобрюшный
грудь, -и и -ú, мн. -и, -éй
гружённый; кр. ф. -ен, -ена
  и гружёный; кр. ф. -ён,
  -енá, прич.
гружёный, прил.
груз, -а
груздёвый
груздóчек, -чка
груздь, -á и -я, мн. грýзди,
  -éй
грузúло, -а
грузúн, -а, р. мн. -úн
грузúнка, -и
грузúнский
грузúть(ся), гружý(сь),
  грýзúт(ся)
грýзка, -и
грузнéть, -éю, -éет
грýзнуть, -ну, -нет; прош.
  груз и грýзнул
грýзный; кр. ф. -зен, -знá,
  -зно
грузовúк, -á
грузовичóк, -чкá
грузовладéлец, -льца
грузовместúмость, -и
грузовóй
грузозахвáтный
грузонапряжённость, -и
грузооборóт, -а
грузоотправúтель, -я
грузопассажúрский
грузоперевóзка, -и

грузоподъёмность, -и
грузоподъёмный
грузополучáтель, -я
грузопотóк, -а
грузосортирóвочный
грузотаксú, нескл, с.
грýзчик, -а
грум, -а
грунт, -а, предл. в грýнте и
  в грунтý, на грýнте и на
  грунтý, мн. -ы, -ов и -ы́,
  -óв
грунтлáк, -а
грунтобетóн, -а
грунтобетóнный
грунтовáльный
грунтовáние, -я
грунтóванный
грунтовáть(ся), -тýю, -тý-
  ет(ся)
грунтовéд, -а
грунтовéдение, -я
грунтóвка, -и
грунтóво-болóтный
грунтовóй
грунтóвочный
грунтóвый
грунтозабóрный
грунтоматериáлы, -ов
грунтомéр, -а
грунтомёт, -а
грунтонóс, -а
грунтосмесúтельный
грунтоцемéнтный
групкóм, -а
групкóмовский
групкомсóрг, -а
групóрг, -а
грýппа, -ы
группенфю́рер, -а
группéтто, нескл, с.
группировáние, -я
группирóванный
группировáть(ся), -рýю,
  -рýет(ся)
группирóвка, -и
грýппка, -и
группóвод, -а
группóвой
группóвщина, -ы
грустúнка: с грустúнкой
грустúть, грущý, грустúт
грýстный; кр. ф. -тен, -тнá,
  -тно, грýстны
грусть, -и
грýша, -и
грушáнка, -и
грушевúдный
грýшевый
грушóвка, -и
грушóвник, -а
грыжа, -и
грыжевóй и грыжевый
грыжесечéние, -я
грыжник, -а
грызéние, -я
грызло, -а
грызня, -ú
грызовóй
грызóмый
грызть(ся), -зý(сь),
  -зёт(ся); прош. грыз(ся),
  грызла(сь)
грызýн, -á

гры́зший
гры́мза, -ы
грю́ндер, -а
грю́ндерский
грю́ндерство, -а
гряда́ 1, -ы́, мн. гря́ды, гряд, гря́дам (в огороде)
гряда́ 2, -ы́, мн. гряды, гряд, гряда́м (ряд, цепь)
грядёт (3 л. ед. от грясти́)
гря́диль, -я
гря́дка, -и
гря́дковый
грядно́й
грядово́й (от гряда́ 1) и грядовы́й (от гряда́ 2)
грядоде́латель, -я
гряду́щий
грязеви́к, -а́ (тех.)
грязеводолече́бница, -ы
грязеводолече́бный
грязево́й
грязевулкани́ческий
грязеглиноторфолече́ние, -я
грязека́менный
грязелече́бница, -ы
грязелече́бный
грязеле́чение, -я
грязеочисти́тель, -я
грязеспу́ск, -а
грязеулови́тель, -я
гря́зи, -ей (лечебное средство)
гря́зища, -и
гря́зненький; кр. ф. -енек, -енька
грязне́ть, -ею, -еет (становиться грязным)
грязни́ть, -ню́, -ни́т (кого, что)
грязни́ться, -ню́сь, -ни́тся
грязнова́то-се́рый
грязнова́тый
гря́зно-зелёный
гря́зно-се́рый
гря́знувший
грязну́ля, -и, р. мн. -у́ль и -у́лей, м. и ж.
гря́знуть, -ну, -нет; прош. гряз и гря́знул, гря́зла
грязну́ха, -и, м. и ж.
грязну́шка, -и, м. и ж.
гря́зный; кр. ф. -зен, -зна́, -зно, гря́зны
грязови́к, -а́ (птица)
грязца́, -ы́
грязь, -и
гря́нуть(ся), -ну(сь), -нет(ся)
грясти́, гряду́, грядёт
гуана́ко, нескл., м. и ж.
гуани́н, -а
гуа́но, нескл., с.
гуа́шь, -и
губа́, -ы́, мн. гу́бы, губ, губа́м
губа́н, -а
губа́стый
губерна́тор, -а
губерна́торский
губерна́торство, -а
губерна́торша, -и

губе́рния, -и
губе́рнский
губи́тель, -я
губи́тельница, -ы
губи́тельный
губи́ть(ся), гублю́, гу́бит(ся)
гу́бка, -и
гу́бно-губно́й
гу́бно-зубно́й
губно́й
губоцве́тные, -ых
гу́бочка, -и
губошлёп, -а
гу́бчатый
гуверна́нтка, -и
гуверне́р, -а
гугено́т, -а
гугено́тский
гугни́вый
гугу́: ни гугу́
гуд, -а
гуде́ние, -я
гудёт (3 л. ед. от гуде́ть, нар.-поэт.)
гуде́ть, гужу́, гуди́т
гудо́к, -дка́
гудо́чник, -а
гудо́чный
гудро́н, -а
гудрона́тор, -а
гудрони́рованный
гудрони́ровать(ся), -рую, -рует(ся)
гудро́нный
гуж, -а́
гужево́й
гужо́вка, -и
гужо́м, нареч.
гу́зка, -и
гук, -а
гу́канье, -я
гу́кать, -аю, -ает
гу́кнуть, -ну, -нет
гул, -а
гулёна, -ы, м. и ж.
гу́ленька, -и, м. и ж.
гу́ливать, наст. вр. не употр.
гу́лкий; кр. ф. -лок, -лка́, -лко
гулкозвуча́щий*
гулливе́ровский
гулли́вый
гульба́, -ы́
гу́льбище, -а
гуль-гуль-гу́ль, неизм.
гу́льден, -а
гу́лькин: с гу́лькин нос
гульну́ть, -ну́, -нёт
гу́ля, -и
гуля́й-го́род, -а
гуля́йка, -и, м. и ж.
гуля́нка, -и
гуля́нье, -я
гуля́ть, -я́ю, -я́ет
гуля́ш, -а́
гуля́щий
гуманиза́ция, -и
гумани́зм, -а
гумани́ст, -а
гуманисти́ческий
гумани́стка, -и
гуманита́рный

гума́нность, -и
гума́нный; кр. ф. -а́нен, -а́нна
гумано́ид, -а
гуме́нник, -а
гуме́нный
гумификА́ция, -и
гу́мма, -ы
гу́мми, нескл., с.
гуммиара́бик, -а
гуммигу́т, -а
гуммигу́товые, -ых
гуммикопа́л, -а
гуммила́к, -а
гуммила́стик, -а
гумми́рование, -я
гумми́рованный
гумми́ровать(ся), -рую, -рует(ся)
гуммиро́вка, -и
гумми́т, -а
гуммо́з, -а
гуммо́зный
гумно́, -а́, мн. гу́мна, гу́мен и гумён, гу́мнам
гумора́льный
гу́мус, -а
гу́мусовый
гундо́сить, -о́шу, -о́сит
гунн, -а
гу́ннский
гу́нтер, -а
гу́ппи, нескл., ж.
гурджаа́ни, нескл., с.
гури́ец, -и́йца
гури́йка, -и
гури́йский
гу́рия, -и
гурма́н, -а
гурма́нка, -и
гурма́нский
гурма́нство, -а
гурт, -а́ (стадо)
гуртово́й
гуртовщи́к, -а́
гурто́м, нареч.
гуртопра́в, -а
гуру́, нескл., м.
гурьба́, -ы́
гу́рьевская ка́ша
гуса́к, -а́
гуса́р, -а, р. мн. (при собир. знач.) -а́р и (при обознач. отдельных лиц) -ов
гуса́рский
гуса́рствовать, -твую, -твует
гусачо́к -чка́
гусево́д, -а
гусево́дство, -а
гусево́дческий
гусёк, -ська́
гу́сельный
гу́сем, нареч.
гу́сеница, -ы
гу́сеничка, -и
гу́сеничный
гусёнок, -нка, мн. -ся́та, -ся́т
гуси́ный
гуси́т, -а
гуси́тский
гу́сли, -ей
гусля́р, -а и -а́, мн. -ы́, -о́в

густе́ть, -еет (становиться густым)
густи́ть, густу́, густи́т (что)
густоволо́сый
гу́сто-зелёный
густо́й; кр. ф. густ, густа́, гу́сто, густы́
густоли́ственный
густоли́стый
густонаселённый
густонасы́щенный*
густоокра́шенный*
гу́сто поса́женный
густопсо́вый
густорасту́щий*
густота́, -ы́
густотеку́чий
густотёртый
густоцве́тный
гу́сто-чёрный
густошёрстный и густошёрстый
гусы́ня, -и, р. мн. -ы́нь
гусь, -я и -я́, мн. -и, -е́й
гусько́м, нареч.
гуся́тина, -ы
гуся́тник, -а
гуся́тница, -ы
гутали́н, -а
гуто́рить, -рю, -рит
гуттапе́рча, -и
гуттапе́рчевый
гуттаперчено́сный
гутта́ция, -и
гуттура́льный
гуцу́л, -а
гуцу́лка, -и
гуцу́льский
гу́ща, -и
гу́ще, сравн. ст. (от густо́й, гу́сто)
гущина́, -ы́
гю́йс, -а
гюрза́, -ы́
гяу́р, -а

Д

да́бы
дава́лец, -льца
дава́льческий
давану́ть, -ну́, -нёт
дава́ть(ся), даю́(сь), даёт(ся)
да́веча
да́вешний
дави́ло, -а
дави́льник, -а
дави́льный
дави́льня, -и, р. мн. -лен
дави́ть(ся), давлю́(сь), да́вит(ся)
да́вка, -и
давле́ние, -я
да́вленный, прич.
да́вленый, прил.
давне́нько
да́вний
давни́шний

ДАВ

давно́
давнопроше́дший*
да́вность, -и
давну́ть, -ну́, -нёт
давны́м-давно́
даво́к, -вка́
да́вший
давя́щий
дагероти́п, -а
дагероти́пия, -и
дагеста́нец, -нца
дагеста́нка, -и
дагеста́нский
да-да́
да-да-да́
дадаи́зм, -а
да́же
да здра́вствует
да́ивать, наст. вр. не
    употр.
да́й бог
да́йджест, -а
да́йна, -ы
да́канье, -я
да́кать, -аю, -ает
да́кнуть, -ну, -нет
дакри́л, -а
дакриоадени́т, -а
дакриоцисти́т, -а
дакро́н, -а
дакро́новый
дактили́ческий
дактилографи́ческий
дактилогра́фия, -и
дактилозо́ид, -а
дактилологи́ческий
дактилоло́гия, -и
дактилоскопи́ческий
дактилоскопи́я, -и
да́ктило-хоре́йческий
да́ктиль, -я
далай-ла́ма, -ы, м.
да́ле (устар. к да́лее)
да́лее, сравн. ст. (от да-
    лёкий, далеко́) и нареч.
далёкий; кр. ф. далёк, да-
    лека́, далеко́ и далёко,
    далёки и далеки́
далеко́-далеко́ и далёко-
    далёко
далеко́ не
далеко́нько
дале́че
да́лия, -и (бот.)
да́ллия, -и (рыба)
далмати́нец, -нца
далмати́нка, -и
далмати́нский
далма́тский
даль, -и
дальнебомбардиро́вочный
дальневосто́чник, -а
дальневосто́чный
дальне́йший
дальнестру́йный
да́льний
дальнобо́йность, -и
дальнобо́йный
дальнови́дный
дальнозе́мелье, -я
дальнозо́ркий
дальнозо́ркость, -и
дальноме́р, -а
да́льность, -и

ДАР

дальтони́зм, -а
дальто́ник, -а
да́льтон-пла́н, -а
да́льше, сравн. ст. (от
    далёкий, далеко́) и на-
    реч.
да́ма, -ы
дама́сский
дама́ст, -а
да́мба, -ы
да́мка, -и
дамма́ра, -ы
дамнифика́ция, -и
дамо́клов меч
да́мочка, -и
дамп, -а
да́мский
дана́ец, -а́йца
дана́йский
да́нник, -а
да́ннический
да́нность, -и
да́нные, -ых
да́нный; кр. ф. дан, дана́
да́нсинг, -а
да́нсинг-хо́лл, -а
данти́ст, -а
данти́стка, -и
данти́стский
дань, -и
даоси́зм, -а
дабо́сский
дар, -а, мн. -ы́, -о́в
дарвини́зм, -а
дарвини́ст, -а
дарвини́стка, -и
да́рвиновский
дарги́нец, -нца
дарги́нка, -и
дарги́нский
дарданелльский
даре́ние, -я
да́ренный, прич.
дарёный, прил.
дари́, неизм. и нескл., м.
дари́тель, -я
дари́тельница, -ы
дари́ть(ся), дарю́, да́-
    рит(ся)
дарлингто́ния, -и
дарма́, нареч.
дармово́й
дармовщи́на, -ы
дармое́д, -а
дармое́дка, -и
дармое́дничать, -аю, -ает
дармое́дский
дармое́дство, -а
дарова́ние, -я
даро́ванный
дарова́ть(ся), -ру́ю, -ру́-
    ет(ся)
дарови́тость, -и
дарови́тый
дарово́й
даровщи́на: на даровщи́-
    ну
даровщи́нка: на даров-
    щи́нку
да́ром, нареч.
дароно́сица, -ы
дарохрани́тельница, -ы
дарсонвализа́ция, -и
да́рственный

ДВА

да-с
да́та, -ы
да́тельный паде́ж
дати́рование, -я
дати́рованный
дати́ровать(ся), -рую, -ру-
    ет(ся)
дати́ро́вка, -и
да́тский
да́тско-сове́тский
да́тско-шве́дский
датча́нин, -а, мн. -а́не, -а́н
датча́нка, -и
да́тчик, -а
да́ть(ся), да́м(ся),
    да́шь(ся), да́ст(ся), да-
    ди́м(ся), дади́те(сь), да-
    ду́т(ся); прош. да́л(ся),
    дала́(сь), да́ло́(сь)
дауэсиза́ция, -и
да́фния, -и
дацзыба́о, нескл., с.
да́ча, -и
дачевладе́лец, -льца
дачевладе́лица, -ы
да́чка, -и
да́чник, -а
да́чница, -ы
да́чно-строи́тельный
да́чный
дашна́к, -а
дашнакцуто́н, -а
даю́щий
да́яние, -я
два, две, двух, двум, двумя́,
    о двух
двадцатигра́дусный (20-
    гра́дусный)
двадцатигра́нник, -а
двадцатигра́нный
двадцатидвухле́тний (22-
    ле́тний)
двадцатикилометро́вый
    (20-километро́вый)
двадцатикопе́ечный (20-
    копе́ечный)
двадцатикра́тный
двадцатиле́тие (20-ле́тие),
    -я
двадцатиле́тний (20-ле́т-
    ний)
двадцатимину́тка, -и
двадцатипятиле́тие (25-
    ле́тие), -я
двадцатипятиле́тний (25-
    ле́тний)
двадцатипятимину́тный
    (25-мину́тный)
двадцатипятипроце́нтный
    (25-проце́нтный)
двадцатипятирублёвый
    (25-рублёвый)
двадцатипятиты́сячник, -а
двадцатипятиты́сячный
    (25-ты́сячный)
двадцатирублёвый (20-
    рублёвый)
двадцатито́нный (20-то́н-
    ный)
двадцатиуго́льник, -а
двадцатиуго́льный
двадцатичетырёхгра́нник,
    -а
двадцатичетырёхгра́нный

ДВО

двадцатиэта́жный (20-
    эта́жный)
двадца́тый
два́дцать, -и, тв. -ью
два́дцатью (при умноже-
    нии)
два́жды
два́жды два́
дванадеся́тый и двунадеся́-
    тый
двенадцатери́чный
двенадцатигра́нник, -а
двенадцатигра́нный
двенадцатидне́вный (12-
    дне́вный)
двенадцатидюймо́вый
    (12-дюймо́вый)
двенадцатиле́тний (12-
    ле́тний)
двенадцатипе́рстная киш-
    ка́
двенадцатирублёвый (12-
    рублёвый)
двенадцатиря́дный
двенадцатисло́жный
двенадцатиуго́льник, -а
двенадцатиуго́льный
двенадцатичасово́й (12-
    часово́й)
двена́дцатый
двена́дцать, -и, тв. -ью
две́рка, -и
дверно́й
две́рца, -ы, р. мн. -рец
дверь, -и, предл. в(на) две́-
    ри, мн. -и, -е́й, -я́м, -я́ми и
    -рьми́
две́сти, двухсо́т, двумста́м,
    двумяста́ми, о двухста́х
дви́гатель, -я, мн. -и, -ей
дви́гательный
дви́гать(ся), -аю(сь),
    -ает(ся) и дви́жу(сь),
    дви́жет(ся)
дви́гающий(ся)
движе́ние, -я
дви́жимость, -и
дви́жимый
дви́житель, -я
движко́вый
движо́к, -жка́
дви́жущий(ся)
двинозавр, -а
дви́нуть(ся), -ну(сь),
    -нет(ся)
дво́е, двои́х, двои́м, двумя́
    и двои́ми, о двои́х
двоебо́рец, -рца
двоебо́рье, -я
двоебра́чие, -я
двоеве́рец, -рца
двоеве́рие, -я
двоевла́стие, -я
двоеду́шие, -я
двоеду́шный
двоежёнец, -нца
двоежёнство, -я
двоезна́менник, -а
двоему́жие, -я
двоемы́слие, -я
двое́ние, -я
двоетёс, -а
двоето́чие, -я
двоёчка, -и

двоечник, -а
двоечница, -ы
двоёшка, -и, ж. (об орехе);
　м. и ж. (близнец)
двойльный
двоить(ся), двою(сь),
　двоит(ся)
двоица, -ы
двойчный
двойка, -и
двойник, -á
двойниковый
двойничный
двойничок, -чкá
двойной
двойня, -и, р. мн. двоен и
　двойней
двойняшка, -и, м. и ж.
двойственность, -и
двойственный
двойчатка, -и
двор, -á
дворец, -рцá
дворецкий, -ого
дворик, -а
дворишко, -а, м.
дворище, -а, м. (увелич.) и
　с. (ист.)
дворник, -а
дворницкая, -ой
дворницкий
дворничиха, -и
дворня, -и
дворняга, -и
дворняжка, -и
дворовый
дворцовый
дворянин, -а, мн. -яне, -ян
дворянка, -и
дворяночка, -и
дворянский
дворянство, -а
дворянчик, -а
двоюродный
двоякий
двояковогнутый
двояковыпуклый
двоякодышащие, -их и
　двудышащие, -их
двоякопреломляющий
двойшка, -и, ж. (двойня);
　м. и ж. (близнец)
двубортный
двуглавый
двуглазый
двугласный
двуголосный и двухголос-
　ный
двугорбый
двугранный
двугривенник, -а
двугривенный, -ого
двудольный
двудомный
двудонный и двухдонный
двудышащие, -их и двоя-
　кодышащие, -их
двуедйный
двужильный (сильный)
двузернянка, -и
двузначный
двузубец, -бца
двузубчатый
двузубый

двуклассный и двухклáсс-
　ный
двуколка, -и
двуконный
двукопытный
двукратный
двукрылый
двулепестный
двулетний (двулетнее рас-
　тение)
двулетник, -а
двуликий
двулистный
двуличие, -я
двуличничать, -аю, -ает
двуличность, -и
двуличный
двунадесятый и дванаде-
　сятый
двунаправленный
двунитток, -тка
двуногий
двуокись, -и
двупалый
двупарноногие, -их
двупарнорезцовые, -ых
двуперстие, -я
двуперстный (от двупер-
　стие)
двуперстый (двупалый)
двупланный
двуплечий
двуполостный
двуполый
двуполье, -я
двупольный и двухпольный
　ный
двурогий
двурукий
двуручка, -и
двуручный
двурушник, -а
двурушница, -ы
двурушничать, -аю, -ает
двурушнический
двурушничество, -а
двусветный и двухсвет-
　ный
двусемядольный
двусемянка, -и
двусемянный
двускатный и двухскат-
　ный
двуслоговой
двусложный и двухслож-
　ный
двусмысленность, -и
двусмысленный; кр. ф.
　-лен, -ленна
двусмыслица, -ы
двусоставный
двуспальный и двух-
　спальный
двуствóлка, -и и двух-
　ствóлка, -и
двуствольный и двух-
　ствольный
двустворчатый
двустишие, -я
двустопный
двусторонний
двусторонность, -и и двух-
　сторонность, -и
двутавровый

двууглекислый
двуустка, -и
двуутробка, -и
двухадресный
двухарширный
двухатомный
двухбайтовый
двухбалльный
двухбатальонный
двухбашенный
двухвалентный
двухвалковый
двухведёрный и двухвё-
　дерный
двухвековой
двухвёрстка, -и
двухвёрстный
двухвершинный
двухвесельный и двухвё-
　сельный
двухвинтовой
двухвёстка, -и
двухвёстый
двухгодичный
двухгодовалый
двухгодовой
двухголовый
двухголосный и двуголос-
　ный
двухдиапазонный
двухдисковый
двухдневный
двухдонный и двудонный
двухдорожечный
двухдюймовка, -и
двухдюймовый
двужильный (с двумя
　жилами)
двухзальный
двухзвеньевой
двухзональный
двухигольный
двух- и трёхдневный
двухкамерный
двухкаскадный
двухквартирный
двухкилограммовый (2-
　килограммовый)
двухкилометровка, -и
двухкилометровый (2-ки-
　лометровый)
двухклассный и двуклáсс-
　ный
двухколейный
двухколёный
двухколёнчатый
двухколёсный
двухколонный
двухкомнатный
двухкомплектный
двухкомпонентный
двухконтурный
двухкопеечный (2-копе-
　ечный)
двухкорпусный
двухкрасочный
двухкулачковый
двухламповый
двухлемёшный
двухлетие (2-летие), -я
двухлетний (2-летний)
　(двухлетний ребёнок,
　двухлетний период)

двухлитровый (2-литро-
　вый)
двухлопастный
двухлористый
двухмачтовый
двухмерный
двухместный
двухмесячник, -а
двухмесячный
двухметровый (2-метро-
　вый)
двухмиллиардный (2-
　миллиардный)
двухмиллионный (2-мил-
　лионный)
двухмоторный
двухнедельный
двухокдка, -и
двухоконный
двухолмие, -я
двухорудийный
двухосновный
двухосный
двухотвáльный
двухпалатный
двухпалубный
двухпартийный
двухполотённый
двухпольный и двупóль-
　ный
двухполюсник, -а
двухполюсный
двухпроводной
двухпрограммный
двухпроцентный
двухпудовый (2-пудовый)
двухпутный
двухразовый
двухромовокислый
двухрублёвый (2-рублё-
　вый)
двухрядка, -и
двухрядный
двухсажённый (2-сажён-
　ный)
двухсветный и двусвет-
　ный
двухсекционный
двухскатный и двускат-
　ный
двухсложный и двуслож-
　ный
двухслойный
двухсмёнка, -и
двухсмéнный
двухсотенный
двухсоткилограммовый
　(200-килограммовый)
двухсотлетие (200-летие),
　-я
двухсотлетний (200-лет-
　ний)
двухсотметровка, -и
двухсотпятидесятилетие
　(250-летие), -я
двухсотпятидесятилетний
　(250-летний)
двухсотсвечовый
двухсоттысячный (200-
　тысячный)
двухсотый
двухспальный и дву-
　спальный
двухсоловинный

ДВУ

двухство́лка, -и и дву-
ство́лка, -и
двухстволь́ный и дву-
стволь́ный
двухстепе́нный
двухсторо́нний
двухсторо́нность, -и и дву-
сторо́нность, -и
двухстро́чный
двухстру́нный
двухступе́нчатый
двухсу́точный (2-су́точ-
ный)
двухта́ктный
двухто́мник, -а
двухто́мный
двух-, трёхнеде́льный
двухтру́бный
двухты́сячный
двуху́ровневый
двухфа́зный
двухфунто́вый
двухходо́вка, -и
двухходово́й
двухцветко́вый
двухцве́тный
двухцили́ндровый
двухчасово́й
двухчастёвый
двухча́стный
двухшёрстный и двушёр-
стный
двухъя́русный
двухэлеме́нтный
двухэта́жный
двучле́н, -а
двучле́нный
двушёрстный и двухшёр-
стный
дву́шка, -и
двуязы́чие, -я
двуязы́чный
деавтоматиза́ция, -и
деаэра́тор, -а
деаэра́ция, -и
дебарка́дер, -а
дебати́ровать(ся), -рую,
-рует(ся)
деба́ты, -ов
дебе́лый
де́бет, -а (счёт)
дебето́ванный
дебетова́ть(ся), -ту́ю, -ту́-
ет(ся)
дебето́вый (от де́бет)
дебил, -а
деби́льность, -и
деби́льный
деби́т, -а (объем)
дебито́р, -а
дебито́рский
деблока́да, -ы
деблоки́рование, -я
деблоки́рованный
деблоки́ровать, -рую, -рует
дебо́ш, -а
дебоши́р, -а
дебоши́рить, -рю, -рит
дебоши́рничать, -аю, -ает
дебоши́рство, -а
де́бри, -ей
дебю́т, -а
дебюта́нт, -а
дебюта́нтка, -и

ДЕВ

дебюти́ровать, -рую, -рует
дебю́тный
де́ва, -ы
девальва́ция, -и
девальви́рованный
девальви́ровать(ся), -рую,
-рует(ся)
девана́гари, нескл. с.
деваста́ция, -и
дева́ть(ся), -а́ю(сь),
-а́ет(ся)
де́верь, -я, мн. -рья́, -рей,
-рья́м
девиа́ция, -и
деви́з, -а
деви́за, -ы (вексель)
деви́зный
девило́н, -а
деви́ца, -ы и (нар.-поэт.)
де́вица, -ы
деви́ческий
деви́чество, -а
деви́чий, -ья, -ье
деви́чник, -а
де́вичья, -ьей
де́вка, -и
дево́н, -а
дево́нский
дево́нька, -и
де́вочка, -и
де́вственник, -а
де́вственница, -ы
де́вственность, -и
де́вственный
де́вство, -а
де́вушка, -и
девча́та, -а́т
девча́чий, -ья, -ье
девчо́нка, -и
девчо́ночка, -и
девчу́рка, -и
девчу́шка, -и
девяно́сто, -а
девяностоле́тие (90-ле́-
тие), -я
девяностоле́тний (90-лет́-
ний)
девяностопятиле́тний (95-
ле́тний)
девяно́стый
девяси́л, -а
девятери́к, -а́
девятерико́вый
девятерно́й
де́вятеро, -ы́х
девятиdeся́тый
девятидне́вный (9-дне́в-
ный)
девятикла́ссник, -а
девятикла́ссница, -ы
девятикра́тный
девятиле́тка, -и
девятиле́тний (9-ле́тний)
девятиме́сячный (9-ме́-
сячный)
девятисо́тый
девятиэта́жка, -и
девятиэта́жный (9-эта́ж-
ный)
девя́тка, -и
девятнадцатиле́тний (19-
ле́тний)
девятна́дцатый

ДЕЗ

девятна́дцать, -и
девя́тый
девя́ть, -и́, тв. -ью
девятьсо́т, девятисо́т, де-
вятиста́м, девятьюста́ми,
о девятиста́х
девятью (при умножении)
дегаза́тор, -а
дегазацио́нный
дегаза́ция, -и
дегази́рованный
дегази́ровать(ся), -рую,
-рует(ся)
дегази́рующий(ся)
дегельминтиза́ция, -и
дегенера́т, -а
дегенерати́вность, -и
дегенерати́вный
дегенера́ция, -и
дегенери́ровать, -рую, -рует
дегероиза́ция, -и
дегидрата́ция, -и
дегидри́рование, -я
дегидрогениза́ция, -и
дёготь, дёгтя и дёгтю
дёгтебето́н, -а
дегтево́й и дёгтевый
дегти́шко, -а, м.
дегтя́рник, -а
дегтя́рница, -ы
дегтя́рный
дегтя́рня, -и, р. мн. -рен
дегуманиза́ция, -и
дегуста́тор, -а
дегустацио́нный
дегуста́ция, -и
дегусти́рованный
дегусти́ровать(ся), -рую,
-рует(ся)
дед, -а
де́двейт, -а
дедеро́н, -а
дедеро́новый
дедика́ция, -и
де́дина, -ы (истор.)
де́дка, -и, м. (от дед)
дед-моро́з, де́да-моро́за
де́дов, -а, -о
де́довский
де́довщи́на, -ы
дедраматиза́ция, -и
дедукти́вный
деду́кция, -и
дедуци́ровать(ся), -рую,
-рует(ся)
де́душка, -и, м.
дееприча́стие, -я
дееприча́стный
дееспосо́бность, -и
дееспосо́бный
дежа́, -и́, мн. дежи́ и дё-
жи, дежёй
дёжка, -и
дежу́рить, -рю, -рит
дежу́рка, -и
дежу́рный
дежу́рство, -а
дезабилье́, нескл. с.
дезавуи́рование, -я
дезавуи́рованный
дезавуи́ровать(ся), -рую,
-рует(ся)

ДЕЙ

дезактива́ция, -и
дезактиви́рованный
дезактиви́ровать(ся), -рую,
-рует(ся)
дезактиви́рующий(ся)
дезамини́рование, -я
дезамини́рованный
дезамини́ровать(ся), -рую,
-рует(ся)
дезерти́р, -а
дезерти́ровать, -рую, -рует
дезерти́рский
дезерти́рство, -а
дезидера́ты, -а́т
дезинсекцио́нный
дезинсе́кция, -и
дезинтегра́тор, -а
дезинтегра́тивный
дезинтегра́ция, -и
дезинтоксика́ция, -и
дезинфе́ктор, -а
дезинфекцио́нный
дезинфе́кция, -и
дезинфици́рование, -я
дезинфици́рованный
дезинфици́ровать(ся),
-рую, -рует(ся)
дезинфици́рующий(ся)
дезинформацио́нный
дезинформа́ция, -и
дезинформи́ровать(ся),
-рую, -рует(ся)
дезка́мера, -ы
дезодора́нт, -а
дезодора́тор, -а
дезодора́ция, -и
дезодори́рованный
дезодори́ровать(ся), -рую,
-рует(ся)
дезоксида́ция, -и
дезоксирибонуклеи́новый
дезорганиза́тор, -а
дезорганиза́торский
дезорганиза́ция, -и
дезорганизо́ванный
дезорганизова́ть(ся), -зу́ю,
-зу́ет(ся)
дезорганизо́вывать(ся),
-аю, -ает(ся)
дезориента́ция, -и
дезориенти́рованный
дезориенти́ровать(ся),
-рую(сь), -рует(ся)
дезурбаниза́ция, -и
дезурбани́зм, -а
дейз́м, -а
деиониза́ция, -и
де́ист, -а
деисти́ческий
де́исус, -а
деису́сный
де́йдвуд, -а
де́йксис, -а
де́йственность, -и
де́йственный; кр. ф. -вен и
-венен, -венна
де́йствие, -я
действи́тельность, -и
действи́тельный
де́йство, -а
де́йствовать, -твую, -твует
де́йствующий
дейте́рий, -я
дейтопла́зма, -ы
дейтро́н, -а

дейтро́нный
дек, -а, р. мн. -ов
де́ка, -и
декабри́ст, -а
декабри́стский
декабрь, -я́
дека́брьский
декагра́мм, -а, р. мн. -ов
дека́да, -ы
декада́нс, -а
декаде́нт, -а
декаде́нтка, -и
декаде́нтский
декаде́нтство, -а
дека́дный
декали́н, -а
декали́тр, -а
декальки́рованный
декальки́ровать(ся), -рую,
    -рует(ся)
декалькома́ния, -и
декальцина́ция, -и
декаме́тр, -а
дека́н, -а
декана́т, -а
дека́нский
дека́нство, -а
деканта́ция, -и
деканцерогениза́ция, -и
декапи́рование, -я
декапо́ды, -ов
декарбониза́ция, -и
декартелиза́ция, -и
декати́рованный
декати́рова́ть(ся), -и́рую,
    -и́рует(ся)
декатиро́вка, -и
декато́нна, -ы
декатро́н, -а
дека́эдр, -а
деквалифика́ция, -и
деквалифици́ровать(ся),
    -рую(сь), -рует(ся)
де́кель, -я
декламати́вный
деклама́тор, -а
деклама́торский
декламацио́нный
деклама́ция, -и
деклами́рованный
деклами́ровать(ся), -рую,
    -рует(ся)
декларати́вный
декларацио́нный
деклара́ция, -и
деклари́рование, -я
деклари́рованный
деклари́ровать(ся), -рую,
    -рует(ся)
деклассри́рованный
деклассри́роваться, -руюсь,
    -руется
деклина́тор, -а
деклина́ция, -и
декови́лька, -и
де́ковый (от де́ка)
декоди́рование, -я
декоди́рованный
декоди́ровать, -рую,
    -рует
декоди́рующий
деко́кт, -а
деколониза́ция, -и
деколора́ция, -и

декольте́, неизм. и нескл.,
    с.
декольти́рованный
декольтирова́ться, -ру́юсь,
    -ру́ется
декомпенса́ция, -и
декомпрессио́нный
декомпре́ссия, -и
декомпре́ссор, -а
деко́р, -а
декорати́вно-прикладно́й
декорати́вный
декорацио́нный
декора́ция, -и
декори́рование, -я
декори́рованный
декори́ровать(ся), -рую,
    -рует(ся)
дeко́рт, -а
декортика́тор, -а
декортика́ция, -и
деко́рум, -а
декреме́нт, -а
декре́т, -а
декрети́рование, -я
декрети́рованный
декрети́ровать(ся), -рую,
    -рует(ся)
декре́тный
декрещендо и декрешен-
    до, неизм. и нескл., с.
декстри́н, -а
декстриниза́ция, -и
декстри́нный
декстри́новый
декстрокарди́я, -и
декурио́н, -а
делабиализа́ция, -и
де́лание, -я
де́ланность, -и
де́ланный
де́латель, -я
де́лать(ся), -аю(сь),
    -ает(ся)
делега́т, -а
делега́тка, -и
делега́тский
делега́ция, -и
делеги́рование, -я
делеги́рованный
делеги́ровать(ся), -рую,
    -рует(ся)
делёж, -ежа́
делёжка, -и
деле́ние, -я
делённый; кр. ф. -ён, -ена́
деле́ц, -льца́
делиба́ш, -а
дели́йский
деликате́с, -а
деликате́сный
делика́тничание, -я
делика́тничать, -аю, -ает
делика́тность, -и
делика́тный
дели́кт, -а
дели́ктный
делимита́ция, -и
дели́мое, -ого
дели́мость, -и
дели́мый
дели́тель, -я
дели́тельный

дели́ть(ся), делю́(сь), де́-
    лит(ся)
дели́шки, -шек
де́ло, -а, мн. дела́, дел, -а́м
делови́тость, -и
делови́тый
делово́й
делопроизводи́тель, -я
делопроизво́дственный
делопроизво́дство, -а
де́лывать, наст. вр. не
    употр.
делькре́дере, нескл., с.
де́льный
де́льта, -ы
де́льта-древеси́на, -ы
дельтадро́м, -а
де́льта-желе́зо, -а
дельтаклу́б, -а
де́льта-лучи́, -е́й
де́льта-опера́тор, -а
дельтапла́н, -а
дельтапланери́зм, -а
дельтапланери́ст, -а
дельтапла́нерный
де́льта-фу́нкция, -и
де́льта-электро́н, -а
де́льта-электро́нный
де́льта-эффе́кт, -а
дельтови́дный
де́льтовый
дельтообра́зный
дельфи́йский
дельфи́н, -а
дельфина́рий, -я
дельфи́ний, -ья, -ье
дельфи́ниум, -а
дельфи́новые, -ых
де́льце, -а
делюви́альный
делю́вий, -я
деля́га, -и, м. и ж.
деля́на, -ы
деля́нка, -и
деля́ческий
деля́чество, -а
де́лящий(ся)
демаго́г, -а
демагоги́ческий
демаги́чный
демаго́гия, -и
демаркацио́нный
демарка́ция, -и
дема́рш, -а
демаски́рование, -я
демаски́рованный
демаски́ровать(ся),
    -рую(сь), -рует(ся)
демаскиро́вка, -и
де́мбель, -я, мн. -я́, -е́й
де́мбельский
деме́нция, -и
демикото́н, -а
демико́тонный
демико́тоновый
демилитариза́ция, -и
демилитаризо́ванный
демилитаризова́ть(ся),
    -зу́ю, -зу́ет(ся)
демимо́нд, -а
демимонде́нка, -и
демисезо́нный
демиу́рг, -а
демобилизацио́нный

демобилиза́ция, -и
демобилизо́ванный
демобилизова́ть(ся),
    -зу́ю(сь), -зу́ет(ся)
демо́граф, -а
демографи́ческий
демогра́фия, -и
демодеко́з, -а
демодуля́ция, -и
демокра́т, -а
демократиза́ция, -и
демократизи́рованный
демократизи́ровать(ся),
    -рую(сь), -рует(ся)
демократи́зм, -а
демократи́ческий
демократи́чный
демокра́тия, -и
демокра́тка, -и
де́мон, -а
демонетиза́ция, -и
демони́ческий
демонологи́ческий
демоноло́гия, -и
де́монский
демонстра́нт, -а
демонстра́нтка, -и
демонстрати́вный
демонстра́тор, -а
демонстрацио́нный
демонстра́ция, -и
демонстри́рование, -я
демонстри́рованный
демонстри́ровать(ся),
    -рую, -рует(ся)
демонта́ж, -а
демонти́рованный
демонти́ровать(ся), -рую,
    -рует(ся)
деморализа́ция, -и
деморализо́ванный
деморализова́ть(ся),
    -зу́ю(сь), -зу́ет(ся)
де́мос, -а
демоти́ческий
де́мпинг, -а
де́мпинговый
де́мпфер, -а
де́мпферный
демпфи́рование, -я
демультиплика́тор, -а
демуниципализа́ция, -и
демуниципализи́рован-
    ный
демуниципализи́ро-
    вать(ся), -рую, -рует(ся)
денатурализа́ция, -и
денатурализо́ванный
денатурализова́ть(ся),
    -зу́ю(сь), -зу́ет(ся)
денатура́т, -а
денатура́ция, -и
денатури́рованный
денатури́ровать(ся), -рую,
    -рует(ся)
денационализа́ция, -и
денационализи́рованный
денационализи́ровать(ся),
    -рую, -рует(ся)
денацификацио́нный
денацифика́ция, -и
денацифици́рованный
денацифици́ровать(ся),
    -рую, -рует(ся)

ДЕН

дéнди, *нескл., м.*
дендрáрий, -я
дендрúт, -а
дендритúческий
дендрúтный
дендрóидный
дендрологúческий
дендролóгия, -и
дендрóметр, -а
дендрометрúческий
дендромéтрия, -и
дендрохронолóгия, -и
дéнежка, -и
дéнежно-кредúтный
дéнежный
денёк, денькá
денёчек, -чка
дензнáк, -а
денивеляция, -и
денúкинщина, -ы
денитрификáция, -и
денитрифицúрующий
деннúк, -á
деннúца, -ы
дéнно и нóщно
деннóй
деноминатúвный
деноминáция, -и
денонсáция, -и
денонсúрование, -я
денонсúрованный
денонсúровать(ся), -рую,
 -рует(ся)
денотáт, -а
денсимéтрия, -и
денситóметр, -а
денситомéтрия, -и
дентáльный
дентúн, -а
денудациóнный
денудáция, -и
денщúк, -á
денщúцкий
день, дня, *мн.* дни, дней
дéнь в дéнь
деньгá, -ú
дéньги, дéнег, деньгáм
день-деньскóй
день-другóй
деньжáта, -áт
деньжúщи, -úщ
деньжóнки, -нок
дéнь зá день
день отó дня
деонтолóгия, -и
депалатализáция, -и
депарафинизáция, -и
департáмент, -а
департáментский
деперсонализáция, -и
депéша, -и
депигментáция, -и
депиляция, -и
депланáция, -и
депланúровать, -рую, -рует
депó, *нескл., с.*
депóвский
депозúт, -а
депозитáрий, -я
депозúтный
депозúтор, -а
деполимеризáция, -и
деполяризáтор, -а
деполяризáция, -и

ДЕР

депонéнт, -а
депонéнтский
депонúрование, -я
депонúрованный
депонúровать(ся), -рую,
 -рует(ся)
депóрт, -а
депортáция, -и
депрессáнт, -а
депрессúвный
депрéссия, -а
депрéссорный
депривáция, -и
депутáт, -а
депутáтка, -и
депутáтский
депутáция, -и
дератизáция, -и
дербéнник, -а
дербéнниковые, -ых
дéрби, *нескл., с.*
дербúст, -а
дéрвиш, -а
дёрганный, *прич.*
дёрганый, *прил.*
дёрганье, -я
дёргать(ся), -аю(сь),
 -ает(ся)
дергáч, -á
дереализáция, -и
деревенéть, -éю, -éет
деревéнский
деревéнщик, -а
деревéнщина, -ы
деревéнька, -и
дерéвня, -и, *р. мн.* -вень
дéрево, -а, *мн.* дерéвья,
 -ьев
деревобетóн, -а
деревобетóнный
деревовáл, -а
деревоклеёный
деревообдéлочный
деревообрабáтывающий
деревообрабóтка, -и
деревоперерабáтываю-
 щий
деревопереработка, -и
дереворéжущий
деревýшка, -и
дéревце и деревцó, -á,
 мн. деревцá, деревцóв и
 деревéц, деревцáм
деревянúстый
деревянный
деревяшка, -и
дерезá, -ы́
дерезúны, -ы
дёрен, -а (растение)
дёренный
дёреновый
держáва, -ы
держáвка, -и
держáвный
держáние, -я
дéржанный, *прич.*
дéржаный, *прил.*
держáтель, -я
держáть(ся), держý(сь),
 дéржит(ся)
держáщий(ся)
держидéрево, -а
держимóрда, -ы, *м.*
дерзáние, -я

ДЕС

дерзáть, -áю, -áет
дерзúть, -úт
дéрзкий
дерзновéние, -я
дерзновéнность, -и
дерзновéнный; *кр. ф.* -вéн
 и -вéнен, -вéнна
дерзнýть, -нý, -нёт
дéрзостный
дéрзость, -и
дериват, -а
деривациóнный
деривáция, -и
дéрма, -ы
дерматúн, -а
дерматúновый
дерматúт, -а
дерматогéн, -а
дерматóз, -а
дерматóл, -а
дерматóлог, -а
дерматологúческий
дерматолóгия, -и
дерматомикóз, -а
дерматомицéт, -а, *р. мн.* -ов
дермографúзм, -а
дермóид, -а
дёрн, -а (слой почвы с тра-
 вой)
дернéть, -éет (превращать-
 ся в дёрн)
дернúна, -ы
дернúстый
дернúть, -ню, -нúт (что)
дерновáть, -нýю, -нýет
дерновúна, -ы
дерновó-подзóлистый
дерновóй
дёрнуть(ся), -ну(сь),
 -нет(ся)
дéррик, -а
дéрть, -и
дéру: дать (задáть) дёру
дерьмó, -á
дерюга, -и
дерюжúна, -ы
дерюжка, -и
дерюжный
деряба, -ы
десáнт, -а
десантúрование, -я
десантúровать(ся), -рую,
 -рует(ся)
десáнтник, -а
десáнтный
десегрегáция, -и
деселерóметр, -а
дёсенный
десенсибилизáтор, -а
десенсибилизáция, -и
десенсибилизúрованный
десенсибилизúровать(ся),
 -рую, -рует(ся)
десенсибилизúрующий
десéрт, -а
десéртный
десигнáт, -а
десикáнт, -а
десикáция, -и
дéскать, *частица*
десквамáция, -и
дескриптúвный
дескрúптор, -а
дескрúпция, -и

ДЕТ

десмотропúя, -и
десмургúя, -и
деснá, -ы́, *мн.* дёсны, дё-
 сен, дёснам
деснúца, -ы
десóрбция, -и
дéспот, -а
деспотúзм, -а
деспотúческий
деспотúчный
деспотúя, -и
дессинáтор, -а
дестабилизáция, -и
дестабилизúрованный
дестабилизúровать, -рую,
 -рует
деструктúвный
деструкциóнный
дестрýкция, -и
десть, -и, *мн.* -и, -éй
десятерúк, -á
десятерикóвый
десятерúчный
десятернóй
десятеро, -ы́х
десятибáлльный
десятибóрец, -рца
десятибóрье, -я
десятивёрстка, -и
десятигрáдусный (10-грá-
 дусный)
десятигрáнник, -а
десятигрáнный
десятиднéвка, -и
десятиднéвный (10-днéв-
 ный)
десятикиломéтровка, -и
десятикиломéтровый (10-
 киломéтровый)
десятиклáссник, -а
десятиклáссница, -ы
десятиклáссный
десятикопéечный (10-ко-
 пéечный)
десятикрáтный
десятилéтие (10-лéтие), -я
десятилéтка, -и
десятилéтний (10-лéтний)
десятимéсячный (10-мé-
 сячный)
десятúна, -ы
десятúнный
десятирублёвка, -и
десятирублёвый (10-руб-
 лёвый)
десятирядный
десятитóмный
десятитóнный (10-тóн-
 ный)
десятиугóльник, -а
десятиугóльный
десятúчный
десятиэтáжный (10-этáж-
 ный)
десятка, -и
десятник, -а
десяток, -тка
десяточек, -чка
десятский, -ого
десятый
десять, -и́, *тв.* -ью
дéсятью (при умножении)
деталесмéна, -ы
детализáция, -и

детализи́рованный
детализи́ровать(ся), -рую,
  -рует(ся)
детали́ровка, -и
детали́ровщик, -а
дета́ль, -и
дета́льный
дета́ндер, -а
детва́, -ы́
детвора́, -ы́
детдо́м, -а, мн. -а́, -о́в
детдо́мовец, -вца
детдо́мовский
детекти́в, -а
детекти́вный
детекти́рование, -я
дете́ктор, -а
дете́кторный
детёныш, -а
детерге́нт, -а
детермина́нт, -а
детерминати́в, -а
детермина́ция, -и
детермини́зм, -а
детермини́рованный
детермини́ровать(ся),
  -рую, -рует(ся)
детермини́ст, -а
детерминисти́ческий
детермини́стский
детерминологиза́ция, -и
де́ти, дете́й, де́тям, деть-
  ми́, о де́тях
дети́на, -ы, м.
дети́нец, -нца
дети́нушка, -и, м.
дети́шки, -шек
де́тище, -а
де́тка, -и
детона́тор, -а
детонацио́нный
детона́ция, -и
детони́рование, -я
детони́ровать, -рую, -рует
детоно́метр, -а
деторо́дный
эторожде́ние, -я
детоуби́йство, -а
детоуби́йца, -ы, м. и ж.
де́точка, -и
детплоща́дка, -и
детприёмник, -а
детри́т, -а
детса́д, -а, мн. -ы́, -о́в
детса́довский
де́тский
де́тско-ю́ношеский
де́тство, -а
де́тушки, -шек
де́ть(ся), де́ну(сь), де́-
  нет(ся)
деты́сли, -ей
де-фа́кто, неизм.
дефека́тор, -а
дефека́ция, -и
дефе́кт, -а
дефекти́вный
дефе́ктный
дефектологи́ческий
дефектоло́гия, -и
дефектоско́п, -а
дефектоскопи́ческий
дефектоскопи́я, -и
дефензи́ва, -ы

дефере́нт, -а (астр.)
деферриза́ция, -и
дефибра́тор, -а
дефибрёр, -а
дефибрилля́тор, -а
дефибрилля́ция, -и
дефибри́ровать(ся), -рую,
  -рует(ся)
дефиле́, нескл, с.
дефили́ровать, -рую, -рует
дефини́тив, -а
дефинити́вный
дефини́ция, -и
дефи́с, -а
дефици́т, -а
дефици́тный
дефлегма́тор, -а
дефлегма́ция, -и
дефле́ктор, -а
дефлора́ция, -и
дефля́ция, -и
дефолиа́нт, -а
дефолиа́ция, -и
деформа́ция, -и
деформи́рование, -я
деформи́рованный
деформи́ровать(ся), -рую,
  -рует(ся)
дехка́нин, -а, мн. -а́не, -а́н
дехка́нка, -и
дехка́нский
дехлора́ция, -и
дехлори́рование, -я
дехлори́ровать(ся), -рую,
  -рует(ся)
децемви́р, -а
децемвира́т, -а
децентрализа́ция, -и
децентрализо́ванный
децентрализова́ть(ся),
  -зу́ю, -зу́ет(ся)
媒циб́ел, -а, р. мн. деци-
  бе́л и -ов
дециера́мм, -а, р. мн. -ов
децили́тр, -а
де́цима, -ы
децима́льный
дециме́тр, -а
де́чный (от дек)
деш钔венький
дешеве́ть, -е́ет
дешеви́зна, -ы
дешеви́ть, -влю́, -ви́т
дешёвка, -и
деше́вле, сравн. ст. (от
  дешёвый, дёшево)
дешёвый
дешифра́тор, -а
дешифри́рование, -я
дешифри́рованный
дешифри́ровать(ся), -рую,
  -рует(ся)
дешифро́ванный
дешифрова́ть(ся), -ру́ю,
  -ру́ет(ся)
дешифро́вка, -и
деэмульга́тор, -а
деэмульги́рование, -я
деэскала́ция, -и
деэтимологиза́ция, -и
деэтимологизи́роваться,
  -руется
де-ю́ре, неизм.
дея́ние, -я

де́ятель, -я
де́ятельница, -ы
де́ятельность, -и
де́ятельный
де́яться, де́ется, прош.
  де́ялось, других форм
  нет
джаз, -а
джаз-ба́нд, -а
джаз-клу́б, -а
джа́зовый
джаз-орке́стр, -а
джаз-ри́тм, -а
джаз-ро́к, -а
джаз-фестива́ль, -я
джаз-фолк-ро́к, -а
джайни́зм, -а
джамбу́лский (от Джам-
  бу́л)
джейра́н, -а
джем, -а
дже́мпер, -а
джентльме́н, -а
джентльме́нский
джентльме́нство, -а
дже́нтри, нескл, с.
дже́рси, неизм. и нескл,
  с.
джерсо́вый
джеспили́т, -а
джи́ггер, -а
джиги́т, -а
джигитова́ть, -ту́ю, -ту́ет
джигито́вка, -и
джин, -а (напиток)
джингои́зм, -а
джинн, -а (дух)
джинсо́вка, -и
джи́нсовый
джи́нсы, -ов
джип, -а
джиу́-джи́тсу, нескл, с.
джо́кер, -а
джона́тан, -а
джо́нка, -и
джо́уль, -я
джуга́ра, -ы
джу́нгли, -ей
джут, -а
джу́товый
дзе́канье, -я
дзе́кать, -аю, -ает
дзе́та, -ы
дзе́та-фу́нкция, -и
дзинь, неизм.
дзи́ньканье, -я
дзи́нькать, -аю, -ает
дзот, -а
дзэн-будди́зм, -а
дзюдо́, нескл, с.
дзюдои́ст, -а
диаба́з, -а
диаба́зовый
диабе́т, -а
диабе́тик, -а
диабетоло́гия, -и
диагене́з, -а
диа́гноз, -а
диагно́ст, -а
диагно́стика, -и
диагности́ровать, -рую, -ру-
  ет
диагности́ческий
диагона́левый

диагона́ль, -и
диагона́льно-перекрёст-
  ный
диагона́льно-ре́зательный
диагона́льный
диагра́мма, -ы
диагра́ммный
диаде́ма, -ы
диазокопи́рование, -я
диазокраси́тель, -я
диазосоедине́ние, -я
диазоти́пия, -и
диа́кон, -а, мн. -ы, -ов и
  дья́кон, -а, мн. -ы, -ов и
  -а́, -о́в
диакони́са, -ы
диакрити́ческий
диале́кт, -а
диалекти́зм, -а
диале́ктик, -а
диале́ктика, -и
диале́ктико-материали-
  сти́ческий
диалекти́ческий
диале́ктный
диалектографи́ческий
диалектогра́фия, -и
диалекто́лог, -а
диалектологи́ческий
диалектоло́гия, -и
диа́лиз, -а
диализа́тор, -а
диало́г, -а
диалоги́ческий
диамагнети́зм, -а
диамагне́тик, -а
диамагни́тный
диама́нт, -а
диама́т, -а
диа́метр, -а
диаметра́льно противопо-
  ло́жный
диаметра́льный
диами́н, -а
диаминокапро́новый
диаммофо́с, -а
диапазо́н, -а
диапозити́в, -а
диапозити́вный
диапрое́ктор, -а
диаре́я, -и
диартро́з, -а
диаско́п, -а
диаскопи́ческий
диаскопи́я, -и
диа́спора, -ы (о народах)
диаспо́ра, -ы (часть растения)
диаста́за, -ы
диа́стола, -ы
диастрофи́зм, -а
диате́з, -а
диатерми́ческий
диатерми́я, -и
диатермокоагуля́ция, -и
диатоми́т, -а
диато́ника, -и
диатони́ческий
диатри́ба, -ы
диатропи́зм, -а
диафа́н, -а
диафано́метр, -а
диафаноско́п, -а
диафаноскопи́я, -и

диафи́з, -а
диафи́льм, -а
диафо́н, -а
диафра́гма, -ы
диафрагми́ровать, -рую,
 -рует
диахрони́я, -и
дибазо́л, -а
див, -а
дивакци́на, -ы
дива́н, -а
дива́н-крова́ть, дива́на-
 крова́ти
дива́нный
дива́нчик, -а
дивергѐнт, -а
дивергѐнтный
дивергѐнция, -и
диверса́нт, -а
диверса́нтка, -и
диверса́нтский
диверсио́нный
диверсифика́ция, -и
диве́рсия, -и
диверти́кул, -а
дивертисме́нт, -а
дивертисме́нтный
дивиде́нд, -а
дивиде́ндный
дивизио́н, -а
дивизиони́зм, -а
дивизио́нный
диви́зия, -и
дивини́л, -а
диви́ть(ся), -влю́(сь),
 -ви́т(ся)
ди́вный
ди́во, -а
дивова́ться, диву́юсь, ди-
 ву́ется
ди́во ди́вное
дивчи́на, -ы
дигале́н, -а
дига́мма, -ы
ди́ггер, -а
диге́стия, -и
дигита́лис, -а
дигра́ф, -а
дигресси́вный
дигре́ссия, -и
дидакти́зм, -а
дида́ктик, -а
дида́ктика, -и
дидакти́ческий
дидакти́чный
дидодека́эдр, -а
дие́з, -а
дие́зный
дие́н, -а
дие́новый
дие́та, -ы
диетвра́ч, -а́
диете́тика, -и
диети́ческий (*от* диете́-
 тика)
дие́тик, -а
дие́тический (*от* дие́-
 та)
дие́тный
дието́лог, -а
диетологи́ческий
диетотерапи́я, -и
диетпита́ние, -а

диетпроду́кты, -ов, *ед.* -у́кт,
 -а
диетсестра́, -ы́, *мн.* -сёстры,
 -сестёр, -сёстрам
диетстоло́вая, -ой
диза́жио, *нескл., с.*
диза́йн, -а
диза́йнер, -а
дизартри́я, -и
дизассоциа́ция, -и
дизелево́з, -а
дизелестрое́ние, -я
дизелестрои́тельный
дизели́ст, -а
ди́зель, -я, *мн.* -и, -ей и -я́,
 -е́й
дизель-... — первая часть
 сложных слов, пишется
 всегда через дефис
ди́зель-мо́лот, -а
ди́зель-мото́р, -а
ди́зель-мото́рный
ди́зельный
ди́зель-по́езд, -а, *мн.* -а́, -о́в
ди́зель-электри́ческий
ди́зель-электрохо́д, -а
ди́зель-электрохо́дный
дизентери́йный
дизентери́я, -и
дизрупти́вный
дизъю́нкт, -а
дизъюнкти́вный
дизъю́нкция, -и
дика́рка, -и
дика́рский
дика́рство, -а
дика́рь, -я́
ди́кий; *кр. ф.* дик, дика́,
 ди́ко
дикобра́з, -а
дикова́тый
дико́вина, -ы
дико́винка, -и
дико́винный
дикоплодо́вый
дикорасту́щий
ди́кость, -и
диксикра́т, -а
ди́ксиле́нд, -а
дикта́нт, -а
дикта́т, -а
дикта́тор, -а
дикта́торский
дикта́торство, -а
дикта́торствовать, -твую,
 -твует
диктату́ра, -ы
дикто́ванный
диктова́ть(ся), дикту́ю,
 дикту́ет(ся)
дикто́вка, -и
ди́ктор, -а, *мн.* -ы, -ов
ди́кторский
диктофо́н, -а
диктофо́нный
дику́ша, -и
ди́кция, -и
дилато́граф, -а
дилато́метр, -а
дилатометри́ческий
дилатоме́трия, -и
диле́мма, -ы
диле́ммный

дилета́нт, -а
дилетанти́зм, -а
дилета́нтка, -и
дилета́нтский
дилета́нтство, -а
дилижа́нс, -а
дилижа́нсовый
дилоги́ческий
дило́гия, -и
димедро́л, -а
диметилами́н, -а
димину́эндо, *неизм. и*
 нескл., с.
диморфи́зм, -а
димо́рфный
ди́на, -ы
динами́зм, -а
дина́мик, -а
дина́мика, -и
динами́т, -а
динами́тный
динами́тчик, -а
динами́ческий
динами́чность, -и
динами́чный
дина́мка, -и
ди́намный
дина́мо, *нескл., с.*
динамогра́мма, -ы
динамо́граф, -а
динамокардиогра́фия, -и
дина́мо-маши́на, -ы
динамометаморфи́зм, -а
динамо́метр, -а
динамометри́ческий
динамоме́трия, -и
динамоскопи́ческий
дина́р, -а
дина́рий, -я
ди́нас, -а
династи́ческий
дина́стия, -и
динатро́н, -а
ди́нго, *нескл., м. и ж.*
динитробензо́л, -а
диноза́вр, -а
динотѐрий, -я
динь-динь-ди́нь, *неизм.*
дио́д, -а
диони́н, -а
диони́сии, -ий
дио́птр, -а
дио́птренный
диоптри́йный
дио́птрика, -и
диоптри́метр, -а
диоптри́ческий
дио́птрия, -и
диора́ма, -ы
диори́т, -а
диоскорѐя, -и
дипко́рпус, -а
дипкурьѐр, -а
дипло́ид, -а
дипло́идный
диплоко́кк, -а
дипло́м, -а
диплома́нт, -а
диплома́нтка, -и
диплома́т, -а
диплома́тика, -и
дипломати́ческий
дипломати́чный
диплома́тия, -и

диплома́тка, -и
дипломи́рованный
дипло́мник, -а
дипло́мница, -ы
дипло́мный
дипо́дия, -и
дипо́ль, -я
дипо́льный
дипсома́ния, -и
ди́птих, -а
директи́ва, -ы
директи́вно-волево́й
директи́вный
дире́ктор, -а, *мн.* -а́, -о́в
директора́т, -а
дире́ктори́я, -и
дире́кторский
дире́кторство, -а
дире́кторствовать, -твую,
 -твует
дире́кторша, -и
директри́са, -ы
дире́кцио́н, -а
дире́кция, -и
дирижа́бельный
дирижаблестрое́ние, -я
дирижаблестрои́тельный
дирижа́бль, -я
дирижёр, -а
дирижёрский
дирижёрство, -а
дирижи́рование, -я
дирижи́ровать, -рую, -рует
дирхѐм, -а
дисассе́мблер, -а
дисбактерио́з, -а
дисбала́нс, -а
дисгармони́ровать, -рует
дисгармони́рующий
дисгармони́ческий
дисгармони́чный
дисгармо́ния, -и
дисгормона́льный
диск, -а
диска́нт, -а, *мн.* -ы, -ов
диска́нтный
дисканто́вый
дисквалифика́ция, -и
дисквалифици́рованный
дисквалифици́ровать(ся),
 -рую(сь), -рует(ся)
диск-гига́нт, ди́ска-гига́н-
 та
дискѐт, -а и дискѐта, -ы
диск-жоке́й, -я
ди́ско, *неизм. и нескл., с.*
ди́ско-ба́р, -а
дискобо́л, -а
дискобо́лка, -и
дискова́ние, -я
диско́ванный
дискова́ть(ся), -ку́ю, -ку́-
 ет(ся)
дисково́д, -а
ди́сковый
ди́ско-гру́ппа, -ы
ди́ско-клу́б, -а
дискомеду́за, -ы
дискомице́т, -а, *р. мн.* -ов
ди́ско-му́зыка, -и
дискомфо́рт, -а
диско́нт, -а (учёт векселя)
диско́нтѐр, -а
дисконти́рование, -я

дисконти́ровать(ся), -рую,
  -рует(ся)
диско́нтный
дискоте́ка, -и
дискофре́зерный
дискредита́ция, -и
дискреди́рование, -я
дискредити́рованный
дискредити́ровать(ся),
  -рую, -рует(ся)
дискре́тность, -и
дискре́тный
дискрецио́нный
дискримина́нт, -а
дискримина́тор, -а
дискриминацио́нный
дискримина́ция, -и
дискримини́ровать(ся),
  -рую, -рует(ся)
ди́скурс, -а
дискурси́вный
дискуссио́нный
дискусси́ровать, -рую, -рует
  и дискути́ровать, -рую,
  -рует
диску́ссия, -и
дислокацио́нный
дислока́ция, -и
дислоци́рованный
дислоци́ровать(ся), -рую,
  -рует(ся)
дисменоре́я, -и
диспансе́р, -а
диспансериза́ция, -и
диспансе́рный
диспара́тный
ди́спач, -а
диспепси́ческий
диспепси́я, -и
дисперсио́нный
диспе́рсия, -и
диспе́рсность, -и
диспе́рсный
диспе́тчер, -а, мн. -ы, -ов
диспетчериза́ция, -и
диспе́тчерская, -ой
диспе́тчерский
дисплей, -я
дисплейный
диспозити́вный
диспозицио́нный
диспози́ция, -и
диспоне́нт, -а
диспони́ровать, -рую, -рует
диспро́зий, -я
диспропорциона́льный
диспропорциони́рование,
  -я
диспропо́рция, -и
ди́спут, -а
диспута́нт, -а
диспути́ровать, -рую, -рует
диссе́ктор, -а
диссемина́ция, -и
диссерта́бельный
диссерта́нт, -а
диссерта́нтка, -и
диссерта́нтский
диссертацио́нный
диссерта́ция, -и
дисси́дент, -а
дисси́дентка, -и
дисси́дентский
диссимиляти́вный

диссимиля́ция, -и
диссимули́ровать, -рую,
  -рует
диссимуля́ция, -и
диссипа́ция, -и
диссона́нс, -а
диссони́ровать, -рует
диссони́рующий
диссоциа́ция, -и
дистанцио́нный
диста́нция, -и
дистилли́рованный
дистиллирова́ть, -ру́ю, -ру́-
  ет и дистилли́ро-
  вать(ся), -рую, -рует(ся)
дистилля́т, -а
дистилля́тный
дистилля́тор, -а
дистилляцио́нный
дистилля́ция, -и
дистими́я, -и
дистинкти́вный
дисти́нкция, -и
ди́стих, -а
дисто́рсия, -и
дистрибути́вность, -и
дистрибути́вный
дистрибу́ция, -и
ди́стри́кт, -а
дистро́фик, -а
дистрофи́ческий
дистрофи́я, -и
дисульфи́д, -а
дисфу́нкция, -и
дисципли́на, -ы
дисциплина́рный
дисциплини́рованность, -и
дисциплини́рованный; кр.
  ф. -ан, -анна
дисциплини́ровать(ся),
  -рую(сь), -рует(ся)
дитя́, род. и дат. дитя́ти,
  тв. дитя́тей и дитя́тею,
  предл. о дитя́ти
ди́тятко, -а
диуре́з, -а
диуре́ти́н, -а
диурети́ческий
дифениламин, -а
дифени́ловый
дифира́мб, -а
дифирамби́ческий
дифле́ктор, -а
дифманóметр, -а
дифосге́н, -а
дифракцио́нный
дифра́кция, -и
дифтери́йный
дифтери́т, -а
дифтери́тный
дифтери́я, -и
дифто́нг, -а
дифтонгиза́ция, -и
дифтонги́ческий
дифтонго́ид, -а
диффама́ция, -и
диффере́нт, -а (наклон
  судна)
дифферентóметр, -а
дифференциа́л, -а
дифференциа́льно-ра́зно-
  стный
дифференциа́льный
дифференциа́ция, -и

дифференци́рование, -я
дифференци́рованный
дифференци́ровать(ся),
  -рую, -рует(ся)
дифференци́рующий(ся)
диффузио́нный
диффу́зия, -и
диффу́зно рассе́янный
диффу́зный
диффу́зор, -а
диффунди́ровать, -рую,
  -рует
дихлофо́с, -а
дихога́мия, -и
дихотоми́ческий
дихотоми́я, -и
дихрои́зм, -а
дихромати́ческий
дича́ть, -а́ю, -а́ет
дичи́на, -ы
дичи́ться, -чу́сь, -чи́тся
дичко́вый
дичо́к, -чка́
дичь, -и
диэле́ктрик, -а
диэлектри́ческий
диэти́ловый
дла́нь, -и
длина́, -ы́, мн. дли́ны,
  длин, дли́нам
дли́нненький; кр. ф. -ёнек,
  -ёнька
длинне́ть, -е́ет
длинноборо́дый
длиннова́тый
длинноволно́вый
длинноволокни́стый
длинноволо́сый
длинноголо́вый
длинноколо́сый
длиннокры́лый
длиннолицый
длинноно́гий
длинноно́сый
длиннопо́лый
длиннорóгий
длиннору́кий
длиннорылые, -ых
длинноство́льный
длинностéбельный
длиннота́, -ы́, мн. -о́ты, -о́т
длинноу́сый
длинноу́хий
длиннохво́ст, -а
длиннохво́стый, -ого
длинночерешко́вый
длинноше́ий, -шея́я, -ше́ее
длинношёрстный и длин-
  ношёрстый
длинну́щий и длинню́-
  щий
дли́нный; кр. ф. дли́нен,
  длинна́, дли́нно́
длиноме́р, -а
дли́тельность, -и
дли́тельный
дли́ть(ся), длю, дли́т(ся)
дневали́ть, -лю, -лит
днева́льный, -ого
днева́льство, -а
днева́ть, дню́ю, дню́ет
днёвка, -и
дневни́к, -а́
дневничо́к, -чка́

дневно́й
днём, нареч.
днепро́вский
днестро́вский
дни́ще, -а
днооч́истительный
дноуглуби́тельный
доба́вить(ся), -влю,
  -вит(ся)
доба́вка, -и
добавле́ние, -я
доба́вленный
добавля́ть(ся), -я́ю, -я́ет(ся)
доба́вок, -вка
доба́вочный
добалова́ться, -лу́юсь, -лу́-
  ется
доба́лтываться, -аюсь, -ает-
  ся
добега́ть, -а́ю, -а́ет
добега́ться, -а́юсь, -а́ется
добежа́ть, -бегу́, -бежи́т, -бе-
  гу́т
добела́
добелённый; кр. ф. -ён,
  -ена́
добе́ливать(ся), -аю,
  -ает(ся)
добели́ть(ся), -елю́,
  -е́ли́т(ся)
доберма́н, -а
доберма́н-пи́нчер, добер-
  ма́на-пи́нчера
добива́ть(ся), -а́ю(сь),
  -а́ет(ся)
добира́ть(ся), -а́ю(сь),
  -а́ет(ся)
доби́тый
доби́ть(ся), -бью́(сь),
  -бьёт(ся)
до́блестный
до́блесть, -и
доболта́ться, -а́юсь, -а́ется
до́бранный
добра́сывать(ся), -аю,
  -ает(ся)
добра́ть(ся), -беру́(сь), -бе-
  рёт(ся); прош. -а́л(ся),
  -ала́(сь), -а́ло, -а́лось
добра́чный
добреда́ть, -а́ю, -а́ет
добре́дший
до́бренький; кр. ф. -енек,
  -енька
добрести́, -еду́, -едёт; прош.
  -ёл, -ела́
добре́ть, -е́ю, -е́ет
добрива́ть(ся), -а́ю(сь),
  -а́ет(ся)
добри́ть(ся), -ре́ю(сь), -ре́-
  ет(ся)
добро́, -а́
доброво́лец, -льца
доброво́льный
доброво́льческий
доброво́льчество, -а
добро́детель, -и
доброде́тельный
добродуш́ие, -я
добродушный
доброе́зжий
доброжела́тель, -я
доброжела́тельница, -ы

87

ДОБ

доброжела́тельность, -и
доброжела́тельный
доброжела́тельство, -а
доброка́чественный; кр.
   ф. -вен и венен, -венна
добро́м, нареч.
добронра́вие, -я
добронра́вный
добропоря́дочность, -и
добропоря́дочный
добросерде́чие, -я
добросерде́чность, -и
добросерде́чный
добро́сить, -о́шу, -о́сит
добросо́вестность, -и
добросо́вестный
добрососе́дский
добрососе́дство, -а
доброта́, -ы́
добро́тность, -и
добро́тный
доброхо́т, -а
доброхо́тный
доброхо́тство, -а
доброхо́тствовать, -твую,
   -твует
добро́шенный
до́брый; кр. ф. добр, до-
   бра́, добро́, добры́
добря́к, -а́
добря́чка, -и
добрячо́к, -чка́
добуди́ться, -ужу́сь, -у́дится
добыва́ние, -я
добыва́ть(ся), -а́ю, -а́ет(ся)
добы́ток, -тка
добы́тчик, -а
добы́тчица, -ы
добы́тый; кр. ф. до́бы́т,
   добы́та, до́бы́то
добы́ть, -бу́ду, -бу́дет;
   прош. до́был, добыла́,
   до́было
добы́ча, -и
добы́чливый
дова́ренный
дова́ривать(ся), -аю,
   -ает(ся)
довари́ть(ся), -арю́,
   -а́рит(ся)
довева́ть, -а́ю, -а́ет (к ве́-
   ять)
дове́даться, -аюсь, -ается
доведе́ние, -я
доведённый; кр. ф. -ён,
   -ена́
дове́дший
довезённый; кр. ф. -ён,
   -ена́
довезти́, -зу́, -зёт; прош. -ёз,
   -езла́
довёзший
дове́ивать(ся), -аю, -ает(ся)
до́веку, нареч.
дове́ренность, -и
дове́ренный
дове́рие, -я
дове́ритель, -я
довери́тельница, -ы
довери́тельный
дове́рить(ся), -рю(сь),
   -рит(ся)
довёрнутый
довёрну́ть(ся), -ну́, -нёт(ся)

ДОВ

доверте́ть(ся), -ерчу́(сь),
   -е́ртит(ся)
довёртывать(ся), -аю,
   -ает(ся)
до́верху, нареч. (сни́зу до́-
   верху)
дове́рченный
дове́рчивость, -и
дове́рчивый
доверша́ть(ся), -а́ю,
   -а́ет(ся)
доверше́ние, -я
довершённый; кр. ф. -ён,
   -ена́
доверши́ть(ся), -шу́,
   -ши́т(ся)
доверя́ть(ся), -я́ю(сь),
   -я́ет(ся)
дове́сить, -е́шу, -е́сит
дове́сок, -ска
довести́(сь), -веду́, -ве-
   дёт(ся); прош. -вёл, -ве-
   ла́, -вело́(сь)
дове́шанный (от дове́-
   шать)
дове́шать, -аю, -ает
дове́шенный (от дове́-
   сить)
дове́шивать(ся), -аю,
   -ает(ся)
дове́ять, -е́ю, -е́ет
довзы́сканный
довзыска́ть, -ы́щу, -ы́щет
довзы́скивать(ся), -аю,
   -ает(ся)
довива́ть, -а́ю, -а́ет (к вить)
довинти́ть, -инчу́, -и́нти́т
дови́нченный
дови́нчивать(ся), -аю,
   -ает(ся)
дови́тый; кр. ф. -и́т, -ита́,
   -и́то
дови́ть(ся), -вью, -вьёт(ся);
   прош. -и́л(ся), -ила́(сь),
   -и́ло, -и́лось
довле́ть, -е́ет
до́вод, -а
доводи́ть(ся), -ожу́(сь),
   -о́дит(ся)
дово́дка, -и
дово́дочный
дово́дчик, -а
довоева́ть(ся), -вою́ю(сь),
   -вою́ет(ся)
довоённый
довози́ть(ся), -ожу́(сь),
   -о́зит(ся)
доволакивать(ся), -аю(сь),
   -ает(ся)
доволо́кший(ся)
доволочённый; кр. ф. -ён,
   -ена́ (к доволо́чь)
доволо́ченный; кр. ф. -ен,
   -ена и доволочённый;
   кр. ф. -ён, -ена́ (к дово-
   лочи́ть)
доволочи́ть(ся), -очу́(сь),
   -о́чит(ся)
доволо́чь(ся), -оку́(сь),
   -очёт(ся), -оку́т(ся);
   прош. -о́к(ся), -окла́(сь)
дово́льно
дово́льный
дово́льствие, -я

ДОГ

дово́льство, -а
дово́льствовать(ся),
   -твую(сь), -твует(ся)
довооружа́ть(ся), -а́ю(сь),
   -а́ет(ся)
довооруже́ние, -я
довооружённый; кр. ф.
   -ён, -ена́
довооружи́ть(ся), -жу́(сь),
   -жи́т(ся)
до востре́бования
довра́ться, -ру́сь, -рётся;
   прош. -а́лся, -ала́сь, -а́лось
доврачёбный
довы́боры, -ов
довы́полненный
довы́полнить, -ню, -нит
довыполня́ть(ся), -я́ю,
   -я́ет(ся)
довяза́ть, -яжу́, -я́жет
довя́зывать, -аю, -ает
дог, -а
догада́ться, -а́юсь, -а́ется
дога́дка, -и
дога́дливость, -и
дога́дливый
дога́дываться, -аюсь, -ается
догаре́сса, -ы
догла́дить, -а́жу, -а́дит
догла́дывать, -аю, -ает
догла́женный
догла́живать(ся), -аю,
   -ает(ся)
догло́данный
доглода́ть, -ожу́, -о́жет и
   -а́ю, -а́ет
догляде́ть, -яжу́, -яди́т
догля́дывать, -аю, -ает
до́гма, -ы
до́гмат, -а
догматиза́ция, -и
догматизи́ровать, -рую, -ру-
   ет
догмати́зм, -а
догма́тик, -а
догма́тика, -и
догмати́ческий
догмати́чный
до́гнанный
догна́ть, -гоню́, -го́нит
догнива́ть, -а́ю, -а́ет
догни́ть, -ию́, -иёт
догова́ривать(ся), -аю(сь),
   -ает(ся)
догова́ривающий(ся)
догово́р, -а, мн. догово́ры,
   -ов и договора́, -о́в
договорённость, -и
договорённый; кр. ф. -ён,
   -ена́
договори́ть(ся), -рю́(сь),
   -ри́т(ся)
догово́рный и договорно́й
догола́
догоня́лки, -лок
догоня́ть, -я́ю, -я́ет
догора́ть, -а́ет
догоре́ть, -ри́т
догреба́ть, -а́ю, -а́ет
догребённый; кр. ф. -ён,
   -ена́
догрёбший
догрести́, -ребу́, -ребёт;
   прош. -рёб, -ребла́

ДОЖ

догружа́ть(ся), -а́ю,
   -а́ет(ся)
догру́женный; кр. ф. -ен,
   -ена и догружённый; кр.
   ф. -ён, -ена́
догрузи́ть(ся), -ужу́(сь),
   -у́зи́т(ся)
догру́зка, -и
догрыза́ть(ся), -а́ю, -а́ет(ся)
догры́зенный
догры́зть, -зу́, -зёт; прош.
   -ы́з, -ы́зла
догры́зший
догу́ливать, -аю, -ает
догуля́ть(ся), -я́ю(сь),
   -я́ет(ся)
додава́ть(ся), -даю́, -да-
   ёт(ся)
до́данный; кр. ф. -ан, до́-
   дана́, до́дано
дода́ть, -а́м, -а́шь, -а́ст,
   -ади́м, -ади́те, -аду́т;
   прош. до́дал, додала́, до́-
   дало
дода́ча, -и
додекафони́ческий
додекафо́ния, -и
додека́эдр, -а
доде́ланный
доде́лать, -аю, -ает
доделённый; кр. ф. -ён,
   -ена́
додели́ть, -елю́, -е́лит
доде́лка, -и
доде́лочный
доде́лывать(ся), -аю,
   -ает(ся)
доде́ржанный
додержа́ть(ся), -ержу́(сь),
   -е́ржит(ся)
доде́рживать(ся), -аю(сь),
   -ает(ся)
до дие́з, до дие́за
до-дие́зный
дондне́сь, нареч.
доду́мать(ся), -аю(сь),
   -ает(ся)
доду́мывать(ся), -аю(сь),
   -ает(ся)
доеда́ть(ся), -а́ю, -а́ет(ся)
дое́денный
дое́здить(ся), -е́зжу(сь),
   -е́здит(ся)
дое́здка, -и
доезжа́ть, -а́ю, -а́ет
доезжа́чий, -его
дое́зженный
дое́ние, -я
до́енный, прич.
до́еный, прил.
дое́сть, -е́м, -е́шь, -е́ст,
   -еди́м, -еди́те, -едя́т; прош.
   -е́л, -е́ла
дое́хать, -е́ду, -е́дет
дож, -а, мн. до́жи, -ей
дожа́ренный
дожа́ривать(ся), -аю,
   -ает(ся)
дожа́рить(ся), -рю, -рит(ся)
дожа́тый
дожа́ть 1, -жму́, -жмёт
дожа́ть 2, -жну́, -жнёт
дожда́ться, -ду́сь, -дётся;
   прош. -а́лся, -ала́сь, -а́лось

дождева́лка, -и
дождева́льный
дождева́ние, -я
дождеви́к, -а́
дождево́й
дождемёр, -а
дождеприёмник, -а
до́ждик, -а
дожди́на, -ы, м.
дожди́ть, -и́т
до́ждичек, -чка
дожди́ще, -а, м.
дождли́вый
дождь, -я́
дожёванный
дожева́ть, -жую́, -жуёт
дожёвывать(ся), -аю,
    -ает(ся)
дожёгший
дожёчь, -жгу́, -жжёт, -жгу́т;
    прош. -жёг, -жгла́
дожжённый; кр. ф. -ён,
    -ена́
дожива́ть, -а́ю, -а́ет
дожига́ть(ся), -а́ю, -а́ет(ся)
дожида́ть(ся), -а́ю(сь),
    -а́ет(ся)
дожима́ть(ся), -а́ю, -а́ет(ся)
дожина́ть(ся), -а́ю, -а́ет(ся)
дожи́нки, -нок
дожи́ночный
дожи́тие, -я
до́житый; кр. ф. дожи́т,
    дожита́, до́жито
дожи́ть, -иву́, -ивёт; прош.
    до́жил, дожила́, до́жило
до́за, -ы
до за́втра
дозапра́вить(ся), -влю(сь),
    -вит(ся)
дозапра́вка, -и
до заре́зу и до заре́за
доза́ривание, -я
доза́тор, -а
дозва́ниваться, -аюсь, -ает-
    ся
дозва́ться, -зову́сь, -зовётся;
    прош. -а́лся, -ала́сь, -а́лось
дозволе́ние, -я
дозво́ленный
дозволи́тельный
дозво́лить, -лю, -лит
дозволя́ть(ся), -я́ю, -я́ет(ся)
дозвони́ться, -ню́сь, -ни́тся
дозвуково́й
дози́метр, -а
дозиметри́ст, -а
дозиметри́ческий
дозиме́три́я, -и
дозимова́ть, -му́ю, -му́ет
дози́рованный
дози́ровать(ся), -рую, -ру-
    ет(ся)
дозиро́вка, -и
дозиро́вочный
дознава́ться, -наю́сь, -наёт-
    ся
дозна́ние, -я
до́знанный
дозна́ть(ся), -а́ю(сь),
    -а́ет(ся)
дозо́р, -а
дозо́рный
дозрева́ние, -я

дозрева́ть, -а́ет
дозре́лый
дозре́ть, -е́ет
дои́гранный
доигра́ть(ся), -а́ю(сь),
    -а́ет(ся)
дои́грывание, -я
дои́грывать(ся), -аю(сь),
    -ает(ся)
до́ильник, -а
до́ильно-моло́чный
до́ильный
доимпериалисти́ческий
доиска́ться, -ищу́сь, -и́щет-
    ся
дои́скиваться, -аюсь, -ается
доистори́ческий
доисто́рия, -и
дои́ть(ся), дою́, до́и́т(ся)
до́йка, -и
до́йна, -ы
дойни́к, -а́
дойни́ца, -ы
до́йный
дойти́, дойду́, дойдёт;
    прош. дошёл, дошла́
док, -а
до́ка, -и, м. и ж.
дока́занный
доказа́тельный
доказа́тельственный
доказа́тельство, -а
доказа́ть, -ажу́, -а́жет
доказу́емый
дока́зчик, -а
дока́зчица, -ы
дока́зывать(ся), -аю,
    -ает(ся)
докалённый; кр. ф. -ён,
    -ена́
дока́ливать(ся), -аю,
    -ает(ся)
докали́ть(ся), -лю́, -ли́т(ся)
дока́лывать(ся), -аю,
    -ает(ся)
дока́нчивать(ся), -аю,
    -ает(ся)
дока́пать, -аю, -ает
докапиталисти́ческий
дока́пчивать(ся), -аю,
    -ает(ся)
дока́пывать(ся), -аю(сь),
    -ает(ся)
докара́бкаться, -аюсь, -ает-
    ся
дока́рмливать(ся), -аю,
    -ает(ся)
дока́танный
доката́ть(ся), а́ю(сь),
    -а́ет(ся)
докати́ть(ся), -ачу́(сь),
    -а́тит(ся)
дока́тывать(ся), -аю(сь),
    -ает(ся)
дока́чанный (от дока-
    ча́ть)
докача́ть(ся), -а́ю(сь),
    -а́ет(ся)
дока́ченный (от дока-
    ти́ть)
дока́чивать(ся), -аю,
    -ает(ся)
дока́шивать(ся), -аю,
    -ает(ся)

доква́сить(ся), -а́шу,
    -а́сит(ся)
доква́шенный
доква́шивать(ся), -аю,
    -ает(ся)
докембри́й, -я
докембри́йский
до́кер, -а
доки́данный
докида́ть(ся), -а́ю(сь),
    -а́ет(ся)
доки́дывать(ся), -аю,
    -ает(ся)
доки́нутый
доки́нуть, -ну, -нет
докипа́ть, -а́ет
докипе́ть, -пи́т
докиса́ть, -а́ет
доки́снуть, -нет; прош. -и́с,
    -и́сла
докла́д, -а
докладна́я, -о́й
докладно́й
докла́дчик, -а
докла́дчица, -ы
докла́дывать(ся), -аю(сь),
    -ает(ся)
докла́ссовый
доклёванный
доклева́ть, -люю́, -люёт
доклёвывать(ся), -аю,
    -ает(ся)
доклеенный
докле́ивать(ся), -аю,
    -ает(ся)
докле́ить, -е́ю, -е́ит
докле́точный
докли́каться, -и́чусь, -и́чет-
    ся
доко́ванный
докова́ть, -кую́, -куёт
доко́вывать(ся), -аю,
    -ает(ся)
до́ковый
доковыля́ть, -я́ю, -я́ет
доко́лачивать(ся), -аю,
    -ает(ся)
доко́ле и доко́ль, нареч.
доколоти́ть, -лочу́, -ло́тит
доко́лотый
доколо́ть, -олю́, -о́лет
доколо́ченный
доко́ль и доко́ле, нареч.
докона́ть, -а́ю, -а́ет
доко́нченный
доко́нчить, -чу, -чит
доко́панный
докопа́ть(ся), -а́ю(сь),
    -а́ет(ся)
докопти́ть, -пчу́, -пти́т
докопчённый; кр. ф. -ён,
    -ена́
докорми́ть, -ормлю́, -о́рмит
доко́рмленный
докоси́ть, -ошу́, -о́сит
доко́шенный
докра́ивать(ся), -аю,
    -ает(ся)
до кра́йности
докра́сить, -а́шу, -а́сит
докра́сна
докра́шенный
докра́шивать, -аю, -ает
докрича́ться, -чу́сь, -чи́тся

докро́енный
докрои́ть, -ою́, -ои́т
докружи́ться, -ужу́сь,
    -у́жится
докрути́ть(ся), -учу́(сь),
    -у́тит(ся)
докру́ченный
докру́чивать(ся), -аю(сь),
    -ает(ся)
до́ктор, -а, мн. -а́, -о́в
доктора́льный
доктора́нт, -а
доктора́нтка, -и
доктора́нтский
докторанту́ра, -ы
доктора́т, -а
до́кторский
до́кторша, -и
доктри́на, -ы
доктринёр, -а
доктринёрский
доктринёрство, -а
доку́да
доку́ка, -и
докуме́нт, -а
документа́льно-хрони-
    ка́льный
документа́льный
документа́ция, -и
докуме́нтик, -а
документи́рование, -я
документи́рованный
документи́ровать(ся),
    -рую, -рует(ся)
доку́панный
докупа́ть(ся), -а́ю(сь),
    -а́ет(ся)
докупи́ть, -уплю́, -у́пит
доку́пленный
доку́ренный
доку́ривать(ся), -аю(сь),
    -ает(ся)
докури́ть(ся), -урю́(сь),
    -у́рит(ся)
докуча́ть, -а́ю, -а́ет
доку́чливый
доку́чный
доку́шать, -аю, -ает
дол, -а
дола́вливать, -аю, -ает
дола́мывать(ся), -аю(сь),
    -ает(ся)
долбану́ть, -ну́, -нёт
долбёж, -ежа́
долбёжка, -и (действие)
долбёжный
долби́ть(ся), -блю́, -би́т(ся)
долбле́ние, -я
долблёнка, -и
долблённый; кр. ф. -ён,
    -ена́, прич.
долблёный, прил.
долбня́, -и́
долбя́к, -а́
долг, -а, предл. о до́лге, в
    долгу́, мн. -и́, -о́в
до́лгий; кр. ф. до́лог, долга́,
    до́лго
долгове́чность, -и
долгове́чный
долгово́й
долговоло́сый
долговре́менный
долговя́зый

долгогри́вый
долгоде́йствующий*
долгоде́нствие, -я
долгожда́нный
долгоживу́щий*
долгожи́тель, -я
долголе́тие, -я
долголе́тний
долгоно́г, -а
долгоно́гий
долгоно́жка, -и
долгоно́сик, -а
долгоно́сый
долго́нько
долгопериоди́ческий
долгопо́лый
долгору́кий
долгосро́чный
долгостро́й, -я
долгота́, -ы, мн. -о́ты, -о́т
долготерпели́вый
долготерпе́ние, -я
долго́тный
долгоу́хий
долгохво́стка, -и
долгохво́стый
долгоше́ий, -шея, -шее
долгоше́рстный и долго-
    ше́рстый
долгоязы́чие, -я
долгуне́ц, -нца́
долгу́ша, -и
долдо́нить, -ню, -нит
до́ле (устар. к до́лее)
долево́й
до́лее, сравн. ст. (от
    до́лгий, до́лго)
долежа́ть(ся), -жу́(сь),
    -жи́т(ся)
долёживать(ся), -аю(сь),
    -ает(ся)
долеза́ть, -а́ю, -а́ет (к
    лезть)
доле́зть, -зу, -зет; прош.
    -ле́з, -ле́зла
долепи́ть, -леплю́, -ле́пит
доле́пленный
долета́ть, -а́ю, -а́ет
долете́ть, -лечу́, -лети́т
доле́ченный
доле́чивать(ся), -аю(сь),
    -ает(ся)
долечи́ть(ся), -ечу́(сь),
    -е́чит(ся)
должа́ть, -а́ю, -а́ет
до́лжен, -жна́, -жно́
долженствование, -я
долженствова́ть, -тву́ю,
    -тву́ет
долженству́ющий
должи́шко, -а, м.
должни́к, -а́
должни́ца, -ы
до́лжно
должно́ быть
должностно́й
до́лжность, -и, мн. -и, -е́й
до́лжный
должо́к, -жка́
долива́ние, -я
долива́ть(ся), -а́ю, -а́ет(ся)
доли́вка, -и

доли́занный
долиза́ть, -ижу́, -и́жет (к
    лиза́ть)
доли́зывать(ся), -аю,
    -ает(ся)
доли́на, -ы
доли́нно-ба́лочный
доли́нный
до́литый; кр. ф. до́ли́т, до-
    лита́, до́ли́то
доли́ть(ся), -лью́, -льёт(ся);
    прош. до́ли́л, доли́лся,
    долила́(сь), до́ли́ло, до-
    ли́ло́сь
долихоморфный
долихоцефа́л, -а
долихоцефа́лия, -и
до́ллар, -а
до́лларовый
долови́ть, -овлю́, -о́вит
доло́вленный
доло́женный
доложи́ть, -ожу́, -о́жит
доло́й, неизм.
долома́н, -а
доло́манный
долома́ть(ся), -а́ю(сь),
    -а́ет(ся)
доломи́т, -а
доломитиза́ция, -и
доломи́тный
доломи́товый
доломи́ть, -омлю́,
    -о́мит
доло́мленный
долото́, -а́, мн. -о́та,
    -о́т
долотцо́, -а́ и долотце́, -а,
    мн. долотца́, -отцев и
    -о́тец, -отцам
доло́тчатый
до́лу, нареч.
до́лька, -и
дольме́н, -а
до́льний и до́льный
до́льник, -а
до́льчатый
до́льше, сравн. ст. (от
    до́лгий, до́лго)
до́льщик, -а
до́люшка, -и
до́ля, -и, мн. -и, -е́й
дом, -а, предл. на до́ме, на
    дому́, (до́ма), мн. дома́,
    -о́в
до́ма, нареч.
до́ мажо́р, до́ мажо́ра
до-мажо́рный
дома́зать(ся), -ма́жу(сь),
    -ма́жет(ся)
дома́зывать(ся), -аю,
    -ает(ся)
дома́лывать(ся), -аю,
    -ает(ся)
домаркси́стский
дома́рксов, -а, -о
дома́тывать(ся), -аю,
    -ает(ся)
дома́чивать(ся), -аю,
    -ает(ся)
дома́шний
дома́шность, -и
дома́щивать(ся), -аю,
    -ает(ся)

домбра́, -ы́, мн. до́мбры,
    домбр, домбра́м и до́мб-
    ра, -ы, мн. -ы, домбр, -ам
доме́н, -а
доме́нщик, -а
доме́ренный
доме́ривать(ся), -аю,
    -ает(ся)
доме́рить, -рю, -рит и -ряю,
    -ряет
домеря́ть, -я́ю, -я́ет
домеси́ть, -ешу́, -е́сит
домести́, -мету́, -метёт;
    прош. -мёл, -мела́
доме́стик, -а
доместика́ция, -и
домётанный
домета́ть 1, -а́ю, -а́ет, сов.
    (о шитье)
домета́ть 2, мечу́ -ме́чет,
    сов. (кончить бросать)
домета́ть(ся), -а́ю, -а́ет(ся),
    несов. (к домести́)
домётенный; кр. ф. -ён,
    -ена́
доме́тить, -ме́чу, -ме́тит
дометну́ть, -ну́, -нёт
доме́тший
домётывать(ся), -аю,
    -ает(ся)
доме́ченный
доме́шанный (от доме-
    ша́ть)
домеша́ть, -а́ю, -а́ет
доме́шенный (от доме-
    си́ть)
доме́шивать(ся), -аю,
    -ает(ся)
до́мик, -а
доми́на, -ы, м.
домина́нта, -ы
домина́нтный
домина́нтовый
доминантсептакко́рд, -а
домина́ть(ся), -а́ю, -а́ет(ся)
доминика́нец, -нца
доминика́нка, -и
доминика́нский
доминио́н, -а
домини́рование, -я
домини́ровать, -рую, -рует
домини́рующий
домино́, нескл, с.
до́ мино́р, до́ мино́ра
до-мино́рный
домино́шник, -а
доми́шко, -а и -и, дат. -у и
    -е, тв. -ом и -ой, м.
доми́ще, -а, м.
домко́м, -а
домкра́т, -а
до́мна, -ы
домови́на, -ы
домови́тость, -и
домови́тый
домовладе́лец, -льца
домовладе́лица, -ы
домовладе́льческий
домовладе́ние, -я
домовни́чать, -аю, -ает
домово́д, -а
домово́дка, -и
домово́дство, -а
домово́й, -о́го

до́мовый
домога́тельство, -а
домога́ться, -а́юсь, -а́ется
домоде́льный
домоде́льщина, -ы
домо́й
домо́к, -мка́
домо́кнуть, -ну, -нет; прош.
    -о́к, -о́кла
домо́кший
домола́чивать(ся), -аю,
    -ает(ся)
домолоти́ть, -очу́, -о́тит
домоло́тый
домоло́ть, -мелю́, -ме́лет
домоло́ченный
домонополисти́ческий
домоправи́тель, -я
домоправи́тельница, -ы
доморо́щенный
домосе́д, -а
домосе́дка, -и
домости́ть, -ощу́, -ости́т
домостро́евский
домостро́евщина, -ы
домостро́ение, -я
домостро́итель, -я
домостро́ительный
домостро́ительство, -а
домострой, -я
домо́танный
домота́ть(ся), -а́ю(сь),
    -а́ет(ся)
домотка́нина, -ы
домотка́ный
домоуправле́ние, -я
домофо́н, -а
домохозя́ин, -а, мн. -я́ева,
    -я́ев
домохозя́йка, -и
домохозя́йство, -а
домоча́дец, -дца
домочи́ть(ся), -очу́,
    -о́чит(ся)
до́мра, -ы
домрабо́тница, -ы
домраче́й, -я
домри́ст, -а
домри́стка, -и
дому́чивать(ся), -аю(сь),
    -ает(ся)
дому́чить(ся), -чу(сь),
    -чит(ся) и -чаю(сь), -ча-
    ет(ся)
домча́ть(ся), -чу́(сь),
    -чи́т(ся)
домыва́ть(ся), -а́ю(сь),
    -а́ет(ся)
до́мысел, -сла
домы́сливать, -аю, -ает
домы́слить, -лю, -лит
домы́тый
домы́ть(ся), -мо́ю(сь), -мо́-
    ет(ся)
домя́тый
домя́ть, -мну́, -мнёт
дон, -а
донага́
дона́тор, -а
дона́шивать(ся), -аю,
    -ает(ся)
донба́сский
донг, -а (ден. ед)
доне́льзя

донесе́ние, -я
донесённый; *кр. ф.* -ён, -ена́
донести́(сь), -су́(сь), -сёт(ся); *прош.* -нёс(ся), -несла́(сь)
донёсший(ся)
до неузнава́емости
доне́ц, донца́
доне́цкий
донжо́н, -а
донжуа́н, -а (*от* Дон Жуа́н)
донжуа́нский
донжуа́нство, -а
дони́занный
дониза́ть, -ижу́, -и́жет
до́низу, *нареч.* (све́рху до́низу)
дони́зывать(ся), -аю, -ает(ся)
донима́ть(ся), -а́ю, -а́ет(ся)
до́нка, -и
донкерма́н, -а
донкихо́т, -а (*от* Дон Кихо́т)
донкихо́тский
донкихо́тство, -а
донкихо́тствовать, -твую, -твует
до́нна, -ы
до́нник, -а
до́нный
до́нор, -а
до́норский
до́норство, -а
донс́с, -а
доноси́тель, -я
доноси́тельство, -а
доноси́ть(ся), -ошу́, -о́сит(ся)
доно́счик, -а
доно́счица, -ы
доно́шенный
донско́й
до́нце, -а, *р. мн.* -ев и -нец
донча́к, -а́
доны́не
донырну́ть, -ну́, -нёт
до́нышко, -а
до́нья, -и
до́нятый; *кр. ф.* -ят, -ята́, -ято
доня́ть, дойму́, доймёт; *прош.* до́нял, доняла́, до́няло
дообе́денный
дообору́дованный
дообору́довать(ся), -дую, -дует(ся)
доокт́ябрьский
до отва́ла
до отка́за
допа́ивать(ся), -аю, -ает(ся)
допа́лзывать, -аю, -ает
допа́лзывать(ся), -аю, -ает(ся)
допа́ренный
допа́ривать(ся), -аю(сь), -ает(ся)
допа́рить(ся), -рю(сь), -рит(ся)
допа́рывать(ся), -аю, -ает(ся)

допасти́, -су́, -сёт; *прош.* -а́с, -асла́
допа́ханный
допаха́ть, -пашу́, -па́шет
допа́хивать(ся), -аю, -ает(ся)
допа́янный
допая́ть, -я́ю, -я́ет
допева́ть(ся), -а́ю(сь), -а́ет(ся) (*к* петь)
допека́ться, -а́ю, -а́ет(ся)
доперёть(ся), -пру́(сь), -прёт(ся); *прош.* -пёр(ся), -пёрла(сь)
допёртый
допёрший(ся)
допетро́вский
допе́тый
допе́ть(ся), -пою́(сь), -поёт(ся)
допеча́танный
допеча́тать, -аю, -ает
допеча́тка, -и
допеча́тывание, -я
допеча́тывать(ся), -аю, -ает(ся)
допечённый; *кр. ф.* -ён, -ена́
допе́чь(ся), -еку́, -ечёт(ся), -еку́т(ся); *прош.* -ёк(ся), -екла́(сь)
допива́ть(ся), -а́ю(сь), -а́ет(ся) (*к* пить)
допи́ленный
допи́ливать(ся), -аю, -ает(ся)
допили́ть, -илю́, -и́лит
до́пинг, -а
до́пинговый
допи́санный
дописа́ть(ся), -ишу́(сь), -и́шет(ся)
допи́ска, -и
допи́сывать(ся), -аю(сь), -ает(ся)
до́питый; *кр. ф.* до́пит, допита́, до́пито
допи́ть(ся), -пью́(сь), -пьёт(ся); *прош.* допи́л, -и́лся, -ила́сь, до́пило, -и́лось
допла́та, -ы
доплати́ть, -ачу́, -а́тит
допла́ченный
допла́чивать(ся), -аю, -ает(ся)
доплёскивать(ся), -аю, -ает(ся)
доплёснутый
доплесну́ть(ся), -ну́, -нёт(ся)
доплести́(сь), -лету́(сь), -летёт(ся); *прош.* -ёл(ся), -ела́(сь)
доплета́ть(ся), -а́ю(сь), -а́ет(ся)
доплетённый; *кр. ф.* -ён, -ена́
доплётший(ся)
доплыва́ть, -а́ю, -а́ет
доплы́ть, -ыву́, -ывёт; *прош.* -ы́л, -ыла́, -ы́ло

доплю́нуть, -ну, -нет
допля́санный
допляса́ть(ся), -яшу́(сь), -я́шет(ся)
допля́сывать(ся), -аю(сь), -ает(ся)
доподли́нный
допо́енный
допоздна́
допо́йть, -пою́, -по́йт
допола́скивать, -аю, -ает
дополза́ть, -а́ю, -а́ет
доползти́, -зу́, -зёт; *прош.* -о́лз, -олзла́
допо́лзший
дополна́
дополне́ние, -я
допо́лненный
дополни́тельный
допо́лнить(ся), -ню, -нит(ся)
дополня́ть(ся), -я́ю, -я́ет(ся)
дополо́сканный
дополоска́ть(ся), -ощу́(сь), -о́щет(ся) и -а́ю(сь), -а́ет(ся)
допо́лотый
дополо́ть, -олю́, -олет
до полу́ночи
до полусме́рти
дополуча́ть(ся), -а́ю, -а́ет(ся)
дополуче́ние, -я
дополу́ченный
дополучи́ть, -учу́, -у́чит
допо́лучка, -и
допо́ротый
допоро́ть, -орю́, -о́рет
допото́пный
до́ппель-кю́ммель, -я
допра́шиваемый
допра́шивать(ся), -аю(сь), -ает(ся)
допрева́ть, -а́ет
допре́жь, *нареч.*
допре́ть, -е́ет
допризы́вник, -а
допризы́вный
допродава́ть(ся), -даю́, -даёт(ся)
допро́данный
допрода́ть, -а́м, -а́шь, -а́ст, -ади́м, -ади́те, -аду́т; *прош.* -о́дал, -одала́, -о́дало
допро́с, -а
допроси́ть(ся), -ошу́(сь), -о́сит(ся)
допро́сный
допро́счик, -а
допро́счица, -ы
допро́шенный
допры́гать(ся), -аю(сь), -ает(ся)
допры́гивать(ся), -аю(сь), -ает(ся)
допры́гнуть, -ну, -нет
допря́денный; *кр. ф.* -ен, -ена и допрядённый; *кр. ф.* -ён, -ена́
до́пряма
допря́сть, -яду́, -ядёт; *прош.* -я́л, -я́ла́, -я́ло

до́пуск, -а, *мн.* -и, -ов
допуска́ть(ся), -а́ю(сь), -а́ет(ся)
допусти́мый
допусти́ть, -ущу́, -у́стит
допу́шкинский
допуще́ние, -я
допу́щенный
допы́таться, -аюсь, -ается
допы́тывать(ся), -аю(сь), -ает(ся)
допья́на́
дораба́тывать(ся), -аю(сь), -ает(ся)
дорабо́танный
дорабо́тать(ся), -аю(сь), -ает(ся)
дорабо́тка, -и
дорассве́тный
дорасследование, -я
дораста́ть, -а́ю, -а́ет
дорасти́, -ту́, -тёт; *прош.* -ро́с, -росла́
дорасти́ть, -ащу́, -асти́т
дора́щивание, -я
дора́щивать, -аю, -ает
дорва́ть(ся), -рву́(сь), -рвёт(ся); *прош.* -а́л(ся), -ала́(сь), -а́ло, -а́лось
дореволюцио́нный
доре́занный
доре́зать, -е́жу, -е́жет, *сов.*
дореза́ть, -а́ю, -а́ет, *несов.*
доре́зывать(ся), -аю, -ает(ся)
дорефо́рменный
дори́йский
дорисо́ванный
дорисова́ть, -су́ю, -су́ет
дорисо́вка, -и
дорисо́вывание, -я
дорисо́вывать(ся), -аю, -ает(ся)
дори́ческий
дорме́з, -а
доро́га, -и
дорогова́тый
дорогови́зна, -ы
дорого́й, *нареч.*
дорого́й; *кр. ф.* до́рог, дорога́, до́рого
дорого́нько
дорогостоя́щий
доро́дность, -и
доро́дный
доро́довой
доро́дство, -а
дорожа́ть, -а́ет
доро́же, *сравн. ст.* (*от* дорого́й, до́рого)
доро́женька, -и
дорожи́ть(ся), -жу́, -жи́т(ся)
доро́жка, -и
доро́жник, -а
доро́жно-мостово́й
доро́жно-патру́льный
доро́жно-строи́тельный
доро́жно-техни́ческий
доро́жно-тра́нспортный
доро́жно-эксплуатацио́нный
доро́жный
доро́сший

дорса́льный
дортуа́р, -а
доруба́ть, -а́ю, -а́ет
доруби́ть, -убл́ю, -у́бит
дору́бленный
доруга́ть(ся), -а́ю(сь),
　-а́ет(ся)
дорыва́ть(ся), -а́ю(сь),
　-а́ет(ся)
доры́ть(ся), -ро́ю(сь), -ро́-
　ет(ся)
досаа́фовец, -вца
досаа́фовский
доса́да, -ы
досади́ть 1, -ажу́, -ади́т
　(причинить досаду)
досади́ть 2, -ажу́, -а́дит
　(кончить посадку)
доса́дливый
доса́дный
доса́довать, -дую, -дует
досажда́ть, -а́ю, -а́ет
доса́женный
доса́живать(ся), -аю,
　-ает(ся)
доса́ливание, -я
доса́ливать(ся), -аю,
　-ает(ся)
доса́сывать, -аю, -ает
досверлённый; кр. ф. -ён,
　-ена́
досве́рливать(ся), -аю,
　-ает(ся)
досверли́ть(ся), -лю́,
　-ли́т(ся)
досветла́
до свида́ния и до сви-
　да́нья
досева́ть(ся), -а́ю, -а́ет(ся)
досе́ивать(ся), -аю, -ает(ся)
досе́ле и досе́ль, нареч.
досе́ять, -е́ю, -е́ет
досиде́ть(ся), -ижу́(сь),
　-иди́т(ся)
доси́живать(ся), -аю(сь),
　-ает(ся)
доси́ня
до сих по́р
доска́, -и́, вин. до́ску́, мн.
　до́ски, досо́к, доска́м
доска́бливать(ся), -аю,
　-ает(ся)
доска́занный
досказа́ть, -ажу́, -а́жет
доска́зывать(ся), -аю,
　-ает(ся)
доскака́ть, -ачу́, -а́чет
доска́кивать, -аю, -ает
доско́бленный
доскобли́ть(ся), -обл́ю(сь),
　-обли́т(ся)
доскона́льный
доскопогру́зочный
доскоукла́дочный
доскочи́ть, -очу́, -о́чит
доскреба́ть(ся), -а́ю(сь),
　-а́ет(ся)
доскрёбший(ся)
доскрёбывать(ся), -аю(сь),
　-ает(ся)
доскрести́(сь), -ребу́(сь),
　-ребёт; прош.
　-рёб(ся), -ребла́(сь)
до́сланный (от дослать)

дисла́ть, дошлю́, дошлёт;
　прош. -а́л, -а́ла
доследование, -я
досле́довать, -дую, -дует
досло́вный
дослу́женный
дослу́живать(ся), -аю(сь),
　-ает(ся)
дослужи́ть(ся), -ужу́(сь),
　-у́жит(ся)
дослу́шать(ся), -аю(сь),
　-ает(ся)
дослу́шивать(ся), -аю(сь),
　-ает(ся)
досма́ливать, -аю, -ает
досма́тривать(ся), -аю,
　-ает(ся)
до́ смерти
досмея́ться, -еюсь, -еётся
досмолённый; кр. ф. -ён,
　-ена́
досмоли́ть, -лю́, -ли́т
досмо́тр, -а
досмо́тренный
досмотре́ть, -отрю́, -о́трит
досмо́трщик, -а
досмо́трщица, -ы
досове́тский
досо́л, -а
досо́ленный
досоли́ть(ся), -олю́,
　-о́ли́т(ся)
досо́лка, -и
досо́санный
дососа́ть, -осу́, -осёт
досо́хнуть, -ну, -нет; прош.
　-ох, -охла
досо́хший
досоциалисти́ческий
досочинённый; кр. ф. -ён,
　-ена́
досочини́ть, -ню́, -ни́т
досочиня́ть(ся), -я́ю,
　-я́ет(ся)
до́сочка, -и
доспа́ть, -плю́, -пи́т; прош.
　-а́л, -ала́, -а́ло
доспева́ть, -а́ет
доспе́ть, -е́ет
доспе́хи, -ов
доспле́тничаться, -аюсь,
　-ается
доспо́рить(ся), -рю(сь),
　-рит(ся)
доспра́шивать(ся),
　-аю(сь), -ает(ся)
доспроси́ть(ся), -ошу́(сь),
　-о́сит(ся)
доспро́шенный
досро́чный
доссо́риться, -рюсь, -рится
достава́ла, -ы, м. и ж.
достава́ть(ся), -стаю́,
　-стаёт(ся)
доста́вить, -влю, -вит
доста́вка, -и
доставле́ние, -я
доста́вленный
доставля́ть(ся), -я́ю,
　-я́ет(ся)
доста́вщик, -а
доста́вщица, -ы
доста́ивать(ся), -аю(сь),
　-ает(ся)

доста́ток, -тка
доста́точный
доста́ть(ся), -а́ну(сь),
　-а́нет(ся)
достаю́щий(ся)
достёганный
достега́ть, -а́ю, -а́ет (к сте-
　га́ть)
достёгивать(ся), -аю,
　-ает(ся)
достели́ть и достла́ть, -сте-
　лю́, -сте́лет; прош. -сте-
　ли́л, -стели́ла, и -стла́л,
　-стла́ла
достига́ть(ся), -а́ю, -а́ет(ся)
　(к дости́чь)
дости́гнувший
дости́гнутый
дости́гнуть и дости́чь, -и́г-
　ну, -и́гнет; прош. -иг и
　-и́гнул, -и́гла
дости́гший
достиже́ние, -я
достижи́мый
достила́ть, -а́ю, -а́ет
достира́нный
достира́ть(ся), -а́ю, -а́ет(ся)
дости́рывать(ся), -аю,
　-ает(ся)
дости́чь и дости́гнуть, -и́г-
　ну, -и́гнет; прош. -иг и
　-и́гнул, -и́гла
до́стланный (от достла́ть)
достла́ть и достели́ть, -сте-
　лю́, -сте́лет; прош. -стла́л,
　-стла́ла и -стели́л, -стели́-
　ла
достове́рность, -и
достове́рный
достодо́лжный
достои́нство, -а
досто́йный; кр. ф. -о́ин,
　-о́йна
достопа́мятный
достопочте́нный; кр. ф.
　-е́нен, -е́нна
достопримеча́тельность, -и
достопримеча́тельный
достосла́вный
достоуважа́емый
до́сточка, -и
досточти́мый
достоя́ние, -я
достоя́ть(ся), -ою́(сь),
　-ои́т(ся)
достра́ивание, -я
достра́ивать(ся), -аю(сь),
　-ает(ся)
достре́ленный (от до-
　стрели́ть)
достре́ливать(ся), -аю,
　-ает(ся)
дострели́ть, -елю́,
　-е́лит
достре́лянный (от до-
　стреля́ть)
достреля́ть, -я́ю, -я́ет
дострига́ть(ся), -а́ю,
　-а́ет(ся)
достри́гший(ся)
достри́женный
достри́чь(ся), -игу́(сь),
　-ижёт(ся), -игу́т(ся);
　прош. -и́г, -и́гла

достро́енный
достро́ить(ся), -о́ю(сь),
　-о́ит(ся)
достро́йка, -и
достро́ченный
дострочи́ть, -очу́, -о́чит
досту́каться, -аюсь, -ает-
　ся
до́ступ, -а
досту́пность, -и
досту́пный
достуча́ться, -чу́сь, -чи́тся
досу́г, -а
досу́жий
до́суха
досу́шенный
досу́шивать(ся), -аю,
　-ает(ся)
досуши́ть(ся), -ушу́,
　-у́шит(ся)
досчи́танный
досчита́ть(ся), -а́ю(сь),
　-а́ет(ся)
досчи́тывать(ся), -аю(сь),
　-ает(ся)
досыла́ть(ся), -а́ю, -а́ет-
　(ся)
досы́лка, -и
досы́панный
досы́пать(ся), -плю,
　-плет(ся) -плют(ся) и
　-пет(ся), -пят(ся), сов.
досыпа́ть(ся), -а́ю, -а́ет(ся),
　несов.
досы́та
досыха́ть, -а́ю, -а́ет
досье́, нескл. с.
досю́да
досяга́емый
досяга́ть, -а́ю, -а́ет
досягну́ть, -ну́, -нёт
дот, -а
дота́ивать, -ает
дотанцева́ть(ся), -цу́ю(сь),
　-цу́ет(ся)
дотанцо́вывать(ся),
　-аю(сь), -ает(ся)
дота́пливать(ся), -аю,
　-ает(ся)
дота́сканный
дотаска́ть(ся), -а́ю(сь),
　-а́ет(ся)
дота́скивать(ся), -аю(сь),
　-ает(ся)
дотацио́нный
дота́ция, -и
дота́чанный (к тача́ть)
дотача́ть, -а́ю, -а́ет
дота́чивать(ся), -аю,
　-ает(ся)
дота́щенный
дотащи́ть(ся), -ащу́(сь),
　-а́щит(ся)
дотя́ть, -а́ет
дотека́ть, -а́ет
дотёкший
дотемна́
дотере́ть(ся), -тру́,
　-трёт(ся); прош. -тёр(ся),
　-тёрла(сь)
дотерпе́ть, -ерплю́, -е́рпит
дотёртый
дотёрший(ся)
до тех по́р

дотéчь, -течёт, -текýт;
  прош. -тёк, -теклá
дотирáть(ся), -áю, -áет(ся)
дóтканный
доткáть, -ткý, -ткёт; *прош.*
  -áл, -алá, -áло
дотлá
дотлевáть, -áет
дотлéть, -éет
дотóле и дотóль, *нареч.*
дотопúть(ся), -оплю́,
  -óпит(ся)
дотóпленный
доторговáть(ся), -гýю(сь),
  -гýет(ся)
доточенный (*к* точúть)
доточúть, -очý, -óчит
дотóшность, -и
дотóшный
дотрáгиваться, -аюсь, -ается
дотрóнуться, -нусь, -нется
дотýда
дотушёванный
дотушевáть, -шýю, -шýет
дотушёвывать(ся), -аю,
  -ает(ся)
дотя́гивать(ся), -аю(сь),
  -ает(ся)
дотя́нутый
дотянýть(ся), -янý(сь),
  -я́нет(ся)
доукомплектóванный
доукомплектовáть(ся),
  -тýю, -тýет(ся)
доукомплектóвывать(ся),
  -аю, -ает(ся)
до упáду
доýченный
доýчивать(ся), -аю(сь),
  -ает(ся)
доучúть(ся), -учý(сь),
  -ýчит(ся)
дофеодáльный
дофилосóфствоваться,
  -твуюсь, -твуется
дофúн, -а
дохá, -и́, *мн.* дóхи, дох
дохáживать, -аю, -ает
дохлёбанный
дохлебáть, -áю, -áет
дохлёбывать, -аю, -ает
дохлестнýть, -нý, -нёт
дóхлый
дохля́к, -á
дохля́тина, -ы
дóхнувший
дóхнуть, -нет; *прош.* дох и
  дóхнул, дóхла
дохнýть, -нý, -нёт
дохóд, -а
дохóдец, -дца
доходúть, -ожý, -óдит
дохóдишко, -а, *м.*
дохóдность, -и
дохóдный
дохóдчивый
доходя́га, -и, *м. и ж.*
доходя́щий
дохозя́йничаться, -аюсь,
  -ается
дохристиáнский
доцвестú, -ветёт; *прош.*
  -вёл, -велá

доцветáть, -áет
доцвéтший
доцéнт, -а
доцéнтский
доцентýра, -ы
дóченька, -и
дóчерин, -а, -о
дочернá
дочéрний
дочéрпанный
дочéрпать(ся), -аю(сь),
  -ает(ся)
дочéрпывать(ся), -аю(сь),
  -ает(ся)
дочертúть, -ерчý, -éртит
дочéрченный
дочéрчивать(ся), -аю,
  -ает(ся)
дочёсанный
дочесáть(ся), -ешý(сь),
  -éшет(ся)
дочéсть, -чтý, -чтёт; *прош.*
  -чёл, -члá
дочёсывать(ся), -аю(сь),
  -ает(ся)
дóчечка, -и
дочúненный
дочúнивать(ся), -аю,
  -ает(ся)
дочинúть, -иню́, -úнит
дóчиста
дочúстить(ся), -úщу(сь),
  -úстит(ся)
дочúтанный
дочитáть(ся), -áю(сь),
  -áет(ся)
дочúтывать(ся), -аю(сь),
  -ает(ся)
дочищáть(ся), -áю(сь),
  -áет(ся)
дочúщенный
дóчка, -и
дóчкин, -а, -о
дочтённый; *кр. ф.* -ён, -енá
дочýрка, -и
дочýшка, -и
дочь, дóчери, дóчерью,
  мн. дóчери, дочерéй,
  дочеря́м, дочерьмú, о
  дочеря́х
дошагáть, -áю, -áет
дошагнýть, -нý, -нёт
дошалúться, -лю́сь, -лúтся
дошвы́ривать(ся), -аю,
  -ает(ся)
дошвы́рнутый
дошвырнýть, -нý, -нёт
дошвы́рянный
дошвыря́ть(ся), -я́ю(сь),
  -я́ет(ся)
дошéдший
дошивáть(ся), -áю, -áет(ся)
дошúтый
дошúть, -шью, -шьёт
дошкóльник, -а
дошкóльница, -ы
дошкóльный
дошколя́та, -я́т, *ед.* дошко-
  лёнок, -нка
дóшлый
дошнúк, -á
дошутúться, -учýсь, -ýтится
дощáник, -а
дощанóй

дощáтый
дощéчка, -и
дощúпанный
дощипáть, -иплю́, -úплет,
  -úплют и -úпет, -úпят;
  также -áю, -áет
дощúпывать(ся), -аю,
  -ает(ся)
доя́р, -а
доя́рка, -и
драбáнт, -а
дравúдийский
дравúды, -ов, *ед.* дравúд, -а
дрáга, -и
дрáгер, -а
драгúрованный
драгúровать(ся), -рую, -ру-
  ет(ся)
дрáглайн, -а
драгомáн, -а
драгомáнский
драгоцéнность, -и
драгоцéнный; *кр. ф.* -éнен,
  -éнна
драгýн, -а, *р. мн.* (при собир. знач.) драгýн и
  (при обозначе. отдельных
  лиц) драгýнов
драгýнский
дрáение, -я
дражáйший
дражé, *нескл., с.*
дражирáтор, -а
дражúрование, -я
дражúровка, -и
дражирóвочный
дрáжный
дразнúлка, -и
дразнúть(ся), дразню́(сь),
  дрáзнит(ся)
дразня́щий(ся)
дрáить, дрáю, дрáит
дрáйв, -а
дрáйвер, -а
дрáка, -и
дракóн, -а
дракóновский
дрáма, -ы
драматизáция, -и
драматизúрованный
драматизúровать(ся),
  -рую, -рует(ся)
драматúзм, -а
драматúческий
драматúчный
драматýрг, -а
драматургúческий
драматургúя, -и
драмкружóк, -жкá
драндулéт, -а
дранúца, -ы
дрáнка, -и
дрáночный
дрáный
дрань, -и
драньё, -я́
драп, -а
дрáпать, -аю, -ает
драп-велю́р, дрáпа-велю́ра
драпирóванный
драпировáть(ся), -рую́(сь),
  -рýет(ся)
драпирóвка, -и
драпирóвочный

драпирóвщик, -а
драпирóвщица, -ы
дрáповый
драпрú, *нескл., с. и мн.*
дрáтва, -ы
дрáтвенный
драть(ся), дерý(сь), де-
  рёт(ся); *прош.* дрáл(ся),
  дралá(сь), дрáло, дра-
  лóсь
дрáхма, -ы
драцéна, -ы
драч, -á
дрáчка, -и
драчлúвый
драчóвка, -и
драчóвый
драчýн, -á
драчýнья, -и, *р. мн.* -ний
дребедéнь, -и
дрéбезг, -а (с дрéбезгом)
дрéбезги: в мéлкие дрé-
  безги
дребезжáние, -я
дребезжáть, -зжúт
древесúна, -ы
древесúнный
древесиновéдение, -я
древéсница, -ы
древéсно-волокнúстый
древéсно-кустáрниковый
древéсно-мáссный
древéсно-слóйстый
древéсно-стрýжечный
древéсный
дрéвко, -а, *мн.* -и, -ов
дрéвле, *нареч.*
древлехранúлище, -а
дрéвлий
древля́не, -я́н, *ед.* древля́-
  нин, -а
древнеболгáрский
древневерхненемéцкий
древнегрéческий
древнееврéйский
древнеиндúйский
древнеперсúдский
древнерýсский
древнетю́ркский
древнецерковнославя́н-
  ский
древнеюжноаравúйский
дрéвний
дрéвность, -и
дрéво 1, -а, *мн.* древесá,
  -вéс, -весáм (устар. к де-
  реву)
дрéво 2, -а, *мн.* дрéва,
  древ, дрéвам: генеалогú-
  ческое дрéво; родослóв-
  ное дрéво
древовáл, -а
древовúдный
древогры́з, -а
древолáз, -а
древонасаждéние, -я
древообрáзный
древостóй, -я
древотóчец, -чца
дреговичú, -éй, *ед.* дрего-
  вúч, -á
дреднóут, -а
дрезúна, -ы
дрейф, -а

дре́йфить, -флю, -фит
дрейфова́ть, -фу́ю, -фу́ет
дре́йфовый
дрек, -а
дреко́лье, -я и дреко́лья, -ев
дрель, -и
дрёма, -ы
дрема́ть(ся), дремлю́, дре́млет(ся)
дре́млющий
дремо́та, -ы
дремо́тный
дрему́чий
дрёна, -ы
дрена́ж, -а и -а́
дренажи́ровать(ся), -рую, -рует(ся)
дрена́жный
дрени́рование, -я
дрени́ровать(ся), -рую, -рует(ся)
дреноукла́дчик, -а
дре́нчер, -а
дресва́, -ы́
дресвя́ник, -а
дресвя́ный
дрессиро́ванный
дрессирова́ть(ся), -ру́ю, -ру́ет(ся)
дрессиро́вка, -и
дрессиро́вочный
дрессиро́вщик, -а
дрессиро́вщица, -ы
дрессу́ра, -ы
дриа́да, -ы
дри́блинг, -а
дри́фтер, -а
дри́фтерный
дробемётный
дробестру́йный
дроби́лка, -и
дроби́льно-сортиро́вочный
дроби́льный
дроби́на, -ы
дроби́нка, -и
дроби́тельный
дроби́ть(ся), -блю́, -би́т(ся)
дробле́ние, -я
дроблённый; кр. ф. -ён, -ена́, прич.
дроблёный, прил.
дробни́ца, -ы
дро́бный
дробови́к, -а́
дробово́й
дроболите́йный
дроболи́тчик, -а
дробь, -и, мн. дро́би, -ей
дробя́нка, -и
дрова́, дров, -а́м
дрове́ц, р. мн., других форм нет
дрови́шки, -шек
дро́вни, -ей
дровозагото́вки, -вок
дровоко́л, -а
дровоко́льный
дровопи́льный
дроворе́зный
дроворуб, -а
дровосе́к, -а

дровосе́ка, -и (лесосека)
дровосу́шка, -и
дровяни́к, -а́
дровяно́й
дрога́, -и́, вин. дро́гу, мн. дро́ги, дрог (брус в повозке)
дро́ги, дрог (повозка)
дро́гист, -а
дро́гнувший
дро́гнуть 1, -ну, -нет; прош. дрог и дро́гнул, дро́гла, несов. (зябнуть)
дро́гнуть 2, -ну, -нет; прош. -нул, -нула, сов. (шевельнуться)
дрожа́ние, -я
дрожа́тельный
дрожа́ть, -жу́, -жи́т
дрожжева́ние, -я
дрожжева́ние, -я
дрожжёванный
дрожжева́ть, -жжу́ю, -жжу́ет
дрожжево́й
дрожжерасти́льный
дрожжеформо́вочный
дро́жжи, -ей
дро́жки, -жек, -жкам
дрожма́ дрожа́ть
дрожь, -и
дрозд, -а́
дроздо́вый
дрозофи́ла, -ы
дрок, -а
дро́ковый
дромаде́р, -а
дросс, -а
дроссели́рование, -я
дроссели́рованный
дроссели́ровать, -рую, -рует
дро́ссель, -я, мн. -и, -ей
дро́ссельный
дро́тик, -а
дрофа́, -ы́, мн. дро́фы, дроф
дрофи́ный
дрочёна, -ы
друг, -а, мн. друзья́, -зе́й
дру́г дру́га
дру́г за дру́гом
дру́г к дру́гу
дру́г на дру́жку
друго́й
друг-прия́тель, дру́га-прия́теля
дру́г с дру́гом
дру́жба, -ы
дружелю́бие, -я
дружелю́бный
дру́жеский
дру́жественный; кр. ф. -вен и -венен, -венна
дру́жество, -а
дружи́на, -ы
дружи́нник, -а
дружи́нница, -ы
дружи́нный
дружи́ть(ся), -ужу́(сь), -у́жит(ся)
дружи́ще, -а, м.
дру́жка, -и, м.
дру́жный
дружо́к, -жка́

дружо́чек, -чка
дру́за, -ы
дру́ид, -а
друиди́зм, -а
друиди́ческий
дры́гать(ся), -аю(сь), -ает(ся)
дры́гнуть, -ну, -нет
дры́згать(ся), -аю(сь), -ает(ся)
дрызготня́, -и́
дры́хать, -аю, -ает
дры́хнувший
дры́хнуть, -ну, -нет; прош. дрых и дры́хнул, дры́хла
дрюк, -а́, мн. дрю́чья, -ев
дрючо́к, -чка́
дря́блый; кр. ф. дрябл, дрябла́, дря́бло
дря́бнувший
дря́бнуть, -ну, -нет; прош. дряб и дря́бнул, дря́бла
дря́гиль, -я
дря́зги, дрязг
дря́нненький
дрянно́й; кр. ф. дря́нен, дрянна́, дря́нно, дря́нны
дрянцо́, -а́
дрянь, -и
дряхле́ть, -е́ю, -е́ет
дря́хлость, -и
дря́хлый; кр. ф. дряхл, дряхла́, дря́хло
дря́хнувший
дря́хнуть, -ну, -нет; прош. дря́хнул, дря́хла
дуайе́н, -а
дуали́зм, -а
дуали́ст, -а
дуалисти́ческий
дуб, -а, предл. о ду́бе, на дубе́ и на дубу́, мн. -ы́, -о́в
дуба́сить, -а́шу, -а́сит
дуби́льный
дуби́льня, -и, р. мн. -лен
дуби́на, -ы
дуби́нка, -и
дубинноголо́вый
дуби́нный
дуби́нушка, -и
дуби́тель, -я
дуби́ть(ся), -блю́, -би́т(ся)
ду́бка, -и
дублёнка, -и
дублёнка, -и
дублённый; кр. ф. -ён, -ена́, прич.
дублёный, прил.
дублёр, -а
дублёрский
дублёрша, -и
дублётный
дублика́т, -а
дублика́тный
дубли́рование, -я
дубли́рованный
дубли́ровать(ся), -рую, -рует(ся)
дубло́н, -а
дубль, -я

дубль-бека́р, -а
дубль-бемо́ль, -я
дубль-дие́з, -а
дубля́ж, -а и -а́
дубня́к, -а́
дубнячо́к, -чка́
дубова́тый
дубови́к, -а́
дубо́вый
дубо́к, дубка́
дубоно́с, -а
дубо́чек, -чка
дубра́ва, -ы
дубра́вный
дубра́вушка, -и
дубро́ва, -ы
дубро́вка, -и
дубро́вник, -а
дубро́вный
дубро́вушка, -и
дубьё, -я́
дубя́щий
дуга́, -и́, мн. ду́ги, дуг
дугови́дный
дугово́й
дугогаси́тельный
дугообра́зный
ду́да, -ы
дуда́рь, -я́
дуде́ть, дуди́т
ду́дка, -и
ду́дки, неизм.
ду́дник, -а
ду́дочка, -и
ду́дчатый
ду́жка, -и (от дуга́)
дука́т, -а
дуле́бы, -ов, ед. дуле́б, -а
дуле́вский
ду́ло, -а
ду́льный
ду́льце, -а
дульцине́я, -и
ду́ля, -и
ду́ма, -ы
ду́мать(ся), -аю, -ает(ся)
дум-ду́м, неизм.
ду́мец, -мца
ду́мка, -и
ду́мный
ду́мпер, -а
ду́мпкар, -а
ду́мский
ду́мушка, -и
дуна́йский
дунга́нин, -а, мн. -а́не, -а́н
дунга́нка, -и
дунга́нский
дунове́ние, -я
ду́нуть, ду́ну, ду́нет
дуодена́льный
дуодени́т, -а
дуоде́цима, -ы
дупели́ный
ду́пель, -я, мн. -я́, -е́й
ду́плекс, -а
ду́плекс-автоти́пия, -и
ду́плексный
ду́плекс-проце́сс, -а
ду́плет, -а
дупли́стый

дупло́, -а́, мн. ду́пла, ду́-
　　пел, ду́плам
дупля́нка, -и
дуплянбй
ду́ра, -ы
дура́к, -а́
дура́к дурако́м
дуракова́тый
дуралей, -я
дуралю́мин, -а
дура́нда, -ы
дура́цкий
дура́чество, -а
дурачи́на, -ы, м.
дура́чить(ся), -чу(сь),
　　-чит(ся)
дура́чище, -а, м.
дурачо́к, -чка́
дурачьё, -я́
дура́шка, -и, м. и ж.
дура́шливость, -и
дура́шливый
ду́рень, ду́рня
дуре́ть, -е́ю, -е́ет
дурёха, -и
дури́ть, -рю́, -ри́т
ду́рища, -и
дурма́н, -а
дурма́нить(ся), -ню,
　　-нит(ся)
дурма́нный
дурне́ть, -е́ю, -е́ет
дурни́шник, -а
дурно́й; кр. ф. ду́рен и ду-
　　рён, дурна́, ду́рно, ду́р-
　　ны
дурнота́, -ы́
дурну́шка, -и
ду́рость, -и
ду́рочка, -и
ду́рра, -ы (бот.)
дуршла́г, -а
дуры́нда, -ы, м. и ж.
дурь, -и
ду́рья голова́
дуст, -а
ду́тик, -а
ду́тый
ду́тыш, -а
дуть, ду́ю, ду́ет
дутьё, -я́
дутьево́й
ду́ться, ду́юсь, ду́ется
дуумви́р, -а
дуумвира́т, -а
дух 1, -а и -у, предл. в ду́-
　　хе, на духу́ (на исповеди)
дух 2, -а, мн. ду́хи, -ов
　　(сверхъестественное существо)
духа́н, -а
духа́нщик, -а
духа́нщица, -ы
духи́, -о́в
духобо́р, -а
духобо́рец, -рца
духобо́рка, -и
духобо́рство, -а
духобо́рческий
духобо́рчество, -а
духове́нство, -а
духови́дец, -дца

духови́дица, -ы
духови́тый
духо́вка, -и
духовни́к, -а́
духо́вно-ры́царский
духо́вный
духово́й
духота́, -ы́
ду́че, нескл. м.
душ, -а
душа́, -и́, вин. ду́шу, тв.
　　душо́й, мн. ду́ши, душ,
　　ду́шам, но (говори́ть) по
　　душа́м
душанби́нский
ду́щащий(ся)
душева́я, -о́й
душевнобольна́я, -о́й
душевнобольно́й, -о́го
душе́вность, -и
душе́вный
душево́й
душегрейка, -и
душегу́б, -а
душегу́бец, -бца
душегу́бка, -и
душегу́бство, -а
ду́шенный
ду́шенька, -и, м. и ж.
душеполе́зный
душеприка́зчик, -а
душеприка́зчица, -ы
душераздира́ющий
душеспаси́тельный
ду́шечка, -и
душещипа́тельный
души́стый
души́тель, -я
души́ть(ся), душу́(сь), ду́-
　　шит(ся)
души́ца, -ы
ду́шка, -и м. и ж. (от ду-
　　шá)
душма́н, -а
душни́к, -а́
ду́шный; кр. ф. ду́шен,
　　душна́, ду́шно, ду́шны
душо́к, -шка́
душо́нка, -и
дуэли́ст, -а
дуэ́ль, -и
дуэ́льный
дуэля́нт, -а
дуэ́нья, -и, р. мн. -ний
дуэ́т, -а
дщерь, -и
ды́ба, -ы
ды́бить(ся), -блю, -бит(ся)
дыбки́: встáть на дыбки́
ды́бом, нареч.
дыбы́: встáть на дыбы́
ды́лда, -ы, м. и ж.
дым, -а и -у, предл. о ды́ме,
　　в дыму́, мн. -ы́, -о́в
дыма́рь, -я́
дыми́ть(ся), -млю, -ми́т(ся)
ды́мка, -и
ды́мковский
ды́мный
дымово́й
дымога́рный
дымозащи́тный
дымо́к, -мка́
дымоку́р, -а

дымообразу́ющий
дымоотво́д, -а
дымопрово́д, -а
дымосо́с, -а
дымоулови́тель, -я
дымохо́д, -а
ды́мчатый
дымя́нка, -и
ды́нный
ды́нька, -и
ды́ня, -и, р. мн. дынь
дыра́, -ы́, мн. ды́ры, дыр
ды́рка, -и
дыроко́л
ды́рочка, -и
ды́рочный
ды́рчатый
дыря́вить, -влю, -вит
дыря́вый
ды́хало, -а
ды́хальце, -а, мн. -льца,
　　-лец и -льцев
дыха́ние, -я
дыха́тельный
дыхну́ть, -ну́, -нёт
дыша́ть(ся), дышу́, ды́-
　　шит(ся)
ды́шащий
ды́шло, -а
дышлово́й
дья́вол, -а, мн. -ы, -ов
дьяволёнок, -нка, мн. -ля́-
　　та, -ля́т
дья́волица, -ы
дья́вольский
дья́вольщина, -ы
дьяк, -а́ и -а
дья́кон, -а, мн. -ы, -ов и -а́,
　　-о́в и диа́кон, -а, мн. -ы,
　　-ов
дья́коница, -ы
дья́конский
дья́конство, -а
дьячи́ха, -и
дьячко́вский
дьячо́к, -чка́
дюбе́к, -а
дю́бель, -я, мн. -и, -ей и -я́,
　　-ей
дю́жий; кр. ф. дюж, дю-
　　жа́, дюже
дю́жина, -ы
дю́жинный
дюйм, -а
дюймо́вка, -и
дюймо́вый
дю́кер, -а
дю́нный
дю́ны, дюн, ед. дю́на, -ы
дюра́левый
дюра́ль, -я
дюралюми́ниевый
дюралюми́ний, -я
дюро́метр, -а
дюше́с, -а
дя́гиль, -я
дя́денька, -и, м.
дя́дечка, -и, м.
дя́дин, -а, -о
дя́дька, -и, м.
дя́дюшка, -и, м.
дя́дя, -и, мн. -и, -ей и -ья́,
　　-ьёв, м.

дя́тел, дя́тла
дя́тловый
дя́тьковский

Е

ева́нгелие, -я
евангели́ст, -а
евангели́ческий
ева́нгельский
евге́ника, -и
евгени́ческий
е́внух, -а
евразийский
евре́й, -я
евре́йка, -и
евре́йский
еврови́дение, -я
европе́ец, -е́йца
европеиза́ция, -и
европеизи́рованный
европеизи́ровать(ся),
　　-рую(сь), -рует(ся)
европеи́зм, -а
европе́йка, -и
европе́йский
европе́йско-америка́нский
европео́идный
евро́пий, -я
европоцентри́зм, -а
евста́хиева труба́
евхари́стия, -и
егермейстер, -а
егермейстерский
е́герский
е́герь, -я, мн. -я́, -е́й
еги́петский
египто́лог, -а
египтоло́гия, -и
египтя́нин, -а, мн. -я́не, -я́н
египтя́нка, -и
егоза́, -ы́, м. и ж.
егози́ть, -ожу́, -ози́т
егозли́вый
еда́, -ы́
еда́ть, наст. вр.
　　не употр.
едва́
едва́-едва́
едва́ ли
едине́ние, -я
едини́ца, -ы
едини́чка, -и
едини́чный
единобо́жие, -я
единобо́рство, -а
единобо́рствовать, -твую,
　　-твует
единобра́чие, -я
единове́рец, -рца
единове́рие, -я
единове́рка, -и
единове́рный
единове́рческий
единовла́ствовать, -твую,
　　-твует
единовла́стие, -я
единовла́стный
единовре́менный
единогла́сие, -я
единогла́сный

единодержа́вие, -я
единодержа́вный
единоду́шие, -я
единоду́шный
еди́ножды
единокро́вный
единоли́чник, -а
единоли́чница, -ы
единоли́чный
единомы́слие, -я
единомы́шленник, -а
единомы́шленница, -ы
единомы́шленный
единонасле́дие, -я
единонача́лие, -я
единонача́льник, -а
единообра́зие, -я
единообра́зный
единопле́менник, -а
единопле́менница, -ы
единопле́менный
единоро́г, -а
единоро́дный
единосу́щный
единоутро́бный
еди́нственно возмо́жный
еди́нственный; кр. ф. -вен
    и -венен, -венна
еди́нство, -а
еди́ный
е́дкий; кр. ф. е́док, едка́,
    е́дко
е́дкость, -и
едо́к, -а́
еду́н, -а́
е́дче, сравн. ст. (от е́д-
    кий, е́дко)
ёж, ежа́
ежевечёрний
ежеви́ка, -и
ежеви́чник, -а
ежеви́чный
ежего́дник, -а
ежего́дный
ежеголо́вник, -а
ежедека́дный
ежедне́вный
ежекварта́льный
е́жели
ежеме́сячник, -а
ежеме́сячный
ежемину́тный
еженеде́льник, -а
еженеде́льный
ежено́щный
ежесеку́ндный
ежесме́нный
ежесу́точный
ежеча́сный
ёжик, -а
ёжиком, нареч.
ёжистый
ёжить(ся), ёжу(сь),
    ёжит(ся)
ежи́ха, -и
ежо́вник, -а
ежо́вский
ежо́вщина, -ы
ежо́вый
ежо́м, нареч.
ежо́нок, -нка, мн. ежа́та,
    -а́т
ёж-ры́ба, ежа́-ры́бы
езда́, -ы́

е́здить, е́зжу, е́здит
е́здка, -и
ездово́й
ездо́к, -а́
езжа́лый
е́зжено-перее́зжено
е́зженый, прил.
е́зженый-перее́зженый
е́зживать, наст. вр. не
    употр.
ей-бо́гу
ей-е́й
ей-же-е́й
ёканье, -я
ёканье, -я
екатери́нинский
ёкать, -аю, -ает
ёкать, -аю, -ает
ёкнуть, -ну, -нет
ектенья́, -и́, р. мн. -ни́й
е́ле
е́левый
е́ле-е́ле
еле́й, -я
еле́йность, -и
еле́йный
елеосвяще́ние, -я
еле́ц, ельца́
елизаве́тинский
ели́ко возмо́жно
ёлка, -и
ело́во-пи́хтовый
ело́вый
ело́зить, -о́жу, -о́зит
ёлочка, -и
ёлочный
ель, -и
е́льник, -а
е́льнинский (от Е́льня)
е́льничек, -чка
ёмкий; кр. ф. ёмок, ёмка
ёмкостный
ёмкость, -и
ёмче, сравн. ст. (от ём-
    кий, ёмко)
ендова́, -ы́
ено́т, -а
енотови́дный
ено́товый
епанча́, -и́
епанчо́вый
епархиа́льный
епа́рхия, -и
епи́скоп, -а
епископа́льный
епископа́т, -а
епи́скопский
епи́скопство, -а
епитими́йный
епитимья́, -и́, р. мн. -ми́й
епитрахи́ль, -и
ер, -а, мн. еры́, -ов (буква
    ъ)
ерала́ш, -а
ерепе́ниться, -нюсь, -нится
ересиа́рх, -а
е́ресь, -и
ерети́к, -а́
ерети́ческий
ерети́чка, -и
ёрзать, -аю, -ает
ёрик, -а
ермо́лка, -и
ёрник, -а

ёрничать, -аю, -ает
ерофе́ич, -а, и -у (водка)
еро́шить(ся), -шу, -шит(ся)
ерунда́, -ы́
ерунди́стика, -и
ерунди́ть, -и́т
ерундо́вский
ерундо́вый
ёрш, ерша́
ёршик, -а
ерши́стый
ерши́ться, -шу́сь, -ши́тся
ершо́вый
ершо́м, нареч.
еры́, нескл. с. (буква ы)
ерь, -я (буква ь)
есау́л, -а
есау́льский
е́сли
е́сли б(ы)
есмь, 1 л. ед. ч. от глаг.
    быть
ессе́й, -я
ессентуки́, -о́в, (вода)
есте́ственник, -а
есте́ственница, -ы
есте́ственно
есте́ственно-истори́ческий
есте́ственно-нау́чный
есте́ственно-органи́ческий
есте́ственно-радиоакти́в-
    ный
есте́ственность, -и
есте́ственный; кр. ф. -вен
    и -венен, -венна
естество́, -а́
естествове́д, -а
естествове́дение, -я
естествове́дческий
естествозна́ние, -я
естествоиспыта́тель, -я
есть, ем, ешь, ест, еди́м,
    еди́те, едя́т; прош. ел,
    е́ла; пов. е́шь(те)
ефи́мок, -мка
ефре́йтор, -а, мн. -ы, -ов
ефре́йторский
е́хавший
е́хать, е́ду, е́дет; пов. поез-
    жа́й(те)
ехи́да, -ы, м. и ж.
ехи́дина, -ы, ж.
ехи́дна, -ы
ехи́дничать, -аю, -ает
ехи́дность, -и
ехи́дный
ехи́дство, -а
ехи́дствовать, -твую, -твует
ещё
ещё бы

Ж

жа́ба, -ы
жа́берный
жа́бий, -ья, -ье
жа́бка, -и
жа́бник, -а
жабо́, нескл. с.
жабови́дный
жабообра́зный

ёрничать, -аю, -ает
жабро́й, -я
жаброды́шащие, -их
жаброно́гие, -их
жаброхво́стые, -ых
жа́бры, жабр, ед. жа́бра,
    -ы
жавёлевый
жа́воронок, -нка
жаде́ит, -а
жа́дина, -ы, м. и ж.
жадне́ть, -е́ю, -е́ет
жа́дничать, -аю, -ает
жа́дность, -и
жа́дный; кр. ф. -ден, -дна́,
    -дно, жа́дны
жадо́ба, -ы, м. и ж.
жадю́га, -и, м. и ж.
жа́жда, -ы
жа́ждать, -ду, -дет
жа́ждущий
жака́н, -а
жаке́рия, -и
жаке́т, -а
жаке́тка, -и
жакка́рдовый
жако́, нескл. м.
жако́б, неизм.
жале́йка, -и
жале́ть, -е́ю, -е́ет
жа́лить(ся), -лю(сь),
    -лит(ся)
жа́лкий; кр. ф. -лок, -лка́,
    -лко
жа́лко, неизм.
жа́ло, -а
жа́лоба, -ы
жа́лобный
жа́лобщик, -а
жа́лобщица, -ы
жа́лование, -я (действие)
жа́лованный
жа́лованье, -я (заработная
    плата)
жа́лованьишко, -а
жа́ловать(ся), -лую(сь),
    -лует(ся)
жалонёр, -а
жалоно́сный
жа́лостливость, -и
жа́лостливый
жа́лостный
жа́лость, -и
жалча́йший
жаль, неизм.
жа́льник, -а
жа́льце, -а
жа́льче, сравн. ст. (от
    жа́лкий, жа́лко)
жалюзи́, нескл. с. и мн.
жа́лящий(ся)
жа́мка, -и
жа́мкать, -аю, -ает
жанда́рм, -а
жандарме́рия, -и
жанда́рмский
жанр, -а
жанри́ст, -а
жа́нровый
жанти́льный
жар, -а и -у, предл. о жа́ре,
    в жару́
жара́, -ы́
жарго́н, -а
жаргони́зм, -а

жаргонный
жардиньерка, -и
жаренный, *прич.*
жареный, *прил.*
жаренье, -я
жарить(ся), -рю(сь),
 -рит(ся)
жарища, -и
жаркий; *кр. ф.* -рок, -рка,
 -рко
жаркое, -ого
жаровенка, -и
жаровня, -и, *р. мн.* -вен
жаровой
жаровыносливость, -и
жаровыносливый
жарок, -рка
жаропонижающий
жаропрочность, -и
жаропрочный
жаростойкий
жаростойкость, -и
жаротрубный
жароупорность, -и
жароупорный
жароустойчивый
жар-птица, -ы
жар-птицын, -а, -о
жарчайший
жарче, *сравн. ст.* (*от*
 жаркий, жарко)
жарынь, -и
жасмин, -а
жасминный
жасминовый
жатва, -ы
жатвенный
жатка, -и
жатый
жать(ся) 1, жму(сь),
 жмёт(ся)
жать(ся) 2, жну, жнёт(ся)
жахнуть, -ну, -нет
жбан, -а
жбанчик, -а
жвала и жвалы, жвал, *ед.*
 жвало, -а
жвачка, -и
жвачный
жгут, -а
жгутик, -а
жгутиковые, -ых
жгутоногие, -их
жгучесть, -и
жгучий
жгущий(ся)
ждать, жду, ждёт; *прош.*
 ждал, ждала, ждало
же, ж, *частица* (пишется
 раздельно с предшеству-
 ющим словом, но в на-
 реч. *также, тоже* —
 слитно)
жевание, -я
жёванный, *прич.*
жёваный, *прил.*
жевательный
жевать(ся), жую, жу-
 ёт(ся)
жевелó, -á
жёгший(ся)
жезл, -á и -а, *мн.* -ы, -ов и
 -ы, -ов
жезловой

желание, -я
желанный
желаньице, -а
желательный
желатин, -а и желатина, -ы
желатинизация, -и
желатинизировать(ся),
 -рую, -рует(ся)
желатинирование, -я
желатинный
желатиновый
желать(ся), -аю, -ает(ся)
желающий
желвак, -á
желвачок, -чка
желе, *нескл., с.*
железá, -ы, *мн.* железы,
 желёз, железáм
железина, -ы
железистосинеродистый
железистый
железка, -и (*от* железо)
железка, -и (*от* железá)
железко, -а, *мн.* -и, -зок (*в*
 рубанке)
железнение, -я
железнодорожник, -а
железнодорожница, -ы
железнодорожный
железный
железняк, -á
железо, -а
железобактерия, -и
железобетон, -а
железобетонный
железоделательный
железокерамика, -и
железокерамический
железооруденение, -я
железоплавильный
железопрокатный
железопрокатчик, -а
железорудный
железосинеродистый
железосодержащий
железоуглеродистый
железяка, -и
желейный
желеобразный
желна, -ы
жёлоб, -а, *мн.* желоба, -ов
желобобрюхие, -их
желобовой
желобóк, -бка
желобчатый
желонка, -и
желонщик, -а
жёлтенький
желтеть, -ею, -еет (становиться жёлтым)
желтеться, -еется
желтизна, -ы
желтинка, -и
желтинник, -а
желтить, -лчу, -лтит (*что*)
желтиться, -йтся
желтковый
желтобокий
желтобрюх, -а
желтобрюхий
желтовáто-крáсный
желтовáтый
желтоволосый
желтоглазка, -и

желтоглазый
желтоголовый
желтогрудый
жёлто-зелёный
желтозём, -а
желток, -ткá
желтокожий
желтокорень, -рня
жёлто-крáсный
желтокрылка, -и
желтокрылый
желтолицый
желтолозник, -а
желтоносый
желтопёрый
желтопузик, -а
желторотый
желтофиоль, -и
желтоцвет, -а
желточный
желтощёк, -а
желтуха, -и
желтушка, -и
желтушник, -а
желтушный
жёлтый; *кр. ф.* жёлт, жел-
 тá, жёлто и желтó, жел-
 ты и жёлты
желть, -и
желтяк, -á
желтянка, -и
желудёвый
желудок, -дка
желудочек, -чка
желудочно-кишечный
желудочный
жёлудь, -я, *мн.* -и, -ей
желчевыводящий
желчегонный
желчение, -я
желчеотделение, -я
желчнокаменная болéзнь
желчность, -и и жёлч-
 ность, -и
желчный и жёлчный
желчь, -и и жёлчь, -и
жеманиться, -нюсь, -нится
жеманница, -ы
жеманничанье, -я
жеманничать, -аю, -ает
жеманность, -и
жеманный; *кр. ф.* -áнен,
 -áнна
жеманство, -а
жемчуг, -а, *мн.* -á, -ов
жемчугоносный
жемчужина, -ы
жемчужница, -ы
жемчужно-белый
жемчужный
жемчужóк, -жкá
женá, -ы, *мн.* жёны, жён
женáтый
женёвский
жéнин, -а, -о (*от* женá)
женить, женю, женит
женитьба, -ы
жениться, женюсь, же-
 нится
женúх, -á
женихáться, -áюсь, -áется
жениховский
жениховство, -а
женишóк, -шкá

жёнка, -и (*от* женá)
женолюб, -а
женолюбец, -бца
женолюбивый
женолюбие, -я
женоненавистник, -а
женоненавистнический
женоненавистничество, -а
женоподобный
женотдел, -а
женоубийство, -а
женоубийца, -ы, *м.*
жён-премьéр, -а
жéнский
женсовет, -а
жéнственность, -и
жéнственный; *кр. ф.* -вен и
 -венен, -венна
жéнушка, -и
жéнщина, -ы
жéнщина-врáч, жéнщи-
 ны-врачá
женьшéнь, -я
жеóда, -ы
жердевой
жердúна, -ы
жердúнник, -а
жердняк, -á
жёрдочка, -и
жердь, -и, *мн.* жéрди, -ей
жердяной
жерёбая
жеребéйка, -и
жеребёнок, -нка, *мн.* -бя́та,
 -бя́т
жеребéц, -бцá
жеребиться, -ится
жеребковый
жеребóк, -бкá
жеребцовый
жеребчик, -а
жеребьёвка, -и
жеребя́тина, -ы
жеребя́чий, -ья, -ье
жéрех, -а
жéрлица, -ы
жерлó, -á, *мн.* жéрла,
 жерл
жерлянка, -и
жерминáль, -я
жёрнов, -а, *мн.* жерновá,
 -óв
жерновой
жёртва, -ы
жéртвенник, -а
жéртвенность, -и
жéртвенный
жéртвователь, -я
жéртвовать(ся), -твую,
 -твует(ся)
жертвоприношéние, -я
жерýха, -и
жерýшник, -а
жест, -а
жестикулировать, -рую,
 -рует
жестикуляция, -и
жёсткий; *кр. ф.* -ток, жест-
 кá, -тко
жестковáтый
жестковолосый
жёсткозадéланный*
жёсткозакреплённый*
жесткокожий

ЖЕС

жесткокры́лые, -ых
жестколи́ственный
жестколи́стный и жестко-
  ли́стый
жёсткость, -и
жесткошёрстный и жест-
  кошёрстый
жесто́кий; кр. ф. -о́к, -о́ка,
  -о́ко
жестокосе́рдие, -я
жестокосе́рдный
жестокосе́рдый
жесто́кость, -и
жесточа́йший
жесто́че, сравн. ст. (от
  жесто́кий, жесто́ко)
жёстче, сравн. ст. (от
  жёсткий, жёстко)
жесть, -и
жестя́ник, -а
жестя́ницкий
жестя́ничный
жестя́нка, -и
жестянобаночный
жестяно́й
жестя́ночный
жестя́нщик, -а
жетóн, -а
жетóнный
жетóнчик, -а
жечь(ся), жгу(сь),
  жжёт(ся), жгут(ся);
  прош. жёг(ся), жгла(сь)
жжéние, -я
жжёнка, -и (напиток)
жжёный; кр. ф. -ён, -ена́,
  прич.
жжёный, прил.
жива́ть, наст. вр. не
  употр.
живéте, нескл, с. (буква)
живéте-мóжете
живёхонек, -нька, -нько
живéц, -вца́
жив-здорóв
живи́нка, -и
живи́тельный
живи́ть(ся), -влю, -ви́т(ся)
живи́ца, -ы
жи́вность, -и
живоглóт, -а
живодёр, -а
живодёрка, -и
живодёрничать, -аю, -ает
живодёрня, -и, р. мн. -рен
живодёрство, -а
живóй; кр. ф. жив, жива́,
  жи́во
жи́вокость, -и
живонóсный
живописа́ние, -я
живописа́ть, -су́ю, -су́ет
живопи́сец, -сца
живопи́сный
живописýющий
жи́вопись, -и
живорóдка, -и
живородя́щий
живорожде́ние, -я
живорождённый
живоры́бный
живосечéние, -я
жи́вость, -и
живóт, -á

ЖИЗ

животвори́ть, -рю, -ри́т
животвóрный
животворя́щий
живóтик, -а
животи́на, -ы
животи́шко, -а, м.
животновóд, -а
животновóдство, -а
животновóдческий
живóтное, -ого
живóтный
животрепéщущий
живýчесть, -и
живýчий, прил.
живýчка, -ы
живýцын, -а, -о
живýщий, прич.
жи́вчик, -а
живьём, нареч.
жи́га, -и
жига́лка, -и
жигану́ть, -нý, -нёт
жид, -á
жидéль, -и
жи́денький; кр. ф. -éнек,
  -éнька
жи́дкий; кр. ф. -док, -дка́,
  -дко
жидковáтый
жидководорóдный
жидковолóсый
жидкокóстный
жидкокристалли́ческий
жидкометалли́ческий
жидкомолóчный
жидконóгий
жи́дкостно-абрази́вный
жи́дкостно-ракéтный
жи́дкостно-реакти́вный
жи́дкостный
жи́дкость, -и
жидкофáзный
жидóвка, -и
жидóвский
жидóвствующий
жи́жа, -и
жи́же, сравн. ст. (от
  жи́дкий, жи́дко)
жижеразбрáсыватель, -я
жижесбóрник, -а
жи́здринский (от Жи́зд-
  ра)
жизнедéятельность, -и
жизнедéятельный
жизнелюб, -а
жизнелю́бец, -бца
жизнелюби́вый
жизнелю́бие, -я
жи́зненно вáжный
жи́зненно необходи́мый
жи́зненно прави́вый
жи́зненность, -и
жи́зненный; кр. ф. -знен,
  -зненна
жизнеобеспéчение, -я
жизнеописáние, -я
жизнеощущéние, -я
жизнерáдостность, -и
жизнерáдостный
жизнеспосóбность, -и
жизнеспосóбный
жизнестóйкий
жизнестóйкость, -и
жизнеутвержда́ющий

ЖИР

жизнь, -и
жиклёр, -а
жи́ла, -ы
жил-бы́л, жила́-была́, жи-
  ло-бы́ло
жилéт, -а
жилéтка, -и
жилéтный
жилéточный
жилéц, -льца́
жи́листый
жи́лить(ся), -лю(сь),
  -лит(ся)
жили́ца, -ы
жили́цын, -а, -о
жили́чка, -и
жили́ща, -и (от жи́ла)
жили́ще, -а
жили́щно-бытовóй
жили́щно-граждáнский
жили́щно-коммунáльный
жили́щно-кооперати́вный
жили́щно-строи́тельный
жили́щно-эксплуатаци́он-
  ный
жили́щный
жи́лка, -и
жилковáние, -я
жилковáтый
жилкооперати́в, -а
жилмасси́в, -а
жиловáтый
жилóй
жилотдéл, -а
жи́лочка, -и
жилплóщадь, -и
жилуправлéние, -я
жилфóнд, -а
жильё, -я́
жи́льный
жим, -а
жи́молостный
жи́молость, -и
жир, -а и -у, предл. о жи-
  ре, в жиру́, мн. -ы́, -óв
жирандóль, -и
жирáф, -а и жирáфа, -ы
жирáфовый
жирéть, -éю, -éет
жи́рник, -а
жирномолóчность, -и
жи́рно-молóчный
жи́рность, -и
жирнохвóстый
жи́рный; кр. ф. -рен,
  -рна́, -рно, жи́рны́
жи́ро, нескл, с.
жиробáнк, -а
жирóбус, -а
жировáние, -я
жировáть, -ру́ю, -ру́ет
жирови́к, -á
жирóвка, -и
жировóй
жирозамени́тель, -я
жирóк, -рка́
жирокóмпас, -а (устар. к
  гирокóмпас)
жиролóвка, -и
жиромáсса, -ы
жиромучнóй
жиронди́ст, -а
жиронди́стский
жирооборóт, -а

ЖОС

жирообразовáние, -я
жироотложéние, -я
жироперерабáтывающий
жиропóт, -а
жироприкáз, -а
жирорасчёт, -а
жирорасщепля́ющий
жироскóп, -а (устар. к
  гироскóп)
жиротоплéние, -я
жиротóпный
жиря́к, -á
жиря́нка, -и
житéйский
жи́тель, -я
жи́тельница, -ы
жи́тельство, -а
жи́тельствовать, -твую,
  -твует
житиé, -я́, тв. житиéм,
  предл. о житии́, мн.
  жития́, жити́й, жития́м
жити́йный
жи́тница, -ы
жи́тный
житня́к, -á
жи́то, -а
жить, живу́, живёт; прош.
  жил, жила́, жи́ло
житьё, -я́
житьё-бытьё, житья́-бытья́
житьи́шко, -а
жи́ться, живётся
жлоб, -á
жмéня, -и, р. мн. -ей
жмот, -а
жмýдский
жмудь, -и
жму́рить(ся), -рю(сь),
  -рит(ся)
жму́рки, -рок
жму́щий(ся)
жмыхи́, -óв, ед. жмых, -á
  и -а
жмы́ховый
жмыходроби́лка, -и
жнéйка, -и
жнец, -á
жней, -и, р. мн. жней
жни́во, -а
жнивьё, -я́
жнитвó, -á
жни́ца, -ы
жни́цын, -а, -о
жок, -а (танец)
жокéй, -я
жокéйка, -и
жокéй-клуб, -а
жокéйский
жóлкнуть, -нет
жолнёр, -а и жолнёр,
  -а
жолнёрский и жолнёр-
  ский
жом, -а
жонглёр, -а
жонглёрский
жонглёрство, -а
жонгли́рование, -я
жонгли́ровать, -рую, -ру-
  ет
жонки́ль, -и
жор, -а
жóстер, -а

жох, -а (пройдоха)
жраньё, -я
жратва́, -ы́
жрать, жру, жрёт; *прош.* жрал, жрала́, жра́ло
жре́бий, -я
жрец, -а́
жре́ческий
жре́чество, -а
жри́ца, -ы
жу́желица, -ы
жужжа́ло, -а, *мн.* жужжа́ла, -а́л
жужжа́льца, -лец
жужжа́ние, -я
жужжа́ть, -жжу́, -жжи́т
жуи́р, -а
жуи́ровать, -рую, -рует
жук, -а́
жук-носоро́г, жука́-носоро́га
жук-оле́нь, жука́-оле́ня
жук-плавуне́ц, жука́-плавунца́
жула́н, -а
жу́лик, -а
жуликова́тый
жульё, -я́
жу́льничать, -аю, -ает
жу́льнический
жу́льничество, -а
жуля́бия, -и, *м. и ж.*
жупа́н, -а
жу́пел, -а
жураве́ль, -вля́
жураве́льник, -а
журавлёнок, -нка, *мн.* -ля́та, -ля́т
журавли́ный
журавли́ха, -и
жура́вль, -я́
жури́ть(ся), -рю́(сь), -ри́т(ся)
журна́л, -а
журнали́ст, -а
журнали́стика, -и
журнали́стка, -и
журнали́стский
журна́льно-газе́тный
журна́льно-о́рдерный
журна́льный
журна́льчик, -а
журфи́кс, -а
журча́лки, -лок
журча́ние, -я
журча́ть, -чи́т
журьба́, -ы́
жу́ткий; *кр. ф.* жу́ток, жутка́, жу́тко
жуткова́то
жу́тче, *сравн. ст.* (*от* жу́ткий, жу́тко)
жуть, -и
жу́хлый
жу́хнувший
жу́хнуть, -нет; *прош.* жух и жу́хнул, жу́хла
жу́чить, -чу, -чит
жу́чка, -чка
жучо́к, -чка́
жюри́, *нескл., с.*

З

зааванси́рованный
зааванси́ровать, -рую, -рует
заакти́рованный
заакти́ровать, -рую, -рует
заале́ть(ся), -е́ю(сь), -е́ет(ся)
заамударьи́нский
заапло́ди́ровать, -рую, -рует
заарендо́ванный
заарендова́ть, -ду́ю, -ду́ет
заарендо́вывать, -аю, -ает
заресто́ванный
заарестова́ть, -ту́ю, -ту́ет
заарестовывать, -аю, -ает
заарка́ненный
заарка́нивать, -аю, -ает
заарка́нить, -ню, -нит
заарта́читься, -чусь, -чится
заасфальти́рованный
заасфальти́ровать, -рую, -рует
заатланти́ческий
заатмосфе́рный
заа́хать, -аю, -ает
заба́ва, -ы
заба́вить, -влю, -вит
забавля́ть(ся), -я́ю(сь), -я́ет(ся)
заба́вник, -а
заба́вница, -ы
заба́вный
заба́гренный
заба́гривать(ся), -аю, -ает(ся)
заба́грить, -рю, -рит
забайка́лец, -льца
забайка́льский
забала́нсовый
забалласти́рованный
забалласти́ровать, -рую, -рует
забаллоти́рованный
забаллоти́ровать, -рую, -рует
забалова́ть(ся), -лу́ю(сь), -лу́ет(ся)
заба́лтывать(ся), -аю(сь), -ает(ся)
забараба́нить, -ню, -нит
забаррикади́рованный
забаррикади́ровать(ся), -рую(сь), -рует(ся)
заба́сить, -ашу́, -аси́т
забастова́ть, -ту́ю, -ту́ет
забасто́вка, -и
забасто́вочный
забасто́вщик, -а
забасто́вщица, -ы
забаю́кать, -аю, -ает
забве́ние, -я
забве́нный
забе́г, -а
забега́ловка, -и
забега́ть, -а́ю, -а́ет, *несов.* (*к* забежа́ть)
забе́гать(ся), -аю(сь), -ает(ся), *сов.* (*от* бе́гать)
забежа́ть, -егу́, -ежи́т, -егу́т

забелённый; *кр. ф.* -ён, -ена́
забеле́ть, -еет (начать белеть)
забеле́ться, -еется
забе́ливание, -я
забе́ливать(ся), -аю, -ает(ся)
забели́ть, -елю́, -ели́т (*что*)
забе́лка, -и
забе́лка(ся), -я́ю, -я́ет(ся)
за́берег, -а и за́берега, -и
забере́менеть, -ею, -еет
забесе́доваться, -дуюсь, -дуется
забеспоко́иться, -о́юсь, -о́ится
за бесце́нок
забетони́рованный
забетони́ровать(ся), -рую, -рует(ся)
забива́ние, -я
забива́ть(ся), -а́ю(сь), -а́ет(ся)
заби́вка, -и
забивно́й
забинто́ванный
забинтова́ть(ся), -ту́ю(сь), -ту́ет(ся)
забинто́вывать(ся), -аю(сь), -ает(ся)
забира́ть(ся), -а́ю(сь), -а́ет(ся)
заби́тость, -и
заби́тый
заби́ть(ся), -бью́(сь), -бьёт(ся)
забия́ка, -и, *м. и ж.*
забла́говестить, -ещу, -естит
заблаговре́менный
заблагорассу́диться, -у́дится, -у́дилось
заблагоуха́ть, -а́ю, -а́ет
заблажи́ть, -жу́, -жи́т
заблесте́ть, -ещу́, -ести́т
заблея́ть, -е́ю, -е́ет
заблиста́ть, -а́ю, -а́ет и -ещу́, -ещет
заблоки́рованный
заблоки́ровать, -рую, -рует
заблуди́вшийся
заблуди́ться, -ужу́сь, -у́дится
заблу́дший
заблуди́щий
заблужда́ться, -а́юсь, -а́ется
заблужде́ние, -я
забода́ть, -а́ю, -а́ет
забо́й, -я
забо́йный
забо́йщик, -а
забо́йщицкий
забола́чиваемость, -и
забола́чивание, -я
забола́чивать(ся), -аю, -ает(ся)
заболева́емость, -и
заболева́ние, -я
заболева́ть, -а́ю, -а́ет
заболе́ть 1, -е́ю, -е́ет (*к* боле́ть 1)

заболе́ть 2, -ли́т (*к* боле́ть 2)
заболо́нник, -а
за́болонный
за́болонь, -и
заболоти́ть(ся), -о́чу, -о́тит(ся)
заболо́ченность, -и
заболо́ченный
заболта́нный
заболта́ть(ся), -а́ю(сь), -а́ет(ся)
забо́р, -а
забо́ристый
забо́ришко, -а, *м.*
забо́рище, -а, *м.*
забормота́ть, -очу́, -о́чет
забо́рный
забороне́нный; *кр. ф.* -ён, -ена́
забарони́ть, -ню́, -ни́т
заборо́нованный
заборонова́ть, -ну́ю, -ну́ет
забо́ртный
забо́рчик, -а
забо́та, -ы
забо́тить(ся), -о́чу(сь), -о́тит(ся)
забо́тливость, -и
забо́тливый
забрако́ванный
забракова́ть, -ку́ю, -ку́ет
забрако́вывать(ся), -аю, -ает(ся)
забра́ло, -а
забрани́ть(ся), -ню́(сь), -ни́т(ся)
забра́нный
забра́сывание, -я
забра́сывать(ся), -аю, -ает(ся)
забра́ть(ся), -беру́(сь), -берёт(ся); *прош.* -а́л(ся), -ала́(сь), -а́ло, -а́ло́сь
забреда́ть, -а́ю, -а́ет
забре́дить, -е́жу, -е́дит
забре́дший
забре́жжить, -ит
забренча́ть, -чу́, -чи́т
забрести́, -еду, -едёт; *прош.* -ёл, -ела́
забрива́ть(ся), -а́ю, -ает(ся)
забри́тый
забри́ть, -ре́ю, -ре́ет
заброди́ть, -ожу́, -о́дит
заброни́рованный (*от* заброни́ровать)
заброни́рованный (*от* заброниро́вать)
заброни́ровать, -рую, -рует (закрепить)
заброниро́вать(ся), -ру́ю(сь), -ру́ет(ся) (покрыть бронёй)
забро́с, -а
забро́санный (*от* заброса́ть)
заброса́ть, -а́ю, -а́ет
забро́сить, -о́шу, -о́сит
забро́ска, -и
забро́шенность, -и
забро́шенный (*от* забро́сить)
забры́зганный

забры́згать(ся), -аю(сь),
-ает(ся) и -зжу(сь),
-зжет(ся)
забры́згивать(ся), -аю(сь),
-ает(ся)
забрыка́ться, -а́юсь, -а́ется
забубённый
забукси́ровать, -рую, -рует
забуксова́ть, -су́ю, -су́ет
забулды́га, -и, м. и ж.
забулды́жный
забу́лькать, -аю, -ает
забунтова́ть, -ту́ю, -ту́ет
забуре́ть, -е́ю, -е́ет
забу́ривать(ся), -аю(сь),
-ает(ся)
забури́ть(ся), -рю́(сь),
-ри́т(ся)
забурли́ть, -и́т
забуртова́нный
забуртова́ть, -ту́ю, -ту́ет
забурча́ть, -чу́, -чи́т
забути́ть, -учу́, -ути́т
забу́тка, -и
забуто́вка, -и
забу́хать, -аю, -ает, сов. (к
бу́хать)
забуха́ть, -а́ет, несов. (к за-
бу́хнуть)
забу́хнуть, -нет; прош. -у́х,
-у́хла
забу́хший
забу́чивать, -аю, -ает
забушева́ть, -шу́ю, -шу́ет
забуя́нить, -ню, -нит
забыва́ть(ся), -а́ю(сь),
-а́ет(ся)
забы́вчивость, -и
забы́вчивый
забы́тый
забытьё, -я́, предл. о за-
бытье́, в забытьи́
забы́ть(ся), -бу́ду(сь), -бу́-
дет(ся)
забюрократи́ться, -чусь,
-тится
зав, -а
зава́живать, -аю, -ает
зава́жничать, -аю, -ает
зава́л, -а
зава́ленный (от завали́ть)
зава́ливание, -я
зава́ливать(ся), -аю(сь),
-ает(ся)
зава́лина, -ы
зава́линка, -и
завали́ть(ся), -алю́(сь),
-а́лит(ся)
зава́лка, -и
зава́лочный
за́валь, -и
зава́лянный (от заваля́ть)
заваля́ть(ся), -я́ю, -я́ет(ся)
заваля́щий
зава́ренный
зава́ривание, -я
зава́ривать(ся), -аю,
-ает(ся)
завари́ть(ся), -арю́,
-а́рит(ся)
зава́рка, -и
заварно́й

зава́рочный
завару́ха, -и
завару́шка, -и
завева́ть(ся), -а́ю, -а́ет(ся)
(к ве́ять)
заведе́ние, -я
заведённый; кр. ф. -ён,
-ена́
заве́деньице, -а
заве́дование, -я
заве́довать, -дую, -дует
заве́домый
заве́дующая, -ей
заве́дующий, -его
заве́дший, -и
завезённый; кр. ф. -ён, -ена́
завезти́, -зу́, -зёт; прош. -ёз,
-езла́
завёзший
завербо́ванный
завербова́ть(ся), -бу́ю(сь),
-бу́ет(ся)
заверба́вывать(ся),
-аю(сь), -ает(ся)
заверезжа́ть, -жу́, -жи́т
заваре́ние, -я
заве́ренный
завереща́ть, -щу́, -щи́т
завери́тель, -я
завери́тельница, -ы
заве́рить, -рю, -рит
заве́рка, -и
завёрнутый
заверну́ть(ся), -ну́(сь),
-нёт(ся)
заверста́нный
заверста́ть(ся), -а́ю,
-а́ет(ся)
завёрстывать(ся), -аю,
-ает(ся)
заверте́ть(ся), -ерчу́(сь),
-е́ртит(ся)
завёртка, -и
завёрточный
завёртчица, -ы
завёртывание, -я
завёртывать(ся), -аю(сь),
-ает(ся)
заве́рченный
заверша́ть(ся), -а́ю,
-а́ет(ся)
заверше́ние, -я
завершённый; кр. ф. -ён,
-ена́
заверши́ть(ся), -шу́,
-ши́т(ся)
заверя́ть(ся), -я́ю, -я́ет(ся)
заве́са, -ы
заве́сить(ся), -е́шу(сь),
-е́сит(ся)
завести́(сь), -еду́(сь),
-едёт(ся); прош. -ёл(ся),
-ела́(сь)
заве́т, -а
заве́тный
заве́тренный
завечере́ть, -е́ет
заве́шанный (от заве́-
шать)
заве́шать(ся), -аю(сь),
-ает(ся)
заве́шенный (от заве́-
сить)
заве́шивание, -я

заве́шивать(ся), -аю(сь),
-ает(ся)
завеща́ние, -я
завеща́нный
завеща́тель, -я
завеща́тельница, -ы
завеща́тельный
завеща́ть(ся), -а́ю, -а́ет(ся)
заве́ять, -е́ю, -е́ет
завзя́тый
завибри́ровать, -рую, -рует
завива́ние, -я
завива́ть(ся), -а́ю(сь),
-а́ет(ся) (к вить)
зави́вка, -и
зави́вочный
зави́деть, -и́жу, -и́дит
зави́дки: зави́дки беру́т
завидне́ться, -е́ется
зави́дный
зави́довать, -дую, -дует
зави́дущий
завизжа́ть, -жу́, -жи́т
завизи́рованный
завизи́ровать, -рую, -рует
завиля́ть, -я́ю, -я́ет
завинти́ть(ся), -инчу́, -и́н-
ти́т(ся)
зави́нченный
зави́нчивание, -я
зави́нчивать(ся), -аю,
-ает(ся)
завира́льный
завира́ться, -а́юсь, -а́ется
завиру́ха, -и
завиру́шка, -и
зависа́ние, -я
зависа́ть, -а́ю, -а́ет
зави́сеть, -и́шу, -и́сит
зави́симость, -и
зави́симый
зави́стливый
зави́стник, -а
зави́стница, -ы
зави́стный
за́висть, -и
зави́сящий
завито́й, прил.
завито́к, -тка́
завито́чек, -чка
завиту́шка, -и
зави́тый; кр. ф. за́вит, -ви́-
та́, за́вито, зави́то, прич.
зави́ть(ся), -вью́(сь),
-вьёт(ся); прош. -и́л(ся),
-ила́(сь), -и́ло, -и́лось
завихля́ться, -я́юсь, -я́ется
завихре́ние, -я
завихри́ться, -и́хри́тся
завка́драми, нескл., м. и
ж.
завка́федрой, нескл., м. и
ж.
завклу́бом, нескл., м. и ж.
завко́м, -а
завко́мовский
завла́б, -а
завлаборато́рией, нескл.,
м. и ж.
завладева́ть, -а́ю, -а́ет
завладе́ть, -е́ю, -е́ет
завлека́тельный
завлека́ть(ся), -а́ю(сь),
-а́ет(ся)

завлёкший(ся)
завлечённый; кр. ф. -ён,
-ена́
завле́чь(ся), -еку́(сь),
-ечёт(ся), -еку́т(ся);
прош. -ёк(ся), -екла́(сь)
завли́т, -а
завма́г, -а
заво́д, -а
заводи́ла, -ы, м. и ж.
заводи́ловка, -и
заводи́ть(ся), -ожу́(сь),
-о́дит(ся)
заво́дишко, -а, м.
заво́дище, -а, м.
заво́дка, -и
заводне́ние, -я
заводнённый; кр. ф. -ён,
-ена́
заводни́ть, -ню́, -ни́т
заводно́й
заводня́ть(ся), -я́ю, -я́ет(ся)
заводоуправле́ние, -я
заво́дский и заводско́й
заводча́нин, -а, мн. -а́не,
-а́н
заво́дчик, -а
заво́дчица, -ы
заво́дь, -и
завоева́ние, -я
завоёванный
завоева́тель, -я
завоева́тельница, -ы
завоева́тельный
завоева́ть(ся), -вою́ю(сь),
-вою́ет(ся)
завоёвывать(ся), -аю(сь),
-ает(ся)
заво́женный
завожжа́ть, -а́ю, -а́ет
заво́з, -а
завози́ть(ся), -ожу́(сь),
-о́зит(ся)
заво́зка, -и
заво́зный
заво́зня, -и, р. мн. -зен
завола́кивать(ся), -аю,
-ает(ся)
заво́лжский
заволнова́ть(ся), -ну́ю(сь),
-ну́ет(ся)
за́волока, -и
заволо́кший(ся)
заволочённый; кр. ф. -ён,
-ена́
заволо́чь, -оку́, -очёт(ся),
-оку́т(ся); прош. -о́к(ся),
-окла́(сь)
завоня́ть, -я́ю, -я́ет
завопи́ть, -плю́, -пи́т
завора́живать(ся), -аю,
-ает(ся)
завора́чивать(ся), -аю(сь),
-ает(ся)
заворкова́ть, -ку́ю, -ку́ет
заворожённый; кр. ф. -ён,
-ена́
заворожи́ть, -жу́, -жи́т
за́ворот, -а (кишо́к)
заворо́т, -а (поворо́т)
завороти́ть(ся), -очу́(сь),
-о́тит(ся)
заворо́чать(ся), -аю(сь),
-ает(ся)

Column 1 (ЗАВ):

заворо́ченный (к заворо-
ти́ть)
завороши́ть(ся), -шу́(сь),
-ши́т(ся)
заворо́шка, -и
заворча́ть, -чу́, -чи́т
завотде́лом, нескл.,м. и ж.
завра́ться, -ру́сь, -рётся;
прош. -а́лся, -ала́сь, -а́лóсь
завреда́кцией, нескл. м.
и ж.
завсегда́
завсегда́тай, -я
завсегда́шний
завсе́ктором, нескл. м. и
ж.
завскла́дом, нескл.,м. и ж.
за́втра
за́втрак, -а
за́втракать, -аю, -ает
за́втрашний
завуали́рованный
завуали́ровать, -рую, -рует
за́вуч, -а
завхо́з, -а
завхо́зовский
завши́веть, -ею, -еет
завыва́ние, -я
завыва́ть, -а́ю, -а́ет
завы́сить, -ы́шу, -ы́сит
завы́ть, -во́ю, -во́ет
завыша́ть(ся), -а́ю, -а́ет(ся)
завыше́ние, -я
завы́шенный
завью́жить, -ит
завью́ченный
завью́чивать, -аю, -ает
завью́чить, -чу, -чит
завя́дший
завя́занный
завяза́ть, -а́ю, -а́ет
завяза́ть(ся), -яжу́,
-я́жет(ся)
завя́зить, -и́т
завя́зка, -и
завя́знувший
завя́знуть, -ну, -нет; прош.
-я́з, -я́зла
завя́зший
завя́зывание, -я
завя́зывать(ся), -аю,
-ает(ся)
за́вязь, -и
завя́ленный
завя́ливать(ся), -аю,
-ает(ся)
завя́лить(ся), -лю, -лит(ся)
завя́нувший
завя́нуть, -ну, -нет; прош.
-я́л, -я́ла
зага́данный
загада́ть, -а́ю, -а́ет
зага́дить, -а́жу, -а́дит
зага́дка, -и
зага́дочность, -и
зага́дочный
зага́дчик, -а
зага́дывать(ся), -аю,
-ает(ся)
зага́женный
зага́живать, -аю, -ает
загазо́ванность, -и
загазо́ванный
загалде́ть, -ди́т

Column 2 (ЗАГ):

зага́р, -а
загарпу́ненный
загарпу́нивать, -аю, -ает
загарпу́нить, -ню, -нит
загаси́ть(ся), -ашу́,
-а́сит(ся)
зага́снувший
зага́снуть, -нет; прош. -га́с,
-га́сла
зага́сший
загати́ть, -ачу́, -ати́т
зага́ченный
зага́чивать(ся), -аю,
-ает(ся)
зага́шенный
зага́шник, -а
загащиваться, -аюсь, -ается
загва́здать(ся), -аю(сь),
-ает(ся)
загво́здка, -и
заги́б, -а
загиба́ние, -я
загиба́ть(ся), -а́ю(сь),
-а́ет(ся)
заги́бка, -и
заги́бочный
заги́бщик, -а
загипнотизи́рованный
загипнотизи́ровать, -рую,
-рует
загипсо́ванный
загипсова́ть, -су́ю, -су́ет
загла́вие, -я
загла́вный
загла́дить(ся), -а́жу,
-а́дит(ся)
загла́женный
загла́живать(ся), -аю,
-ает(ся)
за глаза́
загла́зный
загла́тывать(ся), -аю,
-ает(ся)
загло́танный
заглота́ть, -а́ю, -а́ет
заглотну́ть, -ну́, -нёт
загло́хнувший
загло́хнуть, -ну, -нет; прош.
-о́х, -о́хла
загло́хший
заглуби́ть, -блю́, -би́т
заглублённый; кр. ф. -ён,
-ена́
заглубля́ть(ся), -я́ю,
-я́ет(ся)
заглуша́ть(ся), -а́ю,
-а́ет(ся)
заглушённый; кр. ф. -ён,
-ена́
заглуши́ть(ся), -шу́,
-ши́т(ся)
заглу́шка, -и
заглу́шье, -я, р. мн. -ший
загляде́нье, -я
загляде́ться, -яжу́сь, -яди́т-
ся
загля́дывать(ся), -аю(сь),
-ает(ся)
загляну́ть, -яну́,
-я́нет
заглянцеве́ть, -е́ет
загна́ивать(ся), -аю,
-ает(ся)
за́гнанный

Column 3 (ЗАГ):

загна́ть, -гоню́, -го́нит;
прош. -а́л, -ала́, -а́ло
загне́тка, -и
загнива́ть, -а́ю, -а́ет
загни́ть, -гнию́, -гниёт;
прош. -и́л, -ила́, -и́ло
загноённый; кр. ф. -ён,
-ена́
загнои́ть(ся), -ою́, -ои́т(ся)
за́гнутый
загну́ть(ся), -ну́(сь),
-нёт(ся)
загова́ривать(ся), -аю(сь),
-ает(ся)
за́говены, -вен
за́говенье, -я
загове́ться, -е́юсь, -е́ется
заговля́ться, -я́юсь, -я́ется
за́говор, -а
заговорённый; кр. ф. -ён,
-ена́
заговори́ть(ся), -рю́(сь),
-ри́т(ся)
загово́рщик, -а
загово́рщица, -ы
загово́рщицкий
загово́рщический
загогота́ть, -очу́, -о́чет
загогу́лина, -ы
загогу́линка, -и
за́годя
заголённый; кр. ф. -ён,
-ена́
заголи́ть(ся), -лю́(сь),
-ли́т(ся)
загало́вник, -а
заголо́вок, -вка
заголо́вочный
заголоси́ть, -ошу́, -оси́т
заголубе́ть, -е́ет
заголя́ть(ся), -я́ю(сь),
-я́ет(ся)
загомони́ть, -ню́, -ни́т
заго́н, -а
заго́нный
заго́нщик, -а
загоня́ть, -я́ю, -я́ет
загора́живать(ся), -аю(сь),
-ает(ся)
загора́ние, -я
загора́ть(ся), -а́ю(сь),
-а́ет(ся)
заго́рбок, -бка
загорди́ться, -ржу́сь, -рди́т-
ся
загорева́ть, -рю́ю, -рю́ет
загоре́лый
загоре́ть(ся), -рю́(сь),
-ри́т(ся)
загорла́нить, -ню, -нит
загоро́да, -ы
загороди́ть(ся), -ожу́(сь),
-о́ди́т(ся)
загоро́дка, -и
заго́родный
загоро́женный
загорячи́ться, -чу́сь, -чи́т-
ся
загости́ться, -ощу́сь, -ост-
и́тся
загота́вливание, -я
загота́вливать(ся), -аю,
-ает(ся)
заготконто́ра, -ы

Column 4 (ЗАГ):

заготови́тель, -я
заготови́тельница, -ы
заготови́тельно-заку́поч-
ный
заготови́тельный
загото́вить, -влю, -вит
загото́вка, -и
заготовле́ние, -я
загото́вленный
заготовля́ть(ся), -я́ю,
-я́ет(ся)
загото́вочный
загото́вщик, -а
загото́вщица, -ы
заготпу́нкт, -а
заготцена́, -ы́
заграба́станный
заграба́стать, -аю, -ает
заграба́стывать(ся), -аю,
-ает(ся)
загради́тель, -я
загради́тельный
загради́ть, -ажу́, -ади́т
заграждать(ся), -а́ю,
-а́ет(ся)
загражде́ние, -я
заграждённый; кр. ф. -ён,
-ена́
заграни́ца, -ы (торговля с
заграни́цей)
за грани́цей (жить за гра-
ни́цей)
за грани́цу (ехать за гра-
ни́цу)
заграни́чный
загра́нка, -и
загранкомандиро́вка, -и
загранпа́спорт, -а
загранпое́здка, -и
загрантури́зм, -а
загреба́ть, -а́ю, -а́ет
загребённый; кр. ф. -ён,
-ена́
загре́бистый
загребно́й, -о́го
загребу́щий
загрёбший
загреме́ть, -млю́, -ми́т
загрести́, -ребу́, -ребёт;
прош. -рёб, -ребла́
загри́вок, -вка
загримиро́ванный
загримирова́ть(ся),
-ру́ю(сь), -ру́ет(ся)
загримиро́вывать(ся),
-аю(сь), -ает(ся)
загро́бный
загроможда́ть(ся), -а́ю,
-а́ет(ся)
загроможде́ние, -я
загромождённый; кр. ф.
-ён, -ена́
загромозди́ть, -зжу́,
-зди́т
загромыха́ть, -а́ю, -а́ет
загро́хать, -аю, -ает
загрохота́ть, -очу́, -о́чет
загрубе́лый
загрубе́ть, -е́ю, -е́ет
загружа́ть(ся), -а́ю(сь),
-а́ет(ся)
загру́женный; кр. ф. -ен,
-ена и загружённый; кр.
ф. -ён, -ена́

Column 1 (ЗАГ)

загрузи́ть(ся), -ужу́(сь), -у́зи́т(ся)
загру́зка, -и
загру́знувший
загру́знуть, -ну, -нет; *прош.* -у́з, -у́зла
загру́зочный
загру́зчик, -а
загру́зший
загрунто́ванный
загрунтова́ть, -ту́ю, -ту́ет
загрунто́вывать(ся), -аю, -ает(ся)
загрусти́ть(ся), -ущу́, -усти́т(ся)
загрыза́ть(ся), -а́ю, -а́ет(ся)
загры́зенный
загры́зть(ся), -зу́, -зёт(ся); *прош.* -ы́з(ся), -ы́зла(сь)
загры́зший
загрязне́ние, -я
загрязнённый; *кр. ф.* -ён, -ена́
загрязни́ть(ся), -ню́(сь), -ни́т(ся)
загря́знуть, -ну, -нет; *прош.* -я́з, -я́зла
загрязня́ть(ся), -я́ю(сь), -я́ет(ся)
загря́зший
загс, -а
загуби́ть(ся), -ублю́, -у́бит(ся)
загу́бленный
загуде́ть, -ужу́, -уди́т
загудрони́рованный
загудрони́ровать, -рую, -рует
загу́л, -а
загу́ливать(ся), -аю(сь), -ает(ся)
загуля́ть(ся), -я́ю(сь), -я́ет(ся)
загумённый
загусте́лый
загусте́ть, -е́ет (стать густым)
загусти́тель, -я
загусти́ть, -ущу́, -усти́т (*что*)
загусти́ться, -и́тся
загу́брить, -рю, -рит
загу́щённый; *кр. ф.* -ён, -ена́
зад, -а, *предл.* о за́де, в (на) заду́, *мн.* -ы́, -о́в
зада́бривать(ся), -аю, -ает(ся)
задава́ка, -и, *м. и ж.*
задава́ть(ся), -даю́(сь), -даёт(ся)
задави́ть(ся), -авлю́, -а́вит(ся)
зада́вленный
зада́вливать(ся), -аю(сь), -ает(ся)
зада́вший(ся)
зада́лбливать(ся), -аю, -ает(ся)
зада́ние, -я
за́данность, -и
за́данный; *кр. ф.* -ан, за́дана́, -ано
зада́ренный

Column 2 (ЗАД)

зада́ривать(ся), -аю, -ает(ся)
задари́ть, -арю́, -а́рит
задарма́
зада́ром, *нареч.*
зада́ток, -тка
зада́ть(ся), -а́м(ся), -а́шь(ся), -а́ст(ся), -ади́м(ся), -ади́те(сь), -аду́т(ся); *прош.* за́да́л, зада́лся, задала́(сь), за́да́ло, зада́лось
зада́ча, -и
зада́чник, -а
задаю́щий(ся)
задви́гать(ся), -аю(сь), -ает(ся) и -и́жу(сь), -и́жет(ся), *сов.* (начать двигать(ся))
задвига́ть(ся), -а́ю, -а́ет(ся), *несов.* (к задви́нуть)
задви́жка, -и
задвижно́й
задви́нутый
задви́нуть(ся), -ну, -нет(ся)
задвои́ться, -ои́тся, -ои́тся
задво́рки, -рок
задева́ть(ся), -а́ю(сь), -а́ет(ся)
заде́йствованный
заде́йствовать, -ствую, -ствует
заде́л, -а
заде́лать(ся), -аю(сь), -ает(ся)
заде́лка, -и
заде́лывание, -я
заде́лывать(ся), -аю(сь), -ает(ся)
задёрганный
задёргать(ся), -аю(сь), -ает(ся)
задёргивать(ся), -аю(сь), -ает(ся)
задеревене́лый
задеревене́ть, -е́ю, -е́ет
задержа́ние, -я
заде́ржанный
задержа́ть(ся), -ержу́(сь), -е́ржит(ся)
заде́рживание, -я
заде́рживать(ся), -аю(сь), -ает(ся)
заде́ржка, -и
задерно́ванный
задернова́ть, -ну́ю, -ну́ет
задерно́вывать, -аю, -ает
задёрнутый
задёрнуть(ся), -ну(сь), -нет(ся)
заде́тый
заде́ть, -е́ну, -е́нет
за́дешево и задёшево, *нареч.*
задира́, -ы, *м. и ж.*
задира́ть(ся), -а́ю(сь), -а́ет(ся)
задири́стый
задича́ть, -а́ю, -а́ет
заднежа́берный
задненёбный
задненёбный
заднепрохо́дный
заднеязы́чный

Column 3 (ЗАД)

за́дний
за́дник, -а
задо́бренный
задо́брить, -рю, -рит
задожди́ть, -и́т
задо́к, -дка́
задолби́ть, -блю́, -би́т
задо́лбленный
задо́лго
задолжа́ть(ся), -а́ю(сь), -а́ет(ся)
задо́лженность, -и
задо́лжник, -а
за́дом, *нареч.*
задо́р, -а
задо́рина, -ы
задо́ринка, -и
задо́риться, -рюсь, -рится
задо́рный
задо́рого, *нареч.*
задохну́вшийся
задохну́ться, -нётся; *прош.* -о́хся, -о́хлась (стать затхлым)
задохну́ться, -ну́сь, -нётся; *прош.* -ну́лся, -ну́лась, *сов.* (к задыха́ться)
задо́хшийся
задра́енный
задразнённый; *кр. ф.* -ён, -ена́
задра́знивать, -аю, -ает
задразни́ть, -азню́, -а́знит
задра́ивать(ся), -аю, -ает(ся)
задра́ить, -а́ю, -а́ит
задра́йка, -и
за́дранный
задрапиро́ванный
задрапирова́ть(ся), -ру́ю(сь), -ру́ет(ся)
задрапиро́вывать(ся), -аю(сь), -ает(ся)
задра́ть(ся), -деру́(сь), -дерёт(ся); *прош.* -а́л(ся), -ала́(сь), -а́ло, -а́лось
задрема́ть(ся), -зжи́т
задрема́ть(ся), -емлю́, -е́млет(ся)
задрёмывать, -аю, -ает
задри́панный
задрожа́ть, -жу́, -жи́т
за́друга, -и
задры́гать, -аю, -ает
задубе́лый
задубене́ть, -е́ю, -е́ет
задубе́ть, -е́ю, -е́ет
задубли́рованный
задубли́ровать, -рую, -рует
задува́ние, -я
задува́ть(ся), -а́ю, -а́ет(ся)
заду́вка, -и
задуде́ть, -ди́т
заду́манный
заду́мать(ся), -аю(сь), -ает(ся)
заду́мчивость, -и
заду́мчивый
заду́мывать(ся), -аю(сь), -ает(ся)
задуна́йский
задура́читься, -чусь, -чится
задури́ть, -рю́, -ри́т
задурма́ненный

Column 4 (ЗАЖ)

задурма́нивать(ся), -аю(сь), -ает(ся)
задурма́нить(ся), -ню(сь), -нит(ся)
заду́тый
заду́ть, -ду́ю, -ду́ет
задуше́вность, -и
задуше́вный
заду́шенный
задуши́ть(ся), -ушу́(сь), -у́шит(ся)
задыми́ть(ся), -млю́, -и́т(ся)
задымле́ние, -я
задымлённый; *кр. ф.* -ён, -ена́
задыха́ние, -я
задыха́ться(ся), -а́юсь, -а́ется
задыша́ть(ся), -ышу́, -ы́шит(ся)
заегози́ть, -ожу́, -ози́т
заеда́ть(ся), -а́ю(сь), -а́ет(ся)
зае́денный
заеди́но
заё́дки, -док
заё́житься, -жусь, -жится
заё́зд, -а
зае́здить(ся), -е́зжу(сь), -е́здит(ся)
зае́здка, -и
зае́здом, *нареч.*
заезжа́ть, -а́ю, -а́ет
зае́зженный
зае́зживать, -аю, -ает
зае́зжий
заё́кать, -аю, -ает
заело́зить, -о́жу, -о́зит
заё́м, за́йма
заё́мный
заерепе́ниться, -нюсь, -нится
заё́рзать, -аю, -ает
зае́сть(ся), -е́м(ся), -е́шь(ся), -е́ст(ся), -еди́м(ся), -еди́те(сь), -едя́т(ся); *прош.* зае́л(ся), заела́(сь)
зае́хать, -е́ду, -е́дет
зажа́ренный
зажа́ривать(ся), -аю, -ает(ся)
зажа́рить(ся), -рю, -рит(ся)
зажа́тие, -я
зажа́тый
зажа́ть(ся), -жму́, -жмёт(ся)
зажда́ться, -ду́сь, -дётся; *прош.* -а́лся, -ала́сь, -а́лось
зажева́ть, -жую́, -жуёт
зажёгший(ся)
зажелте́ть, -е́ет (начать желтеть)
зажелте́ться, -е́ется
зажели́ть, -лчу́, -лти́т (*что*)
зажелти́ться, -и́тся
зажелчённый; *кр. ф.* -ён, -ена́
зажестикули́ровать, -рую, -рует
заже́чь(ся), -жгу́(сь), -жжёт(ся), -жгу́т(ся); *прош.* -жёг(ся), -жгла́(сь)

зажже́ние, -я
зажжённый; кр. ф. -ён,
  -ена́
зажива́ть, -а́ет
зажива́ться, -а́юсь, -а́ется
зажи́вить(ся), -влю́,
  -ви́т(ся)
заживле́ние, -я
заживлённый; кр. ф. -ён,
  -ена́
заживля́ть(ся), -я́ю,
  -я́ет(ся)
за́живо
зажи́вший(ся)
зажига́лка, -и
зажига́ние, -я
зажига́тельный
зажига́ть(ся), -а́ю(сь),
  -а́ет(ся)
зажи́ленный
зажи́ливать, -аю, -ает
зажи́лить, -лю, -лит
зажи́м, -а
зажима́ние, -я
зажима́ть(ся), -а́ю, -а́ет(ся)
зажи́мистый
зажи́мка, -и
зажи́мный
зажи́мщик, -а
зажи́мщица, -ы
зажи́н, -а
зажина́ть, -а́ю, -а́ет
зажи́нки, -нок
зажире́лый
зажире́ть, -е́ю, -е́ет
зажито́й
зажи́точный
зажи́ть(ся), -иву́(сь),
  -иве́т(ся); прош. за́жил,
  зажи́лся, зажила́(сь),
  за́жило, зажи́ло́сь
зажму́ренный
зажму́ривать(ся), -аю(сь),
  -ает(ся)
зажму́рить(ся), -рю(сь),
  -рит(ся)
зажо́лкнуть, -нет
зажо́р, -а и зажо́ра, -ы
зажра́ться, -ру́сь, -рётся;
  прош. -а́лся, -ала́сь, -а́лось
зажужжа́ть, -жжу́, -жжи́т
зажу́ливать(ся), -аю,
  -ает(ся)
зажу́лить, -лю, -лит
зажури́ть(ся), -рю́(сь),
  -ри́т(ся)
зажурча́ть, -чи́т
зажу́хнувший и зажу́х-
  ший
зажу́хнуть, -нет; прош.
  -жу́х и -жу́хнул, -жу́хла
за́званный
зазва́ть, -зову́, -зовёт; прош.
  -а́л, -ала́, -а́ло
зазвене́ть, -ню́, -ни́т
зазвони́ть, -ню́, -ни́т
зазвуча́ть, -чи́т
зазвя́кать, -аю, -ает
за здра́вие
заздра́вный
зазева́ть(ся), -а́ю(сь),
  -а́ет(ся)
зазеленённый; кр. ф. -ён,
  -ена́

зазеленеть, -е́ет (начать
  зеленеть)
зазелене́ться, -е́ется
зазелени́ть, -ню́, -ни́т (что)
зазелени́ться, -ню́сь, -ни́тся
заземле́ние, -я
заземлённый; кр. ф. -ён,
  -ена́
заземли́ть(ся), -лю́,
  -ли́т(ся)
заземля́ть(ся), -я́ю, -я́ет(ся)
зазерка́лье, -я
зазимова́ть, -му́ю, -му́ет
зази́мье, -я
зазнава́ться, -наю́сь, -наётся
зазна́йка, -и, м. и ж.
зазна́йничание, -я
зазна́йство, -а
зазна́ться, -а́юсь, -а́ется
зазнаю́щийся
зазно́ба, -ы
зазноби́ть, -блю́, -би́т
зазно́бушка, -и
зазолоти́ть(ся), -очу́,
  -оти́т(ся)
зазо́р, -а
зазо́рный
зазре́ние, -я: без зазре́ния
  со́вести
за́зрить, -ит: со́весть за́-
  зрит
зазря́
зазу́бный
зазу́бренный
зазу́бривать(ся), -аю,
  -ает(ся)
зазу́брина, -ы
зазубри́ть(ся), -убрю́(сь),
  -у́бри́т(ся)
зазу́ммерить, -у́ммерит
зазы́б, -а
зазыва́ла, -ы, м. и ж.
зазыва́ние, -я
зазывно́й и зазы́вный
зазя́бнуть, -ну, -нет; прош.
  -зя́б, -зя́бла
зазя́бший
заи́гранный
заигра́ть(ся), -а́ю(сь),
  -а́ет(ся)
заи́грывать(ся), -аю(сь),
  -ает(ся)
заизвесткованный
заизвесткова́ть, -ку́ю, -ку́ет
заи́ка, -и, м. и ж.
заика́ние, -я
заика́ться, -а́юсь, -а́ется
заикну́ться, -ну́сь, -нётся
заиле́ние, -я
заи́ленный
заи́ливание, -я
заи́ливаться, -ается
заи́литься, -лится
заи́мка, -и
заимода́вец, -вца
заимода́тель, -я
заимообра́зно
за́имствование, -я
за́имствованный
за́имствовать(ся),
  -твую(сь), -твует(ся)
заинвентаризо́ванный
заинвентаризова́ть, -зу́ю,
  -зу́ет

заи́ндеве́вший
заи́ндеве́лый
заи́ндеветь, -вею, -веет и
  заиндеве́ть, -ве́ю, -ве́ет
заинтересо́ванность, -и
заинтересо́ванный
заинтересова́ть(ся),
  -су́ю(сь), -су́ет(ся)
заинтересо́вывать(ся),
  -аю(сь), -ает(ся)
заинтриго́ванный
заинтригова́ть, -гу́ю, -гу́ет
заинтриго́вывать(ся), -аю,
  -ает(ся)
за́инька, -и, м.
заи́скивание, -я
заи́скивать, -аю, -ает
заи́скивающий
заискри́ться, -искри́тся
заиссыккульский
за́йка, -и, м.
за́ймище, -а
за́ймовый
займодержа́тель, -я
зайти́(сь), зайду́(сь), зай-
  дёт(ся); прош. за-
  шёл(ся), зашла́(сь)
зайцеобра́зные, -ых
зайча́тина, -ы
за́йчик, -а
зайчи́ха, -и
зайчи́шка, -и, м.
за́йчик, -а, м.
зайчо́нок, -нка, мн. -ча́та,
  -ча́т
закабалённый; кр. ф. -ён,
  -ена́
закабали́ть(ся), -лю́(сь),
  -ли́т(ся)
закабаля́ть(ся), -я́ю(сь),
  -я́ет(ся)
закавка́зский
закавы́ка, -и
закавы́ченный
закавы́чить, -чу, -чит
закавы́чка, -и
зака́дровый
зака́дычный
зака́з, -а
зака́занный
заказа́ть, -ажу́, -а́жет
зака́з-наря́д, зака́за-наря́-
  да
зака́зник, -а
заказно́й
зака́зчик, -а
зака́зчица, -ы
зака́зывать(ся), -аю,
  -ает(ся)
зака́иваться, -аюсь, -ает-
  ся
зака́л, -а
закалённость, -и
закалённый; кр. ф. -ён,
  -ена́
зака́ливаемость, -и
зака́ливание, -я
зака́ливать(ся), -аю(сь),
  -ает(ся)
закали́ть(ся), -лю́(сь),
  -ли́т(ся)
зака́лка, -и
зака́лочный
зака́лывание, -я??

зака́лывать(ся), -аю(сь),
  -ает(ся)
закаля́каться, -аюсь, -ается
закаля́ть(ся), -я́ю(сь),
  -я́ет(ся)
закаме́нелый
закаменеть, -е́ю, -е́ет
закамуфли́рованный
закамуфли́ровать, -рую,
  -рует
зака́нчивать(ся), -аю,
  -ает(ся)
зака́панный
зака́пать, -аю(сь),
  -ает(ся)
закапри́зничать, -аю, -ает
зака́пывать(ся), -аю(сь),
  -ает(ся)
зака́ркать, -аю, -ает
зака́рмливать(ся), -аю,
  -ает(ся)
закарпа́тский
закарта́вить, -влю, -вит
закаспи́йский
зака́т, -а
зака́танный
заката́ть(ся), -а́ю(сь),
  -а́ет(ся)
зака́тистый
зака́тить(ся), -ачу́(сь),
  -а́тит(ся)
зака́тка, -и
зака́тный
зака́точный
зака́тывание, -я
зака́тывать(ся), -аю(сь),
  -ает(ся)
зака́чанный (от зака-
  ча́ть)
закача́ть(ся), -а́ю(сь),
  -а́ет(ся)
зака́ченный (от зака-
  ти́ть)
зака́чивать(ся), -аю(сь),
  -ает(ся)
зака́шивать(ся), -аю,
  -ает(ся)
зака́шлять(ся), -яю(сь),
  -яет(ся)
зака́явшийся
зака́яться, -а́юсь, -а́ется
заква́кать, -аю, -ает
заква́сить(ся), -а́шу,
  -а́сит(ся)
заква́ска, -и
заква́шенный
заква́шивание, -я
заква́шивать(ся), -аю,
  -ает(ся)
заки́вать, -а́ю, -а́ет
заки́данный
закида́ть(ся), -а́ю(сь),
  -а́ет(ся)
закидо́н, -а
заки́душка, -и
заки́дывать(ся), -аю,
  -ает(ся)
заки́нутый
заки́нуть(ся), -ну, -нет(ся)
закипа́ть, -а́ю, -а́ет
закипе́ть, -пи́т
закипяти́ться, -ячу́сь, -яти́т-
  ся
закиса́ть, -а́ю, -а́ет

закислённый; *кр. ф.* -ён, -ена́
закисли́ть, -лю́, -ли́т
заки́снувший
заки́снуть, -ну, -нет; *прош.* -и́с, -и́сла
заки́сший
за́кись, -и
закичи́ться, -чу́сь, -чи́тся
заки́шеть, -ши́т
закла́д, -а
закла́дка, -и
закладна́я, -о́й
закла́дничество, -а
закладно́й
закла́дочный
закла́дчик, -а
закла́дчица, -ы
закла́дывание, -я
закла́дывать(ся), -аю, -ает(ся)
закла́ние, -я
заклёванный
заклева́ть, -люю, -люёт
заклёвывать(ся), -аю, -ает(ся)
заклеенный
закле́ивание, -я
закле́ивать(ся), -аю, -ает(ся)
закле́ить(ся), -ею, -еит(ся)
закле́йка, -и
заклеймённый; *кр. ф.* -ён, -ена
заклейми́ть, -млю́, -ми́т
заклепанный
заклепа́ть, -а́ю, -а́ет
заклёпка, -и
заклёпочно-сварно́й
заклёпочный
заклёпывание, -я
заклёпывать(ся), -аю, -ает(ся)
заклина́ние, -я
заклина́тель, -я
заклина́тельница, -ы
заклина́ть, -а́ю, -а́ет
заклинённый; *кр. ф.* -ён, -ена́ и закли́ненный; *кр. ф.* -ен, -ена
закли́нивать(ся), -аю, -ает(ся)
закли́нить(ся), -ли́ню, -ли́нит(ся)
заклокота́ть, -ко́чет
заклуби́ть(ся), -и́т(ся)
заключа́ть(ся), -а́ю(сь), -а́ет(ся)
заключе́ние, -я
заключённый; *кр. ф.* -ён, -ена́
заключи́тельный
заключи́ть(ся), -чу́(сь), -чи́т(ся)
закля́вший(ся)
закля́сть(ся), -яну́(сь), -янёт(ся); *прош.* -я́л(ся), -яла́(сь), -я́ло, -яло́(сь)
закля́тие, -я
закля́тый
закованный
закова́ть, -кую́, -ку-ёт
ако́вка, -и

зако́вывать(ся), -аю, -ает(ся)
заковыля́ть, -я́ю, -я́ет
заковы́ристый
заковы́рка, -и
заковыря́ть(ся), -я́ю(сь), -я́ет(ся)
закоди́рованный
закоди́ровать, -рую, -рует
закол, -а
закола́чивать(ся), -аю, -ает(ся)
заколдо́ванный
заколдова́ть, -ду́ю, -ду́ет
заколдо́вывать(ся), -аю, -ает(ся)
заколеба́ть(ся), -ле́блю(сь), -ле́блет(ся)
зако́лка, -и
заколоси́ться, -и́тся
заколоти́ть(ся), -очу́(сь), -о́тит(ся)
зако́лотый
заколо́ть(ся), -олю́(сь), -о́лет(ся)
заколо́ченный
заколыха́ть(ся), -ы́шу, -ы́шет(ся) и -а́ю, -а́ет(ся)
закольцева́ть, -цу́ю, -цу́ет
закольцо́ванный
закольцо́вывать(ся), -аю, -ает(ся)
закома́ра, -ы
закомплексо́ванный
закомпости́рованный
закомпости́ровать, -рую, -рует
закон, -а
зако́нник, -а
зако́нница, -ы
законнорождённый
зако́нность, -и
зако́нный; *кр. ф.* -о́нен, -о́нна
законове́д, -а
законове́дение, -я
законода́тель, -я
законода́тельница, -ы
законода́тельный
законода́тельство, -а
законода́тельствовать, -твую, -твует
закономе́рность, -и
закономе́рный
законопа́тить, -а́чу, -а́тит
законопа́ченный
законопа́чивать(ся), -аю, -ает(ся)
законоположе́ние, -я
законопрое́кт, -а
законосовеща́тельный
законосообра́зный
законоуче́ние, -я
законоучи́тель, -я, *мн.* -и, -ей
законсерви́рованный
законсерви́ровать(ся), -рую, -рует(ся)
законспекти́рованный
законспекти́ровать, -рую, -рует
законспири́рованный
законспири́ровать(ся), -рую(сь), -рует(ся)

законтракто́ванный
законтрактова́ть(ся), -ту́ю(сь), -ту́ет(ся)
законтракто́вывать(ся), -аю(сь), -ает(ся)
зако́нтурный
законфу́зиться, -у́жусь, -у́зится
зако́нченность, -и
зако́нченный
зако́нчить(ся), -чу, -чит(ся)
закопанный
закопа́ть(ся), -а́ю, -а́ет(ся)
закопёрщик, -а
закопёрщица, -ы
закопоши́ться, -шу́сь, -ши́т-ся
закопте́лый
закопте́ть, -е́ет (покрыться копотью)
закопти́ть 1, -пчу́, -пти́т (*что*)
закопти́ть 2, -пти́т (начать коптить)
закопти́ться, -пчу́сь, -пти́тся
закопчённый; *кр. ф.* -ён, -ена́
закоренелый
закорене́ть, -е́ю, -е́ет
зако́рки, -рок: на зако́рки, на зако́рках
закорми́ть, -ормлю́, -о́рмит
зако́рмленный
закоро́бить(ся), -бит(ся)
закорю́ка, -и
закорю́чина, -ы
закорю́чка, -и
закоси́ть, -ошу́, -о́сит (к коси́ть 1)
закоси́ть, -ошу́, -оси́т (к коси́ть 2)
закосне́лый
закосне́ть, -е́ю, -е́ет
закостене́лый
закостене́ть, -е́ю, -е́ет
зако́улок, -лка
закочевря́житься, -жусь, -жится
закоченелый
закочене́ть, -е́ю, -е́ет
зако́шенный
закра́дываться, -ается
закра́ек, -а́йка
закра́ивать(ся), -аю, -ает(ся)
закра́ина, -ы
закра́пать, -плю, -плет и -аю, -ает
закра́пывать, -аю, -ает
закра́сить(ся), -а́шу, -а́сит(ся)
закра́ска, -и
закрасне́ть(ся), -е́ю(сь), -е́ет(ся)
закра́сться, -адётся; *прош.* -а́лся, -а́лась
закра́шенный
закра́шивание, -я
закра́шивать(ся), -аю, -ает(ся)
закрепа, -ы
закрепи́тель, -я
закрепи́тельный

закрепи́ть(ся), -плю́(сь), -пи́т(ся)
закрёпка, -и
закрепле́ние, -я
закреплённый; *кр. ф.* -ён, -ена́
закрепля́ть(ся), -я́ю(сь), -я́ет(ся)
закрепости́ть(ся), -ощу́(сь), -ости́т(ся)
закрёпочный
закрепоща́ть(ся), -а́ю(сь), -а́ет(ся)
закрепоще́ние, -я
закрепощённый; *кр. ф.* -ён, -ена́
закрести́ть(ся), -ещу́(сь), -е́стит(ся)
закриви́ть(ся), -влю́, -ви́т(ся)
закривле́ние, -я
закривля́ть(ся), -я́ю(сь), -я́ет(ся)
закристаллизо́ванный
закристаллизова́ть(ся), -зу́ю, -зу́ет(ся)
закрича́ть, -чу́, -чи́т
закровени́ть(ся), -ню́(сь), -ни́т(ся)
закро́енный
закро́ечный
закро́ить, -ою, -о́ит
закро́й, -я
закро́йка, -и
закро́йный
закро́йщик, -а
закро́йщица, -ы
за́кром, -а, *мн.* -а́, -о́в
закругле́ние, -я
закруглённый; *кр. ф. прич.* -ён, -ена́; *кр. ф. прил.* -ён, -ённа
закругли́ть(ся), -лю́(сь), -ли́т(ся)
закругля́ть(ся), -я́ю(сь), -я́ет(ся)
закружённый; *кр. ф.* -ён, -ена́ и закру́женный; *кр. ф.* -ен, -ена
закружи́ть(ся), -ужу́(сь), -у́жи́т(ся)
закрута́сы, -ов
закрути́ть(ся), -учу́(сь), -у́тит(ся)
закру́тка, -и
закру́ченный
закру́чивание, -я
закру́чивать(ся), -аю(сь), -ает(ся)
закручи́нить(ся), -ню(сь), -нит(ся)
закрыва́ние, -я
закрыва́ть(ся), -а́ю(сь), -а́ет(ся)
закры́лок, -лка
закры́тие, -я
закрытогнезди́ящийся
закры́тый
закры́ть(ся), -ро́ю(сь), -ро́ет(ся)
закря́кать, -аю, -ает
закряхте́ть, -хчу́, -хти́т
закуда́хтать, -хчу, -хчет
закукаре́кать, -аю, -ает

закуковать, -кукую, -кукует
закулисный
закуп, -а
закупать(ся), -аю(сь),
 -ает(ся)
закупить, -уплю, -упит
закупка, -и
закупленный
закупной
закупоренный
закупоривание, -я
закупоривать(ся), -аю(сь),
 -ает(ся)
закупорить(ся), -рю(сь),
 -рит(ся)
закупорка, -и
закупочный
закупщик, -а
закуренный
закуривать(ся), -аю,
 -ает(ся)
закурить(ся), -урю,
 -урит(ся)
закурка, -и
закурлыкать, -аю, -ает
закуролесить, -ешу, -есит
закурчавиться, -влюсь,
 -вится
закусанный
закусать(ся), -аю(сь),
 -ает(ся)
закусить, -ушу, -усит
закуска, -и
закусочка, -и
закусочная, -ой
закусочный
закустаренный
закусывать, -аю, -ает
закут, -а и закута, -ы
закутанный
закутать(ся), -аю(сь),
 -ает(ся)
закутить, -учу, -утит
закутка, -и
закуток, -утка
закутывать(ся), -аю(сь),
 -ает(ся)
закушенный (от заку-
 сить)
зал, -а
зала, -ы
залавок, -вка
заладить(ся), -ажу,
 -адит(ся)
залакированный
залакировать, -рую, -рует
залакировывать, -аю, -ает
заламывать(ся), -аю,
 -ает(ся)
залапанный
залапать, -аю, -ает
заласканный
заласкать, -аю, -ает
залатанный
залатать, -аю, -ает
залатывать, -аю, -ает
залгаться, -лгусь, -лжётся,
 -лгутся; прош. -ался,
 -алась, -алось
залегание, -я
залегать, -аю, -ает
залёгший
заледеневший
заледенелый

заледенеть, -ею, -еет (покрыться льдом)
заледенить, -ню, -нит (кого, что)
залежалый
залежаться, -жусь, -жится
залёживаться, -аюсь, -ается
залежный
залежь, -и
залезать, -аю, -ает
залезть, -зу, -зет; прош.
 -лез, -лезла
залезший
залениться, -енюсь, -енится
залепетать, -ечу, -ечет
залепить, -леплю, -лепит
залепленный
залеплять(ся), -яю, -яет(ся)
залесённый
залесье, -я, р. мн. -сий
залёт, -а
залетать, -аю, -ает
залететь, -лечу, -летит
залётный
залеченный
залечивать(ся), -аю(сь),
 -ает(ся)
залечить(ся), -ечу(сь),
 -ечит(ся)
залечь, -лягу, -ляжет, -ля-
 гут; прош. -лёг, -легла
залив, -а
заливание, -я
заливать(ся), -аю(сь),
 -ает(ся)
заливистый
заливка, -и
заливное, -ого
заливной (луг, каток)
заливочный
заливчатый
заливчик, -а
заливщик, -а
ализ, -а
зализанный
зализать, -ижу, -ижет
зализы, зализ, ед. зализа,
 -ы
зализывать(ся), -аю,
 -ает(ся)
залитый; кр. ф. залит, за-
 лита, залито
залить(ся), -лью(сь),
 -льёт(ся); прош. залил,
 залился, залила(сь), за-
 лило, залилось
залихватский
залихорадить, -ажу, -адит
залог, -а
залоговый
залогодатель, -я
залогодательница, -ы
залогодержатель, -я
залогодержательница, -ы
заложение, -я
заложенный
заложить, -ожу, -ожит
заложник, -а
заложница, -ы
залом, -а
заломить, -омлю, -омит
заломленный
залоснённый; кр. ф. -ён,
 -ена

залоснить(ся), -ню,
 -нит(ся)
залп, -а
залповый
залпом, нареч.
залубенеть, -еет
залужённый
залужить, -жу, -жит
залупать(ся), -аю, -ает(ся)
залупить(ся), -уплю,
 -упит(ся)
залупленный
залуплять(ся), -яю, -яет(ся)
залучать(ся), -аю, -ает(ся)
залучённый; кр. ф. -ён,
 -ена
залучить, -чу, -чит
залысина, -ы
зальный
зальце, -а, р. мн. -льцев и
 -лец
залюбоваться, -буюсь, -бу-
 ется
залягать(ся), -аю(сь),
 -ает(ся)
залязгать, -аю, -ает
заляпанный
заляпать(ся), -аю(сь),
 -ает(ся)
зам, -а
замазанный
замазать(ся), -ажу(сь),
 -ажет(ся)
замазка, -и
замазывание, -я
замазывать(ся), -аю(сь),
 -ает(ся)
замалёванный
замалевать, -люю, -люет
замалёвывать(ся), -аю,
 -ает(ся)
замаливание, -я
замаливать(ся), -аю,
 -ает(ся)
замалчивание, -я
замалчивать(ся), -аю,
 -ает(ся)
заманенный; кр. ф. -ен,
 -ена и заманённый; кр.
 ф. -ён, -ена
заманивать(ся), -аю,
 -ает(ся)
заманить, -аню, -анит
заманиха, -и
заманчивый
замаранный
замарать(ся), -аю(сь),
 -ает(ся)
замарашка, -и, м. и ж.
замаринованный
замариновать(ся), -ную,
 -нует(ся)
замариновывать(ся), -аю,
 -ает(ся)
замаркированный
замаркировать, -рую, -рует
замаршировать, -рую, -ру-
 ет
замаскированный
замаскировать(ся),
 -рую(сь), -рует(ся)
замаскировывать(ся), -аю,
 -ает(ся)
замасленный

замасливать(ся), -аю(сь),
 -ает(ся)
замаслить(ся), -лю(сь),
 -лит(ся)
заматерелый
заматёрнный
заматовать, -тую, -тует
заматывать(ся), -аю(сь),
 -ает(ся)
замах, -а
замахать, -машу, -машет и
 -аю, -ает
замахиваться, -аюсь, -ает-
 ся
замахнуть(ся), -ну(сь),
 -нёт(ся)
замачивание, -я
замачивать(ся), -аю,
 -ает(ся)
замашка, -и
замащивать(ся), -аю,
 -ает(ся)
замаять(ся), -аю(сь),
 -ает(ся)
замаячить, -чу, -чит
замбиец, -ийца
замбийский
замдекана, нескл., м. и ж.
замдиректора, нескл., м.
 и ж.
замедление, -я
замедленный
замедлитель, -я
замедлить(ся), -лю(сь),
 -лит(ся)
замедлять(ся), -яю(сь),
 -яет(ся)
замежёванный
замежевать, -жую, -жует
замелённый; кр. ф. -ён,
 -ена
замелить, -лю, -лит
замелькать, -аю, -ает
замельтешить, -шит
замена, -ы
заменённый; кр. ф. -ён,
 -ена
заменимый
заменитель, -я
заменить(ся), -еню,
 -енит(ся)
заменять(ся), -яю,
 -яет(ся)
замер, -а (к замерить)
замеренный
замереть, -мру, -мрёт;
 прош. замер, замерла,
 замерло
замерзание, -я
замерзать, -аю, -ает
замёрзлый
замёрзнуть, -ну, -нет; прош.
 -ёрз, -ёрзла
замёрзший
замерзать(ся), -аю,
 -ает(ся)
замерить, -рю, -рит и -ряю,
 -ряет
замертво
замерцать, -ает
замерший
замерять(ся), -яю, -яет(ся)
замес, -а

замеси́ть(ся), -ешу́,
-е́сит(ся)
замести́, -мету́, -метёт;
прош. -мёл, -мела́
замести́тель, -я
замести́тельница, -ы
замести́тельство, -а
замести́ть, -ещу́, -ести́т
заме́сто, *нареч.*
замёт, -а
заме́та, -ы
заме́танный
замета́ть, -а́ю, -а́ет, *сов.* (о
шитье)
замета́ть(ся) 1, -а́ю,
-а́ет(ся), *несов.* (к мести́)
замета́ть(ся) 2, -мечу́(сь),
-ме́чет(ся), *сов.* (к мета́-
ться)
заме́ченный; *кр. ф.* -ён,
-ена́
заме́тить, -мечу, -метит
заме́тка, -и (к заме́тить)
замётка, -и (к замета́ть)
замётливый
заме́тный
замётший
замётывание, -я
замётывать(ся), -аю,
-ает(ся)
заме́ть, -и
замеча́ние, -я
замеча́тельный
замеча́ть(ся), -а́ю, -а́ет(ся)
заме́ченный
замечта́ться, -а́юсь, -а́ется
заме́шанный (*от* заме-
ша́ть)
заме́шательство, -а
замеша́ть(ся), -а́ю(сь),
-а́ет(ся)
заме́шенный (*от* заме-
си́ть)
заме́шивать(ся), -аю(сь),
-ает(ся)
заме́шкаться, -аюсь, -ается
замеща́ть(ся), -а́ю, -а́ет(ся)
замеще́ние, -я
замещённый; *кр. ф.* -ён,
-ена́
замига́ть, -а́ю, -а́ет
замина́ть(ся), -а́ю, -а́ет(ся)
замини́рованный
замини́ровать, -рую, -рует
зами́нка, -и
замира́ние, -я
замира́ть, -а́ю, -а́ет
замире́ние, -я
замирённый; *кр. ф.* -ён,
-ена́
замири́ть(ся), -рю́(сь),
-ри́т(ся)
замиря́ть(ся), -я́ю(сь),
-я́ет(ся)
за́мкнутость, -и
за́мкнутый
замкну́ть(ся), -ну́(сь),
-нёт(ся)
за́мковый (*от* за́мок)
замко́вый (*от* замо́к)
замле́ть, -е́ю, -е́ет
замми́ни́стра, *нескл., м. и
ж.*
за́мовский

замоги́льный
за́мок, -мка
замо́к, -мка́
замока́ть, -а́ет
замо́кнуть, -нет; *прош.* -о́к,
-о́кла
замо́кший
замо́лвить, -влю, -вит
замолённый; *кр. ф.* -ён,
-ена́
замоли́ть, -олю́, -о́лит
замолка́ть, -а́ю, -а́ет
замо́лкнувший
замо́лкнуть, -ну, -нет;
прош. -о́лк, -о́лкла
замо́лкший
замоло́ть, -мелю́, -ме́лет
замолча́ть, -чу́, -чи́т
замоноли́тить, -и́чу, -и́тит
замоноли́ченный
замоноли́чивать, -аю, -ает
замо́р, -а
замора́живание, -я
замора́живать(ся), -аю,
-ает(ся)
заморга́ть, -а́ю, -а́ет
замордо́ванный
замордова́ть, -ду́ю, -ду́ет
заморённый; *кр. ф.* -ён,
-ена́
замори́ть(ся), -рю́(сь),
-ри́т(ся)
заморо́женный
заморо́зить, -о́жу,
-о́зит
заморо́зка, -и
за́морозки, -ов
за́морозь, -и
замороси́ть, -си́т
заморо́ченный
заморо́чить, -чу, -чит
замо́рский
замо́рыш, -а
замости́ть, -ощу́, -ости́т
замо́танный
замота́ть(ся), -а́ю(сь),
-а́ет(ся)
замо́чек, -чка
замо́чить(ся), -очу́(сь),
-о́чит(ся)
замо́чка, -и
замо́чный
замощённый; *кр. ф.* -ён,
-ена́
замполи́т, -а
зампре́д, -а
замудри́ть, -рю́, -ри́т
за́муж
за́мужем
заму́жество, -а
заму́жний
замура́вить, -влю, -вит
замура́вленный
замурлы́кать, -ы́чу, -ы́чет и
-аю, -ает
замуро́ванный
замурова́ть(ся), -ру́ю(сь),
-ру́ет(ся)
замуро́вывать(ся), -аю(сь),
-ает(ся)
заму́сленный
заму́сливать(ся), -аю(сь),
-ает(ся)

заму́слить(ся), -лю(сь),
-лит(ся)
замусо́ленный
замусо́ливать(ся), -аю(сь),
-ает(ся)
замусо́лить(ся), -лю(сь),
-лит(ся)
замусо́ренный
заму́соривать(ся), -аю,
-ает(ся)
заму́сорить(ся), -рю,
-рит(ся)
замути́ть(ся), -учу́,
-у́ти́т(ся)
замутне́ть, -е́ет
замухры́шка, -и, *м. и ж.*
заму́ченный
заму́чивать(ся), -аю(сь),
-ает(ся)
заму́чить(ся), -чу(сь),
-чит(ся) и -чаю(сь), -ча-
ет(ся)
за́мша, -и
за́мшевый
замше́лый
замше́ть, -е́ет
замыва́ние, -я
замыва́ть(ся), -а́ю, -а́ет(ся)
замы́вка, -и
замы́зганный
замы́згать(ся), -аю(сь),
-ает(ся)
замы́згивать(ся), -аю(сь),
-ает(ся)
замыка́ние, -я
замыка́ть(ся), -а́ю(сь),
-а́ет(ся)
замыка́ющий, -его
за́мысел, -сла
замы́слить, -лю, -лит
замыслова́тость, -и
замыслова́тый
замы́таренный
замы́тарить(ся), -рю(сь),
-рит(ся)
замы́ть, -мо́ю, -мо́ет
замыча́ть, -чу́, -чи́т
замы́шленный
замышля́ть(ся), -я́ю,
-я́ет(ся)
замя́млить, -лю, -лит
замя́тый
замя́ть(ся), -мну́(сь),
-мнёт(ся)
замя́укать, -аю, -ает
занаве́живать(ся), -аю,
-ает(ся)
за́навес, -а (в театре)
занаве́сить(ся), -е́шу(сь),
-е́сит(ся)
занаве́ска, -и
занаве́сочный
за́навесь, -и (занавеска)
занаве́шенный
занаве́шивать(ся), -аю(сь),
-ает(ся)
занаво́женный
занаво́зить, -о́жу,
-о́зит
занаряди́ть, -яжу́,
-я́ди́т
занаря́дка, -и
занаряжа́ть(ся), -а́ю,
-а́ет(ся)

занаря́женный; *кр. ф.* -ен,
-ена и занаря́жённый;
кр. ф. -ён, -ена́
занаря́живание, -я
занаря́живать(ся), -аю,
-ает(ся)
зана́чить, -чу, -чит
зана́чка, -и
зана́шивать(ся), -аю,
-ает(ся)
зане́, *союз*
заневе́ститься, -е́щусь, -е́с-
тится
занеду́жить(ся), -жу,
-жит(ся)
занездоро́виться, -ится
занеме́вший
занеме́лый
занеме́ть, -е́ю, -е́ет
занемо́гший
занемо́чь, -огу́, -о́жет, -о́гут;
прош. -о́г, -огла́
занена́ститься, -ится
занервнича́ть, -аю, -ает
занесе́ние, -я
занесённый; *кр. ф.* -ён,
-ена́
занести́(сь), -су́(сь),
-сёт(ся); *прош.* -ёс(ся),
-есла́(сь)
зане́сший(ся)
занижа́ть(ся), -а́ю, -а́ет(ся)
зниже́ние, -я
зани́женный
зани́зить, -и́жу, -и́зит
занима́тельность, -и
занима́тельный
занима́ть(ся), -а́ю(сь),
-а́ет(ся)
за́ново
зано́за, -ы
зано́зистый
занози́ть, -ожу́, -ози́т
зано́зища, -и
зано́с, -а
заноси́ть(ся), -ошу́(сь),
-о́сит(ся)
зано́сный
зано́счивость, -и
зано́счивый
заночева́ть, -чу́ю, -чу́ет
заночёвывать, -аю, -ает
зано́шенный
зану́да, -ы, *м. и ж.*
зану́дный
зану́дство, -а
зану́зданный
занузда́ть, -а́ю, -а́ет
зану́здывать, -аю, -ает
зануме́рованный
занумерова́ть, -ру́ю, -ру́ет
занумеро́вывать(ся), -аю,
-ает(ся)
заны́ть, -но́ю, -но́ет
заня́тие, -я
заня́тный
заня́то́й, *прил.*
за́нятость, -и
за́нятый; *кр. ф.* за́нят, за-
нята́, за́нято, *прич.*
заня́ть(ся), займу́(сь),
займёт(ся); *прош.* за́-
нял, заня́лся́, -яла́(сь),
за́няло, -я́ло́сь

заоблачный
заодно́, *нареч.*
заозёрный
заозёрье, -я
заокеа́нский
заора́ть, -ру́, -рёт
заорганизо́ванный
заостре́ние, -я
заострённый; *кр. ф.* -ён,
  -ена́
заостри́ть(ся), -рю́,
  -ри́т(ся)
заостря́ть(ся), -я́ю,
  -я́ет(ся)
забха́ть, -аю, -ает
забчник, -а
забчница, -ы
забчный
запа́вший
за́пад, -а
запада́ть, -ает (начать падать)
запада́ть, -а́ет (*к* запа́сть)
запа́дина, -ы
за́падник, -а
за́паднический
за́падничество, -а
западноавстрали́йский, но
  За́падно-Австрали́йское
  тече́ние
западнобелору́сский
западноевропе́йский
западноказахста́нский
западносиби́рский, но За́-
  падно-Сиби́рская ни́-
  зменность
западнославя́нский
западноукраи́нский
за́падный
западня́, -и́, *р. мн.* -не́й
запа́здывание, -я
запа́здывать, -аю, -ает
за па́зухой
запа́ивание, -я
запа́ивать(ся), -аю, -ает(ся)
запа́йка, -и
запако́ванный
запакова́ть(ся), -ку́ю(сь),
  -ку́ет(ся)
запако́вывать(ся), -аю(сь),
  -ает(ся)
запа́костить(ся), -ощу, -ос-
  тит(ся)
запа́кощенный
запа́л, -а
запалённый; *кр. ф.* -ён,
  -ена́
запа́лзывать, -аю, -ает
запа́ливать(ся), -аю,
  -ает(ся)
запали́ть, -лю́, -ли́т
запа́льник, -а
запа́льный
запа́льчивость, -и
запа́льчивый
запа́мятовать, -тую, -тует
запанибра́та
запанибра́тский
запанибра́тство, -а
запаникова́ть, -ку́ю,
  -ку́ет
за́пань, -и
запа́ренный
запа́ривание, -я

запа́ривать(ся), -аю(сь),
  -ает(ся)
запа́рить(ся), -рю(сь),
  -рит(ся)
запа́рка, -и
запарко́ванный
запаркова́ть, -ку́ю, -ку́ет
запа́рник, -а
запарно́й и запа́рный
запа́рхивать, -аю, -ает
запарши́веть, -ею, -еет
запа́рывать(ся), -аю,
  -ает(ся)
запа́с, -а
запаса́ть(ся), -а́ю(сь),
  -а́ет(ся)
запасённый; *кр. ф.* -ён,
  -ена́
запа́сец, -сца
запа́сливый
запа́сник, -а
запасно́й и запа́сный
запасти́(сь), -су́(сь),
  -сёт(ся); *прош.* -а́с(ся),
  -асла́(сь)
запа́сть, -адёт; *прош.* -а́л,
  -а́ла
запа́сший(ся)
запатенто́ванный
запатентова́ть, -ту́ю, -ту́ет
запатенто́вывать, -аю, -ает
запа́товать, -тую, -тует
запаути́ненный
за́пах, -а, *мн.* -и, -ов
запа́х, -а (*к* запахну́ть)
запа́ханный
запаха́ть, -ашу́, -а́шет
запа́хивание, -я
запа́хивать(ся), -аю(сь),
  -ает(ся)
запа́хнувший
запа́хнувший(ся)
запа́хнутый
запа́хнуть, -ну, -нет; *прош.*
  -а́х, -а́хла
запахну́ть(ся), -ну́(сь),
  -нёт(ся)
запахопоглоти́тель, -я
запа́хший
запа́чканный
запа́чкать(ся), -аю(сь),
  -ает(ся)
запа́шка, -и
запа́шник, -а
запашо́к, -шка́
запа́янный
запа́ять(ся), -я́ю, -я́ет(ся)
запе́в, -а
запева́ла, -ы, *м. и ж.*
запева́ние, -я (*от* запе-
  ва́ть)
запева́ть, -а́ю, -а́ет (*к* петь)
запе́вка, -и
запека́нка, -и
запека́ть(ся), -а́ю, -а́ет(ся)
запёкший(ся)
запелёнатый и запелёну-
  тый
запелена́ть, -а́ю, -а́ет
запеленго́ванный
запеленгова́ть, -гу́ю, -гу́-
  ет
запе́ненный
запе́нить(ся), -ню, -нит(ся)

запере́ть(ся), -пру́(сь),
  -прёт(ся); *прош.* за́пер,
  за́перся, заперла́(сь),
  за́перло(сь)
за́пертый; *кр. ф.* -ерт, -ер-
  та́, -ерто
за́перший(ся)
заперши́ть, -и́т
запестре́ть, -е́ет
запестри́ть, -ри́т (замелькать)
запетля́ть, -я́ю, -я́ет
запету́шиться, -шусь, -ши́т-
  ся
запе́тый
запе́ть, -пою, -поёт
запеча́литься, -люсь, -лится
запеча́танный
запеча́тать(ся), -аю,
  -ает(ся)
запечатлева́ть(ся),
  -а́ю(сь), -а́ет(ся)
запечатлённый; *кр. ф.* -ён,
  -ена́
запечатле́ть(ся), -е́ю(сь),
  -е́ет(ся)
запеча́тывать(ся), -аю,
  -ает(ся)
запе́чек, -чка
запечённый; *кр. ф.* -ён,
  -ена́
запе́чный
запе́чье, -я, *р. мн.* -чий
запе́чь(ся), -еку́ -ечёт(ся),
  -еку́т(ся); *прош.* -ёк(ся),
  -екла́(сь)
запива́ние, -я (*от* запи-
  ва́ть)
запива́ть(ся), -а́ю, -а́ет(ся)
  (*к* пить)
запиво́ха, -и, *м. и ж.*
запи́ливать(ся), -аю,
  -ает(ся)
запили́кать, -аю, -ает
запили́ть, -илю́, -и́лит
запина́ться, -а́юсь, -а́ется
запи́нка, -и
запира́тельство, -а
запира́ть(ся), -а́ю(сь),
  -а́ет(ся)
запирова́ть, -ру́ю, -ру́ет
запи́санный
записа́ть(ся), -ишу́(сь),
  -и́шет(ся)
запи́ска, -и
записно́й
запи́сочка, -и
запи́сывание, -я
запи́сывать(ся), -аю(сь),
  -ает(ся)
за́пись, -и
запи́тый; *кр. ф.* -и́т, -ита́,
  -и́то
запи́ть, -пью, -пьёт; *прош.*
  запи́л, запила́, запи́ло и
  (*о* пьянстве) за́пил, за-
  пила́, за́пило
запи́ханный
запиха́ть, -а́ю, -а́ет
запи́хивание, -я
запи́хивать(ся), -аю,
  -ает(ся)
запи́хнутый
запихну́ть, -ну́, -нёт

запи́чкать, -аю, -ает
запищ́ать, -щу́, -щи́т
запла́канный
запла́кать, -а́чу, -а́чет
запламене́ть, -е́ю, -е́ет
заплани́рованный
заплани́ровать, -рую, -рует
запла́та, -ы
запла́танный
заплата́ть, -а́ю, -а́ет
заплати́ть, -ачу́, -а́тит
запла́тка, -и
запла́ченный
заплёванный
заплева́ть(ся), -люю(сь),
  -люёт(ся)
заплёвывать(ся), -аю,
  -ает(ся)
заплёсканный
заплеска́ть(ся), -ещу́(сь),
  -е́щет(ся) и -а́ю(сь),
  -а́ет(ся)
заплёскивать(ся), -аю,
  -ает(ся)
заплесневе́лый
заплесневе́ть, -ею, -еет
заплёснутый
заплесну́ть(ся), -ну́,
  -нёт(ся)
заплести́(сь), -ету́(сь),
  -етёт(ся); *прош.* -ёл(ся),
  -ела́(сь)
заплета́ть(ся), -а́ю, -а́ет(ся)
заплетённый; *кр. ф.* -ён,
  -ена́
заплётший(ся)
заплёчики, -ов
заплёчный
заплёчье, -я, *р. мн.* -чий
запломбиро́ванный
запломбирова́ть, -ру́ю, -ру́-
  ет
запломбиро́вывать(ся),
  -аю, -ает(ся)
заплот, -а
заплута́ться, -а́юсь, -а́ется
заплы́в, -а
заплыва́ть, -а́ю, -а́ет
заплы́ть, -ыву́, -ывёт; *прош.*
  -ы́л, -ыла́, -ы́ло
запляса́ть, -яшу́, -я́шет
запну́ться, -ну́сь, -нётся
запове́данный
запове́дать, -аю, -ает
запове́дник, -а
запове́дный
запове́довать(ся), -дую,
  -дует(ся)
за́поведь, -и
запога́ненный
запога́нивать, -аю, -ает
запога́нить, -ню, -нит
заподо́зривать, -аю,
  -ает(ся) и заподо́зри-
  вать(ся), -аю, -ает(ся)
заподлицо́
заподо́зренный
заподо́зрить, -рю, -рит
запо́ём, *нареч.*
запозда́лый
запозда́ние, -я
запозда́ть, -а́ю, -а́ет
за́поздно
запо́й, -я

запо́йный
заполаскивать(ся), -аю,
-ает(ся)
за́ полдень
заполёванный
заполева́ть, -лю́ю, -лю́ет
запо́лзать, -аю, -ает (начать
ползать)
заполза́ть, -а́ю, -а́ет (к за-
ползти́)
заползти́, -зу́, -зёт; прош.
-о́лз, -олзла́
запо́лненный
заполни́тель, -я
запо́лнить(ся), -ню,
-нит(ся)
за́ полночь
заполня́ть(ся), -я́ю, -я́ет(ся)
заполонённый; кр. ф. -ён,
-ена́
заполони́ть, -ню́, -ни́т
заполоня́ть(ся), -я́ю,
-я́ет(ся)
заполо́сканный
заполоска́ть(ся), -ощу́(сь),
-о́щет(ся) и -а́ю(сь),
-а́ет(ся)
заполу́ченный
заполучи́ть, -учу́, -у́чит
заполыха́ть, -а́ет
заполье, -я
запо́льный
заполю́сный
заполя́рный
запомина́ние, -я
запомина́ть(ся), -а́ю(сь),
-а́ет(ся)
запомина́ющий(ся)
запо́мненный
запо́мнить(ся), -ню(сь),
-нит(ся)
за́понка, -и
запо́р, -а
запора́шивать(ся), -ает(ся)
запо́рный
запоро́жец, -жца
запоро́жский
запо́ротый
запоро́ть, -орю́, -о́рет
запоро́шенный; кр. ф. -ен,
-ена и запорошённый;
кр. ф. -ён, -ена́
запороши́ть(ся), -и́т(ся)
запорха́ть, -а́ю, -а́ет
запорхну́ть, -ну́, -нёт
запотева́ть, -а́ю, -а́ет
запоте́лый
запоте́ть, -е́ю, -е́ет
запо́тчевать, -чую, -чует
започива́ть, -а́ю, -а́ет
запра́вдашний и запра́в-
дашный
запра́вила, -ы, м.
запра́вить(ся), -влю(сь),
-вит(ся)
запра́вка, -и
запра́вленный
заправля́ть(ся), -я́ю(сь),
-я́ет(ся)
запра́вочный
запра́вский
запра́вщик, -а
запра́вщица, -ы
запра́здновать, -ную, -нует

запра́шивать(ся), -аю,
-ает(ся)
запрева́ть, -а́ет
запреде́льный
запрессо́ванный
запрессова́ть, -ссу́ю, -ссу́ет
запрессо́вка, -и
запрессо́вывать(ся), -аю,
-ает(ся)
запресто́льный
запрёт, -а
запрети́тельный
запрети́тельство, -а
запрети́ть, -ещу́, -ети́т
запре́тный
запреща́ть(ся), -а́ю,
-а́ет(ся)
запреще́ние, -я
запрещённый; кр. ф. -ён,
-ена́
заприме́тить, -е́чу, -е́тит
запримеченный
заприхо́дованный
заприхо́довать, -дую, -дует
запричита́ть, -а́ю, -а́ет
запрограмми́рованность,
-и
запрограмми́рованный
запрограмми́ровать, -рую,
-рует
запродава́ть(ся), -даю́, -да-
ёт(ся)
запрода́жа, -и
запрода́жный
запро́данный
запрода́ть, -а́м, -а́шь, -а́ст,
-ади́м, -ади́те, -аду́т;
прош. -о́дал, -одала́, -о́да-
ло
запроекти́рованный
запроекти́ровать, -рую, -ру-
ет
запроки́дывать(ся),
-аю(сь), -ает(ся)
запроки́нутый
запроки́нуть(ся), -ну(сь),
-нет(ся)
запропа́вший
запропасти́ть(ся),
-ащу́(сь), -асти́т(ся)
запропа́сть, -аду́, -адёт;
прош. -а́л, -а́ла
запро́с, -а
запроси́ть(ся), -ошу́(сь),
-о́сит(ся)
за́просто
запротестова́ть, -ту́ю, -ту́ет
запротоколи́рованный
запротоколи́ровать, -рую,
-рует
запро́шенный
запро́шлый
запру́да, -ы
запруди́ть, -ужу́, -у́ди́т
запружа́ть(ся), -а́ю,
-а́ет(ся)
запру́женный; кр. ф. -ен,
-ена и запружённый; кр.
ф. -ён, -ена́
запру́живать(ся), -аю,
-ает(ся)
запры́гать(ся), -аю(сь),
-ает(ся)
запры́гивать, -аю, -ает

запры́гнуть, -ну, -нет
запряга́ть(ся), -а́ю(сь),
-а́ет(ся)
запря́гший(ся)
запряжённый; кр. ф. -ён,
-ена́
запря́жка, -и
запряжно́й
запря́сть, -яду́, -ядёт; прош.
-ял, -яла́, -яло
запря́танный
запря́тать(ся), -я́чу(сь),
-я́чет(ся)
запря́тывать(ся), -аю(сь),
-ает(ся)
запря́чь(ся), -ягу́(сь),
-яжёт(ся), -ягу́т(ся);
прош. -я́г(ся), -ягла́(сь)
запу́ганный
запуга́ть, -а́ю, -а́ет
запу́гивать(ся), -аю(сь),
-ает(ся)
запу́дренный
запу́дривать(ся), -аю(сь),
-ает(ся)
запу́дрить, -рю, -рит
запу́ржи́ть, -и́т
за́пуск, -а
запуска́ние, -я
запуска́ть(ся), -а́ю, -а́ет(ся)
запусте́лый
запусте́ние, -я
запусте́ть, -е́ет
запусти́ть, -ущу́, -у́стит
запу́танный
запу́тать(ся), -аю(сь),
-ает(ся)
запу́тывать(ся), -аю(сь),
-ает(ся)
запу́хнуть, -ну, -нет; прош.
-у́х, -у́хла
запу́хший
запу́щенный; кр. ф. -ён,
-ена́
запуши́ть(ся), -шу́,
-ши́т(ся)
запу́щенность, -и
запу́щенный
запча́сти, -е́й
запы́женный
запы́жить, -жу, -жит
запыла́ть, -а́ю, -а́ет
запылённость, -и
запылённый; кр. ф. -ён,
-ена́
запыли́ть(ся), -лю́(сь),
-ли́т(ся)
запыха́ться, -а́юсь, -а́ется
запыхте́ть, -хчу́, -хти́т
запьяне́ть, -е́ю, -е́ет
запья́нствовать, -твую, -тву-
ет
запья́нцо́вский
запя́стный
запя́стье, -я, р. мн. -тий
запя́тая, -о́й
запя́тки, -ток
запя́тнанный
запятна́ть, -а́ю, -а́ет
зараба́тывать(ся), -аю(сь),
-ает(ся)
зарабо́танный
зарабо́тать(ся), -аю(сь),
-ает(ся)

за́работный: за́работная
пла́та
за́работок, -тка
зара́внивание, -я
зара́вниватель, -я
зара́внивать(ся), -аю,
-ает(ся)
заража́ть(ся), -а́ю(сь),
-а́ет(ся)
зараже́ние, -я
заражённый; кр. ф. -ён,
-ена́
зара́з, нареч.
зара́за, -ы
зарази́тельный
зарази́ть(ся), -ажу́(сь),
-ази́т(ся)
зарази́ха, -и
зара́зный
зара́нее
зарапортова́ться, -ту́юсь,
-ту́ется
зараста́ние, -я
зараста́ть, -а́ю, -а́ет
зарасти́, -ту́, -тёт; прош.
-ро́с, -росла́
зарасти́ть, -ращу́, -расти́т
заращённый; кр. ф. -ён,
-ена́
зара́щивать, -аю, -ает
зарва́ться, -рву́сь, -рвётся;
прош. -а́лся, -ала́сь, -а́ло́сь
зарде́ть(ся), -е́ю(сь),
-е́ет(ся)
зареве́ть, -ву́, -вёт
за́рево, -а
заревой
зарегистри́рованный
зарегистри́ровать(ся),
-рую(сь), -рует(ся)
зарегули́рование, -я
зарегули́рованный
зарегули́ровать, -рую,
-рует
заре́з, -а
заре́занный
заре́зать(ся), -е́жу(сь),
-е́жет(ся)
зарезви́ться, -влю́сь, -ви́тся
зарезерви́рованный
зарезерви́ровать, -рую, -ру-
ет
зарека́ться, -а́юсь, -а́ется
зарекомендо́ванный
зарекомендова́ть, -ду́ю, -ду́-
ет
зарекомендо́вывать, -аю,
-ает
зарёкшийся
заретуши́рованный
заретуши́ровать, -рую, -ру-
ет
заре́чный
заре́чье, -я, р. мн. -чий
заре́чься, -еку́сь, -ечётся,
-еку́тся; прош. -ёкся, -ек-
ла́сь
зареше́ченный
заре́ять, -е́ет
заржа́веть, -еет и заржа-
ве́ть, -е́ет
заржа́вленный
заржа́ть, -жу́, -жёт
зарисо́ванный

зарисова́ть(ся), -су́ю(сь), -су́ет(ся)
зарисо́вка, -и
зарисо́вывание, -я
зарисо́вывать(ся), -аю, -ает(ся)
за́риться, -рюсь, -рится
зари́фить, -флю, -фит
зари́фленный
зарифля́ть, -я́ю, -я́ет
зарифмо́ванный
зарифмова́ть, -му́ю, -му́ет
зарифмо́вывать(ся), -аю, -ает(ся)
зарни́ца, -ы
заробе́ть, -е́ю, -е́ет
заро́вненный
заровня́ть(ся), -я́ю, -я́ет(ся) (к ро́вный)
заро́д, -а
зароди́ть(ся), -ожу́, -оди́т(ся)
заро́дыш, -а
заро́дышевый
зарожда́ть(ся), -а́ю, -а́ет(ся)
зарожде́ние, -я
зарождённый; кр. ф. -ён, -ена́
зарозове́ть, -е́ю, -е́ет
заро́ить(ся), -и́т(ся)
зарок, -а
зарокота́ть, -о́чет
заро́ненный
зарони́ть, -оню́, -о́нит
заропта́ть, -опщу́, -о́пщет
за́росли, -ей и за́росль, -и
за́росток, -тка
заро́сший
зарпла́та, -ы
зару́б, -а
заруба́ть, -а́ю, -а́ет
зарубе́жный
зарубе́жье, -я
зару́бина, -ы
заруби́ть(ся), -ублю́(сь), -у́бит(ся)
зару́бка, -и
зару́бленный
зарубцева́ться, -цу́ется
зарубцо́ванный
зарубцо́вываться, -ается
зару́бщик, -а
зару́ганный
заруга́ть(ся), -а́ю(сь), -а́ет(ся)
зару́ка, -и
зарука́вье, -я, р. мн. -вий
зарукоплеска́ть, -ещу́, -е́щет
зарумя́ненный
зарумя́нивать(ся), -аю(сь), -ает(ся)
зарумя́нить(ся), -ню(сь), -нит(ся)
заруча́ться, -а́юсь, -а́ется
заручи́ться, -чу́сь, -чи́тся
зару́чка, -и
зарыби́ть, -блю, -би́т
зарыбле́ние, -я
зары́бленный
зарыбля́ть, -я́ю, -я́ет
зарыва́ть(ся), -а́ю(сь), -а́ет(ся)

зарыда́ть, -а́ю, -а́ет
зары́сить, -и́т
зары́тый
зары́ть(ся), -ро́ю(сь), -ро́ет(ся)
зарыча́ть, -чу́, -чи́т
заря́, -и́, вин. зарю́, мн. зо́ри, зорь, зо́рям
заряби́ть, -и́т(ся)
заря́д, -а
заряди́ть(ся), -яжу́(сь), -яди́т(ся)
заря́дка, -и
заря́дный
заря́довый
заряжа́ние, -я
заряжа́ть(ся), -а́ю(сь), -а́ет(ся)
заря́женность, -и
заря́женный; кр. ф. -ен, -ена и заряжённый; кр. ф. -ён, -ена́
заря́нка, -и
заса́да, -ы
засади́ть, -ажу́, -а́дит
заса́дка, -и
заса́днить, -ит и засадни́ть, -и́т
заса́женный
заса́живание, -я
заса́живать(ся), -аю(сь), -ает(ся)
заса́ленный
заса́ливание, -я
заса́ливать(ся), -аю(сь), -ает(ся)
заса́лить(ся), -лю, -лит(ся)
заса́ривать(ся), -аю, -ает(ся)
заса́сывание, -я
заса́сывать(ся), -аю(сь), -ает(ся)
заса́харенный
заса́харивание, -я
заса́харивать(ся), -аю, -ает(ся)
заса́харить(ся), -рю, -рит(ся)
засва́танный
засва́тать, -аю, -ает
засвеже́ть, -е́ет
засверка́ть, -а́ю, -а́ет
засвети́ть(ся), -ечу́, -е́тит(ся)
засветле́ть(ся), -е́ет(ся)
за́светло
засве́ченный
засвиде́тельствование, -я
засвиде́тельствовать, -твую, -твует
засвиста́ть, -ищу́, -и́щет
засвисте́ть, -ищу́, -исти́т
засда́ться, -а́мся, -а́шься, -а́стся, -ади́мся, -ади́тесь, -аду́тся; прош. -а́лся, -ала́сь, -ало́сь
засе́в, -а
засева́ние, -я
засева́ть(ся), -а́ю, -а́ет(ся)
заседа́ние, -я
заседа́тель, -я
заседа́тельский

заседа́ть, -а́ю, -а́ет
заседла́нный
заседла́ть, -а́ю, -а́ет
засёдлывать, -аю, -ает
засе́ивать(ся), -аю, -ает(ся)
засе́ка, -и
засека́ть(ся), -а́ю, -а́ет(ся)
засекре́тить, -ре́чу, -ре́тит
засекре́ченный
засекре́чивание, -я
засекре́чивать(ся), -аю, -ает(ся)
засе́кший(ся) и засёкший(ся)
заселе́ние, -я
заселённость, -и
заселённый; кр. ф. -ён, -ена́
засели́ть(ся), -елю́, -ели́т(ся)
заселя́ть(ся), -я́ю, -я́ет(ся)
засемени́ть, -ню́, -ни́т
засеребрённый; кр. ф. -ён, -ена́
засеребри́ть(ся), -рю́(сь), -ри́т(ся)
засере́ть, -е́ет
засе́сть, -ся́ду, -ся́дет; прош. -се́л, -се́ла
засе́ченный; кр. ф. -ён, -ена́ и засе́ченный; кр. ф. -ен, -ена (наказанный поркой)
засе́чка, -и
засе́чный
засе́чь(ся), -еку́ -ечёт(ся), -еку́т(ся); прош. -ёк(ся), -екла́(сь)
засе́янный
засе́ять, -е́ю, -е́ет
засигна́лить, -лю, -лит
заси́деть, -ди́т
засиде́ться, -ижу́сь, -иди́тся
заси́женный
заси́живать(ся), -аю(сь), -ает(ся)
засилосо́ванный
засилосова́ть, -су́ю, -су́ет
заси́лье, -я
заси́м, нареч.
засинённый; кр. ф. -ён, -ена́
засине́ть, -е́ю, -е́ет (начать синеть)
засине́ться, -е́ется
засиня́ть(ся), -а́ю, -а́ет(ся)
засини́ть, -ню́, -ни́т (что)
засини́ться, -ни́тся
засипе́ть, -плю́, -пи́т
засия́ть, -я́ю, -я́ет
заскака́ть, -скачу́, -ска́чет
заска́кивать, -аю, -ает
заска́ндалить, -лю, -лит
заскво́зить, -и́т
заскирдо́ванный
заскирдова́ть, -ду́ю, -ду́ет
заско́к, -а
заскользи́ть, -льжу́, -льзи́т
заскору́злый
заскору́знувший
заскору́знуть, -ну, -нет; прош. -у́знул и -у́з, -у́зла
заскочи́ть, -очу́, -о́чит

заскрёбший(ся)
заскрежета́ть, -ещу́, -е́щет
заскрести́(сь), -ребу́(сь), -ребёт(ся); прош. -рёб(ся), -ребла́(сь)
заскрипе́ть, -плю́, -пи́т
заскули́ть, -лю́, -ли́т
заскуча́ть, -а́ю, -а́ет
за́сланный (от засла́ть)
засласти́ть, -ащу́, -асти́т
засла́ть, зашлю́, зашлёт
заслащённый; кр. ф. -ён, -ена́
засла́щивать(ся), -аю, -ает(ся)
заследи́ть, -ежу́, -еди́т
заслёженный
заслёживать(ся), -аю, -ает(ся)
заслези́ться, -и́тся
заслепи́ть, -плю́, -пи́т
заслеплённый; кр. ф. -ён, -ена́
заслепля́ть, -я́ю, -я́ет
засло́н, -а
заслонённый; кр. ф. -ён, -ена́
заслони́ть(ся), -оню́(сь), -о́нит(ся)
засло́нка, -и
засло́ночный
заслоня́ть(ся), -я́ю(сь), -я́ет(ся)
заслу́га, -и
заслу́женный
заслу́живать(ся), -аю, -ает(ся)
заслужи́ть(ся), -ужу́(сь), -у́жит(ся)
заслу́шанный
заслу́шать(ся), -аю(сь), -ает(ся)
заслу́шивать(ся), -аю(сь), -ает(ся)
заслы́шать(ся), -шу, -шит(ся)
заслюнённый; кр. ф. -ён, -ена́
заслю́нивать(ся), -аю(сь), -ает(ся)
заслюни́ть(ся), -ню́(сь), -ни́т(ся)
заслюня́вить(ся), -влю(сь), -вит(ся)
заслюня́вленный
засма́ливать(ся), -аю(сь), -ает(ся)
засма́тривать(ся), -аю(сь), -ает(ся)
засме́янный
засмея́ть(ся), -ею́(сь), -еёт(ся)
засмолённый; кр. ф. -ён, -ена́
засмоли́ть(ся), -лю́(сь), -ли́т(ся)
засмо́рканный
засморка́ть(ся), -а́ю(сь), -а́ет(ся)
засмотре́ться, -отрю́сь, -о́трится
засмуща́ться, -а́юсь, -а́ется

заснежённый; *кр. ф.* -ён,
-ена́ и засне́женный; *кр.
ф.* -ен, -ена
засима́ть, -а́ю, -а́ет
заснова́ть, -ну́ю, -ну́ёт
засну́ть, -ну́, -нёт
засня́тый; *кр. ф.* -я́т, -ята́,
-я́то
засня́ть, -ниму́, -ни́мет;
прош. -я́л, -яла́, -я́ло
засо́в, -а
засо́ванный
засова́ть, -сую́, -сует́
засо́веститься, -ещусь, -ес-
тится
засо́вывать(ся), -аю,
-ает(ся)
засо́л, -а
засоле́ние, -я
засо́ленный
засолённый (о почве)
засоли́ть(ся), -олю́,
-о́ли́т(ся)
засо́лка, -и
засоло́чный
засо́льный
засопе́ть, -плю́, -пи́т
засо́р, -а
засоре́ние, -я
засорённость, -и
засорённый; *кр. ф.* -ён,
-ена́
засори́ть(ся), -рю́, -ри́т(ся)
засоря́ть(ся), -я́ю, -я́ет(ся)
засо́с, -а
засо́санный
засоса́ть, -осу́, -осёт
засо́хлый
засо́хнувший
засо́хнуть, -ну, -нет; *прош.*
-о́х, -о́хла
засо́хший
засочи́ться, -и́тся
за́спанный
заспа́ть(ся), -плю́(сь),
-пи́т(ся); *прош.* -а́л(ся),
-ала́(сь), -а́ло, -а́лось
заспеси́виться, -влюсь,
-вится
заспеши́ть, -шу́, -ши́т
заспи́нник, -а
заспи́нный
заспирто́ванный
заспиртова́ть, -ту́ю, -ту́ет
заспирто́вывать(ся), -аю,
-ает(ся)
заспо́рить(ся), -рю(сь),
-рит(ся)
засрами́ть, -млю́, -ми́т
засрамлённый; *кр. ф.* -ён,
-ена́
заста́ва, -ы
застава́ть, -таю́, -тает́
заста́вить(ся), -влю(сь),
-вит(ся)
заста́вка, -и
заста́вленный
заставля́ть(ся), -я́ю(сь),
-я́ет(ся)
заста́вочный
заста́иваться, -аюсь, -ается
застаре́лый
застаре́ть, -е́ет
заста́ть, -а́ну, -а́нет

застаю́щий
застега́ть, -а́ю, -а́ет
застёгивать(ся), -аю(сь),
-ает(ся)
застёгнутый
застегну́ть(ся), -ну́(сь),
-нёт(ся)
застёжка, -и
застеклённый; *кр. ф.* -ён,
-ена́
застекли́ть, -лю́, -ли́т
застекля́ть(ся), -я́ю,
-я́ет(ся)
засте́ленный и за́стлан-
ный
застели́ть и застла́ть, -сте-
лю́, -сте́лет; *прош.* -сте-
ли́л, -стели́ла и -стла́л,
-стла́ла
застенографи́рованный
застенографи́ровать, -рую,
-рует
засте́нок, -нка
засте́нчивость, -и
засте́нчивый
застесня́ться, -я́юсь,
-я́ет(ся)
застига́ть(ся), -а́ю, -а́ет(ся)
засти́гнувший и засти́г-
ший
засти́гнутый
засти́гнуть и засти́чь, -и́г-
ну, -и́гнет; *прош.* -и́г и
-и́гнул, -и́гла
застила́ть(ся), -а́ю, -а́ет(ся)
засти́лка, -и
засти́лочный
засти́ранный
застира́ть, -а́ю, -а́ет
засти́рывать(ся), -аю,
-ает(ся)
за́стить, за́щу, за́стит
засти́чь и засти́гнуть, -и́г-
ну, -и́гнет; *прош.* -и́г и
-и́гнул, -и́гла
за́стланный и засте́лен-
ный
застла́ть и застели́ть, -сте-
лю́, -сте́лет; *прош.* -стла́л,
-стла́ла и -стели́л, -стели́-
ла
застла́ться, -сте́лется;
прош. -стла́лся, -стла́лась
застого́ванный
застогова́ть, -гу́ю, -гу́ет
засто́й, -я
засто́йный
застолби́ть, -блю́, -би́т
застолблённый; *кр. ф.* -ён,
-ена́
засто́лье, -я, *р. мн.* -лий
засто́льная, -ой
засто́льный
застона́ть, -ону́, -о́нет и -а́ю,
-а́ет
засто́поренный
засто́поривать(ся), -аю,
-ает(ся)
засто́порить(ся), -рю,
-рит(ся)
засто́ялый
застоя́ться, -ою́сь, -ои́тся
застра́гивать(ся), -аю,
-ает(ся)

застра́ивание, -я
застра́ивать(ся), -аю,
-ает(ся)
застрахо́ванный
застрахова́ть(ся), -стра-
ху́ю(сь), -страху́ет(ся)
застрахо́вывать(ся),
-аю(сь), -ает(ся)
застра́чивать(ся), -аю,
-ает(ся)
застра́щанный
застра́щать, -а́ю, -а́ет
застрева́ть, -а́ю, -а́ет
застрекота́ть, -очу́, -о́чет
застре́ленный
застре́ливать(ся), -аю(сь),
-ает(ся)
застрели́ть(ся), -елю́(сь),
-е́лит(ся)
застре́льщик, -а
застре́льщица, -ы
застрели́ть, -я́ю, -я́ет
застре́ха, -и
застрига́ть(ся), -а́ю,
-а́ет(ся)
застри́гший
застри́женный
застри́чь, -игу́, -ижёт, -игу́т;
прош. -и́г, -и́гла
застро́ганный и застру́-
ганный
застрога́ть, -а́ю, -а́ет и за-
струга́ть, -а́ю, -а́ет
застро́енный
застро́ить(ся), -о́ю,
-о́ит(ся)
застро́йка, -и
застро́йщик, -а
застро́йщица, -ы
застро́ченный
застрочи́ть, -очу́, -о́чи́т
за́струг 1, -а (инструмент)
за́струг 2, -а и за́струга, -и
(снежный гребень)
застру́ганный и застро́-
ганный
заструга́ть, -а́ю, -а́ет и за-
строга́ть, -а́ю, -а́ет
застру́ить(ся), -ится
застря́ть, -я́ну, -я́нет
застуди́ть(ся), -ужу́(сь),
-у́дит(ся)
застуднева́ние, -я
застуднева́ть, -а́ет
засту́женный
засту́живать(ся), -аю(сь),
-ает(ся)
засту́кать, -аю, -ает
за́ступ, -а, *мн.* -ы, -ов
засту́па, -ы
заступа́ть(ся), -а́ю(сь),
-а́ет(ся)
заступи́ть(ся), -уплю́(сь),
-у́пит(ся)
засту́пник, -а
засту́пница, -ы
засту́пнический
засту́пничество, -а
застуча́ть(ся), -чу́(сь),
-чи́т(ся)
застыва́ть, -а́ю, -а́ет
засты́вший
застыди́ть(ся), -ыжу́(сь),
-ыди́т(ся)

застыжённый; *кр. ф.* -ён,
-ена́
засты́лый
засты́ть и засты́нуть, -ы́ну,
-ы́нет; *прош.* -ы́л, -ы́ла
засуди́ть, -ужу́, -у́дит
засуети́ться, -ечу́сь, -ети́тся
засу́женный
засу́живать(ся), -аю,
-ает(ся)
засу́нутый
засу́нуть, -ну, -нет
засупо́ненный
засупо́нивать(ся), -аю,
-ает(ся)
засупо́нить, -ню, -нит
засу́сленный
засу́сливать(ся), -аю(сь),
-ает(ся)
засу́слить(ся), -лю(сь),
-лит(ся)
засусо́ленный
засусо́лить(ся), -лю(сь),
-лит(ся)
за́суха, -и
засухоусто́йчивость, -и
засухоусто́йчивый
засу́ченный
засу́чивать(ся), -аю,
-ает(ся)
засучи́ть(ся), -учу́(сь),
-у́чи́т(ся)
засу́шенный
засу́шивание, -я
засу́шивать(ся), -аю,
-ает(ся)
засуши́ть(ся), -ушу́,
-у́шит(ся)
засу́шка, -и
засу́шливый
за счёт (*кого, чего*)
засчи́танный
засчита́ть, -а́ю, -а́ет
засчи́тывать(ся), -аю,
-ает(ся)
засъёмка, -и
засыла́ние, -я
засыла́ть(ся), -а́ю, -а́ет(ся)
засы́лка, -и
засыпа́ние, -я
засы́панный
засы́пать(ся), -плю(сь),
-плет(ся), -плют(ся) и
— пет(ся), -пят(ся), *сов.*
засыпа́ть(ся), -а́ю(сь),
-а́ет(ся), *несов.*
засы́пка, -и
засыпно́й
засыха́ть, -а́ю, -а́ет
засюсю́кать, -аю, -ает
затаврённый; *кр. ф.* -ён,
-ена́
затаври́ть, -рю́, -ри́т
затаённый; *кр. ф.* -ён, -ена́
зата́ивать(ся), -аю(сь),
-ает(ся)
затаи́ть(ся), -аю́(сь),
-аи́т(ся)
зата́кт, -а
зата́ктный
зата́лкивать(ся), -аю,
-ает(ся)
затанцева́ть(ся), -цу́ю(сь),
-цу́ет(ся)

затапливание, -я
затапливать(ся), -аю,
 -ает(ся)
затаптывать(ся), -аю,
 -ает(ся)
затараторить, -рю, -рит
затарахтеть, -хчу, -хтит
затаренный
затаривать(ся), -аю(сь),
 -ает(ся)
затарить(ся), -рю(сь),
 -рит(ся)
затасканный
затаскать(ся), -аю(сь),
 -ает(ся)
затаскивать(ся), -аю(сь),
 -ает(ся)
затачанный
затачать, -аю, -ает
затачивание, -я
затачивать(ся), -аю,--ает(ся)
затащенный
затащить(ся), -ащу(сь),
 -ащит(ся)
затаять, -ает
затвердевание, -я
затвердевать, -ает
затвердевать, -ает
затверделость, -и
затверделый
затвердение, -я
затвердеть, -еет
затвердить, -ржу, -рдит
затвержённый; кр. ф. -ён,
 -ена и затверженный;
 кр. ф. -ен, -ена
затверживать(ся), -аю,
 -ает(ся)
затвор, -а
затворенный; кр. ф. -ен,
 -ена и затворённый; кр.
 ф. -ён, -ена (от затво-
 рить 1)
затворённый; кр. ф. -ён,
 -ена (от затворить 2)
затворить 1, -орю, -орит
 (закрыть)
затворить 2, -орю, -орит
 (тесто)
затвориться, -орюсь, -орит-
 ся
затворка, -и
затворник, -а
затворница, -ы
затворнический
затворничество, -а
затворный
затворять(ся), -яю(сь),
 -яет(ся)
затевать(ся), -аю, -ает(ся)
затейливость, -и
затейливый
затейник, -а
затейница, -ы
затейничать, -аю, -ает
затейничество, -а
затейный
затейщик, -а
затейщица, -ы
затёк, -а
затекание, -я
затекать, -ает
затёкший
затем, нареч. (поспо-рили,
 а затем поми-рились)

затемнение, -я
затемнённый; кр. ф. -ён,
 -ена
затемнеть, -еет (начать
 темнеть)
затемнить, -ню, -нит (что)
затемниться, -нится
затемно
затемнять(ся), -яю, -яет(ся)
затем что(бы)
затенение, -я
затенённый; кр. ф. -ён, -ена
затенить, -ню, -нит
затенять(ся), -яю, -яет(ся)
затеплённый
затеплять(ся), -аю,
 -ает(ся)
затеплить(ся), -лю,
 -лит(ся)
затепло
затеребить, -блю, -бит
затереблённый; кр. ф. -ён,
 -ена
затереть(ся), -тру(сь),
 -трёт(ся); прош. -тёр(ся),
 -тёрла(сь)
затерзать, -аю, -ает
затёривать(ся), -аю(сь),
 -ает(ся)
затёртый
затёрший(ся)
затерянный
затереть(ся), -яю(сь),
 -яет(ся)
затёс, -а
затёсанный
затесать(ся), -ешу(сь),
 -ешет(ся)
затёска, -и
затеснённый; кр. ф. -ён,
 -ена
затеснить(ся), -ню(сь),
 -нит(ся)
затёсывать(ся), -аю(сь),
 -ает(ся)
затечь, -ечёт, -екут; прош.
 -ёк, -екла
затея, -и
затеявший
затеянный
затеять(ся), -ею, -еет(ся)
затираненный
затираннить, -ню, -нит
затирать(ся), -аю(сь),
 -ает(ся)
затирка, -и
затисканный
затискать(ся), -аю(сь),
 -ает(ся)
затискивать(ся), -аю(сь),
 -ает(ся)
затиснутый
затиснуть(ся), -ну(сь),
 -нет(ся)
затихать, -аю, -ает
затихнуть, -ну, -нет; прош.
 -их, -ихла
затихший
затишек, -шка
затишный
затишь, -и
затишье, -я
затканный

заткать, -тку, -ткёт; прош.
 -ал, -ала, -ало
заткнутый
заткнуть(ся), -ну(сь),
 -нёт(ся)
затмевать(ся), -аю, -ает(ся)
затмение, -я
затменный
затмить(ся), -ит(ся)
зато, союз, но местоим.
 за то (за то пальто за-
 платили дороже, зато
 оно и лучше)
затоваренность, -и
затоваренный
затоваривание, -я
затоваривать(ся), -аю(сь),
 -ает(ся)
затоварить(ся), -рю(сь),
 -рит(ся)
заток, -а
затоковать, -кует
затолканный
затолкать(ся), -аю(сь),
 -ает(ся)
затолкнутый
затолкнуть, -ну, -нёт
затолковаться, -куюсь, -ку-
 ется
затолокший
затолочь, -лку, -лчёт, -лкут;
 прош. -лок, -лкла
затомиться, -ится
затомиться, -млюсь, -мится
затон, -а
затонный
затонуть, -ону, -онет
затопать, -аю, -ает
затопить(ся), -оплю,
 -опит(ся)
затопка, -и
затопление, -я
затопленный
затопляемость, -и
затоплять(ся), -яю, -яет(ся)
затопорщиться, -щится
затопотать, -очу, -очет
затоптанный
затоптать(ся), -опчу(сь),
 -опчет(ся)
затор, -а
заторгова́ть(ся), -гую(сь),
 гует(ся)
заторжествовать, -твую,
 -твует
заторканный
заторкать, -аю, -ает
затормаживать(ся), -аю,
 -ает(ся)
заторможенность, -и и за-
 торможённость, -и
заторможенный; кр.ф.
 -ен, -ена и заторможён-
 ный; кр. ф. -ён, -ена
затормозить(ся), -ожу,
 -озит(ся)
затормошённый; кр. ф.
 -ён, -ена
затормошить(ся), -шу(сь),
 -шит(ся)
заторный
заторопить(ся), -оплю(сь),
 -опит(ся)
заторцевать, -цую, -цует

заторцованный
заторцовывать(ся), -аю,
 -ает(ся)
затосковать, -кую, -кует
заточать(ся), -аю, -ает(ся)
заточение, -я
заточенный (заострён-
 ный)
заточённый; кр. ф. -ён, -ена
 (подвергнутый заключе-
 нию)
заточить, -чу, -чит (подвер-
 гнуть заключению)
заточить(ся), -очу,
 -очит(ся) (заострить)
заточка, -и
заточный
затошнить, -ит
затравенеть, -еет
затравить, -авлю, -авит
затравка, -и
затравленный
затравливать(ся), -аю,
 -ает(ся)
затравочный
затрагивать(ся), -аю,
 -ает(ся)
затрамбованный
затрамбовать, -бую, -бует
затрамбовывать(ся), -аю,
 -ает(ся)
затрапезный
затрата, -ы
затратить, -ачу, -атит
затраченный
затрачивать(ся), -аю,
 -ает(ся)
затребование, -я
затребованный
затребовать, -бую, -бует
затревожиться, -жусь,
 -жится
затрезвонить, -ню, -нит
затренькать, -аю, -ает
затрёпанный
затрепать(ся), -еплю(сь),
 -еплет(ся) -еплют(ся) и
 -епет(ся), -епят(ся)
затрепетать, -пещу, -пе-
 щет
затрепыхаться, -ается
затрещать, -щу, -щит
затрещина, -ы
за тридевять земель
затронутый
затронуть, -ну, -нет
затрубить, -ублю, -убит
затруднение, -я
затруднённый; кр. ф. -ён,
 -ена
затруднительный
затруднить(ся), -ню(сь),
 -нит(ся)
затруднять(ся), -яю(сь),
 -яет(ся)
затрусить, -трушу, -трусит
затрясти(сь), -су(сь),
 -сёт(ся); прош. -яс(ся),
 -ясла(сь)
затрясший(ся)
затужить, -ужу, -ужит
затуманенный
затуманивать(ся), -аю(сь),
 -ает(ся)

ЗАТ

затума́нить(ся), -ню(сь), -нит(ся)
затупи́ть(ся), -уплю́, -у́пит(ся)
зату́пленный
затупля́ть(ся), -я́ю, -я́ет(ся)
зату́рканный
зату́ркать, -аю, -ает
затуха́ние, -я
затуха́ть, -а́ет
затуха́ющий
зату́хнувший
зату́хнуть, -нет; *прош.* -у́х, -у́хла
зату́хший
затушёванный
затушева́ть(ся), -шу́ю, -шу́ет(ся)
затушёвка, -и
затушёвывание, -я
затушёвывать(ся), -аю, -ает(ся)
зату́шенный
затуши́ть, -ушу́, -у́шит
за́тхлость, -и
за́тхлый
затыка́ние, -я
затыка́ть(ся), -а́ю, -а́ет(ся)
затыло́вочный
заты́лок, -лка
заты́лочный
заты́льник, -а
заты́чка, -и
затю́канный
затю́кать, -аю, -ает
затюко́ванный
затюкова́ть, -ку́ю, -ку́ет
затюко́вывать(ся), -аю, -ает(ся)
затя́вкать, -аю, -ает
затя́гивание, -я
затя́гивать(ся), -аю(сь), -ает(ся)
затяжеле́ть, -е́ю, -е́ет
затя́жка, -и
затяжно́й
затя́жчик, -а
затя́нутый
затяну́ть(ся), -яну́(сь), -я́нет(ся)
зау́лок, -лка
заулыба́ться, -а́юсь, -а́ется
зау́мничать, -аю, -ает
зау́мный
за́умь, -и
зауны́вный
за упоко́й
заупоко́йный
заупря́миться, -млюсь, -мится
заура́льский
зауропо́д, -а
заурча́ть, -чу́, -чи́т
зауря́д-вра́ч, -а́
зауря́дный
зауря́д-офице́р, -а
зауря́д-пра́порщик, -а
заусе́нец, -нца и заусе́ница, -ы
зау́тра, *нареч.*
зау́тренний
зау́треня, -и, *р. мн.* -ень
заутю́женный

ЗАХ

заутю́живать(ся), -аю, -ает(ся)
заутю́жить(ся), -жу, -жит(ся)
зау́хать, -аю, -ает
зау́ченный
зау́чивать(ся), -аю(сь), -ает(ся)
заучи́ть(ся), -учу́(сь), -у́чит(ся)
зауша́тельский
зауша́тельство, -а
зауша́ть, -а́ю, -а́ет
зауше́ние, -я
зауши́ть, -шу́, -ши́т
зау́шница, -ы
зау́шный
зафальши́вить, -влю, -вит
зафантази́ровать(ся), -рую(сь), -рует(ся)
зафарширо́ванный
зафарширова́ть, -ру́ю, -ру́ет
зафикси́рованный
зафикси́ровать, -рую, -рует
зафилосо́фствовать(ся), -твую(сь), -твует(ся)
зафла́женный
зафла́жить, -жу, -жит
зафонтани́ровать, -рует
заформализо́ванный
заформо́ванный
зафорси́ть, -ршу́, -рси́т
зафранти́ть, -нчу́, -нти́т
зафрахто́ванный
зафрахтова́ть, -ту́ю, -ту́ет
зафрахто́вывать(ся), -аю, -ает(ся)
зафы́ркать, -аю, -ает
зафырча́ть, -чу́, -чи́т
заха́живать, -аю, -ает
заха́ивать(ся), -аю, -ает(ся)
захандри́ть, -рю́, -ри́т
заха́панный
заха́пать, -аю, -ает
заха́пывать(ся), -аю, -ает(ся)
заха́рканный
заха́ркать, -аю, -ает
заха́ркивать(ся), -аю, -ает(ся)
заха́янный
заха́ять, -а́ю, -а́ет
захва́ленный
захва́ливать(ся), -аю, -ает(ся)
захвали́ть(ся), -алю́(сь), -а́лит(ся)
захва́статься, -аюсь, -ается
захва́т, -а
захва́танный (*от* захвата́ть)
захвата́ть, -а́ю, -а́ет
захвати́ть, -ачу́, -а́тит
захва́тнический
захва́тный
захва́тчик, -а
захва́тывание, -я
захва́тывать(ся), -аю, -ает(ся)
захва́тывающий
захва́ченный (*от* захвати́ть)
захвора́ть, -а́ю, -а́ет
захиле́ть, -е́ю, -е́ет

ЗАЦ

захире́лый
захире́ть, -е́ю, -е́ет
захихи́кать, -аю, -ает
захлами́ть, -млю́, -ми́т
захламлённый; *кр. ф.* -ён, -ена́
захламля́ть(ся), -я́ю, -я́ет(ся)
захлебну́ть(ся), -ну́(сь), -нёт(ся)
захлёбывать(ся), -аю(сь), -ает(ся)
захлёстанный
захлеста́ть(ся), -ещу́(сь), -е́щет(ся)
захлёстнутый
захлестну́ть(ся), -ну́, -нёт(ся)
захлёстывать(ся), -аю, -ает(ся)
захли́пать, -аю, -ает
захло́пать, -аю, -ает
захло́пнутый
захло́пнуть(ся), -ну, -нет(ся)
захлопота́ть(ся), -очу́(сь), -о́чет(ся)
захло́пывать(ся), -аю, -ает(ся)
захлю́пать, -аю, -ает
захмеле́ть, -е́ю, -е́ет
захны́кать, -ы́чу, -ы́чет
захо́д, -а
заходи́ть(ся), -ожу́(сь), -о́дит(ся)
заходя́щий(ся)
захожде́ние, -я
захо́жий
захозя́йничать(ся), -аю(сь), -ает(ся)
захолода́ть, -а́ет
захолоде́ть, -е́ет
захолону́ть, -нёт
захолу́стный
захолу́стье, -я, *р. мн.* -тий
захому́танный
захомута́ть, -а́ю, -а́ет
захора́нивать(ся), -аю, -ает(ся)
захорово́дить(ся), -о́жу(сь), -о́дит(ся)
захороне́ние, -я
захоро́ненный
захорони́ть, -оню́, -о́нит
захорохо́риться, -рюсь, -рится
захоте́ть(ся), -хочу́, -хо́чешь, -хо́чет(ся), -хоти́м, -хоти́те, -хотя́т
захохота́ть, -хохочу́, -хохо́чет
захрапе́ть, -плю́, -пи́т
захребе́тник, -а
захребе́тница, -ы
захрипе́ть, -плю́, -пи́т
захрома́ть, -а́ю, -а́ет
захронометри́рованный
захронометри́ровать, -рую, -рует
захрусте́ть, -ущу́, -усти́т
захрю́кать, -аю, -ает
захуда́лый
захулига́нить, -ню, -нит
заца́панный

ЗАЧ

заца́пать, -аю, -ает
заца́пывать, -аю, -ает
зацара́пать(ся), -аю(сь), -ает(ся)
зацвести́, -вету́, -ветёт; *прош.* -вёл, -вела́
зацвета́ние, -я
зацвета́ть, -а́ет
зацве́тший
зацело́ванный
зацелова́ть(ся), -лу́ю(сь), -лу́ет(ся)
зацементи́рованный
зацементи́ровать(ся), -рую, -рует(ся)
зацентро́ванный
зацентрова́ть, -ру́ю, -ру́ет
зацентро́вка, -и
заце́п, -а
заце́па, -ы
зацепи́ть(ся), -еплю́(сь), -е́пит(ся)
заце́пка, -и
зацепле́ние, -я
заце́пленный
зацепля́ть(ся), -я́ю(сь), -я́ет(ся)
зацепно́й
заци́клить(ся), -лю(сь), -лит(ся)
зацо́кать, -аю, -ает
зацы́кать, -аю, -ает
зача́вкать, -аю, -ает
зачади́ть, -ажу́, -ади́т
зача́ленный
зача́ливать(ся), -аю, -ает(ся)
зача́лить, -лю, -лит
зачаро́ванный
зачарова́ть, -ру́ю, -ру́ет
зачаро́вывать(ся), -аю, -ает(ся)
зачасти́ть, -ащу́, -асти́т
зачасту́ю
зача́тие, -я
зача́тковый
зача́ток, -тка
зача́точный
зача́тый; *кр. ф.* -а́т, -ата́, -а́то
зача́ть(ся), -чну́, -чнёт(ся); *прош.* -а́л(ся), -ала́(сь), -а́ло, -ало́сь (зародить) и зача́л, -ался́, -ала́(сь), зача́ло, -ало́сь (начать)
зача́хнувший
зача́хнуть, -ну, -нет; *прош.* -ча́х, -ча́хла
зача́хший
зачва́ниться, -нюсь, -нится
зачека́нить, -ню, -нит
зачём, *нареч.* (зачём спра́шивать?)
зачём-нибудь
зачём-то
зачерви́веть, -еет
зачёркивать(ся), -аю, -ает(ся)
зачёркнутый
зачеркну́ть, -ну́, -нёт
зачернённый; *кр. ф.* -ён, -ена́
зачерне́ть, -е́ет (начать чернеть)

зачернёться, -еется
зачерни́ть, -ню́, -ни́т (кого, что)
зачерни́ть(ся), -я́ю, -я́ет(ся)
зачерпать, -аю, -ает
зачёрпнутый
зачерпну́ть(ся), -ну́, -нёт(ся)
зачёрпывать(ся), -аю, -ает(ся)
зачерстве́лый
зачерстве́ть, -ею, -еет
зачерти́ть(ся), -ерчу́(сь), -е́ртит(ся)
зачертыха́ться, -а́юсь, -а́ется
зачёрченный
зачёрчивать(ся), -аю(сь), -ает(ся)
зачёс, -а
зачёсанный
зачеса́ть(ся), -ешу́(сь), -е́шет(ся)
зачёсывать(ся), -аю(сь), -ает(ся)
зачёсть(ся), -чту́, -чтёт(ся); прош. -чёл(ся), -чла́(сь)
зачёсывать(ся), -аю(сь), -ает(ся)
зачёт, -а
зачётка, -и
зачётный
зачехлённый; кр. ф. -ён, -ена́
зачехли́ть, -лю́, -ли́т
зачи́н, -а
зачина́тель, -я
зачина́тельница, -ы
зачина́ть(ся), -а́ю, -а́ет(ся)
зачи́ненный
зачини́ть, -иню́, -и́нит
зачи́нщик, -а
зачи́нщица, -ы
зачири́кать, -аю, -ает
зачи́ркать, -аю, -ает
зачисле́ние, -я
зачи́сленный
зачи́слить(ся), -лю(сь), -лит(ся)
зачисля́ть(ся), -я́ю(сь), -я́ет(ся)
зачи́стить(ся), -и́щу, -и́стит(ся)
зачи́стка, -и
зачи́танный
зачита́ть(ся), -а́ю(сь), -а́ет(ся)
зачи́тывать(ся), -аю(сь), -ает(ся)
зачиха́ть, -а́ю, -а́ет
зачища́ть(ся), -а́ю, -а́ет(ся)
зачи́щенный
зачмо́кать, -аю, -ает
зачо́каться, -аюсь, -ается
зачтённый; кр. ф. -ён, -ена́
за что
зачумлённый; кр. ф. -ён, -ена́
зачура́ться, -а́юсь, -а́ется
зачуя́ть, -чую, -чует
зашаба́шить, -шу, -шит
зашага́ть, -а́ю, -а́ет
зашали́ть, -лю́, -ли́т
зашамкать, -аю, -ает
заша́рить, -рю, -рит
заша́рканный

зашаркать, -аю, -ает
заша́рпанный
заша́рпать, -аю, -ает
зашата́ть(ся), -а́ю(сь), -а́ет(ся)
зашвартованный
зашвартова́ть, -ту́ю, -ту́ет
зашварто́вывать(ся), -аю, -ает(ся)
зашвы́ривать(ся), -аю, -ает(ся)
зашвы́рнутый
зашвырну́ть, -ну́, -нёт
зашвыря́ть(ся), -я́ю(сь), -я́ет(ся)
зашевели́ть(ся), -елю́(сь), -е́ли́т(ся)
заше́дший(ся)
зашеёк, -е́йка
зашеина, -ы
заше́йный
зашелесте́ть, -ещу́, -ести́т
зашелуди́веть, -ею, -еет
зашелуши́ться, -ши́тся
зашепеля́вить, -влю, -вит
зашепта́ть(ся), -шепчу́(сь), -ше́пчет(ся)
зашёптывать(ся), -аю, -ает(ся)
зашиба́ть(ся), -а́ю(сь), -а́ет(ся)
зашиби́ть(ся), -бу́(сь), -бёт(ся); прош. -ши́б(ся), -ши́бла(сь)
заши́бленный
зашива́ние, -я
зашива́ть(ся), -а́ю(сь), -а́ет(ся)
заши́вка, -и
заши́вочный
заши́кать, -аю, -ает
зашипе́ть, -плю́, -пи́т
заши́тый
заши́ть(ся), -шью́(сь), -шьёт(ся)
зашифро́ванный
зашифрова́ть, -ру́ю, -ру́ет
зашифро́вка, -и
зашифро́вывание, -я
зашифро́вывать(ся), -аю, -ает(ся)
зашка́ленный
зашка́ливать, -аю, -ает
зашка́лить, -лит
зашлёпанный
зашлёпать, -аю, -ает
зашлифо́ванный
зашлифова́ть, -фу́ю, -фу́ет
зашлифо́вка, -и
зашлифо́вывание, -я
зашлифо́вывать(ся), -аю, -ает(ся)
зашмы́гать, -аю, -ает
зашнуро́ванный
зашнурова́ть(ся), -ру́ю(сь), -ру́ет(ся)
зашнуро́вывать(ся), -аю(сь), -ает(ся)
зашныря́ть, -я́ю, -я́ет
зашо́ренный
зашпаклёванный
зашпаклева́ть, -лю́ю, -лю́ет
зашпаклёвывать(ся), -аю, -ает(ся)

зашпандо́ривать, -аю, -ает
зашпиго́ванный
зашпигова́ть, -гу́ю, -гу́ет
зашпи́ленный
зашпи́ливать(ся), -аю(сь), -ает(ся)
зашпи́лить(ся), -лю(сь), -лит(ся)
зашпунто́ванный
зашпунтова́ть, -ту́ю, -ту́ет
зашпунто́вывать(ся), -аю, -ает(ся)
заштампо́ванный
заштампова́ть, -пу́ю, -пу́ет
заштампо́вывать(ся), -аю, -ает(ся)
зашта́тный
заштемпелёванный
заштемпелева́ть, -лю́ю, -лю́ет
заштемпелёвывать(ся), -аю, -ает(ся)
заштиле́ть, -е́ет
заштопанный
заштопать, -аю, -ает
заштопывать(ся), -аю, -ает(ся)
зашторенный
зашторивать(ся), -аю, -ает(ся)
зашторить, -рю, -рит
заштрихо́ванный
заштрихова́ть, -штриху́ю, -штриху́ет
заштрихо́вка, -и
заштрихо́вывание, -я
заштрихо́вывать(ся), -аю, -ает(ся)
заштукату́ренный
заштукату́ривать(ся), -аю, -ает(ся)
заштукату́рить, -рю, -рит
заштуко́ванный
заштукова́ть, -ку́ю, -ку́ет
заштуко́вывать(ся), -аю, -ает(ся)
зашуме́ть, -млю́, -ми́т
зашурша́ть, -шу́, -ши́т
зашушу́каться, -аюсь, -ается
защебенённый; кр. ф. -ён, -ена́
защебе́нивать(ся), -аю, -ает(ся)
защебени́ть, -ню́, -ни́т
защебета́ть, -ечу́, -е́чет
защеголя́ть, -я́ю, -я́ет
защекота́ть, -очу́, -о́чет
защёлка, -и
защёлкать, -аю, -ает
защёлкивать(ся), -аю, -ает(ся)
защёлкнутый
защёлкнуть(ся), -ну, -нет(ся)
защеми́ть(ся), -млю́, -ми́т(ся)
защемле́ние, -я
защемлённый; кр. ф. -ён, -ена́
защемля́ть(ся), -я́ю, -я́ет(ся)
защепи́ть, -плю́, -пи́т

защеплённый; кр. ф. -ён, -ена́
защепля́ть, -я́ю, -я́ет
защёчный
защи́п, -а
защи́панный
защипа́ть, -иплю́, -и́плет, -и́плют и -пет, -пят, также -а́ю
защи́пнутый
защипну́ть, -ну́, -нёт
защи́пывать(ся), -аю, -ает(ся)
защи́та, -ы
защити́тельный
защити́ть(ся), -ищу́(сь), -ити́т(ся)
защи́тник, -а
защи́тница, -ы
защи́тно-гермети́ческий
защи́тно-оборони́тельный
защи́тно-профилакти́ческий
защи́тный
защища́ть(ся), -а́ю(сь), -а́ет(ся)
защищённость, -и
защищённый; кр. ф. -ён, -ена́
защу́ривать(ся), -аю(сь), -ает(ся)
защу́рить(ся), -рю(сь), -рит(ся)
заюли́ть, -лю́, -ли́т
заяви́тель, -я
заяви́тельница, -ы
заяви́ть(ся), -явлю́(сь), -я́вит(ся)
зая́вка, -и
заявле́ние, -я
зая́вленный
заявля́ть(ся), -я́ю(сь), -я́ет(ся)
зая́вочный
зая́вщик, -а
зая́вщица, -ы
зая́длый
за́яривать, -аю, -ает
за́яц, за́йца
за́ячий, -ья, -ье
зва́ние, -я
зва́нный; кр. ф. зван, звана́, зва́но, прич.
зва́ный, прил.
зва́тельный
зва́ть(ся), зову́(сь), зовёт(ся); прош. зва́л(ся), звала́(сь), зва́ло, звало́сь
звезда́, -ы, мн. звёзды, звёзд
звездану́ть, -ну́, -нёт
звезди́стый
звёздный
звездолётчик, -а
звездообра́зный
звездопа́д, -а
звездопла́вание, -я
звездопла́ватель, -я
звездопокло́нник, -а
звездопокло́нство, -а
звездоры́л, -а
звездочёт, -а
звёздочка, -и
звездча́тка, -и

звёздча́тый
звене́ть, -ню́, -ни́т
звено́, -а́, *мн.* зве́нья, -ьев
звеново́й
звеносбо́рочный
звеньева́я, -о́й
звеньево́д, -а
звеньево́й, -о́го
звеня́щий
зверёк, -рька и зверо́к, -рка́
зверёнок, -нка, *мн.* -ря́та,
    -ря́т
зверёныш, -а
звере́ть, -е́ю, -е́ет
звери́на, -ы, *м.*
звери́нец, -нца
звери́ный
зверобо́й, -я
зверобо́йный
зверова́ть, -ру́ю, -ру́ет
зверово́д, -а
зверово́дство, -а
зверово́дческий
зверово́й
зверовщи́к, -а́
зверозу́бые, -ых
зверо́к, -рка́ и зверёк, -рька́
звероло́в, -а
зверо́льство, -а
зверообра́зный
зверободо́бие, -я
зверободо́бный
зверопромы́шленник, -а
зверосовхо́з, -а
зверофе́рма, -ы
зве́рский
зве́рство, -а
зве́рствовать, -твую, -твует
зверу́шка, -и и зверю́шка,
    -и
зверь, -я, *мн.* -и, -е́й
зверьё, -я́
зверю́га, -и, *м. и ж.*
зверю́шка, -и и зверу́шка,
    -и
звон, -а
звона́рь, -я́
звоне́ц, -нца́
звони́ть(ся), -ню́(сь),
    -ни́т(ся)
зво́нкий; *кр. ф.* -нок, -нка́,
    -нко
звонко́вый
звонкоголо́сый
зво́нница, -ы
звоно́к, -нка́
звоно́чек, -чка
зво́нчатый
зво́нче, *сравн. ст. (от*
    зво́нкий, зво́нко)
звук, -а
зву́ко-бу́квенный
звукови́дение, -я
звукови́к, -а́
звуково́й
звуковоспроизведе́ние, -я
звуковоспроизводя́щий
звукозапи́сывающий
звукоза́пись, -и
звукоза́щи́тный
звукоизоли́рующий
звукоизоляцио́нный
звукоизоля́ция, -и
звукомаскиро́вка, -и

звукоме́рный
звукометри́ческий
звукоме́трия, -и
звуконепроница́емость, -и
звуконепроница́емый
звуконоси́тель, -я
звукообразова́ние, -я
звукоопера́тор, -а
звукоопера́торский
зву́копись, -и
звукопоглоща́ющий
звукопоглоще́ние, -я
звукоподража́ние, -я
звукоподража́тель, -я
звукоподража́тельный
звукоприёмник, -а
звукопроводи́мость, -и
звукопрово́дность, -и
звукопроводя́щий
звукопроница́емость, -и
звукопроница́емый
звукорежиссёр, -а
звукорежиссу́ра, -ы
звукоря́д, -а
звукосветометри́ческий
звукосигна́льный
звукоснима́тель, -я
звукосочета́ние, -я
звукоула́вливатель, -я
звукоула́вливающий
звукоусиле́ние, -я
звукоуси́ливающий
звукоусили́тель, -я
звуча́ние, -я
звуча́ть, -чи́т
звуча́щий
зву́чность, -и
зву́чный
звя́канье, -я
звя́кать, -аю, -ает
звя́кнуть, -ну, -нет
зда́ние, -я
зда́ньице, -а
здесь
зде́шний
здоро́ваться, -аюсь, -ается
здорове́нный
здорове́ть, -е́ю, -е́ет
здорове́хонький; *кр. ф.*
    -нек, -нька
здорове́шенький; *кр. ф.*
    -нек, -нька
здорови́ла, -ы, *м.*
здо́рово (хорошо; очень)
здоро́во (здравствуй)
здоро́вый
здоро́вье, -я
здоро́вьице, -а
здоро́вьишко, -а
здоровя́к, -а́
здоровя́чка, -и
здра́вие, -я
здра́вица, -ы
здра́вница, -ы
здравомы́слие, -я
здравомы́слящий
здравоохране́ние, -я
здравоохрани́тельный
здра́вость, -и
здравотде́л, -а
здравпу́нкт, -а
здра́вствовать, -твую, -твует
здра́вствуй(те)
здра́вствующий

здра́вый
зе́бра, -ы
зе́бровый
зебро́ид, -а
зе́бу, *нескл., м.*
зебуви́дный
зев, -а
зева́ка, -и, *м. и ж.*
зева́нье, -я
зева́тельный
зева́ть(ся), -а́ю, -а́ет(ся)
зевну́ть, -ну́, -нёт
зево́к, зевка́
зевообразова́ние, -я
зево́та, -ы
зейгерова́ние, -я
зек, -а
зе́ковский
зела́ндский
зелёненький
зелене́ть, -е́ю, -е́ет (стано-
    виться зелёным)
зелене́ться, -е́ется
зелене́ц, -нца́
зелени́ть, -ню́, -ни́т (*что*)
зелёнка, -и
зеленно́й (*от* зе́лень)
зелёно-бу́рый
зелёнова́тый
зеленогла́зка, -и
зеленогла́зый
зеленока́менный
зеленоли́ственный
зелёно-се́рый
зелену́шка, -и
зеленчу́к, -а́
зеленщи́к, -а́
зеленщи́ца, -ы
зелёный; *кр. ф.* зе́лен, зе-
    лена́, зе́лено, зе́лены́
зе́лень, -и
зеленя́, -е́й
зело́
зе́лье, -я, *р. мн.* -лий
зельц, -а
земля́нка, -и
земе́льно-во́дный
земе́льно-мелиорати́вный
земе́льный
зе́мец, -мца
землеве́д, -а
землеве́дение, -я
землевладе́лец, -льца
землевладе́лица, -ы
землевладе́льческий
землевладе́ние, -я
землево́льческий
земледе́лец, -льца
земледе́лие, -я
земледе́лка, -и
земледе́льческий
землеко́п, -а
землеко́пный
землеме́р, -а
землеме́рный
землепа́шество, -а
землепа́шец, -шца
землепо́льзование, -я
землепо́льзователь,
    -я
землепрохо́дец, -дца
землеро́б, -а
землеро́йка, -и

землеро́йно-тра́нспорт-
    ный
землеро́йно-фре́зерный
землеро́йный
землесо́с, -а
землесо́сный
землетрясе́ние, -я
землеудобри́тельный
землеустрои́тель, -я
землеустро́йство, -а
землечерпа́лка, -и
землечерпа́тельный
землисто-чёрный
земли́стый
земли́ца, -ы
земли́шка, -и
земля́, -и́, *вин.* зе́млю, *мн.*
    зе́мли, земе́ль, зе́млям
земля́к, -а́
земляни́ка, -и
земля́нин, -а, *мн.* -я́не, -я́н
земляни́чина, -ы
земляни́чка, -и
земляни́чный
земля́нка, -и
земляно́й
земля́ночный
земля́ческий
земля́чество, -а
земля́чка, -и
землячо́к, -чка́
зе́мно (кла́няться)
земново́дный
земно́й
земотде́л, -а
зе́мский
земсна́ря́д, -а
зе́мство, -а
земфо́нд, -а
земщи́на, -ы
зензу́бель, -я
зени́т, -а
зени́тка, -и
зени́тно-артиллери́йский
зени́тно-пулемётный
зени́тно-раке́тный
зени́тный
зени́т-телеско́п, -а
зени́тчик, -а
зени́тчица, -ы
зени́ца, -ы
зе́нкер, -а
зенкерова́ние, -я
зе́нки, -нок
зенкова́ние, -я
зенкова́ть, -ку́ю, -ку́ет
зенко́вка, -и
зе́ркало, -а, *мн.* -ала́, -а́л,
    -ала́м
зерка́льно-ли́нзовый
зерка́льный
зе́ркальце, -а, *р. мн.* -лец
зернённый, *прич.*
зернёный, *прил.*
зерни́стый
зерни́ть, -ню́, -ни́т
зерно́, -а́, *мн.* зёрна, зёрен
зерноаспира́тор, -а
зернобобо́вый
зернови́дный
зерно́вка, -и
зерново́з, -а
зерново́зка, -и
зерново́й

зерновы́е, -ы́х
зернодроби́лка, -и
зернодроби́льный
зернокомба́йн, -а
зерномета́тель, -я
зерномо́ечный
зернообра́зный
зерноочисти́тельный
зерноочи́стка, -и
зерноплющи́лка, -и
зернопогру́зчик, -а
зернопоста́вки, -вок
зернопрово́д, -а
зернопу́льт, -а
зерносклад, -а
зерносовхо́з, -а
зерносортирова́льный
зерносуши́лка, -и
зернотёрка, -и
зерноубо́рочный
зерноувлажни́тель, -я
зерноулови́тель, -я
зернофура́ж, -а́
зернохрани́лище, -а
зерноя́дный
зёрнышко, -а
зернь, -и
зерб, нескл., с.
зерца́ло, -а
зет, -а
зефи́р, -а
зефи́рный
зефи́ровый
зиг, -а
зигза́г, -а
зигза́г-маши́на, -ы
зигзагообра́зный
зиг-маши́на, -ы
зигога́мия, -и
зигомице́т, -а, р. мн. -ов
зигомо́рфный
зигоспо́ра, -ы
зиго́та, -ы
зи́ждившийся
зижди́тель, -я
зи́ждиться, -дется, -дутся
зи́ждущийся
зиза́ния, -и
зизи́фора, -ы
зильбергро́ш, -а
зима́, -ы́, мн. зи́мы, зим
зи́мне-весе́нний
зимнезелёный
зи́мний
зи́мник, -а
зимова́льный
зимова́ние, -я
зимова́ть, -му́ю, -му́ет
зимо́вка, -и
зимо́вник, -а
зимо́вочный
зимо́вщик, -а
зимо́вье, -я, р. мн. -вий
зимого́р, -а
зимо́й и зимо́ю, нареч.
зиморо́док, -дка
зимосто́йкий
зимосто́йкость, -и
зи́мушка, -и
зипу́н, -а́
зипуни́шко, -а, м.
зипу́нный
зия́ние, -я
зия́ть, -я́ет

зия́ющий
злак, -а
зла́ковый
зла́тка, -и
зла́то, -а
златове́рхий
златовла́сый
златогла́вый
златогла́зик, -а
златогла́зка, -и
златогри́вый
златой
златоко́ваный
златоку́дрый
златору́нный
златостру́нный
златотка́ный
златоу́ст, -а
зла́чный
зле́ть, зле́ю, зле́ет (становиться злым)
злить, злю́, злит (кого)
зли́ться, злюсь, зли́тся
зло, -а
зло́ба, -ы
зло́бить(ся), -блю(сь), -бит(ся)
зло́бность, -и
зло́бный
злободне́вность, -и
злободне́вный
зло́бствование, -я
зло́бствовать, -твую, -твует
злове́щий
злово́ние, -я
злово́нный
зловре́дность, -и
зловре́дный
злоде́й, -я
злоде́йка, -и
злоде́йский
злоде́йство, -а
злоде́йствовать, -твую, -твует
злодея́ние, -я
злоехи́дный
зложела́тель, -я
злой
злока́чественный
злоключе́ние, -я
злоко́зненный
злонаме́ренность, -и
злонаме́ренный
злонра́вие, -я
злонра́вный
злопа́мятность, -и
злопа́мятный
злопа́мятство, -а
злополу́чный
злопыха́тель, -я
злопыха́тельски
злопыха́тельство, -а
злора́дный
злора́дство, -а
злора́дствовать, -твую, -твует
злоречи́вый
злоре́чие, -я
злосло́вие, -я
злосло́вить, -влю, -вит
зло́стный
злость, -и
злосча́стие, -я

злосча́стный
злотый, -ого
злоумы́шленник, -а
злоумы́шленница, -ы
злоумы́шленный
злоумышля́ть, -я́ю, -я́ет
злоупотреби́ть, -блю, -би́т
злоупотребле́ние, -я
злоупотребля́ть, -я́ю, -я́ет
злоязы́чие, -я
злоязы́чник, -а
злоязы́чница, -ы
злоязы́чный
злы́день, -дня (злой человек)
злы́дни, -ей (нужда, горе)
злю́ка, -и, м. и ж.
злю́чка, -и, м. и ж.
злю́щий
змееборец, -рца
змееборство, -а
змееви́дный
змееви́к, -а́
змеевичо́к, -чка́
змеёвка, -и
змееголо́в, -а
змееголо́вка, -и
змееголо́вник, -а
змее́лов, -а
змеёныш, -а
змееобра́зный
змеепито́мник, -а
змеепоклонство, -а
змееры́бка, -и
змеехво́стка, -и
змеешейка, -и
змее́яд, -а
змее́ящерица, -ы
змеи́ный
змеи́стый
змеи́ться, -и́тся
змей, змея
змей горы́ныч, змея горы́ныча
зме́йка, -и
зме́йковый
змея́, -и́, мн. зме́и, змей
змий, змия́, предл. о зми́и
знава́ть, наст. вр. не употр.
зна́емый
знак, -а
зна́ковый
знакогенера́тор, -а
знакоме́сто, -а
знако́мец, -мца
знако́мить(ся), -млю(сь), -мит(ся)
знако́мка, -и
знако́мство, -а
знако́мый
знакопеременный
знакопеча́тающий
знакочереду́ющийся
знамена́тель, -я
знамена́тельный
знаме́ние, -я
знамени́тость, -и
знамени́тый
знаме́нный (распев)
знамённый (от зна́мя)
знаменова́ть(ся), -ну́ю, -ну́ет(ся)
знаменосец, -сца

знамёнщик, -а
зна́мя, -мени, мн. -мёна, -мён
зна́ние, -я
зна́тность, -и
зна́тный; кр. ф. -тен, -тна́, -тно, зна́тны
знато́к, -а́
знато́чество, -а
знать, -и
знать(ся), зна́ю(сь), зна́ет(ся)
знаха́рка, -и
зна́харский
зна́харство, -а
зна́харь, -я, мн. -и, -ей
зна́чащий(ся)
значе́ние, -я
значи́мость, -и
значи́мый
значи́тельность, -и
значи́тельный
зна́чить(ся), -чу(сь), -чит(ся)
значки́ст, -а
значки́стка, -и
значо́к, -чка́
зна́ющий(ся)
зноби́ть, -и́т
зно́бкий; кр. ф. -бок, зно́бка́, -бко
зной, -я
зно́йный; кр. ф. зно́бен, зно́йна
зоб, -а, предл. о зо́бе, в зобу́, мн. -ы́, -о́в
зоба́стый
зоба́тый
зо́бный
зов, -а
зово́мый
зову́щий(ся)
зодиа́к, -а
зодиака́льный
зо́дческий
зо́дчество, -а
зо́дчий, -его
зозу́ля, -и
зойл, -а
зола́, -ы́
золе́ние, -я
золёный
золи́льный
золи́стый
золи́ть(ся), -лю́, -ли́т(ся)
зо́лка, -и
золо́вка, -и
золообразова́ние, -я
золоотва́л, -а
золота́рник, -а
золота́рь, -я́
золоте́ть, -е́ет (становиться золотым)
золоти́льный
золоти́сто-жёлтый
золоти́сто-кра́сный
золоти́стый
золоти́ть, -очу́, -оти́т (что)
золоти́ться, -и́тся
зо́лотко, -а
золотни́к, -а́
золотнико́вый
зо́лото, -а
золотовалю́тный

золотовéрхий
золотовлáсый
золотоволóсый
золотоглáвый
золотогрúвый
золотодевúзный
золотодобывáющий
золотодобы́тчик, -а
золотодобы́ча, -и
золотоискáтель, -я
золотоискáтельский
золотóй
золотокýдрый
золотомонéтный
золотонóсный
золотообрéзный
золотоплáтиновый
золотопогóнник, -а
золотопромы́шленник, -а
золотопромы́шленность, -и
золотопромы́шленный
золоторóгий
золоторóтец, -тца
золотослúтковый
золотосодержáщий
золототкáный
золототы́сячник, -а
золотоцвéтный
золотошвéйка, -и
золотошвéйный
золотошвéйня, -и, р. мн. -еен
золотýха, -и
золотýшный
зóлотце, -а
зóлотчик, -а
золоудалéние, -я
золоулáвливание, -я
золоуловúтель, -я
золочéние, -я
золочённый, прич.
золочёный, прил.
золошлакосиликáт, -а
зóлушка, -и
зóльник, -а
зóльность, -и
зóльный
зомáн, -а
зóна, -ы
зонáльность, -и
зонáльный
зонг, -а
зонг-óпера, -ы
зонд, -а
зондáж, -а и -á
зондúрование, -я
зондúрованный
зондúровать(ся), -рую, -рует(ся)
зонúрование, -я
зóнный
зонт, -á
зонт-автомáт, зонтá-автомáта
зóнтик, -а
зонтикóвидный
зонтикообрáзный
зонтикоцвéтный
зóнтичный
зонтообрáзный
зообáза, -ы
зооветеринáрный
зооветпýнкт, -а
зооветучáсток, -тка

зоогеóграф, -а
зоогеографúческий
зоогеогрáфия, -и
зоогигиéна, -ы
зоокумарúн, -а
зоолáтрия, -и
зоóлог, -а
зоологúческий
зоолóгия, -и
зоомагазúн, -а
зооморфúзм, -а
зоообъединéние, -я
зоопáрк, -а
зоопатолóгия, -и
зоопланктóн, -а
зоопсихолóгия, -и
зоосáд, -а, мн. -ы́, -óв
зооспóра, -ы́
зооспорáнгий, -я
зоотéхник, -а
зоотéхника, -и
зоотехнúческий
зоотéхния, -и
зоотóмия, -и
зоофéрма, -ы
зоофилúя, -и
зоохúмия, -и
зоохóрия, -и
зооценóз, -а
зооцéнтр, -а
зоревáть, -рюю, -рюет
зоревóй
зóренька, -и
зорúлла, -ы
зóрький; кр. ф. зóрок, зоркá, зóрко
зóркость, -и
зороастрúзм, -а
зóрче, сравн. ст. (от зóркий, зóрко)
зóрька, -и
зóрюшка, -и
зрáзы, зраз, ед. зрáза, -ы
зрачкóвый
зрачóк, -чкá
зрéлище, -а
зрéлищно-спортúвный
зрéлищный
зрéлость, -и
зрéлый; кр. ф. зрел, зрелá, зрéло
зрéние, -я
зреть 1, зрю, зрит (смотреть)
зреть 2, зрéю, зрéет (созревать)
зрúмый
зрúтель, -я
зрúтельница, -ы
зрúтельный
зрúтельский
зря
зря́чий, прил.
зря́шный
зря́щий, прич.
зуáв, -а
зуб, -а, мн. зýбы, -óв (у человека, животных) и зýбья, -ьев (у орудия)
зубáстость, -и
зубáстый
зубáтка, -и

зубáтовщина, -ы
зубáтый
зубéц, -бцá
зýбик, -а
зубúло, -а
зубúльный
зубнóй
зубовúдный
зубóвик, -á
зубовóй
зубоврачéбный
зубодёр, -а
зубоизмерúтельный
зубóк, -бкá, мн. зýбки, -бок (ласкат.) и зубкú, -óв (тех.)
зуболечéбница, -ы
зуболечéбный
зубонарезáние, -я
зубонóжка, -и
зубообрабáтывающий
зубопротéзный
зуборéзный
зуборéзчик, -а
зубоскáл, -а
зубоскáлить, -лю, -лит
зубоскáлка, -и
зубоскáльство, -а
зубострогáльный
зуботы́чина, -ы
зубочúстка, -и
зубошлифовáльный
зубр, -а
зубрёжка, -и
зубрéние, -я
зубрёнок, -нка, мн. -ря́та, -ря́т
зубрúла, -ы, м. и ж.
зубрúлка, -и, м. и ж.
зубрúстика, -и
зубрúть(ся), зубрю́, зýбрúт(ся)
зубробизóн, -а
зубрóвка, -и
зýбровый
зубчáтка, -и
зубчатоклю́вый
зубчáто-рéечный
зубчáтый
зýбчик, -а
зубя́нка, -и
зуд, -а
зудá, -ы́, м. и ж.
зудéние, -я
зýдень, -дня
зудéть, зужý, зудúт
зудúть, зужý, зудúт
зуёк, зуйкá
зýлу, неизм. и нескл., м. (язык) и нескл., м. и ж. (народ)
зулýс, -а
зулýска, -и
зулýсский
зýммер, -а
зýммерить, зýммерит
зумпф, -а
зурнá, -ы́
зурнáч, -á
зурнúст, -а
зы́бить(ся), зы́блет(ся)
зы́бка, -и
зы́бкий; кр. ф. -бок, зыбкá, -бко

зы́блемый
зы́блющий(ся)
зыбýн, -á
зыбýчий
зы́бче, сравн. ст. (от зы́бкий, зы́бко)
зыбь, -и
зык, -а
зы́кать, -аю, -ает
зы́кнуть, -ну, -нет
зыря́нин, -а, мн. -я́не, -я́н
зыря́нка, -и
зыря́нский
зы́чный
зю́зя, -и, м. и ж.
зюйд, -а
зюйд-вéст, -а
зюйдвéстка, -и
зюйд-вéстовый
зюйд-зюйд-вéст, -а
зюйд-зюйд-вéстовый
зюйд-зюйд-óст, -а
зюйд-зюйд-óстовый
зю́йдовый
зюйд-óст, -а
зюйд-óстовый
зя́бкий; кр. ф. -бок, зябкá, -бко
зя́блевый
зя́блик, -а
зя́блый
зя́бнувший
зя́бнуть, -ну, -нет; прош. зяб и зя́бнул, зя́бла
зябь, -и
зятёк, -тькá
зять, -я, мн. зятья́, -ьёв
зя́тюшка, -и, м.

И

иберúйский
ибéры, -ов
ибикóн, -а
úбис, -а
úбо
úва, -ы
ивáн-да-мáрья, -и
ивáн-чáй, -я
ивасёвый
ивасú, нескл., ж.
úвина, -ы
úвишень, -шня
ивня́к, -á
ивняко́вый
ивнячóк, -чкá
úвовый
úволга, -и
иврúт, -а
иглá, -ы́, мн. úглы, игл
иглá-ры́ба, иглы́-ры́бы, мн. úглы-ры́бы, игл-ры́б
иглúстый
úглица, -ы
иглицеобрáзные, -ых
иглобрю́х, -а
игловáтый
иглови́дный
иглодержáтель, -я
иглокóжие, -их

иглообра́зный
иглоро́т, -а
иглотерапи́я, -и
иглоука́лывание, -я
иглофи́льтр, -а
иглоше́рст, -а
и́глу, *нескл. с.*
игля́нка, -и
игнитро́н, -а
игнитро́нный
игнори́рование, -я
игнори́рованный
игнори́ровать(ся), -рую,
  -рует(ся)
и́го, -а
иго́лка, -и
иго́лочка, -и
иго́лочный
иго́льник, -а
иго́льный
иго́льчатый
иго́рный
игра́, -ы́, *мн.* и́гры, игр
игра́лище, -а
игра́льный
и́гранный, *прич.*
и́граный, *прил.*
игра́ть(ся), -а́ю, -а́ет(ся)
игра́ючи, *нареч.*
игра́ющий
и́грек, -а
игре́невый
игре́ний, -яя, -ее
игре́ц, -а́
игре́цкий
игри́вость, -и
игри́вый
игри́стый
и́грище, -а
игрово́й
игро́к, -а́
игроте́ка, -и
игру́н, -а́
игру́нка, -и
игрунко́вый
игру́нья, -и, *р. мн.* -ний
игру́шечка, -и
игру́шечный
игру́шка, -и
и́грывать, *наст. вр. не
  употр.*
игуа́на, -ы
игуанодо́нт, -а
игу́мен, -а
игу́менский
игу́менство, -а
игу́менья, -и, *р. мн.* -ний
идáльго, *нескл. м.*
идеа́л, -а
идеализа́тор, -а
идеализа́ция, -и
идеализи́рование, -я
идеализи́рованный
идеализи́ровать(ся),
  -рую, -рует(ся)
идеали́зм, -а
идеали́ст, -а
идеалисти́ческий
идеалисти́чный
идеали́стка, -и
идеа́льно пра́вильный
идеа́льный
иде́йка, -и
иде́йно вы́держанный

идейно-организацио́нный
идейно-полити́ческий
иде́йность, -и
идейно-теорети́ческий
идейно-худо́жественный
идейно-эстети́ческий
иде́йный
идентификацио́нный
идентифика́ция, -и
идентифици́рованный
идентифици́ровать(ся),
  -рую, -рует(ся)
иденти́чность, -и
иденти́чный
идеогра́мма, -ы
идеографи́ческий
идеогра́фия, -и
идео́лог, -а
идеологи́ческий
идеоло́гия, -и
идеомото́рный
идеофи́кс, -а
иде́я, -и
идилли́ческий
иди́ллия, -и
идиоадапта́ция, -и
идиобла́ст, -а
идиоле́кт, -а
идио́ма, -ы
идиома́тика, -и
идиомати́ческий
идиоморфи́зм, -а
идиомо́рфный
идиопла́зма, -ы
идиосинкрази́ческий
идиосинкрази́я, -и
идиосо́ма, -ы
идио́т, -а
идиоти́зм, -а
идиоти́ческий
идиоти́я, -и
идио́тка, -и
идио́тский
идио́тство, -а
идиохромати́ческий
и́диш, -а
и́до, *нескл. м. и с.*
и́дол, -а, *мн.* -ы, -ов
и́долище, -а
идолопокло́нник, -а
идолопокло́ннический
идолопокло́нничество, -а
идолопокло́нство, -а
и́дольский
идти́, иду́, идёт; *прош.*
  шёл, шла
и́дучи, *дееп.*
иду́щий
и́ды, ид
иего́вист, -а
иего́вистский
иезуи́т, -а
иезуити́зм, -а
иезуи́тский
иезуи́тство, -а
иезуи́тствовать, -твую,
  -твует
иéна, -ы
иера́рх, -а
иерархи́ческий
иера́рхия, -и
иерати́зм, -а
иерати́ческий

иере́й, -я
иере́йский
иере́йство, -а
иере́йствовать, -твую,
  -твует
иеремиа́да, -ы
иерихо́нский
иеро́глиф
иероглифи́ческий
иеродья́кон, -а и иероди-
  а́кон, -а
иеродья́конский
иеромона́х, -а
иеромона́шеский
иеромона́шество, -а
иждиве́нец, -нца
иждиве́ние, -я
иждиве́нка, -и
иждиве́нский
иждиве́нство, -а
иждиве́нческий
иждиве́нчество, -а
и́же 1, *нескл. с.* (название буквы)
и́же 2: и́же с ни́м
и́жица, -ы
ижицеобра́зный
из, изо, *предлог*
изабе́лла, -ы (сорт винограда)
изабе́лловый
изаллоба́ра, -ы
изаллоте́рма, -ы
иза́тин, -а
изафе́т, -а
изба́, -ы́, *вин.* и́збу, *мн.*
  и́збы, изб
изба́витель, -я
изба́вительница, -ы
изба́вительный
изба́вить(ся), -влю(сь),
  -вит(ся)
избавле́ние, -я
изба́вленный
избавля́ть(ся), -я́ю(сь),
  -я́ет(ся)
избало́ванность, -и
избало́ванный
избалова́ть(ся), -лу́ю(сь),
  -лу́ет(ся)
избало́вывать(ся),
  -аю(сь), -ает(ся)
изба́ч, -а́
изба́-чита́льня, избы́-чита́-
  льни, *р. мн.* изб-чита́-
  лен
избега́ть(ся), -а́ю(сь),
  -ает(ся), *сов. (от* бегать)
избега́ть(ся), -а́ю,
  -а́ет(ся), *несов. (к* избе-
  жа́ть)
избе́гнувший и избе́гший
избе́гнутый
избе́гнуть, -ну, -нет;
  прош. -ег и -е́гнул, -ег-
  ла
избе́гший и избе́гнувший
избежа́ние, -я (во избежа́-
  ние *чего*)
избежа́ть, -егу́, -ежи́т,
  -егу́т
избёнка, -и
избива́ть(ся), -а́ю,
  -а́ет(ся)

иере́й, -я
иере́йский
иере́йство, -а
иере́йствовать, -твую,
  -твует
избие́ние, -я
избира́тель, -я
избира́тельница, -ы
избира́тельность, -и
избира́тельный
избира́тельский
избира́ть(ся), -а́ю(сь),
  -а́ет(ся)
изби́тый
изби́ть(ся), изобью́, изо-
  бьёт(ся)
изби́ща, -и
избли́зи
избода́ть, -а́ет
избо́ина, -ы
изболе́ть(ся) 1, -е́ю(сь),
  -е́ет(ся)
изболе́ть(ся) 2, -ли́т(ся)
  (душа́, се́рдце)
избо́лтанный
изболта́ть(ся), -а́ю(сь),
  -а́ет(ся)
изборождённый; *кр. ф.*
  -ён, -ена́
изборозди́ть(ся), -зжу́,
  -зди́т(ся)
избоче́ниваться, -аюсь,
  -ается
избоче́ниться, -нюсь, -ни-
  тся
избочи́ться, -чу́сь, -чи́тся
избра́нный; *кр. ф.* -ён,
  -ена́
избра́ние, -я
избрани́ть, -ню́, -ни́т
избра́нник, -а
избра́нница, -ы
и́збранный
избра́ть, -беру́, -берёт;
  прош. -а́л, -ала́, -а́ло
изброди́ть, -ожу́, -о́дит
и́збура-жёлтый
и́збура-кра́сный
избу́шечка, -и
избу́шечный
избу́шка, -и
избыва́ть(ся), -а́ю,
  -а́ет(ся)
избы́ток, -тка
избы́точность, -и
избы́точный
избы́ть(ся), -бу́ду, -бу́-
  дет(ся); *прош.* -бы́л,
  -была́, -бы́ло
избяно́й
изва́лянный
изваля́ть(ся), -я́ю(сь),
  -я́ет(ся)
изва́яние, -я
изва́янный
изва́ять, -я́ю, -я́ет
изве́данный
изве́дать, -аю, -ает
изведённый; *кр. ф.* -ён,
  -ена́
изве́дший
изве́дывать, -аю,
  -ает
изве́ка, *нареч.*
изве́рг, -а
изверга́ть(ся), -а́ю(сь),
  -а́ет(ся)
изве́ргнувший(ся)
изве́ргнутый

ИЗВ

изве́ргнуть(ся), -ну(сь),
-нет(ся); *прош.* -е́рг(ся)
и -е́ргнул(ся), -е́рг-
ла(сь)
изве́ргший(ся)
изверже́ние, -я
изве́рженный
изве́риться, -рюсь,
-рится
изверну́ться, -ну́сь,
-нётся
изверте́ть(ся), -ерчу́(сь),
-е́ртит(ся)
изве́рченный
известегаси́льный
извести́, -еду́, -едёт; *прош.*
-ёл, -ела́
изве́стие, -я
изве́стинец, -нца
извести́сь, -еду́сь, -едётся;
прош. -ёлся, -ела́сь
изве́стить(ся), -ещу́(сь),
-ести́т(ся)
изве́стка, -и
известкова́ние, -я
известко́ванный
известкова́ть(ся), -ку́ю,
-ку́ет(ся)
известко́во-бе́лый
известко́во-песча́ный
известко́во-пуццола́-
новый
известко́во-шла́ковый
известко́вый
изве́стность, -и
изве́стный
известня́к, -а́
известняко́вый
и́звесть, -и
изве́т, -а
изве́тчик, -а
изветша́лый
изветша́ть, -а́ет
изве́чный
извеща́ть(ся), -а́ю(сь),
-а́ет(ся)
извеще́ние, -я
извещённый; *кр. ф.* -ён,
-ена́
извея́ть, -е́ю, -е́ет
изви́в, -а
извива́ть(ся), -а́ю(сь),
-а́ет(ся)
изви́вистый
изви́лина, -ы
изви́листый
извине́ние, -я
извинённый; *кр. ф.* -ён,
-ена́
извини́тельный
извини́ть(ся), -ню́(сь),
-ни́т(ся)
извиня́ть(ся), -я́ю(сь),
-я́ет(ся)
извиня́ющий(ся)
изви́тый; *кр. ф.* -и́т, -ита́,
-и́то
изви́ть(ся), изовью́(сь),
изовьёт(ся); *прош.*
-и́л(ся), -ила́(сь), -и́ло,
-и́ло́сь
извлека́ть(ся), -а́ю,
-а́ет(ся)
извлёкший(ся)

ИЗГ

извлече́ние, -я
извлечённый; *кр. ф.* -ён,
-ена́
извле́чь(ся), -еку́,
-ечёт(ся), -еку́т(ся);
прош. -ёк(ся), -екла́(сь)
извне́
изво́д, -а
изводи́ть(ся), -ожу́(сь),
-о́дит(ся)
изво́женный
изво́з, -а
извози́ть(ся), -ожу́(сь),
-о́зит(ся)
извозни́чать, -аю, -ает
изво́зничество, -а
изво́зный
извозопромы́шленник, -а
изво́зчик, -а
изво́зчицкий
изво́зчичий, -ья, -ье
изволе́ние, -я
изво́лить, -лю, -лит
изволнова́ться, -ну́юсь,
-ну́ется
и́зволок, -а
изволо́ченный; *кр. ф.* -ен,
-ена и изволочённый,
кр. ф. -ён, -ена́
изволочи́ть(ся), -очу́,
-о́чит(ся)
извольнича́ться, -аюсь,
-ается
изво́ль(те)
извора́чиваться, -аюсь,
-ается
изворова́ться, -ру́юсь,
-ру́ется
изворо́т, -а
изворо́тливость, -и
изворо́тливый
изврати́ть(ся), -ащу́,
-ати́т(ся)
извраща́ть(ся), -а́ю(сь),
-а́ет(ся)
извраще́ние, -я
извраще́нность, -и
извращённый; *кр. ф.* -ён,
-ена́
извя́занный
извяза́ть(ся), -яжу́, -я́жет
извя́зывать(ся), -аю,
-ает(ся)
изга́дить(ся), -а́жу(сь),
-а́дит(ся)
изга́женный
изгаля́ться, -я́юсь, -я́ет-
ся
и́згарь, -и
изги́б, -а
изгиба́ние, -я
изгиба́ть(ся), -а́ю(сь),
-а́ет(ся)
изги́бистый
изгла́дить(ся), -а́жу,
-а́дит(ся)
изгла́дывать(ся), -аю,
-ает(ся)
изгла́женный
изгла́живать(ся), -аю,
-ает(ся)
изгло́данный
изглода́ть, -ожу́, -о́жет и
-а́ю, -а́ет

ИЗД

изгна́ние, -я
изгна́нник, -а
изгна́нница, -ы
изгна́ннический
и́згнанный
изгна́ть, -гоню́, -го́нит;
прош. -а́л, -ала́, -а́ло
изгнива́ть, -а́ет
изгни́ть, -иёт
изго́й, -я
изголо́вье, -я, *р. мн.*
-вий
изголо́вьице, -а
изголода́ться, -а́юсь, -а́ет-
ся
и́зголуба-бе́лый
и́зголуба-си́ний
изгоня́ть(ся), -я́ю,
-я́ет(ся)
изгора́ть, -а́ет
изгоре́ть, -ри́т
и́згородь, -и
изготавливать(ся),
-аю(сь), -ает(ся)
изготови́тель, -я
изгото́вить(ся), -влю(сь),
-вит(ся)
изгото́вка, -и
изготовле́ние, -я
изгото́вленный
изготовля́ть(ся), -я́ю(сь),
-я́ет(ся)
изграфи́ть, -флю́, -фи́т
изграфлённый; *кр. ф.* -ён,
-ена́
изгрыза́ть(ся), -а́ю,
-а́ет(ся)
изгры́зенный
изгры́зть, -зу́, -зёт; *прош.*
-ы́з, -ы́зла
изгры́зший
изгрязнённый; *кр. ф.* -ён,
-ена́
изгрязни́ть(ся), -ню́(сь),
-ни́т(ся)
изгрязня́ть(ся), -я́ю(сь),
-я́ет(ся)
изгуби́ть, -ублю́, -у́бит
изгу́бленный
издава́ть(ся), -даю́, -да-
ёт(ся)
и́здавна
издаива́ть(ся), -аю,
-ает(ся)
издалбливать(ся),
-ает(ся)
издалека́ и издалё-
ка
издале́че
и́здали
изда́ние, -я
и́зданный; *кр. ф.* -ан, и́з-
дана́, -ано
изда́ньице, -а
изда́тель, -я
изда́тельский
изда́тельство, -а
изда́ть, -а́м, -а́шь, -а́ст,
-ади́м, -ади́те, -аду́т;
прош. -а́л, -ала́, -а́ло
издева́тельский
издева́тельство, -а
издева́ться, -а́юсь,
-а́ется

ИЗЗ

издёвка, -и
изде́лие, -я
издёрганность, -и
издёрганный
издёргать(ся), -аю(сь),
-ает(ся)
издёргивать(ся), -аю(сь),
-ает(ся)
изде́ржанный
издержа́ть(ся), -ержу́(сь),
-е́ржит(ся)
издёрживать(ся), -аю(сь),
-ает(ся)
изде́ржки, -жек, *ед.* из-
де́ржка, -и
изде́тства, *нареч.*
издира́ть(ся), -а́ю(сь),
-а́ет(ся)
издо́бенный
издои́ть(ся), -ою́,
-о́ит(ся)
издолби́ть(ся), -блю́,
-би́т(ся)
издо́лбленный
издо́льщик, -а
издо́льщина, -ы
издо́хнуть, -ну, -нет;
прош. -ох, -охла
издо́хший
издре́вле
издро́гнувший
издро́гнуть, -ну, -нет;
прош. -ог, -огла
издро́гший
издыря́вить(ся), -влю,
-вит(ся)
издыря́вленный
издыха́ние, -я
издыха́ть, -а́ю, -а́ет
изжа́ленный
изжа́лить, -лит
изжа́ренный
изжа́рить(ся), -рю(сь),
-рит(ся)
изжёванный
изжева́ть, -жую́, -жуёт
изжёвывать(ся), -аю,
-ает(ся)
изжёгший(ся)
и́зжелта-зелёный
и́зжелта-кра́сный
изжелти́ть, -лчу́, -лти́т
изжелчённый; *кр. ф.* -ён,
-ена́
изжёчь(ся), изожгу́(сь),
изожжёт(ся), изо-
жгу́т(ся); *прош.* из-
жёг(ся), изожгла́(сь)
изжива́ние, -я
изжива́ть(ся), -а́ю, -
а́ет(ся)
изжи́тие, -я
изжи́тый; *кр. ф.* -и́т, -ита́,
-и́то
изжи́ть(ся), -иву́, -ивёт(ся);
прош. -и́л(ся), -ила́(сь),
-и́ло, -и́ло́сь
изжо́га, -и
из-за, *предлог*
из-за грани́цы
и́ззелена-голубо́й
и́ззелена-си́ний
иззеленённый; *кр. ф.* -ён,
-ена́

иззелени́ть(ся), -ню́(сь),
  -ни́т(ся)
иззу́бренный
иззу́бривать(ся), -аю,
  -ает(ся)
иззубри́ть(ся), -убрю́, -уб-
  ри́т(ся)
иззя́бнуть, -ну, -нет;
  прош. -зя́б, -зя́бла
иззя́бший
изла́вливать, -аю, -ает
излага́ть(ся), -а́ю,
  -а́ет(ся)
изла́дить(ся), -а́жу(сь),
  -а́дит(ся)
излаживать(ся), -аю(сь),
  -ает(ся)
излазанный
изла́зать, -аю, -ает
изла́зить, -а́жу, -а́зит
изла́мывать(ся), -аю(сь),
  -ает(ся)
излатанный
излата́ть, -а́ю, -а́ет
изла́ять, -а́ю, -а́ет
излени́ть(ся), -еню́сь,
  -е́нится
излёт, -а
излета́ть, -а́ю, -а́ет
излече́ние, -я
излéченный
излéчивать(ся), -аю(сь),
  -ает(ся)
излечи́мый
излечи́ть(ся), -лечу́(сь),
  -лéчит(ся)
излива́ть(ся), -а́ю(сь),
  -а́ет(ся)
излизанный
излиза́ть, -ижу́, -и́жет
излинóванный
излинова́ть, -ну́ю, -ну́ет
изли́тый; кр. ф. -и́т, -ита́,
  -и́то
изли́ть(ся), изолью́(сь),
  изольётся; прош. -
  и́л(ся), -ила́(сь), -и́ло,
  -и́лóсь
изли́шек, -шка
изли́шество, -а
изли́шествовать, -твую,
  -твует
изли́шне
изли́шний
изли́яние, -я
излови́ть, -овлю́, -óвит
излóвленный
изловча́ться, -а́юсь, -а́ется
изловчи́ться, -чу́сь, -чи́тся
изложе́ние, -я
излóженный
изложи́ть, -ожу́, -óжит
изложни́ца, -ы
излóм, -а
излóманность, -и
излóманный (от изло-
  ма́ть)
излома́ть(ся), -а́ю(сь),
  -а́ет(ся)
изломи́ть, -омлю́, -óмит
излóмленный (от изло-
  ми́ть)
излохма́тить(ся), -а́чу,
  -а́тит(ся)

излохма́ченный
излупи́ть, -уплю́, -у́пит
излу́пленный
излуча́тель, -я
излуча́ть(ся), -а́ю,
  -а́ет(ся)
излуче́ние, -я
излучённый; кр. ф. -ён,
  -ена́
излу́чина, -ы
излучи́ть(ся), -чу́,
  -чи́т(ся)
излу́чистый
излю́бленный
изма́занный
изма́зать(ся), -а́жу(сь),
  -а́жет(ся)
изма́зывать(ся), -аю(сь),
  -ает(ся)
измазю́кать(ся), -аю(сь),
  -ает(ся)
измалёванный
измалева́ть, -лю́ю, -лю́ет
измалёвывать(ся), -аю,
  -ает(ся)
изма́лывать(ся), -аю,
  -ает(ся)
изма́ранный
измара́ть(ся), -а́ю(сь),
  -а́ет(ся)
изма́сливать(ся), -аю(сь),
  -ает(ся)
изма́слить(ся), -лю(сь),
  -лит(ся)
изма́тывать(ся), -аю(сь),
  -ает(ся)
изма́чивать(ся), -аю(сь),
  -ает(ся)
изма́янный
изма́ять(ся), -а́ю(сь),
  -а́ет(ся)
измелённый; кр. ф. -ён,
  -ена́
измели́ть(ся), -лю́(сь),
  -ли́т(ся)
измельча́ние, -я
измельча́ть(ся), -а́ю,
  -а́ет(ся)
измельче́ние, -я
измельчённый; кр. ф. -ён,
  -ена́
измельчи́тель, -я
измельчи́ть(ся), -чу́,
  -чи́т(ся)
изме́на, -ы
измене́ние, -я
изменённый; кр. ф. -ён,
  -ена́
измени́ть(ся), -еню́(сь),
  -е́нит(ся)
изме́нник, -а
изме́нница, -ы
изме́ннический
изме́нничество,
  -а
изме́нчивость, -и
изме́нчивый
изменя́емый
изменя́ть(ся), -я́ю(сь),
  -я́ет(ся)
измере́ние, -я
изме́ренный
измёрзнуть, -ну, -нет;
  прош. -ёрз, -ёрзла

измёрзший
измери́мый
измери́тель, -я
измери́тельно-информа-
  циóнный
измери́тельный
изме́рить, -рю -рит и
  -ряю, -ряет
измеря́ть(ся), -я́ю,
  -я́ет(ся)
измождéние, -я
измождённость, -и
измождённый; кр. ф. -ён,
  -ена́
измока́ть, -а́ю, -а́ет
измóкнуть, -ну, -нет;
  прош. -óк, -óкла
измóкший
измола́чивать(ся), -аю,
  -ает(ся)
измолоти́ть, -очу́, -óтит
измóлотый
измолóть(ся), -мелю́, -мé-
  лет(ся)
измолóченный
измóр, -а
изморённый; кр. ф. -ён,
  -ена́
измори́ть(ся), -рю́(сь),
  -ри́т(ся)
и́зморозь, -и (иней)
и́морось, -и (моросящий
  дождь)
измóтанный
измота́ть(ся), -а́ю(сь),
  -а́ет(ся)
измоча́ленный
измоча́ливать(ся),
  -аю(сь), -ает(ся)
измоча́лить(ся), -лю(сь),
  -лит(ся)
измóченный
измочи́ть(ся), -очу́(сь),
  -óчит(ся)
изму́сленный
изму́сливать(ся), -аю(сь),
  -ает(ся)
изму́слить(ся), -лю(сь),
  -лит(ся)
измусóленный
измусóливать(ся),
  -аю(сь), -ает(ся)
измусóлить(ся), -лю(сь),
  -лит(ся)
изму́ченный
изму́чивать(ся), -аю(сь),
  -ает(ся)
изму́чить(ся), -чу(сь),
  -чит(ся) и -аю(сь),
  -ает(ся)
измыва́тельский
измыва́тельство, -а
измыва́ться, -а́юсь, -а́ет-
  ся
измы́зганный
измы́згать(ся), -аю(сь),
  -ает(ся)
измы́згивать(ся), -аю(сь),
  -ает(ся)
измы́ленный
измы́ливать(ся), -аю,
  -ает(ся)
измы́лить(ся), -лю,
  -лит(ся)

измы́слить, -лю, -лит
измыта́ренный
измыта́рить(ся), -рю(сь),
  -рит(ся)
измышле́ние, -я
измы́шленный
измышля́ть(ся), -я́ю,
  -я́ет(ся)
измя́тый
измя́ть(ся), измну́, изо-
  мнёт(ся)
изна́нка, -и
изна́ночный
изнаси́лование, -я
изнаси́лованный
изнаси́ловать, -лую, -лует
изнача́ла, нареч.
изнача́льный
изна́шиваемость, -и
изна́шивание, -я
изна́шивать(ся), -аю(сь),
  -ает(ся)
изнéженность, -и
изнéженный
изнéживать(ся), -аю(сь),
  -ает(ся)
изнéжить(ся), -жу(сь),
  -жит(ся)
изнемога́ть, -а́ю, -а́ет
изнемóгший
изнеможéние, -я
изнеможённый; кр. ф.
  -ён, -ена́
изнемóчь, -огу́, -óжет,
  -óгут; прош. -óг, -огла́
изнéрвничаться, -аюсь,
  -ается
изни́занный
изниза́ть, -ижу́, -и́жет
и́знизу, нареч.
изни́зывать(ся), -аю,
  -ает(ся)
изничтожа́ть(ся), -а́ю,
  -а́ет(ся)
изничтóженный
изничтóжить(ся), -жу,
  -жит(ся)
изнища́ть, -а́ю, -а́ет
изнóжье, -я, р. мн. -жий
изнóс, -а и -у: изнóсу нéт
  и изнóса нéт; до изнóсу
  и до изнóса
износи́ть(ся), -ошу́(сь),
  -óсит(ся)
износостóйкий
износостóйкость, -и
износоустóйчивость, -и
износоустóйчивый
изнóшенность, -и
изнóшенный
изнурéние, -я
изнурённость, -и
изнурённый; кр. ф. -ён,
  -ена́
изнури́тельный
изнури́ть(ся), -рю́(сь),
  -ри́т(ся)
изнуря́ть(ся), -я́ю(сь),
  -я́ет(ся)
изнуря́ющий
изнутри́
изныва́ть, -а́ю, -а́ет
изныря́ть, -я́ю, -я́ет
изны́ть, -нóю, -нóет

119

ИЗО

изо, из, *предлог*
изо... — первая часть
сложных слов, пишется
всегда слитно
изоами́ловый
изоба́ра, -ы
изобари́ческий
изоба́рный
изоба́та, -ы
изоби́деть(ся), -и́жу(сь),
-и́дит(ся)
изоби́женный
изоби́лие, -я
изоби́ловать, -лует
изоби́льный
изобли́ча́ть(ся), -а́ю,
-а́ет(ся)
изобличе́ние, -я
изобличённый; *кр. ф.* -ён,
-ена́
изобличи́тель, -я
изобличи́тельный
изобличи́ть, -чу́, -чи́т
изобража́ть(ся), -а́ю, -
а́ет(ся)
изображе́ние, -я
изображённый; *кр. ф.* -ён,
-ена́
изобрази́тельный
изобрази́ть(ся), -ажу́,
-ази́т(ся)
изобрести́, -ету́, -етёт;
прош. -ёл, -ела́
изобрета́тель, -я
изобрета́тельница, -ы
изобрета́тельность, -и
изобрета́тельный
изобрета́тельский
изобрета́тельство, -а
изобрета́ть(ся), -а́ю, -
а́ет(ся)
изобрете́ние, -я
изобретённый; *кр. ф.* -ён,
-ена́
изобре́тший
изобутиле́н, -а
изовра́ться, -ру́сь, -рётся;
прош. -а́лся, -ала́сь,
-а́лóсь
изо всех си́л
изога́мия, -и
изоги́пса, -ы
изогло́сса, -ы
изо́гнуто-ова́льный
изо́гнутый
изогну́ть(ся), -ну́(сь),
-нёт(ся)
изого́на, -ы
изогона́льный
изогра́фия, -и
изодина́мия, -и
изо дня́ в де́нь
изо́дранный
изодра́ть(ся), издеру́(сь),
издерёт(ся); *прош.*
-а́л(ся), -ала́(сь), -а́ло,
-а́лóсь
изожжённый; *кр. ф.* -ён,
-ена́
изоиони́я, -и
изойти́, изойду́, изойдёт;
прош. изошёл, изошла́
изокли́на, -ы
изоклина́ль, -и

ИЗР

изоклина́льный
изо́колон, -а
изо́л, -а
изолга́ться, -лгу́сь, -лжёт-
ся, -лгу́тся; *прош.* -а́лся,
-ала́сь, -а́лóсь
изоле́йци́н, -а
изоле́нта, -ы
изоли́ния, -и
изоли́рованность, -и
изоли́рованный
изоли́ровать(ся),
-рую(сь), -рует(ся)
изолиро́вочный
изоли́рующий
изоля́тор, -а
изоляциони́зм, -а
изоляциони́ст, -а
изоляциони́стский
изоляцио́нный
изоля́ция, -и
изоме́р, -а
изомериза́ция, -и
изомери́я, -и
изометри́ческий
изоме́три́я, -и
изоморфи́зм, -а
изомо́рфный
изоортохромати́ческий
изопле́н, -а
изопо́д, -а
изопре́н, -а
изопропи́ловый
изо́рванный
изорва́ть(ся), -рву́,
-рвёт(ся); *прош.*
-а́л(ся), -ала́(сь), -а́ло,
-а́лóсь
изосиллаби́зм, -а
изостла́ть и исстели́ть, ис-
стелю́, исстéлет; *прош.*
изостла́л, изостла́ла и
исстели́л, исстели́ла
изосту́дия, -и
изотéрма, -ы
изотерми́ческий
изотерми́я, -и
изо́тканный
изотка́ть, -ку́, -кёт; *прош.*
-а́л, -ала́, -а́ло
изотони́ческий
изотони́я, -и
изото́п, -а
изото́пный
изотропи́я, -и
изотро́пность, -и
изохромати́ческий
изохро́нный
изоци́кли́ческий
изоше́дший
изощре́ние, -я
изощрённость, -и
изощрённый; *кр. ф.* -ён,
-ена́
изощри́ть(ся), -рю́(сь),
-ри́т(ся)
изощря́ть(ся), -я́ю(сь),
-я́ет(ся)
изоэ́тес, -а
изоэ́товые, -ых
из-под, из-подо, *предлог*
из-под мы́шек
из-под спу́да
изразе́ц, -зца́

ИЗУ

изразцо́вый
изра́ильский
израильтя́нин, -а, *мн.*
-я́не, -я́н
израильтя́нка, -и
изра́ненный
изра́нить(ся), -ню(сь),
-нит(ся)
израста́ние, -я
израсхо́дованный
израсхо́довать(ся),
-дую(сь), -дует(ся)
изреди́ть, -ежу́, -еди́т
и́зредка
изрежённый; *кр. ф.* -ён,
-ена́ и изре́женный;
кр.ф. -ен, -ена
изре́занный
изре́зать(ся), -е́жу(сь),
-е́жет(ся)
изрека́ть, -а́ю, -а́ет
изре́кший и изрёкший
изрече́ние, -я
изречённый; *кр. ф.* -ён,
-ена́
изре́чь, -еку́, -ечёт, -еку́т;
прош. -ёк, -екла́
изреши́ти́ть(ся), -шечу́,
-шети́т(ся)
изрешечённый; *кр. ф.*
-ён, -ена́ и изреше́чен-
ный; *кр. ф.* -ен, -ена
изреше́чивать(ся), -аю,
-ает(ся)
изри́нутый
изри́нуть, -ну, -нет
изрисо́ванный
изрисова́ть, -су́ю, -су́ет
изрисо́вывать(ся), -аю,
-ает(ся)
изруба́ть(ся), -а́ю,
-а́ет(ся)
изруби́ть, -ублю́, -у́бит
изру́бленный
изрубцева́ть, -цу́ю, -цу́ет
изрубцо́ванный
изру́ганный
изруга́ть(ся), -а́ю(сь),
-а́ет(ся)
изрыва́ть(ся), -а́ю,
-а́ет(ся)
изрыга́ть(ся), -а́ю,
-а́ет(ся)
изрыгну́ть(ся), -ну́,
-нёт(ся)
изры́скать, -ы́щу, -ы́щет и
-аю, -ает
изры́тый
изры́ть, -ро́ю, -ро́ет
из ря́да во́н
изря́дный
изуве́р, -а
изуве́рка, -и
изуве́рский
изуве́рство, -а
изуве́рствовать, -твую,
-твует
изуве́ченный
изуве́чивать(ся), -аю(сь),
-ает(ся)
изуве́чить(ся), -чу(сь),
-чит(ся)
изукра́сить(ся), -а́шу(сь),
-а́сит(ся)

ИЗЮ

изукра́шенный
изукра́шивать(ся),
-аю(сь), -ает(ся)
изуми́тельный
изуми́ть(ся), -млю́(сь),
-ми́т(ся)
изумле́ние, -я
изумлённый; *кр. ф.* -ён,
-ена́
изумля́ть(ся), -я́ю(сь),
-я́ет(ся)
изумру́д, -а
изумру́дно-зелёный
изумру́дный
изуро́дованный
изуро́довать(ся),
-дую(сь), -дует(ся)
изу́стный
изуча́ть(ся), -а́ю, -а́ет(ся)
изуче́ние, -я
изу́ченный
изучи́ть, -учу́, -у́чит
изъеда́ть, -а́ет
изъе́денный
изъе́здить(ся), -е́зжу, -е́з-
дит(ся)
изъе́зженный
изъело́зить, -о́жу, -о́зит
изъёрзанный
изъёрзать(ся), -аю(сь),
-ает(ся)
изъёрзывать, -аю, -ает
изъе́сть, -е́ст, -едя́т; *прош.*
-е́л, -е́ла
изъяви́тельное наклоне́-
ние
изъяви́ть, -явлю́, -я́вит
изъявле́ние, -я
изъя́вленный
изъявля́ть(ся), -я́ю,
-я́ет(ся)
изъязви́ть, -влю́, -ви́т
изъязвле́ние, -я
изъязвлённый; *кр. ф.* -ён,
-ена́
изъязвля́ть(ся), -я́ю,
-я́ет(ся)
изъя́н, -а
изъя́нец, -нца
изъясне́ние, -я
изъяснённый; *кр. ф.* -ён,
-ена́
изъясни́тельный
изъясни́ть(ся), -ню́(сь),
-ни́т(ся)
изъясня́ть(ся), -я́ю(сь),
-я́ет(ся)
изъя́тие, -я
изъя́тый
изъя́ть, изыму́, изы́мет
изыма́ть(ся), -а́ю, -а́ет(ся)
изы́ск, -а
изыска́ние, -я
изы́сканность, -и
изы́сканный
изыска́тель, -я
изыска́тельный
изыска́тельский
изыска́ть, -ы́щу́, -ы́щет
изы́скивать(ся), -аю,
-ает(ся)
изю́бр, -а и изю́брь, -я
изю́бровый и изю́бревый
изю́м, -а

изю́минка, -и
изю́мный
изя́щество, -а
изя́щный
ика́ние, -я (*от* ика́ть)
и́канье, -я (*от* и́кать)
икари́ец, -и́йца
икари́йский
и́кать, -аю, -ает (о произ-
    ношении)
ика́ть(ся), -а́ю, -а́ет(ся)
    (*к* икота́)
икеба́на, -ы
икну́ть(ся), -ну́, -нёт(ся)
ико́на, -ы
ико́нный
иконобо́рец, -рца
иконобо́рческий
иконобо́рчество, -а
иконографи́ческий
иконогра́фия, -и
иконопи́сный
и́конопись, -и
иконоско́п, -а
иконоста́с, -а
иконоста́сный
иконоте́ка, -и
ико́рка, -и
ико́рный
икоса́эдр, -а
ико́та, -ы
ико́тник, -а
икра́, -ы́
икри́нка, -и
икри́стый
икромёт, -а
икромета́ние, -я
икроно́жный
и́кры, икр, *ед.* икра́, -ы́
икря́ник, -а
икряно́й
икс, -а
икс-едини́ца, -ы
ил, -а и -у
и́ли, иль, *союз*
и́листый
иллири́ец, -и́йца
иллири́зм, -а
иллири́йский
иллювиа́льный
иллю́вий, -я
иллюзио́н, -а
иллюзиони́зм, -а
иллюзиони́ст, -а
иллюзионисти́ческий
иллюзиони́стка, -и
иллюзиони́стский
иллю́зия, -и
иллюзо́рный
иллюмина́т, -а
иллюмина́тор, -а
иллюмина́ция, -и
иллюмини́рованный
иллюмини́ровать(ся),
    -рую, -рует(ся)
иллюмино́ванный
иллюминова́ть(ся), -ну́ю,
    -ну́ет(ся)
иллюстрати́вный
иллюстра́тор, -а
иллюстра́ция, -и
иллюстри́рование,
    -я
иллюстри́рованный

иллюстри́ровать(ся),
    -рую, -рует(ся)
илова́тый
и́ловый
ило́н, -а
ило́т, -а
иль, и́ли, *союз*
и́лька, -и
и́льковый
ильм, -а
ильмени́т, -а
и́льме́нь, -и
и́льмовый
и́льница, -ы
и́льный
имажини́зм, -а
имажини́ст, -а
имажини́стский
има́м, -а
имама́т, -а
имбеци́льность, -и
имби́рный
имби́рь, -я
име́ние, -я
имени́нник, -а
имени́нница, -ы
имени́нный
имени́ны, -и́н
имени́тельный паде́ж
имени́тость, -и
имени́тый
и́менно
именно́й
имено́ванный
именова́ть(ся), -ну́ю(сь),
    -ну́ет(ся)
именосло́в, -а
имену́емый
име́ньице, -а
име́ньишко, -а
имерети́н, -а, *р. мн.* -и́н
имерети́нец, -нца
имерети́нка, -и
имерети́нский
име́ть(ся), -е́ю, -е́ет(ся)
и́мечко, -а
и́мидж, -а
имита́тор, -а
имита́торский
имитацио́нный
имита́ция, -и
имити́рованный
имити́ровать(ся), -рую,
    -рует(ся)
иммане́нтный
имматрикуля́ция, -и
иммельма́н, -а
иммерсио́нный
имме́рсия, -и
иммигра́нт, -а
иммигра́нтка, -и
иммигра́нтский
иммиграцио́нный
иммигра́ция, -и
иммигри́ровать, -рую,
    -рует (въезжать)
иммобилиза́ция, -и
иммобили́зм, -а
иммобилизо́ванный
иммобилизова́ть, -зу́ю,
    -зу́ет
иммоби́льный
иммора́ли́зм, -а
иммора́льный

имморте́ль, -и
иммунизацио́нный
иммуниза́ция, -и
иммунизи́рованный
иммунизи́ровать(ся),
    -рую, -рует(ся)
иммуните́т, -а
имму́нный
иммунобиологи́ческий
иммунобиоло́гия, -и
иммуногене́тика, -и
иммунодепресса́нт, -а
иммунодефици́т, -а
иммунодиагно́стика, -и
иммунодиагности́ческий
иммуно́лог, -а
иммунологи́ческий
иммуноло́гия, -и
иммунопатоло́гия, -и
иммунопрофила́ктика, -и
иммунопрофилакти́че-
    ский
иммунотерапи́я, -и
иммунохи́мия, -и
императи́в, -а
императи́вный
импера́тор, -а
импера́торский
импера́торство, -а
императри́ца, -ы
империа́л, -а
империали́зм, -а
империали́ст, -а
империалисти́ческий
империали́стский
импе́рия, -и
импе́рский
имперсона́льный
имперфе́кт, -а
импети́го, *нескл., с.*
импланта́ция, -и
импликация, -и
имплози́вный
имплози́я, -и
импоза́нтность, -и
импоза́нтный
импони́ровать, -рую, -ру-
    ет
импони́рующий
и́мпорт, -а
импортёр, -а
импорти́рованный
импорти́ровать(ся), -рую,
    -рует(ся)
и́мпортный
импо́ст, -а
импоте́нт, -а
импоте́нтный
импоте́нция, -и
импреса́рио, *нескл., м.*
импрессиони́зм, -а
импрессиони́ст, -а
импрессионисти́ческий
импрессиони́стка, -и
импрессиони́стский
импровиза́тор, -а
импровиза́торский
импровизацио́нный
импровиза́ция, -и
импровизи́рованный
импровизи́ровать(ся),
    -рую, -рует(ся)
и́мпульс, -а

импульси́вный
и́мпульсно-дальноме́рный
и́мпульсно-ко́довый
и́мпульсный
импульстерапи́я, -и
иму́щественный
иму́щество, -а
иму́щий
и́мя, и́мени, *мн.* имена́,
    имён, имена́м
имяре́к, -а
инакомы́слие, -я
инакомы́слящий
инаугура́ция, -и
и́наче
инбри́динг, -а
инвагина́ция, -и
инвазио́нный
инва́зия, -и
инвали́д, -а
инвали́дка, -и
инвали́дность, -и
инвали́дный
инвалю́та, -ы (денежные
    единицы)
инвалю́тный
инвариа́нт, -а
инвариа́нтность, -и
инвариа́нтный
инвекти́ва, -ы
инвентариза́тор, -а
инвентаризацио́нный
инвентариза́ция, -и
инвентаризи́рованный
инвентаризи́ровать(ся),
    -рую, -рует(ся)
инвентаризо́ванный
инвентаризова́ть(ся),
    -зу́ю, -зу́ет(ся)
инвента́рный
инвента́рь, -я́
инверсио́нный
инверси́рованный
инве́рсия, -и
инве́рсный
инве́рсор, -а
инверти́рование, -я
инверти́рованный
инверти́ровать(ся), -рую,
    -рует(ся)
инве́ртор, -а
инвести́рованный
инвести́ровать(ся), -рую,
    -рует(ся)
инвести́тор, -а
инвеститу́ра, -ы
инвестицио́нный
инвести́ция, -и
инве́стор, -а
инволю́та, -ы (*матем.*)
инволюцио́нный
инволю́ция, -и
ингаля́тор, -а
ингалято́рий, -я
ингаляцио́нный
ингаля́ция, -и
ингиби́рование, -я
ингиби́рованный
ингиби́ровать, -рую, -рует
ингиби́тор, -а
ингредие́нт, -а
ингре́ссия, -и
ингу́ш, -а́, *мн.* ингуши́,
    -е́й

ИНГ

ингу́шка, -и
ингу́шский
и́нда, неизм.
инда́у, нескл., ж.
и́ндеветь, -ею, -еет и ин-
деве́ть, -ею, -еет
инде́ец, -е́йца
инде́ечий, -ья, -ье (к ин-
де́йка)
инде́йка, -и
инде́йково́дство, -а
инде́йский
и́ндекс, -а
индекса́ция, -и
индекси́рование, -я
и́ндексно-после́дователь-
ный
и́ндексный
индемните́т, -а
индетермини́зм, -а
индетермини́ст, -а
индетерминисти́ческий
индиа́нка, -и
индиви́д, -а
индивидуализи́рованный
индивидуализи́ровать(ся),
-рую, -рует(ся)
индивидуали́зм, -а
индивидуали́ст, -а
индивидуалисти́ческий
индивидуалисти́чный
индивидуали́стка, -и
индивидуали́стский
индивидуа́льно-брига́д-
ный
индивидуа́льно-психоло-
ги́ческий
индивидуа́льность, -и
индивидуа́льно-трудово́й
индивидуа́льный
индиви́дуум, -а
инди́го, нескл., с. (веще-
ство) и неизм. (цвет)
инди́говый
инди́гоидный
индигокарми́н, -а
индигоно́сный
индигофе́ра, -ы
и́ндиевый
инди́ец, -и́йца
и́ндий, -я
инди́йский
инди́йско-сове́тский
индикати́в, -а
индика́тор, -а
индика́торный
индикатри́са, -ы
индикацио́нный
индика́ция, -и
индифференти́зм, -а
индифференти́ность, -и
индифференти́ный
и́ндо-африка́нский
индогерма́нский (лингв.)
индоевропеи́стика, -и
индоевропе́йский (лингв.)
индоира́нский (лингв.)
индокита́йский (от Индо-
кита́й)
индокси́л, -а
индо́л, -а
индо́лог, -а
индоло́гия, -и
и́ндо-мала́йский

ИНЖ

индонези́ец, -и́йца
индонези́йка, -и
индонези́йский
индоссаме́нт, -а
индосса́нт, -а (кто переда-
ёт вексель)
индосса́т, -а (кто получает
вексель)
индуи́зм, -а
инду́истский
индукти́вность, -и
индукти́вный
инду́ктор, -а
инду́кторный
индукцио́нный
инду́кция, -и
инду́с, -а
инду́ска, -и
инду́сский
индустриализа́ция, -и
индустриализи́рованный
индустриализи́ровать(ся),
-рую, -рует(ся)
индустриа́льно-колхо́з-
ный
индустриа́льно развито́й
индустриа́льный
инду́стрия, -и
индуци́рованный
индуци́ровать, -рую, -ру-
ет
индю́к, -а́
индюша́тник, -а
индюша́чий и индю́ше-
чий, -ья, -ье
индюши́ный
индю́шка, -и
индюшо́нок, -нка, мн.
-ша́та, -ша́т
и́ней, -я
ине́ртность, -и
ине́ртный
инерциа́льный
инерцио́нный
ине́рция, -и
инже́ктор, -а
инжекцио́нный
инже́кция, -и
инжене́р, -а, мн. -ы, -ов
инжене́р-вице-адмира́л,
-а
инжене́р-генера́л-майо́р,
-а
инжене́р-генера́л-полко́в-
ник, -а
инжене́рия, -и
инжене́р-капита́н, -а
инжене́р-майо́р, -а
инжене́р-меха́ник, инже-
не́ра-меха́ника
инжене́рно-авиацио́нный
инжене́рно-механи́ческий
инжене́рно-строи́тельный
инжене́рно-техни́ческий
инжене́рно-физи́ческий
инжене́рно-экономи́че-
ский
инжене́рный
инжене́р-подполко́вник,
-а
инжене́р-полко́вник, -а
инжене́рский
инжене́рство, -а

ИНО

инжене́р-экономи́ст, ин-
жене́ра-экономи́ста
инженю́, нескл., ж.
инжи́р, -а
инжи́рный
и́нистый
инициализа́тор, -а
инициализа́ция, -и
инициализи́ровать, -рую,
-рует
инициа́лы, -ов, ед. ини-
циа́л, -а
инициа́льно-цифрово́й
инициа́льный
инициати́ва, -ы
инициати́вный
инициа́тор, -а
иници́ровать, -рует
иници́рующий
инкапсуля́ция, -и
инкасса́тор, -а
инкасса́торский
инкасса́ция, -и
инкасси́рованный
инкасси́ровать, -рую, -ру-
ет
инка́ссо, нескл., с.
инка́ссовый
инкварта́та, -ы
ин-ква́рто, неизм.
инквизи́тор, -а
инквизи́торский
инквизи́торство, -а
инквизицио́нный
инквизи́ция, -и
и́нки, -ов
инклина́тор, -а
инклино́метр, -а
инклиноме́трия, -и
инклюзи́в, -а
инко́гнито, неизм. и
нескл., с. и м.
инко́р, -а
инкорпора́ция, -и
инкорпори́рованный
инкорпори́ровать(ся),
-рую, -рует(ся)
инкорпори́рующий
инкреме́нт, -а
инкреме́нтный
инкрето́рный
инкре́ция, -и
инкримини́рование, -я
инкримини́рованный
инкримини́ровать(ся),
-рую, -рует(ся)
инкруста́ция, -и
инкрусти́рованный
инкрусти́ровать(ся), -рую,
-рует(ся)
инкуба́тор, -а
инкубато́рий, -я
инкуба́торно-птицево́дче-
ский
инкуба́торный
инкубацио́нный
инкуба́ция, -и
инкуби́ровать(ся), -рую,
-рует(ся)
инкуна́була, -ы, р. мн.
-ул
иннерва́ция, -и
иннова́ция, -и
инобытие́, -я́

ИНС

инове́рец, -рца
инове́рка, -и
инове́рный
инове́рческий
иногда́
иногоро́дний
иноземе́ц, -мца
иноземка, -и
иноземный
инозе́мщина, -ы
инози́н, -а
инози́новый
инози́т, -а
ино́й
и́нок, -а
и́нокиня, -и, р. мн. -инь
ин-окта́во, неизм.
инокуля́ция, -и
иномы́слие, -я
инонациона́льный
инопера́бельный
инопланє́тный
инопланетя́нин, -а, мн.
-я́не, -я́н
иноплеме́нник, -а
иноплеме́нница, -ы
иноплеме́нный
инороде́ц, -дца
иноро́дный
иноро́дческий
иносказа́ние, -я
иносказа́тельный
иностра́нец, -нца
иностра́нка, -и
иностра́нный
иностра́нщина, -ы
иноходе́ц, -дца
и́ноходь, -и
и́ноческий
и́ночество, -а
иноязы́чный
ин-пла́но, неизм.
инса́йд, -а
инсекта́рий, -я
инсектици́д, -а
инсектофунгици́д, -а
инсинуа́тор, -а
инсинуа́ция, -и
инсинуи́рованный
инсинуи́ровать(ся), -рую,
-рует(ся)
инсоля́ция, -и
инспекти́рование, -я
инспекти́рованный
инспекти́ровать(ся), -рую,
-рует(ся)
инспе́ктор, -а, мн. -а́, -о́в
инспе́кторский
инспе́кторство, -а
инспе́кторствовать, -твую,
-твует
инспектри́са, -ы
инспекту́ра, -ы
инспекцио́нный
инспе́кция, -и
инспира́тор, -а
инспира́ция, -и
инспири́рование, -я
инспири́рованный
инспири́ровать(ся), -рую,
-рует(ся)
инсталли́рованный
инсталля́ция, -и
инста́нция, -и

инстилля́ция, -и
инсти́нкт, -а
инсти́нктивный
институ́т, -а
институ́тка, -и
институ́тский
инструкта́ж, -а
инструкти́вный
инструкти́рование, -я
инструкти́рованный
инструкти́ровать(ся),
  -рую, -рует(ся)
инстру́ктор, -а, мн. -ы,
  -ов и -а́, -о́в
инстру́кторский
инструкцио́нный
инстру́кция, -и
инструме́нт, -а
инструментали́зм, -а
инструментали́ст, -а
инструментали́стка, -и
инструмента́льный
инструмента́льщик, -а
инструмента́рий, -я
инструменто́ванный
инструментова́ть, -ту́ю,
  -ту́ет
инструменто́вка, -и
инсули́н, -а
инсу́льт, -а
инсурге́нт, -а
инсурге́нтский
инсцени́рованный
инсцени́ровать(ся), -рую,
  -рует(ся)
инсцениро́вка, -и
инсцениро́вщик, -а
инта́лия, -и
инта́рсия, -и
интегра́л, -а
интегра́льный
интегра́тор, -а
интегра́ф, -а
интегра́ция, -и
интегри́рование, -я
интегри́рованный
интегри́ровать(ся), -рую,
  -рует(ся)
интегри́рующий(ся)
интелле́кт, -а
интеллектуа́л, -а
интеллектуали́зм, -а
интеллектуа́льность, -и
интеллектуа́льный
интеллиге́нт, -а
интеллиге́нтка, -и
интеллиге́нтность, -и
интеллиге́нтный
интеллиге́нтский
интеллиге́нтство, -а
интеллиге́нтщина, -ы
интеллиге́нция, -и
интеллиги́бельный
интенда́нт, -а
интенда́нтский
интенда́нтство, -а
интенси́вный
интенсифика́ция, -и
интенсифици́рованный
интенсифици́ровать(ся),
  -рую, -рует(ся)
инте́нция, -и
интеракти́вный
интербрига́да, -ы

интерва́л, -а
интерве́нт, -а
интерве́нтский
интервенциони́зм, -а
интервенциони́стский
интервенцио́нный
интерве́нция, -и
интерви́дение, -я
интервока́льный
интервью́, нескл., с.
интервьюе́р, -а
интервью́и́рование, -я
интервью́и́ровать(ся),
  -рую, -рует(ся)
интердента́льный
интерди́кт, -а
интере́с, -а
интере́сный
интересова́ть(ся),
  -су́ю(сь), -су́ет(ся)
интерклу́б, -а
интерлингви́стика, -и
интерлингвисти́ческий
интерлю́дия, -и
интерме́дия, -и
интерметалли́ческий
интерме́ццо, нескл., с.
интѐрн, -а
интерна́т, -а
интерна́тский
интернату́ра, -ы
интернациона́л, -а
интернационализа́ция, -и
интернационализи́рован-
  ный
интернационализи́ро-
  вать(ся), -рую, -ру-
  ет(ся)
интернационали́зм, -а
интернационали́ст, -а
интернационалисти́че-
  ский
интернационали́стка, -и
интернационали́стский
интернациона́льный
интерни́рование, -я
интерни́рованный
интерни́ровать(ся), -рую,
  -рует(ся)
интерорецепти́вный
интерорецепто́р, -а и ин-
  тероце́птор, -а
интерорецепция, -и и ин-
  тероце́пция, -и
интерпелли́ровать, -рую,
  -рует (к интерпелля́-
  ция)
интерпелля́нт, -а
интерпелля́ция, -и (за-
  прос)
интерполи́рование, -я
интерполи́рованный
интерполи́ровать(ся),
  -рую, -рует(ся) (к ин-
  терполя́ция)
интерполя́тор, -а
интерполя́ция, -и (ма-
  тем.; вставка)
интерпрета́тор, -а
интерпрета́ция, -и
интерпрети́рованный
интерпрети́ровать(ся),
  -рую, -рует(ся)
интерсексуа́льность, -и

интерфе́йс, -а
интерференцио́нный
интерфере́нция, -и
интерфери́ровать, -рует
интерферо́метр, -а
интерферо́н, -а
интерфи́кс, -а
интерфикса́льный
интерфикса́ция, -и
интерье́р, -а
и́нтима, -ы
инти́мность, -и
инти́мный
интоксикацио́нный
интоксика́ция, -и
интонацио́нный
интона́ция, -и
интони́рование, -я
интони́рованный
интони́ровать(ся), -рую,
  -рует(ся)
интразона́льный
интрамолекуля́рный
интри́га, -и
интрига́н, -а
интрига́нка, -и
интрига́нский
интрига́нство, -а
интригова́ть, -гу́ю, -гу́ет
интри́жка, -и
интрове́рт, -а
интроверти́вный
интроду́кция, -и
интрониза́ция, -и
интроскопи́я, -и
интроспекти́вный
интроспе́кция, -и
интрузи́вный
интру́зия, -и
интуба́ция, -и
интуитиви́зм, -а
интуитиви́стский
интуити́вный
интуи́ция, -и
интури́ст, -а
интури́стовский
интури́стский
инули́н, -а
инфа́нт, -а
инфа́нта, -ы
инфанте́рия, -и
инфантили́зм, -а
инфанти́льность, -и
инфанти́льный
инфа́ркт, -а
инфекцио́нный
инфе́кция, -и
инферна́льный
и́нфикс, -а
инфикса́льный
инфикса́ция, -и
инфильтра́т, -а
инфильтра́ция, -и
инфильтри́ровать, -рую,
  -рует
инфинити́в, -а
инфинити́вный
инфици́рованный
инфици́ровать, -рую, -ру-
  ет
инфлюэ́нца, -ы
инфля́ция, -и
ин-фо́лио, неизм.
информа́нт, -а

информати́вность, -и
информати́вный
информатиза́ция, -и
информа́тика, -и
информа́тор, -а
информацио́нно-вычисли-
  ли́тельный
информацио́нно-докумен-
  та́льный
информацио́нно-измери-
  тельный
информацио́нно-логи́че-
  ский
информацио́нно-по́иско-
  вый
информацио́нно-публи-
  цисти́ческий
информацио́нно-разве́ды-
  вательный
информацио́нно-рекла́м-
  ный
информацио́нный
информа́ция, -и
информбюро́, нескл., с.
информи́рованный
информи́ровать(ся),
  -рую(сь), -рует(ся)
информосо́ма, -ы
инфразву́к, -а
инфракра́сный
инфраструкту́ра, -ы
инфрахромати́ческий
инфузо́рия, -и
инфузо́рный
инциде́нт, -а
инциде́нтный
инцу́хт, -а
инъе́кция, -и
инъеци́рованный
инъеци́ровать, -рую, -ру-
  ет
инъюнкти́в, -а
инъюрколле́гия, -и
иоанни́т, -а (рыцарь)
ио́л, -а
ио́нец, -и́йца
ио́н, -а
иониза́тор, -а
ионизацио́нный
иониза́ция, -и
иони́зи́рованный
иони́зи́ровать(ся), -рую,
  -рует(ся)
ионизи́рующий(ся)
ионизо́ванный
ионизова́ть(ся), -зу́ю, -зу́-
  ет(ся)
ионизу́ющий(ся)
ио́ний, -я
иони́йский
иони́т, -а (хим.)
иони́ческий
ио́нно-электро́нный
ио́нный
ионогальваниза́ция, -и
ионоге́н, -а
ионолюминесце́нция, -и
ионообме́нный
ионообразова́ние, -я
ионосфе́ра, -ы
ионосфе́рный
ионотерапи́я, -и
ионофоре́з, -а и ионтофо-
  ре́з, -а

иорда́нь, -и
ипа́тка, -и
ипекакуа́на, -ы
иподья́кон, -а и иподиа́-
    кон, -а
иподья́конский
ипоме́я, -и
ипоста́сь, -и
ипоте́ка, -и
ипоте́чный
ипохо́ндрик, -а
ипохондри́ческий
ипохо́ндрия, -и
ипподро́м, -а
ипполо́гия, -и
иири́т, -а
и́псилон, -а
ира́кец, -кца
ира́кский
ира́нец, -нца
ирани́ст, -а
ирани́стика, -и
ира́нка, -и
ира́но-туре́цкий
ира́нский
и́рбис, -а
ири́дий, -я
и́рис, -а (растение; ни-
    тки)
ири́с, -а (конфета)
ири́ска, -и
и́рисовый (от и́рис)
ири́совый (от ири́с)
ирла́ндец, -дца
ирла́ндка, -и
ирла́ндский
и́рмос, -а
и́род, -а
ироке́з, -а
ироке́зка, -а
ироке́зский
иронизи́ровать, -рую, -ру-
    ет
ирони́ческий
ирони́чный
иро́ния, -и
иррадиа́ция, -и
иррадии́ровать, -рует
иррационали́зм, -а
иррациона́льный
ирреа́льный
иррегуля́рный
ирреденти́зм, -а
ирредени́ст, -а
иррига́тор, -а
ирригацио́нный
иррига́ция, -и
иск, -а
искажа́ть(ся), -а́ю,
    -а́ет(ся)
искаже́ние, -я
искажённый; кр. ф. -ён,
    -ена́
исказ́ить(ся), -ажу́,
    -ази́т(ся)
искале́ченный
искале́чивать(ся),
    -аю(сь), -ает(ся)
искале́чить(ся), -чу(сь),
    -чит(ся)
иска́ливать(ся), -аю(сь),
    -ает(ся)
иска́ние, -я
и́сканный

иска́панный
иска́пать, -аю, -ает
иска́пывать(ся), -аю,
    -ает(ся)
искарио́т, -а
иска́рмливать(ся), -аю,
    -ает(ся)
иска́тель, -я
иска́тельница, -ы
иска́тельный
иска́тельский
иска́тельство, -а
иска́ть(ся), ищу́(сь),
    и́щет(ся)
исклёванный
исклева́ть, -люю, -люёт
исклёвывать(ся), -аю,
    -ает(ся)
исключа́ть(ся), -а́ю,
    -а́ет(ся)
исключа́я, деепр. и пред-
    лог
исключе́ние, -я
исключённый; кр. ф. -ён,
    -ена́
исключи́тельно
исключи́тельность, -и
исключи́тельный
исключи́ть, -чу́, -чи́т
исковёрканный
исковёркать(ся), -аю(сь),
    -ает(ся)
исково́й
исковы́ривать(ся), -аю,
    -ает(ся)
исковы́рянный
исковыря́ть, -я́ю, -я́ет
исколачивать, -аю, -ает
исколеси́ть, -ешу́, -еси́т
исколешённый; кр. ф.
    -ён, -ена́
исколоти́ть(ся), -очу́,
    -о́тит(ся)
иско́лотый
исколо́ть(ся), -олю́(сь),
    -о́лет(ся)
исколо́ченный
исколу́панный
исколупа́ть, -а́ю,
    -а́ет
иско́мканный
иско́мкать(ся), -аю,
    -ает(ся)
иско́мый
искони́
иско́нно ру́сский
иско́нный; кр. ф. -о́нен,
    -о́нна
ископа́емый
ископа́нный
ископа́ть, -а́ю, -а́ет
искорёженный
искорёживать(ся), -аю,
    -ает(ся)
искорёжить(ся), -жу,
    -жит(ся)
искорене́ние, -я
искоренённый; кр. ф. -ён,
    -ена́
искорени́ть(ся), -ню́,
    -ни́т(ся)
искореня́ть(ся), -я́ю,
    -я́ет(ся)
и́скорка, -и

искорми́ть, -ормлю́, -о́р-
    мит
иско́рмленный
искоро́бить(ся), -блю,
    -бит(ся)
искоро́бленный
и́скоса
искоси́ть, -ошу́, -о́сит
    (срезать косой)
искоси́ть(ся), -ошу́,
    -оси́т(ся) (сделать ко-
    сым)
иско́шенный
и́скра, -ы
искра́сить(ся), -а́шу,
    -а́сит(ся)
и́скрасна-бу́рый
и́скрасна-жёлтый
искра́шенный
искра́шивать(ся), -аю,
    -ает(ся)
искре́ние, -я
и́скренне и и́скренно
и́скренний; кр. ф. -енен,
    -енна
и́скренность, -и
искриви́ть(ся), -влю́(сь),
    -ви́т(ся)
искривле́ние, -я
искривлённость, -и
искривлённый; кр. ф. -ён,
    -ена́
искривля́ть(ся), -я́ю(сь),
    -я́ет(ся)
и́скристый
искри́ть, -и́т
и́скриться, -ится и иск-
    ри́ться, -и́тся
искрова́вить, -влю, -вит
искровенённый; кр. ф.
    -ён, -ена́
искровени́ть(ся), -ню́(сь),
    -ни́т(ся)
и́скровец, -вца
искрово́й
искрогаси́тель, -я
искрёный
искрозащищённый
искро́ить, -ою, -о́ит
искромётный
искро́мсанный
искромса́ть, -а́ю, -а́ет
искроулови́тель, -я
искро́шенный
искроши́ть(ся), -ошу́,
    -о́шит(ся)
искрути́ть(ся), -учу́(сь),
    -у́тит(ся)
искру́ченный
иску́панный
искупа́ть(ся), -а́ю(сь),
    -а́ет(ся)
искупи́тельный
искупи́ть(ся), -уплю́,
    -у́пит(ся)
искупле́ние, -я
иску́пленный
иску́ренный
иску́ривать(ся), -аю,
    -ает(ся)
искури́ть(ся), -урю́,
    -у́рит(ся)
и́скус, -а

искуса́нный
искуса́ть, -а́ю, -а́ет
искуси́тель, -я
искуси́тельница, -ы
искуси́ть(ся), -ушу́(сь),
    -уси́т(ся)
иску́сник, -а
иску́сница, -ы
иску́сный
иску́сственный
иску́сство, -а
искусствове́д, -а
искусствове́дение, -я
искусствове́дческий
искусствозна́ние, -я
иску́сывать(ся), -аю,
    -ает(ся)
искуша́ть(ся), -а́ю(сь),
    -а́ет(ся)
искуше́ние, -я
искушённый; кр. ф. -ён,
    -ена́
исла́м, -а
ислами́стский
исла́ндец, -дца
исла́ндка, -и
исла́ндский
испа́костить(ся),
    -ощу(сь), -остит(ся)
испа́кощенный
испа́нец, -нца
испани́ст, -а
испани́стка, -и
испа́нка, -и
испа́но-америка́нский
испа́но-португа́льский
испа́нский
испа́нско-ру́сский
испаре́ние, -я
испарённый; кр. ф. -ён,
    -ена́
испа́рина, -ы
испари́тель, -я
испари́тельный
испари́ть(ся), -рю́(сь),
    -ри́т(ся)
испаря́емость, -и
испаря́ть(ся), -я́ю(сь),
    -я́ет(ся)
испа́ханный
испаха́ть, -ашу́, -а́шет
испа́хивать(ся), -аю,
    -ает(ся)
испа́чканный
испа́чкать(ся), -аю(сь),
    -ает(ся)
испёкший(ся)
испепелённый; кр. ф. -ён,
    -ена́
испепели́ть(ся), -лю́,
    -ли́т(ся)
испепеля́ть(ся), -я́ю,
    -я́ет(ся)
испестрённый; кр. ф. -ён,
    -ена́
испестри́ть, -рю́, -ри́т
испестря́ть(ся), -я́ю, -
    я́ет(ся)
испечённый; кр. ф. -ён,
    -ена́
испе́чь(ся), -еку́(сь), -
    ечёт(ся), -еку́т(ся);
    прош. -ёк(ся), -ек-
    ла́(сь)

испещрённый; *кр. ф.* -ён, -ена́
испещри́ть, -рю́, -ри́т
испещря́ть(ся), -я́ю, -я́ет(ся)
испива́ть(ся), -а́ю, -а́ет(ся)
испи́ленный
испили́ть, -илю́, -и́лит
испи́санный
исписа́ть(ся), -ишу́(сь), -и́шет(ся)
испи́сывать(ся), -аю(сь), -ает(ся)
испито́й, *прил.*
испи́тый; *кр. ф.* -и́т, -ита́, -и́то, *прич.*
испи́ть, изопью́, изопьёт; *прош.* -и́л, -ила́, -и́ло
исплёванный
исплева́ть, -люю, -люёт
испове́да́льня, -и, *р. мн.* -лен
испове́дание, -я
испове́данный
испове́дать(ся), -аю(сь), -ает(ся)
испове́дник, -а
испове́дница, -ы
испове́дный
испове́довать(ся), -дую(сь), -дует(ся)
испове́дующий(ся)
и́споведь, -и
испога́ненный
испога́нивать(ся), -аю(сь), -ает(ся)
испога́нить(ся), -ню(сь), -нит(ся)
испо́д, -а
и́сподволь, *нареч.*
исподли́чаться, -аюсь, -ается
исподло́бья, *нареч.*
исподни́зу, *нареч.*
испо́дний
испо́дники, -ов
испо́дница, -ы
исподти́ха
исподтишка́
испоко́н ве́ку (веко́в)
испола́ть тебе́ (вам)
испо́лзать, -аю, -ает
испо́ли́н, -а
исполи́нский
исполко́м, -а
исполко́мовский
исполне́ние, -я
испо́лненный
исполни́мый
исполни́тель, -я
исполни́тельница, -ы
исполни́тельность, -и
исполни́тельный
исполни́тельский
испо́лнить(ся), -ню(сь), -нит(ся)
исполня́ть(ся), -я́ю(сь), -я́ет(ся)
исполосо́ванный
исполосова́ть, -су́ю, -су́ет
исполосо́вывать(ся), -аю, -ает(ся)
и́сполу

испо́льзование, -я
испо́льзованный
испо́льзовать(ся), -зую(сь), -зует(ся)
испо́льзуемый
испо́льный
испо́льщик, -а
испо́льщина, -ы
испо́ротый
испоро́ть, -орю́, -о́рет
испо́ртить(ся), -рчу(сь), -ртит(ся)
испо́рченность, -и
испо́рченный
испохабить(ся), -блю(сь), -бит(ся)
испоха́бленный
испо́шленный
испо́шлить(ся), -лю(сь), -лит(ся)
исправи́мый
исправи́тельно-трудово́й
исправи́тельный
испра́вить(ся), -влю(сь), -вит(ся)
исправле́ние, -я
испра́вленный
исправля́ть(ся), -я́ю(сь), -я́ет(ся)
испра́вник, -а
испра́вница, -ы
испра́внический
испра́вничий, -ья, -ье
испра́вность, -и
испра́вный
испражне́ние, -я
испражни́ться, -ню́сь, -ни́тся
испражня́ться, -я́юсь, -я́ется
испра́шивать(ся), -аю, -ает(ся)
испро́бованный
испро́бовать, -бую, -бует
испроси́ть, -ошу́, -о́сит
испро́шенный
испры́сканный
испры́скать, -аю, -ает
испры́скивать(ся), -аю, -ает(ся)
испрями́ть(ся), -млю, -ми́т(ся)
испрямлённый; *кр. ф.* -ён, -ена́
испрямля́ть(ся), -я́ю, -я́ет(ся)
испу́г, -а
испу́ганный
испуга́ть(ся), -а́ю(сь), -а́ет(ся)
испуска́ть(ся), -а́ю, -а́ет(ся)
испусти́ть, -ущу́, -у́стит
испу́щенный
испыта́ние, -я
испы́танный
испыта́тель, -я
испыта́тельный
испыта́ть, -а́ю, -а́ет
испыту́емый
испыту́ющий
испы́тывать(ся), -аю, -ает(ся)
испя́тнанный

испятна́ть, -а́ю, -а́ет
исса́ленный
исса́ливать(ся), -аю(сь), -ает(ся)
исса́лить(ся), -лю(сь), -лит(ся)
иссверлённый; *кр. ф.* -ён, -ена́
иссве́рливать(ся), -аю, -ает(ся)
иссверли́ть, -лю́, -ли́т
иссека́ть(ся), -а́ю, -а́ет(ся)
иссе́кший
и́ссера-голубо́й
иссече́ние, -я
иссечённый; *кр. ф.* -ён, -ена́ и иссе́ченный; *кр. ф.* -ен, -ена (наказанный поркой)
иссе́чь, -секу́, -сечёт, -секу́т; *прош.* -сёк и -сёк, -секла́
и́ссиза-голубо́й
иссини́ть, -ню́, -ни́т
и́ссиня-чёрный
исследи́ть, -ежу́, -еди́т
иссле́дование, -я
иссле́дованный
иссле́дователь, -я
иссле́довательница, -ы
иссле́довательский
иссле́довать(ся), -дую, -дует(ся)
иссле́дуемый
иссле́женный
иссле́живать, -аю, -ает
исслюни́ть(ся), -ню́(сь), -ни́т(ся)
исслюня́вить(ся), -влю(сь), -вит(ся)
иссо́п, -а
иссо́санный
иссоса́ть, -осу́, -осёт
иссо́хнуть, -ну, -нет; *прош.* -ох, -охла
иссо́хший
и́сстари
исстёганный
исстега́ть(ся), -а́ю, -а́ет(ся)
исстёгивать(ся), -аю, -ает(ся)
исстели́ть и изостла́ть, исстелю́, исстелет; *прош.* исстели́л, исстели́ла и изостла́л, изостла́ла
исстла́ть, -телю́, -телет
исстра́гивать(ся), -аю, -ает(ся)
исстрада́ться, -а́юсь, -а́ется
исстра́чивать, -аю, -ает (к исстрочи́ть)
исстре́ливать, -аю, -ает
исстре́лянный
исстреля́ть, -я́ю, -я́ет
исстро́ганный и исстру́ганный
исстрога́ть(ся), -а́ю, -а́ет(ся) и исстру-га́ть(ся), -а́ю, -а́ет(ся)
исстро́ченный
исстрочи́ть, -очу́, -о́чи́т

исстру́ганный и исстро́ганный
исструга́ть(ся), -а́ю, -а́ет(ся) и исстро-га́ть(ся), -а́ю, -а́ет(ся)
исстру́гивать(ся), -аю, -ает(ся)
исступле́ние, -я (в исступле́нии)
исступлённость, -и
исступлённый
иссуша́ть(ся), -а́ю, -а́ет(ся)
иссу́шенный
иссуши́ть(ся), -ушу́, -у́шит(ся)
иссыха́ть, -а́ю, -а́ет
иссяка́ть, -а́ет
исся́кнувший и исся́кший
исся́кнуть, -нет; *прош.* -я́к, -я́кла
иста́ивать, -аю, -ает
иста́пливать(ся), -аю, -ает(ся)
иста́птывать(ся), -аю, -ает(ся)
иста́сканный
иста́скать(ся), -а́ю(сь), -а́ет(ся)
иста́скивать(ся), -аю(сь), -ает(ся)
иста́чивать(ся), -аю, -ает(ся)
иста́ять, -а́ю, -а́ет
исте́блишмент, -а
истека́ть, -а́ю, -а́ет
исте́кший, *прил.* (прошедший)
истёкший, *прич. от* исте́чь)
истере́ть(ся), изотру́, изотрёт(ся); *прош.* -тёр(ся), -тёрла(сь)
истёрзанный
истерза́ть(ся), -а́ю(сь), -а́ет(ся)
исте́рик, -а
исте́рика, -и
истери́ческий
истери́чка, -и
истери́чный
истери́я, -и
истёртый
истёрший(ся)
истёсанный
истеса́ть(ся), -ешу́, -е́шет(ся)
истёсывать(ся), -аю, -ает(ся)
исте́ц, истца́
истече́ние, -я
исте́чь, -еку́, -ечёт, -еку́т; *прош.* -ёк, -екла́
и́стина, -ы
и́стинно револю́ционный
и́стинно ру́сский
и́стинностный
и́стинный
истира́емость, -и
истира́ненный
истира́ние, -я
истира́ть(ся), -ню, -нит
истира́ть(ся), -а́ю, -а́ет(ся)

ИСТ

исти́ца, -ы
истлева́ть, -а́ю, -а́ет
истле́ть, -е́ю, -е́ет
истма́т, -а
и́стовый
исто́к, -а
истолкова́ние, -я
истолко́ванный
истолкова́тель, -я
истолкова́ть, -ку́ю, -ку́ет
истолко́вывать(ся), -аю,
　-ает(ся)
истоло́кший(ся)
истоло́чь(ся), -лку́,
　-лчёт(ся), -лку́т(ся);
　прош. -ло́к(ся),
　-лкла́(сь)
истолчённый; кр. ф. -ён,
　-ена́
исто́ма, -ы
истоми́ть(ся), -млю́(сь),
　-ми́т(ся)
истомлённый; кр. ф. -ён,
　-ена́
истомля́ть(ся), -я́ю(сь),
　-я́ет(ся)
истонча́ние, -я
истонча́ть(ся), -а́ю,
　-а́ет(ся)
истончённый; кр. ф. -ён,
　-ена́
истончи́ть(ся), -чу́,
　-чи́т(ся)
истопи́ть(ся), -оплю́,
　-о́пит(ся)
исто́пленный
исто́пник, -а́
исто́пница, -ы
исто́птанный
истопта́ть(ся), -опчу́, -о́п-
　чет(ся)
исторга́ть(ся), -а́ю,
　-а́ет(ся)
исто́ргнувший(ся)
исто́ргнутый
исто́ргнуть(ся), -ну,
　-нет(ся); прош. -о́рг(ся)
　и -о́ргнул(ся), -о́рг-
　ла(сь)
исто́ргший(ся)
исторже́ние, -я
исто́рженный
истори́зм, -а
исто́рийка, -и
исто́рик, -а
исто́рико-археологи́че-
　ский
исто́рико-архи́вный
исто́рико-бытово́й
исто́рико-литерату́рный
исто́рико-материалисти́-
　ческий
исто́рико-парти́йный
исто́рико-революцио́нный
исто́рико-филологи́че-
　ский
исто́рико-филосо́фский
историо́граф, -а
историографи́ческий
историогра́фия, -и
истори́чески ва́жный
истори́ческий
истори́чный
исто́рия, -и

ИСХ

истоскова́ться, -ку́юсь,
　-ку́ется
источа́ть(ся), -а́ю,
　-а́ет(ся)
источенный (от источи́ть
　1)
источённый; кр. ф. -ён,
　-ена́ (от источи́ть 2)
источи́ть 1, -очу́, -о́чит (к
　точи́ть)
источи́ть 2, -очу́, -очи́т (к
　источа́ть)
источи́ться, -о́чится
исто́чник, -а
источникове́дение, -я
исто́шный
истоща́ть(ся), -а́ю(сь),
　-а́ет(ся)
истоще́ние, -я
истощённость, -и
истощённый; кр. ф. -ён,
　-ена́
истощи́ть(ся), -щу́(сь),
　-щи́т(ся)
истра́тить(ся), -а́чу(сь),
　-а́тит(ся)
истра́ченный
истра́чивать(ся), -аю(сь),
　-ает(ся) (к истра́тить)
истреби́тель, -я
истреби́тельно-противо-
　та́нковый
истреби́тельный
истреби́ть, -блю́, -би́т
истребле́ние, -я
истреблённый; кр. ф. -ён,
　-ена́
истребля́ть(ся), -я́ю,
　-я́ет(ся)
истре́бованный
истре́бовать, -бую, -бует
истрёпанный
истрепа́ть(ся), -еплю́(сь),
　-е́плет(ся), -е́плют(ся) и
　-е́пет(ся), -е́пят(ся)
истрёпывать(ся), -аю,
　-ает(ся)
истре́скаться, -ается
иструхля́веть, -еет (стать
　трухля́вым)
иструхля́вить, -влю, -вит
　(что)
истука́н, -а
иступи́ть(ся), -уплю́,
　-у́пит(ся)
исту́пленный
и́стовый
и́стый
исты́канный
исты́кать(ся), -аю(сь),
　-ает(ся)
исты́кивать(ся), -аю(сь),
　-ает(ся)
истяза́ние, -я
истяза́тель, -я
истяза́тельница, -ы
истяза́ть(ся), -а́ю, -а́ет(ся)
истяза́ющий
истязу́емый
истязу́ющий
исхитри́ться, -рю́сь, -ри́т-
　ся
исхитря́ться, -я́юсь, -я́ется
исхлёстанный

ИСШ

исхлеста́ть(ся), -ещу́(сь),
　-е́щет(ся)
исхлёстывать(ся),
　-аю(сь), -ает(ся)
исхлопа́тывать(ся), -аю,
　-ает(ся)
исхлопо́танный
исхлопота́ть(ся), -очу́(сь),
　-о́чет(ся)
исхо́д, -а
исхода́тайствованный
исхода́тайствовать, -твую,
　-твует
исходи́ть, -ожу́, -о́дит
исхо́дный
исходя́щий
исхо́женный
исхуда́лый
исхуда́ние, -я
исхуда́ть, -а́ю, -а́ет
исцара́панный
исцара́пать(ся), -аю(сь),
　-ает(ся)
исцара́пывать(ся),
　-аю(сь), -ает(ся)
исцеле́ние, -я
исцелённый; кр. ф. -ён,
　-ена́
исцели́тель, -я
исцели́ть(ся), -лю́(сь),
　-ли́т(ся)
исцеля́ть(ся), -я́ю(сь),
　-я́ет(ся)
исча́дие, -я (исча́дие а́да)
исча́хнуть, -ну, -нет;
　прош. -а́х, -а́хла
исча́хший
исчеза́ть, -а́ю, -а́ет
исчезнове́ние, -я
исче́знувший
исче́знуть, -ну, -нет;
　прош. -е́з, -е́зла
исчёрканный
исчерка́ть, -а́ю, -а́ет и ис-
　чёркать, -аю, -ает
исчёркивать(ся), -аю,
　-ает(ся)
и́счерна-лило́вый
и́счерна-си́ний
исчернённый; кр. ф. -ён,
　-ена́
исчерни́ть, -ню́, -ни́т
исчёрпанный
исче́рпать(ся), -аю,
　-ает(ся)
исче́рпывать(ся), -аю,
　-ает(ся)
исче́рпывающий(ся)
исчерти́ть(ся), -ерчу́, -е́р-
　тит(ся)
исче́рченный
исче́рчивать(ся), -аю,
　-ает(ся)
исчи́рканный
исчи́ркать, -аю, -ает
исчисле́ние, -я
исчи́сленный
исчи́слить, -лю, -лит
исчисля́ть(ся), -я́ю,
　-я́ет(ся)
исша́ренный
исша́рить, -рю,
　-рит
исша́рканный

ЙЕМ

исша́ркать(ся), -аю,
　-ает(ся)
исше́дший
исштопанный
исшто́пать, -аю, -ает
исщи́панный
исщипа́ть, -иплю́, -и́плет,
　-и́плют и -и́пет, -и́пят;
　также -а́ю, -а́ет
ита́к, вводн. сл.
и так да́лее (и т. д.)
и та́к и ся́к
итали́йский
ита́лики, -ов
ита́ло-австри́йский
ита́ло-герма́нский
италья́нец, -нца
италья́нка, -и
италья́нский
ительме́н, -а
ительме́нка, -и
ительме́нский
итерати́в, -а
итерати́вный
итера́тор, -а
итерацио́нный
итера́ция, -и
ито́г, -а
итого́, нареч.
ито́говый
ито́жить(ся), -жу, -жит(ся)
итте́рбий, -я
и́ттриевый
и́ттрий, -я
иу́да, -ы, м.
иудаи́зм, -а
иудаисти́ческий
иуде́й, -я
иуде́йка, -и
иуде́йский
иуде́йство, -а
иу́душка, -и, м.
ихневмо́н, -а
ихтио́з, -а
ихтиоза́вр, -а
ихтио́л, -а
ихтио́ловый
ихтио́лог, -а
ихтиологи́ческий
ихтиоло́гия, -и
ихтиофа́уна, -ы
и́чиги, -ов, ед. и́чиг, -а
иша́к, -а́
иша́чий, -ья, -ье
ишачо́к, -чка́
ишемия́, -и
и́шиас, -а
ишиати́ческий
ишь, частица
ище́йка, -и
и́щущий(ся)
ию́ль, -я
ию́льский
ию́нь, -я
ию́ньский

Й

йе́менец, -нца
йе́менка, -и
йе́менский

йог, -а
йо́га, -и
йогу́рт, -а
йод, -а и -у
йоди́д, -а
йо́дисто-водоро́дный
йо́дистый
йоднова́тый
йо́дный
йодофо́рм, -а
йо́мен, -а
йоркши́р, -а
йоркши́рский
йот, -а
йо́та, -ы
йота́ция, -и
йоти́рование, -я
йоти́рованный
йоти́ровать(ся), -рую, -рует(ся)
йото́ванный
йошкароли́нец, -нца
йошка́р-оли́нский

К

к, ко, *предлог*
-ка, *частица* (с предшествующим словом соединяется с помощью дефиса: пойди́-ка, ну́-ка)
каба́к, -а́
кабала́, -ы́ (гнёт)
кабала́, -ы́ и каббала́, -ы́ (учение)
кабали́стика, -и и каббали́стика, -и
кабалисти́ческий и каббалисти́ческий
кабалье́ро, *нескл., м.*
каба́льный
каба́н, -а́
каба́ний, -ья, -ье
кабани́на, -ы
кабани́ха, -и
каба́нчик, -а
кабарга́, -и́, *р. мн.* -рог, -рга́м
кабарго́вый
кабарди́нец, -нца
кабарди́нка, -и
кабарди́но-балка́рский
кабарди́нский
кабаре́, *нескл., с.*
каба́тчик, -а
каба́тчица, -ы
каба́цкий
кабачо́к, -чка́
каббала́, -ы́ и кабала́, -ы́ (учение)
каббали́стика, -и и кабали́стика, -и
каббалисти́ческий и кабалисти́ческий
кабелеукла́дчик, -а
ка́бель, -я, *мн.* -и, -ей
ка́бель-кра́н, -а
ка́бельный
ка́бельтов, -а, *мн.* -ы, -ых
каберне́, *нескл., с.*
кабеста́н, -а

кабеста́нный
каби́на, -ы
кабине́т, -а
кабине́тный
кабине́тский
каби́нка, -и
каблогра́мма, -ы
каблу́к, -а́
каблучи́ще, -а, *м.*
каблу́чный
каблучо́к, -чка́
кабота́ж, -а
кабота́жник, -а
кабота́жный
кабошо́н, -а
кабриоле́т, -а
кабри́рование, -я
кабу́ки, *неизм. и нескл.,м.*
кабу́льский
кабы́, *союз*
кавале́р, -а
кавалерга́рд, -а
кавалерга́рдский
кавалери́йский
кавалери́ст, -а
кавале́рия, -и
кавале́рский
кавалье́р, -а (земляной вал)
кавалька́да, -ы
каварда́к, -а́
кавса́ки, *нескл., м.*
кавати́на, -ы
ка́верза, -ы
ка́верзник, -а
ка́верзница, -ы
ка́верзничать, -аю, -ает
ка́верзный
каве́рна, -ы
каверно́зный
каверноме́р, -а
каверноме́трия, -и
кавернотоми́я, -и
кавита́ция, -и
кавка́зец, -зца
кавка́зка, -и
кавка́зский
каву́н, -а́
кавы́ка, -и
кавы́чки, -чек, *ед.* кавы́чка, -и
кавэ́нщик, -а
кага́л, -а
кага́н, -а
кагана́т, -а
кагане́ц, -нца́
кага́т, -а
кага́тный
каго́р, -а
када́нс, -а
каданси́рованный
каданси́ровать, -рую, -рует
када́стр, -а
када́стровый
каде́нцевый
каде́нция, -и
каде́т, -а
каде́тский
ка́ди, *нескл., м.*
ка́дий, -я (устар. к ка́ди)
кади́ло, -а
кади́льница, -ы
кади́льный

кади́ть, кажу́, кади́т
ка́дка, -и
ка́дмиевый
ка́дмий, -я
кадми́рование, -я
ка́дочка, -и
ка́дочный
кадр, -а
кадри́ль, -и
кадри́рование, -я
кадрови́к, -а́
кадро́вка, -и
ка́дровый
ка́дры, -ов
каду́шечный
каду́шка, -и
кады́к, -а́
каёмка, -и
каёмочка, -и
каёмчатый
кажде́ние, -я
каждого́дно
каждодне́вный
ка́ждый
ка́жущийся
каза́к, -а́, *мн.* -и, -о́в и -и, -ов
казаки́н, -а
каза́н, -а́
каза́нок, -нка́ (*от* каза́н)
каза́нский
каза́рка, -и
каза́рма, -ы
каза́рменный
каза́тчина, -ы
каза́ть(ся), кажу́(сь), ка́жет(ся)
каза́х, -а
каза́хский (*от* каза́х)
каза́цкий (*от* каза́к)
каза́чество, -а
каза́чий, -ья, -ье
каза́чина, -ы, *м.*
каза́чка, -и (к каза́к)
казачо́к, -чка́
казачо́нок, -нка
каза́шка, -и (к каза́х)
казеи́н, -а
казеи́новый
казеиноге́н, -а
казема́т, -а
каземати́рованный
казема́тный
казённик, -а
казённо-бюрократи́ческий
казённоко́штный
казённый
казёнщина, -ы
казими́р, -а (ткань)
казими́ровый
казине́т, -а
казине́товый
казино́, *нескл., с.*
казна́, -ы́
казначе́й, -я
казначе́йский
казначе́йство, -а
казначе́йша, -и
казнённый; *кр. ф.* -ён, -ена́
казни́ть(ся), -ню́(сь), -ни́т(ся)
казнокра́д, -а
казнокра́дство, -а

казнохрани́лище, -а
казнохрани́тель, -я
казнь, -и
казуа́льный
казуа́р, -а
казуи́ст, -а
казуи́стика, -и
казуисти́ческий
казуи́стка, -и
ка́зус, -а
ка́зус бе́лли, *нескл., м.*
ка́зусный
кайк, -а́
кайе́нский
ка́йзер, -а
ка́йзеровский
кайла́, -ы́, *мн.* ка́йлы, кайл и кайло́, -а́, *мн.* ка́йла, кайл
кайли́ть, -лю́ -ли́т
кайло́, -а́, *мн.* ка́йла, кайл, ка́йлам и кайла́, -ы́, *мн.* ка́йлы, кайл, ка́йлам
кайма́, -ы́, *р. мн.* каём
кайма́к, -а́
кайма́н, -а
кайми́ть, -млю́, -ми́т
кайнозо́й, -я
кайнозо́йский
ка́йра, -ы
кайф, -а и кейф, -а
кайфова́ть, -фу́ю, -фу́ет и кейфова́ть, -фу́ю, -фу́ет
какаве́лла, -ы
какаду́, *нескл., м.*
кака́о, *нескл., с.*
кака́овый
как бу́дто (бы)
ка́к бы
ка́к бы не (ка́к бы не упа́сть)
ка́к бы не та́к
ка́к бы ни (ка́к бы ни стара́лся он, ему́ это не уда́тся)
ка́к бы то ни́ было
ка́к же
ка́к же-с
как когда́
как кому́
ка́к-либо и как-ли́бо
ка́к не (ка́к не хоте́ть!)
как не быва́ло
как ни (как ни тру́дно, как ни ху́до — не сдава́й, вперёд гляди́)
ка́к-нибудь, *нареч.*, но: как ни бу́дь (как ни бу́дь он рассе́ржен, он всегда́ сде́ржится)
как ни в чём не быва́ло
как-ника́к
ка́ко, *нескл., с.*
како́в, какова́, каково́
како́в бы ни́ (како́в бы ни́ был...)
каково́й
ко́вский
како́й, кака́я, како́е
како́й бы ни́ (како́й бы ни́ был...)
како́й бы то ни́ был
како́й же
како́й-либо

127

КАК

какой ни (какой ни есть)
какой-нибудь, *местоим.,* но: какой ни будь (какой ни будь дождь, мы придём)
какой ни на есть
какой такой
какой-то
какофони́ческий
какофони́чный
какофо́ния, -и
как попа́ло
как по пи́саному
как раз
ка́к так
ка́к-то
как то́лько
ка́ктус, -а, *мн.* -ы, -ов
ка́ктусовый
кал, -а
кала-аза́р, -а
каламбу́р, -а
каламбури́ст, -а
каламбу́рить, -рю, -рит
каламбу́рный
калами́н, -а
калами́т, -а
каламя́нка, -и
каламя́нковый
кала́н, -а
кала́ндр, -а
каландри́рование, -я и каландрова́ние, -я
каландри́рованный
каландри́ровать(ся), -рую, -рует(ся)
кала́ндровый
каланхо́э, *нескл., с.*
каланча́, -и́
кала́ч, -а́
кала́чик, -а
кала́чиком, *нареч.*
кала́чный
калга́н, -а
калга́нный
калёванный
калева́ть(ся), -лю́ю, -лю́ет(ся)
калёвка, -и
калёвочный
калейдоско́п, -а
калейдоскопи́ческий
кале́ка, -и, *м. и ж.*
календа́рный
календа́рь, -я́
кале́ндула, -ы
кале́нды, -е́нд
кале́ние, -я
калёный; *кр. ф.* -ён, -ена́, *прич.*
калёный, *прил.*
калёченный, *прич.*
калёченый, *прил.*
калёчить(ся), -чу(сь), -чит(ся)
ка́ли, *нескл., с.*
кали́бр, -а
калибра́тор, -а
калиброва́ние, -я
калибро́ванный
калиброва́ть(ся), -ру́ю, -ру́ет(ся)
калибро́вка, -и
калибро́вочный

КАЛ

калибро́вщик, -а
калибро́вщица, -ы
калибро́мер, -а
калибро́метр, -а
ка́лиевый
ка́лий, -я
кали́йно-фо́сфорный
кали́йный
кали́ка, -и, *м. и ж.*
калика́нтовые, -ых
кали́льный
кали́лня, -и, *р. мн.* -лен
кали́льщик, -а
кали́льщица, -ы
кали́на, -ы
кали́новый
кали́нник, -а
кали́та, -ы́
кали́тка, -и
кали́ть(ся), -лю́, -ли́т(ся)
кали́ф, -а (*устар. к* хали́ф)
калифо́рний, -я
калифорни́йский
калка́н, -а
калка́ш, -а
калла́ит, -а
каллёза, -ы
каллигра́ф, -а
каллиграфи́ческий
каллигра́фия, -и
каллими́ко, *нескл., ж.*
ка́ллус, -а и ка́ллюс, -а
калмы́к, -а́ и -а, *мн.* -и́, -о́в и -и, -ов
калмы́цкий
калмы́чка, -и
ка́ловый
ка́ломель, -и
калома́льный
кало́нг, -а
калориза́тор, -а
калориза́ция, -и
калори́йность, -и
калори́йный
калори́метр, -а (прибор для измерения количества теплоты)
калориметри́ческий
калориметри́я, -и
калори́фер, -а
калори́ферный
кало́рия, -и
кало́ша, -и и гало́ша, -и
кало́шница, -ы и гало́шница, -ы
кало́шный и гало́шный
калу́га, -и (рыба)
калу́фер, -а и кану́фер, -а
калы́м, -а
калы́мщик, -а
кальвадо́с, -а
кальви́ль, -я
кальвини́зм, -а
кальвини́ст, -а
кальвини́стка, -и
кальвини́стский
кальде́ра, -ы
ка́лька, -и
кальки́рование, -я
кальки́рованный
кальки́ровать(ся), -рую, -рует(ся)
калькули́рованный

КАМ

калькули́ровать(ся), -рую, -рует(ся)
калькуля́тор, -а
калькуля́торный
калькуляцио́нный
калькуля́ция, -и
кальку́ттец, -ттца
кальку́ттский
кальма́р, -а
кальсо́ны, -о́н
ка́льцекс, -а
кальцеоля́рия, -и
кальцефи́льный
кальцефо́бный
ка́льциевый
ка́льций, -я
кальци́на, -ы
кальцина́ция, -и
кальцини́рование, -я
кальцини́рованный
кальцини́ровать, -рую, -рует
кальци́т, -а
кальциферо́л, -а
калья́н, -а
каля́канье, -я
каля́кать, -аю, -ает
кама́зовец, -вца
кама́зовский
камамбе́р, -а
камари́лья, -и
кама́ринский
камбала́, -ы и -ы́
камбиа́льный (*от* ка́мбий)
ка́мбий, -я
ка́мбио, *нескл., с.*
камби́ст, -а
камбоджи́ец, -и́йца
камбоджи́йка, -и
камбоджи́йский
ка́мбуз, -а
камво́льно-суко́нный
камво́льный
камедетече́ние, -я
каме́дистый
каме́дный
каме́дь, -и
камелёк, -лька́ (камин, очаг)
каме́лия, -и
камене́ть, -е́ю, -е́ет
камени́стый
ка́менка, -и
каменноу́гольный
ка́менно-щебёночный
ка́менный
каменобо́ец, -о́йца
каменоло́мный
каменоло́мня, -и, *р. мн.* -мен
каменотёс, -а
ка́менщик, -а
ка́менщичий, -ья, -ье
ка́мень, ка́мня, *мн.* ка́мни, -е́й и каме́нья, -ьев
ка́мера, -ы
камерали́стика, -и
камера́льный
ка́мера-обску́ра, ка́меры-обску́ры и ка́мер-обску́ра, -ы
камерге́р, -а
камерге́рский

КАМ

камерди́нер, -а
камери́стка, -и
ка́мер-колле́гия, -и
ка́мер-колле́жский
ка́мер-лаке́й, -я
ка́мерный
ка́мер-обску́ра, -ы и ка́мера-обску́ра, ка́меры-обску́ры
ка́мер-па́ж, -пажа́ и -па́жа
камерто́н, -а
камерто́нный
ка́мер-фра́у, *нескл., ж.*
ка́мер-фре́йлина, -ы
ка́мер-ю́нкер, -а
ка́мер-ю́нкерский
ка́мешек, -шка и ка́мушек, -шка
каме́я, -и
камзо́л, -а
камзо́льный
камика́дзе, *нескл., м.*
камила́вка, -и
ками́н, -а
ками́нный
камка́, -и́
камко́вый
камло́т, -а
камло́товый
камнебето́н, -а
камнебето́нный
камнеби́тный
камнедроби́лка, -и
камнедроби́льный
камнедробле́ние, -я
камнелите́йный
камнело́мка, -и
камнемёт, -а
камнемётный
камнеобраба́тывающий
камнеобрабо́тка, -и
камнепа́д, -а
камнере́з, -а
камнере́зный
камнесече́ние, -я
камнетёсный
камнеубо́рочный
камнешлифова́льный
ка́мора, -ы (помещение; часть канала ствола в орудиях)
камо́ра, -ы (помещение; надстрочный знак)
камо́рка, -и
камо́рра, -ы (тайное общество)
кампане́йский (*от* кампа́ния)
кампане́йщина, -ы
кампане́лла, -ы
кампа́ния, -и (поход; деятельность)
кампе́ш, -а
кампе́шевый
камса́, -ы́ и хамса́, -ы́
камуфле́т, -а
камуфли́рование, -я
камуфли́рованный
камуфли́ровать(ся), -рую, -рует(ся)
камуфля́ж, -а
ка́мушек, -шка и ка́мешек, -шка
камфара́, -ы́ и ка́мфора, -ы

камфа́рный и ка́мфорный
камфороно́сный
камчада́л, -а
камчада́лка, -и
камчада́льский
камча́тка, -и (ткань)
камча́тный
камча́тский
камча́тый
камы́ш, -а́
камы́шевка, -и и камы-
　шо́вка, -и
камышекоси́лка, -и
камыши́на, -ы
камыши́нка, -и
камы́шит, -а
камыши́товый
камы́шница, -ы
камышо́вый
кана́ва, -ы
кана́вка, -и
канавокопа́тель, -я
канавокопа́тельный
кана́дец, -дца
кана́дка, -и
кана́дский
кана́л, -а
канализа́тор, -а
канализацио́нный
канализа́ция, -и
канализи́рованный
канализи́ровать(ся), -рую,
　-рует(ся)
кана́льство, -а
кана́лья, -и, р. мн. -лий
канапе́, нескл., с.
канаре́ечка, -и
канаре́ечник, -а
канаре́ечный
канаре́йка, -и
кана́т, -а
кана́тка, -и
кана́тник, -а
кана́тно-верёвочный
кана́тно-подвесно́й
кана́тный
канатохо́дец, -дца
кана́тчик, -а
кана́ус, -а
кана́усовый
канва́, -ы́
канво́вый
кандалы́, -о́в
канда́льник, -а
канда́льный
канделя́бр, -а
кандибо́бер: с кандибо́бе-
　ром
кандидамико́з, -а
кандида́т, -а
кандида́тка, -и
кандида́тский
кандидату́ра, -ы
канди́ль, -я
канды́м, -а
кани́кулы, -ул
каникуля́рный
кани́стра, -ы
кани́телить(ся), -лю(сь),
　-лит(ся)
кани́тель, -и
кани́тельный
кани́тельщик, -а

кани́тельщица, -ы
канифа́с, -а
канифа́сный
канифа́совый
канифо́лить, -лю, -лит
канифо́ль, -и
канифо́льный
канка́н, -а
канкани́ровать, -рую, -рует
канка́нный
кана́кроид, -а
ка́нна, -ы
каннелю́ра, -ы
канниба́л, -а
каннибали́зм, -а
канниба́льский
канниба́льство, -а
канои́ст, -а
кано́н, -а
канона́да, -ы
каноне́рка, -и
каноне́рский
канониза́ция, -и
канонизи́рованный
канонизи́ровать(ся), -рую,
　-рует(ся)
кано́ник, -а (католический
　священник)
канони́р, -а
канони́рский
канони́ческий
канони́чный
кано́нник, -а (церк. книга;
　чтец канонов)
кано́нница, -ы
каноэ́тье, нескл., с.
кано́э, нескл., с.
кант, -а, мн. -ы, -ов
канта́биле, неизм. и
　нескл., с.
кантал́упа, -ы
кантариди́н, -а
канта́та, -ы
ка́нтеле, нескл., с.
кантиа́нец, -нца
кантиа́нский
кантиа́нство, -а
ка́нтик, -а
кантиле́на, -ы
кантиле́нный
канто́вание, -я
канто́ванный
канто́ватель, -я
кантова́ть(ся), -ту́ю, -ту́-
　ет(ся)
канто́вка, -и
канто́н, -а
канто́нный
кантони́ст, -а
канто́нстский
кантопла́стика, -и
ка́нтор, -а
кану́н, -а
кану́нный
ка́нуть, -ну, -нет
кану́фер, -а и кал́уфер, -а
канцеляри́зм, -а
канцеляри́ст, -а
канцеляри́стка, -и
канцеляри́т, -а
канцеля́рия, -и
канцеля́рский
канцеля́рско-бюрократи́-
　ческий

канцеля́рщина, -ы
ка́нцер, -а
канцерогене́з, -а
канцероге́нный
ка́нцлер, -а
ка́нцлерский
канцо́на, -ы
канцоне́тта, -ы
канцтова́ры, -ов
каньо́н, -а
каню́к, -а́
каню́ля, -ы
каню́чить, -чу, -чит
каоли́н, -а
каолиниза́ция, -и
каолини́т, -а
каоли́новый
ка́пать, -аю, -ает и (падать
　каплями) ка́плет
капвложе́ние, -я
капели́рование, -я и купе-
　ли́рование, -я
капели́ровать, -рую, -рует и
　купели́ровать, -рую, -ру-
　ет
капе́лла, -ы
капелла́н, -а
капе́ль, -и
капельди́нер, -а
ка́пелька, -и
капельме́йстер, -а
капельме́йстерский
ка́пельница, -ы
ка́пельный
капелю́ш, -а
ка́пер, -а
ка́перский (от ка́пер)
ка́персовый (от ка́персы)
ка́перство, -а
ка́персы, -ов, ед. ка́перс, -а
капилли́ций, -я
капилля́р, -а
капилля́рность, -и
капилля́рный
капиллярографи́ческий
капиллярогра́фия, -и
капилляроскопи́я, -и
капита́л, -а
капита́лец, -льца
капитализа́ция, -и
капитализи́ровать(ся),
　-рую, -рует(ся)
капитали́зм, -а
капитали́ст, -а
капиталисти́ческий
капитали́стка, -и
капиталовложе́ние, -я
капиталоёмкий
капиталоёмкость, -и
капита́льно отремонти́ро-
　ванный
капита́льный
капита́н, -а
капита́н-дире́ктор, -а
капита́н-инжене́р, капи-
　та́на-инжене́ра
капита́н-испра́вник, -а
капита́н-лейтена́нт, -а
капита́н-лейтена́нт-инже-
　не́р, капита́н-лейтена́н-
　та-инжене́ра
капита́н 1 (пе́рвого) ра́н-
　га-инжене́р, капита́на 1
　ра́нга-инжене́ра

капита́нский
капите́ль, -и (архит.)
капите́льный
капитони́рованный
капи́тул, -а
капитули́ровать, -рую, -ру-
　ет
капитуля́нт, -а
капитуля́нтский
капитуля́нтство, -а
капитуля́рий, -я
капитуля́ция, -и
ка́пище, -а
капка́н, -а
капка́нный
кап-ка́п, неизм.
каплеви́дный
каплеобра́зный
каплеотдели́тель, -я
каплеуказа́тель, -я
капли́ца, -ы
каплу́н, -а́
ка́пля, -и, р. мн. ка́пель
ка́пнуть, -ну, -нет
капо́к, -пка́
капони́р, -а
ка́пор, -а
капо́т, -а
капота́ж, -а
капоти́рование, -я
капоти́ровать, -рую, -рует
капра́л, -а
капра́льский
капра́льство, -а
капремо́нт, -а
капри́з, -а (прихоть)
капри́зник, -а
капри́зница, -ы
капри́зничать, -аю, -ает
капри́зный
капризу́ля, -и, м. и ж.
капризу́ньня, -и, р. мн. -ний
капри́с, -а (муз.)
каприфо́ль, -и
капри́ччио и капри́ччо,
　нескл., с.
капролакта́м, -а
капро́н, -а
капро́новый
ка́псель, -я (огнеупорная
　форма)
капстрана́, -ы́, мн. -стра́-
　ны, -стран
ка́псула, -ы (оболочка)
ка́псульный (от ка́псула)
ка́псюль, -я (пистон, взры-
　ватель)
ка́псюльный (от ка́п-
　сюль)
капта́ж, -а
капта́л, -а
каптена́рмус, -а
капте́р, -а
капте́рка, -и
капти́ровать(ся), -рую, -ру-
　ет(ся) (заключать в тру-
　бы)
капу́ста, -ы
капу́стница, -ы
капу́стница, -ы
капу́стный
капустоубо́рочный
капу́т, неизм.

капуци́н, -а
капюшо́н, -а
ка́ра, -ы
караба́хский
караби́н, -а
карабине́р, -а
карабине́рный
карабине́рский
караби́нчик, -а
кара́бкаться, -аюсь, -ается
карава́й, -я
карава́н, -а
карава́нный
карава́н-сара́й, -я
карава́нщик, -а
караве́лла, -ы
карага́ч, -а
карага́чевый
кара́им, -а
караи́мка, -и
караи́мский
караку́л, -а
каракалпа́к, -а
каракалпа́кский
каракалпа́чка, -и
карака́тица, -ы
кара́ковый
каракулево́д, -а
каракулево́дство, -а
каракулево́дческий
кара́кулевый
кара́кули, -ей и -уль, ед.
  кара́куля, -и
кара́куль, -я
караку́льский
каракульча́, -и́
караку́рт, -а
карамболи́на, -ы
карамбо́ль, -я
карамелева́рочный
карамелеформу́ющий
караме́ль, -и
караме́лька, -и
караме́льный
кара́мора, -ы
каранда́ш, -а́
каранда́шик, -а
каранда́шный
каранти́н, -а
каранти́нный
карапу́з, -а
карапу́зик, -а
карасёвый
кара́сий, -ья, -ье
кара́сик, -а
караси́ный
кара́сь, -я́
кара́т, -а, р. мн. -ов и -а́т
карате́, нескл., с.
кара́тель, -я
кара́тельный
карати́ст, -а
кара́ть(ся), -а́ю, -а́ет(ся)
карау́л 1, -а
карау́л 2, неизм.
карау́лить, -лю, -лит
карау́лка, -и
карау́льный
карау́льня, -и, р. мн.
  -лен
карау́льщик, -а
карача́евец, -вца
карача́евка, -и
карача́евский

кара́чки: на кара́чки, на
  кара́чках
карачу́н, -а́
карбами́д, -а
карбами́дный
ка́рбас, -а
карби́д, -а
карби́дный
карбидообразу́ющий
карбино́л, -а
карбо́ванец, -нца
карбокси́л, -а
карбоксила́за, -ы
карбокси́льный
карболе́н, -а
карболи́т, -а
карбо́лка, -и
карбо́ловый
карбо́н, -а
карбона́д, -а (свинина)
карбона́рий, -я
карбона́т, -а (хим.)
карбона́тный
карбониза́ция, -и
карбонизи́ровать, -рую,
  -рует
карбони́л, -а
карбони́льный
карбони́т, -а
карбору́нд, -а
карбору́ндовый
карбофо́с, -а
карбоцикли́ческий
карбу́нкул, -а
карбункулёзный
карбюра́тор, -а
карбюра́торный
карбюра́ция, -и
карбюриза́тор, -а
карбюри́рованный
карбюри́ровать, -рую, -рует
карга́, -и́, р. мн. карг
ка́рго, нескл, с.
ка́рда, -ы
кардамо́н, -а
кардамо́нный
кардамо́новый
карда́н, -а
карда́нный
кардина́л, -а
кардина́льный
кардина́льский
кардиогра́мма, -ы
кардио́граф, -а
кардиографи́ческий
кардиогра́фия, -и
кардио́ида, -ы
кардиологи́ческий
кардиоло́гия, -и
кардиомонито́р, -а
кардиоревматологи́ческий
кардиосклеро́з, -а
кардиоспа́зм, -а
кардиохирурги́я, -и
ка́рдный
кардоле́нта, -ы
кардочеса́льный
кардочеса́ние, -я
каре́, нескл, с.
карегла́зый
каре́л, -а
каре́лка, -и
каре́льский
каре́та, -ы

каре́тка, -и
каре́тник, -а
каре́тный
кариати́да, -ы
ка́риес, -а
ка́рий
карийо́н, -а
карикату́ра, -ы
карикатури́ст, -а
карикату́рный
кариога́мия, -и
карио́зный
кариокине́з, -а
кариоло́гия, -и
кариопла́зма, -ы
ка́рканье, -я
кар-ка́р, неизм.
карка́с, -а
карка́сно-пане́льный
карка́сный
ка́ркать, -аю, -ает
ка́ркнуть, -ну, -нет
ка́рлик, -а
ка́рликовый
ка́рлица, -ы
ка́рма, -ы
кармази́н, -а
кармази́нный
карма́н, -а
карма́нник, -а
карма́нный
карма́нчик, -а
карманьо́ла, -ы
карма́шек, -шка
кармели́т, -а
кармели́тка, -и
кармели́тский
карми́н, -а
карми́нный
карми́новый
карнава́л, -а
карнава́льный
карналли́т, -а
карни́з, -а
карноти́т, -а
кароли́нгский
карона́да, -ы
карота́ж, -а
карота́жный
кароте́ль, -и (сорт морко-
  ви)
кароти́н, -а
карп, -а
ка́рповый
карполо́гия, -и
карраге́н, -а
карра́рский
карст, -а
ка́рстовый
карт, -а; -ов
ка́рта, -ы
карта́вить, -влю, -вит
карта́вость, -и
карта́вый
карт-бла́нш, -а
картве́л, -а, мн. картве́лы,
  картве́л и -ов
картве́лка, -и
картве́льский
картёж, -ежа́
картёжник, -а
картёжница, -ы
картёжничать, -аю, -ает
картёжный

картезиа́нец, -нца
картезиа́нский
картезиа́нство, -а
карте́ли́рованный
карте́ли́ровать(ся), -рую,
  -рует(ся)
карте́ль, -я
карте́льный
ка́ртер, -а
карте́чина, -ы
карте́чный
карте́чь, -и
карти́на, -ы
ка́ртинг, -а
картинги́ст, -а
карти́нка, -и
карти́нный; кр. ф. -инен,
  -инна
карти́шки, -шек
картма́ксимум, -а
картове́дение, -я
картогра́мма, -ы
карто́граф, -а
картографи́рование, -я
картографи́рованный
картографи́ровать(ся),
  -рую, -рует(ся)
картографи́ческий
картогра́фия, -и
картодиагра́мма, -ы
картоме́трия, -и
карто́н, -а
картона́ж, -а
картона́жный
карто́нка, -и
карто́нный
картоноде́лательный
картосхе́ма, -ы
картоте́ка, -и
картоте́чник, -а
картоте́чница, -ы
картоте́чный
картофелево́д, -а
картофелево́дство, -а
картофелекопа́тель, -я
картофелемо́йка, -и
картофелеовощно́й
картофелепоса́дочный
картофелеса́жалка, -и
картофелесортиро́вка, -и
картофелетёрка, -и
картофелеубо́рочный
картофелехрани́лище, -а
картофелечи́стка, -и
карто́фелина, -ы
карто́фель, -я
карто́фельно-овощно́й
карто́фельный
ка́рточка, -и
ка́рточный
карто́шечка, -и
карто́шка, -и
карту́з, -а́
карту́зный
картуля́рий, -я
карту́ш, -а
карту́шка, -и
карусе́ль, -и
карусе́льно-тока́рный
карусе́льный
карусе́льщик, -а
карфаге́нский
карфагеня́нин, -а, мн. -яне,
  -ян

карфагéнянка, -и
кáрцер, -а
карциногéнный
карцинолóгия, -и
карцинóма, -ы
карчá, -и́ и карч, -а
карчеподъёмник, -а
карчеподъёмный
каршýни, нескл., с.
карьéр, -а
карьéра, -ы
карьери́зм, -а
карьери́ст, -а
карьери́стка, -и
карьери́стский
карьéрный
касáние, -я
касáтельная, -ой
касáтельно (чего)
касáтельство, -а
касáтик, -а
касáтка, -и (птица; ж. к касáтик)
касáться, -áюсь, -áется
каси́да, -ы
кáска, -и
каскáд, -а
каскадёр, -а
каскадёрский
каскáдный
каскéтка, -и
кáско, нескл. с.
касли́нский
каспи́йский
кáсса, -ы
кáсса-автомáт, кáссы-автомáта
кассáндра, -ы (бот.)
кассáтор, -а
кассациóнный
кассáция, -и
кассéта, -ы
кассéтный
касси́р, -а
касси́рованный
касси́ровать(ся), -рую, -рует(ся)
касси́рша, -и
кассити́рт, -а
кáссовый
кáста, -ы
кастаньéты, -ет, ед. кастаньéта, -ы
кастелянша, -и
кастéт, -а
кáстово зáмкнутый
кáстовость, -и
кáстовый
кастóр, -а
кастóрка, -и
кастóровый
кастрáт, -а
кастрáция, -и
кастри́рованный
кастри́ровать(ся), -рую, -рует(ся)
кастрю́лька, -и
кастрю́ля, -и
кат, -а
катаболи́зм, -а
катавáсия, -и
катакли́зм, -а
катакóмбный

катакóмбы, -óмб, ед. катакóмба, -ы
каталáжка, -и
калалéктика, -и
каталекти́ческий
калалéпсия, -и
каталепси́ческий и каталепти́ческий
катáлиз, -а
катализáтор, -а
катализи́ровать(ся), -рую, -рует(ся)
каталити́ческий
катали́г, -а
каталогизáтор, -а
каталогизáция, -и
каталогизи́рованный
каталогизи́ровать(ся), -рую, -рует(ся)
каталóжный
каталóнец, -нца
каталóнка, -и
каталóнский
кáталь, -я
катáльный
катáльня, -и, р. мн. -лен
катамарáн, -а
катáние, -я
катáнка, -и (проволока)
катáнки, -нок, ед. катáнок, -нка (валенки)
кáтанный, прич.
кáтаный, прил.
катáнье: не мытьём, так кáтаньем
катаплазмати́ческий
катапýльта, -ы
катапульти́рование, -я
катапульти́ровать(ся), -рую(сь), -рует(ся)
катапульти́руемый
катапульти́рующий(ся)
катапýльтный
катáр, -а
катарáкт, -а (устройство; водопад)
катарáкта, -ы (болезнь глаз)
катарáльный
кáтарсис, -а
катастрóфа, -ы
катастрофи́ческий
кататермóметр, -а
кататермоги́ческий
кататермоги́чный
кататермомéтрия, -и
катáть(ся), -áю(сь), -áет(ся)
катафáлк, -а
катафорéз, -а
катафорети́ческий
катафóт, -а
катафрóнт, -а
катахрéза, -ы
категориáльный
категори́ческий
категори́чный
категóрия, -и
катéдер-социали́зм, -а
катéдер-социали́ст, -а
катенóид, -а
кáтер, -а, мн. -á, -óв
катéрна, -а
кáтерный
катеростроéние, -я
кáтет. -а

катéтер, -а
катетеризáция, -и
катетеризи́ровать(ся), -рую, -рует(ся)
катетóметр, -а
катехи́зис, -а
катехизи́ческий
катéху, нескл., с.
катиóн, -а
катиони́рование, -я
катиони́т, -а
катиони́товый
катионоакти́вный
кати́ть(ся), качý(сь), кáтит(ся)
катнýть, -нý, -нёт
катóд, -а
катóдно-лучевóй
катóдный
катодолюминесцéнция, -и
катóк, -ткá
катóлик, -а
католикóс, -а
католици́зм, -а
католи́ческий
католи́чество, -а
католи́чка, -и
катóптрика, -и
катоптри́ческий
кáторга, -и
каторжáнин, -а, мн. -áне, -áн
каторжáнка, -и
кáторжник, -а
кáторжница, -ы
кáторжный
катрáн, -а
катрáний, -ья, -ье
катрáнный
катрéн, -а
катýшечка, -и
катýшечно-челнóчный
катýшечный
катýшка, -и
кáтыш, -а
кáтышек, -шка
катэлектротóн, -а
катю́ша, -и (оружие)
кауди́льо, нескл., м.
каузальги́я, -и
каузáльность, -и
каузáльный
каузати́вный
каулифлóрия, -и
кáупер, -а
кáуперный
каýрка, -и
каýрый
кáустик, -а (хим.)
кáустика, -и (физ.)
каусти́ческий
каутскиáнец, -нца
каутскиáнский
каутскиáнство, -а
каучýк, -а
каучуковóдство, -а
каучуковóдческий
каучýковый
каучуконóс, -а
каучуконóсный
кафé, нескл., с.
кафé-автомáт, -а
кáфедра, -ы
кафедрáльный

кафé-закýсочная, -ой
кáфель, -я
кáфельный
кафé-молóчная, -ой
кафé-морóженое, -ого
кафетéрий, -я
кафешантáн, -а
кафешантáнный
кафи́зма, -ы
кафоли́ческий
кафр, -а
кафтáн, -а
кафтáни́шко, -а, м.
кафтáнный
кафтáнчик, -а
кахекси́я, -и
кахети́нец, -нца
кахети́нка, -и
кахети́нский
кацавéйка, -и
кацáп, -а
качáлка, -и
качáние, -я
качáть(ся), -áю(сь), -áет(ся)
качéли, -ей
качéльный
качéние, -я
кáчественный
кáчество, -а
кáчка, -и
качнýть(ся), -нý(сь), -нёт(ся)
качýча, -и
кáша, -и
кашалóт, -а
кашевáр, -а
кашевáрить, -рю, -рит
кашеéд, -а
кáшель, -шля
кашеми́р, -а
кашеми́ровый
кашеобрáзный
кáшица, -ы и каши́ца, -ы
кашицеобрáзный
кáшка, -и
кáшлянуть, -ну, -нет
кáшлять, -яю, -яет
кашмилóн, -а
кашми́рец, -рца
кашми́ри, неизм. и нескл., м.
кашми́рка, -и
кашми́рский
кашнé, нескл., с.
кашпó, нескл., с.
каштáн, -а
каштáново-бýрый
каштáновый
каштáнчик, -а
кашýб, -а
кашýбка, -и
кашýбский
каю́к, -á (лодка)
каю́к, неизм.
каю́р, -а
каю́та, -ы
каю́та люкс, каю́ты люкс
каю́т-компáния, -и
кáющийся
кáявшийся
кая́к, -á
кáяться, кáюсь, кáется
квадрáнт, -а

квадра́нтный
квадра́т, -а
квадра́тик, -а
квадрати́чный
квадра́тно-гнездово́й
квадра́тный
квадратри́са, -ы
квадрату́ра, -ы
квадрату́рный
квадрафо́н, -а
квадри́га, -и
квадриллио́н, -а и квад-
   рильо́н, -а
ква́зар, -а, *р. мн.* -ов
квазиакти́вный
квазизвезда́, -ы́, *мн.* -звёз-
   ды, -звёзд
квазизвёздный
квази́мпульс, -а
квазимо́до, *нескл., м.*
квазинау́чный
квазиобъекти́вный
квазипериоди́ческий
квазиспециали́ст, -а
квазиупру́гий
квазиусто́йчивый
квазиучёный, -ого
квазичасти́ца, -ы
ква́канье, -я
ква́кать, -аю, -ает
ква́ква, -ы
ква-ква, *неизм.*
ква́кер, -а
ква́керский
ква́кнуть, -ну, -нет
квакту́ша, -и
квакту́шка, -и
ква́кша, -и
квалитати́вный
квалификацио́нный
квалифика́ция, -и
квалифици́рованный; *кр.
   ф. прич.* -ан, -ана; *кр. ф.
   прил.* -ан, -анна
квалифици́ровать(ся),
   -рую(сь), -рует(ся)
квант, -а
квантитати́вный
квантифика́ция, -и
квантова́ние, -я
ква́нтово-механи́ческий
ква́нтово-опти́ческий
ква́нтово-хими́ческий
ква́нтовый
квантоме́тр, -а
ква́нтор, -а, *р. мн.* -ов
ква́нторный
кваркк, -а, *р. мн.* -ов
ква́рта, -ы
кварта́л, -а
кварта́льный
квартерде́к, -а
квартеро́н, -а
квартеро́нка, -и
кварте́т, -а
кварте́тный
кварти́ра, -ы
квартира́нт, -а
квартира́нтка, -и
кварти́рка, -и
квартирме́йстер, -а
кварти́рный
квартирова́ть, -ру́ю, -ру́ет
квартиросъёмщик, -а

квартирье́р, -а
квартова́ние, -я
квартпла́та, -ы
квартсекстакко́рд, -а
кварц, -а
ква́рцевый
кварцеду́в, -а
кварци́т, -а
квас, -а и -у
ква́сить(ся), ква́шу, ква́-
   сит(ся)
квасно́й
квасова́р, -а
квасоваре́ние, -я
квасова́рный
квасо́к, -ска́ и -ску́
ква́ссия, -и
квасцева́ть(ся), -цу́ю, -цу́-
   ет(ся)
квасцо́ванный
квасцо́вый
квасцы́, -о́в
кватернио́н, -а
ква́шение, -я
ква́шенина, -ы
квашени́нный
ква́шенный, *прич.*
ква́шеный, *прил.*
квашня́, -и́, *р. мн.* -не́й
кваше́нка, -и
квебра́хо, *нескл., с.*
квёлый
кве́рху, *нареч.* (подня́ться
   кве́рху)
кверцети́н, -а
кве́ршлаг, -а
кве́стор, -а
квесту́ра, -ы
квиети́зм, -а
квиети́ст, -а
квиети́ческий
квикстэ́п, -а
кви́нта, -ы
квинта́л, -а
квинте́т, -а
квинтиллио́н, -а и квин-
   тильо́н, -а
кви́нтовый
квинтсекстакко́рд, -а
квинтэссе́нция, -и
квипрокво́, *нескл., с.*
квири́т, -а
кви́слинговец, -вца
квит, *неизм.*
квита́нцио́нный
квита́нция, -и
квита́ться, -а́юсь, -а́ется
квито́к, -тка́
кви́ты, *неизм.*
кво́рум, -а
кво́та, -ы
квохта́нье, -я
квохта́ть, кво́хчет
кво́хчущий
кеб, -а
ке́гель, ке́гля и кегль, -я
   (шрифт)
кегельба́н, -а
ке́гельный
ке́гли, -ей, *ед.* ке́гля, -и
   (игра)
кедр, -а
кедра́ч, -а́

кедро́вка, -и
кедро́вник, -а
кедро́вый
ке́ды, ке́дов и кед, *ед.* кед,
   -а
кейс, -а
кейф, -а и кайф, -а
кейфова́ть, -фу́ю, -фу́ет и
   кайфова́ть, -фу́ю, -фу́ет
кекс, -а
кеку́бк, -а
ке́кур, -а
кела́рня, -и, *р. мн.* -рен
ке́ларский
ке́ларь, -я
келе́йка, -и
келе́йник, -а
келе́йница, -ы
келе́йничать, -аю, -ает
келе́йный
кело́ид, -а
ке́львин, -а, *р. мн.* -ин и -ов
ке́льма, -ы
ке́льнер, -а
ке́льнерша, -и
кельт, -а, *р. мн.* -ов
ке́льтский
ке́лья, -и, *р. мн.* ке́лий
кеманча́, -и́
ке́мбриджский
кембри́йский
ке́мпинг, -а
ке́нар, -а и ке́нарь, -я
кена́ф, -а
кенафоубо́рочный
кенгурёнок, -нка, *мн.* -ря́-
   та, -ря́т
кенгуро́вый
кенгуру́, *нескл., м. и ж.*
кенды́рь, -я́
кени́ец, -и́йца
кени́йка, -и
кени́йский
кенота́ф, -а
кенотро́н, -а
кенотро́нный
кента́вр, -а
ке́ньги, кеньг, *ед.* ке́ньга,
   -и
ке́пи, *нескл., с.*
ке́пка, -и
ке́почный
керамзи́т, -а
керамзитобето́н, -а
керамзитобето́нный
керамзи́товый
кера́мик, -а
кера́мика, -и
кера́мико-металли́ческий
кера́мист, -а
керами́ческий
кераргири́т, -а
керати́н, -а
керати́т, -а
керато́з, -а
кератопла́стика, -и
кератофи́р, -а
кербе́ль, -я
кере́нщина, -ы
кержа́к, -а
кержа́цкий
кёрлинг, -а
керме́к, -а
керме́с, -а

керн, -а
ке́рнер, -а
керога́з, -а
кероси́н, -а и -у
кероси́нка, -и
кероси́нный
кероси́новый
керосинокали́льный
кероси́нщик, -а
керсанти́т, -а
керчени́т, -а
ке́рченский
ке́сарево сече́ние
ке́сарский
ке́сарь, -я
кессо́н, -а
кессо́нный
кессо́нщик, -а
ке́та, -ы и кета́, -ы́
кетгу́т, -а
кетме́нный
кетме́нь, -я́
ке́тмия, -и
ке́товый
кетоге́нный
кетокислота́, -ы́, *мн.* -о́ты,
   -о́т
кето́н, -а
кето́новый
кетонокислота́, -ы́, *мн.*
   -о́ты, -о́т
ке́тский
кетч, -а (борьба)
ке́тчист, -а
ке́тчуп, -а
ке́ты, -ов
кефа́левый
кефа́лий, -ья, -ье
кефаломе́трия, -и
кефа́ль, -и
кефа́льный
кефи́р, -а
кефи́рный
ке́чуа, *неизм. и нескл., м.*
   (язык) *и нескл., м. и ж.*
   (народ)
ке́шью, *нескл., м. и с.*
кза́ди, *нареч.*
киа́нг, -а
киани́т, -а
кибернетиза́ция, -и
кибернетик, -а
киберне́тика, -и
кибернети́ческий
киби́тка, -и
киби́точный
кибо́рг, -а
кибу́ц, -а
кива́ть, -а́ю, -а́ет
ки́вер, -а, *мн.* -а́, -о́в
ки́ви, *нескл., ж.*
ки́ви-ки́ви, *нескл., ж.*
кивну́ть, -ну́, -нёт
киво́к, кивка́
киво́рий, -я
киге́лия, -и
ки́данный
кида́с, -а
кида́ть(ся), -а́ю(сь),
   -а́ет(ся)
кидне́ппинг, -а
киевля́нин, -а, *мн.* -я́не, -я́н
киевля́нка, -и
киёк, кийка́

кизельгу́р, -а
кизери́т, -а
кизи́л, -а и кизи́ль, -я
кизи́ловый и кизи́левый
кизи́льник, -а
кизи́льный
кизя́к, -а́
кизяко́вый
кизя́чный
кий, -я и -я́, предл. о ки́и и о ки́е, мн. кии́, киёв
ки́ка, -и
кики́мора, -ы
кикс, -а
киксова́ть, -су́ю, -су́ет
кикста́ртер, -а
кил, -а
кила́, -ы́, мн. ки́лы, кил
килева́тость, -и
килева́ть, -лю́ю, -лю́ет
килево́й
килегру́дый
киле́ктор, -а
килено́гий
ки́лечка, -и
ки́лечный
кили́м, -а
кило́, нескл., с.
килоба́йт, -а, р. мн. -ба́йт и -ов
килоби́т, -а, р. мн. -би́т и -ов
килова́тт, -а, р. мн. -ва́тт и -ов
килова́ттный
килова́тт-ча́с, -а, мн. -ы́, -о́в
килово́льт, -а, р. мн. -во́льт и -ов
килово́льт-ампе́р, -а, р. мн. -ампе́р и -ов
киловольтме́тр, -а
килоге́рц, -а, р. мн. -ге́рц и -ев
килогра́мм, -а, р. мн. -гра́мм и -ов
килогра́мм-моле́кула, -ы
килогра́ммовый
килограммоме́тр, -а
килогра́мм-си́ла, -ы
килоджо́уль, -я
киломе́тр, -а
километра́ж, -а
километро́вка, -и
километро́вый
килото́нна, -ы
киль, -я
кильбло́к, -а
кильва́тер, -а
кильва́терный
ки́лька, -и
кимберли́т, -а
кимва́л, -а
киммери́йский
киммери́йцы, -ев
кимо́граф, -а
кимоно́, нескл., с.
кинамо́н, -а
кинг, -а
кингсто́н, -а
киндзмарау́ли, нескл., с.
киндя́к, -а́
кинезигра́фия, -и
кине́ма, -ы
кинема́тика, -и

кинемати́ческий
кинемато́граф, -а
кинематографи́ст, -а
кинематографи́ческий
кинематографи́чный
кинематогра́фия, -и
кинеско́п, -а
кинестези́я, -и
кинестети́ческий
кинети́зм, -а
кине́тика, -и
кинети́ческий
кинетоско́п, -а
кинетоста́тика, -и
кинжа́л, -а
кинжа́льный
ки́нза, -ы и кинза́, -ы́
ки́ник, -а
кини́ческий
кино́, нескл., с.
кино... — первая часть сложных слов, пишется всегда слитно
киноактёр, -а
киноактри́са, -ы
киноальмана́х, -а
киноаппара́т, -а
киноаппара́тная, -ой
киноаппарату́ра, -ы
киноарти́ст, -а
киноарти́стка, -и
киноателье́, нескл., с.
киноафи́ша, -и
кинобу́дка, -и
кинова́рный
ки́новарь, -и
кинове́д, -а
кинове́дение, -я
кинове́дческий
кинову́пуск, -а
киногени́чный
киногра́мма, -ы
кинодокуме́нт, -а
кинодокументали́ст, -а
кинодраматру́рг, -а
кинодраматурги́я, -и
киножурна́л, -а
кинозо́л, -а
кинозвезда́, -ы́, мн. -звёзды, -звёзд
кинозри́тель, -я
киноиску́сство, -а
кино- и фотоплёнка, -и
кинока́др, -а
кинока́мера, -ы
кинокарти́на, -ы
кинокоме́дия, -и
кинокомпа́ния, -и
киноконце́рт, -а
киноконце́ртный
кинокопирова́льный
кинокри́тик, -а
кинолекто́рий, -я
кинолениниа́на, -ы
киноле́нта, -ы
кинолéтопись, -и
кинолог, -а
киноло́гия, -и
кинолюби́тель, -я
киномеха́ник, -а
киномонта́ж, -а́
киноне́деля, -и
кинообозре́ние, -я
кинообъекти́в, -а

киноопера́тор, -а
кинооптика, -и
кинооче́рк, -а
кинопавильо́н, -а
кинопанора́ма, -ы
кинопередви́жка, -и
киноплёнка, -и
киноплёночный
киноплоща́дка, -и
кинопро́ба, -ы
кинопрое́ктор, -а
кинопрое́кция, -и
кинопроже́ктор, -а
кинопроизведе́ние, -я
кинопроизво́дство, -а
кинопрока́т, -а
кинопрока́тный
кинопрока́тчик, -а
кинопромы́шленность, -и
кинопублици́стика, -и
кинопутеше́ствие, -я
кинорежиссёр, -а
кинорекла́ма, -ы
кинорепорта́ж, -а
киносеа́нс, -а
киносе́ть, -и
киносту́дия, -и
киносцена́рий, -я
киносценари́ст, -а
киносъёмка, -и
киносъёмочный
кинотеа́тр, -а
кинотéка, -и
кинотелевизио́нный
кинотелегени́чный
кинотéхника, -и
киноустано́вка, -и
кинофа́брика, -и
кинофестива́ль, -я
кинофика́ция, -и
кинофи́льм, -а
кинофици́рованный
кинофици́ровать(ся), -рует, -рует(ся)
кинофо́рум, -а
кинофотодокуме́нты, -ов
кинофотоплёнка, -и
кинохро́ника, -и
кинохроникёр, -а
кино́шник, -а
киноэкра́н, -а
ки́нуть(ся), -ну(сь), -нет(ся)
кио́ск, -а
киоскёр, -а
киоскёрша, -и
кио́т, -а
ки́па, -ы
кипари́с, -а
кипари́сный
кипари́совый
кипе́ние, -я
ки́пенно-бе́лый
ки́пенный
ки́пень, -и
кипе́ть, -плю́, -пи́т
кипре́гель, -я
кипре́й, -я
кипре́йный
киприо́т, -а
киприо́тка, -и
кипсе́й, -я и кипсе́йка, -и
ки́пу, нескл., с.
кипу́честь, -и

кипу́чий
кипяти́лка, -и
кипяти́льник, -а
кипяти́льный
кипяти́льня, -и, р. мн. -лен
кипяти́ть(ся), -ячу́(сь), -яти́т(ся)
кипято́к, -тка́ и -тку́
кипяче́ние, -я
кипячённый; кр. ф. -ён, -ена́, прич.
кипячёный, прил.
кира́са, -ы
кираси́р, -а, р. мн. (при собир. знач.) кираси́р и (при обознач. отдельных лиц) -ов
кираси́рский
кирги́з, -а
кирги́зка, -и
кирги́з-кайса́цкий
кирги́зский
ки́рза, -ы и кирза́, -ы́
кирзачи́, -е́й, ед. кирза́ч, -а́
ки́рзо́вый
кири́ллица, -ы
ки́рка, -и, р. мн. ки́рок и ки́рха, -и, р.мн. кирх (церковь)
кирка́, -и́, мн. ки́рки, ки́рок, ки́рка́м
киркомоты́га, -и
кирпи́ч, -а́
кирпиче́де́лательный
кирпи́чик, -а
кирпи́чина, -ы, ж. (один кирпич)
кирпи́чина, -ы, м. (большой кирпич)
кирпи́чник, -а
кирпи́чно-кра́сный
кирпи́чно-черепи́чный
кирпи́чный
кисе́йный
киселёк, -лька́ и -льку́
киселеобра́зный
кисе́лик, -а и -у
кисе́ль, -я
кисе́льный
кисе́т, -а
кисея́, -и́
кис-ки́с, неизм.
ки́сленький; кр. ф. -énек, -énька
кислеца́, -ы́ (с кислецо́й)
кисли́нка, -и
кисли́ть, -лю́, -ли́т
кисли́ца, -ы (растение)
кисли́чник, -а
кисли́чные, -ых
кислова́тый
кисломоло́чный
кислоро́д, -а
кислородаю́щий
кислороддобыва́ющий
кислоро́дистый
кислоро́дно-ацетиле́новый
кислоро́дно-водоро́дный
кислоро́дно-сва́рочный
кислоро́дный
кислородсодержа́щий
ки́сло-сла́дкий
кислота́, -ы́, мн. -о́ты, -о́т

КИС

кислóтность, -и
кислóтно-щелочнóй
кислóтный
кислотомéр, -а
кислотообразу́ющий
кислотостóйкий
кислотоупóрный
кислотоусто́йчивый
ки́слый; кр. ф. -сел, -слá, -сло, ки́слы
кисля́й, -я
кисля́тина, -ы
ки́снувший
ки́снуть, -ну, -нет; прош. кис и ки́снул, ки́сла
ки́сонька, -и
кистá, -ы́
кистеви́дный
кистевóй
кистéнь, -я́
кистепёрые, -ых
кистóма, -ы
ки́сточка, -и
кисть, -и, мн. -и, -éй
кит, -á
китавéд, -а
китаевéдение, -я
китáец, -áйца
китаи́ст, -а
китáйка, -и (ткань; я́блоня)
китáйский
китáйско-америкáнский
китáйско-совéтский
китáйско-япóнский
китáйчатый (к китáйка)
китайчóнок, -нка, мн. -чáта, -чáт
китáянка, -и (к китáец)
ки́тель, -я, мн. -и, -ей и -я́, -ей
китёныш, -а
китобáза, -ы
китобóец, -óйца
китобóй, -я
китобóйно-промыслóвый
китобóйный
китови́дный
кито́вина, -ы
кито́вый
китоглáв, -а
китокомбинáт, -а
китолóв, -а
китолóвный
китолóвство, -а
китообрáзный
китч, -а и кич, -а
кифáра, -ы
кифóз, -а
кифосколиóз, -а
кич, -а и китч, -а
кичи́ться, -чу́сь, -чи́тся
ки́чка, -и
кичли́вость, -и
кичли́вый
кишéть, -ши́т
кишéчник, -а
кишечноды́шащие, -их
кишечнополостны́е, -ы́х
кишечносо́судистый
кишéчный
кишкá, -и́, мн. кишки́, ки́шóк, кишкáм
кишкообрáзный

КЛА

кишлáк, -á
кишлáчный
кишми́ш, -а и -á
кишмя́ кишéть
кия́нка, -и
клавеси́н, -а
клавеси́нный
клавиату́ра, -ы
клавикóрды, -ов
клави́р, -а
клави́раусцуг, -а
клавицимбáл, -а
клáвиш, -а, р. мн. -ей и клáвиша, -и, р. мн. -иш
клáвишный
клад, -а
клáдбище, -а
клáдбищенский
клáдезь, -я
кладенéц, -нцá (меч-кладенéц)
клáденый, прил.
клáдка, -и
кладовáя, -óй
кладóвка, -и
кладову́шка, -и
кладовщи́к, -á
кладовщи́ца, -ы
клáдбдий, -я
кладоискáтель, -я
клáдония, -и
кладофóра, -ы
клáдочный
клáдчик, -а
кладь, -и
клáка, -и
клакёр, -а
клаксóн, -а
клан, -а
клáняться, -яюсь, -яется
клáпан, -а, мн. -ы, -ов
клáпанный
клапштóс, -а
кларéт, -а
кларнéт, -а
кларнети́ст, -а
класс, -а
клáссик, -а
клáссика, -и
клáссико-ромáнти́ческий
классификáтор, -а
классификацио́нный
классификáция, -и
классифици́рованный
классифици́ровать, -рую, -рует
классици́зм, -а
классицисти́ческий
класси́ческий
класси́чески стрóгий
клáссно-урóчный
клáссный
клáссово враждéбный
клáссово сознáтельный
клáссово чу́ждый
клáссово-эксплуатáторский
клáссовый
клáстер, -а
кластеризáция, -и
клáстерный
класть(ся), кладу́, кладёт(ся); прош. клáл(ся), клáла(сь)

КЛЁ

клáузула, -ы
клаустрофóбия, -и
клёв, -а
клёванный, прич.
клёваный, прил.
клевáть(ся), клюю́(сь), клюёт(ся)
клевéйт, -а
клéвер, -а, мн. -á, -óв
клевéрище, -а
клéверный
клеверосéяние, -я
клеверотёрка, -и
клеверотёрочный
клеветá, -ы́
клеветáть, -ещу́, -ещет
клеветни́к, -á
клеветни́ца, -ы
клеветни́ческий
клевéщущий
клевóк, -вкá
клеврéт, -а
клеевáр, -а
клееварéние, -я
клеевáренный
клеевáрка, -и
клеевáрня, -и, р. мн. -рен
клеевóй
клеежелати́новый
клéение, -я
клеёнка, -и
клеёный, прич.
клеёночный
клеёнчатый
клеёный, прил.
клееобрáзный
клеесварнóй
клéйльный
клéить(ся), клéю, клéит(ся)
клей, клéя и клю́ю, предл. о (в) клéе, на (в) клю́ю
клéйка, -и
клéйкий
клейкови́на, -ы
клеймéние, -я
клеймёный; кр. ф. -ён, -енá, прич.
клеймёный, прил.
клейми́ть(ся), -млю́, -ми́т(ся)
клеймлéние, -я
клеймó, -á, мн. клéйма, клейм
клéйстер, -а
клейстогáмия, -и
клёкот, -а
клекотáние, -я
клекотáть, -очу́, -óчет
клекóчущий
клéмма, -ы
клéммник, -а
клéммный
клён, -а
кленóвый
кленóк, -нкá (к клён)
кленоли́стный
кленóчек, -чка (к клён)
клепáло, -а (орудие)
клепáльный
клепáльщик, -а
клепáние, -я
клёпанный, прич.
клёпаный, прил.

КЛИ

клёпань, -и
клепáть 1, -áю, -áет (соединя́ть)
клепáть 2, клеплю́, клéплет (клеветáть)
клепáющий (от клепáть 1)
клёпка, -и
клёплющий (от клепáть 2)
клёпочный
клéппер, -а
клепси́дра, -ы
клептомáн, -а
клептомáния, -и
клептомáнка, -и
клерикáл, -а
клерикали́зм, -а
клерикáльный
клерк, -а
клеровáльный
клеровáние, -я
клеровáть, -ру́ю, -ру́ет
клерóвка, -и
клёст, клестá
клестóвый
клéтка, -и
клéточка, -и
клéточный
клету́шечка, -и
клету́шка, -и
клетчáтка, -и
клéтчатый
клеть, -и, мн. -и, -éй, предл. в клéти
клёцки, -цек, ед. клёцка, -и
клёш, -а и неизм.
клешневи́дный
клешнеобрáзный
клешня́, -и́, р. мн. -éй
клещ, -á
клещеви́дный
клещеви́на, -ы
клещеви́нник, -а
клещеви́нный
клещевóй
клещи́, -éй
клея́нка, -и
клéящий(ся)
кливáж, -а
кли́вер, -а, мн. -ы, -ов и -á, -óв
клидонóграф, -а
клиéнт, -а
клиéнтка, -и
клиéнтский
клиенту́ра, -ы
кли́зма, -ы
кли́змочка, -и
клик, -а
кли́ка, -и
кли́кать, кли́чу, кли́чет
кли́кнуть, -ну, -нет
кликó, нескл., с.
клику́ша, -и
клику́шеский
клику́шество, -а
клику́шествовать, -твую, -твует
клику́шествующий
кли́макс, -а
климактéрий, -я
климактери́ческий
кли́мат, -а

климати́ческий
климатографи́ческий
климатогра́фия, -и
климатолече́ние, -я
климато́лог, -а
климатологи́ческий
климатоло́гия, -и
климатотерапи́я, -и
климатро́н, -а
клин, -а, *мн.* кли́нья, -ьев
кли́ника, -и
кли́нико-биохими́ческий
кли́нико-диагности́ческий
клиници́ст, -а
клини́ческий
кли́нкер, -а, *мн.* -а́ -о́в и -ы, -ов
кли́нкерный
клинкербо́ванный
клинкерова́ть(ся), -ру́ю, -ру́ет(ся)
клинке́т, -а
клинови́дный
клиново́й
клино́к, -нка́
клиноли́стный и клино-ли́стый
клино́метр, -а
клинообра́зный
клинопи́сный
кли́нопись, -и
клиноремённый
клиноста́т, -а
клинч, -а
кли́нчатый
кли́нышек, -шка
клип, -а
кли́пер, -а, *мн.* -а́, -о́в и -ы, -ов
кли́псы, клипс и кли́псов, *ед.* кли́пса, -ы и клипс, -а
клир, -а
кли́рик, -а
кли́ринг, -а
кли́ринговый
кли́рос, -а
клироша́нин, -а, *мн.* -а́не, -а́н
клисти́р, -а
клисти́рный
клистро́н, -а
кли́тор, -а
клич, -а
кли́чка, -и
кли́чущий
клише́, *нескл. с.*
клиши́ровать, -рую, -рует
клоа́ка, -и
клоака́льный
клоа́чный
клобу́к, -а́
клобучо́к, -чка́
клозе́т, -а
клозе́тный
клок, -а́, *мн.* кло́чья, -ьев и клоки́, -о́в
клока́стый
клокота́ние, -я
клокота́ть, -очу́, -о́чет
клони́ть(ся), клоню́(сь), кло́нит(ся)
клоп, -а́

клопи́ный
клопо́вник, -а
клопо́вый
клопомо́р, -а
кло́пфер, -а
клотби́да, -ы
клбун, -а, *мн.* -ы, -ов
клоуна́да, -ы
клбунский
клохта́нье, -я
клохта́ть, клбхчет
клохчущий
клочкова́тый
клочо́к, -чка́
кло́чья, -чка
клоша́р, -а
клуб 1, -а, *мн.* -ы́, -о́в (обла́ко)
клуб 2, -а, *мн.* -ы, -ов (организа́ция)
клубенёк, -нька́
клу́бень, -бня
клубенько́вый
клуби́ть(ся), -и́т(ся)
клубневи́дный
клубнево́й
клубнелу́ковица, -ы
клубненбсный
клубнепло́д, -а
клубни́ка, -и
клубни́чка, -и
клубни́чный
клу́бный
клубо́к, -бка́
клубо́чек, -чка
клубо́чный
клу́мба, -ы
клу́мбочка, -и
клу́ня, -и
клупп, -а
клу́шка, -и
клык, -а́
клыка́стый
клычо́к, -чка́
клюв, -а
клювови́дный
клювоголо́вые, -ых
клювоно́с, -а
клювокры́л, -а
клюз, -а
клюка́, -и́
клю́ква, -ы
клю́квенный
клю́квина, -ы
клю́кнуть, -ну, -нет
клю́ковка, -и
клюнуть, -ну, -нет
ключ, -а
ключа́рь, -я́
ключеви́на, -ы
ключево́й
клю́чик, -а
ключи́ца, -ы
ключи́чный
ключо́нка, -и
ключни́ца, -ы
ключ-трава́, -ы́
клю́шка, -и
кля́вший(ся)
кля́кса, -ы
кля́ммера, -ы
кля́нченье, -я
кля́нчить, -чу, -чит

кляп, -а
кля́ссер, -а
кля́сть(ся), кляну́(сь), клянёт(ся); *прош.* кля́л(ся), кляла́(сь), кля́ло, кля́лбсь
кля́тва, -ы
кля́твенный
клятвопреступле́ние, -я
клятвопресту́пник, -а
клятвопресту́пница, -ы
кля́тый; *кр. ф.* клят, кля́та, кля́то
кля́уза, -ы
кля́узник, -а
кля́узница, -ы
кля́узничать, -аю, -ает
кля́узнический
кля́узничество, -а
кля́узный
кля́ча, -и
клячо́нка, -и
к ме́сту (уме́стно)
кнару́жи
кнё́длик, -а
кне́ли, -ей, *ед.* кнель, -и
кне́ссет, -а
кнехт, -а
кни́га, -и
книгове́д, -а
книгове́дение, -я
книгове́дение, -я (в бухгалте́рии)
книгове́дческий
книгодержа́тель, -я
книгое́д, -а
книгоизда́ние, -я
книгоизда́тель, -я
книгоизда́тельский
книгоизда́тельство, -а
книголю́б, -а
книгоно́ша, -и, *м. и ж.*
книгообме́н, -а
книгопеча́тание, -я
книгопеча́тный
книгопеча́тня, -и, *р. мн.* -тен
книгопрода́вец, -вца
книготорг, -а
книготорго́вец, -вца
книготорго́вля, -и
книготорго́вый
книготоргу́ющий
книгохрани́лище, -а
книго́чей, -я
кни́жечка, -и
кни́жица, -ы
кни́жища, -и
кни́жка, -и
кни́жник, -а
кни́жница, -ы
кни́жно-журна́льный
кни́жно-иллюстрати́вный
кни́жный
кни́жонка, -и
кни́зу, *нареч.* (опусти́ть го́лову кни́зу)
кни́ксен, -а
кни́ппель, -я
кни́ца, -ы
кноп, -а
кно́пка, -и
кно́почка, -и
кно́почный

кнут, -а́
кнутобо́й, -я
кнутобо́йничать, -аю, -ает
кнутови́ще, -а
кнутри́, *нареч.*
княги́ня, -и, *р. мн.* -и́нь
княже́ние, -я
княжени́ка, -и
кня́жеский
кня́жество, -а
кня́жий, -ья, -ье
кня́жить, -жу, -жит
кня́жич, -а
княжна́, -ы́, *р. мн.* -жо́н
княжо́й
князёк, -зька́
князь, -я, *мн.* князья́, -зе́й
ко, к, *предлог*
коагули́рование, -я
коагули́рованный
коагули́ровать(ся), -рую, -рует(ся)
коагуля́нт, -а
коагуля́т, -а
коагуля́тор, -а
коагуля́ция, -и
коаксиа́льный
коа́ла, -ы и *нескл., м.*
коалесце́нция, -и
коалесци́ровать, -рует
коалицио́нный
коали́ция, -и
кобалами́н, -а
ко́бальт, -а (мета́лл; кра́ска)
кобальти́н, -а
ко́бальтовый
кобелёк, -лька́
кобели́ный
кобе́ль, -я́
кобе́ниться, -нюсь, -нится
ко́бза, -ы и кобза́, -ы́
кобза́рский
кобза́рь, -я́
кобо́льд, -а (в мифоло́гии)
ко́бра, -ы
кобура́, -ы́
ко́бчик, -а (пти́ца)
кобы́ла, -ы
кобы́лий, -ья, -ье
кобыли́ца, -ы
кобыли́цын, -а, -о
кобы́лка, -и
ковале́нтный
кова́ль, -я́
ко́ванный, *прич.*
ко́ваный, *прил.*
коварна́нтный
кова́рный
кова́рство, -а
кова́ть(ся), кую́, куёт(ся)
ковбо́й, -я
ковбо́йка, -и
ковбо́йский
ковёр, ковра́
ковёрканье, -я
ковёркать(ся), -аю, -ает(ся)
коверко́т, -а
коверко́товый
ковёрный, -ого
ковёр-самолёт, ковра́-самолёта
ко́вка, -и

ко́вкий; *кр. ф.* ко́вок, ков-
 ка́, ко́вко
ко́вкость, -и
ковнутри́, *нареч.*
ко́вочно-штампо́вочный
ко́вочный
коври́га, -и
коври́жка, -и
ко́врик, -а
covро́вщик, -а
covро́вщица, -ы
covро́вый
covроде́л, -а
covроде́лие, -я
covротка́цкий
covротка́чество,
 -а
ковче́г, -а
ковче́жец, -жца
ковче́жный
ковш, -а́
ко́вшик, -а
ковшо́вый
ко́вы, ков
ковы́листый
ковы́ль, -я́
ковы́льный
ковыля́ть, -я́ю, -я́ет
ковырну́ть(ся), -ну́(сь),
 -нёт(ся)
ковыря́ть(ся), -я́ю(сь),
 -я́ет(ся)
когда́
когда́ б(ы)
когда́ б(ы) ни (в прида-
 точных предложениях,
 не заключающих отри-
 цательного смысла)
когда́ бы то ни́ было
когда ка́к
когда какой
когда-либо
когда-нибудь
когда́-никогда́
когда́-то
когезио́нный
коге́зия, -и
когере́нтность, -и
когере́нтный
коге́рер, -а
когна́т, -а
когнати́ческий
когна́тский
кого́рта, -ы
когото́к, -тка́
ко́готь, ко́гтя, *мн.* ко́гти,
 -е́й
когредие́нтный
когти́стый
когти́ть, -и́т
когти́ще, -а, *мн.* когти́щи,
 -и́щ, *м.*
код, -а
ко́да, -ы (*муз.*)
кода́к, -а́ и ко́дак, -а
коде́ин, -а
ко́декс, -а
коди́рование, -я
коди́ровать(ся), -рую, -ру-
 ет(ся)
коди́ро́вщик, -а
кодификацио́нный
кодифика́ция, -и
кодифици́рованный

кодифици́ровать(ся),
 -рую, -рует(ся)
ко́дово-и́мпульсный
ко́довый
кодонезави́симый
кое- и кой-, *частица* (с
 последующим словом
 соединяется с помощью
 дефиса)
ко́е-где́ и кой-где́
ко́е-ка́к и кой-ка́к
ко́е-какой и кой-какой
ко́е-когда́ и кой-когда́
ко́е-кто́, ко́е-кого́ и кой-
 кто́, кой-кого́; ко́е от ко-
 го́, ко́е у кого́, ко́е к ко-
 му́, ко́е с ке́м, ко́е о ко́м
 и кой от кого́ и т.п.
ко́е-куда́ и кой-куда́
ко́ечка, -и
ко́ечный
ко́е-что́, ко́е-чего́ и кой-
 что́, кой-чего́, ко́е к че-
 му́, ко́е на что́, ко́е над
 чём, ко́е с чём, ко́е в
 чём, ко́е о чём и кой к
 чему́ и т.п.
ко́жа, -и
кожа́н, -а́
ко́жа́нка, -и
ко́жаный
кожгалантере́я, -и
кожеве́нник, -а
кожеве́нно-обувно́й
кожеве́нный
коже́вник, -а
коже́вня, -и, *р. мн.*
 -вен
кожедёр, -а
кожее́д, -а
кожемя́ка, -и, *м.*
кожеподо́бный
кожзамени́тель, -я
кожими́т, -а
кожими́тный
кожими́товый
кожистокры́лые, -ых
ко́жистый
ко́жица, -ы
ко́жник, -а
ко́жно-венери́ческий
ко́жно-гальвани́ческий
ко́жно-му́скульный
ко́жно-нарывно́й
ко́жный
кожсырьё, -я́
кожура́, -ы́
кожу́х, -а́
кожушо́к, -шка́
коза́, -ы́, *мн.* ко́зы, коз
козёл, -зла́
козелки́, -о́в, *ед.* козело́к,
 -лка́
козеро́г, -а
козётка, -и
ко́зий, -ья, -ье
козлёнок, -нка, *мн.* -ля́та,
 -ля́т
козлёночек, -чка
козлето́н, -а
ко́злик, -а
козли́ный
козли́ще, -а, *мн.* -и́щи,
 -и́щ, *м.*

ко́злище: отдели́ть ове́ц
 от ко́злищ
козлоборо́дник, -а
козлово́дство, -а
козлово́й (кран)
козло́вый (из шкуры коз-
 ла)
козлоно́гий
ко́злы, козёл (сиденье;
 подставка)
козля́к, -а́
козля́тина, -ы
козля́тки, -ток
козля́тник, -а
козля́тушки, -шек
ко́зни, -ей
козово́д, -а
козово́дство, -а
козово́дческий
козодо́й, -я
ко́зон, -зна, *мн.* ко́зны, -ов
козоно́к, -нка́ (кость для
 игры)
ко́зонька, -и
ко́зочка, -и
козу́ля, -и
козыре́к, -рька́
козырно́й и козы́рный
козырну́ть, -ну́, -нёт
козы́рный
ко́зырь, -я, *мн.* -и, -е́й
козыря́ть, -я́ю, -я́ет
ко́зье-ове́чий, -ья, -ье
козю́лька, -и
козю́ля, -и
козя́вка, -и
кой-где́ и ко́е-где́
ко́йка, -и *и р. мн.* ко́ек
кой-ка́к и ко́е-ка́к
кой-какой и ко́е-какой
кой-когда́ и ко́е-когда́
ко́йко-де́нь, -дня́
ко́йко-ме́сто, -а
кой-кто́ и ко́е-кто́, кой у
 кого́, ко́й с ке́м и *т. п.*
кой-куда́ и ко́е-куда́
ко́йне, *нескл. с.*
койо́т, -а
кой-что́ и ко́е-что́, кой на
 что́, кой с чём и *т. п.*
кок, -а
ко́ка, -и
кока́ин, -а
кокаини́зм, -а
кокаини́ст, -а
кокаини́стка, -и
кока́иновый
ко́ка-ко́ла, -ы
кока́рда, -ы
ко́кать(ся), -аю(сь),
 -ает(ся)
коке́тка, -и
коке́тливость, -и
коке́тливый
коке́тничанье, -я
коке́тничать, -аю, -ает
коке́тство, -а
коки́ль, -я, *мн.* -и, -е́й
коки́льный
кокк, -а (*биол.*)
коккобаци́лла, -ы
ко́кковый
коклю́ш, -а
коклю́шечный

коклю́шка, -и
коклю́шный
ко́кни, *нескл. м.*
ко́кнуть(ся), -ну(сь),
 -нет(ся)
ко́кон, -а, *мн.* -ы, -ов
коко́нник, -а
коко́нный
кокономота́ние, -я
кокопря́д, -а
кокосуши́лка, -и
коко́ра, -ы
коко́с, -а
коко́совый
коко́тка, -и
коко́точный
коко́шник, -а
ко́кпит, -а
кокс, -а
кок-сагы́з, -а
кокси́т, -а
коксобатаре́я, -и
коксобензо́л, -а
коксобензо́льный
коксова́льный
коксова́ние, -я
коксова́ть(ся), -су́ю, -су́-
 ет(ся)
ко́ксовый
коксога́зовый
коксогенера́торный
коксодо́менный
коксохими́ческий
коксохи́мия, -и
коксу́емость, -и
коксу́ющий(ся)
кокте́йль, -я
кокте́йль-хо́лл, -а
кокцидио́з, -а
кол, -а́, *предл.* о коле́, на
 колу́, *мн.* ко́лья, -ев (заострённый шест) и -ы́,
 -о́в (оценка)
ко́лба, -ы
колбаса́, -ы́, *мн.* -а́сы, -а́с
колба́ска, -и
колба́сник, -а
колба́сный
колбасоре́зка, -и
ко́лбочка, -и
колгота́, -ы́
колготи́ться, -чу́сь, -ти́тся
колго́тки, -ток
колготно́й
колготня́, -и́
колдо́бина, -ы
колдо́бинка, -и
колдова́ть, -ду́ю, -ду́ет
колдовско́й
колдовство́, -а́
колдогово́р, -а, *мн.* -договo-́
 ры, -ов и -договора́, -о́в
колдогово́рный
колду́н, -а́
колду́нья, -и, *р. мн.* -ний
колеба́ние, -я
колеба́тельный
колеба́ть(ся), -ле́блю(сь),
 -ле́блет(ся)
коле́блемый
коле́бленный
коле́блющий(ся)
колебну́ть(ся), -ну́(сь),
 -нёт(ся)

колеистый
колёнка, -и
коленкор, -а
коленкоровый
колённый
колено, -а, *мн.* колени, -ей (сустав), колена, -ён (в пении, танцах) и колёнья, -ьев (звено, сочленение)
коленопреклонение, -я
коленопреклонённый
колёночка, -и
колёнце, -а, *р. мн.* -ев и -нец
колёнчатый
колеоптиль, -я
колер, -а, *мн.* -а, -ов и -ы, -ов
колеровать, -рую, -рует (к колер)
колёсико, -а, *-мн.* -и, -ов
колесить, -ешу, -есит (лицо)
колёсник, -а и колёсник, -а (трактор)
колесница, -ы
колёсно-гусеничный
колёсный
колесо, -а, *мн.* -лёса, -лёс
колесование, -я
колесованный
колесовать(ся), -сую, -сует(ся)
колёсопрокатный
колёсотокарный
колёт, -а
колёчко, -а
колея, -и
колибри, *нескл., м. и ж.*
колики, -ик, *ед.* колика, -и
колированный
колировать, -рую, -рует (прививать)
колировка, -и
колит, -а
количественный
количество, -а
колка, -и
колкий; *кр. ф.* -лок, колка, -лко
колкость, -и
коллаборационизм, -а
коллаборационист, -а
коллаборационистка, -и
коллаборационистский
коллаген, -а
коллаж, -а
коллапс, -а
колларгол, -а
коллатеральный
коллега, -и, *м. и ж.*
коллегиальность, -и
коллегиальный
коллегия, -и
коллёдж, -а (в Англии и США)
коллёж, -а (во Франции)
коллёжский
коллектив, -а
коллективизация, -и
коллективизированный

коллективизировать(ся), -рую, -рует(ся)
коллективизм, -а
коллективист, -а
коллективистка, -и
коллективистский
коллективность, -и
коллективный
коллектор, -а
коллекторный
коллекционер, -а
коллекционирование, -я
коллекционировать(ся), -рую, -рует(ся)
коллекционный
коллекция, -и
колленхима, -ы
колли, *нескл., м. и ж.*
коллизионный
коллизия, -и
коллиматор, -а
коллимационный
коллимация, -и
коллинеарный
коллодий, -я
коллодионный
коллоид, -а
коллоидальный
коллоидный
коллоидообразование, -я
коллоквиум, -а
коллоксилин, -а
колломорфный
коллювий, -я
колло, *нескл., с.*
колоб, -а *мн.* -а, -ов и -ы, -ов
колобок, -бка
колобродить, -ожу, -одит
коловорот, -а
коловратка, -и
коловратный
коловращение, -я
колода, -ы
колодезный
колодезь, -я
колодец, -дца
колодка, -и
колодник, -а
колодница, -ы
колодный
колодочка, -и
колодочный
колок, -лка
колоквинт, -а
колокол, -а, *мн.* -а, -ов
колоколенка, -и
колоколец, -льца
колокольный
колокольня, -и, *р. мн.* -лен
колокольчатый
колокольчик, -а
колокольчиковые, -ых
коломазь, -и
коломенка, -и
коломенский
коломыйка, -и
колон, -а (размер)
колон, -а (земледелец)
колонат, -а
колониализм, -а
колониалист, -а
колониальный
колонизатор, -а

колонизаторский
колонизаторство, -а
колонизационный
колонизация, -и
колонизированный
колонизировать(ся), -рую, -рует(ся)
колонизованный
колонизовать(ся), -зую, -зует(ся)
колонист, -а
колонистка, -и
колонистский
колония, -и
колонка, -и
колонковый (*от* колонка)
колонковый (*от* колонок)
колонлинейка, -и
колонна, -ы
колоннада, -ы
колонновожатый, -ого
колоннообразный
колонный
колонок, -нка
колоночный (*от* колонка)
колонтитул, -а
колонуть, -ну, -нёт
колонцифра, -ы
колорадский
колоратура, -ы
колоратурный
колоризация, -и
колориметр, -а (прибор для измерения интенсивности цвета)
колориметрический
колориметрия, -и
колор-индекс, -а
колорист, -а
колористический
колорит, -а
колоритность, -и
колоритный
колос, -а, *мн.* колосья, -ьев
колосистый
колоситься, -ится
колосковый
колосник, -а
колосниковый
колосовидный
колосовой
колосовые, -ых
колосок, -ска
колосочек, -чка
колосс, -а (великан)
колоссальный
колотить(ся), -очу(сь), -отит(ся)
колотовка, -и
колотушка, -и
колотый
колоть, колю, колет, колют
колотье, -я и колотьё, -я
колоться, колется, колются
колоченный, *прич.*
колоченый, *прил.*
колоша, -и (*тех.*)
колошение, -я
колошматить, -ачу, -атит
колошник, -а
колошниковый

колпак, -а
колпачный
колпачок, -чка
колтун, -а
колумбарий, -я
колумбит, -а
колун, -а
колупать(ся), -аю(сь), -ает(ся)
колупнуть, -ну, -нёт
колхицин, -а
колхоз, -а
колхозник, -а
колхозница, -ы
колхозно-кооперативный
колхозно-совхозный
колхозный
колчак, -а (гриб)
колчаковец, -вца
колчаковщина, -ы
колчан, -а
колчанный
колчедан, -а
колчеданный
колченогий
колыбель, -и
колыбельный
колымага, -и
колымажка, -и
колыхание, -я
колыхать(ся), -ышу, -ышет(ся) и -аю, -ает(ся)
колыхнуть(ся), -ну, -нёт(ся)
колышек, -шка
колышущий(ся)
коль и коли
кольдкрем, -а
колье, *нескл., с.*
кольматаж, -а
кольматирование, -я
кольматировать(ся), -рую, -рует(ся)
кольнуть, -ну, -нёт
кольраби, *нескл., ж.*
коль скоро
кольт, -а
кольцевание, -я
кольцевать(ся), -цую, -цует(ся)
кольцевидный
кольцевой
кольцеобразный
кольцепрокатный
кольцо, -а, *мн.* кольца, колец, кольцам
кольцованный
кольчатый
кольчуга, -и
кольчугалюминиевый
кольчугалюминий, -я
кольчужный
колюр, -а
колючелистник, -а
колючепёрые, -ых
колючий
колючка, -и
колюшка, -и
колющий(ся)
коляда, -ы
колядка, -и
колядовать, -дую, -дует
коляска, -и
колясочка, -и

137

коля́сочный
ком, -а, *мн.* ко́мья, -ьев
ко́ма, -ы (*мед.*)
кома́нда, -ы
команда́рм, -а
команди́р, -а
командирова́ние, -я
командиро́ванный, -ого
командирова́ть(ся), -ру́ю,
  -ру́ет(ся)
командиро́вка, -и
командиро́вочный
команди́рский
кома́ндно-административ-
  ный
кома́ндно-бюрократи́че-
  ский
кома́ндно-контро́льный
кома́ндно-ли́чный
кома́ндно-наблюда́тель-
  ный
кома́ндно-нажи́мный
кома́ндно-приказно́й
кома́ндный
командоаппара́т, -а
кома́ндование, -я
кома́ндовать, -дую, -дует
командоконтро́ллер, -а
командо́р, -а
командо́рский
кома́ндующий, -его
кома́нчи, -ей
кома́р, -а́
кома́рик, -а
комари́ный
комарьё, -я́
комато́зный
комба́йн, -а
комба́йнер, -а и комбай-
  нёр, -а, *мн.* -ы, -ов
комба́йнерка, -и и комбай-
  нёрка, -и
комбайни́рование, -я
комба́йновый
комбайностроéние, -я
комбайностроúтель, -я
комба́йно-ча́с, -а, *мн.* -ы́,
  -о́в
комба́т, -а
комбе́д, -а
комбижи́р, -а
комбико́рм, -а, *мн.* -а́, -о́в
комбико́рмовый
комбина́т, -а
комбина́тор, -а
комбина́торика, -и
комбина́торный
комбинацио́нный
комбина́ция, -и
комбинезо́н, -а
комбини́рование, -я
комбини́рованный
комбини́ровать(ся), -ру́ю,
  -ру́ет(ся)
комбри́г, -а
комвзво́да, *нескл., м.*
комву́з, -а
комди́в, -а
комедиа́нт, -а
комедиа́нтка, -и
комедиа́нтский
комедиа́нтство, -а
коме́дийный
комедио́граф, -а

комедиогра́фия, -и
коме́дия, -и
коме́дия-бу́фф, коме́дии-
  бу́фф
коме́дия дель а́рте, коме́-
  дии дель а́рте
комелёк, -лька́ (*от* ко́-
  мель)
ко́мель, -мля
коменда́нт, -а
коменда́нтский
комендату́ра, -ы
комендо́р, -а
коме́та, -ы
коме́тно-метеори́тный
коме́тный
кометоиска́тель, -я
кометообра́зный
ко́ми, *неизм. и нескл., м.*
  (язык) *и нескл., м. и ж.*
  (народ)
коми́зм, -а
ко́ми-зыря́нин, -а, *мн.* -я́не,
  -я́н
ко́ми-зыря́нка, -и
ко́ми-зыря́нский
ко́мик, -а
комикова́ть, -ку́ю, -ку́ет
ко́микс, -а
комильфо́, *неизм. и*
  нескл., м.
комильфо́тный
ко́мингс, -а
ко́ми-пермя́к, -а́
ко́ми-пермя́цкий
ко́ми-пермя́чка, -и
комисса́р, -а
комиссариа́т, -а
комиссариа́тский
комисса́рский
комисса́рство, -а
комиссионе́р, -а
комиссионе́рский
комиссионе́рство, -а
комиссионе́рствовать,
  -твую, -твует
комиссио́нный
коми́ссия, -и
комиссова́ть(ся), -ссу́ю,
  -ссу́ет(ся)
комита́т, -а
комите́нт, -а
комите́нтский
комите́т, -а
комите́тский
комите́тчик, -а
коми́ческий
коми́чный
ко́мканный, *прич.*
ко́мканый, *прил.*
ко́мкать, -аю, -ает
комкова́тый
комко́р, -а
ко́млевый
комли́стый
ко́мма, -ы (*муз.*)
комма́ндос, -а *и нескл.,*
  мн.
комменда́ция, -и
комменсали́зм, -а
коммента́рий, -я
коммента́тор, -а
коммента́торский
комменти́рованный

комменти́ровать(ся), -рую,
  -рует(ся)
коммерса́нт, -а
коммерса́нтка, -и
коммерса́нтский
комме́рция, -и
комме́рц-колле́гия, -и
комме́рческий
ко́мми, *нескл., м.*
коммивояжёр, -а
коммивояжёрский
коммодо́р, -а
комму́на, -ы
коммуна́лка, -и
коммуна́льно-бытово́й
коммуна́льно-жили́щный
коммуна́льный
коммуна́р, -а
коммуни́зм, -а
коммуника́бельность, -и
коммуника́бельный
коммуникацио́нный
коммуника́ция, -и
коммуни́ст, -а
коммуни́стический
коммуни́стка
коммутати́вный
коммута́тор, -а
коммута́торный
коммутацио́нный
коммута́ция, -и
коммути́ровать(ся), -рую,
  -рует(ся)
коммюнике́, *нескл., с.*
ко́мната, -ы
ко́мнатный
комна́тушка, -и
комово́й
комо́д, -а
комо́к, -мка́
комо́лый
комо́чек, -чка
компа́кт-кассе́та, -ы
компа́ктность, -и
компа́ктный
компане́йский (*от* компа́-
  ния)
компа́нийка, -и
компа́ния, -и (общество)
компаньо́н, -а
компаньона́ж, -а
компаньо́нка, -и
компарати́в, -а
компаративи́зм, -а
компаративи́ст, -а
компаративи́стика, -и
компаративи́стский
компарати́вный
компара́тор, -а
компа́ртия, -и
ко́мпас, -а
компатрио́т, -а
компатрио́тка, -и
компау́нд, -а
компау́нд-жи́р, -а
компаунди́рование, -я
компау́нд-маши́на, -ы
компау́ндный
компе́ндий, -я и компе́н-
  диум, -а
компенса́тор, -а
компенсацио́нный
компенса́ция, -и

компенси́рованный
компенси́ровать(ся), -рую,
  -рует(ся)
компете́нтность, -и
компете́нтный
компете́нция, -и
компили́рование, -я
компили́рованный
компили́ровать(ся), -рую,
  -рует(ся)
компиляти́вный
компиля́тор, -а
компиля́ция, -и
ко́мплекс, -а
ко́мплексно-механизи́ро-
  ванный
ко́мплексность, -и
ко́мплексный
комплексообразу́ющий
компле́кт, -а
комплекта́ция, -и
компле́ктность, -и
компле́ктный
комплектова́ние, -я
комплекто́ванный
комплектова́ть(ся), -ту́ю,
  -ту́ет(ся)
компле́кция, -и
комплеме́нт, -а (*биол.*)
комплемента́рный (*от*
  комплеме́нт)
компликация, -и
комплиме́нт, -а (похвала)
комплимента́рный (*от*
  комплиме́нт)
комплиме́нтщик, -а
компло́т, -а
компо́зер, -а
компози́тный
компози́тор, -а
компози́торский
композицио́нно-худо́жест-
  венный
композицио́нный
компози́ция, -и
комполка́, *нескл., м.*
компоне́нт, -а
компоно́ванный
компонова́ть(ся), -ну́ю,
  -ну́ет(ся)
компоно́вка, -и
компоно́вочный
компоно́вщик, -а
компо́ст, -а
компо́стер, -а
компо́стерный
компости́рование, -я
компости́рованный
компости́ровать(ся), -рую,
  -рует(ся)
компо́стный
компо́т, -а
компрадо́р, -а
компрадо́рский
компрачико́с, -а
компре́сс, -а
компрессио́нный
компре́ссия, -и
компре́ссный
компре́ссор, -а, *мн.* -ы, -ов
компре́ссорный
компрессостроéние, -я
компрома́ция, -и
компромети́рованный

компрометировать(ся),
  -рую, -рует(ся)
компромисс, -а
компромиссный
комптометр, -а
комптометристка, -и
компьютер, -а
компьютеризация, -и
компьютеризированный
компьютеризовать, -зую,
  -зует
компьютерный
комроты, нескл., м.
комсод, -а
комсомол, -а
комсомолец, -льца
комсомолия, -и
комсомолка, -и
комсомольский
комсомольско-молодёж-
  ный
комсорг, -а
комсостав, -а
комуз, -а
комузист, -а
кому как
кому какой
кому куда
комфорт, -а
комфортабельный
комфортный
комфракция, -и
комячейка, -и
кон, -а, предл. о коне, на
  кону, мн. коны, -ов
конармеец, -ейца
конармейский
конармия, -и
конвейер, -а, мн. -ы, -ов
конвейеризация, -и
конвейеризированный
конвейеризировать(ся),
  -рую, -рует(ся)
конвейеризованный
конвейеризовать(ся), -зую,
  -зует(ся)
конвейерный
конвектор, -а
конвекционный
конвекция, -и
конвент, -а
конвенционализм, -а
конвенциональный
конвенционный
конвенция, -и
конвергентный
конвергенты, -ов
конвергенция, -и
конверсионный
конверсия, -и
конверт, -а
конвертер, -а
конвертерный
конвертирование, -я
конвертированный
конвертировать(ся), -рую,
  -рует(ся)
конвертный
конвертование, -я
конвертованный
конвертовать, -тую, -тует
конвертовка, -и
конвоир, -а
конвоирование, -я

конвоировать(ся), -рую,
  -рует(ся)
конвой, -я
конвойный
конвульсивный
конвульсия, -и
конгениальный
конгломерат, -а
конгломерация, -и
конголезец, -зца
конголезка, -и
конголезский
конгрев, -а
конгрегация, -и
конгресс, -а
конгрессист, -а
конгрессистский
конгрессмен, -а
конгруэнтность, -и
конгруэнтный
конгруэнция, -и
кондак, -а
кондачок: с кондачка
конденсат, -а
конденсатор, -а
конденсаторный
конденсационный
конденсированный
конденсировать(ся), -рую,
  -рует(ся)
конденсор, -а
кондилома, -ы
кондитер, -а, мн. -ы, -ов
кондитерская, -ой
кондитерский
кондиционер, -а
кондиционированный
кондиционировать, -рую,
  -рует
кондиционный
кондиция, -и
кондовый
кондор, -а
кондотьер, -а
кондрашка, -и (апоплекси-
  ческий удар)
кондуит, -а
кондуктометр, -а
кондуктометрический
кондуктометрия, -и
кондуктор, -а, мн. -ы, -ов и
  -а, -ов
кондукторный
кондукторский
коневод, -а
коневодство, -а
коневодческий
коневой (в шахматах)
конезавод, -а
конёк, -нька
конёк-горбунок, конька-
  горбунка
конесовхоз, -а
конеферма, -ы
конец, -нца
конечно
конечность, -и
конечный
конидия, -и
коник, -а (уменьш. к кон и
  конь)
конина, -ы

конический
конка, -и
конкатенация, -и
конкатенировать, -рую,
  -рует
конкистадор, -а и (устар.)
  конквистадор, -а
конклав, -а
конкорданс, -а
конкордат, -а
конкремент, -а
конкретизация, -и
конкретизированный
конкретизировать(ся),
  -рую, -рует(ся)
конкретно-исторический
конкретность, -и
конкретный
конкреция, -и
конкубинат, -а
конкур, -а
конкурент, -а
конкурентка, -и
конкурентный
конкурентоспособный
конкуренция, -и
конкур-иппик, -а
конкурировать, -рую, -рует
конкурс, -а
конкурсант, -а
конкурсный
коннетабль, -я
конник, -а (кавалерист)
конница, -ы
конноартиллерийский
конногвардеец, -ейца
конногвардейский
коннозаводский и конно-
  заводской
коннозаводство, -а
коннозаводчик, -а
конноспортивный
коннотация, -и
конный
коновал, -а
коновод, -а
коноводить, -ожу, -одит
коновый
коновязь, -и
коногон, -а
конокрад, -а
конокрадство, -а
конопатить(ся), -ачу,
  -атит(ся)
конопатка, -и
конопатчик, -а
конопатый
конопачение, -я
конопаченный, прич.
конопаченый, прил.
конопель, -и
коноплевод, -а
коноплеводство, -а
коноплеводческий
коноплезавод, -а
коноплеобрабатывающий
коноплерасстилочный
коноплесноповязалка, -и
коноплеуборочный
конопля, -и
коноплянник, -а
коноплянка, -и
конопляный
коносамент, -а

коночный
консеквентный
консенсус, -а
консервант, -а
консервативный
консерватизм, -а
консерватория, -и
консерваторский (от
  консерватор)
консерваторский (от
  консерватория)
консервация, -и
консервирование, -я
консервированный
консервировать(ся), -рую,
  -рует(ся)
консервный
консервы, -ов
консигнант, -а
консигнатор, -а
консигнационный
консигнация, -и
консилиум, -а
консистентный
консистенция, -и
консистометр, -а
консистория, -и
консисторский
конский
консолидация, -и
консолидированный
консолидировать(ся),
  -рую, -рует(ся)
консоль, -и
консольно-козловой
консольно-фрезерный
консольный
консоляция, -и
консоме, нескл. с.
консонанс, -а
консонант, -а
консонантизм, -а
консонантный
консорциум, -а
конспект, -а
конспективный
конспектирование, -я
конспектированный
конспектировать(ся),
  -рую, -рует(ся)
конспиративный
конспиратор, -а
конспираторский
конспирация, -и
конспирировать(ся), -ри-
  рую(сь), -рирует(ся)
константа, -ы
константан, -а
константный
констанцский (от Кон-
  станца)
констатация, -и
констатирование, -я
констатированный
констатировать(ся), -рую,
  -рует(ся)
констебль, -я
констелляция, -и
конституанта, -ы
конституирование, -я
конституированный
конституировать(ся), -рую,
  -рует(ся)

конститути́вный
конституционали́зм, -а
конституционали́ст, -а
конституционалисти́че-
ский
конституционали́стский
конституцио́нно-демокра-
ти́ческий
конституцио́нный
конститу́ция, -и
констри́ктор, -а
констру́ирование, -я
констру́ированный
констру́ировать(ся), -рую,
-рует(ся)
конструктиви́зм, -а
конструктиви́ст, -а
конструктиви́стка, -и
конструктиви́стский
констру́ктивность, -и
констру́ктивный
констру́ктор, -а, мн. -ы, -ов
констру́кторский
конструкцио́нный
констру́кция, -и
ко́нсул, -а, мн. -ы, -ов
консула́т, -а
ко́нсульский
ко́нсульство, -а
ко́нсульствовать, -твую,
-твует
консульта́нт, -а
консульта́нтка, -и
консульта́нтский
консультати́вный
консультацио́нный
консульта́ция, -и
консульти́рование, -я
консульти́ровать(ся),
-рую(сь), -рует(ся)
консье́рж, -а
консье́ржка, -и
конта́гий, -я
контагио́зный
конта́кт, -а
конта́ктно-стыково́й
конта́ктный
конта́ктор, -а
контамина́ция
конта́чить, -чу, -чит
конте́йнер, -а
контейнериза́ция, -и
конте́йнерный
контейнерово́з, -а
конте́кст, -а
конте́кстно-свобо́дный
конте́кстный
конте́кстовый
континге́нт, -а
контингенти́рованный
контингенти́ровать(ся),
-рую, -рует(ся)
континге́нтный
контине́нт, -а
континента́льный
континуа́льный
конти́нуум, -а
конти́ровать, -рую, -рует
контиро́вка, -и
ко́нто, нескл., с.
контокорре́нт, -а
контокорре́нтный
конто́ра, -ы
конто́рка, -и

конто́рский
конто́рщик, -а
ко́нтра, -ы, м. и ж.
контраба́нда, -ы
контрабанди́ст, -а
контрабанди́стка, -и
контрабанди́стский
контраба́ндный
контраба́с, -а
контрабаси́ст, -а
контраба́совый
контравариа́нтный
контраге́нт, -а
контраге́нтский
контрагредие́нтный
контрадикто́рный
контради́кция, -и
контр-адмира́л, -а
контр-адмира́л-инжене́р,
контр-адмира́ла-инже-
не́ра
контр-адмира́льский
контражу́р, -а
контра́кт, -а
контракта́нт, -а
контрактацио́нный
контракта́ция, -и
контра́ктный
контракто́ванный
контрактова́ть(ся),
-ту́ю(сь), -ту́ет(ся)
контра́ктовый
контракту́ра, -ы
контра́кция, -и
контра́льто, нескл., с.
контра́льтовый
контрама́рка, -и
контрама́рочный
контрапо́ст, -а
контрапу́нкт, -а
контрапункти́рованный
контрапункти́ровать, -рую,
-рует
контрапункти́ст, -а
контрапункти́ческий
контрапу́нктный
контрапункто́ванный
контрапунктова́ть, -ту́ю,
-ту́ет
контрассигна́ция, -и
контрассигни́рованный
контрассигни́ровать(ся),
-рую, -рует(ся)
контрассигно́ванный
контрассигнова́ть(ся),
-ну́ю, -ну́ет(ся)
контрассигно́вка
контрассигно́вочный
контра́ст, -а
контрасти́ровать, -рую, -ру-
ет
контра́стность, -и
контра́стный
контрата́ка, -и
контратако́ванный
контратакова́ть, -ку́ю, -ку́ет
контрати́п, -а
контрафаго́т, -а
контрафа́кция, -и
контраце́пция, -и
контрбала́нс, -а
контрвизи́т, -а
контрга́йка, -и

контргру́з, -а
контрда́нс, -а
контрибуцио́нный
контрибу́ция, -и
контригра́, -ы́
ко́нтрить, -рю, -рит
контрмане́вр, -а и контр-
мане́вр, -а
контрме́ра, -ы
контрми́на, -ы
контрми́нный
контрминоно́сец, -сца
контрнаступле́ние, -я
контрове́рза, -ы
контро́вка, -и
контрокта́ва, -ы
контролёр, -а (должност-
ное лицо)
контроли́рованный
контроли́ровать(ся), -рую,
-рует(ся)
контро́ллер, -а (аппарат)
контро́ль, -я
контро́льно-зачётный
контро́льно-измери́тель-
ный
контро́льно-испыта́тель-
ный
контро́льно-ка́ссовый
контро́льно-прове́рочный
контро́льно-пропускно́й
контро́льно-ревизио́нный
контро́льно-сда́точный
контро́льно-семенно́й
контро́льно-та́бельный
контро́льно-учётный
контро́льно-фина́нсовый
контро́льный
контрпа́р, -а
контрподгото́вка, -и
контрпредложе́ние, -я
контрприво́д, -а
контрприём, -а
контрпропага́нда, -ы
контрразве́дка, -и
контрразве́дчик, -а
контрреволюционе́р, -а
контрреволюционе́рка, -а
контрреволюцио́нный
контрреволю́ция, -и
контрре́льс, -а
контрреформа́ция, -и
контругро́за, -ы
контруда́р, -а
контрфо́рс, -а
контрфо́рсный
контрша́нсы, -ов
контръя́рус, -а, мн. -ы, -ов
ко́нтры, контр (в ко́нтрах)
контрэска́рп, -а
конту́женный, прич.
конту́женый, прил.
конту́зить, -у́жу, -у́зит
конту́зия, -и
ко́нтур, -а, мн. -ы, -ов
ко́нтурно-шлифова́льный
ко́нтурный
ко́нунг, -а
конура́, -ы́
конурба́ция, -и
ку́рка, -и
ко́нус, -а
ко́нусный

конусови́дный
конусообра́зный
конфедера́т, -а
конфедерати́вный
конфедера́тка, -и
конфедера́ция, -и
конфекцио́н, -а
конфекцио́нный
конфе́кция, -и
конфера́нс, -а
конферансье́, нескл., м.
конфере́нц-за́л, -а
конфере́нция, -и
конфери́ровать, -рую, -рует
конфессиона́льный
конфе́та, -ы
конфе́тина, -ы
конфе́тка, -и
конфе́тница, -ы
конфе́тный
конфетоотли́вочный
конфеторе́зательный
конфетти́, нескл., с.
конфе́тчица, -ы
конфигура́ция, -и
конфиде́нт, -а
конфиде́нтка, -и
конфиденциа́льный
конфирмацио́нный
конфирма́ция, -и
конфирмо́ванный
конфирмова́ть(ся),
-му́ю(сь), -му́ет(ся)
конфиска́ция, -и
конфиско́ванный
конфискова́ть(ся), -ку́ю,
-ку́ет(ся)
конфитю́р, -а
конфли́кт, -а
конфли́ктный
конфликтова́ть, -ту́ю, -ту́ет
конфока́льный
конфо́рка, -и
конформа́ция, -и
конформи́зм, -а
конформи́ст, -а
конформи́стский
конфо́рмно-дифферен-
циа́льный
конфо́рмный
конфо́рочный
конфронта́ция, -и
конфу́з, -а
конфу́зить(ся), -у́жу(сь),
-у́зит(ся)
конфу́зливость, -и
конфу́зливый
конфу́зный
конфуциа́нство, -а
конхилиоло́гия, -и и кон-
хило́гия, -и
конхо́ида, -ы
концево́й
конце́нтр, -а
концентра́т, -а
концентра́тор, -а
концентрацио́нный
концентра́ция, -и
концентри́зм, -а
концентри́рование, -я
концентри́рованный
концентри́ровать(ся),
-рую, -рует(ся)
концентри́ческий

концентри́чный
конце́пт, -а
концептуали́зм, -а
концептуали́ст, -а
концептуалисти́ческий
концептуали́стский
концептуа́льный
конце́пция, -и
конце́рн, -а
конце́рт, -а
концерта́нт, -а
концерта́нтка, -и
концерти́но, *нескл., с.*
концерти́ровать, -рую, -ру-
  ет
концертме́йстер, -а
конце́ртно-театра́льный
конце́ртно-эстра́дный
конце́ртный
концессионе́р, -а
концессионе́рский
концессио́нный
конце́ссия, -и
концини́ровать, -рую, -рует
концла́герь, -я, *мн.* -я́, -е́й
концо́вка, -и
конча́ть(ся), -а́ю(сь),
  -а́ет(ся)
ко́нченный, *прич.*
ко́нченый, *прил.:* ко́нче-
  ный челове́к
ко́нчик, -а
кончи́на, -ы
ко́нчить(ся), -чу(сь),
  -чит(ся)
конъекту́ра, -ы (исправле-
  ние)
конъекту́рный
конъюга́ты, -а́т
конъюгацио́нный
конъюга́ция, -и
конъюнкти́в, -а (*лингв.*)
конъюнкти́ва, -ы (слизи-
  стая оболочка глаза)
конъюнктиви́т, -а
конъюнкту́ра, -ы (обста-
  новка)
конъюнкту́рный
конъюнкту́рщик, -а
конъюнкту́рщица, -ы
конъю́нкция, -и
конь, -я́, *мн.* -и, -е́й
конь-кача́лка, коня́-ка-
  ча́лки
коньки́, -о́в, *ед.* конёк,
  -нька́
конькобе́жец, -жца
конькобе́жка, -и
конькобе́жный
конько́к, -а́ и -у́
конья́чный
коньячо́к, -чка́ и -чку́
ко́нюх, -а, *мн.* -и, -ов
коню́шенный
коню́ший, -его
коню́шня, -и, *р. мн.* -шен
коня́га, -и, *м. и ж.*
кооперати́в, -а
кооперати́вно-колхо́зный
кооперати́вно-строи́тель-
  ный
кооперати́вный
коопера́тор, -а
коопера́ция, -и

коопери́рование, -я
коопери́рованный
коопери́ровать(ся),
  -рую(сь), -рует(ся)
коопта́ция, -и
коопти́рованный
коопти́ровать(ся), -рую,
  -рует(ся) (включить)
координа́та, -ы
координа́тно-расто́чный
координа́тный
координато́граф, -а
координатоме́р, -а
координа́тор, -а
координацио́нный
координа́ция, -и
координи́рование, -я
координи́рованный
координи́ровать(ся), -рую,
  -рует(ся)
копа́, -ы́
копа́л, -а (смола)
копа́ловый
копа́ние, -я
ко́панный, *прич.*
копану́ть, -ну́, -нёт
ко́паный, *прил.*
копа́тель, -я
копа́ть(ся), -а́ю(сь),
  -а́ет(ся)
копа́ч, -а́
копевладе́лец, -льца
копе́ечка, -и
копе́ечник, -а
копе́ечный
копе́йка, -и
копе́йный (*от* копьё)
копе́йщик, -а
копёнка, -и
копённый
копёр, копра́
ко́пи, -ей
копигольдер, -а
копии́ст, -а
ко́пийка, -и (*уменьш. от*
  ко́пия)
копи́лка, -и
копи́р, -а
копира́йт, -а
копи́рка, -и
копирова́льно-множи-
  тельный
копирова́льно-фре́зерный
копирова́льный
копирова́льщик, -а
копирова́льщица, -ы
копи́рование, -я
копи́рованный
копи́ровать(ся), -рую, -ру-
  ет(ся)
кэпиро́вка, -и
копиро́вочный
копиро́вщик, -а
копиро́вщица, -ы
копируче́т, -а
копирэффе́кт, -а
копи́ть(ся), коплю, ко́-
  пит(ся)
ко́пия, -и
ко́шка, -и
ко́пленный, *прич.*
ко́гленый, *прил.*
копна́, -ы́, *р. мн.* копён и
  ко́пен, ко́пнам

копне́ние, -я
копни́тель, -я
копни́ть, -ню́, -ни́т
копни́ща, -и
копново́з, -а
копну́ть, -ну́, -нёт
ко́поткий
копотли́вый
ко́потный
копотня́, -и́
копоту́н, -а́
копоту́нья, -и, *р. мн.* -ний
ко́поть, -и
копоши́ть(ся), -шу́(сь),
  -ши́т(ся)
ко́пра, -ы и копра́, -ы́
копрово́й, -о́го
копро́вый (*от* копёр)
копте́ть 1, -е́ет (покрываться копотью)
копте́ть 2, -пчу́, -пти́т (кор-
  петь; испускать копоть)
копти́лка, -и
копти́льный
копти́льня, -и, *р. мн.* -лен
копти́тель, -я (неба)
копти́ть, -пчу́, -пти́т (*что;*
  испускать копоть)
копти́ться, -и́тся
ко́птский
ко́пты, -ов, *ед.* копт, -а
копули́рованный
копули́ровать(ся), -рую,
  -рует(ся)
копулиро́вка, -и
копуля́ция, -и
копу́н, -а́
копу́нья, -и, *р. мн.* -ний
копу́ша, -и, *м. и ж.*
копче́ние, -я (действие)
копчённый, *прич.*
копчёно-варёный
копчёно-запечённый
копчёности, -ей, *ед.* копчёность, -и
копчёный, *прил.*
копчёнье, -я (копчёность)
ко́пчик, -а (косточка)
ко́пчиковый
копчу́шка, -и
копы́л, -а́, *мн.* копы́лья,
  -ьев и копылы́, -о́в
копы́тень, -тня
копы́тный
копы́то, -а
копы́тце, -а, *р. мн.* -ев и
  копы́тец
копы́тчатый
копьё, -я́, *мн.* ко́пья, ко́-
  пий, ко́пьям
копьеви́дный
копьели́стный
копьемета́лка, -и
копьемета́тель, -я
копьемета́тельница, -ы
копьено́сец, -сца
копьеобра́зный
копьецо́, -а́
кора́, -ы́
корабе́л, -а
корабе́льный
корабе́льщик, -а
кораблевожде́ние, -я
кораблекруше́ние, -я

кораблестрое́ние, -я
кораблестрои́тель, -я
кораблестрои́тельный
кораблестрои́тельство, -а
кора́блик, -а
кора́бль, -я́
кора́лл, -а
коралло́видный
кора́лловый
кора́ль, -я
коральки́, -о́в (ожерелье)
кора́н, -а
корвало́л, -а
корве́т, -а
корвола́нт, -а
корд, -а (ткань)
ко́рда, -ы (верёвка)
кордебале́т, -а
кордега́рдия, -и (*ист.*)
кордилье́р, -а (*ист.*)
кордиами́н, -а
кордилье́ра, -ы (*геол.*)
корди́т, -а
ко́рдный
ко́рдовый
кордодро́м, -а
кордо́н, -а
кордо́нный
корови́дный
коровой (*от* корь)
коре́ец, -е́йца
корёжить(ся), -жу(сь),
  -жит(ся)
коре́йка, -и (грудинка)
коре́йский
коре́йско-сове́тский
корена́стый
корени́ться, -и́тся
коренни́к, -а́
коренно́й
коре́нщица, -ы
ко́рень, ко́рня, *предл.* в
  ко́рне, на ко́рне, на кор-
  ню́, *мн.* ко́рни, -е́й
коре́нья, -ьев
корео́псис, -а
коре́ц, -рца́
корешко́вый
корешо́к, -шка́
корея́нка, -и (к коре́ец)
корж, -а́
ко́ржик, -а
корзи́на, -ы
корзи́нка, -и
корзи́нный
корзи́ночка, -и
корзи́ночный
корзи́нщик, -а
кориа́ндр, -а
кориа́ндровый
коридо́р, -а
коридо́рный
коридо́рчик, -а
кори́нка, -и (сорт изюма)
кори́нфский
кори́ть(ся), -рю́(сь),
  -ри́т(ся)
корифе́й, -я
кори́ца, -ы
коричнева́тый
кори́чнево-кра́сный
кори́чневый
кори́чный (*от* кори́ца)
ко́рка, -и

корковидный
корковый
корм, -а и -у, предл. на
   корме и на корму, мн.
   -а́, -о́в
корма́, -ы́
кормёжка, -и
корми́лец, -льца
корми́лица, -ы
корми́ло, -а
корми́ть(ся), кормлю́(сь),
   ко́рмит(ся)
кормле́ние, -я
ко́рмленный, прич.
кормле́нщик, -а
ко́рмленый, прил.
кормово́й
кормодобыва́ние, -я
кормодобыва́ющий
кормодобы́тчик, -а
кормозаво́д, -а
кормозаготови́тельный
кормозапа́рник, -а
кормозапа́рочный
кормоизмельчи́тель, -я
кормоку́хня, -и, р. мн.
   -хонь
кормоперераба́тывающий
кормоприготови́тельный
кормоприготовле́ние, -я
кормопроизво́дство, -а
кормораздаточный
кормораздатчик, -а
корморе́зка, -и
кормосмеси́тель, -я
кормоубо́рочный
кормофи́ты, -ов
кормоце́х, -а, предл. в
   -це́хе и в -цеху́, мн. -це́-
   хи, -ов и -цеха́, -о́в
корму́шка, -и
ко́рмчий, -его
ко́рмщик, -а
корн, -а
корна́ть, -а́ю, -а́ет
корневи́ще, -а
корневи́щевый
корневи́щный
корнево́й
корнеголо́вые, -ых
корнее́д, -а
корнеклубнемо́йка, -и
корнеклубнепло́ды, -ов
корнено́жка, -и
корнеотпры́сковый
корнепло́д, -а
корнепло́дный
ко́рнер, -а, мн. -ы, -ов
корнере́зка, -и
корнесло́в, -а
корне́т, -а
корне́т-а-писто́н, -а
корнети́ст, -а
корни́ловец, -вца
корни́ловщина, -ы
корни́стый
корнишо́н, -а
корноу́хий
корнпапи́р, -а
ко́рнцанг, -а
ко́роб, -а, мн. -а́, -о́в и
   -ы, -ов
коробе́йник, -а

коробе́йничать, -аю, -ает
коро́бить(ся), -блю,
   -бит(ся)
коро́бка, -и
коробле́ние, -я
коро́бленный, прич.
коро́бленый, прил.
коробо́к, -бка́
коробо́чек, -чка
коробо́чка, -и
коробо́чный
коро́бчатый
коро́ва, -ы
коро́вёнка, -и
коро́вий, -ья, -ье
коро́вища, -и
коро́вка, -и
коро́вник, -а
коро́вница, -ы
коро́вонька, -и
коро́вушка, -и
корови́к, -а́
короед, -а
короле́ва, -ы
короле́вич, -а
короле́вна, -ы
короле́вский
короле́вство, -а
короле́к, -лька́
коро́ль, -я́
королько́вый
коромы́сло, -а
коро́на, -ы
корона́льный
корона́рный
коронаросклеро́з, -а
коронароспа́зм, -а
коронацио́нный
корона́ция, -и
коро́нка, -и
коро́нный
коронова́ние, -я
короно́ванный
коронова́ть(ся), -ну́ю(сь),
   -ну́ет(ся)
короно́граф, -а
коро́нчатый
корообди́рка, -и
корообди́рочный
короочисти́тельный
коро́ста, -ы
коросто́вник, -а
коросте́ль, -я́
корота́ть(ся), -а́ю, -а́ет(ся)
коро́тенький; кр. ф. -енек,
   -енька
коро́ткий; кр. ф. ко́роток,
   коротка́, ко́ротко́
коротко́ватый
коротковолнови́к, -а́
коротковолно́вый
коротково́лосый
короткоголо́в, -а
короткоголо́вый
короткоде́йствующий
короткоживу́щий
короткозамкну́тый
короткометра́жка, -и
короткометра́жный
коротконо́гий
коротконо́жка, -и
короткопа́лый
короткопла́менный
короткопо́лый

короткору́кий
короткостебе́льный
коро́ткость, -и
короткофо́кусный
короткохво́ст, -а
короткохво́стый
короткоше́ий, -шея́я, -шее́е
короткошёрстный и ко-
   роткошёрстый
коро́тыш, -а́
коро́тышка, -и, м. и ж.
коро́че, сравн. ст. (от
   коро́ткий, коро́тко́)
ко́рочка, -и
корпе́ть, -плю́, -пи́т
ко́рпия, -и
корпора́нт, -а
корпора́нтский
корпорати́вный
корпора́ция, -и
корпу́нкт, -а
ко́рпус, -а, мн. -ы, -ов (туловище) и -а́, -о́в (здание; воен.)
корпу́скула, -ы
корпускуля́рно-волново́й
корпускуля́рный
корпусно́й и ко́рпусный
корпусообразу́ющий
корради́ровать, -рую, -рует
   (к корра́зия)
корра́зия, -и
корреа́льный
ко́ррекс, -а
корректи́в, -а
корректи́рование, -я
корректи́рованный
корректи́ровать(ся), -рую,
   -рует(ся)
корректиро́вка, -и
корректиро́вочно-разве́-
   дывательный
корректиро́вочный
корректиро́вщик, -а
корре́ктность, -и
корре́ктный
корре́ктор, -а, мн. -а́, -о́в и
   -ы, -ов
корре́кторская, -ой
корре́кторский
корректу́ра, -ы
корректу́рный
корре́кция, -и
коррело́метр, -а
корреля́т, -а
коррелляти́вный
корреляцио́нный
корреля́ция, -и
корреспонде́нт, -а
корреспонде́нтка, -и
корреспонде́нтский
корреспонде́нция, -и
корреспонди́ровать, -рую,
   -рует
коррехидо́р, -а
корриги́рование, -я
корриги́ровать(ся), -рую,
   -рует(ся)
корри́да, -ы
корроди́рованный
корроди́ровать, -рует (к
   корро́зия)
коррозиесто́йкий
коррози́йный

коррозио́нный
корро́зия, -и
коррумпи́рованный
коррумпи́ровать, -рую,
   -рует
корру́пция, -и
корса́ж, -а
корса́к, -а́
корса́р, -а
корса́рский
корсе́т, -а
корсе́тный
корсика́нец, -нца
корсика́нка, -и
корсика́нский
корт, -а
корте́ж, -а
корте́жный
корте́сы, -ов
кортизо́н, -а
ко́ртик, -а
кортикостеро́н, -а
ко́рточки, -чек: на ко́рточ-
   ки, на ко́рточках
кору́нд, -а
кору́ндовый
ко́рча, -и, мн. -и, -ей
корча́га, -и
корча́жка, -и
корча́жный
корчева́лка, -и
корчева́льный
корчева́ние, -я
корчёванный
корчева́тель, -я
корчёватый
корчева́ть(ся), -чу́ю, -чу́-
   ет(ся)
корчёвка, -и
корчёвщик, -а
корчёвье, -я, р. мн. -ьев
корчёмник, -а
корчёмница, -ы
корчёмный
корчёмство, -а
ко́рченный, прич.
ко́рченый, прил.
ко́рчить(ся), -чу(сь),
   -чит(ся)
корчма́, -ы́, р. мн. корчём
корчма́рка, -и
корчма́рский
корчма́рь, -я́
ко́ршун, -а, мн. -ы, -ов
коры́стный
корыстолю́бец, -бца
корыстолюби́вый
корыстолю́бие, -я
коры́сть, -и
коры́то, -а
корытообра́зный
коры́тце, -а, р. мн. -тец и
   -тцев
коры́тчатый
корь, -и
корьё, -я́
корьево́й (от корьё)
корьедроби́лка, -и
корьере́зка, -и
корю́шка, -и
коря́вый
коря́га, -и
коря́жина, -ы
коря́жистый

коря́жник, -а
коря́к, -а, *р. мн.* -ов
коря́кский
коря́чить(ся), -чу(сь), -чит(ся)
коря́чье, -ья
коса́, -ы́, *вин.* ко́су́, *мн.* ко́сы, кос
коса́рь, -я́
коса́тка, -и (дельфин)
коса́ч, -а́
ко́свенный
косе́канс, -а
косёнка, -и
ко́сенький
косе́ть, -ею, -еет
косе́ц, -сца́
коси́лка, -и
коси́нка, -и (глаза́ с коси́нкой)
ко́синус, -а
коси́ть(ся) 1, кошу́, ко́сит(ся) (срезать косой)
коси́ть(ся) 2, кошу́(сь), коси́т(ся) (к косой)
коси́ца, -ы
коси́чка, -и
косма́теть, -ею, -еет (становиться косматым)
косма́тить, -а́чу, -а́тит (*что*)
косма́тый
косма́ч, -а́
косме́тика, -и
космети́ческий
космети́чка, -и
косми́ческий
космови́дение, -я
космогони́ческий
космого́ния, -и
космографи́ческий
космогра́фия, -и
космодро́м, -а
космолёт, -а
космологи́ческий
космоло́гия, -и
космона́вт, -а
космона́втика, -и
космопла́вание, -я
космопла́н, -а
космополи́т, -а
космополити́зм, -а
космополити́ческий
космополи́тка, -и
космополи́тский
ко́смос, -а
космофи́зик, -а
космофи́зика, -и
космофизи́ческий
космохи́мик, -а
космохими́ческий
космохи́мия, -и
ко́смы, косм
косне́ть, -ею, -еет
ко́сность, -и
косноязы́чие, -я
косноязы́чный
косну́ться, -ну́сь, -нётся
ко́сный (отсталый)
кособо́кий
кособо́читься, -чусь, -чится
косови́ца, -ы
косови́чник, -а

косови́чный
косови́ще, -а
косоволни́стый
косоворо́тка, -и
косогла́зие, -я
косогла́зый
косого́р, -а
косо́й; *кр. ф.* кос, коса́, ко́со
косо́к, -ска́
косола́пость, -и
косола́пый
косонапра́вленный*
ко́сонька, -и
косоплё́чий
косопоперечный
косоприце́льный
косору́кий
косоро́тый
кососи́мметри́ческий
кососло́й, -я
косослойный
косоуго́льник, -а
косоуго́льный
костарика́нец, -нца
ко́ста-рика́нский
костево́й
костедроби́льный
костёл, -а
костёльный
костене́ть, -ею, -еет
костеобраба́тывающий
костёр, костра́
костери́ть, -рю́, -ри́т
костея́зы́чные, -ых
кости́стый
кости́ть, кощу́, кости́т
кости́ща, -и
костля́вый
костномозгово́й
ко́стно-суставно́й
костнотуберкулёзный
ко́стно-хрящево́й
ко́стный (*от* кость)
костое́да, -ы
костопра́в, -а
косторе́з, -а
косторе́зный
ко́сточка, -и
ко́сточковые, -ых
костра́, -ы́
костре́ц, -а́
костре́цо́вый
костри́ка, -и
костри́чный
костри́ще, -а, *м.* (увели́чит.) и *с.* (место)
костровой
костро́вый
костылёдёр, -а
костылезаби́вщик, -а
костыли́к, -а
косты́ль, -я́
костыля́ть, -я́ю, -я́ет
кость, -и, *мн.* ко́сти, -е́й, *тв.* -я́ми (но: лечь кость-ми́)
костъути́ль, -я
костю́м, -а
костюмёр, -а
костюме́рный
костюме́рша, -и
костюмиро́ванный

костюмирова́ть(ся), -ру́ю(сь), -ру́ет(ся)
костюмиро́вка, -и
костю́мный
костю́мчик, -а
костя́, -а́
костяни́ка, -и
костяни́чный
костя́нка, -и
костяно́й
костя́шка, -и
косу́ля, -и
косу́шка, -и
косхалва́, -ы́
косы́нка, -и
косы́ночка, -и
косьба́, -ы́
коса́к, -а́
коса́чный
косячо́к, -чка́
коса́щатый
кот, -а́
кота́нгенс, -а
котёл, -тла́
котело́к, -лка́
коте́льная, -ой
коте́льный
котёнок, -нка, *мн.* -тя́та, -тя́т
котёночек, -чка
ко́тик, -а
ко́тиковый
котиледо́н, -а
котилоза́вр, -а
котильо́н, -а
коти́рованный
коти́ровать(ся), -рую(сь), -рует(ся)
коти́ровка, -и
котиро́вочный
коти́ться, -и́тся (рожать — о кошке, овце)
коти́ще, -а, *м.*
ко́тласский (*от* Ко́тлас)
котле́та, -ы
котле́тка, -и
котле́тная, -ой
котле́тный
котлетоде́лательный
котли́ще, -а, *м.*
котлова́н, -а
котлова́нный
котлови́на, -ы
котлови́нный
котловинообра́зный
котло́вый
котлонадзо́р, -а
котлообра́зный
котлоочи́стка, -и
котлопу́нкт, -а
котлострое́ние, -я
котлострои́тель, -я
котлострои́тельный
котлотурби́нный
кото́мка, -и
котониза́тор, -а
котониза́ция, -и
котонизи́рованный
котонизи́ровать(ся), -рую, -рует(ся)
котони́н, -а
котони́нный
кото́нный
кото́рый

кото́рый-нибудь
котте́дж, -а
коту́рны, -ов, *ед.* коту́рн, -а
коты́, -о́в (обувь)
ко́фе, *нескл., м. и с.* (зерно и напиток)
кофева́рка, -и
кофеёк, -ейка́ и -ейку́
кофе́йка, -а
кофе́йновый
кофе́йник, -а
кофе́йница, -ы
кофе́йный
кофе́йня, -и, *р. мн.* -еен
кофемо́лка, -и
кофр, -а
кофрокарти́ст, -а
ко́фта, -ы
кофтёнка, -и
ко́фточка, -и
кофферда́м, -а
кохинхи́нка, -и
ко́хия, -и
коча́н, -чана́ и -чна́
коча́нный
кочева́ть, -чу́ю, -чу́ет
кочёвка, -и
кочёвник, -а
кочёвница, -ы
кочёвнический
кочево́й
кочевря́житься, -жусь, -жится
коче́вье, -я, *р. мн.* -вий
кочега́р, -а
кочега́рка, -и
кочега́рный
кочега́рня, -и, *р. мн.* -рен
кочеды́жник, -а
кочеды́к, -а́ и -а
кочене́ть, -ею, -еет
ко́чень, -чня и -чня́, *мн.* ко́чни, -ей и -ей (кочан)
кочерга́, -и́, *р. мн.* -рёг
кочерёжка, -и
кочеры́жка, -и
ко́чет, -а, *мн.* -ы, -ов и -а́, -о́в
кочето́к, -тка́
ко́чечный
кочешо́к, -шка́
ко́чка, -и
кочка́рник, -а
кочкова́тый
кочкоре́з, -а
кочма́ра, -ы
кош, -а
коша́ра, -ы
коша́тник, -а
коша́тница, -ы
коша́чий и ко́шечий; -ья, -ье
кошева́, -ы́
коше́вка, -и
кошево́й, -о́го
кошелёк, -лька́
коше́лка, -и
кошёлочка, -и
кошёль, -я́
кошелько́вый
коше́ние, -я
кошени́левый
кошени́ль, -и
кошени́льный
ко́шенный, *прич.*

ко́шеный, *прил.*
коше́рный
ко́шечий и коша́чий, -ья, -ье
ко́шечка, -и
ко́шка, -и
кошкодёр, -а
кошма́, -ы́, *мн.* ко́шмы, кошм и ко́шем, ко́шма́м
кошма́р, -а
кошма́рный
кошмова́л, -а
кошмова́льный
кошмо́вый
кошни́ца, -ы
кошо́мный
кошт, -а
коще́й, -я
кощу́нственный; *кр. ф.* -вен и -венен, -венна
кощу́нство, -а
кощу́нствовать, -твую, -твует
коэнзи́м, -а
коэрци́вный
коэффицие́нт, -а
кпереди́, *нареч.*
кра́аль, -я
краб, -а
крабова́рка, -и
крабоконсе́рвный
крабо́лов, -а
крабо́ловный
крабообрабо́тка, -и
краборазде́лочный
кра́вчий, -его
кра́вчик, -а
кра́ги, краг, *ед.* кра́га, -и
кра́денный, *прич.*
кра́деный, *прил.*
кра́дучись, *дееп.*
краду́щий
краду́щийся
краеве́д, -а
краеве́дение, -я
краеве́дческий
краево́й
краеуго́льный
кра́ешек, -шка
кра́жа, -и
край, -я и -ю, *предл. в* кра́е *и в* краю́, *на* краю́, *мн.* края́, краёв
крайисполко́м, -а
кра́йком, -а
кра́йне, *нареч.*
кра́йний
кра́йность, -и
краковя́к, -а
кра́лечка, -и
кра́ля, -и
крамба́мбули, *нескл., м.*
крамо́ла, -ы
крамо́льник, -а
крамо́льничать, -аю, -ает
крамо́льный
крампо́ванный
крампова́ть, -пу́ю, -пу́ет
кран, -а
кран-ба́лка, -и

кра́нец, -нца
краниа́льный
краниогра́фия, -и
краниологи́ческий
краниоло́гия, -и
кранио́метр, -а
краниометри́ческий
краниоме́трия, -и
краниотоми́я, -и
кра́нный
крановщи́к, -а́
крановщи́ца, -ы
кра́новый
крап, -а (крапинки)
кра́пать, -плю, -плет и -аю, -ает
кра́пива, -ы
крапи́вник, -а
крапи́вница, -ы
крапи́вный
кра́пинка, -и
крапла́к, -а
крапле́ние, -я (*от* кра́пать)
кра́пленный, *прич.*
краплёный, *прил.*
крапп, -а (*бот.*)
кра́пчатый
краса́, -ы́
краса́вец, -вца
краса́вица, -ы
краса́вка, -и
краса́вчик, -а
краси́вее и краси́вей, *сравн. ст. (от* краси́вый, краси́во)
краси́венький
краси́вость, -и
краси́вый
краси́льно-аппрету́рный
краси́льно-набивно́й
краси́льно-отде́лочный
краси́льный
краси́льня, -и, *р. мн.* -лен
краси́льщик, -а
краси́тель, -я
кра́сить(ся), кра́шу(сь), кра́сит(ся)
кра́ска, -и
краскова́рный
краскова́рня, -и, *р. мн.* -рен
краскомеша́лка, -и
краскопу́льт, -а
краскораспыли́тель, -я
краскотёрка, -и
кра́сненький, *кр. ф.* -енек, -енька
красне́ть(ся), -е́ю, -е́ет(ся)
красно́, *нареч.*
красноарме́ец, -е́йца
красноарме́йский
краснобай, -я
краснобайство, -а
красно-бу́рый
краснова́то-бу́рый
краснова́то-жёлтый
краснова́то-лило́вый
краснова́тый
красногварде́ец, -е́йца
красногварде́йский

красногла́зый
красногли́нистый
красноголо́вый
красногру́дый
красногу́бый
краснодере́вец, -вца
краснодере́вщик, -а
краснодо́нец, -нца
кра́сно-жёлтый
краснозвёздный
краснозём, -а
краснозёмный
краснознамёнец, -нца
краснознамённый
краснозо́бик, -а
красноко́жий
кра́сно-кори́чневый
краснокры́лый
краснолесье, -я
краноли́цый
краснолóмкость, -и
красномо́рдый
красноно́жка, -и
красноно́сый
краснопёрка, -и
краснопёрый
красноречи́вый
красноре́чие, -я
краснорядец, -дца
краснорядский
кра́сно-си́ний
краснота́, -ы́
краснота́л, -а
краснофло́тец, -тца
краснофло́тский
краснохво́ст, -а
красноцве́тный
красноше́йка, -и
красношёкий
красну́ха, -и
кра́сный; *кр. ф.* -сен, -сна́, красно́
красова́ться, -су́юсь, -су́ется
красота́, -ы́, *мн.* -о́ты, -о́т
красотёл, -а
красо́тка, -и
кра́сочность, -и
кра́сочный
кра́сть(ся), краду́(сь), крадёт(ся); *прош.* кра́л(ся), кра́ла(сь)
кра́сящий(ся)
кра́тенький
кра́тер, -а
кра́ткий; *кр. ф.* -ток, -тка́, -тко
кратковре́менный; *кр. ф.* -мен и -менен, -менна
краткосро́чник, -а
краткосро́чный
кра́ткость, -и
кра́тность, -и
кра́тный
кратча́йший
крафт-бума́га, -и
крафт-паке́т, -а
крах, -а
крахма́л, -а и -у
крахма́ление, -я
крахма́ленный, *прич.*
крахма́леный, *прил.*

крахма́листый
крахма́лить(ся), -лю, -лит(ся)
крахма́ло-па́точный
крахма́льный
кра́чка, -и
кра́ше, *сравн. ст. (от* краси́вый, краси́во)
кра́шение, -я
крашени́на, -ы
кра́шенный, *прич.*
кра́шеный, *прил.*
краю́ха, -и
краю́шка, -и
креати́н, -а
креату́ра, -ы
креве́тка, -и
кре́дит, -а (правая сторона счёта)
креди́т, -а (ссуда)
креди́тка, -и
креди́тно-де́нежный
креди́тный
кредитова́ние, -я
кредито́ванный
кредитова́ть(ся), -ту́ю(сь), -ту́ет(ся)
кре́дитовый (*от* кре́дит)
кредито́р, -а
кредито́рский
кредитоспосо́бный
кре́до, *нескл., с.*
крез, -а
крезо́л, -а
кре́йсер, -а, *мн.* -ы, -ов и -а́, -о́в
кре́йсерский
кре́йсерство, -а
крейси́рование, -я
крейси́ровать, -рую, -рует
кре́йцер, -а
кре́кер, -а
кре́кинг, -а
кре́кинг-бензи́н, -а
кре́кинг-насо́с, -а
кре́кинговый
кре́кинг-проце́сс, -а
кре́кинг-устано́вка, -и
креки́рование, -я
креки́ровать, -рую, -рует
крем, -а и -у
кремалье́р, -а и кремалье́ра, -ы
кремато́рий, -я
кремацио́нный
крема́ция, -и
крем-брюле́, *нескл., с.*
креме́нь, -мня́
кремешо́к, -шка́
креми́ровать(ся), -рую, -рует(ся)
кремлёвский
кремлено́лог, -а
кремль, -я́
кремнёвка, -и
кремнево́д, -а
кремнёвый
кремнежгу́тиковые, -ых
кремнезём, -а
кремнезёмистый

кремнезёмный
кремнекислота́, -ы́, *мн.*
  -о́ты, -о́т
кремнеки́слый
кремнефтори́д, -а
кремнефто́ристо-водоро́д-
  ный
кремнефто́ристый
кре́мниевый
кре́мний, -я
кремнийоргани́ческий
кремни́стый
кре́мовый
крем-со́да, -ы
крен, -а
кре́нгельс, -а
кренделёк, -лька́
кре́ндель, -я, *мн.*-я́ -ей и -и,
  -ей
кре́ндельный
крени́ть(ся), -ню́, -ни́т(ся)
крено́метр, -а
креодо́нт, -а
креозо́л, -а
креозо́т, -а
креозо́товый
крео́л, -а
крео́лка, -и
крео́льский
креп, -а
крепдеши́н, -а и -у
крепдеши́новый
крепёж, -ежа́
крепёжный
креп-жорже́т, -а
креп-жорже́товый
крепи́льщик, -а
крепирова́льный
крепи́рованный
крепи́ровать(ся), -рую, -ру-
  ет(ся)
крепита́ция, -и
крепи́тель, -я
крепи́тельный
крепи́ть(ся), -плю́(сь),
  -пи́т(ся)
кре́пки: игра́ть в кре́п-
  ки
кре́пкий; *кр. ф.* -пок, -пка́,
  -пко
крепкоголо́вый
крепколо́бый
кре́пко-на́крепко
крепле́ние, -я
креплёный; *кр. ф.* -ён,
  -ена́, *прич.*
креплёный, *прил.*
креп-мароке́н, -а
креп-мароке́новый
кре́пнувший
кре́пнуть, -ну, -нет; *прош.*
  креп и кре́пнул, кре́пла
кре́повый
крепостни́к, -а́
крепостни́ца, -ы
крепостни́ческий
крепостни́чество, -а
крепостно́й
кре́пость, -и, *мн.* -и, -е́й
креп-сати́н, -а
креп-сати́новый
креп-фа́евый
креп-фа́й, -я

крепча́йший
крепча́ть, -а́ет
кре́пче, *сравн. ст. (от*
  кре́пкий, кре́пко)
креп-шифо́н, -а
крепы́ш, -а́
крепь, -и
креса́ло, -а
креса́ть, -а́ю, -а́ет
кре́сельный
кре́слице, -а
кре́сло, -а
кре́сло-крова́ть, кре́сла-
  крова́ти
кресс-сала́т, -а
крест, -а́
кресте́ц, -тца́
кре́стик, -а
крести́льный
крести́нный
крести́ны, -и́н
крести́ть(ся), крещу́(сь),
  кре́стит(ся)
крест-на́крест
крёстная, -ой
кре́стник, -а
крёстница, -ы
крёстничек, -чка
кре́стный (к крест)
крёстный, -ого
крестови́дный
крестови́к, -а́
крестови́на, -ы
кресто́вка, -и
кресто́вник, -а
кресто́вый
крестоно́сец, -сца
крестоно́сный
крестообра́зный
крестопокло́нный
крестоцве́тный
крестцо́вый
крестья́нин, -а, *мн.* -я́не, -я́н
крестья́нка, -и
крестья́нский
крестья́нство, -а
крестья́нствовать, -твую,
  -твует
крети́н, -а
кретини́зм, -а
крето́н, -а
крето́нный
крето́новый
кре́чет, -а
кречётка, -и
кречётовый
кре́шер, -а
креще́ндо и креше́ндо,
  неизм. и нескл., с.
креще́ние, -я
крещённый; *кр. ф.* -ён,
  -ена́, *прич.*
креще́нский
крещёный, *прил.*
крива́я, -о́й
кри́вда, -ы
криве́ть, -е́ю, -е́ет (становиться кривым)
кривизна́, -ы́
криви́ть, -влю́, -ви́т (что)
криви́ться, -влю́сь, -ви́тся
кривичи́, -е́й, *ед.* криви́ч, -а́
кривля́ка, -и, *м. и ж.*
кривля́нье, -я

кривля́ться, -я́юсь, -я́ется
кривобо́кий
криводу́шие, -я
криводу́шничать, -аю, -ает
криводу́шный
криво́й; *кр. ф.* крив, кри-
  ва́, кри́во, кривы́
криволи́нейно-поступа́-
  тельный
криволине́йный
кривоно́гий
кривоно́жка, -и
кривоно́сый
криворо́гий
криворо́жий
криворо́тый
криворо́кий
кривото́лки, -ов
кривоше́ий, -шея́я, -ше́ее
кривоше́я, -и
кривоши́п, -а
кривоши́пно-рыча́жный
кривоши́пно-шату́нный
кривоши́пный
криву́лина, -ы
криву́ля, -и
криз, -а
кри́зис, -а
кри́зисный
крик, -а
кри́кет, -а (игра в мяч)
крикли́вый
кри́кнуть, -ну, -нет
кри́кса, -ы, *м. и ж.*
крику́н, -а́
крику́нья, -и, *р. мн.* -ний
крику́ха, -и
крику́ша, -и, *м. и ж.*
криль, -я
кримина́л, -а
криминали́ст, -а
криминали́стика, -и
криминалисти́ческий
криминали́стка, -и
кримина́льный
кримино́лог, -а
криминологи́ческий
криминоло́гия, -и
кримпле́н, -а
кримпле́новый
кри́ница, -ы
кри́нка, -и и кры́нка, -и
криноли́н, -а
кри́ночный и кры́ночный
кри́нум, -а
криоге́нный
криогидра́т, -а
криоли́т, -а
криоло́гия, -и
криоскопи́я, -и
криоста́т, -а
кри́пта, -ы
криптогра́мма, -ы
криптографи́ческий
криптогра́фия, -и
криптодепре́ссия, -и
криптокристалли́ческий
криптоме́рия, -и
криптомнези́я, -и
крипто́н, -а
крипто́новый
криптофи́т, -а
криста́лл, -а

кристаллиза́тор, -а
кристаллизацио́нный
кристаллиза́ция, -и
кристаллизо́ванный
кристаллизова́ть(ся), -зу́ю,
  -зу́ет(ся)
криста́ллик, -а
кристалли́т, -а
кристалли́ческий
кристаллови́дный
кристаллогидра́т, -а
кристалло́граф, -а
кристаллографи́ческий
кристаллогра́фия, -и
кристалло́ид, -а
кристаллокера́мика, -и
кристаллолюминесце́н-
  ция, -и
кристаллообразова́ние, -я
кристаллоо́птика, -и
кристаллофи́зика, -и
кристаллохи́мия, -и
криста́льность, -и
криста́льный
кристобали́т, -а
крите́рий, -я
крите́риум, -а
кри́тик, -а
кри́тика, -и
критика́н, -а
критика́нка, -и
критика́нский
критика́нство, -а
критика́нствовать, -твую,
  -твует
кри́тико-библиографи́че-
  ский
критикова́ть(ся), -ку́ю, -ку́-
  ет(ся)
кри́тико-публицисти́че-
  ский
критици́зм, -а
крити́ческий
крити́чность, -и
крити́чный
кри́ца, -ы
крича́ть, -чу́, -чи́т
крича́щий
кричмя́ крича́ть
кри́чный
кров, -а
крова́веть, -ею, -еет (становиться кровавым)
крова́вить, -влю, -вит (что)
крова́во-кра́сный
крова́вый
крова́тишка, -и
крова́тища, -и
крова́тка, -и
крова́тный
крова́ть, -и
кровезамени́тель, -я
кровезамеща́ющий
кро́белька, -и
кро́вельно-вентиляцио́н-
  ный
кро́вельный
кро́вельщик, -а
кровенаполне́ние, -я
кровене́ть, -еет (делаться
  кровавым)
кровени́ть, -ню́, -ни́т (что)
кровено́сный
кровепарази́т, -а

кроветворе́ние, -я
кроветво́рный
крови́нка, -и
крови́ща, -и
кро́вля, -и, р. мн. -вель
кро́вник, -а
кровноро́дственный
кро́вный
кровожа́дность, -и
кровожа́дный
кровоизлия́ние, -я
кровообразова́ние, -я
кровообраще́ние, -я
кровооостана́вливающий
кровоочисти́тельный
кровоочище́ние, -я
кровопи́йство, -а
кровопи́йца, -ы, р. мн.
　-и́йц, м. и ж.
кровоподтёк, -а
кровопоте́ря, -и
кровопроли́тие, -я
кровопроли́тный
кровопуска́ние, -я
кровопуска́тельный
кровосмеси́тель, -я
кровосмеси́тельный
кровосмеси́тельство, -а
кровосмеше́ние, -я
кровоснабже́ние, -я
кровосо́с, -а
кровосо́ска, -и
кровосо́сный
кровососу́щий
кровотече́ние, -я
кровоточи́вый
кровоточи́ть, -и́т
кровоха́рканье, -я
кровохлёбка, -и
кро́вушка, -и
кровь, -и, мн. -и, -е́й
кровяни́стый
кровяно́й
крое́ние, -я
кро́енный, прич.
кро́еный, прил.
кро́йльный
крои́ть(ся), крою́, кро-
　и́т(ся)
кро́йка, -и
кроке́т, -а (игра в шары)
кроке́тный
кроки́, нескл. с.
крокиро́ванный (от кро-
　ки́ровать)
крокиро́ванный (от кро-
　кирова́ть)
кроки́ровать, -рую, -рует
　(делать кроки)
крокирова́ть, -ру́ю, -ру́ет и
　кроки́ровать, -рую, -рует
　(в крокете)
крокиро́вка, -и
крокоди́л, -а
крокоди́лий, -ья, -ье
крокоди́лов, -а, -о
крокоди́ловый
кро́кус, -а
кро́лик, -а
кроликово́д, -а
кроликово́дство, -а
кроликово́дческий
кро́ликовый
кроликома́тка, -и

кроли́ст, -а
кроли́стка, -и
кро́личий, -ья, -ье
кроль, -я
крольча́тник, -а
крольчи́ха, -и
крольчо́нок, -нка, мн. -ча́-
　та, -ча́т
кроманьо́нец, -нца
кроманьо́нский
кро́ме
кроме́шный
кро́мка, -и
кромкозави́вочный
кромкострога́льный
кромкофугова́льный
кро́млех, -а
кро́мочка, -и
кро́мочный
кромса́ть, -а́ю, -а́ет
крон, -а (краска)
кро́на, -ы
кро́нверк, -а
кронгла́с, -а
кронгла́совый
кро́нистый
кро́новый
кронпри́нц, -а
кронпринце́сса, -ы
кронци́ркуль, -я
кро́ншнеп, -а
кронште́йн, -а
кропа́тель, -я
кропа́ть, -а́ю, -а́ет
кропи́ло, -а
кропи́льница, -ы
кропи́льце, -а, р. мн. -лец
кропи́ть(ся), -плю́, -пи́т(ся)
кропле́ние, -я (от кро-
　пи́ть)
кроплённый; кр. ф. -ён,
　-ена́, прич.
кроплёный, прил. (от
　кропи́ть)
кропотли́вость, -и
кропотли́вый
кропоту́н, -а́
кропоту́нья, -и, р. мн. -ний
кро́сна, -сен и кро́сно, -а
кросс, -а
кроссбри́динг, -а
кроссво́рд, -а
кро́ссинг, -а
кросс-модуля́ция, -и
кроссме́н, -а
кроссо́вки, -вок, ед. кросс-
　со́вка, -и
кро́ссовый
кросс-систе́ма, -ы
кросс-сре́дства, -средств
кроссчайнво́рд, -а
крот, -а́
кротёнок, -нка, мн. -тя́та,
　-тя́т
кро́ткий; кр. ф. -ток, -тка́,
　-тко
кро́товий, -ья, -ье
кро́товина, -ы
кро́товый
кротодрена́жный
кротоло́вка, -и
крото́н, -а
кро́тость, -и
кротча́йший (от кро́ткий)

кро́тче, сравн. ст. (от
　кро́ткий, кро́тко)
кро́ха, -и, м. и ж. (малень-
　кий ребёнок)
кроха́, -и́ и -и́, вин. кро́ху,
　мн. кро́хи, крох, кро́хам
　(крошка)
кроха́ль, -я́
крохобо́р, -а
крохобо́рка, -и
крохобо́рский
крохобо́рство, -а
крохобо́рствовать, -твую,
　-твует
крохобо́рческий
крохо́тный
кроше́, нескл. с.
кро́шево, -а
кро́шенный, прич.
кро́шеный, прил.
кро́шечка, -и
кро́шечный
кроши́ть(ся), крошу́, кро́-
　ши́т(ся)
кро́шка, -и
кро́ющий (от крыть)
кро́ящий (от кро́ить)
круг, -а, предл. в кру́ге, в
　кругу́, мн. -и́, -о́в
кругле́нный; кр. ф. -ён,
　-ена́, прич.
круглёный, прил.
кру́гленький
кругле́ть, -е́ю, -е́ет (стано-
　виться круглым)
кругли́ть, -лю́, -ли́т (что)
кругли́ться, -и́тся
круглобо́кий
круглова́тый
круглово́гнутый
кругловяза́льный
круглоги́бочный
круглогоди́чный
круглогодово́й
круглоголо́вка, -и
круглоголо́вый
круглогу́бцы, -цев
круглоли́цый
круглопи́льный
круглоплече́й
круглоремённый
круглоро́тые, -ых
круглосу́точный
круглота́, -ы́
круглотка́цкий
круглочуло́чный
круглошлифова́льный
круглощёкий
круглоязы́чные, -ых
кру́глый; кр. ф. кругл,
　кругла́, кру́гло, кру́глы
кругля́к, -а́
кругля́чок, -чка́
кругля́ш, -а́
кругляшо́к, -шка́
круговёрть, -и
кругово́й
круговоро́т, -а
круговраща́тельный
круговраще́ние, -я
кругозо́р, -а
кру́гом: голова́ идёт кру́-
　гом
круго́м

кругооборо́т, -а
кругообра́зный
кругообраще́ние, -я
кругора́ма, -ы
кругора́мный
кругосве́тка, -и
кругосве́тный
кружа́ло, -а
кружа́щий(ся)
кружева́, кру́жев, круже-
　ва́м и кру́жево, -а
кружевни́ца, -ы
кружевно́й
кружевоплете́ние, -я
кружевца́, -ве́ц, -вца́м, кру́-
　жевца, -вцев и -ве́ц, -вца́м
　и кру́жевце, -а, р. мн.
　-цев
круже́ние, -я
кру́жечка, -и
кру́жечный
кружи́ть(ся), кружу́(сь),
　кру́жи́т(ся)
кру́жища, -и
кру́жка, -и
кружко́вец, -вца
кружково́й и кружко́-
　вый
кружковщи́на, -ы
кружо́к, -жка́
кружо́чек, -чка
крузе́йро, нескл. с.
круи́з, -а
крумци́ркуль, -я
круп, -а
крупа́, -ы́, мн. кру́пы,
　круп
крупени́к, -а́
крупи́нка, -и
крупи́тчатый
крупи́ца, -ы
кру́пка, -и
крупне́ть, -е́ю, -е́ет
крупноби́тый
крупнобло́чный
крупногабари́тный
крупноголо́вый
крупнозерни́стый
крупнокали́берный
крупноколо́сый
крупнокусково́й
крупноли́стный и крупно-
　ли́стый
крупномасшта́бный
крупноме́рный
крупномо́лотый
крупнообло́мочный
крупнопане́льный
крупнопло́дный
крупнопо́ристый
крупноразме́рный
крупносери́йный
крупнотонна́жный
крупноузо́рчатый
крупноформа́тный
крупноцве́тный
крупночино́вный
кру́пный; кр. ф. -пен, -пна́,
　-пно, кру́пны
крупове́йка, -и
круподёрка, -и
крупозаво́д, -а
крупо́зный
крупоотдели́тельный

крупоплющи́льный
крупорėза́тельный
крупору́шка, -и
крупосортиро́вка, -и
крупошлифова́льный
крупча́тка, -и
крупча́тый
крупьė, нескл., м.
крупяно́й
крутану́ть, -ну́, -нėт
крутėнек, -нька
крутизна́, -ы́
крути́льный
крути́льщица, -ы
крути́ть(ся), кручу́(сь), кру́тит(ся)
кру́тка, -и
крутобėрėжный
крутобо́кий
крутого́р, -а
круто́й; кр. ф. крут, крута́, кру́то, кру́ты
крутоло́бый
крутопа́дающий*
крутоповėрнутый*
круторо́гий
крутоя́р, -а
круть-вėрть, неизм.
круча́, -и
кру́че, сравн. ст. (от круто́й, кру́то)
кручėние, -я
кручėнка, -и
кру́ченный, прич.
кручėный, прил.
кручи́на, -и
кручи́ниться, -нюсь, -нится
кручи́нный
кручи́нушка, -и
крушėние, -я
круши́на, -ы
круши́нник, -а
круши́нный
круши́ть(ся), -шу́(сь), -ши́т(ся)
крыж, -а́
крыжачо́к, -чка́
крыжо́венный
крыжо́вник, -а
крыла́н, -а
крыла́тка, -и
крыла́тый
крыла́ч, -а́
крылėчко, -а, мн. -и, -чек
крыло́, -а́, мн. кры́лья, -ьев
крылоно́гие, -их
кры́лышко, -а
крыльцо́, -а́, мн. кры́льца, крылėц, -льца́м
крыльцо́вый
крыльча́тка, -и
крым-сагы́з, -а
крымча́к, -а́
кры́нка, -и и кри́нка, -и
кры́ночный и кри́ночный
кры́са, -ы
крысėнок, -нка, мн. -ся́та, -ся́т
крыси́д, -а
кры́сий, -ья, -ье
крыси́ный
крысоло́вка, -и
кры́тый

кры́ть(ся), кро́ю, кро́ет(ся)
кры́ша, -и
кры́шечка, -и
кры́шечный
кры́шка, -и
крышкодėлательный
крюйс-пėленг, -а
крюйт-ка́мера, -ы
крюк, -а́, предл. на крюкė и на крюку́, мн. крюки́, -о́в и крю́чья, -ьев
крюк: дать крюку
крюково́й
крю́чить(ся), -чусь, -чит(ся)
крючи́ще, -а, м.
крючкова́тый
крючкотво́р, -а
крючкотво́рство, -а
крю́чник, -а
крю́чничать, -аю, -ает
крючо́к, -чка́
крючо́чек, -чка
крючо́чник, -а
крюшо́н, -а
кря́ду, нареч. (два дня кря́ду)
кряж, -а и -а́, мн. кряжи́, кряжėй
кря́жевый
кря́жистый
кря́канье, -я
кря́кать, -аю, -ает
кря́ква, -ы
кря́кнуть, -ну, -нет
кря́ковый
кря-кря́, неизм.
кря́куша, -и
кряхтėнье, -я
кряхтėть, -хчу́, -хти́т
кряхту́н, -а
кряху́нья, -и, р. мн. -ний
ксанторрėя, -и
ксантофи́лл, -а
ксėндз, ксендза́
ксėнии, -ий
ксеноли́т, -а
ксено́н, -а
ксено́новый
ксерогра́фия, -и
ксерокопирова́льный
ксерокопи́рованный
ксерокопи́ровать, -рую, -рует
ксероко́пия, -и
ксėрокс, -а
ксероморфи́зм, -а
ксерофи́т, -а
ксерофо́рм, -а
ксерофо́рмный
ксилėма, -ы
ксилогра́фия, -и
ксило́л, -а
ксилоли́т, -а
ксилоли́товый
ксило́метр, -а
ксилофо́н, -а
ксилофони́ст, -а
кста́ти
кти́тор, -а
кто, кого́, кому́, кем, о ком

кто бы не (кто бы не пожела́л э́того!)
кто бы ни (кто бы ни говори́л, всėх вы́слушай)
кто бы то ни́ был
кто ж(е)
кто ка́к
кто-кто
кто куда́
кто-либо, кого́-либо
к тому́, к тому́ ж(е)
кто не (кто не рабо́тает, тот не ест)
кто ни (кто ни придėт, он вся́кому рад)
кто-нибудь, кого́-нибудь, местоим., но: кто ни будь (кто ни будь — любо́му скажу́)
кто ни на ėсть
кто попа́ло
кто́-то, кого́-то
куафėр, -а
куафю́ра, -ы
куб, -а, мн. ку́бы, кубо́в
куба́нец, -нца
куба́нка, -и
куба́нский
куба́рем, нареч.
куба́рь, -я́
кубату́ра, -ы
куби́зм, -а
ку́бик, -а
куби́нец, -нца
куби́нка, -и
куби́нский
куби́нско-совėтский
куби́ст, -а
куби́стка, -и
куби́стский
куби́ческий
ку́бковый
кубова́я, -о́й
кубови́дный
кубово́й (от куб)
ку́бовый (ярко-синий)
ку́бок, -бка
кубо́метр, -а
кубо́метровый
ку́брик, -а
кубы́шечка, -и
кубы́шка, -и
кува́лда, -ы
кувėз, -а
кувėрт, -а
кувши́н, -а и -а́
кувши́нка, -и
кувши́нковые, -ых
кувши́нный
кувши́нчик, -а
кувы́рк, неизм.
кувырка́ть(ся), -а́ю(сь), -а́ет(ся)
кувыркну́ть(ся), -нėт(ся) и ковырну́ть(ся), -ну́(сь), -нėт(ся)
кувырко́м, нареч.
кувырну́ть(ся), -ну́(сь), -нėт(ся)
кувыро́к, -рка́
куга́, -и́
кугуа́р, -а
куда́

куда́ б(ы) ни (в придаточных предложениях, не заключающих отрицательного смысла)
куда́ как
куда́-либо
куда́ не (куда́ то́лько не заезжа́л он!)
куда́ ни (куда́ ни ки́нь, вездė кли́н)
куда́-нибудь
куда́ ни шло́
куда́ там
куда́-то
куда́ тут
куда́хтанье, -я
куда́хтать, -хчу́, -хчет
куда́хчущий
кудėль, -и
кудėлька, -и
кудėлюшка, -и
кудėсник, -а
куд-куда́х, неизм.
кудла́тый
кудрева́тый
ку́дри, -ėй
кудря́виться, -ится
кудря́вый
кудря́ш, -а́
кудря́шка, -и
кузėн, -а
кузи́на, -ы
кузнėц, -а́
кузнėцкий
кузнėчик, -а
кузнėчно-прėссовый
кузнėчно-сва́рочный
кузнėчно-штампо́вочный
кузнėчный (от кузнėц)
ку́зница, -ы
ку́зничный (от ку́зница)
ку́зня, -и, р. мн. -зен
ку́зов, -а, мн. -а́, -о́в и -ы, -ов
кузовно́й
кузово́к, -вка́
ку́зька, -и (жук)
кукарėкать, -аю, -ает
кукарėкнуть, -ну, -нет
кукареку́, неизм.
кукельва́н, -а
ку́керсит, -а
ку́киш, -а
ку́кла, -ы
кукло́вод, -а
ку-клукс-кла́н, -а
куклуксклан́овец, -вца
ку-клукс-кла́новский
кукова́ние, -я
кукова́ть, куку́ю, куку́ет
ку́колка, -и
ку́коль, -я
ку́кольник, -а
ку́кольный
ку́кситься, ку́кшусь, ку́кситься
ку-ку́, неизм.
кукуру́за, -ы
кукуру́зник, -а
кукуру́зный
кукурузово́д, -а
кукурузодроби́лка, -и
кукурузосилосоубо́рочный
кукурузоубо́рочный

кукурузохрани́лище, -а
куку́шечий, -ья, -ье
куку́шечка, -и
куку́шка, -и
куку́шкин, -а, -о
кукушкообра́зные, -ых
куку́шонок, -нка, мн. -ша́та, -ша́т
кула́ж, -а
кула́к, -а́
кула́н, -а
кула́цкий
кула́ческий
кула́чество, -а
кулачи́ще, -а, м.
кула́чка, -и
кула́чки: би́ться на кула́чках
кулачко́вый
кула́чный
кулачо́к, -чка́
кулачьё, -я́
кулебя́ка, -и
кулево́й
кулёк, -лька́
кулёр, -а
кулетка́цкий
кулёчек, -чка
кулёчный
кулёш, -а́
ку́ли, нескл., м.
кули́га, -и
кули́к, -а́
кулина́р, -а
кулина́рия, -и
кулина́рка, -и
кулина́рный
кули́са, -ы
кули́сный
кули́ч, -а́
кули́чик, -а
кули́чки: на кули́чки, на кули́чках
кули́чный
куличо́к, -чка́
куличо́нок, -нка, мн. -ча́та, -ча́т
куло́н, -а, р. мн. -óн и -ов
кулуа́рный
кулуа́ры, -ов
куль, -я́
кульба́ба, -ы
кульби́т, -а
ку́льман, -а
кульминацио́нный
кульмина́ция, -и
кульмини́ровать, -рую, -рует
культ, -а
культива́тор, -а
культива́ция, -и
культиви́рование, -я
культиви́рованный
культиви́ровать(ся), -рую, -рует(ся)
культинвента́рь, -я́
культ- и спортрабо́та, -ы
культкоми́ссия, -и
культма́ссовый
ку́льтовый
культо́рг, -а
культотде́л, -а
культпохо́д, -а
культпросве́т, -а

культпросветрабо́та, -ы
культрабо́та, -ы
культрабо́тник, -а
культсе́ктор, -а
культтова́ры, -ов
культу́ра, -ы
культури́зм, -а
культури́ст, -а
культу́рник, -а
культу́рнический
культу́рничество, -а
культу́рно-бытово́й
культу́рно-воспита́тельный
культу́рно-истори́ческий
культу́рно-ма́ссовый
культу́рно-поливно́й
культу́рно-полити́ческий
культу́рно-просвети́тельный
культу́рность, -и
культу́рный
культуртехни́ческий
культуртре́гер, -а
культуртре́герский
культуртре́герство, -а
культфро́нт, -а
культя́, -и́
культя́пка, -и
культя́чейка, -и
кум, -а, мн. кумовья́, -ьёв
кума́, -ы́
куманёк, -нька́
куманика, -и
кумари́н, -а
кума́ч, -а́
кума́чный
кумачо́вый
куме́кать, -аю, -ает
куми́р, -а
куми́рня, -и, р. мн. -рен
куми́ться, -млю́сь, -ми́тся
кумминготни́т, -а
кумовско́й
кумовство́, -а́
кумуляти́вный
кумуля́ция, -и
ку́мушка, -и
кумы́к, -а
кумы́кский
кумы́с, -а
кумы́сный
кумысолече́бница, -ы
кумысолече́бный
кумысолече́ние, -я
кумысхана́, -ы́
кумы́чка, -и
куна́, -ы и куна́, -ы́
куна́к, -а́
куна́цкий
куна́чество, -а
кунга́с, -а
кунжу́т, -а
кунжу́тный
ку́ний, -ья, -ье
куни́ца, -ы
кункта́тор, -а
кунстка́мера, -ы
кунту́ш, -а́
кунштю́к, -а
ку́па, -ы
купа́ва, -ы
купа́вка, -и
купа́ж, -а́
купажи́рование, -я

купа́ленка, -и
купа́льник, -а
купа́льница, -ы
купа́льный
купа́льня, -и, р. мн. -лен
купа́льщик, -а
купа́льщица, -ы
купа́ние, -я
ку́панный, прич.
ку́паный, прил.
купа́ты, -а́т
купа́ть(ся), -а́ю(сь), -а́ет(ся)
купе́, нескл., с.
купе́йность, -и
купе́йный
купели́рование, -я и капели́рование, -я
купели́ровать, -рую, -рует и капели́ровать, -рую, -рует
купе́ль, -и
купеля́ция, -и
купе́ц, -пца́
купе́цкий
купе́ческий
купе́чество, -а
купидо́н, -а
купидо́нчик, -а
купина́, -ы́: неопали́мая купина́
купи́рованный
купи́ровать, -рую, -рует
купи́ть, куплю́, ку́пит
ку́пленный
купле́т, -а
куплети́ст, -а
куплети́стка, -и
купле́тный
ку́пля, -и
ку́пля-прода́жа, ку́пли-прода́жи
ку́пно, нареч.
ку́пол, -а, мн. -а́, -óв
куполообра́зный
ку́польный
купо́н, -а
купо́нный
купо́нчик, -а
купоро́с, -а
купоро́сный
купоро́совый
купри́т, -а
куперште́йн, -а
купцо́вский
ку́пчая, -ей
ку́пчий
ку́пчик, -а
купчи́на, -ы, м.
купчи́ха, -и
купю́ра, -ы
кур: как ку́р во́ щи
кура́бье, нескл., с.
курага́, -и́
кура́ж, -а́
кура́житься, -жусь, -жится
куракоуборо́чный
кура́нт, -а (пестик)
кура́нта, -ы (танец)
кура́нты, -ов (часы)
кура́ре, нескл., с.
курариза́ция, -и
кураризо́ванный
кура́тор, -а

курба́н-байра́м, -а
курбе́т, -а
курви́ме́тр, -а
курга́н, -а
курга́нный
курга́нчик, -а
кургу́зый
курд, -а
ку́рдский
курдю́к, -а́
курдю́чный
курдючо́к, -чка́
курдя́нка, -и
ку́рево, -а
куре́ние, -я
курёнок, -нка, мн. -ря́та, -ря́т
куре́нь, -я́
курза́л, -а
куриа́льный
ку́ривать, наст. вр. не употр.
ку́рий, -ья, -ье
кури́лка, -и
кури́льница, -ы
кури́льня, -и, р. мн. -лен
кури́льщик, -а
кури́льщица, -ы
кури́ный
кури́ровать, -рую, -рует
кури́тельная, -ой
кури́тельный
кури́ть(ся), курю́, ку́рит(ся)
кури́ться, кури́тся (дыми́ться)
ку́рица, -ы, мн. ку́ры, кур
ку́рицын, -а, -о
ку́ричий, -ья, -ье
ку́рия, -и
ку́рка, -и
курко́вый
куркуль, -я́
куркума́, -ы
курлы́канье, -я
курлы́кать, -чу, -чет и -аю, -ает
курлы́кающий и курлы́чущий
ку́рник, -а
курно́й
курно́сый
курну́ть, -ну́, -нёт
корово́д, -а
корово́дство, -а
коро́водческий
куро́к, -рка́
куроле́сить, -ёшу, -ёсит
куропа́тка, -и
куропа́точий, -ья, -ье
куропа́точка, -и
куро́рт, -а
куро́ртник, -а
куро́ртница, -ы
куро́ртно-санато́рный
куро́ртный
курорто́лог, -а
курортологи́ческий
курортоло́гия, -и
курослёп, -а
ку́рочка, -и
ку́рочный
курс, -а

курса́нт, -а
курса́нтка, -и
курса́нтский
курси́в, -а
курси́вить(ся), -влю, -вит(ся)
курси́вный
курси́ровать, -рую, -рует
курси́ст, -а
курси́стка, -и
курсо́вка, -и
курсово́й
курсово́чный
курсо́граф, -а
курсопрокла́дчик, -а
курсо́рный
ку́рсы, -ов
курта́ж, -а
курта́жный
куртиза́нка, -и
курти́на, -ы
курти́нный
ку́ртка, -и
ку́рточка, -и
куртуа́зный
курулта́й, -я
курфю́рст, -а
курцгало́п, -а
курча́веть, -ею, -еет
курча́винка, -и
курча́виться, -ится
курчавоволо́сый
курча́вый
курчато́вий, -я
курчо́нок, -нка, *мн.* -ча́та, -ча́т
курьёз, -а
курьёзный
курье́р, -а
курье́рский
куря́тина, -ы
куря́тник, -а
куря́щий, -его
кус, -а
куса́ка, -и, *м. и ж.*
куса́ние, -я
ку́санный, *прич.*
ку́саный, *прил.*
куса́ть(ся), -а́ю(сь), -а́ет(ся)
куса́чки, -чек
куси́ще, -а, *м.*
куско́вой
кусну́ть, -ну́, -нёт
кусо́к, -ска́
кусо́чек, -чка
куст, -а́
куста́рник, -а
куста́рниковый
куста́рничать, -аю, -ает
куста́рничек, -чка
куста́рничество, -а
куста́рно-промысло́вый
куста́рный
куста́рщина, -ы
куста́рь, -я́
ку́стик, -а
кусти́стый
кусти́ться, -и́тся
кустово́й
кустообра́зный
кусторе́з, -а
кусторе́зный
кусто́чек, -чка

ку́танный, *прич.*
ку́таный, *прил.*
ку́тать(ся), -аю(сь), -ает(ся)
кута́фья, -и, *р. мн.* -фий
кутёж, -ежа́
куте́йник, -а
куте́йный
кутёнок, -нка, *мн.* -тя́та, -тя́т
кутерьма́, -ы́
кути́кула, -ы
кути́ла, -ы, *м. и ж.*
кути́ть, кучу́, ку́тит
кутну́ть, -ну́, -нёт
куто́к, -тка́
кату́зка, -и
кату́м, -а
кутья́, -и́, *р. мн.* -те́й
куфи́ческий
куха́рка, -и
куха́ркин, -а, -о
куха́рничать, -аю, -ает
кухля́нка, -и
кухми́стер, -а
кухми́стерская, -ой
ку́хня, -и, *р. мн.* ку́хонь
ку́хонный
ку́хонька, -и
куцехво́стый
ку́цый
ку́ча, -и
ку́чево-дождево́й
кучево́й
ку́чер, -а, *мн.* -а́, -о́в
кучерско́й
кучеря́виться, -ится
кучеря́вый
ку́чить(ся), -чу, -чит(ся)
ку́чность, -и
ку́чный
куш, -а
куш, *неизм.*
куша́к, -а́
ку́шанье, -я, *р. мн.* -ний
ку́шать, -аю, -ает
кушачо́к, -чка́
куше́тка, -и
ку́ща, -и, *р. мн.* кущ и ку́щей
куще́ние, -я
куя́вяк, -а
кхмер, -а
кхме́рка, -и
кхме́рский
к чему́
кыш, *неизм.*
кья́нти, *нескл., с.*
кьят, -а
кювеля́ж, -а
кювеля́ция, -и
кюве́т, -а (канава)
кюве́та, -ы (ванночка)
кюве́тка, -и
кю́ммель, -я
кюрасо́, *нескл., с.*
кюре́, *нескл., м.*
кюри́, *нескл., с.*
кю́рий, -я
кюритерапи́я, -и
кяри́з, -а

Л

лаба́з, -а
лаба́зник, -а
лаба́зный
лабарда́н, -а
лабиализа́ция, -и
лабиализо́ванный
лабиализова́ть(ся), -зу́ю, -зу́ет(ся)
лабиа́льный
лаби́льность, -и
лаби́льный
лабиодента́льный
лабири́нт, -а
лабири́нтный
лабири́нтовый
лабора́нт, -а
лабора́нтка, -и
лабора́нтский
лаборато́рия, -и
лаборато́рный
лабрадо́р, -а
лабрадори́т, -а
ла́бух, -а
ла́ва, -ы
лава́нда, -ы
лава́ндный
лава́ндовый
лава́ш, -а
лави́на, -ы
лави́нный
лавинообра́зный
лавиноопа́сный
лави́рование, -я
лави́ровать, -рую, -рует
ла́вка, -и
ла́вовый
ла́вочка, -и
ла́вочник, -а
ла́вочница, -ы
ла́вочный
лавр, -а (*бот.*)
ла́вра, -ы (монастырь)
лавровенча́нный
лаврови́шневый
лаврови́шня, -и, *р. мн.* -шен
лавро́вый и (*бот.*) ла́вровый
лавроли́стный
ла́врский
лавса́н, -а
лавса́новый
лавчо́нка, -и
лавчу́шка, -и
лаг, -а
лагга́р, -а
ла́герник, -а
ла́герный
ла́герь, -я, *мн.* -я́, -е́й (вое́нный, пионе́рский) и -и, -ей (группиров-ки)
лагли́нь, -я
ла́гтинг, -а
лагу́н, -а́ (бочонок)
лагу́на, -ы (залив)
лагу́нный
лад, -а и -у, *предл.* о ла́де, в ладу́, *мн.* -ы́, -о́в
ла́да, -ы, *м. и ж.*

ла́дан, -а
ла́данка, -и
ла́данник, -а
ла́данный
ладе́йный
ла́дить(ся), ла́жу, ла́-дит(ся)
ладко́м, *нареч.*
ла́дно
ла́дный; *кр. ф.* -ден, ладна́, -дно
ла́до, -а, *м. и с.*
ла́довый
ладо́нка, -и
ладо́нный
ладо́нь, -и
ладотона́льность, -и
ладо́ши, -о́ш, *ед.* ладо́ша, -и
ладо́шки, -шек, *ед.* ладо́шка, -и
ла́душки, -шек
ладьеви́дный
ладьеобра́зный
ладья́, -и́, *р. мн.* ладе́й
лаж, -а
ла́женный (*от* ла́дить)
ла́жный
лаз, -а, *мн.* -ы, -ов
ла́занье, -я
лазаре́т, -а
лазаре́тный
ла́зать, -аю, -ает
ла́зающий
лазе́ечка, -и
лазе́йка, -и
ла́зер, -а
ла́зерный
лазеротерапи́я, -и
ла́зерщик, -а
ла́зить, ла́жу, ла́зит
ла́зка, -и (*к* ла́зы)
лазо́ревка, -и
лазо́ревый
лазо́рник, -а
ла́зский
лазури́т, -а
лазу́рник, -а
лазу́рный
лазу́рь, -и
лазу́тчик, -а
ла́зы, -ов, *ед.* лаз, -а (народность)
ла́зящий
лай, ла́я
ла́йба, -ы
ла́йда, -ы
лайда́к, -а́
ла́йка, -и
ла́йковый
ла́йнер, -а, *мн.* -ы, -ов
лак, -а, *мн.* ла́ки, -ов
лака́ть, -а́ю, -а́ет
лаке́й, -я
лаке́йский
лаке́йство, -а
лаке́йствовать, -твую, -тву-ет
ла́ки, -ов, *ед.* лак, -а (народность)
лакирова́ние, -я
лакиро́ванный
лакирова́ть(ся), -ру́ю, -ру́ет(ся)

ЛАК

лакиро́вка, -и
лакиро́вочный
лакиро́вщик, -а
лакколи́т, -а
ла́кмус, -а
ла́кмусовый
ла́ковый
лакокра́сочный
ла́комить(ся), -млю(сь), -мит(ся)
ла́комка, -и, м. и ж.
ла́комство, -а
ла́комый
лакони́зм, -а
лакони́ческий
лакони́чность, -и
лакони́чный
лаконо́с, -а
лакотка́нь, -и
лакочуло́к, -лка́
лакри́ца, -ы
лакри́чник, -а
лакри́чный
ла́кский
лактацио́нный
лакта́ция, -и
лактобацилли́н, -а
лакто́за, -ы
лакто́метр, -а
лактоско́п, -а
лаку́на, -ы
лакуна́рный
лакфио́ль, -и
лал, -а
ла́ма 1, -ы (зоол.)
ла́ма 2, -ы, м. (монах)
ламаи́зм, -а
ламаи́ст, -а
ламаи́стский
ламанти́н, -а
ламарки́зм, -а
ламарки́стский
ламбе́рт, -а
ламбреке́н, -а
ламента́ция, -и
ламина́риевый
ламина́рия, -и
ламина́рный
ламина́ция, -и
ламини́рование, -я
ламини́рованный
ла́мпа, -ы
ла́мпа-вспы́шка, ла́мпы-вспы́шки
лампа́да, -ы
лампа́дка, -и
лампа́дный
лампа́с, -а, р. мн. -ов
лампио́н, -а
ла́мповый
ла́мпочка, -и
ламу́т, -а, р. мн. -ов
ламу́тка, -и
ламу́тский
ла́мывать, наст. вр. не употр.
ланге́т, -а (кулин.)
лангоба́рдский
лангоба́рды, -ов
лангу́ст, -а
ландве́р, -а
ландгра́ф, -а
ландка́рта, -ы
ландо́, нескл., с.

ЛАР

ландри́н, -а
ландскне́хт, -а
ла́ндстинг, -а
ландта́г, -а
ландша́фт, -а
ландша́фтный
ландшту́рм, -а
ландштурми́ст, -а
ла́ндыш, -а
ла́ндышевый
лани́ты, -и́т, ед. лани́та, -ы
ла́нка, -и
ланка́стерский
ланко́рд, -а
ланоли́н, -а
ланоли́новый
ланса́да, -ы
лансье́, нескл., с.
ланта́н, -а
лантани́д, -а и лантано́ид, -а
ланце́т, -а
ланце́тник, -а
ланцетови́дный
лань, -и
лабсе́ц, -сца
лабска, -и
лабсский
лаотя́нин, -а, мн. -я́не, -я́н
лаотя́нка, -и
ла́па, -ы
лапароскопи́я, -и
лапаротоми́я, -и
ла́пать, -аю, -ает
лапида́рный
лапи́лли, нескл., мн.
ла́пища, -и
ла́пка, -и
лапла́ндец, -дца
лапла́ндка, -и
лапла́ндский
ла́пник, -а
ла́повый
лапонеби́дный
лапообра́зный
ла́потник, -а
ла́потница, -ы
ла́потный
лапото́к, -тка́
лапото́чек, -чка
ла́поть, ла́птя, мн. ла́пти, -е́й
ла́почка, -и
лапсерда́к, -а
лапта́, -ы́
ла́пушка, -и
лапча́тка, -и
лапчатоно́г, -а
ла́пчатый
лапша́, -и́
лапшано́й
лапша́-ры́ба, лапши́-ры́бы
лапше́вник, -а
лапшере́зка, -и
лапшо́вый
ларге́тто, неизм. и нескл., с.
ла́рго, неизм. и нескл., с.
ларёк, -рька́
ларе́ц, -рца́
ларёчник, -а
ларёчница, -ы
ларёчный
ларинги́т, -а

ЛАТ

ларинго́лог, -а
ларинголоѓи́ческий
ларинголо́гия, -и
ларингоско́п, -а
ларингоскопи́я, -и
ларингоспа́зм, -а
ларинготрахеи́т, -а
ларингофо́н, -а
ла́рчик, -а
ла́ры, -ов и лар, ед. лар, -а
ларь, -я́
ла́са, -ы
ла́сина, -ы
ла́ска 1, -и, р. мн. ласк (нежность)
ла́ска 2, -и, р. мн. ла́сок (зоол.)
ласка́тельный
ласка́ть(ся), -а́ю(сь), -а́ет(ся)
ла́сковость, -и
ла́сковый
ла́сочка, -и
лассальне́ц, -нца
лассалья́нский
лассалья́нство, -а
лассо́, нескл., с.
ласт, -а, р. мн. -ов
ла́стик, -а
ла́стиковый
ла́ститься, ла́щусь, ла́стится
ла́стичный
ла́стовица, -ы
ла́стовка, -и
ластоно́гие, -их
ластохво́ст, -а
ла́сточка, -и
ла́сточкин, -а, -о
лата́ния, -и
ла́танный, прич.
ла́таный, прил.
ла́таный-перела́таный
лататы́: зада́ть лататы́
лата́ть, -а́ю, -а́ет
латви́йский
латга́лец, -льца
латга́лка, -и
латга́льский
ла́текс, -а
латѐнтный
латера́льный
латери́т, -а
латеритиза́ция, -и
латиниза́ция, -и
латинизи́рованный
латинизи́ровать(ся), -ру́ю, -ру́ет(ся)
латини́зм, -а
латини́ст, -а
лати́ница, -ы
латиноамерика́нский
лати́нский
лати́нщина, -ы
лати́нянин, -а, мн. -яне, -ян и лати́ны, -ов
латифунди́ст, -а
латифу́ндия, -и
ла́тка, -и
ла́тник, -а
лату́к, -а
лату́ковый
лату́к-сала́т, -а
латуни́рование, -я

ЛЕВ

латуни́ровать(ся), -ру́ю, -ру́ет(ся)
лату́нный
лату́нь, -и
ла́ты, -лат
латы́нщик, -а
латы́нь, -и
латы́ш, -а́
латы́шка, -и
латы́шский
ла́ун-те́ннис, -а
лауреа́т, -а
лауреа́тка, -и
лауреа́тский
лафа́, других форм нет
лафе́т, -а
лафе́тный
лафи́т, -а (вино)
лафи́тник, -а
лаху́дра, -ы
ла́цкан, -а, мн. -ы, -ов
лаццаро́ни, нескл., м.
ла́чка, -и (к ла́ки)
лачо́к, -чка́
лачу́га, -и
лачу́жка, -и
ла́ющий(ся)
ла́ять(ся), ла́ю(сь), ла́ет(ся)
лби́шко, -а, м.
лби́ще, -а, м.
лганьё, -я́
лгать, лгу, лжёт, лгут; прош. лгал, лгала́, лга́ло
лгун, -а́
лгуни́шка, -и, м. и ж.
лгуни́ще, -а, м.
лгу́нья, -и, р. мн. -ний
лебеда́, -ы́
лебедёнок, -нка, мн. -дя́та, -дя́т
лебеди́ный
лебёдка, -и
лебедёвые, -ых
лебёдушка, -и
лебёдчик, -а
ле́бедь, -я и (нар.-поэт.) -и
лебези́ть, -ежу́, -ези́т
лебя́жий, -ья, -ье
лев 1, льва (животное)
лев 2, ле́ва (ден. ед.)
лева́да, -ы
лева́к, -а́
леванти́н, -а (ткань)
леванти́нец, -нца
ле́вацкий
левацко-оппортунисти́ческий
лева́чество, -а
ле́веллеры, -ов
леве́ть, -е́ю, -е́ет
левиафа́н, -а
левизна́, -ы́
левира́т, -а
леви́т, -а
леви́тский
левка́с, -а
левко́евый
левобере́жный
левобере́жье, -я
левозавёрнутый
левомицети́н, -а
левооппортунисти́ческий

левори́н, -а
левосторо́нний
левофланго́вый
левоцентри́зм, -а
левоцентри́стский
левоэсе́ровский
левре́тка, -и
лев-толсто́вский
левуле́за, -ы
левша́, -и́, *р. мн.* -е́й, *м. и ж.*
лёвый
лега́вый
легализа́ция, -и
легализи́рованный
легализи́ровать(ся), -рую(сь), -рует(ся)
легали́зм, -а
легализо́ванный
легализова́ть(ся), -зу́ю(сь), -зу́ет(ся)
легали́стский
лега́льность, -и
лега́льный
лега́т, -а
легати́ссимо, *неизм. и нескл., с.*
лега́то, *неизм. и нескл., с.*
лега́ция, -и
лега́ш, -а́
легго́рн, -а
леге́нда, -ы
легенда́рный
лёгенький и лёгонький; *кр. ф.* легонек, -онька
легио́н, -а
легионе́р, -а
леги́рование, -я
леги́рованный
леги́ровать(ся), -рую, -рует(ся)
легислату́ра, -ы
легитимацио́нный
легитима́ция, -и
легитими́зм, -а
легитими́рованный
легитими́ровать, -рую, -рует
легитими́ст, -а
легитими́стка, -и
легитими́стский
лёгкий; *кр. ф.* лёгок, легка́, легко́
легкоатле́т, -а
легкоатлети́ческий
легкоатле́тка, -и
легкобетóнный
легкобольнóй
легкобомбардирóвочный
легкобронирóванный
легкове́рие, -я
легкове́рность, -и
легкове́рный
легкове́с, -а
легкове́сность, -и
легкове́сный
легководола́з, -а
легководола́зный
легковóй
легковооружённый
легковоспламеня́ющийся*
легкову́шка, -и
легко́ гру́женный
легкогружёный, *прил.*

легкодорóжный
легкодосту́пный
лёгкое, -ого
легкозаменя́емый*
легкоиспаря́ющийся*
легкокипя́щий
легкокры́лый
легкомоторный
легкомы́сленность, -и
легкомы́сленный; *кр. ф.* -лен, -ленна
легкомы́слие, -я
легконóгий
легкообраба́тываемый*
легко́ оде́тый
легкоперепра́вочный
легкопла́вкий
легкопла́вкость, -и
легкоподви́жный
легкопоражённый*
легкопроходи́мый*
легкоразреши́мый*
легкоразъёмный
легко́ ра́ненный
легкора́неный, *прил.*
легкорани́мый
легкораствори́мый*
лёгкость, -и
легкоуправля́емый*
легкоусвоя́емый*
легкоустрани́мый*
легонечко
лёгонький; *кр. ф.* легóнек, -óнька и лёгенький
легóнько
лёгость, -и
легохóнько
лёгочный
легча́йший
легча́ть, -а́ет
лёгче, *сравн. ст. (от лёг-кий, легко́)*
лёгший
лёд, льда
леда́щий
ледебури́т, -а
ледене́ть, -е́ю, -е́ет (становиться ледяным)
ледене́ц, -нца́
ледене́чный
ледени́стый
ледени́ть, -и́т (*что*)
леденцóвый
леденя́щий
ледери́н, -а
лéди, *нескл., ж.*
лéдник, -а (погреб)
ледни́к, -а́ (глетчер)
ледникóвый
ледобу́р, -а
ледови́тый
ледóвый
ледозащи́та, -ы
ледóк, -дка́
ледокóл, -а
ледокóльный
ледолóм, -а
ледопа́д, -а
ледорéз, -а
ледорéзный
ледору́б, -а
ледосбрóс, -а
ледосолянóй

ледоспу́ск, -а
ледоста́в, -а
ледофóрма, -ы
ледохóд, -а
ледохóдный
ледохрани́лище, -а
ледóчек, -чка
леды́шка, -и
ледя́нка, -и
ледянóй
ледя́шка, -и
лéер, -а, *мн.* -а́, -óв
лéечка, -и
лéечный
лёжа, *нареч.*
лежа́к, -а́
лежа́лый
лежа́ние, -я
лежа́нка, -и
лежа́ть, -жу́, -жи́т
лежа́ться, -жи́тся
лежа́чий, *прил.*
лежачóк, -чка́
лежа́щий, *прич.*
лéжбище, -а
лёжбищный
лежебóка, -и, *м. и ж.*
лéжень, -жня
лёживать, *наст. вр. не употр.*
лёжка, -и
лежмя́ лежа́ть
лéзвие, -я
лезги́н, -а, *р. мн.* -и́н
лезги́нка, -и
лезги́нский
лезть, лéзу, лéзет; *прош.* лез, лéзла
лéзший
лéи, лей, *ед.* лéя, лéи (нашивки)
лей, -я (ден. ед.)
лейб-... — первая часть сложных слов, пишется всегда через дефис
лейб-гварде́йский
лейб-гва́рдия, -и
лейб-гуса́р, -а
лейб-гуса́рский
лейб-драгу́н, -а
лейб-драгу́нский
лейб-кампа́ния, -и
лейбл, -а
лейб-мéдик, -а
лейбори́зм, -а
лейбори́ст, -а
лейбори́стский
лейб-эскадрóн, -а
лéйденский
лéйка, -и
лейкеми́я, -и
лейкóз, -а
лейкóма, -ы
лейкопени́я, -и
лейкопла́ст, -а
лейкопла́стырь, -я
лейкосоедине́ние, -я
лейкоци́т, -а
лейкоцита́рный
лейкоцитóз, -а
лейтена́нт, -а
лейтена́нт-инжене́р, лейтена́нта-инжене́ра
лейтена́нтский

лейтмоти́в, -а
лейци́н, -а
лейци́т, -а
лек, -а
лека́ж, -а
лека́ло, -а
лека́льщик, -а
лека́рка, -и
лека́рский
лека́рственный
лека́рство, -а
лéкарь, -я, *мн.* -и, -éй
лекпóм, -а
лексéма, -ы
лéксика, -и
лексикализа́ция, -и
лексикóграф, -а
лексикографи́ческий
лексикогра́фия, -и
лексикóлог, -а
лексикологи́ческий
лексиколóгия, -и
лексикóн, -а
лекси́ческий
лéктор, -а, *мн.* -ы, -ов
лектóрий, -я
лéкторский
лéкторство, -а
лекту́ра, -ы
лекцио́нный
лéкция, -и
леля́нный
леле́ять(ся), -е́ю, -е́ет(ся)
лéмех, -а, *мн.* -а́, -óв и лемéх, -а, *мн.* -и́, -óв
лемéшный
лéмма, -ы
лéмминг, -а
лемниска́та, -ы
лему́р, -а
лен, лéна
лён, льна
ленд-ли́з, -а
лендлóрд, -а
лён-долгунéц, льна-долгунца́
лендрóвер, -а
лени́веть, -ею, -еет
лени́вец, -вца
лени́вица, -ы
лени́вый
ленингра́дец, -дца
ленингра́дка, -и
ленингра́дский
лéнинец, -нца
ленини́ана, -ы
ленини́зм, -а
лéнинский
лени́ться, леню́сь, лéнится
лён-кудря́ш, льна-кудряша́
лéнник, -а
лённый (*от* лен)
ленóк, ленка́ и ленку́
лéность, -и
лёнсман, -а
лéнта, -ы
лéнто, *неизм. и нескл., с.*
лентови́дный
лентообра́зный
лентопротя́жный
лентосва́рочный
лентотка́цкий
лентофре́зерный

ле́нточка, -и
ле́нточник, -а
ленточнопи́льный
ле́нточно-шлифова́льный
ле́нточный
лентя́й, -я
лентя́йка, -и
лентя́йничать, -аю, -ает
ленца́, -ы́ (с ленцо́й)
ленч, -а
ле́нчик, -а
лень, -и
леня́щийся
леопа́рд, -а
леопа́рдовый
лепестко́вый
лепесто́к, -тка́
лепесто́чек, -чка
ле́пет, -а
лепета́ние, -я
лепета́ть, -ечу́, -ечет
лепёха, -и
лепе́чущий
лепёшечка, -и
лепёшка, -и
лепёшкообра́зный
лепидоде́ндрон, -а
лепидоли́т, -а
лепидоси́рен, -а
лепи́ть(ся), леплю́, ле́-
пит(ся)
ле́пка, -и
лепни́на, -ы
лепно́й
лепота́, -ы́
ле́пра, -ы
лепрозо́рий, -я
ле́пта, -ы
ле́пщик, -а
лес, -а, предл. о ле́се, в ле-
су́, мн. -а́, -о́в
ле́са, -ы и леса́, -ы́, мн. ле́-
сы, лес
леса́, -о́в (подмости)
лесби́йский
лесбия́нка, -и
лесбо́сский
ле́сенка, -и
леси́на, -ы
леси́стый
леси́шко, -а, м.
леси́ще, -а, м.
ле́ска, -и
лесни́к, -а́
лесни́чество, -а
лесни́чий, -его
лесно́й
лесобума́жный
лесове́дение, -я
лесови́к, -а́
лесово́д, -а
лесово́дственный
лесово́дство, -а
лесово́дческий
лесово́з, -а
лесово́зный
лесовозобновле́ние, -я
лесовосстанови́тельный
лесого́н, -а
лесозаво́д, -а
лесозаготови́тельный
лесозаготовки, -вок
лесозащи́тный
лесоинжене́рный

лесо́к, -ска́
лесокомбина́т, -а
лесокульту́ра, -ы
лесолугово́й
лесоматериа́лы, -ов
лесомелиора́тор, -а
лесомелиора́ция, -и
лесонасажде́ние, -я
лесообраба́тывающий
лесоосуши́тельный
лесоохране́ние, -я
лесопа́рк, -а
лесопа́рковый
лесоперева́лочный
лесопиле́ние, -я
лесопи́лка, -и
лесопи́льно-строга́льный
лесопи́льный
лесопи́льня, -и, р. мн. -лен
лесопито́мник, -а
лесопова́л, -а
лесопогру́зочный
лесополоса́, -ы́, мн. -поло-
сы, -поло́с, -полоса́м
лесопоса́дка, -и
лесопоса́дочный
лесопромысло́вый
лесопромы́шленник, -а
лесопромы́шленный
лесопропускно́й
лесопу́нкт, -а
лесоразведе́ние, -я
лесоразгру́зочный
лесоразрабо́тки, -ток
лесорасчи́стка, -и
лесору́б, -а
лесору́бный
лесору́бочный
лесоса́д, -а, мн. -ы́, -о́в
лесосе́ка, -и
лесосеменно́й
лесосе́чный
лесоспла́в, -а
лесоспла́вный
лесоспу́ск, -а
лесостепно́й
лесосте́пь, -и
лесосуши́льный
лесосырьево́й
лесота́ска, -и
лесотехни́ческий
лесоторго́вец, -вца
лесоторго́вля, -и
лесоторго́вый
лесоту́ндра, -ы
лесоту́ндровый
лесоукла́дчик, -а
лесоустрои́тельный
лесоустро́йство, -а
лесоуча́сток, -тка
лесохи́мик, -а
лесохими́ческий
лесохи́мия, -и
лесохозя́йственный
лесо́чек, -чка
лесоэкономи́ческий
лесоэксплуатацио́н-
ный
лесоэксплуата́ция, -и
лесоэкспо́рт, -а
леспромхо́з, -а
леспромхо́зовский
лёсс, -а
лессиро́ванный

лессирова́ть(ся), -ру́ю, -ру́-
ет(ся)
лессиро́вка, -и
лёссови́дный
лёссовый
ле́стница, -ы
ле́стничка, -и
ле́стничный
ле́стный
ле́стовка, -и (чётки)
лесть, -и
лесхо́з, -а
лесхо́зовец, -вца
лесхо́зовский
лёт, -а и -у, предл. о лёте,
на лету́
лета́, лет, лета́м
лета́ние, -я
летарги́ческий
летарги́я, -и
лета́тельный
лета́ть, -а́ю, -а́ет
лете́ть, лечу́, лети́т
летила́н, -а
лётка, -и
лётка-ёнка, лётки-ёнки
ле́тне-зелёный
ле́тне-оздорови́тельный
ле́тне-осе́нний
ле́тне-па́стбищный
ле́тний
ле́тник, -а
лётно-боево́й
лётно-такти́ческий
лётно-техни́ческий
лётный
ле́то, -а
лето́к, -тка́
ле́том, нареч.
лётом, нареч.
летописа́ние, -я
летопи́сец, -сца
летопи́сный
ле́топись, -и
летосчисле́ние, -я
лётошний
летю́н, -а́
летту́нья, -и, р. мн. -ний
лету́честь, -и
лету́чий
лету́чка, -и
лётчик, -а
лётчик-космона́вт, лётчи-
ка-космона́вта
лётчица, -ы
летя́га, -и
лецити́н, -а
ле́чащий(ся)
лече́бник, -а
лече́бница, -ы
лече́бно-гимнасти́ческий
лече́бно-оздорови́тельный
лече́бно-профилакти́че-
ский
лече́бно-реабилитацио́н-
ный
лече́бно-трудово́й
лече́бный
лече́ние, -я
ле́ченный, прич.
ле́ченый, прил.
лечи́ть(ся), лечу́(сь), ле́-
чит(ся)

ле́чо, нескл., с.
лечь, ля́гу, ля́жет, ля́гут;
прош. лёг, легла́
леша́к, -а́
леша́чий, -ья, -ье
ле́ший, -его
лещ, -а́
ле́щадь, -и
ле́щик, -а
лещи́на, -ы
лещи́нный
лещи́новый
лещо́вый
лжеака́ция, -и
лжекласси́ческий
лжекорое́д, -а
лжели́ственница, -ы
лженау́ка, -и
лженау́чный
лжеплод, -а́
лжеприся́га, -и
лжепроро́к, -а
лжесвиде́тель, -я
лжесвиде́тельница, -ы
лжесвиде́тельский
лжесвиде́тельство, -а
лжесвиде́тельствовать,
-твую, -твует
лжесоциали́ст, -а
лжесоциалисти́ческий
лжетео́рия, -и
лжеуче́ние, -я
лжеучёный, -ого
лжехристиа́нский
лжец, -а́
лжи́вость, -и
лжи́вый
ли, нескл., с. (мера дли-
ны)
ли и ль, частица (пишет-
ся всегда отдельно от
предшествующего сло-
ва)
лиа́на, -ы
лиа́новый
либера́л, -а
либерали́зм, -а
либера́лка, -и
либера́льничать, -аю, -ает
либера́льно-буржуа́зный
либера́льно-демократи́че-
ский
либера́льность, -и
либера́льный
либерти́, нескл., с. и неизм.
либи́до, нескл., с.
ли́бо, союз (ли́бо он, ли́бо
я́)
-либо, частица (с пред-
шествующим словом со-
единяется с помощью
дефиса: что́-либо, ка-
ко́й-либо, куда́-либо)
либра́ция, -и
либретти́ст, -а
либретти́стка, -и
либре́тто, нескл., с.
лива́нец, -нца
лива́нка, -и
лива́нский
ли́вень, -вня
ли́вер, -а
ли́верный

ливмя ли́ть(ся)
ли́вневый
ливнеотводя́щий
ливнеспу́ск, -а
ливр, -а
ливре́йный
ливре́я, -и
ли́га, -и
лигату́ра, -ы
лигату́рный
лигни́н, -а
лигни́т, -а
лигносто́н, -а
лигрои́н, -а
лидди́т, -а
ли́дер, -а
ли́дерский
ли́дерство, -а
лиди́йский
лиди́рование, -я
лиди́ровать, -рую, -рует
лиди́ровщик, -а
ли́жущий(ся)
ли́занный, прич.
ли́заный, прил.
лиза́ть(ся), лижу́(сь), ли́жет(ся)
лизго́льд, -а
лизго́льдер, -а
лизиге́нный (бот.)
лизи́метр, -а
лизиметри́ческий
лизи́н, -а
ли́зис, -а
лизну́ть, -ну́, -нёт
лизоблю́д, -а
лизоблю́дничать, -аю, -ает
лизоблю́дство, -а
лизогениза́ция, -и
лизогени́я, -и
лизоге́нный
лизо́л, -а
лизофо́рм, -а
лизоци́м, -а
лизу́н, -а́
лизу́нья, -и, р. мн. -ний
лик, -а
ликбе́з, -а
ликбе́зный
лива́ция, -и
ликвида́тор, -а
ликвида́торский
ликвида́торство, -а
ликвидацио́нный
ликвида́ция, -и
ликвиди́рованный
ликвиди́ровать(ся), -рую, -рует(ся)
ликви́дный
ликви́дус, -а
ликёр, -а
ликёрный
ликёрово́дочный
ликова́ние, -я
ликова́ть, -ку́ю, -ку́ет
ликопо́дий, -я
ли́ктор, -а
ликтро́с, -а
лиле́йный
лилиецве́тные, -ых
лилипу́т, -а
лилипу́тка, -и
лилипу́тский
ли́лия, -и

лилове́ть, -еет
лило́во-голубо́й
лило́во-си́ний
лило́вый
лима́н, -а
лима́нный
лимб, -а
лими́т, -а
лимита́ция, -и
лими́тированный
лимити́ровать(ся), -рую, -рует(ся)
лими́тный
лимитро́ф, -а
лимитро́фный
лими́тчик, -а
лими́тчица, -ы
лимни́граф, -а
лимнологи́ческий
лимноло́гия, -и
лимо́н, -а
лимона́д, -а
лимона́рий, -я
лимо́нка, -и
лимо́нник, -а
лимо́нница, -ы
лимо́нно-жёлтый
лимоннокислый
лимо́нный
лимонови́дный
лимо́нчик, -а
лимузи́н, -а
ли́мфа, -ы
лимфадени́т, -а, лимфангии́т, -а и лимфангои́т, -а
лимфангио́ма, -ы
лимфати́ческий
лимфогранулемато́з, -а
лимфосарко́ма, -ы
лимфоци́т, -а
лимфоцито́з, -а
лингафо́н, -а
лингафо́нный
лингви́ст, -а
лингви́стика, -и
лингвисти́ческий
лингви́стка, -и
лингвостили́стика, -и
лингвофилосо́фия, -и
линеари́зм, -а
лине́арный
лине́ечка, -и
лине́ечный
лине́йка, -и
лине́йно-аппара́тный
лине́йно-ка́бельный
лине́йноли́стный
лине́йно-путево́й
лине́йный
лине́йчатый
линёк, линька́
ли́нза, -ы
ли́нзовый
ли́нийка, -и
линиме́нт, -а
ли́ния, -и
линко́р, -а
линкру́ст, -а
ли́нный
лино́, нескл. с.
линобати́ст, -а
линова́льный

линова́ние, -я
лино́ванный ,
линова́ть(ся), -ну́ю, -ну́ет(ся)
лино́вка, -и
линогравю́ра, -ы
линолеа́т, -а
линоле́ум, -а
линоти́п, -а
линотипи́ст, -а
линоти́пный
линотро́н, -а
линчева́ние, -я
линчёванный
линчева́ть(ся), -чу́ю, -чу́ет(ся)
линь, -я
ли́нька, -и
линю́чий
линя́лый
линя́ние, -я
линя́ть, -я́ю, -я́ет
лионе́з, -а
ли́па, -ы
липа́за, -ы
липари́т, -а
ли́пка, -и
ли́пкий; кр. ф. -пок, -пка́, -пко
ли́пнувший
ли́пнуть, -ну, -нет; прош. лип и ли́пнул, ли́пла
липня́к, -а́
ли́повый
липо́ид, -а
липо́ма, -ы
ли́понька, -и
липофусци́н, -а
ли́пси, нескл., м. и с.
липу́чий
липу́чка, -и
ли́ра, -ы
лири́зм, -а
ли́рик, -а
ли́рика, -и
ли́рико-драмати́ческий
ли́рико-эпи́ческий
ли́рико-юмористи́ческий
лири́ческий
лири́чность, -и
лири́чный
ли́рник, -а
лирообра́зный
лирохво́ст, -а
лироэпи́ческий
лис, -а
лиса́, -ы́
лисабо́нский
ли́сель, -я, мн. -и, -ей и -я́, -ей
ли́сель-рей, -я
ли́сель-спи́рт, -а
лисёнок, -нка, мн. -ся́та, -ся́т
ли́сий, -ья, -ье
ли́сный
лиси́ца, -ы
лиси́цын, -а, -о
лиси́чка, -и
ли́сонька, -и
лисохво́ст, -а
лист, -а́, мн. листы́, -о́в и (у растений) ли́стья, -ьев

листа́ж, -а́
листа́ть(ся), -а́ю, -а́ет(ся)
листва́, -ы́
ли́ственница, -ы
ли́ственничный
ли́ственно-декорати́вный
ли́ственный
ли́стик, -а
листобло́шка, -и
листовёртка, -и
листови́дный
листо́вка, -и
листово́й
листоги́бочный
листое́д, -а
листо́к, -тка́
листообра́зный
листопа́д, -а
листоподбо́рочный
листоправи́льный
листопрока́тный
листопрока́тчик, -а
листорасположе́ние, -я
листоре́з, -а
листоре́зальный
листосте́бельный
листо́чек, -чка
листоштампо́вочный
литаври́ст, -а
лита́врщик, -а
лита́вры, -а́вр, ед. лита́вра, -ы
литакиноско́п, -а
лита́ния, -и
литаско́п, -а
литви́н, -а
литви́нка, -и
лите́йно-механи́ческий
лите́йный
лите́йщик, -а
ли́тер, -а (документ)
ли́тера, -ы (буква)
литера́л, -а
литера́тор, -а
литера́торский
литера́торство, -а
литера́торствовать, -твую, -твует
литерату́ра, -ы
литерату́рно-крити́ческий
литерату́рно-музыка́льный
литерату́рно-худо́жественный
литерату́рный
литературове́д, -а
литературове́дение, -я
литературове́дный
литературове́дческий
литерату́рщина, -ы
ли́терный
ли́тиевый
ли́тий, -я
литийоргани́ческий
ли́тия, -и́, предл. о лити́й
ли́тка, -и
литкружо́к, -жка́
литмонта́ж, -а́
ли́тник, -а
литобъедине́ние, -я
лито́вец, -вца
лито́вка, -и
лито́вский
лито́вско-ру́сский

литогенёз, -а
литоглифика, -и
литограф, -а
литографированный
литографировать(ся),
  -рую, -рует(ся)
литографический
литография, -и
литографский
литой, *прил.*
литология, -и
литопон, -а
литораль, -и
литоральный
литорея, -и
литосфера, -ы
литота, -ы
литофания, -и
литр, -а
литраж, -á
литровка, -и
литровый
литургийный
литургический
литургия, -и
литфак, -а
литый; *кр. ф.* лит, литá,
  лúто, *прич.*
лить, лью, льёт; *прош.*
  лил, лилá, лúло
литьё, -я́
литься, льётся; *прош.* лúл-
  ся, лилáсь, лúлось
лиф, -а
лифт, -а
лифтёр, -а
лифтёрша, -и
лифтовой
лифчик, -а
лихач, -á
лихаческий
лихачество, -а
лихач: с лихвóй
лихенология, -и
лúхо, -а
лиходей, -я
лиходейка, -и
лиходейский
лиходейство, -а
лихоимец, -мца
лихоимство, -а
лихой; *кр. ф.* лих, лихá,
  лúхо, лихú
лихолетье, -я
лихоманка, -и
лихорáдить, -áжу, -áдит
лихорáдка, -и
лихорáдочный
лúхость, -и
лúхтер, -а
лицевáть(ся), -цýю, -цý-
  ет(ся)
лицевой
лицедей, -я
лицедейка, -и
лицедейство, -а
лицедействовать, -твую,
  -твует
лицезрение, -я
лицезрéть, -рю, -рúт
лицеúст, -а
лицей, -я
лицейский
лицемéр, -а

лицемéрие, -я
лицемéрить, -рю, -рит
лицемéрка, -и
лицемéрный
лицензиóнный
лицéнзия, -и
лиценциáт, -а
лицéнция, -и
лицеприя́тие, -я
лицеприя́тный
лицеприя́тствовать, -твую,
  -твует
лицó, -á, *мн.* лúца, лиц
лицóванный
лицóвка, -и
лúчико, -а, *мн.* -и, -ов
личúна, -ы
личúнка, -и
личúночный
лúчно
личнóй
лúчно-комáндный
лúчностный
лúчность, -и
лúчный
лишаевúдный
лишáй, -я́
лишáйник, -а
лишáйниковый
лишáйница, -ы
лишáйный
лишáть(ся), -áю(сь),
  -áет(ся)
лúше, *сравн. ст. (от ли-*
  хóй, лúхо)
лúшек, -шка и -шку
лишéнец, -нца
лишéние, -я
лишéнка, -и
лишённый; *кр. ф.* -ён, -енá
лишéнный
лишúть(ся), -шý(сь),
  -шúт(ся)
лúшний
лишь
лишь бы
лишь тóлько
лоб, лба
лобáн, -а
лобáнчик, -а
лобáстый
лóбби, *нескл., с. (полит.)*
лоббúзм, -а
лоббúст, -а
лоббúстский
лобéлия, -и
лобзáние, -я
лобзáть(ся), -áю(сь),
  -áет(ся)
лóбзик, -а
лóбик, -а
лóбио, *нескл., с. (кулин.)*
лóбия, -и *(бот.)*
лобкóвый
лóбно-верхнечелюстнóй
лóбно-дентáльный
лóбный
лобовóй
лобогрейка, -и
лобóк, -бкá
лоботóрный
лоботря́с, -а
лоботря́сничать, -аю,
  -ает

лобызáть(ся), -áю(сь),
  -áет(ся)
лов, -а
ловелáс, -а
ловелáсничать, -аю, -ает
ловéц, -вцá
ловéцкий
ловúть(ся), ловлю́, лó-
  вит(ся)
ловкáч, -á
ловкáчка, -и
лóвкий; *кр. ф.* лóвок, лов-
  кá, лóвко, ловкú
лóвкость, -и
лóвля, -и
ловýшка, -и
лóвче и ловчéе, *сравн.*
  ст. (от лóвкий, лóвко)
лóвчий, -его
ловчúла, -ы, *м. и ж.*
ловчúть(ся), -чý(сь),
  -чúт(ся)
лог, -а, *предл. в* лóге *и в*
  логý, *мн.* -á, -óв
логарúфм, -а
логарифмúрование, -я
логарифмúрованный
логарифмúровать(ся),
  -рую, -рует(ся)
логарифмúческий
лóгик, -а
лóгика, -и
лóгико-математúческий
логисмогрáфия, -и
логúст, -а
логúстика, -и
логицúзм, -а
логúческий
логúчность, -и
логúчный
логóвище, -а
лóгово, -а
логогрáф, -а
логогрúф, -а
логóметр, -а
логопатúческий
логопáтия, -и
логопéд, -а
логопедúческий
логопéдия, -и
лóгос, -а
лóджия, -и
лóдка, -и
лóдочка, -и
лóдочник, -а
лóдочно-прокáтный
лóдочный
лодчóнка, -и
лоды́га, -и
лоды́жка, -и
лóдырничанье, -я
лóдырничать, -аю, -ает
лóдырничество, -а
лóдырь, -я
лóжа, -и (в театре; у
  ружья)
ложбúна, -ы
ложбúнка, -и
ложбúнный
лóже, -а (постель; русло; у
  ружья)
ложевóй
ложемéнт, -а
лóжечка, -и

лóжечник, -а
лóжечный
ложúться, -жýсь, -жúтся
лóжка, -и
ложкáрный
ложкáрь, -я́
ложноклассицúзм, -а
ложноклассúческий
ложнолúственница, -ы
ложноногие, -их
ложнонóжка, -и
ложнорýсский
ложносетчатокрылые, -ых
лóжный
ложóк, -жкá
ложь, лжи
лозá, -ы́, *мн.* лóзы, лоз
лозúна, -ы
лозúнка, -и
лóзный
лознúк, -á
лозняковый
лознячóк, -чкá
лозоплетéние, -я
лóзунг, -а, *мн.* -и, -ов
лóзунговый
локализáция, -и
локализúрованный
локализúровать(ся), -рую,
  -рует(ся)
локализóванный
локализовáть(ся), -зýю,
  -зýет(ся)
локáльный
локáтив, -а
локáтор, -а
локáторщик, -а
локáут, -а
локаутúрованный
локаутúровать(ся), -рую,
  -рует(ся)
локациóнный
локáция, -и
локомобúль, -я
локомобúльный
локомотúв, -а
локомотúвный
локомотóрный
лóкон, -а, *мн.* -ы, -ов
локотнúк, -á
локотóк, -ткá
локотóчек, -чка
лóкоть, -ктя, *мн.* лóкти, -éй
локсодрóма, -ы *и* локсод-
  рóмия, -и
локтевóй
лом, -а, *мн.* -ы, -ов *и* -ы́, -óв
ломáка, -и, *м. и ж.*
лóманный, *прич.*
лóманый, *прил.*
ломáть(ся), -áю(сь),
  -áет(ся)
ломбáрд, -а
ломбáрдный
лóмбер, -а
лóмберный
лóмик, -а
ломúть(ся), ломлю́(сь),
  лóмит(ся)
лóмка, -и
лóмкий; *кр. ф.* лóмок,
  лóмка, лóмко
ломовúк, -á
ломовóй

ломоно́с, -а
ломоперераба́тывающий
ломосда́тчик, -а
ломота́, -ы
ломо́тный
ломо́ть, ломтя́, мн. ломти́, -е́й
ло́мтик, -а
ло́мче, сравн. ст. (от ло́мкий, ло́мко)
лонге́т, -а (мед.)
лонге́тка, -и
лонгше́з, -а
ло́нжа, -и
лонжеро́н, -а
ло́нный
ло́но, -а
лопа́рка, -и
лопа́рный (от лопа́рь)
лопа́рский (от лопа́рь)
лопа́рь, -я (трос)
лопа́рь, -я́ (саами)
ло́пастный
ло́пасть, -и, мн. -и, -е́й
лопа́та, -ы
лопа́тка, -и
лопатоно́гий
лопатоно́с, -а
лопатообра́зный
лопа́точка, -и
лопа́точный
лопа́тчатый
ло́пать, -аю, -ает
ло́паться, -аюсь, -ается
ло́пнуть, -ну, -нет
лопота́ть, -очу́, -о́чет
лопоу́хий
лопо́чущий
лопу́х, -а́
лопуши́стый
лопу́шник, -а
лопушо́к, -шка́
лорд, -а
лорд-ка́нцлер, -а
лорд-мэ́р, -а
лоре́тка, -и
лорне́т, -а
лорне́тка, -и
лорни́рованный
лорни́ровать(ся), -рую, -рует(ся)
лоротделе́ние, -я
лос-а́нджелесский
лосёвый
лосёнок, -нка, мн. лося́та, -я́т
лосефе́рма, -ы
лоси́на, -ы
лоси́нный (от лоси́на)
лоси́ны, -и́н
лоси́ный (от лось)
лоси́ха, -и
лоск, -а
ло́скут, -а, собир.
лоску́т, -а, мн. -ы́, -о́в и лос-кутья́, -ьев
лоску́тик, -а
лоску́тный
лоскуто́к, -тка́
лоскуто́чек, -чка
лосни́ться, -ню́сь, -ни́тся
лососёвый
лосо́сий, -ья, -ье
лососи́на, -ы

лососи́нный (от лососи́на)
лосо́ська, -и
лосо́сь, -я, мн. ло́со́си, -ей
лось, -я, мн. -и, -е́й и -ей
лосьо́н, -а
лося́тина, -ы
лот, -а
лотере́йный
лотере́я, -и
лотере́я-аллегри́, лотере́и-аллегри́
лотко́вый
ло́тлинь, -я
лото́, нескл., с.
лото́к, -тка́
ло́тос, -а
ло́точек, -чка
лото́чник, -а (от лото́к)
лото́чница, -ы (от лото́к)
лото́чный (от лото́к)
лото́шник, -а (от лото́)
лото́шница, -ы (от лото́)
лото́шный (от лото́)
лоуре́нсий, -я
лох, -а
лоха́нка, -и
лоха́нный
лоха́ночный
лоха́нь, -и
лохма́тить(ся), -а́чу(сь), -а́тит(ся)
лохма́тый
лохма́ч, -а́
лохмо́тья, -ьев
ло́хмы, лохм
лохови́на, -ы
ло́ховый
ло́ция, -и
ло́цман, -а, мн. -ы, -ов
ло́цманский
лоцме́йстер, -а
лошадёнка, -и
лошади́ный
лоша́дка, -и
лоша́дник, -а
лоша́душка, -и
ло́шадь, -и, мн. -и, -е́й, -я́м, -ьми́ и -я́ми, -я́х
лоша́к, -а́
лоша́чий, -ья, -ье
лошачо́к, -чка́
лошо́нок, -нка, мн. лоша́та, лоша́т
ло́щение, -я
ло́щёнка, -и
лощённый; кр. ф. -ён, -ена́, прич.
лощёный, прил.
лощи́льный
лощи́на, -ы
лощи́нка, -и
лощи́ть(ся), -щу́, -щи́т(ся)
лоя́льность, -и
лоя́льный
луб, -а, мн. лу́бья, -ьев
лубово́й
лубоволокни́стый
лубое́д, -а
лубо́к, -бка́
лубо́чек, -чка
лубо́чный
лубри́ка́тор, -а
луба́нка, -и

лубяно́й
луг, -а, предл. о лу́ге, на лугу́, мн. -а́, -о́в
лугове́дение, -я
лугови́к, -а́
лугови́на, -ы
лугови́нный
лугово́д, -а
лугово́дство, -а
лугово́й
лу́гово-мари́йский
лу́гово-степно́й
лугомелиорати́вный
лугомелиора́тор, -а
лугомелиора́ция, -и
лугопа́стбищный
лу́да, -ы
лудди́т, -а
луди́льный
луди́льщик, -а
луди́ть(ся), лужу́, лу́ди́т(ся)
лу́жа, -и
лужа́ечка, -и
лужа́йка, -и
луже́ние, -я
лужённый; кр. ф. -ён, -ена́, прич.
лужёный, прил.
лу́жица, -ы
лу́жицкий
лужича́нин, -а, мн. -а́не, -а́н
лужича́нка, -и
лужо́к, лужка́
лужо́чек, -чка
лу́за, -ы
лузга́, -и́
лу́згать, -аю, -ает
лузгове́йка, -и
луидо́р, -а
лук, -а, -у
лука́, -и́, мн. лу́ки, лук (изгиб)
лука́вец, -вца
лука́винка, -и
лука́вить, -влю, -вит
лука́вица, -ы
лука́вство, -а
лука́вый
лук-бату́н, лу́ка-бату́на
лу́ковица, -ы
лу́ковичка, -и
лу́ковичный
лу́ковка, -и
лу́ковый
лукомо́рье, -я
луко́шко, -а
лук-поре́й, лу́ка-поре́я
лук-сево́к, лу́ка-севка́
луку́лловский (луку́ллов) пир
лумп, -а
луна́, -ы́, мн. лу́ны, лун
лу́на-па́рк, -а
луна́-ры́ба, луны́-ры́бы
лунати́зм, -а
луна́тик, -а
лунати́ческий
лунати́чка, -и
лу́нка, -и
лункова́ние, -я
лу́нник, -а
лу́нно-бе́лый
лу́нный

лунодро́м, -а
лунообра́зный
луносеменни́к, -а́
лунохо́д, -а
лу́ночка, -и
лу́ночный
лунь, -я́, мн. луни́, -е́й
луораветла́нский
лу́па, -ы
лупана́рий, -я
лупи́ть(ся), луплю́, лу́пит(ся)
лу́пленный, прич.
лу́пленый, прил.
лупогла́зый
лупули́н, -а
лупцева́ть, -цу́ю, -цу́ет
лупцо́ванный
лупцо́вка, -и
луфа́рь, -я́
луч, -а́, мн. лучи́, -е́й
лучеви́дный
лучево́й
лучезапя́стный
лучеза́рный
лучеиспуска́ние, -я
лучеиспуска́тельный
лучеиспуска́ющий
луче́ние, -я
лучеобра́зный
лучепреломле́ние, -я
лу́чик, -а
лучи́на, -ы
лучи́нка, -и
лучи́нный
лучи́стый
лучи́ть(ся), -чу́, -чи́т(ся)
лучко́вый
лу́чник, -а
лу́чница, -ы
лучо́к, -чка́ и -чку́
лу́чше
лу́чший
лущёвка, -и
луще́ние, -я
лущённый, кр. ф. -ён, -ена́, прич.
лущёный, прил.
лущи́льник, -а
лущи́льный
лущи́ть(ся), -щу́, -щи́т(ся)
лы́жа, -и, р. мн. лыж
лыжеро́ллеры, -ов, ед. -ро́ллер, -а
лы́жник, -а
лы́жница, -ы
лы́жный
лыжня́, -и́, р. мн. -е́й
лы́ко, -а, мн. лы́ки, лык
лы́ковый
лысе́нковский
лысе́нковщина, -ы
лысе́ть, -е́ю, -е́ет
лы́сина, -ы
лысу́н, -а́
лысу́ха, -и
лы́сый; кр. ф. лыс, лыса́, лы́со
лы́чко, -а, мн. лы́чки, -чек
лы́чный
львёнок, -нка, мн. льва́та, -я́т
льви́ный

ЛЬВ

льви́ца, -ы
льви́ятник, -а
льго́та, -ы
льго́тный
льди́на, -ы
льди́нка, -и
льди́стый
льдогенера́тор, -а
льдодроби́лка, -и
льдообразова́ние, -я
льдопроизво́дство, -а
льдохрани́лище, -а
лье, нескл., с.
льново́д, -а
льново́дный
льново́дство, -а
льново́дческий
льноволокно́, -а́
льнозаво́д, -а
льнозаготови́тельный
льнозагото́вки, -вок
льноклеверотёрка, -и
льнокомба́йн, -а
льнокомбина́т, -а
льноконоплемя́лка, -и
льнолавса́новый
льномолоти́лка, -и
льномя́лка, -и
льнообраба́тывающий
льноочисти́тель, -я
льноочисти́тельный
льнопряде́ние, -я
льнопряди́льный
льнопряди́льня, -и, р. мн.
  -лен
льнорассти́лочный
льносе́мя, -мени, мн. -мена́,
  -мя́н, -мена́м
льносемяочисти́тельный
льносе́ющий
льносуши́лка, -и
льнотереби́лка, -и
льнотереби́льный
льнотёрка, -и
льнотрепа́лка, -и
льнотрепа́льный
льнотреста́, -ы́
льнотри́ер, -а
льноубо́рка, -и
льноубо́рочный
льночеса́льный
льнуть, льну, льнёт
льня́нка, -и
льняно́й
льстец, -а́
льсти́вый
льсти́ть(ся), льщу(сь),
  льсти́т(ся)
лья́ло, -а
лья́носы, -ов
лья́чка, -и
люб, -а́, -о
лю́ба, -ы
любвеоби́льный
любе́зник, -а
любе́зничать, -аю, -ает
любе́зность, -и
любе́зный
люби́мец, -мца
люби́мица, -ы
люби́м-трава́, -ы́
люби́мчик, -а
люби́мый
люби́тель, -я

ЛЮТ

люби́тельница, -ы
люби́тельский
люби́тельство, -а
люби́тельщина, -ы
люби́ть, люблю́, лю́бит
лю́бо
любова́ние, -я
любова́ться, любу́юсь, лю-
  бу́ется
любо́вник, -а
любо́вница, -ы
любо́вный
любо́вь, любви́, тв. любо́-
  вью
лю́бо-до́рого
любозна́тельность, -и
любозна́тельный
любо́й
любому́др, -а
любопы́тничать, -аю, -ает
любопы́тный
любопы́тство, -а
любопы́тствовать, -твую,
  -твует
лю́бушка, -и
лю́бый
лю́бящий
лю́верс, -а
люд, -а
лю́ди, люде́й, лю́дям,
  людьми́, о лю́дях
людишки, -шек
лю́дный
людое́д, -а
людое́дка, -и
людое́дский
людое́дство, -а
людско́й
люизи́т, -а
люк, -а
люкс 1, -а, р. мн. люкс и
  -ов (ед. измерения)
люкс 2, неизм. (каю́та
  люкс) и -а (жить в лю́к-
  се)
люксме́тр, -а
лю́лечка, -и
люли́, неизм.
лю́лька, -и
люля́-кеба́б, -а
люмба́го, нескл., с.
лю́мен, -а
люмено́метр, -а
лю́мен-секу́нда, -ы
лю́мен-ча́с, -а, мн. -ы́, -о́в
люмина́л, -а
люминесце́нтный
люминесце́нция, -и
люминесци́ровать, -рует
люминесци́рующий
люминофо́р, -а
лю́мпен-пролетариа́т, -а
лю́мпен-пролета́рский
люне́т, -а
лю́пин, -а
люпозо́рий, -я
лю́пус, -а
лю́рекс, -а
лю́стра, -ы
люстри́н, -а
люстри́новый
люте́е, сравн. ст. (от лю́-
  тый, лю́то)
лютера́нин, -а, мн. -а́не, -а́н

МАВ

лютера́нка, -и
лютера́нский
лютера́нство, -а
люте́ть, -е́ю, -е́ет
люте́ций, -я
лю́тик, -а
лю́тиковые, -ых
лю́тичи, -ей
лю́тневый
лю́тня, -и, р. мн. лю́тен и
  лю́тней
лютова́ть, -ту́ю, -ту́ет
лю́тый; кр. ф. лют, люта́,
  лю́то
люфа́, -ы́ и лю́фа, -ы
люфт, -а
люфтпа́уза, -ы
люце́рна, -ы
люце́рновый
лю́эс, -а
люэти́ческий
лявониха, -и
ляга́ть(ся), -а́ю(сь),
  -а́ет(ся)
лягну́ть, -ну́, -нёт
лягуша́тник, -а
лягу́шечий и лягу́шечий,
  -ья, -ье
лягу́шечник, -а
лягуши́ный
лягу́шка, -и
лягушо́нок, -нка, мн. -ша́-
  та, -ша́т
ляди́на, -ы
ляду́нка, -и
ля́жка, -и (бедро́)
лязг, -а
ля́згать, -аю, -ает
ля́згнуть, -ну, -нет
ля́лька, -и
ля́мбда, -ы
ля́мбда-исчисле́ние, -я
лямблио́з, -а
ля́мка, -и
ля́мочка, -и
ля́мочный
ляп, -а
ля́пать(ся), -аю(сь),
  -ает(ся)
ля́пис, -а
ля́пис-лазу́рь, -и
ля́писный
ля́пнуть(ся), -ну(сь),
  -нет(ся)
ля́псус, -а
ля́сничать, -аю, -ает
ля́ссе, нескл., с.
ля́сы точи́ть
лях, -а
ля́шка, -и (к ля́х)
ля́шский

М

мавзоле́й, -я
мавр, -а
маврита́нец, -нца
маврита́нка, -и
маврита́нский
ма́врский

МАГ

маг, -а
магази́н, -а
магази́нка, -и
магази́нный
магази́нчик, -а
магази́нщик, -а
магара́джа, -и, м.
магары́ч, -а
магдебу́ргский
маги́стерский (от маги́стр
  — глава́ ры́царского ордена)
магисте́рский (от маги́стр
  — учёная сте́пень)
маги́стерство, -а
маги́стр, -а
магистра́ль, -и
магистра́льный
магистра́нт, -а
магистра́нтский
магистра́т, -а
магистра́тский
магистрату́ра, -ы
маги́ческий
ма́гия, -и
ма́гма, -ы
магмати́ческий
магна́лий, -я
магна́т, -а
магна́тский
магна́тство, -а
магнезиа́льный
магнези́т, -а
магнези́товый
магне́зия, -и
магнетизёр, -а
магнетизи́рованный
магнетизи́ровать(ся),
  -рую, -рует(ся)
магнети́зм, -а
магне́тик, -а
магнети́т, -а
магнети́ческий
магне́то, нескл., с.
магнето́н, -а
магнетохими́ческий
магнетохи́мия, -и
магнетро́н, -а
ма́гниево-алюми́ниевый
ма́гниевый
ма́гний, -я
магнийоргани́ческий
магни́т, -а
магни́тить, -и́чу, -и́тит
магни́тно-и́мпульсный
магни́тно-сопряжённый
магни́тный
магнитобиоло́гия, -и
магнитогидродина́мика, -и
магнитогидродинами́че-
  ский
магнитогра́мма, -ы
магнито́граф, -а
магнитодви́жущий
магнитодиэле́ктрик, -а
магнитоза́пись, -и
магнитобла́, -ы
магнитоле́нта, -ы
магнито́лог, -а
магнито́метр, -а
магнитометри́ческий
магнитоме́трия, -и
магнитомехани́ческий
магнитоо́птика, -и

магнитооптический
магнитопровод, -а
магниторадиола, -ы
магниторазведка, -и
магнитриум, -а
магнитостатика, -и
магнитостатический
магнитострикционный
магнитострикция, -и
магнитоструктурный
магнитосфера, -ы
магнитотепловой
магнитотерапия, -и
магнитофон, -а
магнитофонный
магнитоэлектрический
магнификат, -а
магнолиевый
магнолит, -а
магнолия, -и
маго, *нескл., м.* и магот, -а
магометанин, -а, *мн.* -áне,
  -áн
магометанка, -и
магометанский
магометанство, -а
магот, -а
мадам, *нескл., ж.*
мадаполам, -а
мадаполамовый
мадемуазель, -и и *нескл.,*
  ж.
мадера, -ы
мадия, -и
мадонна, -ы
мадригал, -а
мадригальный
мадьяр, -а
мадьярка, -и
мадьярский
маёвка, -и
маета, -ы
маетный
мажара, -ы
мажор, -а
мажордом, -а
мажоритарный
мажорный
мажороминор, -а
мазанка, -и
мазанковый
мазанный, *прич.*
мазаный, *прил.*
мазанье, -я
мазать(ся), мажу(сь), ма-
  жет(ся)
маздеизм, -а
мазевый
мазеобразный
мазер, -а
мазила, -ы, *м.* и *ж.*
мазилка, -и, *м.* и *ж.*
мазка, -и
мазкий; *кр. ф.* -зок, мазка,
  -зко
мазница, -ы
мазнуть, -ну, -нёт
мазня, -и
мазок, -зка
мазохизм, -а
мазур, -а
мазурик, -а
мазурка, -и
мазурнический

мазурочный
мазурский
мазут, -а
мазутный
мазчик, -а
мазь, -и
мазюкать, -аю, -ает
майс, -а
майсовый
май, мая
майдан, -а
майданный
майданщик, -а
майка, -и
майна 1, -ы (трещина во
  льду)
майна 2, *неизм.*
майник, -а
майнцский (*от* Майнц)
майолика, -и
майоликовый
майонез, -а
майор, -а
майоран, -а
майорановый
майорат, -а
майоратный
майоратство, -а
майор-инженер, майора-
  инженера
майорский
майский
майя 1, -и (ткань)
майя 2, *неизм.* и *нескл.,*
  м. (язык) и *нескл., м.* и
  ж. (народ)
мак, -а
макадам, -а
макака, -и
макаль, -я
макальный
макальщик, -а
маканец, -нца
макание, -я
маканный, *прич.*
маканый, *прил.*
макао, *нескл., с.* (игра) и
  м. (попугай)
макаронизм, -а
макаронина, -ы
макаронический
макаронник, -а
макаронно-кондитерский
макаронный
макаронщик, -а
макароны, -он
макательный
макать(ся), -аю, -ает(ся)
маквис, -а
македонец, -нца
македонка, -нца
македонский
макет, -а
макетирование, -я
макетированный
макетировать(ся), -рую,
  -рует(ся)
макетный
макетчик, -а
макетчица, -ы
маки, *нескл., м.* (зоол.)
маки, *нескл., м.* (парти-
  зан)
макиавеллевский

макиавеллизм, -а
макиавеллист, -а
макиавеллистический
макинтош, -а
макитра, -ы
макияж, -а
маккия, -и
маклак, -а
маклаческий
маклачество, -а
маклачить, -чу, -чит
маклачка, -и
маклер, -а, *мн.* -ы, -ов
маклерский
маклерство, -а
маклерствовать, -твую,
  -твует
макнуть, -ну, -нёт
маков, -а, -о
маковина, -ы
маковица, -ы
маковичный
маковка, -и
маковник, -а
маковочка, -и
маковый
макотра, -ы
макраме, *неизм.* и *нескл.,*
  с.
макрелевый
макрель, -и
макрельный
макро... — первая часть
  сложных слов, пишется
  всегда слитно
макроклимат, -а
макрокосм, -а
макрокристаллический
макролит, -а
макромир, -а
макромолекула, -ы
макрообъект, -а
макропод, -а
макропористый
макропроцессор, -а
макрорайон, -а
макрорельеф, -а
макроскопический
макроспора, -ы
макроспорангий, -я
макроспорофилл, -а
макроструктура, -ы
макрофаг, -а
макрофотосъёмка, -и
макроцефал, -а
макроцефалия, -и
макроцитоз, -а
макрурус, -а
максвелл, -а, *р. мн.* максвелл и -ов
максвеллметр, -а
макси, *неизм.* и *нескл., с.*
максима, -ы
максимализм, -а
максималист, -а
максималистка, -и
максималистский
максимально точный
максимальный
макси-мода, -ы
максимум, -а
макси-пальто, *нескл., с.*
макси-юбка, -и
макулатура, -ы

макуха, -и
макушечный
макушка, -и
мала, -ы
малага, -и
малаец, -айца
малазийский
малайка, -и
малайский
малаккский (*от* Малакка)
малакозоология, -и
малакология, -и
малахай, -я
малахит, -а
малахитовый
малахитчик, -а
малахольный
малевальный
малёванный
малевать(ся), -люю(сь),
  -люет(ся)
малеиновый (*хим.*)
малейший
малёк, -лька
маленечко
маленький
маленько
малёхонький; *кр. ф.* -нек,
  -нька
малец, -льца
малёшенький; *кр. ф.* -нек,
  -нька
маливать(ся), *наст. вр. не*
  употр.
малиец, -ийца
малийка, -и
малийский
малина, -ы
малинина, -ы
малинка, -и
малинник, -а
малинница, -ы
малинный
малиновка, -и
малиновый
малица, -ы
маличный
маллеин, -а (*биол.*)
маллеинизация, -и
мал мала меньше
мал-малёхонек
мал-малёшенек
мало
малоавторитетный
малоазиатский
малоазийский
малоактивный
малоактуальный
малоалкогольный
малоароматный
малоберцовый
малоблагоприятный
маловажный
маловат, -а, -о
маловато
маловер, -а
маловерие, -я
маловерка, -и
маловерный
маловероятный
маловес, -а
маловеский
маловесный
маловетреный

маловирулентный
маловлиятельный
маловместительный
маловодный
маловодопроницаемый
маловодье, -я
мadopaзумительный
маловыгодный
маловыдающийся*
маловыносливый
маловыразительный
маловязкий
малогабаритный
малоговорящий*
малоголовый
малограмотность, -и
малограмотный
малогрузный
малодаровитый
малодебитный
малодейственный
малодействительный
малодержаный
малодетный
малодеятельный
малодифференцирован-
ный*
малодобычливый
малодойка, -и
малодойный
малодоказательный
малодостоверный
малодоступный
малодоходный
малодушествовать, -твую,
-твует
малодушие, -я
малодушничать, -аю, -ает
малодушный
малоёжка, -и
малоёженый
малоёжкий
маложелезистый
маложирный
малозаметный
малозанятный
малозаразительный
малозаселённый*
малозастроенный*
малоземелье, -я
малоземельный
малознакомый
малозначащий
малозначимый
малозначительный
малозольный
малоизведанный
малоизвестный
малоизученный*
малоимущий
малоинициативный
малоинтеллигентный
малоинтересный
малоинформативный
малоискусный
малоискушённый
малоисследованный*
малокалиберный
малокалорийный
малоквалифицирован-
ный; кр. ф. -ван, -ванна
малоквартирный
малокомпетентный
малокомплектный

малоконкретный
малоконструктивный
малокостистый
малокровие, -я
малокровный
малокультурный
малолесный
малолесье, -я
малолетка, -и, м. и ж.
малолетний
малолетник, -а
малолетство, -а
малолеток, -тка
малолитражка, -и
малолитражный
мало ли что
малолюдный
малолюдство, -а
малолюдье, -я
мало-мальски
маломальский
маломерка, -и
маломерный
маломерок, -рка
маломестный
малометражка, -и
малометражный
маломнущийся*
маломочный (бедный)
маломощный (малой
мощности)
малонаблюдательный
малонадёжный
малонаезженный
малонаселённый
малонасыщенный
мало ношенный
малоношеный, прил.
малообдуманный
малообеспеченный
малообжитой
малообитаемый
малооблачный
малообоснованный; кр. ф.
-ан, -анна
малообработанный*
малообразованный
малообследованный*
малообщительный
малообъёмный
малообъяснимый
малоодарённый
малооперативный
малоопытный
малоосведомлённый
малоосвоенный*
малооснащённый
малоперспективный
малопитательный
малоплодие, -я
малоплодный
малоплодородный
малоподвижный
малоподготовленный*
малоподержанный
малоподходящий
малополезный
мало-помалу
малопоместительный
малопоместный
малопонятливый
малопонятный
малопосещаемый*
малопочётный

малопочтённый
малопредставительный
малоприбыльный
малопривлекательный
малопригодный
малопримениемый
малоприметный
малоприспособленный*
малопристойный
малопритязательный
малоприятный
малопродуктивный
малопроизводительный
малопроницаемый
малопьющий, -его
малоразвитый
малоразговорчивый
малоразмерный
малораспространённый*
малорассудительный
малорастворимый
малорастягивающийся*
малорентабельный
малоречивый
малорослый
малоросс, -а
малороссиянин, -а, мн.
-яне, -ян
малороссиянка, -и
малоросска, -и
малорус, -а
малоруска, -и
малорусский
малосведущий
малосемейный
малосильный
малосимпатичный
малословный
малосмина́емый
малосмысленный; кр. ф.
-лен, -ленна
малоснежный
малоснежье, -я
малосодержательный
малосознательный
малосолёный
малосольный
малосостоятельный
малоспособный
малостойкий
малостоящий
малость, -а
малосущественный; кр. ф.
-ствен и -ственен, -ственна
малоталантливый
малотеплопроводный
малотиражный
малотоксичный
малотоннажный
малотребовательный
малотренированный
малоубедительный
малоуглеродистый
малоудачный
малоудобный
малоудовлетворительный
малоудойный
малоумие, -я
малоумный
малоупотребительный
малоупругий
малоурожайный
малоусадочный

малоусидчивый
малоуспевающий*
малоуспешный
малоустойчивый
малоуступчивый
малоутешительный
малоуязвимый
малоформатный
малохарактерный
малохолёный
малохоженый
малохудожественный;
кр. ф. -вен и -венен, -вен-
на
малоценный; кр. ф. -énen,
-énna
малочисленный; кр. ф.
-лен, -ленна
малочувствительный
малошёрстный
малошумящий*
малоэкономичный
малоэластичный
малоэтажный
малоэффективный
малый; кр. ф. мал, мала,
мало
малыш, -á
малышка, -и, м. и ж.
малышовый
малышок, -шка
мальва, -ы
мальвазия, -и
мальвовый
мальковый
мальпост, -а
мальтоза, -ы
мальтузианец, -нца
мальтузианский
мальтузианство, -а
мальчик, -а
мальчиковый
мальчик с пальчик, маль-
чика с пальчик
мальчишеский
мальчишество, -а
мальчишечий, -ья, -ье
мальчишечка, -и, м.
мальчишка, -и, м.
мальчишник, -а
мальчонка, -и, м.
мальчонок, -нка
мальчуган, -а
мальчугашка, -и, м.
малюсенький
малютка, -и, м. и ж.
малюточка, -и, м. и ж.
малявка, -и
маляр, -á
малярийный
маляриолог, -а
маляриология, -и
малярить, -рю, -рит
малярия, -и
малярничать, -аю, -ает
малярный
мама, -ы
мамаево побоище
мамалыга, -и
мамаша, -и
мамашенька, -и
мамелюк, -а
маменька, -и
маменькин, -а, -о

мамзе́ль, -и
ма́мин, -а, -о
ма́мка, -и
мамлю́к, -а
маммалиоло́гия, -и
маммо́граф, -а
маммогра́фия, -и
маммокри́н, -а
маммофизи́н, -а
мамо́на, -ы и мамо́н, -а
ма́монт, -а
ма́монтовый
ма́монька, -и
ма́мочка, -и
маму́ля, -и
маму́ся, -и
ма́мушка, -и
манате́йный
мана́тки, -ток
мана́тья́, -и, р. мн. -ти́й
манга́л, -а
мангани́н, -а
мангани́новый
мангани́т, -а
ма́нглевый
мангль, -я
ма́нго, нескл., с.
ма́нговый
ма́нгольд, -а
мангоста́н, -а
ма́нгровый
мангу́ст, -а и мангу́ста, -ы
манда́нт, -а
мандари́н, -а, р. мн. -ов
мандари́нка, -и
мандари́нник, -а
мандари́нный
мандари́новый
мандари́нчик, -а
манда́т, -а
мандата́рий, -я
манда́тный
манди́була, -ы
мандо́ла, -ы
мандоли́на, -ы
мандраго́ра, -ы
мандра́ж, -а́
мандри́л, -а
мане́вр, -а и манёвр, -а
мане́вренность, -и и ма-
    нёвренность, -и
мане́вренный и манёв-
    ренный
маневри́рование, -я
маневри́ровать, -рую,
    -рует
маневро́вый
манёж, -а
манёжик, -а
манёжить(ся), -жу(сь),
    -жит(ся)
манёжный
манеке́н, -а
манеке́нщик, -а
манеке́нщица, -ы
мане́р, -а (на мане́р чего)
мане́ра, -ы
мане́рка, -и (фляжка)
мане́рничать, -аю, -ает
мане́рность, -и
мане́рный
манже́та, -ы
манже́тка, -и
манже́тный

маниака́льно-депресси́в-
    ный
маниака́льный
ма́ние: ма́нием (по ма́-
    нию) руки́
мани́зм, -а (культ)
маникю́р, -а
маникю́рный
маникю́рша, -и
мани́ловщина, -ы
маниок, -а и маниока, -и
манипули́ровать, -рую, -ру-
    ет
манипуля́тор, -а
манипуля́ция, -и
мани́ть, маню́, ма́ни́т
манифе́ст, -а
манифеста́нт, -а
манифеста́нтка, -и
манифеста́ция, -и
манифести́рованный
манифести́ровать, -рую,
    -рует
манихе́йзм, -а и манихе́й-
    ство, -а
мани́шка, -и
ма́ния, -и
ма́нка, -и (крупа)
манки́рование, -я
манки́рованный
манки́ровать, -рую, -рует
манкиро́вка, -и
ма́нко, нескл., с. (недовес,
    недочёт)
ма́нна, -ы
манна́н, -а
ма́нник, -а
манни́т, -а
ма́нный
манове́ние, -я: манове́нием
    (по манове́нию) руки́
манок, -нка́
мано́метр, -а
манометри́ческий
мано́метровый
маноста́т, -а
манса́рда, -ы
манса́рдный
ма́нси, нескл., м. и ж.
манси́ец, -и́йца
манси́йка, -и
манси́йский
манти́йный
манти́лька, -и
манти́лья, -и, р. мн. -лий
манти́сса, -ы
ма́нтия, -и
манто́, нескл., с.
мануа́льный
ману́л, -а
манускри́пт, -а
мануфакту́ра, -ы
мануфактури́ст, -а
мануфакту́р-колле́гия, -и
мануфакту́рный
мануфакту́р-сове́тник, -а
мануфакту́рщик, -а
манче́стерский
манче́стерство, -а
маньери́зм, -а
маньери́ст, -а
маньчжу́р, -а
маньчжу́рка, -и
маньчжу́рский

манья́к, -а
манья́ческий
манья́чество, -а
манья́чка, -и
маня́щий
мао́изм, -а (культ)
маои́ст, -а
маои́стский
ма́ори, неизм. и нескл., м.
    (язык) и нескл., м. и ж.
    (народ)
марабу́, нескл., м.
марабу́т, -а
мара́зм, -а
маразма́тик, -а
маразмати́ческий
мара́л, -а
мара́лий, -ья, -ье
мараловод, -а
мараловодство, -а
мараловодческий
мара́льник, -а
мара́н, -а
мара́ние, -я (действие)
ма́ранный, прич.
мара́нта, -ы
ма́раный, прил.
мара́нье, -я (написанное)
мараски́н, -а
мара́тхи, неизм. и нескл.,
    м. (язык) и нескл., м. и
    ж. (народ)
мара́ть(ся), -а́ю(сь),
    -а́ет(ся)
марафе́т, -а: наводи́ть (на-
    вести́) марафе́т
марафо́н, -а
марафо́нец, -нца
марафо́нский
мара́шка, -и
ма́рганец, -нца
марганецсодержа́щий
ма́рганцевый (содержа́-
    щий ма́рганец)
марганцо́вка, -и
марганцовоки́слый
марганцо́вый (содержа́-
    щий марганцо́вку)
маргари́н, -а
маргари́новый
маргари́тка, -и
маргина́лия, -и
маргина́льный
ма́рго, нескл., с.
ма́рево, -а
ма́ревый
маре́ль, -и
маре́мма, -ы
маре́на, -ы (бот.)
маре́ного, неизм.
маре́нный
маре́новый
марео́граф, -а
ма́ржа, -и
марза́н, -а
ма́ри, нескл., м. и ж.
мари́ец, -и́йца
мари́йка, -и
мари́йский
мари́на, -ы (картина)
марина́д, -а
марини́ст, -а
мари́нка, -и (рыба)

маринова́ние, -я
марино́ванный
маринова́ть(ся), -ну́ю, -ну́-
    ет(ся)
марино́вка, -и
марионе́тка, -и
марионе́точный
марихуа́на, -ы
ма́рка, -и
маркази́т, -а
маркгра́ф, -а
маркгра́фский
маркгра́фство, -а
маркёр, -а (лицо; с.-х. ору-
    дие)
ма́ркер, -а (то, что марки-
    рует; спец.)
маркёрский
маркёрство, -а
ма́ркетинг, -а
маркетри́, нескл., с.
марки́з, -а
марки́за, -ы
маркизе́т, -а
маркизе́товый
ма́ркий
маркирова́льный
маркирова́ние, -я
маркиро́ванный
маркирова́ть(ся), -ру́ю, -ру́-
    ет(ся)
маркиро́вка, -и
маркиро́вщик, -а
маркита́нт, -а
маркита́нтка, -и
маркита́нтский
маркси́зм, -а
маркси́зм-ленини́зм, мар-
    кси́зма-ленини́зма
маркси́ст, -а
маркси́стка, -и
маркси́стский
маркси́стско-ле́нинский
маркше́йдер, -а
маркше́йдери́я, -и
маркше́йдерский
марлёвка, -и
ма́рлевый
ма́рля, -и
мармела́д, -а
мармела́дный
мармора́ция, -и
мармори́рованный
мармори́ровать(ся), -рую,
    -рует(ся)
мароде́р, -а
мароде́рка, -и
мароде́рский
мароде́рство, -а
мароде́рствовать, -твую,
    -твует
мароке́н, -а
мароке́новый
марокка́нец, -нца
марокка́нка, -и
марокка́нский
ма́рочка, -и
ма́рочница, -ы
ма́рочный
марс, -а (мор.)
марсала́, -ы
ма́рса-ре́й, -я
ма́рсель, -я
марселье́за, -ы

марсиа́нин, -а, *мн.* -а́не, -а́н
марсохо́д, -а
март, -а
марте́н, -а
марте́новец, -вца
марте́новский
мартенси́т, -а
марте́нщик, -а
мартинга́л, -а
мартини, *нескл., м. и с.*
мартини́зм, -а
мартини́ст, -а
мартиро́лог, -а
мартироло́гический
мартироло́гия, -и
ма́ртовский
марты́н, -а (птица)
марты́шечий, -ья, -ье
марты́шка, -и
марциа́льный
марципа́н, -а
марципа́нный
марципа́новый
марш 1, -а
марш 2, *неизм.*
ма́ршал, -а
маршаллиза́ция, -и
маршаллизо́ванный
ма́ршальский
ма́ршальство, -а
марша́нция, -и
марш-бросо́к, -ска́
маршеви́к, -а́
ма́ршевый
маршеобра́зный
ма́рши, -ей (приморье)
марширова́ть, -ру́ю, -ру́ет
марширо́вка, -и
марширо́вочный
марш-манёвр, -а
марш-ма́рш, *неизм.*
марш-пара́д, -а
маршру́т, -а
маршрутиза́ция, -и
маршру́тка, -и
маршру́тный
марь, -и
марья́ж, -а
марья́жный
марья́нник, -а
маса́и, *неизм. и нескл., м.*
(язык) *и нескл., м. и ж.*
(народ)
масака́, *неизм.*
ма́ска, -и
маскара́д, -а
маскара́дный
маскиро́ванный
маскирова́ть(ся), -ру́ю(сь),
-ру́ет(ся)
маскиро́вка, -и
маскиро́вочный
маскообра́зный
маскулиниза́ция, -и
масхала́т, -а
ма́сленая, -ой (масленица)
ма́сленик, -а и ма́сляник, -а
ма́сленица, -ы
ма́сленичный
ма́слёнка, -и
ма́сленный, *прич.*
маслёнок, -нка, *мн.* -ля́та,
-ля́т

масле́нщик, -а
ма́сленый (пропитанный,
покрытый маслом и *пе-
рен.), прил.*
масли́на, -ы
масли́нный
масли́новый
ма́слить(ся), -лю, -лит(ся)
ма́слице, -а
ма́сличко, -а
ма́сличный (к ма́сло)
масли́чный (к масли́на)
ма́сло, -а, *мн.* (в знач. сор-
та́) масла́, ма́сел
маслоба́к, -а
маслобо́йка, -и
маслобо́йно-жирово́й
маслобо́йный
маслобо́йня, -и, *р. мн.* -бен
маслоде́л, -а
маслоде́лие, -я
маслоде́льный
маслоде́льня, -и, *р. мн.*
-лен
маслодобыва́ющий
масложирово́й
маслозаво́д, -а
маслозапра́вочный
маслоизготови́тель, -я
ма́сло кака́о, ма́сла кака́о
маслонапо́лненный
маслоно́сный
маслоотдели́тель, -я
маслоохлади́тель, -я
маслоочи́стка, -и
маслопрово́д, -а
маслоразбры́згивающий
маслосемена́, -мя́н
маслосырова́ренный
маслосырозаво́д, -а
маслосыромоло́чный
маслото́пный
маслоуказа́тель, -я
маслофасо́вочный
маслофи́льтр, -а
маслохрани́лище, -а
маслоэкстракцио́нный
ма́сляник, -а и ма́сленик, -а
масляни́стый
ма́сляно-инерцио́нный
масляноки́слый
ма́сляный (для масла, из
масла и т. п.)
масо́н, -а
масо́нский
масо́нство, -а
ма́сса, -ы
ма́сса бру́тто
масса́ж, -а
массажи́ровать(ся),
-рую(сь), -рует(ся)
массажи́ст, -а
массажи́стка, -и
масса́жный
ма́сса не́тто
масси́в, -а
масси́вность, -и
масси́вный
массико́т, -а
масси́рованный
масси́ровать(ся), -рую(сь),
-рует(ся)
ма́ссный
массови́к, -а́

массо́вка, -и
ма́ссово-полити́ческий
ма́ссово-пото́чный
ма́ссовость, -и
ма́ссовый
массообме́н, -а
масс-спе́ктр, -а
масс-спектра́льный
масс-спектро́граф, -а
масс-спектрографи́ческий
масс-спектрогра́фия, -и
масс-спектро́метр, -а
масс-спектрометри́ческий
масс-спектрометри́я, -и
масс-спектроскопи́ческий
масс-спектроскопи́я, -и
маста́к, -а́
мастачить, -чу, -чит
ма́стер, -а, *мн.* -а́, -о́в
мастери́ть(ся), -рю́,
-ри́т(ся)
мастери́ца, -ы
мастерови́тый
мастерово́й, -о́го
мастеровщи́на, -ы
мастерска́я, -о́й
ма́стерски́, *нареч.*
ма́стерский (принадлежа-
щий мастеру)
ма́стерский и мастерско́й
(искусный)
мастерство́, -а́
ма́стер-штамп, -а
масти́ка, -и
масти́ковый
масти́стый (о лошади)
масти́т, -а
масти́тый (почтенный)
мастихи́н, -а
масти́чный
мастодо́нт, -а
мастоиди́т, -а
мастопати́я, -и
мастурба́ция, -и
мастурби́ровать, -рую, -ру-
ет
масть, -и, *мн.* -и, -е́й
масшта́б, -а
масшта́бность, -и
масшта́бный
мат, -а
матадо́р, -а
матана́лиз, -а
матело́т, -а (корабль)
математиза́ция, -и
матема́тик, -а
матема́тика, -и
матема́тико-статисти́че-
ский
математи́ческий
математи́чка, -и
матере́ть, -е́ю, -е́ет
матереуби́йство, -а
матереуби́йца, -ы, *м. и ж.*
материа́л, -а
материализа́ция, -и
материали́зм, -а
материализо́ванный
материализова́ть(ся), -зу́ю,
-зу́ет(ся)
материали́ст, -а
материалисти́ческий
материалисти́чный
материали́стка, -и

материалове́д, -а
материалове́дение, -я
материалове́дческий
материалоёмкий
материалоёмкость, -и
материа́льно-бытово́й
материа́льно обеспе́чен-
ный
материа́льно-техни́ческий
материа́льный
матери́йка, -и
матери́к, -а́
материко́вый
ма́терин, -а, -о
матери́нский
матери́нство, -а
матери́ть(ся), -рю́(сь),
-ри́т(ся)
мате́рия, -и
ма́терка, -и (у конопли)
ма́терний (материнский)
ма́терный (бранный)
матеро́й и матёрый
мате́рчатый
матерщи́на, -ы
матёрый и матеро́й
матине́, *нескл., с.*
матиро́ванный
матирова́ть, -ру́ю, -ру́-
ет
матиро́вка, -и
ма́тица, -ы
ма́тичный
ма́тка, -и
матлингви́стика, -и
матло́т, -а (танец)
ма́товый
ма́точник, -а
ма́точный
матраду́р, -а
матра́с, -а и матра́ц, -а
матра́сик, -а
матра́сник, -а и матра́ц-
ник, -а
матра́сный и матра́цный
матра́ц, -а и матра́с, -а
матрёшка, -и
матриарха́льный
матриарха́т, -а
матри́кул, -а и матри́кула,
-ы
матрилока́льный
матримониа́льный
ма́трица, -ы
матрици́рование, -я
матрици́рованный
матрици́ровать(ся), -рую,
-рует(ся)
ма́тричный
матро́на, -ы
матро́с, -а
матро́ска, -и
матро́сня, -и́
матро́сский
маттио́ла, -ы
ма́тушка, -и
ма́тушкин, -а, -о
матч, -а
матчбо́л, -а
ма́тчевый
матчи́ш, -а
матч-рева́нш, ма́тча-ре-
ва́нша
матч-турни́р, -а

мать, ма́тери, тв. ма́-
терью, мн. ма́тери, -е́й
мать-геро́иня, ма́тери-ге-
ро́ини
мать-и-ма́чеха, -и
мать-стару́ха, ма́тери-ста-
ру́хи
ма́узер, -а
мафио́зи, нескл., м.
мафио́зный
ма́фия, -и
мафуса́илов век
мах, -а
маха́льный, -ого
маха́ние, -я
махану́ть, -ну́, -нёт
махао́н, -а
маха́ть(ся), машу́(сь), ма́-
шет(ся) и -а́ю(сь),
-а́ет(ся)
ма́хивать, наст. вр. не
употр.
махи́зм, -а
махи́на, -ы
махина́тор, -а
махина́ция, -и
махи́ст, -а
махно́вец, -вца
махно́вщина, -ы
махну́ть, -ну́, -нёт
махови́к, -а́ (колесо)
маховико́вый
маховичо́к, -чка́ (от махо-
ви́к)
махово́й
ма́хом (спорт.)
ма́хом, нареч.
ма́хонький
махо́рка, -и
махо́рочный
махо́рчатый
махо́тка, -и
махра́, -ы́ (махорка)
махро́вый
махры́, -о́в (бахрома)
маца́, -ы́
мацера́ция, -и
мацо́ни, нескл., с.
маче́те, нескл., с.
ма́чеха, -и
ма́чехин, -а, -о
ма́чта, -ы
мачтово́й, -о́го
ма́чтовый
мачтотруба́, -ы́
машбюро́, нескл., с.
маши́на, -ы
машина́льный
машине́рия, -и
машиниза́ция, -и
машинизи́рованный
машинизи́ровать(ся),
-рую, -рует(ся)
машини́ст, -а
машини́стка, -и
маши́нка, -и
маши́нник, -а
маши́нно-доро́жный
маши́нно-зави́симый
маши́нно-информацио́н-
ный
маши́нно-мелиорати́вный
маши́нно-незави́симый
маши́нно-тра́кторный

маши́нный
машинове́д, -а
машиноведе́ние, -я
машинове́дение, -я
машиногра́мма, -ы
маши́но-де́нь, -дня́
машиноиспыта́тельный
машинопи́сный
маши́нопись, -и
машинопрока́тный
машиноремо́нтный
маши́но-сме́на, -ы
машиностро́ение, -я
машиностро́итель, -я
машиностро́ительный
машиносчётный
маши́но-ча́с, -а, мн. -ы́, -о́в
машиночита́емый
машта́к, -а́
машта́чок, -чка́
маэстозо, неизм.
маэ́стро, нескл., м.
маю́скул, -а
маю́скульный
мая́к, -а́
ма́ятник, -а
ма́ятниковый
маятникообра́зный
ма́ять(ся), ма́ю(сь), ма́-
ет(ся), ма́ют(ся)
ма́ячить, -чу, -чит
мая́чный
мая́чок, -чка́
мгла, -ы
мгли́стый
мгнове́ние, -я
мгновеннодействующий*
мгнове́нный; кр. ф. -е́нен,
-е́нна
меа́ндр, -а
меандри́ческий
мебелево́з, -а
мебели́шка, -и
ме́бель, -и
ме́бельно-декорати́вный
ме́бельно-оби́вочный
ме́бельно-сбо́рочный
ме́бельный
меблиро́ванный
меблирова́ть, -рую, -рует
меблиро́вка, -и
мегаба́йт, -а, р. мн. -ба́йт и
-ов
мегава́тт, -а, р. мн. -ва́тт и
-ов
мегава́тт-ча́с, -а, мн. -ы́, -о́в
мегаге́рц, -а, р. мн. -ге́рц и
-ев
мегали́т, -а
мегалити́ческий
мегалоза́вр, -а
мегалома́ния, -и
мегани́т, -а
мегарелье́ф, -а
мегаско́п, -а
мегаскопи́ческий
мегаспо́ра, -ы
мегаструкту́ра, -ы
мега́терий, -я
мегато́нна, -ы
мегато́нный
мегафи́лл, -а
мегафо́н, -а
мегаэ́рг, -а, р. мн. -ов
меге́ра, -ы

мего́м, -а, р. мн. -о́м и -ов
мегомме́тр, -а
мегре́л, -а
мегре́лка, -и
мегре́льский
мёд, -а и -у, предл. о мёде,
в (на) меду́, мн. (в
знач. сорта) меды́, -о́в
медалёносец, -сца
медали́ст, -а
медали́стка, -и
меда́ль, -и
медалье́р, -а
медалье́рный
меда́льный
медальо́н, -а
медальо́нный
медальо́нчик, -а
медведеобра́зный
медве́дица, -ы
медве́дище, -а, м.
медве́дка, -и
медве́дь, -я
медвежа́тина, -ы
медвежа́тник, -а
медвежева́тый
медве́жий, -ья, -ье
медвежо́нок, -нка, мн. -жа́-
та, -жа́т
медвежо́ночек, -чка
медву́з, -а
медвя́ный
меделя́нка, -и
меделя́нский
медеплави́льный
меджли́с, -а
медзаключе́ние, -я
медиа́льный
медиа́на, -ы
медиа́нный
медиа́нта, -ы
медиатиза́ция, -и
медиа́тор, -а
медиа́ция, -и
медиева́ль, -я
медиеви́ст, -а
медиеви́стика, -и
ме́дик, -а
медикаменто́зный
медикаме́нты, -ов, ед. -е́нт,
-а
ме́дико-биологи́ческий
ме́дико-восстанови́тель-
ный
ме́дико-санита́рный
ме́дико-хирурги́ческий
медина́л, -а
медини́лла, -ы
меди́стый
медитати́вный
медита́ция, -и
ме́диум, -а
медиуми́зм, -а
медиуми́ческий
медици́на, -ы
медици́нский
меди́чка, -и
медкоми́ссия, -и
медленновраща́ющийся*
медленноде́йствующий*
медленнорасту́щий*
ме́дленный; кр. ф. -лен,
-ленна

медли́тельность, -и
медли́тельный
ме́длить, ме́длю, ме́длит
ме́дник, -а
ме́дницкий
ме́дно-аммиа́чный
ме́дно-за́кисный
ме́дно-кра́сный
ме́дно-лите́йный
ме́дно-ло́бый
ме́дно-ни́келевый
ме́дно-о́кисный
ме́дно-прока́тный
ме́дно-ру́дный
ме́дно-хими́ческий
ме́дно-ци́нковый
ме́дный
медоваре́ние, -я
медова́ренный
медова́рня, -и, р. мн. -рен
медове́д, -а
медови́к, -а
медо́вый
медого́нка, -и
медое́д, -а
медо́к, -дка́
медоно́с, -а
медоно́сный
медосмо́тр, -а
медосо́с, -а
медоточи́вый
медперсона́л, -а
медпо́мощь, -и
медпу́нкт, -а
медрабо́тник, -а
медресе́, нескл., с.
медсанба́т, -а
медсанча́сть, -и, мн. -и, -е́й
медсестра́, -ы́, мн. -сёстры,
-сестёр, -сёстрам
меду́за, -ы
медулля́рный
медуни́ца, -ы
медфа́к, -а
медь, -и
медьсодержа́щий
медя́к, -а́
медяни́стый
медяни́ца, -ы
медя́нка, -и
медя́ный
медя́шка, -и
меж, предлог
межа́, -и́, мн. ме́жи, меж и
меже́й, ме́жам
межамерика́нский
межара́бский
межа́тый
межафрика́нский
межбиблиоте́чный
межбрига́дный
межбро́вье, -я, р. мн. -вий
межве́домственный
межвидово́й
межвре́менье, -я
межву́зовский
межгалакти́ческий
межго́рье, -я, р. мн. -рий
межгосуда́рственный
междинасти́ческий
междоме́тие, -я
междоме́тный
междоу́злие, -я

междоусобие, -я
ме́жду, предл.
междуве́домственный
междугла́зье, -я, р. мн.
  -зий
междугоро́дный и между-
  городний
междуго́рье, -я, р. мн. -рий
междунаро́дник, -а
междунаро́дно-правово́й
междунаро́дный
междунача́лие, -я
междупа́лубный
между про́чим
междупу́тье, -я, р. мн. -тий
междуре́йсовый
междуре́чье, -я, р. мн. -чий
междуря́дный
междуря́дье, -я, р. мн. -дий
междуселённый
междусобо́йчик, -а
междустро́чие, -я
междустро́чный
между тём
междуусо́бица, -ы
междуусо́бный
междуца́рствие, -я
междуэта́жный
межева́ние, -я
межёванный
межева́ть(ся), -жу́ю(сь),
  -жу́ет(ся)
межёвка, -и
межево́й
межённый
межёнь, -и
межеу́мок, -мка
межеу́мочный
межеу́мье, -я
межжа́берный
межзаводско́й
межзвёздный
межзона́льный
межзу́бный
межигрово́й
межизда́тельский
межимпериалисти́ческий
межинститу́тский
межирригацио́нный
межкварти́рный
межкла́ссовый
межкле́тник, -а
межкле́тный
межкле́точный
межколхо́зный
межко́мнатный
межконтинента́льный
межко́стный
межкраево́й
межкристалли́тный
межледнико́вый
межли́чностный
межмерзло́тный
межминисте́рский
межмолекуля́рный
межнавигацио́нный
межнациона́льный
межни́к, -а́
межобластно́й
межотраслево́й
межпарла́ментский
межпарти́йный
межплане́тный
межплеменно́й

межпло́дник, -а
межпозвоно́чный
межполосно́й
межполо́сье, -я, р. мн. -сий
межпородо́й
межправи́тельственный
межрайо́нный
межрёберный
межрегиона́льный
межремо́нтный
межреспублика́нский
межродово́й
межсезо́нный
межсезо́нье, -я, р. мн. -ний
межселённый
межсессио́нный
межсисте́мный
межсовхо́зный
межсортово́й
межсосло́вный
межсою́знический
межсою́зный
меж тём
межтерриториа́льный
межу́точный
межфакульте́тский
межхозя́йственный
межцеховой
межчелюстно́й
межша́хтный
межшко́льный
межъевропе́йский
межъязыково́й
межъя́русный
мезалья́нс, -а
мезга́, -и́
мездра́, -ы́
мездри́льный
мездри́ть, -рю́, -ри́т
мездро́вый
мездряно́й
мезентериа́льный
мезенте́рий, -я
мезенхи́ма, -ы
мезога́мия, -ы
мезоги́ппус, -а
мезогле́я, -и
мезоде́рма, -ы
мезоза́вр, -а
мезозо́й, -я
мезозо́йский
мезокли́мат, -а
мезоли́т, -а
мезолити́ческий
мезомо́рфный
мезо́н, -а
мезони́н, -а
мезо́нный
мезопла́зма, -ы
мезорелье́ф, -а
мезоска́ф, -а
мезости́х, -а
мезотерма́льный
мезофи́лл, -а
мезофи́т, -а
мезоцефа́лия, -и
мейстерзи́нгер, -а
мексика́нец, -нца
мексика́нка, -и
мексика́нский
мел, -а и -у, предл. о ме́ле,
  в мелу́
меламе́д, -а

меланези́ец, -и́йца
меланези́йка, -и
меланези́йский
мела́нж, -а
мела́нжевый
меланже́р, -а
мелани́н, -а
мелано́з, -а
мелано́ма, -ы
мелано́лик, -а
меланхоли́ческий
меланхоли́чный
меланхо́лия, -и
мела́сса, -ы
ме́лево, -а
меледа́, -ы́
меле́нка, -и
мелённый; кр. ф. -ён, -ена́,
  прич.
мелёный, прил.
ме́ленький; кр. ф. -енек,
  -е́нька
меле́ть, -ее́т
мели́змы, -и́зм, ед. мели́з-
  ма, -ы
мелини́т, -а
мелини́товый
мелиорати́вный
мелиора́тор, -а
мелиорацио́нный
мелиора́ция, -и
мелиори́рованный
мелиори́ровать, -рую, -рует
мели́с, -а (сахарный пе-
  сок)
мели́сса, -ы (бот.)
ме́листый
мелито́за, -ы
мели́ть, мелю, мели́т
ме́лкий; кр. ф. ме́лок,
  мелка́, ме́лко, ме́лки́
мелкоби́тый
мелкоборо́здчатый
мелкобуржуа́зный
мелкова́тый
мелкове́сный
мелково́дный
мелково́дье, -я
мелкодиспе́рсный
мелкодо́нный
мелкодроблёный
мелкозём, -а
мелкозернёный
мелкозерни́стый
мелкозу́бчатый
мелкозу́бый
мелкокали́берный
мелкокомкова́тый
мелкокресть́янский
мелкокристалли́ческий
мелкокусково́й
мелкокуста́рниковый
мелколепе́стник, -а
мелколе́сье, -я
мелколи́ственный
мелколи́стный и мелколи́-
  стый
мелкомасшта́бный
мелкомо́лотый
мелкоопто́вый
мелкопи́шущий*
мелкопло́дный
мелкопоме́стный

мелкораздро́бленный*
мелкоразмо́лотый*
мелкорасфасо́ванный*
мелкоро́слый
ме́лко ру́бленный
мелкору́бленый, прил.
мелкосери́йный
мелкосидя́щий*
мелкосо́бственнический
мелкосо́почник, -а
мелкота́, -ы́
мелкоте́мье, -я
мелкотова́рный
мелкотолчёный
мелкоточе́чный
мелкотра́вчатый
мелкотра́вье, -я
мелкоузо́рчатый
мелкоцве́тный
мелкочешу́йчатый
мелкошёрстный и мелко-
  шёрстый
мело́ванный
мелово́й
мелодекла́ма́тор, -а
мелодеклама́ция, -и
мелодеклами́ровать, -рую,
  -рует
мело́дика, -и
мелоди́ческий
мелоди́чность, -и
мело́дия, -и
мелодра́ма, -ы
мелодрама́тизм, -а
мелодрамати́ческий
мелодрамати́чный
мелоза́вр, -а
мело́к, -лка́
мелома́н, -а
мелома́ния, -и
мелома́нка, -и
ме́лос, -а
мелоти́пия, -и
мелочёвка, -и
мелочи́шка, -и
мелочно́й (о торговле)
ме́лочность, -и
ме́лочный (о человеке)
ме́лочь, -и, мн. -и, -е́й
мель, -и, предл. о ме́ли, на
  мели́
мельзаво́д, -а
мелька́ть, -а́ю, -а́ет
мелькну́ть, -ну́, -нёт
мелько́м
мельcomбина́т, -а
ме́льник, -а
ме́льница, -ы
ме́льничий, -ья, -ье
ме́льничиха, -и
ме́льничный
мельтеши́ть(ся), -шу́(сь),
  -ши́т(ся)
мельхио́р, -а
мельхио́ровый
мельча́йший
мельча́ть, -а́ю, -а́ет (становиться мелким)
ме́льче, сравн. ст. (от
  ме́лкий, ме́лко)
мельчи́ть, -чу́, -чи́т (что)
мелюзга́, -и́
ме́лющий

162

мембрана, -ы
мембранный
мемистор, -а
меморандум, -а
мемориал, -а
мемориальный
мемуарист, -а
мемуаристка, -и
мемуарный
мемуары, -ов
мена, -ы
менгир, -а
менделевий, -я
менделеевит, -а
менделизм, -а
менеджер, -а
менее, *сравн. ст. (от малый, мало и маленький)*
менестрель, -я
мензула, -ы
мензульный
мензура, -ы
мензуральный
мензурка, -и
мензурочный
менивать, *наст. вр. не употр.*
менингит, -а
менингококк, -а
менингомиелит, -а
менингоэнцефалит, -а
мениск, -а
менисковый
меновой
менонит, -а
менонитка, -и
менонитский
менопауза, -ы
менструальный
менструация, -и
менструировать, -рую, -руует
ментик, -а
ментол, -а
ментоловый
ментор, -а
менторский
менуэт, -а
меньше, *сравн. ст. (от малый, мало и маленький)*
меньшевизм, -а
меньшевик, -а
меньшевиствующий
меньшевистский
меньшевичка, -и
меньшенький
меньший
меньшинства, -инств, *ед.* меньшинство, -а и -а (о нациях)
меньшинство, -а (меньшая часть)
меньшой
меню, *нескл., с.*
меняла, -ы, *м.*
меняльный
менянный
менять(ся), -яю(сь), -яет(ся)
мепротан, -а
мера, -ы
мергель, -я
мергельный

мережа, -и, *р. мн.* -еж
мережка, -и
мерекать, -аю, -ает
меренга, -и
меренный, *прич.*
мереный, *прил.*
мереть, мрёт; *прош.* мёр, мёрла
мерехлюндия, -и
мерещиться, -щусь, -щится
мерей, -я
мерзавец, -вца
мерзавка, -и
мерзее, *сравн. ст. (от* мёрзкий, мёрзко)
мерзейший
мёрзкий; *кр. ф.* -зок, -зка, -зко
мерзлота, -ы
мерзлотный
мерзлотовед, -а
мерзлотоведение, -я
мёрзлый
мерзляк, -а
мерзлятина, -ы
мерзлячка, -и
мёрзнувший
мёрзнуть, -ну, -нет; *прош.* мёрз и мёрзнул, мёрзла
мерзопакостный
мёрзостный
мёрзость, -и
мёривать, *наст. вр. не употр.*
меридиан, -а
меридианный
меридиональный
мерило, -а
мерильный
мерин, -а
меринок, -нка
меринос, -а
мериносовый
меристема, -ы
мерительный
мертерий, -я
мерить(ся), -рю(сь), -рит(ся) и -ряю(сь), -ряет(ся)
мерка, -и
меркантилизм, -а
меркантилист, -а
меркантилистический
меркантилистский
меркантильность, -и
меркантильный
меркаптан, -а
мёркнувший
мёркнуть, -нет; *прош.* мерк и мёркнул, мёркла
мерланг, -а
мерлушечий, -ья, -ье
мерлушка, -и
мерлушковый
мерник, -а
мёрный
мерокриновый
мероморфный
мероопределение, -я
мероприятие, -я
мерочка, -и
мерсеризация, -и
мерсеризованный

мерсеризовать(ся), -зую, -зует(ся)
мерси, *неизм.*
мёртвенно-бледный
мёртвенно-серый
мёртвенный; *кр. ф.* -вен и -венен, -венна
мертветь, -ею, -еет (становиться безжизненным)
мертвец, -а
мертвецкая, -ой
мертвецки
мертвецкий
мертвечина, -ы
мертвить, -влю, -вит (кого, что)
мертвоед, -а
мертворождённый
мёртвый; *кр. ф.* мёртв, мертва, мёртво и мертво
мертвятина, -ы
мерцание, -я
мерцательный
мерцать, -аю, -ает
меря, -и
мерящий и меряющий
месиво, -а
месилка, -и
месильный
месить(ся), мешу, месит(ся)
месмеризм, -а
месса, -ы
мессершмитт, -а
мессианизм, -а
мессианский
мессидор, -а
мессия, -и, *м.*
местечко, -а
местечковый
мести, мету, метёт; *прош.* мёл, мела
местком, -а
месткомовец, -вца
месткомовский
местничать, -аю, -ает
местнический
местничество, -а
местность, -и
местный
место, -а, *мн.* -а, мест, -ам
местоблюститель, -я
местожительство, -а, но: место жительства
местоимение, -я
местоименный
местонахождение, -я
местообитание, -я, но: место обитания
местоположение, -я
местопребывание, -я, но: место пребывания
месторасположение, -я
месторождение, -я, но: место рождения
месть, -и
месье и мсье, *нескл., м.*
месяц, -а, *мн.* -ы, -ев
месяцеслов, -а
месячина, -ы
месячник, -а
месячный

мета 1, -ы и мета, -ы, *мн.* меты, мет, метам (мишень)
мета 2, -ы (метка)
метабазис, -а
метабиоз, -а
метаболизм, -а
метаболит, -а
метаболический
метаболия, -и
метагалактика, -и
метагенез, -а
метаданные, -ых
металингвистика, -и
металл, -а
металлизация, -и
металлизированный
металлизировать(ся), -рую, -рует(ся)
металлист, -а
металлический
металловед, -а
металловедение, -я
металловедческий
металловидный
металлогенический
металлогения, -и
металлограф, -а
металлографический
металлография, -и
металлографский
металлоёмкий
металлоёмкость, -и
металлоид, -а
металлоидный
металлоизделие, -я
металлокерамика, -и
металлокерамический
металлоконструкция, -и
металлолом, -а
металлометрический
металлоносный
металлообрабатывающий
металлообработка, -и
металлообразный
металлооптика, -и
металлопластик, -а
металлопокрытие, -я
металлопорошок, -шка
металлопрокат, -а
металлопрокатный
металлопромышленность, -и
металлопромышленный
металлорганический
металлорежущий
металлоремонтный
металлотермия, -и
металлотканый
металлофизика, -и
металлофон, -а
металлохозяйственный
металлсвязывающий
металлсодержащий
металлург, -а
металлургический
металлургия, -и
металогика, -и
метаматематика, -и
метамерия, -и
метаморфизм, -а
метаморфический

метаморфо́з, -а	метиза́ция, -и (скрещива-	мефисто́фельский	меша́ть(ся), -а́ю(сь),
метаморфо́за, -ы	ние животных)	мех, -а и -у, предл. о ме́хе,	-а́ет(ся)
мета́н, -а	мети́зный	на меху́, мн. меха́, -о́в	ме́шенный, прич. (от ме-
мета́ние, -я	мети́зы, -ов	(пушнина) и мехи́, -о́в	си́ть)
мета́новый	мети́л, -а	(механизм; бурдюк)	ме́шеный, прил.
метано́л, -а	метилами́н, -а	механиза́тор, -а	меша́ть, -а́ю, -ает
метанта́нк, -а и метанте́нк,	метилбензо́л, -а	механиза́торский	мешкова́тый
-а	метиле́н, -а	механиза́ция, -и	мешкови́на, -ы
метаплази́я, -и	метилкаучу́к, -а	механизи́рованный	мешкожа́берные, -ых
метасомати́зм, -а	мети́ловый	механизи́ровать(ся), -рую,	мешкота́ра, -ы
метасомати́ческий	метилцеллюло́за, -ы	-рует(ся)	мешко́тный
метасома́то́з, -а	метиони́н, -а	механи́зм, -а	мешо́к, -шка́
метастаби́льный	мети́с, -а	меха́ник, -а	мешо́тчатый
метаста́з, -а	метиса́ция, -и (смешение	меха́ника, -и	мешо́чек, -чка
метастати́ческий	рас)	меха́нико-математи́ческий	мешо́чник, -а
метате́за, -ы	мети́ска, -и	меха́нико-машинострои́-	мешо́чница, -ы
мета́тель, -я	ме́тить(ся), ме́чу(сь), ме́-	тельный	мешо́чничество, -а
мета́тельница, -ы	тит(ся)	механи́ст, -а	мешо́чный
мета́тельный	ме́тка, -и	механисти́ческий	мещани́н, -а, мн. -а́не, -а́н
метатро́фный	ме́ткий; кр. ф. ме́ток, мет-	механисти́чный	меща́нка, -и
мета́ть 1, -а́ю, -а́ет (о	ка́; ме́тко	механици́зм, -а	меща́ночка, -и
шитье)	ме́ткость, -и	механи́ческий	меща́нский
мета́ть 2, мечу́, ме́чет	метла́, -ы́, мн. мётлы, мё-	механи́чный	меща́нство, -а
(бросать)	тел	механогидравли́ческий	мещера́, -ы́
мета́ться, мечу́сь, ме́чется	метла́хский	механоламарки́зм, -а	мещёрский
метафа́йл, -а	метли́ца, -ы	механомонта́жный	мещеря́к, -а́
метафи́зик, -а	метну́ть, -ну́, -нёт	механообраба́тывающий	мещеря́цкий
метафи́зика, -и	ме́тод, -а	механорецепто́р,	мещеря́чка, -и
метафизи́ческий	методи́ка, -и	-а	мзда, -ы
метафло́эма, -ы	методи́ст, -а	механосбо́рочный	мздои́мец, -мца
метафо́ния, -и	методи́стка, -и	механотерапи́я, -и	мздои́мство, -а
мета́фора, -ы	методи́стский	механохи́мия, -и	миазмати́ческий
метафори́ческий	методи́ческий	мехово́й	миа́змы, миа́зм
метафори́чный	методи́чный	мехову́шка, -и	миалги́я, -и и миальги́я, -и
метафо́сфорный	методкабине́т, -а	меховщи́к, -а́	миастени́я, -и
метафра́за, -ы	методологи́ческий	мехое́д, -а	миг, -а
метаце́нтр, -а	методоло́гия, -и	мехообрабо́тка, -и	мига́лка, -и
метацентри́ческий	метл́о, -а	мецена́т, -а	мига́ние, -я
метая́зы́к, -а́	метони́ми́ческий	мецена́тский	мига́тельный
мете́листый	метони́мичный	мецена́тство, -а	мига́ть, -а́ю, -а́ет
мете́лица, -ы	метони́мия, -и	мецена́тствовать, -твую,	мигмати́т, -а
метёлка, -и	мето́п, -а и мето́па, -ы	-твует	мигну́ть, -ну́, -нёт
метёлочка, -и	ме́точный	ме́ццо пиа́но, неизм.	ми́гом, нареч.
метёлочный	метр, -а	ме́ццо-сопра́но, нескл., с.	мигра́нт, -а
мете́ль, -и	метра́ж, -а́	(голос) и ж. (певица)	миграцио́нный
мете́льный	метранпа́ж, -а	ме́ццо-сопра́новый	мигра́ция, -и
мете́льчатый	метрдоте́ль, -я	ме́ццо-ти́нто, нескл., с.	мигре́нь, -и
метёльщик, -а	метре́сса, -ы	ме́ццо фо́рте, неизм.	мигри́ровать, -рую, -рует
метённый; кр. ф. -ён, -ена́,	ме́трика, -и	меч, -а́	ми́ди, неизм. и нескл., с.
прич.	метри́т, -а	мечеви́дный	ми́диевый
метёный, прил.	метри́ческий	ме́ченный, прич.	ми́ди-пла́тье, -я
метеогра́мма, -ы	метр́о, нескл., с.	меченосец, -сца	ми́ди-ю́бка, -и
метеозени́тный	метро́вый	ме́ченый, прил.	ми́дия, -и (моллюск)
метеоинформа́ция, -и	метро́лог, -а	мече́тный	миели́н, -а
метеопрогно́з, -а	метрологи́ческий	мече́ть, -и	миели́т, -а
метео́р, -а	метроло́гия, -и	мечехво́ст, -а	миело́идный
метеорадиотелеско́п,	метромо́ст, -а и -а́, мн. -ы́,	меч-кладене́ц, меча́-кла-	миелолейко́з, -а
-а	-о́в	денца́	миело́ма, -ы
метеори́зм, -а	метроно́м, -а	ме́чник, -а	мизансце́на, -ы
метеори́т, -а	метрополите́н, -а	меч-ры́ба, -ы	мизантро́п, -а
метеори́тика, -и	метрополите́новец, -вца	мечта́, -ы́	мизантропи́ческий
метеори́тный	метропо́лия, -и (государст-	мечта́ние, -я	мизантро́пия, -и
метеори́ческий	во)	мечта́тель, -я	мизантро́пка, -и
метео́рный	метростро́евец, -вца	мечта́тельница, -ы	мизги́рь, -я́ (паук)
метео́рограф, -а	метростро́евский	мечта́тельность, -и	мизере́ре, нескл., с.
метеоро́лог, -а	метростро́ение, -я	мечта́тельный	ми́зерный
метеорологи́ческий	метростро́итель, -я	мечта́ть(ся), -а́ю, -а́ет(ся)	мизи́нец, -нца
метеороло́гия, -и	метротра́сса, -ы	ме́чущий(ся)	мизи́нчик, -а
метеосво́дка, -и	ме́тче, сравн. ст. (от	меша́лка, -и	мика́до, нескл., м.
метеослу́жба, -ы	ме́ткий, ме́тко)	меша́нина, -ы	микале́кс, -а
метеоспу́тник, -а	ме́тчик, -а (о человеке)	ме́шанка, -ы	микани́т, -а
метеоста́нция, -и	метчи́к, -а́ (инструмент)	ме́шанный, прич. (от ме-	микафо́лий, -я
метеоусло́вия, -ий	ме́тший	ша́ть)	микобакте́рия, -и
метеоце́нтр, -а		ме́шаный, прил.	микоде́рма, -ы

микоз, -а
миколог, -а
микологический
микология, -и
микоплазмоз, -а
микотроф, -а
микотрофный
микро... — первая часть
   сложных слов, пишется
   всегда слитно
микроавтобус, -а
микроампер, -а, р. мн. -ам-
   пер и -ов
микроамперметр, -а
микроанализ, -а
микроаналитический
микроб, -а
микробарограф, -а
микробиолог, -а
микробиологический
микробиология, -и
микроватт, -а, р. мн. -ватт
   и -ов
микровесы, -ов
микроволновый
микровольт, -а, р. мн.
   -вольт и -ов
микрогэс, нескл., ж.
микродвигатель, -я
микродиод, -а
микродоза, -ы
микроинфаркт, -а
микрокалькулятор, -а
микроканонический
микрокиносъёмка, -и
микроклимат, -а
микроклин, -а
микрококк, -а
микрокомпонент, -а
микрокомпьютер, -а
микрокосм, -а
микрокристаллический
микрокристаллоскопия, -и
микролит, -а
микролитражка, -и
микролитражный
микром, -а
микроманометр, -а
микромер, -а
микрометеорит, -а
микрометр, -а (ед. длины)
микрометр, -а (инстру-
   мент)
микрометрический
микрометрия, -и
микроминиатюризация, -и
микромир, -а
микромодуль, -я
микрон, -а, р. мн. микрон
   и -ов
микронный
микроорганизм, -а
микропористый
микроприёмник, -а
микропроектор, -а
микропроекционный
микропроекция, -и
микропроцессор, -а
микрорадиоволны, -волн
   -волнам
микрорайон, -а
микрорельеф, -а

микросейсмический
микроскоп, -а
микроскопический
микроскопичный
микроскопия, -и
микроскопный
микроспора, -ы
микроспорангий, -я
микроспорофилл, -а
микроструктура, -ы
микросхема, -ы
микротелевизор, -а
микротелефон, -а
микротипия, -и
микротом, -а
микротранзистор, -а
микротрон, -а
микроудобрения, -ий
микрофаг, -а
микрофильм, -а
микрофильмирование, -я
микрофильмировать(ся),
   -рую, -рует(ся)
микрофиш, -а и микро-
   фиша, -и
микрофлора, -ы
микрофон, -а
микрофонный
микрофотография, -и
микрофотокопирование, -я
микрофотокопия, -и
микрофотометр, -а
микрофотосъёмка, -и
микрохимический
микрохимия, -и
микрохирургический
микрохирургия, -и
микроЭВМ, нескл., ж.
микроцефал, -а
микроцефалия, -и
микроцид, -а
микроцитоз, -а
микрочастица, -ы
микроэлектрод, -а
микроэлектродвигатель, -я
микроэлектроника, -и
микроэлемент, -а
микрургия, -и
микшер, -а
миксобактерия, -и
миксома, -ы
микст, -а
микстура, -ы
милаша, -и, м. и ж.
милашечка, -и, м. и ж.
милашка, -и, м. и ж.
милдью, нескл., ж.
миледи, нескл., ж.
милейший
миленький
милеть, -ею, -еет
милиарный (мед.)
милитаризация, -и
милитаризм, -а
милитаризованный
милитаризовать(ся), -зую,
   -зует(ся)
милитарист, -а
милитаристический
милитаристский
милицейский
милиционер, -а
милиционерский
милиционный

милиция, -и
милка, -и
миллиампер, -а, р. мн. -ам-
   пер и -ов
миллиамперметр, -а
миллиард, -а
миллиардер, -а
миллиардерша, -и
миллиардный
миллибар, -а, р. мн. -бар и
   -ов
милливатт, -а, р. мн. -ватт
   и -ов
милливольт, -а, р. мн.
   -вольт и -ов
милливольтметр, -а
миллиграмм, -а, р. мн.
   -грамм и -ов
миллиграммовый
миллиметр, -а
миллиметровка, -и
миллиметровый
миллимикрон, -а, р. мн.
   -микрон и -ов
миллион, -а
миллионер, -а
миллионерка, -и
миллионерша, -и
миллионный
миллионщик, -а
милованье, -я (от мило-
   вать)
миловать(ся), милую, ми-
   лует(ся) (щадить)
миловать(ся), милую(сь),
   милует(ся) (ласкать)
миловидный
милокордин, -а
милорд, -а
милосердие, -я
милосердный и (устар.)
   милосердый
милостивец, -вца
милостивый
милостынька, -и
милостыня, -и, р. мн. -ынь
милость, -и
милочка, -и
милый; кр. ф. мил, мила,
   мило, милы
миля, -и
миляга, -и, м. и ж.
мим, -а
ми мажор, -а
ми-мажорный
миманс, -а
мимеограф, -а
миметизм, -а
мимика, -и
мимикрия, -и
ми минор, -а
ми-минорный
мимист, -а
мимистка, -и
мимический
мимо
мимоездом
мимоезжий
мимоза, -ы
мимозовый
мимоидущий
мимолётный
мимолётом
мимоходом

мина, -ы
минарет, -а
мингрел, -а, р. мн. -ов и
   мингрелец, -льца
мингрелка, -и
мингрельский
миндалевидный
миндалевый
миндалина, -ы
миндаль, -я
миндальничать, -аю, -ает
миндальный
минёр, -а
минерал, -а
минерализатор, -а
минерализация, -и
минераловоз, -а
минералог, -а
минералогический
минералогия, -и
минералообразующий
минерально-сырьевой
минеральный
минёрный
минеттовый (геол.)
минея, -и
мини, неизм. и нескл., с.
мини-автомобиль, -я
миниатюра, -ы
миниатюризация,
   -и
миниатюрист, -а
миниатюристка, -и
миниатюрность, -и
миниатюрный
миниатюр-полигон,
   -а
мини-компьютер, -а
минимализм, -а
минималист, -а
минималистка, -и
минималистский
минимально необходи-
   мый
минимальный
миниметр, -а
минимизация, -и
минимизированный
минимизировать, -рую, -ру-
   ет
мини-мода, -ы
минимум, -а
мини-платье, -я
мини-процессор, -а
мини-реактор, -а
мини-робот, -а
минированный
минировать, -рую, -рует
министерский
министерство, -а
министерша, -и
министр, -а
министр-президент, ми-
   нистра-президента
минитмен, -а
мини-трактор, -а
мини-футбол, -а
мини-ЭВМ, нескл., ж.
мини-юбка, -и
миннезингер, -а
минно-артиллерийский
минно-заградительный
минно-подрывной
минный

минова́ние: за минова́ни-
  ем, по минова́нии (че-
  го)
минова́ть(ся), -ну́ю, -ну́-
  ет(ся)
мино́га, -и
мино́жный, -ья, -ье
миноиска́тель, -я
миноло́гий, -я
миномёт, -а
миномётный
миномётчик, -а
миноно́сец, -сца
миноно́ска, -и
миноно́сный
мино́р, -а
минора́т, -а
мино́рный
миноромажо́р, -а
минота́вр, -а
минта́й, -я
мину́вший
ми́нус, -а, мн. -ы, -ов
мину́скул, -а
ми́нускульный
ми́нусо́вый
мину́та, -ы
мину́та в мину́ту
мину́та-друга́я
мину́тка, -и
мину́тный
мину́точка, -и
мину́ть, ми́нет; прош. ми́-
  нул, -а
миньо́н, -а
миоглоби́н, -а
мио́граф, -а
миози́н, -а
миози́т, -а
миока́рд, -а
миокардиодистрофи́я, -и
миокарди́т, -а
миоло́гия, -и
мио́ма, -ы
миопи́я, -и
миофибри́лла, -ы
миоце́н, -а
миоце́новый
мипо́ра, -ы
мир, -а, предл. в ми́ре, на
  миру́, мн. -ы́, -о́в
мирабе́левый
мирабе́ль, -и
мирабили́т, -а
мира́ж, -а и -а́
мира́кль, -я
мирандо́ль, -я
мирволи́ть, -лю, -лит
мирза́, -ы́, м.
мириа́ды, -а́д
мириску́сник, -а
мири́ть(ся), -рю́(сь),
  -ри́т(ся)
ми́рный
ми́ро, -а (церк.)
мирова́я, -о́й
мирови́дение, -я
мировоззре́ние, -я
мировоззре́нческий
мирово́й
мировоспри́ятие, -я
мирое́д, -а
мирое́дский
мирое́дство, -а

мирозда́ние, -я
миро́к, -рка́
миролюби́вый
миролю́бие, -я
миро́н, -а (рыба)
миронаруши́тель, -я
мироно́сица, -ы
мироощуще́ние, -я
миропома́зание, -я
миропома́занник, -а
миропонима́ние, -я
миросозерца́ние, -я
миросозерца́тельный
миротво́рец, -рца
миротво́рный
миротво́рческий
ми́рра, -ы
ми́рровый
мирско́й
мирт, -а и ми́рта, -ы
ми́ртовый
миря́нин, -а, мн. -я́не, -я́н
миря́нка, -и
ми́ска, -и
мисс, нескл., ж.
миссионе́р, -а
миссионе́рка, -и
миссионе́рский
миссионе́рство, -а
ми́ссис, нескл., ж.
ми́ссия, -и
мисте́рия, -и
ми́стик, -а
ми́стика, -и
мистифика́тор, -а
мистифика́торский
мистифика́ция, -и
мистифици́рованный
мистифици́ровать(ся),
  -рую, -рует(ся)
мистици́зм, -а
мисти́ческий
мисти́чный
мистра́ль, -я
ми́стрис, нескл., ж.
мите́нки, -нок, ед. мите́н-
  ка, -и
ми́тинг, -а
митингова́ть, -гу́ю, -гу́ет
митинго́вый
митка́левый
митка́ль, -я́
митка́льный
мито́з, -а
митотоксико́з, -а
ми́тра, -ы
митралье́за, -ы
митрополи́т, -а
митрополи́тский
митрополи́чий, -ья, -ье
митрополия, -и (епархия
  митрополита)
ми́ттель, -я
ми́ттельшпи́ль, -я
миф, -а
мифи́ческий
мифи́чный
мифо́лог, -а
мифологе́ма, -ы
мифологи́ческий
мифоло́гия, -и
мице́лий, -я (грибница)
мице́лла, -ы (хим.)
мицелля́рный

ми́чман, -а, мн. -ы, -ов и
  -а́, -о́в
ми́чманка, -и
ми́чманский
мичу́ринец, -нца
мичу́ринский
мишарь, -я́
мише́нный
мише́нь, -и
ми́шка, -и (медведь)
мишура́, -ы́
мишу́рный
младе́нец, -нца
младе́нческий
младе́нчество, -а
младогегелья́нец, -нца
младогегелья́нство, -а
младограмма́тик, -а
младограммати́ческий
младо́й; кр. ф. млад, мла-
  да́, мла́до
младопи́сьменный
мла́дость, -и
младоту́рки, -рок
младшекла́ссник, -а
младшеку́рсник, -а
мла́дший
млекопита́ющее, -его
млеть, млею, мле́ет
мле́чник, -а
мле́чный
мнемогра́мма, -ы
мнемо́метр, -а
мнемо́ника, -и
мнемони́ческий
мнемосхе́ма, -ы
мнемоте́хника, -и
мне́ние, -я
мнимобольно́й, -о́го
мнимоуме́рший, -его
мни́мый
мни́тельность, -и
мни́тельный
мни́ть(ся), мню, мни́т(ся)
мно́гажды
мно́гий
мно́го
многоа́ктный
многоаспе́ктный
многоа́томный
многобо́рец, -рца
многобо́рье, -я
многобра́чный
многовале́нтный
многовалко́вый
многовариа́нтный
многова́то
многовеково́й
многовла́стие, -я
многово́дный
многово́дье, -я
многоглаго́лание, -я
многоглаго́ливый
многоговоря́щий*
многоголо́вый
многоголо́сие, -я
многоголо́сный
многоголо́сый
многогра́нник, -а
многогра́нный; кр. ф.
  -а́нен, -а́нна
многогре́шный

многоде́тность, -и
многоде́тный
многоди́сковый
многодне́вный
многодо́мный
многожёнец, -нца
многожёнство, -а
многожи́льный
многозаря́дный
многоземе́лье, -я
многозе́мельный
многознамена́тельный
многозна́чащий
многозначи́тельный
многозна́чность, -и
многозу́б, -а
многока́мерный
многокана́льный
многокаска́дный
многокварти́рный
многокилометро́вый
многокле́точный
многоклетьево́й
многоковшо́вый
многоколе́нчатые, -ых
многоко́мнатный
многокомпле́ктный
многоко́рпусный
многокра́сочный
многокра́тный
многола́мповый
многоле́звийный
многолеме́шный
многоле́сный
многоле́сье, -я
многоле́тие, -я
многоле́тний
многоле́тник, -а
многоли́кий
многолоша́дный
многолучево́й
многолю́бящий
многолю́дный
многолю́дство, -а
многолю́дье, -я
многоманда́тный
многома́чтовый
многоме́рный
многоме́стный
многоме́сячный
многометро́вый
многомиллио́нный
мно́го-мно́го
многомолекуля́рный
многомото́рный
многому́жество, -а
многому́жие, -я
многонаселённый
многонациона́льный
многонача́лие, -я
многоно́жка, -и
многоно́нько
многообеща́ющий
многообра́зие, -я
многообра́зный
многообъе́млющий
многооперацио́нный
многоо́пытный
многоо́сный
многоотраслево́й
многоглубо́кий
многопарти́йный
многопла́новый
многоплемённый

многоплодие, -я
многоплодный
многополосный
многополье, -я
многопольный
многополюсник, -а
многопредметность, -и
многопредметный
многопрограммный
многопудовый
многоразовый
многорежимный
многорезцовый
многоречивый
многорядный
многосемейность, -и
многосемейный
многосерийный
многосеточный
многосильный
многословие, -я
многословный
многослойный
многосменка, -и
многосменный
многоснежный
многоснежье, -я
многосоставный
многосотлетний
многосотонный
многосоюзие, -я
многостадийный
многостаночник, -а
многостаночница, -ы
многостаночный
многоствольный
многостепенность, -и
многостепенный
многостопный
многосторонний
многосторонность, -и
многострадальный
многострунный
многоступенчатый
многотиражка, -и
многотиражный
многотомный
многотонный
многоточие, -я
многотрудный
многотурбинный
многотысячный
многоуважаемый
многоугольник, -а
многоугольный
многоустка, -и
многоученый
многофазный
многохоженый
многоцветие, -я
многоцветковый
многоцветница, -ы
многоцветный
многоцелевой
многоценный
многоцилиндровый
многочасовой
многочастотный
многочелночный
многочисленный; кр. ф. -лен, -ленна
многочлен, -а

многочленный
многошпиндельный
многоумный
многощетинковые, -ых
многоэлектродный
многоэтажка, -и
многоэтажный
многоэтапный
многоядерный
многоязычный
многоярусный
множеный
множественный
множество, -а
множимое, -ого
множимый
множитель, -я
множительный
множить(ся), -жу, -жит(ся)
• мобилизационный
мобилизация, -и
мобилизованный
мобилизовать(ся), -зую(сь), -зует(ся)
мобильность, -и
мобильный
моветон, -а
могар, -а
могера, -ы
могикане, -ан, ед. -анин, -а
могила, -ы
могилка, -и
могильник, -а
могильный
могильщик, -а
могутный
могучий
могущественный; кр. ф. -вен и -венен, -венна
могущество, -а
могущий
мода, -ы
модальность, -и
модальный
моделизм, -а
моделирование, -я
моделированный
моделировать(ся), -рую, -рует(ся)
моделировка, -и
моделист, -а
моделистка, -и
модель, -и
модельер, -а
модельерша, -и
модельно-макетный
модельный
модельщик, -а
модем, -а
модерато, неизм. и нескл., с.
модератор, -а
модерн, -а и неизм.
модернизатор, -а
модернизация, -и
модернизированный
модернизировать(ся), -рую, -рует(ся)
модернизм, -а
модернизованный
модернизовать(ся), -зую, -зует(ся)
модернист, -а
модернистка, -и

модернистский
модерновый
модерный
модильон, -а
модистка, -и
модификатор, -а
модификация, -и
модифицирование, -я
модифицированный
модифицировать(ся), -рую, -рует(ся)
модник, -а
модница, -ы
модничанье, -я
модничать, -аю, -ает
модный; кр. ф. -ден, -дна, -дно
модулирование, -я
модулированный
модулировать(ся), -рую, -рует(ся)
модуль, -я
модульный
модулярный
модулятор, -а
модуляторный
модуляционный
модуляция, -и
модус, -а
модус вивенди, неизм.
моечно-сушильный
моечный
можжевелина, -ы
можжевеловка, -и и можжевёловка, -и
можжевеловый и можжевёловый
можжевельник, -а
можно
мозазавр, -а
мозаика, -и
мозаист, -а и мозаичист, -а
мозаичный
мозг, -а, предл. о мозге, в мозгу, мн. -и, -ов
мозглый
мозглявый
мозгляк, -а
мозговать, -гую, -гует
мозговитый
мозговой
мозжечок, -чка
мозжить, -зжу, -зжит
мозоленогие, -их
мозолистый
мозолить, -лю, -лит
мозолища, -и
мозоль, -и
мозольный
мой, моего, моя, моей, моё, моего, мн. мои, моих
мойва, -ы
мойка, -и
мойщик, -а
мойщица, -ы
мокасины, -ин, ед. мокасин, -а
мокко, неизм. и нескл., м. и с.
мокнувший
мокнуть, мокну, мокнет; прош. мок и мокнул, мокла

мокренький; кр. ф. -енек, -енька
мокрёхонький; кр. ф. -нек, -нька
мокрец, -а
мокрица, -ы
мокричник, -а
мокровоздушный
мокропогодица, -ы
мокрота, -ы (слизь)
мокрота, -ы (сырость)
мокрохвостка, -и
мокрохвостый
мокрый; кр. ф. мокра, мокро, мокры
мокрядь, -и (сырая погода)
мокша, -и
мокшанин, -а, мн. -ане, -ан
мокшанка, -и
мокшанский
мол 1, -а, предл. о моле, на молу, мн. -ы, -ов
мол 2, частица (пишется отдельно)
молва, -ы
молвить(ся), молвлю, молвит(ся)
молвь, -и
молдаванин, -а, мн. -ане, -ан
молдаванка, -и
молдаванский
молдавский
молдовеняска, -и
молебен, -бна
молебствие, -я
молебствовать, -твую, -твует
молевой (сплав)
молевщик, -а
молевый (от моль 1)
молекула, -ы
молекулярно-дисперсный
молекулярный
молельная, -ой
молельный
молельня, -и, р. мн. -лен
молельщик, -а
молельщица, -ы
моление, -я
моленная, -ой
моленный, прич.
молёный (от моление)
молёный и молёный, прил.
молескин, -а
молескиновый
молибден, -а
молибденит, -а
молибденовый
молитва, -ы
молитвенник, -а
молитвенный
молить(ся), молю(сь), молит(ся)
молкнувший
молкнуть, -ну, -нет; прош. молк и молкнул, молкла
моллюск, -а
моллюсковый
молниевидный
молниезащита, -ы
молниеносный
молниеотвод, -а

мо́лнийка, -и
мо́лнийный
молни́рованный
молни́ровать, -рую, -рует
мо́лния, -и
молода́йка, -и
молодёжно-комсомо́ль-
　ский
молодёжный
молодёжь, -и
молоде́нький; кр. ф. -ёнек,
　-ёнька
молоде́ть, -е́ю, -е́ет (стано-
　виться молодым)
мо́лодец, -дца (нар.-поэт.)
молоде́ц, -дца́
молоде́цкий
молоде́ц молодцо́м
молоде́чество, -а
молоди́ло, -а
молоди́ть, -ожу́, -оди́т (ко-
　го, что)
молоди́ться, -ожу́сь, -оди́тся
молоди́ца, -ы
моло́дка, -и
молодня́к, -а́
молодня́чок, -чка́
молодогварде́ец, -е́йца
молодожён, -а
мо́лодо-зе́лено
молодо́й; кр. ф. мо́лод,
　молода́, мо́лодо
мо́лодость, -и
молоду́ха, -и
молоду́шка, -и
молодцева́тый
молоша́га, -и, м. и ж.
моло́дчик, -а
молодчи́на, -ы, м. и ж.
мо́лодь, -и
моложа́вый
моло́же, сравн. ст. (от
　молодо́й, мо́лодо)
моло́зиво, -а
молока́н, -а
молока́нин, -а, мн. -а́не, -а́н
молока́нка, -и
молока́нский
моло́ка, -и и моло́ки, -о́к
моло́кó, -á
молоково́з, -а
молокого́нный
молокозаво́д, -а
молокоме́р, -а
молокоохлади́тель, -я
молокоперераба́тываю-
　щий
молокопоста́вки, -вок
молокоприёмный
молокопрово́д, -а
молокосо́с, -а
мо́лот, -а
молоти́лка, -и
молоти́ло, -а
молоти́льный
молоти́льня, -и, р. мн. -лен
молоти́льщик, -а
молоти́ть(ся), -очу́,
　-о́тит(ся)
молотобо́ец, -о́йца
молотови́ще, -а
молотово́й и мо́лотовый
молото́к, -тка́
молото́чек, -чка

молото́чный
мо́лот-ры́ба, -ы
мо́лотый
моло́ть, мелю́, ме́лет, ме́-
　лют
молотьба́, -ы́
моло́ться, ме́лется, ме́лют-
　ся
моло́х, -а
молоча́й, -я
молоча́йные, -ых
молоче́ние, -я
моло́ченный, прич.
моло́ченый, прил.
моло́чишко, -а
молочко́, -а́
моло́чная, -ой
моло́чник, -а
моло́чница, -ы
моло́чно-бе́лый
моло́чно-восково́й
моло́чно-голубо́й
моло́чно-животново́дче-
　ский
моло́чноки́слый
моло́чно-консе́рвный
моло́чно-мясно́й
моло́чно-промы́шленный
моло́чно-разда́точный
моло́чность, -и
моло́чно-това́рный
моло́чный
мо́лча, нареч.
молчали́вость, -и
молчали́вый
молча́льник, -а
молча́льница, -ы
молча́ние, -я
молча́нка, -и
молча́ть, -чу́, -чи́т
молчко́м, нареч.
молчо́к, других форм нет
молчу́н, -а́
молчу́нья, -и, р. мн. -ний
моль 1, -и (бабочка)
моль 2, -я (грамм-молеку-
　ла)
мольба́, -ы́
мольбе́рт, -а
мо́льбище, -а
моля́р, -а (зуб)
моля́рность, -и
моля́рный (от моль 2)
моме́нт, -а
момента́льный
мона́да, -ы
монадоло́гия, -и
мона́ндрия, -и
мона́рх, -а　✦
монархи́зм, -а
монархи́ня, -и, р. мн. -инь
монархи́ст, -а
монархи́стка, -и
мона́рхиский
монархи́ческий
мона́рхия, -и
мона́рший
монасты́рка, -и
монасты́рский
монасты́рь, -я́
мона́х, -а
мона́хиня, -и, р. мн. -инь
монаци́т, -а (минерал)
мона́шек, -шка

мона́шенка, -и
мона́шеский
мона́шество, -а
мона́шествовать, -твую,
　-твует
мона́ший, -ья, -ье
мона́шка, -и
монго́л, -а
монголи́ст, -а
монголи́стика, -и
монго́лка, -и
монголове́д, -а
монголове́дение, -я
монголови́дный
монголо́идный
монго́ло-тата́рский
монго́льский
монгольфье́р, -а
моне́та, -ы
монета́рный
моне́тный
монеторазме́нный
моне́тчик, -а
мони́зм, -а (филос.)
монима́ска, -и
мони́ст, -а (сторонник мо-
　низма)
монисти́ческий
монисти́чный
мони́сто, -а
мони́тор, -а
мо́но, неизм.
моно...- первая часть
　сложных слов, пишется
　всегда слитно
моноволокно́, -а́
моногами́ческий
монога́мия, -и
монога́мный
моногени́зм, -а
моноге́нный
моногидра́т, -а
моноги́ния, -и
моногра́мма, -ы
монографи́ческий
моногра́фия, -и
монокли́нный
моно́кль, -я
моноко́к, -а (авиа)
монокриста́лл, -а
монокульту́ра, -ы
монокульту́рный
монокуля́р, -а
моноли́т, -а
моноли́тность, -и
моноли́тный
моноло́г, -а
монологи́ческий
монома́н, -а
монома́ния, -и
мономе́р, -а
монометалли́зм, -а
монометалли́ческий
мономолекуля́рный
мононуклео́з, -а
монопла́н, -а
монополиза́ция, -и
монополизи́рованный
монополизи́ровать(ся),
　-рую, -рует(ся)
монополи́зм, -а
монополи́ст, -а
монополисти́ческий
монополи́стский

монопо́лия, -и
монопо́лька, -и
монопо́льный
монорельс, -а
монорельсовый
моносахари́д, -а
моносиллаби́зм, -а
моноспекта́кль, -я
монотеи́зм, -а
монотеи́ст, -а
монотеисти́ческий
моноти́п, -а
монотипи́ст, -а
моноти́пия, -и
моноти́пный
моното́нный
монофто́нг, -а
монофтонгиза́ция, -и
монофтонги́ческий
мо́нохо́рд, -а
монохромати́ческий
монохро́мия, -и
монохро́мный
моноцентри́зм, -а
моноцентри́ческий
моноци́т, -а (биол.)
моноцито́з, -а
монпансье́, нескл., с.
монсеньо́р, -а
монстр, -а
монта́ж, -а́
монтажёр, -а
монта́жник, -а
монта́жница, -ы
монта́жно-строи́тельный
монта́жный
монтанья́р, -а
монтекри́сто, нескл., с.
монтёр, -а
монти́рование, -я
монти́рованный
монти́ровать(ся), -рую, -ру-
　ет(ся)
монтиро́вка, -и
монтиро́вочный
монтмориллони́т, -а
монуме́нт, -а
монументали́ст, -а
монумента́льно-декора-
　ти́вный
монумента́льный
монуме́нтщик, -а
мопе́д, -а
мопс, -а
мор, -а
морализа́торство, -а
морализа́ция, -и
морализи́рование, -я
морализи́ровать(ся), -рую,
　-рует(ся)
морали́зм, -а
морали́ст, -а
морали́стка, -и
морали́те, нескл., с.
мора́ль, -и
мора́льно изно́шенный
мора́льно-полити́ческий
мора́льно усто́йчивый
мора́льно-эти́ческий
мора́льный
морато́рий, -я
морг, -а
морганати́ческий
моргани́зм, -а

морганист, -а
морганистский
моргать, -аю, -ает
морген, -а
моргнуть, -ну, -нёт
моргун, -а
моргунья, -и, р. мн.
  -ний
мордá, -ы
мордáстый
мордáсы, -ов
мордáшка, -и
мордвá, -ы
мордвин, -а, р. мн. -ов
мордвинка, -и
мордент, -а
мордобитие, -я
мордобой, -я
мордовáть(ся), -дую,
  -дует(ся)
мордовец, -вца
мордовка, -и
мордоворóт, -а
мордóвский
мóрдочка, -и
мóре, -я, мн. -я, -éй
морéль, -и
морéна, -ы (геол.)
морéнный (от морéна)
морёный
мóре-океáн, мóря-океáна
мореплáвание, -я
мореплáватель, -я
мореплáвательный
морепродýкты, -ов, ед. -ýкт,
  -а
морехóд, -а
морехóдец, -дца
морехóдность, -и
морехóдный
морехóдство, -а
морж, -á
моржевáние, -я
моржихá, -и
моржóвый
моржонок, -нка, мн. -жáта,
  -жáт
морзист, -а
морзянка, -и
морилка, -и
морильня, -и, р. мн. -лен
морина, -ы (растение)
морить(ся), -рю(сь),
  -рит(ся)
моркóвина, -ы
моркóвка, -и
моркóвник, -а
моркóвный
моркóвь, -и
мормóн, -а
мормóнский
мормóнство, -а
мормышка, -и
моровóй
морóженица, -ы
морóженный, прич.
морóженое, -ого
морóженщик, -а
морóженщица, -ы
морóженый, прил.
морóз, -а
морóзец, -зца
морóзилка, -и
морозильный

морóзить(ся), -óжу(сь),
  -óзит(ся)
морóзище, -а, м.
морóзный
морозобóина, -ы
морозостóйкий
морозостóйкость, -и
морозоупóрный
морозоустóйчивость, -и
морозоустóйчивый
морóка, -и
морокóвать, -кую, -кует
моросить, -ит
мóрось, -и
морóчить, -óчу, -óчит
морóшка, -и
морс, -а и -у
морскóй
мортира, -ы
мортирный
морф, -а и мóрфа, -ы
морфéма, -ы
морфéмный
мóрфий, -я
морфин, -а
морфинизм, -а
морфинист, -а
морфинистка, -и
морфóлог, -а
морфологический
морфолóгия, -и
морфонéма, -ы
морфонóлог, -а
морфонологический
морфонолóгия, -и
морщина, -ы
морщинистый
морщинить(ся), -ню,
  -нит(ся)
морщинка, -и
морщить, -ит (об одежде)
мóрщить(ся), -щу(сь),
  -щит(ся)
мóрюшко, -а
моряк, -á
морянá, -ы
морянка, -и
моряцкий
москáль, -я
москательный
москвитянин, -а, мн. -яне,
  -ян
москвитянка, -и
москвич, -á
москвичка, -и
москворéцкий
москит, -а
москитный
москóвка, -и
москóвский
мослáк, -á
мослачóк, -чкá
мосóл, -слá
мост, -а и -á, предл. о мос-
  тé, на мостý, мн. -ы, -óв
мóстик, -а
мостить(ся), мощý, мос-
  тит(ся)
мостки, -óв
мостовáя, -óй
мостовик, -á
мостовина, -ы
мостовóй
мостовщик, -á

мостовьё, -я
мостóк, -ткá
мостотрЯд, -а
мостопбезд, -а, мн. -á, -ов
мостострóение, -я
мостострóитель, -я
мостострóительный
мостóчек, -чка
мосьé, нескл., м.
мóська, -и
мот, -а
мотáлка, -и
мотáльный
мотáльщик, -а
мотáльщица, -ы
мотáние, -я
мóтанный, прич.
мóтаный, прил.
мотáть(ся), -áю(сь),
  -áет(ся)
мотéль, -я
мотив, -а
мотивáция, -и
мотивированный
мотивировать(ся), -рую,
  -рует(ся)
мотивирóвка, -и
мотивирóвочный
мóтка, -и
мотнýть(ся), -нý(сь),
  -нёт(ся)
мотня, -и, р. мн. -нéй
мото... — первая часть
  сложных слов, пишется
  всегда слитно
мотобóл, -а
мотоболист, -а
мотобóт, -а
мотовелосипéд, -а
мотовелоспóрт, -а
мотовильце, -а
мотовильце, -а
мотовка, -и
мотовóз, -а
мотовскóй
мотовствó, -á
мотогóнки, -нок
мотогóнщик, -а
мотодивизия, -и
мотодрезина, -ы
мотодрóм, -а
мотóк, -ткá
мотокатóк, -ткá
мотоклýб, -а
мотоколóнна, -ы
мотоколяска, -и
мотокрóсс, -а
мотолюбитель, -я
мотомеханизированный
мотонáрты, -áрт
мотопатрýль, -я
мотопехóта, -ы
мотопробéг, -а
мотóр, -а
моторáлли, нескл., с.
моторесýрс, -а
моторизáция, -и
моторизóванный
моторизовáть(ся), -зýю,
  -зýет(ся)
моторик ша, -и
моторист, -а
мотористка, -и

мотóрка, -и
мотóрно-пáрусный
мотóрно-рыболóвный
мотóрный
моторóллер, -а
моторемóнтный
моторосбóрочный
моторострóение, -я
моторострóительный
мотóрчик, -а
мотосáни, -éй
мотоспóрт, -а
мотострелкóвый
мототерапия, -и
мотоцикл, -а
мотоциклéт, -а
мотоциклéтка, -и
мотоциклéтный
мотоциклист, -а
мотоциклистка, -и
моточáс, -а, мн. -ы, -óв
моточный
мóтто, нескл., с.
мотýшка, -и
мотыга, -и
мотыжение, -я
мотыжить(ся), -жу,
  -жит(ся)
мотыжный
мотылёк, -лькá
мотылёчек, -чка
мотыль, -я
мотыльковый
мох, мха и мóха, мху и
  мóху, предл. в (на) мху
  и мóхе, мн. мхи, мхов
мохéр, -а
мохéровый
мохнáтеть, -ею, -еет (становиться мохнáтым)
мохнáтить, -áчу, -áтит (кого, что)
мохнáтый
мохнáч, -á
мохноногий
моховидный
моховик, -á (гриб)
моховичóк, -чкá (от мохо-
  вик)
моховóй (от мох)
мохообрáзный
моцартиáнский
мóцартовский
моциóн, -а
мочá, -и
мочáга, -и
мочажина, -ы
мочáлистый
мочáлить(ся), -лю, -лит(ся)
мочáлка, -и
мочáло, -а
мочáльный
мочевина, -ы
мочевóй
мочевыделéние, -я
мочегóнный
мочеизнурéние, -я
мочеиспускáние, -я
мочеиспускáтельный
мочекислый
мочéние, -я (действие)
мóченный, прич.
мочёный, прил.
мочéнье, -я (продукт)

мо́ченька, -и (мо́ченьки нет)
мочеотделе́ние, -я
мочеотдели́тельный
мочеполово́й
мочето́чник, -а
мо́чечный (от мо́чка)
мочи́ло, -а
мочи́льный
мочи́ть(ся), мочу́(сь), мо́чит(ся)
мо́чка, -и
мочкова́тый
мочь, -и (во всю мо́чь, мо́чи нет)
мочь, могу́, мо́жет, мо́гут
моше́нник, -а
моше́нница, -ы
моше́нничать, -аю, -ает
моше́ннический
моше́нничество, -а
мо́шка, -и
мошкара́, -ы́
мошна́, -ы́
мошо́нка, -и
мошо́ночный
мощённый, прич.
мощёный, прил.
мо́щи, -е́й
мощне́е, сравн. ст. (от мо́щный, мо́щно)
мо́щность, -и
мо́щный; кр. ф. мо́щен, мощна́, мо́щно
мощь, -и
мо́ющий
мраз, -а
мразь, -и
мрак, -а
мракобе́с, -а
мракобе́сие, -я
мракобе́ска, -и
мра́мор, -а
мрамори́рованный
мрамори́ровать(ся), -рую, -рует(ся)
мра́морный
мрачне́ть, -е́ю, -е́ет
мра́чный; кр. ф. -чен, -чна́, -чно, мра́чны
мсти́тель, -я
мсти́тельница, -ы
мсти́тельный
мстить, мщу, мстит
мсье и месье́, нескл., м.
муа́р, -а
муари́рованный
муари́ровать(ся), -рую, -рует(ся)
муа́ровый
мудре́е: у́тро ве́чера мудрене́е
мудрёнее, сравн. ст. (от мудрёный, мудрёно)
мудрёно и мудрено́
мудрёный; кр. ф. -ён, -ена́ и -ёна, -ено́ и -ёно
мудри́ла, -ы, м. и ж.
мудри́ть, -рю́, -ри́т
мудрова́ние, -я
мудрова́ть, -ру́ю, -ру́ет
му́дрость, -и
му́дрствование, -я

му́дрствовать, -твую, -твует
му́дрый; кр. ф. мудр, мудра́, му́дро, му́дры
муж, -а, мн. мужи́, -е́й (мужчины) и мужья́, -же́й (супруги)
мужа́ть(ся), -а́ю(сь), -а́ет(ся)
мужело́жство, -а
муженёк, -нька́
мужененави́стница, -ы
мужеподо́бный
му́жественный; кр. ф. -вен и -венен, -венна
му́жество, -а
мужеуби́йца, -ы
мужи́к, -а́
мужикова́тый
мужи́цкий
мужи́чий, -ья, -ье
мужи́чка, -и
мужичо́к, -чка́
мужичо́к с ногото́к
мужичо́нка, -и, м.
мужичьё, -я́
мужла́н, -а
му́жний
му́жнин, -а, -о
мужо́ция, -и
мужско́й
мужчи́на, -ы, м.
му́за, -ы
музееве́д, -а
музееве́дение, -я
музееве́дческий
музе́й, -я
музе́й-запове́дник, музе́я-запове́дника
музе́й-кварти́ра, музе́я-кварти́ры
музе́йный
музе́й-уса́дьба, музе́я-уса́дьбы
музици́ровать, -рую, -рует
му́зыка, -и
музыка́льно-исполни́тельский
музыка́льно-литерату́рный
музыка́льно одарённый
музыка́льно-педагоги́ческий
музыка́льность, -и
музыка́льно-танцева́льный
музыка́льный
музыка́нт, -а
музыка́нтка, -и
музыка́нтский
музыка́нтша, -и
музыкове́д, -а
музыкове́дение, -я
музыкове́дческий
музыкозна́ние, -я
музыкотерапи́я, -и
му́ка, -и
мука́, -и́
муково́з, -а
мукое́д, -а
мукомо́л, -а
мукомо́льно-крупяно́й
мукомо́льный
мукомо́льня, -и, р. мн. -лен
мукосе́й, -я

муксу́н, -а́
муксу́ний, -ья, -ье
мукуза́ни, нескл, с.
мул, -а
мула́т, -а
мула́тка, -и
мула́тский
муле́к, мулька́
мулёнок, -нка, мн. мула́та, -я́т
мулине́, нескл, с.
му́лица, -ы
мулла́, -ы́, м.
мулли́т, -а
мулопроизво́дство, -а
му́льда, -ы
мультивибра́тор, -а
му́льтик, -а
мультимиллионе́р, -а
мультимно́жество, -а
мультипле́кс, -а
мультиплекси́рование, -я
мультипле́ксный
мультипле́ксор, -а
мультипликатор, -а
мультипликацио́нный
мультипликация, -и
мультипрограмми́рова-ние, -я
мультипрогра́ммный
мультиспи́сок, -ска
мультицикло́н, -а
мультфи́льм, -а
мульти́шка, -и
му́льча, -и
мульчбума́га, -и
мульчи́рование, -я
мульчи́ровать(ся), -рую, -рует(ся)
мулю́ра, -ы
муля́ж, муля́жа́
муляжи́ст, -а
муля́жный
мумиё, -я́ и нескл, с. (смола)
мумифика́ция, -и
мумифици́рованный
мумифици́ровать(ся), -рую, -рует(ся)
му́мия, -и
мунди́р, -а
мунди́рный
мунди́рчик, -а
мундшту́к, -а́
мундшту́чить, -чу, -чит
мундшту́чный
мундштучо́к, -чка́
муниципализа́ция, -и
муниципализи́рованный
муниципализи́ровать(ся), -рую, -рует(ся)
муниципалите́т, -а
муниципа́льный
муници́пий, -я и муници́-пия, -и
мунц-мета́лл, -а
мура́, -ы́
мурава́, -ы́
мураве́й, -вья́
мураве́йник, -а
мура́вить, -влю, -вит
мура́вка, -и
мура́вление, -я
мура́вленный, прич.

мура́вленый, прил.
мура́вушка, -и
мура́вчатый
муравьёд, -а
муравьежу́к, -а́
муравьи́ный
мура́ш, -а́
мурашо́к, -шка́
мура́шка, -и
муре́на, -ы (рыба)
мурза́, -ы́, м.
мурла́стый
мурло́, -а́
мурлы́ка, -и, м. и ж.
мурлы́канье, -я
мурлы́кать, -ы́чу, -ы́чет и -аю, -ает
мурлы́кающий и мурлы́-чущий
му́рмолка, -и
мур-му́р, неизм.
муро́ванный
murováть(ся), -ру́ю, -ру́ет(ся)
муру́гий
мурцо́вка, -и
мурча́ть, -чу́, -чи́т
мусава́тист, -а
мусавати́стский
муска́т, -а
мускате́ль, -я
муска́тный
муско́вит, -а
му́скул, -а, мн. -ы, -ов
мускулату́ра, -ы
му́скулистый
му́скульный
му́скус, -а
му́скусный
мусли́н, -а
мусли́новый
му́слить(ся), -лю(сь), -лит(ся)
мусо́ленный, прич.
мусо́леный, прил.
мусо́лить(ся), -лю(сь), -лит(ся)
му́сор, -а
му́сорить, -рю, -рит
му́сорный
мусорово́з, -а
мусородроби́лка, -и
мусоропрово́д, -а
мусоросбо́рник, -а
мусоросбро́с, -а
мусоросжига́ние, -я
мусоросжига́тельный
мусороубо́рочный
му́сорщик, -а
мусс, -а
муссербн, -а
мусси́рование, -я
мусси́рованный
мусси́ровать(ся), -рую, -рует(ся)
муссо́н, -а
муссо́нный
муста́нг, -а
мусульма́нин, -а, мн. -а́не, -а́н
мусульма́нка, -и
мусульма́нский
мусульма́нство, -а
мутаге́н, -а, р. мн. -ов

мутагенёз, -а
мутагённый
мутáнт, -а
мутáнтный
мутациóнный
мутáция, -и
мутúть(ся), мучý, мý-
    тит(ся)
мутнéть, -éет
мутнúк, -á
мýтно-бéлый
мутновáтый
мýтно-сéрый
мýтно-сúзый
мýтный; кр. ф. мýтен,
    мутнá, мýтно, мýтны
мутóвка, -и
мутóвчатый
мутóн, -а
мутóновый
мýторный
мутуалúзм, -а
мутýзить, -ýжу, -ýзит
муть, -и
мýфель, -я
мýфельный
муфлóн, -а
мýфта, -ы
мýфтий, -я
мýфтовый
муфтонарезнóй
мýфточка, -и
мýха, -и
мухлевáть, -люю,
    -люет
мухолóвка, -и
мухомóр, -а
мухóртый
мухойóр, -а
мухоярóвый
мучéние, -я
мýченик, -а
мýченица, -ы
мýченический
мýченичество, -а
мýченный, прич.
мýченский: мýка мýчен-
    ская
мýченый, прил.
мучúтель, -я
мучúтельница, -ы
мучúтельный
мýчить(ся), -чу (сь),
    -чит(ся) и -чаю(сь), -ча-
    ет(ся)
мучúца, -ы
мýчка, -и
мучнерóсный
мучнúк, -á
мучнúсто-кондúтерский
мучнúстый
мучнóй
мушúный
мýшка, -и
мýшкель, -я
мушкéт, -а
мушкетёр, -а
мушкетóн, -а
мушмулá, -ы́
мýштабель, -я
муштрá, -ы́
муштрóванный
муштровáть(ся), -рýю,
    -рýет(ся)

муштрóвка, -и
муэдзúн, -а
мчáть(ся), мчу(сь),
    мчúт(ся)
мшáник, -а
мшáнка, -и
мшáный
мшúстый
мшить(ся), мшу,
    мшит(ся)
мщéние, -я
мызá, -ы
мызгать, -аю, -ает
мызник, -а
мýканный
мýканье, -я
мýкать(ся), -аю(сь),
    -ает(ся)
мýлить(ся), -лю(сь),
    -лит(ся)
мýлкий; кр. ф. -лок, -лкá,
    -лко
мýло, -а, мн. (в знач.
    сортá) мылá, мыл,
    мылáм
мыловáр, -а
мыловарéние, -я
мыловáренный
мыловáрня, -и, р. мн. -рен
мылонáфт, -а
мылообрáзный
мýльница, -ы
мýльно-мáсляный
мýльный
мýльня, -и, р. мн. -лен
мыльнянка, -и
мýльце, -а
мýльче, сравн. ст. (от
    мýлкий, мýлко)
мýмра, -ы
мыс, -а, предл. на мысý и
    на мысе, мн. -ы, -ов и (у
    обуви) -ы́, -óв
мýсик, -а
мысленный
мыслéте, нескл. с.
    (писáть, выдéлывать
    мыслéте)
мыслúмый
мыслúтель, -я
мыслúтельный
мыслúть(ся), -лю, -лит(ся)
мыслúшка, -и
мысль, -и
мысóк, -скá, предл. на
    мыскý и на мыскé
мыт, -а
мытáрить(ся), -рю(сь),
    -рит(ся)
мытáрство, -а
мытарь, -я
мытúщинский (от
    Мытúщи)
мытник, -а
мытный
мыто, -а
мытый
мыть, мóю, мóет
мытьё, -я́
мыться, мóюсь, мóется
мычáние, -я
мычáть, мычý, мычúт
мышáстый
мышáтник, -а

мышевúдный
мышéй, -я
мышелóвка, -и
мышехвóстник, -а
мышечный
мыший, -ья, -ье
мышúный
мышка, -и
мышковáть, -кýет
мышлéние, -я
мышóвка, -и
мышóнок, -нка, мн. -шáта,
    -шáт
мышца, -ы
мышь, -и, мн. -и, -éй
мышьяк, -á
мышьякóвый
мышьякоргани́ческий
мышья́чный
мы́щелка, -и и мы́щелок,
    -лка
мэлáн, -а
мэлáновый
мэнэзс, -а
мэнэссовский
мэр, -а
мэрия, -и
мэрóн, -а
мэрóновый
мэтр, -а (учитель,
    наставник)
мюзикл, -а
мюзик-хóлл, -а
мюзик-хóлльный
мюль-машúна, -ы
мю-мезóн, -а
мюóн, -а
мюрúд, -а
мюридúзм, -а
мя́генький и мя́гонький
мя́гкий; кр. ф. мя́гок,
    мягкá, мя́гко, мя́гки
мягковолóсник, -а
мягкокóжий
мя́гко очéрченный
мягкосердéчие, -я
мягкосердéчный
мя́гкость, -и
мягкотéлость, -и
мягкотéлый
мягкошёрстный и
    мягкошёрстый
мя́гонький и мя́генький
мягчáйший
мя́гче, сравн. ст. (от
    мя́гкий, мя́гко)
мягчéть, -éю, -éет
    (становиться мягким)
мягчúтель, -я
мягчúтельный
мягчúть, -чý, -чúт (что)
мягчúться, -ится
мя́кенький и мя́конький
мя́кина, -ы
мя́кинник, -а
мя́кинный
мя́киш, -а
мя́кнувший
мя́кнуть, -ну, -нет; прош.
    мяк и мя́кнул, мя́кла
мя́конький и мя́кенький
мя́коть, -и
мя́лка, -и
мя́льно-трепáльный

мя́льня, -и, р. мн. мя́лен
мя́млить, -лю, -лит
мя́мля, -и, р. мн. -лей, м.
    и ж.
мясúстый
мясó, -á
мяснúк, -á
мяснóй
мя́сность, -и
мя́со, -а
мясоéд, -а
мясозаготовúтельный
мясозаготóвки, -вок
мясокомбинáт, -а
мясоконсéрвный
мя́со-молóчный
мясопостáвки, -вок
мясопродýкты, -ов, ед.
    -ýкт, -а
мясопýст, -а
мясопýстный
мя́со-растúтельный
мясорéзка, -и
мясорýбка, -и
мя́со-ры́бный
мя́со-сáльный
мясосовхóз, -а
мясохладобóйня, -и, р.
    мн. -бен
мя́со-шёрстный
мя́со-яúчный
мястúсь, мятýсь, мятёт-
    ся
мясцó, -á
мя́та, -ы
мятéж, -á
мятéжник, -а
мятéжнический
мятéжный
мя́тие, -я
мя́тлик, -а
мя́тный
мятýщийся
мя́тый
мять, мну, мнёт
мятьё, -я́
мя́ться, мнусь, мнётся
мяýканье, -я
мяýкать, -аю,
    -ает
мяý-мяý, неизм.
мяýчить, -чу, -чит
мяч, -á
мя́чик, -а

Н

на-авóсь
на арáпа
набáвить, -влю, -вит
набáвка, -и
набáвленный
набавля́ть(ся), -я́ю,
    -я́ет(ся)
набаламýтить, -ýчу, -ýтит
набалдáшник, -а
набалóванный
набаловáть(ся), -лýю(сь),
    -лýет(ся)
набáлтывать(ся), -аю,
    -ает(ся)
набальзамúрованный

171

набальзами́ровать, -рую,
-рует
наба́т, -а
наба́тный
набе́г, -а
набега́ть, -а́ю, -а́ет, *несов.*
(*к* набежа́ть)
набе́гать(ся), -аю(сь),
-ает(ся), *сов.* (*от* бе́гать)
на бегу́
набедоку́рить, -рю, -рит
набе́дренник, -а
набе́дренный
набе́дствоваться, -твуюсь,
-твуется
на беду́
набежа́ть, -егу́, -ежи́т, -егу́т
набезобра́зить, -а́жу, -а́зит
набезобра́зничать, -аю, -ает
набекре́нь
набелённый; *кр. ф.* -ён,
-ена́
набели́ть(ся), -елю́(сь),
-е́ли́т(ся)
на́бело
на́бережная, -ой
набесе́доваться, -дуюсь,
-дуется
набива́ть(ся), -а́ю(сь),
-а́ет(ся)
наби́вка, -и
набивно́й
наби́вочный
набира́ть(ся), -а́ю(сь),
-а́ет(ся)
на бис
наби́тый
наби́ть(ся), -бью́(сь),
-бьёт(ся)
наблуди́ть, -ужу́, -уди́т
наблюда́тель, -я
наблюда́тельница, -ы
наблюда́тельность, -и
наблюда́тельный
наблюда́ть(ся), -а́ю,
-а́ет(ся)
наблюде́ние, -я
наблюдённый; *кр. ф.* -ён,
-ена́
наблю́дший
наблюсти́, -юду́, -юдёт;
прош. -ю́л, -юла́
набо́б, -а
набо́бечный
набо́жность, -и
набо́жный
набо́йка, -и
набо́йчатый
на́бок, *нареч.* (склони́л го́-
лову на́бок), *но сущ.* на
бок (лёг на́ бок)
на боковую́
на боку́
наболе́ть, -ли́т и -е́ет
набо́лтанный
наболта́ть(ся), -а́ю(сь),
-а́ет(ся)
на́больший, -его
набо́р, -а
набо́рно-печа́тающий
набо́рный
набо́ртный
набо́рщик, -а
набо́рщица, -ы

на бо́су́ но́гу
на́бранный
набра́сывать(ся), -аю(сь),
-ает(ся)
набра́ть(ся), -беру́(сь), -бе-
рёт(ся); *прош.* -а́л(ся),
-ала́(сь), -а́ло, -а́ло́сь
набреда́ть, -а́ю, -а́ет
набре́дший
набрести́, -еду́, -едёт; *прош.*
-ёл, -ела́
набреха́ть(ся), -ешу́(сь),
-е́шет(ся)
наброди́ться, -ожу́сь, -о́дит-
ся
набро́санный
наброса́ть, -а́ю, -а́ет
набро́сить(ся), -о́шу, -о́сит-
(ся)
набро́сок, -ска
набро́шенный
набры́зганный
набры́згать, -аю, -ает
набрюзжа́ть, -зжу́, -зжи́т
набрю́шник, -а
набрю́шный
набря́кнуть, -нет
набунтова́ться, -ту́юсь, -ту́-
ется
набура́вить, -влю, -вит
набура́вленный
набурённый; *кр. ф.* -ён,
-ена́
набури́ть, -рю́, -ри́т
набу́тить, -учу́, -ути́т
набуха́ние, -я
набу́хать, -аю, -ает, *сов.*
(*от* бу́хать)
набуха́ть, -а́ет, *несов.* (*к*
набу́хнуть)
набу́хлый
набу́хнуть, -нет; *прош.* -у́х,
-у́хла
набу́хший
набу́ченный
набу́чивать, -аю, -ает
набу́янить(ся), -ню(сь),
-нит(ся)

нава́га, -и
наважде́ние, -я
нава́жий, -ья, -ье
нава́ксить, -кшу, -ксит
нава́кшенный
нава́л, -а
нава́ленный (*от* нава-
ли́ть)
нава́ливание, -я
нава́ливать(ся), -аю(сь),
-ает(ся)
навали́ть(ся), -алю́(сь),
-а́лит(ся)
нава́лка, -и
нава́лом, *нареч.*
навалоотбо́йщик, -а
нава́лочный
нава́лянный (*от* нава-
ля́ть)
наваля́ть(ся), -я́ю(сь),
-я́ет(ся)
нава́р, -а
нава́ренный
нава́ривание, -я
нава́ривать(ся), -аю,
-ает(ся)

нава́ристый
навари́ть, -арю́, -а́рит
нава́рка, -и
наварно́й (приваренный)
нава́рный (наваристый)
навастри́вать(ся), -аю(сь),
-ает(ся)
нава́ха, -и
нава́щивать(ся), -аю,
-ает(ся)
навева́ть(ся), -а́ю, -а́ет(ся)
(*к* ве́ять)
наве́даться, -аюсь, -ается
наведе́ние, -я
наведённый; *кр. ф.* -ён,
-ена́
наве́дший
наве́дываться, -аюсь, -ается
навезённый; *кр. ф.* -ён,
-ена́
навезти́, -зу́, -зёт; *прош.* -ёз,
-езла́
наве́зший
наве́ивать(ся), -аю, -ает(ся)
наве́к, *нареч.*
на века́
наве́ки, *нареч.*
на ве́ки веко́в
на ве́ки ве́чные
навербо́ванный
навербова́ть, -бу́ю, -бу́ет
навербо́вывать(ся), -аю,
-ает(ся)
наве́рно и наве́рное
наве́рнутый
наверну́ть(ся), -ну́, -нёт(ся)
наверняка́
наве́рстанный
наверста́ть, -а́ю, -а́ет
наверсты́вать(ся), -аю,
-ает(ся)
навертёть, -ерчу́, -е́ртит
наве́ртка, -и
наве́ртывание, -я
наве́ртывать(ся), -аю,
-ает(ся)
на́верх, *нареч.* (подня́ться
на́верх)
наверху́, *нареч.* (сиде́ть
наверху́)
наве́рченный
наве́рчивать(ся), -аю,
-ает(ся)
наве́с, -а
на ве́с (продава́ть)
навеселе́
наве́систый
наве́сить, -е́шу, -е́сит
наве́ска, -и
навесно́й (висячий)
наве́сный
навести́, -еду́, -едёт; *прош.*
-ёл, -ела́
навести́ть, -ещу́, -ести́т
на весу́
наве́т, -а
на ве́тер (броса́ть)
наве́тренный
на ветру́
наве́чно
наве́шанный (*от* наве́-
шать)
наве́шать, -аю, -ает

наве́шенный (*от* наве́-
сить)
наве́шивание, -я
наве́шивать(ся), -аю,
-ает(ся)
навеща́ть(ся), -а́ю, -а́ет(ся)
навещённый; *кр. ф.* -ён,
-ена́
наве́янный
наве́ять, -е́ю, -е́ет
на взгля́д
навзни́чь
навзры́д
навива́льный
навива́ние, -я
навива́ть(ся), -а́ю, -а́ет(ся)
(*к* вить)
нави́вка, -и
навивно́й
навига́тор, -а
навигацио́нный
навига́ция, -и
на вид
навида́ться, -а́юсь, -а́ется
на виду́
навинти́ть(ся), -инчу́, -ин-
ти́т(ся)
нави́нченный
нави́нчивать(ся), -аю,
-ает(ся)
нависа́ть, -а́ет
нави́слый
нави́снуть, -нет; *прош.* -и́с,
-и́сла
нави́сший
нави́тый; *кр. ф.* -и́т, -ита́,
-и́то
нави́ть(ся), -вью́, -вьёт(ся);
прош. -и́л(ся́), -ила́(сь),
-и́ло́(сь)
на́вкрест, *нареч.*
на вкус
навлека́ть(ся), -а́ю, -а́ет(ся)
навлёкший
навлечённый; *кр. ф.* -ён,
-ена́
навле́чь, -еку́, -ечёт, -еку́т;
прош. -ёк, -екла́
наводи́ть(ся), -ожу́,
-о́дит(ся)
наво́дка, -и
наводне́ние, -я
наводнённый; *кр. ф.* -ён,
-ена́
наводни́ть(ся), -ню́,
-ни́т(ся)
наводно́й
наводня́емость, -и
наводня́ть(ся), -я́ю, -я́ет(ся)
наво́дчик, -а
наво́дчица, -ы
наводя́щий(ся)
навоёванный
навоева́ть(ся), -вою́ю(сь),
-вою́ет(ся)
наво́женный
наво́з, -а
наво́зить(ся), -о́жу,
-о́зит(ся), *несов.* (*от* на-
во́з)
навози́ть(ся), -ожу́(сь),
-о́зит(ся), *сов.* (*от* во-
зи́ть(ся)
наво́зник, -а

навозница, -ы
навозной (к навозить)
навозный
навозопогрузчик, -а
навозоразбрасыватель, -я
навозохранилище, -а
на возрасте
навой, -я
наволакивать(ся), -аю,
 -ает(ся)
наволок, -а
наволока, -и
наволокший
наволочённый; кр. ф. -ён,
 -ена
наволочка, -и
наволочный (от наволоч-
 ка)
наволочь, -оку, -очёт, -окут;
 прош. -ок, -окла
навонять, -яю, -яет
наворачивать, -аю, -ает
наворачивать(ся), -аю,
 -ает(ся)
наворованный
наворовать, -рую, -рует
наворовывать(ся), -аю,
 -ает(ся)
наворожённый; кр. ф. -ён,
 -ена
наворожить, -жу, -жит
наворотить, -очу, -отит
наворочать, -аю, -ает
наворченный
наворошённый; кр. ф. -ён,
 -ена
наворошить, -шу, -шит
наворсить, -ршу, -рсит
наворсованный
наворсовать, -сую, -сует
наворчать(ся), -чу(сь),
 -чит(ся)
наворшённый; кр. ф. -ён,
 -ена
навострённый; кр. ф. -ён,
 -ена
навострить(ся), -рю(сь),
 -рит(ся)
навощённый; кр. ф. -ён,
 -ена
навощить, -щу, -щит
навранный
наврать, -ру, -рёт; прош.
 -ал, -ала, -ало
навредить, -ежу, -едит
на время
навряд (ли)
навсегда
навскидку, нареч.
навстречу, нареч. и пред-
 лог
на выбор
на вы (быть с кем-л.)
навыверт, нареч.
навыворот, нареч.
на выданье
навыдумывать, -аю, -ает
навык, -а
навыкат и навыкате, на-
 реч.
навыкать, -аю, -ает
навыкнуть, -ну, -нет; прош.
 -ык, -ыкла
навыкший

навылет, нареч.
навынос, нареч.
навыписывать, -аю, -ает
на выплату
навыпуск, нареч.
навырез, нареч.
на выростручку
на выручку
навытяжку, нареч.
на выучку
навьюченный
навьючивать(ся), -аю(сь),
 -ает(ся)
навьючить(ся), -чу(сь),
 -чит(ся)
навязанный
навязать(ся), -яжу(сь),
 -яжет(ся)
навязка, -и
навязнувший
навязнуть, -нет; прош. -яз,
 -язла
навязчивый
навязший
навязывание, -я
навязывать(ся), -аю(сь),
 -ает(ся)
навяленный
наваливать(ся), -аю,
 -ает(ся)
навялить, -лю, -лит
нагаданный
нагадать, -аю, -ает
нагадить, -ажу, -адит
нагадывать, -аю, -ает
нагаечка, -и
нагаечный
нагаженный
нагайка, -и (плётка)
наган, -а
наганный
нагар, -а
нагарный
нагатить, -ачу, -атит
нагаченный
нагачивать, -аю, -ает
нагель, -я
нагельный
нагиб, -а
нагибание, -я
нагибать(ся), -аю(сь),
 -ает(ся)
нагишом, нареч.
нагладить, -ажу,
 -адит
наглаженный
наглаживать(ся), -аю,
 -ает(ся)
на глаз
на глазах
наглазник, -а
наглазный
на глазок
наглеть, -ею, -еет
наглец, -а
наглеца, -ы: с наглецой
нагличать, -аю, -ает
нагловатый
наглодаться, -ожусь, -ожет-
 ся и -аюсь, -ается
наглость, -и
наглотаться, -аюсь, -ается
наглумиться, -млюсь, -мит-
 ся

наглупить, -плю, -пит
наглухо
наглушённый; кр. ф. -ён,
 -ена
наглушить, -ушу, -ушит
наглый; кр. ф. нагл, на-
 гла, нагло
наглядеться, -яжусь, -яди́т-
 ся
наглядность, -и
наглядный
наглянцевать, -цую, -цует
наглянцованный
нагнаиваться, -ается
нагнанный
нагнать, -гоню, -гонит;
 прош. -ал, -ала, -ало
нагнести, -нету, -нетёт
нагнёт, -а
нагнетатель, -я
нагнетательный
нагнетать(ся), -аю, -ает(ся)
нагнетённый; кр. ф. -ён,
 -ена
нагнётший
нагнивать, -ает
нагноение, -я
нагноённый; кр. ф. -ён,
 -ена
нагноить(ся), -ою, -оит(ся)
нагнутый
нагнуть(ся), -ну(сь),
 -нёт(ся)
наговаривать(ся), -аю(сь),
 -ает(ся)
наговор, -а
наговорённый; кр. ф. -ён,
 -ена
наговорить(ся), -рю(сь),
 -рит(ся)
наговорный
нагой
наголённый
наголо
наголовник, -а
наголовок, -вка
наголову, нареч. (разбить
 врага наголову)
наголовье, -я, р. мн. -вий
наголодаться, -аюсь, -ается
нагольный
нагон, -а
нагонный
нагоняй, -я
нагонять, -яю(сь),
 -яет(ся)
на-гора, нареч.
нагораживать(ся), -аю,
 -ает(ся)
нагорать, -ает
на горе
нагореваться, -рююсь, -рю-
 ется
нагореть, -рит
нагорный
нагородить, -ожу, -одит
нагороженный
нагорье, -я, р. мн. -рий
нагоститься, -ощусь, -ости́т-
 ся
нагота, -ы
наготавливать(ся), -аю,
 -ает(ся)
наготове

наготовить(ся), -влю(сь),
 -вит(ся)
наготовленный
нагофрированный
нагофрировать, -рую, -рует
награбить, -блю, -бит
награбленный
награвированный
награвировать, -рую, -рует
награда, -ы
наградить, -ажу, -адит
наградной
награждать(ся), -аю(сь),
 -ает(ся)
награждение, -я
награждённый; кр. ф. -ён,
 -ена
награнённый; кр. ф. -ён,
 -ена
награнить, -ню, -нит
награфить, -флю, -фит
награфлённый; кр. ф. -ён,
 -ена
нагребать(ся), -аю, -ает(ся)
нагребённый; кр. ф. -ён,
 -ена
нагребший
нагрев, -а
нагревание, -я
нагреватель, -я
нагревательный
нагревать(ся), -аю(сь),
 -ает(ся)
нагрести, -ребу, -ребёт;
 прош. -рёб, -ребла
нагретый
нагреть(ся), -ею(сь),
 -еет(ся)
на грех
нагреховодничать, -аю, -ает
нагрешить, -шу, -шит
нагримированный
нагримировать(ся),
 -рую(сь), -рует(ся)
нагромождать(ся), -аю,
 -ает(ся)
нагромождение, -я
нагромождённый; кр. ф.
 -ён, -ена
нагромоздить(ся), -зжу,
 -здит(ся)
нагрубить, -блю, -бит
нагрубиянить, -ню,
 -нит
нагрудник, -а
нагрудный
нагружать(ся), -аю(сь),
 -ает(ся)
нагруженный; кр. ф. -ен,
 -ена и нагружённый;
 кр. ф. -ён, -ена
нагрузить(ся), -ужу(сь),
 -узит(ся)
нагрузка, -и
нагрузочный
нагрунтованный
нагрунтовать, -тую, -тует
нагруститься, -ущусь, -усти́т-
 ся
нагрызать, -аю, -ает
нагрызенный
нагрызть(ся), -зу(сь),
 -зёт(ся); прош. -ыз(ся),
 -ызла(сь)

Column 1 (НАГ)

нагры́зший(ся)
нагрязнённый; *кр. ф.* -ён,
-ена́
нагрязни́ть, -ню́, -ни́т
нагря́нуть, -ну -нет
нагу́л, -а
нагу́ливать(ся), -аю(сь),
-ает(ся)
нагу́льный
нагу́лянный
нагуля́ть(ся), -я́ю(сь),
-я́ет(ся)
нагумённый
на́густо
над, надо, *предлог*
надава́ть, -даю́, -даёт
надави́ть, -авлю́, -а́вит
нада́вленный
нада́вливать(ся), -аю,
-ает(ся)
нада́ивать(ся), -аю, -ает(ся)
нада́лбливать(ся), -аю,
-ает(ся)
нада́ренный
нада́ривать, -аю, -ает
надари́ть, -арю́, -а́рит
на даровщи́нку
надба́вить, -влю, -вит
надба́вка, -и
надба́вленный
надбавля́ть(ся), -я́ю,
-я́ет(ся)
надба́вочный
надбива́ть, -а́ю, -а́ет
надби́тый
надби́ть, надобью́, надобьёт
надбро́вный
надбро́вье, -я, *р. мн.* -вий
надбрю́шный
надве́домственный
надвёрнутый
надверну́ть, -ну́, -нёт
надвива́ть(ся), -а́ю, -а́ет(ся)
надви́г, -а
надвига́ть(ся), -а́ю(сь),
-а́ет(ся)
надви́жка, -и
надвижно́й
надви́нутый
надви́нуть(ся), -ну(сь),
-нет(ся)
надви́тый; *кр. ф.* -и́т, -ита́,
-и́то
надви́ть, надовью́, надо-
вьёт; *прош.* -и́л, -ила́, -и́ло
надво́дный
на́двое
надво́рный
надво́рье, -я, *р. мн.* -рий
надвя́занный
надвяза́ть, -яжу́, -я́жет
надвя́зка, -и
надвя́зывание, -я
надвя́зывать(ся), -аю,
-ает(ся)
надгла́вок, -вка
надгла́вье, -я, *р. мн.* -вий
надглазни́чный
надгла́зный
надгорта́нник, -а
надгорта́нный
надгро́бие, -я, *р. мн.* -бий
надгро́бный
надгрыза́ть, -а́ю, -а́ет

Column 2 (НАД)

надгры́зенный
надгры́зть, -зу, -зёт; *прош.*
-ы́з, -ы́зла
наддава́ть, -даю́, -даёт
на́дданный; *кр. ф.* -ан,
на́ддана́
наддáть, -а́м, -а́шь, -а́ст,
-ади́м, -ади́те, -аду́т;
прош. -а́л, -ала́, -а́ло
надда́ча, -и
наддвéрный
надду́в, -а
надебоши́рить, -рю, -рит
надёванный
надева́ть(ся), -а́ю, -а́ет(ся)
наде́жа, -и
наде́жда, -ы
надёжный
наде́л, -а
наде́ланный
наде́лать(ся), -аю, -ает(ся)
на де́ле
наделённый; *кр. ф.* -ён,
-ена́
наде́лить, -лю́, -ли́т
наде́лка, -и
наде́льный
наделя́ть(ся), -я́ю, -я́ет(ся)
надёрганный
надёргать, -аю, -ает
надёргивать(ся), -аю,
-ает(ся)
надерзи́ть, -зи́т
надёрнутый
надёрнуть, -ну, -нет
наде́тый
наде́ть(ся), -е́ну, -е́нет(ся)
наде́яться, -е́юсь, -е́ется
надзвёздный
надзéмный
надзира́тель, -я
надзира́тельница, -ы
надзира́тельский
надзира́ть, -а́ю, -а́ет
надзо́р, -а
надзо́рный
надиви́ть(ся), -влю́(сь),
-ви́т(ся)
на ди́во
надивова́ться, -иву́юсь,
-иву́ется
надиктóванный
надиктова́ть, -ту́ю, -ту́ет
надиктóвывать, -аю,
-ает
нади́р, -а
надира́ть(ся), -а́ю(сь),
-а́ет(ся)
надкали́берный
надка́лывать(ся), -аю,
-ает(ся)
надкла́ссовый
надкле́енный
надкле́ивать(ся), -аю,
-ает(ся)
надкле́ить, -е́ю, -е́ит
надкле́йка, -и
надклю́вье, -я, *р. мн.* -вий
надключи́чный
надко́ванный
надкова́ть, -кую́, -куёт
надко́вывать(ся), -аю,
-ает(ся)
надко́жица, -ы

Column 3 (НАД)

надко́л, -а
надколе́нник, -а
надколе́нный
надко́лотый
надколо́ть, -олю́, -блет
надкопы́тье, -я, *р. мн.* -тий
надко́стница, -ы
надко́стничный
надко́стный
надкрыле́чный
надкры́лья, -лий
надку́с, -а
надку́санный (*от* надку-
са́ть)
надкуса́ть, -а́ю, -а́ет
надкуси́ть, -ушу́, -у́сит
надку́сывать(ся), -аю,
-ает(ся)
надку́шенный (*от* надку-
си́ть)
надла́мывать(ся), -аю(сь),
-ает(ся)
надлёдный
надлежа́ть, -жи́т
надлежа́щий
надли́чностный
надлобко́вый
надло́бный
надло́бье, -я, *р. мн.* -бий
надло́м, -а
надло́манный (*от* надло-
ма́ть)
надлома́ть, -а́ю, -а́ет
надломи́ть(ся), -омлю́(сь),
-о́мит(ся)
надло́мленность, -и
надло́мленный (*от* над-
ломи́ть)
надлопа́точный
надлу́нный
надме́нность, -и
надме́нный; *кр. ф.* -е́нен,
-е́нна
надмоги́льный
надмолекуля́рный
наднациона́льный
на дня́х
на́до (нужно)
надо, над, *предлог*
на́добиться, -бится
надо́блачный
на́добно
на́добность, -и
на́добный
на́до быть
надо́гнутый
надогну́ть, -ну́, -нёт
надое́да, -ы, *м. и ж.*
надоеда́ть, -а́ю, -а́ет
надое́дливость, -и
надое́дливый
надое́дный
надое́нный
надое́сть, -е́м, -е́шь, -е́ст,
-еди́м, -еди́те, -едя́т; *прош.*
-е́л, -е́ла
надои́ть, -ою́, -о́ит
надо́й, -я
надоко́нный
надо́лба, -ы
надолби́ть, -блю́, -би́т
надолблённый; *кр. ф.* -ён,
-ена́
надо́лго

Column 4 (НАД)

надолжа́ть, -а́ю, -а́ет
на́ дом
надо́мник, -а
надо́мница, -ы
надо́мный
на дому́
надо́рванность, -и
надо́рванный
надорва́ть(ся), -рву́(сь),
-рвёт(ся); *прош.* -а́л(ся́),
-ала́(сь), -а́ло, -а́лось
надоу́мить, -млю, -мит
надоу́мленный
надоу́мливать, -аю, -ает
надпа́лубный
надпа́рывать(ся), -аю,
-ает(ся)
надпере́носье, -я, *р. мн.*
-сий
надпи́л, -а
надпи́ленный
надпи́ливать(ся), -аю,
-ает(ся)
надпили́ть, -илю́, -и́лит
надпи́санный
надписа́ть, -ишу́, -и́шет
надпи́ска, -и
надпи́сывать(ся), -аю,
-ает(ся)
на́дпись, -и
надпойме́нный
надпо́ротый
надпоро́ть, -орю́, -брет
надпо́чвенный
надпо́чечник, -а
надпо́чечный
надпя́точный
надра́енный
надра́ивать, -аю, -ает
надра́ить, -а́ю, -а́ит
на́дранный
надра́ть(ся), -деру́(сь), -де-
рёт(ся); *прош.* -а́л(ся́),
-ала́(сь), -а́ло, -а́лось
надрёберный
надре́з, -а
надре́занный
надреза́ть, -е́жу, -е́жет, *сов.*
надреза́ть(ся), -а́ю,
-а́ет(ся), *несов.*
надре́зывать(ся), -аю,
-ает(ся)
надрессиро́ванный
надрессирова́ть, -ру́ю,
-ру́ет
надроби́ть, -блю́, -би́т
надроблённый; *кр. ф.* -ён,
-ена́
надруба́ть, -а́ю, -а́ет
надруби́ть, -ублю́, -у́бит
надру́бка, -и
надру́бленный
надруга́тельство, -а
надруга́ться, -а́юсь, -а́ется
надры́в, -а
надрыва́ть(ся), -а́ю(сь),
-а́ет(ся)
надры́вистый
надры́вный
надры́згать(ся), -аю(сь),
-ает(ся)
надса́да, -ы
надсади́ть(ся), -ажу́(сь),
-а́дит(ся)

надса́дный
надса́женный
надса́живать(ся), -аю(сь),
 -ает(ся)
надседа́ться, -аюсь, -ается
надсека́ть(ся), -а́ю, -а́ет(ся)
надсе́кший
надсечённый; кр. ф. -ён,
 -ена́
надсе́чка, -и
надсе́чь, -еку́, -ечёт, -еку́т;
 прош. -е́к и -ёк, -екла́
надсма́тривать, -аю, -ает
надсмея́ться, -еюсь, -еётся
надсмо́тр, -а
надсмо́трщик, -а
надсмо́трщица, -ы
надста́вить, -влю, -вит
надста́вка, -и
надста́вленный
надставля́ть(ся), -я́ю,
 -я́ет(ся)
надставно́й
надстра́ивать(ся), -аю,
 -ает(ся)
надстро́енный
надстро́ечный
надстро́ить, -ою, -оит
надстро́йка, -и
надстро́чный
надтёсанный
надтеса́ть, -ешу́, -е́шет
надтёсывать(ся), -аю,
 -ает(ся)
надтре́снутый
надтре́снуть, -нет
надуби́ть, -блю́, -би́т
надублённый; кр. ф. -ён,
 -ена́
надува́ла, -ы, м. и ж.
надува́ние, -я
надува́тельский
надува́тельство, -а
надува́ть(ся), -а́ю(сь),
 -а́ет(ся)
наду́вка, -и
надувно́й
наду́льник, -а
наду́льный
наду́манный; кр. ф. прич.
 -ан, -ана; кр. ф. прил. -ан,
 -анна
наду́мать(ся), -аю(сь),
 -ает(ся)
наду́мывать(ся), -аю(сь),
 -ает(ся)
надура́читься, -чусь, -чится
надури́ть(ся), -рю́(сь),
 -ри́т(ся)
наду́тый
наду́ть(ся), -ду́ю(сь), -ду́-
 ет(ся)
наду́шенный; кр. ф. -ен,
 -ена и надушённый; кр.
 ф. -ён, -ена́
надуши́ть(ся), -ушу́(сь),
 -у́шит(ся)
надфиль, -я
надхво́стье, -я, р. мн. -тий
надхря́щница, -ы
надчелюстно́й
надша́хтный
надшива́ть(ся), -а́ю,
 -а́ет(ся)

надши́вка, -и
надши́тый
надши́ть, надошью́, надо-
 шьёт
надъязы́чный
надъя́рус, -а
на дыбы́
надыми́ть, -млю́, -ми́т
надындивидуа́льный
надынтегра́льный
надыша́ть(ся), -ышу́(сь),
 -ы́шит(ся)
наеда́ть(ся), -а́ю(сь),
 -а́ет(ся)
наедине́
нае́зд, -а
нае́здить(ся), -зжу(сь),
 -здит(ся)
нае́здка, -и
нае́здник, -а
нае́здница, -ы
нае́здничать, -аю, -ает
нае́зднический
нае́здничество, -а
нае́здом, нареч.
наезжа́ть, -а́ю, -а́ет
нае́зженный
нае́зживать, -аю, -ает
нае́зжий
наём, на́йма
наёмка, -и
наёмник, -а
наёмница, -ы
наёмнический
наёмничий, -ья, -ье
наёмный
нае́сть(ся), -е́м(ся),
 -е́шь(ся), -е́ст(ся),
 -еди́м(ся), -еди́те(сь),
 -едя́т(ся); прош. -е́л(ся),
 -е́ла(сь)
нае́хать, -е́ду, -е́дет
нажа́ловаться, -луюсь, -лу-
 ется
нажа́ренный
нажа́ривать(ся), -аю(сь),
 -ает(ся)
нажа́рить(ся), -рю(сь),
 -рит(ся)
нажа́тие, -я
нажа́ть 1, -жму́, -жмёт
нажа́ть 2, -жну́, -жнёт
нажда́к, -а́
нажда́чный
нажда́чо́к, -чка́
нажёванный
нажева́ть(ся), -жую́(сь),
 -жуёт(ся)
нажёвывать(ся), -аю,
 -ает(ся)
нажёгший(ся)
нажелти́ть, -лчу́, -лти́т
нажелчённый; кр. ф. -ён,
 -ена́
наже́чь(ся), -жгу́(сь),
 -жжёт(ся), -жгу́т(ся);
 прош. -жёг(ся), -жгла́(сь)
нажжённый; кр. ф. -ён,
 -ена́
нажи́ва, -ы
нажива́ть(ся), -а́ю(сь),
 -а́ет(ся)
наживи́ть, -влю́, -ви́т
наживка, -и

нажи́влённый; кр. ф. -ён,
 -ена́
наживля́ть(ся), -я́ю,
 -я́ет(ся)
наживно́й
нажи́вочный
нажига́ть(ся), -а́ю, -а́ет(ся)
нажи́м, -а
нажима́ть(ся), -а́ю, -а́ет(ся)
нажи́мистый
нажимно́й и нажи́мный
нажи́мно-поворо́тный
нажи́н, -а
нажина́ть(ся), -а́ю, -а́ет(ся)
нажира́ться, -а́юсь, -а́ется
нажито́й
нажи́тый; кр. ф. на́жит,
 нажита́, на́жито, прич.
нажи́ть(ся), -иву́(сь),
 -ивёт(ся); прош. на́жил,
 нажи́лся, нажила́(сь),
 на́жило, нажи́ло́сь
нажра́ться, -ру́сь, -рётся;
 прош. -а́лся, -ала́сь, -а́лось
нажужжа́ть, -ужжу́, -уж-
 жи́т
наза́втра, нареч. (наза́втра
 отпра́вились в путь)
наза́д, нареч.
назади́
назализа́ция, -и
назализи́рованный
назализи́ровать(ся), -рую,
 -рует(ся)
назализо́ванный
назализова́ть, -зу́ю, -зу́ет
наза́льный
на запя́тках
на запя́тки
назаре́й, -я
назаря́нин, -а, мн. -яне,
 -ян
назаря́нка, -и
назва́нивать, -аю, -ает
назва́ние, -я
на́званный, прич.
назва́ный, прил.
назва́ньице, -а
назва́ть(ся), -зову́(сь), -зо-
 вёт(ся); прош. -а́л(ся),
 -ала́(сь), -а́ло, -а́ло́(сь)
назвони́ть, -ню́, -ни́т
наздра́вствоваться, -тву-
 юсь, -твуется
назеленённый; кр. ф. -ён,
 -ена́
назелени́ть, -ню́, -ни́т
назём, -а
назе́мно-измери́тельный
назе́мный (от земля́)
на́земь
назида́ние, -я (в назида́-
 ние)
назида́тельный
на́зло́, нареч.
назнача́ть(ся), -а́ю(сь),
 -а́ет(ся)
назначе́ние, -я
назна́ченный
назна́чить(ся), -чу, -чит
назо́йливость, -и
назо́йливый
назрева́ние, -я
назрева́ть, -а́ет

назре́ть, -е́ет
назубо́к, нареч. (вы́учить
 назубо́к)
называ́тельный
называ́ть(ся), -а́ю(сь),
 -а́ет(ся)
назюзю́каться, -аюсь, -ает-
 ся
назя́бнуть(ся), -ну(сь),
 -нет(ся); прош. -зя́б(ся),
 -зя́бла(сь)
назя́бший(ся)
наи́б, -а
наибо́лее
наибо́льший
наибыстре́йший
наи́в, -а
наиважне́йший
наиверне́йший
наи́вничать, -аю, -ает
наи́вно-простоду́шный
наи́вность, -и
наивы́сший
наи́гранный
наигра́ть(ся), -а́ю(сь),
 -а́ет(ся)
наи́грывать(ся), -аю,
 -ает(ся)
на́игрыш, -а
наизво́лок, нареч.
наизгото́ве
на изгото́вку
на излёте
на измо́р
наизна́нку, нареч.
на изно́с
наизу́сть
наилегча́йший
наилу́чший
наиме́нее
наименова́ние, -я
наимено́ванный
наименова́ть(ся), -ну́ю,
 -ну́ет(ся)
наимено́вывать(ся), -аю,
 -ает(ся)
наиме́ньший
наипа́че
наискосо́к
наи́скось
на исхо́де
наи́тие, -я
наиху́дший
наича́ще
на́йденный
найдёныш, -а
найми́т, -а
найми́тка, -и
найми́чка, -и
найти́(сь), найду́(сь),
 найдёт(ся); прош. на-
 шёл(ся), нашла́(сь)
найто́в, -а
найто́вить, -влю, -вит
на́-ка
накаве́рзить, -ржу, -рзит
накаве́рзничать, -аю, -ает
нака́з, -а
наказа́ние, -я
нака́занный
наказа́ть, -ажу́, -а́жет
наказно́й
наказу́емость, -и

наказу́емый
нака́зывать(ся), -аю,
    -ает(ся)
нака́л, -а
накалённый; *кр. ф.* -ён,
    -ена́
нака́ливание, -я
нака́ливать(ся), -аю(сь),
    ает(ся)
накали́ть(ся), -лю́(сь),
    -ли́т(ся)
нака́лка, -и
нака́лывание, -я
нака́лывать(ся), -аю(сь),
    -ает(ся)
накаля́емость, -и
накаля́ть(ся), -я́ю(сь),
    -я́ет(ся)
наканифо́ленный
наканифо́лить, -лю, -лит
накану́не
нака́панный
нака́пать, -аю, -ает
нака́пливать(ся), -аю,
    -ает(ся)
нака́пчивать(ся), -аю,
    -ает(ся)
нака́пывать, -аю, -ает
на карау́л
на кара́чках
на кара́чки
нака́рканный
нака́ркать, -аю, -ает
нака́рмливать, -аю, -ает
на́-кась, на́-кася
нака́т, -а
нака́танный
наката́ть(ся), -а́ю(сь),
    -а́ет(ся)
накати́ть(ся), -ачу́(сь),
    -а́тит(ся)
нака́тка, -и
нака́тник, -а
нака́тный
нака́том, *нареч.*
нака́тчик, -а
нака́тчица, -ы
нака́тывание, -я
нака́тывать(ся), -аю(сь),
    -ает(ся)
нака́чанный (*от* нака-
    ча́ть)
накача́ть(ся), -а́ю(сь),
    -а́ет(ся)
нака́ченный (*от* нака-
    ти́ть)
нака́чивать(ся), -аю(сь),
    -ает(ся)
нака́чка, -и
нака́шивать(ся), -аю,
    -ает(ся)
накваси́ть, -а́шу, -а́сит
наква́шенный
наква́шивать(ся), -аю,
    -ает(ся)
наки́данный
накида́ть, -а́ю, -а́ет
наки́дка, -и
накидно́й
наки́дывать(ся), -аю(сь),
    -ает(ся)
наки́нутый
наки́нуть(ся), -ну(сь),
    -нет(ся)

накипа́ть, -а́ет
накипеобразова́ние, -я
накипе́ть, -пи́т
на́кипь, -и
накипяти́ть, -ячу́, -яти́т
накипячённый; *кр. ф.* -ён,
    -ена́
накиса́ть, -а́ет
наки́снуть, -нет
накла́д, -а
накла́дка, -и
накладна́я, -о́й
накла́дно
накладно́й
накла́дывать(ся), -аю,
    -ает(ся)
накла́сть, -аду́, -адёт; *прош.*
    -а́л, -а́ла
наклёванный
наклева́ть, -люю, -люёт
наклеве́танный
наклевета́ть, -ещу́, -е́щет
наклёвывать(ся), -аю,
    -ает(ся)
накле́енный
накле́ивать(ся), -аю,
    -ает(ся)
накле́ить(ся), -е́ю, -е́ит(ся)
накле́йка, -и
наклёпанный
наклепа́ть 1, -а́ю, -а́ет (*к*
    клепа́ть 1)
наклепа́ть 2, -еплю́, -е́плет
    (*к* клепа́ть 2)
наклёпка, -и
наклёпывать(ся), -аю,
    -гает(ся)
накли́канный
накли́кать, -и́чу, -и́чет, *сов.*
наклика́ть, -а́ю, -а́ет, *несов.*
накло́н, -а
наклоне́ние, -я
наклонённый; *кр. ф.* -ён,
    -ена́
наклони́ть(ся), -оню́(сь),
    -о́нит(ся)
накло́нность, -и
накло́нный
наклономе́р, -а
наклоня́ть(ся), -я́ю(сь),
    -я́ет(ся)
наклю́каться, -аюсь, -ается
наклю́нутый
наклю́нуть(ся), -нет(ся)
накля́узничать, -аю, -ает
накова́ленка, -и
накова́льня, -и, *р. мн.* -лен
накова́нный
накова́ть, -кую́, -куёт
нако́вка, -и
нако́вывать(ся), -аю,
    -ает(ся)
наковы́ривать, -аю, -ает
наковы́рянный
наковыря́ть(ся), -я́ю(сь),
    -я́ет(ся)
нако́жник, -а
нако́жный
на ко́й
накоксо́ванный
накоксова́ть, -су́ю, -су́ет
наколя́чивать(ся), -аю,
    -ает(ся)
наколдо́ванный

наколдова́ть, -ду́ю, -ду́ет
наколе́нник, -а
наколе́нный
нако́лка, -и
наколобро́дить, -о́жу, -о́дит
наколоти́ть, -очу́, -о́тит
нако́лотый
наколо́ть(ся), -олю́(сь),
    -о́лет(ся)
наколо́ченный
наколу́панный
наколупа́ть, -а́ю, -а́ет
накома́рник, -а
наконе́ц, *нареч.* (догада́л-
    ся наконе́ц)
наконе́чник, -а
наконе́чный
накопа́нный
накопа́ть, -а́ю, -а́ет
накопи́тель, -я
накопи́тельство, -а
накопи́ть(ся), -оплю́,
    -о́пит(ся)
накопле́ние, -я
нако́пленный
накопля́ть(ся), -я́ю,
    -я́ет(ся)
накопти́ть, -пчу́, -пти́т
накопчённый; *кр. ф.* -ён,
    -ена́
накопы́льник, -а
накорми́ть, -ормлю́, -о́р-
    мит
нако́рмленный
накоротке́
на́коротко
на ко́рточках
на ко́рточки
накорчёванный
накорчева́ть, -чу́ю, -чу́ет
накорчёвывать(ся), -аю,
    -ает(ся)
накоси́ть(ся), -ошу́(сь),
    -о́сит(ся)
на́косо
нако́стница, -ы
нако́стный
накостыля́ть, -я́ю, -я́ет
на́кось, *нареч.*
нако́шенный
накра́денный
накра́дывать(ся), -аю,
    -ает(ся)
накра́ивать(ся), -аю,
    -ает(ся)
накра́пывать, -ает
накра́сить(ся), -а́шу(сь),
    -а́сит(ся)
накра́сть, -аду́, -адёт; *прош.*
    -кра́л, -кра́ла
накрахма́ленный
накрахма́ливать(ся), -аю,
    -ает(ся)
накрахма́лить(ся), -лю,
    -лит(ся)
накра́шенный
накра́шивать(ся), -аю(сь),
    -ает(ся)
накренённый; *кр. ф.* -ён,
    -ена́
накрени́ть(ся), -ню́,
    -ни́т(ся)
накреня́ть(ся), -я́ю,
    -я́ет(ся)

на́крепко
на́крест, *нареч.*
на́криво
накрича́ть(ся), -чу́(сь),
    -чи́т(ся)
накро́енный
накро́ить, -ою́, -ои́т
накро́мсанный
накромса́ть, -а́ю, -а́ет
накропа́ть, -а́ю, -а́ет
накро́шенный
накроши́ть(ся), -ошу́,
    -о́шит(ся)
на кру́г
на́кругло
накружи́ться, -ужу́сь,
    -у́жи́тся
накрути́ть(ся), -учу́(сь),
    -у́тит(ся)
накру́тка, -и
накру́ченный
накру́чивать(ся), -аю(сь),
    -ает(ся)
накрыва́ть(ся), -а́ю(сь),
    -а́ет(ся)
накры́тие, -я
накры́тый
накры́ть(ся), -ро́ю(сь), -ро́-
    ет(ся)
нактоу́з, -а
на кула́чках
на кула́чки
на кули́чках
на кули́чки
наку́панный
накупа́ть(ся), -а́ю(сь),
    -а́ет(ся)
накупи́ть, -уплю́, -у́пит
наку́пленный
наку́ренный
наку́ривать(ся), -аю(сь),
    -ает(ся)
накури́ть(ся), -урю́(сь),
    -у́рит(ся)
накуроле́сить, -е́шу, -е́сит
наку́санный
накуса́ть, -а́ю, -а́ет
наку́сывать, -аю, -ает
наку́танный
наку́тать(ся), -аю(сь),
    -ает(ся)
наку́тывать(ся), -аю(сь),
    -ает(ся)
наку́шать(ся), -аю(сь),
    -ает(ся)
нала́вливать, -аю, -ает
налага́ть(ся), -а́ю, -а́ет(ся)
на ла́д
на ла́дан
нала́дить, -а́жу, -а́дит
нала́дка, -и
нала́дочный
нала́дчик, -а
нала́женный
нала́живать(ся), -аю,
    -ает(ся)
нала́зиться, -а́жусь, -а́зится
налака́ться, -а́юсь, -а́ется
налакиро́ванный
налакирова́ть, -ру́ю, -ру́ет
налакиро́вывать(ся), -аю,
    -ает(ся)
нала́комиться, -млюсь,
    -мится

налáмывать(ся), -аю,
　-ает(ся)
нáлганный
налгáть, -лгý, -лжёт, -лгýт;
　прош. -áл, -алá, -áло
налéво
налегáть, -áю, -áет
налегкé
налёгший
нáледь, -и
налёжанный
належáть, -жý(сь),
　-жи́т(ся)
налёживать(ся), -аю(сь),
　-ает(ся)
налезáть, -áю, -áет
налéзть, -зу, -зет; *прош.*
　-лéз, -лéзла
налéзший
налепи́ть(ся), -леплю́, -лé-
　пит(ся)
налéпленный
налепля́ть(ся), -я́ю,
　-я́ет(ся)
налёт, -а
налётанный
налетáть(ся), -áю(сь),
　-áет(ся)
налетéть, -лечý, -лети́т
налётный
на летý
налётчик, -а
налётывать, -аю, -ает
налéчь, -ля́гу, -ля́жет, -ля́-
　гут; *прош.* -лёг, -леглá
нали́в, -а
наливáть(ся), -áю(сь),
　-áет(ся)
нали́вка, -и
наливнóй
нали́вочный
нализáться, -ижýсь, -и́жет-
　ся
нали́зываться, -аюсь, -ается
нали́м, -а
нали́мий, -ья, -ье
налинóванный
налиновáть, -нýю, -нýет
налипáние, -я
налипáть, -áет
нали́пнуть, -нет; *прош.*
　-ли́п, -ли́пла
нали́пший
нали́стник, -а
налитогрáфи́рован-
　ный
налитогрáфи́ровать, -рую,
　-рует
налитóй, *прил.*
нали́тый; *кр. ф.* нáли́т,
　налитá, нáли́то, *прич.*
нали́ть(ся), -лью́(сь),
　-льёт(ся); *прош.* нáли́л,
　нали́лся, налилá(сь),
　нáли́ло, налили́сь
налицó, *нареч.* (оказáть-
　ся налицó)
нали́чествовать, -твую,
　-твует
нали́чие, -я
нали́чник, -а
нали́чность, -и
нали́чный
налóбник, -а

налóбный
наловúть(ся), -овлю́(сь),
　-óвит(ся)
наловлённый
наловчúться, -чýсь, -чúтся
налóг, -а
налóговый
налогооблóжéние, -я
налогоплатéльщик, -а
налогоспосóбный
наложéние, -я
налóженный (налóжен-
　ным платежóм)
наложúть, -ожý, -óжит
налóжница, -ы
налóй, -я
налокóтник, -а
налóманный
наломáть(ся), -áю(ся),
　-áет(ся)
налóпаться, -аюсь, -ает-
　ся
налощённый; *кр. ф.* -ён,
　-енá
налощúть, -щý, -щúт
налущённый; *кр. ф.* -ён,
　-енá
налущúть, -щý, -щúт
налы́гач, -а
налюбовáться, -бýюсь, -бý-
　ется
наля́панный
наля́пать, -аю, -ает
намагни́тить(ся), -и́чу,
　-и́тит(ся)
намагни́ченность, -и
намагни́ченный
намагни́чивание, -я
намагни́чивать(ся), -аю,
　-ает(ся)
намáз, -а
намáзанный
намáзать(ся), -áжу(сь),
　-áжет(ся)
на мази́
намáзчик, -а
намáзывать(ся), -аю(сь),
　-ает(ся)
намазю́канный
намазю́кать(ся), -аю(сь),
　-ает(ся)
намалёванный
намалевáть(ся), -лю́ю(сь),
　-лю́ет(ся)
намалёвывать(ся), -аю(сь),
　-ает(ся)
намáлывать(ся), -аю,
　-ает(ся)
на манéр
намáранный
намарáть, -áю, -áет
намаринóванный
намариновáть, -нýю, -нý-
　ет
намаринóвывать, -аю, -ает
намáсленный
намáсливать(ся), -аю,
　-ает(ся)
намáслить, -лю, -лит
намасти́ть, -ащý, -асти́т
　(намазать)
наматрáсник, -а и намат-
　рáцник, -а
намáтывание, -я

намáтывать(ся), -аю(сь),
　-ает(ся)
намáчивание, -я
намáчивать(ся), -аю(сь),
　-ает(ся)
намащённый; *кр. ф.* -ён,
　-енá (*от* намасти́ть)
намáщивать(ся), -аю,
　-ает(ся)
намáяться, -áюсь, -áется
намéдни
намéднишний
намежёванный
намежевáть, -жýю, -жýет
намежёвывать(ся), -аю,
　-ает(ся)
намёк, -а
намекáть, -áю, -áет
намекнýть, -нý, -нёт
намелённый; *кр. ф.* -ён,
　-енá
намели́ть, -лю́, -ли́т
намельчённый; *кр. ф.* -ён,
　-енá
намельчи́ть, -чý, -чи́т
намéнивать(ся), -аю,
　-ает(ся)
намéнянный
наменя́ть, -я́ю, -я́ет
намеревáться, -áюсь, -áется
намéрение, -я
намéренный
намерзáть, -áет
намёрзнувший(ся)
намёрзнуть(ся), -нусь,
　-нет(ся); *прош.* -ёрз(ся),
　-ёрзла(сь)
намёрзший(ся)
намéривать(ся), -аю,
　-ает(ся) (*к* намéрить)
намéрить, -рю -рит и -ряю,
　-ряет
нáмертво
намеря́ть(ся), -я́ю,
　-я́ет(ся)
намеси́ть, -ешý, -éсит
намести́, -метý, метёт;
　прош. -мёл, -мелá
намéстник, -а
намéстнический
намéстничество, -а
намéстничий, -ья, -ье
намéсто, *нареч.* (вместо)
намёт, -а
намётанный
наметáть 1, -áю, -áет, *сов.*
　(о шитье)
наметáть 2, -мечý, -мéчет,
　сов.
наметáть(ся), -áю, -áет(ся)
　(*к* намести́)
намётённый; *кр. ф.* -ён,
　-енá
намéтить(ся), -мéчу(сь),
　-мéтит(ся)
намётка, -и
намётший
намётывать(ся), -аю,
　-ает(ся)
намечáть(ся), -áю, -áет(ся)
намéченный
намечтáть(ся), -áюсь, -áется
намéшанный (*от* наме-
　шáть)

намешáть, -áю, -áет
намéшенный (*от* наме-
　си́ть)
намéшивать(ся), -аю,
　-ает(ся)
на миг
наминáть(ся), -áю, -áет(ся)
нами́нка, -и
намнóго, *нареч.* (намнóго
　лýчше), но *числит.* на
　мнóго (на мнóго лет)
намоги́льный
намозóленный
намозóлить, -лю -лит
намокáть, -áю, -áет
намóкнуть, -ну, -нет; *прош.*
　-óк, -óкла
намóкший
намóл, -а
намолáчивание, -я
намолáчивать(ся), -аю,
　-ает(ся)
намоли́ться, -олю́сь, -óлится
намолóт, -а
намолоти́ть, -очý, -óтит
намолóтый
намолóть, -мелю́, -мéлет
намолóченный
наморáживать, -аю, -ает
намóрдник, -а
наморённый; *кр. ф.* -ён,
　-енá
намори́ть, -рю́, -ри́т
наморóженный
наморóзить, -óжу, -óзит
нáморозь, -и
намóрщенный
намóрщить(ся), -щу(сь),
　-щит(ся)
намости́ть, -ощý, -ости́т (*к*
　мост)
намóтанный
намотáть(ся), -áю, -áет(ся)
намóтка, -и
намóточный
намóтчик, -а
намóтчица, -ы
намóченный
намочи́ть(ся), -очý(сь),
　-óчит(ся)
намощённый; *кр. ф.* -ён,
　-енá (*от* намости́ть)
намудри́ть, -рю́, -ри́т
намýдрствовать, -твую,
　-твует
намýсленный
намýсливать, -аю, -ает
намýслить, -лю, -лит
намусóленный
намусóливать, -аю, -ает
намусóлить, -лю, -лит
намусóрить, -рю, -рит
намути́ть, -мучý, -мýти́т
намýченный
намýчить(ся), -чу(сь),
　-чит(ся) и -чаю(сь), -ча-
　ет(ся)
намы́в, -а
намывáть(ся), -áю(сь),
　-áет(ся)
намы́вка, -и
намывнóй
намы́каться, -аюсь, -ается
намы́ленный

намы́ливать(ся), -аю(сь), -ает(ся)
намы́лить(ся), -лю(сь), -лит(ся)
намы́тый
намы́ть(ся), -мою(сь), -мо́ет(ся)
намяка́ть, -ает
намя́кнуть, -нет; *прош.* -мя́к, -мя́кла
намя́кший
намя́тый
намя́ть, -мну, -мнёт
нана́ец, -а́йца
нана́йка, -и
нана́йский
нана́шивать(ся), -аю, -ает(ся)
нанду́, *нескл., м.*
нанесе́ние, -я
нанесённый; *кр. ф.* -ён, -ена́
нанести́, -су́, -сёт; *прош.* -нёс, -несла́
нанёсший
на нёт (свести́ на нёт)
нани́занный
наниза́ть, -ижу́, -и́жет
нани́зка, -и
нани́зм, -а
нани́зу, *нареч.* (внизу)
нани́зывание, -я
нани́зывать(ся), -аю, -ает(ся)
нани́зь, -и
нанима́тель, -я
нанима́ть(ся), -а́ю(сь), -а́ет(ся)
на́нка, -и
на́нковый
на́ново
нано́с, -а
наноси́ть(ся), -ошу́(сь), -о́сит(ся)
нано́сный
на носу́
нано́шенный
на́нсук, -а
наню́ханный
наню́хать(ся), -аю(сь), -ает(ся)
наню́хивать(ся), -аю(сь), -ает(ся)
наня́нчиться, -чусь, -чится
наня́той, *прил.*
на́нятый; *кр. ф.* -ят, -ята́, -ято, *прич.*
наня́ть(ся), найму́(сь), наймёт(ся); *прош.* на́нял, наня́лся́, наняла́(сь), на́няло, наня́ло́сь
наобе́щанный
наобеща́ть, -а́ю, -а́ет
наоборо́т, *нареч.*
наобу́м
наодеколо́ниться, -нюсь, -нится
наоко́нный
наора́ть(ся), -ру́(сь), -рёт(ся)
наосо́бицу, *нареч.*
наостре́нный; *кр. ф.* -ён, -ена́

наостри́ть, -рю́, -ри́т
наотлёт, *нареч.*
на отлёте
на отли́чно
набтмашь
наотре́з, *нареч.*
набхаться, -аюсь, -ается
наохо́титься, -бчусь, -бтится
на о́щупь
напа́вший
напа́дать, -ает, *сов.* (*от* па́дать)
напада́ть, -а́ю, -а́ет, *несов.* (к напа́сть)
напада́ющий, -его
нападе́ние, -я
напа́дки, -док
напа́ивание, -я
напа́ивать(ся), -аю(сь), -ает(ся)
напа́йка, -и
напа́костить, -ощу, -остит
напа́костничать, -аю, -ает
напа́кощенный
напа́лм, -а
напа́лмовый
напа́льчник, -а
на па́мять
напа́ренный
напареу́ли, *нескл., с.*
напа́рить(ся), -рю(сь), -рит(ся)
напа́рник, -а
напа́рница, -ы
напа́рывать(ся), -аю(сь), -ает(ся)
напаса́ть(ся), -а́ю(сь), -а́ет(ся)
напасённый; *кр. ф.* -ён, -ена́
напасти́(сь), -су́(сь), -сёт(ся); *прош.* -а́с(ся), -асла́(сь)
напа́сть, -аду́, -адёт; *прош.* -а́л, -а́ла
напа́сть, -и
напа́сший(ся)
напа́ханный
напаха́ть(ся), -ашу́(сь), -а́шет(ся)
напа́хивать(ся), -аю, -ает(ся)
напа́хтанный
напа́хтать, -аю, -ает
напа́чканный
напа́чкать(ся), -аю(сь), -ает(ся)
напая́нный
напая́ть(ся), -я́ю, -я́ет(ся)
напе́в, -а
напева́ть(ся), -а́ю, -а́ет(ся)
напе́вность, -и
напе́вный
напека́ть(ся), -а́ю, -а́ет(ся)
напёкший(ся)
на́перво
напереби́й, *нареч.*
напереве́с, *нареч.*
наперегонки́
наперёд, *нареч.*
напереко́р
наперекоски́

наперекося́к
наперекрёст, *нареч.*
наперемёнку, *нареч.*
наперере́з, *нареч.*
наперери́в, *нареч.*
наперере́з, *нареч.*; -пру́(сь), -прёт(ся); *прош.* -пёр(ся), -пёрла(сь)
наперехва́т, *нареч.*
наперечёт, *нареч.*
напе́рник, -а
напе́рсник, -а
напе́рсница, -ы
напе́рсный (крест)
напёрсток, -стка
наперсто́чный
наперстя́нка, -и
напёртый
напе́рченный; *кр. ф.* -ен, -ена и наперчённый; *кр. ф.* -ён, -ена́
напе́рчивать(ся), -аю, -ает(ся)
напе́рчить, -чу, -чит и наперчи́ть, -чу́, -чи́т
напёрший(ся)
напётый
напе́ть(ся), -пою́(сь), -по́ёт(ся)
напеча́танный
напеча́тать(ся), -аю(сь), -ает(ся)
напечатлева́ть(ся), -а́ю, -а́ет(ся)
напечатлённый; *кр. ф.* -ён, -ена́
напечатле́ть, -е́ю, -е́ет
напечённый; *кр. ф.* -ён, -ена́
напе́чь(ся), -еку́(сь), -ечёт(ся), -еку́т(ся); *прош.* -ёк(ся), -екла́(сь)
напива́ться, -аюсь, -ается
напи́ленный
напи́ливать(ся), -аю, -ает(ся)
напили́ть, -илю́, -и́лит
напи́лок, -лка
напи́лочный
напи́льник, -а
напи́льничек, -чка
напира́ть(ся), -а́ю(сь), -а́ет(ся)
написа́ние, -я
напи́санный
написа́ть, -ишу́, -и́шет
напи́танный
напита́ть(ся), -а́ю(сь), -а́ет(ся)
напи́ток, -тка
напи́тывать(ся), -аю, -ает(ся)
напи́ть(ся), -пью́сь, -пьётся; *прош.* -и́лся, -ила́сь, -и́лось
напи́ханный
напи́хать, -аю, -ает
напи́хивать(ся), -аю, -ает(ся)
напи́чканный
напи́чкать(ся), -аю(сь), -ает(ся)
напла́вать(ся), -аю(сь), -ает(ся)

напла́вить, -влю, -вит
напла́вка, -и
напла́вленный
наплавля́ть(ся), -я́ю, -я́ет(ся)
наплавно́й (мост)
на плаву́
напла́канный
напла́кать(ся), -а́чу(сь), -а́чет(ся)
напла́станный
напласта́ть, -а́ю, -а́ет
напластова́ние, -я
напластбванный
напластова́ть(ся), -ту́ю, -ту́ет(ся)
напласто́вывать(ся), -аю, -ает(ся)
наплёванный
наплева́тельский
наплева́ть(ся), -люю(сь), -люёт(ся)
наплёсканный
наплеска́ть(ся), -ещу́(сь), -е́щет(ся) и -а́ю(сь), -а́ет(ся)
наплёскивать, -аю, -ает
наплести́, -лету́, -летёт; *прош.* -ёл, -ела́
наплета́ть, -а́ю, -а́ет
наплетённый; *кр. ф.* -ён, -ена́
наплётший
наплёчник, -а
наплёчный
наплоди́ть(ся), -ожу́, -оди́т(ся)
наплоённый; *кр. ф.* -ён, -ена́
напложённый; *кр. ф.* -ён, -ена́
наплои́ть, -ою́, -ои́т
наплоти́ть, -очу́, -оти́т (к плот)
напло́тно
наплочённый; *кр. ф.* -ён, -ена́
наплута́ться, -а́юсь, -а́ется
наплутова́ть, -ту́ю, -ту́ет
наплы́в, -а
наплыва́ть, -а́ю, -а́ет
наплывно́й (*от* наплы́в)
наплы́ть, -ыву́, -ывёт; *прош.* -ы́л, -ыла́, -ы́ло
наплюну́ть, -ну, -нет
напляса́ться, -яшу́сь, -я́шется
напну́ться, -ну́сь, -нётся
на побегу́шках
на побегу́шки
напова́л, *нареч.*
на пове́рку
напога́нить, -ню, -нит
на подбо́р
наподдава́ть, -даю́, -даёт
наподда́ть, -а́м, -а́шь, -а́ст, -ади́м, -ади́те, -аду́т; *прош.* -а́л, -ала́, -а́ло
на́-поди
наподлича́ть, -аю, -ает
наподо́бие (*чего*)
наподхва́т, *нареч.*
на подхва́те

напоённый (*от* напо-
  и́ть 1)
напоённый; *кр. ф.* -ён, -ена́
  (*от* напои́ть 2)
напои́ть 1, -ою́, -о́ит (дать
  напиться)
напои́ть 2, -ою́, -о́ит (на-
  полнить, насытить)
напо́й, -я
напока́з, *нареч.*
наполео́н, -а (пирожное)
наполеондо́р, -а
наполео́новский
наползти́, -аю́, -а́ет
наползаться, -аюсь, -ается
наползти́, -зу́, -зёт; *прош.*
  -о́лз, -олзла́
напо́лзший
наполиро́ванный
наполирова́ть, -ру́ю, -ру́ет
наполиро́вывать(ся), -аю,
  -ает(ся)
наполне́ние, -я
напо́лненный
наполни́тель, -я
напо́лнить(ся), -ню,
  -нит(ся)
на́полно
наполня́емость, -и
наполня́ть(ся), -я́ю,
  -я́ет(ся)
наполови́ну, *нареч.*
наполоска́нный
наполоска́ть(ся), -ощу́(сь),
  -о́щет(ся) и -а́ю(сь),
  -а́ет(ся)
наполосо́ванный
наполосова́ть, -су́ю, -су́ет
наполо́ть, -олю́, -о́лет
на полпути́
на полсло́ве и на полу-
  сло́ве
напо́льный
напома́дить(ся), -а́жу(сь),
  -а́дит(ся)
напома́женный
напома́живать, -аю, -ает
напомина́ние, -я
напомина́ть(ся), -а́ю,
  -а́ет(ся)
напо́мнить, -ню, -нит
на попа́
напополам
на попя́тную
на попя́тный (двор)
напо́р, -а
напо́ристость, -и
напо́ристый
напо́рный
напо́ротый
напоро́ть(ся), -орю́(сь),
  -о́рет(ся)
напорошённый; *кр. ф.* -ён,
  -ена́
напороши́ть, -ши́т
напорта́чить, -чу, -чит
напо́ртить, -рчу, -ртит
на пору́ках
на пору́ки
напо́рченный
напосле́дках, *нареч.*
напосле́док, *нареч.*
напосле́дях, *нареч.*

напо́чвенный
напра́вить(ся), -влю(сь),
  -вит(ся)
направле́ние, -я
напра́вленность, -и
напра́вленный
направля́ть(ся), -я́ю(сь),
  -я́ет(ся)
направля́ющий
напра́во
напрактикова́ться, -ку́юсь,
  -ку́ется
напра́слина, -ы
напра́сный
напра́шивать(ся), -аю(сь),
  -ает(ся)
напредки́
напрессо́ванный
напрессова́ть, -ссу́ю, -ссу́ет
напрессо́вка, -и
напрессо́вывать, -аю, -ает
напре́ть, -е́ет
напридумывать, -аю, -ает
наприме́р, *вводн. сл.*
напринима́ть, -а́ю, -а́ет
на прице́л
напрока́зить, -а́жу, -а́зит
напрока́зничать, -аю, -ает
напрока́т, *нареч.*
напролёт, *нареч.*
напроло́м, *нареч.*
напропалу́ю
напроро́ченный
напроро́чить, -чу, -чит
на просвёт
напроси́ть(ся), -ошу́(сь),
  -о́сит(ся)
напро́тив
напрохо́дъ, *нареч.*
на́прочь
напру́женный
напру́живать(ся), -аю(сь),
  -ает(ся)
напру́жить(ся), -жу(сь),
  -жит(ся)
напры́гаться, -аюсь, -ается
напры́сканный
напры́скать, -аю, -ает
напры́скивать, -аю, -ает
напряга́ть(ся), -а́ю(сь),
  -а́ет(ся)
напря́гший(ся)
напряда́ть(ся), -а́ю,
  -а́ет(ся)
напрядённый; *кр. ф.* -ён,
  -ена́
напряже́ние, -я
напряжёнка, -и
напряжённо-арми́рован-
  ный
напряжённость, -и
напряжённый; *кр. ф.*
  прич. -ён, -ена́; *кр. ф.*
  прил. -ён, -ённа
напрями́к
напрямки́
напрямую́, *нареч.*
напря́сть, -яду́, -ядёт; *прош.*
  -я́л, -яла́, -я́ло
напря́тать, -я́чу, -я́чет
напря́чь(ся), -ягу́(сь),
  -яжёт(ся), -ягу́т(ся);
  прош. -я́г(ся), -ягла́(сь)
напу́ганный

напуга́ть(ся), -а́ю(сь),
  -а́ет(ся)
напу́дренный
напу́дривать(ся), -аю(сь),
  -ает(ся)
напу́дрить(ся), -рю(сь),
  -рит(ся)
напу́льсник, -а
на́пуск, -а
напуска́ние, -я
напуска́ть(ся), -а́ю(сь),
  -а́ет(ся)
напускно́й
напусти́ть(ся), -ущу́(сь),
  -у́стит(ся)
напу́танный
напу́тать, -аю, -ает
напу́тственный
напу́тствие, -я
напу́тствованный
напу́тствовать, -твую, -твует
напу́тывать(ся), -аю,
  -ает(ся)
напуха́ть, -а́ет
напу́хнуть, -нет; *прош.* -у́х,
  -у́хла
напу́хший
напу́щенный
напха́нный
напха́ть, -а́ю, -а́ет
напы́житься, -жусь, -жится
напыле́ние, -я
напылённый; *кр. ф.* -ён,
  -ена́
напыли́ть, -лю́, -ли́т
напы́щенность, -и
напы́щенный
напы́ливать(ся), -аю,
  -ает(ся)
напы́лить(ся), -лю, -лит-
  (ся)
нараба́тывать(ся), -аю,
  -ает(ся)
нарабо́танный
нарабо́тать(ся), -аю(сь),
  -ает(ся)
нарабо́тка, -и
наравне́
на ра́вных
нара́доваться, -дуюсь, -ду-
  ется
на ра́дость
на ра́достях
нараспа́шку, *нареч.*
нараспе́в, *нареч.*
нараста́ние, -я
нараста́ть, -а́ет
нарасти́, -тёт; *прош.* -ро́с,
  -росла́
нарасти́ть, -ащу́, -асти́т
нарасхва́т, *нареч.*
нараща́ть(ся), -а́ю, -а́ет(ся)
нараще́ние, -я
наращённый; *кр. ф.* -ён,
  -ена́
нара́щивание, -я
нара́щивать(ся), -аю,
  -ает(ся)
нарва́л, -а
на́рванный
нарва́ть(ся), -рву́(сь),
  -рвёт(ся); *прош.* -а́л(ся́),
  -ала́(сь), -а́ло, -а́лось

наргиле́, *нескл., м. и с.*
нард, -а
нарде́к, -а
на́рдовый
на́рды, -ов (игра)
наребёрный
нареве́ться, -ву́сь, -вёт-
  ся
на ре́дкость
наре́з, -а
нареза́ние, -я
наре́занный
наре́зать(ся), -е́жу(сь),
  -е́жет(ся), *сов.*
нареза́ть(ся), -а́ю, -а́ет(ся),
  несов.
наре́зка, -и
нарезно́й
наре́зчик, -а
наре́зывать, -аю, -ает
нарека́ние, -я
нарека́ть(ся), -а́ю(сь),
  -а́ет(ся)
наре́кший(ся) и нарёк-
  ший(ся)
нарече́ние, -я
наречённый, -ого и нарече-
  чённый, -ого
нарече́нный; *кр. ф.* -ён,
  -ена́
наре́чие, -я
наре́чный
наре́чь(ся), -еку́(сь),
  -ечёт(ся) -еку́т(ся);
  прош. -ёк(ся), -екла́(сь)
нарза́н, -а
нарза́нный
нарисо́ванный
нарисова́ть, -су́ю, -су́ет
нарица́тельный
нарко́з, -а
нарко́зный
нарко́лог, -а
наркологи́ческий
нарколо́гия, -и
нарко́м, -а
наркома́н, -а
наркома́ния, -и
наркома́нка, -и
наркома́т, -а
нарко́мовский
наркотиза́тор, -а
наркотиза́ция, -и
наркотизи́рованный
наркотизи́ровать(ся),
  -рую(сь), -рует(ся)
наркоти́зм, -а
нарко́тик, -а
наркоти́н, -а
наркоти́ческий
наро́д, -а
наро́дец, -дца
народи́ть(ся), -ожу́,
  -оди́т(ся)
наро́дишко, -а, *м.*
наро́дище, -а и -у, *м.*
наро́дник, -а
наро́днический
наро́дничество, -а
наро́дно-демократи́ческий
наро́дно-освободи́тельный
наро́дно-пе́сенный
наро́дно-поэти́ческий
наро́дно-революцио́нный

народно-республика́н-
　ский
наро́дность, -и
народно-хозя́йственный
наро́дный
народове́дение, -я
народовла́стие, -я
народово́лец, -льца
народово́льческий
народово́льчество, -а
народонаселе́ние, -я
на роду́ (напи́сано)
нарожа́ть, -а́ю, -а́ет
нарожда́ться, -а́ется
нарожде́ние, -я
нарождённый; кр. ф. -ён,
　-ена́
наро́ст, -а
наро́сший
наро́читость, -и
наро́читый
наро́чно
наро́чный, -ого
нарсу́д, -а́
на́ртенный
на́рты, нарт и на́рта, -ы
наруба́ть(ся), -а́ю, -а́ет(ся)
наруби́ть, -ублю́, -у́бит
нару́бка, -и
нару́бленный
наруга́ться, -а́юсь, -а́ется
нару́жность, -и
нару́жный
нару́жу
нарука́вник, -а
нарука́вный
на́ руки
на́ руку
наруми́ненный
наруми́нивать(ся), -аю(сь),
　-ает(ся)
наруми́нить(ся), -ню(сь),
　-нит(ся)
нару́чни, -ей
нару́чники, -ов
нару́чный
наруша́ть(ся), -а́ю,
　-а́ет(ся)
наруше́ние, -я
нару́шенный
наруши́тель, -я
наруши́тельница, -ы
нару́шить(ся), -шу,
　-шит(ся)
нарци́сс, -а
нарци́ссовый
на́ры, нар
нары́в, -а
нарыва́ть(ся), -а́ю(сь),
　-а́ет(ся)
нары́вник, -а
нарывно́й
нары́вный (нары́вная по-
　ве́рхность)
на рыся́х
нары́тый
нары́ть, -ро́ю, -ро́ет
наря́д, -а
наряди́ть(ся), -яжу́(сь),
　-я́ди́т(ся)
наря́дный
наряду́ с, предлог
наря́дчик, -а
наря́дчица, -ы

наряжа́ть(ся), -а́ю(сь),
　-а́ет(ся)
наря́женный; кр. ф. -ен,
　-ена и наряжённый; кр.
　ф. -ён, -ена́
насади́тель, -я
насади́ть, -ажу́, -а́дит
наса́дка, -и
наса́док, -дка
наса́дочный
насажа́ть, -а́ю, -а́ет
насажда́ть(ся), -а́ю,
　-а́ет(ся)
насажде́ние, -я
насаждённый; кр. ф. -ён,
　-ена́
наса́женный
наса́живать(ся), -аю,
　-ает(ся)
наса́ленный
наса́ливать(ся), -аю,
　-ает(ся)
наса́лить, -лю, -лит
насанда́ленный
насанда́ливать(ся), -аю,
　-ает(ся)
насанда́лить(ся), -лю(сь),
　-лит(ся)
наса́сывать(ся), -аю(сь),
　-ает(ся)
наса́харенный
наса́харивать(ся), -аю,
　-ает(ся)
наса́харить, -рю, -рит
насбира́ть, -а́ю, -а́ет
насверлённый; кр. ф. -ён,
　-ена́
насве́рливать(ся), -аю,
　-ает(ся)
насверли́ть, -лю́, -ли́т
насви́станный
насвиста́ть(ся), -ищу́(сь),
　-и́щет(ся)
насвисте́ть(ся), -ищу́(сь),
　-исти́т(ся)
насви́стывать(ся), -аю,
　-ает(ся)
насдава́ть, -даю́, -даёт
на́сданный
насда́ть, -а́м, -а́шь, -а́ст,
　-ади́м, -ади́те, -аду́т;
　прош. -а́л, -ала́, -а́ло
насева́ть(ся), -а́ю, -а́ет(ся)
наседа́ть, -а́ю, -а́ет
насе́дка, -и
насе́ивать(ся), -аю, -ает(ся)
насе́ка, -и
насека́ть(ся), -а́ю, -а́ет(ся)
насеко́мое, -ого
насекомоопыля́емые, -ых
насекомоулови́тель, -я
насеко́моя́дный
насе́кший и насёкший
населе́ние, -я
населённость, -и
населённый; кр. ф. -ён,
　-ена́
насели́ть(ся), -елю́,
　-ели́т(ся)
насе́льник, -а
населя́ть(ся), -я́ю, -я́ет(ся)
насе́ст, -а
насе́сть, -ся́ду, -ся́дет;
　прош. -сёл, -се́ла

насечённый; кр. ф. -ён,
　-ена́
насе́чка, -и
насе́чь, -еку́, -ечёт, -еку́т;
　прош. -ёк и -ёк, -екла́
насе́янный
насе́ять, -е́ю, -е́ет
насиде́ть(ся), -ижу́(сь),
　-иди́т(ся)
наси́женный
наси́живать(ся), -аю,
　-ает(ся)
наси́лие, -я
наси́ловать, -лую, -лует
наси́лу, нареч.
наси́льник, -а
наси́льничать, -аю, -ает
наси́льнический
наси́льно
наси́льственный
насинённый; кр. ф. -ён,
　-ена́
наси́нивать(ся), -аю,
　-ает(ся)
насини́ть, -ню́, -ни́т
наска́бливать, -аю, -ает
насказанный
насказа́ть, -ажу́, -а́жет
наска́зывать, -аю, -ает
наскака́ть(ся), -ачу́(сь),
　-а́чет(ся)
наска́кивать, -аю, -ает
на скаку́
наска́льный
наскандали́ть, -лю, -лит
насквозь
наскита́ться, -а́юсь, -а́ется
наско́бленный
наскобли́ть, -облю́, -о́бли́т
наско́к, -а
наско́ком, нареч.
наско́лько, нареч. (на-
　сколько я могу́ суди́ть),
　но чи́слит. на ско́лько
　(на ско́лько часте́й)
на́скоро
наскочи́ть, -очу́, -о́чит
наскреба́ть, -а́ю, -а́ет
наскребённый; кр. ф. -ён,
　-ена́
наскрёбший
наскрёбывать, -аю, -ает
наскрести́, -ребу́, -ребёт;
　прош. -рёб, -ребла́
наску́чить, -чу, -чит
на сла́ву
наслади́ть(ся), -ажу́(сь),
　-ади́т(ся)
наслажда́ть(ся), -а́ю(сь),
　-а́ет(ся)
наслажде́ние, -я
насла́ивание, -я
насла́ивать(ся), -аю,
　-ает(ся)
на́сланный (от насла́ть)
насла́стить, -ащу́, -асти́т
насла́ть, нашлю́, нашлёт;
　прош. -сла́л, -сла́ла
наслащённый; кр. ф. -ён,
　-ена́
насла́щивать(ся), -аю,
　-ает(ся)
наслёг, -а
насле́дие, -я

насле́дить, -ежу́, -еди́т
насле́дник, -а
насле́дница, -ы
насле́дный
насле́дование, -я
насле́дованный
насле́довать(ся), -дую, -ду-
　ет(ся)
насле́дственность, -и
насле́дственный
насле́дство, -а
наслёженный
на слова́х
на́ слово
наслое́ние, -я
наслоённый; кр. ф. -ён,
　-ена́
наслои́ть(ся), -ою́, -ои́т(ся)
на слом
наслоня́ться, -я́юсь, -я́ется
наслужи́ться, -ужу́сь,
　-у́жится
на слух
наслу́шаться, -аюсь, -ается
наслы́шанный; кр. ф. -ан,
　-ана
наслы́шаться, -шусь, -шит-
　ся
наслы́шка, -и
наслюнённый; кр. ф. -ён,
　-ена́
наслюни́ть, -ню́, -ни́т
наслюня́вить, -влю, -вит
наслюня́вленный
насма́ливать(ся), -аю,
　-ает(ся)
насма́рку
насмерде́ть, -ди́т
на́смерть, нареч. (сражён
　пу́лей на́смерть)
на́ смех
насмеха́ться, -а́юсь, -а́ется
насмеши́ть, -шу́, -ши́т
насме́шка, -и
насме́шливый
насме́шник, -а
насме́шница, -ы
насме́шничать, -аю, -ает
насмея́ться, -ею́сь, -еётся
насмолённый; кр. ф. -ён,
　-ена́
насмоли́ть, -лю́, -ли́т
на́сморк, -а
на́сморочный
насмотре́ть(ся), -отрю́(сь),
　-о́трит(ся)
наснима́ть, -а́ю, -а́ет
на сно́сях
насоба́читься, -чусь,
　-чится
насобира́ть, -а́ю, -а́ет
насо́ванный
насова́ть, -сую́, -суёт
на со́весть
насове́тованный
насове́товать(ся), -тую(сь),
　-тует(ся)
насовсе́м, нареч.
насо́вывать(ся), -аю,
　-ает(ся)
насо́ленный
насоли́ть, -олю́, -о́ли́т
насолоди́ть, -ожу́, -оди́т
насо́бренный

180

насори́ть(ся), -орю́,
  -ори́т(ся)
насортиро́ванный
насортирова́ть, -ру́ю,
  -ру́ет
насортиро́вывать, -аю, -ает
насо́с, -а
насо́санный
насоса́ть(ся), -осу́(сь),
  -осёт(ся)
насо́сно-компре́ссорный
насо́сно-силово́й
насо́сный
насо́хнуть, -нет; *прош.* -о́х,
  -о́хла
насо́хший
насочинённый; *кр. ф.* -ён,
  -ена́
насочини́ть, -ню́, -ни́т
насочиня́ть, -я́ю, -я́ет
насочи́ться, -и́тся
на́спанный
наспа́ть(ся), -плю́(сь),
  -пи́т(ся); *прош.* -а́л(ся),
  -ала́(сь), -а́ло, -а́лось
на́спех
наспи́нник, -а
наспи́нный
наспиртро́ванный
наспиртова́ть(ся),
  -ту́ю(сь), -ту́ет(ся)
наспиртро́вывать(ся),
  -аю(сь), -ает(ся)
насплётничать(ся),
  -аю(сь), -ает(ся)
наспори́ться, -рюсь,
  -рится
наст, -а
наставать, -таёт
настави́тельный
наста́вить, -влю, -вит
наста́вка, -и
наставле́ние, -я
наста́вленный
наставля́ть(ся), -я́ю,
  -я́ет(ся)
наста́вник, -а
наста́вница, -ы
наста́внический
наставно́й
наста́ивать(ся), -аю(сь),
  -ает(ся)
наста́ть, -а́нет
настаю́щий
настёганный
настега́ть, -а́ю, -а́ет
настёгивать(ся), -аю,
  -ает(ся)
на́стежь
насте́ленный и на́стланн-
  ный
настели́ть и настла́ть, -сте-
  лю́, стёлет; *прош.* -сте-
  ли́л, -стели́ла и стла́л,
  -стла́ла
насте́нный
настига́ть(ся), -а́ю, -а́ет(ся)
насти́гнувший
насти́гнутый
насти́гнуть и насти́чь, -и́г-
  ну, -и́гнет; *прош.* -и́г, -и́г-
  ла
насти́гший
насти́л, -а

настила́ть(ся), -а́ю, -а́ет(ся)
насти́лка, -и
насти́лочный
насти́льный
насти́ранный
настира́ть(ся), -а́ю(сь),
  -а́ет(ся)
насти́рывать(ся), -аю(сь),
  -ает(ся)
насти́чь и насти́гнуть, -и́г-
  ну, -и́гнет; *прош.* -и́г, -и́г-
  ла
на́стланный и настелен-
  ный
настла́ть и настели́ть, -сте-
  лю́, -стёлет; *прош.* -стла́л,
  -стла́ла и стели́л, -стели́-
  ла
на́стовый
настое́чный
насто́й, -я
насто́йка, -и
насто́йчивость, -и
насто́йчивый
настоле́чко, *нареч.*
насто́ль, *нареч.*
насто́лько, *нареч.* (на-
  сто́лько хорошо́), но *числит.* на сто́лько (на
  сто́лько часте́й)
насто́льный
настора́живать(ся),
  -аю(сь), -ает(ся)
насторожё
насторо́женность, -и и на-
  сторожённость, -и
насторо́женный; *кр. ф.*
  -ен, -ена и насторожён-
  ный; *кр. ф.* -ён, -ена́
насторожи́ть(ся), -жу́(сь),
  -жи́т(ся)
на стороне́
на́ сторону
настоя́ние, -я (по настоя́-
  нию)
настоя́нный
настоя́тель, -я
настоя́тельница, -ы
настоя́тельный; *кр. ф.*
  -лен, -льна
настоя́ть(ся), -ою́(сь),
  -ои́т(ся)
настоя́щий
настра́гивать(ся), -аю,
  -ает(ся)
настрада́ться, -а́юсь, -а́ет-
  ся
на стра́же
настра́ивание, -я
настра́ивать(ся), -аю(сь),
  -ает(ся)
настра́нствоваться, -тву-
  юсь, -твуется
на страх
настра́чивать(ся), -аю,
  -ает(ся)
настраща́ть, -а́ю, -а́ет
настре́ливать, -аю, -ает
настре́лянный
настреля́ть(ся), -я́ю(сь),
  -я́ет(ся)
на́стриг, -а (количество на-
  стриженного)
настри́г, -а (действие)

настрига́ть(ся), -а́ю,
  -а́ет(ся)
настри́гший
настри́женный
настри́чь, -игу́, -ижёт, -игу́т;
  прош. -и́г, -и́гла
настро́ганный
настрога́ть, -а́ю, -а́ет
на́строго
настрое́ние, -я
настро́енность, -и
настро́енный
настро́ить(ся), -о́ю(сь),
  -о́ит(ся)
настро́й, -я
настро́йка, -и
настро́йщик, -а
настропалённый; *кр. ф.*
  -ён, -ена́
настропали́ть, -лю́, -ли́т
настропаля́ть, -я́ю, -я́ет
настро́ченный
настрочи́ть, -очу́, -о́чи́т
настрочно́й (карма́н)
настру́ганный
настрога́ть, -а́ю, -а́ет
настру́гивать(ся), -аю,
  -ает(ся)
настря́панный
настря́пать(ся), -аю(сь),
  -ает(ся)
настуди́ть(ся), -ужу́,
  -у́дит(ся)
насту́женный
насту́живать(ся), -аю,
  -ает(ся)
насту́канный
настука́ть, -аю, -ает
насту́кивать(ся), -аю,
  -ает(ся)
наступа́тельный
наступа́ть, -а́ю, -а́ет
наступи́ть, -уплю́, -у́пит
наступле́ние, -я
насту́рциевые, -ых
насту́рция, -и
настужа́ть(ся), -чу́(сь),
  -чи́т(ся)
настыва́ть, -а́ю, -а́ет
насты́вший
насты́нуть и насты́ть,
  -ы́ну, -ы́нет; *прош.* -сты́л,
  -сты́ла
насты́рный
насулённый; *кр. ф.* -ён,
  -ена́
насули́ть, -лю́, -ли́т
насумасбро́дить, -о́жу,
  -о́дит
насумасбро́дничать, -аю,
  -ает
насу́нутый
насу́нуть(ся), -ну, -нет(ся)
насу́пить(ся), -плю(сь),
  -пит(ся)
насу́пленный
насу́пливать(ся), -аю(сь),
  -ает(ся)
насупроти́в, *нареч.* и
  предл.
насурьми́ть(ся), -млю́(сь),
  -ми́т(ся)

насурьмлённый; *кр. ф.*
  -ён, -ена́
на́сухо
насу́ченный
насу́чивать(ся), -аю,
  -ает(ся)
насучи́ть, -учу́, -у́чи́т
насу́шенный
насу́шивать(ся), -аю,
  -ает(ся)
насуши́ть, -ушу́, -у́шит
насу́щный
насчёт, *предлог* (говори́ли
  насчёт о́тпуска)
на счету́
насчи́танный
насчита́ть(ся), -а́ю, -а́ет(ся)
насчи́тывать(ся), -аю,
  -ает(ся)
насыла́ть(ся), -а́ю, -а́ет(ся)
насы́панный
насы́пать(ся), -плю,
  -плет(ся), -плют(ся) и
  -пет(ся), -пят(ся), *сов.*
насыпа́ть(ся), -а́ю, -а́ет(ся),
  несов.
насы́пка, -и
насыпно́й
на́сыпь, -и
на́сыпью, *нареч.*
насы́тить(ся), -ы́щу(сь),
  -ы́тит(ся)
насыха́ть, -а́ет
насыща́емость, -и
насыща́ть(ся), -а́ю(сь),
  -а́ет(ся)
насыще́ние, -я
насы́щенность, -и
насы́щенный
ната́ивать, -аю, -ает
ната́лкивать(ся), -аю(сь),
  -ает(ся)
натанцева́ться, -цу́юсь, -цу́-
  ется
ната́пливать(ся), -аю,
  -ает(ся)
ната́птывать(ся), -аю,
  -ает(ся)
натарато́рить(ся), -рю(сь),
  -рит(ся)
ната́ска, -и
ната́сканный
натаска́ть(ся), -а́ю(сь),
  -а́ет(ся)
ната́скивание, -я
ната́скивать(ся), -аю,
  -ает(ся)
ната́сованный
натасова́ть, -су́ю, -су́ет
ната́счик, -а
ната́чанный
натача́ть, -а́ю, -а́ет
ната́чивать(ся), -аю,
  -ает(ся)
ната́щенный
натащи́ть, -ащу́, -а́щит
ната́янный
ната́ять, -а́ю, -а́ет
на́твердо
натворённый; *кр. ф.* -ён,
  -ена́
натвори́ть, -рю́, -ри́т
на́те
на́те ж(е)

натёк, -а
на́те-ка
на́те-кась
натека́ть, -а́ет
натёкший
нате́льный
натереби́ть, -блю́, -би́т
натереблённый; кр. ф. -ён,
-ена́
натере́ть(ся), -тру́(сь),
-трёт(ся); прош. -тёр(ся),
-тёрла(сь)
натерпе́ться, -ерплю́сь, -ёр-
пится
натёртый
натёрший(ся)
натёсанный
натеса́ть, -ешу́, -е́шет
натёска, -и
натёсывать(ся), -аю,
-ает(ся)
натёчный
нате́чь, -ечёт, -екут; прош.
-ёк, -екла́
натёшенный
нате́шить(ся), -шу(сь),
-шит(ся)
нативи́зм, -а
нативисти́ческий
натира́ние, -я
натира́ть(ся), -а́ю(сь),
-а́ет(ся)
нати́рка, -и
на́тиск, -а
нати́сканный
нати́скать(ся), -аю, -ает(ся)
нати́скивать(ся), -аю,
-ает(ся)
на́-тка
на́тканный
на́-ткась
натка́ть, -тку́, -ткёт; прош.
-а́л, -ала́, -а́ло
на́ткнутый
наткну́ть(ся), -ну́(сь),
-нёт(ся)
на́товец, -вца
на́товский
натолканный
натолка́ть(ся), -а́ю(сь),
-а́ет(ся)
натолкнутый
натолкну́ть(ся), -ну́(сь),
-нёт(ся)
натолкова́ться, -ку́юсь, -ку́-
ется
натоло́кший
натоло́чь, -лку́, -лчёт, -лкут;
прош. -лок, -лкла́
натолчённый; кр. ф. -ён,
-ена́
на́тонко
натопи́ть(ся), -оплю́,
-о́пит(ся)
натопленный
натоптанный
натопта́ть(ся), -опчу́,
-о́пчет(ся)
наторгованный
наторгова́ть(ся), -гу́ю(сь),
-гу́ет(ся)
наторго́вывать(ся), -аю,
-ает(ся)
наторе́лый

наторённый; кр. ф. -ён,
-ена́
наторе́ть, -е́ю, -е́ет (приоб-
рести навык)
натори́ть, -рю́, -ри́т (сделать торным)
натбрканный
натбркать, -аю, -ает
наторо́сить, -ошу́, -оси́т
натоскова́ться, -ку́юсь,
-ку́ется
нато́ченный
наточи́ть, -очу́, -о́чит
нато́чка, -и
натоща́к
натр, -а
натрави́ть, -авлю́,
-а́вит
натра́вка, -и
натра́вленный
натра́вливание, -я
натра́вливать(ся), -аю,
-ает(ся)
натравля́ть(ся), -я́ю,
-я́ет(ся)
натра́тить, -а́чу, -а́тит
натра́ченный
натрезво́нить, -ню, -нит
натрениро́ванный
натрениров́ать(ся),
-ру́ю(сь), -ру́ет(ся)
натрёпанный
натрепа́ть(ся), -еплю́(сь),
-е́плет(ся), -е́плют(ся) и
-е́пет(ся), -е́пят(ся)
натре́скаться, -аюсь,
-ается
натреща́ть(ся), -щу́(сь),
-щи́т(ся)
на́триевый
на́трий, -я
натрийоргани́ческий
на́тровый
на́трое
на тро́их
натро́нный
натруби́ть(ся), -блю́(сь),
-би́т(ся)
натруди́ть, -ужу́, -у́дит
натруди́ться, -ужу́сь, -у́дит-
ся
натру́женный и натру-
жённый; кр. ф. -ён, -ена́
натру́живать(ся), -аю,
-ает(ся)
натруси́ть(ся), -ушу́,
-уси́т(ся)
натру́ска, -и
натру́шенный
натрясённый; кр. ф. -ён,
-ена́
натрясти́(сь), -су́(сь),
-сёт(ся); прош. -я́с(ся),
-ясла́(сь)
натря́сший(ся)
нату́га, -и
нату́го
нату́женный
нату́живать(ся), -аю(сь),
-ает(ся)
нату́жить(ся), -у́жу(сь),
-у́жит(ся)
нату́жливый
нату́жный

нату́ра, -ы
натурализа́ция, -и
натурали́зм, -а
натурализо́ванный
натурализова́ть(ся),
-зу́ю(сь), -зу́ет(ся)
натурали́ст, -а
натуралисти́ческий
натурали́стка, -и
натурали́стский
натура́льный
нату́рный
натуропа́т, -а
натуропа́тия, -и
натуропла́та, -ы
натурфилосо́фия, -и
натурфилосо́фский
нату́рщик, -а
нату́рщица, -ы
на ты́ (быть с кем-л.)
наты́канный
наты́кать, -аю, -ает, сов.
натыка́ть(ся), -а́ю(сь),
-а́ет(ся), несов.
наторморт, -а
натяга́ть, -а́ю, -а́ет
натя́гивание, -я
натя́гивать(ся), -аю(сь),
-ает(ся)
натяжеле́
натяже́ние, -я
натя́жка, -и
натяжно́й
натя́нутость, -и
натя́нутый
натяну́ть(ся), -яну́,
-я́нет(ся)
на убо́й
наугад, нареч.
науглеро́живание, -я
науго́льник, -а
науго́льный
наудалу́ю, нареч.
науда́чу, нареч. (сказа́ть
науда́чу)
науди́ть(ся), -ужу́(сь),
-у́дит(ся)
нау́женный
нау́живать, -аю, -ает
нау́ка, -и
науко́вед, -а
науко́ведение, -я
науко́ведческий
наукоёмкий
наукообра́зный
на ура́
науста́ть, -ущу́, -усти́т
нау́сканный
нау́скать, -аю, -ает
нау́скивать, -аю, -ает
наутёк
наутофо́н, -а
нау́тро, нареч. (нау́тро
выступили в похо́д)
науча́ть(ся), -а́ю(сь),
-а́ет(ся)
нау́ченный
научи́ть(ся), -учу́(сь),
-у́чит(ся)
научно-атеисти́ческий
научно дока́занный
научно-иссле́дователь-
ский
научно-координацио́нный

научно-материалисти́че-
ский
научно-методи́ческий
научно обосно́ванный
научно-организацио́нный
научно-познава́тельный
научно-популя́рный
научно-просвети́тельный
нау́чность, -и
научно-теорети́ческий
научно-техни́ческий
научно-фантасти́ческий
научно-художественный
научно-эксперимента́ль-
ный
нау́чный
нау́шник, -а
нау́шница, -ы
нау́шничать, -аю, -ает
нау́шнический
нау́шничество, -а
наущ́ать, -а́ю, -а́ет
наущ́е́ние, -я
наущённый; кр. ф. -ён,
-ена́
нафа́бренный
нафабрико́ванный
нафабриков́ать, -ку́ю, -ку́ет
нафа́брить(ся), -рю(сь),
-рит(ся)
нафантази́рованный
нафантази́ровать, -рую,
-рует
нафарширо́ванный
нафарширова́ть(ся), -ру́ю,
-ру́ет(ся)
нафтала́н, -а
нафтали́н, -а
нафтали́нный
нафтали́новый
нафте́н, -а
нафте́новый
нафтизи́н, -а
нафто́л, -а
нафто́ловый
на фуфу́
нахажи́вать, -аю, -ает
наха́л, -а
наха́лка, -и
наха́льничать, -аю, -ает
наха́льность, -и
наха́льный
наха́льство, -а
нахами́ть, -млю́, -ми́т
наха́панный
наха́пать, -аю, -ает
наха́рканный
наха́ркать, -аю, -ает
нахва́ленный
нахва́ливать(ся), -аю,
-ает(ся)
нахвали́ть(ся), -алю́(сь),
-а́лит(ся)
нахва́стать(ся), -аю(сь),
-ает(ся)
нахва́танность, -и
нахва́танный
нахвата́ть(ся), -а́ю(сь),
-а́ет(ся)
нахва́тывать(ся), -аю(сь),
-ает(ся)
нахво́стник, -а
нахи́мовец, -вца
нахи́мовский

нахлеба́ться, -а́юсь,
  -а́ется
нахле́бник, -а
нахле́бница, -ы
нахле́бничать, -аю, -ает
нахлёстанный
нахлеста́ть(ся), -ещу́(сь),
  -е́щет(ся)
нахлёстка, -и
нахлёстнутый
нахлестну́ть, -ну́, -нёт
нахлёстывать(ся), -аю(сь),
  -ает(ся)
нахлобу́ченный
нахлобу́чивать(ся), -аю,
  -ает(ся)
нахлобу́чить(ся), -чу,
  -чит(ся)
нахлобу́чка, -и
нахло́панный
нахло́пать(ся), -аю(сь),
  -ает(ся)
нахлопота́ться, -очу́сь,
  -о́чется
нахлы́нуть, -нет
на́хлыст, -а
нахму́ренный
нахму́ривать(ся), -аю(сь),
  -ает(ся)
нахму́рить(ся), -рю(сь),
  -рит(ся)
находи́ть(ся), -ожу́(сь),
  -о́дит(ся)
нахо́дка, -и
на ходу́
нахо́дчивость, -и
нахо́дчивый
находя́щий(ся)
нахожде́ние, -я
нахо́женный
нахозя́йничать(ся),
  -аю(сь), -ает(ся)
нахола́живать(ся), -аю,
  -ает(ся)
нахолода́ть(ся), -а́ю(сь),
  -а́ет(ся)
нахолоде́ть, -е́ю, -е́ет (остыть)
нахолоди́ть, -ожу́, -оди́т
  (что)
нахоло́женный; кр. ф. -ён,
  -ена́
на хорошо́
нахо́хленный
нахо́хливать(ся), -аю(сь),
  -ает(ся)
нахо́хлить(ся), -лю(сь),
  -лит(ся)
нахохота́ться, -очу́сь,
  -о́чется
нахра́пистый
на храпок (брать, взять)
нахра́пом
нахулига́нить, -ню, -нит
нацара́панный
нацара́пать, -аю, -ает
нацара́пывать(ся), -аю,
  -ает(ся)
наце́женный(ся), -ежу́,
  -е́дит(ся)
наце́женный
нацеживать(ся), -аю,
  -ает(ся)
наце́ленный

наце́ливать(ся), -аю(сь),
  -ает(ся)
наце́лить(ся), -лю(сь),
  -лит(ся)
наце́ло
нацело́ванный
нацелова́ть(ся), -лу́ю(сь),
  -лу́ет(ся)
нацене́нный; кр. ф. -ён,
  -ена́
наце́нивать(ся), -аю,
  -ает(ся)
нацени́ть, -еню́, -е́нит
наце́нка, -и
наце́пить, -еплю́, -е́пит
наце́пленный
нацепля́ть(ся), -я́ю,
  -я́ет(ся)
на́ци, нескл., м.
наци́зм, -а
национа́л-демокра́т, -а
национа́л-демократи́че-
  ский
национализа́ция, -и
национализи́рованный
национализи́ровать(ся),
  -рую, -рует(ся)
национали́зм, -а
национали́ст, -а
националисти́ческий
националисти́чный
национали́стка, -и
национали́стский
национа́л-либера́л, -а
национа́л-либера́льный
национа́л-социали́зм, -а
национа́л-социали́ст, -а
национа́л-социали́стский
национа́л-фаши́ст, -а
национа́льно-госуда́рст-
  венный
национа́льно-гражда́н-
  ский
национа́льно-демократи́-
  ческий
национа́льно-культу́рный
национа́льно-освободи́-
  тельный
национа́льно-патриоти́че-
  ский
национа́льно-революци-
  о́нный
национа́льность, -и
национа́льный
наци́ст, -а
наци́стка, -и
наци́стский
на́ция, -и
нацме́н, -а
нацме́нка, -и
нацменьши́нство́, -и́нства́,
  мн. -и́нства, -и́нств
на цугу́ндер
на цы́почках
на цы́почки
начади́ть, -ажу́, -ади́т
нача́ло, -а
нача́льник, -а
нача́льница, -ы
нача́льнический
нача́льничий, -ья, -ье
нача́льный
нача́льственный; кр. ф.
  -вен и -венен, -венна

нача́льство, -а
нача́льствовать, -твую,
  -твует
нача́льствующий
на часа́х
нача́тие, -я
нача́тки, -ов
на́чатый; кр. ф. -ат, -ата́,
  -ато
нача́ть(ся), -чну́, -чнёт(ся);
  прош. на́чал, начался́,
  начала́сь), на́чало, на-
  ча́лось)
начди́в, -а
начека́ненный
начека́нивать(ся), -аю,
  -ает(ся)
начека́нить, -ню, -нит
начеку́, нареч.
начёрканный
начерка́ть, -аю, -а́ет и на-
  чёркать, -аю, -ает
начернённый; кр. ф. -ён,
  -ена́
начерни́ть, -ню́, -ни́т
на́черно
начёрпанный
начерпа́ть, -аю, -ает
начёрпывать(ся), -аю,
  -ает(ся)
черта́ние, -я
начёртанный
начерта́тельный
начерта́ть, -а́ю, -а́ет
начерти́ть, -ерчу́, -е́ртит
начёрченный
начёрчивать(ся), -аю,
  -ает(ся)
начёс, -а
начёсанный
начеса́ть(ся), -ешу́(сь),
  -е́шет(ся)
начёсный
наче́сть(ся), -чту́, -чтёт; прош.
  -чёл, -чла́
начёсывание, -я
начёсывать(ся), -аю(сь),
  -ает(ся)
начёт, -а
на четвере́ньках
на четвере́ньки
на́четверо
начётистый
начётнический
начётничество, -а
начётный
начётчик, -а
начётчица, -ы
начи́н, -а
начина́ние, -я
начина́тель, -я
начина́тельница, -ы
начина́тельный
начина́ть(ся), -а́ю, -а́ет(ся)
начина́ющий(ся)
начи́ненный (от начи-
  ни́ть 1)
начинённый; кр. ф. -ён,
  -ена́ (от начини́ть 2)
начи́нивать, -аю, -ает
начини́ть 1, -иню́, -и́нит (к
  чини́ть)
начини́ть 2, -ню́, -ни́т (на-
  по́лнить)

начи́нка, -и
начи́ночный
начиня́ть(ся), -я́ю, -я́ет(ся)
начи́рканный
начи́ркать, -аю, -ает
начисле́ние, -я
начи́сленный
начисля́ть(ся), -я́ю,
  -я́ет(ся)
начи́стить(ся), -и́щу(сь),
  -и́стит(ся)
на́чисто
начистоту́, нареч.
начисту́ю
начи́танность, -и
начи́танный; кр. ф. прич.
  -ан, -ана; кр. ф. прил. -ан,
  -анна
начита́ть(ся), -а́ю(сь),
  -а́ет(ся)
начи́тывать(ся), -аю(сь),
  -ает(ся)
начиха́ть(ся), -а́ю(сь),
  -а́ет(ся)
начища́ть(ся), -а́ю(сь),
  -а́ет(ся)
начи́щенный
начсоста́в, -а
начтённый; кр. ф. -ён, -ена́
начуди́ть, -и́т
начха́ть, -а́ю, -а́ет
наш, -его, на́ша, -ей, на́ше,
  -его, мн. на́ши, -их
наша́лить(ся), -лю́(сь),
  -ли́т(ся)
на шара́п
наша́ренный
наша́рить, -рю, -рит
наша́рканный
наша́ркать, -аю, -ает
нашармака́
нашаромы́жку
наша́таться, -а́юсь, -а́ется
нашаты́рно-ани́совый
нашаты́рный
нашаты́рь, -я́
нашвы́рянный
нашвыря́ть, -я́ю, -я́ет
наше́дший(ся)
наше́йный
нашелуше́нный; кр. ф. -ён,
  -ена́
нашелуши́ть(ся), -шу́,
  -ши́т(ся)
на́шенский
нашёптанный
нашепта́ть(ся), -шепчу́(сь),
  -ше́пчет(ся)
нашёптывать(ся), -аю,
  -ает(ся)
наше́ст, -а
наше́ствие, -я
на́шивать, наст. вр. не
  употр.
наши́вать(ся), -а́ю, -а́ет(ся)
наши́вка, -и
нашивно́й
наши́льник, -а
нашинко́ванный
нашинкова́ть, -ку́ю, -ку́ет
наши́тый
наши́ть(ся), -шью,
  -шьёт(ся)

нашко́дить, -дит
нашлёпанный
нашлёпать, -аю, -ает
нашлёпка, -и
нашля́ться, -я́юсь, -я́ется
нашпа́ренный
нашпа́ривать, -аю, -ает
нашпари́ть, -рю, -рит
нашпиго́ванный
нашпигова́ть, -гу́ю, -гу́ет
нашпиго́вывать(ся), -аю,
 -ает(ся)
нашпи́ленный
нашпи́ливать(ся), -аю,
 -ает(ся)
нашпи́лить, -лю, -лит
наштампова́ть, -пу́ю, -пу́ет
ната́бленный
наштопать, -аю, -ает
нашуме́ть, -млю, -ми́т
нащёлканный
нащёлкать, -аю, -ает
нащёпанный
нащепа́ть, -щеплю́, -ще́плет
 и -а́ю, -а́ет (к щепа́ть)
нащи́панный
нащипа́ть, -иплю́, -и́плет,
 -и́плют и -и́пет, -и́пят;
 также -а́ю, -а́ет (к щи-
 па́ть)
нащу́панный
нащу́пать, -аю, -ает
нащу́пывать(ся), -аю,
 -ает(ся)
наэконо́мить, -млю, -мит
наэконо́мленный
наэлектризо́ванный
наэлектризова́ть(ся),
 -зу́ю(сь), -зу́ет(ся)
наэлектризо́вывать(ся),
 -аю(сь), -ает(ся)
на юру́
найбедничать, -аю, -ает
наяву́
на́йда, -ы
на́йдовые, -ых
найн, -а
найнливый
найривать, -аю, -ает
на ять
нганаса́нский
нганаса́ны, -а́н
неадеква́тный
неаккура́тный
неакти́вный
неактуа́льный
неандерта́лец, -льца
неандерта́льский
неаполита́нец, -нца
неаполита́нка, -и
неаполита́нский
неаппети́тный
не ахти́
небана́льный
не без (не без успе́ха)
небезгре́шный
небезнадёжный
небезопа́сный
не без основа́ния
небезоснова́тельный
не без причи́ны
небезразли́чный
не без того́
небезупре́чный

небезызве́стный
небезынтере́сный
небелёный
небеса́, небе́с, -а́м
небескоры́стный
небе́сно-голубо́й
небе́сный
небесполе́зный
неби́тый
неблагови́дный
неблаговоспи́танный
неблагода́рный
неблагожела́тельный
неблагозву́чие, -я
неблагозву́чный
неблагонадёжный
неблагополу́чие, -я
неблагополу́чный
неблагопристо́йный
неблагоприя́тный
неблагоразу́мный
неблагоро́дный
неблагосклонный
неблагоустро́енный
неблестя́щий
небли́зкий
нёбно-зубно́й
нёбный
не́бо, -а, мн. небеса́, не-
 бе́с
не́бо, -а (во рту)
небога́тый
небоеспосо́бный
небожи́тель, -я
не бо́лее
не бо́лее и не ме́нее
 как
не бо́льше
не бо́льший
небольшо́й
небосво́д, -а
небосклон, -а
небоскрёб, -а
небо́сь
небреже́ние, -я
небре́жничать, -аю, -ает
небре́жность, -и
небре́жный
небре́чь, -регу́, -режёт, -ре-
 гу́т; прош. -рёг, -егла́
небри́тый
небро́ский
небуля́рный
небыва́лый
небыва́льщина, -ы
небыли́ца, -ы
не́быль, -и
небытие́, -я́
небы́тность, -и: в небы́т-
 ность, за небы́тностью
 (кого)
небью́щийся
неважне́цкий
нева́жно (нева́жно себя́
 чу́вствовать)
нева́жно (нева́жное здо-
 ро́вье)
неваля́шка, -и, м. и ж.
невдалеке́
невдога́д
невдомёк
не в ду́хе
неве́данный
неве́дение, -я

неве́домо (кто, какой и
 т. п.)
неве́домый
неве́жа, -и, р. мн. -е́ж, м. и
 ж.
неве́жда, -ы, м. и ж.
неве́жественный; кр. ф.
 -вен и -венен, -венна
неве́жество, -а
неве́жливый
невезе́ние, -я
невезу́чий
невели́кий
невели́чка, -и, м. и ж.
неве́рие, -я
неве́рный (неве́рная по-
 хо́дка)
невероя́тный (невероя́тное
 происше́ствие)
неве́рующий
невесёлый
невесо́мость, -и
невесо́мый
неве́ста, -ы
невести́ться, -е́щусь, -е́стит-
 ся
неве́стка, -и
неве́сть (кто, что, какой,
 куда́ и т. п.)
невея́ный
не в зачёт
невзви́деть, -и́жу, -и́дит
 (невзви́деть све́та)
невзго́да, -ы
невзира́я на, предлог (не-
 взира́я на ли́ца), но деепр. не взира́я
невзлюби́ть, -люблю́, -лю́-
 бит
невзнача́й
невзно́с, -а
невзра́чный
невзыска́тельный
не́видаль, -и
неви́дальщина, -ы
неви́данно, нареч.
неви́данный; кр. ф. -ан,
 -анна (следы́ неви́дан-
 ных звере́й)
не ви́дано
не ви́ден, не видна́, не
 ви́дно
невиди́мка, -и
неви́димый
неви́дный; кр. ф. -ден,
 -дна, -дно
неви́нность, -и
неви́нный; кр. ф. -и́нен,
 -и́нна
не винова́т, не винова́та,
 не винова́то
невино́вность, -и
невино́вный
невку́сный
не в лад
не в лада́х
не вла́стен, не вла́стна, не
 вла́стно
невменя́емость, -и
невменя́емый
не в ме́ру
невме́стно
невмеша́тельство, -а
невмоготу́

невмо́чь
невнесе́ние, -я
невнима́ние, -я
невнима́тельность, -и
невнима́тельный
невня́тица, -ы
невня́тный
не во́время (прийти)
нево́д, -а, мн. -а́, -ов и -ы,
 -ов
невоеннообя́занный
нево́енный
невозбра́нный
невозврати́мый
невозвра́тный (невозвра́т-
 ная поте́ря)
невозвраще́нец, -нца
невозвраще́ние, -я
невозвраще́нчество, -а
невозгора́емость, -и
невозгора́емый
невоздержа́ние, -я
невозде́ржанный
невозде́ржный
невозмо́жный (невозмо́ж-
 ный хара́ктер)
невозмути́мо споко́йный
невозмути́мость, -и
невозмути́мый
невозгради́мый
невблей, нареч.
не во́лен, не вольна́ (не
 могу́)
нево́лить, -лю, -лит
нево́льник, -а
нево́льница, -ы
нево́льнический
нево́льничество, -а
нево́льничий, -ья, -ье
нево́льно (нево́льно
 вздро́гнул)
нево́льный (нево́льная
 ложь)
нево́ля, -и
невообрази́мый (невообра-
 зи́мый шум)
невооружённый
невоскреси́мый
невоспи́танность, -и
невоспи́танный
невоспламеня́емость,
 -и
невосполни́мый
невосприи́мчивость, -и
невосприи́мчивый
невосстанови́мый
невостре́бованный
не́ во что
невою́ющий
не впервой
не вполне́
невпопа́д
не впо́ру (не по размеру)
не в по́ру (несвоевремен-
 но)
не в пра́ве
не в приме́р
невповоро́т
не впро́к
невразуми́тельный
невралги́ческий
невралги́я, -и
неврасте́ник, -а
неврастени́ческий

неврастени́чка, -и
неврастени́чный
неврасте́ния, -и
невреди́мый
невре́дный
невриле́мма, -ы
неврино́ма, -ы
неври́т, -а
невро́з, -а
невро́лог, -а
неврологи́ческий
невроло́гия, -и
невро́ма, -ы
неврон, -а
невропа́тия, -я
невропатблог, -а
невропатологи́ческий
невропатоло́гия, -и
невротиза́ция, -и
невроти́ческий
невротоми́я, -и
невруче́ние, -я
не всерьёз
не в си́лах
не в счёт
невтерпёж
не второпя́х
невхо́жий
не́ в чем
невы́вод, -а
невы́года, -ы
невы́годный
невы́дача, -и
невы́держанный
невы́езд, -а
невы́игрышный
невыла́зный
невыноси́мый (невыноси́-
    мая боль)
невы́плата, -ы
невыполне́ние, -я
невы́полненный
невыполни́мый
невырази́мый
невырази́тельный
невысо́кий
невы́ход, -а
невычисли́мый
невя́зка, -и
не́га, -и
негабари́т, -а
негабари́тный
нега́данно
нега́данный
негаси́мый (негаси́мая
    лампа́да)
негати́в, -а
негативи́зм, -а
негати́вный
негашёный (негашёная
    и́звесть)
не́где
неги́бкий
негигиени́чный
негла́дкий
негла́сный
неглиже́, неизм. и нескл.,
    с.
неглижи́ровать, -рую, -рует
неглубо́кий
неглу́пый
не гля́дя
негно́й-де́рево, -а
него́дник, -а

него́дница, -ы
него́дный
негодова́ние, -я
негодова́ть, -ду́ю, -ду́ет
негоду́ющий
негодя́й, -я
негодя́йка, -и
негодя́йский
негодя́йство, -а
негодя́щий
него́же
него́жий
не гора́зд, не гора́зда
него́рдый
негостеприи́мный
не гото́в, не гото́ва, не гото́во
негоциа́нт, -а
негоциа́нтка, -и
негоциа́нтский
негоциа́ция, -и
него́ция, -и
негр, -а
негра́мотность, -и
негра́мотный
негритёнок, -нка, мн. -тя́та,
    -тя́т
негритбс, -а
негритбска, -и
негритя́нка, -и
негритя́нский
не́гро-австралбидный
негрбид, -а
негрбидный
негрбмкий
не́гус, -а
негусто́й
неда́вний
неда́внишний
неда́вно
не да́й бог
недалёкий (недалёкий че-
    ловек)
недалёкость, -и
недале́че
недальнови́дный
неда́ром (не без основа́-
    ния), но: не да́ром (не
    беспла́тно)
недви́жимость, -и (имуще-
    ство)
недви́жимый 1 (недви́жи-
    мое иму́щество)
недви́жимый 2 и недви-
    жи́мый (неподви́жный)
недви́жный
недвусмы́сленный
недееспосо́бный
недействи́тельный
неделика́тный
недели́мость, -и
недели́мый
неде́льный
неде́ля, -и, р. мн. -ль
недержа́ние, -я
неде́ржаный (новый)
недёшево
неде́ятельный
недисциплини́рованный
не́ для чего
недобби́тки, -ов, ед. недоби́-
    ток, -тка
недоби́тый
недоби́ть, -бью, -бьёт

недобо́р, -а
недобра́нный
недобра́ть, -беру́, -берёт
недоброжела́тельный
недоброжела́тельство, -а
недоброка́чественный; кр.
    ф. -вен и -венен, -венна
недобросо́вестный
недо́бранный
недова́ренный
недовари́ть(ся), -арю́,
    -а́рит(ся)
недове́рие, -я
недове́рчивый
недовершённый
недове́с, -а
недове́сить, -е́шу, -е́сит
недове́шивать(ся), -аю,
    -ает(ся)
недовложе́ние, -я
недово́льный
недово́льство, -а
недовыполне́ние, -я
недовы́полненный
недовы́полнить, -ню, -нит
недовыполня́ть(ся), -я́ю,
    -я́ет(ся)
недовы́работанный
недовы́работать, -аю, -ает
недовы́работка, -и
недовя́занный
недовяза́ть, -яжу́, -я́жет
недога́дливость, -и
недога́дливый
недогляде́ть, -яжу́, -яди́т
недогова́ривать(ся), -аю,
    -ает(ся)
недоговорённость, -и
недоговори́ть, -рю́, -ри́т
недогружа́ть, -а́ю, -а́ет
недогру́женный; кр. ф.
    -ен, -ена и недогружён-
    ный; кр. ф. -ён, -ена
недогру́з, -а
недогрузи́ть, -ужу́, -у́зи́т
недогру́зка, -и
недодава́ть(ся), -даю́, -да-
    ёт(ся)
недо́бданный; кр. ф. -до́дан,
    -до́дана, -до́дано
недода́ть, -а́м, -а́шь, -а́ст
    -ади́м, -ади́те, -аду́т;
    прош. -до́дал, -додала́, -до́дало
недода́ча, -и
недоде́ланный
недоде́лать, -аю, -ает
недоде́лка, -и
недоде́ржанный
недодержа́ть, -ержу́, -ер-
    жит
недоде́ржка, -и
недоду́манный
недоду́мать, -аю, -ает
недоеда́ние, -я
недоеда́ть, -а́ю, -а́ет
недое́сть, -е́м, -е́шь, -е́ст,
    -еди́м, -еди́те, -еди́т; прош.
    -е́л, -е́ла
недожа́ренный
недожа́рить, -рю, -рит
недожа́тый
недожа́ть 1, -жму́, -жмёт
недожа́ть 2, -жну́, -жнёт

недоже́чь, -жгу́, -жжёт,
    -жгу́т; прош. -жёг, -жгла́
недожжённый
недожо́г, -а, но прош. не
    дожёг
недозво́ленный
недозре́лый
недозре́ть, -е́ет
недои́мка, -и
недоиспо́льзовать(ся),
    -зую, -зует(ся)
недока́занный
недоказа́тельный
недоказу́емый
недокомпле́кт, -а
недоко́рм, -а
недокорми́ть, -ормлю́, -о́р-
    мит
недолга́: и вся недолга́
недо́лгий
недолгове́чный
недолговре́менный; кр. ф.
    -мен и -менен, -менна
недолёт, -а
не до́лжен, не должна́
не до́лжно (не сле́дует)
недоли́в, -а
недолива́ть, -а́ю, -а́ет
недоли́ть, -лью́, -льёт
недолюбливать, -аю, -ает
недо́ля, -и
недоме́р, -а
недоме́рить, -рю, -рит и
    -ряю, -ряет
недоме́рок, -рка
недомога́ние, -я
недомога́ть, -а́ю, -а́ет
недомо́л, -а
недомо́лвка, -и
недомо́лот, -а
недомы́слие, -я
недона́шивание, -я
недона́шивать, -аю, -ает
недонесе́ние, -я
недоноси́ть, -ошу́, -о́сит
недоно́сок, -ска
недоно́шенный
недоо́кись, -и
недооценённый; кр. ф.
    -ён, -ена́
недооце́нивать(ся), -аю,
    -ает(ся)
недооцени́ть, -еню́, -е́нит
недооце́нка, -и
недопёк, -а
недопека́ть, -а́ю, -а́ет
недопечённый
недопе́чь, -еку́, -ечёт, -еку́т;
    прош. -ёк, -екла́
недопи́санный
недописа́ть, -ишу́, -и́шет
недопи́тый
недопла́та, -ы
недоплати́ть, -ачу́, -а́тит
недопла́ченный
недопла́чивать, -аю, -ает
недополуча́ть(ся), -а́ю,
    -ает(ся)
недополу́ченный
недополучи́ть, -учу́, -у́чит
недопонима́ние, -я
недопонима́ть, -а́ю, -а́ет
недопроизво́дство, -а
недопусти́мый

недопущение, -я
недораббтанность, -и
недораббтанный
недораббтать, -аю, -ает
недораббтка, -и
недоразвитие, -я
недоразвитый
недоразумение, -я
недорезанный
недорогой
недород, -а
недоросль, -я
недоросток, -тка
недосев, -а
недосказанный
недосказать, -ажу, -ажет
недослышанный
недослышать, -шу, -шит
недослышка, -и
недосмотр, -а
недосмотреть, -отрю, -отрит
недосол, -а
недоспанный
недоспать, -плю, -пит;
  прош. -ал, -ала, -ало
недоспелый
недоспорить, -рю, -рит
недоставать, -тает (не хватать), но: не доставать
  (до потолка)
недоставка, -и
недостаток, -тка
недостаточный
недостать, -анет (к недоставать)
недостача, -и
недостающий
недостижимый
недостоверный
недостойный; *кр. ф.* -оин,
  -ойна
недостроенный
недоступный
недосуг, -а
недосушка, -и
недосчитаться, -аюсь, -ается
недосчитывать(ся),
  -аю(сь), -ает(ся)
недосылка, -и
недосып, -а
недосыпание, -я
недосыпать, -плю, -плет,
  сов.
недосыпать, -аю, -ает, *несов.*
не досыта
недосягаемый
недотёпа, -ы, *м. и ж.*
недотрога, -и, *м. и ж.*
недоуздок, -дка
недоукомплектован-ный
недоукомплектовать, -тую,
  -тует
недоумевать, -аю, -ает
недоумение, -я
недоуменный
недоумок, -мка
недоученный
недоучесть, -чту, -чтёт
недоучёт, -а
недоучитывать(ся), -аю,
  -ает(ся)

недоучить(ся), -учу(сь),
  -учит(ся)
недоучка, -и, *м. и ж.*
недоучтённый; *кр. ф.* -ён,
  -ена
недохватка, -и
недочёт, -а
недошитый
недра, недр
недреманный: недреман-
  ное око
недремлющий
недруг, -а
недружелюбие, -я
недружелюбный
недружный
недуг, -а
недужиться, -ится
недужный
недуманно-негаданно
недурно (недурно бы от-
  дохнуть)
недурной
недурственный; *кр. ф.* -вен
  и -венен, -венна
недюжинный
неёзженый
неестественный
не жалко
не жаль
нежаркий
нежданно-негаданно
нежданный
нежелание, -я
нежелательный
нёжели
не женат
неженатый
нёженка, -и, *м. и ж.*
неженственный
неживой
нежизненный
нежизнеспособный
нежилец, -льца
нежилой
нёжинский
нежирный
нёжить, -и (нечистая сила)
нёжить(ся), -жу(сь),
  -жит(ся)
нёжничать, -аю, -ает
нёжно-голубой
нежнолицый
нёжность, -и
нёжный; *кр. ф.* -жен, -жна,
  -жно, нёжны
незабвенный; *кр. ф.* -вён и
  -венен, -вённа
незабудка, -и
незабываемый
незавершёнка, -и
незавершённый
незавидный
независимость,
  -и
независимый
независящий (по незави-
  сящим от кого-чего-н.
  обстоятельствам)
незадача, -и
незадачливый
незадолго
незаживающий
не зазорно

незаинтересованный
незаконнорождённый
незаконный
незакономерный
незаконченный
незалечимый
не замай
незамаскированный
незамедлительный
незамениный
незамерзающий
незаметный
незамеченный
не замужем
незамужний
незамысловатый
незанимательный
незанятость, -и
незанятый
незапамятный: с незапа-
  мятных времён
незапертый
незапечатанный
незаполненный
незаприходованный
незапятнанный
незаразный
незарегистрированный
незаряженный и незаря-
  жённый
незаселённый
незасеянный
незаслуженный
незатейливый
незатухающий
незаурядный
нёзачем, *нареч.* (нёзачем
  спрашивать), но *место-*
  им. не за чем (не за чем
  спрятаться)
незачёт, -а
не за что
незащищённость, -и
незваный
незваный-непрошеный
нездешний
нездоровиться, -ится
нездоровый
нездоровье, -я
неземной
незлобивый
незлой
незлопамятный
незнайка, -и, *м. и ж.*
незнакомец, -мца
незнакомка, -и
незнакомый
незнамо (как, что и т. п.)
незнание, -я
незнатный
незначащий
незначительный
незрелый
незримый
незрячий
незыблемость, -и
незыблемый
не идёт (но нейдёт)
неизбалованный
неизбёжность, -и
неизбёжный
неизбывный
неизведанный

неизвестность, -и
неизвестный
неизгладимый
неизданный
неизжитый
неизлечимый
неизменный
неизменяемый
неизмеримый
неизрасходованный
неизречённый
неизученный
не из чего
неизъяснимый
неимение, -я (за неимёни-
  ем)
неимоверный
неимущий, -его
не иначе
не иной
неинтеллигентный
неинтересный
неинформированность, -и
неискоренимый
неискренний
неискренность, -и
неискупимый
неискусный
неискушённый
неисповедимый
неисполнение, -я
неисполнимый
неисполнительный
неиспользованный
неиспорченный
неисправимый
неисправность, -и
неисправный
неиспытанный
неисследованный
неиссякаемый
нейство, -а
нействовать, -твую,
  -твует
нейстовый
неистощимый
неистребимый
неистовый
неисходный (безысход-
  ный)
неисхоженный
неисцелимый
неисчерпаемый
неисчислимый
нейдёт (но не идёт)
нейзильбер, -а
нейлон, -а
нейлоновый
неймёт(ся)
нейрит, -а
нейровирусный
нейрогуморальный
нейродермит, -а
нейролептик, -а
нейролептический
нейролингвистика, -и
нейрон, -а
нейропсихический
нейропсихология, -и
нейрофибрилла, -ы
нейрофиброма, -ы
нейрофиброматоз, -а
нейрофизиолог, -а
нейрофизиологический
нейрофизиология, -и

нейрохиру́рг, -а
нейрохирурги́ческий
нейрохирурги́я, -и
нейроэндокри́нный
нейти́, нейду́, нейдёт
нейтрализа́тор, -а
нейтрализа́ция, -и
нейтрализо́ванный
нейтрализова́ть(ся), -зу́ю,
  -зу́ет(ся)
нейтралите́т, -а
нейтра́лка, -и
нейтра́льно-се́рый
нейтра́льный
нейтри́нный
нейтри́но, нескл., м. и с.
нейтроди́нный
нейтро́н, -а
нейтро́нный
нейтронографи́ческий
нейтроногра́фия, -и
неказа́стый
не как .., а ...
не како́й-нибудь
некапиталисти́ческий
нека́чественный
неквалифици́рованный
не к добру́
не́кем
не́кий, не́кая, не́кое
не́ к кому
не́клен, -а
некле́точный
не к лицу́
нико́ваный
не́когда
не́кого
не ко двору́
неколеби́мый
некоммуника́бельность, -и
некоммуника́бельный
некоммунисти́ческий
некомпенси́рованный
некомпете́нтный
некомпле́кт, -а
некомпле́ктный
не кому́ другому, как ..,
  но никому́ другому
некондицио́нный
неконкре́тный
неконкурентоспосо́бный
неконституцио́нный
неконструкти́вный
неконта́ктный
неконтроли́руемый
некормленый
некороно́ванный
некорре́ктный
не́который
неко́шеный
некраси́вый
некра́шеный
некредитоспосо́бный
некре́пкий
некрещёный
некрити́ческий
некрити́чный
некробио́з, -а
некро́з, -а
некроло́г, -а
некро́поль, -я
некрофа́г, -а
не к спе́ху
некста́ти

некта́р, -а
некта́рник, -а
нектаронос, -а
не́кто, других форм нет
не кто ино́й (друго́й),
  как .., но никто́
  ино́й
некто́н, -а
не́куда
некульту́рный
некуря́щий, -его
не́ к чему
нела́дно
нела́дный
нелады́, -о́в
нела́сковый
нелега́льный
нелега́льщина, -ы
нелёгкая несёт (принес-
  ла́)
нелёгкий
неле́пица, -ы
неле́пость, -и
неле́пый
неле́стный
нелётный
неликви́д, -а
неликви́дный
нелине́йный
нелино́ванный
нелицеме́рный
нелицеприя́тие, -я
нелицеприя́тный
неля́шне
неля́шний
нело́вкий
нело́вкость, -и
нелоги́чный
нелоя́льный
нельзя́
не́льма, -ы
нелюбе́зный
нелюби́мый
нелюбо́вь, -бви́
нелюбопы́тный
нелюбый; кр. ф. нелю́б,
  нелюба́, нелюбо
не́люди, -ей
нелюди́м, -а
нелюди́мка, -и
нелюди́мый
немагни́тный
нема́заный
нема́ло, нареч. (он по-
  труди́лся нема́ло)
неважова́жный
нема́лый
нема́ркий
немаркси́ст, -а
нематериа́льный
нематодоло́гия,
  -и
немато́ды, -о́д, ед. немато́-
  да, -ы
небута́л, -а
неме́дленно
неме́дленный
неме́для, нареч. (отве́тить
  неме́для), но деепр. не
  ме́для (не ме́для с отве́-
  том)
не ме́нее
не ме́ньше
не ме́ньший

неме́реный
неме́ркнущий
немета́лл, -а
неметалли́ческий
не́мец, не́мца
немёт, -ею, -еет
не́мец, не́мца
неме́цкий
неме́цко-фаши́стский
немига́ющий (немига́-
  ющий взгляд)
немилосе́рдный
неми́лостивый
неми́лость, -и
неми́лый
немину́емый
немину́чий
неми́рный
не́мка, -и
немно́гие, -их
немно́го, нареч. (голова́
  немно́го боли́т)
немноголю́дный
немногосло́вный
немногосло́жный
немногочи́сленный
немно́жечко
немно́жко
немогузна́йка, -и, м.
  и ж.
немо́жется, других форм
  нет
немо́й; кр. ф. нем, нема́,
  не́мо
немолодо́й
немо́лочный
немота́, -ы́
немотиви́рованный
не́мочь, -и (бле́дная не́-
  мочь)
немощёный
не́мощность, -и
не́мощный
не́мощь, -и
немудрено́
немудрёный
не му́дрствуя лука́во
немудря́щий
немчура́, -ы́, м. и ж.
немы́слимо
немы́слимый
не́мытый
не наве́к
ненави́деть, -и́жу,
  -и́дит
ненави́димый
ненави́дящий
ненави́стник, -а
ненави́стница, -ы
ненави́стнический
ненави́стничество,
  -а
ненави́стный
не́нависть, -и
не навсегда́
ненавя́зчивый
ненагля́дный
ненадёванный
ненадёжный
не на́до
не на́добно
ненадо́бность, -и
ненадо́бный

ненадо́лго, нареч. (ушёл
  ненадо́лго), но: не на-
  до́лго (не надо́лго, только на пять мину́т)
ненаказу́емый
не наме́рен, не наме́рена
ненаме́ренный
ненамно́го, нареч. (опоз-
  да́л ненамно́го), но: не
  намно́го (не намно́го, а
  чуть-чу́ть лу́чше)
ненападе́ние, -я
не напра́сно
ненаро́ком
не наро́чно
ненаруши́мый
ненастный
ненастоя́щий
нена́стье, -я
ненасы́тный
ненасы́щенный
ненатура́льный
нена́учный
ненахо́дчивый
не́ на что
не на шу́тку
не́нец, -нца
не́нецкий
не́нка, -и
ненорма́льность, -и
ненорма́льный
ненорми́рованный
не ну́жен, не нужна́, не
  ну́жно
нену́жность, -и
нену́жный
ненулево́й
ненумеро́ванный
не ны́нче-за́втра
неоавангарди́зм, -а
неоавангарди́стский
необду́манный
необеспе́ченный
не обессу́дь(те)
необжито́й и необжи́-
  тый
не обину́ясь
необита́емый
необожжённый
необозри́мый
необори́мый
необосно́ванный
необрабо́танный
необразо́ванность, -и
необразо́ванный
необрати́мый
необремени́тельный
необстре́лянный
необтёсанный
необу́зданный
необходи́мость, -и
необходи́мый
необщи́тельный
необъе́зженный
необъекти́вный
необъясни́мый
необъя́тный
необыкнове́нный
необыча́йный
необы́чный
не оба́зан, не оба́зана, не
  оба́зано
необяза́тельный
неогегелья́нец, -нца

неогегелья́нский
неогегелья́нство, -а
неоге́н, -а
неоге́новый
неогля́дный
неограни́ченный
неодарви́низм, -а
неодарви́нист, -а
неодарви́нистский
неоде́тый
неоди́м, -а
неодина́ковый
неоднозна́чный
неоднокра́тный
неоднро́дный
неодобре́ние, -я
неодобри́тельный
неодоли́мый
неодушевлённость, -и
неодушевлённый
неожи́данно
неожи́данность, -и
неожи́данный
неоимпрессиони́зм, -а
неоимпрессиони́ст, -а
неоимпрессиони́стский
неоказа́ние, -я (неоказа́ние
  по́мощи)
неоканти́анец, -нца
неоканти́анский
неоканти́анство, -а
неоклассици́зм, -а
неоколониали́зм, -а
неоколониали́стский
неоколониза́тор, -а
не́ о ком
неоконча́тельный
неоко́нченный
неокре́пший
неоламарки́зм, -а
неоламарки́ст, -а
неоламарки́стский
неолингви́стика, -и
неоли́т, -а
неолити́ческий
неологи́зм, -а
неомальтузиа́нец, -нца
неомальтузиа́нский
неомальтузиа́нство, -а
неомеркантили́зм, -а
нео́н, -а
неонаци́зм, -а
неонаци́ст, -а
неонаци́стский
неониц́шеа́нство, -а
небно́вый
неопали́мый: неопали́мая
  купина́
неопа́сный
неопера́бельный
неопери́вшийся
неопису́емый
неопла́зия, -и
неопла́зма, -ы
неопла́тный
неоплатони́зм, -а
неоплато́ник, -а
неопла́ченный
неопозитиви́зм, -а
неопозитиви́ст, -а
неопозитиви́стский
неопо́знанный
неопра́вданный
неопределённо-ли́чный

неопределённость, -и
неопределённый
неопредели́мый
неопроверж́имость, -и
неопроверж́имый
неопря́тный
неопублико́ванный
нео́пытный
неорганизо́ванный
неоргани́ческий
неординарный
неореали́зм, -а
неореали́ст, -а
неореалисти́ческий
неоромант́изм, -а
неорома́нтик, -а
неорома́нти́ческий
неослабева́ющий
неосла́бный
неосмотри́тельный
неоснова́тельный
неоспори́мый
неосторо́жность, -и
неосторо́жный
неосуществи́мый
неосхола́стика, -и
неосяза́емый
неотврати́мый
неотвя́зный
неотвя́зчивый
неотдели́мо
неотдели́мый
неотекто́ника, -и
неотёсанный
не́откуда
неотлага́тельный
неотличи́мый
неотло́жка, -и
неотло́жный
неотлу́чный
неотоми́зм, -а
неотрази́мый
неотры́вный
неотсту́пный
неотчётливый
неотчужда́емый
неотъе́млемый
неофаши́зм, -а
неофаши́ст, -а
неофаши́стский
неофи́т, -а
неофициа́льный
неофо́рмленный
неохва́тный
неохо́та, -ы
неохо́тно, нареч. (он отве-
  ча́л неохо́тно)
неоцене́нный (неоцене́н-
  ный друг)
неоценённый (неоценён-
  ная посы́лка)
неоцени́мый
неоцера́тод,
  -а
не́ о чем
не о чём ино́м, как .., но:
  ни о чём ино́м не могу́
  говори́ть
не о́чень
неощути́мый
неощути́тельный
непа́лец, -льца
непа́лка, -и
непа́льский

непарнокопы́тные, -ых
непа́рный
непарти́йный
не́пер, -а
непереводи́мый
непередава́емый
непереноси́мый
непереходность, -и
непереходный
неперспекти́вный
непи́саный (непи́саный
  зако́н)
непла́новый
неплатёж, -ежа́
неплатёжеспосо́бный
неплате́льщик, -а
неплодоро́дный
неплохо́й
не по а́дресу
непобеди́мость, -и
непобеди́мый
непобори́мый
непова́дно
непови́нный
неповинове́ние, -я
не по вку́су
неповоро́тливый
неповтори́мый
непого́да, -ы
не́погодь, -и
непого́жий
непогреши́мый
неподалёку
непода́тливый
непода́ча, -и
неподве́домственный
неподви́жность, -и
неподви́жный
неподгото́вленный
неподдаю́щийся
неподде́льный
неподко́ванный
неподку́пный
не под ла́д
неподоба́юще (вести́ се-
  бя́)
неподоба́ющий
неподо́бный (неподо́бные
  слова́)
неподража́емый
не под си́лу
не под стать
неподсту́пный
неподсу́дный
неподходя́щий
неподчине́ние, -я
непозволи́тельный
не поздоро́вится
непознава́емый
непо́знанный
не по зуба́м
не по карма́ну
не покла́дая рук
непоко́йный
непоколеби́мость, -и
непоколеби́мый
непокорённый
непоко́рный
непоко́рство, -а
непокры́тый
непола́дки, -док
неполнозу́бые, -ых
неполнопра́вный

не по́лностью
неполнота́, -ы́
неполноце́нный
непо́лный
неполуче́ние, -я
непоме́рный
непонима́ние, -я
не по нра́ву
не по нутру́
непоня́тливый
непоня́тный
непопада́ние, -я
не по плечу́
непоправи́мый
не по пра́ву
непоро́чный
непоря́док, -дка
непоря́дочный
непосвящённый
не по себе́
непосе́да, -ы, м. и ж.
непосе́дливый
непосеща́емость, -и
непосеще́ние, -я
непоси́льный
непосле́довательность, -и
непосле́довательный
непослуша́ние, -я
непослу́шный
не по сре́дствам
непосре́дственность, -и
непосре́дственный; кр. ф.
  -вен и -венен, -венна
непостижи́мый
непостоя́нный
непостоя́нство, -а
непоти́зм, -а
непотопля́емость, -и
непотре́бный
непотре́бство, -а
непохо́жий
непоча́тый
не́ по чем
не́ по чему
непочте́ние, -я
непочти́тельный
не прав, не права́, не пра́-
  во, не пра́вы
непра́вда, -ы
не пра́вда ли?
непра́вдашний и непра́в-
  дашный
неправдоподо́бие, -я
неправдоподо́бный
непра́ведный
непра́вильный
неправоме́рный
неправомо́чный
неправоспосо́бный
неправота́, -ы́
непра́вый
непракти́чный
непревзойдённый
непредви́денный
непреднаме́ренный
непредсказу́емость, -и
непредсказу́емый
непредубеждённый
непредумы́шленный
непредусмо́тренный
непредусмотри́тельный
непрезента́бельный
непрекло́нность, -и
непрекло́нный

непрело́жный
непреме́нный
непреобори́мый
непреодоли́мый
непререка́емый
непреры́вка, -и
непреры́вно дви́жущийся
непрерывнодейству́ю-
щий*
непреры́вно-и́мпульсный
непреры́вность, -и
непреры́вный
непреста́нный
непрести́жный
непреходя́щий
неприбра́нный
неприбы́тие, -я
неприве́тливый
непривилеги́рованный
непривлека́тельный
непривы́чка, -и
непривы́чный
непригля́дный
неприго́дный
неприго́же
непригото́вленный
неприе́млемый
непри́знанный
неприкаса́емый
неприка́янность, -и
неприка́янный
неприкоснове́нность, -и
неприкоснове́нный
неприкра́шенный
неприкры́тый
неприли́чие, -я
неприли́чный
неприменимый
непримéтный
непримири́мость, -и
непримири́мый
неприня́тие, -я
неприсоедине́ние, -я
неприсоедини́вшийся
неприспосо́бленный
непристо́йный
непристу́пность, -и
непристу́пный
непрису́тственный
непритво́рный
непритяза́тельный
неприхотли́вый
неприча́стность, -и
неприча́стный
неприю́тный
неприя́зненность, -и
неприя́зненный
неприя́знь, -и
неприя́тель, -я
неприя́тельский
неприя́тие, -я
неприя́тность, -и
неприя́тный
непробу́дный
непрове́ренный
непроводи́мость, -и
непроводни́к, -а́
непрогля́дный
непродолжи́тельный
непродукти́вный
непроду́манный
непрое́зжий
непрозра́чный

непроизводи́тельный
непроизво́льный
непроизноси́мый
не́ про кого
непрокра́с, -а
непрола́зный
непроливáйка, -и
непромока́емый
непроница́емость, -и
непроница́емый
непроница́тельный
непропорциона́льность, -и
непропорциона́льный
непросвещённый
непрости́тельный
непросто́й
непротивле́нец, -нца
непротивле́ние, -я (непро-
тивле́ние злу наси́лием)
непротивле́нческий
непротивле́нчество, -а
непрото́чный
непрофили́рующий
непро́фильный
непроходи́мость, -и
непроходи́мый
непро́чный
не про́чь
непро́шенный
непрошиба́емый
непрямо́й
непту́ний, -я
непу́ганый
непутёвый
непутём, нареч.
непы́льный
непью́щий
неработоспосо́бный
нерабо́чий
нера́венство, -а
неравно́ (вдруг)
неравноду́шие, -я
неравноду́шный
неравноме́рный
неравнопра́вие, -я
неравнопра́вность,
-и
неравнопра́вный
неравноце́нный
нера́вный
не ра́д, не ра́да
нераде́ние, -я
неради́вость, -и
неради́вый
нера́достный
не ра́з
неразбери́ха, -и
неразбо́рчивый
неразви́тость, -и
нера́звитый
неразга́данный
неразгово́рчивый
неразделённый
нераздели́мый
неразде́льный
не разле́й вода́
неразличи́мый
неразложи́мый
неразлу́чники, -ов
неразлу́чный
неразме́нный
неразрешённый
неразреши́мый
неразры́вный

нера́зуме́ние, -я
неразу́мичать, -я
неразу́мный
неразъёмный
нераска́янный
нераскры́вшийся
нераскры́тый
нераспеча́танный
не расположен, не распо-
ло́жена
нерасположе́ние, -я
не расположе́нный (к че-
му)
нераспростране́ние, -я
нераспусти́вшийся
нерассуди́тельный
нераствори́мый
нерасторжи́мый
нераското́рпный
нерастра́ченный
не расчёт
нерасчётливость, -и
нерасчётливый
нерасчлени́мый
нерациона́льный
нерачи́тельный
нерв, -а, р. мн. -ов
нерва́ция, -и
нерви́ровать(ся), -рую, -ру-
ет(ся)
нерви́ческий
нерви́чать, -аю, -ает
нервнобольна́я, -о́й
нервнобольно́й, -о́го
не́рвно-кише́чный
не́рвно-мы́шечный
не́рвно-психиатри́ческий
не́рвно-психи́ческий
не́рвно-сосу́дистый
не́рвно-трофи́ческий
не́рвный; кр. ф. ∘вен, нерв-
на́, -вно
нервóзность, -и
нервóзный
нервю́ра, -ы
нереализо́ванный
нереалисти́ческий
нереалисти́чный
нереáльный
нерегули́руемый
нерегуля́рный
неред́кий
неред́ко
не ре́дкость
нере́заный
нере́йда, -ы
нерента́бельный
не́рест, -а
нерести́лище, -а
нерести́ться, -и́тся
нерестова́ть, -ту́ет
не́рестово-выростно́й
не́рестовый
нереше́нный
нереши́мость, -и
нереши́тельность, -и
нереши́тельный
нержаве́йка, -и
нержаве́ющий
неритми́чный
нери́товый
не́рка, -и
неро́бкий (неро́бкого де-
ся́тка)

не ровён ча́с
неро́вность, -и
неро́вный
неро́вня, -и, м. и ж.
неродно́й
нербл, -а
нербл́иевый
не́рпа, -ы
не́рповый
неру́дный
нерукотво́рный
неру́сский
неруши́мый
неря́ха, -и, м. и ж.
неря́шество, -а
неря́шливость, -и
неря́шливый
несамокрити́чный
несамостоя́тельный
несбаланси́рованный
несбы́точный
несваре́ние, -я (желу́дка)
несве́дущий
несве́жий
несвобо́дный
несводи́мый
несвоевре́менный; кр. ф.
-мен и -менен, -менна
несво́йственный; кр. ф.
-вен и -венен, -венна
несвя́зный
несгиба́емый
несгово́рчивый
несгора́емый
несде́ржанный
несдоброва́ть (кому)
не сего́дня-за́втра
несе́ние, -я
несённый; кр. ф. -ён, -ена́
несерьёзный
несессе́р, -а
несжа́тый
неси́льный
несимметри́чный
несимпати́чный
несказа́нный; кр. ф. -а́н-
на
не́ с кем
нескладёха, -и, м. и ж.
нескла́дица, -ы
нескла́дный
не скло́нен, не скло́нна́,
не скло́нно
не скло́нный (к чему)
несклоня́емый
не́ с кого
не́сколько, не́скольких
несконча́емый
не ско́ро
нескро́мность, -и
нескро́мный
нескрыва́емый
несла́дкий
не сли́шком
неслогово́й
несло́жный
неслуже́бный
не́слух, -а
не случа́йно
неслуча́йный
неслы́ханно, нареч.
неслы́ханный
не слы́хано (давно́ не
слы́хано)

не слы́шен, не слышна́,
  не слы́шно
неслы́шный
несме́лый
несменя́емость, -и
несменя́емый
несме́тный (неисчисли-
  мый)
несмея́на, -ы (несмея́на-
  царе́вна)
несмина́емый
несмолка́емый
несмолка́ющий
несмотря́ 'на, предлог (не-
  смотря́ ни на что́), но
  дее́пр. не смотря́ (не
  смотря́ по сторона́м)
несмыва́емый
несмышлёный
несмышлёныш, -а
несно́сный
несоблюде́ние, -я
несовершенноле́тие, -я
несовершенноле́тний
несоверше́нный
несоверше́нство, -а
несовмести́мость, -и
несовмести́мый
несовпаде́ние, -я
несовреме́нный
не совсе́м, нареч. (не со-
  все́м гото́в), но местоим. не со всём (не со
  всём согла́сен)
не согла́сен, не согла́сна
несогла́сие, -я
несогла́сный
несозна́тельность, -и
несозна́тельный
несоизмери́мый
несократи́мый
несокруши́мый
несолёный
несоли́дный
несоло́но хлеба́вши
несомне́нный; кр. ф.
  -нен, -енна
несо́бмый
несообрази́тельный
несообра́зный
несоотве́тственный
несоотве́тствие, -я
несоразме́рный
несо́ртный
несостоя́тельный
неспециали́ст, -а
не спеша́
неспе́шный
неподру́чный
неспоко́йный
неспо́рый
неспосо́бный
несправедли́вость, -и
несправедли́вый
непроста́
несраба́тывание, -я
несрабо́танность, -и
несравнённый; кр. ф.
  -ёнен, -ённа
несравни́мый
не сра́зу
не с руки́
нестаби́льность, -и
нестанда́рт, -а

нестанда́ртный
нестерпи́мый
нести́(сь), -су́(сь), -сёт(ся);
  прош. нёс(ся), несла́(сь)
несто́йкий
нестоя́щий (плохой)
не стра́шно
нестра́шный
нестрое́ви́к, -а
нестроево́й
нестро́йный
не сты́дно
нестыку́емый
несть: несть конца́ (че-
  му), несть числа́ (кому,
  чему)
несуди́мость, -и
несудохо́дный
несу́н, -а
несура́зица, -ы
несура́зность, -и
несура́зный
несусве́тный
несу́шка, -и
несуще́ственный; кр. ф.
  -вен и -венен, -венна
несу́щий(ся)
несхо́дный
несхо́жий
несчастли́вец, -вца
несчастли́вый
несча́стный
несча́стье, -я, р. мн. -тий
не́ с чего
не́ с чем
несчётный (бесчислен-
  ный)
нёсший(ся)
несъедо́бный
несъёмный
несы́тный (о еде)
несы́тый
нет
не та́к
не тако́й
нетакти́чный
нетвёрдый
не́тель, -и
нетерпёж, -ежа́
нетерпели́вый
нетерпе́ние, -я
нетерпи́мость, -и
нетерпи́мый
нетёсаный
не́ти: в не́тях
нетка́ный
нетле́нный
нет-нет
нёт-нет да и ...
не то́
не то́лько
нетопле́ный
нетопы́рь, -я
неторёный
нетороплив́ый
не торопя́сь
нето́чность, -и
нето́чный
не что́(бы) не ...
нетрадицио́нный
нетре́бовательный
нетре́звый
нетривиа́льный
нетро́нутый

не-тро́нь-меня́, нескл. с.
  (растение)
нетру́дный
нетрудово́й
нетрудоспосо́бность, -и
нетрудоспосо́бный
нетрудя́щийся
не́тто, неизм.
не́тто-бала́нс, -а
не́тто-вес, -а
не́тто-ма́сса, -ы
не́ту
не́тушки
не́тчик, -а
неубеди́тельный
неу́бранный
неуваже́ние, -я
неуважи́тельный
неуве́ренность, -и
неуве́ренный
неувяда́емый
неувя́зка, -и
неугаса́емый
неугаси́мый
неуго́дный
неугомо́нный; кр. ф. -о́нен,
  -о́нна
не́уд, -а
неуда́вшийся
неуда́ренный
неуда́рный
неударя́емый
неуда́ча, -и
неуда́чливый
неуда́чник, -а
неуда́чница, -ы
неуда́чный
не у де́л
неудержи́мый
неудиви́тельно
неудо́бный
неудобовари́мый
неудобоисполни́мый
неудобопоня́тный
неудобопроизноси́мый
неудобопроходи́мый
неудобочита́емый
неудо́бство, -а
неудо́бь сказу́емый
неудовлетворённость, -и
неудовлетворённый
неудовлетвори́тельный
неудово́льствие, -я
неуёмный
неуже́ли
неужи́вчивый
неу́жто
неузнава́емый
нёук, -а
неука́занный (недозволен-
  ный)
неукло́нный; кр. ф. -о́нен,
  -о́нна
неуклю́жесть, -и
неуклю́жий
не́ у кого
неукомплекто́ванный
неукосни́тельный
неукроти́мый
неулови́мый
неуме́йка, -и, м. и ж.
неуме́лый
неуме́ние, -я
неуме́ренный

не у ме́ста
неуме́стный
неуме́ха, -и, м. и ж. и
  неуме́ха, -и
неу́мный
неумоли́мый
неумолка́емый
неумо́лчный
неумы́тый
неумы́шленный
неунывáющий
неупла́та, -ы
неупоря́доченный
неупотреби́тельный
неуправля́емый
неуравнове́шенный
неурожа́й, -я
неурожа́йный
неуро́чный
неуря́дица, -ы
неуси́дчивый
неуспева́емость, -и
неуспева́ющий
неуспе́х, -а
неуста́вный
неуста́нный
неусто́йка, -и
неусто́йчивый
неустрани́мый
неустраши́мый
неустро́енность, -и
неустро́енный
неустро́йство, -а
неусту́пчивый
неусы́пный
неутеши́тельный
неуте́шный
неутолённый
неутоли́мый
неутоми́мость, -и
неутоми́мый
неу́ч, -а
неуча́стие, -я
не́ у чего
неучёный
неучти́вый
неую́тный
неуязви́мый
неф, -а
нефели́н, -а
нефели́новый
нефело́метр, -а
нефеломе́трия, -и
нефонди́руемый
неформа́л, -а
неформа́льный
нефоско́п, -а
нефри́т, -а
нефрозонефри́т, -а
нефроло́гия, -и
нефропа́тия, -и
нефросклеро́з, -а
нефрэктоми́я, -и
нефтеба́за, -ы
нефтебиту́м, -а
нефтебурово́й
нефтево́з, -а
нефтега́зовый
нефтегазодобыва́ющий
нефтегазоно́сность, -и
нефтегазоно́сный
нефтегазопрово́д, -а
нефтедобыва́ющий
нефтедобы́тчик, -а

нефтедобы́ча, -и
нефтезаво́д, -а
нефтеналивно́й
нефтено́сность, -и
нефтено́сный
нефтеочи́стка, -и
нефтеперего́нный
нефтеперека́чивающий
нефтеперераба́тывающий
нефтеперерабо́тка, -и
нефтеперерабо́тчик, -а
нефтепрово́д, -а
нефтепроду́кты, -ов, ед.
   -у́кт, -а
нефтепро́мысел, -сла
нефтепромысло́вый
нефтепро́мышленник, -а
нефтепро́мышленность, -и
нефтепро́мышленный
нефтеразве́дчик, -а
нефтескважи́на, -ы
нефтескла́д, -а
нефтехими́ческий
нефтехи́мия, -и
нефтехрани́лище, -а
нефтеэ́кспорт, -а
нефть, -и
нефтя́ник, -а
нефтя́нка, -и
нефтяно́й
не хвата́ть, не хвата́ет;
   прош. не хвата́ло
не хвати́ть, не хва́тит;
   прош. не хвати́ло
нехва́тка, -и
нёхворощь, -и
нехи́трый
нехо́дово́й
нехо́женый
нехозя́йственный
нехоро́ший
не́хотя
не́христь, -я
не ху́до (не ху́до бы от-
   дохну́ть)
нецелесообра́зность, -и
нецелесообра́зный
нецензу́рный
неча́янно
неча́янность, -и
неча́янный
не́чего
нечелове́ческий
не́чему
нечернозёмный
нечернозёмье, -я
нечёсаный
нечести́вец, -вца
нечести́вица, -ы
нечести́вый
нече́стный
не́чет, -а (чёт и нечет)
не чета́ (*кому*)
нече́ткий
нечётный
нечи́сто
нечистопло́тный
нечистота́, -ы́
нечисто́ты, -о́т
нечи́стый
не́чисть, -и
нечита́бельный
нечи́щеный
нечленоразде́льный

не́что, *других форм нет*
не́что ино́е
не что ино́е, как .., но:
   ничто́ ино́е его не инте-
   ресу́ет
не что́-либо (-нибудь)
   ино́е
нечувстви́тельный
нечу́ткий
неширо́кий
нешта́тный
не́што, *частица* (разве)
нешу́точный
неща́дный
не́щечко, -а
неэквивале́нтный
неэкономи́чный
неэконо́мный
неэти́чный
не́ й, но *филос.* не-я́
не́йвка, -и
не́йдерный
не́йсный
не́йсыть, -и
ни бельме́са
ни бё ни ме́
ни бо́льше ни ме́ньше
-нибу́дь, *частица* (с предшествующим словом со-
   единяется с помощью
   дефиса: что́-нибудь, где́-
   нибудь)
ни́ва, -ы
нивели́р, -а
нивели́рование, -я
нивели́рованный
нивели́ровать(ся), -рую,
   -рует(ся)
нивелиро́вка, -и
ни в зу́б
ни в каку́ю
ни в кого́
ни в ко́ем слу́чае
ни в ко́м
ниво́з, -а
ни во что́
нивх, -а
ни́вхка, -и
ни́вхский
ни в чём
нивя́ник, -а
нигде́
нигери́ец, -и́йца
нигери́йка, -и
нигери́йский
нигили́зм, -а
нигили́ст, -а
нигилисти́ческий
нигили́стка, -и
нигили́стский
нигрози́н, -а
нигро́л, -а
ни гугу́
ни да́ ни не́т
ни да́ть ни взя́ть
нидерла́ндец, -дца
нидерла́ндка, -и
нидерла́ндский
ни для кого́
ни для чего́
ни до чего́
нижа́йший
ни́же, *сравн. ст.* (*от* ни́з-
   кий, ни́зко)

нижегоро́дский
нижеизло́женный
нижеозна́ченный
нижеопи́санный
нижеопла́чиваемый
нижеподписа́вшийся
нижепоимено́ванный
нижеприведённый
нижеска́занный
нижесле́дующий
нижестоя́щий
нижеука́занный
нижеупомя́нутый
ни жи́в ни мёртв
нижнево́лжский
нижнедево́нский
нижнелу́жицкий
нижнеме́цкий
нижнечелюстно́й
нижнечетверти́чный
ни́жний
низ, -а, *предл.* о ни́зе, на
   низу́, *мн.* -ы́, -о́в
ни за ке́м
ни за кого́
низа́ть(ся), нижу́, ни́-
   жет(ся)
ни за чём
ни за что́
ни за что́ ни про что́ и ни
   за́ что ни про́ что
низведённый; *кр. ф.* -ён,
   -ена́
низве́дший
низверга́ть(ся), -а́ю(сь),
   -а́ет(ся)
низве́ргнувший(ся)
низве́ргнутый
низве́ргнуть(ся), -ну(сь),
   -нет(ся); *прош.* -е́рг(ся) и
   -е́ргнул(ся), -е́ргла(сь)
низве́ргший(ся)
низверже́ние, -я
низве́рженный
низвести́, -еду́, -еде́т; *прош.*
   -ёл, -ела́
низводи́ть(ся), -ожу́,
   -о́дит(ся)
ни зги́
ни́зенький
низёхонько
низи́на, -ы (низкое место)
низина́, -ы́ (малая высота)
ни́зинный
ни́зка, -и
ни́зкий; *кр. ф.* -зок, -зка́,
   -зко, ни́зки
низкобо́ртный
низково́льтный
низкоза́дый
низкозамерза́ющий
низкокипя́щий
низколеги́рованный
низколетя́щий*
низколо́бый
ни́зко-ни́зко
низкооплачиваемый
низкоорбита́льный
низкопокло́нник, -а
низкопоклонни́чать, -аю,
   -ает
низкопокло́ннический
низкопокло́нничество, -а
низкопокло́нство, -а

ни́зко-прени́зко
низкопро́бный
низкопродукти́вный
низкопроце́нтный
низкорасполо́женный*
низкорента́бельный
низкоро́слый
низкосо́ртный
низкотемпера́турный
низкоуглеро́дистый
низкоурожа́йный
низкочасто́тный
низлага́ть(ся), -а́ю, -а́ет(ся)
низложе́ние, -я
низло́женный
низложи́ть, -ожу́, -о́жит
ни́зменность, -и
ни́зменный; *кр. ф.* -мен,
   -менна
низо́вка, -и
низово́й
низо́вский
низо́вье, -я, *р. мн.* -вьев
низойти́, низойду́, низой-
   дёт; *прош.* нисшёл, ни-
   зошла́
низо́к, -зка́
ни́зом, *нареч.*
ни́зость, -и
низри́нутый
низри́нуть(ся), -ну(сь),
   -нет(ся)
ни́зший
ника́к
ника́к нет
никако́й
ни́келевый
никели́н, -а
никели́новый
никелирова́ние, -я
никелиро́ванный
никелирова́ть(ся), -ру́ю,
   -ру́ет(ся)
никелиро́вка, -и
никелиро́вочный
ни́кель, -я
ни к кому́
ни́клый
ни́кнувший
ни́кнуть, -ну, -нет; *прош.*
   ни́кнул и ник, ни́кла
никогда́
никого́
ники́м о́бразом
никому́
никоти́н, -а
никоти́нный
никоти́новый
никото́рый
никто́, никого́, никому́,
   нике́м, ни о ко́м
никто́ ино́й, но: не кто́
   ино́й, как ...
никуда́
никуды́шный
никчёмный
ни к чему́
нима́ло (нисколько), но:
   ни ма́ло ни мно́го
нимб, -а
ни́мфа, -ы
нимфе́я, -и
нимфома́ния, -и

нимфома́нка, -и
ни на́ волос
ни на грош
ни на е́сть (кто, како́й ни на е́сть)
ни на йо́ту
ни на что́ (не ну́жный)
ни-ни́
ни-ни-ни́
ниобиевый
ниобий, -я
ни оди́н не ...
ни о ко́м
ниотко́ле и ниотко́ль
ниотку́да
ни о чём
нипочём, *нареч.*
ни́ппель, -я, *мн.* -я́, -ей
ни́ппельный
ни при ко́м
ни при чём (мы тут ни при чём)
ни ра́зу
нирва́на, -ы
ни ры́ба ни мя́со
ни свет ни заря́
ни с ке́м
ниско́лечко
ниско́лько
ни сло́ва
ни слу́ху ни ду́ху
ни с ме́ста
ниспада́ть, -а́ет
ниспа́сть, -адёт; *прош.* -а́л, -а́ла
ниспосла́ние, -я
ниспо́сланный
ниспосла́ть, -ошлю́, -ошлёт; *прош.* -сла́л, -сла́ла
ниспосыла́ть(ся), -а́ю, -а́ет(ся)
ниспроверга́ть(ся), -а́ю, -а́ет(ся)
ниспрове́ргнувший
ниспрове́ргнутый
ниспрове́ргнуть, -ну, -нет; *прош.* -е́рг и -е́ргнул, -е́ргла
ниспрове́ргший
ниспроверже́ние, -я
ниспрове́рженный
ниспуска́ть(ся), -а́ю(сь), -а́ет(ся)
ниспусти́ть(ся), -ущу́(сь), -у́стит(ся)
ниспу́щенный
ниста́гм, -а
нистати́н, -а
ни с того́ ни с сего́
нисходи́ть, -ожу́, -о́дит
нисходя́щий
нисхожде́ние, -я
ни с чего́
ни с чём
нисше́дший
нисше́ствие, -я
ни та́к ни ся́к
ни та́м ни ся́м
нитеви́дный
нитеобра́зный
ни́тка, -и
нитóн, -а
ни то́ ни друго́е

ни то́ ни сё
ни то́т ни друго́й
ни́точка, -и
ни́точный
ни тпру́ ни ну́
нитраги́н, -а
нитра́т, -а
нитра́тный
нитра́ция, -и
нитри́д, -а (соль азотистой кислоты)
нитри́л, -а
нитри́рование, -я
нитри́ровать, -рую, -рует
нитри́т, -а (соединение с азотом)
нитри́тный
нитрифика́ция, -и
нитрифици́ровать(ся), -рую, -рует(ся)
нитробакте́рия, -и
нитробензо́л, -а
нитрова́ние, -я
нитро́ванный
нитрова́ть(ся), -ру́ю, -ру́ет(ся)
нитроглицери́н, -а
нитроглицери́новый
нитро́за, -ы
нитрокле́тчатка, -и
нитрокраси́тель, -я
нитрокра́ска, -и
нитрола́к, -а
нитро́метр, -а
нитроме́трия, -и
нитро́н, -а
нитро́новый
нитросоедине́ние, -я
нитротолуо́л, -а
нитрофено́л, -а
нитроцеллюло́за, -ы
нитрошёлк, -а
нитроэма́ль, -и
ни туда́ ни сюда́
нитча́тка, -и
ни́тчатый
ни́тченка, -и (петля)
нить, -и
ни́тянки, -ок, *ед.* ни́тянка, -и
ни́тяный
ни у кого́
ни у чьего́
нихро́м, -а
ниц (па́дать)
ни́ццкий (*от* Ни́цца)
ниццеа́нец, -нца
ниццеа́нский
ниццеа́нство, -а
ничево́ки, -ов
ничего́
ничегонеде́лание, -я
ничего́шеньки
ничей, -чьего́
ниче́йный
ниче́м
ничко́м
ничто́, ничего́, ничему́, ниче́м, ни о чём
ничто́жество, -а
ничто́же сумня́шеся (сумня́ся)
ничто́жность, -и
ничто́жный

ничто́ ино́е, но: не что ино́е, как ...
ничу́ть
ничьё, -ьего́
ничья́, -ьей
ни́ша, -и
ни ша́гу
нишкну́ть, -ну, -нёт
ни́ща́ть, -а́ю, -а́ет
ни́щенка, -и
ни́щенский
ни́щенство, -а
ни́щенствовать, -твую, -твует
нищета́, -ы́
ни́щий, -его
нобе́лий, -я
но́били, -ей, *ед.* но́биль, -я
нобилите́т, -а
новарсено́л, -а
нова́тор, -а
нова́торский
нова́торство, -а
нова́ция, -и
нове́йший
новелла, -ы
новелле́тта, -ы
новелли́ст, -а
новеллисти́ческий
нове́ллка, -и
нове́ть, -е́ет
новёхонький; *кр. ф.* -нек, -нька
новёшенький; *кр. ф.* -нек, -нька
новизна́, -ы́
нови́к, -а́
новина́, -ы́
нови́нка, -и
новичо́к, -чка́
новобиоци́н, -а
новобра́нец, -нца
новобра́чная, -ой
новобра́чный, -ого
нововведе́ние, -я
нововведённый
нового́дний
новогре́ческий
новозаве́тный
новозела́ндец, -дца
новозела́ндка, -и
новозела́ндский
новои́збранный
новои́зданный
новоизобретённый
новоиспечённый
новока́ин, -а
новолу́ние, -я
новомо́дный
новонабра́нный
новонаречённый и новонаречённый
новонаселённый
новообразова́ние, -я
новообразо́ванный
новообращённый
новооткрыва́тель, -я
новоотры́тый
новопоселе́нец, -нца
новопоселе́нка, -и
новопреста́вленный
новоприбы́вший
новоприе́зжий
новоприобретённый

новопроизведённый
новорождённый
новосёл, -а
новосёлка, -и
новосе́лье, -я, *р. мн.* -лий
новостро́йка, -и
но́вость, -и, *мн.* -и, -е́й
новотёл, -а
новоте́льный
новоя́вленный
но́вшество, -а
но́вый; *кр. ф.* нов, нова́, но́во, но́вы
новь, -и
нога́, -и́, *вин.* но́гу, *мн.* но́ги, ног, нога́м
нога́ в но́гу
ного́ец, -а́йца
нога́йка, -и (*к* нога́ец)
нога́йский
нагови́цы, -и́ц, *ед.* нагови́ца, -ы
ноготки́, -о́в (цветы)
ногото́к, -тка́ (*от* но́готь)
но́готь, но́гтя, *мн.* -и, -е́й
ногохво́стка, -и
ногтево́й
ногти́стый
ногтое́да, -ы
нож, -а́
ножеви́ще, -а
ножево́й
но́женки, -нок (*от* но́жницы)
но́женька, -и, *мн.* но́женьки, -нек
но́жик, -а
но́жичек, -чка
ножи́ща, -и, *мн.* -и́щи, -и́щ (*от* нога́)
ножи́ще, -а, *мн.* -и́щи, -и́щ, *м.* (*от* нож)
но́жка, -и
но́жницы, -ниц
но́жнички, -чек
но́жничный
ножно́й
но́жны, но́жен и ножны́, ножо́н
ножо́вка, -и
ножо́вочный
ножо́вый
но́жонка, -и
ноздрева́тый
ноздреви́на, -ы
ноздрево́й
ноздря́, -и́, *мн.* но́здри, -е́й
ноземато́з, -а
нозографи́ческий
нозогра́фия, -и
нозологи́ческий
нозоло́гия, -и
нойо́н, -а
нока́ут, -а
нокаути́рованный
нокаути́ровать, -рую, -рует
нокда́ун, -а
ноктамбули́зм, -а
ноктю́рн, -а
нолево́й и нулево́й
но́лик, -а и ну́лик, -а
ноль, -я́ и нуль, -я́
ноль-но́ль (в пять ноль-ноль)

номáд, -а
номадизм, -а
номенклатýра, -ы
номенклатýрный
нóмер, -а, *мн.* номерá, -óв
номернóй
номерóк, -ркá
номеронабирáтель, -я
номербчек, -чка
номинáл, -а
номинализм, -а
номиналист, -а
номиналистический
номинáльный
номинатив, -а
номинативный
номинáция, -и
номогенéз, -а
номогрáмма, -ы
номографический
номогрáфия, -и
номоканóн, -а
нóна, -ы
нонаккóрд, -а
нонéт, -а
нóнешний
нóниус, -а
нонконформизм, -а
нонконформист, -а
нонконформистский
нонпарéль, -и
нóнсенс, -а
ноосфéра, -ы
норá, -ы, *мн.* нóры, нор, нóрам
норвéжец, -жца
норвéжка, -и
норвéжский
норвéжско-совéтский
норд, -а
норд-вéст, -а
норд-вéстовый
норд-норд-вéст, -а
норд-норд-óст, -а
норд-норд-óстовый
нóрдовый
норд-óст, -а
норд-óстовый
норичник, -а
норичниковые, -ых
нóрка, -и
нóрковый
нóрма, -ы
нормализáция, -и
нормализóванный
нормализовáть(ся), -зýю, -зýет(ся)
нормáль, -и
нормáльный
нормáндец, -дца
нормáндка, -и
нормáндский (*от* Нормáндия)
нормáннский (*от* нормáнны)
нормáнны, -ов, *ед.* нормáнн, -а
норматив, -а
нормативизм, -а
нормативный
нормирование, -я
нормированный

нормировать(ся), -рую, -рует(ся)
нормирóвка, -и
нормирóвочный
нормирóвщик, -а
нормирóвщица, -ы
нóрный
нóров, -а
норовистый
норовить, -влю, -вит
норсульфазóл, -а
нос, -а и -у, *предл.* о нóсе, на носý, *мн.* -ы, -óв
носáрь, -я
носáстый
носáтый
носáч, -á
нóсик, -а
носилки, -лок
носилочный
носильный
носильщик, -а
носитель, -я
носительница, -ы
носить(ся), ношý(сь), нóсит(ся)
носишко, -а, *м.*
носище, -а, *м.*
нóска, -и
носки, -óв и -сóк, -*ед.* носóк, -скá
носки гóльф, носкóв гóльф
нóский
носовóй
носоглóтка, -и
носоглóточный
носогрéйка, -и
носопырка, -и
носорóг, -а
нóсо-слёзный
носóчек, -чка
носóчный
ностальгический
ностальгия, -и
ностратический
носýха, -и
нóта, -ы
нотабéна, -ы и нотабéне, *нескл., с.*
нотáбль, -я
нотариáльный
нотариáт, -а
нотáриус, -а
нотáция, -и
нóтис, -а
нотификáция, -и
нотифицированный
нотифицировать, -рую, -рует
нóтка, -и
нóтница, -ы
нóтный
нотогрáфия, -и
нотонóсец, -сца
нотопечáтание, -я
нотопечáтный
нотопечáтня, -и, *р. мн.* -тен
нототéния, -и
ноýмен, -а
ночевáть, -чýю, -чýет
ночёвка, -и
нóченька, -и
ночесвéтка, -и

нóчка, -и
ночлéг, -а
ночлéжка, -и
ночлéжник, -а
ночлéжница, -ы
ночлéжничать, -аю, -ает
ночлéжный
ночник, -á
ночница, -ы
ночничóк, -чкá
ночнóе, -óго
ночнóй
ночь, -и, *предл.* о нóчи, в ночи, *мн.* -и, -éй
нóчью, *нареч.*
нóша, -и
ношéние, -я
нóшеный, *прич.*
нóшеный, *прил.*
нóшпа, -ы
нóщно: дéнно и нóщно
нощь, -и (*устар. к* ночь)
нóющий
ноябрь, -я
ноябрьский
нрав, -а
нрáвиться, -влюсь, -вится
нрáвный
нравоописáние, -я
нравоописáтельный
нравоучéние, -я
нравоучительный
нрáвственность, -и
нрáвственный; *кр. ф.* -вен и -венен, -венна
нубиец, -ийца
нубийка, -и
нубийский
нуворищ, -а
нугá, -и
нудá, -ы
нýдить(ся), нýжу(сь), нýдит(ся) (принуждáть)
нудить, нужý, нудит (нудно говорить)
нýдный; *кр. ф.* -ден, -днá, -дно, нýдны
нуждá, -ы, *мн.* нýжды, нужд
нуждáемость, -и
нуждáться, -áюсь, -áется
нуждáющийся
нý же
нýжно
нýжный; *кр. ф.* -жен, -жнá, -жно, нýжны
нý-ка
нý-кась и нý-кася
нýкать, -аю, -ает
нýкер, -а
нуклеин, -а
нуклеиновый
нýклеус, -а
нуклóн, -а
нулёвка, -и
нулевóй и нолевóй
нýлик, -а и нóлик, -а
нуллификáция, -и
нуллифицированный
нуллифицировать(ся), -рую, -рует(ся)
нуль, -я и ноль, -я
нуль-индикáтор, -а
нýль-указáтель, -я

нýмер, -а (*устар. к* нóмер)
нумерáтор, -а
нумерациóнный
нумерáция, -и
нумеровáльный
нумеровáние, -я
нумерóванный
нумеровáть(ся), -рýю, -рýет(ся)
нумерóвка, -и
нумизмáт, -а
нумизмáтика, -и
нумизматический
нуммулит, -а
ну-нý
нунциатýра, -ы
нýнций, -я
ну-с
нут, -а
нутациóнный
нутáция, -и
нýте
нýте-ка
нýте-с
нý-тка
нý-ткась
нутрéц, -á
нутриевóдство, -а
нýтриевый
нýтрия, -и
нутрó, -á
нутромéр, -а
нутрянóй
нýне
нынешний
нынче
нырнýть, -нý, -нёт
нырóк, -ркá
нырялó, -а (плунжер)
нырялщик, -а
нырялщица, -ы
ныряние, -я
нырять, -яю, -яет
нытик, -а
ныть, нóю, нóет
нытьё, -я
нью-йóркский
ньютóн, -а, *р. мн.* ньютóн и -ов
ньюфáундлéнд, -а
нэп, -а
нэпман, -а
нэпманский
нэпманша, -и
нэповский
ню, *нескл., ж.* (натурщица) и *с.* (изображéние)
нюáнс, -а
нюансированный
нюансировать(ся), -рую, -рует(ся)
нюансирóвка, -и
нюни распустить
нюнить, нюню, нюнит
нюня, -и, *м. и ж.*
нюрнбéргский
нюх, -а
нюхáльщик, -а
нюхáльщица, -ы
нюхáнье, -я
нюхáтельный
нюхать, -аю, -ает
нюхнýть, -нý, -нёт
нянечка, -и

НЯН

ня́нченье, -я
ня́нчить(ся), -чу(сь),
 -чит(ся)
ня́нька, -и
ня́нюшка, -и
ня́ня, -и

О

оа́зис, -а
об, обо, *предлог*
о́ба, обо́их
оба́биться, -блюсь, -бится
оба́бок, -бка
обагрённый; *кр. ф.* -ён,
 -ена́
обагри́ть(ся), -рю́(сь),
 -ри́т(ся)
обагря́ть(ся), -я́ю(сь),
 -я́ет(ся)
обалдева́ть, -а́ю, -а́ет
обалде́лый
обалде́ние, -я
обалде́ть, -е́ю, -е́ет
обалду́й, -я
оба́лтывать(ся), -аю,
 -ает(ся)
обандеро́ленный
обандеро́ливать(ся), -аю,
 -ает(ся)
обандеро́лить, -лю, -лит
обанкро́титься, -о́чусь,
 -о́тится
обасурма́ненный
обасурма́нить(ся), -ню(сь),
 -нит(ся)
обая́ние, -я
обая́тельность, -и
обая́тельный
оббива́ть(ся), -а́ю, -а́ет(ся)
обби́вка, -и
обби́ть(ся), обобью́, обобь-
 ёт(ся)
обва́л, -а
обва́ленный (*от* обва-
 ли́ть)
обва́ливание, -я
обва́ливать(ся), -аю(сь),
 -ает(ся)
обва́листый
обвали́ть(ся), -алю́,
 -а́лит(ся)
обва́лка, -и
обвалова́ние, -я
обвало́ванный
обвалова́ть, -лу́ю, -лу́ет
обвало́вывать(ся), -аю,
 -ает(ся)
обвалоопа́сный
обва́лочный
обва́льный
обва́лянный (*от* обва-
 ля́ть)
обваля́ть(ся), -я́ю(сь),
 -я́ет(ся)
обва́ренный
обва́ривание, -я
обва́ривать(ся), -аю(сь),
 -ает(ся)
обвари́ть(ся), -арю́(сь),
 -а́рит(ся)

ОБВ

обва́рка, -и
обварно́й
обвева́ть(ся), -а́ю, -а́ет(ся)
 (к обве́ять)
обведе́ние, -я
обведённый; *кр. ф.* -ён,
 -ена́
обве́дший
обвезённый; *кр. ф.* -ён,
 -ена́
обвезти́, -зу́, -зёт; *прош.* -ёз,
 -езла́
обве́зший
обве́ивать(ся), -аю, -ает(ся)
обве́нчанный
обвенча́ть(ся), -а́ю(сь),
 -а́ет(ся)
обвёрнутый
обверну́ть(ся), -ну́(сь),
 -нёт(ся)
обверте́ть(ся), -ерчу́, -ёр-
 тит(ся)
обвёртка, -и
обвёртывание, -я
обвёртывать(ся), -аю(сь),
 -ает(ся)
обвёрченный
обве́ршенный
обве́ршивать(ся), -аю,
 -ает(ся)
обве́ршить, -шу, -шит
обве́с, -а
обве́сить(ся), -е́шу(сь),
 -е́сит(ся)
обвести́, -еду́, -едёт; *прош.*
 -ёл, -ела́
обве́тренный
обве́тривать(ся), -ает(ся)
обве́трить, -рит (*что*)
обве́триться, -рится
обветша́лый
обветша́ть, -а́ю, -а́ет
обве́шанный (*от* обве́-
 шать)
обве́шать(ся), -аю(сь),
 -ает(ся)
обве́шенный (*от* обве́-
 сить)
обвешённый; *кр. ф.* -ён,
 -ена́ (*от* обвеси́ть)
обве́шивание, -я
обве́шивать(ся), -аю(сь),
 -ает(ся)
обвеши́ть, -шу́, -ши́т
обве́янный
обве́ять, -е́ю, -е́ет
обвива́ть(ся), -а́ю(сь),
 -а́ет(ся) (к обви́ть)
обвине́ние, -я
обвинённый; *кр. ф.* -ён,
 -ена́
обвини́тель, -я
обвини́тельный
обвини́ть, -ню́, -ни́т
обвиня́емый
обвиня́ть(ся), -я́ю(сь),
 -я́ет(ся)
обвиса́ть, -а́ю, -а́ет
обви́слый
обви́снуть, -ну, -нет; *прош.*
 -ви́с, -ви́сла
обви́сший

ОБГ

обви́тый; *кр. ф.* обви́т, об-
 ви́та́, обви́то
обви́ть(ся), обовью́(сь),
 обовьёт(ся); *прош.* об-
 ви́л(ся), обвила́(сь), об-
 ви́ло, обви́ло́сь
обво́д, -а
обводи́ть(ся), -ожу́,
 -о́дит(ся)
обво́дка, -и
обводне́ние, -я
обводнённый; *кр. ф.* -ён,
 -ена́
обводни́тельный
обводни́ть, -ню́, -ни́т
обводно́й и обво́дный
обводня́ть(ся), -я́ю, -я́ет(ся)
обво́дчик, -а
обво́з, -а
обвози́ть(ся), -ожу́,
 -о́зит(ся)
обво́йник, -а
обвола́кивать(ся), -аю,
 -ает(ся)
обвола́кивающий(ся)
обволо́кший(ся)
обволочённый; *кр. ф.* -ён,
 -ена́
обволо́чь(ся), -оку́,
 -очёт(ся), -оку́т(ся);
 прош. -о́к(ся), -окла́(сь)
обвора́живать(ся), -аю,
 -ает(ся)
обворо́ванный
обворова́ть(ся), -ру́ю, -ру́ет
обворо́вывать(ся), -аю,
 -ает(ся)
обворожённый; *кр. ф.* -ён,
 -ена́
обворожи́тельность, -и
обворожи́тельный
обворожи́ть, -жу́, -жи́т
обвыка́ть(ся), -а́ю, -а́ет(ся)
обвы́кнуть(ся), -ну(сь),
 -нет(ся); *прош.* -ык(ся),
 -ы́кла(сь)
обвы́кший(ся)
обвя́занный
обвяза́ть(ся), -яжу́(сь),
 -я́жет(ся)
обвя́зка, -и
обвя́зочный
обвя́зывание, -я
обвя́зывать(ся), -аю(сь),
 -ает(ся)
обвя́ленный
обвя́ливать(ся), -аю,
 -ает(ся)
обвя́лить(ся), -лю, -лит(ся)
обгла́дывать(ся), -аю,
 -ает(ся)
обгло́данный
обглода́ть, -ожу́, -о́жет и
 -а́ю, -а́ет
обгло́док, -дка
обгляде́ть(ся), -яжу́(сь),
 -яди́т(ся)
обгля́дывать(ся), -аю(сь),
 -ает(ся)
обговорённый; *кр. ф.* -ён,
 -ена́
обговори́ть, -рю́, -ри́т
обго́н, -а
обгоня́ть(ся), -я́ю, -я́ет(ся)

ОБД

обгора́живать(ся), -аю(сь),
 -ает(ся)
обгора́ть, -а́ю, -а́ет
обгоре́лый
обгоре́ть, -рю́, -ри́т
обгороди́ть(ся), -ожу́(сь),
 -оди́т(ся)
обгоро́женный
обгрыза́ть(ся), -а́ю, -а́ет(ся)
обгры́зенный
обгры́зть, -зу́, -зёт; *прош.*
 -ы́з, -ы́зла
обгры́зший
обдава́ть(ся), -даю́(сь), -да-
 ёт(ся)
о́бданный; *кр. ф.* о́бдан,
 обдана́, о́бдано
обдарённый; *кр. ф.* -ён,
 -ена́
обда́ривать(ся), -аю,
 -ает(ся)
обдари́ть, -арю́, -а́рит
обда́ть(ся), -а́м(ся),
 -а́шь(ся), -а́ст(ся),
 -ади́м(ся) -ади́те(сь),
 -аду́т(ся); *прош.* о́бда́л,
 -а́лся, -ала́(сь), о́бда́ло,
 -а́ло́сь
обде́ланный
обде́лать(ся), -аю(сь),
 -ает(ся)
обделённый; *кр. ф.* -ён,
 -ена́
обдели́ть, -елю́, -е́лит
обде́лка, -и
обде́лочный
обде́лывание, -я
обде́лывать(ся), -аю(сь),
 -ает(ся)
обделя́ть(ся), -я́ю, -я́ет(ся)
обдёрганный
обдёргать(ся), -аю, -ает(ся)
обдёргивать(ся), -аю(сь),
 -ает(ся)
обдернённый; *кр. ф.* -ён,
 -ена́
обдерни́ть, -ню́, -ни́т
обдёрнутый
обдёрнуть(ся), -ну(сь),
 -нет(ся)
обдерня́ть(ся), -я́ю, -я́ет(ся)
обди́р, -а
обдира́ла, -ы, *м. и ж.*
обдира́ловка, -и
обдира́ние, -я
обдира́тельство, -а
обдира́ть(ся), -а́ю(сь),
 -а́ет(ся)
обди́рка, -и
обди́рный
обди́рочно-шлифова́ль-
 ный
обди́рочный
обду́в, -а
обдува́ла, -ы, *м. и ж.*
обдува́ние, -я
обдува́ть(ся), -а́ю(сь),
 -а́ет(ся)
обду́вка, -и
обду́манный
обду́мать, -аю, -ает
обду́мывание, -я
обду́мывать(ся), -аю,
 -ает(ся)

обдурённый; *кр. ф.* -ён, -ена́
обду́ривать, -аю, -ает
обдури́ть, -рю́, -ри́т
обду́тый
обду́ть(ся), -у́ю(сь), -у́ет(ся)
о́бе, обе́их
обе́ганный
обе́гать, -аю, -ает, *сов. (от* бе́гать)
обега́ть(ся), -а́ю, -а́ет(ся), *несов. (к* обежа́ть)
обе́д, -а
обе́дать, -аю, -ает
обе́денка, -и
обе́денный
обедне́лый
обедне́ние, -я
обеднённый; *кр. ф.* -ён, -ена́
обедне́ть, -е́ю, -е́ет (стать бедным)
обедни́ть, -ню́, -ни́т (*кого, что*)
обе́дня, -и, *р. мн.* -ден
обедня́ть(ся), -я́ю, -я́ет(ся)
обежа́ть, -егу́, -ежи́т, -егу́т
обезбо́ленный
обезбо́ливание, -я
обезбо́ливатель, -я
обезбо́ливать(ся), -аю, -ает(ся)
обезбо́ливающий
обезбо́лить, -лю, -лит
обезво́деть, -еет (стать безводным)
обезво́дить, -о́жу, -о́дит (*что*)
обезво́диться, -ится
обезво́женный
обезво́живание, -я
обезво́живать(ся), -аю, -ает(ся)
обезво́ленный
обезво́леть, -ею, -еет (стать безвольным)
обезво́ливать, -аю, -ает
обезво́лить, -о́лю, -о́лит (*кого, что*)
обезвре́дить, -е́жу, -е́дит
обезвре́женный
обезвре́живание, -я
обезвре́живать(ся), -аю, -ает(ся)
обезга́живание, -я
обезга́живать(ся), -аю, -ает(ся)
обезга́зить, -а́жу, -а́зит
обезгла́веть, -ею, -еет (лишиться головы)
обезгла́вить, -влю, -вит (*кого, что*)
обезгла́вленный
обезгла́вливание, -я
обезгла́вливать(ся), -аю, -ает(ся)
обезголо́сеть, -ею, -еет (лишиться голоса)
обездви́женный
обездви́жеть, -ею, -еет (стать неподвижным)
обездви́живать, -аю, -ает

обездви́жить, -и́жу, -и́жит (*кого, что*)
обезде́нежеть, -ею, -еет (остаться без денег)
обезде́нежить, -жу, -жит (*кого, что*)
обездо́ленный
обездо́ливать(ся), -аю, -ает(ся)
обездо́лить, -лю, -лит
обездо́меть, -ею, -еет (лишиться дома, крова)
обездо́мить, -млю, -мит (*кого, что*)
обездо́мленный
обезду́шенный
обезду́шеть, -ею, -еет (стать бездушным)
обезду́шивать, -аю, -ает
обезду́шить, -шу, -шит (*кого, что*)
обезжеле́зивание, -я
обезжи́ренный
обезжи́ривание, -я
обезжи́ривать(ся), -аю, -ает(ся)
обезжи́рить(ся), -рю, -рит(ся)
обеззара́женный
обеззара́живание, -я
обеззара́живать(ся), -аю, -ает(ся)
обеззара́зить, -а́жу, -а́зит
обеззву́чить, -чу, -чит
обезземе́ление, -я
обезземе́ленный
обезземе́леть, -ею, -еет (лишиться земли)
обезземе́ливание, -я
обезземе́ливать, -аю, -ает
обезземе́лить, -лю, -лит (*кого, что*)
обеззу́бливание, -я
обеззу́беть, -ею, -еет
обезле́сение, -я
обезле́сенный
обезле́сеть, -еет (лишиться лесов)
обезле́сить, -е́шу, -е́сит (*что*)
обезли́ствение, -я
обезли́стветь, -еет (лишиться листьев)
обезли́ствить, -влю, -вит (*что*)
обезли́чение, -я
обезли́ченный
обезли́чивание, -я
обезли́чивать(ся), -аю(сь), -ает(ся)
обезли́чить(ся), -чу(сь), -чит(ся)
обезли́чка, -и
обезлоша́деть, -ею, -еет (лишиться лошади)
обезлоша́дить, -а́дит (*кого, что*)
обезлю́дение, -я
обезлю́деть, -еет (стать безлюдным)
обезлю́дить, -ит (*что*)
обезма́сливание, -я
обезма́сточеть, -еет

обезмо́лветь, -еет (стать безмолвным)
обезмо́лвить, -влю, -вит (*кого, что*)
обезнадёженный
обезнадёживать, -аю, -ает
обезнадёжить, -жу, -жит
обезно́женный
обезно́жеть, -ею, -еет (остаться без ног)
обезно́жить, -жу, -жит (*кого*)
обезобра́жение, -я
обезобра́женный
обезобра́живание, -я
обезобра́живать(ся), -аю(сь), -ает(ся)
обезобра́зить(ся), -а́жу(сь), -а́зит(ся)
обезопа́сенный и обезопа́шенный
обезопа́сить(ся), -а́шу(сь), -а́сит(ся)
обезору́женный
обезору́живание, -я
обезору́живать(ся), -аю, -ает(ся)
обезору́жить, -жу, -жит
обезру́четь, -ею, -еет (остаться без рук)
обезру́чить, -чу, -чит (*кого*)
обезры́беть, -еет (стать безрыбным)
обезры́бить, -блю, -бит (*что*)
обезры́бленный
обезуглеро́дить, -о́жу, -о́дит
обезуглеро́женный
обезуглеро́живание, -я
обезуглеро́живать(ся), -аю, -ает(ся)
обезу́мевший
обезу́меть, -ею, -еет (лишиться рассудка)
обезу́мить, -млю, -мит (*кого, что*)
обезу́мленный
обезъя́гленный
обезызвествле́ние, -я
обезызвествлённый; *кр. ф.* -ён, -ена́
обезья́на, -ы
обезья́ний, -ья, -ье
обезья́нка, -и
обезья́нник, -а
обезья́нничание, -я
обезья́нничать, -аю, -ает
обезьяное́д, -а
обезьянолю́ди, -ей, *ед.* обезьяночелове́к, -а
обезьяноподо́бие, -я
обезьяноподо́бный
обезья́нство, -я
обеле́ние, -я
обелённый; *кр. ф.* -ён, -ена́
обели́ск, -а
обели́ть(ся), -лю́(сь), -ли́т(ся)
обе́льный
обеля́ть(ся), -я́ю(сь), -я́ет(ся)
о́бер, -а

о́бер-.... — первая часть сложных слов, пишется всегда через дефис
о́бер-ауди́тор, -а
о́бер-бургоми́стр, -а
о́бер-враль, -я́
о́берег, -а
оберега́ть(ся), -а́ю(сь), -а́ет(ся)
оберёгший(ся)
обережённый; *кр. ф.* -ён, -ена́
о́бережь, -и
обере́к, -а (танец)
обере́чь(ся), -егу́(сь), -ежёт(ся), -егу́т(ся); *прош.* -ёг(ся), -егла́(сь)
о́бер-интенда́нт, -а
о́бер-ке́льнер, -а
о́бер-конду́ктор, -а
о́бер-ма́стер, -а
обёрнутый
оберну́ть(ся), -ну́(сь), -нёт(ся)
о́бер-офице́р, -а
о́бер-офице́рский
о́бер-плут, -а́ и -а, *мн.* -плуты́, -плуто́в
о́бер-полицме́йстер, -а
о́бер-прокуро́р, -а
обёртка, -и
оберто́н, -а, *мн.* -ы, -ов
обёрточница, -ы
обёрточный
обёртчица, -ы
обёртывание, -я
обёртывать(ся), -аю(сь), -ает(ся)
обескислоро́дить(ся), -о́жу, -о́дит(ся)
обескислоро́женный
обескре́мнивание, -я
обескро́веть, -ею, -еет (стать бескровным)
обескро́вить, -влю, -вит (*кого, что*)
обескро́виться, -вится
обескро́вление, -я
обескро́вленный
обескро́вливание, -я
обескро́вливать(ся), -аю, -ает(ся)
обескры́ленный
обескры́ливание, -я
обескры́ливатель, -я
обескры́ливать, -аю, -ает
обескры́лить, -лю, -лит
обескура́женный
обескура́живать, -аю, -ает
обескура́жить, -жу, -жит
обеспа́мятеть, -ею, -еет
обеспе́чение, -я
обеспе́ченность, -и
обеспе́ченный
обеспе́чивать(ся), -аю(сь), -ает(ся)
обеспе́чить(ся), -чу(сь), -чит(ся)
обеспло́деть, -ею, -еет (стать бесплодным)
обеспло́дить, -о́жу, -о́дит (*кого, что*)
обеспло́диться, -о́дится
обеспло́женный

обеспло́живание, -я
обеспло́живать(ся), -аю,
  -ает(ся)
обеспоко́енный
обеспоко́ивать(ся),
  -аю(сь), -ает(ся)
обеспоко́ить(ся), -о́ю(сь),
  -о́ит(ся)
обеспы́ливание, -я
обеспы́ливать(ся), -аю,
  -ает(ся)
обеспы́лить, -лю, -лит
обесса́харенный
обесса́харивание, -я
обесса́харивать(ся) -аю,
  -ает(ся)
обесса́харить, -рю, -рит
обессе́ривание, -я
обесси́левший (от обесси́леть)
обесси́ленный
обесси́леть, -ею, -еет (стать
  бессильным)
обесси́ливать(ся), -аю,
  -ает(ся)
обесси́ливший (от обессилить)
обесси́лить, -лю, -лит (кого, что)
обессла́вить(ся), -влю(сь),
  -вит(ся)
обессла́вленный
обессла́вливать(ся),
  -аю(сь), -ает(ся)
обессме́ртить(ся), -рчу(сь),
  -ртит(ся)
обессме́рченный
обессмо́ливание, -я
обессмы́сление, -я
обессмы́сленный
обессмы́слеть, -ею, -еет
  (лишиться способности
  мыслить)
обессмы́сливание, -я
обессмы́сливать(ся), -аю,
  -ает(ся)
обессмы́слить, -лю, -лит
  (что)
обессмы́слиться, -лится
обессо́ленный
обессо́ливание, -я
обессо́ливать(ся), -аю,
  -ает(ся)
обессо́лить, -лю, -лит
обессу́дить, -су́жу, -су́дит
  (не обессу́дь, не обес-
  су́дьте)
обесто́чивание, -я
обесто́чивать(ся), -аю,
  -ает(ся)
обесто́чить, -чу, -чит
обесфо́рмить, -млю, -мит
обесфо́рмленный
обесфо́сфоривание, -я
обесфто́ренный
обесфто́ривание, -я
обесцве́тить(ся), -е́чу(сь),
  -е́тит(ся)
обесцве́чение, -я
обесцве́ченный
обесцве́чивание, -я
обесцве́чивать(ся),
  -аю(сь), -ает(ся)
обесце́нение, -я

обесце́ненный
обесце́нивание, -я
обесце́нивать(ся), -аю,
  -ает(ся)
обесце́нить(ся), -ню,
  -нит(ся)
обесчелове́чить, -чу, -чит
обесче́стить, -е́щу, -е́стит
обесче́щение, -я
обесче́щенный
обесче́щивать(ся), -аю,
  -ает(ся)
обе́т, -а
обетова́ние, -я
обето́ванный
обеча́йка, -и
обеща́ние, -я
обе́щанный
обеща́ть(ся), -а́ю(сь),
  -а́ет(ся)
бо́жа, -и и обжа́, -и́, мн.
  бо́жи, бо́жей
обжа́лование, -я
обжа́лованный
обжа́ловать(ся), -лую, -лует
обжа́ренный
обжа́ривание, -я
обжа́ривать(ся), -аю,
  -ает(ся)
обжа́рить(ся), -рю, -рит(ся)
обжа́рка, -и
обжа́тие, -я
обжа́тый
обжа́ть 1, обожму́, обож-
  мёт
обжа́ть 2, обожну́, обож-
  нёт
обжёванный
обжева́ть, -жую́, -жуёт (к
  жева́ть)
обжёвывать(ся), -аю,
  -ает(ся)
обжёгший(ся)
обже́чь(ся), обожгу́(сь),
  обожжёт(ся), обож-
  гу́т(ся); прош. об-
  жёг(ся), обожгла́(сь)
обжива́ть(ся), -а́ю(сь),
  -а́ет(ся) (к жить)
бо́жиг, -а
обжига́ла, -ы, м. и ж.
обжига́льный
обжига́льщик, -а
обжига́льщица, -ы
обжига́ние, -я
обжига́тельный
обжига́ть(ся), -а́ю(сь),
  -а́ет(ся)
бо́жиговый
обжи́м, -а
обжима́ние, -я
обжима́ть(ся), -а́ю, -а́ет(ся)
обжи́мка, -и
обжимно́й и обжи́мный
обжи́мок, -мка
обжи́мочный
обжи́н, -а
обжина́ть(ся), -а́ю, -а́ет(ся)
обжи́нка, -и
обжи́нки, -нка
обжира́ться, -а́юсь, -а́ется
обжито́й, прил.
бо́жит; кр. ф. бо́жит,
  обжита́, бо́жито, прич.

обжи́ть(ся), -иву́(сь),
  -ивёт(ся); прош. бо́жил,
  -и́лся, -ила́(сь), бо́жило,
  -и́лось
обжо́г, -а, но прош. обжёг
обжо́ра, -ы, м. и ж.
обжо́рка, -и
обжо́рливый
обжо́рный
обжо́рство, -а
обжу́ленный
обжу́ливать, -аю, -ает
обжу́лить, -лю, -лит
обзаведе́ние, -я
обзаве́дшийся
обзавести́сь, -еду́сь, -едётся;
  прош. -ёлся, -ела́сь
обзаводи́ться, -ожу́сь,
  -о́дится
об закла́д (би́ться)
обзва́нивать, -аю, -ает
обзвони́ть, -ню́, -ни́т
обзелене́ть, -е́ю, -е́ет (стать
  зелёным)
обзелени́ть, -ню́, -ни́т
  (что)
обзо́л, -а
обзо́р, -а
обзо́рность, -и
обзо́рный
обзыва́ть(ся), -а́ю(сь),
  -а́ет(ся)
обива́ть(ся), -а́ю, -а́ет(ся)
оби́вка, -и
оби́вный
оби́вочный
оби́да, -ы
оби́деть(ся), -и́жу(сь),
  -и́дит(ся)
оби́дный
оби́дчивость, -и
оби́дчивый
оби́дчик, -а
оби́дчица, -ы
обижа́ть(ся), -а́ю(сь),
  -а́ет(ся)
оби́женный
оби́лие, -я
оби́ловать, -лует
оби́льный
обину́ясь: не обину́ясь
обиня́к, -а́
обиняко́м, нареч.
обира́ла, -ы, м. и ж.
обира́ловка, -и
обира́ть(ся), -а́ю(сь),
  -а́ет(ся)
обита́емость, -и
обита́емый
обита́лище, -а
обита́ние, -я
обита́тельница, -ы
обита́ть, -а́ю, -а́ет
оби́тель, -и
оби́тельский
оби́тый
оби́ть(ся), обобью́, обобь-
  ёт(ся)
оби́хаживать(ся), -аю(сь),
  -ает(ся)
обихо́д, -а
обихо́дить(ся), -о́жу(сь),
  -о́дит(ся)
обихо́дно-разгово́рный

обихо́дный
обкалённый; кр. ф. -ён,
  -ена́
обка́ливание, -я
обка́ливать(ся), -аю,
  -ает(ся)
обкали́ть(ся), -лю́, -ли́т(ся)
обка́лка, -и
обка́лывание, -я
обка́лывать(ся), -аю,
  -ает(ся)
обка́панный
обка́пать(ся), -аю(сь),
  -ает(ся)
обка́пывать(ся), -аю(сь),
  -ает(ся)
обка́рмливать(ся), -аю,
  -ает(ся)
обка́т, -а
обка́танный (от обката́ть)
обката́ть(ся), -а́ю, -а́ет(ся)
обкати́ть(ся), -ачу́(сь),
  -а́тит(ся)
обка́тка, -и
обкатно́й и обка́тный
обка́точный
обка́тчик, -а
обка́тчица, -ы
обка́тывание, -я
обка́тывать(ся), -аю,
  -ает(ся)
обка́ченный (от обкати́ть)
обка́шивать(ся), -аю,
  -ает(ся)
обки́данный
обкида́ть, -а́ю, -а́ет
обки́дывать(ся), -аю,
  -ает(ся)
обки́нуть, -ну, -нет
обкла́дка, -и
обкла́дчик, -а
обкла́дывание, -я
обкла́дывать(ся), -аю(сь),
  -ает(ся)
обклёванный
обклева́ть, -люю́, -люёт
обклёвывать(ся), -аю,
  -ает(ся)
обкле́енный
обкле́ивание, -я
обкле́ивать(ся), -аю,
  -ает(ся)
обкле́ить, -е́ю, -е́ит
обкле́йка, -и
обкcovы́ривать(ся), -аю,
  -ает(ся)
обковы́рянный
обковыря́ть, -я́ю, -я́ет
обкола́чивать(ся), -аю,
  -ает(ся)
обко́лка, -и
обколоти́ть(ся), -очу́,
  -о́тит(ся)
обко́лотый
обколо́ть(ся), -олю́,
  -о́лет(ся)
обколо́ченный
обко́м, -а
обко́мовец, -вца
обко́мовский
обко́панный
обкопа́ть(ся), -а́ю(сь),
  -а́ет(ся)

196

обко́рм, -а
обкорми́ть, -ормлю́, -о́рмит
обко́рмка, -и
обко́рмленный
обко́рнанный
обкорна́ть(ся), -а́ю(сь), -а́ет(ся)
обко́с, -а
обкоси́ть(ся), -ошу́, -о́сит(ся)
обко́шенный
обкра́денный
обкра́дывание, -я
обкра́дывать(ся), -аю, -ает(ся)
обкра́ивать(ся), -аю, -ает(ся)
обкро́енный
обкрои́ть(ся), -рою́(сь), -рои́т(ся)
обкро́шенный
обкроши́ть(ся), -ошу́, -о́ши́т(ся)
обкрути́ть(ся), -учу́(сь), -у́тит(ся)
обкру́ченный
обкру́чивать(ся), -аю(сь), -ает(ся)
обку́ренный
обку́ривание, -я
обку́ривать(ся), -аю(сь), -ает(ся)
обкури́ть(ся), -урю́(сь), -у́рит(ся)
обку́санный
обкуса́ть, -а́ю, -а́ет
обку́сывать(ся), -аю, -ает(ся)
обла́ва, -ы
обла́вный
обла́вщик, -а
облага́ние, -я
облага́ть(ся), -а́ю, -а́ет(ся)
облагоде́тельствованный
облагоде́тельствовать, -твую, -твует
облагозву́ченный
облагозву́чить, -чу, -чит
облагообра́женный
облагообра́зить(ся), -а́жу(сь), -а́зит(ся)
облагора́живание, -я
облагора́живать(ся), -аю(сь), -ает(ся)
облагоразу́мить(ся), -млю(сь), -мит(ся)
облагоро́дить(ся), -о́жу(сь), -о́дит(ся)
облагоро́жение, -я
облагоро́женный
облада́ние, -я
облада́тель, -я
облада́тельница, -ы
облада́ть, -а́ю, -а́ет
обла́дить(ся), -а́жу, -а́дит(ся)
обла́женный
обла́живать(ся), -аю, -ает(ся)
обла́занный
обла́зать, -аю, -ает
обла́зить, -а́жу, -а́зит
обла́ивать(ся), -аю, -ает(ся)
о́блако, -а, мн. -а́, -о́в

облакоме́р, -а
обла́мывание, -я
обла́мывать(ся), -аю, -ает(ся)
обла́пить, -плю, -пит
обла́пленный
обла́пливать(ся), -аю, -ает
облапо́шенный
облапо́шивать(ся), -аю, -ает(ся)
облапо́шить, -шу, -шит
обла́сканный
обласка́ть(ся), -а́ю, -а́ет
обласо́к, -ска́
областко́м, -а
областни́к, -а́
областни́ческий
областни́чество, -а
областно́й
о́бласть, -и, мн. -и, -е́й
обла́тка, -и
обла́точный
облача́ть(ся), -а́ю(сь), -а́ет(ся)
облаче́ние, -я
облачённый; кр. ф. -ён, -ена́
облачи́ть(ся), -чу́(сь), -чи́т(ся)
о́блачко, -а, мн. -а́, -о́в
о́блачность, -и
о́блачный
обла́янный
обла́ять, -а́ю, -а́ет
облега́ть, -а́ет
облегча́ть(ся), -а́ю(сь), -а́ет(ся)
облегче́ние, -я
облегчённый; кр. ф. -ён, -ена́
облегчи́ть(ся), -чу́(сь), -чи́т(ся)
облёгший
обледенева́ть, -а́ю, -а́ет
обледене́лый
обледене́ние, -я
обледенённый; кр. ф. -ён, -ена́
обледене́ть, -е́ю, -е́ет (покрыться льдом)
обледени́ть, -ню́, -ни́т (что)
облеза́ть, -а́ю, -а́ет
обле́злый
обле́зть, -зу, -зет; прош. -ле́з, -ле́зла
обле́зший
облека́ть(ся), -а́ю(сь), -а́ет(ся)
облёкший(ся)
обле́ниваться, -аюсь, -ается
облени́ть(ся), -еню́(сь), -е́нит(ся)
облепи́ть(ся), -леплю́(сь), -ле́пит(ся)
облепи́ха, -и
облепи́ховый
обле́пленный
облепля́ть(ся), -я́ю(сь), -я́ет(ся)
облесе́ние, -я
облесённый; кр. ф. -ён, -ена́
облеси́тельный

облеси́ть, -ешу́, -еси́т
облёт, -а
облета́ние, -я
облётанный
облета́ть(ся), -а́ю, -а́ет(ся)
облете́ть, -лечу́, -лети́т
облётывание, -я
облётывать, -аю, -ает
облече́ние, -я (от облечь — облека́ть)
облечённый; кр. ф. -ён, -ена́ (от облечь — облека́ть)
обле́чь(ся), -еку́(сь), -ечёт(ся), -еку́т(ся); прош. -ёк(ся), -екла́(сь)
облива́ние, -я
облива́ть(ся), -а́ю(сь), -а́ет(ся)
обли́вка, -и
обливно́й
обли́вный
облига́торный
облигацио́нный
облига́ция, -и
обли́занный
облиза́ть(ся), -ижу́(сь), -и́жет(ся)
облизну́ть(ся), -ну́(сь), -нёт(ся)
обли́зывать(ся), -аю(сь), -ает(ся)
о́блик, -а
облиня́лый
облиня́ть, -я́ю, -я́ет
облипа́ть, -а́ю, -а́ет
обли́пнуть, -ну, -нет; прош. -ли́п, -ли́пла
обли́пший
облисполко́м, -а
облиствене́ть, -е́ет
обли́ственность, -и
обли́ственный
облиствéть, -е́ет (покрыться листьями)
обли́ствить, -влю, -вит (что)
облитера́ция, -и
о́бли́тый; кр. ф. о́бли́т, облита́, о́бли́то
обли́ть(ся), оболью́(сь), обольёт(ся); прош. о́бли́л, обли́лся, облила́(сь), о́бли́ло, обли́ло́сь
облицева́ть, -цу́ю, -цу́ет
облицо́ванный
облицо́вка, -и
облицо́вочный
облицо́вщик, -а
облицо́вщица, -ы
облицо́вывать(ся), -аю, -ает(ся)
облича́ть(ся), -а́ю, -а́ет(ся)
обличе́ние, -я (от обличи́ть)
обличённый; кр. ф. -ён, -ена́ (от обличи́ть)
обли́ческий
обличи́тель, -я
обличи́тельница, -ы
обличи́тельно-сатири́ческий

обличи́тельный
обличи́ть, -чу́, -чи́т
обли́чье, -я, р. мн. -чий
облобыза́ть(ся), -а́ю(сь), -а́ет(ся)
обло́в, -а
обло́г, -а и обло́га, -и
обложе́ние, -я
обло́женный
обло́жечный
обложи́ть(ся), -ожу́(сь), -о́жит(ся)
обло́жка, -и
обложно́й
облока́чивать(ся), -аю(сь), -ает(ся)
облокоти́ть(ся), -очу́(сь), -о́ти́т(ся)
облоко́ченный
обло́м, -а
обло́манный (от обломи́ть)
облома́ть(ся), -а́ю, -а́ет(ся)
обломи́ть(ся), -омлю́, -о́мит(ся)
обло́мленный (от обломи́ть)
обло́мовский
обло́мовщина, -ы
обло́мок, -мка
обло́мочный
обло́паться, -аюсь, -ается
облупи́ть(ся), -уплю́, -у́пит(ся)
облу́пленный
облу́пливать(ся), -аю, -ает(ся)
облуча́тель, -я
облуча́ть(ся), -а́ю(сь), -а́ет(ся)
облуче́ние, -я
облучённый; кр. ф. -ён, -ена́
облучи́ть(ся), -чу́(сь), -чи́т(ся)
облучо́к, -чка́
облущённый; кр. ф. -ён, -ена́
облу́щивать(ся), -аю, -ает(ся)
облущи́ть(ся), -щу́, -щи́т(ся)
облы́жный
облысе́лый
облысе́ние, -я
облысе́ть, -е́ю, -е́ет
облюбо́ванный
облюбова́ть, -бу́ю, -бу́ет
облюбо́вывать(ся), -аю, -ает(ся)
обля́панный
обля́пать(ся), -аю(сь), -ает(ся)
обля́пывать(ся), -аю(сь), -ает(ся)
обма́занный
обма́зать(ся), -а́жу(сь), -а́жет(ся)
обма́зка, -и
обма́зочный
обма́зчик, -а
обма́зывание, -я
обма́зывать(ся), -аю(сь), -ает(ся)

обмакивать(ся), -аю,
-ает(ся)
обмакнутый
обмакнуть(ся), -ну, -нёт(ся)
обмалывать(ся), -аю,
-ает(ся)
обман, -а
обманка, -и
обманный
обманутый
обмануть(ся), -ану(сь),
-анет(ся)
обманчивый
обманщик, -а
обманщица, -ы
обманывать(ся), -аю(сь),
-ает(ся)
обмаранный
обмарать(ся), -аю(сь),
-ает(ся)
обмасленный
обмасливать(ся), -аю(сь),
-ает(ся)
обмаслить(ся), -лю(сь),
-лит(ся)
обматереть, -ею, -еет
обматывание, -я
обматывать(ся), -аю(сь),
-ает(ся)
обмахать, -аю, -ает
обмахивать(ся), -аю(сь),
-ает(ся)
обмахнуть(ся), -ну(сь),
-нёт(ся)
обмачивать(ся), -аю(сь),
-ает(ся)
обмеблированный
обмеблировать(ся),
-рую(сь), -рует(ся)
обмеблёвывать(ся),
-аю(сь), -ает(ся)
обмежевание, -я
обмежёванный
обмежевать, -жую, -жу-ет
обмежёвка, -и
обмежёвывать(ся),
-аю(сь), -ает(ся)
обмеление, -я
обмелённый; кр. ф. -ён,
-ена
обмелеть, -ею, -еет
обмелить(ся), -лю(сь),
-лит(ся)
обмельчать, -ает
обмелять, -яю, -яет
обмен, -а
обменённый; кр. ф. -ён,
-ена
обменивать(ся), -аю(сь),
-ает(ся)
обменить(ся), -еню(сь),
-енит(ся)
обменный
обменять(ся), -яю(сь),
-яет(ся)
обмер, -а
обмеренный
обмереть, обомру, обом-
рёт; прош. обмер, об-
мерла, обмерло
обмерзать, -аю, -ает
обмёрзлый
обмёрзнуть, -ну, -нет;
прош. -ёрз, -ёрзла

обмёрзший
обмеривание, -я
обмеривать(ся), -аю(сь),
-ает(ся)
обмерить(ся), -рю(сь),
-рит(ся) и -ряю(сь), -ря-
ет(ся)
обмёрка, -и
обмерный
обмерок, -рка
обмёрший
обмерщик, -а
обмерять(ся), -яю(сь),
-яет(ся)
обмести, -мету, -метёт;
прош. -мёл, -мела
обмёт, -а
обметание, -я
обмётанный (от обме-
тать)
обметать 1, -аю, -ает и -ме-
чу, -мечет, сов. (обшить;
обложить)
обметать 2, -ает, сов. (о
лихорадке)
обметать(ся), -аю, -ает(ся),
несов. (к обмести)
обметённый; кр. ф. -ён,
-ена (от обмести)
обмётка, -и
обмёточный
обмётший
обмётывание, -я
обмётывать(ся), -аю,
-ает(ся)
обмин, -а
обминать(ся), -аю, -ает(ся)
обминка, -и
обмирание, -я
обмирать, -аю, -ает
обмирщать(ся), -аю(сь),
-ает(ся)
обмирщение, -я
обмирщить(ся), -щу(сь),
-щит(ся)
обмишуленный
обмишулить(ся), -лю(сь),
-лит(ся)
обмишуренный
обмишурить(ся), -рю(сь),
-рит(ся)
обмозгованный
обмозговать, -гую, -гует
обмозговывать(ся), -аю,
-ает(ся)
обмокать, -аю, -ает
обмокнуть, -ну, -нет; прош.
-мок, -мокла
обмокший
обмол, -а
обмолачивать(ся), -аю(сь),
-ает(ся)
обмолвиться, -влюсь, -вит-
ся
обмолвка, -и
обмолот, -а
обмолотить(ся), -очу(сь),
-отит(ся)
обмолоток, -тка
обмолоточный
обмолотый
обмолоть(ся), -мелю, -ме-
лет(ся)
обмолоченный

обмораживание, -я
обмораживать(ся),
-аю(сь), -ает(ся)
обморачивать, -аю, -ает
обмороже́ние, -я
обмороженный
обморозить(ся), -ожу,
-озит(ся)
обморок, -а
обморочение, -я
обмороченный
обморочить, -чу, -чит
обморочный
обмотанный
обмотать(ся), -аю(сь),
-ает(ся)
обмотка, -и
обмоточный
обмотчик, -а
обмотчица, -ы
обмоченный
обмочить(ся), -очу(сь),
-очит(ся)
обмундирование, -я
обмундированный
обмундировать(ся),
-рую(сь), -рует(ся)
обмундировка, -и
обмундировочный
обмундировывать(ся),
-аю(сь), -ает(ся)
обмурованный
обмуровать, -рую, -рует
обмуровка, -и
обмуровывать(ся), -аю,
-ает(ся)
обмусленный
обмусливать(ся), -аю(сь),
-ает(ся)
обмуслить(ся), -лю(сь),
-лит(ся)
обмусоленный
обмусоливать(ся), -аю(сь),
-ает(ся)
обмусолить(ся), -лю(сь),
-лит(ся)
обмыв, -а
обмывание, -я
обмывать(ся), -аю(сь),
-ает(ся)
обмывка, -и
обмывочный
обмызганный
обмызгать(ся), -аю(сь),
-ает(ся)
обмыленный
обмыливать(ся), -аю(сь),
-ает(ся)
обмылить(ся), -лю(сь),
-лит(ся)
обмылки, -ов
обмылок, -лка, р. мн. -лков
обмытый
обмыть(ся), -мою(сь), -мо-
ет(ся)
обмякать, -аю, -ает
обмяклый
обмякнуть, -ну, -нет; прош.
-як, -якла
обмякший
обмятый
обмять(ся), обомну, обом-
нёт(ся)
обнаглеть, -ею, -еет

обнадёженный
обнадёживание, -я
обнадёживать(ся), -аю,
-ает(ся)
обнадёжить, -жу, -жит
обнажать(ся), -аю(сь),
-ает(ся)
обнажение, -я
обнажённый; кр. ф. -ён,
-ена
обнажить(ся), -жу(сь),
-жит(ся)
обнайтовить, -влю, -вит
обнайтовленный
обнародование, -я
обнародованный
обнародовать(ся), -дую,
-дует(ся)
обнаружение, -я
обнаруженный
обнаруживать(ся), -аю,
-ает(ся)
обнаружить(ся), -жу,
-жит(ся)
обнашивать(ся), -аю(сь),
-ает(ся)
обнесение, -я
обнесённый; кр. ф. -ён, -ена
обнести, -су, -сёт; прош.
-нёс, -несла
обнёсший
обнизанный
обнизать, -ижу, -ижет
обнизить, -ижу, -изит
обнизывать(ся), -аю,
-ает(ся)
обнимание, -я
обнимать(ся), -аю(сь),
-ает(ся) и (устар.) объ-
емлю(сь), объемлет(ся)
обнимка: в обнимку
обнищалый
обнищание, -я
обнищать, -аю, -ает
обнова, -ы
обновитель, -я
обновительный
обновить(ся), -влю(сь),
-вит(ся)
обновка, -и
обновленец, -нца
обновление, -я
обновлённый; кр. ф. -ён,
-ена
обновленческий
обновленчество, -а
обновлять(ся), -яю(сь),
-яет(ся)
обножка, -и
обнос, -а
обносить(ся), -ошу(сь),
-осит(ся)
обноски, -ов, ед. обносок,
-ска
обносчик, -а
обношенный
обнюханный
обнюхать(ся), -аю(сь),
-ает(ся)
обнюхивание, -я
обнюхивать(ся), -аю(сь),
-ает(ся)
обнятый; кр. ф. -ят, -ята,
-ято

обня́ть(ся), обниму́(сь) и
обойму́(сь), обни́мет(ся)
и обоймёт(ся); *прош.*
обня́л, обня́лся, обня-
ла́(сь), о́бняло, обня-
ло́сь
обо, об, *предлог*
ообо́бранный
обобра́ть(ся), оберу́(сь),
оберёт(ся); *прош.*
-а́л(ся), -ала́(сь), -а́ло(сь)
обобща́ть(ся), -а́ю, -а́ет(ся)
обобще́ние, -я
обобщённый; *кр. ф.* -ён,
-ена́
обобществи́ть(ся), -влю́,
-ви́т(ся)
обобществле́ние, -я
обобществлённый; *кр. ф.*
-ён, -ена́
обобществля́ть(ся), -я́ю,
-я́ет(ся)
обобщи́ть(ся), -щу́,
-щи́т(ся)
обовши́веть, -ею, -еет
обогате́ть, -е́ю, -е́ет (стать
богатым)
обогати́тель, -я
обогати́тельный
обогати́ть, -ащу́, -ати́т (кого, что)
обогати́ться, -ащу́сь, -ати́т-
ся
обогаща́ть(ся), -а́ю(сь),
-а́ет(ся)
обогаще́ние, -я
обогащённый; *кр. ф.* -ён,
-ена́
обо́гнанный
обогна́ть, обгоню́, обго́-
нит; *прош.* -а́л, -ала́, -а́ло
обо́гнутый
обогну́ть, -ну́, -нёт
обоготворе́ние, -я
обоготворённый; *кр. ф.*
-ён, -ена́
обоготвори́ть, -рю́, -ри́т
обоготворя́ть(ся), -я́ю,
-я́ет(ся)
обогре́в, -а
обогрева́лка, -и
обогрева́ние, -я
обогрева́тель, -я
обогрева́ть(ся), -а́ю(сь),
-а́ет(ся)
обогре́тый
обогре́ть(ся), -е́ю(сь),
-е́ет(ся)
обо́д, -а, *мн.* обо́дья, -ьев
ободнева́ть, -а́ет
ободня́ть(ся), -я́ет(ся)
ободо́к, -дка́
ободо́чек, -чка
ободо́чный
ободра́нец, -нца
ободра́нка, -и
обо́дранный
ободра́ть(ся), обдеру́(сь),
обдерёт(ся); *прош.*
-а́л(ся), -ала́(сь), -а́ло,
-а́лось
ободре́ние, -я
ободрённый; *кр. ф.* -ён,
-ена́

ободри́тельный
ободри́ть(ся), -рю́(сь),
-ри́т(ся)
ободря́ть(ся), -я́ю(сь),
-я́ет(ся)
обоепо́лый
обоесторо́нний
обе́чный
обожа́ние, -я
обожа́тель, -я
обожа́тельница, -ы
обожа́ть(ся), -а́ю, -а́ет(ся)
обожда́ть, -ду́, -дёт; *прош.*
-а́л, -ала́, -а́ло
обожестви́ть, -влю́, -ви́т
обожествле́ние, -я
обожествлённый; *кр. ф.*
-ён, -ена́
обожествля́ть(ся), -я́ю,
-я́ет(ся)
обожжённый; *кр. ф.* -ён,
-ена́
обожра́ть(ся), -жру́(сь),
-жрёт(ся); *прош.* -а́л(ся),
-ала́(сь), -а́ло, -а́лось
обо́з, -а
обо́званный
обозва́ть(ся), обзову́(сь),
обзовёт(ся); *прош.*
-а́л(ся), -ала́(сь), -а́ло,
-а́лось
обозлённый; *кр. ф.* -ён,
-ена́
обозли́ть(ся), -лю́(сь),
-ли́т(ся)
обознава́ться, -наю́сь, -на-
ётся
обозна́ться, -а́юсь, -а́ется
обознача́ть(ся), -а́ю,
-а́ет(ся)
обозначе́ние, -я
обозна́ченный
обозна́чить(ся), -чу,
-чит(ся)
обо́зник, -а
обо́зный
обозрева́ние, -я
обозрева́тель, -я
обозрева́ть(ся), -а́ю,
-а́ет(ся)
обозре́ние, -я
обозре́ть, -рю́, -ри́т
обозри́мый
обо́зчик, -а
обо́и, обо́ев
обойдённый; *кр. ф.* -ён,-ена́
обо́йка, -и
обо́йма, -ы
обо́йный
обойти́(сь), обойду́(сь),
обойдёт(ся); *прош.* обо-
шёл(ся), обошла́(сь)
обо́йщик, -а
о́бок, *нареч.* (шага́ть
о́бок), но *сущ.* о́ бок
(бок о́ бок)
обокра́денный
обокра́сть, обкраду́, об-
крадёт; *прош.* обокра́л,
обокра́ла
обо́л, -а
оболване́нный
оболва́неть, -ею, -еет (по-
глупеть)

оболва́нивание, -я
оболва́нивать(ся), -аю(сь),
-ает(ся)
оболва́нить, -ню, -нит (кого, что)
оболва́ниться, -нюсь, -нит-
ся
оболга́нный
оболга́ть, -лгу́, -лжёт, -лгу́т;
прош. -а́л, -ала́, -а́ло
бболонь, -и
оболо́чка, -и
оболо́чковый
оболо́чник, -а
оболо́чный
ообо́лганный
оболта́ть, -а́ю, -а́ет
обо́лтус, -а
обольсти́тель, -я
обольсти́тельница, -ы
обольсти́тельный
обольсти́ть(ся), -льщу́(сь),
-льсти́т(ся)
обольща́ть(ся), -а́ю(сь),
-а́ет(ся)
обольще́ние, -я
обольщённый; *кр. ф.* -ён
-ена́
обомлева́ть, -а́ю, -а́ет
обомле́ть, -е́ю, -е́ет
обомше́лый
обомше́ть, -е́ю, -е́ет
обоня́ние, -я
обоня́тельный
обоня́ть, -я́ю, -я́ет
обо́ра, -ы
обора́чиваемость, -и
обора́чивать(ся), -аю(сь),
-ает(ся)
оборва́нец, -нца
оборва́нка, -и
обо́рванный
оборва́ть(ся), -рву́(сь),
-рвёт(ся); *прош.* -а́л(ся),
-ала́(сь), -а́ло, -а́лось
оборва́шка, -и, *м. и ж.*
обо́рвыш, -а
оборжа́веть, -еет и обор-
жаве́ть, -еет
оборо́на, -ы
обо́рка, -и
обормо́т, -а
обормо́тка, -и
оборода́теть, -ею, -еет
оборо́на, -ы
оборонённый; *кр. ф.* -ён,
-ена́
оборо́нец, -нца
оборони́тельный
оборони́ть(ся), -ню́(сь),
-ни́т(ся)
оборо́нный
обороноспосо́бность, -и
обороноспосо́бный
оборо́нческий
оборо́нчество, -а
оборо́ня́ть(ся), -я́ю(сь),
-я́ет(ся)
оборо́т, -а
бборотень, -тня
оборо́тистость, -и
оборо́тистый
оборо́ти́ть(ся), -очу́(сь),
-о́тит(ся)

оборо́тливость, -и
оборо́тливый
оборо́тность, -и
оборо́тный
оборо́ченный
обо́рочка, -и
обору́дование, -я
обору́дованный
обору́довать(ся), -дую, -ду-
ет(ся)
обо́рчатый
обо́рыши, -ей, *ед.* обо́рыш,
-а
обоса́бливать(ся), -аю(сь),
-ает(ся)
обоснова́ние, -я
обосно́ванность, -и
обосно́ванный; *кр. ф.*
прич. -ан, -ана; *кр. ф.*
прил. -ан, -анна
обоснова́ть(ся), -ну́ю(сь),
-ну́ет(ся)
обосно́вывать(ся), -аю(сь),
-ает(ся)
обособи́ть(ся), -блю(сь),
-би́т(ся)
обособле́ние, -я
обосо́бленность, -и
обосо́бленный; *кр. ф.*
прич. -ен, -ена; *кр. ф.*
прил. -ен, -енна
обособля́ть(ся), -я́ю(сь),
-я́ет(ся)
обостре́ние, -я
обострённый; *кр. ф.* -ён,
-ена́
обостри́ть(ся), -рю́,
-ри́т(ся)
обостря́ть(ся), -я́ю, -я́ет(ся)
обо́тчина, -ы
ббочь, *нареч.*
обоше́дший(ся)
обою́дный
обоюдовы́годный
обоюдоо́стрый
обоюдосторо́нний
обпа́чканный
обпа́чкать(ся), -аю(сь),
-ает(ся)
обполза́ть, -аю, -ает
обраба́тываемость, -и
обраба́тывание, -я
обраба́тывать(ся), -аю,
-ает(ся)
обраба́тывающий(ся)
обрабо́танный
обрабо́тать(ся), -аю,
-ает(ся)
обрабо́тка, -и
обрабо́точный
обрабо́тчик, -а
обра́внивание, -я
обра́внивать(ся), -аю,
-ает(ся)
обра́дованный
обра́довать(ся), -дую(сь),
-дует(ся)
образ 1, -а, *мн.* -ы, -ов
(представление)
о́браз 2, -а, *мн.* -а́, -о́в (ико-
на)
образе́ц, -зца́
образи́на, -ы
образно́й (*от* о́браз 2)

образно-поэти́ческий
образно-символи́ческий
образность, -и
образно-экспресси́вный
образный (от о́браз 1)
образова́ние, -я
образо́ванность, -и
образо́ванный; кр. ф.
    прич. -ан, -ана; кр. ф.
    прил. -ан, -анна
образова́тельный
образова́ть(ся), -зу́ю(сь),
    -зу́ет(ся)
образо́вывать(ся), -аю(сь),
    -ает(ся)
образо́к, -зка́
образо́чек, -чка
образу́мить(ся), -млю(сь),
    -мит(ся)
образу́мленный
образу́ющий(ся)
образцо́во-показа́тельный
образцо́вый
обра́зчик, -а
обрако́ванный
обракова́ть, -ку́ю, -ку́ет
обра́мить, -млю, -мит
обрамле́ние, -я
обрамлённый; кр. ф. -ён,
    -ена́
обрамля́ть(ся), -я́ю,
    -я́ет(ся)
обраста́ние, -я
обраста́ть, -а́ю, -а́ет
обрасти́, -ту́, -тёт; прош.
    -ро́с, -росла́
обра́т, -а
обрати́мость, -и
обрати́мый
обрати́ть(ся), -ащу́(сь),
    -ати́т(ся)
обратнозави́симый
обра́тно пропорциона́ль-
    ный
обратноходово́й
обра́тный
обраща́емость, -и
обраща́ть(ся), -а́ю(сь),
    -а́ет(ся)
обраще́ние, -я
обращённый; кр. ф. -ён,
    -ена́
обреве́ться, -ву́сь, -вётся
обревизо́ванный
обревизова́ть, -зу́ю, -зу́ет
обре́з, -а
обреза́ние, -я (обряд)
обре́зание, -я (действие)
обре́занный
обре́зать(ся), -е́жу(сь),
    -е́жет(ся), сов.
обреза́ть(ся), -а́ю(сь),
    -а́ет(ся), несов.
обрези́ненный
обрези́нивание, -я
обрези́нивать(ся), -аю,
    -ает(ся)
обрези́нить, -ню, -нит
обре́зка, -и
обре́зковый
обрезно́й
обре́зок, -зка
обре́зочный
обре́зчик, -а

обре́зывание, -я
обре́зывать(ся), -аю(сь),
    -ает(ся)
обрека́ть(ся), -а́ю(сь),
    -а́ет(ся)
обрёкший(ся)
обремене́ние, -я
обременённый; кр. ф. -ён,
    -ена́
обремени́тельный
обремени́ть(ся), -ню(сь),
    -ни́т(ся)
обременя́ть(ся), -я́ю(сь),
    -я́ет(ся)
обреме́зенный
обреме́зить(ся), -и́жу(сь),
    -и́зит(ся)
обрести́(сь), -ету́(сь),
    -ете́т(ся); прош. -ёл(ся),
    -ела́(сь)
обрета́ть(ся), -а́ю(сь),
    -а́ет(ся)
обрете́ние, -я
обретённый; кр. ф. -ён,
    -ена́
обре́тший(ся)
обрече́ние, -я
обречённость, -и
обречённый; кр. ф. -ён,
    -ена́
обре́чь(ся), -еку́(сь),
    -ече́т(ся), -еку́т(ся);
    прош. -ёк(ся), -екла́(сь)
обрешётина, -ы
обрешети́ть, -шечу́, -ше́тит
обрешётка, -и
обрешёточный
обрешёченный
обреше́чивать(ся), -аю,
    -ает(ся)
обрива́ть(ся), -а́ю(сь),
    -а́ет(ся)
обрисо́ванный
обрисова́ть(ся), -су́ю, -су́-
    ет(ся)
обрисо́вка, -и
обрисо́вывать(ся), -аю,
    -ает(ся)
обри́тый
обри́ть(ся), -ре́ю(сь), -ре́-
    ет(ся)
обровне́ние, -я
обровня́ть(ся), -я́ю, -я́ет(ся)
оброга́ция, -и
обро́к, -а
оброне́нный; кр. ф. -ен,
    -ена и обронённый; кр.
    ф. -ён, -ена́
оброни́ть, -оню́, -о́нит
обро́сший
оброта́ть, -а́ю, -а́ет
обро́ть, -и
обро́чник, -а
обро́чный
обру́б, -а
обруба́ть(ся), -а́ю, -а́ет(ся)
обруби́ть(ся), -ублю́,
    -у́бит(ся)
обру́бка, -и
обру́бленный
обрубно́й
обру́бок, -бка
обру́бочный
обру́ганный

обруга́ть(ся), -а́ю(сь),
    -а́ет(ся)
об руку: рука́ об руку
обрусе́лый
обрусе́ть, -е́ю, -е́ет (стать
    русским)
обруси́ть, -и́т (кого)
о́бруч, -а, мн. -и, -е́й
обруча́льный
обруча́ть(ся), -а́ю(сь),
    -а́ет(ся)
обруче́ние, -я
обручённый; кр. ф. -ён,
    -ена́
обручи́ть(ся), -чу́(сь),
    -чи́т(ся)
о́бручный
обруше́ние, -я
обру́шенный
обру́шивать(ся), -аю(сь),
    -ает(ся)
обру́шить(ся), -шу(сь),
    -шит(ся)
о́бры, -ов
обры́в, -а
обрыва́ть(ся), -а́ю(сь),
    -а́ет(ся)
обры́вистый
обры́вность, -и
обры́вок, -вка
обры́вочек, -чка
обры́вочный
обры́вчатый
обры́зганный
обры́згать(ся), -аю(сь),
    -ает(ся)
обры́згиватель, -я
обры́згивать(ся), -аю(сь),
    -ает(ся)
обры́знуть(ся), -ну(сь),
    -нет(ся)
обры́сканный
обры́скать, -ы́щу, -ы́щет и
    -аю, -ает
обры́тый
обры́ть(ся), -ро́ю(сь), -ро́-
    ет(ся)
обрыхле́ть, -е́ет
обрюзглость, -и
обрю́зглый
обрю́згнуть, -ну, -нет;
    прош. -юзг, -юзгла
обрю́згший
обря́д, -а
обряди́ть(ся), -яжу́(сь),
    -я́дит(ся)
обря́дность, -и
обря́дный
обря́довый
обряжа́ть(ся), -а́ю(сь),
    -а́ет(ся)
обряже́ние, -я
обря́женный
обсади́ть, -ажу́, -а́дит
обса́дка, -и
обса́дный
обса́женный
обса́живание, -я
обса́живать(ся), -аю,
    -ает(ся)
обса́ленный
обса́ливать(ся), -аю(сь),
    -ает(ся)

обса́лить(ся), -лю(сь),
    -лит(ся)
обса́сывать(ся), -аю,
    -ает(ся)
обса́харенный
обса́харивать(ся), -аю,
    -ает(ся)
обса́харить(ся), -рю,
    -рит(ся)
обсви́станный
обсвиста́ть, -а́ю, -а́ет и
    -ищу́, -и́щет
обсви́стывать, -аю, -ает
обсе́в, -а
обсева́ть(ся), -а́ю(сь),
    -а́ет(ся)
обсе́вки, -ов и -вок
обсе́вок, -вка
обседа́ть, -а́ет
обсека́ние, -я
обсека́ть(ся), -а́ю, -а́ет(ся)
обсе́кший(ся) и обсёк-
    ший(ся)
обсемене́ние, -я
обсеменённый; кр. ф. -ён,
    -ена́
обсемени́ть(ся), -ню́,
    -ни́т(ся)
обсеменя́ть(ся), -я́ю,
    -я́ет(ся)
обсервато́рия, -и
обсервато́рский
обсервацио́нный
обсерва́ция, -и
обсе́сть, -ся́дет; прош. -сёл,
    -се́ла
обсече́ние, -я
обсечённый; кр. ф. -ён,
    -ена́
обсе́чка, -и
обсе́чки, -чек
обсе́чь(ся), -еку́(сь),
    -ече́т(ся), -еку́т(ся);
    прош. -ёк(ся) и -ёк(ся),
    -екла́(сь)
обсе́янный
обсе́ять(ся), -е́ю(сь),
    -е́ет(ся)
обсиде́ться, -ижу́сь, -иди́тся
обсидиа́н, -а
обсидиа́новый
обси́женный
обси́живать(ся), -аю(сь),
    -ает(ся)
обска́канный
обска́бливать(ся), -аю,
    -ает(ся)
обскака́ть, -скачу́, -ска́чет
обска́кивать, -аю, -ает
обско́бленный
обскобли́ть, -о́блю, -о́бли́т
обскура́нт, -а
обскуранти́зм, -а
обскуранти́стский
обскура́нтка, -и
обскура́нтский
обсле́дование, -я
обсле́дованный
обсле́дователь, -я
обсле́довательский
обсле́довать(ся), -дую,
    -дует(ся)
обслу́га, -и
обслу́женный

200

обслу́живание, -я
обслу́живать(ся), -аю,
　-ает(ся)
обслу́живающий(ся)
обслужи́ть, -ужу́, -у́жит
обслюнённый; кр. ф. -ён,
　-ена́
обслюни́ть(ся), -ню́(сь),
　-ни́т(ся)
обслюня́вить(ся),
　-влю(сь), -вит(ся)
обслюня́вленный
обсме́ивать(ся), -аю,
　-ает(ся)
обсме́янный
обсме́ять, -ею, -еёт
обсоли́ть, -олю́, -о́ли́т
обсо́санный
обсоса́ть(ся), -осу́, -осёт(ся)
обсо́хнуть, -ну, -нет; прош.
　-о́х, -о́хла
обсо́хший
обсою́женный
обсою́зить, -ю́жу, -ю́зит
обста́вить(ся), -влю(сь),
　-вит(ся)
обста́вленный
обставля́ть(ся), -я́ю(сь),
　-я́ет(ся)
обстано́вка, -и
обстано́вочный
обсти́ранный
обстира́ть(ся), -а́ю(сь),
　-а́ет(ся)
обсти́рывать(ся), -аю(сь),
　-ает(ся)
обстоя́тельность, -и
обстоя́тельный
обстоя́тельственный
обстоя́тельство, -а
обстоя́ть, -ои́т
обстра́гивать(ся), -аю,
　-ает(ся) и
　обстру́гивать(ся), -аю,
　-ает(ся)
обстра́ивание, -я
обстра́ивать(ся), -аю(сь),
　-ает(ся)
обстра́чивать(ся), -аю,
　-ает(ся)
обстрека́ться, -а́юсь, -а́ется
обстре́л, -а
обстре́ливание, -я
обстре́ливать(ся), -аю(сь),
　-ает(ся)
обстре́лянный
обстреля́ть(ся), -я́ю(сь),
　-я́ет(ся)
обстрига́ть(ся), -а́ю(сь),
　-а́ет(ся)
обстри́гший(ся)
обстри́женный
обстри́жка, -и
обстри́чь(ся), -игу́(сь),
　-ижёт(ся), -игу́т(ся);
　прош. -и́г(ся), -и́гла(сь)
обстро́ганный и
　обстру́ганный
обстрога́ть, -а́ю, -а́ет и
　обструга́ть, -а́ю, -а́ет
обстро́енный
обстро́ить(ся), -о́ю(сь),
　-о́ит(ся)
обстро́йка, -и

обстро́ченный
обстрочи́ть, -очу́, -о́чи́т
обстру́ганный и
　обстро́ганный
обструга́ть, -а́ю, -а́ет и
　обстрога́ть, -а́ю, -а́ет
обстру́гивать(ся), -аю,
　-ает(ся) и
　обстра́гивать(ся), -аю,
　-ает(ся)
обстру́жка, -и
обструкциони́зм, -а
обструкциони́ст, -а
обструкциони́стка, -и
обструкциони́стский
обструкцио́нный
обстру́кция, -и
обстря́панный
обстря́пать, -аю, -ает
обстря́пывать(ся), -аю,
　-ает(ся)
обсту́кать, -аю, -ает
обсту́кивать(ся), -аю,
　-ает(ся)
обступа́ть, -а́ет
обступи́ть, -у́пит
обсту́пленный
обстуча́ть, -чу́, -чи́т
обсуди́ть, -ужу́, -у́дит
обсужда́ть(ся), -а́ю,-а́ет(ся)
обсужде́ние, -я
обсуждённый; кр. ф. -ён,
　-ена́
обсу́женный
обсу́живать(ся), -аю,
　-ает(ся)
обсу́сленный
обсу́сливать(ся), -аю(сь),
　-ает(ся)
обсу́слить(ся), -лю(сь),
　-лит(ся)
обсусо́ленный
обсусо́ливать(ся), -аю(сь),
　-ает(ся)
обсусо́лить(ся), -лю(сь),
　-лит(ся)
обсу́шенный
обсу́шивание, -я
обсу́шивать(ся), -аю(сь),
　-ает(ся)
обсуши́ть(ся), -ушу́(сь),
　-у́шит(ся)
обсу́шка, -и
обсчёт, -а
обсчи́танный
обсчита́ть(ся), -а́ю(сь),
　-а́ет(ся)
обсчи́тывание, -я
обсчи́тывать(ся), -аю(сь),
　-ает(ся)
обсыпа́ние, -я
обсы́панный
обсы́пать(ся), -плю(сь),
　-плет(ся), -плют(ся) и
　-пет(ся), -пят(ся), сов.
обсыпа́ть(ся), -а́ю(сь),
　-а́ет(ся), несов.
обсы́пка, -и
обсыпно́й
обсыха́ть, -а́ю, -а́ет
обта́ивать, -ает
обта́пливать(ся), -аю,
　-ает(ся)

обта́птывать(ся), -аю,
　-ает(ся)
обта́сканный
обта́чанный
обтача́ть, -а́ю, -а́ет
обта́чивание, -я
обта́чивать(ся), -аю,
　-ает(ся)
обта́чка, -и
обтачно́й (от тача́ть)
обта́ять, -а́ет
обтека́емость, -и
обтека́емый
обтека́ние, -я
обтека́ть, -а́ет
обтёкший
обтере́ть(ся), оботру́(сь),
　оботрёт(ся); прош.
　обтёр(ся), обтёрла(сь)
обтерпе́ться, -ерплю́сь,
　-е́рпится
обтёртый
обтёрший(ся)
обтёсанный
обтеса́ть(ся), -ешу́(сь),
　-е́шет(ся)
обтёска, -и
обтёсывание, -я
обтёсывать(ся), -аю(сь),
　-ает(ся)
обте́чь, -ечёт, -еку́т; прош.
　-ёк, -екла́
обтира́ние, -я
обтира́ть(ся), -а́ю(сь),
　-а́ет(ся)
обти́рка, -и
обти́рочный
обти́сканный
обти́скать, -аю, -ает
обти́скивать, -аю, -ает
обтолкова́ть, -ку́ю, -ку́ет
обтолко́вывать, -аю, -ает
обтопи́ть, -оплю́, -о́пит
обто́пленный
обто́птанный
обтопта́ть, -опчу́, -о́пчет
обто́ченный
обточи́ть, -очу́, -о́чит
обто́чка, -и
обто́чный (от точи́ть)
обтрёпанный
обтрепа́ть(ся), -еплю́(сь),
　-е́плет(ся), -е́плют(ся) и
　-е́пет(ся), -е́пят(ся)
обтрёпывать(ся), -аю,
　-ает(ся)
обтре́скаться, -ается
обтряса́ть(ся), -а́ю, -а́ет(ся)
обтрясённый; кр. ф. -ён,
　-ена́
обтрясти́, -су́, -сёт; прош.
　-я́с, -ясла́
обтря́сший
обтура́тор, -а (мед.)
обты́канный
обты́кать, -аю, -ает, сов.
обтыка́ть -а́ю, -а́ет(ся),
　несов.
обтюра́тор, -а (тех.)
обтюра́ция, -и
обтя́гивание, -я
обтя́гивать(ся), -аю(сь),
　-ает(ся)
обтя́жечный

обтя́жка, -и
обтяжно́й
обтя́жчик, -а
обтя́жчица, -ы
обтя́нутый
обтяну́ть(ся), -яну́(сь),
　-я́нет(ся)
обтя́панный
обтя́пать, -аю, -ает
обтя́пывать(ся), -аю,
　-ает(ся)
обува́ние, -я
обува́ть(ся), -а́ю(сь),
　-а́ет(ся)
обу́вки, -вок, ед. обу́вка, -и
обувно́й
обувщи́к, -а́
о́бувь, -и
обу́гленный
обуглеро́живание, -я
обуглеро́живать(ся), -аю,
　-ает(ся)
обу́гливание, -я
обу́гливать(ся), -аю,
　-ает(ся)
обу́глить(ся), -лю, -лит(ся)
обу́женный
обу́живать(ся), -аю,
　-ает(ся)
обу́за, -ы
обузда́ние, -я
обу́зданный
обузда́ть, -а́ю, -а́ет
обу́здывание, -я
обу́здывать(ся), -аю,
　-ает(ся)
обу́зить, -у́жу, -у́зит
обурева́емый
обурева́ть, -а́ет
обурённый; кр. ф. -ён, -ена́
обуржуа́зить(ся), -а́жу(сь),
　-а́зит(ся)
обу́ривать(ся), -аю, -ает(ся)
обури́ть, -рю́, -ри́т
обусла́вливать(ся), -аю,
　-ает(ся) и обусло́вли-
　вать(ся), -аю, -ает(ся)
обусло́вить, -влю, -вит
обусло́вленность, -и
обусло́вленный
обусло́вливать(ся), -аю,
　-ает(ся) и обусла́вли-
　вать(ся), -аю, -ает(ся)
обустра́ивать(ся), -аю(сь),
　-ает(ся)
обустро́ить, -о́ю, -о́ит
обустро́йство, -а
обу́тки, -ток, ед. обу́тка, -и
обу́треть, -еет
обу́тый
обу́ть(ся), -у́ю(сь), -у́ет(ся)
о́бух, -а и обу́х, -а́
обуча́ть(ся), -а́ю(сь),
　-а́ет(ся)
обуче́ние, -я
обу́ченный
обучи́ть(ся), -учу́(сь),
　-у́чит(ся)
обушко́вый
обу́шный
обушо́к, -шка́
обуя́нный
обуя́ть, -я́ет
обха́живать, -аю, -ает

обхаживать(ся), -аю, -ает(ся)
обхамить, -млю, -мит
обхаянный
обхаять, -аю, -ает
обхват, -а
обхватанный (от обхватать)
обхватать, -аю, -ает
обхватить(ся), -ачу(сь), -атит(ся)
обхватывать(ся), -аю(сь), -ает(ся)
обхваченный (от обхватить)
обхитрить, -рю, -рит
обхлопанный
обхлопать, -аю, -ает
обхлопывать, -аю, -ает
обход, -а
обходительность, -и
обходительный
обходить(ся), -ожу(сь), -одит(ся)
обходной и обходный
обходчик, -а
обходящий(ся)
обхоженный
обхождение, -я
обхоженный
обхохотаться, -очусь, -очется
обцарапанный
обцарапать(ся), -аю(сь), -ает(ся)
обцарапывать(ся), -аю(сь), -ает(ся)
обцеловать, -лую, -лует
обчекрыженный
обчекрыжить(ся), -жу(сь), -жит(ся)
обчёсанный
обчесать(ся), -ешу(сь), -ешет(ся)
обчёска, -и
обчесть(ся), обочту(сь), обочтёт(ся); прош. обчёл(ся), обчла(сь)
обчёсывать(ся), -аю(сь), -ает(ся)
обчиненный
обчинивать(ся), -аю(сь), -ает(ся)
обчинить(ся), -иню(сь), -инит(ся)
обчистить(ся), -ищу(сь), -истит(ся)
обчистка, -и
обчищать(ся), -аю(сь), -ает(ся)
обчищенный
обшаренный
обшаривать(ся), -аю, -ает(ся)
обшарить, -рю, -рит
обшарканный
обшаркать(ся), -аю, -ает(ся)
обшаркивать(ся), -аю, -ает(ся)
обшарпанный
обшарпать(ся), -аю, -ает(ся)
обшарпывать(ся), -аю, -ает(ся)
обшастанный

общёлкать, -аю, -ает
обшевни, -ей
сшибать, -аю, -ает
сшибить, -бу, -бёт; прош. -шиб, -шибла
обшибленный
обшивать(ся), -аю(сь), -ает(ся)
обшивка, -и
обшивной
обшивочный
обшиканный
обшикать, -аю, -ает
обширность, -и
обширный
обшитый
обшить(ся), обошью(сь), обошьёт(ся)
обшлаг, -а, мн. -а, -ов
обшлажный
обшлажок, -жка
обшлёпанный
обшлёпать(ся), -аю, -ает(ся)
обшмыганный
обшмыгать(ся), -аю, -ает(ся)
обшмыгивать(ся), -аю, -ает(ся)
обшныренный (от обшнырить)
обшныривать, -аю, -ает
обшнырить, -рю, -рит
обшнырянный (от обшнырять)
обшнырять, -яю, -яет
общаться, -аюсь, -ается
обще... — первая часть сложных слов, пишется всегда слитно
общеармейский
общебиологический
общевойсковой
общевузовский
общегалактический
общегигиенический
общегородской
общегосударственный
общегражданский
общедемократический
общедоступность, -и
общедоступный
общеевропейский
общежитейский
общежительный
общежитие, -я
общежитский
общезаводский и общезаводской
общезначимый
общеизвестный
общеинститутский
общеисторический
общеклассовый
общеколхозный
общекомандный
общелитературный
общёлкать, -аю, -ает
общёлкивать(ся), -аю, -ает(ся)
общёлкнутый
общемашиностроительный
общеминистерский

общенародный
общенациональный
общение, -я
общеобразовательный
общеобязательный
общеоздоровительный
общепартийный
общепит, -а
общепитовский
общеполезный
общеполитический
общепонятный
общепризнанный; кр. ф. -ан, -ана
общепринятый
общепромышленный
общераспространённый
общерекурсивный
общереспубликанский
общерусский
общесемейный
общеславянский
общесоюзный
общесплавной
общественник, -а
общественница, -ы
общественно значимый
общественно-исторический
общественно необходимый
общественно опасный
общественно-ориентированный
общественно-педагогический
общественно-передовой
общественно полезный
общественно-политический
общественно-производственный
общественность, -и
общественно-трудовой
общественно-экономический
общественный
общество, -а
обществовед, -а
обществоведение, -я
обществоведческий
обществознание, -я
общетеоретический
общетехнический
общеуниверситетский
общеупотребительный
общеустановленный
общефабричный
общефизический
общефилософский
общехозяйственный
общечеловеческий
общешкольный
общеэкономический
общеэстетический
общий; кр. ф. общ, обща, обще и общо
община, -ы
общинник, -а
общинно-родовой
общинный
общипанный

общипать, -иплю, -иплет, -иплют и -ипет, -ипят; также -аю, -ает
общипка, -и
общипывание, -я
общипывать(ся), -аю, -ает(ся)
общительность, -и
общительный
общность, -и
общо, нареч.
объегоренный
объегоривать(ся), -аю, -ает(ся)
объегорить, -рю, -рит
объедала, -ы, м. и ж.
объедаловка, -и
объедание, -я
объедать(ся), -аю(сь), -ает(ся)
объедение, -я
объеденный
объединение, -я
объединённый; кр. ф. -ён, -ена
объединительный
объединить(ся), -ню(сь), -нит(ся)
объединять(ся), -яю(сь), -яет(ся)
объедки, -ов, ед. объедок, -дка
объедья, -ьев
объезд, -а
объездить(ся), -зжу, -здит(ся)
объездка, -и
объездной
объездчик, -а
объезжать(ся), -аю, -ает(ся)
объезженный
объезжий
объект, -а
объектив, -а
объективация, -и
объективизация, -и
объективизм, -а
объективированный
объективировать(ся), -рую, -рует(ся)
объективист, -а
объективистский
объективно необходимый
объективно обусловленный
объективность, -и
объективный
объектно-ориентированный
объектный
объектовый
объём, -а
объёмистый
объёмлемый
объёмлющий
объёмно-вращательный
объёмно-оптический
объёмно-планировочный
объёмно-пространственный
объёмность, -и
объёмный
объёрзать, -аю, -ает

объе́сть(ся), -е́м(ся),
  -е́шь(ся), -е́ст(ся),
  -еди́м(ся), -еди́те(сь),
  -еда́т(ся); прош. -е́л(ся),
  -е́ла (сь)
объе́хать, -е́ду, -е́дет
объяви́ть(ся), -явлю́(сь),
  -я́вит(ся)
объявле́ние, -я
объя́вленный
объявля́ть(ся), -я́ю(сь),
  -я́ет(ся)
объягни́ться, -и́тся
объясне́ние, -я
объяснённый; кр. ф. -ён,
  -ена́
объясни́мый
объясни́тельный
объясни́ть(ся), -ню́(сь),
  -ни́т(ся)
объясня́ть(ся), -я́ю(сь),
  -я́ет(ся)
объя́тие, -я
объя́тый
объя́ть, буд. и пов. не
  употр., прош. -я́л, -я́ла
обыва́тель, -я
обыва́тельница, -ы
обыва́тельский
обыва́тельщина, -ы
обы́гранный
обыгра́ть(ся), -а́ю(сь),
  -а́ет(ся)
обы́грывать(ся), -аю,
  -ает(ся)
обыдёнкой, нареч.
обы́денность, -и
обы́денный
обыдёнщина, -ы
обызвести́ть(ся), -влю́,
  -ви́т(ся)
обызвествле́ние, -я
обызвествлённый; кр. ф.
  -ён, -ена́
обызвествля́ть(ся), -я́ю,
  -я́ет(ся)
обыка́ть, -а́ю, -а́ет
обыкнове́ние, -я
обыкнове́нный; кр. ф.
  -е́нен, -е́нна
обы́кнуть, -ну, -нет; прош.
  -ы́к, -ы́кла
обы́кший
обыма́ть(ся), -а́ю(сь),
  -а́ет(ся)
обы́ндевелый
обы́ндеветь, -ею, -еет и
  обындеве́ть, -е́ю, -е́ет
обынострани́ться, -нюсь,
  -нится
обынтеллиге́нтиться,
  -нчусь, -нтится
обы́ск, -а
обы́сканный
обыска́ть(ся), -ыщу́(сь),
  -ы́щет(ся)
обы́скивать(ся), -аю,
  -ает(ся)
обы́чай, -я
обы́чность, -и
обы́чный
обэхаэ́совец, -вца
обюрокра́тить(ся),
  -а́чу(сь), -а́тит(ся)

обюрокра́ченный
обюрокра́чивать(ся),
  -аю(сь), -ает(ся)
обя́занность, -и
обя́занный
обяза́тельность, -и
обяза́тельный
обяза́тельственный
обяза́тельство, -а
обяза́ть(ся), -яжу́(сь),
  -я́жет(ся)
обя́зывать(ся), -аю(сь),
  -ает(ся) и -зую(сь), -зу-
  ет(ся)
ова́л, -а
овалогу́бцы, -ев
овалотока́рный
ова́льно-кони́ческий
ова́льно-продолгова́тый
ова́льный
ова́мо: се́мо и ова́мо
ова́ция, -и
овдове́ть, -е́ю, -е́ет
овева́ть(ся), -а́ю, -а́ет(ся)
  (к ве́ять)
ове́ивать, -аю, -ает
оверло́к, -а
оверло́чница, -ы
овершта́г, -а
овёс, овса́
ове́чий, -ья, -ье
ове́чка, -и
овеществи́ть(ся), -влю́,
  -ви́т(ся)
овеществле́ние, -я
овеществлённый; кр. ф.
  -ён, -ена́
овеществля́ть(ся), -я́ю,
  -я́ет(ся)
ове́янный
ове́ять, -е́ю, -е́ет
овива́ть(ся), -а́ю(сь),
  -а́ет(ся) (к вить)
ови́н, -а
ови́нный
ови́тый; кр. ф. -и́т, -ита́,
  -и́то
ови́ть(ся), овью́(сь), овь-
  ёт(ся); прош. -и́л(ся),
  -ила́(сь), -и́ло, -и́ло́(сь)
овладева́ть(ся), -а́ю,
  -а́ет(ся)
овладе́ние, -я
овладе́ть, -е́ю, -е́ет
овогене́з, -а
о́вод, -а, мн. -ы, -ов и -а́, -о́в
оводо́вый
овоско́п, -а
овощеба́за, -ы
о́воще-бахчево́й
овощево́д, -а
овощево́дство, -а
овощево́дческий
овощекартофелево́дче-
  ский
овощекартофелехрани́ли-
  ще, -а
овощеконсе́рвный
овощемо́ечный
о́воще-моло́чный
овощеперераба́тывающий
овощеприготови́тельный
овощере́зательный
овощере́зка, -и

овощесуши́лка, -и
овощесуши́льный
овощехрани́лище, -а
о́вощи, -е́й, ед. о́вощ, -а
овощно́й
овра́г, -а
оврагоукрепи́тельный
овра́жек, -жка
овра́жистость, -и
овра́жистый
овра́жный
овсе́ц, -а́
овси́нка, -и
овсоруша́льный
овсору́шка, -и
овсосуши́лка, -и
овсошелуши́тель, -я
овсю́г, -а́
овся́ник, -а
овся́ница, -ы
овся́нка, -и
овсяно́й и овся́ный
овуля́ция, -и
овца́, -ы́, мн. о́вцы, ове́ц,
  о́вцам
овцебы́к, -а́, мн. -и́, -о́в
овцево́д, -а
овцево́дство, -а
овцево́дческий
овцема́тка, -и
овцесовхо́з, -а
овцефе́рма, -ы
овча́р, -а
овча́рка, -и
овча́рня, -и, р. мн. -рен
овчи́на, -ы
овчи́нка, -и
овчи́нник, -а
овчи́нно-шу́бный
овчи́нный
ога́рок, -рка
ога́рочек, -чка
ога́рочный
ога́рыш, -а
ога́рышек, -шка
огиба́ть(ся), -а́ю, -а́ет(ся)
оглавле́ние, -я
огла́дить(ся), -а́жу(сь),
  -а́дит(ся)
огла́дывать(ся), -аю,
  -ает(ся)
огла́женный
огла́живать(ся), -аю(сь),
  -ает(ся)
огласи́ть(ся), -ашу́,
  -аси́т(ся)
огла́ска, -и
огласо́вка, -и
оглаша́ть(ся), -а́ю, -а́ет(ся)
оглаше́ние, -я
оглашённый, прил.
оглашённый; кр. ф. -ён,
  -ена́, прич.
огло́бельный
огло́бля, -и, р. мн. -бель и
  -блей
огло́данный
оглода́ть, -ожу́, -о́жет и -а́ю,
  -а́ет
огло́док, -дка
огло́ед, -а
оглоу́шенный
оглоу́шивать, -аю, -ает
оглоу́шить, -шу, -шит

огло́хнувший
огло́хнуть, -ну, -нет; прош.
  -о́х, -о́хла
огло́хший
оглупе́ние, -я (от оглу-
  пе́ть)
оглупе́ть, -е́ю, -е́ет (стать
  глупым)
оглупи́ть, -плю́, -пи́т (кого,
  что)
оглупле́ние, -я (от оглу-
  пи́ть)
оглуплённый; кр. ф. -ён,
  -ена́
оглупля́ть, -я́ю, -я́ет
оглупля́ть, -я́ю, -я́ет
оглушённый; кр. ф. -ён,
  -ена́
оглуши́тельный
оглуши́ть, -шу́, -ши́т
огляде́ть(ся), -яжу́(сь),
  -яди́т(ся)
огля́дка, -и
огля́дывать(ся), -аю(сь),
  -ает(ся)
огляну́ть(ся), -яну́(сь),
  -я́нет(ся)
огневи́к, -а́
огневи́ца, -ы
огнёвка, -и
огнево́й
огнеды́шащий
огнезащи́та, -ы
огнезащи́тный
огнеземе́лец, -льца
огнемёт, -а
огнемета́ние, -я
огнемётный
о́гненно-кра́сный
о́гненно-фиоле́товый
о́гненный
огнеопа́сный
огнепокло́нник, -а
огнепокло́ннический
огнепокло́нничество, -а
огнепокло́нство, -а
огнеприпа́сы, -ов
огнепрово́дный
огнесто́йкий
огнесто́йкость, -и
огнестре́льный
огнетуши́тель, -я
огнеупо́рность, -и
огнеупо́рный
огнеупо́ры, -ов
огнеусто́йчивый
огнецве́т, -а
огни́во, -а
огни́стый
огнища́нин, -а, мн. -а́не, -а́н
огни́ще, -а
ого́нь, м., только им. и
  вин.
ого́, неизм.
огова́ривать(ся), -аю(сь),
  -ает(ся)
огово́р, -а
оговорённый; кр. ф. -ён,
  -ена́
оговори́ть(ся), -рю́(сь),
  -ри́т(ся)
огово́рка, -и
огово́рочный
огово́рщик, -а

о-го-гб, *неизм.*
оголёние, -я
оголённый; *кр. ф.* -ён, -ена́
оголе́ть, -е́ю, -е́ет (лишиться покрова)
оголе́ц, -льца́
оголи́ть, -лю́, -ли́т (*кого, что*)
оголи́ться, -лю́сь, -ли́тся
оголо́вник, -а
оголо́вок, -вка
оголо́вье, -я, *р. мн.* -вий
оголода́ть, -а́ю, -а́ет
оголте́лый
оголя́ть(ся), -я́ю(сь), -я́ет(ся)
огонёк, -нька́
огонёчек, -чка
огбнь, огня́
огора́живание, -я
огора́живать(ся), -аю(сь) -ает(ся)
огоро́д, -а
огороди́ть(ся), -ожу́(сь), -бди́т(ся)
огоро́дник, -а
огоро́дница, -ы
огоро́дничать, -аю, -ает
огоро́днический
огоро́дничество, -а
огоро́дничий, -ья, -ье
огоро́дный
огоро́жа, -и
огоро́женный
огоро́шенный
огоро́шивать, -аю, -ает
огоро́шить, -шу, -шит
огорча́ть(ся), -а́ю(сь), -а́ет(ся)
огорче́ние, -я
огорчённый; *кр. ф.* -ён, -ена́
огорчи́тельный
огорчи́ть(ся), -чу́(сь), -чи́т(ся)
огосуда́рствление, -я
огра́бить, -блю, -бит
ограбле́ние, -я
огра́бленный
ограбля́ть(ся), -я́ю, -я́ет(ся)
огра́да, -ы
огради́тельный
огради́ть(ся), -ажу́(сь), -ади́т(ся)
огра́дка, -и
огражда́ть(ся), -а́ю(сь), -а́ет(ся)
огражде́ние, -я
ограждённый; *кр. ф.* -ён, -ена́
огранённый; *кр. ф.* -ён, -ена́
огра́нивать(ся), -аю, -ает(ся)
ограни́ть(ся), -ню, -ни́т(ся)
ограниче́ние, -я
ограни́ченно го́дный
ограни́ченно-рекурси́вный
ограни́ченность, -и
ограни́ченный; *кр. ф. прич.* -ен, -ена; *кр. ф. прил.* -ен, -енна
ограни́чивание, -я
ограни́чивать(ся), -аю(сь), -ает(ся)

ограничи́тель, -я
ограничи́тельный
ограни́чить(ся), -чу(сь), -чит(ся)
огра́нка, -и
огреба́ть(ся), -а́ю(сь), -а́ет(ся)
огребённый; *кр. ф.* -ён, -ена́
огрёбки, -ов
огребно́й
огрёбший(ся)
огрёбье, -я
огрева́ть(ся), -а́ю, -а́ет(ся)
огрести́(сь), -ребу́(сь), -ребёт(ся); *прош.* -рёб(ся), -ребла́(сь)
огре́тый
огре́ть, -е́ю, -е́ет
огрёх, -а
огро́мный
огрубева́ть, -а́ю, -а́ет
огрубе́лый
огрубе́ние, -я (*от огрубе́ть*)
огрубе́ть, -е́ю, -е́ет (стать грубым)
огруби́ть, -блю, -би́т (*кого, что*)
огрубле́ние, -я (*от огруби́ть*)
огрубля́ть(ся), -я́ю, -я́ет(ся)
огрузне́ть, -е́ю, -е́ет
огру́знувший и огру́зший
огру́знуть, -ну, -нет; *прош.* -у́знул и -у́з, -у́зла
огрыза́ть(ся), -а́ю(сь), -а́ет(ся)
огры́зенный
огрызну́ться, -ну́сь, -нётся
огры́зок, -зка, *р. мн.* -зков
огры́зть, -зу́ -зёт; *прош.* -ы́з, -ы́зла
огры́зший
огублённый звук
огу́зок, -зка
огу́лом, *нареч.*
огу́льный
огуре́ц, -рца́
огуре́чник, -а
огуре́чный
огу́рчик, -а
бда, -ы
ода́лживать(ся), -аю(сь), -ает(ся)
одали́ска, -и
бдаль, *нареч.*
одарённость, -и
одарённый; *кр. ф. прич.* -ён, -ена́; *кр. ф. прил.* -ён, -ённа
ода́ривать(ся), -аю, -ает(ся)
ода́рить, -рю, -ри́т
одаря́ть, -я́ю, -я́ет
одева́ние, -я
одева́ть(ся), -а́ю(сь), -а́ет(ся)
оде́жа, -и
оде́жда, -ы
одёжина, -ы
одёжка, -и
одёжный
одежо́нка, -и
одеколо́н, -а

одеколо́нить(ся), -ню(сь), -нит(ся)
одеколо́нный
оделённый; *кр. ф.* -ён, -ена́
одели́ть, -лю́, -ли́т
бдельстинг, -а
оделя́ть(ся), -я́ю, -я́ет(ся)
одебн, -а
оде́р, одра́ (кляча)
одёрганный
одёргать, -аю, -ает
одёргивать(ся), -аю(сь), -ает(ся)
одеревене́лость, -и
одеревене́лый
одеревене́ние, -я
одеревене́ть, -е́ю, -е́ет
оде́ржанный
одержа́ть, -ержу́, -е́ржит
оде́рживать, -аю, -ает
одержи́мость, -и
одержи́мый
одёрнутый
одёрнуть(ся), -ну(сь), -нет(ся)
одесну́ю (справа)
одесси́т, -а
одесси́тка, -и
оде́сский
оде́тый
оде́ть(ся), -е́ну(сь), -е́нет(ся)
одея́лишко, -а
одея́ло, -а
одея́льце, -а, *р. мн.* -лец
одея́ние, -я
оди́н, одна́, одно́
одина́ковый
одина́рный (не двойной)
оди́н в оди́н, оди́н в одно́-го́
оди́н-еди́нственный, одного́-еди́нственного
одинёхонек и одинёшенек
оди́н за други́м
оди́н к одному́
одиннадцатиле́тний (11-ле́тний)
одиннадцатиметро́вый
оди́ннадцатый
оди́ннадцать, -и, *тв.* -ью
оди́н на оди́н
оди́н-одинёхонек и оди́н-одинёшенек
одино́жды
одино́кий
одинокорасту́щий*
одино́чество, -а
одино́чка, -и, *м. и ж.*
одино́чник, -а
одино́чница, -ы
одино́чный
оди́н-разъеди́нственный
одио́зный
одиссе́я, -и
одича́лый
одича́ние, -я
одича́ть, -а́ю, -а́ет
оди́ческий
одна́жды
одна́ко
одна́ко ж(е)
одна́-одно́й

одни́м-оди́н, одни́м-одна́
одноа́ктный
одноа́томный
однобо́кий
однобо́ртный
однобра́чие, -я
однобра́чный
однова́, *нареч.*
однова́лентный
одновинтово́й
одновозрастный
одновреме́нность, -и
одновреме́нный
одногла́вый
одногла́зка, -и
одногла́зый
одногоди́чный
одного́дка, -и, *р. мн.* -док
одного́док, -дка, *р. мн.* -дков
одноголо́сие, -я
одноголо́сный
одноголо́сый
одного́рбый
однодво́рец, -рца
однодво́рка, -и
однодво́рческий
одно-, двух- и трёхфа́зный
однодере́вка, -и
однодиапазо́нный
однодне́вка, -и
однодне́вный
однодо́льный
однодо́мный
одноду́м, -а
одноже́нец, -нца
одножи́льный
однозаря́дный
однозву́чный
однозерня́нка, -и
однозна́чащий
однозна́чный
однозу́бый
одно- и двухэта́жный
одноимённый; *кр. ф.* -ёнен, -ённа
одно́ и то́ же
однокали́берный
однока́мерный
однока́шник, -а
однокварти́рный
однокиле́вой
однокла́ссник, -а
однокла́ссница, -ы
одноклето́чный
одноклетьево́й
одноклу́бник, -а
одноклу́бница, -ы
одноковшо́вый
одно́ к одному́
одноколе́йка, -и
одноколе́йный
одноколе́нный
одноколе́сный
одноко́лка, -и
однокомнатный
однокомпле́ктный
однокомпоне́нтный
однако́нный
однокопы́тный
однокоренно́й
однокорнево́й
однокра́тный

однокурсник, -а
однокурсница, -ы
одноламповый
однолемешный
однолётка, -и, р. мн. -ток
однолётний
однолётник, -а
однолёток, -тка, р. мн. -тков
однолинейный
однолошадный
однолюб, -а
одномандатный
одномастный
одномачтовый
одноместный
одномоторный
однонаправленный
одноногий
однообразие, -я
однообразность, -и
однообразный
одноосновный
одноосный
однопалатный
однопалубный
однопалый
однопартийный
одноплеменник, -а
одноплеменный
одноплечий
одноплунжерный
однополосные, -ых
однополосный (от полоса́)
однополостный (от по́лость)
однополчанин, -а, мн. -а́не, -а́н
однополчанка, -и
однополый
однополюсный
однопомётник, -а
однопроходные, -ых
однопутка, -и
однопутный
одноразовый
однорельсовый
однорогий
однородность, -и
однородный
однорукий
одноручный
одноря́дка, -и
одноря́дный
односельчанин, -а, мн. -а́не, -а́н
односельчанка, -и
односеменодольный и односемядольный
односемянный
односерийный
односильный
односкатный
однословный
односложность, -и
односложный
однослойный
односмёнка, -и
односмённый
односоставный
односпальный
одностаничник, -а
одностволка, -и

одноствольный
одностворчатый
одностопный
односторонний
односторонность, -и
однострунный
одноступенчатый
однотипный
однотомник, -а
однотомный
однотонный
однотрубный
одноутробный
одноухий
однофазный
однофамилец, -льца
однофамилица, -ы
одноцветный
одноцилиндровый
одночастёвка, -и
одночастёвый
одночастный
одночасье, -я
одночлен, -а
одночленный
одношёрстный
одношпиндельный
одноэтажка, -и
одноэтажный
одноязычный
одноякорный
одобрение, -я
одобренный
одобрительный
одобрить, -рю, -рит
одобря́ть, -я́ю, -я́ет(ся)
одограф, -а
одолевать(ся), -а́ю, -а́ет(ся)
одоление, -я
одолеть, -ею, -еет
одолжать(ся), -а́ю(сь), -а́ет(ся)
одолжение, -я
одолженный
одолжить(ся), -жу́(сь), -жи́т(ся)
одомашнение, -я
одомашненный
одомашнивание, -я
одомашнивать(ся), -аю, -ает(ся)
одомашнить(ся), -ню, -нит(ся)
одометр, -а
одонтолит, -а
одонтолог, -а
одонтологический
одонтология, -и
одонтома, -ы
одонье, -я, р. мн. -ьев
одописец, -сца
одорант, -а
одоризировать(ся), -рую, -рует(ся)
одоролдгия, -и
одр, одра́ (постель)
одревеснение, -я
одревеснеть, -еет
одряблеть, -ею, -еет
одря́бнувший
одря́бнуть, -ну, -нет; прош. -я́б, -я́бла
одря́бший

одряхлевший
одряхлелый
одряхление, -я
одряхлеть, -ею, -еет
одряхнувший
одряхнуть, -ну, -нет; прош. -я́х, -я́хла
одря́хший
одубеть, -ею, -еет
одуванчик, -а
одул, -а, р. мн. -ов
одульский
одуматься, -аюсь, -ается
одумываться, -аюсь, -ается
одурачение, -я
одураченный
одурачивание, -я
одурачивать(ся), -аю, -ает(ся)
одурачить, -чу, -чит
одурелый
одурение, -я
одуреть, -ею, -еет
одурманенный
одурманивание, -я
одурманивать(ся), -аю, -ает(ся)
одурманить(ся), -ню(сь), -нит(ся)
одурь, -и
одуря́ть, -я́ю, -я́ет
одуря́ющий
одутловатость, -и
одутловатый
одутлый
одухотворение, -я
одухотворённость, -и
одухотворённый; кр. ф. прич. -ён, -ена́; кр. ф. прил. -ён, -ённа
одухотворить(ся), -рю(сь), -рит(ся)
одухотворя́ть(ся), -я́ю(сь), -я́ет(ся)
одушевить(ся), -влю(сь), -вит(ся)
одушевление, -я
одушевлённость, -и
одушевлённый; кр. ф. -ён, -ена́
одушевля́ть(ся), -я́ю(сь), -я́ет(ся)
оды́шка, -и
оевропеивать(ся), -аю(сь), -ает(ся)
оевропеить(ся), -ею(сь), -еит(ся)
ожёгший(ся)
ожелёдь, -и
оженённый
оженить(ся), -еню(сь), -енит(ся)
ожеребиться, -ится
ожерелье, -я, р. мн. -лий
ожерельице, -а
ожесточать(ся), -а́ю(сь), -а́ет(ся)
ожесточение, -я
ожесточённость, -и
ожесточённый; кр. ф. прич. -ён, -ена́; кр. ф. прил. -ён, -ённа
ожесточить(ся), -чу́(сь), -чи́т(ся)

ожечь(ся), ожгу́(сь), ожжёт(ся), ожгу́т(ся); прош. ожёг(ся), ожгла́(сь)
ожжённый; кр. ф. -ён, -ена́
оживание, -я
оживать, -а́ю, -а́ет
оживить(ся), -влю́(сь), -ви́т(ся)
оживка, -и
оживление, -я
оживлённость, -и
оживлённый; кр. ф. прич. -ён, -ена́; кр. ф. прил. -ён, -ённа
оживля́ж, -а
оживля́ть(ся), -я́ю(сь), -я́ет(ся)
оживотворённый; кр. ф. -ён, -ена́
оживотворить, -рю, -рит
ожи́вший
ожигать(ся), -а́ю(сь), -а́ет(ся)
ожидалка, -и
ожидальня, -и, р. мн. -лен
ожидание, -я
ожидать(ся), -а́ю, -а́ет(ся)
ожижение, -я
ожижитель, -я
ожимок, -мка
ожинок, -нка
ожирение, -я
ожиреть, -ею, -еет
ожить, -иву́, -ивёт; прош. о́жил, ожила́, о́жило
ожог, -а, но прош. ожёг
ожоговый
озаботить(ся), -бочу(сь), -ботит(ся)
озабоченность, -и
озабоченный
озабочивать(ся), -аю(сь), -ает(ся)
озаглавить, -влю, -вит
озаглавленный
озаглавливать(ся), -аю, -ает(ся)
озадаченный
озадачивать(ся), -аю(сь), -ает(ся)
озадачить(ся), -чу(сь), -чит(ся)
озарение, -я
озарённый; кр. ф. -ён, -ена́
озарить(ся), -рю(сь), -рит(ся)
озаря́ть(ся), -я́ю(сь), -я́ет(ся)
озверелый
озверение, -я
озвереть, -ею, -еет
озвучение, -я
озвученный
озвучивание, -я
озвучивать(ся), -аю, -ает(ся)
озвучить, -чу, -чит
оздороветь, -ею, -еет (стать здоровым)
оздоровительный
оздоровить, -влю, -вит (кого, что)
оздоровиться, -ится

оздоровле́ние, -я
оздоровлённый; *кр. ф.* -ён,
  -ена́
оздоровля́ть(ся), -я́ю,
  -я́ет(ся)
озеленѐние, -я
озеленённый; *кр. ф.* -ён,
  -ена́
озелени́тель, -я
озелени́тельный
озелени́ть, -ню, -ни́т
озеленя́ть(ся), -я́ю, -я́ет(ся)
бземь, *нареч.*
озерко́, -а́, *мн.* -и́, -о́в
озёрно-боло́тный
озёрно-лесно́й
озёрный
бзеро, -а, *мн.* озёра, озёр
озерове́дение, -я
озерови́дный
озерцо́, -а́, *мн.* озёрца и
  озерца́, -рец
озимиза́ция, -и
озимизи́рованный
озимизи́ровать(ся), -рую,
  -рует(ся)
ози́мка, -и
озимопшени́чный
ози́мый
бзимь, -и
озира́ть(ся), -а́ю(сь),
  -а́ет(ся)
озлённый; *кр. ф.* -ён, -ена́
озле́ть, -е́ю, -е́ет (стать
  злым)
озли́ть, -лю, -ли́т (*кого,*
  что)
озли́ться, -лю́сь, -ли́тся
озло́бить(ся), -блю(сь),
  -бит(ся)
озлобле́ние, -я
озло́бленность, -и
озло́бленный
озлобля́ть(ся), -я́ю(сь),
  -я́ет(ся)
ознако́мить(ся), -млю(сь),
  -мит(ся)
ознакомле́ние, -я
ознако́мленный
ознакомля́ть(ся), -я́ю(сь),
  -я́ет(ся)
ознаменова́ние, -я
ознамено́ванный
ознаменова́ть(ся), -ну́ю,
  -ну́ет(ся)
ознамено́вывать(ся), -аю,
  -ает(ся)
означа́ть(ся), -а́ю, -а́ет(ся)
озна́ченный
озна́чить(ся), -чу, -чит(ся)
озно́б, -а
ознобить, -блю, -би́т
ознобле́ние, -я
озноблённый; *кр. ф.* -ён,
  -ена́
озлобля́ть, -я́ю, -я́ет
озокери́т, -а
озокери́тный
озокери́товый
озокеритотерапи́я, -и
озолоти́ть(ся), -очу́,
  -оти́т(ся)
озолочённый
озо́н, -а

озона́тор, -а
озониза́ция, -и
озони́рование, -я
озони́рованный
озони́ровать(ся), -рую,
  -рует(ся)
озо́нный
озо́новый
озоносто́йкий
озорни́к, -а́
озорни́ца, -ы
озорнича́ть, -а́ю, -а́ет
озорно́й
озорова́ть, -ру́ю, -ру́ет
озорство́, -а́
озя́бнуть, -ну, -нет; *прош.*
  озя́б, озя́бла
озя́бший
ойдиум, -а
бйкать, -аю, -ает
ойкуме́на, -ы
бй ли
ой-ёй, *неизм.*
ой-ой-ёй, *неизм.*
ойро́т, -а, *р. мн.* -ов
ойро́тка, -и
ойро́тский
оказа́ние, -я
ока́занный
оказа́ть(ся), -ажу́(сь),
  -а́жет(ся)
оказёненный
оказёнивать(ся), -аю,
  -ает(ся)
оказёнить(ся), -ню,
  -нит(ся)
ока́зия, -и
ока́зывать(ся), -аю(сь),
  -ает(ся)
окайми́ть, -млю, -ми́т
окаймле́ние, -я
окаймлённый; *кр. ф.* -ён,
  -ена́
окаймля́ть(ся), -я́ю,
  -я́ет(ся)
ока́лина, -ы
ока́лывание, -я
окамене́лость, -и
окамене́лый
окамене́ние, -я
окамене́ть, -е́ю, -е́ет
оканто́ванный
окантова́ть, -ту́ю, -ту́ет
канто́вка, -и
окантбвывать(ся), -аю,
  -ает(ся)
ока́нчивать(ся), -аю,
  -ает(ся)
бканье, -я
ока́панный
ока́пать(ся), -аю(сь),
  -ает(ся)
ока́пи, *нескл., м. и ж.*
ока́пывание, -я
ока́пывать(ся), -аю(сь),
  -ает(ся)
окари́на, -ы
ока́рмливать(ся), -аю,
  -ает(ся)
ока́тать(ся), -а́ю(сь),
  -а́тит(ся) (водо́й)
ока́тывать(ся), -аю(сь),
  -ает(ся)
ока́тыш, -а

бкать, -аю, -ает
ока́ченный
ока́чивать(ся), -аю(сь),
  -ает(ся)
ока́шивать(ся), -аю,
  -ает(ся)
окая́нный
окая́нство, -а
окварцо́ванный
океа́н, -а
океана́вт, -а
океана́рий, -я
океана́риум, -а
океани́ческий
океано́граф, -а
океаногра́фический
океаногра́фия, -и
океано́лог, -а
океаноло́гический
океаноло́гия, -и
океа́нский
о'ке́й, *неизм.*
оки́дывать(ся), -аю,
  -ает(ся)
оки́нутый
оки́нуть(ся), -ну, -нет(ся)
окирко́ванный
окиркова́ть, -ку́ю, -ку́ет
окирко́вка, -и
окирко́вывать(ся), -аю,
  -ает(ся)
окиса́ть, -а́ет
бкисел, -сла
окисле́ние, -я
окислённый; *кр. ф.* -ён,
  -ена́ и оки́сленный; *кр.*
  ф. -ен, -ена
окисли́тель, -я
окисли́тельно-
  восстанови́тельный
окисли́тельный
окисли́ть(ся), -лю, -ли́т(ся)
  и оки́слить(ся), -лю,
  -лит(ся)
окисля́ть(ся), -я́ю, -я́ет(ся)
бкисный
бкись, -и
окказионали́зм, -а
окказионали́ст, -а
окказиона́льный
окклюди́рование, -я
окклюди́рованный
окклюди́ровать(ся), -рую,
  -рует(ся)
окклю́зия, -и
оккульти́зм, -а
окку́льтный
оккупа́нт, -а
оккупа́нтский
оккупацио́нный
оккупа́ция, -и
оккупи́рованный
оккупи́ровать(ся), -рую,
  -рует(ся)
окла́д, -а
окла́дистый
окла́дный
окла́дчик, -а
оклёванный
оклева́ть, -люю, -люёт
оклеве́танный
оклевета́ть, -ещу́, -е́щет
оклёвывать, -аю, -ает
оклёенный

оклёивание, -я
оклёивать(ся), -аю, -ает(ся)
окле́ить, -е́ю, -е́ит
окле́йка, -и
оклеймённый
оклейми́ть, -млю, -ми́т
окле́йщик, -а
оклема́ться, -а́юсь, -а́ется
бклик, -а
оклика́ть(ся), -а́ю, -а́ет(ся)
окли́кнутый
окли́кнуть, -ну, -нет
окни́ще, -а
окно́, -а́, *мн.* о́кна, о́кон
бко, о́ка, *мн.* о́чи, оче́й
окова́лок, -лка
око́ванный
окова́ть, окую́, окуёт
око́вка, -и
око́вы, око́в
око́вывать(ся), -аю,
  -ает(ся)
око́ём, -а
бко за бко
окола́чивать(ся), -аю(сь),
  -ает(ся)
околдо́ванный
околдова́ть, -ду́ю, -ду́ет
околдо́вывать(ся), -аю,
  -ает(ся)
околева́ть, -а́ю, -а́ет
околе́сина, -ы
околеси́ть, -ешу́, -еси́т
околе́сица, -ы и
  околёсица, -ы
околёсная, -ой
околе́ть, -е́ю, -е́ет
око́лица, -ы
околи́чность, -и
око́лия, -и
око́лка, -и
бколо
окологлото́чный
околозвёздный
околозвуково́й
околоземно́й и
  околозёмный
окололитерату́рный
околол у́нный
околопланѐтный
околопло́дник, -а
околопло́дный
околопо́люсный
околосерде́чный
околосо́лнечный
околоти́ться, -о́тится
около́ток, -тка
около́точный, -ого
околоу́стье, -я, *р. мн.* -ьев
околоу́шный
околоцвѐтник, -а
околошѐйный
околощитови́дный
околпа́ченный
околпа́чивать(ся), -аю,
  -ает(ся)
околпа́чить, -чу, -чит
око́лыш, -а
око́лышек, -шка
око́льничество, -а
око́льничий, -его
око́льный
окольцева́ть, -цу́ю, -цу́ет
окольцо́ванный

окольцо́вывание, -я
окольцо́вывать(ся), -аю,
  -ает(ся)
окомкова́ние, -я
оконе́чность, -и
оконе́чный
око́нница, -ы
око́нный
оконопа́тить, -а́чу, -а́тит
оконопа́ченный
оконопа́чивать(ся), -аю,
  -ает(ся)
око́нтуренный
око́нтуривать(ся), -аю,
  -ает(ся)
око́нтурить, -рю, -рит
оконфу́женный
оконфу́зить(ся), -у́жу(сь),
  -у́зит(ся)
око́нце, -а, р. мн. -цев
оконча́ние, -я
оконча́тельный
око́нченный
око́нчить(ся), -чу, -чит(ся)
око́п, -а
око́панный
окопа́ть(ся), -а́ю(сь),
  -а́ет(ся)
око́пка, -и
око́пник, -а
око́пный
око́пчик, -а
окора́чивать(ся), -аю,
  -ает(ся)
окорёнок, -нка
окори́ть, -рю, -ри́т
око́рка, -и
окорми́ть, окормлю́,
  око́рмит
око́рмленный
окорна́ть(ся), -а́ю(сь),
  -а́ет(ся)
о́корок, -а, мн. -а́, -о́в
окороко́вый
окороти́ть, -очу́, -оти́т
окоро́чешный
окоро́чный (к око́рка)
око́рщик, -а
окоря́ть, -я́ю, -я́ет
окосе́ть, -е́ю, -е́ет
окоси́ть, -ошу́, -о́сит
окосма́теть, -ею, -еет
окостенева́ть, -а́ю, -а́ет
окостене́лый
окостене́ние, -я
окостене́ть, -е́ю, -е́ет (пре-
  вратиться в кость;
  отвердеть)
окостени́ть, -ню́, -ни́т
  (кого, что)
око́сье, -я, р. мн. -ьев
око́т, -а
окоти́ться, -и́тся (к око́т)
окоченева́ть, -а́ю, -а́ет
окочене́лый
окочене́ть, -е́ю, -е́ет
окочу́риться, -рюсь, -рится
око́шенный
око́шечко, -а
око́шко, -а
окра́ина, -ы
окра́инный
окра́с, -а

окра́сить(ся), -а́шу(сь),
  -а́сит(ся)
окра́ска, -и
окра́сочный
окра́шенный
окра́шивание, -я
окра́шивать(ся), -аю(сь),
  -ает(ся)
окре́пнуть, -ну, -нет; прош.
  -е́п, -е́пла
окре́пший
окре́ст, нареч.
окрести́ть(ся), -ещу́(сь),
  -е́стит(ся)
окре́ст лежа́щий
окре́стность, -и
окре́стный
окрещённый; кр. ф. -ён,
  -ена́
окриве́ть, -е́ю, -е́ет (стать
  кривым)
окриви́ть, -влю́, -ви́т (кого)
о́крик, -а
окри́кивать, -аю, -ает
окри́кнутый
окри́кнуть, -ну, -нет
окристаллизо́ванный
окристаллизова́ть(ся),
  -зу́ю, -зу́ет(ся)
окрова́вить(ся), -влю(сь),
  -вит(ся)
окрова́вленный
окрова́вливать(ся),
  -аю(сь), -ает(ся)
окровенённый; кр. ф. -ён,
  -ена́
окровене́ть, -е́ю, -е́ет
  (покрыться кровью)
окровени́ть, -ню́, -ни́т
  (что)
окровени́ться, -ню́сь, -ни́тся
скро́л, -а
окромса́ть, -а́ю, -а́ет
окромя́
окропи́ть(ся), -плю́(сь),
  -пи́т(ся)
окроплённый; кр. ф. -ён,
  -ена́
окропля́ть(ся), -я́ю(сь),
  -я́ет(ся)
окро́шечный
окро́шка, -и
о́круг, -а, мн. -а́, -о́в
о́круг, нареч.
окру́га, -и
округле́ние, -я
округлённо-во́гнутый
округлённость, -и
округлённый; кр. ф. -ён,
  -ена́
округле́ть, -е́ю, -е́ет (стать
  круглым)
округли́ть, -лю́, -ли́т (что)
округли́ться, -лю́сь, -ли́тся
окру́глость, -и
окру́глый
округля́ть(ся), -я́ю(сь),
  -я́ет(ся)
окружа́ть(ся), -а́ю, -а́ет(ся)
окружа́ющий
окруже́нец, -нца
окруже́ние, -я
окружённый; кр. ф. -ён,
  -ена́

окружи́ть, -жу́, -жи́т
окружко́м, -а
окружно́й (от о́круг)
окру́жность, -и
окру́жный (окрестный)
окрути́ть(ся), -учу́(сь),
  -у́тит(ся)
окру́ченный
окру́чивать(ся), -аю(сь),
  -ает(ся)
окрылённый; кр. ф. -ён,
  -ена́
окрыли́ть(ся), -лю́(сь),
  -ли́т(ся)
окрыля́ть(ся), -я́ю(сь),
  -я́ет(ся)
окры́ситься, -ится
оксала́т, -а
оксигемоглоби́н, -а
оксигена́тор, -а
оксигенотерапи́я, -и
окси́д, -а
оксида́ция, -и
оксидиметри́ческий
оксидиметри́я, -и
оксиди́рование, -я
оксиди́рованный
оксиди́ровать(ся), -рую,
  -рует(ся)
оксидиро́вка, -и
окси́дный
оксикислота́, -ы́, мн. -о́ты,
  -о́т
оксили́т, -а
оксима́сляный
окси́морон, -а и
  оксю́морон, -а
окситетрацикли́н, -а
окситоци́н, -а
оксоли́н, -а
оксоли́новый
оксю́морон, -а и
  окси́морон, -а
окта́ва, -ы
окта́н, -а
окта́новый
окта́нт, -а
окта́эдр, -а
октаэдри́т, -а
окте́т, -а
окто́д, -а
окто́их, -а
октрои́рование, -я
октрои́рованный
октрои́ровать(ся), -рую,
  -рует(ся)
октябрёнок, -нка, мн.
  -ря́та, -ря́т
октябри́ны, -и́н
октябри́ст, -а
октябри́стский
октя́брь, -я́ (месяц, но:
  праздник Октября́)
октя́брьский
оку́кливаться, -ается
оку́клиться, -ится
окули́рование, -я
окули́рованный
окули́ровать(ся), -рую,
  -рует(ся)
окулиро́вка, -и
окулиро́вочный
окули́ст, -а
окули́стка, -и

окультиви́рованный
окультиви́ровать(ся),
  -рую(сь), -рует(ся)
окульту́ренный
окульту́ривание, -я
окульту́ривать(ся),
  -аю(сь), -ает(ся)
окульту́рить(ся), -рю(сь),
  -рит(ся)
окуля́р, -а (линза)
окуля́рный
окуля́ры, -ов (очки)
окуна́ть(ся), -а́ю(сь),
  -а́ет(ся)
о́куневый и окунёвый
окунёк, -нька́
окунеобра́зные, -ых
оку́нутый
окуну́ть(ся), -ну́(сь),
  -нёт(ся)
о́кунь, -я, мн. -и, -е́й
окупа́емость, -и
окупа́ть(ся), -а́ю, -а́ет(ся)
окупи́ть(ся), -уплю́,
  -у́пит(ся)
оку́пленный
окургу́женный
окургу́зить, -у́жу, -у́зит
оку́ренный
оку́ривание, -я
оку́ривать(ся), -аю, -ает(ся)
окури́ть, -урю́, -у́рит
оку́рок, -рка
оку́танный
оку́тать(ся), -аю(сь),
  -ает(ся)
оку́тывать(ся), -аю(сь),
  -ает(ся)
оку́ченный
оку́чивание, -я
оку́чивать(ся), -аю, -ает(ся)
оку́чить, -чу, -чит
оку́чка, -и
оку́чник, -а
оладу́шек, -шка, р. мн. -ов
  и олáдушка, -и, р. мн.
  -шек
олáдышек, -шка, р. мн. -ов
  и олáдышка, -и, р. мн.
  -шек
олáдья, -и, р. мн. -дий
олеандомици́н, -а
олеа́ндр, -а
олеа́ндровый
олеа́т, -а
оледенева́ть, -а́ю, -а́ет
оледене́лый
оледене́ние, -я
оледенённый; кр. ф. -ён,
  -ена́
оледене́ть, -е́ю, -е́ет (покрыться льдом)
оледени́ть, -ню́, -ни́т (что)
оле́ин, -а
оле́иновый
оленебы́к, -а́, мн. -и́, -о́в
оленево́д, -а
оленево́дство, -а
оленево́дческий
оле́невый
оленего́нный
оленёнок, -нка, мн. оленя́-
  та, -ня́т
оленесовхо́з, -а

207

оле́ний, -ья, -ье
оле́нина, -ы
оле́ниха, -и
олену́ха, -и
оле́нь, -я
олеографи́ческий
олеогра́фия, -и
олеото́ракс, -а
олеофи́льный
олеофо́бный
о́леум, -а
олефи́ны, -ов
оле́шник, -а и олешня́к, -а́
оли́ва, -ы
оливи́н, -а
оли́вка, -и
оли́вковый
оливомици́н, -а
олига́рх, -а
олигархи́ческий
олига́рхия, -и
олигеми́я, -и
олигодинами́ческий
олигофре́н, -а
олигофрени́я, -и
олигофренопедаго́гика, -и
олигоце́н, -а
олигоце́новый
олигури́я, -и
олимпиа́да, -ы
олимпи́ец, -и́йца
олимпи́йка, -и
олимпи́йский
олитерату́ренный
олитерату́ривать(ся), -аю, -ает(ся)
олитерату́рить, -рю, -рит
оли́фа, -ы
олицетворе́ние, -я
олицетворённый; кр. ф. -ён, -ена́
олицетвори́ть, -рю, -ри́т
олицетворя́ть(ся), -я́ю, -я́ет(ся)
о́лово, -а
оловоорган| и́ческий
оловору́дный
оловя́нистый
оловя́нно-вольфра́мовый
оловя́нно-се́рый
оловя́нно-фо́сфористый
оловя́нный
оловя́шка, -и
о́лух, -а, мн. -и, -ов
ольфакто́метр, -а
ольфактоме́трия, -и
ольха́, -и́, мн. о́льхи, ольх, о́льхам
ольхо́вник, -а
ольхо́вый
ольша́ник, -а
олыши́к, -а́
ом, о́ма, р. мн. ом и о́мов
ома́р, -а
ома́чивать, -аю, -ает
омбро́граф, -а
омбро́метр, -а
омброфи́л, -а
омброфо́б, -а
омеблиро́ванный
омеблирова́ть(ся), -ру́ю(сь), -ру́ет(ся)
омеблиро́вка, -и

омеблиро́вывать(ся), -аю(сь), -ает(ся)
оме́г, -а (бот.)
оме́га, -и (буква)
омедне́ние, -я
оме́жник, -а
оме́ла, -ы
омеле́ть, -еет
омерзе́ние, -я
омерзе́ть, -е́ю, -е́ет
омерзи́тельность, -и
омерзи́тельный
омертвева́ть, -а́ю, -а́ет
омертве́лый
омертве́ние, -я
омертве́ть, -е́ю, -е́ет (сделаться неподвижным)
омертви́ть, -влю́, -ви́т (что)
омертвле́ние, -я
омертвлённый; кр. ф. -ён, -ена́
омертвля́ть(ся), -я́ю, -я́ет(ся)
омёт, -а
омеща́ненный
омеща́нивать(ся), -аю(сь), -ает(ся)
омеща́нить(ся), -ню(сь), -нит(ся)
оми́ческий
омле́т, -а
омме́тр, -а
о́мнибус, -а
омове́ние, -я
омо́граф, -а
омола́живание, -я
омола́живать(ся), -аю(сь), -ает(ся)
омолоди́ть(ся), -ожу́(сь), -оди́т(ся)
омоложа́ть(ся), -а́ю(сь), -а́ет(ся)
омоложе́ние, -я
омоложённый; кр. ф. -ён, -ена́
омоморфе́ма, -ы
омо́ним, -а
омони́мика, -и
омоними́ческий
омоними́чный
омопими́я, -и
омофо́н, -а
омофо́ния, -и
омофо́нный
омофо́р, -а
омофо́рма, -ы
омофо́рмия, -и
омо́ченный
омочи́ть(ся), -очу́, -о́чит(ся)
омрача́ть(ся), -а́ю, -а́ет(ся)
омрачённый; кр. ф. -ён, -ена́
омрачи́ть(ся), -чу́, -чи́т(ся)
омулёвый
о́муль, -я, мн. -и, -е́й
о́мут, -а, мн. -ы, -ов и -а́, -о́в
ому́тистый
ому́точек, -чка
омша́ник, -а
омыва́ть(ся), -а́ю(сь), -а́ет(ся)
омыле́ние, -я
омы́тый

омы́ть(ся), омо́ю(сь), омо́ет(ся)
он, его́, ему́, им, о нём
она́, её, ей, и е́ю, о ней
она́гр, -а (зоол.)
она́гра, -ы (бот.)
онани́зм, -а
онани́ровать, -рую, -рует
онани́ст, -а
онаре́чивание, -я
онда́тра, -ы
онда́тровый
ондогра́ф, -а
ондуля́тор, -а
онемева́ть, -а́ю, -а́ет
онеме́лый
онеме́ние, -я
онеме́ть, -е́ю, -е́ет
онеме́чение, -я
онеме́ченный
онеме́чивать(ся), -аю(сь), -ает(ся)
онеме́чить(ся), -чу(сь), -чит(ся)
онёр: со все́ми онёрами
они́, их, им, и́ми, о них
о́никс, -а
о́никсовый
онихи́я, -и
онковирусоло́гия, -и
онкоге́нный
онкодиспансе́р, -а
онко́лог, -а
онкологи́ческий
онколо́гия, -и
онко́ль, -я
онко́льный
оно́, его́, ему́, им, о нём
онома́стика, -и
ономатологи́ческий
ономатоло́гия, -и
ономатопе́я, -и
онтогене́з, -а
онтогенети́ческий
онтологи́ческий
онтоло́гия, -и
ону́чи, ону́ч, ед. ону́ча, -и
оога́мия, -и
оогене́з, -а
оого́ний, -я
ооли́т, -а
ооли́товый
оологи́ческий
оооло́гия, -и
ооми́цет, -а, р. мн. -ов
ооспо́ра, -ы
оофори́т, -а
опа́вший
опада́ть, -а́ет
опаде́ние, -я
опа́здывание, -я
опа́здывать, -аю, -ает
опа́ивание, -я
опа́ивать(ся), -аю, -ает(ся)
опа́к, -а
опа́ковый
опа́л, -а (камень)
опа́ла, -ы (немилость)
опалённый; кр. ф. -ён, -ена́
опалесце́нция, -и
опа́ливание, -я
опа́ливать(ся), -аю(сь), -ает(ся)

опа́лина, -ы
опали́ть(ся), -лю́(сь), -ли́т(ся)
опа́лка, -и
опа́ловый (от опа́л)
опа́лубить, -блю, -бит
опа́лубка, -и
опа́лубленный
опа́лубочный
опа́лубщик, -а
опа́лый (к опа́сть)
опа́льный (от опа́ла)
опаля́ть(ся), -я́ю(сь), -я́ет(ся)
опа́мятоваться, -туюсь, -туется
опа́нки, -нок
опа́ра, -ы
опа́рник, -а
опарши́веть, -ею, -еет (покрыться паршой)
опарши́вить, -влю, -вит (кого, что)
опарши́вленный
опа́рыш, -а
опаса́ться, -а́юсь, -а́ется
опасе́ние, -я
опа́ска, -и
опаску́деть, -ею, -еет (стать паскудным)
опаску́дить, -у́жу, -у́дит (что)
опаску́женный
опа́сливый
опа́сность, -и
опа́сный
опа́сть, опадёт; прош. опа́л, опа́ла
опаха́ло, -а
опа́ханный
опаха́ть, опашу́, опа́шет
опа́хивать(ся), -аю, -ает(ся)
опа́хнутый
опахну́ть(ся), -ну́(сь), -нёт(ся)
опа́чкать, -аю, -ает
о́пашень, -шня
опа́шка, -и
опе́ка, -и
опека́ть(ся), -а́ю, -а́ет(ся)
опеку́н, -а́
опеку́нский
опеку́нство, -а
опеку́нствовать, -твую, -твует
опеку́нша, -и
опёнок, -нка, мн. опёнки, -ов и опя́та, -я́т
о́пера, -ы
опера́бельный
о́пера-бу́фф, о́перы-бу́фф
опера́нд, -а
операти́вка, -и
операти́вник, -а
операти́вно-контро́льный
операти́вно-производственный
операти́вно-стратеги́ческий
операти́вность, -и
операти́вно-такти́ческий
операти́вно-хирурги́ческий
операти́вный

опера́тор, -а
опера́торский
операциони́ст, -а
операциони́стка, -и
операцио́нная, -ой
операцио́нный
опера́ция, -и
опергру́ппа, -ы
опереди́ть, -ежу́, -еди́т
опережа́ть(ся), -а́ю,
  -а́ет(ся)
опереже́ние, -я
опережённый; кр. ф. -ён,
  -ена́
опере́ние, -я
оперённый; кр. ф. -ён, -ена́
опере́тка, -и
опере́точный
опере́тта, -ы
опере́ть(ся), обопру́(сь),
  обопрёт(ся); прош.
  опёр(ся), оперла́(сь) и
  опёрла(сь), опёрло,
  оперло́сь), опёрлось
опери́рованный
опери́ровать(ся), -рую, -ру-
  ет(ся)
опери́ть(ся), -рю́(сь),
  -ри́т(ся)
о́перный
опёртый; кр. ф. опёрт,
  оперта́ и опёрта, опёрто
оперуполномо́ченный, -ого
опёрший
оперя́ть(ся), -я́ю(сь),
  -я́ет(ся)
опеча́ленный
опеча́лить(ся), -лю(сь),
  -лит(ся)
опеча́танный
опеча́тать, -аю, -ает
опеча́тка, -и
опеча́тывание, -я
опеча́тывать(ся), -аю,
  -ает(ся)
опе́шить, -шу, -шит
опива́ла, -ы, м. и ж.
опива́ть(ся), -а́ю(сь),
  -а́ет(ся)
опи́вки, -вок и -вков
опиекури́льня, -и, р. мн.
  -лен
о́пий, -я
о́пийный
опи́ленный
опи́ливание, -я
опи́ливать(ся), -аю,
  -ает(ся)
опили́ть, -илю́, -и́лит
опи́лка, -и (действие)
опи́лки, -лок
опило́вка, -и
опило́вочный
опи́лочный
опиофа́гия, -и
опира́ть(ся), -а́ю(сь),
  -а́ет(ся)
описа́ние, -я
опи́санный
описа́тельный
описа́тельство, -а
описа́ть(ся), -ишу́(сь),
  -и́шет(ся)
опи́ска, -и

описно́й
опи́сывать(ся), -аю(сь),
  -ает(ся)
о́пись, -и
опи́ть(ся), обопью́(сь),
  обопьёт(ся); прош.
  опи́л(ся), опила́(сь),
  опи́ло, опи́ло́(сь)
о́пиум, -а
о́пиумный
опла́вить(ся), -влю,
  -вит(ся)
опла́вленный
оплавля́ть(ся), -я́ю, -я́ет(ся)
опла́канный
опла́кать, -а́чу, -а́чет
опла́кивание, -я
опла́кивать(ся), -аю,
  -ает(ся)
опла́та, -ы
оплати́ть, -ачу́, -а́тит
опла́ченный
опла́чивать(ся), -аю,
  -ает(ся)
оплёванный
оплева́ть, -люю, -люёт
оплёвывать(ся), -аю,
  -ает(ся)
оплёсканный
оплеска́ть, -а́ю, -а́ет
оплёскивание, -я
оплёскивать(ся), -аю,
  -ает(ся)
оплёснутый
оплесну́ть, -ну́, -нёт
оплести́, -лету́, -летёт;
  прош. -лёл, -лела́
оплета́ть(ся), -а́ю, -а́ет(ся)
сплетённый; кр. ф. -ён,
  -ена́
оплётка, -и
оплёточный
оплётчик, -а
оплётший
оплеу́ха, -и
оплеу́шина, -ы
опле́чь, нареч.
опле́чье, -я, р. мн. -чий
оплеши́веть, -ею, -еет
  (стать плешивым)
оплеши́вить, -влю, -вит
  (кого, что)
оплодотворе́ние, -я
оплодотворённый; кр. ф.
  -ён, -ена́
оплодотвори́ть(ся), -рю́,
  -ри́т(ся)
оплодотворя́емость, -и
оплодотворя́ть(ся), -я́ю,
  -я́ет(ся)
опломбирова́ние, -я
опломбиро́ванный
опломбирова́ть, -ру́ю, -ру́ет
опломбиро́вка, -и
опломбиро́вывать(ся), -аю,
  -ает(ся)
опло́т, -а
оплотне́ть, -еет
оплоша́ть, -а́ю, -а́ет
опло́шка, -и
опло́шность, -и
опло́шный
оплы́в, -а
оплыва́ние, -я
оплыва́ть, -а́ю, -а́ет

оплы́вина, -ы
оплы́ть, -ыву́, -ывёт; прош.
  оплы́л, оплыла́, оплы́ло
опля́, неизм.
оповести́ть, -ещу́, -ести́т
оповеща́тель, -я
оповеща́ть(ся), -а́ю,
  -а́ет(ся)
оповеще́ние, -я
оповещённый; кр. ф. -ён,
  -ена́
опога́ненный
опога́нивать(ся), -аю(сь),
  -ает(ся)
опога́нить(ся), -ню(сь),
  -нит(ся)
оподельдо́к, -а
оподле́ние, -я
оподле́нный
оподле́ть, -е́ю, -е́ет (стать
  подлым)
оподли́ть, -лю, -лит (что)
оподли́ться, -люсь, -лится
оподля́ть(ся), -я́ю, -я́ет(ся)
опёк, опёйка
опёпеный
опёчный
опозда́ние, -я
опозда́ть, -а́ю, -а́ет
опознава́ние, -я
опознава́тельный
опознава́ть(ся), -наю́(сь),
  -наёт(ся)
опозна́ние, -я
опо́знанный
опозна́ть(ся), -а́ю(сь),
  -а́ет(ся)
опозоре́ние, -я
опозо́ренный
опозо́рить(ся), -рю(сь),
  -рит(ся)
опо́йть, опою́, опо́ит
опо́й, -я
опо́йковый
опо́йчатый
опо́ка, -и
опо́ковый
ополаскивание, -я
опола́скивать(ся), -аю(сь),
  -ает(ся)
оползать, -аю, -ает, сов.
  (от ползать)
оползать, -а́ю, -а́ет, несов.
  (к оползти́)
опо́лзень, -зня
опо́лзневый
оползти́, -зу́, -зёт; прош.
  опо́лз, оползла́
опо́лзший
ополосканный
ополоска́ть, -лощу́, -ло́щет
  и -а́ю, -а́ет
ополо́ски, -ов
ополо́снутый
ополосну́ть(ся), -ну́(сь),
  -нёт(ся)
ополоуме́ть, -ею, -еет
ополча́ть(ся), -а́ю(сь),
  -а́ет(ся)
ополче́нец, -нца
ополче́ние, -я
ополчённый; кр. ф. -ён,
  -ена́
ополче́нский

ополчи́ть(ся), -чу́(сь),
  -чи́т(ся)
ополя́ченный
ополя́чивать(ся), -аю(сь),
  -ает(ся)
ополя́чить(ся), -чу(сь),
  -чит(ся)
опомина́ться, -а́юсь, -а́ется
опо́мниться, -нюсь, -нится
опопана́кс, -а
опо́р: во весь опо́р
опо́ра, -ы
опора́жнивать(ся),
  -аю(сь), -ает(ся)
опо́рки, -ов, ед. опо́рок,
  -рка
опо́рно-дви́гательный
опо́рно-осево́й
опо́рно-показа́тельный
опо́рный
опорожне́ние, -я
опорожнённый; кр. ф. -ён,
  -ена́ и опоро́жненный;
  кр. ф. -ен, -ена
опорожни́ть(ся), -ожню́(сь), -ожни́т(ся)
опорожня́ть(ся), -я́ю(сь),
  -я́ет(ся)
опоромонта́жный
опоро́с, -а
опороси́ться, -и́тся
опоро́чение, -я
опоро́ченный
опоро́чивать(ся), -аю,
  -ает(ся)
опоро́чить, -чу, -чит
опосля́
опосре́дование, -я
опосре́дованный
опосре́довать, -дую, -дует
опосре́дствование, -я
опосре́дствованный
опосре́дствовать(ся),
  -твую, -твует(ся)
опо́ссум, -а
опосты́леть, -ею, -еет
опохмели́ться, -люсь, -ли́т-
  ся
опохмеля́ться, -я́юсь, -я́ется
опочива́льня, -и, р. мн.
  -лен
опочива́ть, -а́ю, -а́ет
опочи́ть, -и́ю, -и́ет
опошле́ние, -я
опо́шленный
опошле́ть, -е́ю, -е́ет (стать
  пошлым)
опо́шлить, -лю, -лит (кого,
  что)
опо́шлиться, -люсь, -лится
опошля́ть(ся), -я́ю(сь),
  -я́ет(ся)
опоэтизи́рованный
опоэтизи́ровать, -рую,
  -рует
опоя́санный
опоя́сать(ся), -я́шу(сь),
  -я́шет(ся)
опоя́ска, -и
опоя́сывать(ся), -аю(сь),
  -ает(ся)
оппозиционе́р, -а
оппозиционе́рка, -и
оппозицио́нный

209

ОПП

оппози́ция, -и (полит., астр.)
оппоне́нт, -а
оппоне́нтка, -и
оппони́ровать, -рую, -рует
оппортуни́зм, -а
оппортуни́ст, -а
оппортунисти́ческий
оппортуни́стка, -и
оппортуни́стский
опра́ва, -ы
оправда́ние, -я
опра́вданный
оправда́тельный
оправда́ть(ся), -а́ю(сь), -а́ет(ся)
опра́вдывать(ся), -аю(сь), -ает(ся)
опра́вить(ся), -влю(сь), -вит(ся)
опра́вка, -и
оправле́ние, -я
опра́вленный
оправля́ть(ся), -я́ю(сь), -я́ет(ся)
опра́вочный
опра́стывать(ся), -аю(сь), -ает(ся)
опра́шивание, -я
опра́шивать(ся), -аю, -ает(ся)
определе́ние, -я
определённость, -и
определённый; кр. ф. прич. -ён, -ена́; кр. ф. прил. -ёнен, -ённа
определи́мый
определи́тель, -я
определи́тельный
определи́ть(ся), -лю(сь), -ли́т(ся)
определя́ть(ся), -я́ю(сь), -я́ет(ся)
опредме́тить, -е́чу, -е́тит
опредме́ченный
опредме́чивать, -аю, -ает
опре́лость, -и
опресне́ние, -я
опреснённый; кр. ф. -ён, -ена́
опресни́тель, -я
опресни́тельный
опресни́ть(ся), -ню́, -ни́т(ся)
опре́сноки, -ов, ед. опре́снок, -а
опресня́ть(ся), -я́ю, -я́ет(ся)
опрессо́ванный
опрессова́ть, -ссу́ю, -ссу́ет
опрессо́вка, -и
опрессо́вочный
опрессо́вывать(ся), -аю, -ает(ся)
опре́ть, -е́ю, -е́ет
оприхо́дование, -я
оприхо́дованный
оприхо́довать, -дую, -дует
опри́чина, -ы
опри́чник, -а
опри́чнина, -ы
опри́чный
опри́чь, предлог
опробкове́ние, -я

ОПС

опро́бование, -я
опро́бованный
опро́бовать(ся), -бую, -бует(ся)
опроверга́тель, -я
опроверга́ть(ся), -а́ю, -а́ет(ся)
опрове́ргнувший и опрове́ргший
опрове́ргнутый
опрове́ргнуть, -ну, -нет; прош. -е́рг и -е́ргнул, -е́ргла
опроверже́ние, -я
опрове́рженный
опроверж́имый
опрокидно́й
опроки́дывание, -я
опроки́дыватель, -я
опроки́дывать(ся), -аю(сь), -ает(ся)
опроки́нутый
опроки́нуть(ся), -ну(сь), -нет(ся)
опроме́тчивость, -и
опроме́тчивый
о́прометью, нареч.
опро́с, -а
опроси́ть, -ошу́, -о́сит
опро́сный
опро́станный
опроста́ть(ся), -а́ю(сь), -а́ет(ся)
опросте́лый
опросте́ть, -е́ю, -е́ет (стать простым)
опрости́ть, -ощу́, -ости́т (что)
опрости́ться, -ощу́сь, -ости́тся
опростоволо́ситься, -о́шусь, -о́сится
опростофи́литься, -люсь, -лится
опро́счик, -а
опротесто́ванный
опротестова́ть, -ту́ю, -ту́ет
опротесто́вывать(ся), -аю, -ает(ся)
опроти́веть, -ею, -еет
опро́шенный
опроща́ть(ся), -а́ю(сь), -а́ет(ся)
опроще́нец, -нца
опроще́ние, -я (лингв.)
опроще́ние, -я (действие)
опрощённый
опроще́нство, -а
опры́сканный
опры́скать(ся), -аю(сь), -ает(ся)
опры́скивание, -я
опры́скиватель, -я
опры́скивать(ся), -аю(сь), -ает(ся)
опры́снутый
опры́снуть(ся), -ну(сь), -нет(ся)
опрыща́веть, -ею, -еет
опря́тность, -и
опря́тный
опсо́веть, -еет
опсони́н, -а
опсони́ческий

ОПУ

опта́нт, -а
опта́нтка, -и
оптати́в, -а
опта́ция, -и
о́птик, -а
о́птика, -и
о́птико-акусти́ческий
оптикомеха́ник, -а
о́птико-механи́ческий
оптима́льный
оптима́т, -а
опти́метр, -а
оптимиза́тор, -а
оптимиза́ция, -и
оптимизи́ровать(ся), -рую(сь), -рует(ся)
оптими́зм, -а
оптими́ст, -а
оптимисти́ческий
оптимисти́чный
оптими́стка, -и
о́птимум, -а
опти́рованный
опти́ровать(ся), -рую(сь), -рует(ся)
опти́ческий
оптови́к, -а́
опто́во-ро́зничный
опто́вый
о́птом, нареч.
оптоте́хника, -и
оптоэлектро́ника, -и
оптоэлектро́нный
опубликова́ние, -я
опублико́ванный
опубликова́ть, -ку́ю, -ку́ет
опублико́вывать(ся), -аю, -ает(ся)
опу́нция, -и
опуне́ть, -е́ю, -е́ет
о́пус, -а
опуска́ние, -я
опуска́ть(ся), -а́ю(сь), -а́ет(ся)
опускно́й
опусте́лый
опусте́ние, -я
опусте́ть, -е́ет
опусти́ть(ся), -ущу́(сь), -у́стит(ся)
опустоша́ть(ся), -а́ю, -а́ет(ся)
опустоше́ние, -я
опустошённость, -и
опустошённый; кр. ф. -ён, -ена́
опустоши́тельный
опустоши́ть(ся), -шу́, -ши́т(ся)
опу́танный
опу́тать(ся), -аю(сь), -ает(ся)
опу́тывать(ся), -аю(сь), -ает(ся)
опуха́ние, -я
опуха́ть, -а́ю, -а́ет
опу́хлость, -и
опу́хлый
опу́хнуть, -ну, -нет; прош. -у́х, -у́хла
опухолеви́дный
о́пухолевый
опухолеро́дный
о́пухоль, -и

ОРА

опу́хший
опуша́ть(ся), -а́ю, -а́ет(ся)
опуше́ние, -я
опушённый; кр. ф. -ён, -ена́
опу́шечка, -и
опу́шечный
опуши́ть(ся), -шу́, -ши́т(ся)
опу́шка, -и
опуще́ние, -я
опу́щенный
опцио́н, -а
опыле́ние, -я
опылённый; кр. ф. -ён, -ена́
опы́ливание, -я
опы́ливатель, -я
опы́ливать(ся), -аю, -ает(ся)
опыли́тель, -я
опыли́ть(ся), -лю́, -ли́т(ся)
опыля́ть(ся), -я́ю, -я́ет(ся)
о́пыт, -а
о́пытник, -а
о́пытница, -ы
о́пытнический
о́пытничество, -а
о́пытно-констру́кторский
о́пытно-показа́тельный
о́пытно-произво́дственный
о́пытно-статисти́ческий
о́пытность, -и
о́пытно-эксперимента́льный
о́пытный
опьяне́лый
опьяне́ние, -я
опьянённый; кр. ф. -ён, -ена́
опьяне́ть, -е́ю, -е́ет (стать пьяным)
опьяни́ть, -ню́, -ни́т (кого, что)
опьяня́ть(ся), -я́ю(сь), -я́ет(ся)
опя́ть
опя́ть же
опя́ть-таки
орабо́чение, -я
орабо́ченный
орабо́чивать(ся), -аю(сь), -ает(ся)
орабо́чить(ся), -чу(сь), -чит(ся)
ора́ва, -ы
оравноду́шеть, наст. вр. не употр.
ора́кул, -а
ора́ла, -ы, м. и ж. (крикун, крикунья)
ора́ло, -а (соха)
орангута́н, -а и орангута́нг, -а
ора́нжево-жёлтый
ора́нжево-кра́сный
ора́нжевый
оранжере́йный
оранжере́я, -и
о́ранный
ора́нье, -я
ора́рь, -я́
ора́тай, -я
ора́тор, -а, мн. -ы, -ов
орато́рия, -и

ора́торский
ора́торство, -а
ора́торствовать, -твую, -тву-
  ет
ора́ть 1, ору́, орёт, ору́т
  (кричать)
ора́ть 2, ору́, орёт и орю́,
  орёт (пахать)
орби́та, -ы
орбита́льный
орга́зм, -а
оргали́т, -а
о́рган, -а (часть организма;
  учреждение и др.)
орга́н, -а (муз. инстру-
  мент)
органе́ллы, -е́лл, ед. орга-
  не́лла, -ы
организа́тор, -а
организа́торский
организацио́нно оформ-
  ленный
организацио́нно-педаго-
  ги́ческий
организацио́нно-техни́че-
  ский
организацио́нно-хозя́йст-
  венный
организацио́нно-экономи́-
  ческий
организацио́нный
организа́ция, -и
органи́зм, -а
организо́ванность, -и
организо́ванный; кр. ф.
  прич. -ан, -ана; кр. ф.
  прил. -ан, -анна
организова́ть(ся),
  -зу́ю(сь), -зу́ет(ся)
организо́вывать(ся),
  -аю(сь), -ает(ся)
о́рганик, -а
о́рганика, -и
органи́ст, -а
органи́стка, -и
органи́ческий
органи́чный
орга́нный (от орга́н)
органоге́н, -а
органогене́з, -а
органоге́нный
органо́иды, -ов, ед. органо́-
  ид, -а
органолепти́ческий
орга́но-минера́льный
органо́н, -а
орга́но-органи́ческий
органопла́стика, -и
органопрепара́т, -а
органотерапевти́ческий
органотерапи́я -и
орга́нчик, -а
орга́нщик, -а
оргбюро́, нескл. с.
оргвы́воды, -ов
о́ргия, -и
оргкомите́т, -а
оргнабо́р, -а
оргото́дел, -а
орграбо́та, -ы
оргсвя́зь, -и
оргстекло́, -а
оргте́хника, -и
оргтехосна́стка, -и

орда́, -ы́, мн. о́рды, орд
орда́лия, -и
о́рден 1, -а, мн. -а́, -о́в (знак
  отличия)
о́рден 2, -а, мн. -ы, -ов и
  -а́, -о́в (организация,
  архит.)
орденоно́сец, -сца
орденоно́сный
о́рденский
о́рдер 1, -а, мн. -а́, -о́в (документ)
о́рдер 2, -а, мн. -ы, -ов и -а́,
  -о́в (архит.)
ордина́льный (матем.)
ордина́р, -а
ордина́рец, -рца
ордина́рный (обыкновен-
  ный)
ордина́та, -ы
ордина́тор, -а
ордина́торская, -ой
ордина́тура, -ы
ордона́нс, -а
орды́нец, -нца
орды́нский
ореа́да, -ы
орёл, орла́
оребл, -а
оре́х, -а
оре́ховка, -и
орехово́дство, -а
оре́хово-зу́евский
оре́ховый
орехопло́дный
орехотво́рка, -и
оре́шек, -шка
оре́шина, -ы
оре́шник, -а
оре́шниковый
оригина́л, -а
оригина́льничать, -аю, -ает
оригина́льность, -и
оригина́льный
ориентали́зм, -а
ориентали́ст, -а
ориентали́стика, -и
ориента́льный
ориента́ция, -и
ориенти́р, -а
ориенти́рование, -я
ориенти́рованность, -и
ориенти́рованный
ориенти́ровать(ся),
  -рую(сь), -рует(ся)
ориентиро́вка, -и
ориентиро́вочный
орифла́мма, -ы
орка́н, -а (метео)
орке́стр, -а
оркестра́нт, -а
оркестра́нтка, -и
оркестра́нтский
оркестрио́н, -а
оркестро́ванный
оркестрова́ть(ся), -ру́ю,
  -ру́ет(ся)
оркестро́вка, -и
оркестро́вый
оркестроте́ка, -и
орла́н, -а
орлеани́ст, -а
орлёнок, -нка, мн. орля́та,
  орля́т

орле́ц, -а́
орли́ный
орли́ца, -ы
орло́вец, -вца
орло́вский
орля́к, -а́
орля́нка, -и
орна́мент, -а
орнамента́льный
орнамента́ция, -и
орна́ментика, -и
орнаменти́рование, -я
орнаменти́рованный
орнаменти́ровать(ся),
  -рую, -рует(ся)
орнаментиро́вка, -и
орнаме́нтист, -а
орнаменто́ванный
орнаментова́ть(ся), -ту́ю,
  -ту́ет(ся)
орнаменто́вка, -и
орна́ментщик, -а
орнито́з, -а
орнито́лог, -а
орнитологи́ческий
орнитоло́гия, -и
орнитопте́р, -а
орнитофа́уна, -ы
орнитофили́я, -и
орнитохо́рия, -и
оробе́лый
оробе́ть, -е́ю, -е́ет
орогене́зис, -а
орогени́ческий
орогове́лый
оговоре́ние, -я
оговоре́ть, -е́ет
орографи́ческий
орогра́фия, -и
бро́ки, -ов, ед. брок, -а
бро́кский
ороси́тель, -я
ороси́тельно-обводни́тель-
  ный
ороси́тельный
ороси́ть(ся), -ошу́,
  -оси́т(ся)
бро́чи, -ей, ед. броч, -а
орочо́нский
орочо́ны, -чо́н, ед. орочо́н,
  -а
бро́чский
ороша́емый
ороша́ть(ся), -а́ю, -а́ет(ся)
ороше́ние, -я
орошённый; кр. ф. -ён, -ена́
орпингто́н, -а
орс, -а
орт, -а
орти́т, -а
ортоводоро́д, -а
ортоге́лий, -я
ортогене́з, -а
ортогона́льный
ортодо́кс, -а
ортодокса́льный
ортодокси́я, -и
ортодо́нт, -и
ортодонти́я, -и
ортодро́мия, -и
ортокла́з, -а
ортопе́л, -а
ортопеди́ческий

ортопе́дия, -и
ортосилика́т, -а
ортофо́сфорный
ортохромати́ческий
ортоце́нтр, -а
оруденёлый
оруденёние, -я
оруденёть, -е́ет
ору́дие, -я
оруди́йный
ору́дный
ору́довать, -дую, -дует
ору́довец, -вца
ору́довский
оруже́йник, -а
оруже́йный
оружено́сец, -сца
ору́жие, -я
оружиеве́дение, -я
ору́жничий, -его
ору́щий
орфогра́мма, -ы
орфографи́ческий
орфогра́фия, -и
орфоэпи́ческий
орфоэ́пия, -и
орхе́стра, -ы (площадка)
орхиде́я, -и
орхи́дные, -ых
орша́д, -а
оря́сина, -ы
оса́, -ы́, мн. о́сы, ос
оса́да, -ы
осади́ть, -ажу́, -а́дит
оса́дка, -и
осадкоме́р, -а
осадконакопле́ние, -я
осадкообразова́ние, -я
оса́дный
оса́док, -дка
оса́дочный
осажда́ть(ся), -а́ю, -а́ет(ся)
осажде́ние, -я
осаждённый; кр. ф. -ён,
  -ена́
оса́женный
оса́живание, -я
оса́живать(ся), -аю,
  -ает(ся)
оса́ленный
оса́лить, -лю, -лит
оса́нистый
оса́нка, -и
оса́нна, -ы
осатане́лый
осатане́ть, -е́ю, -е́ет
оса́харивание, -я
оса́хариватель, -я
оса́харивать(ся), -аю,
  -ает(ся)
оса́харить(ся), -рю,
  -рит(ся)
осва́ивание, -я
осва́ивать(ся), -аю(сь),
  -ает(ся)
осведоми́тель, -я
осведоми́тельница, -ы
осведоми́тельный
осве́домить(ся), -млю(сь),
  -мит(ся)
осведомле́ние, -я
осведомлённость, -и
осведомлённый; кр. ф. -ён,
  -ена́

осведомля́ть(ся), -я́ю(сь),
-я́ет(ся)
освежа́ть(ся), -а́ю(сь),
-а́ет(ся)
освежа́ющий
освежёванный
освежева́ть, -жую, -жует
освеже́ние, -я
освежённый; кр. ф. -ён,
-ена́
освежи́тельный
освежи́ть(ся), -жу́(сь),
-жи́т(ся)
освети́тель, -я
освети́тельный
освети́ть(ся) 1, -вещу́, -ве́-
ти́т(ся) (к свет)
освети́ть 2, -вещу́, -вети́т
(изложить)
освётлённый; кр. ф. -ён,
-ена́
освётли́тель, -я
освётли́ть, -лю́, -ли́т
освётля́ть(ся), -я́ю, -я́ет(ся)
освеща́ть(ся), -а́ю, -а́ет(ся)
(к свет)
освеще́ние, -я (от освети́-
ть 1—2)
освещённость, -и
освещённый; кр. ф.
-ён, -ена́ (от освети́-
ть 1—2)
освиде́тельствование, -я
освиде́тельствованный
освиде́тельствовать(ся),
-твую(сь), -твует(ся)
освинцева́ть, -цую, -цует
освинцо́ванный
освинцо́вывать(ся), -аю,
-ает(ся)
освирепе́ть, -е́ю, -е́ет
осви́станный
освиста́ть, -ищу́, -и́щет
осви́стывать(ся), -аю,
-ает(ся)
освободи́тель, -я
освободи́тельница, -ы
освободи́тельный
освободи́ть(ся), -ожу́(сь),
-оди́т(ся)
освобожда́ть(ся), -а́ю(сь),
-а́ет(ся)
освобожде́ние, -я
освобождённый; кр. ф.
-ён, -ена́
освое́ние, -я
осво́енный
осво́ить(ся), -о́ю(сь),
-о́ит(ся)
освяти́ть, -ящу́, -яти́т (к
святой)
освяща́ть(ся), -а́ю, -а́ет(ся)
(к святой)
освяще́ние, -я (от освя-
ти́ть)
освящённый; кр. ф. -ён,
-ена́ (от освяти́ть)
осёвки, -ов и -вок
осёвой
осёвший
оседа́ние, -я
оседа́ть, -а́ю, -а́ет
осёдланный
оседла́ть, -а́ю, -а́ет

осе́длость, -и
осёдлывать(ся), -аю,
-ает(ся)
осёдлый
осека́ть(ся), -а́ю(сь),
-а́ет(ся)
осёкший(ся) и осёк-
ший(ся)
осёл, осла́
оселе́дец, -дца
осело́к, -лка́
осемена́тор, -а (те́хник-
-осемена́тор)
осемене́ние, -я
осеменённый; кр. ф. -ён,
-ена́
осемени́ть, -ню́, -ни́т
осеменя́ть(ся), -я́ю,
-я́ет(ся)
осенённый; кр. ф. -ён, -ена́
осени́ть(ся), -ню́(сь),
-ни́т(ся)
осённе-зи́мний
осённий
осень, -и
осенью, нареч.
осеня́ть(ся), -я́ю(сь),
-я́ет(ся)
осерди́ть(ся), -ержу́(сь),
-е́рдит(ся)
осеребрённый; кр. ф. -ён,
-ена́
осеребри́ть, -рю́, -ри́т
осереднячённый
осередня́чить(ся), -чу(сь),
-чит(ся)
осерча́ть, -а́ю, -а́ет
осесимметри́чный
осе́сть, осяду, осядет;
прош. осёл, осёла
осети́н, -а, р. мн. осети́н
осети́нка, -и
осети́нский
осётр, осетра́
осетри́на, -ы
осетри́нный
осетрово́дство, -а
осетро́вый
осе́чка, -и
осе́чь(ся), -еку́(сь),
-ечёт(ся), -еку́т(ся);
прош. -ёк(ся) и -ёк(ся),
-ёкла(сь)
оси́ленный
оси́ливать(ся), -аю(сь),
-ает(ся)
оси́лить(ся), -лю(сь),
-лит(ся)
оси́на, -ы
оси́нник, -а
оси́нничек, -чка
оси́новик, -а
оси́новый (от оси́на)
оси́ный (от оса́)
оси́плый
оси́пнуть, -ну, -нет; прош.
-ип, -ипла
оси́пший
осироте́лый
осироте́ть, -е́ю, -е́ет (стать
сиротой)
осироти́ть, -очу́, -оти́т (кого, что)
осия́нный

осия́ть, -я́ет
оска́бливать(ся), -аю,
-ает(ся)
оска́л, -а
оска́ленный
оска́ливать(ся), -аю(сь),
-ает(ся)
оска́лить(ся), -лю(сь),
-лит(ся)
оскальпи́рованный
оскальпи́ровать, -рую, -ру-
ет
осканда́ленный
осканда́лить(ся), -лю(сь),
-лит(ся)
оскверне́ние, -я
осквернённый; кр. ф. -ён,
-ена́
оскверни́тель, -я
оскверни́ть(ся), -ню́(сь),
-ни́т(ся)
оскверня́ть(ся), -я́ю(сь),
-я́ет(ся)
о́ски, -ов
осклабить(ся), -блю(сь),
-бит(ся)
оскла́бленный
оскла́блять(ся), -я́ю(сь),
-я́ет(ся)
оскли́злый
оскли́знувший
оскли́знуть, -нет; прош.
-и́з, -и́зла
оскли́зший
оскоблённый
оскобли́ть, -облю́, -обли́т
осколо́к, -лка
оско́лочек, -чка
оско́лочно-фуга́сный
оско́лочный
оско́ма, -ы
оско́мина, -ы
оско́минный
оско́мистый
оскопи́ть(ся), -плю́(сь),
-пи́т(ся)
оскопле́ние, -я
оскоплённый; кр. ф. -ён,
-ена́
оскопля́ть(ся), -я́ю(сь),
-я́ет(ся)
оскорби́тель, -я
оскорби́тельница, -ы
оскорби́тельный
оскорби́ть(ся), -блю́(сь),
-би́т(ся)
оскорбле́ние, -я
оскорблённый; кр. ф. -ён,
-ена́
оскорбля́ть(ся), -я́ю(сь),
-я́ет(ся)
оскоро́мить(ся), -млю(сь),
-мит(ся)
оскоро́мленный
оскоти́ниться, -нюсь, -нится
оскреба́ть, -а́ю, -а́ет
оскрёбки, -ов, ед. оскрё-
бок, -бка
оскрёбший
оскрёбыш, -а
оскрести́, -ребу́, -ребёт;
прош. -рёб, -ребла́
о́скский
оскудева́ть, -а́ю, -а́ет

оскуде́лый
оскуде́ние, -я
оскуде́ть, -е́ю, -е́ет
ослабева́ние, -я
ослабева́ть, -а́ю, -а́ет
ослабе́лый
ослабе́ть, -е́ю, -е́ет (стать
слабым)
ослаби́тель, -я
осла́бить, -блю, -бит (кого,
что)
ослабле́ние, -я
осла́бленный
ослабля́ть(ся), -я́ю, -я́ет(ся)
осла́бнувший
осла́бнуть, -ну, -нет; прош.
-а́б, -а́бла
осла́бший
осла́вить(ся), -влю(сь),
-вит(ся)
осла́вленный
ославля́ть(ся), -я́ю(сь),
-я́ет(ся)
осла́внивать(ся), -аю(сь),
-ает(ся)
осла́внить(ся), -ню(сь),
-нит(ся)
осланцева́ние, -я
ослёдина, -ы
ослёнок, -нка, мн. ослята,
-ля́т
ослепи́тельно бе́лый
ослепи́тельно сверка́ю-
щий
ослепи́тельный
ослепи́ть(ся), -плю́(сь),
-пи́т(ся)
ослепле́ние, -я
ослеплённый; кр. ф. -ён,
-ена́
ослепля́ть(ся), -я́ю(сь),
-я́ет(ся)
ослёпнувший
ослёпнуть, -ну, -нет; прош.
-леп, -лепла
ослёпший
осли́злый
осли́знувший
осли́знуть, -нет; прош. -ли́з,
-ли́зла
осли́зший
о́слик, -а
осли́нник, -а
осли́ный
осли́ца, -ы
словодство, -а
словодческий
осложне́ние, -я
осложнённый; кр. ф. -ён,
-ена́
осложни́ть(ся), -ню́,
-ни́т(ся)
осложня́ть(ся), -я́ю, -я́ет(ся)
ослуша́ние, -я
ослуша́ться, -аюсь, -ается
ослу́шиваться, -аюсь, -ается
ослу́шник, -а
ослу́шница, -ы
ослы́шаться, -шусь, -шится
ослы́шка, -и
осля́к, -а́
осля́тина, -ы
осма́ливать(ся), -аю,
-ает(ся)

осма́н, -а
осма́нец, -нца
осма́нка, -и
осма́нский
осма́тривание, -я
осма́тривать(ся), -аю(сь),
    -ает(ся)
осме́ивание, -я
осме́ивать(ся), -аю, -ает(ся)
осмеле́ть, -е́ю, -е́ет
осме́ливаться, -аюсь, -ается
осме́литься, -люсь, -лится
осмея́ние, -я
осме́янный
осмея́ть, -е́ю, -еёт
о́смиевый
о́смий, -я
осмирне́ть, -е́ю, -е́ет
осмогла́сие, -я
осмо́л, -а
осмолённый; кр. ф. -ён,
    -ена́
осмоли́ть, -лю́, -ли́т
осмо́лка, -и
осмо́метр, -а
осморегуля́ция, -и
осморецептор, -а
о́смос, -а
осмоти́ческий
осмо́тр, -а
осмо́тренный
осмотре́ть(ся), -отрю́(сь)
    -о́трит(ся)
осмотри́тельность, -и
осмотри́тельный
осмо́трщик, -а
осмуглённый; кр. ф. -ён,
    -ена́
осмугли́ть, -ли́т
осмысле́ние, -я
осмы́сленный; кр. ф.
    прич. -ен, -ена; кр. ф.
    прил. -ен, -енна
осмы́сливание, -я
осмы́сливать(ся), -аю,
    -ает(ся)
осмы́слить, -лю, -лит
осмысля́ть(ся), -я́ю,
    -я́ет(ся)
оснасти́ть, -ащу́, -асти́т
осна́стка, -и
осна́стчик, -а
оснаща́ть(ся), -а́ю, -а́ет(ся)
оснаще́ние, -я
оснащённость, -и
оснащённый; кр. ф. -ён,
    -ена́
осна́щивать(ся), -аю,
    -ает(ся)
оснежа́ть(ся), -а́ю, -а́ет(ся)
оснежённый; кр. ф. -ён,
    -ена́ и осне́женный; кр.
    ф. -ен, -ена
оснежи́ть(ся), -жу́,
    -жи́т(ся)
осно́ва, -ы
основа́ние, -я
осно́ванный
основа́тель, -я
основа́тельница, -ы
основа́тельность, -и
основа́тельный
основа́ть(ся), -ну́ю(сь),
    -нуёт(ся)

основно́й (главный)
осно́вный (хим., тех.)
основовяза́льный
основополага́ющий
основоположе́ние, -я
основоположник, -а
осно́вывать(ся), -аю(сь),
    -ает(ся)
осоавиахи́мовский
осо́ба, -ы
осо́бенно
осо́бенность, -и
осо́бенный
осо́бист, -а
осо́бица, -ы: в осо́бицу, на
    осо́бицу
особли́вый
особня́к, -а́
особняко́м, нареч.
особнячо́к, -чка́
осо́бо ва́жный
особогля́нцевый
особоуполномо́ченный,
    -ого
осо́бо це́нный
осо́бый
осо́бь, -и
осо́бь статья́
осове́лый
осове́ть, -е́ю, -е́ет
осовреме́ненный
осовреме́нивание,
    -я
осовреме́нивать(ся),
    -аю(сь), -ает(ся)
осовреме́нить(ся), -ню(сь),
    -нит(ся)
осоёд, -а
осознава́ть(ся), -наю́, -на-
    ёт(ся)
осозна́ние, -я
осо́знанность, -и
осо́знанный
осозна́ть, -а́ю, -а́ет
осо́ка, -и
осо́ковый
осоко́ревый
осоко́рник, -а
осоко́рь, -я
осола́живание, -я
осола́живать(ся), -аю,
    -ает(ся)
осолове́лый
осолове́ть, -е́ю, -е́ет
осолоде́лый
осолоде́ть, -е́ет
осолоди́ть(ся), -ложу́, -ло-
    ди́т(ся)
осоло́ненный; кр. ф. -ён,
    -ена́
осолонцева́ние, -я
осолонцева́ть, -цу́ю, -цу́ет
осолонцо́ванный
осопли́веть, -ею, -еет
осо́т, -а
осо́товый
о́спа, -ы
оспа́ривать(ся), -аю,
    -ает(ся)
о́спенный
о́спина, -ы
о́спинка, -и
оспопривива́ние, -я
оспопривива́тельный

оспо́ренный
оспо́рить, -рю, -рит
оспяно́й
осрами́ть(ся), -млю́(сь),
    -ми́т(ся)
осрамлённый; кр. ф. -ён,
    -ена́
осредни́ть, -ню́, -ни́т
оссе́ин, -а
ост, -а (восток)
остава́ться, -таю́сь, -таётся
оста́вить, -влю, -вит
оставле́ние, -я
оста́вленный
оставля́ть(ся), -я́ю, -я́ет(ся)
остально́й
остана́вливать(ся),
    -аю(сь), -ает(ся)
оста́нки, -ов
оста́нов, -ов
останови́ть(ся), -овлю́(сь),
    -о́вит(ся)
остано́вка, -и
остано́вленный
остано́вочный
оста́тний
оста́ток, -тка
оста́точный
оста́ться, -а́нусь, -а́нется
осташи́, -е́й
остго́тский
остго́ты, -ов
остебели́ться, -и́тся
остебеля́ться, -я́ется
остево́й
остеи́т, -а
остеклене́ть, -е́ет
остекле́ние, -я
остеклённый; кр. ф. -ён,
    -ена́
остекли́ть, -лю́, -ли́т
остекло́ванный
остеклова́ть, -лу́ю, -лу́ет
остекля́ть(ся), -я́ю, -я́ет(ся)
остеобла́сты, -ов
остеографи́ческий
остеогра́фия, -и
остеодисплази́я, -и
остеодистрофи́я, -и
остеокла́сты, -ов
остеоло́г, -а
остеологи́ческий
остеоло́гия, -и
остео́ма, -ы
остеомаля́ция, -и
остеомиели́т, -а
остеопла́стика, -и
остеосарко́ма, -ы
остеосклеро́з, -а
остеотоми́я, -и
остеофи́т, -а
остеохондро́з, -а
остепенённый; кр. ф. -ён,
    -ена́
остепени́ть(ся), -ню́(сь),
    -ни́т(ся)
остепеня́ть(ся), -я́ю(сь),
    -я́ет(ся)
остервене́лый
остервене́ние, -я
остервенённый; кр. ф. -ён,
    -ена́
остервене́ть, -е́ю, -е́ет
    (прийти в ярость)

остервени́ть, -ню́, -ни́т (ко-
    го)
остервени́ться, -ню́сь, -ни́т-
    ся
остерега́ть(ся), -а́ю(сь),
    -а́ет(ся)
остерёгший(ся)
остережённый; кр. ф. -ён,
    -ена́
остере́чь(ся), -егу́(сь),
    -ежёт(ся), -егу́т(ся);
    прош. -рёг(ся), -регла́(сь)
остзе́ец, -е́йца
остзе́йка, -и
остзе́йский
остина́то, неизм.
ост-и́ндский
ости́стый
ости́т, -а
о́стов, -а
усто́йчивость, -и
усто́йчивый
остолбене́лый
остолбене́ние, -я
остолбене́ть, -е́ю, -е́ет
остоло́п, -а
осторо́жничать, -аю, -ает
осторо́жность, -и
осторо́жный
осточерте́ть, -е́ю, -е́ет
остра́гивать(ся), -аю,
    -ает(ся) и остру́ги-
    вать(ся), -аю, -ает(ся)
остраки́зм, -а
остране́ние, -я (лит.)
остранённый (лит.)
остра́стка, -и
острека́вить(ся), -влю(сь),
    -вит(ся)
острека́ть(ся), -а́ю(ся),
    -а́ет(ся)
о́стренький
остре́ц, -а́
острига́ть(ся), -а́ю(сь),
    -а́ет(ся)
остри́гший(ся)
острие́, -я́
остри́женный
остри́льный
остри́ть, -рю́, -ри́т
остри́ца, -ы
остри́чь(ся), -игу́(сь),
    -ижёт(ся), -игу́т(ся);
    прош. -и́г(ся), -и́гла(сь)
остроактуа́льный
о́стров, -а, мн. -а́, -о́в
островерхий
острови́на, -ы
острови́тянин, -а, мн. -я́не,
    -я́н
острови́тянка, -и
островно́й
острово́к, -вка́
островоспали́тельный
островско́й
островырази́тельный
остро́г, -а
острога́, -и́, мн. остроги́,
    остро́г, острога́м
остро́ганный и остру́ган-
    ный
острога́ть, -а́ю, -а́ет и ост-
    руга́ть, -а́ю, -а́ет
острогла́зый

острогнóйный
острогóвый (от острогá)
остроголóвый
острогóрбый
острогрáнный
острогрýдый
острогубцы, -цев
остродефицитный
остродискуссиóнный
острóжек, -жка
острожить, -жý, -жит
острóжка, -и
острóжник, -а
острóжный (от острóг)
острозарáзный
острозýбцы, -цев
острозýбый
остроинфекциóнный
острокислый
острóклювый
острокомбинациóнный
остроконéчник, -а
остроконéчный
остроконфликтный
острокритический
острокрылый
остролист, -а
остролистный и остролистый
остролицый
остролóдочник, -а
остромóрдый
остронапрáвленный
остронóс, -а
остронóсик, -а
остронóсый
óстро нуждáющийся
остропёстр, -а и остропестрó, нескл. с.
остропиленный
остропиливать(ся), -аю, -ает(ся)
остропилить, -лю, -лит
острополитический
остропрáный
остропублицистический
острорёбрый
острорылый
остросатирический
остроскулый
острослóв, -а
острослóвие, -я
острослóвить, -влю, -вит
остросоврéменный
остросоциáльный
остросюжéтный
острота, -ы (остроумное выражение)
острота, -ы, мн. не употр. (свойство острого)
остроугóльник, -а
остроугóльный
острoýм, -а
острoýмец, -мца
острoýмие, -я
острoýмничанье, -я
острoýмничать, -аю, -ает
острoýмный
острoýхий
острохарáктерный
острохвóстый
остроязычный
острýганный и острóганный

остругáть, -áю, -áет и острогáть, -áю, -áет
острýгивать(ся), -аю, -ает(ся) и острáгивать(ся), -аю, -ает(ся)
óстрый; кр. ф. остр и остёр, острá, óстрó
острáк, -á
острáчка, -и
острудá, -ы
остудить(ся), -ужý(сь), -ýдит(ся)
остужáть(ся), -áю(сь), -áет(ся)
остýженный
остýживать(ся), -аю, -ает(ся)
оступáться, -áюсь, -áется
оступиться, -уплюсь, -ýпится
остфризский
остывáть, -áю, -áет
остывший
остылый
остынуть и остыть, -ыну, -ынет; прош. -ыл, -ыла
ость, -и, мн. -и, -éй
остяк, -á
остяцкий
остячка, -и
осудить, -ужý, -ýдит
осуждáть(ся), -áю, -áет(ся)
осуждéние, -я
осуждённый; кр. ф. -ён, -енá
осýнуться, -нусь, -нется
осушáть(ся), -áю, -áет(ся)
осушéние, -я
осýшенный
осушитель, -я
осушительный
осушить(ся), -ушý, -ýшит(ся)
осýшка, -и
осуществимый
осуществить(ся), -влю, -вит(ся)
осуществлéние, -я
осуществлённый; кр. ф. -ён, -енá
осуществлять(ся), -яю, -яет(ся)
осциллогрáмма, -ы
осциллóграф, -а
осциллографический
осциллогрáфия, -и
осцилломéтрия, -и
осциллоскóп, -а
осциллятор, -а
осцилляция, -и
осчастливить, -влю, -вит
осчастливленный
осчастливливать, -аю, -ает
осыпáемость, -и
осыпáние, -я
осыпанный
осыпать(ся), -плю(сь), -плет(ся), -плют(ся) и -пет(ся), -пят(ся), сов.
осыпáть(ся), -áю(сь), -áет(ся), несов.
óсыпь, -и
ось, -и, мн. -и, -éй
осьмизýбые, -ых

осьмина, -ы
осьминник, -а
осьминóг, -а
осьмóй
осьмýха, -и
осьмýшечка, -и
осьмýшка, -и
осязáемость, -и
осязáемый
осязáние, -я
осязáтельный
осязáть(ся), -áю, -áет(ся)
от, óто, предлог
отáва, -ы
отáвный
отакелáженный
отакелáживать(ся), -аю, -ает(ся)
отакелáжить, -жу, -жит
отáпливать(ся), -аю, -ает(ся)
отáптывать(ся), -аю, -ает(ся)
отáра, -ы
отáрщик, -а
отбáвить, -влю, -вит
отбáвка, -и
отбáвленный
отбавлять(ся), -яю, -яет(ся)
отбалансировать, -рую, -рует
отбáливать, -аю, -ает
отбарабáненный
отбарабáнить, -ню, -нит
отбегáть, -áю, -áет, несов. (к отбежáть)
отбéгать(ся), -аю(сь), -ает(ся), сов. (кончить бегать)
отбежáть, -егý, -ежит, -егýт
отбелённый; кр. ф. -ён, -енá
отбéливание, -я
отбéливать(ся), -аю, -ает(ся)
отбелить, -елю, -éлит
отбéлка, -и
отбéльно-красильный
отбéльный
отбензинивание, -я
отбесéдовать, -дую, -дует
отбеситься, -ешусь, -éсится
отбив, -а
отбивáние, -я
отбивáть(ся), -áю(сь), -áет(ся)
отбивка, -и
отбивнáя, -óй
отбивнóй
отбирáть(ся), -áю, -áет(ся)
отбитие, -я
отбитый
отбить(ся), отобью(сь), отобьёт(ся)
отблáговестить, -ещу, -естит
отблагодарённый; кр. ф. -ён, -енá
отблагодарить, -рю, -рит
óтблеск, -а
отблéскивать, -аю, -ает
отблестéть, -лещý, -лестит
отблистáть, -áю, -áет
отбóй, -я

отбóйка, -и
отбóйный
отбóйщик, -а
отболéть, -éю, -éет
отбомбить(ся), -блю(сь), -бит(ся)
отбóр, -а
отбóрка, -и
отбóрник, -а
отбóрный
отбóрочный
отбортовáть, -тýю, -тýет
отбортóвка, -и
отбортóвывать(ся), -аю, -ает(ся)
отбóяриваться, -аюсь, -ается
отбóяриться, -рюсь, -рится
отбракóванный
отбраковáть, -кýю, -кýет
отбракóвка, -и
отбракóвывать(ся), -аю, -ает(ся)
отбрáсывание, -я
отбрáсывать(ся), -аю, -ает(ся)
отбрéдший
отбрести, -едý, -едёт; прош. -ёл, -елá
отбривáть, -áю, -áет
отбритый
отбрить(ся), -рéю(сь), -рéет(ся)
отбродить, -ожý, -óдит
отбросáть, -áю, -áет
отбрóсить, -óшу, -óсит
отбрóска, -и
отбрóсный
отбрóсы, -ов
отбрóшенный
отбрыкáться, -áюсь, -áется
отбрыкиваться, -аюсь, -ается
отбузовáть, -зýю, -зýет
отбуксированный
отбуксировать(ся), -рую, -рует(ся)
отбуксирóвка, -и
отбуксирóвывать(ся), -аю, -ает(ся)
отбýрить, -рю, -рит
отбурлить, -лю, -лит
отбýченный
отбýчивать(ся), -аю, -ает(ся)
отбýчить, -чу, -чит
отбушевáть, -шýю, -шýет
отбывáние, -я
отбывáть, -áю, -áет
отбывка, -и
отбытие, -я
отбыть, -бýду, -бýдет; прош. óтбыл, отбылá, óтбыло
отвáга, -и
отвадить(ся), -áжу(сь), -áдит(ся)
отвáженный
отвáживание, -я
отвáживать(ся), -аю(сь), -ает(ся)
отвáжиться, -жусь, -жится
отвáжность, -и
отвáжный
отвáл, -а

отва́ленный (*от* отва-
ли́ть)
отва́ливание, -я
отва́ливать(ся), -аю(сь),
-ает(ся)
отвали́ть(ся), -алю́(сь),
-а́лит(ся)
отва́лка, -и
отвалообразова́ние, -я
отвалообразова́тель, -я
отва́льно-погру́зочный
отва́льный
отва́лянный (*от* отваля́ть)
отваля́ть, -я́ю, -я́ет
отва́р, -а *и* -у
отва́ренный
отва́ривание, -я
отва́ривать(ся), -аю,
-ает(ся)
отвари́ть(ся), -арю́,
-а́рит(ся)
отва́рка, -и
отварно́й
отвева́ть(ся), -а́ю, -а́ет(ся)
(*к* отвея́ть)
отве́данный
отве́дать, -аю, -ает
отведе́ние, -я
отведённый; *кр. ф.* -ён,
-ена́
отве́дший
отве́дывать(ся), -аю,
-ает(ся)
отвезённый; *кр. ф.* -ён, -ена́
отвезти́, -зу́, -зёт; *прош.* -ёз,
-езла́
отвёзший
отве́ивать(ся), -аю, -ает(ся)
отвекова́ть, -ку́ю, -ку́ет
отверга́ть(ся), -а́ю, -а́ет(ся)
отве́ргнувший *и* отве́рг-
ший
отве́ргнутый
отве́ргнуть, -ну, -нет; *прош.*
-е́рг *и* -е́ргнул, -е́ргла
отве́ргший *и* отве́ргнув-
ший
отвердева́ние, -я
отвердева́ть, -а́ет
отверде́лый
отверде́ние, -я (*от* отвер-
де́ть)
отверде́ть, -е́ет (стать твёр-
дым)
отверди́тель, -я
отверди́ть, -ржу́, -рди́т
(*что*)
отвержда́ть, -а́ю, -а́ет
отвержде́ние, -я (*от* от-
верди́ть)
отверждённый; *кр. ф.* -ён,
-ена́
отве́рженец, -нца
отверже́ние, -я (*от* отве́рг-
нуть)
отве́рженность, -и
отве́рженный
отверза́ть(ся), -а́ю, -а́ет(ся)
отве́рзть, -зу, -зет; *прош.*
-е́рз, -е́рзла
отвёрнутый
отверну́ть(ся), -ну́(сь),
-нёт(ся)
отве́рстие, -я

отве́рстый
отверте́ть(ся), -ерчу́(сь),
-е́ртит(ся)
отвёртка, -и
отвёртывать(ся), -аю(сь),
-ает(ся)
отве́рченный
отве́с, -а
отве́сить, -е́шу, -е́сит
отве́сный
отвести́, -веду́, -ведёт;
прош. -вёл, -вела́
отве́т, -а
ответви́ть(ся), -влю́,
-ви́т(ся)
ответвле́ние, -я
ответвлённый; *кр. ф.* -ён,
-ена́
ответвля́ть(ся), -я́ю,
-я́ет(ся)
отве́тить, -ве́чу, -ве́тит
отве́тный
отве́тственность, -и
отве́тственный; *кр. ф.* -вен
и -венен, -венна
отве́тствовать, -твую, -тву-
ет
отве́тчик, -а
отве́тчица, -ы
отвеча́ть, -а́ю, -а́ет
отве́шенный
отве́шивание, -я
отве́шивать(ся), -аю,
-ает(ся)
отве́янный
отве́ять, -е́ю, -е́ет
отвива́ть(ся), -а́ю, -а́ет(ся)
(*к* отви́ть)
отви́ливание, -я
отви́ливать, -аю, -ает
отвильну́ть, -ну́, -нёт
отвинти́ть(ся), -инчу́,
-и́нти́т(ся)
отви́нченный
отви́нчивать(ся), -аю,
-ает(ся)
отвиса́ние, -я
отвиса́ть, -а́ет
отви́се́ться, -си́тся
отви́слый
отви́снувший
отви́снуть, -нет; *прош.* -ви́с,
-ви́сла
отви́сший
отви́тый; *кр. ф.* -и́т, -ита́,
-и́то
отви́ть, отовью́, отовьёт;
прош. -и́л, -ила́, -и́ло
отвлека́ть(ся), -а́ю(сь),
-а́ет(ся)
отвлёкший(ся)
отвлече́ние, -я
отвлечённость, -и
отвлечённый; *кр. ф. прич.*
-ён, -ена́; *кр. ф. прил.* -ён,
-ённа
отвле́чь(ся), -еку́(сь),
-ечёт(ся), -еку́т(ся);
прош. -ёк(ся), -екла́(ся)
отво́д, -а
отводи́ть(ся), -ожу́,
-о́дит(ся)
отво́дка, -и

отводно́й *и* отво́дный
отво́док, -дка
отвоёванный
отвоева́ть(ся), -вою́ю(сь),
-вою́ет(ся)
отвоёвывать(ся), -аю(сь),
-ает(ся)
отво́з, -а
отвози́ть(ся), -ожу́(сь),
-о́зит(ся)
отво́зка, -и
отво́зчик, -а
отво́зчица, -ы
отвола́живать(ся), -аю,
-ает(ся)
отвола́кивать(ся), -аю,
-ает(ся)
отволо́женный
отволожи́ть, -ожу́, -о́жит
отволо́ка, -и
отволо́кший
отволо́ченный; *кр. ф.* -ен,
-ена *и* отволочённый;
кр. ф. -ён, -ена́
отволочи́ть, -очу́, -о́чи́т
отволо́чка, -и
отволо́чь, -оку́, -очёт,
-оку́т; *прош.* -о́к, -окла́
отвора́чивать(ся), -аю(сь),
-ает(ся)
отво́ренный; *кр. ф.* -ен,
-ена *и* отворённый; *кр.
ф.* -ён, -ена́
отвори́ть(ся), -орю́,
-о́рит(ся)
отворо́т, -а
отвороти́ть(ся), -рочу́(сь),
-ро́тит(ся)
отворо́тный
отворо́чать, -аю, -ает
отворо́ченный
отворя́ть(ся), -я́ю,
-я́ет(ся)
отврати́тельный
отврати́ть(ся), -ащу́(сь),
-ати́т(ся)
отвра́тный
отвраща́ть(ся), -а́ю(сь),
-а́ет(ся)
отвраще́ние, -я
отвращённый; *кр. ф.* -ён,
-ена́
отвыка́ть, -а́ю, -а́ет
отвы́кнуть, -ну, -нет; *прош.*
-ы́к, -ы́кла
отвы́кший
отвы́чка, -и
отвя́занный
отвяза́ть(ся), -яжу́(сь),
-я́жет(ся)
отвя́зка, -и
отвя́зывание, -я
отвя́зывать(ся), -аю(сь),
-ает(ся)
отга́данный
отгада́ть, -а́ю, -а́ет
отга́дка, -и
отга́дчик, -а
отга́дчица, -ы
отга́дывание, -я
отга́дывать, -аю, -ает
отги́б, -а
отгиба́ть(ся), -а́ю, -а́ет(ся)
отглаго́льный

отгла́дить(ся), -а́жу(сь),
-а́дит(ся)
отгла́дывать, -аю, -ает
отгла́женный
отгла́живать(ся), -аю(сь),
-ает(ся)
отгла́тывать, -аю, -ает
отгло́данный
отглода́ть, -ожу́, -о́жет *и*
-а́ю, -а́ет
отглотну́ть, -ну́, -нёт
отгнива́ть, -а́ет
отгни́ть, -иёт; *прош.* -гни́л,
-гнила́, -гни́ло
отгова́ривать(ся), -аю(сь),
-ает(ся)
отгове́ть(ся), -е́ю(сь),
-е́ет(ся)
отговорённый; *кр. ф.* -ён,
-ена́
отговори́ть(ся), -рю́(сь),
-ри́т(ся)
отгово́рка, -и
отголо́сок, -ска
отго́н, -а
отго́нка, -и
отго́нный
отгоня́ть, -я́ю, -я́ет
отгора́живать(ся), -аю(сь),
-ает(ся)
отгора́ть, -а́ю, -а́ет
отгорева́ть, -рю́ю, -рю́ет
отгоре́ть, -рю́, -ри́т
отгороди́ть(ся), -ожу́(сь),
-о́ди́т(ся)
отгоро́женный
отгости́ть(ся), -ощу́(сь),
-ости́т(ся)
отгранённый; *кр. ф.* -ён,
-ена́
отграни́ть, -ню́, -ни́т
отграниче́ние, -я
отграни́ченный
отграни́чивать(ся), -аю,
-ает(ся)
отграни́чить, -чу, -чит
отграфи́ть, -флю́, -фи́т
отграфлённый; *кр. ф.* -ён,
-ена́
отграфля́ть, -я́ю, -я́ет
отгреба́ние, -я
отгреба́ть(ся), -а́ю(сь),
-а́ет(ся)
отгребённый; *кр. ф.* -ён,
-ена́
отгрёбка, -и
отгрёбший
отгреме́ть, -ми́т
отгрести́(сь), -ребу́(сь), -ре-
бёт(ся); *прош.* -рёб(ся),
-ребла́(сь)
отгро́хать, -аю, -ает
отгрохота́ть, -хо́чет
отгружа́ть(ся), -а́ю, -а́ет(ся)
отгру́женный; *кр. ф.* -ен,
-ена *и* отгружённый; *кр.
ф.* -ён, -ена́
отгрузи́ть(ся), -ужу́(сь),
-у́зи́т(ся)
отгру́зка, -и
отгрусти́ть, -ущу́, -усти́т
отгрыза́ть(ся), -а́ю(сь),
-а́ет(ся)
отгры́зенный

отгры́зть(ся), -зу́(сь),
　-зёт(ся); *прош.* -ы́з(ся),
　-ы́зла(сь)
отгры́зший(ся)
отгуд́еть, -ди́т
отгу́л, -а
отгу́ливать(ся), -аю(сь),
　-ает(ся)
отгу́льный
отгу́лянный
отгуля́ть(ся), -я́ю(сь),
　-я́ет(ся)
отдава́ть(ся), -даю́(сь), -да-
　ёт(ся)
отдави́ть, -авлю́, -а́вит
отда́вленный
отда́вливать(ся), -аю,
　-ает(ся)
отда́ивание, -я
отда́ивать(ся), -аю, -ает(ся)
отдале́ние, -я
отдалённость, -и
отдалённый; *кр. ф. прич.*
　-ён, -ена́; *кр. ф. прил.* -ён,
　-ённа
отдали́ть(ся), -лю́(сь),
　-ли́т(ся)
отдаля́ть(ся), -я́ю(сь),
　-я́ет(ся)
отда́ние, -я
о́тданный; *кр. ф.* о́тдан,
　о́тдана́, о́тдано
отдарённый; *кр. ф.* -ён,
　-ена́
отда́ривать(ся), -аю(сь),
　-ает(ся)
отдари́ть(ся), -рю́(сь),
　-ри́т(ся)
отда́тчик, -а
отда́ть(ся), -а́м(ся),
　-а́шь(ся), -а́ст(ся),
　-ади́м(ся), -ади́те(сь),
　-аду́т(ся); *прош.* о́тда́л,
　-а́лся, -ала́(сь), о́тда́ло,
　отдало́сь
отда́ча, -и
отдвига́ть, -аю, -ает, *сов.*
　(*от* дви́гать)
отдвига́ть(ся), -а́ю(сь),
　-а́ет(ся), *несов.* (*к* отдви-
　нуть(ся)
отдвижно́й
отдви́нутый
отдви́нуть(ся), -ну(сь),
　-нет(ся)
отдежу́ренный
отдежу́ривать, -аю, -ает
отдежу́рить, -рю, -рит
отде́л, -а
отде́ланный
отде́лать(ся), -аю(сь),
　-ает(ся)
отделе́ние, -я
отделённый 1, *кр. ф.* -ён,
　-ена́
отделённый 2, -ого
отделе́нский
отделе́нческий
отдели́мый
отдели́тель, -я
отдели́тельный
отдели́ть(ся), -елю́(сь),
　-е́лит(ся)
отде́лка, -и

отде́лочник, -а
отде́лочница, -ы
отде́лочно-расто́чный
отде́лочный
отде́лывать(ся), -аю(сь),
　-ает(ся)
отде́льность, -и
отде́льный
отделя́ть(ся), -я́ю(сь),
　-я́ет(ся)
отдёргать, -аю, -ает
отдёргивание, -я
отдёргивать(ся), -аю,
　-ает(ся)
отдёрнутый
отдёрнуть(ся), -ну, -нет(ся)
отдира́ть(ся), -а́ю, -а́ет(ся)
отдо́нный
отдо́йть(ся), -ою, -о́йт(ся)
отдохнове́ние, -я
отдохну́ть, -ну́, -нёт
отдра́енный
отдра́ивать(ся), -аю,
　-ает(ся)
отдра́ить, -а́ю, -а́ит
отдуба́сить, -а́шу, -а́сит
отдува́ть(ся), -а́ю(сь),
　-а́ет(ся)
отду́мать, -аю, -ает
отду́мывать, -аю, -ает
отду́тый
отду́ть, -ду́ю, -ду́ет
о́тдух, -а
отду́шина, -ы
отду́шка, -и
отду́шник, -а
о́тдых, -а
отдыха́ть, -а́ю, -а́ет
отдыха́ющий
отдыша́ться, -ышу́сь,
　-ышится
отды́шка, -и
отёк, -а (*мед.*)
отека́ние, -я
отека́ть, -а́ю, -а́ет
отёкший
отёл, -а
отели́ться, -е́лится
отёлочный
оте́ль, -я
отёльный
отемнённый; *кр. ф.* -ён,
　-ена́
отемни́ть, -ню́, -ни́т
отемня́ть(ся), -я́ю, -я́ет(ся)
оте́ненный; *кр. ф.* -ён, -ена́
отени́ть, -ню́, -ни́т
отеня́ть(ся), -я́ю, -я́ет(ся)
отепле́ние, -я
отеплённый; *кр. ф.* -ён,
　-ена́
отепли́тель, -я
отепли́тельный
отепли́ть, -лю́, -ли́т
отепля́ть(ся), -я́ю, -я́ет(ся)
отере́ть(ся), отру́(сь), от-
　рёт(ся); *прош.* отёр(ся),
　отёрла(сь)
отёртый
отёрший
отёсанный
отеса́ть, -ешу́, -ешет
отёска, -и
отёсывание, -я

отёсывать(ся), -аю(сь),
　-ает(ся)
оте́ц, отца́
оте́цкий
оте́ческий
оте́чественный
оте́чество, -а
отечествове́дение, -я
отёчность, -и
отёчный
отечь, -еку́, -ечёт, -еку́т;
　прош. -ёк, -екла́
отжа́ренный
отжа́ривать, -аю, -ает
отжа́рить, -рю, -рит
отжа́тый
отжа́ть 1, отожму́, ото-
　жмёт
отжа́ть 2, отожну́, отожнёт
отжёванный
отжева́ть, -жую́, -жуёт
отжёвывать, -аю, -ает
отжёгший
отжечь, отожгу́, отожжёт,
　отожгу́т; *прош.* отжёг,
　отожгла́
отжива́ть, -а́ю, -а́ет
отживи́ть, -влю́, -ви́т
отживлённый; *кр. ф.* -ён,
　-ена́
отживля́ть(ся), -я́ю,
　-я́ет(ся)
отжи́вший
о́тжиг, -а
отжига́тельный
отжига́ть(ся), -а́ю, -а́ет(ся)
отжи́ленный
отжи́ливать, -аю, -ает
отжи́лить, -лю, -лит
отжи́лок, -лка
отжи́м, -а
отжима́ние, -я
отжима́ть(ся), -а́ю, -а́ет(ся)
отжи́мка, -и
отжимно́й и отжи́мный
отжи́мок, -мка
отжина́ть, -а́ю, -а́ет
о́тжи́тый; *кр. ф.* о́тжи́т,
　отжита́, о́тжи́то
отжи́ть, -иву́, -ивёт; *прош.*
　о́тжи́л, отжила́, о́тжи́ло
отжо́г, -а, но *прош.* отжёг
отза́втракать, -аю, -ает
отзанима́ться, -а́юсь, -а́ется
отзва́нивать, -аю, -ает
отзвене́ть, -ни́т
отзвони́ть, -ню́, -ни́т
о́тзвук, -а
отзвуча́ть, -чи́т
отзву́чие, -я
отзимова́ть, -му́ю, -му́ет
отзови́зм, -а
отзови́ст, -а
отзови́стский
отзо́л, -а
отзолённый; *кр. ф.* -ён,-ена́
отзоли́ть, -лю́, -ли́т
отзо́лка, -и
отзо́льный
отзубри́ть, -зубрю́, -зубри́т
о́тзыв, -а (мнение)
отзы́в, -а (действие)
отзыва́ть(ся), -а́ю(сь),
　-а́ет(ся)

отзывно́й
отзы́вчивость, -и
отзы́вчивый
отиа́тр, -а
отиатри́я, -и
отира́ть(ся), -а́ю(сь),
　-а́ет(ся)
оти́т, -а
отка́з, -а
отка́занный
отказа́ть(ся), -ажу́(сь),
　-а́жет(ся)
отказоусто́йчивость, -и
отка́зывать(ся), -аю(сь),
　-ает(ся)
отка́ливание, -я
отка́ливать(ся), -аю(сь),
　-ает(ся)
отка́панный (*от* отка́-
　пать)
отка́пать, -аю, -ает
отка́пывание, -я
отка́пывать(ся), -аю(сь),
　-ает(ся)
отка́рмливание, -я
отка́рмливать(ся), -аю(сь),
　-ает(ся)
отка́т, -а
отка́танный
отката́ть(ся), -а́ю(сь),
　-а́ет(ся)
откати́ть(ся), -ачу́(сь),
　-а́тит(ся)
отка́тка, -и
отка́точный
отка́тчик, -а
отка́тчица, -ы
отка́тывание, -я
отка́тывать(ся), -аю(сь),
　-ает(ся)
отка́чанный (*от* отка-
　ча́ть)
откача́ть, -а́ю, -а́ет
отка́ченный (*от* отка-
　ти́ть)
отка́чивание, -я
отка́чивать(ся), -аю,
　-ает(ся)
отка́чка, -и
откачну́ть(ся), -ну́(сь),
　-нёт(ся)
отка́шивать, -аю, -ает
отка́шивание, -я
отка́шливать(ся), -аю(сь),
　-ает(ся)
отка́шлянуть(ся), -ну(сь),
　-нёт(ся)
отка́шлять(ся), -яю(сь),
　-яет(ся)
откви́танный
отквита́ть(ся), -а́ю(сь),
　-а́ет(ся)
откви́тывать(ся), -аю(сь),
　-ает(ся)
отки́данный
откида́ть, -а́ю, -а́ет
откидно́й
отки́дывать(ся), -аю(сь),
　-ает(ся)
отки́нутый
отки́нуть(ся), -ну(сь),
　-нет(ся)
откипа́ть, -а́ет
откипе́ть, -плю, -пи́т

откла́дывание, -я
откла́дывать(ся), -аю,
 -ает(ся)
открла́ниваться, -аюсь,-ается
откла́няться, -яюсь, -яется
отклёванный
отклева́ть, -люю, люёт
отклёвывать(ся), -аю,
 -ает(ся)
отклёенный
откле́ивание, -я
откле́ивать(ся), -аю,
 -ает(ся)
откле́ить(ся), -ею, -еит(ся)
откле́йка, -и
отклёпанный
отклепа́ть(ся), -а́ю(сь),
 -а́ет(ся)
отклёпка, -и
отклёпывание, -я
отклёпанный
отклёпывать(ся), -аю,
 -ает(ся)
о́тклик, -а
отклика́ться, -аюсь, -ается
откли́кнуться, -нусь, -нется
отклóн, -а
отклоне́ние, -я
отклонённый; кр. ф. -ён,
 -ена́
отклони́ть(ся), -оню́(сь),
 -óнит(ся)
отклоня́ть(ся), -я́ю(сь),
 -я́ет(ся)
отключа́ть(ся), -а́ю(сь),
 -а́ет(ся)
отключе́ние, -я
отключённый; кр. ф. -ён,
 -ена́
отключи́ть(ся), -чу́(сь),
 -чи́т(ся)
откóванный
откова́ть(ся), -кую́, -ку-
 ёт(ся)
откóвка, -и
откóвывать(ся), -аю,
 -ает(ся)
отковы́ривать(ся), -аю,
 -ает(ся)
отковы́рнутый
отковырну́ть, -ну́, -нёт
отковы́рянный
отковы́рять, -я́ю, -я́ет
отковзырну́ть, -ну́, -нёт
отковзыря́ть, -я́ю, -я́ет
откóл, -а
откола́чивать, -аю, -ает
отколдова́ть, -ду́ю, -ду́ет
отко́ле
отко́лка, -и
отколоти́ть, -очу́, -óтит
отколóтый
отколо́ть(ся), -олю́(сь),
 -óлет(ся)
отколóченный
отколошма́тить, -а́чу, -а́тит
отколошма́ченный
отколу́панный
отколупа́ть, -а́ю, -а́ет
отколу́пнутый
отколупну́ть, -ну́, -нёт
отколу́пывать(ся), -аю,
 -ает(ся)
отко́ль
откомандирова́ние, -я

откомандиро́ванный
откомандирова́ть, -ру́ю,
 -ру́ет
откомандиро́вка, -и
откомандиро́вывать(ся),
 -аю, -ает(ся)
откома́ндовать, -дую, -дует
отконопа́тить, -а́чу, -а́тит
отконопа́ченный
отконопа́чивать(ся), -аю,
 -ает(ся)
откóпанный
откопа́ть(ся), -а́ю(сь),
 -а́ет(ся)
откóпка, -и
откорми́ть(ся), -ормлю́(сь),
 -óрмит(ся)
откóрмка, -и
откóрмленный
откóрмок, -мка
откóрмочный
откóрмыш, -а
откорректи́рованный
откорректи́ровать, -и́рую,
 -и́рует
откóс, -а
откоси́ть(ся), -ошу́(сь),
 -óсит(ся)
откóсный
откочева́ть, -чу́ю, -чу́ет
откочёвка, -и
откочёвывание, -я
откочёвывать, -аю, -ает
откóшенный
откра́ивать(ся), -аю,
 -ает(ся)
окра́сить, -а́шу, -а́сит
открахма́ленный
открахма́ливать(ся), -аю,
 -ает(ся)
открахма́лить, -лю, -лит
окра́шенный
окра́шивать(ся), -аю,
 -ает(ся)
открепи́тельный
открепи́ть(ся), -плю́(сь),
 -пи́т(ся)
открепле́ние, -я
откреплённый; кр. ф. -ён,
 -ена́
открепля́ть(ся), -я́ю(сь),
 -я́ет(ся)
открести́ться, -ещу́сь, -éс-
 тится
откре́щиваться, -аюсь, -ает-
 ся
откристаллизова́ться, -зу́-
 ется
открове́ние, -я
открове́нничание, -я
открове́нничать, -аю, -ает
открове́нность, -и
открове́нный; кр. ф. -éнен,
 -éнна
откро́енный
откро́ить, -ою, -óит
откро́мсанный
откромса́ть, -а́ю, -а́ет
открути́ть(ся), -учу́(сь),
 -у́тит(ся)
откру́ченный
откру́чивать(ся), -аю(сь),
 -ает(ся)

открыва́лка, -и
открыва́тель, -я
открыва́ть(ся), -а́ю(сь),
 -а́ет(ся)
открыва́шка, -и
откры́тие, -я
открытогнездя́щийся
откры́тый
откры́ть(ся), -рóю(сь), -рó-
 ет(ся)
отку́да
отку́да-либо
отку́да-нибудь, но: откуда
 ни бу́дь э́тот человек...
отку́да ни возьми́сь
отку́да-то
отку́дова
откукова́ть, -куку́ю, -куку́ет
óткуп, -а, мн. -á, -óв
откупа́ть(ся), -а́ю(сь),
 -а́ет(ся)
откупи́ть(ся), -уплю́(сь),
 -у́пит(ся)
отку́пленный
откупнóй
отку́поренный
отку́поривание, -я
отку́поривать(ся), -аю,
 -ает(ся)
отку́порить(ся), -рю,
 -рит(ся)
отку́порка, -и
откупщи́к, -а́
отку́с, -а
отку́санный
отку́сывать, -аю, -ает
откуси́ть, -ушу́, -у́сит
отку́сывание, -я
отку́сывать(ся), -аю,
 -ает(ся)
отку́шать, -аю, -ает
отку́шенный (от отку-
 си́ть)
отлави́ровать, -рую, -рует
отла́вливание, -я
отла́вливать(ся), -аю(сь),
 -ает(ся)
отлага́тельство, -а
отлага́ть(ся), -а́ю, -а́ет(ся)
отла́дить, -а́жу, -а́дит
отла́дка, -и
отла́дочный
отла́женный
отла́живать(ся), -аю,
 -ает(ся)
отлаза́ть, -аю, -ает
отла́зить, -а́жу, -а́зит
отлакирóванный
отлакирова́ть(ся), -ру́ю,
 -ру́ет(ся)
отла́мывать(ся), -аю,
 -ает(ся)
отля́ать, -а́ю, -а́ет
отлега́ть, -а́ет
отлёгший
отлежа́ть(ся), -жу́(сь),
 -жи́т(ся)
отлёживать(ся), -аю(сь),
 -ает(ся)
отлеза́ть, -а́ю, -а́ет
отле́зть, -зу, -зет; прош.
 -лéз, -лéзла
отлéзший

отлепи́ть(ся), -леплю́, -лé-
 пит(ся)
отле́пленный
отлепля́ть(ся), -я́ю, -я́ет(ся)
отлёт, -а
отлета́ть(ся), -а́ю(сь),
 -а́ет(ся)
отлете́ть, -лечу́, -лети́т
отле́чь, -ля́жет, -ля́гут;
 прош. -лёг, -легла́
отли́в, -а
отлива́ть(ся), -а́ю, -а́ет(ся)
отли́вка, -и
отливнóй (служащий для
 отливания)
отли́вный (относящийся к
 морскому отливу)
отлиза́ть, -ижу́, -и́жет
отли́зывать, -аю, -ает
отлиня́ть, -я́ет
отлипа́ть, -а́ю, -а́ет
отли́пнуть, -ну, -нет; прош.
 -и́п, -и́пла
отли́пший
отли́тие, -я
отлитографи́рованный
отлитографи́ровать, -рую,
 -рует
о́тли́тый; кр. ф. óтли́т, от-
 лита́, óтли́то
отли́ть(ся), отолью, ото-
 льёт(ся); прош. óтли́л,
 отли́лся, отлила́(сь), óт-
 ли́ло, отли́лóсь
отлича́ть(ся), -а́ю(сь),
 -а́ет(ся)
отличённый; кр. ф. -ён,-ена́
отли́чие, -я
отли́чи́тельный
отличи́ть(ся), -чу́(сь),
 -чи́т(ся)
отли́чник, -а
отли́чница, -ы
отли́чный
отлóв, -а
отлови́ть, -овлю́, -óвит
отлóвленный
отлóгий
отлóгость, -и
отлóже, сравн. ст. (от
 отлóгий, отлóго)
отложе́ние, -я
отлóженный
отлóжистый
отложи́ть(ся), -ожу́(сь),
 -óжит(ся)
отложнóй
отлóманный (от отло-
 ма́ть)
отлома́ть(ся), -а́ю(сь),
 -а́ет(ся)
отломи́ть(ся), -омлю́(сь),
 -óмит(ся)
отлóмленный (от отло-
 ми́ть)
отлóмок, -мка
отлуди́ть, -ужу́, -у́ди́т
отлу́женный
отлу́п, -а
отлупи́ть(ся), -уплю́,
 -у́пит(ся)
отлу́пленный
отлу́пливать(ся), -аю,
 -ает(ся)

отлупля́ть(ся), -я́ю, -я́ет(ся)
отлупцева́ть, -цу́ю, -цу́ет
отлупцо́ванный
отлуча́ть(ся), -а́ю(сь), -а́ет(ся)
отлуче́ние, -я
отлучённый; кр. ф. -ён, -ена́
отлучи́ть(ся), -чу́(сь), -чи́т(ся)
отлу́чка, -и
отлы́нивание, -я
отлы́нивать, -аю, -ает
отлюби́ть, -люблю́, -лю́бит
отма́занный
отма́зать, -а́жу, -а́жет
отма́зывать(ся), -аю, -ает(ся)
от ма́ла до вели́ка
отмалева́ть, -лю́ю, -лю́ет
отмалёвывать, -аю, -ает
отма́ливать(ся), -аю(сь), -ает(ся)
отма́лчиваться, -аюсь, -ается
отма́лывать(ся), -аю, -ает(ся)
отма́нивать(ся), -аю, -ает(ся)
отмани́ть, -аню́, -а́нит
отмаршировать, -ру́ю, -ру́ет
отма́стка, -и
отма́тывание, -я
отма́тывать(ся), -аю(сь), -ает(ся)
отма́ханный
отмаха́ть 1, -а́ю, -а́ет (пройти)
отмаха́ть 2, -ашу́, -а́шет и -а́ю, -а́ет (кончить махать)
отма́хивать(ся), -аю(сь), -ает(ся)
отмахну́ть(ся), -ну́(сь), -нёт(ся)
отма́чивание, -я
отма́чивать(ся), -аю, -ает(ся)
отма́шка, -и
отма́яться, -а́юсь, -а́ется
отмежева́ние, -я
отмежёванный
отмежева́ть(ся), -жу́ю(сь), -жу́ет(ся)
отмежёвка, -и
отмежёвывание, -я
отмежёвывать(ся), -аю(сь), -ает(ся)
о́тмель, -и
отме́на -ы
отменённый; кр. ф. -ён, -ена́
отмени́ть(ся), -еню́, -е́нит(ся)
отме́нный; кр. ф. -е́нен, -е́нна
отменя́ть(ся), -я́ю, -я́ет(ся)
отме́ренный
отмере́ть, отомрёт; прош. о́тмер, отмерла́, о́тмерло
отмерза́ть, -а́ет
отмёрзнуть, -нет; прош. -ёрз, -ёрзла
отмёрзший

отме́ривание, -я
отме́ривать(ся), -аю, -ает(ся)
отме́рить, -рю, -рит и -ряю, -ряет
отме́рший
отмеря́ть(ся), -я́ю, -я́ет(ся)
отмеси́ть, -ешу́, -е́сит
отмести́, -мету́, -метёт; прош. -мёл, -мела́
отмёстка, -и
отмётанный (от отмета́ть)
отмета́ть, -мечу́, -ме́чет, сов. (от мета́ть)
отмета́ть(ся), -а́ю, -а́ет(ся), несов. (к отмести́)
отметённый; кр. ф. -ён, -ена́ (от отмести́)
отме́тина, -ы
отме́тить(ся), -ме́чу(сь), -ме́тит(ся)
отме́тка, -и
отме́точный
отме́тчик, -а
отме́тший
отмеча́ть(ся), -а́ю(сь), -а́ет(ся)
отме́ченный
отмина́ть(ся), -а́ю, -а́ет(ся)
отмира́ние, -я
отмира́ть, -а́ет
отмобилизо́ванный
отмобилизова́ть(ся), -зу́ю, -зу́ет(ся)
отмока́ние, -я
отмока́ть, -а́ет
отмо́кнуть, -нет; прош. -о́к, -о́кла
отмо́кший
отмола́чивать(ся), -аю, -ает(ся)
отмо́ленный
отмоли́ть(ся), -олю́(сь), -о́лит(ся)
отмолоти́ть, -очу́, -о́тит
отмо́лотый
отмоло́ть, -мелю́, -ме́лет
отмоло́ченный
отмолча́ться, -чу́сь, -чи́тся
отмора́живание, -я
отмора́живать(ся), -аю, -ает(ся)
отморо́жение, -я и отморо́жение, -я
отморо́женный
отморо́зить, -о́жу, -о́зит
отмо́стка, -и
отмо́танный
отмота́ть(ся), -а́ю(сь), -а́ет(ся)
отмо́тка, -и
отмо́ченный
отмо́чка, -и
отмо́чный
отмсти́ть, -мщу́, -мсти́т
отмути́ть, -учу́, -у́тит
отму́тка, -и
отму́ченный
отму́чивание, -я
отму́чивать(ся), -аю, -ает(ся)

отму́чить(ся), -чу(сь), -чит(ся) и -чаю(сь), -чает(ся)
отмща́ть, -а́ю, -а́ет
отмще́ние, -я
отмщённый; кр. ф. -ён, -ена́
отмыва́ние, -я
отмыва́ть(ся), -а́ю(сь), -а́ет(ся)
отмы́вка, -и
отмыка́ть(ся), -а́ю(сь), -а́ет(ся)
отмы́тый
отмы́ть(ся), -мо́ю(сь), -мо́ет(ся)
отмы́чка, -и
отмяка́ть, -а́ет
отмя́кнуть, -нет; прош. -я́к, -я́кла
отмя́кший
отмя́тый
отмя́ть, отомну́, отомнёт
отна́шивать(ся), -аю, -ает(ся)
отнё́киваться, -аюсь, -ается
отнерести́ться, -и́тся
отнерестова́ть(ся), -ту́ет(ся)
отнесе́ние, -я
отнесённый; кр. ф. -ён, -ена́
отнести́(сь), -су́(сь), -сёт(ся); прош. -ёс(ся), -есла́(сь)
отнё́сший(ся)
от не́чего де́лать
отни́занный
отниза́ть, -ижу́, -и́жет
отни́зывать(ся), -аю, -ает(ся)
отникелиро́ванный
отникелирова́ть(ся), -ру́ю, -ру́ет(ся)
отнима́ть(ся), -а́ю, -а́ет(ся) и (устар.) отъе́млю, -лет(ся)
отно́с, -а
относи́тельно
относи́тельность, -и
относи́тельный
относи́ть(ся), -ошу́(сь), -о́сит(ся)
отно́ска, -и
отноше́ние, -я
отно́шенный
отны́не
отню́дь
отня́тие, -я
о́тнятый; кр. ф. о́тнят, отнята́, о́тнято
отня́ть(ся), -ниму́, -ни́мет(ся); прош. о́тнял, отня́лся, отняла́(сь), о́тняло, отня́лось
ото, от, предлог
отобе́дать, -аю, -ает
отобража́тель, -я
отобража́ть(ся), -а́ю, -а́ет(ся)
отображе́ние, -я
отображённый; кр. ф. -ён, -ена́
отобрази́ть(ся), -ажу́, -ази́т(ся)

отобра́ние, -я
отобранный
отобра́ть, отберу́, отберёт; прош. -а́л, -ала́, -а́ло
отова́ренный
отова́ривание, -я
отова́ривать(ся), -аю(сь), -ает(ся)
отова́рить(ся), -рю(сь), -рит(ся)
отова́риться, -рюсь, -рится
отовсю́ду
отогнанный
отогна́ть, отгоню́, отго́нит; прош. -а́л, -ала́, а́ло
ото́гнутый
отогну́ть(ся), -ну́, -нёт(ся)
отогре́в, -а
отогрева́ние, -я
отогрева́ть(ся), -а́ю(сь), -а́ет(ся)
отогре́тый
отогре́ть(ся), -е́ю(сь), -е́ет(ся)
отодвига́ть(ся), -а́ю(сь), -а́ет(ся)
отодви́нутый
отодви́нуть(ся), -ну(сь), -нет(ся)
отодранный
отодра́ть(ся), отдеру́, отдерёт(ся); прош. -а́л(ся), -ала́(сь), -а́ло, -а́лось
отождестви́ть(ся) и отожестви́ть(ся), -влю́, -ви́т(ся)
отождествле́ние, -я и отожествле́ние, -я
отождествлённый и отожествлённый; кр. ф. -ён, -ена́
отождествля́ть(ся) и отожествля́ть(ся), -я́ю, -я́ет(ся)
отожжённый; кр. ф. -ён, -ена́
отозва́ние, -я
ото́званный
отозва́ть(ся), отзову́(сь), отзовёт(ся); прош. -а́л(ся), -ала́(сь), -а́ло, -а́лось
отойти́, отойду́, отойдёт; прош. отошёл, отошла́
отоларинго́лог, -а
отоларингологи́ческий
отоларинголо́гия, -и
отолга́ться, -лгу́сь, -лжётся, -лгу́тся; прош. -а́лся, -ала́сь
отоли́т, -а
отомико́з, -а
ото́мкнутый
отомкну́ть(ся), -ну́(сь), -нёт(ся)
отомсти́ть, -мщу́, -мсти́т
отомщённый; кр. ф. -ён, -ена́
отоневрологи́ческий
отоневроло́гия, -и
отопи́тельно-вентиляци-о́нный
отопи́тельный
отопи́ть, -оплю́, -о́пит

отопленец, -нца
отопление, -я
отопленный
отоплённческий
отопляемый
отоплять(ся), -яю, -яет(ся)
отопревать, -ает
отопреть, -еет
отобитанный
отоптать, отопчу, отоп-
чет
оторачивать(ся), -аю,
-ает(ся)
оторванность, -и
оторванный
оторвать(ся), -рву(сь),
-рвёт(ся); прош. -ал(ся),
-ала(сь), -ало, -алось
оторвиголова, -ы, м. и ж.
оториноларинголог, -а
оториноларингологиче-
ский
оториноларингология, -и
оторопелый
оторопеть, -ею, -еет
оторопь, -и
оторочённый
оторочить, -чу, -чит
оторочка, -и
оторцовка, -и
отосклероз, -а
отосклеротический
отоскоп, -а
отоскопический
отоскопия, -и
отобсланный
отослать, -ошлю, -ошлёт
отоспать(ся), -плю(сь),
-пит(ся); прош. -ал(ся),
-ала(сь), -ало, -алось
ототкнутый
ототкнуть, -ну, -нет
отофон, -а
отохотить, -очу, -отит
отошедший
отощалый
отощать, -аю, -ает
отпавший
отпад, -а
отпадать, -аю, -ает
отпадение, -я
отпазанченный
отпазанчить, -чу, -чит
отпаивание, -я
отпаивать(ся), -аю, ает(ся)
отпайка, -и
отпаренный
отпаривать(ся), -аю,
-ает(ся)
отпарированный
отпарировать, -рую, -рует
отпариться(ся), -рю(сь),
-рит(ся)
отпарывать(ся), -аю,
-ает(ся)
отпасовать, -сую, -сует
отпасти, -су, -сёт; прош.
-пас, -пасла
отпасть, -аду, -адёт; прош.
-ал, -ала
отпасший
отпаханный
отпахать(ся), -ашу(сь),
-ашет(ся)

отпахивать(ся), -аю,
-ает(ся)
отпахнутый
отпахнуть, -ну, -нёт(ся)
отпаянный
отпаять(ся), -яю, -яет(ся)
отпевание, -я (от отпе-
вать)
отпевать(ся), -аю, -ает(ся)
(к отпеть)
отпекать, -аю, -ает
отпёкший
отпереть(ся), отопру(сь),
отопрёт(ся); прош. от-
пер, отперся, отпер-
ла(сь), отперло, отпер-
ло(сь)
отпертый; кр. ф. -ерт, -ер-
та, -ерто
отперший(ся) и отпёр-
ший(ся)
отпетый
отпеть, -пою, -поёт
отпечатанный
отпечатать(ся), -аю,
-ает(ся)
отпечатлевать(ся), -аю,
-ает(ся)
отпечатлеть(ся), -ею,
-еет(ся)
отпечаток, -тка
отпечатывать(ся), -аю,
-ает(ся)
отпечённый; кр. ф. -ён,
-ена
отпечь, -еку, -ечёт, -екут;
прош. -ёк, -екла
отпивание, -я (от отпи-
вать)
отпивать(ся), -аю, -ает(ся)
(к отпить)
отпиленный
отпиливание, -я
отпиливать(ся), -аю,
-ает(ся)
отпилить, -илю, -илит
отпилка, -и
отпилок, -лка
отпирание, -я
отпирательство, -а
отпирать(ся), -аю(сь),
-ает(ся)
отписанный
отписать(ся), -ишу(сь),
-ишет(ся)
отписка, -и
отписывать(ся), -аю(сь),
-ает(ся)
отпитый; кр. ф. отпит, от-
пита, отпито
отпить, отопью, отопьёт;
прош. отпил, отпила,
отпило
отпихаться, -аюсь, -ается
отпихивать(ся), -аю(сь),
-ает(ся)
отпихнутый
отпихнуть(ся), -ну(сь),
-нёт(ся)
отплата, -ы
отплатить, -ачу, -атит
отплаченный
отплачивать(ся), -аю,
-ает(ся)

отплевать(ся), -люю(сь),
-люёт(ся)
отплёвывать(ся), -аю(сь),
-ает(ся)
отплеск, -а
отплескать, -ещу, -ещет и
-аю, -ает
отплёскивать, -аю, -ает
отплёснутый
отплеснуть, -ну, -нёт
отплести, -лету, -лету, -ле-
тёт(ся); прош. -лёл, -ле-
лела(сь)
отплетённый; кр. ф. -ён,
-ена
отплётший(ся)
отплоённый; кр. ф. -ён, -ена
отплоить, -ою, -оит
отплывать, -аю, -ает
отплытие, -я
отплыть, -ыву, -ывёт; прош.
-ыл, -ыла, -ыло
отплоюнутый
отплюнуть(ся), -ну(сь),
-нет(ся)
отплясанный
отплясать, -яшу(сь),
-яшет(ся)
отплясывать(ся), -аю,
-ает(ся)
отповедь, -и
отпоенный
отпоить, -ою, -оит
отполаскивать(ся), -аю,
-ает(ся)
отползать, -аю, -ает
отползти, -зу, -зёт; прош.
-блз, -олзла
отпблзший
отполированный
отполировать(ся), -рую,
-рует(ся)
отполировывать(ся), -аю,
-ает(ся)
отполосканный
отполоскать, -ощу, -ощет и
-аю, -ает
отполосованный
отполосовать, -сую, -сует
отполотый
отполоть, -олю, -блет
отпор, -а
отпорный
отпоротый
отпороть(ся), -орю,
-брет(ся)
отпотевание, -я
отпотевать, -ает
отпотеть, -еет
отпотчевать, -чую, -чует
отпочковать, -кует
отпочковаться, -куется
отпочковываться, -ается
отправитель, -я
отправительница, -ы
отправительский
отправить(ся), -влю(сь),
-вит(ся)
отправка, -и
отправление, -я
отправленный
отправлять(ся), -яю(сь),
-яет(ся)

отправной
отправочный
отпразднованный
отпраздновать, -ную, -нует
отпрашивать(ся), -аю(сь),
-ает(ся)
отпрессованный
отпрессовать(ся), -ссую,
-ссует(ся)
отпросить(ся), -ошу(сь),
-осит(ся)
отпрыгать(ся), -аю(сь),
-ает(ся)
отпрыгивать, -аю, -ает
отпрыгнуть, -ну, -нет
отпрыск, -а
отпрягать(ся), -аю, -ает(ся)
отпрягший
отпрядённый; кр. ф. -ён,
-ена и отпряденный; кр.
ф. -ен, -ена (к отпрясть)
отпрядывать, -аю, -ает
отпряжённый; кр. ф. -ён,
-ена (к отпрячь)
отпряжка, -и
отпряжной
отпрянуть, -ну, -нет
отпрясть, -яду, -ядёт; прош.
-прял, -пряла, -пряло
отпрячь(ся), -ягу,
-яжёт(ся), -ягут(ся);
прош. -яг(ся), -ягла(сь)
отпуганный
отпугать, -аю, -ает
отпугивать(ся), -аю,
-ает(ся)
отпугнутый
отпугнуть, -ну, -нёт
отпуск, -а, предл. в отпуске и в отпуску, мн. -а, -ов
отпускание, -я
отпускать(ся), -аю, -ает(ся)
отпускник, -а
отпускница, -ы
отпускной
отпустить(ся), -ущу,
-устит(ся)
отпутанный
отпутать(ся), -аю(сь),
-ает(ся)
отпутешествовать, -твую,
-твует
отпутывать(ся), -аю(сь),
-ает(ся)
отпущение, -я
отпущенник, -а
отпущенница, -ы
отпущенный
отпыловка, -и
отпыленный
отпыливать, -аю, -ает
отпылить, -лю, -лит
отпятить(ся), -ячу(сь),
-ятит(ся)
отпяченный
отпячивать(ся), -аю(сь),
-ает(ся)
отрабатывание, -я
отрабатывать(ся), -аю,
-ает(ся)
отработавший(ся)
отработанный
отработать(ся), -аю(сь),
-ает(ся)

отрабо́тка, -и
отрабо́точный
отра́ва, -ы
отрави́тель, -я
отрави́тельница, -ы
отрави́тельный
отрави́ть(ся), -авлю́(сь),
　-а́вит(ся)
отравле́ние, -я
отра́вленный
отравля́ть(ся), -я́ю(сь),
　-я́ет(ся)
отра́вный
отра́да, -ы
отра́дный
отража́емость, -и
отража́тель, -я
отража́тельный
отража́ть(ся), -а́ю(сь),
　-а́ет(ся)
отраже́ние, -я
отражённо-преломлён-
　ный
отражённый; кр. ф. -ён,
　-ена́
отрази́тель, -я
отрази́ть(ся), -ажу́(сь),
　-ази́т(ся)
отрапорто́ванный
отрапортова́ть, -ту́ю, -ту́ет
отраслево́й
о́трасль, -и, мн. о́трасли,
　о́траслей
отраста́ние, -я
отраста́ть, -а́ет
отрасти́, -тёт; прош. -ро́с,
　-росла́
отрасти́ть, -ащу́, -асти́т
отращённый; кр. ф. -ён,
　-ена́
отра́щивание, -я
отра́щивать(ся), -аю,
　-ает(ся)
отреаги́ровать, -рую, -рует
отре́бье, -я (отбросы)
отреве́ть(ся), -ву́(сь),
　-вёт(ся)
отрегули́рованный
отрегули́ровать(ся), -рую,
　-рует(ся)
отредакти́рованный
отредакти́ровать(ся), -рую,
　-рует(ся)
отре́з, -а
отреза́ние, -я
отре́занный
отре́зать(ся), -е́жу,
　-е́жет(ся), сов.
отреза́ть(ся), -а́ю, -а́ет(ся),
　несов.
отрезве́ть, -е́ю, -е́ет (стать
　трезвым)
отрезви́тельный
отрезви́ть, -влю́, -ви́т (кого,
　что)
отрезви́ться, -влю́сь, -ви́тся
отрезвле́ние, -я
отрезвлённый; кр. ф. -ён,
　-ена́
отрезвля́ть(ся), -я́ю(сь),
　-я́ет(ся)
отрезвля́ющий(ся)
отре́зка, -и
отрезно́й

отре́зок, -зка
отре́зочек, -чка
отре́зывать(ся), -аю,
　-ает(ся)
отрека́ться, -а́юсь, -а́ет(ся)
отрекомендо́ванный
отрекомендова́ть(ся),
　-ду́ю(сь), -ду́ет(ся)
отрекомендо́вывать(ся),
　-аю(сь), -ает(ся)
отре́кшийся
отремонти́рованный
отремонти́ровать, -рую,
　-рует
отрёпанный
отрепа́ть(ся), -еплю́(сь),
　-е́плет(ся), -е́плют(ся) и
　-е́пет(ся), -е́пят(ся)
отрепети́ровать, -рую, -рует
отрепето́ванный
отрепетова́ть, -ту́ю, -ту́ет
отрёпки, -ов
отрёпыш, -а
отре́пье, -я и отре́пья, -ьев
　(лохмотья)
отрети́роваться, -ру́юсь,
　-ру́ется
отретуши́рованный
отретуши́ровать, -рую, -ру-
　ет
отрецензи́рованный
отрецензи́ровать, -рую,
　-рует
отрече́ние, -я
отречённый и отречён-
　ный
отре́чься, -еку́сь, -ечётся,
　-еку́тся; прош. -ёкся, -ек-
　ла́сь
отреша́ть(ся), -а́ю(сь),
　-а́ет(ся)
отреше́ние, -я
отрешённость, -и
отрешённый; кр. ф. прич.
　-ён, -ена́; кр. ф. прил. -ён,
　-ённа
отреши́ть(ся), -шу́(сь),
　-ши́т(ся)
отри́нутый
отри́нуть, -ну, -нет
отрица́ние, -я
отрица́тель, -я
отрица́тельный
отрица́ть(ся), -а́ю, -а́ет(ся)
отро́г, -а
отроди́ться, -и́тся
о́троду, нареч. (о́троду не
　ви́дел), но сущ. от ро́ду
　(пяти́ лет от ро́ду)
отро́дье, -я, р. мн. -дий
отроду́сь, нареч.
отро́ек, -о́йка
отро́енный; кр. ф. -ён, -ена́
отро́жина, -ы
отро́ить(ся), -ою, -ои́т(ся)
о́трок, -а, мн. -и, -ов
отрокови́ца, -ы
отро́сток, -тка
отро́стчатый
отро́сший
о́троческий
о́трочество, -а
о́труб, -а, мн. -а́, -о́в (уча-
　сток земли)

отру́б, -а, мн. -ы, -ов (место
　разруба)
отруба́ть(ся), -а́ю, -а́ет(ся)
о́труби, -ей
отруби́ть, -ублю́, -у́бит
отру́бленный
отрубно́й (к о́труб и от-
　ру́б)
отру́бный (к о́труби)
отру́ганный
отруга́ть, -а́ю, -а́ет
отру́гиваться, -аюсь, -ается
отру́ливать, -аю, -ает
отрули́ть, -лю́, -ли́т
отрухля́веть, -еет
отрыба́чить, -чу, -чит
отры́в, -а
отрыва́ть(ся), -а́ю(сь),
　-а́ет(ся)
отры́вистый
отрывно́й
отры́вок, -вка
отры́вочный
отрыга́ть, -а́ю, -а́ет
отры́гивать(ся), -аю,
　-ает(ся)
отры́гнутый
отрыгну́ть(ся), -ну́, -нёт(ся)
отры́жка, -и
отры́скать, -аю, -ает
отры́тый
отры́ть(ся), -ро́ю(сь), -ро́-
　ет(ся)
отря́д, -а
отряди́ть, -ряжу́, -ряди́т
отря́дник, -а
отря́дный
отряжа́ть(ся), -а́ю, -а́ет(ся)
отряжённый; кр. ф. -ён,
　-ена́
отряса́ть(ся), -а́ю, -а́ет(ся)
отрясённый; кр. ф. -ён, -ена́
отрясти́, -су́, -сёт; прош. -я́с,
　-ясла́
отря́сший
отряха́ть(ся), -а́ю(сь),
　-а́ет(ся)
отря́хивать(ся), -аю(сь),
　-ает(ся)
отря́хнутый
отряхну́ть(ся), -ну́(сь),
　-нёт(ся)
отсади́ть, -ажу́, -а́дит
отса́дка, -и
отса́док, -дка
отса́дочный
отса́женный
отса́живание, -я
отса́живать(ся), -аю(сь),
　-ает(ся)
отсалютова́ть, -ту́ю, -ту́ет
отса́сывание, -я
отса́сывать(ся), -аю,
　-ает(ся)
отсверка́ть, -а́ю, -а́ет
отсве́т, -а
отсве́чивание, -я
отсве́чивать(ся), -аю(сь), -ает(ся)
отсвиста́ть, -ищу́, -и́щет
отсвисте́ть, -ищу́, -исти́т
отсеба́тина, -ы
отсе́в, -а
отсева́ть(ся), -а́ю(сь),
　-а́ет(ся)

отсе́вки, -ов и -вок
отсевно́й
отседа́ть, -а́ет
отсе́ивание, -я
отсе́ивать(ся), -аю(сь),
　-ает(ся)
отсе́к, -а
отсека́ние, -я
отсека́ть(ся), -а́ю, -а́ет(ся)
отсе́кший(ся) и отсёк-
　ший(ся)
отселе, нареч.
отселе́ние, -я
отселённый; кр. ф. -ён,
　-ена́
отсели́ть(ся), -елю́(сь),
　-ели́т(ся)
отсе́ль, нареч.
отселя́ть(ся), -я́ю(сь),
　-я́ет(ся)
отсе́сть, -ся́ду, -ся́дет
отсече́ние, -я
отсечённый; кр. ф. -ён, -ена́
отсе́чка, -и
отсе́чный
отсе́чь, -еку́, -ечёт, -еку́т;
　прош. -ёк и -е́к, -екла́
отсе́янный
отсе́ять(ся), -е́ю(сь),
　-е́ет(ся)
отсиде́ть(ся), -ижу́(сь),
　-иди́т(ся)
отси́дка, -и
отси́женный
отси́живание, -я
отси́живать(ся), -аю(сь),
　-ает(ся)
от си́лы
отска́бливание, -я
отска́бливать(ся), -аю,
　-ает(ся)
отскака́ть, -ачу́, -а́чет
отска́кивать, -аю, -ает
отскакну́ть, -ну́, -нёт
отско́бленный
отскобли́ть(ся), -облю́, -о́б-
　ли́т(ся)
отско́к, -а
отскочи́ть, -очу́, -о́чит
отскреба́ть(ся), -а́ю,
　-а́ет(ся)
отскребённый; кр. ф. -ён,
　-ена́
отскрёбший
отскрёбывать(ся), -аю,
　-ает(ся)
отскрести́, -ребу́, -ребёт;
　прош. -рёб, -ребла́
отсла́ивание, -я
отсла́ивать(ся), -аю, -ает(ся)
отсла́иваться, -аю, -ает
отслое́ние, -я
отслоённый; кр. ф. -ён, -ена́
отслои́ть(ся), -ою, -ои́т(ся)
отсло́йка, -и
отслонённый; кр. ф. -ён,
　-ена́
отслони́ть(ся), -оню́(сь),
　-о́ни́т(ся)
отслоня́ть(ся), -я́ю(сь),
　-я́ет(ся)
отслу́женный
отслу́живать(ся), -аю(сь),
　-ает(ся)

отслужи́ть(ся), -ужу́(сь),
    -у́жит(ся)
отслу́шанный
отслу́шать, -аю, -ает
отсма́ркиваться, -аюсь,
    -ается
отсморка́ться, -а́юсь, -а́ется
отсмо́тренный
отсмотре́ть, -отрю́, -о́трит
отсня́тый
отсня́ть(ся), -ниму́(сь), -ни́-
    мет(ся)
отсове́тованный
отсове́товать, -тую, -тует
отсоедине́ние, -я
отсоединённый; кр. ф. -ён,
    -ена́
отсоедини́ть(ся), -ню́(сь),
    -ни́т(ся)
отсоединя́ть(ся), -я́ю(сь),
    -я́ет(ся)
отсортиро́ванный
отсортирова́ть(ся), -ру́ю,
    -ру́ет(ся)
отсортиро́вка, -и
отсортиро́вывать(ся), -аю,
    -ает(ся)
отсо́с, -а
отсо́санный
отсоса́ть, -осу́, -осёт
отсо́сный
отсо́хнуть, -нет; прош. -о́х,
    -о́хла
отсо́хший
отспо́рить, -рю, -рит
отсро́ченный
отсро́чивать(ся), -аю,
    -ает(ся)
отсро́чить, -чу, -чит
отсро́чка, -и
отстава́ние, -я
отстава́ть, -таю́, -таёт
отста́вить, -влю, -вит
отста́вка, -и
отста́вленный
отставля́ть(ся), -я́ю,-я́ет(ся)
отставни́к, -а́
отставно́й
отста́ивание, -я
отста́ивать(ся), -аю(сь),
    -ает(ся)
отста́лость, -и
отста́лый
отста́ть, -а́ну, -а́нет
отстаю́щий
отстёганный
отстега́ть, -а́ю, -а́ет
отстёгивание, -я
отстёгивать(ся), -аю,
    -ает(ся)
отстёгнутый
отстегну́ть(ся), -ну́,-нёт(ся)
отстёжка, -и
отстежно́й
отсти́ранный
отстира́ть(ся), -а́ю, -а́ет(ся)
отсти́рка, -и
отсти́рывание, -я
отсти́рывать(ся), -аю,
    -ает(ся)
отсто́й, -я
отсто́йник, -а
отсто́йный
отсто́янный

отстоя́ть(ся), -ою, -ои́т(ся)
отстра́гивать(ся), -аю,
    -ает(ся) и отструги-
    вать(ся), -аю, -ает(ся)
отстрада́ть, -а́ю, -а́ет
отстра́ивание, -я
отстра́ивать(ся), -аю(сь),
    -ает(ся)
отстране́ние, -я
отстранённый; кр. ф. -ён,
    -ена́
отстрани́ть(ся), -ню́(сь),
    -ни́т(ся)
отстраня́ть(ся), -я́ю(сь),
    -я́ет(ся)
отстра́чивать(ся), -аю,
    -ает(ся)
отстре́л, -а
отстре́ленный (от отстре-
    ли́ть)
отстре́ливать(ся), -аю(сь),
    -ает(ся)
отстрели́ть, -елю́, -е́лит
отстре́льщик, -а
отстре́лянный (от отстре-
    ля́ть)
отстреля́ть(ся), -я́ю(сь),
    -я́ет(ся)
отстрига́ть, -а́ю, -а́ет
отстри́гший
отостри́женный
отстри́чь, -игу́, -ижёт, -игу́т;
    прош. -и́г, -и́гла
отстро́ганный и отстру́-
    ганный
отстрога́ть, -а́ю, -а́ет и от-
    струга́ть, -а́ю, -а́ет
отстро́енный
отстро́ить(ся), -о́ю(сь),
    -о́ит(ся)
отстро́йка, -и
отстро́ченный
отстрочи́ть, -очу́, -о́чит
отстру́ганный и отстро́-
    ганный
отстру́гать, -а́ю, -а́ет и от-
    строга́ть, -а́ю, -а́ет
отстру́гивать(ся), -аю,
    -ает(ся) и отстра́ги-
    вать(ся), -аю, -ает(ся)
отстря́панный
отстря́пать(ся), -аю(сь),
    -ает(ся)
отсту́канный
отсту́кать, -аю, -ает
отсту́кивать(ся), -аю,
    -ает(ся)
о́тступ, -а
отступа́тельный
отступа́ть(ся), -а́ю(сь),
    -а́ет(ся)
отступи́ть(ся), -уплю́(сь),
    -у́пит(ся)
отступле́ние, -я
отсту́пник, -а
отсту́пница, -ы
отсту́пнический
отсту́пничество, -а
отступно́й
отступя́, нареч.
отстуча́ть, -чу́, -чи́т
отстыкова́ть(ся), -ку́ю(сь),
    -ку́ет(ся)
отсуди́ть, -ужу́, -у́дит

отсу́женный
отсу́тствие, -я
отсу́тствовать, -твую, -твует
отсу́тствующий
отсу́ченный
отсу́чивать(ся), -аю,-ает(ся)
отсучи́ть(ся), -учу́, -у́чит(ся)
отсчёт, -а
отсчи́танный
отсчита́ть, -а́ю, -а́ет
отсчи́тывать(ся), -аю,
    -ает(ся)
отсыла́ть(ся), -а́ю, -а́ет-(ся)
отсы́лка, -и
отсы́лочный
отсыпа́ние, -я
отсы́панный
отсы́пать(ся), -плю,
    -плет(ся) и -плют(ся) и
    -пет(ся), -пят(ся), сов.
отсыпа́ть(ся), -а́ю(сь),
    -а́ет(ся), несов.
отсы́пка, -и
отсыпно́й
о́тсыпь, -и
отсыре́ва́ть, -а́ет
отсыре́лый
отсыре́ть, -е́ет
отсыха́ть, -а́ет
отсю́да
отсю́дова
отта́ивание, -я
отта́ивать, -аю, -ает
отта́лина, -ы
отта́лкивание, -я
отта́лкивать(ся), -аю(сь),
    -ает(ся)
отта́лкивающий(ся)
оттанцева́ть, -цу́ю, -цу́ет
оттанцо́вывать, -аю, -ает
отта́пливать(ся), -аю,
    -ает(ся)
отта́птывать(ся), -аю,
    -ает(ся)
отта́сканный
оттаска́ть(ся), -а́ю(сь),
    -а́ет(ся)
отта́скивать(ся), -аю,
    -ает(ся)
отта́чивание, -я
отта́чивать(ся), -аю,-ает(ся)
отта́щенный
оттащи́ть(ся), -ащу́(сь),
    -а́щит(ся)
отта́ять, -а́ю, -а́ет
оттёк, -а (от оттека́ть)
оттека́ть, -а́ет
оттёкший
от темна́ до темна́
оттенённый; кр. ф. -ён, -ена́
оттени́ть(ся), -ню́, -ни́т(ся)
оттёнок, -нка
оттеня́ть(ся), -я́ю, -я́ет(ся)
о́ттепель, -и
оттереби́ть, -блю́, -би́т
оттереблённый; кр. ф. -ён,
    -ена́
оттере́ть(ся), оторру́, ото-
    трёт(ся); прош. от-
    тёр(ся), оттёрла(сь)
оттёртый
оттёрший(ся)
оттёсанный
оттеса́ть, -ешу́, -е́шет

оттёска, -и
оттесне́ние, -я
оттеснённый; кр. ф. -ён,
    -ена́
оттесни́ть, -ню, -ни́т
оттесня́ть(ся), -я́ю, -я́ет(ся)
оттёсывание, -я
оттёсывать(ся), -аю, -ает(ся)
оттёчь, -ечёт, -еку́т; прош.
    -ёк, -екла́
оттира́ние, -я
оттира́ть(ся), -а́ю, -а́ет(ся)
отти́рка, -и
о́ттиск, -а, мн. -и, -ов
отти́скивать(ся), -аю,
    -ает(ся)
отти́снутый
отти́снуть(ся), -ну, -нет(ся)
оттого́, нареч. (оттого́ мне
    ве́село), но местоим. от
    того́ (от того́ бе́рега)
оттого́ что, союз
отто́к, -а
отто́ле, нареч.
оттолкну́тый
оттолкну́ть(ся), -ну́(сь),
    -нёт(ся)
оттолкова́ть, -ку́ю, -ку́ет
отто́ль, нареч.
оттома́нка, -и
отто́панный
отто́пать, -аю, -ает
оттопи́ть(ся), -оплю́,
    -о́пит(ся)
отто́пленный
отто́птанный
оттопта́ть, -опчу́, -о́пчет
оттопы́ренный
оттопы́ривать(ся), -аю,
    -ает(ся)
оттопы́рить(ся), -рю,
    -рит(ся)
оттopга́ть(ся), -а́ю(сь),
    -а́ет(ся)
отто́ргнувший(ся) и от-
    то́ргший(ся)
отто́ргнутый
отто́ргнуть(ся), -ну(сь),
    -нет(ся); прош. -о́рг(ся) и
    -о́ргнул(ся), -о́ргла(сь)
отторгова́ть, -гу́ю, -гу́ет
отто́ргший(ся) и отто́рг-
    нувший(ся)
отторже́ние, -я
отто́рженный
отто́чечный
отто́чие, -я
отточи́ть(ся), -очу́,-о́чит(ся)
отто́чка, -и
оттрансли́ровать, -рую, -ру-
    ет
оттрезво́нить, -ню, -нит
оттрёпанный
оттрепа́ть(ся), -еплю́(сь),
    -е́плет(ся), -е́плют(ся) и
    -е́пет(ся), -е́пят(ся) и
оттруби́ть, -блю́, -би́т
оттруди́ться, -ужу́сь,-у́дится
оттряса́ть, -а́ю, -а́ет
оттрясённый; кр. ф. -ён,
    -ена́
оттрясти́, -су́, -сёт; прош.
    -я́с, -ясла́
оттря́сший

оттря́хивать, -аю, -ает
оттряхну́ть, -ну́, -нёт
отту́да
оттужи́ть, -ужу́, -у́жит
оттузи́ть, -ужу́, -узи́т
оттушёванный
оттушева́ть, -шую, -шует
оттушёвка, -и
оттушёвывание, -я
оттушёвывать(ся), -аю, -ает(ся)
оттыка́ть(ся), -а́ю, -а́ет(ся)
оття́гать, -аю, -ает
оття́гивание, -я
оття́гивать(ся), -аю, -ает(ся)
оття́жка, -и
оттяжно́й
оття́нутый
оття́нуть(ся), -яну́, -я́нет(ся)
отя́панный
отя́пать, -аю, -ает
отя́пывать(ся), -аю, -ает(ся)
отужина́ть, -аю, -ает
отума́ненный
отума́нивать(ся), -аю(сь), -ает(ся)
отума́нить(ся), -ню(сь), -нит(ся)
отупе́лый
отупе́ние, -я
отупе́ть, -е́ю, -е́ет
отупля́ть, -я́ю, -я́ет
отуре́ченный
отуре́чивать(ся), -аю(сь), -ает(ся)
отуре́чить(ся), -чу(сь), -чит(ся)
отутю́женный
отутю́живать(ся), -аю, -ает(ся)
отутю́жить, -жу, -жит
отуча́ть(ся), -а́ю(сь), -а́ет(ся)
оту́ченный
оту́чивать(ся), -аю(сь), -ает(ся)
отучи́ть(ся), -учу́(сь), -у́чит(ся)
отучне́ть, -е́ю, -е́ет
отфильтро́ванный
отфильтрова́ть, -ру́ю, -ру́ет
отфильтро́вывать(ся), -аю, -ает(ся)
отформо́ванный
отформова́ть, -му́ю, -му́ет
отформо́вывать(ся), -аю, -ает(ся)
отфрезеро́ванный
отфрезерова́ть, -ру́ю, -ру́ет
отфутбо́лить, -лю, -лит
отха́живать, -аю, -ает
отха́рканный
отха́ркать(ся), -аю(сь), -ает(ся)
отха́ркивание, -я
отха́ркивать(ся), -аю(сь), -ает(ся)
отха́ркивающий(ся)
отха́ркнутый
отха́ркнуть(ся), -ну(сь), -нет(ся)
отхвати́ть, -ачу́, -а́тит

отхва́тывать(ся), -аю, -ает(ся)
отхва́ченный
отхвора́ть, -а́ю, -а́ет
отхлеба́ть, -а́ю, -а́ет
отхлёбнутый
отхлебну́ть, -ну́, -нёт
отхлёбывать, -аю, -ает
отхлёстанный
отхлеста́ть, -ещу́, -е́щет
отхлёстывать, -аю, -ает
отхло́панный
отхло́пать, -аю, -ает
отхлопота́ть, -очу́, -о́чет
отхло́пывать(ся), -аю, -ает(ся)
отхлы́нуть, -нет
отхлы́станный
отхлыста́ть, -хлыщу́, -хлы́щет
отхлы́стывать, -аю, -ает
отхо́д, -а
отходи́ть(ся), -ожу́(сь), -о́дит(ся)
отхо́дная, -ой
отхо́дник, -а
отхо́дничество, -а
отхо́дный
отхо́дчивость, -и
отхо́дчивый
отходя́щий
отхо́жий
отхоте́ть(ся), -очу́, -о́чет(ся)
отца́рствовать, -твую, -твует
отцвести́, -вету́, -ветёт; прош. -вёл, -вела́
отцвета́ть, -а́ю, -а́ет
отцве́тший
отцеди́ть, -ежу́, -е́дит
отце́женный
отце́живать(ся), -аю, -ает(ся)
отце́п, -а
отцепи́ть(ся), -цеплю́(сь), -це́пит(ся)
отце́пка, -и
отцепле́ние, -я
отце́пленный
отцепля́ть(ся), -я́ю(сь), -я́ет(ся)
отцепно́й
отцеуби́йство, -а
отцеуби́йца, -ы, м. и ж.
отциклева́ть, -лю́ю, -лю́ет
отцо́в, -а, -о
отцо́вский
отцо́вство, -а
отча́вничать, -аю, -ает
отча́ливание, -я
отча́ленный
отча́ливать(ся), -аю, -ает(ся)
отча́лить(ся), -лю, -лит(ся)
отча́сти, нареч. (отча́сти я сам винова́т), но сущ. от ча́сти (от ча́сти де́нег отказа́лся)
отча́явшийся
отча́яние, -я
отча́янность, -и
отча́янный; кр. ф. -ян, -янна
отча́яться, -а́юсь, -а́ется
о́тче (обращение от оте́ц)

отчебу́чить и отчубу́чить, -чу, -чит
отчего́, нареч. и союз (отчего́ ты не ешь?), но местоим. от чего́ (от чего́ э́то зави́сит?)
отчего́-либо
отчего́-нибудь
отчего́-то
отчека́ненный
отчека́нивать(ся), -аю, -ает(ся)
отчека́нить(ся), -ню, -нит(ся)
отчекры́женный
отчекры́жить, -жу, -жит
отчеренко́ванный
отчеренкова́ть, -ку́ю, -ку́ет
отчёркивать(ся), -аю, -ает(ся)
отчёркнутый
отчеркну́ть, -ну́, -нёт
отчёрпанный
отчёрпать, -аю, -ает
отчёрпнутый
отчерпну́ть(ся), -ну́, -нёт(ся)
отчёрпывать(ся), -аю, -ает(ся)
отчерти́ть, -ерчу́, -е́ртит
отче́рченный
отче́рчивать(ся), -аю, -ает(ся)
отчёсанный
отчеса́ть(ся), -ешу́, -е́шет(ся)
о́тческий
о́тчество, -а
отчёсывать(ся), -аю, -ает(ся)
отчёт, -а
отчётистый
отчётливость, -и
отчётливый
отчётно-вы́борный
отчётно-перевы́борный
отчётность, -и
отчётный
отчи́зна, -ы
о́тчий
о́тчим, -а
о́тчина, -ы
о́тчинный
отчири́кать, -аю, -ает
отчи́рканный
отчи́ркать, -аю, -ает
отчисле́ние, -я
отчи́сленный
отчи́слить(ся), -лю(сь), -лит(ся)
отчисля́ть(ся), -я́ю(сь), -я́ет(ся)
отчи́стить(ся), -и́щу(сь), -и́стит(ся)
отчи́стка, -и
отчита́нный
отчита́ть(ся), -а́ю(сь), -а́ет(ся)
отчи́тывать(ся), -аю(сь), -ает(ся)
отчиха́ться, -а́юсь, -а́ется
отчихво́стить, -о́щу, -о́стит
отчихво́щенный

отчища́ть(ся), -а́ю(сь), -а́ет(ся)
отчи́щенный
отчубу́чить и отчебу́чить, -чу, -чит
отчуди́ть, -уди́т
отчужда́ть(ся), -а́ю, -а́ет(ся)
отчужде́ние, -я
отчуждённость, -и
отчуждённый; кр. ф. -ён, -ена́
отшага́ть, -а́ю, -а́ет
отша́гивать, -аю, -ает
отшагну́ть, -ну́, -нёт
отшатну́ть(ся), -ну́(сь), -нёт(ся)
отша́тываться, -аюсь, -ается
отшвартова́ться, -ту́ется
отшвы́ривать(ся), -аю, -ает(ся)
отшвы́рнутый
отшвырну́ть, -ну́, -нёт
отшвыря́ть, -я́ю, -я́ет
отшелушённый; кр. ф. -ён, -ена́
отшелуши́ть(ся), -шу́, -ши́т(ся)
отше́льник, -а
отше́льница, -ы
отше́льнический
отше́льничество, -а
отше́ствие, -я
отши́б, -а: на отши́бе
отшиба́ть(ся), -а́ю, -а́ет(ся)
отшиби́ть(ся), -бу́, -бёт; прош. -ши́б, -ши́бла
отши́бленный
отшива́ть(ся), -а́ю, -а́ет(ся)
отши́тый
отши́ть, отошью́, отошьёт
отшлёпанный
отшлёпать, -аю, -ает
отшлёпывать, -аю, -ает
отшлифо́ванный
отшлифова́ть(ся), -фу́ю(сь), -фу́ет(ся)
отшлифо́вка, -и
отшлифо́вывать(ся), -аю(сь), -ает(ся)
отшпи́ленный
отшпи́ливать(ся), -аю, -ает(ся)
отшпи́лить(ся), -лю, -лит(ся)
отштампо́ванный
отштампова́ть(ся), -пу́ю, -пу́ет(ся)
отштампо́вывать(ся), -аю, -ает(ся)
отшто́панный
отшто́пать, -аю, -ает
отштукату́ренный
отштукату́ривать(ся), -аю, -ает(ся)
отштукату́рить, -рю, -рит
отшуме́ть, -млю́, -ми́т
отшути́ться, -учу́сь, -у́тится
отшу́чиваться, -аюсь, -ается
отщебета́ть, -ечу́, -е́чет
отщёлканный
отщёлкать, -аю, -ает
отщёлкивать(ся), -аю, -ает(ся)
отщёлкнутый

отщёлкнуть, -ну, -нет
отщеми́ть, -млю, -ми́т
отщемлённый; *кр. ф.* -ён,
  -ена́
отщемля́ть(ся), -я́ю,
  -я́ет(ся)
отще́п, -а
отщепа́ть, -щеплю́, -щеплет
  и -а́ю, -а́ет (*к* щепа́ть)
отщепе́нец, -нца
отщепе́нка, -и
отщепе́нство, -а
отщепе́нческий
отщепи́ть(ся), -плю,
  -пи́т(ся)
отщепле́ние, -я
отщеплённый; *кр. ф.* -ён,
  -ена́
отщепля́ть(ся), -я́ю,
  -я́ет(ся)
отщи́панный
отщипа́ть, -иплю́, -и́плет,
  -и́плют и -и́пет, -и́пят;
  также -а́ю, -а́ет (*к* щи-
  па́ть)
отщи́пнутый
отщипну́ть, -ну́, -нёт
отщи́пывать(ся), -аю,
  -ает(ся)
отъеда́ть(ся), -а́ю(сь),
  -а́ет(ся)
отъе́денный
отъединённый; *кр. ф.* -ён,
  -ена́
отъедини́ть(ся), -ню(сь),
  -ни́т(ся)
отъединя́ть(ся), -я́ю(сь),
  -я́ет(ся)
отъе́зд, -а
отъе́здить(ся), -е́зжу(сь),
  -е́здит(ся)
отъезжа́ть, -а́ю, -а́ет
отъезжа́ющий
отъе́зжий
отъём, -а
отъёмка, -и
отъёмный
отъёмыш, -а
отъе́сть(ся), -е́м(ся),
  -е́шь(ся), -е́ст(ся),
  -еди́м(ся), -еди́те(сь),
  -едя́т(ся); *прош.* -е́л(ся),
  -е́ла(сь)
отъе́хать, -е́ду, -е́дет
отъюли́ть, -лю́, -ли́т
отъюсти́рованный
отъя́вленный
отъя́тый
отъя́ть, отыму́, оты́мет
оты́гранный
отыгра́ть(ся), -а́ю(сь),
  -а́ет(ся)
оты́грывать(ся), -аю(сь),
  -ает(ся)
о́тыгрыш, -а
отыди́, *пов.* (*устар.*)
отыма́лка, -и
отыма́ть(ся), -а́ю, -а́ет(ся)
отымённый
оты́сканный
отыска́ть(ся), -ыщу́(сь),
  -ы́щет(ся)
оты́скивать(ся), -аю(сь),
  -ает(ся)

отэкзамено́ванный
отэкзаменова́ть(ся),
  -ну́ю(сь), -ну́ет(ся)
отяготе́ть, -е́ю, -е́ет (стать
  тяжёлым)
отяготи́тельный
отяготи́ть, -ощу́, -оти́т (*кого, что*)
отяготи́ться, -ощу́сь, -оти́тся
отягоща́ть(ся), -а́ю(сь),
  -а́ет(ся)
отягоще́ние, -я
отягощённый; *кр. ф.* -ён,
  -ена́
отягча́ть(ся), -а́ю(сь),
  -а́ет(ся)
отягче́ние, -я
отягчённый; *кр. ф.* -ён, -ена́
отягчи́ть(ся), -чу́(сь),
  -чи́т(ся)
отяжеле́лый
отяжелённый; *кр. ф.* -ён,
  -ена́
отяжеле́ть, -е́ю, -е́ет (стать
  тяжёлым)
отяжели́ть, -лю́, -ли́т (*кого,
  что*)
отяжеля́ть(ся), -я́ю,
  -я́ет(ся)
оуэни́зм, -а
офе́нский
офе́ня, -и, *м.*
офе́рта, -ы
офикальци́т, -а
офи́с, -а
офи́т, -а
офи́товый
офице́р, -а
офице́рский
офице́рство, -а
офице́рша, -и
офице́рьё, -я́
официа́льничать, -аю, -ает
официа́льность, -и
официа́льный
официа́льщина, -ы
официа́нт, -а
официа́нтка, -и
официа́нтский
официо́з, -а
официо́зный
офонаре́ть, -е́ю, -е́ет
офо́рмитель, -я
офо́рмительница, -ы
офо́рмительский
офо́рмить(ся), -млю(сь),
  -мит(ся)
оформле́ние, -я
офо́рмленный
оформля́ть(ся), -я́ю(сь),
  -я́ет(ся)
офо́рт, -а
офорти́ст, -а
офранцу́женный
офранцу́живать(ся),
  -аю(сь), -ает(ся)
офранцу́зить(ся),
  -у́жу(сь), -у́зит(ся)
офса́йд, -а
офсе́т, -а
офсе́тный
офсе́тчик, -а
офтальми́я, -и

офтальмо́лог, -а
офтальмологи́ческий
офтальмоло́гия, -и
офтальмо́метр, -а
офтальмометри́ческий
офтальмоме́трия, -и
офтальмоневрология, -и
офтальмоплеги́я, -и
офтальмоско́п, -а
офтальмоскопи́ческий
офтальмоскопи́я, -и
офутеро́ванный
офутерова́ть, -ру́ю, -ру́ет
о́хабень, -бня
оха́живать, -аю, -ает
оха́ивание, -я
оха́ивать(ся), -аю, -ает(ся)
оха́ла, -ы, *м. и ж.*
оха́льник, -а
оха́льница, -ы
оха́льничать, -аю, -ает
оха́льный
охаме́ть, -е́ю, -е́ет
о́ханье, -я
оха́пка, -и
охарактеризо́ванный
охарактеризова́ть(ся),
  -зу́ю, -зу́ет(ся)
о́хать, -аю, -ает
охая́нный
оха́ять, оха́ю, оха́ет
охва́т, -а
охвати́ть, -ачу́, -а́тит
охва́тный
охва́тывать(ся), -аю,
  -ает(ся)
охва́ченный
охво́стье, -я
о́хи, -ов
охладева́ть, -а́ю, -а́ет
охладе́лый
охладе́ть, -е́ю, -е́ет (стать
  холодным, равнодуш-
  ным)
охлади́тель, -я
охлади́тельный
охлади́ть, -ажу́, -ади́т (*кого, что*)
охлади́ться, -ажу́сь, -ади́тся
охлажда́ть(ся), -а́ю(сь),
  -а́ет(ся)
охлажде́ние, -я
охлаждённый; *кр. ф.* -ён,
  -ена́
охламо́н, -а
охлократи́ческий
охлокра́тия, -и
охло́пать, -аю, -ает
охло́пок, -пка, *р. мн.*
  -пков
охло́пывать, -аю, -ает
охло́пье, -я, *р. мн.* -ьев
охлупе́нь, -пня
охмеле́ние, -я
охмелённый; *кр. ф.* -ён,
  -ена́
охмеле́ть, -е́ю, -е́ет (стать
  пьяным)
охмели́ть, -лю́, -ли́т (*кого*)
охмеля́ть(ся), -я́ю(сь),
  -я́ет(ся)
охмури́ть, -рю́, -ри́т
охмуря́ть, -я́ю, -я́ет
о́хнуть, -ну, -нет

охола́щивать(ся), -аю,
  -ает(ся)
охолоде́лый
охолоде́ть, -е́ю, -е́ет (стать
  холодным)
охолоди́ть, -ожу́, -оди́т (*кого, что*)
охоложе́нный
охолости́ть, -ощу́, -ости́т
охолощённый; *кр. ф.* -ён,
  -ена́
охора́шивание, -я
охора́шивать(ся), -аю(сь),
  -ает(ся)
охо́та, -ы
охотинспе́ктор, -а
охотинспе́кция, -и
охо́титься, охо́чусь, охо́-
  тится
охо́тка: в охо́тку
охо́тливый
охотнадзо́р, -а
охо́тник, -а
охо́тница, -ы
охо́тничий, -ья, -ье
охо́тно
охотноря́дец, -дца
охотноря́дческий
охотове́д, -а
охотове́дение, -я
охотове́дческий
охотопроду́кция, -и
охотсезо́н, -а
охотхозя́йство, -а
ох-ох-о́х, *неизм.*
охохо́хоньки, охохо́хнюш-
  ки и охохо́шеньки, *не-
  изм.*
о́хчий
о́хра, -ы
охра́на, -ы
охране́ние, -я
охранённый; *кр. ф.* -ён,
  -ена́
охрани́тель, -я
охрани́тельница, -ы
охрани́тельный
охрани́ть, -ню́, -ни́т
охра́нка, -и
охра́нник, -а
охра́нный
охраня́ть(ся), -я́ю(сь),
  -я́ет(ся)
о́хренный, *прич.*
охри́плый
охри́пнуть, -ну, -нет; *прош.*
  -и́п, -и́пла
охри́пший
о́христый
о́хрить(ся), -рю, -рит(ся)
о́хровый
охроме́ть, -е́ю, -е́ет
охря́нка, -и
охряно́й и охря́ный,
  прил.
о́хти, *неизм.*
о́хтинский (*от* О́хта)
охули́ть, -лю́, -ли́т
оху́лка, -и
оцара́панный
оцара́пать(ся), -аю(сь),
  -ает(ся)
оцара́пнутый
оцара́пнуть, -ну, -нет

223

оцеди́ть, -ежу́, -е́дит
оцёженный
оцёживать(ся), -аю,
  -ает(ся)
оцело́т, -а
оценённый; *кр. ф.* -ён, -ена́
оце́нивать(ся), -аю,
  -ает(ся)
оцени́ть, -еню́, -е́нит
оце́нка, -и
оце́ночно-прогно́зный
оце́ночный
оце́нщик, -а
оце́нщица, -ы
оцепене́лый
оцепене́ние, -я
оцепенённый; *кр. ф.* -ён,
  -ена́
оцепене́ть, -е́ю, -е́ет (стать
  неподвижным)
оцепени́ть, -ню́, -ни́т (*кого,
  что*)
оцепеня́ть, -я́ю, -я́ет
оцепи́ть, оцеплю́, оце́пит
оцепле́ние, -я
оцеплённый
оцепля́ть(ся), -я́ю, -я́ет(ся)
бцет, бцта
оцинко́ванный
оцинкова́ть, -ку́ю, -ку́ет
оцинко́вка, -и
оцинко́вочный
оцинко́вывание, -я
оцинко́вывать(ся), -аю,
  -ает(ся)
оцифрова́ть, -ру́ю, -ру́ет
оцифро́вка, -и
оча́г, -а́
очаго́вый
очажо́к, -жка́
оча́нка, -и
очарова́ние, -я
очаро́ванный
очарова́тельный
очарова́ть(ся), -ру́ю(сь),
  -ру́ет(ся)
очаро́вывать(ся), -аю(сь),
  -ает(ся)
очеви́дец, -дца
очеви́дица, -ы
очеви́дность, -и
очеви́дный
очелове́чение, -я
очелове́ченный
очелове́чивать(ся),
  -аю(сь), -ает(ся)
очелове́чить(ся), -чу(сь),
  -чит(ся)
оче́лье, -я, *р. мн.* -лий
о́чень
очерви́веть, -еет
очередни́к, -а́
очередни́ца, -ы
очередно́й
очерёдность, -и
о́чередь, -и, *мн.* -и -ей
очерёт, -а
очерётник, -а
очерётный
очерёто́вый
очеретя́ный
о́черк, -а, *мн.* -и, -ов
очёркивать(ся), -аю,
  -ает(ся)

очерки́ст, -а
очерки́стка, -и
очерки́стский
очёркнутый
очеркну́ть, -ну́, -нёт
очерко́вый
очернённый; *кр. ф.* -ён,
  -ена́
очерни́тельство, -а
очерни́ть(ся), -ню́, -ни́т(ся)
очерня́ть(ся), -я́ю, -я́ет(ся)
очерстве́лый
очерстве́ть, -е́ю, -е́ет
очерта́ние, -я
очерте́ть, -е́ю, -е́ет
очерти́ть, -ерчу́, -е́ртит
очёрченный
очёрчивать(ся), -аю,
  -ает(ся)
очёс, -а
очёсанный
очеса́ть, -ешу́, -е́шет
очёска, -и
очёски, -ов, *ед.* очёсок, -ска
очёсочный
очёсывание, -я
очёсывать(ся), -аю,
  -ает(ся)
оче́чник, -а
оче́чный
очи́ненный
очи́нивать(ся), -аю,
  -ает(ся)
очини́ть(ся), -иню́,
  -и́нит(ся)
очи́нка, -и
очиня́ть(ся), -я́ю, -я́ет(ся)
очисти́тель, -я
очисти́тельный
очи́стить(ся), -и́щу(сь),
  -и́стит(ся)
очи́стка, -и
очи́стки, -ов
очи́стный и очистно́й
очи́ток, -тка
очища́ть(ся), -а́ю(сь),
  -а́ет(ся)
очище́ние, -я
очи́щенный
очка́рик, -а
очка́стый
очки́, -о́в
очко́, -а́
очкова́ние, -я
очкова́ть, -ку́ю, -ку́ет
очковтира́тель, -я
очковтира́тельский
очковтира́тельство, -а
очко́вый
очку́р, -а
бчник, -а
бчно-зао́чный
очну́ться, -ну́сь, -нётся
бчный
очу́вствоваться, -твуюсь,
  -твуется
очуме́лый
очуме́ть, -е́ю, -е́ет
очути́ться, очу́тится
очуха́ться, -аюсь, -ается
ошалева́ть, -а́ю, -а́ет
ошале́лый
ошале́ть, -е́ю, -е́ет
ошара́шенный

ошара́шивать, -аю, -ает
ошара́шить, -шу, -шит
бшва, -ы
ошварто́ванный
ошвартова́ть(ся), -ту́ю(сь),
  -ту́ет(ся)
ошварто́вить, -влю, -вит
ошварто́вленный
ошёек, ошёйка
ошёйник, -а
ошеломи́тельный
ошеломи́ть, -млю́, -ми́т
ошеломле́ние, -я
ошеломлённый; *кр. ф.* -ён,
  -ена́
ошеломля́ть(ся), -я́ю,
  -я́ет(ся)
ошеломля́ющий
ошелуди́веть, -ею, -еет
ошелушённый; *кр. ф.* -ён,
  -ена́
ошелуши́ть, -шу́, -ши́т
ошельмо́ванный
ошельмова́ть, -му́ю, -му́ет
ошиба́ться, -а́юсь, -а́ется
ошиби́ться, -бу́сь, -бётся;
  прош. оши́бся, оши́блась
оши́бка, -и
ошибкоусто́йчивый
оши́бочный
оши́канный
оши́кать, -аю, -ает
оши́ненный
оши́нить, -ню, -нит
ошино́ванный
ошинова́ть, -ну́ю, -ну́ет
ошино́вка, -и
ошлако́ванный
ошлакова́ть, -ку́ю, -ку́ет
ошлифо́ванный
ошлифова́ть(ся), -фу́ю,
  -фу́ет(ся)
ошлифо́вывать(ся), -аю,
  -ает(ся)
ошлихто́ванный
ошлихтова́ть, -ту́ю, -ту́ет
ошлюзо́ванный
ошлюзова́ть, -зу́ю, -зу́ет
ошмётки, -ов, *ед.* ошмёток,
  -тка
ошпа́ренный
ошпа́ривать(ся), -аю(сь),
  -ает(ся)
ошпа́рить(ся), -рю(сь),
  -рит(ся)
оштрафо́ванный
оштрафова́ть, -фу́ю, -фу́ет
оштукату́ренный
оштукату́ривать(ся), -аю,
  -ает(ся)
оштукату́рить, -рю, -рит
ошу́рки, -ов
ошу́юю (слева)
още́нить(ся), -и́т(ся)
още́ренный
още́ривать(ся), -аю(сь),
  -ает(ся)
още́рить(ся), -рю(сь),
  -рит(ся)
още́рять(ся), -я́ю(сь),
  -я́ет(ся)
ощети́ненный
ощети́нивать(ся), -аю(сь),
  -ает(ся)

ощети́нить(ся), -ню(сь),
  -нит(ся)
ощи́панный
ощипа́ть(ся), -иплю́, -и́п-
  лет(ся), -и́плют(ся) и
  -и́пет(ся), -и́пят(ся);
  также -а́ю, -а́ет(ся)
ощи́пка, -и
ощи́пывание, -я
ощи́пывать(ся), -аю,
  -ает(ся)
ощу́панный
ощу́пать(ся), -аю(сь),
  -ает(ся)
ощу́пывание, -я
ощу́пывать(ся), -аю(сь),
  -ает(ся)
о́щупь: на о́щупь
о́щупью, *нареч.*
ощути́мый
ощути́тельный
ощути́ть, ощущу́, ощути́т
ощуща́ть(ся), -а́ю, -а́ет(ся)
ощуще́ние, -я
ощущённый; *кр. ф.* -ён,
  -ена́
оягни́ть(ся), -и́тся
оя́ловеть, -еет

П

па, *нескл., с.*
пабли́сити, *нескл., с.*
па́ва, -ы
павиа́н, -а
па́вий, -ья, -ье
павильо́н, -а
павильо́нный
павильо́нчик, -а
павино́л, -а
павли́н, -а
павли́ний, -ья, -ье
павлиногла́зка, -и
па́водковый
па́водок, -дка
па́волока, -и
па́вушка, -и
па́вший
пагаме́нт, -а
пагина́ция, -и
па́года, -ы (буддийский
  храм)
па́голенок, -нка, *р. мн.*
  -нков
па́губа, -ы
па́губный
па́далица, -ы
па́даль, -и
па́данец, -нца
па́дание, -я
па́данка, -и
па́дать, -аю, -ает
па́дающий
па́девый: па́девый мёд
падегра́с, -а
па-де-де́, *нескл., м. и с.*
падёж, -ежа́ (в граммати-
  ке)
падёж, -ежа́ (о скоте)
падёжный (*от* падёж)
падёжный (*от* падёж)

падека́тр, -а
паде́ние, -я
падепатине́р, -а
падеспа́нь, -и и -я
па-де-труа́, *нескл., м. и с.*
па́дина, -ы
падиша́х, -а
падиша́хский
па́дкий
па́дре, *нескл., м.*
па́дуб, -а
па́дубовый
па́дуга, -и
паду́н, -а́
паду́чая, -ей
паду́чий
паду́шка, -и (небольшая падь)
па́дчерица, -ы
па́дший
падь, -и
паево́й
паёк, пайка́
паенакопле́ние, -я
паж, -а́
па́жеский
па́житник, -а
па́житный
па́жить, -и
паз, -а, *предл.* о па́зе, в пазу́, *мн.* пазы́, -о́в
па́занка, -и и па́занок, -нка
пазигра́фия, -и
пазова́льный
па́зовый
па́зуха, -и
па́зушина, -ы
па́зушка, -и
па́зушный
па́инька, -и, *м. и ж.*
па́инька-ма́льчик, па́иньки-ма́льчика
пай, па́я, *предл.* о па́е, в паю́ и в па́е, *мн.* пай, паёв
па́йза, -ы
па́йка, -и
па́йковый
пай-ма́льчик, -а
па́йщик, -а
па́йщица, -ы
пак, -а
пакга́уз, -а
пакга́узный
па́кер, -а
паке́т, -а
пакетбо́т, -а
пакетбо́тный
паке́тик, -а
пакети́рование, -я
пакети́рованный
пакети́ровать, -рую, -рует
пакетиро́вка, -и
паке́ти́р-пре́сс, -а
паке́тно-ориенти́рованный
паке́тный
пакетоде́лательный
пакетоукла́дчик, -а
пакиста́нец, -нца
пакиста́нка, -и
пакиста́нский
пакка́мера, -ы
пакка́рд, -а

па́клен, -а
па́клить, -лю, -лит
па́кля, -и
па́кляный
пако́ванный
пакова́ть(ся), -ку́ю, -ку́ет(ся)
пако́вка, -и
пако́вочный
па́ковый
па́костить, -ощу, -остит
па́костливый
па́костник, -а
па́костница, -ы
па́костничать, -аю, -ает
па́костный
па́кость, -и
пакоти́льный
пакт, -а
палади́н, -а
пала́нка, -и
паланки́н, -а (носилки)
паланти́н, -а (накидка)
пала́с, -а
пала́та, -ы
палатализа́ция, -и
палатализи́рованный
палатализи́ровать(ся), -рую, -рует(ся)
палатализо́ванный
палатализова́ть(ся), -зу́ю, -зу́ет(ся)
пала́тальный
пала́тка, -и
пала́тный
пала́точный
пала́ццо, *нескл., с.*
пала́ч, -а́
пала́ческий
пала́чество, -а
пала́чествовать, -твую, -твует
пала́ш, -а́
палеаркти́ческий
па́лево-ды́мчатый
па́лево-пёстрый
па́левый
пале́ние, -я
палёный, *кр. ф.* -ён, -ена́, *прич.*
палёный, *прил.*
палео... — первая часть сложных слов, пишется всегда слитно
палеоазиа́тский
палеоазиа́ты, -ов, *ед.* палеоазиа́т, -а
палеоантропо́лог, -а
палеоантропологи́ческий
палеоантрополо́гия, -и
палеобиогеохи́мия, -и
палеобиоцено́з, -а
палеобота́ник, -а
палеобота́ника, -и
палеобота́нический
палеоге́н, -а
палеоге́новый
палеогео́граф, -а
палеогеографи́ческий
палеогеогра́фия, -и
палео́граф, -а
палеографи́ческий
палеогра́фия, -и
палеоза́вр, -а

палеозо́й, -я
палеозо́йский
палеозоо́лог, -а
палеозоологи́ческий
палеозооло́гия, -и
палеоклиматоло́гия, -и
палеоли́т, -а
палеолити́ческий
палеоло́гия, -и
палеомагнети́зм, -а
палеонто́лог, -а
палеонтологи́ческий
палеонтоло́гия, -и
палеопатоло́гия, -и
палеопите́к, -а
палеоте́рий, -я
палеотропи́ческий
палеофитоло́гия, -и
палеоце́н, -а
палеоце́новый
палеоэколо́гия, -и
палести́ны, -и́н и палести́на, -ы
пале́стра, -ы
пале́тка, -и
па́лехский
па́лец, па́льца
па́лец (па́льцем) о па́лец (не ударит)
палеша́нин, -а, *мн.* -а́не, -а́н
пале́й, -и́
па́ли, *неизм. и нескл., м.* (язык)
паля́льный
палимпсе́ст, -а
палинге́не́з, -а
палинге́незис, -а
палингенети́ческий
палиндро́м, -а
палино́дия, -и
палино́лог, -а
палинологи́ческий
палиноло́гия, -и
палиногра́мма, -ы
палиса́д, -а
палиса́дник, -а
палиса́дничек, -чка
палиса́ндр, -а
палиса́ндровый
пали́тельный
пали́тра, -ы
пали́ть, -лю́, -ли́т
па́лица, -ы
па́лия, -и
па́лка, -и
палкообра́зный
палла́диевый
палла́дий, -я (металл)
палла́диум, -а (опора, оплот)
палласи́т, -а
паллиати́в, -а
паллиати́вный
палло́граф, -а
палобло́, *нескл., м.*
пало́мник, -а
пало́мница, -ы
пало́мничать, -аю, -ает
пало́мнический
пало́мничество, -а
па́лочка, -и
па́лочка-выруча́лочка, па́лочки-выруча́лочки
палочкови́дный

палочкообра́зный
па́лочник, -а
па́лочный
па́лтус, -а
па́лтусовый
па́лубить, -блю, -бит
па́лубленный
па́лубник, -а
па́лубный
па́лый
пальба́, -ы́
па́льма, -ы
пальмаро́за, -ы
пальме́тта, -ы
пальме́тный
пальми́ра, -ы
пальмити́н, -а
пальмити́новый
пальмови́дный
па́льмовый
пальмообра́зный
пальну́ть, -ну́, -нёт
пальпа́ция, -и
пальпи́ровать, -рую, -рует
пальпита́ция, -и
пальтецо́, -а́
пальти́шко, -а
пальто́, *нескл., с.*
пальто́вый
пальту́шка, -и
пальцеви́дный
пальцево́й
пальцекры́лый
пальцеобра́зный
пальцеходя́щий
па́льчато-ло́пастный
па́льчато-разде́льный
па́льчато-рассечённый
пальчатосло́жный
па́льчатый
па́льчик, -а
па́ля, -и, *р. мн.* паль
паляни́ца, -ы (хлеб)
паля́щий
па́мпа, -ы
пампа́сный
пампа́совый
пампа́сский
пампа́сы, -ов
пампе́ро, *нескл., м.*
пампу́шечка, -и
пампу́ши, -у́ш, *ед.* пампу́ша, -и
пампу́шка, -и
памфле́т, -а
памфлети́ст, -а
памфлети́стка, -и
памфле́тный
па́мятка, -и
па́мятливый
па́мятник, -а
па́мятный
па́мятование, -я
па́мятовать, -тую, -тует
па́мять, -и
пан, -а, *мн.* пано́ы, пано́в
пан... — первая часть сложных слов, пишется слитно со всеми словами, кроме имен собственных (пан-Евро́па)
панаги́я, -и
пана́ма, -ы

панамерикани́зм, -а
панамерика́нский
пана́мка, -и
пананги́н, -а
панараби́зм, -а
панари́ций, -я
панафрикани́зм, -а
панафрика́нский
панацея, -и
панба́рхат, -а
пангéнезис, -а
пангермани́зм, -а
пангермани́ст, -а
пангерма́нский
панголи́н, -а
па́нда, -ы
панда́н, -а
панда́новые, -ых
панда́нус, -а
пандéктный
пандéкты, -ов
пандеми́ческий
пандеми́я, -и
панди́т, -а
па́ндури, *нескл., с.*
па́ндус, -а
пан-Евро́па, -ы, но:
  панъевропéйский
панеги́рик, -а
панегири́ст, -а
панегири́стка, -и
панегири́ческий
панелево́з, -а
панéль, -и
панéльно-фрéзерный
панéльный
панéнка, -и
панзоо́тия, -и
па́ни, *нескл., ж.*
панибра́тство, -а
па́ника, -и
паникади́ло, -а
паникёр, -а
паникёрский
паникёрство, -а
паникёрствовать, -твую,
  -твует
паникёрша, -и
паникова́ть, -ку́ю, -ку́ет
панирани́зм, -а
пани́ро́вка, -и
панирóвочный
панислами́зм, -а
панислами́стский
панихи́да, -ы
панихи́дный
пани́ческий
панк, -а
панкарди́т, -а
панк-гру́ппа, -ы
па́нкреас, -а
панкреати́н, -а
панкреати́т, -а
панкреати́ческий
панк-рок, -а
панк-рок-культу́ра, -ы
панлоги́зм, -а
па́нна, -ы
панно́, *нескл., с.*
па́нночка, -и
па́ннус, -а
панова́ть, -ну́ю, -ну́ет
панóптикум, -а
панора́ма, -ы

панорами́рование, -я
панорами́ровать, -рую, -ру-
  ет
панора́мный
паносмани́зм, -а
паноофтальми́т, -а
панпсихи́зм, -а
панпсихи́ческий
пансио́н, -а
пансиона́т, -а
пансионéр, -а
пансионéрка, -и
пансио́нный
пансио́нский
па́нский
панслави́зм, -а
панслави́ст, -а
панслави́стский
панспермия, -и
па́нство, -а
панталóнчики, -ов
панталóны, -óн
пантал́ык: сби́ть(ся) с
  пантал́ыку
панта́ч, -á
пантеи́зм, -а
пантеи́ст, -а
пантеисти́ческий
пантеи́стка, -и
пантеллери́т, -а
пантеóн, -а
пантéра, -ы
па́нтовый
пантóграф, -а
пантокра́тия, -и
пантокра́тор, -а
пантокри́н, -а
пантокри́новый
пантолéты, -éт, *ед.* панто-
  лéта, -ы
пантóметр, -а
пантоми́ма, -ы
пантоми́мика, -и
пантомими́ческий
пантоми́мный
пантопóн, -а
панторéзный
пантори́фма, -ы
пантоста́т, -а
па́нты, -ов
пантюрки́зм, -а
пану́ргово ста́до
панхромати́ческий
панцирнощéкие, -их
па́нцирный
па́нцирь, -я
панча́т, -а
па́нчен-ла́ма, -ы, *м.*
па́нщина, -ы
панъевропéйский
паны́ч, -á
панэллини́зм, -а
па́па, -ы, *м.*
папапери́н, -а
папа́йя, -и
папа́ня, -и, *м.*
папа́ха, -а
папа́ша, -и, *м.*
папа́шка, -и, *м.*
папéнька, -и, *м.*
па́пертный
па́перть, -и
папи́зм, -а
папилли́т, -а

папилло́ма, -ы
папилля́рный
папильóтка, -и
па́пин, -а, -о
папи́ровка, -а
папироло́гия, -и
папирóса, -ы
папирóска, -и
папирóсник, -а
папирóсница, -ы
папирóсный
папиросонабивнóй
папи́рус, -а
папи́ст, -а
папи́стский
па́пка 1, -и, *ж.* (обложка)
па́пка 2, -и, *м.* (отец)
па́поротник, -а
папоротникови́дный
па́поротниковый
папоротникообра́зный
па́почка 1, -и, *ж.* (обложка)
па́почка 2, -и, *м.* (отец)
па́почный
па́прика, -и
па́пский
па́пство, -а
папуа́с, -а
папуа́ска, -и
папуа́сский
папу́ла, -ы
папу́ша, -и
папушёвка, -и
папушёвочный
папу́шить, -шу, -шит
папу́шный
папьé-машé, *нескл., с.*
пар, -а и -у, *предл.* о па́ре,
  в (на) пару́, *мн.* -ы́, -óв
па́ра, -ы
парабéллум, -а
парабиóз, -а
пара́бола, -ы
параболи́ческий
параболóид, -а
паравакци́на, -ы
парава́н, -а
параанглий, -я
парагва́ец, -а́йца
парагва́йка, -и
парагва́йский
парагéлий, -я
парагéнезис, -а
парагнéйс, -а
парагормóн, -а
парагра́мма, -ы
пара́граф, -а
парагри́пп, -а
парагриппóзный
пара́д-аллé, пара́да-аллé,
  м.
паради́гма, -ы
парадигма́тика, -и
парадигмати́ческий
паради́рование, -я (*от* па-
  ради́ровать)
парадировать, -рую, -рует
  (к пара́д)
пара́дное, -ого
пара́дность, -и
пара́дный

парадóкс, -а
парадокса́льность, -и
парадокса́льный
парадома́ния, -и
парази́т, -а
паразита́рный
паразити́зм, -а
паразити́ровать, -рую, -рует
паразити́ческий
парази́тка, -и
парази́тный
паразитóлог, -а
паразитологи́ческий
паразитоло́гия, -и
паразитоценóз, -а
парази́тство, -а
параиммунитéт, -а
паракаучу́к, -а
паракли́т, -а
паракоклю́ш, -а
парализа́тор, -а
парализа́ция, -и
парализóванный
парализова́ть(ся), -зу́ю,
  -зу́ет(ся)
паралингви́стика, -и
парали́тик, -а
паралити́ческий
парали́ч, -á
парали́чный
паралла́кс, -а
паралла́кти́ческий
параллелепи́пед, -а
параллели́зм, -а
параллелогра́мм, -а
параллелотрóпный
паралле́ль, -и
паралле́льно включённый
паралле́льно-плóский
паралле́льно-послéдова-
  тельный
паралле́льный
паралоги́зм, -а
паралоги́ческий
парамагнети́зм, -а
парамагнéтик, -а
парамагни́тный
пара́метр, -а
параметризóванный
параметри́т, -а
параметри́ческий
парамéция, -и
парамнéзия, -и
параморфóза, -ы
парангóн, -а
парáнджа, -и́
паранефри́т, -а
параноик, -а
паранои́ческий
паранойя, -и
паранóмия, -и
парантéз, -а
пара́нтроп, -а
парапéт, -а
парапéтный
парапитéк, -а
параплеги́я, -и
парапрокти́т, -а
парапроцéсс, -а
парапсихологи́ческий
парапсихоло́гия, -и
парасимпати́ческий
парасóль, -я
парата́ксис, -а

паратакти́ческий
парати́п, -а
парати́ф, -а
паратифо́зный
паратони́ческий
паратуберкулёз, -а
паратуберкулёзный
пара́тый
пара́ф, -а
парафази́я, -и
парафимо́з, -а
парафи́н, -а
парафини́рование, -я
парафини́рованный
парафини́ровать, -рую, -ру-
ет
парафи́нистый
парафи́новый
парафинолече́ние, -я
парафинотерапи́я, -и
парафи́рование, -я
парафи́рованный
парафи́ровать(ся), -рую,
-рует(ся)
параформальдеги́д, -а
парафра́з, -а и парафра́за,
-ы
парафрази́рованный
парафрази́ровать(ся),
-рую, -рует(ся)
парафрасти́ческий
парахрони́зм, -а
парацентёз, -а
пара́ша, -и
парашю́т, -а
парашюти́зм, -а
парашюти́рование, -я
парашюти́ровать, -рую,
-рует
парашюти́ст, -а
парашюти́стка, -и
парашю́тно-деса́нтный
парашю́тно-поса́дочный
парашю́тный
парацитови́дный
парвеню́, нескл., м. и ж.
парге́лий, -я (ложное со-
лнце)
пардо́н, -а и -у и неизм.
паре́з, -а (паралич)
парейаза́вр, -а
пареме́йник, -а
паремия, -и, р. мн. -ий и
паремьй, -и, р. мн. -ий
паренёк, -нька́
паре́ние, -я (к пари́ть)
паре́ние, -я (к пари́ть)
па́ренный, прич.
парентера́льный
паренхи́ма, -ы
паренхимато́зный
паренхи́мула, -ы
па́реный, прил.
па́рень, -рня, мн. па́рни, -ей
парестези́я, -и
пари́, нескл., с.
париета́льный
парижа́нин, -а, мн. -а́не, -а́н
парижа́нка, -и
пари́жский
пари́к, -а́
парикма́хер, -а, мн. -ы, -ов
парикма́херская, -ой
парикма́херский

парикма́херша, -и
парико́вый
пари́лка, -и
пари́льный
пари́льня, -и, р. мн. -лен
пари́рование, -я
пари́рованный
пари́ровать(ся), -рую, -ру-
ет(ся)
пари́тель, -я
па́ритет, -а
парите́тный
пари́ть, -рю́, -ри́т (летать)
па́рить(ся), -рю(сь),
-рит(ся) (от пар)
паричо́к, -чка́
па́рия, -и, м. и ж.
парк, -а
па́рка, -и
парке́т, -а
парке́тина, -ы
парке́тник, -а
парке́тный
парке́тчик, -а
па́ркий; кр. ф. па́рок, па́р-
ка́, па́рко
па́ркинг, -а
паркинсони́зм, -а
па́рковый
парла́мент, -а
парламентари́зм, -а
парламента́рий, -я
парламента́рный
парламентёр, -а
парламентёрский
парламентёрство, -а
парла́ментский
пармеза́н, -а
парна́сец, -сца
парна́сский
парна́я, -о́й
парни́к, -а́
парниково́д, -а
парниково́дство, -а
парнико́вый
парничо́к, -чка́
парни́шка, -и, м.
парни́ще, -а, м.
парно́й
парни́га, -и, м.
пароаммиа́чный
парова́ние, -я
парова́рка, -и
парова́ть, -ру́ю, -ру́ет
парови́к, -а́
парови́чо́к, -чка́
пароводонепроница́емый
пароводяно́й
парово́з, -а
паровозова́гоноремо́нт-
ный
паровозоремо́нтный
паровозосбо́рочный
паровозострое́ние, -я
паровозострои́тельный

парово́й
паровпускно́й
паровыпускно́й
паровыхлопно́й
парога́зовый
парогазогенера́тор, -а
парогазогениза́тор, -а
парогенера́тор, -а
парогидравли́ческий
па́род, -а
пароди́йный
пародина́мо, нескл., с.
пародинамомаши́на, -ы
пароди́рование, -я (от па-
роди́ровать)
пароди́рованный
пароди́ровать(ся), -рую,
-рует(ся) (от паро́дия)
пароди́ст, -а
паро́дия, -и
пародонто́з, -а
парожи́дкостный
пароизмери́тель, -я
пароизмери́тельный
пароизоли́рующий
пароизоля́ция, -и
парокислоро́дный
пароко́нный
парокси́зм, -а
пароли́, нескл., с.
паро́ль, -я
паро́льный
паро́м, -а
паро́м-ледоко́л, паро́ма-
ледоко́ла
паро́мный
паромото́р, -а
паро́мщик, -а
паронепроница́емый
паро́ним, -а
парони́мия, -и
парономази́я, -и
парообра́зный
парообразова́ние, -я
парообразова́тель, -я
пароотбо́рный
пароотво́дный
пароохлади́тель, -я
пароперегре́в, -а
пароперегрева́тель, -я
пароподводя́щий
паропреобразова́тель, -я
паросбо́рник, -а
паропрово́д, -а
паропроизводи́тельность,
-и
парораспределе́ние, -я
парораспредели́тель, -я
парораспредели́тельный
паросбо́рник, -а
паросилово́й
парострую́йный
паротеплохо́д, -а
паротерма́льный
пароти́т, -а
паротру́бный
паротурби́на, -ы
паротурби́нный
паротурбово́з, -а
парохо́д, -а
парохо́дик, -а
парохо́дишко, -а, м.
парохо́дный

пароходострое́ние, -я
пароходство, -а
парохо́дчик, -а
па́рочка, -и
парсе́к, -а, р. мн. парсе́к и
-ов
парси́зм, -а
па́рта, -ы
партакти́в, -а
партаппара́т, -а
партаппара́тчик, -а
партбиле́т, -а
партбюро́, нескл., с.
партвзно́сы, -ов
партвзыска́ние, -я
партгрупо́рг, -а
партгру́ппа, -ы
партдисципли́на, -ы
партдокуме́нт, -а
партеногене́з, -а
парте́р, -а
парте́рный
парте́сный
парти́ец, -и́йца
партиза́н, -а, -
партиза́нить, -ню, -нит
партиза́нка, -и
партиза́нский
партиза́нство, -а
партиза́нствовать, -твую,
-твует
партиза́нщина, -ы
па́ртийка, -и (к па́ртия)
парти́йка, -и (к парти́ец)
парти́йно-администрати́в-
ный
парти́йно-госуда́рствен-
ный
парти́йно-комсомо́льский
парти́йно-организацио́н-
ный
парти́йно-полити́ческий
парти́йно-прави́тельствен-
ный
парти́йно-профсою́зный
парти́йно-сове́тский
парти́йность, -и
парти́йный
партикуляриза́ция, -и
партикуляри́зм, -а
партикуля́рный
партио́нный
парт- и профакти́в, -а
партиту́ра, -ы
партиту́рный
па́ртия, -и
парткабине́т, -а
партколле́гия, -и
партколлекти́в, -а
партко́м, -а
парткоми́ссия, -и
партко́мовский
партконфере́нция, -и
партма́ксимум, -а
партми́нимум, -а
партнагру́зка, -и
партнёрша, -и
партбю́ро, -а
парто́рг, -а
партрга́н, -а
парторганиза́ция, -и
партпоруче́ние, -я
партпросвеще́ние, -я
партрабо́та, -ы

партрабо́тник, -а
партсобра́ние, -я
партста́ж, -а
партсъе́зд, -а
партучёба, -ы
партучёт, -а
партшко́ла, -ы
партячейка, -и
па́рубок, -бка
па́рус, -а, мн. -а́, -о́в
паруси́на, -ы
паруси́нный
паруси́новый
па́руси́ть, -и́т и -и́т
па́русник, -а
па́русно-гребно́й
па́русно-мото́рный
па́русность, -и
па́русный
парусо́к, -ска́
парфо́рс, -а
парфо́рсный
парфюме́р, -а
парфюме́рия, -и
парфюме́рно-космети́че-
   ский
парфюме́рный
парфя́нин, -а, мн. -я́не, -я́н
парфя́нский
парце́лла, -ы
парцелли́рованный
парцелли́ровать, -рую,-рует
парце́лльный
парцелля́рный
парцелля́ция, -и
парциа́льный
парча́, -и́
парчо́вый
парша́, -и́
парши́веть, -ею, -еет
парши́вец, -вца
парши́вка, -и
парши́вый
па́рывать, наст. вр. не
   употр.
парю́ра, -ы
па́ря, -и, м.
пас, -а и неизм. (к пасо-
   ва́ть)
па́сека, -и
пасённый; кр. ф. -ён, -ена́
па́сечник, -а
па́сечный
паска́ль, -я
па́сквиль, -я
па́сквильный
пасквиля́нт, -а
пасквиля́нтский
паску́да, -ы, м. и ж.
паску́дить, -у́жу, -у́дит
паску́дничать, -аю, -ает
паску́дный
паску́дство, -а
паслён, -а
паслёновый
па́сма, -ы и па́смо, -а
па́смурный
па́смурь, -и
пасну́ть, -ну́, -нёт
пасова́ть(ся), -су́ю(сь), -су́-
   ет(ся)
пасо́вка, -и
пасодо́бль, -я
па́сока, -и

па́сочница, -ы
па́сочный
паспарту́, нескл. с.
па́спорт, -а, мн. -а́, -о́в
паспортиза́ция, -и
паспортизо́ванный
паспортизова́ть, -зу́ю, -зу́ет
паспорти́ст, -а
паспорти́стка, -и
па́спортный
пасс, -а (движение рукой)
пасса́ж, -а
пасса́жер, -а
пассажи́рка, -и
пассажировмести́мость, -и
пассажи́ро-киломе́тр, -а
пассажиропото́к, -а
пассажи́рский
пасса́жный
пассака́лья, -и, р. мн. -лий
пасса́т, -а
пасса́тный
пасса́тижи, -ей
пасса́тный
пассеи́зм, -а
пассеи́ст, -а
пассеи́стский
пассерова́ние, -я
пассеро́ванный
пассерова́ть, -ру́ю, -ру́ет
   (кулин.)
пассеро́вка, -и (от пассе-
   рова́ть)
па́ссив, -а
пассива́тор, -а
пасси́вирование, -я
пасси́вированный
пасси́вировать, -рую, -рует
пасси́вность, -и
пасси́вный
пасси́метр, -а
пасси́ровать, -рую, -рует (в
   цирке)
пасси́ро́вка, -и (от пасси́-
   ровать)
пассифло́ра, -ы
па́ссия, -и
па́ста, -ы
па́стбище, -а
пастбищеоборо́т, -а
па́стбищный
па́ства, -ы
пасте́ль, -и (вид живописи)
пасте́льный (от пасте́ль)
пастере́ллёз, -а
пастериза́тор, -а
пастеризацио́нный
пастериза́ция, -и
пастеризо́ванный
пастеризова́ть(ся), -зу́ю,
   -зу́ет(ся)
пастерна́к, -а
пасте́ровский
пасти́, пасу́, пасёт; прош.
   пас, пасла́
пастила́, -ы́, мн. -и́лы, -и́л
пастила́ж, -а
пасти́лка, -и (от пастила́)
пасти́лочный (от пасти-
   ла́)
пасти́сь, пасётся; прош.
   па́сся, пасла́сь
пасти́ччо, нескл. с.
пасто́зность, -и
пасто́зный

пастообра́зный
па́стор, -а
пастора́ль, -и
пастора́льный
пастора́т, -а
па́сторский
па́сторство, -а
па́сторша, -и
па́стриги, -ов
па́стрижки, -жек
пасту́х, -а́
пасту́шеский
пасту́ший, -ья, -ье
пасту́шка, -и
пастушко́вый
пастушо́к, -шка́
пастушо́нок, -нка, мн. -ша́-
   та, -ша́т
па́стырский
па́стырь, -я
пасть, -и
пасть, паду́, падёт; прош.
   пал, па́ла
пастьба́, -ы́
па́сха, -и
пасха́лия, -и
пасха́льный
па́сший(ся)
пасынкова́ние, -я
пасынко́ванный
пасынкова́ть, -ку́ю, -ку́ет
па́сынковый
па́сынок, -нка
пасья́нс, -а
пасья́нсный
пасю́к, -а́
пат, -а
пате́нт, -а
пате́нтика, -и
пате́нтно-информацио́н-
   ный
пате́нтно-лицензио́нный
пате́нтный
патенто́ванный
патентова́ние, -я
патентова́ть, -ту́ю, -ту́ет
патентове́дение, -я
патентооблада́тель, -я
патентоспосо́бный
па́тер, -а
патери́к, -а́
патернали́зм, -а
патерно́стер, -а
пате́тика, -и
патети́ческий
патети́чность, -и
патети́чный
патефо́н, -а
патефо́нный
па́тина, -ы
патини́рование, -я
патини́рованный
патини́ровать(ся), -рую,
   -рует(ся)
па́тио, нескл. с.
патиссо́н, -а
патла́тый
па́тлы, патл, ед. па́тла, -ы
патова́ть, -ту́ю, -ту́ет
патогене́з, -а
патогенети́ческий
патоге́нный
патогности́ческий
па́тока, -и

патбло́г, -а
патологи́ческий
патоло́гия, -и
патологоанато́м, -а
патбло́го-анатоми́ческий
патопсихоло́гия, -и
патофизио́лог, -а
патофизиологи́ческий
патофизиоло́гия, -и
па́точный
патриа́рх, -а
патриарха́льно-родово́й
патриарха́льность, -и
патриарха́льный
патриарха́льщина, -ы
патриа́рхат, -а
патриа́рхия, -и
патриа́рший
патриа́ршеский
патриа́ршество, -а
патриа́ршествовать, -твую,
   -твует
патриа́рший
патримониа́льный
патримо́ний, -я и патримо́-
   ниум, -а
патрио́т, -а
патриоти́зм, -а
патриоти́ческий
патриоти́чность, -и
патриоти́чный
патрио́тка, -и
патри́стика, -и
па́трица, -ы
патрициа́нка, -и
патрициа́нский
патрициа́т, -а
патри́ций, -я
патро́лог, -а
патроло́гия, -и
патро́н, -а
патрона́ж, -а
патрона́жный
патрона́т, -а
патроне́сса, -ы
патроними́ческий
патрони́мия, -и
патрони́рование, -я
патрони́ровать, -рую, -рует
патро́нник, -а
патро́нный
патронта́ш, -а
патро́нша, -и
па́трубок, -бка
патрули́рование, -я
патрули́ровать(ся), -рую,
   -рует(ся)
патру́ль, -я
патру́льно-постово́й
патру́льный
па́ужин, -а и па́ужина, -ы
па́ужинать, -аю, -ает
па́уза, -ы
па́узить, -ужу, -узит
па́узка, -и
па́узник, -а
па́узный
па́узок, -зка
па́ук, -а́
паукообра́зный
па́упер, -а
паупериза́ция, -и
паупери́зм, -а
паути́на, -ы
паути́нка, -и

паути́нный
пау́чий, -ья, -ье
паучо́к, -чка́
пауш́а́льный
паф, *неизм.*
па́фос, -а
пах, -а, *предл.* о па́хе, в паху́
па́ханный, *прич.*
па́ханый, *прил.*
па́харь, -я
паха́ть(ся), пашу́, па́шет(ся)
пахидерми́я, -и
пахименинги́т, -а
пахи́т, -а
пахито́са, -ы и пахито́ска,-и
пахлава́, -ы́
па́хнувший (*от* па́хнуть)
пахну́вший (*от* пахну́ть)
па́хнуть, -ну, -нет; *прош.* пах и па́хнул, па́хла (издавать запах)
пахну́ть, -нёт; *прош.* -у́л, -у́ла (повеять)
паховой и па́ховый
па́хота, -ы
пахотнопригодный
пахотноспособный
па́хотный
па́хта, -ы (сыворотка)
пахта́, -ы́ (хлопок)
па́хталка, -и
па́хтальный
па́хтанный
па́хтанье, -я
па́хтать, -аю, -ает
пахучесть, -и
паху́чий
паху́чка, -и
паца́н, -а́
пацие́нт, -а
пацие́нтка, -и
пацифи́зм, -а
пацифика́ция, -и
пацифи́ст, -а
пацифи́стка, -и
пацифи́стский
па́че (па́че ча́яния, тем па́че)
па́чеси, -ей
па́чечный
па́чка, -и
па́чканный, *прич.*
па́чканый, *прил.*
па́чканье, -я
па́чкать(ся), -аю(сь), -ает(ся)
пачковяза́льный
пачкотня́, -и́
пачку́н, -а́
пачку́нья, -и, *р. мн.* -ний
пачу́левый
пачу́ли, -ей
паша́, -и́, *р. мн.* -ше́й, *м.*
пашалы́к, -а
па́шенка, -и
па́шенный
паши́на, -ы
паши́нка, -и
паши́нный
па́шня, -и, *р. мн.* па́шен
паште́т, -а
паште́тный

па́шущий
па́щенок, -нка
па́юс, -а
па́юсный
пая́льник, -а
пая́льный
пая́льщик, -а
пая́ние, -я
па́янный, *прич.*
па́яный, *прил.*
пая́сничанье, -я
пая́сничать, -аю, -ает
пая́сничество, -а
пая́ть, -я́ю, -я́ет
па́яц, -а
пеа́н, -а (гимн; стихотворный размер)
пебри́на, -ы
пева́ть, *наст. вр. не* употр.
певе́ц, -вца́
певи́ца, -ы
певи́чка, -и
певу́н, -а́
певу́нья, -и, *р. мн.* -ний
певу́чий
пе́вческий
пе́вчий
пега́нка, -и
пега́шка, -и
пе́генький и пе́гонький
пе́гий
пегмати́т, -а
пегмати́товый
пе́гонький и пе́генький
педаго́г, -а
педаго́гика, -и
педагоги́ческий
педагоги́чный
педализа́ция, -и
педализи́рованный
педализи́ровать, -рую,-рует
педа́ль, -и
педа́льный
педа́нт, -а
педанти́зм, -а
педанти́ческий
педанти́чность, -и
педанти́чный
педа́нтка, -и
педа́нтский
педа́нтство, -а
педву́з, -а
педву́зовский
педе́ль, -я, *мн.* -и, -ей и -я́, -ей
педера́ст, -а
педерасти́ческий
педера́стия, -и
педиа́тр, -а
педиатри́ческий
педиатри́я, -и
педике́б, -а
педикулёз, -а
педикю́р, -а
педикю́рша, -и
пединститу́т, -а
педколлекти́в, -а
педогене́з, -а
педологи́ческий
педоло́гия, -и
педо́метр, -а
педоцентри́зм, -а

педпра́ктика, -и
педсове́т, -а
педте́хникум, -а
педучи́лище, -а
педфа́к, -а
пе́жина, -ы
пе́зо и пе́со, *нескл. с.*
пейза́ж, -а
пейзажи́ст, -а
пейзажи́стка, -и
пейза́жный
пейза́н, -а и пейза́нин, -а, *мн.* -а́не, -а́н
пейза́нка, -и
пейза́нский
пейсахо́вка, -и
пейсы, -ов, *ед.* пейс, -а
пек, -а
пека́н, -а
пека́рный
пека́рня, -и, *р. мн.* -рен
пе́карский
пе́карь, -я, *мн.* -я́, -ей и -и, -ей
пеки́нец, -нца
пеки́нский
пеклева́нка, -и
пеклева́нник, -а
пеклева́нный, *прил.*
пеклёванный, *прич.*
пеклева́ть, -лю́ю, -лю́ет
пеклёвка, -и
пе́кло, -а
пекти́н, -а
пекти́новый
пеку́лий, -я
пекуля́рный
пеку́щий(ся)
пёкший(ся)
пелаги́ческий
пелами́да, -ы
пеларго́ния, -и
пела́сги, -ов
пелена́, -ы́, *мн.* -ы, -ён
пелена́ние, -я
пелена́ть(ся), -а́ю, -а́ет(ся)
пе́ленг, -а
пеленга́тор, -а
пеленга́ция, -и
пеленги́рование, -я
пеленги́рованный
пеленги́ровать, -рую, -рует
пеленгова́ние, -я
пеленго́ванный
пеленгова́ть, -гу́ю, -гу́ет
пелёнка, -и
пелёночный
пелери́на, -ы
пелери́нка, -и
пеле́сина, -ы
пелика́н, -а
пеликозавр, -а
пели́товый
пели́ты, -ов, *ед.* пели́т, -а
пелла́гра, -ы
пелли́кула, -ы
пелоидотерапи́я, -и
пеломеду́за, -ы
пелопонне́сский
пелотерапи́я, -и
пельме́ни, -ей, *ед.* -ень, -я
пельме́нная, -ой
пельме́нный
пельменоде́лательный

пельме́шек, -шка
пе́лядь, -и
пе́мза, -ы
пемзобето́н, -а
пемзобето́нный
пемзо́ванный
пемзова́ть(ся), -зу́ю, -зу́-
ет(ся)
пемзо́вка, -и
пе́мзовый
пемоксоль, -и
пе́мфигус, -а
пе́на, -ы
пена́л, -а
пена́льти, *нескл., м. и с.*
пена́ты, -ов
пе́ндель, -я
пенджа́бский
пенди́нка, -и
пенёк, пенька́
пенепле́н, -а
пенетра́нтность, -и
пенетра́ция, -и
пенетро́метр, -а
пенетроме́трия, -и
пенёчек, -чка
пензенский (*от* Пе́нза)
пе́ни, -ей и *устар.* пе́ня, -и
(штраф)
пе́ние, -я
пе́нистый
пенитенциа́рий, -я
пенитенциа́рный
пе́нить(ся), -ню, -нит(ся)
пеници́лл, -а
пеницилли́н, -а
пенициллинотерапи́я, -и
пенициллиночувстви́тель-
ный
пе́нка, -и
пен-клу́б, -а
пе́нковый
пенкосни́ма́ние, -я
пенкоснима́тель, -я
пенкоснима́тельство, -а
пе́нни, *нескл. с.* (монета)
пе́нник, -а и -у
пенни́н, -а
пе́нный
пенобето́н, -а
пенобето́нный
пенобетономеша́лка, -и
пеноги́пс, -а
пеножи́дкостный
пенозолобето́н, -а
пенокера́мика, -и
пенокерами́т, -а
пенообразова́тель, -я
пенопла́ст, -а
пенопла́стик, -а
пеноплён, -а
пенополистиро́л, -а
пенополиурета́н, -а
пеносилика́т, -а
пеносилика́тный
пеностекло́, -а́
пенотуше́ние, -я
пено́чка, -и
пеношлакобето́н, -а
пеношлакозолобето́н, -а
пенс, -а
пенсио́н, -а
пенсионе́р, -а
пенсионе́рка, -и

пенсионе́рский
пенсио́нный
пе́нсия, -и
пенсне́, *нескл., с.*
пентаго́н, -а
пентагона́льный
пентагра́мма, -ы
пенталги́н, -а
пента́метр, -а
пента́н, -а
пентато́ника, -и
пентахо́рд, -а
пента́эдр, -а
пенто́д, -а
пе́нтюх, -а
пенчингбо́л, -а
пень, пня, *мн.* пни, пней
пенька́, -и́
пеньковолокно́, -а́
пенько́вый
пенько-джу́товый
пенькозаво́д, -а
пенькопряде́ние, -я
пенькопряди́льный
пенькотрепа́льный
пенькотрепа́ние, -я
пенькочеса́льный
пенью́ар, -а
пе́ня, -и (укор)
пеня́ть, -я́ю, -я́ет
пе́нящийся
пео́н 1, -а (стихотворный
    размер)
пео́н 2, -а (батрак)
пеона́ж, -а
пе́пел, пе́пла
пепели́ще, -а
пе́пельница, -ы
пепельноволо́сый
пе́пельно-се́рый
пе́пельный
пепинье́рка, -и
пеплобето́н, -а
пеплообра́зный
пе́плум, -а
пе́пси-ко́ла, -ы
пепси́н, -а
пепси́нный
пепси́новый
пепсиноге́н, -а
пепти́д, -а
пептиза́ция, -и
пепто́н, -а
перва́ч, -а́
перве́йший
пе́рвенец, -нца
пе́рвенство, -а
пе́рвенствовать, пе́рвенст-
    вую, пе́рвенствует
пе́рвенствующий
пе́рвенький
перве́рсия, -и
перве́ющий
перви́нка, -и
первичнопокро́вные, -ых
первичнополостно́й
первичноро́тые, -ых
первичнотрахе́йные, -ых
перви́чный
первоапре́льский
первобы́тно-общи́нный
первобы́тный
первовосходи́тель, -я
первовосхожде́ние, -я

первого́док, -дка
первозда́нный
первози́мье, -я
первоисто́чник, -а
первокатего́рник, -а
первокатего́рница, -ы
первокла́ссник, -а
первокла́ссница, -ы
первокла́ссный
первокла́шка, -и, *м. и ж.*
первоку́рсник, -а
первоку́рсница, -ы
перволе́тье, -я
первома́йский
пе́рво-на́перво
первонача́ло, -а
первонача́льный
первообра́з, -а
первообра́зный
первоосно́ва, -ы
первооснова́тель, -я
первооткрыва́тель, -я
первоочередни́к, -а́
первоочередно́й и перво-
    очередно́й
первопеча́тник, -а
первопеча́тный
первопла́нный
первопресто́льный
первопричи́на, -ы
первопрохо́дец, -дца
первопрохо́дчик, -а
первопу́ток, -тка
первопу́тье, -я
перворазря́дник, -а
перворазря́дница, -ы
перворазря́дный
перворо́дный
первородство́, -а
перворо́дящая, -ей
перворождённый
первосвяще́нник, -а
первосне́жье, -я
первосо́ртный
первостате́йный
первостепе́нный; *кр. ф.*
    -е́нен, -е́нна
первотёл, -а
первотёлка, -и
первоте́льный
первоучи́тель, -я
первоцве́т, -а
первоцве́тный
первоцели́нник, -а
первоэкра́нный
первоэлеме́нт, -а
первоя́щер, -а
пе́рвый
перга́, -и́
перга́мен, -а (кожа; древ-
    няя рукопись)
перга́менный (*от* перга́-
    мен)
перга́мент, -а (сорт бума-
    ги; кожа; древняя руко-
    пись)
перга́ментный (*от* перга́-
    мент)
пергами́н, -а
пергами́нный
пергидро́ль, -я
пе́ргола, -ы
переадминистри́ровать,
    -рую, -рует

переадресо́ванный
переадресова́ть, -су́ю,
    -су́ет
переадресо́вка, -и
переадресо́вывать(ся),
    -аю, -ает(ся)
переаранжи́ровать, -рую,
    -рует
переарестова́ть, -ту́ю, -ту́ет
переассигно́ванный
переассигнова́ть, -ну́ю, -ну́-
    ет
переассигно́вывать(ся),
    -аю, -ает(ся)
переаттеста́ция, -и
переаттесто́ванный
переаттестова́ть(ся),
    -ту́ю(сь), -ту́ет(ся)
переаттесто́вывать(ся),
    -аю(сь), -ает(ся)
перебази́рование, -я
перебази́рованный
перебази́ровать(ся),
    -рую(сь), -рует(ся)
перебазиро́вка, -и
перебаллоти́рованный
перебаллоти́ровать(ся),
    -рую(сь), -рует(ся)
перебаллотиро́вка, -и
перебаллотиро́вывать(ся),
    -аю(сь), -ает(ся)
переба́лтывать(ся), -аю,
    -ает(ся)
перебара́щивать, -аю, -ает
перебаря́ривать, -аю, -ает
перебёг, -а
перебега́ть, -а́ю, -а́ет
перебежа́ть, -егу́, -ежи́шь,
    -егу́т
перебе́жка, -и
перебе́жчик, -а
перебе́жчица, -ы
перебелённый; *кр. ф.* -ён,
    -ена́
перебе́ливание, -я
перебе́ливать(ся), -аю,
    -ает(ся)
перебели́ть, -елю́, -е́ли́т
перебе́лка, -и
перебеля́ть(ся), -я́ю,
    -я́ет(ся)
перебеси́ться, -ешу́сь,
    -е́сится
перебива́ние, -я
перебива́ть(ся), -а́ю(сь),
    -а́ет(ся)
переби́вка, -и
перебинто́ванный
перебинтова́ть(ся),
    -ту́ю(сь), -ту́ет(ся)
перебинто́вывать(ся),
    -аю(сь), -ает(ся)
перебира́ние, -я
перебира́ть(ся), -а́ю(сь),
    -а́ет(ся)
переби́тый
переби́ть(ся), -бью́(сь),
    -бьёт(ся)
перебода́ть, -а́ю,
    -а́ет(ся)
перебо́й, -я
перебо́йный
переболе́ть 1, -е́ю, -е́ет (*к*
    боле́ть 1)

переболе́ть 2, -ли́т (*к* бо-
    ле́ть 2)
перебо́лтанный
переболта́ть(ся), -а́ю,
    -а́ет(ся)
перебо́р, -а
перебо́рка, -и
переборозди́ть, -зжу́, -зди́т
перебороне́нный; *кр. ф.*
    -ён, -ена́
переборони́ть, -ню́, -ни́т
перебороно́ванный
переборонова́ть, -ну́ю,
    -ну́ет
переборо́ть, -орю́, -о́рет
перебо́рочный
переборщи́ть, -щу́, -щи́т
перебрако́ванный
перебракова́ть, -ку́ю, -ку́ет
перебрако́вывать(ся), -аю,
    -ает(ся)
перебра́ниваться, -аюсь,
    -ается
перебрани́ть(ся), -ню́(сь),
    -ни́т(ся)
перебра́нка, -и
перебра́нный
перебра́сывание, -я
перебра́сывать(ся),
    -аю(сь), -ает(ся)
перебра́ть(ся), -беру́(сь),
    -берёт(ся); *прош.* -а́л(ся),
    -ала́(сь), -а́ло, -а́ло́сь
перебре́дший
перебрести́, -еду́, -едёт;
    прош. -ёл, -ела́
переброди́ть, -ожу́, -о́дит
перебро́с, -а
перебро́санный
переброса́ть, -а́ю, -а́ет
перебро́сить(ся), -о́шу(сь),
    -о́сит(ся)
перебро́ска, -и
перебро́шенный
перебуди́ть, -ужу́, -у́дит
перебу́женный
перебунто́ванный
перебунтова́ть, -ту́ю, -ту́ет
перебыва́ть, -а́ю, -а́ет
перева́л, -а
перева́ленный (*от* пере-
    вали́ть)
перева́лец: с перева́льцем
перева́ливание, -я
перева́ливать(ся), -аю(сь),
    -ает(ся)
перевали́ть(ся), -алю́(сь),
    -а́лит(ся)
перева́лка, -и
перева́лочный
перева́льный
перева́лянный (*от* пере-
    валя́ть)
переваля́ть(ся), -я́ю(сь),
    -я́ет(ся)
перева́р, -а
перева́ренный
перева́ривание, -я
перева́ривать(ся), -аю,
    -ает(ся)
перевари́мый
перевари́ть(ся), -арю́,
    -а́рит(ся)
перева́рка, -и

перевева́ть(ся), -а́ю,
-а́ет(ся)
переве́даться, -аюсь, -ается
ся
переведённый; кр. ф. -ён,
-ена́
переве́дший(ся)
переве́дываться, -аюсь,
-ается
перевезённый; кр. ф. -ён,
-ена́
перевезти́, -зу́, -зёт; прош.
-ёз, -езла́
переве́зший
переве́ивать(ся), -аю,
-ает(ся)
перевенча́нный
перевенча́ть(ся), -а́ю(сь),
-а́ет(ся)
переве́рнутый
перевернýть(ся), -нý(сь),
-нёт(ся)
переве́рстанный
переверста́ть, -а́ю, -а́ет
переве́рстка, -и
переве́рстывать(ся), -аю,
-ает(ся)
переве́рт, -а
переве́ртень, -тня
переверте́ть(ся), -ерчý, -ёр-
тит(ся)
переве́ртывать(ся),
-аю(сь), -ает(ся)
переве́ртыш, -а
переве́рченный
переве́рчивать(ся), -аю,
-ает(ся)
переве́с, -а
переве́сить(ся), -е́шу(сь),
-е́сит(ся)
перевести́(сь), -еду́(сь),
-едёт(ся); прош. -ёл(ся),
-ела́(сь)
переве́шанный (от переве́-
шать)
переве́шать(ся), -аю,
-ает(ся)
переве́шенный (от переве́-
сить)
переве́шивать(ся),
-аю(сь), -ает(ся)
переве́янный
переве́ять, -е́ю, -е́ет
переви́в, -а
перевива́ть(ся), -а́ю,
-а́ет(ся)
переви́вка, -и
переви́данный
перевида́ть, -а́ю, -а́ет
переви́денный
переви́деть, -и́жу, -и́дит
перевинти́ть, -инчý, -и́н-
ти́т
переви́нченный
переви́нчивать(ся), -аю,
-ает(ся)
перевира́ть(ся), -а́ю,
-а́ет(ся)
перевиса́ть, -а́ю, -а́ет
переви́снуть, -ну, -нет;
прош. -и́с, -и́сла
переви́тый; кр. ф. -и́т, -ита́,
-и́то

переви́ть(ся), -вью,
-вьёт(ся); прош. -и́л(ся),
-ила́(сь), -и́ло, -и́ло́сь
перево́д, -а
перево́дина, -ы
переводи́ть(ся), -ожу́(сь),
-о́дит(ся)
перево́дка, -и
переводно́й и перево́д
ный
перево́дческий
перево́дчик, -а
перево́дчица, -ы
перево́з, -а
перевозбужде́ние, -я
перевози́ть(ся), -ожу́(сь),
-о́зит(ся)
перево́зка, -и
перево́зный
перево́зочный
перево́зчик, -а
перево́зчица, -ы
перево́зчицкий
переволáкивать(ся),
-аю(сь), -ает(ся)
переволнова́ть(ся),
-нýю(сь), -нýет(ся)
переволо́кший(ся)
переволо́ченный; кр. ф.
-ен, -ена и переволочён-
ный; кр. ф. -ён, -ена́
переволочи́ть(ся),
-очý(сь), -о́чит(ся)
переволо́чь(ся),
-очёт(ся), -окýт(ся);
прош. -о́к(ся), -окла́(сь)
перевооружа́ть(ся),
-а́ю(сь), -а́ет(ся)
перевооруже́ние, -я
перевооружённый; кр. ф.
-ён, -ена́
перевооружи́ть(ся),
-жу́(сь), -жи́т(ся)
перевоплоти́ть(ся),
-ощý(сь), -оти́т(ся)
перевоплоща́ть(ся),
-а́ю(сь), -а́ет(ся)
перевоплоще́ние, -я
перевоплощённый; кр. ф.
-ён, -ена́
перевора́чивать(ся),
-аю(сь), -ает(ся)
перевора́шивать(ся), -аю,
-ает(ся)
переворо́т, -а
переворотить(ся),
-очý(сь), -о́тит(ся)
переворо́чанный (от пе-
реворо́чать)
переворо́чать, -аю, -ает
переворо́ченный (от пе-
реворо́тить)
переворо́шённый; кр. ф.
-ён, -ена́
перевороши́ть, -шý, -ши́т
перевоспита́ние, -я
перевоспи́танный
перевоспита́ть(ся),
-а́ю(сь), -ает(ся)
перевоспи́тывать(ся),
-аю(сь), -ает(ся)
перевра́нный
перевра́ть, -рý, -рёт; прош.
-а́л, -ала́, -а́ло

перевыбира́ть(ся),
-а́ю(сь), -а́ет(ся)
перевы́борный
перевы́боры, -ов
перевы́бранный
перевы́брать, -беру, -берет
перевыполне́ние, -я
перевы́полненный
перевы́полнить, -ню, -нит
перевыполня́ть(ся), -я́ю,
-я́ет(ся)
перевью́ченный
перевью́чивать(ся), -аю,
-ает(ся)
перевью́чить, -чу, -чит
перевя́занный
перевяза́ть(ся), -яжу́(сь),
-я́жет(ся)
перевя́зка, -и
перевя́зочная, -ой
перевя́зочный
перевя́зывание, -я
перевя́зывать(ся), -аю(сь),
-ает(ся)
пе́ревязь, -и
перевя́ленный
перевя́ливать(ся), -аю,
-ает(ся)
перевя́лить, -лю, -лит
перевя́сло, -а
перега́дить, -а́жу, -а́дит
перега́женный
перега́р, -а
перегаси́ть, -ашý, -асит
перега́снувший
перега́снуть, -нет
перега́спий
перега́шенный
переги́б, -а
перегиба́ние, -я
перегиба́ть(ся), -а́ю(сь),
-а́ет(ся)
переги́бщик, -а
перегла́дить, -а́жу, -а́дит
перегла́женный
перегла́живать(ся), -аю,
-ает(ся)
перегласо́вка, -и
переглода́нный
переглода́ть, -ожу́, -о́жет и
-а́ю, -а́ет
перегло́танный
переглота́ть, -а́ю, -а́ет
переглушённый; кр. ф.
-ён, -ена́
переглуши́ть, -ушý, -уши́т
перегляде́ть, -яжý, -яди́т
перегля́дывание, -я
перегля́дывать(ся),
-аю(сь), -ает(ся)
переглянýться, -янýсь,
-я́нется
перегна́ивать(ся), -аю,
-ает(ся)
перегна́нный
перегна́ть, -гоню, -го́нит;
прош. -а́л, -ала́, -а́ло
перегнива́ть, -а́ю, -а́ет
перегни́ть, -иёт; прош. -и́л,
-ила́, -и́ло
перегноённый; кр. ф. -ён,
-ена́
перегнои́ть, -ою, -ои́т
перегно́й, -я

перегно́йный
перегну́тый
перегнýть(ся), -нý(сь),
-нёт(ся)
перегова́ривать(ся),
-аю(сь), -ает(ся)
переговорённый; кр. ф.
-ён, -ена́
переговори́ть, -рю, -ри́т
переговóрный
переговóры, -ов
перего́н, -а
перего́нка, -и
перего́нный
перего́ночный
перего́нщик, -а
перегоня́ть(ся), -я́ю(сь),
-я́ет(ся)
перегора́живать(ся),
-аю(сь), -ает(ся)
перегора́ние, -я
перегора́ть, -а́ю, -а́ет
перегоре́лый
перегоре́ть, -рю, -ри́т
перего́ркнуть, -нет
перегороди́ть(ся),
-ожу́(сь), -о́ди́т(ся)
перегоро́дка, -и
перегоро́дочный
перегоро́дчатый
перегоро́женный
перегорчённый; кр. ф. -ён,
-ена́
перегорчи́ть, -чý, -чи́т
переграфи́ть, -флю, -фи́т
переграфлённый; кр. ф.
-ён, -ена́
перегреба́ть(ся), -а́ю,
-а́ет(ся)
перегрёбший
перегрёв, -а
перегрева́ние, -я
перегрева́ть(ся), -а́ю(сь),
-а́ет(ся)
перегрести́, -ребу́, -ребёт;
прош. -рёб, -ребла́
перегре́тый
перегре́ть(ся), -е́ю(сь),
-е́ет(ся)
перегружа́тель, -я
перегружа́ть(ся), -а́ю(сь),
-а́ет(ся)
перегру́женный; кр. ф.
-ен, -ена и перегружён-
ный; кр. ф. -ён, -ена́
перегрýз, -а
перегрузи́ть(ся), -ужу́(сь),
-ýзи́т(ся)
перегрýзка, -и
перегрýзочный
перегрунто́ванный
перегрунтова́ть, -тýю, -тýет
перегрунто́вка, -и
перегрунто́вывать(ся),
-аю, -ает(ся)
перегруппиро́ванный
перегруппирова́ть(ся),
-рýю(сь), -рýет(ся)
перегруппиро́вка, -и
перегруппиро́вывать(ся),
-аю(сь), -ает(ся)
перегрыза́ть(ся), -а́ю,
-а́ет(ся)
перегры́зенный

231

перегры́зть(ся), -зу́(сь),
-зёт(ся); *прош.* -ы́з(ся),
-ы́зла(сь)
перегры́зший(ся)
перегрязнённый; *кр. ф.*
-ён, -ена́
перегрязни́ть, -ню́, -ни́т
перегуби́ть, -ублю́, -у́бит
перегу́бленный
перегу́д, -а
перегу́ливать, -аю, -ает
перегуля́ть, -я́ю, -я́ет
перегусти́ть, -ущу́, -усти́т
перегуща́ть(ся), -а́ю,
-а́ет(ся)
перегущённый; *кр. ф.* -ён,
-ена́
пе́ред, пе́редо, *предлог*
перёд, пере́да, *мн.* переда́,
-о́в
передава́ть(ся), -даю́(сь),
-даёт(ся)
передави́ть, -авлю́, -а́вит
переда́вленный
переда́вливать, -аю, -ает
переда́ивать(ся), -аю,
-ает(ся)
пе́реданный; *кр. ф.* -ан,
пе́редана́, -ано
переда́ренный
переда́ривать, -аю, -ает
передари́ть, -арю́, -а́рит
переда́точный
переда́тчик, -а
переда́тчица, -ы
переда́ть(ся), -а́м(ся),
-а́шь(ся), -а́ст(ся),
-ади́м(ся), -ади́те(сь),
-аду́т(ся); *прош.* пе́ре-
да́л, переда́лся, переда-
ла́(сь), пе́редало, пере-
дало́(сь)
переда́ча, -и
передва́ивать, -аю, -ает
передвига́ть, -аю, -ает, *сов.*
(переместить)
передвига́ть, -а́ю, -а́ет, *несов.* (к передви́нуть)
передвига́ться, -а́юсь,-а́ется
передвиже́ние, -я
передви́жка, -и
передви́жник, -а
передви́жнический
передви́жничество, -а
передвижно́й
передви́нутый
передви́нуть(ся), -ну(сь),
-нет(ся)
передвоённый; *кр. ф.* -ён,
-ена́
передвои́ть, -ою́, -ои́т
переде́л, -а
переде́ланный
переде́лать(ся), -аю(сь),
-ает(ся)
переделённый; *кр. ф.* -ён,
-ена́
передели́ть(ся), -елю́,
-е́лит(ся)
переде́лка, -и
переде́лочный
переде́лывать(ся), -аю(сь),
-ает(ся)
переде́льный

переделя́ть(ся), -я́ю,
-я́ет(ся)
передёрганный
передёргать, -аю, -ает
передёргивание, -я
передёргивать(ся),
-аю(сь), -ает(ся)
переде́ржанный
передержа́ть, -ержу́, -е́ржит
переде́рживать(ся), -аю,
-ает(ся)
переде́ржка, -и
передёрнутый
передёрнуть(ся), -ну(сь),
-нет(ся)
переди́р, -а
передира́ть, -а́ю, -а́ет
передислока́ция, -и
передислоци́рованный
передислоци́ровать(ся),
-рую, -рует(ся)
переднеазиа́тский
переднева́ть, -ню́ю, -ню́ет
переднеза́берный
передненёбный
переднеязы́чный
пере́дний
пере́дник, -а
пере́дняя, -ей
пе́редо, пе́ред, *предлог*
передова́я, -о́й
передове́ренный
передове́рие, -я
передове́рить, -рю, -рит
передоверя́ть(ся), -я́ю,
-я́ет(ся)
передови́к, -а́
передови́ца, -ы
передово́й
передо́енный
передои́ть, -ою́, -ои́т
передо́к, -дка́
передо́м, *нареч.*
передопра́шивать(ся), -аю,
-ает(ся)
передопро́с, -а
передопроси́ть, -ошу́, -о́сит
передопро́шенный
передохну́вший (*от* пере-
дохну́ть)
передо́хнуть, -нет; *прош.*
-о́х, -о́хла (умереть)
передохну́ть, -ну́, -нёт;
прош.-у́л,-у́ла (отдохнуть)
передо́хший (*от* передо́х-
нуть)
передразнённый; *кр. ф.*
-ён, -ена́
передра́знивание, -я
передра́знивать(ся), -аю,
-ает(ся)
передразни́ть, -азню́, -а́з-
нит
пере́дранный
передра́ть(ся), -деру́(сь),
-дерёт(ся); *прош.* -а́л(ся),
-ала́(сь), -а́ло, -а́лось
передрессирова́ть, -ру́ю,
-ру́ет
передрессиро́вка, -и
передро́гнувший
передро́гнуть, -ну, -нет;
прош. -о́г, -о́гла
передро́гший

передружи́ть(ся), -дру-
жу́(сь), -дру́жит(ся)
передря́га, -и
переду́манный
переду́мать(ся), -аю,
-ает(ся)
переду́мывать(ся), -аю,
-ает(ся)
переду́тый
переду́ть, -ду́ю, -ду́ет
переду́шенный
передуши́ть(ся), -ушу́(сь),
-у́шит(ся)
передыха́ть(ся), -а́ю, -а́ет
переды́шка, -и
перееда́ние, -я
перееда́ть, -а́ю, -а́ет
перее́денный
перее́зд, -а
переездно́й (*от* переез-
жа́ть)
перее́здный (*от* перее́зд)
переезжа́ть, -а́ю, -а́ет
перее́сть, -е́м, -е́шь, -е́ст,
-еди́м, еди́те, -едя́т; *прош.*
-е́л, -е́ла
перее́хать, -е́ду, -е́дет
пережа́ленный
пережа́лить, -лю, -лит
пережа́ренный
пережа́ривать(ся),
-аю(сь), -ает(ся)
пережа́рить(ся), -рю(сь),
-рит(ся)
пережа́тый
пережа́ть 1, -жму, -жмёт
пережа́ть 2, -жну, -жнёт
пере́жданный
пережда́ть, -ду́, -дёт; *прош.*
-а́л, -ала́, -а́ло
пережёванный
пережева́ть(ся), -жую́, -жу-
ёт(ся)
пережёвывание, -я
пережёвывать(ся), -аю,
-ает(ся)
пережёгший(ся)
переже́ненный
пережени́ть(ся), -еню́,
-е́нит(ся)
переже́чь(ся), -жгу́,
-жжёт(ся), -жгу́т(ся);
прош. -жёг(ся),
-жгла́(сь)
пережжённый; *кр. ф.* -ён,
-ена́
пережива́ние, -я
пережива́ть(ся), -а́ю,
-а́ет(ся)
пережи́г, -а
пережига́ть(ся), -а́ю,
-а́ет(ся)
пережида́ть(ся), -а́ю,
-а́ет(ся)
пережима́ть(ся), -а́ю,
-а́ет(ся)
пережина́ть(ся), -а́ю,
-а́ет(ся)
пережито́е, -о́го
пережи́ток, -тка
пережи́точный
пережи́тый; *кр. ф.* -ит,
-ита́, -ито и пережи́тый;
кр. ф. -и́т, -ита́, -и́то

пережи́ть, -иву́, -ивёт;
прош. пе́режи́л, пере-
жила́, пе́режи́ло
пережо́г, -а, но *прош.* пе-
режёг
перезабы́тый
перезабы́ть(ся), -бу́ду, -бу́-
дет(ся)
перезакла́д, -а
перезакла́дывать(ся), -аю,
-ает(ся)
перезаключа́ть(ся), -а́ю,
-а́ет(ся)
перезаключе́ние, -я
перезаключённый; *кр. ф.*
-ён, -ена́
перезаключи́ть, -чу́, -чи́т
перезало́г, -а
перезало́женный
перезаложи́ть, -ожу́, -о́жит
перезанима́ть(ся), -а́ю(сь),
-а́ет(ся)
переза́нятый; *кр. ф.* -ят,
-ята́, -ято
перезаня́ть, -займу́, -зай-
мёт; *прош.* -за́нял, -заня-
ла́, -за́няло
перезапи́санный
перезаписа́ть, -ишу́, -и́шет
переза́пись, -и
перезапря́гший
перезапряжённый; *кр. ф.*
-ён, -ена́
перезапря́чь, -ягу́, -яжёт
переза́пуск, -а
перезарази́ть, -ажу́, -ази́т
перезаряди́ть(ся), -яжу́,
-я́ди́т(ся)
перезаря́дка, -и
перезаряжа́ть(ся), -а́ю,
-а́ет(ся)
перезаря́женный; *кр. ф.*
-ен, -ена и перезаряжён-
ный; *кр. ф.* -ён, -ена́
перезахороне́ние, -я
перезахоро́ненный
перезахорони́ть, -оню́,
-о́нит
перезва́нивать(ся),
-аю(сь), -ает(ся)
перезво́н, -а
перезвони́ть(ся), -ню́(сь),
-ни́т(ся)
перездоро́ваться, -аюсь,
-ается
перезимова́ть, -му́ю, -му́ет
перезимо́вка, -и
перезимо́вывать, -аю, -ает
перезнако́мить(ся),
-млю(сь), -мит(ся)
перезнако́мленный
перезо́л, -а
перезолённый; *кр. ф.* -ён,
-ена́
перезоли́ть(ся), -лю́,
-ли́т(ся)
перезолоти́ть, -очу́, -оти́т
перезоло́ченный
перезоре́ва́ть, -а́ю, -а́ет
перезре́вший
перезре́лый
перезре́ть, -е́ю, -е́ет
перезя́бнуть, -ну, -нет;
прош. -зя́б, -зя́бла

перезябший
переигранный
переиграть, -аю, -ает
переигровка, -и
переигрывание, -я
переигрывать(ся), -аю,
-ает(ся)
переизбирать(ся), -аю,
-ает(ся)
переизбрание, -я
переизбранный
переизбрать, -беру, -берёт;
прош. -ал, -ала, -ало
переизбыток, -тка
переиздавать(ся), -даю,
-даёт(ся)
переиздание, -я
переизданный; кр. ф. -ан,
-ана и -ана, -ано
переиздать, -ам, -ашь, -аст,
-адим, -адите, -адут;
прош. -ал, -ала, -ало
переименование, -я
переименованный
переименовать(ся),
-ную(сь), -нует(ся)
переименовывать(ся),
-аю(сь), -ает(ся)
переимчивость, -и
переимчивый
переиначенный
переиначивать(ся), -аю,
-ает(ся)
переиначить, -чу, -чит
переискать, -ищу, -ищет
переискивать, -аю, -ает
перейдённый; кр. ф. -ён,
-ена
перейти, -йду, -йдёт; прош.
перешёл, перешла
перекал, -а
перекалённый; кр. ф. -ён,
-ена
перекалеченный
перекалечивать(ся),
-аю(сь), -ает(ся)
перекалечить(ся), -чу(сь),
-чит(ся)
перекаливание, -я
перекаливать(ся), -аю,
-ает(ся)
перекалить(ся), -лю,
-лит(ся)
перекалка, -и
перекаливать(ся), -аю(сь),
-ает(ся)
перекалять(ся), -яю,
-яет(ся)
перекантованный
перекантовать, -тую, -тует
перекантовка, -и
перекантовывание, -я
перекантовывать(ся), -аю,
-ает(ся)
перекапчивать(ся), -аю,
-ает(ся)
перекапывание, -я
перекапывать(ся), -аю,
-ает(ся)
перекармливание, -я
перекармливать, -аю, -ает
перекат, -а
перекатанный
перекатать, -аю, -ает

перекати-поле, -я
перекатить(ся), -ачу(сь),
-атит(ся)
перекатка, -и
перекатный
перекатчик, -а
перекатывание, -я
перекатывать(ся), -аю(сь),
-ает(ся)
перекачанный (от пере-
качать)
перекачать(ся), -аю(сь),
-ает(ся)
перекаченный (от пере-
катить)
перекачивание, -я
перекачивать(ся), -аю(сь),
-ает(ся)
перекачка, -и
перекачнуться, -нусь, -нётся
перекашивать(ся),
-аю(сь), -ает(ся)
переквалификация, -и
переквалифицированный
переквалифициро-
вать(ся), -рую(сь),
-рует(ся)
переквасить(ся), -ашу,
-асит(ся)
переквашенный
переквашивать(ся), -аю,
-ает(ся)
перекиданный
перекидать, -аю, -ает
перекидка, -и
перекидной
перекидывание, -я
перекидывать(ся), -аю(сь),
-ает(ся)
перекинутый
перекинуть(ся), -ну(сь),
-нет(ся)
перекипать, -ает
перекипелый
перекипеть, -плю, -пит
перекипятить, -ячу, -ятит
перекипячённый; кр. ф.
-ён, -ена
перекисать, -ает
перекислённый; кр. ф. -ён,
-ена
перекислить, -лю, -лит
перекислять, -яю, -яет
перекисно-водородный
перекиснуть, -нет; прош.
-кис, -кисла
перекисший
перекись, -и
переклад, -а
перекладина, -ы
перекладка, -и
перекладной
перекладывание, -я
перекладывать(ся),
-аю(сь), -ает(ся)
переклёванный
переклевать(ся), -люю,
-люёт(ся)
переклёвывать, -аю, -ает
переклеенный
переклеивание, -я
переклеивать(ся), -аю,
-ает(ся)
переклеить, -ею, -еит

переклейка, -и
переклеймённый; кр. ф.
-ён, -ена
переклеймить, -млю, -мит
переклёпанный
переклепать, -аю, -ает
переклёпывать(ся), -аю,
-ает(ся)
перекликать(ся), -аю(сь),
-ает(ся)
перекликнуться, -нусь,
-нется
перекличка, -и
переключатель, -я
переключать(ся), -аю(сь),
-ает(ся)
переключение, -я
переключённый; кр. ф.
-ён, -ена
переключить(ся), -чу(сь),
-чит(ся)
перекованный
перековать(ся), -кую(сь),
-куёт(ся)
перековерканный
перековеркать, -аю, -ает
перековеркивать(ся), -аю,
-ает(ся)
перековка, -и
перековывать(ся), -аю(сь),
-ает(ся)
перековырянный
перековырять, -яю, -яет
перекодированный
перекодировать, -рую, -рует
перекопанный
перекопать, -аю, -ает
переколачивать(ся), -аю,
-ает(ся)
переколеть, -еет
переколотить(ся), -очу,
-отит(ся)
переколотый
переколоть(ся), -олю(сь),
-олет(ся)
переколоченный
перекомиссия, -и
перекомканный
перекомкать, -аю, -ает
перекомплектованный
перекомплектовать, -тую,
-тует
перекомплектовывать(ся),
-аю, -ает(ся)
перекомпонованный
перекомпоновать, -ную,
-нует
перекомпоновка, -и
перекомпоновывать(ся),
-аю, -ает(ся)
переконопатить, -ачу, -атит
переконопаченный
переконопачивать(ся),
-аю, -ает(ся)
переконструированный
переконструировать(ся),
-рую, -рует(ся)
перекопанный
перекопать, -аю, -ает
перекопировать, -рую,
-рует
перекопка, -и
перекоптить(ся), -пчу,
-птит(ся)

перекопчённый; кр. ф.
-ён, -ена
перекорм, -а
перекормить, -ормлю, -орм-
мит
перекормленный
перекоробить(ся), -блю,
-бит(ся)
перекоробленный
перекоры, -ов
перекоряться, -яюсь, -яется
перекос, -а
перекосить 1, -ошу, -осит
(скосить косой)
перекосить 2, -ошу, -осит
(сделать косым)
перекоситься, -ошусь,
-осится
перекочевать, -чую, -чует
перекочёвка, -и
перекочёвывание, -я
перекочёвывать, -аю, -ает
перекошенный (от пере-
косить 1-2)
перекошенный; кр. ф. -ён,
-ена (от перекосить 2)
перекраивание, -я
перекраивать(ся), -аю,
-ает(ся)
перекрасить(ся), -ашу(сь),
-асит(ся)
перекраска, -и
перекрасть, -аду, -адёт
перекрахмаленный
перекрахмаливать(ся),
-аю, -ает(ся)
перекрахмалить, -лю, -лит
перекрашенный
перекрашивание, -я
перекрашивать(ся),
-аю(сь), -ает(ся)
перекрепить, -плю, -пит
перекреплённый; кр. ф.
-ён, -ена
перекреплять(ся), -яю,
-яет(ся)
перекрестие, -я (в оптике)
перекрестить(ся),
-ещу(сь), -естит(ся)
перекрёстноопылитель, -я
перекрёстноопыляющий
ся
перекрёстный
перекрёсток, -тка
перекрёстье, -я, р. мн. -тий
перекрещенец, -нца
перекрещение, -я
перекрещённый; кр. ф.
-ён, -ена
перекрещивание, -я
перекрещивать(ся),
-аю(сь), -ает(ся)
перекривить(ся), -влю(сь),
-вит(ся)
перекривлённый; кр. ф.
-ён, -ена
перекривлять(ся), -яю(сь),
-яет(ся)
перекрикивать(ся),
-аю(сь), -ает(ся)
перекристаллизация, -и
перекричать, -чу, -чит
перекроенный
перекроить, -ою, -оит

перекро́йка, -и
перекро́мсанный
перекромса́ть, -а́ю, -а́ет
перекро́шенный
перекроши́ть(ся), -ошу́,
-о́шит(ся)
перекру́женный; кр. ф.
-ен, -ена и перекружён-
ный; кр. ф. -ён, -ена́
перекружи́ть(ся), -ужу́сь,
-у́жи́т(ся)
перекрути́ть(ся), -учу́(сь),
-у́тит(ся)
перекру́ченный
перекру́чивать(ся),
-аю(сь), -ает(ся)
перекры́тие, -я
перекры́тый
перекры́ть, -ро́ю, -ро́ет
перекуву́ркивать(ся),
-аю(сь), -ает(ся)
перекуву́рнутый
перекуву́рну́ть(ся),
-ну́(сь), -нёт(ся)
перекультиви́ровать, -рую,
-рует
перекуми́ться, -млю́сь,
-ми́тся
переку́панный
перекупа́ть(ся), -а́ю(сь),
-а́ет(ся)
перекупи́ть, -уплю́, -у́пит
переку́пка, -и
переку́пленный
перекупно́й
переку́пщик, -а
переку́пщица, -ы
переку́пывать(ся), -аю(сь),
-ает(ся)
переку́р, -а
переку́ренный
переку́ривать(ся), -аю,
-ает(ся)
перекури́ть, -урю́, -у́рит
переку́рка, -и
переку́с, -а
переку́санный (от пере-
куса́ть)
перекуса́ть(ся), -а́ю(сь),
-а́ет(ся)
перекуси́ть, -ушу́, -у́сит
переку́сывать(ся), -аю,
-ает(ся)
переку́танный
переку́тать, -аю, -ает
переку́тывать(ся), -аю,
-ает(ся)
переку́шать, -аю, -ает
переку́шенный (от пере-
куси́ть)
перела́вливать(ся), -аю,
-ает(ся)
перелага́ть(ся), -а́ю,
-а́ет(ся)
перела́дить, -а́жу, -а́дит
перела́женный
перела́живать(ся), -аю,
-ает(ся)
перела́з, -а
перела́зать, -аю, -ает
перела́зить, -а́жу, -а́зит
перелакиро́ванный

перелакирова́ть, -ру́ю,-ру́ет
перелакиро́вывать(ся),
-аю, -ает(ся)
перела́мывать(ся),
-аю(сь), -ает(ся)
перела́ять(ся), -а́ю(сь),
-а́ет(ся)
перелга́ть, -лгу́, -лжёт,-лгу́т;
прош. -а́л, -ала́, -а́ло
перелёгший
перележа́лый
перележа́ть, -жу́, -жи́т
перелеза́ть, -а́ю, -а́ет
переле́зть, -зу, -зет;
прош. -лез, -лезла
перелéзший
перелепи́ть, -леплю́, -ле́пит
переле́пленный
перелепля́ть(ся), -я́ю,
-я́ет(ся)
переле́ска, -и
переле́сок, -ска
переле́сье, -я
перелёт, -а
перелета́ть, -а́ю, -а́ет
перелете́ть, -лечу́, -лети́т
перелётный
переле́ченный
перелечи́ть(ся), -ечу́(сь),
-е́чит(ся)
переле́чь, -ля́гу, -ля́жет,
-ля́гут; прош. -лёг, -легла́
перели́в, -а
перелива́ние, -я
перелива́ть(ся), -а́ю,
-а́ет(ся)
перели́вка, -и
перели́вчатый
перелиза́ть, -ижу́, -и́жет
перелино́ванный
перелинова́ть, -ну́ю, -ну́ет
перелино́вывать(ся), -аю,
-ает(ся)
перелини́ть, -я́ет
перели́станный
перелиста́ть, -а́ю, -а́ет
перелисто́ванный
перелистова́ть, -ту́ю, -ту́ет
перели́стывать(ся), -аю,
-ает(ся)
перели́тый; кр. ф. -и́т, -ита́,
-и́то
перели́ть(ся), -лью́,
-льёт(ся); прош. -и́л(ся),
-ила́(сь), -и́ло, -и́лбсь
перелицева́ть(ся),
-цу́ю(сь), -цу́ет(ся)
перелицо́ванный
перелицо́вка, -и
перелицо́вывать(ся),
-аю(сь), -ает(ся)
перелови́ть, -овлю́, -о́вит
перело́вленный
перело́г, -а
переложе́ние, -я
перело́женный
переложи́ть(ся), -ожу́,
-о́жит(ся)
перело́женный
перело́й, -я
перело́м, -а
перело́манный
переломá́ть(ся), -а́ю,
-а́ет(ся)

переломи́ть(ся), -ом-
лю́(сь), -о́мит(ся)
перело́мленный
перело́мный
перелопа́тить, -а́чу, -а́тит
перелопа́ченный
перелопа́чивать(ся), -аю,
-ает(ся)
перелуди́ть, -ужу́, -у́ди́т
перелу́женный; кр. ф. -ен,
-ена и перелужённый;
кр. ф. -ён, -ена́
перелу́живать(ся), -аю,
-ает(ся)
перелупи́ть, -уплю́, -у́пит
перелу́пленный
перелупцева́ть, -цу́ю, -цу́ет
перелупцо́ванный
перелущённый; кр. ф. -ён,
-ена́
перелу́щивать(ся), -аю,
-ает(ся)
перелущи́ть, -щу́, -щи́т
перелягá́ть, -а́ю, -а́ет
перема́занный
перема́зать(ся), -а́жу(сь),
-а́жет(ся)
перема́зка, -и
перема́зывать(ся), -аю(сь),
-ает(ся)
перемалёванный
перемалева́ть, -лю́ю, -лю́ет
перема́лывание, -я
перема́лывать(ся), -аю,
-ает(ся)
перема́ненный; кр. ф. -ен,
-ена и переманённый;
кр. ф. -ён, -ена́
перема́нивать(ся), -аю,
-ает(ся)
перемани́ть, -аню́, -а́нит
перема́ранный
перемара́ть(ся), -а́ю(сь),
-а́ет(ся)
перема́рывать(ся), -аю(сь),
-ает(ся)
перема́сленный
перема́сливать(ся),
-аю(сь), -ает(ся)
перема́слить(ся), -лю(сь),
-лит(ся)
перема́тывание, -я
перема́тывать(ся), -аю,
-ает(ся)
перема́хивать(ся), -аю(сь),
-ает(ся)
перемахну́ть(ся), -ну́(сь),
-нёт(ся)
перема́чивать(ся), -аю,
-ает(ся)
перема́щивать(ся), -аю,
-ает(ся)
перема́яться, -а́юсь, -а́ется
перемежа́ть(ся), -а́ю,
-а́ет(ся)
перемежа́ющий(ся)
перемежёванный
перемежева́ть, -жу́ю, -жу́ет
перемежёвка, -и
перемежёвывать(ся), -аю,
-ает(ся)
перемежённый
перемежи́ть(ся), -жу́,
-жи́т(ся)

перемёжка, -и
перемельчённый; кр. ф.
-ён, -ена́
перемельчи́ть, -чу́, -чи́т
переме́на, -ы
переменённый; кр. ф. -ён,
-ена́
перемени́ть(ся), -еню́(сь),
-е́нит(ся)
переме́нка, -и
переме́нно-пото́чный
переме́нный
переме́нчивый
переменя́ть(ся), -я́ю(сь),
-я́ет(ся)
переме́ренный
перемере́ть, -мрёт; прош.
пе́ремер, перемерла́, пе́-
ремерло и -мёр, -мёрла,
-мёрло
перемерза́ть, -а́ю, -а́ет
перемёрзлый
перемёрзнуть, -ну, -нет;
прош. -ёрз, -ёрзла
перемёрзший
перемё́ривать(ся), -аю,
-ает(ся)
переме́рить, -рю, -рит и
-ряю, -ряет
переме́рший
перемеря́ть(ся), -я́ю,
-я́ет(ся)
перемеси́ть, -ешу́, -е́сит
перемести́, -мету́, -метёт;
прош. -мёл, -мела́
перемести́ть(ся), -ещу́(сь),
-ести́т(ся)
перемёт, -а
перемётанный (от пере-
мета́ть)
перемета́ть 1, -а́ю, -а́ет,
сов. (о шитье)
перемета́ть 2, -а́ю, -а́ет, несов. (к перемести́)
перемета́ть 3, -мечу́, -ме́-
чет, сов. (от мета́ть)
переметённый; кр. ф. -ён,
-ена́ (от перемести́)
переме́тить, -мечу, -метит
перемётка, -и
переметну́ть(ся), -ну́(сь),
-нёт(ся)
перемётный
перемётший
перемётывание, -я
перемётывать(ся), -аю,
-ает(ся)
перемеча́ть(ся), -а́ю,
-а́ет(ся)
переме́ченный (от пере-
ме́тить)
переме́чивать(ся), -аю,
-ает(ся)
переме́шанный (от пере-
меша́ть)
перемеша́ть(ся), -а́ю(сь),
-а́ет(ся)
переме́шенный (от пере-
меси́ть)
переме́шивание, -я
переме́шивать(ся),
-аю(сь), -ает(ся)
перемеща́ть(ся), -а́ю(сь),
-а́ет(ся)

перемещение, -я
перемещённый; *кр. ф.* -ён, -ена
переми́гиваться, -аюсь, -ается
перемигну́ться, -ну́сь,-нётся
перемина́ть(ся), -а́ю(сь), -а́ет(ся)
перемирённый; *кр. ф.* -ён, -ена
переми́рие, -я
перемири́ть(ся), -ирю́(сь), -ири́т(ся)
перемножа́ть(ся), -а́ю, -а́ет(ся)
перемноже́ние, -я
перемно́женный
перемножи́ть, -жу, -жит
перемога́ть(ся), -а́ю(сь), -а́ет(ся)
перемо́гший (*от* перемо́чь)
перемока́ть, -а́ю, -а́ет
перемо́кнуть, -ну, -нет; *прош.* -о́к, -о́кла
перемо́кший
перемо́л, -а
перемола́чивать(ся), -аю, -ает(ся)
перемо́лвить(ся), -влю(сь), -вит(ся)
перемоло́т, -а
перемолоти́ть, -очу́, -о́тит
перемоло́тый
перемоло́ть(ся), -мелю́, -ме́лет(ся)
перемо́лоченный
перемолча́ть, -чу́, -чи́т
перемонта́ж, -а́
перемонти́рованный
перемонти́ровать(ся), -рую, -рует(ся)
перемонтиро́вка, -и
перемора́живать(ся), -аю, -ает(ся)
переморённый; *кр. ф.* -ён, -ена́
перемори́ть, -рю́, -ри́т
перемо́роженный
переморо́зить(ся), -о́жу, -о́зит(ся)
перемости́ть, -ощу́, -ости́т
перемо́танный
перемота́ть, -а́ю, -а́ет
перемо́тка, -и
перемо́точный
перемо́чица, -ы
перемо́ченный
перемо́чь, -огу́, -о́чит
перемо́чься, -огу́(сь), -о́жет(ся), -о́гут(ся); *прош.* -о́г(ся), -огла́(сь)
перемо́щённый; *кр. ф.* -ён, -ена́
перемудри́ть, -рю́, -ри́т
перему́сливать(ся), -аю, -ает(ся)
перему́слить, -лю, -лит
перему́соленный
перему́соливать(ся), -аю(сь), -ает(ся)
перему́солить(ся), -лю(сь), -лит(ся)

перемути́ть(ся), -учу́, -ути́т(ся)
перему́ченный
перему́чить(ся), -чу(сь), -чит(ся) и -чаю(сь), -чает(ся)
перемыва́ть(ся), -а́ю(сь), -а́ет(ся)
перемы́ленный
перемы́лить, -лю, -лит
перемы́тый
перемы́ть(ся), -мо́ю(сь), -мо́ет(ся)
перемы́чка, -и
перемя́кнуть, -нет; *прош.* -я́к, -я́кла
перемя́кший
перемя́тый
перемя́ть(ся), -мну́, -мнёт(ся)
перенаём, -а́йма
переназнача́ть, -а́ю, -а́ет
переназна́ченный
переназна́чить, -чу, -чит
переналади́ть, -а́жу, -а́дит
переnaláдка, -и
переnaláженный
переnaláживать(ся), -аю, -ает(ся)
перенапряга́ть(ся), -а́ю(сь), -а́ет(ся)
перенапря́гший(ся)
перенапряже́ние, -я
перенапряжённый; *кр. ф.* -ён, -ена́
перенапря́чь(ся), -ягу́(сь), -яжёт(ся), -ягу́т(ся); *прош.* -я́г(ся), -ягла́(сь)
перенаселе́ние, -я
перенаселённый, *кр. ф.* -ён, -ена́
перенасели́ть, -елю́, -е́ли́т
перенаселя́ть(ся), -я́ю, -я́ет(ся)
перенасы́тить(ся), -ы́щу(сь), -ы́тит(ся)
перенасыща́ть(ся), -а́ю(сь), -а́ет(ся)
перенасыще́ние, -я
перенасы́щенный
перена́шивать(ся), -аю, -ает(ся)
перене́рвничать, -аю, -ает
перенесе́ние, -я
перенесённый; *кр. ф.* -ён, -ена́
перенести́(сь), -су́(сь), -сёт(ся); *прош.* -ёс(ся), -есла́(сь)
перенёсший(ся)
перени́занный
перениза́ть, -ижу́, -и́жет
перени́зка, -и
перени́зывание, -я
перени́зывать(ся), -аю, -ает(ся)
перенима́ние, -я
перенима́ть(ся), -а́ю, -а́ет(ся)
перенóс, -а
переноси́ть(ся), -ошу́(сь), -о́сит(ся)
перено́сица, -ы
перено́ска, -и

перено́сный и переносно́й
перено́счик, -а
перено́счица, -ы
перено́сье, -я, *р. мн.* -ьев
переночева́ть, -чу́ю, -чу́ет
переношенный
перенумеро́ванный
перенумерова́ть, -ру́ю, -ру́ет
перенумеро́вывать(ся), -аю, -ает(ся)
перенюхать(ся), -аю(сь), -ает(ся)
перенюхивать(ся), -аю(сь), -ает(ся)
пе́ренятый; *кр. ф.* -ят, -ята́, -ято
переня́ть, -ейму́, -еймёт; *прош.* пе́ренял, переняла́, пе́реняло
переоблуче́ние, -я
переобмундирова́ть, -ру́ю, -ру́ет
переоборудование, -я
переобору́дованный
переобору́довать(ся), -дую, -дует(ся)
переобременённый; *кр. ф.* -ён, -ена́
переобремени́ть, -ню́, -ни́т
переобременя́ть(ся), -я́ю, -я́ет(ся)
переобува́ние, -я
переобува́ть(ся), -а́ю(сь), -а́ет(ся)
переобу́тый
переобу́ть(ся), -у́ю(сь), -у́ет(ся)
переобуча́ть(ся), -а́ю(сь), -а́ет(ся)
переобуче́ние, -я
переобу́ченный
переобучи́ть(ся), -учу́(сь), -у́чит(ся)
переодева́ние, -я
переодева́ть(ся), -а́ю(сь), -а́ет(ся)
переоде́тый
переоде́ть(ся), -е́ну(сь), -е́нет(ся)
переозву́ченный
переозву́чивать(ся), -аю, -ает(ся)
переозву́чить, -чу, -чит
переопыле́ние, -я
переопыля́ть(ся), -я́ю, -я́ет(ся)
переора́нный
переора́ть, -ору́, -орёт
переорганиза́ция, -и
переорганизо́ванный
переорганизова́ть(ся), -зу́ю(сь), -зу́ет(ся)
переорганизо́вывать(ся), -аю(сь), -ает(ся)
переориента́ция, -и
переориенти́ровать(ся), -рую(сь), -рует(ся)
переориентиро́вка, -и
переосвиде́тельствование, -я
переосвиде́тельствованный

переосвиде́тельствовать(ся), -твую(сь), -твует(ся)
переосмысле́ние, -я
переосмы́сленный
переосмы́сливание, -я
переосмы́сливать(ся), -аю, -ает(ся)
переосмы́слить, -лю, -лит
переоснасти́ть(ся), -ащу́, -асти́т
переоснаща́ть(ся), -а́ю, -а́ет(ся)
переоснащённый; *кр. ф.* -ён, -ена́
переофо́рмить, -млю, -мит
переофо́рмленный
переоформля́ть(ся), -я́ю(сь), -я́ет(ся)
переохлади́ть(ся), -ажу́(сь), -ади́т(ся)
переохлажда́ть(ся), -а́ю(сь), -а́ет(ся)
переохлажде́ние, -я
переохлаждённый; *кр. ф.* -ён, -ена́
переоценённый; *кр. ф.* -ён, -ена́
переоце́нивать(ся), -аю, -ает(ся)
переоцени́ть, -еню́, -е́нит
переоце́нка, -и
перепа́вший
перепа́д, -а
перепа́дать, -ает, *сов.* (*от* па́дать)
перепада́ть, -а́ет, *несов.* (*к* перепа́сть)
перепа́ивание, -я
перепа́ивать(ся), -аю, -ает(ся)
перепа́йка, -и
перепако́ванный
перепакова́ть(ся), -ку́ю(сь), -ку́ет(ся)
перепако́вывать(ся), -аю, -ает(ся)
перепа́костить(ся), -ощу(сь), -остит(ся)
перепа́кощенный
перепалённый; *кр. ф.* -ён, -ена́
перепали́ть, -лю́, -ли́т
перепа́лка, -и
перепа́лывать(ся), -аю, -ает(ся)
перепа́ренный
перепа́ривать(ся), -аю(сь), -ает(ся)
перепа́рить(ся), -рю(сь), -рит(ся)
перепа́рхивать, -аю, -ает
перепа́рывать(ся), -аю, -ает(ся)
перепа́сть, -адёт; *прош.* -а́л, -а́ла
перепа́ханный
перепаха́ть, -ашу́, -а́шет
перепа́хивание, -я
перепа́хивать(ся), -аю, -ает(ся)
перепа́чканный
перепа́чкать(ся), -аю(сь), -ает(ся)
перепа́шка, -и

235

перепаянный
перепаять, -яю, -яет
перепёв, -а
перепевать(ся), -аю,
　-ает(ся)
перепекать(ся), -аю,
　-ает(ся)
перепёкший(ся)
пёрепел, -а, *мн.* -а́, -о́в
перепелёнатый и перепе-
　лёнутый
перепеленать, -аю, -ает
перепелёнывать(ся), -аю,
　-ает(ся)
перепелиный
перепёлка, -и
перепелятник, -а
переперёть, -пру́, -прёт
перепер́тый
перепер́ченный
перепер́чивать(ся), -аю,
　-ает(ся)
переперчи́ть, -перчу́, -пер-
　чи́т
перепёрший
перепестрённый; *кр. ф.*
　-ён, -ена́
перепестри́ть, -рю́, -ри́т
перепётый
перепёть, -пою, -поёт
перепечатанный
перепечатать, -аю,
　-ает
перепечатка, -и
перепечатывание, -я
перепечатывать(ся), -аю,
　-ает(ся)
перепечённый; *кр. ф.* -ён,
　-ена́
перепечь(ся), -еку́,
　-ечёт(ся), -еку́т(ся);
　прош. -ёк(ся), -екла́(сь)
перепивать(ся), -аю(сь),
　-ает(ся)
перепи́ленный
перепи́ливать(ся), -аю,
　-ает(ся)
перепили́ть, -илю́, -и́лит
перепи́санный
переписать(ся), -ишу́(сь),
　-и́шет(ся)
перепи́ска, -и
перепи́счик, -а
перепи́счица, -ы
перепи́сывание, -я
перепи́сывать(ся), -аю(сь),
　-ает(ся)
пёрепись, -и
перепи́тый
перепи́ть(ся), -пью́(сь),
　-пьёт(ся); *прош.* -и́л(ся),
　-ила́(сь), -и́ло, -и́лось
перепи́ханный
перепиха́ть, -аю, -ает
перепи́хивать(ся), -аю,
　-ает(ся)
перепи́хнутый
перепихну́ть, -ну́, -нёт
переплав, -а
переплавить(ся), -влю,
　-вит(ся)
переплавка, -и
переплавленный

переплавля́ть(ся), -яю,
　-яет(ся)
переплавной
переплани́рованный
переплани́ровать, -и́рую,
　-и́рует
переплани́ровка, -и
переплани́ровывать(ся),
　-аю, -ает(ся)
перепла́станный
перепластать, -аю, -ает
перепла́стывать(ся), -аю,
　-ает(ся)
переплата, -ы
переплати́ть, -ачу́, -а́тит (*к*
　пла́та)
перепла́ченный
перепла́чивать(ся), -аю,
　-ает(ся)
переплёванный
переплева́ть(ся),
　-люю́(сь), -люёт(ся)
переплёвывать(ся),
　-аю(сь), -ает(ся)
переплёскивать(ся), -аю,
　-ает(ся)
переплёснутый
переплесну́ть(ся), -ну́,
　-нёт(ся)
переплести́(сь), -лету́(сь),
　-летёт(ся); *прош.*
　-плёл(ся), -плела́(сь)
переплёт, -а
переплетание, -я
переплета́ть(ся), -аю,
　-ает(ся)
переплетение, -я
переплетённый; *кр. ф.* -ён,
　-ена́
переплётно-брошюровоч-
　ный
переплётный
переплётчик, -а
переплётший(ся)
переплоти́ть, -очу́, -оти́т (*к*
　плот)
переплочённый (*к* пере-
　плоти́ть)
переплыва́ть(ся), -аю,
　-ает(ся)
переплы́ть, -ыву́, -ывёт;
　прош. -ы́л, -ыла́, -ы́ло
переплю́нуть, -ну, -нет
переплю́с, -а
переплясать, -яшу́, -я́шет
переподгота́вливать(ся),
　-аю(сь), -ает(ся)
переподготовить(ся),
　-влю(сь), -вит(ся)
переподготовка, -и
переподготовленный
переподготовля́ть(ся),
　-яю(сь), -яет(ся)
перепоённый
перепои́ть, -ою, -о́ит
перепой, -я
переполаскивать(ся), -аю,
　-ает(ся)
переполза́ть, -аю, -ает, *сов.*
　(*от* по́лзать)
переполза́ть, -аю, -ает, *не-*
　сов. (*к* переползти́)
переползти́, -зу́, -зёт; *прош.*
　-о́лз, -олзла́

переползший
переполнение, -я
переполненный
переполнить(ся), -ню(сь),
　-нит(ся)
переполня́ть(ся), -яю(сь),
　-яет(ся)
переполосканный
переполоска́ть, -лощу́, -ло́-
　щет и -аю, -ает
переполотый
переполо́ть, -олю, -о́лет
переполох, -а
переполошённый; *кр. ф.*
　-ён, -ена́
переполоши́ть(ся),
　-шу́(сь), -ши́т(ся)
перепо́нка, -и
перепо́ночный
перепончатокрылый
перепо́нчатый
перепо́ротый
перепоро́ть, -орю, -о́рет
перепо́ртить(ся), -рчу,
　-ртит(ся)
перепоруча́ть(ся), -аю,
　-ает(ся)
перепору́ченный
перепоручи́ть, -учу́, -у́чит
перепорхну́ть, -ну́, -нёт
перепорченный
перепости́ться, -ощу́сь, -ос-
　ти́тся
перепотрошённый; *кр. ф.*
　-ён, -ена́
перепотроши́ть, -шу́, -ши́т
перепоя́санный
перепоя́сать(ся), -я́шу(сь),
　-я́шет(ся)
перепоя́сывать(ся),
　-аю(сь), -ает(ся)
переправа, -ы
переправить(ся), -влю(сь),
　-вит(ся)
переправка, -и
переправленный
переправля́ть(ся), -яю(сь),
　-яет(ся)
переправочный
перепрева́ть, -ает
перепре́лый
перепре́ть, -еет
перепрём, -а
перепро́бованный
перепро́бовать, -бую, -бует
перепрове́рка, -и
перепрограмми́рованный
перепрограмми́ро-
　вать(ся), -рую(сь), -ру-
　ет(ся)
перепродава́ть(ся), -даю́,
　-даёт(ся)
перепродаве́ц, -вца́
перепрода́жа, -и
перепро́данный; *кр. ф.*
　-ан, про́дана́, -ано
перепрода́ть, -а́м, -а́шь,
　-а́ст, -ади́м, -ади́те, -аду́т;
　прош. -о́дал, -одала́, -о́дало
перепроекти́рованный
перепроекти́ровать(ся),
　-рую, -рует(ся)
перепроекти́ровка, -и
перепроизво́дство, -а

перепрофили́ровать(ся),
　-рую(сь), -рует(ся)
перепруди́ть, -ужу́, -у́ди́т
перепру́женный
перепру́живать(ся), -аю,
　-ает(ся)
перепры́гивать, -аю,
　-ает
перепры́гнуть, -ну, -нет
перепры́сканный
перепры́скать, -аю, -ает
перепры́снуть, -ну, -нет
перепряга́ть(ся), -аю,
　-ает(ся)
перепря́гший
перепрядённый; *кр. ф.* -ён,
　-ена́
перепряжённый; *кр. ф.*
　-ён, -ена́
перепря́жка, -и
перепря́сть, -яду́, -ядёт;
　прош. -я́л, -я́ла́, -я́ло
перепря́танный
перепря́тать(ся), -я́чу(сь),
　-я́чет(ся)
перепря́тывать(ся),
　-аю(сь), -ает(ся)
перепря́чь(ся), -ягу́, -яжёт,
　-ягу́т; *прош.* -я́г, -ягла́
перепу́г, -а
перепу́ганный
перепуга́ть(ся), -а́ю(сь),
　-а́ет(ся)
перепу́дренный
перепу́дрить(ся), -рю(сь),
　-рит(ся)
перепуска́ть(ся), -аю,
　-ает(ся)
перепускной
перепусти́ть, -ущу́, -у́стит
перепу́танный
перепу́тать(ся), -аю,
　-ает(ся)
перепу́тывать(ся), -аю,
　-ает(ся)
перепу́тье, -я, *предл.* на
　перепу́тье
перепу́щенный
перепылённый; *кр. ф.* -ён,
　-ена́
перепыли́ть(ся), -лю́(сь),
　-ли́т(ся)
перераба́тывать(ся),
　-аю(сь), -ает(ся)
перерабо́танный
перерабо́тать(ся), -аю(сь),
　-ает(ся)
перерабо́тка, -и
перерабо́точный
перера́звитый
перерази́ть(ся), -разо-
　вью́(сь), -разовьёт(ся);
　прош. -и́л(ся), -ила́(сь),
　-и́ло, -и́лось
перера́ненный
перера́нить, -ню, -нит
перераспределе́ние, -я
перераспределённый; *кр.*
　ф. -ён, -ена́
перераспредели́ть(ся),
　-лю́, -ли́т(ся)
перераспределя́ть(ся),
　-яю, -яет(ся)
перерасследованный

перерасследовать(ся),
-дую, -дует(ся)
перераста́ние, -я
перераста́ть, -а́ю, -а́ет
перерасти́, -ту́, -тёт; *прош.*
-ро́с, -росла́
перерасхо́д, -а
перерасхо́дованный
перерасхо́довать(ся), -дую,
-дует(ся)
перерасчёт, -а
переро́рванный
перерва́ть(ся), -ву́, -вёт(ся);
прош. -а́л(ся), -ала́(сь),
-а́ло, -а́лось
перерегистра́ция, -и
перерегистри́рованный
перерегистри́ровать(ся),
-рую(сь), -рует(ся)
переро́з, -а
переро́занный
переро́зать(ся), -е́жу,
-е́жет(ся), *сов.*
перереза́ть(ся), -а́ю(сь),
-а́ет(ся), *несов.*
перере́зывать(ся), -аю,
-ает(ся)
перереша́ть(ся), -а́ю,
-а́ет(ся)
перереша́ть, -шу́, -ши́т
переру́решённый; *кр. ф.* -ён,
-ена́
перереши́ть, -шу́, -ши́т
перержа́веть, -еет и пере-
ржаве́ть, а̀еет
перержа́вленный
перерисо́ванный
перерисова́ть, -су́ю, -су́ет
перерисо́вка, -и
перерисо́вывание, -я
перерисо́вывать(ся), -аю,
-ает(ся)
переро́д, -а
перероди́ть(ся), -ожу́(сь),
-оди́т(ся)
перерожа́ть, -а́ю, -а́ет
перерожда́ть(ся), -а́ю(сь),
-а́ет(ся)
перерожде́нец, -нца
перерожде́ние, -я
перерожде́нка, -и
перерождённый; *кр. ф.*
-ён, -ена́
перерожде́нческий
перерожде́нчество, -а
переро́слый
переро́сток, -стка
переро́сший
переруба́ть(ся), -а́ю,
-а́ет(ся)
переруби́ть, -рублю́, -ру́бит
переру́бленный
переру́ганный
переруга́ть(ся), -а́ю(сь),
-а́ет(ся)
переру́гиваться, -аюсь,
-ается
переры́в, -а
перерыва́ть(ся), -а́ю,
-а́ет(ся)
переры́тый
переры́ть, -ро́ю, -ро́ет
перерыхлённый; *кр. ф.*
-ён, -ена́
перерыхли́ть, -лю́, -ли́т

перерыхля́ть, -я́ю, -я́ет
переряди́ть(ся), -яжу́(сь),
-я́дит(ся)
переряжа́ть(ся), -а́ю(сь),
-а́ет(ся)
переря́женный
пересади́ть, -ажу́, -а́дит
переса́дка, -и
переса́дочный
пересажа́ть, -а́ю, -а́ет
переса́женный
переса́живание, -я
переса́живать(ся), -аю(сь),
-ает(ся)
переса́ленный
переса́ливать(ся), -аю,
-ает(ся)
переса́лить, -а́лю, -а́лит
переса́сывать, -аю, -ает
переса́харенный
переса́харивать, -аю, -ает
переса́харить, -рю, -рит
пересва́тать, -аю, -ает
пересви́ст, -а
пересвиста́ть, -ищу́, -и́щет
пересвисте́ть, -ищу́, -исти́т
пересви́стнуться, -нусь,
-нется
пересви́стывать(ся),
-аю(сь), -ает(ся)
пересдава́ть(ся), -даю́, -да-
ёт(ся)
пересда́нный; *кр. ф.* -а́н,
-ана́
пересда́ть, -а́м, -а́шь, -а́ст,
-ади́м, -ади́те, -аду́т;
прош. -а́л, -ала́, -а́ло
пересда́ча, -и
пересе́в, -а
пересева́ть(ся), -а́ю,
-а́ет(ся)
пересёдланный
переседла́ть, -а́ю, -а́ет
переседла́ть(ся), -аю,
-ает(ся)
пересека́ть(ся), -а́ю,
-а́ет(ся)
пересека́ть(ся), -а́ю,
-а́ет(ся)
пересе́кший(ся) и пере-
сёкший(ся)
переселе́нец, -нца
переселе́ние, -я
переселе́нка, -и
переселённый; *кр. ф.* -ён,
-ена́
переселе́нческий
пересели́ть(ся), -елю́(сь),
-е́ли́т(ся)
переселя́ть(ся), -я́ю(сь),
-я́ет(ся)
пересе́сть, -ся́ду, -ся́дет;
прош. -се́л, -се́ла
пересече́ние, -я
пересечённый; *кр. ф.* -ён,
-ена́ и пересе́ченный;
кр. ф. -ен, -ена (наказанный поркой)
пересе́чь(ся), -еку́,
-ечёт(ся) и -еку́т(ся);
прош. -ёк(ся) и -ёк(ся),
-екла́(сь)
пересе́янный
пересе́ять, -е́ю, -е́ет

пересиде́ть, -ижу́, -иди́т
пересиже́нный
переси́живать(ся),
-аю(сь), -ает(ся)
переси́ленный
переси́ливать(ся), -аю,
-ает(ся)
переси́лить, -лю, -лит
пересинённый; *кр. ф.* -ён,
-ена́
переси́нивать(ся), -аю,
-ает(ся)
пересини́ть(ся), -ню́,
-ни́т(ся)
переска́з, -а
переска́занный
пересказа́ть, -ажу́, -а́жет
переска́зчик, -а
переска́зчица, -ы
переска́зывать(ся), -аю,
-ает(ся)
перескака́ть, -скачу́, -ска́-
чет
переска́кивать(ся), -аю,
-ает(ся)
перескакну́ть, -ну́, -нёт
перескочи́ть, -очу́, -о́чит
перескрёбший
перескрести́, -ребу́, -ребёт;
прош. -рёб, -ребла́
пересла́ивать(ся), -аю,
-ает(ся)
пере́сланный
переслати́ть, -ащу́, -асти́т
пересла́ть, -ешлю́, -ешлёт
пересла́щенный; *кр. ф.*
-ён, -ена́
пересла́щивать(ся), -аю,
-ает(ся)
пересле́дствие, -я
переслоённый; *кр. ф.* -ён,
-ена́
переслои́ть, -ою́, -ои́т
пересл́ушанный
переслу́шать, -аю, -ает
переслу́шивать(ся), -аю,
-ает(ся)
пересма́ливать(ся), -аю,
-ает(ся)
пересма́тривание, -я
пересма́тривать(ся),
-аю(сь), -ает(ся)
пересме́нивать(ся), -аю(сь),
-ает(ся)
пересме́нка, -и
пересмеши́ть, -шу́, -ши́т
пересме́шки, -шек
пересме́шник, -а
пересме́шница, -ы
пересме́янный
пересмея́ть, -ею, -еёт
пересмолённый; *кр. ф.*
-ён, -ена́
пересмоли́ть, -олю́, -оли́т
пересмо́тр, -а
пересмо́тренный
переснаряди́ть, -яжу́, -яди́т
переснаряжа́ть(ся), -а́ю,
-а́ет(ся)
переснаряжённый; *кр. ф.*
-ён, -ена́
переснасти́ть, -ащу́, -асти́т
переснастка, -и

переснаща́ть(ся), -а́ю,
-а́ет(ся)
переснащённый; *кр. ф.*
-ён, -ена́
переснащивать(ся), -аю,
-ает(ся)
переснима́ть(ся), -а́ю(сь),
-а́ет(ся)
пересня́тый; *кр. ф.* -я́т,
-ята́, -я́то
пересня́ть(ся), -ниму́(сь),
-ни́мет(ся); *прош.*
-я́л(ся), -яла́(сь), -я́ло,
-я́лось
пересоедини́ть, -ню́, -ни́т
пересоздава́ть(ся), -даю́,
-даёт(ся)
пересозда́ние, -я
пересо́зданный; *кр. ф.* -ан,
-создана́, -ано
пересозда́ть, -а́м, -а́шь, -а́ст,
-ади́м, -ади́те, -аду́т;
прош. -а́л, -ала́, -а́ло
пересо́л, -а
пересо́ленный
пересоли́ть, -олю́, -о́ли́т
пересолоди́ть, -ожу́, -оди́т
пересоложённый; *кр. ф.*
-ён, -ена́
пересортиро́ванный
пересортирова́ть, -ру́ю, -ру́ет
пересортиро́вка, -и
пересортиро́вывать(ся),
-аю, -ает(ся)
пересо́ртица, -ы
пересоса́ть, -осу́, -осёт
пересоста́вить, -влю, -вит
пересоста́вленный
пересоставля́ть(ся), -я́ю,
-я́ет(ся)
пересо́хлый
пересо́хнуть, -нет; *прош.*
-ох, -о́хла
пересо́хший
пересочинённый; *кр. ф.*
-ён, -ена́
пересочини́ть, -ню́, -ни́т
пересочиня́ть(ся), -я́ю,
-я́ет(ся)
переспа́ть, -плю, -пи́т;
прош. -а́л, -ала́, -а́ло
переспева́ть, -а́ет
переспе́лый
переспе́ть, -е́ет
переспо́ренный
переспо́ривать, -аю, -ает
переспо́рить, -рю, -рит
переспра́шивание, -я
переспра́шивать(ся), -аю,
-ает(ся)
переспро́с, -а
переспроси́ть, -ошу́, -о́сит
переспро́шенный
пересро́ченный
пересро́чить, -чу, -чит
пересро́бренный
пересро́брить, -рю(сь),
-рит(ся)
переставать, -таю́, -таёт
переста́вленный
переставля́ть(ся), -я́ю,
-я́ет(ся)
переставно́й

237

перестаивать(ся), -аю,
-ает(ся)
перестанавливать(ся), -аю,
-ает(ся)
перестановить, -овлю,
-овит
перестановка, -и
перестановленный
перестараться, -аюсь, -ает-
ся
перестарка, -и
перестарок, -рка
перестать, -ану, -анет
перестающий
перестёганный
перестегать, -аю, -ает
перестёгивание, -я
перестёгивать(ся), -аю,
-ает(ся)
перестёгнутый
перестегнуть, -ну, -нёт
перестёжка, -и
перестеленный и пере́-
сланный
перестелить и перестлать,
-стелю, -стелет; прош.
-стелил, -стелила и -стлал,
-стлала
перестилание, -я
перестилать(ся), -аю,
-ает(ся)
перестилка, -и
перестиранный
перестирать, -аю, -ает
перестирывать(ся), -аю,
-ает(ся)
перестланный и перестелен-
ленный
перестлать и перестелить,
-стелю, -стелет; прош.
-стлал, -стлала и -стелил,
-стелила
перестой, -я
перестойлый
перестоять(ся), -ою,
-оит(ся)
перестрагивать(ся), -аю,
-ает(ся) и перестругив-
вать(ся), -аю, -ает(ся)
перестрадать, -аю, -ает
перестраивание, -я
перестраивать(ся),
-аю(сь), -ает(ся)
перестрахованный
перестраховать(ся), -стра-
хую(сь), -страхует(ся)
перестраховка, -и
перестраховщик, -а
перестраховщица, -ы
перестраховывать(ся),
-аю(сь), -ает(ся)
перестрачивать(ся), -аю,
-ает(ся)
перестрёливать(ся),
-аю(сь), -ает(ся)
перестрелка, -и
перестрелянный
перестрелять(ся), -яю,
-яет(ся)
перестриг, -а
перестригать(ся), -аю(сь),
-ает(ся)
перестриженный
перестрижка, -и

перестричь(ся), -игу́(сь),
-ижёт(ся), -игут(ся);
прош. -иг(ся), -игла(сь)
перестроганный и пере-
струганный
перестрогать, -аю, -ает и
перестругать, -аю, -ает
перестроение, -я
перестроенный
перестроить(ся), -ою(сь),
-оит(ся)
перестройка, -и
перестрочённый
перестрочить, -очу́,
-очит
переструганный и пере-
строганный
перестругать, -аю, -ает и
перестрогать, -аю, -ает
перестругивать(ся), -аю,
-ает(ся) и перестраги-
вать(ся), -аю, -ает(ся)
перестудить, -ужу, -удит
перестуженный
перестуживать(ся), -аю,
-ает(ся)
перестук, -а
перестуканный
перестукать, -аю, -ает
перестукивание, -я
перестукивать(ся),
-аю(сь), -ает(ся)
перестукнуть(ся), -ну(сь),
-нет(ся)
переступать, -аю, -ает
переступить, -уплю, -упит
переступленный
перестыковать(ся),
-кую(сь), -кует(ся)
перестыковка, -и
пересуд, -а
пересуды, -ов
пересуженный
пересуживать(ся), -аю,
-ает(ся)
пересупоненный
пересупонить, -ню, -нит
пересученный
пересучивать(ся), -аю,
-ает(ся)
пересучить, -учу́, -учит
пересушенный
пересушивание, -я
пересушивать(ся), -аю,
-ает(ся)
пересушить(ся), -ушу́,
-ушит(ся)
пересушка, -и
пересчёт, -а
пересчитанный
пересчитать(ся), -аю(сь),
-ает(ся)
пересчитывание, -я
пересчитывать(ся), -аю,
-ает(ся)
пересъёмка, -и
пересылать(ся), -аю,
-ает(ся)
пересылка, -и
пересылочный
пересыльный
пересып, -а и -у
пересыпание, -я
пересыпанный

пересыпать(ся), -плю,
-плет(ся), сов.
пересыпать(ся), -аю,
-ает(ся), несов.
пересыпка, -и
пересыпной
пересыпь, -и
пересытить(ся), -ыщу(сь),
-ытит(ся)
пересыхание, -я
пересыхать, -ает
пересыщенный
перетаскивать(ся), -аю,
-ает(ся)
перетанцевать, -цую, -цует
перетанцовывать, -аю, -ает
перетапливание, -я
перетапливать(ся), -аю,
-ает(ся)
перетаптывать(ся),
-аю(сь), -ает(ся)
перетасканный
перетаскать, -аю, -ает
перетаскивать(ся),
-аю(сь), -ает(ся)
перетасованный
перетасовать(ся), -сую, -су́-
ет(ся)
перетасовка, -и
перетасовывать(ся), -аю,
-ает(ся)
перетачанный
перетачать, -аю, -ает
перетачивание, -я
перетачивать(ся), -аю,
-ает(ся)
перетачка, -и
перетащенный
перетащить(ся), -ащу́(сь),
-ащит(ся)
перетекать, -ает
перетёкший
перетеребить, -блю, -бит
перетереблённый; кр. ф.
-ён, -ена
перетереть(ся), -тру́,
-трёт(ся); прош. -тёр(ся),
-тёрла(сь)
перетерпеть, -ерплю, -ерпит
перетёртый
перетёрший(ся)
перетёрянный
перетерять, -яю, -яет
перетёсанный
перетесать, -ешу, -ешет
перетёсывать(ся), -аю,
-ает(ся)
перетечь, -ечёт, -екут;
прош. -ёк, -екла
перетирание, -я
перетирать(ся), -аю,
-ает(ся)
перетирка, -и
перетисканный
перетискать, -аю, -ает
перетискивать(ся), -аю,
-ает(ся)
перетиснуть, -ну, -нет
перетканный
переткать, -тку́, -ткёт;
прош. -ал, -ала, -ало
перетлевать, -ает
перетлеть, -еет
переток, -а

перетолканный
перетолкать, -аю, -ает
перетолки, -ов
перетолкнуть, -ну, -нёт
перетолкование, -я
перетолкованный
перетолковать, -кую, -ку́-
ет
перетолковывание, -я
перетолковывать(ся), -аю,
-ает(ся)
перетолокший(ся)
перетолочь, -лку, -лчёт,
-лкут; прош. -лок, -лкла
перетолчённый; кр. ф. -ён,
-ена
перетомить, -млю, -мит
перетомлённый; кр. ф. -ён,
-ена
перетопить(ся), -оплю,
-опит(ся)
перетопка, -и
перетопленный
перетоптанный
перетоптать, -опчу, -опчет
переторговывать, -аю, -ает
переторжка, -и
перетормошённый; кр. ф.
-ён, -ена
перетормошить, -шу́, -шит
переточенный
переточить, -очу́, -очит
переточка, -и
перетравить(ся), -авлю,
-авит(ся)
перетравленный
перетравливать, -аю, -ает
перетравить, -авчу, -авит
перетравченный
перетравчивать(ся), -аю,
-ает(ся)
перетревоженный
перетревожить(ся),
-жу(сь), -жит(ся)
перетренированный
перетренировать(ся),
-рую(сь), -рует(ся)
перетренировка, -и
перетрёпанный
перетрепать, -еплю, -еплет
перетрескаться, -ается
перетроганный
перетрогать, -аю, -ает
перетрудить, -ужу́, -удит
перетрудиться, -ужусь,
-удится
перетруждать, -аю, -ает
перетруженный
перетрусить, -ушу, -усит
(испугаться)
перетрусить, -ушу́, -усит
(перетрясти)
перетруска, -и
перетрухнуть, -ну, -нёт
перетрушенный
перетрясать(ся), -аю,
-ает(ся)
перетрясённый; кр. ф. -ён,
-ена
перетрясти(сь), -су́(сь),
-сёт(ся); прош. -яс(ся),
-ясла(сь)
перетрясший(ся)
перетряхать, -аю, -ает

перетря́хивать(ся), -аю,
  -ает(ся)
перетря́хнутый
перетряхну́ть, -ну́, -нёт
перету́пить(ся), -уплю́,
  -у́пит(ся)
перету́пленный
перетушёванный
перетушева́ть, -шу́ю, -шу́ет
перетушёвывать(ся), -аю,
  -ает(ся)
перету́шенный
перетуши́ть, -ушу́, -у́шит
перетя́гивание, -я
перетя́гивать(ся), -аю(сь),
  -ает(ся)
перетя́жка, -и
перетяжно́й
перетя́нутый
перетяну́ть(ся), -яну́(сь),
  -я́нет(ся)
переубеди́ть(ся), -и́т(ся)
переубежда́ть(ся), -а́ю(сь),
  -а́ет(ся)
переубеждённый; кр. ф.
  -ён, -ена́
переувлажнённый; кр. ф.
  -ён, -ена́
переувлажни́ть(ся), -ню́,
  -ни́т(ся)
переувлажня́ть(ся), -я́ю,
  -я́ет(ся)
переуди́ть, -ужу́, -у́дит
переу́женный
переужива́ть(ся), -аю,
  -ает(ся)
переу́лок, -лка
переу́лочек, -чка
переу́лочный
переупако́ванный
переупакова́ть, -ку́ю, -ку́ет
переупако́вка, -и
переупако́вывать(ся), -аю,
  -ает(ся)
переуплотнённый; кр. ф.
  -ён, -ена́
переуплотни́ть(ся),
  -ню́(сь), -ни́т(ся)
переуплотня́ть(ся),
  -я́ю(сь), -я́ет(ся)
переупря́мить, -млю, -мит
переупря́мленный
переусе́рдствовать, -твую,
  -твует
переустра́ивать(ся),
  -аю(сь), -ает(ся)
переустро́енный
переустро́ить, -о́ю, -о́ит
переустро́йство, -а
переуступа́ть(ся), -а́ю,
  -а́ет(ся)
переуступи́ть, -уплю́, -у́пит
переусту́пка, -и
переусту́пленный
переутоми́ть(ся), -млю́(сь),
  -ми́т(ся)
переутомле́ние, -я
переутомлённый; кр. ф.
  -ён, -ена́
переутомля́ть(ся), -я́ю(сь),
  -я́ет(ся)

переутю́женный
переутю́живать(ся), -аю,
  -ает(ся)
переутю́жить, -жу, -жит
переу́ченный
переучёсть, -чту́, -чтёт;
  прош. -чёл, -чла́
переучёт, -а
переучётный
переу́чивание, -я
переу́чивать(ся), -аю(сь),
  -ает(ся)
переучи́тывать(ся), -аю,
  -ает(ся)
переучи́ть(ся), -учу́(сь),
  -у́чит(ся)
переучтённый; кр. ф. -ён,
  -ена́
перефасо́ненный
перефасо́нивать(ся), -аю,
  -ает(ся)
перефасо́нить, -ню, -нит
переформати́ровать, -рую,
  -рует
переформирова́ние, -я
переформиро́ванный
переформирова́ть(ся),
  -ру́ю, -ру́ет(ся)
переформиро́вка, -и
переформиро́вывать(ся),
  -аю, -ает(ся)
переформули́ровать, -рую,
  -рует
перефрази́рованный (от
  перефрази́ровать)
перефрази́ровать(ся),
  -рую, -рует(ся) (изло-
  жить по-другому)
перефразиро́вка, -и (от
  перефрази́ровать)
перехо́живать, -аю, -ает
перехва́ленный
перехва́ливать(ся), -аю,
  -ает(ся)
перехвали́ть, -алю́, -а́лит
перехва́т, -а
перехва́танный
перехвата́ть, -а́ю, -а́ет
перехвати́ть(ся), -ачу́(сь),
  -а́тит(ся)
перехва́тчик, -а
перехва́тывать(ся),
  -аю(сь), -ает(ся)
перехва́ченный
перехвора́ть, -а́ю, -а́ет
перехитрённый; кр. ф. -ён,
  -ена́
перехитри́ть, -рю́, -ри́т
перехихи́киваться, -аюсь,
  -ается
перехлёстанный
перехлеста́ть(ся),
  -ещу́(сь), -е́щет(ся)
перехлёстнутый
перехлестну́ть(ся), -ну́,
  -нёт(ся)
перехлёстывать(ся), -аю,
  -ает(ся)
перехло́панный
перехло́пать, -аю, -ает
перехло́пывать, -аю, -ает
перехо́д, -а
переходи́ть, -ожу́, -о́дит
перехо́дность, -и

перехо́дный и переход-
  но́й
переходя́щий
перехо́женный
перехолоди́ть, -ложу́, -лоди́т
перехоро́ненный
перехорони́ть, -оню́, -о́нит
пе́рец, -рца и -рцу
перецара́панный
перецара́пать(ся), -аю(сь),
  -ает(ся)
перецара́пывать(ся),
  -аю(сь), -ает(ся)
перецеди́ть, -ежу́, -е́дит
перецеженный
перецежи́вать(ся), -аю,
  -ает(ся)
перецело́ванный
перецелова́ть(ся),
  -лу́ю(сь), -лу́ет(ся)
перецене́нный; кр. ф. -ён,
  -ена́
переце́нивать(ся), -аю,
  -ает(ся)
перецени́ть, -еню́, -е́нит
перецепи́ть, -еплю́, -е́пит
перецеплённый
перечахнуть, -нет; прош.
  -чах, -ча́хла
перечахший
перечека́ненный
перечека́нивать(ся), -аю,
  -ает(ся)
перечека́нить, -ню, -нит
перечека́нка, -и
перече́нь, -чня
перечёрканный
перечерка́ть, -а́ю, -а́ет и
  перечёркать, -аю, -ает
перечёркивать(ся), -аю,
  -ает(ся)
перечёркнутый
перечеркну́ть, -ну́, -нёт
перечернённый; кр. ф.
  -ён, -ена́
перечерни́ть(ся), -ню́(сь),
  -ни́т(ся)
перечёрпанный
перечёрпать, -аю, -ает
перечёрпывать(ся), -аю,
  -ает(ся)
перечерстве́лый
перечерстве́ть, -е́ет
перечерти́ть, -ерчу́, -е́ртит
перечёрченный
перечёрчивание, -я
перечёрчивать(ся), -аю,
  -ает(ся)
перечёс, -а
перечёсанный
перечеса́ть(ся), -ешу́(сь),
  -е́шет(ся)
перечёска, -и
перече́сть, -чту́, -чтёт;
  прош. -чёл, -чла́
перечёсывать(ся), -аю(сь),
  -ает(ся)
перечёт, -а
перечи́ненный
перечи́нивать(ся), -аю,
  -ает(ся)
перечини́ть, -иню́, -и́нит
перечи́нка, -и
перечи́рканный

перечи́ркать, -аю, -ает
перечисле́ние, -я
перечи́сленный
перечи́слить(ся), -лю(сь),
  -лит(ся)
перечисля́ть(ся), -я́ю(сь),
  -я́ет(ся)
перечи́стить, -и́щу, -и́стит
перечи́стка, -и
перечи́танный
перечита́ть, -а́ю, -а́ет
перечи́тка, -и
перечи́тывать(ся), -аю,
  -ает(ся)
перечи́ть, -чу, -чит
перечища́ть(ся), -а́ю,
  -а́ет(ся)
перечи́щенный
пере́чник, -а
пере́чница, -ы
пере́чный
перечо́каться, -аюсь, -ается
перечтённый; кр. ф. -ён,
  -ена́
перечу́вствованный
перечу́вствовать, -твую,
  -твует
переша́гивать, -аю, -ает
перешагну́ть, -ну́, -нёт
переша́ренный
переша́ривать(ся), -аю,
  -ает(ся)
переша́рить, -рю, -рит
перешвы́ривать(ся), -аю,
  -ает(ся)
перешвы́рнутый
перешвырну́ть, -ну́, -нёт
перешвы́рянный
перешвыря́ть, -я́ю, -я́ет
переше́дший
переше́ек, -е́йка
перешелушённый; кр. ф.
  -ён, -ена́
перешелуши́ть, -шу́, -ши́т
перешепну́ться, -ну́сь, -нётся
перешёптанный
перешепта́ть, -шепчу́, -шёп-
  чет
перешёптывание, -я
перешёптывать(ся),
  -аю(сь), -ает(ся)
переши́б, -а
перешиба́ть(ся), -а́ю,
  -а́ет(ся)
перешиби́ть, -бу́, -бёт;
  прош. -ши́б, -ши́бла
переши́бленный
перешива́ние, -я
перешива́ть(ся), -а́ю,
  -а́ет(ся)
переши́вка, -и
переши́вочный
переши́тый
переши́ть, -шью, -шьёт;
  прош. -ши́л, -ши́ла
перешлифо́ванный
перешлифова́ть, -фу́ю, -фу́ет
перешлифо́вка, -и
перешлифо́вывать(ся),
  -аю, -ает(ся)
перешнуро́ванный
перешнурова́ть, -ру́ю, -ру́ет
перешнуро́вка, -и
перешнуро́вывание, -я

перешнурóвывать(ся),
  -аю, -ает(ся)
перешпи́ленный
перешпи́ливать(ся), -аю,
  -ает(ся)
перешпи́лить, -лю, -лит
перештемпелёванный
перештемпелевáть, -лю́ю,
  -лю́ет
перештемпелёвывать(ся),
  -аю, -ает(ся)
перештóпанный
перештóпать, -аю, -ает
перештóпывать(ся), -аю,
  -ает(ся)
перештукату́ренный
перештукату́ривать(ся),
  -аю, -ает(ся)
перештукату́рить, -рю, -рит
перешу́чиваться, -аюсь,
  -ается
перещеголя́ть, -я́ю, -я́ет
перещёлканный
перещёлкать, -аю, -ает
перещёлкивать(ся), -аю,
  -ает(ся)
перещелочённый; кр. ф.
  -ён, -ена́
перещелочи́ть, -чу́, чи́т
перещи́панный
перещипáть, -иплю́, -и́плет,
  -и́плют и -и́пет, -и́пят;
  также -áю, -áет
перещи́пывать(ся), -аю,
  -ает(ся)
перещу́панный
перещу́пать, -аю, -ает
перещу́пывать(ся), -аю,
  -ает(ся)
переэкзаменóванный
переэкзаменовáть(ся),
  -ну́ю(сь), -ну́ет(ся)
переэкзаменóвка, -и
переэкзаменóвывать(ся),
  -аю(сь), -ает(ся)
пере́рка, -и
пере́рок, -рка
пе́ри, нескл., ж.
периадени́т, -а
периартерии́т, -а
периартри́т, -а
периблéма, -ы
перибронхи́т, -а
перигастри́т, -а
перигéй, -я
перигéлий, -я
перидéрма, -ы
пери́дий, -я
перикáмбий, -я
перикáрд, -а
перикарди́т, -а
перикáрпий, -я
пери́ла, -и́л (ограда)
пери́лла, -ы (бот.)
пери́лловый (от пери́л-
  ла)
пери́льный (от пери́ла)
пери́льца, -лец
пери́льчатый
перименинги́т, -а
пери́метр, -а
периметри́т, -а
периметри́ческий
периметри́я, -и

пери́на, -ы
пери́нка, -и
пери́нный
пери́од, -а
периодизáция, -и
перио́дика, -и
периоди́ческий
периоди́чность, -и
периодогрáмма, -ы
периодонти́т, -а
периóст, -а
периости́т, -а
перипатéтик, -а
перипети́я, -и
периплазмóдий, -я
пери́птер, -а
периселéний, -я
периско́п, -а
перископи́ческий
периско́пный
перисперм, -а
перистáльтика, -и
перистальти́ческий
перисти́ль, -я
перистожáберные, -ых
перистокры́лка, -и
пе́ристо-кучевóй
перистоли́стный и пери-
  столи́стый
пе́ристо-лóпастный
пе́ристо-раздéльный
пе́ристо-рассечённый
перистослóжный
пе́ристо-слóистый
пе́ристый
перитéктика, -и
перитéций, -я
перитифли́т, -а
перитони́т, -а
перифери́йный
перифери́ческий
перифери́я, -и
перифрáза, -ы и перифрáз, -а
перифрази́рованный (от
  перифрази́ровать)
перифрази́ровать(ся),
  -рую, -рует(ся) (к перифрáза)
перифразирóвка, -и (к пе-
  рифрази́ровать)
перифрасти́ческий
перицéнтр, -а
перици́кл, -а
перици́т, -а
периэлектротóн, -а
пёрка, -и
перкáлевый
перкáль, -и и -я
перкари́на, -ы
перкуссио́нный
перку́ссия, -и
перку́ти́ровать, -рую, -рует
перл, -а
перламу́тр, -а
перламу́тровка, -и
перламу́тровый
пёрлинь, -я
перли́т, -а
перли́тный
перлитобетóн, -а
перли́товый
перлови́ца, -ы
перлóвка, -и

перлóвник, -а
перлóвый
перлóн, -а
перлóновый
перлюстрацио́нный
перлюстрáция, -и
перлюстри́рованный
перлюстри́ровать(ся),
  -рую, -рует(ся)
пермаллóй, -я
перманéнт, -а
перманéнтный
пермеáметр, -а
пермендю́р, -а
перминвáр, -а
пéрмский
пермя́к, -á
пермя́цкий
пермя́чка, -и
пернáтый
пернáч, -á
перници́озный
перó, -á, мн. пéрья, -ьев
перовóй
пероксидáза, -ы
перопуховóй
перочи́нный
перочи́стка, -и
перпендикуля́р, -а
перпендикуля́рно распо-
  лóженный
перпендикуля́рный
перпéтуум-мóбиле, нескл.,
  с. и м.
перрóн, -а
перрóнный
перс, -а
пéрси, -ей
перси́дский
пéрсик, -а
пéрсиковый
персия́нин, -а, мн. -я́не, -я́н
персия́нка, -и
персóль, -и
персóна, -ы
персóна грáта, персóны
  грáта
персонáж, -а
персонáл, -а
персонализи́рованный
персонализи́ровать(ся),
  -рую, -рует(ся)
персонали́зм, -а
персонали́ст, -а
персонáлия, -и
персонáльный
персóна нон грáта, персó-
  ны нон грáта
персонификáция, -и
персонифици́рованный
персонифици́ровать(ся),
  -рую, -рует(ся)
перспекти́ва, -ы
перспекти́вный
перспирáция, -и
перст, -á
перстенёк, -нькá
пéрстень, -тня
перстневи́дный
перстневóй и пéрстневый
персть, -и
персульфáт, -а
пертинéнция, -и
пертурбацио́нный

пертурбáция, -и
перуáнец, -нца
перуáнка, -и
перуáнский
перу́ны, -ов
перфéкт, -а
перфокáрта, -ы
перфолéнта, -ы
перфорáтор, -а
перфорáторный
перфорацио́нный
перфорáция, -и
перфори́рование, -я
перфори́рованный
перфори́ровать(ся), -рую,
  -рует(ся)
перхáть, -áю, -áет
перхлорáт, -а
перхлорвини́ловый
перхóта, -ы
пéрхоть, -и
перху́н, -á
перху́нья, -и, р. мн. -ний
перцепиéнт, -а
перцéптор, -а
перцепцио́нный
перцéпция, -и
перцеéд, -а
перципи́рованный
перципи́ровать(ся), -рую,
  -рует(ся)
перцóвка, -и
перцóвочный
перцóвый
перчáтки, -ток, ед. перчáт-
  ка, -и
перчáточник, -а
перчáточница, -ы
перчáточный
пéрченный; кр. ф. -ен, -ена
  и перчённый; кр. ф. -ён,
  -енá, прич.
пéрченый, прил.
пéрчик, -а
перчи́нка, -и
перчи́ть, перчу́, пéрчи́т
перш, -а, мн. -и, -ей
першерóн, -а
першерóнский
перши́ть, -и́т
пёрышко, -а
перьевóй
перянóй
пёс, пса
пéсельник, -а (певец)
пéсенка, -и
пéсенник, -а (певец; сбор-
  ник песен)
пéсенница, -ы
пéсенно-хоровóй
пéсенный
песéта, -ы
песéц, -сцá (полярная ли-
  сица)
пéсий, -ья, -ье
пéсик, -а
пескáрь, -я́
пескогидрокáмера, -ы
пескоду́вный
пескожи́л, -а
пескóвка, -и
песколóб, -а
пескомёт, -а

пескомо́йка, -и
песконасо́с, -а
пескоподача, -и
пескоразбра́сыватель, -я
пескорой, -я
пескоро́йка, -и
пескостру́йка, -и
пескостру́йный
песнопе́вец, -вца
песнопе́ние, -я
песнотво́рец, -рца
песнь, -и, *р. мн.* пе́сней
пе́сня, -и, *р. мн.* пе́сен
песня́р, -а́
пе́со и пе́зо, *нескл., с.*
песо́к, песка́ и песку́
песо́чек, -чка и -чку
песо́чник, -а
песо́чница, -ы
песо́чно-кре́мовый
песо́чный
песса́рий, -я
пессими́зм, -а
пессими́ст, -а
пессимисти́ческий
пессимисти́чный
пессими́стка, -и
пест, -а́
пе́стик, -а
пе́стиковый
пестици́д, -а
пе́стичный
пе́стование, -я
пе́стовать(ся), -тую, -ту-
ет(ся)
пестре́ть 1, -е́ет (быть пёс-
трым)
пестре́ть 2, -ри́т (мелькать
перед глазами)
пестре́ться, -е́ется
пестрина́, -ы́
пестри́ть, -рю́, -ри́т (*что*)
пёстро и пестро́
пестрова́тый
пестрова́заный
пестрокры́лка, -и
пестроли́стный и пестро-
ли́стый
пестрота́, -ы́
пестротка́ный
пестроцве́тье, -я
пёстро-я́ркий
пестру́шка, -и
пёстрый; *кр. ф.* пёстр, пе-
стра́, пёстро и пестро́,
пёстры и пестры́
пестрядёвый
пестряди́на, -ы
пестряди́нный
пе́стрядь, -и
пестря́к, -а́
пестря́нка, -и
пестру́н, -а́
пестру́нья, -и, *р. мн.* -ний
пе́сцо́вый (*от* песе́ц)
песча́ник, -а
песча́никовый
песча́нистый
песча́нка, -и
песча́но-гли́нистый
песча́но-грави́йный
песча́но-цеме́нтный
песча́ный
песчи́нка, -и

петарда, -ы
пете́лька, -и
пе́тельный
петербу́ргский и петер-
бу́ржский
петербу́ржец, -жца
петиме́тр, -а
пети́т, -а
петицио́нный
пети́ция, -и
петлево́й
петлеобра́зный
петли́ца, -ы
петли́чка, -и
петли́чный
петлю́ровец, -вца
петлю́ровский
петлю́ровщина, -ы
пе́тля, -и и петля́, -и́, *мн.*
пе́тли, пе́тель, пе́тлям
петля́ть, -я́ю, -я́ет
петраше́вец, -вца
петрифика́ция, -и
петро́вки, -вок
петрогли́ф, -а
петрогра́дец, -дца
петрогра́дский
петро́граф, -а
петрографи́ческий
петрогра́фия, -и
петроле́йный
петроли́т, -а
петрологи́ческий
петроло́гия, -и
петрофи́зика, -и
петрохи́мия, -и
петру́шечник, -а
петру́шечный
петру́шка, -и
пету́ния, -и и пету́нья, -и,
р. мн. -ний
пету́х, -а́
пету́ший, -ья, -ье
петуши́ный
петуши́ться, -шу́сь, -ши́тся
петушо́к, -шка́
петушо́к-золотой гребе-
шо́к, петушка́-золото́го
гребешка́
пе́тый
пе́ть(ся), пою, поёт(ся)
пеу́н, -а́
пехлеви́, *неизм. и
нескл.,м.*
пехлеви́йский
пехо́та, -ы
пехоти́нец, -нца
пехо́тно-деса́нтный
пехо́тный
пехтура́, -ы́
пехтуро́й, *нареч.*
печа́лить(ся), -лю(сь),
-лит(ся)
печа́ловаться, -луюсь, -лу-
ется
печа́ль, -и
печа́льник, -а
печа́льница, -ы
печа́льный
печа́тание, -я
печа́танный, *прич.*
печа́таный, *прил.*
печа́тать(ся), -аю(сь),
-ает(ся)

печа́тка, -и
печа́тник, -а
печа́тно-литогра́фский
печа́тно-мно́жительный
печа́тный
печа́тня, -и, *р. мн.* -тен
печа́точный
печа́ть, -и
пе́чево, -а
печене́г, -а
печене́жский
пече́ние, -я (действие)
печёнка, -и
печёный; *кр. ф.* -ён, -ена́,
прич.
печёночник, -а
печёночница, -ы
печёночно-желу́дочный
печёночный
печёный, *прил.*
пе́чень, -и
пече́нье, -я (кондитерское
изделие)
пече́ньице, -а
пече́рица, -ы
пе́чечка, -и
печи́ще, -а
пе́чка, -и
печни́к, -а́
печно́й
печо́ринский
печу́рка, -и
печь, -и и -и́, *предл.* о пе́-
чи, в (на) печи́, *мн.* -и,-е́й
пе́чь(ся), пеку́(сь), пе-
чёт(ся), пеку́т(ся);
прош. пёк(ся), пек-
ла́(сь)
пешедра́лом
пешехо́д, -а
пешехо́дный
пе́шечка, -и
пе́шечный
пе́ший
пе́шка, -и
пешко́м, *нареч.*
пешнево́й
пешня́, -и́, *мн.* -и́, -е́й и
пе́шня, -и, *мн.* пе́шни,
-шен
пешо́чком, *нареч.*
пеще́ра, -ы
пеще́ристый
пеще́рник, -а
пеще́рный
пиала́, -а́лы́
пиа́н, -а (*полигр.*)
пиани́зм, -а
пиани́но, *нескл., с.*
пиани́ссимо, *неизм. и
нескл., с.*
пиани́ст, -а
пианисти́ческий
пиани́стка, -и
пиани́но, *неизм. и нескл., с.*
пиано́ла, -ы
пиа́стр, -а
пива́ть, *наст. вр. не
употр.*
пивба́р, -а
пивзаво́д, -а
пивко́, -а́
пивна́я, -о́й
пивно́й

пивну́шка, -и
пи́во, -а
пивобезалкого́льный
пивова́р, -а
пивоваре́ние, -я
пивова́ренный
пивова́рня, -и, *р. мн.* -рен
пивцо́, -а́
пи́галица, -ы
пигме́й, -я
пигме́нт, -а
пигмента́ция, -и
пигме́нтный
пигмо́ид, -а
пи́гус, -а
пиджа́к, -а́
пиджачи́шко, -а, *м.*
пиджа́чник, -а
пиджа́чный
пиджачо́к, -чка́
пиелонефри́т, -а
пиеми́я, -и
пие́т́ет, -а
пиети́зм, -а
пижа́ма, -ы
пижа́мный
пи́жма, -ы
пижо́н, -а
пик, -а
пи́ка, -и (копьё)
пикадо́р, -а
пика́нтность, -и
пика́нтный
пика́п, -а
пи́кать, -аю, -ает
пике́, *нескл., с. и неизм.*
пике́йный
пике́т, -а
пикета́ж, -а
пикета́жный
пикети́ровать(ся), -рую,
-рует(ся)
пике́тчик, -а
пи́ки, пик (карточная
масть)
пики́рование, -я (*от* пи-
ки́ровать)
пики́рованный (*от* пикир-
ова́ть)
пики́ровать, -рую, -рует
(лететь)
пики́роваться, -руюсь, -ру-
ется (перебраниваться)
пикирова́ть(ся), -ру́ю, -ру́-
ет(ся) (пересаживать)
пики́ровка, -и
пикиро́вочный
пикиро́вщик, -а
пики́рующий
пи́кколо, *неизм. и нескл.с.*
пи́кник, -а (тучный чело-
век)
пикни́к, -а́ (прогулка)
пикни́ческий (о телосло-
жении)
пикничо́к, -чка́
пикно́метр, -а
пи́кнуть, -ну, -нет
пико́вка, -и
пи́ковый
пикота́ж, -а
пикри́новый

пиксафо́н, -а
пиктогра́мма, -ы
пиктографи́ческий
пиктогра́фия, -и
пик-трансформа́тор, -а
пи́кули, -ей
пи́кша, -и
пила́, -ы́, мн. пи́лы, пил
пила́в, -а
пила́-ры́ба, пилы́-ры́бы
пиле́ние, -я
пи́ленный, прич.
пи́лено-перепи́лено
пилёный, прил.
пилигри́м, -а
пили́дий, -я
пили́кать, -аю, -ает
пили́льщик, -а
пили́ть(ся), пилю́, пи́-
   лит(ся)
пи́лка, -и
пи́ллерс, -а
пило́вочник, -а
пилокарпи́н, -а
пилока́рпус, -а
пиломатериа́лы, -ов
пило́н, -а
пилоно́с, -а
пилообра́зный
пилопра́в, -а
пилора́ма, -ы
пилоспа́зм, -а
пило́т, -а
пилота́ж, -а
пилота́жный
пилоти́рование, -я
пилоти́рованный
пилоти́ровать(ся), -рую,
   -рует(ся)
пило́тка, -и
пило́тский
пилохво́ст, -а
пиль, неизм. (команда)
пи́льный
пи́льня, -и, р. мн. -лен (ме́-
   сто)
пильня́, -и́ (звуки)
пи́льчатый
пи́льщик, -а
пилю́лька, -и
пилю́ля, -и
пиля́стра, -ы и пиля́стр, -а
пи́лящий(ся)
пи-мезо́н, -а
пиме́нт, -а
пимока́т, -а
пи́мы, -ов и пимы́, -о́в, ед.
   пим, -а и -а́
пина́гор, -а
пина́кль, -я
пинакоте́ка, -и
пина́ть(ся), -а́ю(сь),
   -а́ет(ся)
пингви́н, -а
пинг-по́нг, -а
пине́тки, -ток, ед. пине́тка, -и
пи́ния, -и
пинкерто́новщина, -ы
пино́к, -нка́
пи́нта, -ы
пи́нцет, -а
пинциро́вка, -и
пи́нчер, -а
пиобацилле́з, -а

пиодерми́я, -и
пио́н, -а (бот.)
пионе́р, -а
пионерба́за, -ы
пионервожа́тая, -ой
пионервожа́тый, -ого
пионе́рия, -и
пионе́рка, -и
пионерла́герь, -я, мн. -я́, -е́й
пионероотря́д, -а
пионе́рский
пионе́рско-комсомо́ль-
   ский
пионе́рство, -а
пионефро́з, -а
пионови́дный
пиоре́я, -и
пиосперми́я, -и
пиперази́н, -а
пипериди́н, -а
пипери́н, -а
пиперона́л, -а
пипе́тка, -и
пир, -а, предл. о пи́ре, на
   пиру́, мн. -ы́, -о́в
пирази́н, -а
пиразо́л, -а
пиразоло́н, -а
пира́йя, -и, р. мн. -а́й и пи-
   ра́нья, -и, р. мн. -ний
пирами́да, -ы
пирамида́льный
пирами́дка, -и
пирами́дный
пирамидо́н, -а
пирамина́л, -а
пираноме́тр, -а
пира́нья, -и, р. мн. -ний и
   пира́йя, -и, р. мн. -а́й
пира́т, -а
пира́тский
пира́тство, -а
пиргелио́метр, -а
пиргео́метр, -а
пирене́йский
пирено́ид, -а
пире́трум, -а
пириди́н, -а
пиридокси́н, -а
пиримиди́н, -а
пири́т, -а
пирке́, нескл. с.
пиробензо́л, -а
пирова́ть, -ру́ю, -ру́ет
пиро́г, -а́
пиро́га, -и (лодка)
пирога́лловый
пирогалло́л, -а
пирогена́л, -а
пирогенети́ческий
пирогениза́ция, -и
пироге́нный
пирогравю́ра, -ы
пирожко́вая, -ой
пирожко́вый
пиро́жник, -а
пиро́жница, -ы
пиро́жное, -ого
пиро́жный
пирожо́к, -жка́
пирозо́ма, -ы
пироксе́н, -а
пироксени́т, -а
пироксили́н, -а

пироксили́новый
пиро́лиз, -а
пиролюзи́т, -а
пирома́ния, -и
пирометаллу́ргия, -и
пирометаморфи́зм, -а
пиро́метр, -а
пирометри́ческий
пироме́трия, -и
пироморфи́зм, -а
пироморфи́т, -а
пиро́н, -а
пирона́фт, -а
пиро́п, -а
пиропла́зма, -ы
пироплазмо́з, -а
пироско́п, -а
пиросульфа́т, -а
пироте́хник, -а
пироте́хника, -и
пиротехни́ческий
пирофилли́т, -а
пирофо́рный
пирофосфа́т, -а
пирофо́сфорный
пирохло́р, -а
пироэлектри́ческий
пироэлектри́чество, -а
пи́рриховый, -я
пи́ррова побе́да
пирро́л, -а
пирроти́н, -а
пирс, -а
пиру́шка, -и
пируэ́т, -а
пи́ршественный
пи́ршество, -а
пи́ршествовать, -твую, -твует
писа́ка, -и, м. и ж.
писа́ние, -я
писани́на, -ы
пи́саница, -ы
пи́санный, прич.
пи́саный, прил.
писари́шка, -и, м.
писарско́й и пи́сарский
писа́рь, -я, мн. -и, -ей и -я́, -е́й
писа́тель, -я
писа́тельница, -ы
писа́тельский
писа́ть(ся), пишу́(сь), пи́-
   шет(ся)
писе́ц, -сца́ (переписчик)
писк, -а
пискленок, -нка, мн. -ля́та,
   -ля́т
пискли́вый
пискля́, -и́, р. мн. -ле́й, м.
   и ж.
пискля́вый
пи́скнуть, -ну, -нет
пискотня́, -и́
писку́н, -а́
писку́нья, -и, р. мн. -ний
писну́ть, -ну́, -нёт
писсуа́р, -а
пи́стик, -а
пистоле́т, -а
пистоле́тный
пистоле́т-пулемёт, писто-
   ле́та-пулемёта
писто́ль, -я (монета; оружие) и -и (оружие)
писто́н, -а

писто́нный
пису́лька, -и
писцо́вый (от писе́ц)
писчебума́жный
пи́счий
пи́сывать, наст. вр. не
   употр.
письмена́, -мён, -мена́м
пи́сьменность, -и
пи́сьменный
письмецо́, -а́
письми́шко, -а
письмо́, -а́, мн. пи́сьма,
   пи́сем
письмо́вник, -а
письмоводи́тель, -я
письмово́дство, -а
письмоно́сец, -сца
письмосортиро́вочный
пита́ние, -я
пита́тель, -я
пита́тельный
пита́ть(ся), -а́ю(сь),
   -а́ет(ся)
пите́йный
питека́нтроп, -а
пи́терский
пи́терщик, -а
пити́, нескл. с.
пити́е, -я, мн. -я, -и́й
пито́мец, -мца
пито́мица, -ы
пито́мник, -а
пито́мниковый
пито́мнический
пито́н, -а
пи́ттинг, -а
питуитри́н, -а
пету́х, -а́ (любитель вы́-
   пить)
пи́тый; кр. ф. пит, пита́,
   пи́то
пить, пью, пьёт; прош.
   пил, пила́, пи́ло
питьё, -я́, р. мн. -те́й
питьево́й
пи́ться, пьётся; прош.
   пи́лся, пила́сь, пи́ло́сь
пиури́я, -и
пифагоре́ец, -е́йца
пифагореи́зм, -а
пифагоре́йский
пифаго́ров, -а, -о
пифи́ческий
пи́фия, -и
пи́фос, -а
пиф-па́ф, неизм.
пи́фферо, нескл. с.
пи́ханный
пиха́ть(ся), -а́ю(сь),
   -а́ет(ся)
пихну́ть, -ну́, -нёт
пи́хта, -ы
пихта́рник, -а
пихто́вник, -а
пи́хтовый
пи́цца, -ы
пицце́рия, -и
пиччика́то и пиччичика́то,
   неизм. и нескл., с.
пи́чканный
пи́чкать(ся), -аю, -ает(ся)
пичу́га, -и
пичу́жечка, -и

пичу́жка, -и
пи́шущий
пи́ща, -и
пища́лка, -и
пища́ль, -и
пища́ть, пищу́, пищи́т
пищебло́к, -а
пищеваре́ние, -я
пищеваря́тельный
пищева́рочный
пищеви́к, -а́
пищево́д, -а
пищево́дно-желу́дочный
пищево́й
пищекомбина́т, -а
пищеконцентра́тный
пи́щик, -а
пищу́ха, -и
пия́вица, -ы
пия́вка, -и
пла́вание, -я
пла́вательный
пла́вать, -аю, -ает
плавба́за, -ы
пла́вень, -вня
плави́к, -а́
плавико́вый
плави́льник, -а
плави́льный
плави́льня, -и, р. мн. -лен
плави́льщик, -а
пла́вить(ся), -влю, -вит(ся)
пла́вка, -и (действие)
пла́вки, -вок (трусики)
пла́вкий; кр. ф. пла́вок,
пла́вка, пла́вко
пла́вкость, -и
плавле́ние, -я
пла́вленный, прич.
пла́вленый, прил.
пла́вневый
пла́вни, -ей
плавни́к, -а́
плавнико́вый
плавничо́к, -чка́
плавно́й (плавучий)
пла́вный; кр. ф. пла́вен,
пла́вна́, пла́вно (равно-
мерный)
плав-проце́ссор, -а
плавсоста́в, -а
плавсре́дства, -ств
плаву́н, -а́ (зоол.)
плавуне́ц, -нца́
плаву́нчик, -а
плаву́чий (плавающий)
плагиа́т, -а
плагиа́тор, -а
плагиа́торский
плагиа́торство, -а
плагии́ровать(ся), -рую,
-рует(ся)
плагиокла́з, -а
плагиотропи́зм, -а
плаз, -а
пла́зма, -ы
плазмати́ческий
пла́зменный
плазмога́мия, -и
плазмо́дий, -а
плазмозамеща́ющий
плазмо́лиз, -а
плазмотро́н, -а

плазмохими́ческий
плазмохи́мия, -и
плазмохи́н, -а
плазмоци́д, -а (препарат)
плазмоци́т, -а (клетка)
пла́кальщик, -а
пла́кальщица, -ы
плака́т, -а
плакати́ст, -а
плака́тный
плака́тчик, -а
пла́кать(ся), пла́чу(сь),
пла́чет(ся)
плаке́, неизм. и нескл., с.
плаке́тка, -и
плакирова́льня, -и, р. мн.
-лен
плакирова́ние, -я
плакиро́ванный
плакирова́ть(ся), -рую, -ру-
ет(ся)
плакиро́вка, -и
плакиро́вочный
пла́кса, -ы, м. и ж.
плакси́вость, -и
плакси́вый
плаку́н, -а́
плаку́н-трава́, -ы́
плаку́чий
плаку́ша, -и
пламеви́дный
пламегаси́тель, -я
пламеискрогаси́тель, -я
пламене́ть, -ею, -еет
пламени́стый
пла́менный; кр. ф. -енен,
-енна
пла́мень, -и, м.
пламеобра́зный
пла́мя, -мени
план, -а
пла́нер, -а и планёр, -а
планери́зм, -а
планери́ст, -а
планери́стка, -и
планёрка, -и
планёрный
планеродро́м, -а
плане́т, -а (культиватор)
плане́та, -ы
планета́рий, -я
планета́рный
плане́тный
планетове́дение, -я
планетографи́ческий
плането́ид, -а
планетолёт, -а
плането́лог, -а
планетоло́гия, -и
плани́да, -ы
планиме́тр, -а
планиметри́ческий
планиме́трия, -и
плани́рование, -я
плани́рованный
плани́ровать(ся), -рую, -ру-
ет(ся)
планиро́вка, -и
планиро́вочный
планисфе́ра, -ы
пла́нка, -и
планка́рта, -ы
планкто́н, -а

планкто́нный
планова́ть, -ную, -нует
планови́к, -а́
пла́ново-операти́вный
пла́ново-организацио́н-
ный
пла́ново-предупреди́тель-
ный
пла́новость, -и
пла́ново-фина́нсовый
пла́ново-хозя́йственный
пла́ново-экономи́ческий
пла́новый
планоме́рно-непреры́в-
ный
планоме́рность, -и
планоме́рный
пла́ночка, -и
пла́ночный
планта́ж, -а
планта́жный
планта́тор, -а
планта́торский
планта́торство, -а
плантацио́нный
планта́ция, -и
пла́нчатый
планша́йба, -ы
планше́т, -а
планше́тка, -и
планше́тный
планши́р, -а и планши́рь, -я
пласи́рованный
пласирова́ть, -рую, -рует
пласиро́вка, -и
пласт, -а́, предл. о пласте́,
на пласту́
пла́станный
пласта́ть(ся), -а́ю(сь),
-а́ет(ся)
пласти́да, -ы
пла́стик, -а
пла́стика, -и
пластика́т, -а
пластика́ция, -и
пластили́н, -а
пластили́новый
пласти́на, -ы
пласти́нка, -и
пласти́нник, -а
пласти́нниковый
пласти́нный
пласти́ночка, -и
пласти́ночник, -а
пласти́ночный
пластинчатожа́берный
пластинчатоклю́вый
пластинчатоу́сый
пласти́нчатый
пластифика́тор, -а
пластифика́ция, -и
пластифици́рованный
пластифици́ровать, -рую,
-рует
пласти́ческий
пласти́чность, -и
пласти́чный
пластма́сса, -ы
пластма́ссовый
пласто́ванный
пластова́ть(ся), -ту́ю, -ту́-
ет(ся)
пластово́й
пластога́мия, -и

пластообра́зный
пластро́н, -а
пласту́н, -а́
пласту́нский
пла́стырный
пла́стырь, -я
плат, -а
пла́та, -ы
плата́н, -а
пла́танный, прич.
пла́тановый
пла́таный, прил.
плата́ть, -а́ю, -а́ет
платёж, -ежа́
платёжеспосо́бный
платёжный
пла́тельный
плате́льщик, -а
плате́льщица, -ы
пла́тина, -ы
платина́т, -а
платини́рование, -я
платини́рованный
платини́ровать(ся), -рую,
-рует(ся)
платини́т, -а
пла́тиновый
пла́тинный
пла́тиноный
плати́ть(ся), плачу́(сь),
пла́тит(ся) (к пла́та)
платицефа́л, -а
платицефа́лия, -и
платко́вый
пла́тный
пла́то, нескл., с.
плато́к, -тка́
платони́зм, -а
пла́тник, -а
платони́ческий
плато́чек, -чка
плато́чный
платфо́рма, -ы
платфо́рменный
пла́тье, -я, мн. -ья, -ьев
платьевщи́ца, -ы
пла́тье-костю́м, пла́тья-
костю́ма
пла́тьице, -а
пла́тьишко, -а, мн. -шки,
-шек
платяно́й
плау́н, -а́
плау́нный
плаунови́дные, -ых
плау́новый
плафо́н, -а
плафо́нный
пла́ха, -и
пла́хта, -ы
пла́хтовый
плац, -а, предл. о пла́це,
на плацу́
плац-адъюта́нт, -а
плацда́рм, -а
плаце́бо, нескл., с.
плаце́нта, -ы
плацента́рный
плацка́рта, -ы
плацка́ртный
плац-майо́р, -а
плац-пара́д, -а
плац-пара́дный
плач, -а
плаче́вный

плачево́й
пла́ченный, *прич.*
пла́ченый, *прил.*
плачея́, -и́
пла́чущий
пла́шка, -и
плашко́ут, -а
плашко́утный
плашмя́
плащ, -а́
плащани́ца, -ы
плащёвка, -и
плащево́й
плащено́сный
плащ-нака́дка, -и
плащ-пала́тка, -и
плебе́й, -я
плебе́йский
плебе́йство, -а
плебисци́т, -а
плебисцита́рный
плебисци́тный
плебс, -а
плева́, -ы́
плева́тельница, -ы
плева́ть(ся), плюю́(сь),
    плюёт(ся)
пле́вел, -а, *мн.* пле́велы,
    пле́вел
пле́вельный
плево́к, -вка́
пле́вра, -ы
плевра́льный
плеври́т, -а
плеври́тный
плевроко́кк, -а
плевропневмони́я, -и
плёвый
плед, -а
плезиа́нтроп, -а
плезиоза́вр, -а
плези́р, -а
плейбо́й, -я
пле́йер, -а
плейотропи́я, -и
плейсто́н, -а
плейстоце́н, -а
плексигла́с, -а
плексигла́совый
плекси́т, -а
плектенхи́ма, -ы
плектр, -а
племенни́к, -а́
племенно́й
пле́мечко, -а
племзаво́д, -а
племхо́з, -а
пле́мя, пле́мени, *мн.* -мена́, -мён, -мена́м
племя́нник, -а
племя́нница, -ы
племя́нницын, -а, -о
племя́ш, -а́
плен, -а, *предл.* о пле́не, в плену́
плена́, -ы́
плена́рный
плене́ние, -я
пленённый; *кр. ф.* -ён, -ена́
плени́тельность, -и
плени́тельный
плени́ть(ся), -ню́(сь),
    -ни́т(ся)
плёнка, -и

плёнкообразова́тель, -я
плёнкообразу́ющий
плёнкопокры́тие, -я
пле́нник, -а
пле́нница, -ы
пле́нный
плёночно-карка́сный
плёночный
пле́нум, -а
плёнчато-чешу́йчатый
плёнчатый
пленэ́р, -а
пленэ́рный
пленя́ть(ся), -я́ю(сь),
    -я́ет(ся)
плеона́зм, -а
плеонасти́ческий
плеохрои́зм, -а
плеохрои́чный
плере́зы, -е́з
плеро́ма, -ы
плёс, -а
плёсенный
пле́сень, -и
плеск, -а
плеска́ние, -я
плеска́ть(ся), плещу́(сь),
    пле́щет(ся) и -а́ю(сь),
    -а́ет(ся)
плеска́ющий(ся) и плё-
    щущий(ся)
плесневе́лый
плесневе́ть, -веет
плесневи́ца, -ы
плесневы́й
плесну́ть, -ну́, -нёт
плесси́метр, -а
плести́(сь), плету́(сь),
    плетёт(ся); *прош.*
    плёл(ся), плела́(сь)
плетеви́дка, -и
плетеви́дный
плетежо́к, -жка́ (шнурок)
плете́йный
плете́льный
плете́льщик, -а
плете́льщица, -ы
плете́ние, -я
плетени́ца, -ы
плетёнка, -и
плетёный, *прич.*
плетёный, *прил.*
плете́нь, -тня́
плетешо́к, -шка́ (к плете́нь)
плетизмогра́мма, -ы
плетизмо́граф, -а
плетизмографи́ческий
плетизмогра́фия, -и
плётка, -и
плетнёвый
плето́ра, -ы
плетори́ческий
плёточный
плету́шка, -и
плету́щий(ся)
плётший(ся)
плеть, -и, *мн.* -и, -е́й
плечево́й
плечело́ктевой
плечелучево́й
плеченО́гие, -их
пле́чики, -ов

пле́чико, -а, *мн.* -и, -ов
плечи́стый
плечи́ще, -а
плечно́й
плечо́, -а́, *мн.* пле́чи, плеч,
    плеча́м
плечо́ в плечо́
плечо́ к плечу́
плечо́м к плечу́
плечо́ о плечо́
плеши́веть, -ею, -еет
плеши́вый
плеши́на, -ы
плеши́нка, -и
плёшка, -и
плешь, -и
пле́щущий(ся) и плеска́-
    ющий(ся)
плей́да, -ы
плие́, *неизм.* (команда) и
    нескл., с.
плимутро́к, -а
плинто́ванный
плинтова́ть(ся), -ту́ю, -ту́-
    ет(ся)
плинто́вка, -и
пли́нтус, -а
плиоце́н, -а
плиоце́новый
плис, -а
пли́совый
плиссе́, *неизм.* и *нескл., с.*
плисси́рованный
плиссирова́ть(ся), -ру́ю,
    -ру́ет(ся)
плисси́ровка, -и
плиссиро́вочный
плита́, -ы́, *мн.* пли́ты, плит
пли́тка, -и
плитня́к, -а́
плитняко́вый
пли́точник, -а
пли́точный
пли́тчатый
пли́ца, -ы
плов, -а
плове́ц, -вца́
пловчи́ха, -и
плод, -а́
плоди́ть(ся), пложу́, пло-
    ди́т(ся)
пло́дник, -а
пло́дный
плодовиноде́льческий
плодови́тость, -и
плодови́тый
плодово́д, -а
плодово́дство, -а
плодово́дческий
плодо́во-овощно́й
плодо́во-я́годный
пло́довый
плодого́нный
плодожи́л, -а
плодожо́рка, -и
плодоизгна́ние, -я
плодоизгоня́ющий
плодоконсе́рвный
плодоли́стик, -а
плодомо́йка, -и
плодоно́жка, -и
плодоноси́ть, -о́сит
плодоно́сный
плодонося́щий

плодоноше́ние, -я
плодообразова́ние, -я
плодоовощево́д, -а
плодоовощево́дство, -а
плодоовощесуши́лка, -и
плодоовощесуши́льня, -и,
    р. мн. -лен
плодоовощехрани́лище, -а
плодоо́вощи, -ей
плодоовощно́й
плодопереме́нный
плодоперераба́тывающий
плодоперерабо́тка, -и
плодопито́мник, -а
плодоро́дие, -я
плодоро́дный
плодосбо́р, -а
плодосме́н, -а
плодосме́нный
плодоснима́тель, -я
плодосуши́лка, -и
плодосуши́льня, -и, *р. мн.*
    -лен
плодосъём, -а
плодотво́рный
плодохрани́лище, -а
плодоя́годный
плодоя́дный
плоду́ха, -и
плоду́щий
плоённый; *кр. ф.* -ён, -ена́,
    прич.
плоёный, *прил.*
плои́ть(ся), -ою́, -ои́т(ся)
пло́йчатость, -и
пло́мба, -ы
пломби́р, -а
пломби́рный
пломбирова́ние, -я
пломбиро́ванный
пломбирова́ть(ся), -ру́ю,
    -ру́ет(ся)
пломби́ровка, -и
пломбиро́вочный
пломпу́динг, -а
пло́ский; *кр. ф.* -сок, пло-
    ска́, -ско
пло́ско-во́гнутый
пло́ско-вы́пуклый
плосковяза́льный
плоскоголо́вый
плоского́рный
плоского́рье, -я, *р. мн.* -рий
плоскогру́дый
плоскогу́бцы, -цев
плоскодо́нка, -и
плоскодо́нный
плоскозу́бцы, -цев
плоскокле́точный
плосколи́цый
плосконо́сый
плоскопарале́льный
плоскопеча́тный
плоскоре́жущий
плоскоре́з, -а
плоскосемя́нник, -а
плоскосемя́нный
плоскостно́й
плоскосто́пие, -я
пло́скость, -и, *мн.* -и, -е́й
    (поверхность) и -е́й
    (плоская шутка)
плоскохво́ст, -а
плоскочуло́чный

плоскошлифова́льный
плот, -а́, предл. о плоте́, на плоту́
плотва́, -ы́
плоти́ца, -ы
плотви́чка, -и
пло́тик, -а
плоти́на, -ы
плоти́нный
плоти́ть(ся), плочу́, плоти́т(ся) (к плот)
пло́тица, -ы
пло́тичка, -и
плотне́ть, -е́ю, -е́ет (становиться плотнее)
пло́тник, -а
плотни́ть, -ню́, -ни́т (что)
пло́тницкий
пло́тничать, -аю, -ает
пло́тнический
пло́тничество, -а
пло́тничий, -ья, -ье
пло́тничный
плотноионизи́рующий
плотнокристалли́ческий
плотнокустово́й
плотноме́р, -а
плотнонаселённый*
пло́тно прилега́ющий
пло́тность, -и
пло́тно сцементи́рованный
пло́тный; кр. ф. -тен, -тна́, -тно, пло́тны
плотово́д, -а
плотово́й
плотого́н, -а
плотоспу́ск, -а
плотохо́д, -а
плотоя́дный
пло́тский
плоть, -и
пло́хенький; кр. ф. -енек, -енька
плохова́тый
плохо́й; кр. ф. плох, плоха́, пло́хо, плохи́
пло́хонький; кр. ф. -онек, -онька
пло́хо освещённый
пло́хо проница́емый
плохосыпу́чий
пло́шать, -а́ю, -а́ет
пло́ше, сравн. ст. (от плохо́й, пло́хо)
пло́шечка, -и
пло́шечный
пло́шка, -и
площа́дка, -и
площа́дочный
пло́щадь, -и, мн. -и, -е́й
пло́ще, сравн. ст. (от пло́ский, пло́ско)
плуг, -а, мн. -и, -о́в
плуга́рь, -я́
плугово́й
плугообра́зный
плужни́к, -а́
плу́жно-ро́торный
плу́жный
плужо́к, -жка́

плу́нжер, -а
плу́нжерный
плут, плута́, мн. плуты́, плуто́в
плута́ть, -а́ю, -а́ет
плути́шка, -и, м.
плути́ще, -а, м.
плу́тни, -ей, ед. плу́тня, -и
плутова́тый
плутова́ть, -ту́ю, -ту́ет
плуто́вка, -и
плуто́вски́й
плутовство́, -а́
плутокра́т, -а
плутократи́ческий
плутокра́тия, -и
плуто́нг, -а
плуто́ниевый
плутони́зм, -а
плуто́ний, -я
плутони́ческий
плыву́н, -а́ (грунт)
плыву́нный
плыву́чий (жидкий, теку́чий)
плыву́щий
плыть, плыву́, плывёт; прош. плыл, плыла́, плы́ло
плювиа́льный
плювио́граф, -а
плювио́з, -а
плювио́метр, -а
плюга́венький
плюга́вец, -вца
плюга́вый
плюма́ж, -а
плю́нуть, -ну, -нет
плюрали́зм, -а
плюралисти́ческий
плюра́льный
плюс, -а
плю́ска, -и
плюсквамперфе́кт, -а
плюскони́сные, -ых
плюсна́, -ы́ и плю́сна, -ы, мн. плю́сны, плю́сен
плюсневи́ и плю́сневый
плюсова́льный
плюсова́ние, -я
плюсо́ванный
плюсова́ть(ся), -су́ю, -су́ет(ся)
плюсо́вка, -и
плюсово́й и плю́совый
плюх, неизм.
плю́ха, -и
плю́хать(ся), -аю(сь), -ает(ся)
плю́хнуть(ся), -ну(сь), -нет(ся)
плюш, -а
плю́шевый
плю́шка, -и
плю́шкинский
плющ, -а́
плюще́во́й
плюще́ние, -я
плю́щеный, прич.
плю́щеный, прил.
плющи́льный
плющи́льня, -и, р. мн. -лен
плю́щить(ся), -щу-щит(ся)
плю́ющий(ся)

пляж, -а
пля́жный
пляс, -а
пляса́ть(ся), пляшу́, пля́шет(ся)
пля́ска, -и
плясово́й
плясу́н, -а́
плясу́нья, -и, р. мн. -ний
пля́шущий
пневма́тик, -а
пневма́тика, -и
пневмати́ческий
пневматоли́з, -а
пневматоли́т, -а
пневматолити́ческий
пневма́тчик, -а
пневмерка́тор, -а
пневмо... — первая часть сложных слов, пишется всегда слитно
пневмоавтома́тика, -и
пневмобаци́лла, -ы
пневмогра́мма, -ы
пневмо́граф, -а
пневмографи́ческий
пневмогра́фия, -и
пневмодиафра́гменный
пневмо- и олеотора́кс, -а
пневмоко́кк, -а
пневмоко́кковый
пневмоколёсный
пневмокони́оз, -а
пневмокостю́м, -а
пневмомико́з, -а
пневмомолото́к, -тка́
пневмо́ника, -и
пневмони́ческий
пневмони́я, -и
пневмонэктоми́я, -и
пневмопо́чта, -ы
пневмосисте́ма, -ы
пневмосклеро́з, -а
пневмотоми́я, -и
пневмотора́кс, -а
пневмото́рмоз, -а, мн. -а́, -о́в
пневмотра́нспорт, -а
пневмоуда́рный
пневмоэлектри́ческий
пнекорчева́тель, -я
пни́стый
пни́ще, -а, м.
пнуть, пну, пнёт
поабза́цно
поагити́ровать, -рую, -рует
по-азербайджа́нски
по-актёрски
поале́ть, -е́ю, -е́ет
по-америка́нски
по-англи́йски
поаплоди́ровать, -рую, -рует
по-ара́бски
по-армя́нски
поартачиться, -чусь, -чится
поа́хать, -аю, -ает
побагрове́ть, -е́ю, -е́ет
поба́иваться, -аюсь, -ается
поба́йтовый
побалагу́рить, -рю, -рит
побала́кать, -аю, -ает
поба́ливать, -ает
побалова́ть(ся), -лу́ю(сь), -лу́ет(ся)

побараба́нить, -ню, -нит
по-бара́ньи
побара́хтаться, -аюсь, -ается
по-ба́рски
побасёнка, -и
поба́ска, -и
побатальо́нно
побатаре́йно
побаю́кать, -аю, -ает
побе́г, -а
побе́гать, -аю, -ает
побегу́шки: на побегу́шках
побе́да, -ы
победи́тель, -я
победи́тельница, -ы
победи́товый
победи́ть, -и́т
побе́дный
победоно́сный
победствовать, -твую, -твует
побежа́лость, -и
побежа́лый
побежа́ть, -егу́, -ежи́т, -егу́т
побежда́ть(ся), -а́ю, -а́ет(ся)
побеждённый; кр. ф. -ён, -ена́
побе́жка, -и
побелённый; кр. ф. -ён, -ена́
побеле́ть, -е́ю, -е́ет (стать белым)
побели́ть, -елю́, -ёли́т (что)
побе́лка, -и
по-белору́сски
поберёгший
побережённый; кр. ф. -ён, -ена́
побере́жный
побере́жье, -я, р. мн. -жий
побере́чь(ся), -егу́(сь), -ежёт(ся), -егу́т(ся); прош. -ёг(ся), -егла́(сь)
побесе́довать, -дую, -дует
побеснова́ться, -ну́юсь, -ну́ется
побеспоко́енный
побеспоко́ить(ся), -о́ю(сь), -о́ит(ся)
побива́ть(ся), -а́ю, -а́ет(ся)
побира́ться, -а́юсь, -а́ется
побиру́шка, -и, м. и ж.
поби́тие, -я
поби́тый
поби́ть(ся), -бью(сь), -бьёт(ся)
поблагодари́ть, -рю́, -ри́т
поблажа́ть, -а́ю, -а́ет
поблаже́нствовать, -твую, -твует
побла́жка, -и
побледне́ть, -е́ю, -е́ет
побле́клый и поблёклый
побле́кший и поблёкнувший
поблёкнуть, -ну, -нет; прош. -ёк, -ёкла и побле́кнуть, -ну, -нет; прош. -ёк, -ёкла
поблёкший и побле́кший
поблёскивать, -аю, -ает
поблесте́ть, -ещу́, -ести́т

поближе
поблизости
поблиста́ть, -а́ю, -а́ет и -бле-
щу́, -бле́щет
по-богаты́рски
побо́дрствовать, -твую,
-твует
по-боево́му
по-бо́жески
побожи́ться, -жу́сь, -жи́тся
побо́и, -ев
побо́ище, -а
по-боксёрски
по́боку, нареч. (все дела́
по́боку)
по-болга́рски
поболе́ть 1, -е́ю, -е́ет (к бо-
ле́ть 1)
поболе́ть 2, -ли́т (к бо-
ле́ть 2)
поболта́ть(ся), -а́ю(сь),
-а́ет(ся)
побо́льше
по-большеви́стски
побо́р, -а
побормота́ть, -очу́, -о́чет
побо́рник, -а
побо́рница, -ы
поборо́ни́ть, -ню́, -ни́т
побо́ротый
поборо́ть(ся), -орю́(сь),
-о́рет(ся)
побо́чный
побоя́ться, -бою́сь, -бои́тся
побра́жничать, -аю, -ает
побра́нивать(ся), -аю(сь),
-ает(ся)
побрани́ть(ся), -ню́(сь),
-ни́т(ся)
побра́нный
побра́сывать, -аю, -ает
побрата́ться, -а́юсь, -а́ется
побрати́м, -а
побрати́мство, -а
по-бра́тски
побра́ть, -беру́, -берёт;
прош. -а́л, -ала́, -а́ло
побре́дший
побрезга́ть, -аю, -ает и по-
брезгова́ть, -гую, -гует
побренча́ть, -чу́, -чи́т
побрести́, -еду́, -едёт; прош.
-ёл, -ела́
побрига́дно
побри́ть(ся), -бре́ю(сь),
-бре́ет(ся)
побро́ди́ть, -ожу́, -о́дит
побродя́га, -и, м. и ж.
побро́са́ть(ся), -а́ю(сь),
-а́ет(ся)
побры́зганный
побры́згать(ся), -аю(сь),
-ает(ся) и -зжу(сь),
-зжет(ся)
побрюзжа́ть, -жу́, -жи́т
побря́кивать, -аю, -ает
побряку́шка, -и
побряца́ть, -а́ю, -а́ет
побуди́тельный
побуди́ть 1, -ужу́, -у́дит
(от буди́ть)
побуди́ть 2, -ужу́, -уди́т (к
побужда́ть)

побу́дка, -и
по-бу́дничному и по-бу́д-
нишнему, нареч.
побужда́ть(ся), -а́ю, -а́ет(ся)
побужде́ние, -я
побуждённый; кр. ф. -ён,
-ена́
побу́женный
побу́лькивать, -аю, -ает
побуре́ть, -е́ю, -е́ет
побурли́ть, -лю́, -ли́т
побурча́ть, -чу́, -чи́т
побушева́ть, -шу́ю, -шу́ет
побуя́нить, -ню, -нит
побыва́льщина, -ы
побыва́ть, -а́ю, -а́ет
побы́вка, -и
по-бы́чьи
пова́дить(ся), -а́жу(сь),
-а́дит(ся)
пова́дка, -и
пова́дливый
пова́дно
пова́женный
пова́живать, -аю, -ает
поважне́ть, -е́ю, -е́ет
пова́жничать, -аю, -ает
пова́ксить, -кшу, -ксит
пова́кшенный
пова́ленный (от повали́ть)
пова́ливать(ся), -аю(сь),
-ает(ся)
повали́ть(ся), -алю́(сь),
-а́лит(ся)
пова́льный
пова́лянный (от поваля́ть)
поваля́ть(ся), -я́ю(сь),
-я́ет(ся)
по́вар, -а, мн. -а́, -о́в
пова́ренный
поварёнок, -нка, мн. -ря́та,
-ря́т
поварёшка, -и
повари́ть(ся), -арю́,
-а́рит(ся)
повари́ха, -и
пова́рничать, -аю, -ает
пова́рня, -и, р. мн. -рен
поварско́й
пова́хтенно
по-ва́шему, нареч.
по-вдо́вьи
повева́ть, -а́ю, -а́ет (к ве́-
ять)
пове́данный
пове́дать, -аю, -ает
поведе́ние, -я
поведённый; кр. ф. -ён, -ена́
поведе́нческий
пове́дший(ся)
поведыва́ть, -аю, -ает
повезённый; кр. ф. -ён,
-ена́
повезти́, -зу́, -зёт; прош. -ёз,
-езла́
пове́шший
повелева́ть(ся), -а́ю,
-а́ет(ся)
повеле́ние, -я

повеле́нный; кр. ф. повеле́-
лен, -а
повеле́ть, -лю́, -ли́т
повели́тель, -я
повели́тельница, -ы
повели́тельность, -и
повели́тельный
повелича́ть, -а́ю, -а́ет
повелли́т, -а
по-венге́рски
пове́нчанный
повенча́ть(ся), -а́ю(сь),
-а́ет(ся)
поверга́ть(ся), -а́ю(сь),
-а́ет(ся)
пове́ргнувший(ся) и по-
ве́ргший(ся)
пове́ргнутый
пове́ргнуть(ся), -ну(сь),
-нет(ся); прош. -ёрг(ся) и
-ёргнул(ся), -ёргла(сь)
пове́ргший(ся) и пове́рг-
нувший(ся)
пове́ренная, -ой
пове́ренный, -ого
пове́рженный
пове́ритель, -я
пове́рить(ся), -рю, -рит(ся)
пове́рка, -и
повёрнутый
повернуть(ся), -ну́(сь),
-нёт(ся)
пове́рочный
повёрстанный (от повер-
ста́ть)
поверста́ть(ся), -а́ю(сь),
-а́ет(ся)
повёрстный (от верста́)
поверте́ть(ся), -ерчу́(сь),
-е́ртит(ся)
повёртывать(ся), -аю(сь),
-ает(ся)
пове́рх, нареч. и предлог
пове́рхностно-акти́вный
пове́рхностно усвоенный
пове́рхностный
пове́рхность, -и
пове́рху, нареч.
пове́рченный
пове́рчивать, -аю, -ает
повершённый; кр. ф. -ён,
-ена́
поверши́ть(ся), -шу́,
-ши́т(ся)
пове́рщик, -а
пове́рье, -я, р. мн. -рий
пове́ральщик, -а
поверя́ть(ся), -я́ю(сь),
-я́ет(ся)
пове́са, -ы, м.
повеселе́ть, -е́ю, -е́ет (стать
веселее)
повесели́ть, -лю́, -ли́т (кого, что)
повесели́ться, -лю́сь, -ли́тся
по-весе́ннему, нареч.
пове́сить(ся), -е́шу(сь),
-е́сит(ся)
пове́сничать, -аю, -ает
повествова́ние, -я
повествова́тель, -я
повествова́тельный
повествова́ть(ся), -тву́ю,
-тву́ет(ся)

повести́(сь), -еду́(сь),
-едёт(ся); прош. -ёл(ся),
-ела́(сь)
повести́ть, -ещу́, -ести́т
пове́стка, -и
по́весть, -и, мн. -и, -е́й
по́вет, -а
пове́товый
пове́трие, -я
по́веть, -и
повечере́ть, -е́ет
повече́рие, -я
повечеру́, нареч.
повече́рять, -яю, -яет и по-
вечеря́ть, -я́ю, -я́ет
пове́шение, -я
пове́шенный
повеща́ть(ся), -а́ю, -а́ет(ся)
повещённый; кр. ф. -ён,
-ена́
пове́ять, -е́ю, -е́ет
повзво́дно
повздо́рить, -рю, -рит
повздыха́ть, -а́ю, -а́ет
повзросле́ть, -е́ю, -е́ет
повива́льник, -а
повива́льный
повива́ние, -я
повива́ть, -а́ю, -а́ет (к вить)
повида́ть(ся), -а́ю(сь),
-а́ет(ся)
по-ви́димому
пови́дло, -а
повидне́ть, -е́ет
пови́згивать, -аю, -ает
повизжа́ть, -зжу́, -зжи́т
пови́ливать, -аю, -ает
повили́ка, -и
повили́чный
повиля́ть, -я́ю, -я́ет
повини́ться, -ню́сь, -ни́тся
пови́нностный
пови́нность, -и
пови́нный; кр. ф. -нен, -нна
повинова́ться, -ну́юсь, -ну́-
ется
повинове́ние, -я
повинти́ть, -нчу́, -нти́т
пови́нченный
повиса́ть, -а́ю, -а́ет
повисе́ть, -ишу́, -иси́т
пови́снуть, -ну, -нет; прош.
-ис, -и́сла
пови́сший
повите́ль, -и
повиту́ха, -и
пови́тый; кр. ф. -и́т, -ита́, -и́то
пови́ть(ся), -вью́, -вьёт(ся);
прош. -и́л(ся), -ила́(сь),
-и́ло, -и́лось
повла́ствовать, -твую,-твует
повлёкший(ся)
повле́чь(ся), -еку́(сь),
-ечёт(ся), -еку́т(ся);
прош. -ёк(ся), -екла́(сь)
повлия́ть, -я́ю, -я́ет
по́вод 1, -а, предл. о по́во-
де, на поводу́, мн. по-
во́дья, -ьев (ремень)
по́вод 2, -а, мн. -ы, -ов
(причина)
поводи́ть(ся), -ожу́(сь),
-о́дит(ся)
поводко́вый

поводо́к, -дка́
поводо́чный
поводы́рь, -я́
повоёванный
повоева́ть, -ою́ю, -оює́т
по-вое́нному, *нареч.*
пово́женный (*от* поводи́ть)
по возвраще́нии
повози́ть(ся), -ожу́(сь), -о́зит(ся)
пово́зка, -и
по возмо́жности
повозо́чный, -ого
повозрастно́й
пово́й, -я
пово́йник, -а
пово́йничек, -чка
пово́лжский
поволнова́ться, -ну́юсь, -ну́ется
по-воло́вьи
поволо́ка, -и
поволо́кший(ся)
поволо́ченный; *кр. ф.* -ен, -ена *и* поволочённый; *кр. ф.* -ён, -ена́
поволочи́ть(ся), -очу́(сь), -о́чит(ся)
поволо́чь(ся), -оку́(сь), -оче́т(ся), -оку́т(ся); *прош.* -о́к(ся), -окла́(сь)
по-во́лчьи
пово́льник, -а
пово́льничать, -аю, -ает
повора́чивать(ся), -аю(сь), -ает(ся)
поворо́ванный
поворова́ть, -ру́ю, -ру́ет
поворо́вывать, -аю, -ает
поворожи́ть, -жу́, -жи́т
по-воро́ньи
поворо́т, -а
повороти́ть(ся), -очу́(сь), -о́тит(ся)
поворо́тливость, -и
поворо́тно-накло́нный
поворо́тный
повора́чивать(ся), -аю(сь), -ает(ся)
поворо́ченный
поворошённый; *кр. ф.* -ён, -ена́
повороши́ть, -шу́, -ши́т
поворча́ть, -чу́, -чи́т
повра́ть, -ру́, -рёт; *прош.* -а́л, -ала́, -а́ло
повреди́ть(ся), -ежу́(сь), -еди́т(ся)
поврежда́ть(ся), -а́ю(сь), -а́ет(ся)
поврежде́ние, -я
повреждённый; *кр. ф.* -ён, -ена́
по времена́м
повреме́нить, -ню́, -ни́т
повреме́нный
повреме́нщик, -а
повро́зь
повседне́вность, -и
повседне́вный
повсеме́стный
повсеча́сный
повска́кать, -ска́чет

повска́кивать, -ает
повспомина́ть, -а́ю, -а́ет
повста́нец, -нца
повста́нческий
повста́нчество, -а
повстреча́ть(ся), -а́ю(сь), -а́ет(ся)
повсю́ду
по-вся́кому, *нареч.*
повто́р, -а
повторе́ние, -я
повторённый; *кр. ф.* -ён, -ена́ *и* повто́ренный; *кр. ф.* -ен, -ена
повтори́тельный
повтори́ть(ся), -рю́(сь), -ри́т(ся)
повто́рно-переме́нный
повторнородя́щая, -ей
повто́рный
повторя́емость, -и
повторя́ть(ся), -я́ю(сь), -я́ет(ся)
по-вчера́шнему, *нареч.*
повыбега́ть, -а́ет
повы́веденный
повы́везенный
повы́везти, -зу, -зет
повы́вести(сь), -веду, -ведет(ся)
повыгоня́ть, -я́ю, -я́ет
повы́дерганный
повы́дергать, -аю, -ает
повыраста́ть, -а́ет
повы́расти, -тет; *прош.* -рос, -росла
повы́росший
повы́рубить, -блю, -бит
повы́рубленный
повы́сить(ся), -ы́шу(сь), -ы́сит(ся)
повы́сосать, -осу, -осет
повы́спросить, -ошу -осит
повы́спрошенный
повы́тчик, -а
повы́ть, -во́ю, -во́ет
повы́цвести, -ветет; *прош.* -вел, -вела
повы́цветший
повыша́ть(ся), -а́ю(сь), -а́ет(ся)
повы́ше
повыше́ние, -я
повы́шенный
по-вьетна́мски
повя́дший
повя́занный
повяза́ть(ся), -яжу́(сь), -я́жет(ся)
повя́зка, -и
повя́зывать(ся), -аю(сь), -ает(ся)
повя́ленный
повя́лить, -лю, -лит
повя́нувший
повя́нуть, -нет; *прош.* -я́л, -я́ла
погада́ть, -а́ю, -а́ет
погалде́ть, -ди́т
пога́нец, -нца
пога́нить(ся), -ню(сь), -нит(ся)
пога́нка, -и

пога́ный
пога́нь, -и
погарцева́ть, -цу́ю, -цу́ет
погаса́ние, -я
погаса́ть, -а́ю, -а́ет
погаси́ть(ся), -ашу́, -а́сит(ся)
пога́снувший
пога́снуть, -ну, -нет; *прош.* -га́с, -га́сла
пога́сший
погаша́ть(ся), -а́ю, -а́ет(ся)
погаше́ние, -я
пога́шенный
погекта́рный
поги́б, -а
погиба́ть, -а́ю, -а́ет
поги́бель, -и
поги́бельный
поги́бнуть, -ну, -нет; *прош.* -ги́б, -ги́бла
поги́бший
по́гибь, -и
погла́дить(ся), -а́жу, -а́дит(ся)
погла́женный
погла́живать(ся), -аю, -ает(ся)
поглазе́ть, -е́ю, -е́ет
погло́данный
поглода́ть, -ожу́, -о́жет *и* -а́ю, -а́ет
поглота́ть, -а́ю, -а́ет
поглоти́тель, -я
поглоти́тельный
поглоти́ть(ся), -ощу́, -о́тит(ся)
поглоща́тельный
поглоща́ть(ся), -а́ю, -а́ет(ся)
поглоща́ющий(ся)
поглоще́ние, -я
поглощённый; *кр. ф.* -ён, -ена́
поглу́бже
поглуми́ться, -млю́сь,-ми́тся
поглупе́ть, -е́ю, -е́ет
по-глу́пому, *нареч.*
погляде́нье, -я
погляде́ть(ся), -яжу́(сь), -яди́т(ся)
погля́дывать, -аю, -ает
по́гнанный
погна́ть(ся), -гоню́(сь), -го́нит(ся); *прош.* -а́л(ся), -ала́(сь), -а́ло, -а́лось
погне́ваться, -аюсь, -ается
погни́ть, -иёт; *прош.* -и́л, -ила́, -и́ло
погноённый; *кр. ф.* -ён, -ена́
погнои́ть(ся), -ою, -ои́т(ся)
по́гнутость, -и
по́гнутый
погну́ть(ся), -ну́, -нёт(ся)
погнуша́ться, -а́юсь, -а́ется
погова́ривать, -аю, -ает
поговори́ть, -рю́, -ри́т
погово́рка, -и
погово́рочный
пого́да, -ы
погоди́ть, -ожу́, -оди́т
пого́дка, -и
пого́дный
пого́док, -дка

пого́жий
поголо́вный
поголо́вье, -я
поголода́ть, -а́ю, -а́ет
поголоси́ть, -ошу́, -оси́т
поголубе́ть, -е́ет
погона́жный
пого́нка, -и
пого́нный
погоно́фора, -ы
пого́нчики, -ов, *ед.* пого́нчик, -а
пого́нщик, -а
пого́ны, пого́н, *ед.* пого́н, -а
пого́ныш, -а
пого́ня, -и
погоня́лка, -и
погоня́ть(ся), -я́ю(сь), -я́ет(ся)
погора́ть, -а́ю, -а́ет
погорди́ться,-ржу́сь,-рди́тся
погорева́ть, -рю́ю, -рю́ет
погоре́лец, -льца
погоре́лый
погоре́ть, -рю́, -ри́т
по го́рло
по-городски́
по-городско́му, *нареч.*
погорячи́ться, -чу́сь, -чи́тся
по-госпо́дски
пого́ст, -а
погости́ть, -ощу́, -ости́т
пого́стный
погра́бить, -блю, -бит
погра́бленный
по-гражда́нски
погранённый; *кр. ф.* -ён, -ена́
погранзаста́ва, -ы
пограни́чить, -чу, -чит
пограни́чник, -а
пограни́чный
погранохра́на, -ы
по́греб, -а, *мн.* -а́, -о́в
погреба́льный
погреба́ть(ся), -а́ю, -а́ет(ся)
погребе́ние, -я
погребённый; *кр. ф.*-ён,-ена́
погребе́ц, -бца́
погребно́й
погребо́к, -бка́
погре́бший
погрези́ть(ся), -е́жу(сь), -е́зит(ся)
погреме́ть, -млю́, -ми́т
погремо́к, -мка́
погрему́шка, -и
погрести́, -ребу́, -ребёт; *прош.* -рёб, -ребла́
погре́ть(ся),-е́ю(сь),-е́ет(ся)
погреша́ть, -а́ю, -а́ет
погреше́ние, -я
погреши́ть, -шу́, -ши́т
погре́шность, -и
погрима́сничать, -аю, -ает
по гроб (по гроб жи́зни)
погрози́ть(ся), -ожу́(сь), -ози́т(ся)
погро́м, -а
погромлённый; *кр. ф.* -ён, -ена́
погро́мный
погро́мщик, -а

погромыха́ть, -а́ю, -а́ет
погромы́хивать, -аю, -ает
погроха́тывать, -аю, -ает
погрохота́ть, -очу́, -о́чет
погрубе́лый
погрубе́ть, -е́ю, -е́ет
погружа́ть(ся), -а́ю(сь), -а́ет(ся)
погруже́ние, -я
погруженный; кр. ф. -ен, -ена и погружённый; кр. ф. -ён, -ена́
по-грузи́нски
погрузи́ть(ся), -ужу́(сь), -у́зи́т(ся)
погру́зка, -и
погрузне́ть, -е́ю, -е́ет
погру́знувший
погру́знуть, -ну, -нет
погру́зо-разгру́зочный
погру́зочно-разгру́зочный
погру́зочный
погру́зчик, -а
погру́зший
погрусти́ть, -ущу́, -усти́т
погрустне́ть, -е́ю, -е́ет
погры́зенный
погры́зть(ся), -зу́(сь), -зёт(ся); прош. -ы́з(ся), -ы́зла(сь)
погры́зший(ся)
погряза́ть, -а́ю, -а́ет
погря́знуть, -ну, -нет; прош. -я́з, -я́зла
погря́зший
погуби́тель, -я
погуби́ть, -ублю́, -у́бит
погу́бленный
погуде́ть, -ужу́, -уди́т
погу́дка, -и
погу́ливать, -аю, -ает
погуля́нки, -нок
погуля́ть, -я́ю, -я́ет
погусте́ть, -е́ет
погуто́рить, -рю, -рит
под, -а, предл. о по́де, на поду́, мн. -ы́, -о́в
под, подо, предлог
подава́льщик, -а
подава́льщица, -ы
подава́ть(ся), -даю́(сь), -даёт(ся) (к пода́ть)
подави́ть(ся), -авлю́(сь), -а́вит(ся)
подавле́ние, -я
пода́вленный
пода́вливать, -аю, -ает
подавля́ть(ся), -я́ю, -я́ет(ся)
подавля́ющий
пода́вно
пода́гра, -ы
пода́грик, -а
подагри́ческий
пода́ле и пода́лее
пода́льше
по́данный; кр. ф. -ан, по́дана́, -ано, прич. (от пода́ть)
пода́ренный
подари́ть, -арю́, -а́рит
пода́рок, -рка
пода́рочек, -чка
пода́рочный
пода́тель, -я

пода́тельница, -ы
пода́тливость, -и
пода́тливый
податно́й
пода́ть, -и, мн. -и, -ей и -е́й
пода́ть(ся), -а́м(ся), -а́шь(ся), -а́ст(ся), -ади́м(ся), -ади́те(сь), -аду́т(ся); прош. по́дал, пода́лся, подала́(сь), по́дало, пода́ло́сь
пода́ча, -и (к пода́ть)
пода́чка, -и (к пода́ть)
подаю́щий(ся) (от пода́ть)
подая́ние, -я
подба́вить(ся), -влю, -вит(ся)
подба́вка, -и
подба́вленный
подбавля́ть(ся), -я́ю, -я́ет(ся)
подба́дривание, -я
подба́дривать(ся), -аю(сь), -ает(ся)
подба́лтывание, -я
подба́лтывать(ся), -аю, -ает(ся)
подба́шенный
подбега́ть, -а́ю, -а́ет
подбедёрок, -рка
подбежа́ть, -егу́, -ежи́т, -егу́т
подбе́л, -а
подбелённый; кр. ф. -ён, -ена́
подбе́ливать(ся), -аю(сь), -ает(ся)
подбели́ть(ся), -елю́(сь), -е́ли́т(ся)
подбе́лка, -и
подбере́жник, -а
подбере́жный
подбере́жье, -я
подбере́зник, -а
подбере́зовик, -а
подбива́ть(ся), -а́ю(сь), -а́ет(ся)
подби́вка, -и
подбира́ние, -я
подбира́ть(ся), -а́ю(сь), -а́ет(ся)
подби́тие, -я
подби́тый
подби́ть(ся), -добью́(сь), -добьёт(ся)
подблюдный
подбодрённый; кр. ф. -ён, -ена́
подбодри́ть(ся), -рю́(сь), -ри́т(ся)
подбодря́ть(ся), -я́ю(сь), -я́ет(ся)
подбо́ечный
подбо́й, -я
подбо́йка, -и
подбо́йный
под бо́ком
подбо́лтанный
подболта́ть, -а́ю, -а́ет
подбо́лтка, -и
подбо́р, -а
подбо́ра, -ы
подбо́ристый
подбо́рка, -и

подборо́дник, -а
подборо́дный
подборо́док, -дка
подборо́дочек, -чка
подборо́дочный
подбо́ртный
подбо́рщик, -а
подбо́рщица, -ы
подбочёниваться, -аюсь, -ается
подбочёниться,-нюсь,-нится
подбочи́ться, -чу́сь, -чи́тся
подбра́сывание, -я
подбра́сывать(ся), -аю, -ает(ся)
подбре́дший
подбрести́, -еду́, -едёт; прош. -ёл, -ела́
подбрива́ть(ся), -а́ю(сь), -а́ет(ся)
подбри́тый
подбри́ть(ся), -бре́ю(сь), -бре́ет(ся)
подбро́сить, -о́шу, -о́сит
подбро́ска, -и
подбро́шенный
подбрю́шина, -ы
подбрю́шник, -а
подбрю́шный
подбу́хать, -аю, -ает
подва́ксить, -кшу, -ксит
подва́кшенный
подва́л, -а
подва́ленный
подва́ливание, -я
подва́ливать(ся), -аю(сь), -ает(ся)
подвали́ть(ся), -алю́(сь), -а́ли́т(ся)
подва́лка, -и
подва́льный
подва́льчик, -а
подва́ренный
подва́ривать(ся), -аю, -ает(ся)
подвари́ть(ся), -арю́, -а́рит(ся)
подва́хтенный
подва́щивать(ся), -аю, -ает(ся)
подвева́ть, -а́ю, -а́ет (к ве́ять)
подведе́ние, -я
подведённый; кр. ф. -ён, -ена́
подве́домственный; кр. ф. -вен и -венен, -венна
подве́дший
подвезённый; кр. ф. -ён, -ена́
подвезти́, -зу́, -зёт; прош. -ёз, -езла́
подве́сший
подвева́ть(ся), -аю, -ает(ся)
подвене́чный
подверга́ть(ся), -а́ю(сь), -а́ет(ся)
подве́ргнувший(ся) и подве́ргший(ся)
подве́ргнутый
подве́ргнуть(ся), -ну(сь), -нет(ся); прош. -е́рг(ся) и -е́ргнул(ся), -е́ргла(сь)

подве́ргший(ся) и подве́ргнувший(ся)
подве́рженный
подве́рнутый
подверну́ть(ся), -ну́(сь), -нёт(ся)
подве́рстанный
подверста́ть, -а́ю, -а́ет
подверста́чье, -я, р. мн. -ьев
подве́рстка, -и
подвёртывать(ся), -аю, -ает(ся)
подверте́ть, -верчу́, -ве́ртит
подвёртка, -и
подвёртывание, -я
подвёртывать(ся), -аю(сь), -ает(ся)
подве́рченный
подве́с, -а
подве́сить(ся), -е́шу(сь), -е́сит(ся)
подве́ска, -и
подвесно́й
подве́сок, -ска
подве́сочный
подвести́, -еду́, -едёт; прош. -ёл, -ела́
под ве́чер и под ве́чер
подве́шенный
подве́шивание, -я
подве́шивать(ся), -аю(сь), -ает(ся)
подвея́нный
подве́ять, -е́ю, -е́ет
подвздо́шно-поясни́чный
подвздо́шный
подвива́ть(ся), -а́ю(сь), -а́ет(ся) (к вить)
подви́вка, -и
по́двиг, -а
подвига́ть(ся), -аю(сь), -ает(ся), сов. (к подви́нуть(ся)
подвига́ть(ся), -а́ю(сь), -а́ет(ся), несов. (от дви́гать(ся)
подви́гнувший(ся) и подви́гший(ся)
подви́гнутый
подви́гнуть(ся), -ну(сь), -нет(ся); прош. -дви́гнул(ся) и -дви́г(ся), -дви́гла(сь)
подви́гший(ся) и подви́гнувший(ся)
подви́д, -а
подви́жка, -и
подви́жник, -а
подви́жница, -ы
подви́жнический
подви́жничество, -а
подвижногру́дые, -ых
подвижно́й
подви́жность, -и
подви́жный
подвиза́ться, -а́юсь, -а́ется
подвинти́ть(ся), -инчу́, -и́нти́т(ся)
подви́нутый
подви́нуть(ся), -ну(сь), -нет(ся)
подви́нченный

подви́нчивать, -аю, -ает(ся)
подвира́ть, -а́ю, -а́ет
подвисо́чный
подви́тый; кр. ф. -и́т, -ита́, -и́то
подви́ть(ся), подовью́(сь), подовьёт(ся); прош. -и́л(ся), -ила́(сь), -и́ло, -и́лось .
подвла́стный
подво́д, -а
подво́да, -ы
подводи́ть(ся), -ожу́, -о́дит(ся)
подво́дка, -и
подво́дник, -а
подво́дница, -ы
подво́дный (к подводи́ть)
подво́дно-ми́нный
подво́дно-техни́ческий
подво́дный
подво́дчик, -а
по́ двое
подво́з, -а
подвози́ть(ся), -ожу́, -о́зит(ся)
подво́зка, -и
подво́зный
подво́зчик, -а
подво́й, -я
подвола́кивать(ся), -аю, -ает(ся)
подволо́ка, -и
подволо́кший
подволо́ченный; кр. ф. -ен, -ена и подволочён-ный; кр. ф. -ён, -ена́
подволочи́ть, -очу́, -о́чит
подволо́чь, -оку́, -очёт, -оку́т; прош. -о́к, -окла́
подвора́чивать(ся), -аю, -ает(ся)
подво́рный
подвороти́ть(ся), -очу́, -о́тит(ся)
подворотничо́к, -чка́
подворо́тня, -и, р. мн. -тен
подворо́ченный
подво́рье, -я, р. мн. -рий
подво́х, -а
подвощённый; кр. ф. -ён, -ена́
подвощи́ть, -щу́, -щи́т
подвыва́ние, -я
подвыва́ть, -а́ю, -а́ет
подвы́пить, -пью, -пьет
подвы́сить, -ы́шу, -ы́сит
подвы́сь, нареч.
подвы́ть, -во́ю, -во́ет
подвыша́ть(ся), -а́ю, -а́ет(ся)
подвы́шенный
подвя́занный
подвяза́ть(ся), -яжу́(сь), -я́жет(ся)
подвя́зка, -и
подвя́зник, -а
подвязно́й
подвя́зочный
подвя́зывание, -я
подвя́зывать(ся), -аю(сь), -ает(ся)
подгада́ть, -а́ю, -а́ет
подга́дить, -а́жу, -а́дит

подга́дывать, -аю, -ает
подга́живать, -аю, -ает
подги́б, -а
подгиба́ть(ся), -а́ю, -а́ет(ся)
подгибно́й
подгла́дить(ся), -а́жу, -а́дит(ся)
подгла́дывать, -аю, -ает
подгла́женный
подгла́живать(ся), -аю, -ает(ся)
подглазни́чный
подгла́зный
подгла́зье, -я, р. мн. -зий
подглода́нный
подглода́ть, -ожу́, -о́жет и -а́ю, -а́ет
подгляде́ть, -яжу́, -яди́т
подгля́дывать, -аю, -ает
подгна́ивать(ся), -аю, -ает(ся)
подгнива́ть, -а́ет
подгни́ть, -иёт; прош. -и́л, -ила́, -и́ло
подгноённый; кр. ф. -ён, -ена́
подгнои́ть, -ою́, -ои́т
подгова́ривать(ся), -аю(сь), -ает(ся)
подгово́р, -а
подговорённый; кр. ф. -ён, -ена́
подговори́ть(ся), -рю́(сь), -ри́т(ся)
подголо́вник, -а
подголо́вный
подголо́вок, -вка
подголо́вье, -я
подголо́сок, -ска
подго́н, -а
подго́нка, -и
подго́нный
подго́нщик, -а
подгоня́ть(ся), -я́ю, -я́ет(ся)
подгора́живать, -аю, -ает
подгора́ть, -а́ет
подгоре́лый
подгоре́ть, -ри́т
подго́рный
подгороди́ть, -ожу́, -о́ди́т
подгоро́дный
подгоро́женный
по́д гору
подго́рье, -я
подгори́ониться, -нюсь, -ни-тся
подготавливать(ся), -аю(сь), -ает(ся)
подготови́тельный
подгото́вить(ся), -влю(сь), -вит(ся)
подгото́вка, -и
подгото́вленность, -и
подгото́вленный
подготовля́ть(ся), -я́ю(сь), -я́ет(ся)
подгреба́ние, -я
подгреба́ть(ся), -а́ю(сь), -а́ет(ся)
подгребённый; кр. ф. -ён, -ена́
подгрёбка, -и
подгрёбки, -ов
подгребно́й

подгрёбший(ся)
подгре́бье, -я
подгрести́(сь), -ребу́(сь), -ребёт(ся); прош. -рёб(ся), -ребла́(сь)
подгримиро́вать(ся), -ру́ю(сь), -ру́ет(ся)
подгри́фок, -фка
подгру́дный
подгру́док, -дка
подгружа́ть(ся), -а́ю, -а́ет(ся)
подгру́женный; кр. ф. -ен, -ена и подгружённый; кр. ф. -ён, -ена́
подгру́здок, -дка
подгру́здь, -я
подгрузи́ть(ся), -ужу́, -у́зи́т(ся)
подгру́зка, -и
подгрунто́ванный
подгрунтова́ть, -ту́ю, -ту́ет
подгрунто́вывать(ся), -аю, -ает(ся)
подгру́ппа, -ы
подгры́зенный
подгры́зть, -зу́, -зёт; прош. -ы́з, -ы́зла
подгры́зший
подгу́зник, -а
подгу́ливать, -аю, -ает
подгуля́ть, -я́ю, -я́ет
подгусти́ть, -ущу́, -усти́т
подгуща́ть, -а́ю, -а́ет
подгущённый; кр. ф. -ён, -ена́
поддава́ла, -ы, м. и ж.
поддава́ть(ся), -даю́(сь), -даёт(ся) (к подда́ть)
подда́вить, -аю, -ает
подда́кивание, -я
подда́кивать, -аю, -ает
подда́кнуть, -ну, -нет
по́дданная, -ой
по́дданнический
по́дданный; кр. ф. -ан, по́ддана, -ано, прич. (от подда́ть)
по́дданный, -ого (состоя-щий в подданстве)
по́дданство, -а
подда́ть(ся), -а́м(ся), -а́шь(ся), -а́ст(ся), -ади́м(ся), -ади́те(ся), -аду́т(ся); прош. по́ддал, поддался́, поддала́(сь), по́ддало, поддало́сь
подда́ча, -и (к подда́ть)
поддаю́щий(ся) (от подда́ть)
поддвига́ть(ся), -а́ю, -а́ет(ся)
поддви́нуть(ся), -ну, -нет(ся)
поддёв, -а
поддева́ние, -я
поддева́ть(ся), -а́ю, -а́ет(ся) (к подде́ть)
поддёвка, -и
поддёвочный
подде́ланный
подде́лать(ся), -аю(сь), -ает(ся)

подде́лка, -и (к подде́лать)
подде́лывание, -я
подде́лыватель, -я
подде́лывать(ся), -аю(сь), -ает(ся)
подде́льный
поддёргивать(ся), -аю, -ает(ся)
поддёрево, -а
поддержа́ние, -я (от поддержа́ть)
подде́ржанный (от поддержа́ть)
поддержа́ть(ся), -ержу́, -е́ржит
подде́рживание, -я
подде́рживать(ся), -аю, -ает(ся)
подде́ржка, -и
поддёрнутый (от поддёрнуть)
поддёрнуть(ся), -ну, -нет(ся)
поддётый
поддеть, -е́ну, -е́нет
поддиафрагма́льный
подди́р, -а
поддира́ть(ся), -а́ю, -а́ет(ся)
подди́рка, -и
поддои́ть, -ою́, -о́ит
поддо́й, -я
поддомина́нта, -ы
поддо́н, -а
поддо́нник, -а
поддо́нный
поддо́нок, -нка (поддон-ник)
поддра́знивание, -я
поддра́знивать, -аю, -ает
поддразни́ть, -азню́, -а́знит
поддубе́нь, -бня
поддубови́к, -а́
поддува́ло, -а
поддува́льный
поддува́ть, -а́ю, -а́ет
поддужный
подду́льный
поддуть, -у́ю, -у́ет
поддья́к, -а
подева́ть(ся), -а́ю, -а́ет(ся) (к деть)
по-де́вичьи
подежу́рить, -рю, -рит
подде́йствовать, -твую, -тву-ет
подека́дно
подека́дный
поде́лать, -аю, -ает
поделённый; кр. ф. -ён, -ена́
поделе́ц, -льца́
подела́тничать, -аю, -ает
подели́ть(ся), -елю́(сь), -е́лит(ся)
поде́лка, -и (изделие)
по-делово́му, нареч.
поде́лом
поде́лочный
поде́лывать, -аю, -ает
подёнка, -и
подённый
подёнщина, -ы
подёнщица, -ы

подёрганный
подёргать(ся), -аю(сь),
 -ает(ся)
подёргивание, -я
подёргивать(ся), -аю(сь),
 -ает(ся)
по-деревéнски
подержáние: на подержá-
ние
подержанный (не новый)
подержáть(ся), -ержý(сь),
 -éржит(ся)
подёрнутый (от подёр-
нуть)
подёрнуть(ся), -ну, -нет(ся)
подестá, нескл., м.
подесятúнный
по-дéтски
подешевéть, -éет
по дешёвке
подешéвле
поджáренный
поджáривание, -я
поджáривать(ся), -аю(сь),
 -ает(ся)
поджáристый
поджáрить(ся), -рю(сь),
 -рит(ся)
поджáрка, -и
поджáрый
поджáтый
поджáть(ся), подо-
жмý(сь), подожмёт(ся)
поджёгший
поджелýдочный
поджéчь, -дожгý, -дожжёт,
 -дожгýт; прош. поджёг,
 подожглá
подживáть, -áет
подживúть, -влю, -вúт
подживлённый; кр. ф. -ён,
 -енá
подживлять(ся), -яю,
 -яет(ся)
поджигáтель, -я
поджигáтельница, -ы
поджигáтельский
поджигáтельство, -а
поджигáть(ся), -áю,
 -áет(ся)
поджидáть(ся), -áю,
 -áет(ся)
поджúлки, -лок
поджимáть(ся), -áю(сь),
 -áет(ся)
поджúть, -ивёт; прош. пóд-
жил, поджилá, пóджило
поджóг, -а, но прош. под-
жёг
подзабóрник, -а
подзабóрный
подзабывáть, -áю, -áет
подзабýтый
подзабýть, -бýду, -бý-
дет
подзаголóвок, -вка
подзаголóвочный
подзагорéть, -рю, -рúт
подзадóренный
подзадóривать(ся), -аю,
 -ает(ся)
подзадóрить, -рю, -рит
подзакóнный
подзакусúть, -ушý, -ýсит

подзанятьcя, -займýсь,
 -займётся
подзаправить(ся),
 -влю(сь), -вит(ся)
подзаработать, -аю, -ает
подзатылок, -лка
подзатылочный
подзатыльник, -а
подзащитная, -ой
подзащитный, -ого
подземéлье, -я
подзёмка, -и
подзéмно-мúнный
подзéмно-трáнспортный
подзéмный
подзеркáльник, -а
подзеркáльный
подзúмний
подзóл, -а
подзóлистый
подзолообразовáние, -я
подзóльный
подзóр, -а
подзóрный
подзýбренный
подзýбривать(ся), -аю,
 -ает(ся)
подзубрúть, -убрю, -ýбрúт
подзудúть, -ужý, -удúт
подзýженный
подзýживать(ся), -аю,
 -ает(ся)
подзыв, -а
подзывáть(ся), -áю,
 -áет(ся)
подú
подивизиóнно
подивúть(ся), -влю(сь),
 -вúт(ся)
подú ж
пóдий, -я и пóдиум, -а
пóдий-ка
подиктовáть, -тýю, -тýет
по-дилетáнтски
пóдина, -ы
подирáть, -áет
подирижúровать, -рую,
 -рует
под исхóд
пóдиум, -а и пóдий, -я
подичáть, -áю, -áет
подичúться, -чýсь, -чúтся
подкалённый; кр. ф. -ён,
 -енá
подкáливать(ся), -аю,
 -ает(ся)
подкалúть(ся), -лю,
 -лúт(ся)
подкáлывание, -я
подкáлывать(ся), -аю,
 -ает(ся)
подкáменный
подкáменщик, -а
подкандáльники, -ов, ед.
 подкандáльник, -а
подканцелярúст, -а
подкáпанный
подкáпать, -аю, -ает
подкáпчивать(ся), -аю,
 -ает(ся)
подкáпывание, -я
подкáпывать(ся), -аю(сь),
 -ает(ся)
подкараýленный

подкараýливать(ся), -аю,
 -ает(ся)
подкараýлить, -лю, -лит
подкáрмливать(ся),
 -аю(сь), -ает(ся)
подкасáтельная, -ой
подкáт, -а
подкáтанный
подкатáть, -áю, -áет
подкатúть(ся), -ачý(сь),
 -áтит(ся)
подкáтка, -и
подкáтчик, -а
подкáтывание, -я
подкáтывать(ся), -аю(сь),
 -ает(ся)
подкáчанный (от подкá-
чать)
подкачáть, -áю, -áет
подкáченный (от подкатú-
ть)
подкáчивание, -я
подкáчивать(ся), -аю,
 -ает(ся)
подкáчка, -и
подкáшивать(ся), -аю,
 -ает(ся)
подкáшливать, -аю, -ает
подкáплянуть, -ну, -нет
подквáсить(ся), -áшу,
 -áсит(ся)
подквáска, -и
подквáшенный
подквáшивать(ся), -аю,
 -ает(ся)
подкúданный
подкидáть, -áю, -áет
подкиднóй
подкúдывать(ся), -аю,
 -ает(ся)
подкúдыш, -а
подкúнутый
подкúнуть, -ну, -нет
подкипятúть, -ячý, -ятúт
подкипячённый; кр. ф.
 -ён, -енá
подкислéние, -я
подкислённый; кр. ф. -ён,
 -енá
подкислúть, -лю, -лúт
подкислять(ся), -áю,
 -яет(ся)
подкúсший
подклáдка, -и
подкладнóй
подклáдочный
подклáдывать(ся), -аю,
 -ает(ся)
подклáсс, -а
подклёванный
подклевáть, -люёт
подклéенный
подклéивание, -я
подклéивать(ся), -аю,
 -ает(ся)
подклéить, -éю, -éит
подклéйка, -и
подклепáнный
подклепáть, -áю, -áет
подклёпка, -и
подклёпывать(ся), -аю,
 -ает(ся)
подклёт, -а
подклéть, -и

подклюóвье, -я, р. мн. -вий
подключáть(ся), -áю(сь),
 -áет(ся)
подключéние, -я
подключённый; кр. ф. -ён,
 -енá
подключúть(ся), -чý(сь),
 -чúт(ся)
подключúчный
подкóва, -ы
подкóванный
подковáть(ся), -кую(сь),
 -куёт(ся)
подкóвка, -и
подкóвный
подковонóс, -а
подковообрáзный
подкóвывать(ся), -аю(сь),
 -ает(ся)
подковылять, -яю, -яет
подковыривать(ся), -аю,
 -ает(ся)
подковырка, -и
подковырнутый
подковырнýть, -нý, -нёт
подковырянный
подковырять, -яю, -яет
подкóжный
подколáчивать(ся), -аю,
 -ает(ся)
подколéнный
подколéсный
подкóлка, -и
подколóдный
подколотúть, -очý, -óтит
подкóлотый
подколóть, -олю, -óлет
подколóченный
подколýпнутый
подколупнýть, -нý, -нёт
подколýпывать(ся), -аю,
 -ает(ся)
подкомúссия, -и
подкомитéт, -а
подконвóйный, -ого
под конéц
подконтрóльный
подкóп, -а
подкóпанный
подкопáть(ся), -áю(сь),
 -áет(ся)
подкоптúть, -пчý, -птúт
подкопчённый; кр. ф. -ён,
 -енá
подкорáчивать(ся), -аю,
 -ает(ся)
подкореннóй
подкóрка, -и
подкóрковый
подкóрм, -а
подкормúть(ся), -орм-
лю(сь), -óрмит(ся)
подкóрмка, -и
подкóрмленный
подкóрмочный
подкóрник, -а
подкоротúть, -очý, -отúт
подкорóченный
подкóрье, -я
подкóс, -а
подкóсина, -ы
подкосúть(ся), -ошý,
 -óсит(ся)
подкóстный

подко́шенный
подкра́вшийся
подкра́дываться, -аюсь,
  -ается
подкра́ивать(ся), -аю,
  -ает(ся)
подкра́новый
подкра́сить(ся), -а́шу(сь),
  -а́сит(ся)
подкра́ска, -и
подкра́сться, -аду́сь, -адёт-
  ся; прош. -а́лся, -а́лась
подкрахма́ленный
подкрахма́ливать(ся), -аю,
  -ает(ся)
подкрахма́лить, -лю, -лит
подкрахма́шенный
подкра́шивание, -я
подкра́шивать(ся),
  -аю(сь), -ает(ся)
подкрепи́ть(ся), -плю́(сь),
  -пи́т(ся)
подкрепле́ние, -я
подкреплённый; кр. ф.
  -ён, -ена́
подкрепля́ть(ся), -я́ю(сь),
  -я́ет(ся)
подкро́венный
подкрои́ть, -ою́, -ои́т
подкруглённый; кр. ф. -ён,
  -ена́
подкругли́ть, -лю́, -ли́т
подкрути́ть(ся), -учу́,
  -у́тит(ся)
подкру́ченный
подкру́чивать(ся), -аю,
  -ает(ся)
подкры́лок, -лка
подкры́лье, -я
подкузьми́ть, -млю́, -ми́т
подкула́чник, -а
подкула́чница, -ы
по́дкуп, -а
подкупа́ть(ся), -а́ю,
  -а́ет(ся)
подкупа́ющий
подкупи́ть, -уплю́, -у́пит
подку́пленный
подкупно́й
подку́ренный
подку́ривать(ся), -аю,
  -ает(ся)
подкури́ть, -урю́, -у́рит
подку́рка, -и
подкуси́ть, -ушу́, -у́сит
подку́сывать(ся), -аю,
  -ает(ся)
подку́шенный (от подку-
  си́ть)
подку́шивать(ся), -аю,
  -ает(ся)
подла́вливать(ся), -аю(сь),
  -ает(ся)
подла́вок, -вка
подла́вочье, -я
подла́данник, -а
подла́дить(ся), -а́жу(сь),
  -а́дит(ся)
подла́женный
подла́живать(ся), -аю(сь),
  -ает(ся)
подла́з, -а
подлакиро́ванный
подлакирова́ть, -ру́ю, -ру́ет

подлакиро́вывать(ся), -аю,
  -ает(ся)
подла́мывать(ся), -аю,
  -ает(ся)
подла́ститься, -а́щусь, -а́с-
  тится
подла́танный
подлата́ть, -а́ю, -а́ет
подла́тывать(ся), -аю,
  -ает(ся)
по́дле
подлёгочный
подлёгший
подледене́ть, -е́ет
подле́дник, -а
подле́дниковый
подлёдный
подлежа́ть, -жу́, -жи́т
подлежа́щее, -его
подлежа́щий
подлеза́ть, -а́ю, -а́ет
подле́зть, -зу, -зет; прош.
  -ле́з, -ле́зла
подле́карь, -я
по́дленький
подлепёстный
подлепи́ть(ся), -леплю́, -ле́-
  пит(ся)
подле́пленный
подлепля́ть(ся), -я́ю,
  -я́ет(ся)
подле́сник, -а
подле́сок, -ска
подле́сье, -я
подлёт, -а
подлета́ть, -а́ю, -а́ет
подлете́ть, -лечу́, -лети́т
подлётный
подлёток, -тка (подрос-
  ток)
подлёток, -тка (птенец)
подлете́ть, -е́ю, -е́ет
подле́ц, -а́
подле́ченный
подле́чивать(ся), -аю(сь),
  -ает(ся)
подлечи́ть(ся), -ечу́(сь),
  -е́чит(ся)
подле́чь, -ля́гу, -ля́жет, -ля́-
  гут; прош. -лёг, -легла́
подле́щ, -а
подле́щик, -а
подли́ва, -ы
подлива́ть(ся), -а́ю,
  -а́ет(ся)
подли́вка, -и
подливно́й
подли́за, -ы, м. и ж.
подли́занный
подлиза́ть(ся), -ижу́(сь),
  -и́жет(ся)
подли́зывать(ся), -аю(сь),
  -ает(ся)
подлинне́е
подлинне́ть, -е́ю, -е́ет
по́длинник, -а
по́длинно наро́дный
по́длинно революцио́н-
  ный
по́длинный; кр. ф. -инен,
  -инна
по́длинь, -я и -и
подлипа́ла, -ы, м. и ж.
подлипа́ть, -а́ю, -а́ет

подли́пнуть, -нет; прош.
  -ли́п, -ли́пла
подли́пший
подли́сок, -ска
подли́стник, -а
по́длитый; кр. ф. по́дли́т,
  подли́та́, по́дли́то
подли́ть(ся), -долью́, -доль-
  ёт(ся); прош. по́дли́л,
  подли́лся, -ила́(сь), по́д-
  ли́ло, подли́ло́сь
по́дличать, -аю, -ает
подлова́тый
подлови́ть(ся), -овлю́(сь),
  -о́вит(ся)
подло́г, -а
подло́дка, -и
подло́женный
под ло́жечкой (боли́т)
под ло́жечку (уда́рить)
подло́женный
подложи́ть(ся), -ожу́, -о́жит
подло́жка, -и
подло́жный
подлоко́тник, -а
подлома́ть, -а́ю, -а́ет
подломи́ть(ся), -омлю́,
  -о́мит(ся)
подло́мленный
подлопа́стный
подлопа́точный
по́длость, -и
подлу́нный
подлупи́ть(ся), -уплю́,
  -у́пит
подлу́пленный
подлу́пливать, -аю, -ает
подлу́щенный; кр. ф. -ён,
  -ена́
подлу́щивать, -аю, -ает
подлущи́ть(ся), -ущу́, -ущи́т
по́длый; кр. ф. подл, по-
  дла́, по́дло
подлю́га, -и, м. и ж.
подма́занный
подма́зать(ся), -а́жу(сь),
  -а́жет(ся)
подма́зка, -и
подма́зчик, -а
подма́зывание, -я
подма́зывать(ся), -аю(сь),
  -ает(ся)
подмалёванный
подмалева́ть(ся),
  -лю́ю(сь), -лю́ет(ся)
подмалёвка, -и
подмалёвок, -вка
подма́лывать(ся),
  -аю(сь), -ает(ся)
подма́лывать(ся), -аю,
  -ает(ся)
подманда́тный
подма́ненный; кр. ф. -ен,
  -ена и подма́нённый; кр.
  ф. -ён, -ена́
подма́нивать(ся), -аю,
  -ает(ся)
подмани́ть, -аню́, -а́нит
подма́ренник, -а
подма́сленный
подма́сливать(ся), -аю,
  -ает(ся)
подма́слить, -лю, -лит
подма́стер, -а

подмасте́рье, -я, р. мн.
  -ьев, м.
подма́тывание, -я
подма́тывать(ся), -аю,
  -ает(ся)
подма́хивать(ся), -аю,
  -ает(ся)
подмахну́тый
подмахну́ть, -ну́, -нёт
подма́чивать(ся), -аю,
  -ает(ся)
подма́щивать(ся), -аю(сь),
  -ает(ся)
подмелённый; кр. ф. -ён,
  -ена́
подмели́ть, -лю́, -ли́т
подмён, -а
подме́на, -ы
подменённый; кр. ф. -ён,
  -ена́
подме́нивать(ся), -аю(сь),
  -ает(ся)
подмени́ть(ся), -еню́(сь),
  -е́нит(ся)
подме́нный
подме́нщик, -а
подменя́ть(ся), -я́ю(сь),
  -я́ет(ся)
подмерза́ть, -а́ет
подмерзло́тный
подмёрзлый
подмёрзнуть, -нет; прош.
  -ёрз, -ёрзла
подмёрзший
подме́с, -а
подмеси́ть, -ешу́, -е́сит
подме́ска, -и
подмести́, -мету́, -метёт;
  прош. -мёл, -мела́
по́дмесь, -и
подмета́ла, -ы, м. и ж.
подмета́льный
подмета́льщик, -а
подмета́льщица, -ы
подмётанный
подмета́ть, -а́ю, -а́ет, сов. (о
  шитье)
подмета́ть(ся), -а́ю,
  -а́ет(ся), несов. (к под-
  мести́)
подметённый; кр. ф. -ён,
  -ена́
подме́тить, -мечу, -метит
подмётка, -и
подметну́ть, -ну́, -нёт
подмётный
подмёточный
подмётший
подмётывать(ся), -аю,
  -ает(ся)
подмеча́ть(ся), -а́ю,
  -а́ет(ся)
подме́ченный
подме́шанный (от подме-
  ша́ть)
подмеша́ть(ся), -а́ю(сь),
  -а́ет(ся)
подме́шенный (от подме-
  си́ть)
подме́шивание, -я
подме́шивать(ся), -аю(сь),
  -ает(ся)
подми́гивание, -я
подми́гивать, -аю, -ает

подмигну́ть, -ну́, -нёт
подмина́ть(ся), -а́ю, -а́ет(ся)
подмно́жество, -а
подмо́га, -и
подмоде́льный
подмока́ть, -а́ет
подмо́кнуть, -нет; *прош.* -о́к, -о́кла
подмо́кший
подмола́живать(ся), -аю(сь), -ает(ся)
подмолоди́ть(ся), -ожу́(сь), -оди́т(ся)
подмоло́женный; *кр. ф.* -ён, -ена́
подмо́лотый
подмоло́ть, -мелю́, -ме́лет
подмора́живать(ся), -аю, -ает(ся)
подморо́женный
подморо́зить, -о́жу, -о́зит
подмоско́вный
по́дмости, -ей
подмости́ть(ся), -ощу́(сь), -ости́т(ся)
подмо́стки, -ов
подмо́стье, -я
подмо́танный
подмота́ть, -а́ю, -а́ет
подмо́тка, -и
подмо́ченный
подмочи́ть(ся), -очу́, -о́чит(ся)
подмы́шник, -а
подмы́в, -а
подмыва́ть(ся), -а́ю(сь), -а́ет(ся)
подмы́ленный
подмы́ливать(ся), -аю, -ает(ся)
подмы́лить, -лю, -лит
подмы́тый
подмы́ть(ся), -мо́ю(сь), -мо́ет(ся)
подмы́шечный
подмы́шки, -шек, *ед.* подмы́шка, -и
под мы́шкой, под мы́шками (нести́)
под мы́шку, под мы́шки (взять)
подмы́шник, -а
подмя́тый
подмя́ть(ся), -домну́, -домнёт(ся)
поднаве́с, -а
поднаве́сье, -я
поднадзо́рный
поднаду́ть, -у́ю, -у́ет
поднаём, -а́йма
поднажа́ть, -жму́, -жмёт
поднака́пливать(ся), -аю, -ает(ся)
поднакопи́ть(ся), -оплю́, -о́пит(ся)
поднако́пленный
поднала́дка, -и
поднала́дчик, -а
поднале́чь, -ля́гу, -ля́жет, -ля́гут; *прош.* -лёг, -легла́
поднанима́тель, -я
поднапере́ть, -пру́, -прёт; *прош.* -пёр, -пёрла
поднаря́д, -а

поднатаре́ть, -е́ю, -е́ет
поднату́житься, -жусь, -жится
поднача́льный
подна́чивать, -аю, -ает
подна́чить, -чу, -чит
подна́чка, -и
подна́шивать(ся), -аю, -ает(ся)
поднебе́сный
поднебе́сье, -я
поднево́льный
поднесе́ние, -я
поднесённый; *кр. ф.* -ён, -ена́
поднести́(сь), -су́(сь), -сёт(ся); *прош.* -ёс(ся), -есла́(сь)
поднёсший(ся)
поднёс, *нареч.*
подни́занный
подниза́ть, -ижу́, -и́жет
подни́зывать(ся), -аю, -ает(ся)
по́днизь, -и
поднима́ние, -я
поднима́ть(ся), -а́ю(сь), -а́ет(ся)
поднови́ть(ся), -влю́, -ви́т(ся)
поднови́тель, -я
подновле́ние, -я
подновлённый; *кр. ф.* -ён, -ена́
подновля́ть(ся), -я́ю, -я́ет(ся)
подногото́ная, -ой
подно́жие, -я
подно́жка, -и
подно́жный
поднорма́ль, -и
подно́с, -а
подноси́ть(ся), -ошу́(сь), -о́сит(ся)
подно́ска, -и
подно́сный
по́д носом и под но́сом (близко)
подно́счик, -а
подно́счица, -ы
подноше́ние, -я
подны́ривать, -аю, -ает
поднырну́ть, -ну́, -нёт
подня́тие, -я
по́днятый; *кр. ф.* -ят, -ята́, -ято
подня́ть(ся), -ниму́(сь), -ни́мет(ся) и -дыму́(сь), -ды́мет(ся); *прош.* подня́л, подня́лся́, -яла́(сь), подня́ло, подня́ло́сь
подо, под, *предлог*
подоба́ть, -а́ет
подоба́ющий
подо́бие, -я
подо́благчный
подо́бно
подо́бный
подобостра́стие, -я
подобостра́стничать, -аю, -ает
подобостра́стный
подо́бранный
подобра́ть(ся), подберу́(сь), подберёт(ся);

прош. -а́л(ся), -ала́(сь), -а́ло, -а́ло́сь
подобре́ть, -е́ю, -е́ет
подобру́-поздоро́ву
подови́к, -а́
подо́вый
подо́г, -а́
подо́гнанный
подогна́ть, подгоню́, подго́нит; *прош.* -а́л, -ала́, -а́ло
подо́гнутый
подогну́ть(ся), -ну́, -нёт(ся)
подогре́в, -а
подогрева́тель, -я
подогрева́тельный
подогрева́ть(ся), -а́ю, -а́ет(ся)
подогре́тый
подогре́ть(ся), -е́ю, -е́ет(ся)
пододвига́ть(ся), -а́ю(сь), -а́ет(ся)
пододви́нутый
пододви́нуть(ся), -ну(сь), -нет(ся)
пододея́льник, -а
подо́енный
подожда́ть, -ду́, -дёт; *прош.* -а́л, -ала́, -а́ло
подожжённый; *кр. ф.* -ён, -ена́
подожо́к, -жка́
подо́званный
подозва́ть, подзову́, подзовёт; *прош.* -а́л, -ала́, -а́ло
подозрева́ть(ся), -а́ю, -а́ет(ся)
подозре́ние, -я
подозри́тельность, -и
подозри́тельный
подои́ть, -ою́, -о́ит
подо́йник, -а
подойти́, -йду́, -йдёт; *прош.* подошёл, подошла́
подоко́нник, -а
подоко́нный
подоко́нье, -я, *р. мн.* -ний
подо́л, -а
подолби́ть, -блю́, -би́т
подо́лгу, *нареч.*
подо́лье, -я, *р. мн.* -лий
подольсти́ться, -льщу́сь, -льсти́тся
подо́льше
подольща́ться, -а́юсь, -а́ется
по-дома́шнему, *нареч.*
подомовни́чать, -аю, -ает и подомо́вничать, -аю, -ает
подо́нки, -ов, *ед.* подо́нок, -нка
по-донкихо́тски
подо́ночный
подопе́чный
подопле́ка, -и
подопрева́ть, -а́ет
подопре́лый
подопре́ть, -е́ет
подо́пытный
подо́рванный
подорва́ть(ся), -ву́(сь), -вёт(ся); *прош.* -а́л(ся), -ала́(сь), -а́ло, -а́ло́сь
подоре́шник, -а

подо́рлик, -а
подорожа́ть, -а́ет
подоро́же
подоро́жить(ся), -жу́(сь), -жи́т(ся)
подоро́жная, -ой
подоро́жник, -а
по-доро́жному, *нареч.*
подоро́жный
подоса́довать, -дую, -дует
подоси́на, -ы
подоси́нник, -а
подоси́новик, -а
подо́ска, -и
подо́сланный (*от* подосла́ть)
подосла́ть, -ошлю́, -ошлёт
подосно́ва, -ы
подоспева́ть, -а́ю, -а́ет
подоспе́ть, -е́ю, -е́ет
подо́стланный и подстеленный
подостла́ть и подстели́ть, подстелю́, подсте́лет; *прош.* подостла́л и подстели́л, подстели́ла
подостри́женный; *кр. ф.* -ён, -ена́
подостри́ть, -рю́, -ри́т
подотде́л, -а
подо́тканный
подоткну́ть, -ку́, -кнёт; *прош.* -а́л, -ала́, -а́ло
подо́ткнутый
подоткну́ть(ся), -ну́(сь), -нёт(ся)
подотря́д, -а
подотчёт, -а, но: взять де́ньги под отчёт
подотчётный
подо́хнуть, -ну, -нет; *прош.* -о́х, -о́хла
подохо́дный
подо́хший
подо́шва, -ы
подо́швенный
подоше́дший
подпа́вший
подпада́ть, -а́ю, -а́ет
подпа́дывать(ся), -аю, -ает(ся)
подпа́костить, -ощу, -остит
подпалённый; *кр. ф.* -ён, -ена́
подпа́ливать(ся), -аю, -ает(ся)
подпа́лина, -ы
подпа́листый
подпали́ть, -лю́, -ли́т
подпа́рывать(ся), -аю, -ает(ся)
подпа́сок, -ска
подпа́сть, -аду́, -адёт; *прош.* -а́л, -а́ла
подпа́ханный
подпаха́ть, -ашу́, -а́шет
подпа́хивать(ся), -аю, -ает(ся)
подпа́хотный
подпа́янный
подпая́ть, -я́ю, -я́ет
подпева́ла, -ы, *м. и ж.*

подпева́ть, -а́ю, -а́ет (к петь)

подпёк, -а

подпе́карь, -я, мн. -и, -ей и -я́, -е́й

подпека́ть(ся), -а́ю, -а́ет(ся)

подпёкший(ся)

подпере́ть(ся), -допру́(сь), -допрёт(ся); прош. -пёр(ся), -пёрла(сь)

подпе́рсье, -я

подпёртый

подпёрший(ся)

подпе́ть, -пою́, -поёт

подпеча́танный

подпеча́тать, -аю, -ает

подпеча́тывать(ся), -аю, -ает(ся)

подпе́чек, -чка

подпечённый; кр. ф. -ён, -ена́

подпе́чь, -еку́, -ечёт, -еку́т; прош. -ёк, -екла́

подпе́чье, -я

подпле́чье, -я

подпе́чься, -ечётся, -еку́тся; прош. -ёкся, -екла́сь

подпи́ленный

подпи́ливание, -я

подпи́ливать(ся), -аю, -ает(ся)

подпили́ть, -пилю́, -пи́лит

подпи́лка, -и

подпи́лковый

подпи́лок, -лка

подпи́лочный

подпира́ть(ся), -а́ю(сь), -а́ет(ся)

подписа́ние, -я

подпи́санный

подписа́ть(ся), -ишу́(сь), -и́шет(ся)

подпи́ска, -и

подписно́й

подпи́счик, -а

подпи́счица, -ы

подпи́сывание, -я

подпи́сывать(ся), -аю(сь), -ает(ся)

подпи́сь, -и

подпи́тие, -я

подпи́тка, -и

подпи́ть, -допью́, -допьёт; прош. -и́л, -ила́, -и́ло

подпиха́ть, -а́ю, -а́ет

подпи́хивать(ся), -аю, -ает(ся)

подпи́хнутый

подпихну́ть, -ну́, -нёт

подпле́сневеть, -еет

подплести́, -лету́, -летёт; прош. -лёл, -лела́

подплета́ть(ся), -а́ю, -а́ет(ся)

подплетённый; кр. ф. -ён, -ена́

подпле́тина, -ы

подплётший

подплыва́ть, -а́ю, -а́ет

подплы́ть, -ыву́, -ывёт; прош. -ы́л, -ыла́, -ы́ло

подпля́сывать, -аю, -ает

подпо́енный

подпои́ть, -ою́, -о́ит

подпокро́вный

подпо́л, -а

подполза́ть, -а́ю, -а́ет

подползти́, -зу́, -зёт; прош. -о́лз, -олзла́

подпо́лзший

подполко́вник, -а

подполко́вник-инжене́р, подполко́вника-инже-не́ра

подполко́вничий, -ья, -ье

подпо́лье, -я, р. мн. под-по́льев и подпо́лий

подпо́льный

подпо́льщик, -а

подпо́льщица, -ы

подпо́р, -а

подпо́ра, -ы

подпо́рка, -и

подпо́рный

подпо́ротый

подпоро́ть(ся), -орю́, -о́рет(ся)

подпору́чик, -а

подпосле́довательность, -и

подпо́чва, -ы

подпо́чвенный

подпо́чечный

подпоя́санный

подпоя́сать(ся), -я́шу(сь), -я́шет(ся)

подпоя́ска, -и

подпоя́сывать(ся), -аю(сь), -ает(ся)

подпра́вить, -влю, -вит

подпра́вка, -и

подпра́вленный

подправля́ть(ся), -я́ю, -я́ет(ся)

подпра́порщик, -а

подпрева́ть, -а́ет

подпрогра́мма, -ы

подпростра́нство, -а

подпру́га, -и

подпры́гивание, -я

подпры́гивать, -аю, -ает

подпры́гнуть, -ну, -нет

подпряга́ть(ся), -а́ю(сь), -а́ет(ся)

подпря́гший(ся)

подпряжённый; кр. ф. -ён, -ена́

подпря́жка, -и

подпря́чь(ся), -ягу́(сь), -яжёт(ся), -ягу́т(ся); прош. -я́г(ся), -ягла́(сь)

подпу́дрить(ся), -рю(сь), -рит(ся)

подпу́нкт, -а

подпу́ск, -а

подпуска́ть(ся), -а́ю, -а́ет(ся)

подпускно́й

подпусти́ть, -ущу́, -у́стит

подпу́танный

подпу́тать, -аю, -ает

подпу́тывать, -аю, -ает

подпуша́ть(ся), -а́ю, -а́ет(ся)

подпу́шек, -шка (у хлоп-чатника)

подпушённый; кр. ф. -ён, -ена́

подпуши́ть, -шу́, -ши́т

подпу́шка, -и (обшивка)

подпу́шь, -и

подпу́щенный

подпя́тник, -а

подпя́точник, -а

подраба́тывать(ся), -аю, -ает(ся)

подрабо́танный

подрабо́тать, -аю, -ает

подрабо́тка, -и

подра́внивать(ся), -аю(сь), -ает(ся)

подравня́ть(ся), -я́ю(сь), -я́ет(ся) (к ра́вный)

подра́гивать, -аю, -ает

подража́ние, -я

подража́тель, -я

подража́тельница, -ы

подража́тельность, -и

подража́тельный

подража́тельство, -а

подража́ть, -а́ю, -а́ет (де-лать по образцу)

подразде́л, -а

подразделе́ние, -я

подразделённый; кр. ф. -ён, -ена́

подраздели́ть, -лю́, -ли́т

подраздели́ть(ся), -я́ю, -я́ет(ся)

подразни́ть, -азню́, -а́знит

подразумева́ть(ся), -а́ю, -а́ет(ся)

подрайо́н, -а

подрайо́нный

подра́мник, -а

подра́мок, -мка

подра́ненный

подра́нивать(ся), -аю, -ает(ся)

подра́нить, -ню, -нит

по́дранный

подра́нок, -нка

подраста́ние, -я

подраста́ть, -а́ю, -а́ет

подрасти́, -ту́, -тёт; прош. -ро́с, -росла́

подрасти́ть, -ащу́, -асти́т

подра́ть(ся), -деру́(сь), -дерёт(ся); прош. -а́л(ся), -ала́(сь), -а́ло, -а́лось

подращённый; кр. ф. -ён, -ена́

подра́щивать(ся), -аю, -ает(ся)

подреа́кторный

подрёберный

подребе́рье, -я

подрегули́рованный

подрегули́ровать, -рую, -рует

подре́з, -а, мн. -а́, -о́в (у саней)

подре́з, -а (от подрезать)

подреза́ние, -я

подре́занный

подре́зать, -е́жу, -е́жет, сов.

подреза́ть, -а́ю, -а́ет, несов.

подре́зка, -и

подрезни́, -е́й

подрезно́й

подре́зчик, -а

подре́зывать, -аю, -ает

по́дрезь, -и

подре́льсовый

подрема́ть, -емлю́, -е́млет

подремонти́рованный

подремонти́ровать(ся), -рую(сь), -рует(ся)

подрессо́ренный

подрессо́ривание, -я

подрессо́ривать(ся), -аю, -ает(ся)

подрессо́рить, -рю, -рит

подрессо́рник, -а

подретуши́рованный

подретуши́ровать, -рую, -рует

подрешётина, -ы

подреше́тить, -шу́, -ше́тит

подрешётник, -а

подреше́ченный

подрешёчивать(ся), -аю, -ает(ся)

подрисо́ванный

подрисова́ть(ся), -су́ю(сь), -су́ет(ся)

подрисо́вка, -и

подрисо́вывать(ся), -аю(сь), -ает(ся)

подроби́ть, -блю́, -би́т

подро́бность, -и

подро́бный

подровне́нный

подровня́ть(ся), -я́ю(сь), -я́ет(ся) (к ро́вный)

подро́гнувший

подро́гнуть, -ну, -нет; прош. -о́г, -о́гла

подро́гший

подро́д, -а

подрожа́ть, -жу́, -жи́т (от дрожа́ть)

подро́ст, -а

подростко́вый и подрост-ко́вый

подро́сток, -тка

подро́сточек, -чка

подро́сший

подруба́ть(ся), -а́ю, -а́ет(ся)

подруби́ть, -ублю́, -у́бит

подру́бка, -и

подру́бленный

подру́га, -и

по-друго́му, нареч.

подруже́йный

подру́женька, -и

по-дру́жески

подружи́ть(ся), -ужу́(сь), -у́жи́т(ся)

подру́жка, -и

подру́кавный

под руки (вести́)

под руко́й (находи́ться)

под ру́ку (идти́, говори́ть)

подрулённый; кр. ф. -ён, -ена́

подру́ливать, -аю, -ает

подрули́ть, -лю́, -ли́т

подрумя́ненный

подрумя́нивать(ся), -аю(сь), -ает(ся)

подрумя́нить(ся), -ню(сь), -нит(ся)

под ру́чку (идти́)

подру́чник, -а

подру́чный

подры́в, -а

подрыва́ние, -я

подрыва́ть(ся), -а́ю(сь),
-а́ет(ся)
подрывни́к, -а́
подрывно́й
подры́тый
подры́ть(ся), -ро́ю(сь), -ро́-
ет(ся)
подрыхлённый; кр. ф. -ён,
-ена́
подрыхли́ть(ся), -лю́,
-ли́т(ся)
подрыхля́ть(ся), -я́ю,
-я́ет(ся)
подря́д 1, -а
подря́д 2, нареч.
подряди́ть(ся), -яжу́(сь),
-я́ди́т(ся)
подря́дничать, -аю, -ает
подря́дный
подря́дческий
подря́дчик, -а
подря́дье, -я, р. мн. -дий
подряжа́ть(ся), -а́ю(сь),
-а́ет(ся)
подряжённый; кр. ф. -ён,
-ена́ и подря́женный; кр.
ф. -ен, -ена
подря́сник, -а
подряхле́ть, -е́ю, -е́ет
подса́д, -а
подса́да, -ы
подсади́ть, -ажу́, -а́дит
подса́дка, -и
подса́дный и подсадно́й
подса́док, -дка
подса́женный
подса́живать(ся), -аю(сь),
-ает(ся)
подса́к, -а
подса́ленный
подса́ливание, -я
подса́ливать(ся), -аю,
-ает(ся)
подса́лить, -лю, -лит
подса́нки, -нок
подса́сывать(ся), -аю,
-ает(ся)
подса́харенный
подса́харивать(ся), -аю,
-ает(ся)
подса́харить, -рю, -рит
подса́чек, -чка и подсачо́к,
-чка́
подса́ченный
подса́чивать(ся), -аю,
-ает(ся)
подса́чить, -чу, -чит
подсачо́к, -чка́ и подса́чек,
-чка
подсва́ха, -и
подсвеко́льник, -а
подсве́т, -а
подсвети́ть, -вечу́, -ве́тит
подсве́тка, -и
подсве́ченный
подсве́чивание, -я
подсве́чивать(ся), -аю,
-ает(ся)
подсве́чник, -а
подсви́нок, -нка
по́дсвист, -а
подсви́стнуть, -ну, -нет
подсви́стывать, -аю, -ает
подсе́в, -а

подсева́ние, -я
подсева́ть(ся), -а́ю, -а́ет(ся)
подсе́вка, -и
подсевно́й
подсе́д, -а
подседе́льник, -а
подседе́льный
подсе́дина, -ы
подсёдланный
подседла́ть, -а́ю, -а́ет
подсёдлывать(ся), -аю,
-ает(ся)
подсе́ивать(ся), -аю,
-ает(ся)
подсе́ка, -и
подсека́ние, -я
подсека́ть(ся), -а́ю, -а́ет(ся)
подсе́кция, -и
подсёкший(ся) и подсе́к-
ший(ся)
подселе́нец, -нца
подселённый; кр. ф. -ён,
-ена́
подсели́ть(ся), -елю́(сь),
-е́ли́т(ся)
подселя́ть(ся), -я́ю(сь),
-я́ет(ся)
подсеме́йство, -а
подсемядо́льный
подсерде́чный
подсеребрённый; кр. ф.
-ён, -ена́
подсеребри́ть, -рю́, -ри́т
подсе́сть, -ся́ду, -ся́дет;
прош. -се́л, -се́ла
подсечённый; кр. ф. -ён,
-ена́ и подсе́ченный; кр.
ф. -ен, -ена
подсе́чка, -и
подсе́чно-огнево́й
подсечно́й
подсе́чь, -еку́, -ечёт, -еку́т;
прош. -е́к и -ёк, -екла́
подсе́янный
подсе́ять, -е́ю, -е́ет
подсиде́ть, -ижу́, -иди́т
подси́дка, -и
подси́женный
подси́живание, -я
подси́живать(ся), -аю,
-ает(ся)
под си́лу
подсинённый; кр. ф. -ён,
-ена́
подси́нивать(ся), -аю,
-ает(ся)
подсини́ть, -ню́, -ни́т
подси́нька, -и
подсисте́ма, -ы
подска́бливать(ся), -аю,
-ает(ся)
подска́з, -а
подска́занный
подсказа́ть, -ажу́, -а́жет
подска́зка, -и
подска́зчик, -а
подска́зчица, -ы
подска́зывание, -я
подска́зывать(ся), -аю,
-ает(ся)
подскака́ть, -скачу́, -ска́чет
подска́кивать, -аю, -ает
подскакну́ть, -ну́, -нёт
подско́бленный

подскобли́ть, -облю́, -о́бли́т
подско́к, -а
подскочи́ть, -очу́, -о́чит
подскреба́ть(ся), -а́ю,
-а́ет(ся)
подскребённый; кр. ф. -ён,
-ена́
подскрёбший
подскрёбыш, -а
подскрести́, -ребу́, -ребёт;
прош. -рёб, -ребла́
подсла́ивать(ся), -аю,
-ает(ся)
подсласти́ть, -ащу́, -асти́т
подслащённый; кр. ф. -ён,
-ена́
подсла́щивать(ся), -аю,
-ает(ся)
подсле́дственный; кр. ф.
-вен, -венна
подслепова́тый
подслоённый; кр. ф. -ён,
-ена́
подслои́ть, -ою́, -ои́т
подсло́й, -я
подслу́живаться, -аюсь,
-ается
подслужи́ться, -ужу́сь,
-у́жится
подслу́шанный
подслу́шать, -аю, -ает
подслу́шивание, -я
подслу́шивать(ся), -аю,
-ает(ся)
подсма́тривание, -я
подсма́тривать, -аю, -ает
подсме́иваться, -аюсь, -ается
подсме́на, -ы
подсме́нный
подсмолённый; кр. ф. -ён,
-ена́
подсмоли́ть, -лю́, -ли́т
подсмо́тренный
подсмотре́ть, -отрю́, -о́трит
подсне́жник, -а
подсне́жный
подсоби́ть, -блю́, -би́т
подсо́бка, -и
подсобля́ть, -я́ю, -я́ет
подсо́бник, -а
подсо́бница, -ы
подсо́бный
подсо́бованный
подсова́ть, -сую́, -суёт
подсо́вывать(ся), -аю,
-ает(ся)
подсоединённый; кр. ф.
-ён, -ена́
подсоедини́ть, -ню́, -ни́т
подсозна́ние, -я
подсозна́тельный
подсо́ка, -и
подсократи́ть, -ащу́, -ати́т
подсокращённый; кр. ф.
-ён, -ена́
подсо́л, -а
подсо́ленный
подсоли́ть(ся), -олю́,
-о́ли́т(ся)
подсо́лка, -и
подсо́лнечник, -а
подсо́лнечный
подсо́лнух, -а
подсо́с, -а

подсо́санный
подсоса́ть(ся), -осу́,
-осёт(ся)
подсо́сный
подсо́сок, -ска
подсо́хнуть, -ну, -нет;
прош. -о́х, -о́хла
подсо́хший
подсо́чка, -и
подсо́чный
подспо́рье, -я
под спу́д
подспу́дный
под спу́дом
подспу́тниковый
подста́вить(ся), -влю,
-вит(ся)
подста́вка, -и
подста́вленный
подставля́ть(ся), -я́ю,
-я́ет(ся)
подставно́й
подста́вочный
подстака́нник, -а
подстано́вка, -и
подста́нция, -и
подста́рок, -рка
подста́рший
под ста́ть
подстёганный
подстега́ть, -а́ю, -а́ет
подстёгивание, -я
подстёгивать(ся), -аю,
-ает(ся)
подстёгнутый
подстегну́ть, -ну́, -нёт
подстёжка, -и
подстежно́й
подстелённый и подо́-
стланный
подстели́ть и подостла́ть,
подстелю́, подсте́лет;
прош. подстели́л, под-
стели́ла и подостла́л,
подостла́ла
подстёнок, -нка
подстепно́й
подсте́пье, -я
подстерега́ть(ся), -а́ю,
-а́ет(ся)
подстерёгший
подстережённый; кр. ф.
-ён, -ена́
подстере́чь, -регу́, -режёт,
-регу́т; прош. -рёг, -регла́
подсти́л, -а
подстила́ть(ся), -а́ю,
-а́ет(ся)
подсти́лка, -и
подсти́лочный
подстожье, -я, р. мн. -жий
подсто́й, -я
подсто́йный
подстоли́чный
подсто́лье, -я
подсторáживать(ся), -аю,
-ает(ся)
подсторожённый; кр. ф.
-ён, -ена́
подсторожи́ть, -жу́, -жи́т
подстра́гивать(ся), -аю,
-ает(ся) и подстру́ги-
вать(ся), -аю, -ает(ся)
подстра́ивание, -я

подстра́ивать(ся), -аю(сь), -ает(ся)
подстрахо́ванный
подстрахова́ть(ся), -страху́ю(сь), -страху́ет(ся)
подстрахо́вка, -и
подстрахо́вывать(ся), -аю(сь), -ает(ся)
подстра́чивать(ся), -аю, -ает(ся)
подстрека́тель, -я
подстрека́тельница, -ы
подстрека́тельство, -а
подстрека́ть(ся), -а́ю, -а́ет(ся)
подстрекну́ть, -ну́, -нёт
подстре́ленный
подстре́ливать(ся), -аю, -ает(ся)
подстрели́ть, -елю́, -е́лит
подстрига́ние, -я
подстрига́ть(ся), -а́ю(сь), -а́ет(ся)
подстри́гший(ся)
подстри́женный
подстри́жка, -и
подстри́чь(ся), -игу́(сь), -ижёт(ся), -игу́т(ся); прош. -и́г(ся), -и́гла(сь)
подстро́ганный и подстру́ганный
подстрога́ть, -а́ю, -а́ет и подструга́ть, -а́ю, -а́ет
подстро́енный
подстро́ить(ся), -о́ю(сь), -о́ит(ся)
подстро́йка, -и
подстрока́, -и́
подстропи́льный
подстро́ченный
подстро́чить, -очу́, -о́чит
подстро́чник, -а
подстро́чный
подстру́ганный и подстро́ганный
подструга́ть, -а́ю, -а́ет и подстрога́ть, -а́ю, -а́ет
подстру́гивать(ся), -аю, -ает(ся) и подстра́гивать(ся), -аю, -ает(ся)
по́дступ, -а и -у, мн. -ы, -ов
подступа́ть(ся), -а́ю(сь), -а́ет(ся)
подступи́ть(ся), -уплю́(сь), -у́пит(ся)
подстыкова́ть(ся), -ку́ю(сь), -ку́ет(ся)
подстыко́вка, -и
подстыко́вывать(ся), -аю(сь), -ает(ся)
подсуди́мая, -ой
подсуди́мый, -ого
подсу́дный
подсу́живать, -аю, -ает
подсу́мок, -мка
подсу́мочный
подсу́нутый
подсу́нуть(ся), -ну(сь), -нет(ся)
под сурди́нку
подсурьми́ть(ся), -млю́(сь), -ми́т(ся)
подсурьмлённый; кр. ф. -ён, -ена́

подсу́ченный
подсу́чивать(ся), -аю, -ает(ся)
подсучи́ть(ся), -учу́, -у́чи́т(ся)
подсу́шенный
подсу́шивание, -я
подсу́шивать(ся), -аю(сь), -ает(ся)
подсуши́ть(ся), -ушу́, -у́шит(ся)
подсу́шка, -и
подсчёт, -а
подсчи́танный
подсчита́ть, -а́ю, -а́ет
подсчи́тывать(ся), -аю, -ает(ся)
подсы́л, -а
подсыла́ть(ся), -а́ю, -а́ет(ся)
подсы́лка, -и
подсыпа́ние, -я
подсы́панный
подсы́пать(ся), -плю(сь), -плет(ся), -плют(ся) и -пет(ся), -пят(ся), сов.
подсыпа́ть(ся), -а́ю(сь), -а́ет(ся), несов.
подсы́пка, -и
подсыха́ть, -а́ю, -а́ет
подта́ивать, -ает
подта́лина, -ы
подта́лкивание, -я
подта́лкиватель, -я
подта́лкивать(ся), -аю, -ает(ся)
подта́лый
подтанцо́вывать, -аю, -ает
подта́пливать(ся), -аю, -ает(ся)
подта́скивать(ся), -аю(сь), -ает(ся)
подтасо́ванный
подтасова́ть, -су́ю, -су́ет
подтасо́вка, -и
подтасо́вывать(ся), -аю, -ает(ся)
подта́чанный
подтача́ть, -а́ю, -а́ет
подта́чивание, -я
подта́чивать(ся), -аю, -ает(ся)
подта́щенный
подтащи́ть(ся), -ащу́(сь), -а́щит(ся)
подта́явший
подта́ять, -а́ет
подтверди́тельный
подтверди́ть(ся), -ржу́, -рди́т(ся)
подтвержда́ть(ся), -а́ю, -а́ет(ся)
подтвержде́ние, -я
подтверждённый; кр. ф. -ён, -ена́
подтёк, -а
подтека́ть, -а́ет
подте́кст, -а
подтексто́вка, -и
подтёкший
подтёлок, -лка
подте́ма, -ы
подтема́нный

подтере́ть(ся), подотру́(сь), подотрёт(ся); прош. -тёр(ся), -тёрла(сь)
подтёртый
подтёрший(ся)
подтёсанный
подтеса́ть, -ешу́, -е́шет
подтёска, -и
подтёсчик, -а
подтёсывать(ся), -аю, -ает(ся)
подте́чный
подте́чь, -течёт, -теку́т; прош. -ёк, -екла́
подти́брить, -рю, -рит
подти́п, -а
подтира́ние, -я
подтира́ть(ся), -а́ю(сь), -а́ет(ся)
подти́рка, -и
подтова́рник, -а
подто́к, -а
подто́лкнутый
подтолкну́ть, -ну́, -нёт
подтоло́кший
подтоло́чь, -лку́, -лчёт, -лку́т; прош. -ло́к, -лкла́
подтона́льный
подтопи́ть, -оплю́, -о́пит
подто́пка, -и
подтопле́ние, -я
подто́пленный
подто́пок, -пка
подторго́вывать, -аю, -ает
подторможённый; кр. ф. -ён, -ена́
подтормози́ть, -ожу́, -ози́т
подто́ченный
подточи́ть, -очу́, -о́чит
подто́чка, -и
подтрави́ть, -авлю́, -а́вит
подтра́вленный
подтра́вливать(ся), -аю, -ает(ся)
подтрёпанный
подтрепа́ть(ся), -еплю́, -е́плет(ся), -е́плют(ся) и -е́пет(ся), -е́пят(ся)
подтрибу́нный
подтро́пики, -ов
подтропи́ческий
подтру́нивание, -я
подтру́нивать, -аю, -ает
подтруни́ть, -ню́, -ни́т
подтруси́ть, -ушу́, -уси́т
подтру́ска, -и
подтру́шенный
подтушёванный
подтушева́ть, -шу́ю, -шу́ет
подтушёвка, -и
подтушёвывать(ся), -аю, -ает(ся)
подтыка́ть(ся), -а́ю(сь), -а́ет(ся)
подтя́гивание, -я
подтя́гивать(ся), -аю(сь), -ает(ся)
подтя́жечный
подтя́жка, -и
подтя́жки, -жек
подтя́нутость, -и
подтя́нутый
подтяну́ть(ся), -яну́(сь), -я́нет(ся)

подува́ть, -а́ю, -а́ет
подуда́рный
подуде́ть, -ди́т
подуздова́тый
под уздцы́
поду́здый
под укло́н
поду́мать(ся), -аю, -ает(ся)
поду́мывать, -аю, -ает
по-дура́цки
подура́чить(ся), -чу(сь), -чит(ся)
подури́ть, -рю́, -ри́т
подурне́ть, -е́ю, -е́ет
подса́дебный
поду́сники, -ов, ед. поду́сник, -а
поду́ст, -а
под у́тро
поду́ть(ся), -ду́ю(сь), -ду́ет(ся)
подутю́женный
подутю́живать(ся), -аю, -ает(ся)
подутю́жить, -жу, -жит
подуча́ть(ся), -а́ю(сь), -а́ет(ся)
подученный
подучивать(ся), -аю(сь), -ает(ся)
подучи́ть(ся), -учу́(сь), -у́чит(ся)
по душа́м (поговори́ть)
по-душе́вному, нареч.
поду́шенный
поду́шечка, -и
подуши́ть(ся), -ушу́(сь), -у́шит(ся)
поду́шка, -и
поду́шный
подфа́рник, -а
подфе́рменный
подхали́м, -а
подхалима́ж, -а
подхали́мистый
подхали́мка, -и
подхали́мничать, -аю, -ает
подхали́мский
подхали́мство, -а
подхали́мствовать, -твую, -твует
подхалю́за, -ы, м. и ж.
подхалю́зничать, -аю, -ает
подхва́ленный
подхва́ливать(ся), -аю, -ает(ся)
подхвали́ть, -алю́, -а́лит
подхва́т, -а
подхвати́ть(ся), -ачу́(сь), -а́тит(ся)
подхва́тывать(ся), -аю(сь), -ает(ся)
подхва́ченный
подхво́стник, -а
подхво́стье, -я, р. мн. -тий
подхи́хикивать, -аю, -ает
подхлёстка, -и
подхлёстнутый
подхлестну́ть, -ну́, -нёт
подхлёстывать(ся), -аю, -ает(ся)
под хмелько́м
подхо́д, -а
подхо́дец, -дца

подходи́ть, -ожу́, -о́дит
подхо́дный
подходя́щий
подхому́тник, -а
подхору́нжий, -его
подцвети́ть, -вечу́, -вети́т
подцве́тка, -и
подцве́ченный
подцве́чивать(ся), -аю,
-ает(ся)
подцеди́ть(ся), -ежу́,
-е́дит(ся)
подце́женный
подце́живать(ся), -аю,
-ает(ся)
подцензу́рный
подцепи́ть(ся), -цеп-
лю́(сь), -це́пит(ся)
подце́пка, -и
подце́пленный
подцепля́ть(ся), -я́ю(сь),
-я́ет(ся)
подцепно́й
подча́ленный
подча́ливание, -я
подча́ливать(ся), -аю(сь),
-ает(ся)
подча́лить(ся), -лю(сь),
-лит(ся)
подча́лка, -и
подча́лок, -лка
подча́с (иногда)
подча́сник, -а
подча́сок, -ска
подча́шие, -я
подчека́ненный
подчека́нивать(ся), -аю,
-ает(ся)
подчека́нить, -ню, -нит
подчека́нка, -и
подчелюстно́й
подчерепно́й
подчёркивание, -я
подчёркивать(ся), -аю,
-ает(ся)
подчёркнутый
подчеркну́ть, -ну́, -нёт
подчернённый; кр. ф. -ён,
-ена́
подчерни́ть(ся), -ню́(сь),
-ни́т(ся)
подчерти́ть, -ерчу́, -е́ртит
подчёрченный
подчёрчивать(ся), -аю,
-ает(ся)
подчёсанный
подчеса́ть, -ешу́, -ешет
подчёска, -и
подчёсывать, -аю, -ает
подчине́ние, -я
подчинённый, -ого
подчинённый; кр. ф. -ён,
-ена́
подчини́тельный
подчини́ть(ся), -ню́(сь),
-ни́т(ся)
подчиня́ть(ся), -я́ю(сь),
-я́ет(ся)
подчи́стить(ся), -и́щу(сь),
-и́стит(ся)
подчи́стка, -и
подчистую́, нареч.
подчи́танный
подчита́ть, -а́ю, -а́ет

подчи́тка, -и
подчи́тчик, -а
подчи́тывать(ся), -аю,
-ает(ся)
подчища́ть(ся), -а́ю(сь),
-а́ет(ся)
подчи́щенный
подша́лок, -лка
подша́ек, -е́йка
подше́йный
подше́льфовый
подшепну́ть, -ну́, -нёт
подшёптывать, -аю, -ает
подшёрсток, -стка
подше́фник, -а
подше́фный
подшиба́ть(ся), -а́ю, -а́ет(ся)
подшиби́ть, -бу́, -бёт; прош.
-ши́б, -ши́бла
подши́бленный
подшива́ние, -я
подшива́ть(ся), -а́ю,
-а́ет(ся)
подши́вка, -и
подшивно́й
подши́пник, -а
подши́пниковый
подши́тый
подши́ть, подошью́, подо-
шьёт
подшка́нечный
подшки́пер, -а
подшки́перский
подшлёмник, -а
подшофе́ (навеселе)
подшпи́ленный
подшпи́ливать(ся), -аю,
-ает(ся)
подшпи́лить, -лю, -лит
подшта́нники, -ов
подшто́панный
подшто́пать, -аю, -ает
подшто́пывать(ся), -аю,
-ает(ся)
подштукату́ренный
подштукату́ривать(ся),
-аю, -ает(ся)
подштукату́рить(ся), -рю,
-рит(ся)
подшту́рман, -а
подшту́рманский
под шумо́к
подшути́ть, -учу́, -у́тит
подшу́чивать, -аю, -ает
подщела́чивать, -аю, -ает
подщёлкивать, -аю, -ает
подщёлкнуть, -ну́, -нёт
подщепа́ть, -еплю́, -е́плет и
-а́ю, -а́ет (к щепа́ть)
подще́чный
подщи́панный
подщипа́ть, -иплю́, -и́плет,
-и́плют и -и́пет, -и́пят;
также -а́ю, -а́ет (к щи-
па́ть)
подщи́пывать(ся), -аю,
-ает(ся)
подъеда́ть(ся), -а́ю, -а́ет(ся)
подъе́денный
подъе́зд, -а
подъездно́й (путь, дорога)
подъездно́й (от подъезд)
подъе́здчик, -а

подъезжа́ть, -а́ю, -а́ет
подъе́льник, -а
подъём, -а
подъёмистый
подъёмка, -и
подъёмник, -а
подъёмно-пусково́й
подъёмно-тра́нспортный
подъёмный
подъесау́л, -а
подъесау́льский
подъе́сть, -е́м, -е́шь, -е́ст,
-еди́м, -еди́те, -едя́т; прош.
-е́л, -е́ла
подъе́хать, -е́ду, -е́дет
подъёзок, -зка
подъязы́чный
подъя́корный
подъяре́мный
подъя́рус, -а
подъя́тый
подъя́ть(ся), подыму́(сь),
поды́мет(ся)
поды́гранный
подыгра́ть(ся), -а́ю(сь),
-а́ет(ся)
поды́грывать(ся), -аю(сь),
-ает(ся)
поды́збица, -ы
подыма́ть(ся), -а́ю(сь),
-а́ет(ся)
подыми́ть(ся), -млю́,
-ми́т(ся)
поды́мный
подынтегра́льный
поды́сканный
подыска́ть(ся), -ыщу́(сь),
-ы́щет(ся)
поды́скивать(ся), -аю(сь),
-ает(ся)
подыто́женный
подыто́живать(ся), -аю,
-ает(ся)
подыто́жить(ся), -жу,
-жит(ся)
подыха́ть, -а́ю, -а́ет
подыша́ть, -ышу́, -ы́шит
подья́ческий
подья́чий, -его
подэкра́нный
подэта́ж, -а́
подюже́ть, -е́ю, -е́ет
подюжи́нный
по-евре́йски
по-европе́йски
по-его́, нареч., но местоим. по его́ (по его́ мне́-
нию)
поегози́ть, -ожу́, -ози́т
поеда́ть(ся), -а́ю, -а́ет(ся)
пое́денный
поеди́нок, -нка
пое́дом есть
по-её, нареч., но место-
им. по её (по её мне́-
нию)
поёживаться, -аюсь, -ается
поёжиться, -жусь, -жится
пое́зд, -а, мн. -а́, -о́в
пое́здить, -е́зжу, -е́здит
пое́здка, -и
поездно́й
поезжа́й(те), пов. к
(по)е́хать

поезжа́нин, -а, мн. -а́не, -а́н
поезжа́нка, -и
поели́ку (поели́ку воз-
мо́жно)
поело́зить, -о́жу, -о́зит
поёмный
пое́ние, -я
пое́нный, прич.
поёный, прил.
поёрзать, -аю, -ает
поерши́ться, -и́тся
пое́сть, -е́м, -е́шь, -е́ст,
-еди́м, -еди́те, -едя́т; прош.
-е́л, -е́ла
пое́хать, -е́ду, -е́дет, пов.
поезжа́й(те)
по-жа́бьи
пожа́дничать, -аю, -ает
пожале́ть, -е́ю, -е́ет
пожа́лование, -я
пожа́лованный
пожа́ловать(ся), -лую(сь),
-лует(ся)
пожа́луй (наверное)
пожа́луйста
пожа́р, -а
пожа́ренный
пожа́рить(ся), -рю(сь),
-рит(ся)
пожа́рище, -а
пожа́рник, -а
пожа́рно-техни́ческий
пожа́рно-хими́ческий
пожа́рный
пожароопа́сный
пожароту́шение, -я
пожароусто́йчивый
пожа́рский (пожа́рские
котле́ты)
пожа́тие, -я
пожа́тый
пожа́ть, -жну́, -жнёт
пожа́ть(ся), -жму́(сь),
-жмёт(ся)
пожда́ть, -ду́, -дёт; прош.
-а́л, -ала́, -а́ло
пожёванный
пожева́ть, -жую́, -жуёт
пожёвывать, -аю, -ает
пожёгший
пожела́ние, -я
пожела́ть(ся), -а́ю, -а́ет(ся)
пожелте́лый
пожелте́ть, -е́ю, -е́ет (стать
жёлтым)
пожелти́ть, -лчу́, -лти́т
(что)
пожелчённый; кр. ф. -ён,
-ена́
пожема́ниться, -нюсь, -нится
пожене́нный
пожени́ть(ся), -еню́(сь),
-е́нит(ся)
по-же́нски
по-жеребя́чьи
поже́ртвование, -я
поже́ртвованный
поже́ртвовать, -твую, -твует
поже́чь, -жгу́, -жжёт, -жгу́т;
прош. -жёг, -жгла́
пожжённый; кр. ф. -ён,
-ена́
пожи́ва, -ы
пожива́ть, -а́ю, -а́ет

поживи́ться, -влю́сь, -ви́тся
пожи́вка, -и
пожи́зненный; *кр. ф.*
-знен, -зненна
пожило́й
пожима́ние, -я
пожима́ть(ся), -а́ю(сь),
-а́ет(ся)
пожина́ть(ся), -а́ю, -а́ет(ся)
пожи́нки, -нок
пожира́ние, -я
пожира́ть(ся), -а́ю, -а́ет(ся)
пожире́ть, -е́ю, -е́ет
пожирне́ть, -е́ю, -е́ет
пожи́тки, -ов
пожи́ть, -иву́, -иве́т; *прош.*
по́жил, пожила́, по́жило
по́жнивный
по́жниво, -и
по́жня, -и, *р. мн.* по́жен и
по́жней
пожо́г, -а, но *прош.* пожёг
пожо́лклый и пожо́лкнув-
ший
пожо́лкнуть, -нет; *прош.*
-жо́лкнул и -жолк,
-жо́лкла
по́жранный
пожра́ть, -ру́, -рёт; *прош.*
-а́л, -ала́, -а́ло
пожужжа́ть, -жжу́, -жжи́т
пожуи́ровать, -рую, -рует
пожуре́нный; *кр. ф.* -ён,
-ена́
пожури́ть(ся), -рю́(сь),
-ри́т(ся)
пожу́хнувший и пожу́х-
ший
пожу́хнуть, -нет; *прош.*
-жу́х и -жу́хнул, -жу́хла
пожу́ченный
пожу́чить, -чу, -чит
по́за, -ы
по-за, *предлог*
позаба́вить(ся), -влю(сь),
-вит(ся)
позабира́ть(ся), -а́ю,
-а́ет(ся)
позабо́титься,-о́чусь,-о́тится
позабро́сить, -о́шу, -о́сит
позабро́шенный
позабыва́ть(ся), -а́ю(сь),
-а́ет(ся)
позабы́тый
позабы́ть(ся), -бу́ду(сь),
-бу́дет(ся)
позави́довать, -дую, -дует
позавтракать, -аю, -ает
позавчера́
позавче́рашний
позади́
по́задь
позаи́мствованный
позаи́мствовать, -твую,
-твует
позале́тошний
позанима́ться, -а́юсь, -а́ется
позаня́ться, -айму́сь,
-аймётся
позапрошлого́дний
позапро́шлый
позараста́ть, -а́ет
позарасти́, -асту́, -асте́т;
прош. -ро́с, -росла́

позаре́з
позари́ться, -рю́сь, -рится
позаро́сший
по́званный
позва́ть, -зову́, -зовёт; *прош.*
-а́л, -ала́, -а́ло
позвене́ть, -ню́, -ни́т
по-звери́ному, *нареч.*
по-зве́рски
позволе́ние, -я
позво́ленный
позволи́тельный
позво́лить(ся), -лю, -лит
позволя́ть(ся), -я́ю, -я́ет(ся)
позвони́ть(ся), -ню́(сь),
-ни́т(ся)
позвонко́вый
позвоно́к, -нка́
позвоно́чник, -а
позвоно́чный
позвуча́ть, -чи́т
позвя́кивание, -я
позвя́кивать, -аю, -ает
позднеанти́чный
поздне́е и по́зже, *сравн.*
ст. (от по́здно)
позднези́мний
поздне́йший
поздне́нько
позднеосе́нний
позднеспе́лый
по́здний
по́здно
по́здно́то
поздоро́ваться, -аюсь, -ает-
ся
поздорове́ть, -е́ю, -е́ет
поздоро́виться: не поздо-
ро́вится
поздрави́тель, -я
поздрави́тельница, -ы
поздрави́тельный
поздра́вить, -влю, -вит
поздравле́ние, -я
поздра́вленный
поздравля́ть(ся), -я́ю(сь),
-я́ет(ся)
позева́ть, -а́ю, -а́ет
позево́та, -ы
позёвывать, -аю, -ает
позелене́нный; *кр. ф.* -ён,
-ена́
позелене́ть, -е́ю, -е́ет (стать
зелёным)
позелени́ть, -ню́, -ни́т
(что)
позём, -а
поземе́льный
позёмка, -и
зёмный
позёр, -а
позёрка, -и
позёрство, -а
по́зже и поздне́е, *сравн.*
ст. (от по́здно)
по-зи́мнему, *нареч.*
позимова́ть, -му́ю, -му́ет
пози́рование, -я
пози́ровать, -рую, -рует
позити́в, -а
позитиви́зм, -а
позитиви́ст, -а
позитиви́стка, -и

позитиви́стский
позити́вный
позитро́н, -а
позитро́ний, -я
позитро́нный
позиционе́р, -а
позицио́нно обусло́влен-
ный
позицио́нно-электро́нный
позицио́нный
пози́ция, -и
позлати́ть(ся), -ащу́,
-ати́т(ся)
позлаща́ть(ся), -а́ю,
-а́ет(ся)
позлащённый; *кр. ф.* -ён,
-ена́
позлённый; *кр. ф.* -ён, -ена́
позли́ть(ся), -лю́(сь),
-ли́т(ся)
позло́бствовать, -твую,
-твует
по-злоде́йски
позлора́дствовать, -твую,
-твует
позлосло́вить, -влю, -вит
по-змеи́ному, *нареч.*
позна́бливать, -ает
познава́емость, -и
познава́емый
познава́ние, -я
познава́тельно-воспита́-
тельный
познава́тельный
познава́ть(ся), -наю́, -на-
ёт(ся)
познако́мить(ся),
-млю(сь), -мит(ся)
познако́мленный
позна́ние, -я
по́знанный
позна́ть, -а́ю, -а́ет
позоло́та, -ы
позолоте́ть, -е́ет (стать золотым)
позолоти́ть(ся), -очу́,
-оти́т(ся) *(что)*
позоло́тчик, -а
позоло́ченный; *кр. ф.* -ен,
-ена и позолочённый;
кр. ф. -ён, -ена́
позонди́рованный
позонди́ровать, -рую, -рует
позо́р, -а
позо́рить(ся), -рю(сь),
-рит(ся)
позо́рище, -а
позо́рный
позо́рящий
позубоска́лить, -лю, -лит
позуби́ть, -убрю́, -у́бри́т
позуме́нт, -а
позуме́нтный
позуме́нтовый
позуме́нтщик, -а
позы́в, -а
позыва́ть, -а́ет
позывно́й
позя́бнуть, -ну, -нет; *прош.*
-зя́б, -зя́бла
позя́бший
поигра́ть, -а́ю, -а́ет
поигрывать, -аю, -ает
по-идио́тски

поиздева́ться, -а́юсь, -а́ется
поиздержанный
поиздержа́ть(ся), -ер-
жу́(сь), -е́ржит(ся)
поизноси́ться, -ошу́сь,
-о́сится
поизорва́ть(ся), -рву́(сь),
-рвёт(ся); *прош.* -а́л(ся),
-ала́(сь), -а́ло(сь)
поика́ть, -а́ю, -а́ет
пойле́ц, -льца́
пои́лица, -ы (пои́лица-
корми́лица)
пои́лка, -и
пои́льник, -а
пои́льный
поимённый
поимено́ванный
поименова́ть, -ну́ю, -ну́ет
поиме́ть, -е́ю, -е́ет
пои́мистый
пои́мка, -и
поиму́щественный
пои́мчивый
по-ино́му, *нареч.*
по-иностра́нному, *нареч.*
поинтересова́ться, -су́юсь,
-су́ется
поинтриго́вать, -гу́ю, -гу́ет
по́иск, -а, *мн.* -и, -ов
пои́сканный
поиска́ть(ся), -ищу́(сь),
-и́щет(ся)
по́исково-разве́дочный
по́исково-спаса́тельный
по́исковый
по-испа́нски
поиспове́довать(ся),
-дую(сь), -дует(ся)
по исполне́нии
поисска́кнуть, -нет; *прош.*
-я́к, -я́кла
поисся́кший
по истече́нии
пои́стине, *нареч.*
поистра́тить(ся), -а́чу(сь),
-а́тит(ся)
поистра́ченный
по-италья́нски
пои́ть(ся), пою́, по́и́т(ся)
по-и́х, *нареч.* и *место-*
им. по их (по и́х мне́-
нию)
по́йка, -и
по́йло, -а
по́йма, -ы
по́йманный
пойма́ть(ся), -а́ю, -а́ет(ся)
по́йменный
по́йнтер, -а, *мн.* -ы, -ов и -а́,
-о́в
пойти́, пойду́, пойдёт;
прош. пошёл, пошла́
пока́
покади́ть, -ажу́, -ади́т
покадровый
пока́з, -а
пока́зание, -я
пока́занный
пока́затель, -я
пока́зательный
показа́ть(ся), -ажу́(сь),
-а́жет(ся)
по-каза́хски

по-каза́цки
по-каза́чьи
показно́й
показу́ха, -и
показу́шный
пока́зывать(ся), -аю(сь),
  -ает(ся)
по-ка́ковски
покале́ченный
покале́чить(ся), -чу(сь),
  -чит(ся)
покали́ть, -лю, -ли́т
пока́лывание, -я
пока́лывать, -аю, -ает
покаля́кать, -аю, -ает
пока́мест
поканифо́ленный
поканифо́лить, -лю, -лит
пока́нючить, -чу, -чит
пока́пать, -аю, -ает и -ка́плет
покапри́зничать, -аю, -ает
пока́пчивать, -аю, -ает
пока́пывать, -аю, -ает
покара́ть, -а́ю, -а́ет
покара́ться, -а́ю, -а́ет
покарау́лить, -лю, -лит
пока́ркать, -ает
пока́рмливать, -аю, -ает
пока́т, -а
пока́танный
поката́ть(ся), -а́ю(сь),
  -а́ет(ся)
пока́тистый
покати́ть(ся), -ачу́(сь),
  -а́тит(ся)
пока́том, нареч.
пока́тость, -и
пока́тывать(ся), -аю(сь),
  -ает(ся)
пока́тый
пока́чанный (от пока-
  ча́ть)
покача́ть(ся), -а́ю(сь),
  -а́ет(ся)
пока́ченный (от пока-
  ти́ть)
пока́чивание, -я
пока́чивать(ся), -аю(сь),
  -ает(ся)
покачну́ть(ся), -ну́(сь),
  -нёт(ся)
пока́ что
пока́шливание, -я
пока́шливать, -аю, -ает
пока́шлять, -яю, -яет
покая́вшийся
покая́ние, -я
покая́нный
покая́ться, -а́юсь, -а́ется
покварта́льный
поквита́ться, -а́юсь, -а́ется
по́кер, -а
по́керный
по́кетбук, -а
покива́ть, -а́ю, -а́ет
поки́данный
покида́ть(ся), -а́ю(сь),
  -а́ет(ся)
поки́дывать, -аю, -ает
поки́нутый
поки́нуть, -ну, -нет
покипе́ть, -плю, -пи́т
покипяти́ть(ся), -ячу́(сь),
  -яти́т(ся)

покипячённый; кр. ф. -ён,
  -ена́
по-кирги́зски
по-кита́йски
поклада́я: не поклада́я
  рук
покла́дистость, -и
покла́дистый
покла́жа, -и
покла́няться, -яюсь, -яется
покла́сть, -аду́, -адёт; прош.
  -а́л, -а́ла
поклёванный
поклева́ть(ся), -люю, -лю-
  ёт(ся)
поклевета́ть, -ещу́, -ещет
поклёвка, -и
поклёвывать, -аю, -ает
поклеенный
покле́ить, -е́ю, -е́ит
поклёп, -а
поклика́ть, -и́чу, -и́чет
покло́н, -а
поклоне́ние, -я
поклони́ться, -оню́сь,
  -о́нится
покло́нник, -а
покло́нница, -ы
покло́нный
покло́ниться, -яюсь, -яется
покля́нчить, -чу, -чит
покля́сться, -яну́сь, -янётся;
  прош. -я́лся, -яла́сь
по-кни́жному, нареч.
покобанный
покова́ть, -ку́ю, -куёт
покове́рканный
покове́ркать(ся), -аю(сь),
  -ает(ся)
поко́вка, -и
поко́вочный
поковыля́ть, -я́ю, -я́ет
поковы́ривать, -аю, -ает
поковыря́ть(ся), -я́ю(сь),
  -я́ет(ся)
по-ко́зьи
поко́и, -ев
поко́ить(ся), -о́ю(сь),
  -о́ит(ся)
поко́й, -я
поко́йник, -а
поко́йница, -ы
поко́йницкая, -ой
поко́йницкий
поко́йный, -ого (умерший)
поко́йный, -ого (умерший)
пококе́тничать, -аю, -ает
покола́чивать, -аю, -ает
поколдова́ть, -дую, -дует
поко́ле и поко́ль
поколеба́ть(ся), -ле́б-
  лю(сь), -ле́блет(ся)
поколе́бленный
поколе́ние, -я
поколе́нный
поколоси́ться, -ешу́, -еси́т
поколе́ть, -е́ю, -е́ет
поколи́ку
поколо́нно
поколоти́ть(ся), -очу́(сь),
  -о́тит(ся)
поко́лотый
поколо́ть(ся), -олю́(сь),
  -о́лет(ся)

поколо́ченный
поколу́панный
поколупа́ть, -а́ю, -а́ет
поколыха́ть, -ы́шу, -ы́шет и
  -а́ю, -а́ет
поколы́хивать, -аю, -ает
поко́ль и поко́ле
по-команди́рски
покома́ндовать, -дую, -дует
поко́мкать, -аю, -ает
по-коммунисти́чески
по-комсомо́льски
поконопа́тить, -а́чу, -а́тит
поко́нченный
поко́нчить, -чу, -чит
покопа́ть(ся), -а́ю(сь),
  -а́ет(ся)
покопте́ть 1, -е́ет (к копте́ть 1)
покопте́ть 2, -пчу́, -пти́т (к копте́ть 2)
покопти́ть, -пчу́, -пти́т
  (что; испускать копоть
  некоторое время)
покопчённый; кр. ф. -ён,
  -ена́
покорёженный
покорёжить(ся), -жу(сь),
  -жит(ся)
по-коре́йски
покоре́ние, -я
покорённый; кр. ф. -ён,
  -ена́
покори́тель, -я
покори́тельница, -ы
покори́ть(ся), -рю́(сь),
  -ри́т(ся)
покорми́ть(ся), -орм-
  лю́(сь), -о́рмит(ся)
поко́рмленный
поко́рнейший
поко́рность, -и
поко́рный
покоро́бить(ся), -блю,
  -бит(ся)
покоро́бленный
покоро́че
покро́вствовать, -твую, -тву-
  ет
покоры́стоваться, -стуюсь,
  -стуется
покоря́ть(ся), -я́ю(сь),
  -я́ет(ся)
покоря́читься, -чусь, -чится
поко́с, -а
покоси́ть, -ошу́, -о́сит (к коси́ть 1)
покоси́ть(ся), -ошу́(сь),
  -оси́т(ся) (к коси́ть 2)
поко́сный
покоче́вать, -чу́ю, -чу́ет
покочевря́житься, -жусь,
  -жится
по-коша́чьему, нареч.
поко́шенный
покоу́чствовать, -твую,
  -твует
покоя́щийся
покра́денный
покра́жа, -и
по кра́йней ме́ре
по кра́йности
покра́пать, -плю, -плет и
  -аю, -ает

покра́пывать, -ает
покра́сить, -а́шу, -а́сит
покра́ска, -и
покрасне́ние, -я
покрасне́ть, -е́ю, -е́ет
покрасова́ться, -су́юсь, -су́-
  ется
покра́сочный
покра́сть, -аду́, -адёт; прош.
  -кра́л, -кра́ла
покрахма́ленный
покрахма́лить, -лю, -лит
покра́шенный
покрени́ться, -и́тся
покре́пче
покрести́ть(ся), -ещу́(сь),
  -е́стит(ся)
по-крестья́нски
покрещённый; кр. ф. -ён,
  -ена́
покриви́ть(ся), -влю́(сь),
  -ви́т(ся)
покривлённый; кр. ф. -ён,
  -ена́
покривля́ться, -я́юсь, -я́ется
по́крик, -а
покри́кивание, -я
покри́кивать, -аю, -ает
покритикова́ть, -ку́ю, -ку́ет
покрича́ть, -чу́, -чи́т
покро́в 1, -а (покрывало)
покро́в 2, -а́ (церковный
  праздник)
покрови́тель, -я
покрови́тельница, -ы
покрови́тельственный
покрови́тельство, -а
покрови́тельствовать,
  -твую, -твует
покро́вный
покро́енный
покро́ить, -о́ю, -о́ит
покро́й, -я
покро́мка, -и
покро́мочный
покро́мсанный
покромса́ть, -а́ю, -а́ет
покропи́ть, -плю́, -пи́т
покроплённый; кр. ф. -ён,
  -ена́
покро́шенный
покроши́ть, -ошу́, -о́шит
покругле́ть, -е́ю, -е́ет
покружённый; кр. ф. -ён,
  -ена́ и покру́женный; кр.
  ф. -ен, -ена
покрупне́ть, -е́ю, -е́ет
покрути́ть(ся), -учу́(сь),
  -у́тит(ся)
покру́ченный
покручи́ниться, -нюсь, -ни-
  тся
покрыва́ло, -а
покрыва́ть(ся), -а́ю(сь),
  -а́ет(ся)
покры́тие, -я
покрытосеменны́е, -ых и
  покрытосемя́нные, -ых
покры́тый
покры́ть(ся), -ро́ю(сь), -ро́-
  ет(ся)
покры́шечный

покры́шка, -и
покря́кать, -аю, -ает
покря́кивать, -аю, -ает
покряхте́ть, -хчу́, -хти́т
покря́хтывать, -аю, -ает
покувырка́ться, -а́юсь, -а́ет-
  ся
поку́да
покуда́хтать, -хчу́, -хчет
поку́дова
по-кула́цки
покуме́кать, -аю, -ает
покуми́ться, -млю́сь, -ми́тся
покупа́тель, -я
покупа́тельница, -ы
покупа́тельный
покупа́тельский
покупа́ть(ся), -а́ю(сь),
  -а́ет(ся)
по-купе́чески
поку́пка, -и
покупно́й
покупщи́к, -а́
покупщи́ца, -ы
покура́житься, -жусь, -жит-
  ся
покуренный
покуривать, -аю, -ает
покури́ть, -урю́, -у́рит
покуроле́сить, -е́шу, -е́сит
покусанный
покуса́ть, -а́ю, -а́ет
покуси́ться, -ушу́сь, -уси́тся
поку́сывать, -аю, -ает
покути́ть, -учу́, -у́тит
поку́чивать, -аю, -ает
поку́шать, -аю, -ает
покуша́ться, -а́юсь, -а́ется
покуше́ние, -я
пол 1, -а, *предл.* о по́ле, на
  полу́, *мн.* -ы́, -о́в (на-
  стил)
пол 2, -а, *мн.* по́лы, -о́в
  (мужско́й и же́нский)
пола́, -ы́, *мн.* по́лы, пол
полави́ровать, -рую, -рует
полага́ть(ся), -а́ю(сь),
  -а́ет(ся)
пола́дить(ся), -а́жу,
  -а́дит(ся)
пола́зать, -аю, -ает
пол-А́зии
пола́зить, -а́жу, -а́зит
полака́ть, -а́ю, -а́ет
по-лаке́йски
полакиро́ванный
полакирова́ть, -ру́ю, -ру́ет
пола́комить(ся), -млю(сь),
  -мит(ся)
пол-Аме́рики
пола́мывать, -ает
пол-арбу́за
пол-арши́на
поласка́ть(ся), -а́ю(сь),
  -а́ет(ся) (к ла́ска)
пола́ти, -ей
по-латы́ни, *нареч.* (писа́ть
  по-латы́ни), но *сущ.* по
  латы́ни (получи́ть пя-
  тёрку по латы́ни)
по-латы́шски
пола́ять(ся), -а́ю(сь),
  -а́ет(ся)

по́лба, -ы
полба́йта
полба́нки
по́лбенный
полбуты́лки
полбяно́й
полведра́
полве́ка
полвершка́
полвосьмо́го
полвторо́го
полго́да
полго́рода
полгра́
полдвена́дцатого
полдевя́того
полде́ла
по́лдень, полу́дня и по́л-
  дня, *мн.* по́лдни, полдён
  и по́лдней
полдеся́того
полдне́вный
по́лдник, -а
по́лдничать, -аю, -ает
полдня́
полдоро́ги
полдю́жины
полдю́йма
по́ле, -я, *мн.* -я́, -е́й
по-лебеди́ному, *нареч.*
полебези́ть, -ежу́, -ези́т
полева́ть, -лю́ю, -лю́ет
  (охо́титься)
полеве́ние, -я
полеве́ть, -е́ю, -е́ет
полеви́к, -а́
полеви́ца, -ы
полёвка, -и
полево́д, -а
полево́дство, -а
полево́дческий
полево́й
полевошпа́товый
пол-Евро́пы
полега́емость, -и
полега́ние, -я
полега́ть, -а́ет
полёглый
полего́нечку
полего́ньку
полегча́ть, -а́ет
полёгший
полежа́лое, -ого
полежа́лый
полежа́ть, -жу́, -жи́т
полёживать, -аю, -ает
полезащи́тный
поле́зный
поле́зть, -ле́зу, -ле́зет;
  прош. -ле́з, -ле́зла
поле́зший
полема́рх, -а
полемизи́ровать, -рую, -ру-
  ет
поле́мика, -и
полеми́ст, -а
полеми́стка, -и
полеми́ческий
полеми́чный
поле́ника, -и
по-ле́нински
полени́ться, -еню́сь, -е́нит-
  ся

поле́ница, -ы, *м. и ж.* (бо-
  гаты́рь)
поле́нница, -ы (дров)
поле́но, -а, *мн.* поле́нья,
  -ьев
поле́нце, -а, *р. мн.* -нец и
  -нцев
полепета́ть, -печу́, -пе́чет
полепи́ть, -леплю́, -ле́пит
полесо́вщик, -а
поле́сье, -я
полёт, -а
полета́ть, -а́ю, -а́ет
полете́ть, -лечу́, -лети́т
по-ле́тнему, *нареч.*
полётный
поле́ченный
полечи́ть(ся), -ечу́(сь),
  -е́чит(ся)
поле́чь, -ля́гу, -ля́жет,
  -ля́гут; *прош.* -лёг, -легла́
поле́шко, -а
полжи́зни
по́лзание, -я
по́лзать, -аю, -ает
ползко́м, *нареч.*
ползо́к, -зка́
ползти́, -зу́, -зёт; *прош.*
  полз, ползла́
ползу́н, -а́
ползунки́, -о́в
ползу́нчик, -нка́
ползу́нья, -и, *р. мн.* -ний
ползу́честь, -и
ползу́чий
ползу́чка, -и
по́лзший
полиакри́ловый
полиами́дный
полиами́ды, -ов, *ед.*
  полиами́д, -а
полиа́ндрия, -и
полиа́нтовый
полиартри́т, -а
полибера́льничать, -аю,
  -ает
поли́в, -а (поливка)
поли́ва, -ы (глазурь)
поливальщи́на, -ы
поливале́нтный
поли́ванный и
  поли́венный
полива́ть(ся), -а́ю(сь),
  -а́ет(ся)
поли́венный и
  поли́ванный
поливинилацета́т, -а
поливини́ловый
поливинилхлори́д, -а
поливинилхлори́дный
поливитами́нный
поливитами́ны, -ов
поли́вка, -и
поливно́й
поливомо́ечный
поли́вочно-мо́ечный
поли́вочный
полигами́ческий
полига́мия, -и
полига́мный
полигени́зм, -а
полигини́я, -и
полигландуля́рный
полигло́т, -а

полиго́н, -а
полигона́льный
полиго́нный
полигонометри́ческий
полигономе́трия, -и
полиграфи́ст, -а
полиграфи́ческий
полигра́фия, -и
полиграфкомбина́т, -а
пол-игры́
поли́занный
полиза́ть(ся), -ижу́(сь),
  -и́жет(ся)
полиизобутиле́н, -а
поликарбона́т, -а
поликли́ника, -и
поликлини́ческий
поликонденса́ция, -и
поликриста́лл, -а
полилине́йный
полилове́ть, -е́ю, -е́ет
полило́г, -а
пол-име́ния
полиме́нт, -а
полиме́р, -а
полимербензи́н, -а
полимербето́н, -а
полимериза́тор, -а
полимеризацио́нный
полимериза́ция, -и
полиме́рия, -и
полиме́рный
полимерове́дение, -я
полиметалли́ческий
полиметри́я, -и
полиморфи́зм, -а
полиморфи́ческий
полимо́рфный
полиневри́т, -а
полинези́ец, -и́йца
полинези́йка, -и
полинези́йский
полинова́ть, -ну́ю, -ну́ет
полино́м, -а
полиномина́льный
полиня́лый
полиня́ть, -я́ет
полиомиели́т, -а
полиоэнцефали́т, -а
поли́п, -а
полипле́н, -а
полиплоиди́я, -и
поли́пный
полипо́ид, -а
полипропиле́н, -а
полиритми́я, -и
полирова́льный
полирова́ние, -я
полиро́ванный
полирова́ть(ся), -ру́ю,
  -ру́ет(ся)
полиро́вка, -и
полиро́вочный
по́лис, -а
полисахари́д, -а
полисеманти́ческий
полисеми́я, -и
полисерози́т, -а
полисиллоги́зм, -а
полисинтети́ческий
полисме́н, -а
по́лисный
полисоедине́ние, -я

полиспа́ст, -а
полиспа́стовый
полисперми́я, -и
полистадиа́льный
полиста́ть, -а́ю, -а́ет
полистиро́л, -а
полистиро́ловый
полистиро́льный
поли́стный
политбесе́да, -ы
политбюро́, *нескл., с.*
политгра́мота, -ы
политдёнь, -дня́
политеи́зм, -а
политеи́ст, -а
политеисти́ческий
политёс, -а
политехниза́ция, -и
политехнизи́ровать(ся),
  -рую, -рует(ся)
политехни́зм, -а
полите́хникум, -а
политехни́ческий
политзаключённый, -ого
политзаня́тие, -я
поли́тик, -а
поли́тика, -и
политика́н, -а
политика́нство, -а
политика́нствовать, -твую,
  -твует
поли́тико-администрати́в-
  ный
поли́тико-воспита́тель-
  ный
поли́тико-ма́ссовый
поли́тико-просвети́тель-
  ный
поли́тико-экономи́ческий
политинформа́тор, -а
политинформа́ция, -и
политпа́ж, -а
полити́ческий
полити́чный
политкаторжа́нин, -а, *мн.*
  -а́не, -а́н
политкаторжа́нка, -и
политкружо́к, -жка́
политми́нимум, -а
по-ли́товски
полито́лог, -а
политологи́ческий
политоло́гия, -и
политони́ческий
политотде́л, -а
политотде́лец, -льца
политотчёт, -а
политпросве́т, -а
политпросветрабо́та, -ы
политпросветрабо́тник, -а
политпросвеще́ние, -я
политрабо́та, -ы
политрабо́тник, -а
политреда́ктор, -а
политреда́кция, -и
политру́к, -а и -а́
политсоста́в, -а
политуправле́ние, -я
политу́ра, -ы
политучёба, -ы
политча́с, -а
политшко́ла, -ы
по́литый; *кр. ф.* поли́т,
  полита́, по́лито

поли́ть(ся), -лью́(сь),
  -льёт(ся); *прош.* по́ли́л,
  поли́лся, полила́(сь),
  по́ли́ло, поли́ло́сь)
политэконо́мия, -и
политэмигра́нт, -а
политэмигра́нтка, -и
полиурета́н, -а
полиурета́новый
полиури́я, -и
полифа́ги́я, -и
полифони́ческий
полифони́я, -и
полиформальдеги́д, -а
полифто́нг, -а
полифтонги́ческий
полихлорвини́л, -а
полихлорвини́ловый
полихрома́ти́ческий
полихро́ми́я, -и
по́лица, -ы
полица́й, -я
полицейме́йстер, -а
полицей-президе́нт, -а
полице́йский
полице́йщина, -ы
полице́мерить, -рю, -рит
полицентри́зм, -а
поли́ция, -и
полицме́йстер, -а
поли́чное, -ого (с
  поли́чным пойма́ть)
полишине́ль, -я
полиэ́др, -а
полиэкра́н, -а
полиэмбриони́я, -и
полиэ́стр, -а
полиэтиле́н, -а
полиэтиле́новый
полиэфи́рный
полк, -а́, *предл.* о полке́, в
  полку́
по́лка, -и
полкиломе́тра
полкирпича́
полко́вник, -а
полко́вник-инжене́р, пол-
  ко́вника-инжене́ра
полко́вничий, -ья, -ье
полково́дец, -дца
полково́дческий
полково́й
полкодержа́тель, -я
полко́мнаты
полкопе́йки
полкру́га
пол-Ленингра́да
пол-лимо́на
полли́на́рий, -я
пол-ли́нии
полли́ний, -я
пол-листа́
пол-ли́тра
поллитро́вка, -и
пол-литро́вый
пол-ло́жки
пол-ло́та
поллюци́т, -а
поллю́ция, -и
полме́сяца
полме́тра
полмиллио́на
полмину́ты
полми́ра

пол-Москвы́
полне́ба
полне́ть, -е́ю, -е́ет (становиться полным)
полнёхонький; *кр. ф.* -нек,
  -нька
полнёшенький; *кр. ф.*
  -нек, -нька
полни́ть, -и́т (*кого, что*)
полни́ть(ся), -и́т(ся) (на-
  полня́ть(ся)
по́лно (довольно)
полнове́сный
полновла́стие, -я
полновла́стный
полново́дный
полноводье, -я
полногла́сие, -я
полногла́сный
полногру́дый
полнозву́чный
полнокро́вие, -я
полнокро́вный
полноли́цый
полнолу́ние, -я
полнолу́нный
полноме́рный
полнометра́жный
полномо́чие, -я
полномо́чный
полноповоро́тный
полнопра́вие, -я
полнопра́вность, -и
полнопра́вный
полноро́дный
по́лностью
полнота́, -ы́
по́лноте (довольно)
полноте́лый
полноформа́тный
полноце́нный; *кр. ф.* -це́-
  нен, -це́нна
полно́чи
полно́чный
по́лночь, по́лночи и полу́-
  ночи
полнощёкий
полно́щный
по́лный; *кр. ф.* по́лон, по-
  лна́, по́лно
по́лны́м-полна́
по́лны́м-полно́
по́лны́м-по́лон
по́ло, *нескл., с.*
пол-оборо́та
полоба́, -ы
полове́цкий
полови́к, -а́
полови́на, -ы
полови́нка, -и
полови́нный
полови́нчатость, -и
полови́нчатый
полови́нщик, -а
полови́ть, -овлю́, -о́вит
полови́ца, -ы
полови́чо́к, -чка́
поло́вник, -а
поло́вничать, -аю, -ает
поло́вничество, -а
полово́дье, -я
половозрастно́й
половозре́лый
половой, *прил.*

полово́й, -о́го (слуга)
по́ловцы, -ев, *ед.* по́ловец,
  -вца
половча́нка, -и
по́ловый (о масти)
поло́г, -а
поло́гий
пологозалега́ющий*
пологонакло́нный
пологопа́дающий*
поло́гость, -и
пол-огурца́
пол-оди́ннадцатого
полодня́, -и
поло́же, *сравн. ст. (от*
  поло́гий, поло́го)
положе́ние, -я
поло́женный
положи́тельность, -и
положи́тельный
положи́ть(ся), -ожу́(сь),
  -о́жит(ся)
по́лоз 1, -а, *мн.* поло́зья,
  -ьев
по́лоз 2, -а, *мн.* -ы, -ов
  (змея)
поло́к, -лка́
поло́льник, -а
поло́льный
поло́манный
полома́ть(ся), -а́ю(сь),
  -а́ет(ся)
поло́мить, -о́мит
поло́мка, -и
поломбе́чный
поломо́йка, -и
поломо́йный
поло́н, -а и -у
полоне́з, -а
полонённый; *кр. ф.* -ён,
  -ена́
полониза́ция, -и
полонизи́рованный
полонизи́ровать(ся),
  -рую(сь), -рует(ся)
полони́зм, -а
поло́ний, -я
полони́на, -ы
полони́ть, -ню́, -ни́т
поло́няничный
поло́панный
поло́паться, -ается
полоро́гий
полоро́тый
полоса́, -ы́, *вин.* по́лосу́,
  мн. по́лосы, -о́с, -оса́м
полоса́тик, -а
полоса́тый
поло́ска, -и
полоска́ние, -я
поло́сканный
полоска́тельница, -ы
полоска́тельный
полоска́ть(ся), -ощу́(сь),
  -о́щет(ся) и -а́ю(сь),
  -а́ет(ся) (промывать)
полоска́ющий(ся) и поло́-
  щущий(ся)
полоску́н, -а́
полосно́й (полосовой)
поло́снутый
полосну́ть, -ну́, -нёт
поло́сный (*от* полоса́)
полосова́льный

полосова́ние, -я
полосо́ванный
полосова́ть(ся), -су́ю, -су́-
ет(ся)
полосово́й
полосону́ть, -ну́, -нёт
полосо́нька, -и
полостно́й (от по́лость)
по́лость, -и, мн. -и, -е́й
полосу́шка, -и
пол-осьму́хи
пол-осьму́шки
полоте́нечный
полоте́нце, -а, р. мн. -нец
поло́тер, -а
полоте́рничать, -аю, -ает
полоте́рный
полоте́рский
полотни́ще, -а
полотно́, -а́, мн. поло́тна,
-тен
полотня́ный
полото́к, -тка́
по́лотый
поло́ть, -и и по́лоть, -и (половина туши)
поло́ть(ся), полю́, по́-
лет(ся)
полоу́мие, -я
полоу́мный
по́лочка, -и
пол-очка́
полоши́ть(ся), -шу́(сь),
-ши́т(ся)
полощу́щий(ся) и поло-
ска́ющий(ся)
полпе́рвого
полпи́во, -а
полпо́рции
полпре́д, -а
полпре́дство, -а
полпути́
полпя́того
полсве́та
полседьмо́го
полсеме́стра
полсло́ва
полсме́ны
полсо́тни
полста́вки
полстола́
пол столо́вой ло́жки
полсто́лька и полсто́лько
полстраны́
по́лсть, -и
полстяно́й и полстяно́й
полсу́ток
полта́вка, -и (сорт пшени-
цы)
полти́на, -ы
полти́нник, -а
полто́нны
полтора́, полу́тора
полтора́ста, полу́тораста
полторы́, полу́тора
полтре́тьего
полтре́тья, числит.
полты́сячи
по́лть, -и и по́лоть, -и (половина туши)
полу... — первая часть
сложных слов, пишется
всегда слитно
полуавтома́т, -а

полуавтомати́ческий
полуарши́нный
полуба́йт, -а, р. мн. -ба́йт и
-ов
полуба́к, -а
полубарка́с, -а
полуба́рхат, -а
полуба́шня, -и, р. мн. -шен
полубезрабо́тный
полубе́лый
полубессозна́тельный
полубесчу́вственный; кр.
ф. -вен и -венен, -венна
полубо́г, -а, мн. -и, -о́в
полубоги́ня, -и, р. мн. -и́нь
полубо́кс, -а
полубольно́й
полубо́рт, -а
полуботи́нки, -нок, ед.
-нок, -нка
полубума́жный
полубуты́лка, -и
полуваго́н, -а
полува́л, -а
полува́льный
полува́ттный (к ватт)
полуведёрный и полуве́-
дерный
полувеково́й
полуверста́, -ы́
полувёрстный
полувзво́д, -а
полуводяно́й
полувое́нный
полуволново́й
полуга́р, -а
полуга́рный
полуги́чка, -и
полугла́сный
полуглиссер, -а, мн. -ы, -ов
и -а́, -о́в
полуго́дие, -я
полугоди́чный
полугодова́лый
полугодово́й
полуго́док, -дка
полуголо́дный
полуго́лый
полугора́, -ы́
полугра́мотный
полугу́сеничный
полу́да, -ы
полу́денный
полудика́рь, -я́
полуди́кий
полуди́ть, -ужу́, -у́ди́т
полудрагоце́нный
полудрёма, -ы
полудремо́та, -ы
полуду́плексный
полудюймо́вый
полу́женный; кр. ф. -ен,
-ена и полужённый; кр.
ф. -ён, -ена́
полужёсткий
полужесткокры́лые, -ых
полуживо́й; кр. ф. -и́в,
-ива́, -и́во
полужи́дкий
полужи́рный
полузабы́тый
полузабытьё, -я́, предл. в
полузабытьи́
полузави́симый

полузаводско́й
полузакры́тый
полузакры́ть(ся), -ро́ю(сь),
-ро́ет(ся)
полуза́мкнутый
полузасу́шливый
полузащи́та, -ы
полузащи́тник, -а
полузвери́ный
полуземляно́й
полузна́йка, -и, м. и ж.
полузна́йство, -а
полузре́лый
полуимпериа́л, -а
полуи́мя, -мени
полуинтеллиге́нтный
полуинтеллиге́нтский
полука́менный
полукафта́н, -а
полуквалифици́рованный
полуке́ды, -ов и -ке́д, ед.
-ке́д, -а
полукилометро́вый
полуко́кс, -а
полукоксова́ние, -я
полуколло́ид, -а
полуколониа́льный
полуколо́ния, -и
полукольцо́, -а́, мн. -ко́ль-
ца, -коле́ц, -ко́льцам
полукомбинезо́н, -а
полукро́вечник, -а
полукочево́й
полукристалли́ческий
полукро́вка, -и, м. и ж.
полукро́вный
полукро́вок, -вка
полукру́г, -а
полукру́глый
полукру́жие, -я
полукру́жный
полукуста́рник, -а
полукуста́рный
полулега́льный
полулёгкий
полулегкове́с, -а
полулёжа, нареч.
полулежа́ть, -жу́, -жи́т
полули́ст, -а
полули́стовый
полульняно́й
полума́ска, -и
полума́сса, -ы
полума́ссный
полумгла́, -ы́
полуме́ра, -ы
полумёртвый; кр. ф.
-мёртв, -мертва́, -мертво́ и
-мёртво
полуме́сяц, -а
полуме́сячный
полуметро́вый
полумиллио́нный
полумра́к, -а
полумя́гкий
полунавесно́й
полунаго́й
полунасы́щенный
полунатура́льный
полу́ндра, -ы
полунезави́симый
полуни́щий
полуно́чник, -а
полуно́чница, -ы

полуно́чничать, -аю, -ает
полуно́чный
полуобезья́на, -ы
полуобморочный
полуобнажённый; кр. ф.
-ён, -ена́
полуоборо́т, -а
полуобразо́ванный; кр. ф.
-ан, -анна
полуобрезно́й
полуова́л, -а
полуова́льный
полуоде́тый
полуокру́жность, -и
полуопу́щенный
полуосвещённый; кр. ф.
-ён, -ена́
полуо́стров, -а, мн. -а́, -о́в
полуостровно́й
полубсь, -и, предл. о по-
лубси, на полуоси́, мн.
-и, -е́й
полуотво́ренный; кр. ф.
-ен, -ена и полуотворён-
ный; кр. ф. -ён, -ена́
полуоткры́тый
полуофициа́льный
полупальто́, нескл, с.
полупа́р, -а
полупарази́т, -а
полупи́ть(ся), -уплю́,
-у́пит(ся)
полу́пленный
полуповоро́т, -а
полуподва́л, -а
полуподва́льный
полупокло́н, -а
полупоме́шанный
полупонто́н, -а
полупочтённый
полупра́вда, -ы
полупра́вдивый
полупрезри́тельный
полуприседа́ние, -я
полуприце́п, -а
полупроводни́к, -а́
полупроводнико́вый
полупроду́кт, -а
полупрозра́чный
полупролетариа́т, -а
полупролета́рий, -я
полупролета́рский
полупроница́емый
полупростра́нство, -а
полупро́филь, -я
полупроце́нтный
полупряма́я, -о́й
полупудови́к, -а́
полупудо́вый
полупусто́й
полупусты́нный
полупусты́ня, -и, р. мн.
-ы́нь
полупья́ный; кр. ф. -я́н,
-яна́, -я́но
полуразва́ленный
полуразвали́вшийся
полуразде́тый
полуразложи́вшийся
полуразорённый; кр. ф.
-ён, -ена́
полуразру́шенный
полураскры́тый
полураспа́д, -а

полурота, -ы
полуротный
полусапожки, -жек, *ед.* полусапо́жек, -жка
полусвет, -а
полуседой
полусерьёзный
полусидеть, -ижу́, -идит
полусинтетический
полуслепой
полуслово, -а, *мн.* -слова́, -сло́в
полусмерть, -и: до полусмерти
полусобранный
полусогнутый
полусознательный
полусон, -сна́
полусонный
полуспущенный
полусредний
полустанок, -нка
полустационар, -а
полустишие, -я
полустойкий
полустолбец, -бца́
полусукно, -а́
полусуконный
полусумасшедший
полусуточный
полусухой
полусфера, -ы
полусырой
полусырьё, -я́
полута́кт, -а
полутёмный; *кр. ф.* -тёмен, -темна
полутень, -и, *предл.* в полутени, *мн.* -тени, -теней
полутом, -а, *мн.* -а́, -ов
полутон, -а, *мн.* -тона́, -ов (цвет) и -тоны, -ов и -ов (звук)
полутонкору́нный
полутонный
полутоновый (*от* тон)
полуторагодичный
полуторагодовалый
полуторамесячный
полутораметровый
полуторапроцентный
полуторатонка, -и
полуторатонный
полуторка, -и
полуторный
полутьма, -ы́
полутяжеловес, -а
полутяжёлый
полуустав, -а
полууставный
полуфабрикат, -а
полуфеодальный
полуфинал, -а
полуфиналист, -а
полуфинальный
полуфунтовый
полуциркульный
получас, -а
получасовой
получатель, -я
получательница, -ы
получательский
получа́ть(ся), -а́ю, -а́ет(ся)

получение, -я
полученный
получетвертной
пол-учи́лища
получистый
получить(ся), -учу́, -у́чит(ся)
получка, -и
получше
полушаг, -а, *мн.* -и, -ов
полушалок, -лка
полушарие, -я
полушёлк, -а
полушёлковый
полушёпот, -а
полушерсть, -и
полушерстяной
полушечный
полушка, -и
полуштоф, -а
полушубок, -бка
полушутливый
полушутя́
полущённый; *кр. ф.* -ён, -ена
полущивать, -аю, -ает
полущить, -щу́, -щит
полуэкипаж, -а
полуэскадрон, -а
полуэтаж, -а́
полуют, -а
полуявь, -и
полфунта
полцарства
полцены
пол чайной ложки
полчаса́
полчетверти
полчетвёртого
полчище, -а
полшага
полшестого
полштофа
полый
полымя, *тв.* -ем (из огня да в полымя)
полынный
полыновка, -и
полынок, -нка́
полынь, -и
полынья́, -и́, *р. мн.* -ней
полысение, -я
полысеть, -ею, -еет
полыхать, -аю, -ает
полыхнуть, -нёт
польдер, -а
польза, -ы
пользование, -я
пользователь, -я
пользовательский
пользоваться, -зуюсь, -зуется
полька, -и
польский
польско-ру́сский
польско-советский
польстить(ся), -льщу́(сь), -льстит(ся)
польщённый; *кр. ф.* -ён, -ена́
полюбезничать, -аю, -ает
полюбить(ся), -люблю́(сь), -любит(ся)

полюбова́ться, -бу́юсь, -бу́ется
полюбовник, -а
полюбовница, -ы
полюбовный
полюбопы́тствовать, -твую, -твует
полюднеть, -еет
по-людски
полюдье, -я
плюс, -а, *мн.* -ы, -ов и -а́, -ов
полюсный
полюшко, -а
пол-яблока
пол-ягнёнка
пол-ягоды
поляк, -а
поляна, -ы
поляне, -я́н
полянка, -и
поляра, -ы
поляризатор, -а
поляризационно-оптический
поляризационный
поляризация, -и
поляризованный
поляризовать(ся), -зу́ю, -зу́ет(ся)
поляриметр, -а
поляриметрический
полярископ, -а
полярник, -а
полярница, -ы
полярность, -и
полярный
полярография, -и
поляроид, -а
полярон, -а
полярформный
полячка, -и
пол-ящика
помавать, -аю, -ает
помада, -ы
помадить(ся), -а́жу(сь), -а́дит(ся)
помадка, -и
помадный
помазание, -я
помазанник, -а
помазанный
помазать(ся), -а́жу(сь), -а́жет(ся)
помазок, -зка́
помазывать(ся), -аю(сь), -ает(ся)
помакать, -аю, -ает
помакнуть, -ну́, -нёт
помалевать, -лю́ю, -лю́ет
помаленьку
помалкивать, -аю, -ает
помалу
помалчивать, -аю, -ает
по-мальчишески
поманёженный
поманежить(ся), -жу(сь), -жит(ся)
поманенный; *кр. ф.* -ен, -ена и поманённый; *кр. ф.* -ён, -ена́
поманивать, -аю, -ает
поманить, -аню́, -а́нит
по мановению

помаранный
помарать(ся), -а́ю(сь), -а́ет(ся)
помаргивать, -аю, -ает
помарка, -и
по-марксистски
помасленный
помаслить, -лю, -лит
помастерить, -рю, -рит
по-матерински
по-матросски
поматывать(ся), -аю, -ает(ся)
помахать(ся), -машу́(сь), -ма́шет(ся) и -маха́ю(ся), -маха́ет(ся)
помахивать(ся), -аю(сь), -ает(ся)
помаять(ся), -а́ю(сь), -а́ет(ся)
помбух, -а
помдиректора, *нескл., м. и ж.*
по-медвежьи
помедлить, -лю, -лит
помелеть, -еет (к мель)
помелить, -лю, -лит (к мел)
помело, -а́, *мн.* помелья, -ьев
помелькать, -аю, -ает
помельчать, -аю, -ает
помельчить, -чу́, -чит
поменьше
поменянный
поменять(ся), -я́ю(сь), -я́ет(ся)
померанец, -нца
померанцевый
померенный
по мере того как
померети, помру́, помрёт; *прош.* помер, померла́, помёрло
помереститься, -щусь, -щится
помёрзлый
помёрзнуть, -ну, -нет; *прош.* -ёрз, -ёрзла
помёрзший
померить(ся), -рю(сь), -рит(ся) и -ряю(сь), -ряет(ся)
померкнувший
померкнуть, -нет; *прош.* -ёрк, -ёркла
померкший
помертвелый
помертветь, -ею, -еет
померцать, -а́ет
помёрший
помесить, -ешу́, -есит
помесный (*от* помесь)
помести, -мету́, -метёт; *прош.* -мёл, -мела́
помесительный
поместить(ся), -ещу́(сь), -ести́т(ся)
поместный (*от* поместье)
поместье, -я, *р. мн.* -тий
поместьице, -а
помесь, -и
помесячный
помёт, -а
помета, -ы

пометать, -аю, -ает (о
  шитье)
пометать(ся), -мечу(сь),
  -мечет(ся)
пометить, -мечу, -метит
пометка, -и
помётший
помеха, -и
помехозащитный
помехозащищённость, -и
помехоустойчивость, -и
помехоустойчивый
помечать(ся), -аю, -ает(ся)
помеченный
помечтать, -аю, -ает
помешанный, прич. (от
  помешать)
помешанный, -ого (сума-
  сшедший)
помешательство, -а
помешать(ся), -аю(сь),
  -ает(ся)
помешенный (от поме-
  сить)
помешивать, -аю, -ает
по-мещански
помещать(ся), -аю(сь),
  -ает(ся)
помещение, -я
помещённый; кр. ф. -ён,
  -ена
помещик, -а
помещица, -ы
помещичий, -ья, -ье
помигать, -аю, -ает
помидор, -а, р. мн. -ов
помидорный
помидоровый
помидорчик, -а
помилование, -я
помилованный
помиловать, -лую, -лует
помилосердствовать,
  -твую, -твует
помилуй(те)
помимо
помин, -а
поминальный
поминание, -я
поминать(ся), -аю, -ает(ся)
поминки, -нок
по миновании
поминовение, -я
поминутный
помирать, -аю, -ает
помирённый; кр. ф. -ён,
  -ена
помирить(ся), -мирю(сь),
  -мирит(ся)
по-мирски
по миру (пойти, пустить)
поммастера, нескл., м. и
  ж.
помнить(ся), -ню, -нит(ся)
помногу, нареч. (зараба-
  тывать помногу), но
  числит. по многу (по
  многу лет)
помножать(ся), -аю,
  -ает(ся)
помноженный
помножить, -жу, -жит
помогать, -аю, -ает
помогший

по-моему, нареч.
помозговать, -гую, -гует
помои, -ёв
помойка, -и
помойный
помокший
помол, -а
помолвить(ся), -влю(сь),
  -вит(ся)
помолвка, -и
помолвленный
по-молдавски
помолец, -льца
помолиться, -олюсь, -олит-
  ся
помолог, -а
помологический
помология, -и
помолодеть, -ею, -еет
по-молодецки
помолотить(ся), -очу,
  -отит(ся)
помолотый
помолоть, -мелю, -мелет
помолоченный
помолчать, -чу, -чит
помольный
помольщик, -а
по-монашески
по-монгольски
помор, -а (житель русского
  северного поморья)
поморгать, -аю, -ает
поморённый; кр. ф. -ён,
  -ена
поморец, -рца (помор)
поморить, -рю, -рит
поморка, -и
поморник, -а (птица)
помороженный
поморозить(ся), -ожу(сь),
  -озит(ся)
поморосить, -ит
поморочить, -чу, -чит
поморский
поморщина, -ы
поморщить(ся), -щу(сь),
  -щит(ся)
поморье, -я, р. мн. -рий
поморянин, -а, мн. -яне, -ян
  (житель поморья)
поморянка, -и
помост, -а
помотать(ся), -аю(сь),
  -ает(ся)
помоченный
помочи, -ей (подтяжки)
помочить(ся), -очу(сь),
  -очит(ся)
помочь, -и (бог помочь)
помочь, -огу, -ожет, -огут;
  прош. -ог, -огла
помощник, -а
помощница, -ы
помощь, -и
помпа, -ы
помпадур, -а
помпадурский
помпадурство, -а
помпадурша, -и
помпезность, -и
помпезный

помпельмус, -а
помповый
помполит, -а
помпон, -а
помпончик, -а
помрачать(ся), -аю,
  -ает(ся)
помрачение, -я
помрачённый; кр. ф. -ён,
  -ена
помрачить(ся), -чу,
  -чит(ся)
помрачнеть, -ею, -еет
помудрить, -рю, -рит
помудрствовать, -твую,
  -твует
по-мужски
помузицировать, -рую,
  -рует
помурлыкать, -ычу, -ычет и
  -аю, -ает
помусленный
помуслить, -лю, -лит
помусоленный
помусолить, -лю, -лит
помутить(ся), -учу,
  -утит(ся)
помутнение, -я
помутнённый; кр. ф. -ён,
  -ена
помутнеть, -еет
помученный
помучить(ся), -чу(сь),
  -чит(ся) и -чаю(сь),
  -чает(ся)
помуштровать, -рую, -рует
помчать(ся), -чу(сь),
  -чит(ся)
помыкать, -аю, -ает, несов.
  (притеснять)
помыкать(ся), -аю(сь),
  -ает(ся), сов. (от
  мыкать(ся)
помысленный
помыслить(ся), -лю(сь),
  -лит(ся)
помысел, -сла
помыслить, -лю, -лит
помытарить(ся), -рю(сь),
  -рит(ся)
помытый
помыть(ся), -мою(сь),
  -моет(ся)
помычать, -чу, -чит
помышление, -я
помышлять, -яю, -яет
помягчеть, -ею, -еет
помянутый
помянуть, -яну, -янет
помятый
помять(ся), -мну(сь),
  -мнёт(ся)
понаблюдать, -аю, -ает
понабранный
понабрать(ся), -беру(сь),
  -берёт(ся); прош.
  -брал(ся), -брала(сь),
  -брало, -бралось
понабросанный
понабросать, -аю, -ает
понаведаться, -аюсь, -ает-
  ся
понаведённый; кр. ф. -ён,
  -ена

понаведываться, -аюсь,
  -ается
понавезти, -зу, -зёт; прош.
  -вёз, -везла
понавести, -еду, -едёт;
  прош. -вёл, -вела
понависнуть, -нет; прош.
  -вис, -висла
понависший
понаглеть, -ею, -еет
понаглядеться, -яжусь,
  -ядится
понагнать, -гоню, -гонит;
  прош. -ал, -ала, -ало
по-над, предлог
понаделанный
понаделать, -аю, -ает
понадеяться, -еюсь, -еется
понадобиться, -блюсь, -бит-
  ся
понаехать, -едет
понапрасну
понарошку
понаслышке
понасмотреться, -отрюсь,
  -отрится
по-настоящему, нареч.
понастроенный
понастроить, -ою, -оит
понатасканный
понатаскать, -аю, -ает
понаторёть(ся), -ею(сь),
  -еет(ся)
понатужиться, -ужусь,
  -ужится
поначалу, нареч.
поначальствовать, -твую,
  -твует
по-нашему, нареч.
понашитый
понашить, -шью, -шьёт
понёва, -ы
поневоле
понедельник, -а
понедельничный (от по-
  недельник)
понедельный (еженедель-
  ный)
понеже, союз
понежить(ся), -жу(сь),
  -жит(ся)
по-немецки
понемногу, нареч.
понемножечку, нареч.
понемножку, нареч.
по необходимости
понервничать, -аю, -ает
понесённый; кр. ф. -ён,
  -ена
по нескольку
понести(сь), -су(сь),
  -сёт(ся); прош. -ёс(ся),
  -есла(сь)
понёсший(ся)
пони, нескл., м.
понижать(ся), -аю, -ает(ся)
пониже
понижение, -я
пониженный
понизительный
понизить(ся), -ижу,
  -изит(ся)
понизовщина, -ы
понизовый

понизо́вье, -я
по́низу, *нареч.* (низом)
поника́ть, -а́ю, -а́ет
пони́кнувший
пони́кнуть, -ну, -нет; *прош.* -и́к, -и́кла
пони́кший
понима́ние, -я
понима́ть(ся), -а́ю, -а́ет(ся)
по-ни́щенски
понови́ть, -влю́, -ви́т
поновлённый; *кр. ф.* -ён, -ена́
поновля́ть(ся), -я́ю, -я́ет(ся)
по-но́вому, *нареч.*
поножо́вщина, -ы
пономари́ха, -и
пономари́ца, -ы
пономарский
пономарь, -я́
поно́с, -а
носи́тель, -я
поноси́тельный
поноси́ть(ся), -ошу́(сь), -о́сит(ся)
поно́ска, -и
поно́сный
поноше́ние, -я
поно́шенный
понра́виться, -влюсь, -вится
понтёр, -а
понти́ровать, -рую, -рует
понти́ровка, -и
понто́н, -а
понтонёр, -а
понто́нно-мостово́й
понто́нный
понто́нщик, -а
понуди́тельный
пону́дить, -у́жу, -у́дит
понужда́ть, -а́ю, -а́ет
понужде́ние, -я
понуждённый; *кр. ф.* -ён, -ена́
понука́ние, -а
понука́ть, -а́ю, -а́ет
пону́р, -а
пону́ренный
пону́ривать(ся), -аю(сь), -ает(ся)
пону́рить(ся), -рю(сь), -рит(ся)
пону́рый
по нутру́
по́нчик, -а
по́нчиковая, -ой
по́нчо, *нескл., с.*
поны́не
по-ны́нешнему, *нареч.*
поныря́ть, -я́ю, -я́ет
поны́ть, -но́ю, -но́ет
поню́х, -а (ни за поню́х табаку́)
поню́ханный
поню́хать(ся), -аю, -ает(ся)
поню́шка, -и
поня́нчить(ся), -чу(сь), -чит(ся)
поня́тие, -я
поня́тливость, -и
поня́тливый
поня́тный
поня́то́й, -о́го (свидетель)

по́нятый; *кр. ф.* по́нят, по́нята́, по́нято, *прич.*
поня́ть, пойму́, поймёт; *прош.* по́нял, поняла́, по́няло
пообива́ть, -а́ю, -а́ет
пооби́ть, -обобью́, -обобьёт
пообвы́кнуть, -ну, -нет; *прош.* -ык, -ыкла
пообвы́кший
пообе́дать, -аю, -ает
по-обезья́ньи
пообе́щанный
пообеща́ть(ся), -а́ю(сь), -а́ет(ся)
пообжи́ться, -ивусь, -ивётся; *прош.* -жи́л(ся), -жила́(сь)
пооблома́нный
пооблома́ть, -а́ю, -а́ет
поообноси́ть(ся), -ошу́(сь), -о́сит(ся)
пообобрва́ть(ся), -рву́(сь), -рвёт(ся); *прош.* -а́л(ся), -ала́(сь), -а́ло, -а́ло́(сь)
пообрыва́ть, -а́ю, -а́ет
пообсо́хнуть, -ну, -нет; *прош.* -о́х, -о́хла
пообсо́хший
пообы́кнуть, -ну, -нет; *прош.* -ы́к, -ы́кла
поба́дль
поодино́чке
по одному́
поозорнича́ть, -а́ю, -а́ет
поозорова́ть, -ру́ю, -ру́ет
по оконча́нии
поокта́брьский
поопераци́онный
поору́дийно
по-осе́ннему, *нареч.*
поосмотре́ться, -отрю́сь, -о́трится
поостри́ть, -рю́, -ри́т
поосты́нуть и поосты́ть, -ы́ну, -ы́нет; *прош.* -сты́л, -сты́ла
поотвы́кнуть, -ну, -нет; *прош.* -ы́к, -ы́кла
поотвы́кший
по отде́льности
по-оте́чески
поотря́дно
по-отцо́вски
по отчеству
поо́хать, -аю, -ает
поохо́титься, -о́чусь, -о́тится
по-охо́тничьи
по о́череди
поочерёдный
поощре́ние, -я
поощрённый; *кр. ф.* -ён, -ена́
поощри́тельный
поощри́ть, -рю́, -ри́т
поощря́ть(ся), -я́ю, -я́ет(ся)
поп, -а́
попа́вший
попада́ние, -я
попа́дать, -ает, *сов.* (упасть)
попада́ть(ся), -а́ю(сь), -а́ет(ся), *несов.* (к попа́сть(ся)
попадья́, -и́, *р. мн.* -де́й

попа́дя: чем попа́дя, чем ни попа́дя
попалённый; *кр. ф.* -ён, -ена́
попа́ливать, -аю, -ает
попали́ть, -лю́, -ли́т
поп-анса́мбль, -я
по па́мяти
попа́ренный
попа́рить(ся), -рю(сь), -рит(ся)
попа́рно
поп-а́рт, -а
по-парти́йному, *нареч.*
попа́сти(сь), -су́, -сёт(ся); *прош.* -а́с(ся), -асла́(сь)
попа́сть(ся), -аду́(сь), -адёт(ся); *прош.* -а́л(ся), -а́ла(сь)
попа́сший(ся)
попаха́ть, -ашу́, -а́шет
попа́хивать, -ает
поп-гру́ппа, -ы
попева́ть, -а́ю, -а́ет (к петь)
попе́вший(ся)
попённый (*от* пень)
попеня́ть, -я́ю, -я́ет
поперво́началу
поперёд
поперёк
попереме́нно
попере́ть(ся), -пру́(сь), -прёт(ся); *прош.* -пёр(ся), -пёрла(сь)
попере́чина, -ы
попере́чить, -чу, -чит
попере́чник, -а
попере́чно вы́тянутый
попере́чно-горизонта́льный
попере́чно-ко́нтурный
попере́чно-полоса́тый
попере́чно-строга́льный
попере́чно-цилиндри́ческий
попере́чный
попёртый
поперхну́ться, -ну́сь, -нётся
попе́рченный; *кр. ф.* -ен, -ена и поперчённый; *кр. ф.* -ён, -ена́
попе́рчить, -чу, -чит и поперчи́ть, -чу́, -чи́т
попёрший(ся)
попетуши́ться, -шу́сь, -ши́тся
попе́ть, -пою́, -поёт
попеча́литься, -люсь, -лится
попече́ние, -я
попечи́тель, -я
попечи́тельница, -ы
попечи́тельный
попечи́тельский
попечи́тельство, -а
попечи́тельствовать, -твую, -твует
попе́чь(ся), -еку́(сь), -ечёт(ся), -еку́т(ся); *прош.* -ёк(ся), -екла́(сь)
попива́ть, -а́ю, -а́ет (к пить)
по́пик, -а
попи́ленный

попили́ть, -илю́, -и́лит
по-пионе́рски
попира́ть(ся), -а́ю, -а́ет(ся)
попирова́ть, -ру́ю, -ру́ет
пописа́ть, -ишу́, -и́шет
попи́скивать, -аю, -ает
попи́сывать, -аю, -ает
попи́тый; *кр. ф.* по́пи́т, попи́та́, по́пи́то
попи́ть, -пью, -пьёт; *прош.* по́пи́л, попила́, по́пи́ло
по́пка, -и
попла́вать, -аю, -ает
поплавко́вый
попла́вок, -вка́
попла́вочный
попла́кать(ся), -а́чу(сь), -а́чет(ся)
по-пласту́нски
поплати́ться, -ачу́сь, -а́тится
поплева́ть, -люю, -люёт
поплёвывать, -аю, -ает
поплеска́ть(ся), -ещу́(сь), -е́щет(ся) и -а́ю(сь), -а́ет(ся)
поплёскивать, -аю, -ает
поплести́(сь), -лету́(сь), -летёт(ся); *прош.* -лёл(ся), -лела́(сь)
поплётший(ся)
по плечу́
попли́н, -а
попли́новый
поплотне́ть, -е́ю, -е́ет
поплута́ть, -а́ю, -а́ет
поплы́ть, -ыву́, -ывёт; *прош.* -ы́л, -ыла́, -ы́ло
попляса́ть, -пляшу́, -пля́шет
поп-му́зыка, -и
поп-мю́зикл, -а
попо́вич, -а
попо́вна, -ы
попо́вник, -а
попо́вский
попо́вщина, -ы
попо́вщина, -ы
попё́нный
попо́зже
попо́йть, -ою, -о́ит
попо́йка, -и
попола́м
попо́лдничать, -аю, -ает
попо́лзень, -зня
поползнове́ние, -я
поползти́, -зу́, -зёт; *прош.* -о́лз, -олзла́
попо́лзший
пополне́ние, -я
попо́лненный
пополне́ть, -е́ю, -е́ет
попо́лнить(ся), -ню, -нит(ся)
пополня́ть(ся), -я́ю, -я́ет(ся)
пополоска́ть(ся), -ощу́(сь), -о́щет(ся) и -а́ю(сь), -а́ет(ся)
пополо́ть, -олю́, -о́лет
пополу́дни
пополу́ночи
попо́льзовать(ся), -зую(сь), -зует(ся)
по-по́льски
попо́мнить, -ню, -нит

попона, -ы
попонный
попороть, -орю, -орет
попортить(ся), -рчу,
  -ртит(ся)
по поручению
попорченный
попоститься, -ощусь, -ос-
  титтся
попотеть, -ею, -еет
попотчевать, -чую, -чует
по-правдашнему, *нареч.*
по правде говоря
поправение, -я
поправеть, -ею, -еет
поправимый
поправить(ся), -влю(сь),
  -вит(ся)
поправка, -и
поправление, -я
поправленный
поправлять(ся), -яю(сь),
  -яет(ся)
поправочный
по праву
поправший
попраздновать, -ную, -нует
попрактиковаться, -куюсь,
  -куется
попранный; *кр. ф.* -ан, по-
  прана́, -ано
попрать, *буд. вр. не*
  употр.
по представлении
по предъявлении
по-прежнему, *нареч.*
по преимуществу
попрёк, -а
попрекать, -аю, -ает
попрекнуть, -ну, -нёт
попреть, -ею, -еет
по прибытии
поприветствовать, -твую,
  -твует
попривыкнуть, -ну, -нет;
  прош. -ык, -ыкла
попривыкший
по привычке
попридержанный
попридержать(ся), -ер-
  жу́(сь), -ержит(ся)
попридерживать(ся),
  -аю(сь), -ает(ся)
по приезде
попритчиться, -ится
поприще, -а
по-приятельски
попробованный
попробовать, -бую, -бует
по-пролетарски
попросить(ся), -ошу(сь),
  -осит(ся)
попросохнуть, -ну, -нет;
  прош. -ох, -охла
попросохший
попростеть, -ею, -еет
по-простецки
попросту
попрочнеть, -еет
попрошайка, -и, *м. и ж.*
попрошайничать, -аю, -ает
попрошайничество, -а
попрошенный
по прошествии

попрощаться, -аюсь, -ается
попроще
попрыгать, -аю, -ает
попрыгивать, -аю, -ает
попрыгун, -а́
попрыгунчик, -а
попрыгунья, -и, *р. мн.* -ний
попрысканный
попрыскать(ся), -аю(сь),
  -ает(ся)
попрыскивать, -аю, -ает
попрятанный
попрятать(ся), -ячу,
  -ячет(ся)
по-птичьи
попугай, -я
попугайничать, -аю, -ает
попугайчик, -а
попуганный
попугать, -аю, -ает
попугаячий
попугивать, -аю, -ает
попудный
попудренный
попудрить(ся), -рю(сь),
  -рит(ся)
популяр, -а
популяризатор, -а
популяризация, -и
популяризированный
популяризировать(ся),
  -рую, -рует(ся)
популяризованный
популяризовать(ся), -зую,
  -зует(ся)
популярность, -и
популярный
популяция, -и
попурри, *нескл., с.*
попускать(ся), -аю(сь),
  -ает(ся)
попуститель, -я
попустительница, -ы
попустительский
попустительство, -а
попустительствовать,
  -твую, -твует
попустить(ся), -ущу́(сь),
  -устит(ся)
по-пустому, *нареч.*
попусту
попутанный
попутать(ся), -аю(сь),
  -ает(ся)
попутешествовать, -твую,
  -твует
по пути
попутно-параллельный
попутный
попутчик, -а
попутчица, -ы
попущение, -я
попущенный
попытать(ся), -аю(сь),
  -ает(ся)
попытка, -и
попыхивать, -аю, -ает
попыхтеть, -хчу́, -хтит
попятить(ся), -ячу(сь),
  -ятит(ся)
попятный: идти на попят-
  ный или на попятную
попяченный
попра, -ы

пора́, -ы, *вин.* по́ру
поработать(ся), -аю,
  -ает(ся)
работитель, -я
поработительница, -ы
поработить(ся), -ощу́,
  -отит(ся)
порабощать(ся), -аю(сь),
  -ает(ся)
порабощение, -я
порабощённый; *кр. ф.* -ён,
  -ена́
поравнять(ся), -яю(сь),
  -яет(ся) (*к* равный)
порадеть, -ею, -еет
порадованный
порадовать(ся), -дую(сь),
  -дует(ся)
поражать(ся), -аю(сь),
  -ает(ся)
поражающий(ся)
пораженец, -нца
поражение, -я
поражённый; *кр. ф.* -ён,
  -ена́
пораженческий
пораженчество, -а
поразведанный
поразведать, -аю, -ает
поразвлёкший(ся)
поразвлечь(ся), -еку́(сь),
  -ечёт(ся), -екут(ся);
  прош. -ёк(ся), -екла́(сь)
пораздумать(ся), -аю(сь),
  -ает(ся)
поразительный
поразить(ся), -ажу́(сь),
  -азит(ся)
поразмыслить, -лю, -лит
поразмышлять, -яю, -яет
поразмять(ся), -зомну́(сь),
  -зомнёт(ся)
по-разному, *нареч.*
поразнюхать, -аю, -ает
поразрядно
поразузнать, -аю, -ает
поразъехаться, -едется
порайонный
поранение, -я
пораненный
поранить(ся), -ню(сь),
  -нит(ся)
пораньше
пораскиданный
пораскидать, -аю, -ает
пораскинуть(ся), -ну(сь),
  -нет(ся)
порассеять(ся), -ею(сь),
  -еет(ся)
порассказанный
порассказать, -ажу́, -ажет
порасспросить, -ошу́, -осит
порасспрошенный
порассуждать, -аю, -ает
порастать, -ает
порасти, -ту́, -тёт; *прош.*
  -рос, -росла́
порастить, -ащу́, -астит
порастрескаться, -ается
порастрясённый; *кр. ф.*
  -ён, -ена́
порастрясти́, -су́, -сёт;
  прош. -яс, -ясла́
по-рачьи

поращённый; *кр. ф.* -ён,
  -ена́
порванный
порвать(ся), -ву́, -вёт(ся);
  прош. -а́л(ся), -ала́(сь),
  -а́ло, -а́лось
поребрик, -а
по-ребячески
по-ребячьи
пореветь, -ву́, -вёт
поревновать, -ную, -нует
по-революционному, *на-*
  реч.
пореволюционный
поредение, -я
поредеть, -еет
пореже
порез, -а
порезанный
порезать(ся), -ежу(сь),
  -ежет(ся)
порезвиться, -влюсь, -вится
порезка, -и
порезник, -а
порей, -я
порекомендованный
порекомендовать, -дую,
  -дует
пореформенный
поречье, -я, *р. мн.* -чьев и
  -чий
порешённый; *кр. ф.* -ён,
  -ена́
порешить(ся), -шу́(сь),
  -шит(ся)
поржаветь, -еет и поржа-
  веть, -еет
поржать, -жу́, -жёт
порисовать(ся), -су́ю(сь),
  -су́ет(ся)
пористость, -и
пористый
порицание, -я
порицательный
порицать(ся), -аю, -ает(ся)
порка, -и
порнобизнес, -а
порнографический
порнография, -и
порнофильм, -а
поровну
поровнять, -яю, -яет (*к* ров-
  ный)
порог, -а
пороговый
порода, -ы
породистость, -и
породистый
по-родительски
породить, -ожу́, -одит
породнённый; *кр. ф.* -ён,
  -ена́
породнить(ся), -ню(сь),
  -нит(ся)
породность, -и
породный
породообразующий
породопогрузочный
по-родственному, *нареч.*
порождать(ся), -аю,
  -ает(ся)
порождение, -я
порождённый; *кр. ф.* -ён,
  -ена́

порóжек, -жка
порóжистость, -и
порóжистый
порóжнём, *нареч.*
порóжний (пустой)
порóжный (*от* порóг)
порожня́к, -á
порожняко́вый
порожняко́м, *нареч.*
пóроз, -а и пóрос, -а
пóрозну
пóрознь
порозовéть, -éю, -éет
порóй и порóю, *нареч.*
порóк, -а
пороло́н, -а
пороло́новый
пороня́ть, -я́ю, -я́ет
порообразова́ние, -я
пороплáст, -а
поропта́ть, -опщý, -опщет
пóрос, -а и пóроз, -а
поро́сая
поросёнок, -нка, *мн.* -ся́та, -ся́т
поросѝться, -ѝтся
пороскóпия, -и
пороскóшествовать, -твую, -твует
пóрослевый
пóросль, -и
порóсная
порóсший
порося́тина, -ы
порося́тник, -а
порося́чий, -ья, -ье
порóтно
пóротый
порóть(ся), порю́, пó-рет(ся)
пóрох, -а и -у, *мн.* -á, -óв
пороховнѝца, -ы
пороховóй
порочéние, -я
порóчить(ся), -чу, -чит(ся)
порóчность, -и
порóчный
порóша, -и
порошѝнка, -и
порошѝть, -ѝт
порошкови́дный
порошкóвый
порошкообрáзный
порошóк, -шкá
порошóчный
порóю и порóй, *нареч.*
порск, -а
порскáнье, -я
пóрскать, -аю, -ает (*от* смéха)
порскáть, -áю, -áет (собáк)
пóрскнуть, -ну, -нет (к пó-рскать)
порскнýть, -нý, -нёт (к по-рскáть)
порт, -а, *предл.* о пóрте, в портý, *мн.* -ы и -ы́, -óв
портáл, -а
портáльный
портати́вность, -и
портати́вный
портáч, -á
портáчить, -чу, -чит
портбукéт, -а

портвéйн, -а
пóртер, -а
пóртерная, -ой
пóртик, -а
пóртить(ся), -рчу(сь), -ртит(ся)
портки́, -óв и -тóк
портландцемéнт, -а
портмонé, *нескл. с.*
портнѝха, -и
портнóвский
портнóй, -óго
портня́жить, -жу, -жит
портня́жка, -и, *м.*
портня́жничать, -аю, -ает
портня́жничество, -а
портня́жный
портовѝк, -á
портóвый
портомóйня, -и, *р. мн.* -бен
пóрто-фрáнко, *нескл. с.*
портóчина, -ы
портóчки, -ов и -чек
портóчный (*от* портки́)
портплéд, -а
портрéт, -а
портрéтик, -а
портретѝровать, -рую, -рует
портретѝст, -а
портретѝстка, -и
портрéтный
портсигáр, -а
портабáк, -á
португáлец, -льца
португáлка, -и
португáльский
португáльско-испáнский
портулáк, -а
портулáковый
портупéйный
портупéй-прáпорщик, -а
портупéй-ю́нкер, -а
портупéя, -и
портфéль, -я, *мн.* -и, -ей
портфéльный
портфéльчик, -а
портшéз, -а
порты́, -óв (штаны)
портьé, *нескл. м.*
портьéра, -ы
портьéрный
портя́нка, -и
портя́ночный
порубáть, -áю, -áет
порубéжный
порубѝть(ся), -ублю́(сь), -ýбит(ся)
порýбка, -и
порýбленный
порýбливать, -аю, -ает
порýбщик, -а
порýбь, -и
поругáние, -я
порýганный
поругáть(ся), -áю(сь), -áет(ся)
порýгивать(ся), -аю(сь), -ает(ся)
порýка, -и
поруководѝть, -ожý, -одѝт
по-румы́нски
порумя́ненный
порумя́неть, -ею, -еет (стать румяным)

порумя́нить, -ню, -нит (ко-го, что)
порумя́ниться, -нюсь, -нится
порусéть, -éю, -éет
по-рýсски
порýха, -и
поручáть(ся), -áю(сь), -áет(ся)
поручéнец, -нца
поручéние, -я
порýченный
пóручень, -чня
порýчи, -ей
порýчик, -а
поручѝтель, -я
поручѝтельница, -ы
поручѝтельный
поручѝтельский
поручѝтельство, -а
поручѝть(ся), -учý(сь), -ýчит(ся)
порýшенный
порýшить(ся), -шу, -шит(ся)
порфѝр, -а (горная поро-да)
порфѝра, -ы (одежда)
порфирѝн, -а
порфирѝт, -а
порфѝрный
порфѝровый
порфироно́сный
порхáние, -я
порхáть, -áю, -áет
порхнýть, -нý, -нёт
порхýнья, -и, *р. мн.* -ний
порцио́н, -а
порцио́нный
пóрция, -и
пóрча, -и
пóрченый, *прич.*
пóрченый, *прил.*
поршенёк, -нька
пóршень, -шня
поршневóй и пóршневый
пóршни, -ей и -éй, *ед.* -пóр-шень, -шня (обувь)
по-рыбáцки
порыбáчить, -чу, -чит
по-рыбáчьи
по-ры́бьи
поры́в, -а
порывáние, -я
порывáть(ся), -áю(сь), -áет(ся)
поры́вистость, -и
поры́вистый
порыжéлый
порыжéть, -éю, -éет
поры́скать, -ы́щу, -ы́щет и -аю, -ает
поры́ть(ся), -рóю(сь), -рó-ет(ся)
порыхлéть, -éет
по-ры́царски
порябéть, -éет
порядѝть(ся), -яжý(сь), -ядѝт(ся)
поря́дковый
поря́дком, *нареч.*
поря́дливый
поря́док, -дка

поря́дочность, -и
поря́дочный
поряжáть(ся), -áю(сь), -áет(ся)
поря́женный
посáд, -а
посадѝть, -ажý, -áдит
посáдка, -и
посáдник, -а
посáдница, -ы
посáдничество, -а
посáдничий, -ья, -ье
посáдочно-десáнтный
посáдочный
посáдский
посáдчик, -а
посажáть, -áю, -áет
посáженный (*от* посадѝть)
посажённый (*от* сáжень)
посажёный (отéц, мать)
посáленный
посáлить, -лю, -лит
посамолётно
по-сáмочьи
посáпывать, -аю, -ает
посáсывать, -аю, -ает
посáхарить, -рю, -рит
посбáвить(ся), -влю, -вит(ся)
посбáвленный
посбивáть(ся), -áю, -áет(ся)
посбирáть, -áю, -áет
посбѝтый
посбѝть(ся), -собью́, -собь-ёт(ся)
посвáтанный
посвáтать(ся), -аю(сь), -ает(ся)
посвежéть, -éю, -éет
посветѝть, -вечý, -вéтит
посветлённый; *кр. ф.* -ён, -енá
посветлéть, -éю, -éет (стать светлым)
посветлѝть, -лю́, -лѝт (что)
по-свéтски
посвéчивать, -аю, -ает
по-свѝнски
по-свиня́чьи
пóсвист, -а
посвистáть, -ищý, -ѝщет
посвистéть, -ищý, -истѝт
посвѝстывание, -я
посвѝстывать, -аю, -ает
по-своемý, *нареч.*
по-свóйски
посвятѝтельный
посвятѝть(ся), -ящý(сь), -ятѝт(ся)
посвящáть(ся), -áю(сь), -áет(ся)
посвящéние, -я
посвящённый; *кр. ф.* -ён, -енá
посéв, -а
посевнóй
поседéлый
поседéние, -я
поседéть, -éю, -éет
посéдланный
поседлáть, -áю, -áет
посезóнный
посейчáс

посекрётничать, -аю, -ает
по секрёту
посёкший(ся) и посёк-
  ший(ся)
поселёнец, -нца
поселёние, -я
поселёнка, -и
поселёнский (*от* селёние)
поселённый; *кр. ф.* -ён,
  -енá (*от* посели́ть)
поселёнческий
посели́ть(ся), -елю́(сь),
  -ёли́т(ся)
поселко́вый
посёлок, -лка
посёлочный
посёльщик, -а
поселя́нин, -а, *мн.* -я́не, -я́н
поселя́нка, -и
поселя́ть(ся), -я́ю(сь),
  -я́ет(ся)
по-семёйному, *нареч.*
посемёйный
посемени́ть, -ню́, -ни́т
посему́, *нареч.* (заболёл и
  посему́ не яви́лся), но
  местоим. по сему́ (по
  сему случаю)
по-сербскохорва́тски
посерди́ть(ся), -ержу́(сь),
  -ёрдит(ся)
посеребрённый; *кр. ф.* -ён,
  -енá
посеребри́ть(ся), -рю́,
  -ри́т(ся)
посереди́, *нареч. и пред-*
  лог
посереди́не, *нареч. и*
  предлог
посерёдке, *нареч. и пред-*
  лог
посерёдь, *нареч. и пред-*
  лог
посерёть, -ёю, -ёет
посесси́онный
посёссия, -и
посёссор, -а
по-сёстрински
посёстриться, -рюсь, -рится
посети́тель, -я
посети́тельница, -ы
посети́тельский
посети́ть, -сещу́, -сети́т
посётовать, -сётую, -сётует
посечённый; *кр. ф.* -ён,
  -енá и посёченный; *кр.*
  ф. -ен, -ена (наказанный
  поркой)
посёчь(ся), -еку́, -ечёт(ся),
  -еку́т(ся); *прош.* -ёк(ся) и
  -ёк(ся), -еклá(сь)
посеща́емость, -и
посеща́ть(ся), -а́ю, -а́ет(ся)
посещёние, -я
посещённый; *кр. ф.* -ён,
  -енá
посёянный
посёять(ся), -ёю(сь),
  -ёет(ся)
по-сиби́рски
посиветь, -ёю, -ёет
посигна́лить, -лю, -лит
посидёлки, -лок
посидёть, -ижу́, -иди́т

поси́дки, -док
поси́живать, -аю, -ает
поси́льный
посинёлый
посинёть, -ёю, -ёет
по-сиро́тски
посия́ть, -я́ю, -я́ет
поскака́ть, -скачу́, -ска́чет
поска́льзываться, -аюсь,
  -ается
посканда́лить, -лю, -лит
поскита́ться, -а́юсь, -а́ется
по склада́м (чита́ть)
поскоблённый
поскобли́ть, -облю́, -о́бли́т
поско́к, -а
поскользну́ться, -ну́сь,
  -нётся
поско́льку, *союз* (поско́ль-
  ку ты согла́сен, я не
  возража́ю)
поско́нина, -ы
поско́нный
по́сконь, -и
поскорёе
поско́тина, -ы
по-ско́тски
поскрёбки, -ов
по-словёнски
поскрёбыш, -а
поскрежета́ть, -жещу́, -жё-
  щет
поскрести́(сь), -ребу́(сь),
  -ребёт(ся); *прош.*
  -рёб(ся), -реблá(сь)
поскрипёть, -плю́, -пи́т
поскри́пывать, -аю -ает
поскули́ть, -лю́, -ли́т
поскупи́ться, -плю́сь, -пи́тся
поскуча́ть, -а́ю, -а́ет
послаблёние, -я
послабля́ть, -я́ю, -я́ет
посла́нец, -нца
посла́ние, -я
посла́нник, -а
посла́нница, -ы
посла́ннический
посла́нный
посласти́ть, -ащу́, -асти́т
посла́ть(ся), пошлю́(сь),
  пошлёт(ся); *прош.*
  -слáл(ся), -слáла(сь)
послáще
послащённый; *кр. ф.* -ён,
  -енá
после
послебра́чный
послевоённый
послегрозово́й
послёд, -а
послёдействие, -я
последи́ть, -ежу́, -еди́т
послёдки, -ов
послёдний
послёдователь, -я
послёдовательница, -ы
послёдовательно вклю-
  чённый
послёдовательно-возвра́т-
  ный
послёдовательно материа-
  листи́ческий
послёдовательно револю-
  цио́нный

послёдовательность, -и
послёдовательный
послёдовать, -дую, -дует
послёдующий
послёдствие, -я
послёдующий
послёдыш, -а
послеза́втра
послеза́втрашний
послезаро́дышевый
послеледнико́вый
послело́г, -а
послеобёденный
послеоктя́брьский
послеоперацио́нный
послеполётный
послеполу́денный
послереволюцио́нный
послеродово́й
послесвечёние, -я
послесло́вие, -я
послестáлинский
послесъёздовский
послетретьи́чный (перио́д)
послеубо́рочный
послеуда́рный
по-словáцки
по-словёнски
посло́вица, -ы
посло́вичный
посло́вный
посло́йный
послужи́ть, -ужу́, -у́жит
послужно́й
послуша́ние, -я
послу́шать(ся), -аю(сь),
  -ает(ся)
послушли́вый
послу́шник, -а
послу́шница, -ы
послу́шный
послы́шаться, -шусь,
  -шится
послюнённый; *кр. ф.* -ён,
  -енá
послюни́ть, -ню́, -ни́т
послюня́вить, -влю, -вит
посмакова́ть, -ку́ю, -ку́ет
посмáтривать(ся), -аю(сь),
  -ает(ся)
посмёиваться, -аюсь, -ает-
  ся
посмелёть, -ёю, -ёет
посмённый
посмёртный
посмёть, -ёю, -ёет
посмеши́ть, -шу́, -ши́т
посмёшище, -а
посмея́ние, -я
посмея́ться, -ею́сь, -еётся
посмо́тренный
посмотрёть(ся), -отрю́(сь),
  -о́трит(ся)
посмуглёть, -ёю, -ёет
посними́ть, -áю, -áет
по-собáчьи
посо́бие, -я
пособира́ть, -áю, -áет
пособи́ть, -блю́, -би́т
пособля́ть, -я́ю, -я́ет
пособ́ник, -а
пособ́ница, -ы
пособ́ничество, -а
посо́ванный

посова́ть(ся), -сую́(сь), -су-
  ёт(ся)
по со́вести
посо́веститься, -ещусь, -ес-
  тится
посо́ветованный
посо́ветовать(ся), -тую(сь),
  -тует(ся)
по-сове́тски
по согласова́нии (*с кем, с*
  чем)
посодёйствовать, -твую,
  -твует
посо́л 1, послá
посо́л 2, посо́ла (засол)
по-солдáтски
посо́ленный
посоли́ть, -олю́, -о́ли́т
посоловёлый
посоловёть, -ёю, -ёет
по-соловьи́ному, *нареч.*
по́солонь, *нареч.*
посо́льский
посо́льство, -а
посоревнова́ться, -ну́юсь,
  -ну́ется
посо́санный
пососа́ть, -осу́, -осёт
по-сосёдски
пососло́вный
посотённо
по́сох, -а
посо́хнуть, -ну, -нет; *прош.*
  -ох, -охла
посо́хший
по-социалдемократи́чески
посочу́вствовать, -твую,
  -твует
посошко́вый
посо́шный
посошо́к, -шкá
поспа́ть, -плю́, -пи́т; *прош.*
  -áл, -алá, -áло
поспева́ть, -áю, -áет
поспектáкльный
поспёть, -ёю, -ёет
поспеша́ть, -áю, -áет
поспеши́ть, -шу́, -ши́т
поспёшность, -и
поспёшный
посплётничать, -аю, -ает
поспо́рить, -рю, -рит
поспосо́бствовать, -твую,
  -твует
по-справедли́вому, *нареч.*
по справедли́вости
поспра́шивать, -аю, -ает
поспроси́ть, -áю, -áет
поспро́шенный
посрами́ть(ся), -млю́(сь),
  -ми́т(ся)
посрамлёние, -я
посрамлённый; *кр. ф.* -ён,
  -енá
посрамля́ть(ся), -я́ю(сь),
  -я́ет(ся)
посреди́, *нареч. и предлог*
посреди́не, *нареч. и пред-*
  лог
посрёдник, -а
посрёдница, -ы
посрёдничать, -аю, -ает
посрёднический
посрёдничество, -а

посредственность, -и
посредственный; *кр. ф.*
-ствен и -ственен, -ственна
посредство, -а
посредством, *предлог*
посредствующий
поссибилизм, -а
поссибилист, -а
поссовет, -а
поссоренный
поссорить(ся), -рю(сь),
-рит(ся)
пост, -а, *мн.* -ы, -ов
постав, -а, *мн.* -а, -ов
поставец, -вца
поставить(ся), -влю,
-вит(ся)
поставка, -и
поставленный
поставлять(ся), -яю,
-яет(ся)
поставной
поставочный
поставщик, -а
поставщица, -ы
постадаптация, -и
поставивать, -аю, -ает
постамент, -а
постанавливать(ся), -аю,
-ает(ся)
постановить, -овлю, -овит
постановка, -и
постановление, -я
постановленный
постановлять(ся), -яю,
-яет(ся)
постановочный
постановщик, -а
постанывать, -аю, -ает
постараться, -аюсь, -ается
постарелый
постарение, -я
постареть, -ею, -еет
по-стариковски
по старине
по старинке
по-старинному, *нареч.*
по-старому, *нареч.*
по-старушечьи
постатейный
поствулканический
постганглионарный
постегать, -аю, -ает (*к* сте-
гать)
постёгивать, -аю, -ает
постеленный и постлан-
ный
постелить(ся) и по-
стлать(ся), -стелю(сь),
-стелет(ся); *прош.* -сте-
лил(ся), -стелила(сь) и
-стлал(ся), -стлала(сь)
постель, -и
постелька, -и
постельный, -а
постельничий, -его
постельный
постепенный; *кр. ф.* -енен,
-енна
постепеновец, -вца
постепеновщина, -ы
постерёгший(ся)
постережённый; *кр. ф.* -ён,
-ена

постеречь(ся), -регу(сь),
-режёт(ся), -регут(ся);
прош. -рёг(ся), -регла(сь)
постесняться, -яюсь, -яется
постигать(ся), -аю, -ает(ся)
постигнувший и постиг-
ший
постигнутый
постигнуть и постичь, -иг-
ну, -игнет; *прош.* -иг и
-игнул, -игла
постижение, -я
постижёр, -а
постижимый
постилать(ся), -аю(сь),
-ает(ся)
постилка, -и (*к* пости-лать)
постилочный (*от* пости-л-
ка)
постимпрессионизм, -а
постиндустриальный
постинсультный
постинфарктный
постинъекционный
постиранный
постирать(ся), -аю(сь),
-ает(ся)
постирушка, -и
поститься, пощусь, по-
стится
постичь и постигнуть, -иг-
ну, -игнет; *прош.* -иг и
-игнул, -игла
постланный и постелен-
ный
постлать(ся) и постe-
лить(ся), -стелю(сь),
-стелет(ся); *прош.*
-стлал(ся), -стлала(сь) и
-стелил(ся), -стелила(сь)
постмодернизм, -а
постник, -а
постница, -ы
постничать, -аю, -ает
постнический
постничество, -а
постный; *кр. ф.* -тен, -тна,
-тно
постовой, -ого
постой, -я
постойный
постольку, *союз* (поскольку решено, постольку
надо действовать), но
числит. по стольку (по
стольку рублей)
посторожить, -жу, -жит
посторониться, -онюсь,
-онится
посторонний
постоялец, -льца
постоялица, -ы
постоялый
постоянно действующий
постоянность, -и
постоянный; *кр. ф.* -янен,
-янна
постоянство, -а
постоять, -ою, -оит
постпакет, -а
пост-пикет, -а
постплиоцен, -а
постпозитивный
постпозиция, -и

постпред, -а
постпредство, -а
пострадать, -аю, -ает
постраничный
пространствовать, -твую,
-твует
постращать, -аю, -ает
пострекотать, -очу, -очет
пострел, -а
пострелёнок, -нка, *мн.* -ля-
та, -лят
пострёливать, -аю, -ает
пострелять(ся), -яю,
-яет(ся)
постриг, -а
постригать(ся), -аю(сь),
-ает(ся)
постригший(ся)
постриженец, -нца
пострижение, -я
постриженка, -и
постриженник, -а
постриженный
постричь(ся), -игу(сь),
-ижёт(ся), -игут(ся);
прош. -иг(ся), -игла(сь)
построганный и постру-
ганный
построгать, -аю, -ает и постругать, -аю, -ает
построение, -я
построенный
построечный
построже
построить(ся), -ою(сь),
-оит(ся)
постройка, -и
постройком, -а
постройка, -и
постромочный
построчить, -очу, -очит
построчный
построганный и постро-
ганный
постругать, -аю, -ает и построгать, -аю, -ает
постряпать, -аю, -ает
постскриптум, -а
постудить, -ужу, -удит
постуженный
постукать(ся), -аю(сь),
-ает(ся)
постукивание, -я
постукивать, -аю, -ает
постулат, -а
постулированный
постулировать, -рую, -ру-
ет
поступательно-прогрес-
сивный
поступательный
поступать(ся), -аю(сь),
-ает(ся)
поступить(ся), -уплю(сь),
-упит(ся)
поступление, -я
поступок, -пка
поступь, -и
постучать(ся), -чу(сь),
-чит(ся)
постфактум, *нареч*
постфикс, -а
постъядерный
постывший

постыдить(ся), -ыжу(сь),
-ыдит(ся)
постыдный
постылеть, -ею, -еет
постылый
постыть, -ыну, -ынет; *прош.*
-стыл, -стыла
постэмбриональный
по-суворовски
посуда, -ы
посудачить, -чу, -чит
посудина, -ы
посудить(ся), -ужу(сь),
-удит(ся)
посудный
посудомоечный
посудомойка, -и
посудо-хозяйственный
посуетиться, -ечусь, -етится
посул, -а
посулённый; *кр. ф.* -ён,
-ена
посулить(ся), -лю(сь),
-лит(ся)
посумасшествовать, -твую,
-твует
посуроветь, -ею, -еет
посурьмить(ся), -млю(сь),
-мит(ся)
посурьмлённый; *кр. ф.*
-ён, -ена
посуточный
посуху
посушенный
посушить(ся), -ушу(сь),
-ушит(ся)
по существу
посходить, -одит
посчастливеть, -ею, -еет
посчастливиться, -ится
по счастью
посчитанный
посчитать(ся), -аю(сь),
-ает(ся)
посчитывать, -аю, -ает
посыл, -а
посылать(ся), -аю(сь),
-ает(ся)
посылка, -и
посылочный
посыльный, -ого
посыпание, -я
посыпанный
посыпать(ся), -плю(сь),
-плет(ся), -плют(ся) и
-пет(ся), -пят(ся), *сов.*
посыпать(ся), -аю(сь),
-ает(ся), *несов.*
посыпка, -и
посыпной
посюсторонний
посюсторонность, -и
посягательство, -а
посягать, -аю, -ает
посягнуть, -ну, -нёт
пот, -а, *предл.* о поте, в по-
ту, *мн.* -ы, -ов
по-таджикски
потаённый
потаить(ся), -аю(сь),
-аит(ся)
потайной
потакатель, -я
потакать, -аю, -ает

пота́ль, -и
потанцева́ть, -цу́ю, -цу́ет
пота́пливать, -аю, -ает
пота́сканный
потаска́ть(ся), -а́ю(сь), -а́ет(ся)
пота́скивать, -аю, -ает
потаску́ха, -и
потаску́шка, -и
потасо́ванный
потасова́ть, -су́ю, -су́ет
потасо́вка, -и
пота́тчик, -а
пота́тчица, -ы
потача́ть, -а́ю, -а́ет
пота́чивать(ся), -аю, -ает(ся)
пота́чка, -и
пота́ш, -а́
пота́шник, -а
пота́шный
пота́щенный
потащи́ть(ся), -ащу́(сь), -а́щит(ся)
потвердѐть, -е́ет
по-тво́ему, нареч.
потво́рство, -а
потво́рствовать, -твую, -твует
потво́рщик, -а
потво́рщица, -ы
потёк, -а (след от жидкости)
потёкший
по-теля́чьи
потёмки, -мок
потемне́ние, -я
потемнѐнный; кр. ф. -ён, -ена́
потемне́ть, -е́ю, -е́ет (стать тёмным)
потемни́ть, -ню́, -ни́т (что)
по́темну
поте́ние, -я
потенциа́л, -а
потенциалоско́п, -а
потенциа́л-регуля́тор, потенциа́ла-регуля́тора
потенциа́льный
потенцио́метр, -а
потенциометри́ческий
потенци́рование, -я
потенци́рованный
потенци́ровать, -рую, -рует
поте́нция, -и
по-тепе́решнему, нареч.
потепле́ние, -я
потепле́ть, -е́ет
потере́ть(ся), -тру́(сь), -трёт(ся); прош. -тёр(ся), -тёрла(сь)
поте́рна, -ы
потерпѐвшая, -ей
потерпѐвший, -его
потерпе́ть, -ерплю́, -е́рпит
потёртость, -и
потёртый
потёрший(ся)
поте́ря, -и
поте́рянный
потеря́ть(ся), -я́ю(сь), -я́ет(ся)
потеса́ть, -ешу́, -е́шет

потеснённый; кр. ф. -ён, -ена́
потесни́ть(ся), -ню́(сь), -ни́т(ся)
поте́ть, -е́ю, -е́ет
поте́ха, -и
поте́чь, -ечёт, -еку́т; прош. -ёк, -екла́
потеша́ть(ся), -а́ю(сь), -а́ет(ся)
поте́шенный
поте́шить(ся), -шу(сь), -шит(ся)
поте́шный
поти́р, -а
потира́ть, -а́ю, -а́ет
поти́скать, -аю, -ает
потихо́нечку
потихо́ньку
поти́ше
потка́ть, -тку́, -ткёт; прош. -а́л, -а́ла́, -а́ло
потли́вый
потни́к, -а́
потнико́вый
потни́ца, -ы
по́тный; кр. ф. по́тен, потна́, по́тно
по-това́рищески
пото́вой
потого́нный
пото́к, -а
потолка́ть(ся), -а́ю(сь), -а́ет(ся)
потолкова́ть, -ку́ю, -ку́ет
потоло́к, -лка́
потоло́кший(ся)
потоло́чина, -ы
потоло́чный
потоло́чь(ся), -лку́(сь), -лчёт(ся), -лку́т(ся); прош. -ло́к(ся), -лкла́(сь)
потолсте́ть, -е́ю, -е́ет
потолчённый; кр. ф. -ён, -ена́
пото́лще
пото́м
потоми́ть, -млю́, -ми́т
потомлённый; кр. ф. -ён, -ена́
пото́мный (от том)
пото́мок, -мка
пото́мственный
пото́мство, -а
потому́, нареч. (заболел, потому и не пришёл), но местоим. по тому (по тому берегу)
по тому са́мому
потому́ что, союз
потону́ть, -ону́, -о́нет
потонча́ть, -а́ет
пото́ньше
потоотделе́ние, -я
пото́п, -а
потопа́ть, -аю, -ает
потопи́ть, -оплю́, -о́пит
потопле́ние, -я
пото́пленный
потопля́ть(ся), -я́ю, -я́ет(ся)
потопну́ть, -ну, -нет
пото́птанный
потопта́ть(ся), -опчу́(сь), -о́пчет(ся)

пото́пывать, -аю, -ает
потора́пливать(ся), -аю(сь), -ает(ся)
поторгова́ть(ся), -гу́ю(сь), -гу́ет(ся)
поторго́вывать, -аю, -ает
потормошённый; кр. ф. -ён, -ена́
потормоши́ть, -шу́, -ши́т
поторопи́ть(ся), -оплю́(сь), -о́пит(ся)
поторо́пленный
поторча́ть, -чу́, -чи́т
потоскова́ть, -ку́ю, -ку́ет
поточи́ть, -очу́, -о́чит
поточно-автоматизи́рованный
поточно-конве́йерный
поточно-ма́ссовый
поточно-операцио́нный
поточно-сери́йный
поточно-скоростно́й
пото́чность, -и
пото́чный
потра́ва, -ы
потра́вить, -авлю́, -а́вит
потра́вленный
потра́вный
потра́вщик, -а
потра́гивать, -аю, -ает
потра́тить(ся), -а́чу(сь), -а́тит(ся)
потра́фить, -флю, фит
потрафля́ть, -я́ю, -я́ет
потра́ченный
потре́ба, -ы (на потре́бу)
потреби́тель, -я
потреби́тельный
потреби́тельский
потреби́ть(ся), -блю́, -би́т(ся)
потребкоопера́ция, -и
потребле́ние, -я
потреблённый; кр. ф. -ён, -ена́
потребля́ть(ся), -я́ю, -я́ет(ся)
потре́бность, -и
потре́бный
потре́бованный
потре́бовать(ся), -бую(сь), -бует(ся)
потрево́женный
потрево́жить(ся), -жу(сь), -жит(ся)
потрениро́ванный
потренирова́ть(ся), -ру́ю(сь), -ру́ет(ся)
потрёпанный
потрепа́ть(ся), -еплю́(сь), -е́плет(ся), -е́плют(ся) и -е́пет(ся), -е́пют(ся)
потре́сканный
потре́скаться, -ается
потре́скивание, -я
потре́скивать, -аю, -ает
потреща́ть, -щу́, -щи́т
потро́ганный
потро́гать, -аю, -ает
по́ трое
потроха́, -о́в
потроше́ние, -я
потрошённый; кр. ф. -ён, -ена́, прич.

потрошёный, прил.
потроши́ть(ся), -шу́, -ши́т(ся)
потруби́ть, -блю́, -би́т
потруди́ться, -ужу́сь, -у́дится
потруси́ть, -ушу́, -уси́т
потряса́ть(ся), -а́ю(сь), -а́ет(ся)
потряса́ющий(ся)
потрясе́ние, -я
потрясѐнный; кр. ф. -ён, -ена́
потрясти́(сь), -су́(сь), -сёт(ся); прош. -я́с(ся), -ясла́(сь)
потря́сший(ся)
потря́хивать(ся), -аю(сь), -ает(ся)
поту́ги, -у́г, ед. поту́га, -и
потужи́ть, -ужу́, -у́жит
потузи́ть, -ужу́, -узи́т
потупи́ть, -уплю́, -у́пит (затупить)
поту́пить(ся), -уплю́(сь), -у́пит(ся) (потупить взгляд)
поту́пленный
потупля́ть(ся), -я́ю(сь), -я́ет(ся)
потурённый; кр. ф. -ён, -ена́
по-туре́цки
потури́ть, -рю́, -ри́т
по-туркме́нски
потускне́вший
потускне́лый
потускне́ние, -я
потускне́ть, -е́ет; прош. -е́л, -е́ла
поту́скнувший и поту́скший
поту́скнуть, -нет; прош. -уск и -ускнул, -ускла
потусторо́нний
потусторо́нность, -и
потуха́ть, -а́ю, -а́ет
поту́хнувший
поту́хнуть, ну, -нет; прош. -ух, -ухла
поту́хший
потучне́ть, -е́ю, -е́ет
поту́шенный
потуши́ть(ся), -ушу́, -у́шит(ся)
по́тчевать, -чую, -чует
потща́ться, -щусь, -щи́тся
поты́кать(ся), -ы́чу(сь), -ы́чет(ся) и -аю(сь), -ает(ся)
поты́лица, -ы
потя́гаться, -а́юсь, -а́ется
потя́гивать(ся), -аю(сь), -ает(ся)
потя́гота, -ы
потяжеле́ть, -е́ю, -е́ет
потя́жка, -и
потя́нутый
потяну́ть(ся), -яну́(сь), -я́нет(ся)
поуба́вить(ся), -влю, -вит(ся)
поуба́вленный

269

поугомони́ться, -ню́сь,
  -ни́тся
по-уда́рному, *нареч.*
поуди́ть, -ужу́, -у́дит
поу́жинать, -аю, -ает
по-узбе́кски
по ука́зке
по-украи́нски
поуле́чься, -ля́жется, -ля́-
  гутся; *прош.* -лёгся, -лег-
  ла́сь
поуме́рить, -рю, -рит
поумне́ть, -е́ю, -е́ет
поу́мничать, -аю, -ает
поу́мствовать, -твую, -твует
по уполномо́чию
поупо́рствовать, -твую,
  -твует
поупра́виться, -влюсь, -вит-
  ся
поупражня́ть(ся), -я́ю(сь),
  -я́ет(ся)
поупря́миться, -млюсь,
  -мится
поуро́чный
поусе́рдствовать, -твую,
  -твует
поуспоко́ить(ся), -о́ю(сь),
  -о́ит(ся)
по-ути́ному, *нареч.*
по-у́треннему, *нареч.*
поутру́, *нареч.* (выезжа́ем
  за́втра поутру́)
поутю́жить, -жу, -жит
поуча́ть(ся), -а́ю(сь),
  -а́ет(ся)
поуча́ющий(ся)
поуче́ние, -я
поу́ченный
поучи́вать, -аю, -ает
поучи́тельный
поучи́ть(ся), -учу́(сь),
  -у́чит(ся)
по́ уши
пофами́льно
пофантази́ровать, -рую,
  -рует
пофарти́ть, -и́т
пофилосо́фствовать, -твую,
  -твует
пофлани́ровать, -рую, -рует
пофлиртова́ть, -ту́ю, -ту́ет
по-фло́тски
пофорси́ть, -ршу́, -рси́т
пофранти́ть, -нчу́, -нти́т
по-францу́зски
по-фронтово́му, *нареч.*
пофы́ркать, -аю, -ает
пофы́ркивать, -аю, -ает
поха́бить, -блю, -бит
поха́бник, -а
поха́бница, -ы
поха́бничать, -аю, -ает
поха́бный
поха́бство, -а
поха́бщина, -ы
пожа́живать, -аю, -ает
похандри́ть, -рю́, -ри́т
похая́ть, -а́ю, -а́ет
похвала́, -ы́
похва́ленный
похва́ливать, -аю, -ает
похвали́ть(ся), -алю́(сь),
  -а́лит(ся)

похвальба́, -ы́
похва́льный
похваля́ться, -я́юсь, -я́ется
похва́рывать, -аю, -ает
похва́стать(ся), -аю(сь),
  -ает(ся)
похва́танный
похвата́ть(ся), -а́ю, -а́ет(ся)
похвора́ть, -а́ю, -а́ет
похе́ренный
похе́рить, -рю, -рит
похити́тель, -я
похити́тельница, -ы
похи́тить, -и́щу, -и́тит
похихи́кать, -аю, -ает
похища́ть(ся), -а́ю, -а́ет(ся)
похище́ние, -я
похи́щенный
похлёбанный
похлеба́ть, -а́ю, -а́ет
похлёбка, -и
похлёбывать, -аю, -ает
похлёстанный
похлеста́ть(ся), -ещу́(сь),
  -е́щет(ся)
похлёстывать, -аю, -ает
похло́панный
похло́пать, -аю, -ает
похлопота́ть, -очу́, -о́чет
похло́пывать, -аю, -ает
похме́лье, -я
похны́кать, -ы́чу, -ы́чет и
  -аю, -ает
похо́д, -а
походата́йствовать, -твую,
  -твует
походи́ть, -ожу́, -о́дит
похо́дка, -и
похо́дный
похо́дя, *нареч.*
похожде́ние, -я
похо́жий
похозя́йничать, -аю, -ает
по-хозя́йски
похолода́ние, -я
похолода́ть, -а́ет
похолоде́ть, -е́ю, -е́ет
похолодне́ть, -е́ет
похоро́ненный
похорони́ть, -оню́, -о́нит
похоро́нный
по́хороны, -о́н, -она́м
по-хоро́шему, *нареч.*
похорошѐ́ть, -е́ю, -е́ет
похотли́вый
похотни́к, -а́
похо́тный
по́хоть, -и
похоха́тывать, -аю, -ает
похохота́ть, -хочу́, -хохо́-
  чет
похрабре́ть, -е́ю, -е́ет
похрабри́ться, -рю́сь, -ри́тся
похра́мывать, -аю, -ает
похрапе́ть, -плю́, -пи́т
похра́пывать, -аю, -ает
похрипе́ть, -плю́, -пи́т
похристосова́ться, -суюсь,
  -суется
похрома́ть, -а́ю, -а́ет
похрусте́ть, -ущу́, -усти́т
похрю́кать, -аю, -ает
похуда́ть, -а́ю, -а́ет
похуде́лый

похуде́ть, -е́ю, -е́ет
похуже
похули́ть, -лю́, -ли́т
поцара́панный
поцара́пать(ся), -аю(сь),
  -ает(ся)
по-ца́рски
поца́рствовать, -твую, -тву-
  ет
поцеди́ть, -ежу́, -е́дит
поцѐ́женный
поцѐ́живать, -аю, -ает
поцелова́ть(ся), -лу́ю(сь),
  -лу́ет(ся)
поцелу́й, -я
поцелу́йный
поцеремо́ниться, -нюсь,
  -нится
по-цыга́нски
поча́вкать, -аю, -ает
поча́йпить, -ию, - иет
поча́сно
почасови́к, -а́
почасово́й
почасту
початкоцве́тные, -ых
поча́ток, -тка
по́чатый; *кр. ф.* по́чат, по-
  ча́та́, по́чато
поча́ть(ся), -чну́, -чнёт(ся);
  прош. по́ча́л, поча́л(ся́),
  поча́ла́(сь), по́ча́ло, по-
  ча́ло́сь
поча́хнуть, -ну, -нет; *прош.*
  -а́х, -а́хла
поча́хший
поча́ще
почва́ниться, -нюсь, -нится
по́чвенник, -а
по́чвеннический
по́чвенничество, -а
по́чвенно-географи́че-
  ский
по́чвенно-климати́ческий
по́чвенно-мелиорати́вный
по́чвенный
почвове́д, -а
почвове́дение, -я
почвове́дческий
почвовосстановле́ние, -я
почвозащи́тный
почвообраба́тывающий
почвообразова́ние, -я
почвообразова́тельный
почвоохра́нный
почвоуглуби́тель, -я
почвоулучша́ющий
почвоутомле́ние, -я
почвоухудша́ющий
по-челове́чески
по-челове́чьи
почело́мкаться, -аюсь, -ает-
  ся
почём, *нареч.* (по какой
  цене)
почему́, *нареч.* (почему́ не
  пришёл?), но *местоим.*
  по чему (по чему ты
  сдаёшь экза́мен, по ка-
  ко́му предме́ту?)
почему́-либо
почему́-нибудь
почему́-то

почему́чка, -и, *м. и ж.*
по́черк, -а, *мн.* -и, -ов и -а́,
  -о́в
почёрканный
почерка́ть, -а́ю, -а́ет и по-
  чёркать, -аю, -ает
почерковѐ́дение, -я
почернѐ́лый
почернѐ́нный; *кр. ф.* -ён,
  -ена́
почернѐ́ть, -е́ю, -е́ет (стать
  чёрным)
почерни́ть, -ню́, -ни́т (*что*)
почѐ́рпать, -аю, -ает (во́ду),
  сов. (*от* черпа́ть)
почерпа́ть(ся), -а́ю,
  -а́ет(ся) (зна́ния), *несов.*
  (к почерпну́ть)
почѐ́рпнутый
почерпну́ть(ся), -ну́,
  -нёт(ся)
почерствѐ́лый
почерствѐ́ть, -е́ю, -е́ет
почерти́ть, -ерчу́, -е́ртит
почѐ́санный
почеса́ть(ся), -чешу́(сь),
  -че́шет(ся)
по́честь, -и
почѐ́сть(ся), -чту́, -чтёт(ся);
  прош. -чёл(ся), -чла́(сь)
почесу́ха, -и
почѐ́сывать, -аю(сь),
  -ает(ся)
почёт, -а
почётный
по́чечник, -а
почечнока́менный
по́чечный
почечу́й, -я
почечу́йник, -а
почечу́йный
по-чѐ́шски
почива́ть, -а́ю, -а́ет
почи́н, -а
почина́ть(ся), -а́ю, -а́ет(ся)
почи́ненный
почини́ть(ся), -иню́(сь),
  -и́нит(ся) (исправить(ся)
  и -и́нится (поупрямить-
  ся)
почи́нка, -и
почи́нковый
почи́нок, -нка
почи́ночный
починя́ть(ся), -я́ю, -я́ет(ся)
почири́кать, -аю, -ает
почи́стить(ся), -и́щу(сь),
  -и́стит(ся)
почита́й (почти, вероятно)
почита́ние, -я
почита́тель, -я
почита́тельница, -ы
почита́ть(ся), -а́ю(сь),
  -а́ет(ся)
почи́тывать, -аю, -ает
почи́ть, -и́ю, -и́ет
почиха́ть, -а́ю, -а́ет
почи́ще
почи́щенный
по́чка, -и
почкова́ние, -я
почкова́ться, -ку́ется
почкови́дный
почкое́д, -а

почкосложе́ние, -я
почкосмыка́ние, -я
почку́ющийся
почмо́кать(ся), -аю(сь),
-ает(ся)
почмо́кивать, -аю, -ает
по́чта, -ы
почтальо́н, -а
почтальо́нский
почта́мт, -а
почта́мтский
почта́рь, -я́
почте́ние, -я
почте́ннейший
почте́нный; кр. ф. -е́нен,
-е́нна, прил.
почтённый; кр. ф. -ён, -ена́,
прич.
почти́
почти́тельно-ве́жливый
почти́тельность, -и
почти́тельный
почти́ть, -чту́, -чти́т, -чту́т и
-чтя́т
почти́ что
почтме́йстер, -а
почто́, нареч.
почтови́к, -а́
почто́во-пассажи́рский
почто́во-сберега́тельный
почто́во-телегра́фный
почто́вый
почтообраба́тывающий
почу́вствовать(ся), -твую,
-твует(ся)
почуди́ть, -и́т
почу́диться, -ится
почу́ять(ся), -у́ю, -у́ет(ся)
пошаба́шить, -шу, -шит
пошага́ть, -а́ю, -а́ет
по-шака́льи
поша́ливать, -аю, -ает
пошали́ть, -лю́, -ли́т
поша́мкать, -аю, -ает
поша́рить, -рю, -рит
поша́ркать, -аю, -ает
пошата́ть(ся), -а́ю(сь),
-а́ет(ся)
пошатну́ть(ся), -ну́(сь),
-нёт(ся)
поша́тывать(ся), -аю(сь),
-ает(ся)
по-шве́дски
пошвы́ривать(ся), -аю(сь),
-ает(ся)
пошвы́рянный
пошвыря́ть(ся), -я́ю(сь),
-я́ет(ся)
пошевелённый; кр. ф. -ён,
-ена́
пошеве́ливать(ся),
-аю(сь), -ает(ся)
пошевели́ть(ся), -елю́(сь),
-е́ли́т(ся)
пошевельну́ть(ся), -ну́(сь),
-нёт(ся)
по́шевни, -ей
поше́дший
пошепта́ть(ся), -епчу́(сь),
-е́пчет(ся)
поше́тта, -ы
пошехо́нец, -нца
пошехо́нский
пошиб, -а

поши́в, -а
поши́вка, -и
поши́вочный
поши́тый
поши́ть, -шью, -шьёт
поплёпать, -аю, -ает
поплеть, -ею, -еет
по́шлина, -ы
по́шлинный
пошлова́тый
по́шлость, -и
по́шлый; кр. ф. пошл, по-
шла́, пошло́
пошля́к, -а́
пошля́тина, -ы
пошля́ться, -я́юсь, -я́ется
пошля́чка, -и
пошто́панный
пошто́пать, -аю, -ает
поштукату́ренный
поштукату́рить, -рю, -рит
пошту́чный
пошуме́ть, -млю́, -ми́т
пошути́ть, -учу́, -у́тит
пошу́чивать, -аю, -ает
поща́да, -ы
пощади́ть, -ажу́, -ади́т
пощажённый; кр. ф. -ён,
-ена́
пощебета́ть, -ечу́, -е́чет
пощеголя́ть, -я́ю, -я́ет
пощекота́ть, -очу́, -о́чет
пощёлканный
пощёлкать, -аю, -ает
пощёлкивать, -аю, -ает
пощепа́ть, -щеплю́, -щéплет
и -а́ю, -а́ет (к щепа́ть)
пощёчина, -ы
пощи́панный
пощипа́ть, -иплю́, -и́плет,
-и́плют и -и́пет, -и́пят;
также -а́ю, -а́ет (к щи-
па́ть)
пощи́пывать, -аю, -ает
пощу́панный
пощу́пать, -аю, -ает
пощу́пывать, -аю, -ает
пощу́рить(ся), -рю(сь),
-рит(ся)
поэ́зия, -и
поэкзаменова́ть(ся),
-ну́ю(сь), -ну́ет(ся)
по-э́ллински
поэ́ма, -ы
поэскадро́нно
по-эски́мосски
по-эсто́нски
поэ́т, -а
поэта́жный
поэта́пно
поэта́пный
поэте́сса, -ы
поэтиза́ция, -и
поэтизи́рованный
поэтизи́ровать(ся), -рую,
-рует(ся)
поэ́тика, -и
поэти́ческий
поэти́чность, -и
поэти́чный
поэ́тому, нареч. (заболе́л,
поэ́тому не пришёл)
поэшело́нно
по-ю́ношески

поюро́дствовать, -твую,
-твует
пою́щий
поя́бедничать, -аю, -ает
появи́ться, -явлю́сь, -я́вится
появле́ние, -я
появля́ться, -я́юсь, -я́ется
по-япо́нски
поя́рковый
поя́рок, -рка
поясне́ние, -я
поясне́нный; кр. ф. -ён, -ена́
поясне́ть, -е́ет (стать я́с-
ным)
поясни́тельный
поясни́ть, -ню́, -ни́т (что)
поясни́ца, -ы
поясни́чно-крестцо́вый
поясни́чный
поясно́й
поясня́ть(ся), -я́ю, -я́ет(ся)
поясо́к, -ска́
праба́бка, -и
праба́бушка, -и
пра́вда, -ы
пра́вдашний и пра́вдаш-
ный
правди́вость, -и
правди́вый
пра́вдинский
правди́ст, -а
правди́стка, -и
правди́стский
правдоиска́тель, -я
правдоиска́тельство, -а
правдолю́б, -а
правдолю́бец, -бца
правдолюби́вый
правдолю́бие, -я
правдоподо́бие, -я
правдоподо́бность, -и
правдоподо́бный
пра́ведник, -а
пра́ведница, -ы
пра́ведный
праве́ж, -ежа́
правёжный
праве́ть, -е́ю, -е́ет
пра́вило, -а
пра́вило, -а (то, чем пра-
вят)
пра́вильно
пра́вильный (к пра́вило)
прави́льный (к прави́ло)
пра́вильщик, -а
прави́тель, -я
прави́тельница, -ы
прави́тельственный
прави́тельство, -а
прави́тельствующий
пра́вить(ся), -влю, -вит(ся)
пра́вка, -и
правле́нец, -нца
правле́ние, -я
пра́вленный, прич.
правле́нский
правле́нческий
пра́вленый, прил.
пра́внук, -а
пра́внучек, -чка
пра́внучка, -и
пра́во, -а, мн. права́, прав,
-а́м

правобере́жный
правобере́жье, -я
правове́д, -а
правове́дение, -я
правове́рный
правови́к, -а́
правово́й
правогегелья́нец, -нца
правогегелья́нство, -а
правозасту́пник, -а
правозасту́пничество, -а
правозащи́тник, -а
правозащи́тный
пра́во-лева́цкий
правоме́рный
правомо́чие, -я
правомо́чный
правонаруше́ние, -я
правонаруши́тель, -я
правооппортунисти́ческий
правоотноше́ние, -я
правоохрани́тельный
правоохра́нный
правописа́ние, -я
правопи́сный
правопораже́ние, -я
правопоря́док, -дка
правопрее́мник, -а
правопрее́мство, -а
правосла́вие, -я
правосла́вный
правосозна́ние, -я
правосоциалисти́ческий
правоспосо́бность, -и
правоспосо́бный
правосторо́нний
правосубъе́ктность, -и
правосу́дие, -я
правосу́дный
правота́, -ы́
правоуклони́стский
правофланго́вый, -ого
пра́вщик, -а
пра́вый 1 (противоп. ле́-
вый)
пра́вый 2; кр. ф. прав,
права́, пра́во (проти-
воп. винова́тый)
пра́вящий
прагмати́зм, -а
прагма́тик, -а
прагмати́ст, -а
прагмати́ческий
прагмати́чный
пра́дед, -а
праде́довский
праде́душка, -и, м.
пража́нин, -а
пража́нка, -и
пра́жец, -жца
пра́жский
пра́зднество, -а
пра́здник, -а
пра́зднич-но-обря́довый
пра́здничность, -и
пра́здничный
празднова́ние, -я
пра́зднованный
пра́здновать(ся), -ную, -ну-
ет(ся)
празднолю́бец, -бца
празднолю́бие, -я
праздномы́слие, -я
праздносло́вие, -я

празднословный
пра́здность, -и
праздношата́ющийся
пра́здный
пра́зелень, -и
празеоди́м, -а
праистори́ческий
праисто́рия, -и
пракри́т, -а
пракри́тский
пра́ктик, -а
пра́ктика, -и
практика́нт, -а
практика́нтка, -и
практика́нтский
практика́нтство, -а
практико́ванный
практикова́ть(ся),
   -ку́ю(сь), -ку́ет(ся)
пра́ктикум, -а
практици́зм, -а
практи́ческий
практи́чески необходи́-
   мый
практи́чность, -и
практи́чный
пралине́, нескл., с.
пралино́вый
прама́терь, -и
пра́отец, -тца
праотцо́вский
пра́порщик, -а
прапраба́бка, -и
прапраба́бушка, -и
прапра́внук, -а
прапра́внучка, -и
прапра́дед, -а
прарбди́на, -ы
прароди́тель, -я
прароди́тельница, -ы
прароди́тельский
пра́сол, -а
прах, -а
пра́чечная, -ой
пра́чечный
пра́чка, -и
пра́шивать, наст. вр. не
   употр.
праща́, -и́, р. мн. -е́й
пра́щник, -а
пра́щур, -а
праязы́к, -а́
праязыково́й
преадапта́ция, -и
преа́мбула, -ы
преаними́зм, -а
пребе́дный (бе́дный-пре-
   бе́дный)
пребе́лый (бе́лый-пребе́-
   лый)
преблаго́й
пребле́дный (бле́дный-
   пребле́дный)
пребога́тый
пребольно
пребольшо́й
пребольшу́щий
пребыва́ние, -я (от пре-
   быва́ть)
пребыва́ть, -а́ю, -а́ет (быть,
   находиться где-нибудь)
пребы́ть, -бу́ду, -бу́дет (к
   пребыва́ть)
превали́ровать, -рую, -рует

превели́кий
превенти́вный
преве́нция, -и
превесёлый
превзойдённый; кр. ф. -ён,
   -ена́
превзойти́, -йду́, -йдёт;
   прош. -ошёл, -ошла́
превзоше́дший
превку́сный
превозвы́сить(ся),
   -ы́шу(сь), -ы́сит(ся)
превозвыша́ть(ся),
   -а́ю(сь), -а́ет(ся)
превозвы́шенный
превозмога́ть, -а́ю, -а́ет
превозмо́гший
превозмо́чь, -огу́, -о́жет,
   -о́гут; прош. -о́г, -огла́
превознесе́ние, -я
превознесённый; кр. ф.
   -ён, -ена́
превознести́(сь), -су́(сь),
   -сёт(ся); прош. -ёс(ся),
   -есла́(сь)
превознёсший(ся)
превозноси́ть(ся),
   -ошу́(сь), -о́сит(ся)
превозноше́ние, -я
превосходи́тельный
превосходи́тельство, -а
превосходи́ть(ся),
   -ожу́, -о́дит
превосхо́дный
превосхо́дство, -а
превосхо́дствовать, -твую,
   -твует
превосходя́щий
преврати́ть(ся), -ащу́(сь),
   -ати́т(ся)
превра́тность, -и
превра́тный
превраща́емость, -и
превраща́ть(ся), -а́ю(сь),
   -а́ет(ся)
превраще́ние, -я
превращённый; кр. ф. -ён,
   -ена́
превре́дный
превы́сить, -ы́шу, -ы́сит
превысо́кий
превы́спренний; кр. ф.
   -ен, -ення
превыша́ть(ся), -а́ю,
   -а́ет(ся)
превы́ше
превыше́ние, -я
превы́шенный
прега́дкий
преглубо́кий
преглухо́й (глухо́й-пре-
   глухо́й)
прегни́н, -а
прегну́сный
прегра́да, -ы
прегради́ть, -ажу́, -ади́т
прегражда́ть(ся), -а́ю,
   -а́ет(ся)
прегражде́нный; кр. ф.
   -ён, -ена́
прегреша́ть, -а́ю, -а́ет
прегреше́ние, -я
прегреши́ть, -шу́, -ши́т
прегру́бый
прегру́стный

прегря́зный
пред, предо, предлог
предава́ть(ся), -даю́(сь),
   -даёт(ся) (к преда́ть)
предалта́рный
преда́ние, -я (от преда́ть)
   (рассказ о былом)
пре́данность, -и
пре́данный; кр. ф. прич.
   -ан, предана́, -ано; кр. ф.
   прил. -ан, -анна
преда́тель, -я
преда́тельница, -ы
преда́тельский
преда́тельство, -а
преда́ть(ся), -да́м(ся),
   -да́шь(ся), -да́ст(ся), -да-
   ди́м(ся), -дади́те(сь), -да-
   ду́т(ся); прош. -да́л(ся),
   -дала́(сь), -да́ло́(сь)
предба́нник, -а
предбоево́й
предбу́дущий
предваре́ние, -я
предварённый; кр. ф. -ён,
   -ена́
предвари́лка, -и
предвари́тельно напря-
   жённый
предвари́тельный
предвари́ть(ся), -рю́,
   -ри́т(ся)
предваря́ть(ся), -я́ю,
   -я́ет(ся)
предвесе́нний
предве́стие, -я
предве́стник, -а
предве́стница, -ы
предвече́рний
предве́чный
предвеща́ние, -я
предвеща́ть(ся), -а́ю,
   -а́ет(ся)
предвзя́тость, -и
предвзя́тый
предви́дение, -я
предви́денный
предви́деть(ся), -и́жу,
   -и́дит(ся)
предвкуси́ть, -ушу́, -у́сит
предвкуша́ть(ся), -а́ю,
   -а́ет(ся)
предвкуше́ние, -я
предвкушённый; кр. ф.
   -ён, -ена́
предводи́тель, -я
предводи́тельница, -ы
предводи́тельский
предводи́тельство, -а
предводи́тельствовать,
   -твую, -твует
предвое́нный
предвозве́стие, -я
предвозвести́(ся), -ещу́,
   -ести́т(ся)
предвозве́стник, -а
предвозве́стница, -ы
предвозвеща́ть(ся), -а́ю,
   -а́ет(ся)
предвозвеще́ние, -я
предвозвещённый; кр. ф.
   -ён, -ена́
предвосхи́тить, -и́щу,
   -и́тит

предвосхища́ть(ся), -а́ю,
   -а́ет(ся)
предвосхище́ние, -я
предвосхи́щенный
предвы́борный
предвыходно́й
предго́рный
предго́рье, -я, р. мн. -рий
предгрозово́й
предгро́зье, -я
преддве́рие, -я
преддипло́мный
преддождево́й
преде́л, -а (граница)
преде́льно допусти́мый
преде́льный (от преде́л)
преде́льческий
преде́льчество, -а
преде́льщик, -а
предержа́щий: власть
   предержа́щая и вла́сти
   предержа́щие
преде́рзкий
предзавко́ма, нескл., м.
предзака́тный
предзащи́та, -ы
предзи́мье, -я
предзнаменова́ние, -я
предзнаменова́ть, -ну́ю,
   -ну́ет
преди́вный
предика́т, -а
предикати́вность, -и
предикати́вный
предика́ция, -и
предисло́вие, -я
предисполко́ма, нескл., м.
предка́мера, -ы
предкри́зисный
предкры́лок, -лка
предлага́ть(ся), -а́ю,
   -а́ет(ся)
предлежа́щий
предли́нный
предло́г, -а
предложе́ние, -я
предло́женный
предложи́ть, -ожу́, -о́жит
предло́жный
предма́йский
предме́стник, -а
предме́стница, -ы
предме́стье, -я, р. мн. -тий
предме́т, -а
предме́тность, -и
предме́тно-темати́ческий
предме́тный
предмо́стный
предмо́стье, -я
преднавигацио́нный
предназнача́ть(ся), -а́ю,
   -а́ет(ся)
предназначе́ние, -я
предназна́ченный
предназна́чить, -чу, -чит
преднаме́рение, -я
преднаме́ренность, -и
преднаме́ренный; кр. ф.
   -рен, -ренна
предначерта́ние, -я
предначе́ртанный
предначерта́ть, -а́ю, -а́ет
предне́рестовый
преднизоло́н, -а

предновогодний
предо, пред, *предлог*
предобеденный
предобрый
предок, -дка
предоктябрьский
предолгий
предолимпийский
предоперационный
предописание, -я
предопределённость, -и
предопределённый; *кр. ф.*
  -ён, -ена
предопредели́ть(ся), -лю́,
  -ли́т(ся)
предопределя́ть(ся), -я́ю,
  -я́ет(ся)
предорогой
предосенний
предоста́вить(ся), -влю,
  -вит(ся)
предоставление, -я
предоставленный
предоставля́ть(ся), -я́ю,
  -я́ет(ся)
предостерега́ть(ся), -а́ю,
  -а́ет(ся)
предостерега́ющий
предостерёгший
предостережение, -я
предостережённый; *кр. ф.*
  -ён, -ена́
предостере́чь, -регу́, -ре-
  жёт, -регу́т; *прош.* -рёг,
  -регла́
предосторо́жность, -и
предосуди́тельный
предотврати́ть, -ащу́, -ати́т
предотвраща́ть(ся), -а́ю,
  -а́ет(ся)
предотвращение, -я
предотвращённый; *кр. ф.*
  -ён, -ена́
предотлётный
предотъе́здный
предохране́ние, -я
предохранённый; *кр. ф.*
  -ён, -ена́
предохрани́тель, -я
предохрани́тельный
предохрани́ть(ся), -ню́(сь),
  -ни́т(ся)
предохраня́ть(ся), -я́ю(сь),
  -я́ет(ся)
предощути́ть, -ущу́, -ути́т
предощуща́ть(ся), -а́ю,
  -а́ет(ся)
предощуще́ние, -я
предощущённый; *кр. ф.*
  -ён, -ена́
предпарла́мент, -а
предпа́хотный
предписа́ние, -я
предпи́санный
предписа́ть, -ишу́, -и́шет
предпи́сывать(ся), -аю,
  -ает(ся)
предплечево́й
предпле́чье, -я, *р. мн.* -чий
предплу́жник, -а
предплюсна́, -ы́ и пред-
  плю́сна, -ы, *мн.* -плю́с-
  ны, -сен

предплюсневой и пред-
  плю́сневый
предполага́емый
предполага́ть(ся), -а́ю,
  -а́ет(ся)
предполётный
предположе́ние, -я
предположенный
предположи́тельный
предположи́ть, -ожу́, -о́жит
предпо́лье, -я
предполя́рный
предпосевно́й
предпо́сланный
предпосла́ть, -ошлю́, -ош-
  лёт; *прош.* -сла́л, -сла́ла
предпоследний
предпосыла́ть(ся), -а́ю,
  -а́ет(ся)
предпосы́лка, -и
предпоче́сть, -чту́, -чтёт;
  прош. -чёл, -чла́
предпочита́ть(ся), -а́ю,
  -а́ет(ся)
предпо́чка, -и
предпочте́ние, -я
предпочтённый; *кр. ф.* -ён,
  -ена́
предпочти́тельный
предпра́здничный
предприи́мчивость, -и
предприи́мчивый
предпринима́тель, -я
предпринима́тельский
предпринима́тельство, -а
предпринима́ть(ся), -а́ю,
  -а́ет(ся)
предприня́тый; *кр. ф.* -ят,
  -ята́, -ято
предприня́ть, -приму́, -при-
  мет; *прош.* -при́нял, -при-
  няла́, -при́няло
предприя́тие, -я
предпрофко́ма, *нескл., м.*
предпусково́й
предпу́стье, -я, *р. мн.* -тий
предрасполага́ть(ся), -а́ю,
  -а́ет(ся)
предрасположе́ние, -я
предрасположенность, -и
предрасположенный
предрасположи́ть, -ожу́,
  -о́жит
предрассве́тный
предрассу́док, -дка
предрассужде́ние, -я
предреволюцио́нный
предрека́ть(ся), -а́ю,
  -а́ет(ся)
предре́кший
предречённый; *кр. ф.* -ён,
  -ена́
предре́чь, -еку́, -ечёт, -еку́т;
  прош. -ёк, -екла́
предреша́ть(ся), -а́ю,
  -а́ет(ся)
предреше́ние, -я
предрешённый; *кр. ф.* -ён,
  -ена́
предреши́ть, -шу́, -ши́т
предродово́й
предро́сток, -тка
предсва́дебный
председа́тель, -я

председа́тельница, -ы
председа́тельский
председа́тельство, -а
председа́тельствовать,
  -твую, -твует
председа́тельствующий,
  -его
предсезо́нный
предсенокосный
предсе́рдие, -я
предсказа́ние, -я
предска́занный
предсказа́тель, -я
предсказа́тельница, -ы
предсказа́ть, -ажу́, -а́жет
предсказу́емость, -и
предска́зывать(ся), -аю,
  -ает(ся)
предсме́ртный
представа́ть, -таю́, -таёт
представи́тель, -я
представи́тельница, -ы
представи́тельный
представи́тельство, -а
представи́тельствовать,
  -твую, -твует
предста́вить(ся), -влю(сь),
  -вит(ся)
представле́ние, -я (*к* пред-
  ста́вить)
предста́вленный
представля́ть(ся), -я́ю(сь),
  -я́ет(ся)
предста́ртовый
предста́тельная железа́
предста́ть, -а́ну, -а́нет
предстоя́щий
предсте́пье, -я, *р. мн.* -пий
предстоя́ть, -ою́, -ои́т
предстоя́щий
предсъе́здовский
предте́ча, -и, *м. и ж.*
предубежда́ть(ся), -а́ю(сь),
  -а́ет(ся)
предубежде́ние, -я
предубеждённый; *кр. ф.*
  -ён, -ена́
предубо́рочный
предуве́домить, -млю, -мит
предуведомле́ние, -я
предуве́домленный
предуведомля́ть(ся), -я́ю,
  -я́ет(ся)
предуга́данный
предугада́ть, -а́ю, -а́ет
предуга́дывать(ся), -аю,
  -ает(ся)
предугото́вить, -влю, -вит
предугото́вленный
предуготовля́ть(ся), -я́ю,
  -я́ет(ся)
предуда́рный
предумы́шленный
предупреди́тельность, -и
предупреди́тельный
предупреди́ть, -ежу́, -еди́т
предупрежда́ть(ся), -а́ю,
  -а́ет(ся)
предупрежда́ющий
предупрежде́ние, -я
предупреждённый; *кр. ф.*
  -ён, -ена́
предусма́тривать(ся), -аю,
  -ает(ся)

предусмо́тренный
предусмотре́ть, -отрю́, -о́т-
  рит
предусмотри́тельность, -и
предусмотри́тельный
предустано́вленный
преду́стье, -я, *р. мн.* -ьев
предустьево́й и преду́сть-
  евый
преду́тренний
предчу́вствие, -я
предчу́вствовать(ся),
  -твую, -твует(ся)
преде́ственник, -а
преде́ственница, -ы
преде́ствие, -я: в пред-
  ше́ствии (*кого, чего*)
преде́ствовать, -твую,
  -твует
преде́ствующий
предъюбиле́йный
предъяви́тель, -я
предъяви́тельница, -ы
предъяви́тельский
предъяви́ть, -явлю́, -я́вит
предъявле́ние, -я
предъя́вленный
предъявля́ть(ся), -я́ю,
  -я́ет(ся)
предъязвенный
предъя́рмарочный
предыду́щий
предынсу́льтный
предынфа́рктный
предыстори́ческий
предысто́рия, -и
предыю́льский
предыю́ньский
предэкзаменацио́нный
прее́мник, -а (наследник)
прее́мница, -ы
прее́мственность, -и
прее́мственный; *кр. ф.* -вен
  и -венен, -венна
прее́мство, -а
пре́жде
преждевре́менный; *кр. ф.*
  -менен и -вре́мен, -менна
прежденазва́нный
прежесто́кий
прежи́рный
пре́жний
презаба́вный
презанима́тельный
презе́нт, -а
презента́бельный
презента́нт, -а
презента́ция, -и
презенто́ванный
презентова́ть, -ту́ю, -ту́ет
презерва́тив, -а
презервати́вный
презерва́ция, -и
презе́рвы, -ов
президе́нт, -а
президе́нтский
президе́нтство, -а
президе́нтствовать, -твую,
  -твует
президе́нтша, -и
президиум, -а
презира́ть(ся), -а́ю, -а́ет(ся)
  (относиться с презрени-
  ем)

презлой
презнатный
презрение, -я (пренебрежение)
презренный; кр. ф. прич. -ён, -ена; кр. ф. прил. -ён, -енна
презреть, -рю, -рит (к презирать)
презрительный
презумпция, -и
преизбыток, -тка
преизбыточествовать, -твует
преизбыточный
преимущественный
преимущество, -а
преинтересный
прейскусный
преисподняя, -ей
преисполненный
преисполнить(ся), -ню(сь), -нит(ся)
преисполнять(ся), -яю(сь), -яет(ся)
прейскурант, -а
прейскурантный
прейти, -йду, -йдёт; прош. прешёл, прешла (преступить)
прекарий, -я
преклонение, -я
преклонённый; кр. ф. -ён, -ена (от преклонить)
преклонить(ся), -ню(сь), -нит(ся) (нагнуть, согнуть)
преклонный
преклонять(ся), -яю(сь), -яет(ся) (к преклонить)
прекомичный
прекословие, -я
прекословить, -влю, -вит
прекрасивый
прекраснодушие, -я
прекраснодушный
прекрасный
прекратить(ся), -ащу, -атит(ся)
прекращать(ся), -аю, -ает(ся)
прекращение, -я
прекращённый; кр. ф. -ён, -ена
прекрутой
прекурьёзный
прелагать, -аю, -ает (к преложить)
прелат, -а
прелатство, -а
прелестница, -ы
прелестный
прелесть, -и
прелиминарии, -иев
прелиминарный
прелина, -ы
преложение, -я (от преложить)
преложенный (от преложить)
преложить, -ожу, -ожит (перевести)
преломить(ся), -омлю, -омит(ся)

преломление, -я
преломлённый; кр. ф. -ён, -ена
преломляемость, -и
преломлять(ся), -яю, -яет(ся)
прелый
прель, -и
прельстительный
прельстить(ся), -льщу(сь), -льстит(ся)
прельщать(ся), -аю(сь), -ает(ся)
прельщение, -я
прельщённый; кр. ф. -ён, -ена
прелюбезный
прелюбодей, -я
прелюбодейка, -и
прелюбодейный
прелюбодействовать, -твую, -твует
прелюбодеяние, -я
прелюд, -а
прелюдия, -и
премёрзкий
премиально-прогрессивный
премиальный
премилый
преминуть, -ну, -нет (только с отрицанием)
премирование, -я
премированный
премировать(ся), -рую, -рует(ся)
премировочный
премия, -и
премного
премногоуважаемый
премножество, -а
премудрость, -и
премудрый
премьер, -а
премьера, -ы
премьер-майор, -а
премьер-министр, -а
премьерский
премьерство, -а
премьерша, -и
пренебрегать(ся), -аю, -ает(ся)
пренебрёгший
пренебрежение, -я
пренебрежённый; кр. ф. -ён, -ена
пренебрежительный
пренебречь, -егу, -ежёт, -егут; прош. -ёг, -егла
пренеприятный
прение, -я (от преть)
пренизкий
прения, -ий (обсуждение)
преобладание, -я
преобладать, -ает
преобладающий
преображать(ся), -аю(сь), -ает(ся)
преображение, -я
преображённый; кр. ф. -ён, -ена
преобразить(ся), -ажу(сь), -азит(ся)
преобразование, -я

преобразованный
преобразователь, -я
преобразовательница, -ы
преобразовательный
преобразовательский
преобразовать(ся), -зую, -зует(ся)
преобразовывать(ся), -аю, -ает(ся)
преогромный
преодолевать(ся), -аю, -ает(ся)
преодоление, -я
преодолённый; кр. ф. -ён, -ена
преодолеть, -ею, -еет
преодолимый
преосвящённый
преосвященство, -а
пребыстрый
преотличный
препарат, -а
препаратор, -а
препараторский
препаратчик, -а
препарирование, -я
препарированный
препарировать(ся), -рую, -рует(ся)
препаровка, -и
препаровочный
препинание, -я
препирательство, -а
препираться, -аюсь, -ается (спорить)
преподавание, -я
преподаватель, -я
преподавательница, -ы
преподавательский
преподавать(ся), -даю, -даёт(ся)
преподанный; кр. ф. -ан, -подана, -ано
преподать, -ам, -ашь, -аст, -адим, -адите, -адут; прош. -подал, -подала, -подало
преподлый
преподнесение, -я
преподнесённый; кр. ф. -ён, -ена
преподнести, -су, -сёт; прош. -ёс, -если
преподнёсший
преподносить(ся), -ошу, -осит(ся)
преподношение, -я
преподобие, -я
преподобный
препозитивный
препозиция, -и
препона, -ы
препоручать(ся), -аю, -ает(ся)
препоручение, -я
препорученный
препоручить(ся), -учу, -учит
препоясанный
препоясать(ся), -яшу(сь), -яшет(ся)
препоясывать(ся), -аю(сь), -ает(ся)
препринт, -а
препроводилка, -и

препроводительный
препроводить, -ожу, -одит
препровождать(ся), -аю, -ает(ся)
препровождение, -я
препровождённый; кр. ф. -ён, -ена
препротивный
препятствие, -я
препятствовать, -твую, -твует
прерафаэлит, -а
прерванный
прервать(ся), -ву, -вёт(ся); прош. -ал(ся), -ала(сь), -ало, -алось
пререкание, -я
пререкаться, -аюсь, -ается
прериаль, -я
прерия, -и
прерогатива, -ы
прерыватель, -я
прерывать(ся), -аю, -ает(ся)
прерывающий(ся)
прерывистый
прерывность, -и
пресветлый
пресвитер, -а
пресвитерианец, -нца
пресвитерианин, -а, мн. -ане, -ан
пресвитерианский
пресвитерианство, -а
пресекать(ся), -аю, -ает(ся)
пресекший(ся)
преселектор, -а
пресенильный
пресечение, -я
пресечённый; кр. ф. -ён, -ена
пресечь(ся), -еку, -ечёт(ся), -екут(ся); прош. -ёк(ся) и -ёк(ся), -екла(сь)
прескверный
прескучный
пресладкий (сладкий-пресладкий)
преследование, -я
преследователь, -я
преследовательница, -ы
преследовать(ся), -дую, -дует(ся)
пресловутый
пресмешной
пресмыкательство, -а
пресмыкаться, -аюсь, -ается
пресмыкающееся, -егося
пресмыкающийся
пресненский (от Пресня)
пресноводный
пресный; кр. ф. пресен, пресна, пресно
преспокойный
пресс, -а
пресса, -ы
пресс-автомат, -а
пресс-атташе, нескл., м.
пресс-брифинг, -а
пресс-бюллетень, -я
пресс-бюро, нескл., с.
прессинг, -а
пресс-клише, нескл., с.

пресс-конве́йер, -а
пресс-конфере́нция, -и
пресс-маслёнка, -и
пресс-но́жницы, -ниц
прессова́льный
прессова́льня, -и, р. мн. -лен
прессова́ние, -я
прессо́ванный
прессова́ть(ся), -ссу́ю, -ссу́ет(ся)
прессо́вка, -и
прессовщи́к, -а́
прессо́вщица, -ы
пре́ссовый
прессорецепто́р, -а
пресс-папье́, нескл, с.
пресс-подбо́рщик, -а
пресс-порошо́к, -шка́
пресс-рели́з, -а
пресс-слу́жба, -ы
пресс-фи́льтр, -а
пресс-фо́рма, -ы
пресс-це́нтр, -а
прессшпа́н, -а
преста́виться, -влюсь, -вит-ся (умереть)
преставле́ние, -я (гибель, смерть)
престаре́лый
преста́рый
престидижита́тор, -а
прести́ж, -а
прести́жный
прести́ссимо, неизм. и нескл. с.
пре́сто, неизм. и нескл, с.
престо́л, -а
престолонасле́дие, -я
престолонасле́дник, -а
престо́льный
престра́нный; кр. ф. -а́нен, -а́нна
преступа́ть(ся), -а́ю, -а́ет(ся) (нарушать)
преступи́ть, -уплю́, -у́пит (нарушить)
преступле́ние, -я
престу́пленный
престу́пник, -а
престу́пница, -ы
престу́пно-небре́жный
престу́пно-равноду́шный
престу́пность, -и
престу́пно-хала́тный
престу́пный
пресы́тить(ся), -ы́щу(сь), -ы́тит(ся)
пресыща́ть(ся), -а́ю(сь), -а́ет(ся)
пресыще́ние, -я
пресы́щенный
претворе́ние, -я
претворённый; кр. ф. -ён, -ена́
претвори́ть(ся), -рю́, -ри́т(ся) (воплотить)
претворя́ть(ся), -я́ю, -я́ет(ся) (к претвори́ть)
претенде́нт, -а
претенде́нтка, -и
претендова́ть, -ду́ю, -ду́ет
прете́нзия, -и
претенцио́зность, -и

претенцио́зный
претерпева́ть, -а́ю, -а́ет
претерпённый; кр. ф. -ён, -ена́ и претёрпенный; кр. ф. -ен, -ена
претерпе́ть, -ерплю́, -е́рпит
прете́ть, -и́т
преткнове́ние: ка́мень преткнове́ния
преткну́ться, -ну́сь, -нётся (споткнуться)
прето́лстый
пре́тор, -а
преториа́нец, -нца
преториа́нский
прето́рий, -я и прето́риум, -а
пре́торский
преть, -е́ю, -е́ет
преувеличе́ние, -я
преувели́ченный
преувели́чивать(ся), -аю, -ает(ся)
преувели́чить, -чу, -чит
преужа́сный
преуменьша́ть(ся), -а́ю, -а́ет(ся)
преуменьше́ние, -я
преуме́ньшенный; кр. ф. -ен, -ена и преуменьшённый; кр. ф. -ён, -ена́
преуме́ньшить, -е́ньшу, -е́ньшит
преу́мный
преупря́мый
преуспева́ние, -я
преуспева́ть, -а́ю, -а́ет
преуспева́ющий
преуспе́ть, -е́ю, -е́ет
преуспея́ние, -я
префе́кт, -а
префекту́ра, -ы
префера́нс, -а
преферанси́ст, -а
преференциа́льный
префере́нция, -и
пре́фикс, -а (приставка)
префи́кс, -а (досрочный платёж)
префикса́льный
префикса́ция, -и
префо́рма́ция, -и
преформи́зм, -а
преходи́ть, -ожу́, -о́дит (минова́ть)
преходя́щий (временный)
прехоло́дный
прецеде́нт, -а
прецессио́нный
преце́ссия, -и
прецизио́нный
прецио́зный
преципита́т, -а
преципита́ция, -и
преципити́н, -а
пречёрный (чёрный-пречёрный)
пречестно́й
пречи́стый
пречуде́сный
пречудно́й
пречу́дный
преше́дший (от прейти́)
преширо́кий

преюдициа́льный
приазо́вский
приамударьи́нский
приаму́рский
приана́льный
приапи́ческий
приба́вить(ся), -влю(сь), -вит(ся)
приба́вка, -и
прибавле́ние, -я
приба́вленный
прибавля́ть(ся), -я́ю(сь), -я́ет(ся)
приба́вочный
прибайка́льский
прибалти́йский
прибалти́йско-фи́нский
прибау́тка, -и
прибау́точник, -а
прибега́ть, -а́ю, -а́ет
прибе́гнувший и прибе́гший (от прибе́гнуть)
прибе́гнуть, -ну, -нет; прош. -ёг и -ёгнул, -ёгла
прибедни́ться, -ню́сь, -ни́тся
прибедня́ться, -я́юсь, -я́ет-ся
прибежа́ть, -бегу́, -бежи́т, -бегу́т
прибе́жище, -а
приберега́ть(ся), -а́ю, -а́ет(ся)
приберёгший
прибережённый; кр. ф. -ён, -ена́
прибере́жный
прибере́жье, -я
прибере́чь, -егу́, -ежёт, -егу́т; прош. -ёг, -егла́
прибива́ние, -я
прибива́ть(ся), -а́ю(сь), -а́ет(ся)
приби́вка, -и
прибивно́й
прибира́ть(ся), -а́ю(сь), -а́ет(ся)
приби́ть(ся), -бью(сь), -бьёт(ся)
приближа́ть(ся), -а́ю(сь), -а́ет(ся)
приближе́ние, -я
прибли́женный, прич.
прибли́женный, прил.
приблизи́тельный
прибли́зить(ся), -и́жу(сь), -и́зит(ся)
приблуди́ться, -ужу́сь, -у́дится
приблу́дный
прибодри́ться, -рю́сь, -ри́т-ся
прибо́й, -я
прибо́йный
приболе́ть, -е́ю, -е́ет
прибо́лотный
прибо́р, -а
прибори́ст, -а
прибо́рка, -и
прибо́рный
приборострое́ние, -я
приборострои́тельный
при́бранный
прибра́сывать, -аю, -ает

прибра́ть(ся), -беру́(сь), -берёт(ся); прош. -а́л(ся), -ала́(сь), -ало́, -ало́сь
прибреда́ть, -а́ю, -а́ет
прибре́дший
прибре́жный
прибре́жье, -я
прибрести́, -еду, -едёт; прош. -ёл, -ела́
прибро́санный
прибро́сать, -а́ю, -а́ет
прибро́сить, -о́шу, -о́сит
прибро́шенный
прибукси́рованный
прибукси́ровать, -рую, -рует
прибыва́ние, -я (к прибыва́ть)
прибыва́ть, -а́ю, -а́ет (приезжать, увеличиваться)
прибыло́й
при́быль, -и, мн. -и, -ей
при́быльность, -и
при́быльный
прибы́тие, -я
прибы́ток, -тка и -тку
прибы́точный
прибы́ть, -бу́ду, -бу́дет; прош. при́был, прибыла́, при́было (прийти)
прива́да, -ы
прива́дить(ся), -а́жу, -а́дит(ся)
прива́женный
прива́живать(ся), -аю, -ает(ся)
прива́л, -а
прива́ленный
прива́ливать(ся), -аю(сь), -ает(ся)
привали́ть(ся), -алю́(сь), -а́лит(ся) (придви́нуть(ся) и -а́лит(ся) (прибавиться)
прива́льный
прива́ренный
прива́ривание, -я
прива́ривать(ся), -аю, -ает(ся)
привари́ть(ся), -арю́, -а́рит(ся)
прива́рка, -и
приварно́й
прива́рок, -рка
прива́рочный
прива́т-доце́нт, -а
прива́т-доце́нтский*
прива́т-доценту́ра, -ы
приватиза́ция, -и
прива́тный
приведе́ние, -я (от привести́)
приведённый; кр. ф. -ён, -ена́
приве́дший
привезённый; кр. ф. -ён, -ена́
привезти́, -зу́, -зёт; прош. -ёз, -езла́
привёзший
привере́да, -ы, м. и ж.
привере́дливость, -и
привере́дливый
привере́дник, -а

привере́дница, -ы
привере́дничанье, -я
привере́дничать, -аю, -ает
привере́дничество, -а
приве́рженец, -нца
приве́рженка, -и
приве́рженность, -и
приве́рженный
приве́рнутый
приверну́ть(ся), -ну́,
    -нёт(ся)
приве́рстанный
приверста́ть, -а́ю, -а́ет
приве́рстывать(ся), -аю,
    -ает(ся)
приверте́ть(ся), -ерчу́, -е́р-
    тит(ся)
приве́ртка, -и
приве́ртывание, -я
приве́ртывать(ся), -аю,
    -ает(ся)
приве́рченный
приве́рчивать(ся), -аю,
    -ает(ся)
приве́с, -а
привеси́ть(ся), -е́шу(сь),
    -е́сит(ся)
приве́ска, -и
привесно́й
приве́сок, -ска
приве́сочный
привести́(сь), -еду́,
    -едёт(ся); прош. -ёл(ся),
    -ела́(сь)
приве́т, -а
приве́тить, -е́чу, -е́тит
приве́тливость, -и
приве́тливый
приве́тный
приве́тственный
приве́тствие, -я
приве́тствовать(ся), -твую,
    -твует(ся)
приве́тствуемый
привеча́ть, -а́ю, -а́ет
приве́ченный
приве́шенный
приве́шивание, -я
приве́шивать(ся), -аю(сь),
    -ает(ся)
привива́ние, -я
привива́ть(ся), -а́ю,
    -а́ет(ся)
приви́вка, -и
прививно́й
приви́вок, -вка
приви́вочный
привиде́ние, -я (призрак)
привиде́ться, -и́жусь,
    -и́дится
привилегиро́ванный
привиле́гия, -и
привинти́ть(ся), -инчу́, -и́н-
    ти́т(ся)
приви́нченный
приви́нчивать(ся), -аю,
    -ает(ся)
привира́ть, -а́ю, -а́ет
приви́тие, -я
приви́тый и привито́й; кр.
    ф. -и́т, -ита́, -и́то
приви́ть(ся), -вью,
    -вьёт(ся); прош. -и́л(ся),
    -ила́(сь), -и́ло, -и́ло́сь

при́вкус, -а
привлека́тельность, -и
привлека́тельный
привлека́ть(ся), -а́ю(сь),
    -ает(ся)
привлёкший
привлече́ние, -я
привлечённый; кр. ф. -ён,
    -ена́
привле́чь, -еку́, -ечёт, -еку́т;
    прош. -ёк, -екла́
привнесе́ние, -я
привнесённый; кр. ф. -ён,
    -ена́
привнести́, -су́, -сёт; прош.
    -ёс, -есла́
привнёсший
привноси́ть(ся), -ошу́,
    -о́сит(ся)
приво́д, -а (от приводи́ть)
при́во́д, -а, мн. -ы, -ов и -а́,
    -о́в
приводи́ть(ся), -ожу́(сь),
    -о́дит(ся)
приво́дка, -и
приводне́ние, -я
приводни́ть(ся), -ню́(сь),
    -ни́т(ся)
приводно́й
приводня́ть(ся), -я́ю(сь),
    -я́ет(ся)
приво́з, -а
привози́ть(ся), -ожу́,
    -о́зит(ся)
приво́зка, -и
привозно́й и приво́зный
приво́й, -я
привокза́льный
привола́кивать(ся),
    -аю(сь), -ает(ся)
приво́лжский
приволокну́ться, -ну́сь,
    -нётся
приволо́кший(ся)
приволо́ченный; кр. ф.
    -ен, -ена и приволочён-
    ный; кр. ф. -ён, -ена́
приволочи́ть(ся), -очу́(сь),
    -о́чи́т(ся)
приволо́чь(ся), -оку́(сь),
    -очёт(ся), -оку́т(ся);
    прош. -о́к(ся), -окла́(сь)
приво́лье, -я
приво́льный
привора́живать(ся), -аю,
    -ает(ся)
привора́чивать(ся), -аю,
    -ает(ся)
привороже́нный; кр. ф.
    -ён, -ена́
приворожи́ть, -жу́, -жи́т
приворо́т, -а
привороти́ть, -очу́, -о́тит
привор́отный
привор́оченный
при́вранный
привра́тник, -а
привра́тница, -ы
привра́ть, -ру́, -рёт; прош.
    -а́л, -ала́, -а́ло
привска́кивать, -аю, -ает
привскочи́ть, -очу́, -о́чит
привстава́ть, -таю́, -тае́т
привста́ть, -а́ну, -а́нет

привстаю́щий
привходи́ть, -о́дит
привходя́щий
привыка́ть, -а́ю, -а́ет
привы́кнуть, -ну, -нет;
    прош. -ы́к, -ы́кла
привы́кший
привы́чка, -и
привы́чность, -и
привы́чный
привя́занность, -и
привя́занный
привяза́ть(ся), -яжу́(сь),
    -я́жет(ся)
привя́зка, -и
привязно́й
привя́зчивый
привя́зывание, -я
привя́зывать(ся), -аю(сь),
    -ает(ся)
привя́зь, -и
привя́нуть, -нет; прош. -я́л,
    -я́ла
пригада́ть, -а́ю, -а́ет
прига́дывать, -аю, -ает
прига́р, -а
прига́рина, -ы
при́гарь, -и
пригаси́ть, -ашу́, -а́сит
пригаша́ть(ся), -а́ю,
    -а́ет(ся)
прига́шенный
пригвожда́ть(ся), -а́ю,
    -а́ет(ся)
пригвождённый; кр. ф.
    -ён, -ена́
пригвозди́ть(ся), -зжу́,
    -зди́т(ся)
пригиба́ние, -я
пригиба́ть(ся), -а́ю(сь),
    -а́ет(ся)
пригибно́й
приглаго́льный
пригла́дить(ся), -а́жу(сь),
    -а́дит(ся)
пригла́женность, -и
пригла́женный
пригла́живать(ся),
    -аю(сь), -ает(ся)
пригласи́тельный
пригласи́ть, -ашу́, -аси́т
приглаша́ть(ся), -а́ю,
    -а́ет(ся)
приглаше́ние, -я
приглашённый; кр. ф. -ён,
    -ена́
приглуша́ть(ся), -а́ю,
    -а́ет(ся)
приглушённый; кр. ф. -ён,
    -ена́
приглуши́ть, -шу́, -ши́т
пригля́д, -а
пригляде́ть(ся), -яжу́сь,
    -яди́т(ся)
пригля́дистый
пригля́дка, -и
пригля́дный
пригля́дывать(ся), -аю(сь),
    -ает(ся)
пригляну́ть(ся), -яну́(сь),
    -я́нет(ся)
при́гнанный
пригна́ть, -гоню́, -го́нит;
    прош. -а́л, -ала́, -а́ло

пригнести́, -гнету́, -гне-
    тёт
пригнета́ть(ся), -а́ю,
    -а́ет(ся)
пригнетённый; кр. ф. -ён,
    -ена́
пригнётший
при́гнутый
пригну́ть(ся), -ну́(сь),
    -нёт(ся)
пригова́ривать(ся), -аю,
    -ает(ся)
пригово́р, -а
приговорённый; кр. ф. -ён,
    -ена́
приговори́ть, -рю́, -ри́т
пригово́рка, -и
пригоди́ться, -ожу́сь, -оди́т-
    ся
приго́дность, -и
приго́дный
приго́жество, -а
приго́жесть, -и
приго́жий
приголу́бить(ся), -блю(сь),
    -бит(ся)
приголу́бленный
приголу́бливать(ся),
    -аю(сь), -ает(ся)
приго́н, -а
приго́нка, -и
приго́нный
приго́ночный
пригоня́ть(ся), -я́ю,
    -я́ет(ся)
пригора́живать(ся), -аю,
    -ает(ся)
пригора́ние, -я
пригора́ть, -а́ет
пригоре́лый
пригоре́ть, -ри́т
при́город, -а
пригороди́ть, -ожу́, -о́дит
при́городный
пригоро́женный
приго́рок, -рка
при́горшня, -и, р. мн.
    -шней и -шен
пригорю́ниваться, -аюсь,
    -ается
пригорю́ниться, -нюсь, -ни-
    тся
пригота́вливание, -я
пригота́вливать(ся),
    -аю(сь), -ает(ся)
приготови́тельно-тка́цкий
приготови́тельный
пригото́вить(ся), -влю(сь),
    -вит(ся)
пригото́вишка, -и, м. и ж.
приготовле́ние, -я
пригото́вленный
приготовля́ть(ся), -я́ю(сь),
    -я́ет(ся)
пригран́ичный
пригреба́ть(ся), -а́ю(сь),
    -а́ет(ся)
пригребённый; кр. ф. -ён,
    -ена́
пригрёбший(ся)
пригрёв, -а
пригрева́ние, -я
пригрева́ть(ся), -а́ю(сь),
    -а́ет(ся)

пригрёзиться, -ёжусь,
-ёзится

пригрести́(сь), -ребу́(сь),
-ребёт(ся); *прош.*
-рёб(ся), -ребла́(сь)

пригрётый

пригре́ть(ся), -ёю(сь),
-ёет(ся)

пригрози́ть, -ожу́, -ози́т

пригу́бить, -блю, -бит

пригу́бленный

пригу́бливать(ся), -аю,
-ает(ся)

пригу́л, -а

пригу́ливать, -аю, -ает

пригу́льный

пригу́лянный

пригуля́ть, -я́ю, -я́ет

пригумённый

придава́ть(ся), -даю́, -да-
ёт(ся) (*к* прида́ть)

придави́ть, -авлю́, -а́вит

прида́вленность, -и

прида́вливать(ся), -аю,
-ает(ся)

прида́ние, -я (*от* прида́ть)

прида́нница, -ы

при́данный; *кр. ф.* -ан,
-придана́, -ано

прида́ное, -ого

прида́тковый

прида́ток, -тка

прида́точный

прида́ть, -а́м, -а́шь, -а́ст,
-ади́м, -ади́те, -аду́т;
прош. при́дал, придала́,
при́дало (прибавить)

прида́ча, -и

придвига́ть(ся), -а́ю(сь),
-а́ет(ся)

придвижно́й

придви́нутый

придви́нуть(ся), -ну(сь),
-нет(ся)

придво́рный

придво́рок, -рка

приде́л, -а (пристройка)

приде́ланный

приде́лать(ся), -аю,
-ает(ся)

приде́лка, -и

приде́лывание, -я

приде́лывать(ся), -аю,
-ает(ся)

приде́льный (*от* приде́л)

приде́ржанный

придержа́ть(ся), -ер-
жу́(сь), -е́ржит(ся)

приде́рживание, -я

приде́рживать(ся),
-аю(сь), -ает(ся)

придёрнутый

придёрнуть, -ну, -нет

приди́ра, -ы, *м. и ж.*

придира́ться, -а́юсь, -а́ется

приди́рка, -и

приди́рчивость, -и

приди́рчивый

приднепро́вский

приднестро́вский

придомо́вый

придо́нный

придо́нский

придоро́жный

придра́ться, -деру́сь, -дерёт-
ся; *прош.* -а́лся, -ала́сь,
-а́лось

придрема́ть, -емлю́, -е́млет

придремну́ть, -ну́, -нёт

придрёмывать, -аю, -ает

придува́ть(ся), -а́ет(ся)

приду́манный

приду́мать(ся), -аю,
-ает(ся)

приду́мка, -и

приду́мщик, -а

приду́мщица, -ы

приду́мывание, -я

приду́мывать(ся), -аю,
-ает(ся)

приду́ривать(ся), -аю(сь),
-ает(ся)

придуркова́тость, -и

придуркова́тый

приду́рок, -рка

приду́рочный

при́дурь, -и: с при́дурью

приду́ть, -у́ет

приду́шенный

придуши́ть, -ушу́, -у́шит

придыха́ние, -я

придыха́тельный

придыша́ться, -ышу́сь,
-ы́шится

придя́, *деепр.* (*от* прийти́)

прие́вшийся

приеда́ть, -а́ю, -а́ет

приеда́ться, -а́ется

прие́зд, -а

приезжа́ть, -а́ю, -а́ет

приезжа́ющий, -его

прие́зжий, -его

приём, -а

приёмистый

приёмка, -и

приёмлемость, -и

приёмлемый

приёмная, -ой

приёмник, -а

приёмно-отправи́тельный

приёмно-передаю́щий

приёмно-сортиро́вочный

приёмно-усили́тельный

приёмный

приёмозаготови́тельный

приёмозапи́сывающий

приёмопереда́тчик, -а

приёмо-разда́точный

приёмо-сда́точный

приёмосда́тчик, -а

приёмочный

приёмщик, -а

приёмщица, -ы

приёмыш, -а

прие́сться, -е́мся, -е́шься,
-е́стся, -еди́мся, -еди́тесь,
-едя́тся; *прош.* -е́лся,
-е́лась

прие́хать, -е́ду, -е́дет

прижа́ренный

прижа́ривание, -я

прижа́рить(ся), -рю,
-рит(ся)

прижа́тие, -я

прижа́тый

прижа́ть(ся), -жму́(сь),
-жмёт(ся)

прижёгший

прижёчь, -жгу́, -жжёт,
-жгу́т; *прош.* -жёг, -жгла́

прижжённый; *кр. ф.* -ён,
-ена́

прижива́емость, -и

прижива́л, -а

прижива́лка, -и

прижива́льческий

прижива́льщик, -а

прижива́льщица, -ы

прижива́ть(ся), -а́ю(сь),
-а́ет(ся)

прижи́ть(ся), -вллю́,
-ви́т(ся)

прижи́вка, -и

прживле́ние, -я

приживлённый; *кр. ф.* -ён,
-ена́

приживля́ть(ся), -я́ю,
-я́ет(ся)

прижи́вчивый

прижига́ние, -я

прижига́ть(ся), -а́ю,
-а́ет(ся)

прижи́зненный

прижи́м, -а

прижима́ние, -я

прижима́ть(ся), -а́ю(сь),
-а́ет(ся)

прижи́мистость, -и

прижи́мистый

прижи́мка, -и

прижимно́й и прижи́м-
ный

при́жатый; *кр. ф.* при́жи́т,
прижита́, при́жи́то

прижи́ть(ся), -живу́(сь),
-живёт(ся); *прош.* при́-
жи́л, прижи́лся, прижи-
ла́(сь), при́жи́ло, при-
жи́лось

прижму́ривание, -я

прижму́ривать(ся),
-аю(сь), -ает(ся)

прижму́рить(ся), -рю(сь),
-рит(ся)

прижо́г, -а, но *прош.* при-
жёг

приз, -а, *мн.* -ы́, -о́в

призаду́маться, -аюсь, -ает-
ся

призаду́мываться, -аюсь,
-ается

призанима́ть, -а́ю, -а́ет

приза́нятый; *кр. ф.* -ят,
-ята́, -ято

приза́нять, -займу́, -займёт;
прош. -за́нял, -заняла́, -за́-
няло

призва́ние, -я

при́званный

призва́ть, -зову́, -зовёт;
прош. -а́л, -ала́, -а́ло

призву́к, -а

приземи́стость, -и

приземи́стый

приземле́ние, -я

приземлённый; *кр. ф.* -ён,
-ена́

приземли́ть(ся), -лю́(сь),
-ли́т(ся)

приземля́ть(ся), -я́ю(сь),
-я́ет(ся)

приземно́й и призе́мный

призёр, -а

призира́ть(ся), -а́ю,
-а́ет(ся) (*к* призре́ть)

при́зма, -ы

призмати́ческий

призмато́ид, -а

признава́ть(ся), -наю́(сь),
-наёт(ся)

при́знак, -а

призна́ние, -я

при́знанный

призна́тельность, -и

призна́тельный

призна́ть(ся), -а́ю(сь),
-а́ет(ся)

призово́й

призо́р, -а и -у (без призо́-
ра и без призо́ру)

при́зрак, -а

при́зрачный

призрева́ть(ся), -а́ю(сь),
-а́ет(ся)

призре́ние, -я (попече-
ние)

при́зренный

призре́ть, призрю́, при́-
зри́т (приютить)

призы́в, -а

призыва́ть(ся), -а́ю(сь),
-а́ет(ся)

призывни́к, -а́

призывно́й (*воен.*)

призы́вный (зовущий)

при́иск, -а, *мн.* -и, -ов и
-а́, -о́в

прииска́ние, -я

при́исканный

приискатель, -я

приска́ть(ся), -ищу́,
-и́щет(ся)

прии́скивать(ся), -аю,
-ает(ся)

при́исковый

прийти́(сь), приду́(сь),
придёт(ся); *прош.* при-
шёл(ся), пришла́(сь)

прика́з, -а

приказа́ние, -я

прика́занный

приказа́ть, -ажу́, -а́жет

приказно́й и прика́зный

прика́зчик, -а

прика́зчица, -ы

прика́зчицкий

прика́зчичий, -ья, -ье

прика́зывать(ся), -аю,
-ает(ся)

прика́лывание, -я

прика́лывать(ся), -аю,
-ает(ся)

прикана́льный

прика́нчивать(ся), -аю,
-ает(ся)

прика́пливать(ся), -аю,
-ает(ся)

прика́пывание, -я

прика́пывать(ся), -аю, -ает

прикарма́ненный

прикарма́нивание, -я

прикарма́нивать(ся), -аю,
-ает(ся)

прикарма́нить, -ню, -нит

прика́рмливание, -я

прика́рмливать(ся), -аю,
-ает(ся)
прикарпа́тский
прикаса́ние, -я
прикаса́ться, -а́юсь, -а́ется
прикаспи́йский
прика́танный
приката́ть, -а́ю, -а́ет
прикати́ть(ся), -ачу́,
-а́тит(ся)
прика́тывание, -я
прика́тывать(ся), -аю,
-ает(ся)
прика́чанный (от прика-
ча́ть)
прикача́ть, -а́ю, -а́ет
прика́ченный (от прика-
ти́ть)
прика́чивать(ся), -аю,
-ает(ся)
прикачну́ть(ся), -ну́(сь),
-нёт(ся)
прики́данный
прикида́ть, -а́ю, -а́ет
прики́дка, -и
прики́дочный
прики́дывание, -я
прики́дывать(ся), -аю(сь),
-ает(ся)
прики́нутый
прики́нуть(ся), -ну(сь),
-нет(ся)
прикипа́ть, -а́ет
прикипе́ть, -пи́т
прикла́д, -а
прикла́дистый
прикла́дка, -и
прикладни́к, -а́
прикладни́ца, -ы
прикладно́й
прикла́дывание, -я
прикла́дывать(ся),
-аю(сь), -ает(ся)
прикле́енный
прикле́ивание, -я
прикле́ивать(ся), -аю,
-ает(ся)
прикле́ить(ся), -е́ю,
-е́ит(ся)
прикле́йка, -и
приклёпанный
приклепа́ть(ся), -а́ю,
-а́ет(ся)
приклёпка, -и
приклёпывание, -я
приклёпывать(ся), -аю,
-ает(ся)
приклонённый; кр. ф. -ён,
-ена́ (от приклони́ть)
приклони́ть(ся), -оню́(сь),
-о́нит(ся) (пригнуть,
прислони́ть)
приклоня́ть(ся), -я́ю(сь),
-я́ет(ся) (к приклони́ть)
приключа́ть(ся), -а́ю,
-а́ет(ся)
приключе́ние, -я
приключённый; кр. ф. -ён,
-ена́
приключе́нческий
приключи́ть(ся), -чу́,
-чи́т(ся)
прикно́пить, -плю, -пит
прикно́пленный

прико́ванный
прикова́ть(ся), -ку́ю, -ку-
ёт(ся)
прико́вывать(ся), -аю,
-ает(ся)
приковыля́ть, -я́ю, -я́ет
прико́кнуть, -ну, -нет
прико́л, -а
прикола́чивать(ся), -аю,
-ает(ся)
приколдо́ванный
приколдова́ть, -ду́ю, -ду́ет
приколдо́вывать(ся), -аю,
-ает(ся)
прико́лка, -и
приколоти́ть(ся), -очу́,
-о́тит(ся)
прико́лотый
приколо́ть(ся), -олю́,
-о́лет(ся)
приколо́ченный
прико́льный
прикомандирова́ние, -я
прикомандиро́ванный
прикомандирова́ть(ся),
-ру́ю(сь), -ру́ет(ся)
прикомандиро́вывать(ся),
-аю(сь), -ает(ся)
прико́нченный
прико́нчить(ся), -чу,
-чит(ся)
прикопи́ть, -оплю́, -о́пит
прико́пленный
прико́рм, -а
прикорми́ть(ся), -ормлю́,
-о́рмит(ся)
прико́рмка, -и
прико́рмленный
прикорнево́й
прикорну́ть, -ну́, -нёт
прикоснове́ние, -я
прикоснове́нность, -и
прикоснове́нный; кр. ф.
-ве́н и -ве́нен, -ве́нна
прикосну́ться, -ну́сь, -нёт-
ся
прикочева́ть, -чу́ю, -чу́ет
прикочёвывать, -аю, -ает
прикра́ивание, -я
прикра́ивать(ся), -аю,
-ает(ся)
прикра́сить(ся), -а́шу(сь),
-а́сит(ся)
прикра́сы, -а́с, ед. прикра́-
са, -ы
прикра́шенный
прикра́шивать(ся),
-аю(сь), -ает(ся)
прикрепи́тельный
прикрепи́ть(ся), -плю́(сь),
-пи́т(ся)
прикрепле́ние, -я
прикреплённый; кр. ф.
-ён, -ена́
прикрепля́ть(ся), -я́ю(сь),
-я́ет(ся)
прикри́кивать, -аю, ает
прикри́кнуть, -ну, -нет
прикрова́тный
прикро́вленный
прикро́ить, -о́ю, -о́ит
прикро́йка, -и
прикрути́ть, -учу́, -у́тит
прикру́ченный

прикру́чивать(ся), -аю,
-ает(ся)
прикрыва́ть(ся), -а́ю(сь),
-а́ет(ся)
прикры́тие, -я
прикры́тый
прикры́ть(ся), -ро́ю(сь),
-ро́ет(ся)
при́куп, -а
прикупа́ть(ся), -а́ю,
-а́ет(ся)
прикупи́ть, -уплю́, -у́пит
прику́пка, -и
прику́пленный
прикупно́й
прику́ренный
прику́ривать(ся), -аю,
-ает(ся)
прикури́ть, -урю́, -у́рит
прикуси́ть, -ушу́, -у́сит
прику́ска, -и
прику́сывать(ся), -аю,
-ает(ся)
прику́шенный
прила́вок, -вка
прила́вочный
прилага́тельное, -ого
прилага́ть(ся), -а́ю, -а́ет(ся)
(к приложи́ть)
прила́дить(ся), -а́жу(сь),
-а́дит(ся)
прила́дка, -и
прила́женный
прила́живание, -я
прила́живать(ся), -аю(сь),
-ает(ся)
прила́сканный
приласка́ть(ся), -а́ю(сь),
-а́ет(ся)
прила́ститься, -а́щусь, -а́с-
тится
прилга́ть, -лгу́, -лжёт, -лгу́т;
прош. -а́л, -ала́, -а́ло
прилгну́ть, -ну́, -нёт
прилега́ть, -а́ет
прилёгший
прилежа́ние, -я
прилежа́ть, -жу́, -жи́т
приле́жащий
приле́жность, -и
приле́жный
прилеза́ть, -а́ю, -а́ет
приле́зть, -зу, -зет; прош.
-ле́з, -ле́зла
прилёзший
прилепи́ть(ся), -леп-
лю́(сь), -ле́пит(ся)
приле́пленный
прилепля́ть(ся), -я́ю(сь),
-я́ет(ся)
прилёт, -а
прилета́ть, -а́ю, -а́ет
прилете́ть, -лечу́, -лети́т
прилётный
приле́чь, -ля́гу, -ля́жет,
-ля́гут; прош. -лёг, -лег-
ла́
прили́в, -а
прилива́ть(ся), -а́ю, -а́ет(ся)
прили́вный
приливообразу́ющий
прили́во-отли́вный
прили́занный

прилиза́ть(ся), -ижу́(сь),
-и́жет(ся)
прили́зывать(ся), -аю(сь),
-ает(ся)
прили́к, -а и -у и прили́ка,
-и (для прили́ку, для
прили́ки)
прилипа́ла, -ы, м. и ж.
(навязчивый человек)
прилипа́ла, -ы и прили-
па́ло, -а (рыба)
прилипа́ть, -а́ю, -а́ет
прили́пнуть, -ну, -нет;
прош. -ли́п, -ли́пла
прили́пчивый
прили́пший
прили́стник, -а
прили́тие, -я
прили́тый; кр. ф. -и́т, -ита́,
-и́то
прили́ть(ся), -лью,
-льёт(ся); прош. -и́л
-ила́(сь), -и́ло, -и́лось
прили́чествовать, -твует
прили́чествующий
прили́чие, -я
прили́чный
приловчи́ться, -чу́сь, -чи́тся
приложе́ние, -я (от при-
ложи́ть)
приложенный (от приложе-
жи́ть)
приложи́ть(ся), -ожу́(сь),
-о́жит(ся) (присоеди-
нить)
прилуне́ние, -я
прилуни́ться, -ню́сь, -ни́тся
прилуча́ть(ся), -а́ю,
-а́ет(ся)
прилучённый; кр. ф. -ён,
-ена́
прилучи́ть, -чу́, -чи́т
прилыга́ть, -а́ю, -а́ет
прильну́ть, -ну́, -нёт
приля́пать, -аю, -ает
приля́пывать(ся), -аю,
-ает(ся)
при́ма, -ы
при́ма-балери́на, -ы
примадо́нна, -ы
прима́ж, -а
прима́занный
прима́зать(ся), -а́жу(сь),
-а́жет(ся)
прима́зка, -и
прима́зывать(ся), -аю(сь),
-ает(ся)
прима́к, -а́
прима́ненный; кр. ф. -ен,
-ена и приманённый; кр.
ф. -ён, -ена́
прима́нивать(ся), -аю,
-ает(ся)
примани́ть, -аню́, -а́нит
прима́нка, -и
прима́ночный
прима́нчивый
прима́рка, -и
при́мас, -а
примастерённый; кр. ф.
-ён, -ена́
примастери́ть, -рю́, -ри́т
прима́т, -а
приматологи́ческий

приматология, -и
примат́ор, -а
прим́атывать(ся), -аю,
-ает(ся)
прим́ачивать(ся), -аю,
-ает(ся)
прим́ащивать(ся), -аю(сь),
-ает(ся)
примежёванный
примежев́ать, -жую, -жует
примельќаться, -аюсь, -ает-
ся
примен́ение, -я
применённый; кр. ф. -ён,
-ен́а
примен́имый
примен́ительно (к кому,
чему)
примен́ить(ся), -еню(сь),
-ен́ит(ся)
применя́емость, -и
применя́ть(ся), -яю(сь),
-я́ет(ся)
прим́ер, -а
прим́еренный
пример́еть, -мрёт; прош.
пр́имер, примерл́а, при́-
мерло
пример́ещиться, -щусь,
-щится
примерз́ать, -аю, -ает
прим́ёрзлый
примёрзнуть, -ну, -нет;
прош. -ёрз, -ёрзла
примёрзший
прим́еривать(ся), -аю(сь),
-ает(ся)
прим́ерить(ся), -рю(сь),
-рит(ся) и -ряю(сь), -ря-
ет(ся)
прим́ерка, -и
прим́ерный
прим́ерочный
примеря́ть(ся), -яю(сь),
-я́ет(ся) (к м́ерить)
примес́ить, -ешу, -есит
примест́и, -мету, -метёт;
прош. -ёл, -ел́а
прим́есь, -и
прим́ета, -ы
примётанный (от примет́ать)
примет́ать, -аю, -ает, сов.
(о шитье)
примет́ать(ся), -аю,
-ает(ся), несов. (к при-
мест́и)
приметённый; кр. ф. -ён,
-ен́а (от примест́и)
прим́етить(ся), -ечу,
-етит(ся)
прим́етка, -и
прим́етливый
приметн́уть(ся), -ну́,
-нёт(ся)
прим́етный
прим́етший
прим́етывать(ся), -аю,
-ает(ся)
примеч́ание, -я
примеч́ательный
примеч́ать(ся), -аю,
-ает(ся)
прим́еченный

прим́ешанный (от при-
меш́ать)
примеш́ать(ся), -аю,
-а́ет(ся)
прим́ешенный (от при-
мес́ить)
прим́ешивать(ся), -аю,
-ает(ся)
примин́ать(ся), -аю,
-а́ет(ся)
примир́енец, -нца
примир́ение, -я
примирённый; кр. ф. -ён,
-ен́а
примир́енческий
примир́енчество, -а
примир́итель, -я
примир́ительный
примир́ить(ся), -рю(сь),
-рит(ся)
примиря́ть(ся), -яю(сь),
-я́ет(ся) (к мир́ить)
примит́ив, -а
примитив́изм, -а
примит́ивный
пр́имкнутый
примкн́уть(ся), -ну́(сь),
-нёт(ся)
прим́олкнувший
прим́олкнуть, -ну, -нет;
прош. -молк, -молкла
прим́олкший
примор́аживать(ся), -аю,
-ает(ся)
примор́озец, -рца
примор́оженный
примор́озить, -ожу, -озит
прим́орский
прим́орье, -я, р. мн. -рий
примост́ить(ся), -ощу(сь),
-ост́ит(ся)
прим́осток, -тка
примот́анный
примот́ать(ся), -аю(сь),
-а́ет(ся)
прим́отка, -и
прим́очка, -и
примощённый; кр. ф. -ён,
-ен́а
прим́ула, -ы
пр́имус, -а, мн. -ы, -ов и -а́,
-ов
пр́имусный
примч́ать(ся), -чу́(сь),
-чи́т(ся)
примыќание, -я
примыќать(ся), -аю(сь),
-а́ет(ся)
прим́ыслить, -лю, -лит
прим́ышленный
примышля́ть(ся), -яю,
-я́ет(ся)
прим́ятый
примя́ть(ся), -мну́,
-мнёт(ся)
принадлеж́ать, -жу́, -жи́т
принадл́ежность, -и
принаж́ать, -жму, -жмёт
принайт́овить, -влю, -вит
принайт́овленный
принакоп́ить, -оплю,
-опит
прин́акопленный
прин́алёгший

приналечь, -ля́гу, -ля́жет,
-ля́гут; прош. -лёг, -легл́а
принанимать, -аю, -ает
принанятый; кр. ф. -ят,
-нан́ята, -ято
принанять, -найм́у, -най-
мёт; прош. -нан́ял, -наня-
л́а, -нан́яло
принарядить(ся),
-яжу́(сь), -яд́ит(ся)
принаряжать(ся), -яю(сь),
-яет(ся)
принаряженный
принахмуриться, -рюсь,
-рится
приневоленный
приневоливать(ся), -аю,
-ает(ся)
приневолить, -лю, -лит
принесение, -я
принесённый; кр. ф. -ён,
-ена́
принести́(сь), -су́(сь),
-сёт(ся); прош. -ёс(ся),
-есл́а(сь)
принёсший(ся)
принижать(ся), -аю(сь),
-ает(ся)
принижение, -я
приниженность, -и
приниженный
принизанный
принизать, -ижу́, -и́жет
принизить(ся), -и́жу(сь),
-и́зит(ся)
принизка, -и
принизывать(ся), -аю,
-ает(ся)
приникать, -аю, -ает
приникнувший
приникнуть, -ну, -нет;
прош. -и́к, -и́кла
приникший
принимать(ся), -аю(сь),
-ает(ся)
приноравливать(ся),
-аю(сь), -ает(ся)
приноровить(ся), -влю(сь),
-ви́т(ся)
приноровленный
приноровля́ть(ся), -я́ю(сь),
-я́ет(ся)
принос, -а
приносить(ся), -ошу́(сь),
-о́сит(ся)
приношение, -я
принтер, -а
принтерный
принудиловка, -и
принудительный
принудить, -у́жу, -у́дит
принуждать(ся), -а́ю(сь),
-а́ет(ся)
принуждение, -я
принуждённость, -и
принуждённый; кр. ф.
прич. -ён, -ена́ и кр. ф.
прил. -ён, -ённа
принц, -а
принцесса, -ы
при́нцип, -а
принципа́л, -а
принципиа́л, -а
принципиа́льность, -и

принципиа́льный
приню́хаться, -аюсь, -ается
приню́хиваться, -аюсь,
-ается
приня́тие, -я
при́нятый; кр. ф. -ят, -ята́,
-ято
приня́ть(ся), приму́(сь),
-ймет(ся); прош. при́-
нял, приня́лся, приня-
ла́(сь), при́няло, приня́-
лось
приобы́кнуть, -ну, -нет;
прош. -ы́к, -ы́кла
приобы́кший
приободрённый; кр. ф.
-ён, -ена́
приободри́ть(ся), -рю́(сь),
-ри́т(ся)
приободря́ть(ся), -я́ю(сь),
-я́ет(ся)
приобрести́, -ету́, -етёт;
прош. -ёл, -ела́
приобрета́тель, -я
приобрета́тельный
приобрета́тельский
приобрета́ть(ся), -а́ю,
-а́ет(ся)
приобре́тение, -я
приобретённый; кр. ф. -ён,
-ена́
приобре́тший
приобща́ть(ся), -а́ю(сь),
-а́ет(ся)
приобще́ние, -я
приобщённый; кр. ф. -ён,
-ена́
приобщи́ть(ся), -щу́(сь),
-щи́т(ся)
приобъе́ктный
приобы́кнуть, -ну, -нет;
прош. -ы́к, -ы́кла
приобы́кший
приовра́жный
приовра́жье, -я, р. мн.
-жий
приоде́тый
приоде́ть(ся), -е́ну(сь),
-е́нет(ся)
приозёрный
приозёрье, -я, р. мн. -рий
прибо́р, -а
приорите́т, -а
приоса́ниваться, -аюсь,
-ается
приоса́ниться, -нюсь, -ни-
тся
приостана́вливать(ся),
-аю(сь), -ает(ся)
приостанови́ть(ся), -ов-
лю́(сь), -о́вит(ся)
приостано́вка, -и
приостановле́ние, -я
приостано́вленный
приотво́ренный; кр. ф. -ен,
-ена и приотворённый;
кр. ф. -ён, -ена́
приотвори́ть(ся), -орю́,
-о́рит(ся)
приотворя́ть(ся), -я́ю,
-я́ет(ся)
приоткрыва́ть(ся), -а́ю(сь),
-а́ет(ся)
приоткры́тый

приоткры́ть(ся), -ро́ю, -ро́-
ет(ся)
приотста́ть, -ста́ну, -ста́нет
приохо́тить(ся), -о́чу(сь),
-о́тит(ся)
приохо́ченный
приохо́чивать(ся), -аю(сь),
-ает(ся)
припа́вший
припада́ть, -аю, -ает
припа́док, -дка
припа́дочный
припа́здывать, -аю, -ает
припа́зушный
припа́ивание, -я
припа́ивать(ся), -аю,
-ает(ся)
припа́й, -я
припа́йка, -и
припалённый; кр. ф. -ён,
-ена́
припа́лзывать, -аю, -ает
припа́ливать(ся), -аю,
-ает(ся)
припали́ть(ся), -лю́(сь),
-ли́т(ся)
припа́ренный
припа́ривать(ся), -аю,
-ает(ся)
припа́рить, -рю, -рит
припа́рка, -и
припаркóванный
припаркова́ть(ся),
-ку́ю(сь), -ку́ет(ся)
припарко́вывать(ся),
-аю(сь), -ает(ся)
припа́рочный
припа́с, -а
припаса́ть(ся), -а́ю(сь),
-а́ет(ся)
припасённый; кр. ф. -ён,
-ена́
припа́сливый
припасо́ванный
припасова́ть, -су́ю, -су́ет
припасо́вка, -и
припасо́вывать(ся), -аю,
-ает(ся)
припасти́(сь), -су́(сь),
-сёт(ся); прош. -а́с(ся),
-асла́(сь)
припа́сть, -аду́, -адёт; прош.
-па́л, -па́ла
припа́сший
припа́сы, -ов
припа́ханный
припаха́ть, -ашу́, -а́шет
припа́хивать, -аю, -ает
припа́шка, -и
припа́янный
припая́ть, -я́ю, -я́ет(ся)
припе́в, -а
припева́ть, -а́ю, -а́ет
припева́ючи, нареч.: жить
припева́ючи
припе́вка, -и
припёк, -а и -у
припёка, -и
припека́ть(ся), -а́ю,
-а́ет(ся)
припёкший(ся)
припере́ть(ся), -пру́(сь),
-прёт(ся); прош. -пёр(ся),
-пёрла(сь)

припёртый
приперчённый; кр. ф. -ен,
-ена и приперчённый,
-ён, -ена́
припе́рчивать, -аю, -ает
припе́рчить, -чу, -чит и
приперчи́ть, -чу́, -чи́т
припёрший(ся)
припеча́танный
припеча́тать, -аю, -ает
припеча́тка, -и
припеча́тывать(ся), -аю,
-ает(ся)
припе́чек, -чка
припечённый; кр. ф. -ён,
-ена́
припе́чь(ся), -еку́,
-ечёт(ся), -еку́т(ся);
прош. -ёк(ся), -екла́(сь)
припира́ть(ся), -а́ю(сь),
-а́ет(ся) (к припере́ть)
припи́санный
приписа́ть(ся), -ишу́(сь),
-и́шет(ся)
припи́ска, -и
приписни́к, -а́
приписно́й
припи́сывание, -я
припи́сывать(ся), -аю(сь),
-ает(ся)
приплане́тный
приплата́, -ы
приплати́ть, -ачу́, -а́тит
припла́ченный
припла́чивать(ся), -аю,
-ает(ся)
приплёскивать(ся),
-ает(ся)
приплёснутый
приплесну́ть(ся), -ну́,
-нёт(ся)
приплести́(сь), -лету́(сь),
-летёт(ся); прош. -ёл(ся),
-ела́(сь)
приплета́ть(ся), -а́ю,
-а́ет(ся)
приплетённый; кр. ф. -ён,
-ена́
приплётший(ся)
приплóд, -а
приплотни́нный
приплыва́ть, -а́ю, -а́ет
приплы́ть, -ыву́, -ывёт;
прош. -ы́л, -ыла́, -ы́ло
приплю́снутый
приплю́снуть(ся), -ну,
-нет(ся)
приплюсóванный
приплюсова́ть(ся), -су́ю,
-су́ет(ся)
приплюсо́вывать(ся), -аю,
-ает(ся)
приплю́щенный
приплю́щивать(ся),
-аю(сь), -ает(ся)
приплю́щить, -щу, -щит
припля́с, -а
припля́сывать, -аю,
-ает
приподнима́ть(ся),
-а́ю(сь), -а́ет(ся)
приподня́тость, -и
припо́днятый; кр. ф. -ят,
-ята́, -ято

приподня́ть(ся), -ниму́(сь),
-ни́мет(ся) и -дыму́(сь),
-ды́мет(ся); прош. по́дн-
ня́л, подня́лся́, -няла́(сь),
по́дня́ло, -ня́лóсь
приподыма́ть(ся), -а́ю(сь),
-а́ет(ся)
припоздá́ть, -а́ю, -а́ет
припо́й, -я
припо́йменный
приполза́ть, -а́ю, -а́ет
приползти́, -зу́, -зёт; прош.
-о́лз, -олзла́
приблóзкий
приблóк, -лка
приполя́рный
припомина́ть(ся), -а́ю,
-а́ет(ся)
припо́мнить(ся), -ню,
-нит(ся)
припорóшенный; кр. ф.
-ен, -ена и припорошён-
ный; кр. ф. -ён, -ена́
припороши́ть(ся), -шу́,
-ши́т(ся)
припорóшка, -и
припортóвый
припорхну́ть, -ну́, -нёт
припра́ва, -ы
припра́вить, -влю -вит
припра́вка, -и
припра́вленный
приправля́ть(ся), -я́ю,
-я́ет(ся)
припра́вочный
припры́гать, -аю, -ает
припры́гивать, -аю, -ает
припры́гнуть, -ну, -нет
припры́жка, -и
припряга́ть(ся), -а́ю,
-а́ет(ся)
припря́гший(ся)
припря́денный; кр. ф. -ен,
-ена и припрядённый;
кр. ф. -ён, -ена́ (от при-
пря́сть)
припряжённый; кр. ф. -ён,
-ена́ (от припря́чь)
припря́жка, -и
припряжно́й
припря́сть, -яду́, -ядёт;
прош. -пря́л, -пря́ла́, -пря́-
ло
припря́танный
припря́тать, -я́чу, -я́чет
припря́тывать(ся), -аю,
-ает(ся)
припря́чь(ся), -ягу́,
-яжёт(ся), -ягу́т(ся);
прош. -я́г(ся), -ягла́(сь)
припу́гивать, -аю, -ает
припу́гнутый
припугну́ть, -ну́, -нёт
припу́дренный
припу́дривать(ся), -аю(сь),
-ает(ся)
припу́дрить(ся), -рю(сь),
-рит(ся)
при́пуск, -а
припуска́ть(ся), -а́ю(сь),
-а́ет(ся)
припусти́ть(ся), -ущу́(сь),
-у́стит(ся)
припу́танный

припу́тать(ся), -аю(сь),
-ает(ся)
припу́тывать(ся), -аю(сь),
-ает(ся)
припуха́ть, -а́ет
припу́хлость, -и
припу́хлый
припу́хнуть, -нет; прош.
-у́х, -у́хла
припу́хший
припушённый; кр. ф. -ён,
-ена́
припуши́ть, -ши́т
припу́щенный
прираба́тывать(ся), -аю,
-ает(ся)
прирабóтанный
прирабóтать(ся), -аю,
-ает(ся)
прирабóтка, -и
при́работок, -тка
прира́вненный
прира́внивать(ся), -аю(сь),
-ает(ся)
приравня́ть(ся), -я́ю(сь),
-я́ет(ся) (к ра́вный)
прираста́ние, -я
прираста́ть, -а́ю, -а́ет
прирасти́, -ту́, -тёт; прош.
-ро́с, -росла́
прирасти́ть, -ащу́, -асти́т
приращá́ть(ся), -а́ю,
-а́ет(ся)
прираще́ние, -я
приращённый; кр. ф. -ён,
-ена́
прира́щивать(ся), -аю,
-ает(ся)
приревнова́ть, -ну́ю, -ну́ет
прире́з, -а
прире́занный
прире́зать, -е́жу, -е́жет, сов.
прире́за́ть, -а́ю, -а́ет, несов.
прире́зка, -и
прирезнóй
прире́зок, -зка
прире́зывать(ся), -аю,
-ает(ся)
прире́льсовый
прире́чный
прире́чье, -я
приросóванный
пририсова́ть, -су́ю, -су́ет
пририсо́вывать(ся), -аю,
-ает(ся)
прирóвненный
прировня́ть, -я́ю, -я́ет (к
рóвный)
прирóда, -ы
прирóдно-климати́ческий
прирóдно-чи́стый
прирóдный
прирóдовед, -а
прирóдоведение, -я
прирóдоведческий
прирóдозащи́тный
прирóдоохра́нный
прирóдопóльзование, -я
прирóдосберега́ющий
прирождённый; кр. ф. -ён,
-ена́
прирóст, -а
прирóсток, -тка
прирóсший

прируб, -а
прирубать(ся), -áю,
-áет(ся)
прирубёжный
прирубить, -ублю, -убит
прирубка, -и
прирубленный
прирублённый; кр. ф. -ён,
-ена
прирули́ть(ся), -áю,
-áет(ся)
прирули́ть, -лю, -ли́т
прирусловый
приручáть(ся), -áю(сь),
-áет(ся)
приручéние, -я
приручённый; кр. ф. -ён,
-енá
приручи́ть(ся), -чу́(сь),
-чи́т(ся)
присáдистый
присади́ть, -ажу́, -áдит
присáдка, -и
присáдок, -дка
присáдочный
присáженный
присáживать(ся), -аю(сь),
-ает(ся)
присáливать(ся), -аю,
-ает(ся)
присáсывать(ся), -аю(сь),
-ает(ся)
присáхаренный
присáхарить, -рю, -рит
присбóренный
присбóривать(ся), -аю,
-ает(ся)
присбóрить, -рю, -рит
присвáивание, -я
присвáивать(ся), -аю,
-ает(ся)
присвáтанный
присвáтать(ся), -аю(сь),
-ает(ся)
присвáтывать(ся), -аю(сь),
-ает(ся)
при́свист, -а
присви́стнуть, -ну, -нет
присви́стывать, -аю, -ает
присвоéние, -я
присвóенный
присвóить, -óю, -óит
присвои́ть(ся), -яю, -яет(ся)
присéв, -а
присéд, -а
приседáние, -я
приседáть, -áю, -áет
приселённый; кр. ф. -ён,
-енá
присели́ть(ся), -елю́(сь),
-éли́т(ся)
присёлок, -лка
приселя́ть(ся), -яю(сь),
-яет(ся)
присемени́ть, -ню, -ни́т
присеменни́к, -á
присéст, -а
присéсть, -ся́ду, -ся́дет;
прош. -сéл, -сéла
присéянный
присéять, -éю, -éет
при́сказка, -и
прискакáть, -скачу́, -скáчет

прискáкивать, -аю, -ает
прискладскóй
прискóк, -а
прискóрбие, -я
прискóрбный
прискочи́ть, -очу́, -óчит
прискýчивать(ся), -аю,
-ает(ся)
прискýчить(ся), -чу,
-чит(ся)
при́сланный
присла́ть, пришлю́, при-
шлёт; прош. -слáл, -слáла
прислóвье, -я, р. мн. -вий
прислонённый; кр. ф. -ён,
-енá
прислони́ть(ся), -оню́(сь),
-óни́т(ся)
прислоня́ть(ся), -яю(сь),
-яет(ся)
прислýга, -и
прислýживание, -я
прислýживать(ся),
-аю(сь), -ает(ся)
прислужи́ть(ся), -ужу́(сь),
-ýжит(ся)
прислýжливый
прислýжник, -а
прислýжница, -ы
прислýжничать, -аю, -ает
прислýжнический
прислýжничество, -а
прислýшаться, -аюсь, -ает-
ся
прислýшиваться, -аюсь,
-ается
присмáтривать(ся),
-аю(сь), -ает(ся)
при́ смерти
присмирéлый
присмирённый; кр. ф. -ён,
-енá
присмирéть, -éю, -éет
присмири́ть, -рю, -ри́т (ко-
гó)
присмоли́ть(ся), -лю́(сь),
-ли́т(ся)
присмóтр, -а
присмóтренный
присмотрéть(ся), -от-
рю́(сь), -óтрит(ся)
приснéжный
присни́ться, -нюсь, -ни́тся
при́сно (всегда)
приснопáмятный
при́сные, -ых
присобáчить, -чу, -чит
присбóранный
присобра́ть, -беру́, -берёт;
прош. -áл, -алá, -áло
присовéтованный
присовéтовать, -тую, -тует
присовокупи́ть(ся), -плю,
-пи́т(ся)
присовокуплéние, -я
присовокуплённый; кр. ф.
-ён, -енá
присовокупля́ть(ся), -яю,
-яет(ся)
присоединéние, -я
присоединённый; кр. ф.
-ён, -енá
присоедини́тельный

присоедини́ть(ся),
-ню(сь), -ни́т(ся)
присоединя́ть(ся), -яю(сь),
-яет(ся)
присóленный
присоли́ть, -олю, -óли́т
присóс, -а
присóсанный
присоса́ть(ся), -осу́(сь),
-осёт(ся)
присосéдиться, -éжусь,
-éдится
присóска, -и и присóсок,
-ска
присóхнуть, -нет; прош.
-óх, -óхла
присóхший
присочинённый; кр. ф.
-ён, -енá
присочини́ть, -ню, -ни́т
приспевáть, -áю, -áет
приспéть, -éю, -éет
приспéшник, -а
приспéшница, -ы
приспéшничать, -аю,
-ает
приспи́чить, -ит
приспосáбливание, -я
приспосáбливать(ся),
-аю(сь), -ает(ся)
приспособи́тельный
приспосóбить(ся),
-блю(сь), -бит(ся)
приспособлёнец, -нца
приспособлéние, -я
приспосóбленность, -и
приспособлéнческий
приспособлéнчество, -а
приспособля́емость, -и
приспособля́ть(ся),
-яю(сь), -яет(ся)
приспускáть(ся), -áю(сь),
-áет(ся)
приспусти́ть(ся), -ущу́(сь),
-ýстит(ся)
приспýщенный
при́став, -а, мн. -ы, -ов и
-á, -óв
приставáла, -ы, м. и ж.
приставáние, -я
приставáть, -таю, -таёт
пристáвить, -влю, -вит
пристáвка, -и
приставлéние, -я (от при-
стáвить)
пристáвленный
приставля́ть(ся), -яю,
-яет(ся)
приставнóй
пристáвочный
пристади́óнный
при́стальный
пристáнище, -а
пристáнный
при́станский
пристанциóнный
при́стань, -и, мн. -и, -ей
и -ей
пристáть, -áну, -áнет
пристаю́щий
приствóльный
пристёганный
пристегáть, -áю, -áет

пристёгивать(ся), -аю(сь),
-ает(ся)
пристёгнутый
пристегну́ть(ся), -ну́(сь),
-нёт(ся)
пристёжка, -и
пристежнóй (пристёгива-
ющийся)
присти́гнуть, -ну, -нет;
прош. -и́г, -и́гла
пристóйность, -и
пристóйный
пристрáгивать(ся), -аю,
-ает(ся) и пристрýги-
вать(ся), -аю, -ает(ся)
пристрáивать(ся), -аю(сь),
-ает(ся)
пристрáстие, -я
пристрасти́ть(ся),
-ащу́(сь), -асти́т(ся)
пристрáстка, -и
пристрáстность, -и
пристрáстный
пристрáчивание, -я
пристрáчивать(ся), -аю,
-ает(ся)
пристращáть(ся), -áю(сь),
-áет(ся)
пристращённый; кр. ф.
-ён, -енá
пристрáщивать(ся),
-аю(сь), -ает(ся)
пристрéл, -а
пристрéленный (от при-
стрели́ть)
пристрéливать(ся),
-аю(сь), -ает(ся)
пристрели́ть, -елю, -éлит
пристрéлка, -и
пристрéлочный
пристрéльный
пристрéлянный (от при-
стреля́ть)
пристреля́ть(ся), -яю(сь),
-яет(ся)
пристрóганный и при-
стрýганный
пристрогáть, -áю, -áет и
пристругáть, -áю, -áет
пристрóенный
пристрóить(ся), -óю(сь),
-óит(ся)
пристрóйка, -и
пристрóченный
пристрочи́ть, -очу́, -óчи́т
пристрóчка, -и
пристрýга, -и
пристрýганный и при-
стрóганный
пристругáть, -áю, -áет и
пристрогáть, -áю, -áет
пристрýгивать(ся), -аю,
-ает(ся) и пристрáги-
вать(ся), -аю, -ает(ся)
пристрýненный; кр. ф. -ен,
-ена и приструнённый,
-ён, -енá
пристрýнивать(ся), -аю,
-ает(ся)
пристрýнить, -уню, -ýни́т
при́струк, -а
пристýкивать(ся), -аю,
-ает(ся)
пристýкнутый

присту́кнуть, -ну, -нет
при́ступ, -а
приступа́ть(ся), -а́ю(сь),
 -а́ет(ся) (начинать)
приступи́ть(ся), -уплю́(сь),
 -у́пит(ся) (начать)
присту́пка, -и
присту́пок, -пка
присту́почек, -чка
присту́почка, -и
пристыва́ть, -а́ю, -а́ет
присты́вший
пристыди́ть, -ыжу́, -ыди́т
пристыжа́ть, -а́ю, -а́ет
присты́женный; кр. ф.
 -ен, -ена и пристыжён-
 ный; кр. ф. -ён, -ена́
пристыкова́ть(ся),
 -ку́ю(сь), -ку́ет(ся)
присты́ть и присты́нуть,
 -ы́ну, -ы́нет; прош. -сты́л,
 -сты́ла
пристя́жка, -и
пристяжно́й (о лошади)
при́стяжь, -и
присуди́ть, -ужу́, -у́дит
присужда́ть(ся), -а́ю,
 -а́ет(ся)
присужде́ние, -я
присуждённый; кр. ф. -ён,
 -ена́
прису́женный
присупо́ненный
присупо́нивать(ся), -аю,
 -ает(ся)
присупо́нить, -ню, -нит
прису́тственный
прису́тствие, -я
прису́тствовать, -твую,
 -твует
прису́тствующи й
прису́ха, -и
присуча́льщик, -а
присучи́ть, -а́ю,--а́ет(ся)
прису́ченный
прису́чивать(ся), -аю,
 -ает(ся)
присучи́ть, -учу́, -у́чит
прису́чка, -и
прису́шенный
прису́шивать(ся), -аю,
 -ает(ся)
присуши́ть, -ушу́, -у́шит
прису́шка, -и
прису́щий (кому, чему)
присчёт, -а
присчи́танный
присчита́ть, -а́ю, -а́ет
присчи́тывать(ся), -аю,
 -ает(ся)
присыла́ть(ся), -а́ю,
 -а́ет(ся)
присы́лка, -и
присыпа́ние, -я
присы́панный
присы́пать(ся), -плю,
 -плет(ся), -плют(ся) и
 -пет(ся), -пят(ся), сов.
присы́пка, -и
присыпно́й
присыпа́ть(ся), -а́ю,
 -а́ет(ся), несов.
присы́пка, -и
присыпно́й
присыха́ть, -а́ет
присюсю́кивать, -аю, -ает

прися́га, -и
присяга́ть, -а́ю, -а́ет
присягну́ть, -ну́, -нёт
прися́дка, -и
прися́жный
притаи́ться, -аю́сь, -аи́т-
 ся
прита́лкивать(ся), -аю,
 -ает(ся)
пританцо́вывать, -аю, -ает
прита́птывать(ся), -аю,
 -ает(ся)
прита́скивать(ся), -аю(сь),
 -ает(ся)
притача́нный
притача́ть, -а́ю, -а́ет
притачива́ние, -я
прита́чивать(ся), -аю,
 -ает(ся)
прита́чка, -и
притачно́й
прита́щенный
притащи́ть(ся), -ащу́(сь),
 -а́щит(ся)
притво́р, -а
притво́ра, -ы, м. и ж.
притво́ренный; кр. ф. -ен,
 -ена и притворённый;
 кр. ф. -ён, -ена́
притвори́ть(ся), -орю́,
 -о́рит(ся) (прикрыть)
притвори́ться, -рю́сь, -ри́тся
 (прикинуться)
притво́рный
притво́рство, -а
притво́рствовать, -твую,
 -твует
притво́рщик, -а
притво́рщица, -ы
притворя́ть(ся), -я́ю(сь),
 -я́ет(ся) (к притвори́ть,
 притвори́ться)
притворя́шка, -и, м. (при-
 творщик; жук) и ж.
 (притворщица)
притека́ть, -а́ет
притёкший
притемнённый; кр. ф. -ён,
 -ена́
притемни́ть, -ню, -ни́т
притемня́ть, -я́ю,
 -я́ет(ся)
притенённый; кр. ф. -ён,
 -ена́
притени́ть, -ню, -ни́т
притеня́ть, -я́ю, -я́ет
притере́ть(ся), -тру́(сь),
 -трёт(ся); прош. -тёр(ся),
 -тёрла(ся)
притерпе́ться, -ерплю́сь,
 -е́рпится
притерра́сный
притёртый
притёрший(ся)
притёсанный
притеса́ть, -ешу́, -е́шет
притёска, -и
притеснёние, -я
притеснённый; кр. ф. -ён,
 ена́
притесни́тель, -я
притесни́тельница, -ы
притесни́тельный
притесни́ть, -ню, -ни́т

притесня́ть(ся), -я́ю,
 -я́ет(ся)
притёсывать(ся), -аю,
 -ает(ся)
прите́чь, -течёт, -теку́т;
 прош. -ёк, -екла́
притѝр, -а
притира́ние, -я
притира́ть(ся), -а́ю(сь),
 -а́ет(ся)
приѝрка, -и
приѝрочный
при́тиск, -а
прити́скивать(ся), -аю(сь),
 -ает(ся)
при́тиснутый
прити́снуть(ся), -ну(сь),
 -нет(ся)
притиха́ть, -а́ю, -а́ет
прити́хнувший
прити́хнуть, -ну, -нет;
 прош. -и́х, -и́хла
прити́хший
при́тканный
приткка́ть, -ку́, -кёт; прош.
 -а́л, -ала́, -а́ло
при́ткнутый
приткну́ть(ся), -ну́(сь),
 -нёт(ся) (поместить)
прито́к, -а
притолка́ть, -а́ю, -а́ет
притолкну́ть, -ну́, -нёт
при́толока, -и
прито́м, союз (он работал
 и прито́м у́чится)
притоми́ть(ся), -млю́(сь),
 -ми́т(ся)
притомлённый; кр. ф. -ён,
 -ена́
притомля́ть(ся), -я́ю(сь),
 -я́ет(ся)
прито́н, -а
притоносодержа́тель, -я
прито́п, -а
прито́пать, -аю, -ает
прито́пнуть, -ну, -нет
прито́птанный
притопта́ть(ся), -опчу́, -о́п-
 чет(ся)
прито́пывать, -аю, -ает
прито́рачивать(ся), -аю,
 -ает(ся)
приторго́ванный
приторгова́ть(ся),
 -гу́ю(сь), -гу́ет(ся)
приторго́вывать(ся),
 -аю(сь), -ает(ся)
притома́живать(ся), -аю,
 -ает(ся)
приторможённый; кр. ф.
 -ён, -ена́
притормози́ть, -ожу́, -ози́т
при́торно-сла́дкий
при́торность, -и
при́торный
приторо́ченный
приторочи́ть, -чу́, -чи́т
приторцева́ть, -цу́ю, -цу́ет
приторцо́ванный
приторцо́вывать(ся), -аю,
 -ает(ся)
прито́ченный
приточи́ть, -очу́, -о́чит
прито́чка, -и

прито́чно-вытяжно́й
прито́чный
притра́ва, -ы
притра́вить, -авлю́, -а́вит
притра́вленный
притра́вливать(ся), -аю,
 -ает(ся)
притра́гиваться, -аюсь,
 -ается
притра́ссовый
притро́нуться, -нусь, -нется
притруси́ть, -трушу́, -труси́т
притру́шенный
притули́ться, -лю́сь, -ли́тся
притума́ниться, -нюсь,
 -нится
притупи́ть(ся), -уплю́,
 -у́пит(ся)
притупле́ние, -я
приту́пленный; кр. ф. -ен,
 -ена и притуплённый;
 -ён, -ена́
притупля́ть(ся), -я́ю,
 -я́ет(ся)
притуха́ть, -а́ет
приту́хнувший
приту́хнуть, -нет; прош.
 -у́х, -у́хла
приту́хший
приту́шенный
притуши́ть, -ушу́, -у́шит
при́тча, -и
при́тчевый
притыка́ть(ся), -а́ю(сь),
 -а́ет(ся)
приты́чка, -и
притяга́тельный
притя́гивать(ся), -аю(сь),
 -ает(ся)
притяжа́тельный
притяже́ние, -я
притяза́ние, -я
притяза́тельный
притяза́ть, -а́ю, -а́ет
притя́нутый
притяну́ть(ся), -яну́(сь),
 -я́нет(ся)
приуба́вить, -влю, -вит
приуба́вленный
приу́бранный
приубра́ть(ся), -беру́(сь),
 -берёт(ся); прош. -а́л(ся),
 -ала́(сь), -а́ло, -а́лось
приуготовить(ся),
 -влю(сь), -вит(ся)
приуготовленный
приуготовля́ть(ся),
 -я́ю(сь), -я́ет(ся)
приударить, -рю, -рит
приударя́ть(ся), -я́ю,
 -я́ет(ся)
приуде́ржанный
приудержа́ть, -ержу́, -е́р-
 жит
приуде́рживать(ся), -аю,
 -ает(ся)
при́уз, -а
приукра́сить(ся), -а́шу(сь),
 -а́сит(ся)
приукраша́ть(ся), -а́ю(сь),
 -а́ет(ся)
приукра́шенный
приукра́шивать(ся),
 -аю(сь), -ает(ся)

приулечь(ся), -лягусь, -ля-
жется, -лягутся; *прош.*
-лёгся, -легла́сь
приумножа́ть(ся), -а́ю,
-а́ет(ся)
приумноже́ние, -я
приумно́женный
приумно́жить(ся), -жу,
-жит(ся)
приумолка́ть, -а́ю, -а́ет
приумо́лкнувший
приумо́лкнуть, -ну, -нет;
прош. -о́лк, -о́лкла
приумо́лкший
приумы́тый
приумы́ть(ся), -мо́ю(сь),
-мо́ет(ся)
приуны́ть, -но́ю, -но́ет
приура́льский
приуро́чение, -я
приуро́ченный
приуро́чивать(ся), -аю,
-ает(ся)
приуро́чить(ся), -чу,
-чит(ся)
приуса́дебный
приуста́ть, -а́ну, -а́нет
приу́стьевой и приу́стье-
вый
приути́хнувший
приути́хнуть, -ну, -нет;
прош. -и́х, -и́хла
приути́хший
приутю́жить, -жу, -жит
приуча́ть(ся), -а́ю(сь),
-а́ет(ся)
приуче́ние, -я
приу́ченный
приучи́ть(ся), -учу́(сь),
-у́чит(ся)
прифабри́чный
прифальцева́ть, -цу́ю, -цу́ет
прифальцо́ванный
прифальцо́вка, -и
прифальцо́вывать, -аю,
-ает
прифасо́ниться, -о́нюсь,
-о́нится
приферме́рский
прифи́кс, -а (твёрдая це-
на)
прифранти́ться, -нчу́сь,
-нти́тся
прифронтово́й
прифуго́ванный
прифугова́ть, -гу́ю, -гу́ет
прифуго́вка, -и
прифуго́вывать(ся), -аю,
-ает(ся)
прихва́рывать, -аю, -ает
прихвастну́ть, -ну́, -нёт
прихва́стывать, -аю, -ает
прихвати́ть, -ачу́, -а́тит
прихва́тывать(ся), -аю,
-ает(ся)
прихва́ченный
прихворну́ть, -ну́, -нёт
при́хвостень, -тня
прихлеба́тель, -я
прихлеба́тельский
прихлеба́тельство, -а
прихлебну́ть, -ну́, -нёт
прихлёбывать(ся), -аю,
-ает(ся)

прихлёстнутый
прихлестну́ть, -ну́, -нёт
прихлёстывать(ся), -аю,
-ает(ся)
прихло́п, -а
прихло́пнутый
прихло́пнуть, -ну, -нет
прихло́пывать(ся), -аю,
-ает(ся)
прихлы́нуть, -нет
прихо́д, -а
приходи́ть(ся), -ожу́(сь),
-о́дит(ся) (к прийти́)
прихо́дный
прихо́дованный
прихо́довать, -дую, -дует
прихо́до-расхо́дный
приходорасхо́дчик, -а
прихо́дский
приходя́щий(ся)
прихожа́нин, -а, *мн.* -а́не,
-а́н
прихожа́нка, -и
прихо́жая, -ей
прихора́шивать(ся),
-аю(сь), -ает(ся)
прихотли́вый
при́хоть, -и
прихра́мывать, -аю, -ает
прицве́тник, -а
прицве́тный
прице́л, -а
прице́ленный
прице́ливание, -я
прице́ливать(ся), -аю(сь),
-ает(ся)
прице́лить(ся), -е́лю(сь),
-е́лит(ся)
прице́льный
прице́ниваться, -аюсь, -ает-
ся
прицени́ться, -еню́сь,
-е́нится
прицепя́ться, -я́юсь, -я́ется
прице́п, -а
прицепи́ть(ся), -цеп-
лю́(сь), -це́пит(ся)
прице́пка, -и
прице́пленный
прицепля́ть(ся), -я́ю(сь),
-я́ет(ся)
прицепно́й
прице́пщик, -а
прице́пщица, -ы
прицы́кнуть, -ну, -нет
прича́л, -а
прича́ленный
прича́ливать(ся), -аю,
-ает(ся)
прича́лить, -лю, -лит
прича́льный
прича́стие, -я
причасти́ть(ся), -ащу́(сь),
-асти́т(ся)
прича́стник, -а
прича́стница, -ы
прича́стность, -и
прича́стный
причаща́ть(ся), -а́ю(сь),
-а́ет(ся)
причаще́ние, -я
причащённый; *кр. ф.* -ён,
-ена́
прице́лина, -ы

причём, *союз*
причерти́ть, -ерчу́, -е́ртит
приче́рченный
причёрчивать(ся), -аю,
-ает(ся)
причёсанный
причеса́ть(ся), -ешу́(сь),
-е́шет(ся)
причёска, -и
причёсть, -чту́, -чтёт; *прош.*
-чёл, -чла́
причёсывание, -я
причёсывать(ся), -аю(сь),
-ает(ся)
при́чет, -а и причт, -а
причётник, -а
причётнический
причи́на, -ы
причинда́лы, -ов
причине́ние, -я
причинённый; *кр. ф.* -ён,
-ена́
причини́ть(ся), -ню́,
-ни́т(ся)
причи́нно-сле́дственный
причи́нность, -и
причи́нный
причиня́ть(ся), -я́ю,
-я́ет(ся)
причисле́ние, -я
причи́сленный
причи́слить(ся), -лю(сь),
-лит(ся)
причисля́ть(ся), -я́ю(сь),
-я́ет(ся)
причита́льщица, -ы
причита́ние, -я
причита́ть(ся), -а́ю,
-а́ет(ся)
причи́тывать(ся), -аю,
-ает(ся)
причмо́кивать, -аю, -ает
причмо́кнуть, -ну, -нет
причт, -а и при́чет, -а
причтённый; *кр. ф.* -ён,
-ена́
при́чтовый
причу́да, -ы
причу́диться, -ится
причу́дливость, -и
причу́дливый
причу́дник, -а
причу́дница, -ы
причу́дничать, -аю, -ает
приша́бренный
приша́бривать(ся), -аю,
-ает(ся)
приша́брить(ся), -рю,
-рит(ся)
приша́бровка, -и
пришага́ть, -а́ю, -а́ет
пришаркивать, -аю, -ает
пришварто́ванный
пришвартова́ть(ся),
-ту́ю(сь), -ту́ет(ся)
пришварто́вывать(ся),
-аю(сь), -ает(ся)
прише́дший(ся) (*от*
прийти́)
пришеле́ц, -льца
пришепётывание, -я
пришепётывать, -аю, -ает
пришёптывать, -аю, -ает
прише́ствие, -я

пришиба́ть, -а́ю, -а́ет
пришиби́ть, -бу́, -бёт; *прош.*
-ши́б, -ши́бла
приши́бленный
пришива́ние, -я
пришива́ть(ся), -а́ю,
-а́ет(ся)
приши́вка, -и
пришивно́й
приши́тый
приши́ть(ся), -шью,
-шьёт(ся)
пришко́льный
пришлёпать, -аю, -ает
пришлёпнутый
пришлёпнуть(ся), -ну,
-нет(ся)
пришлёпывать(ся), -аю,
-ает(ся)
пришлифо́ванный
пришлифова́ть(ся), -фу́ю,
-фу́ет(ся)
пришлифо́вывать(ся), -аю,
-ает(ся)
при́шлый
пришоссе́йный
пришпандо́ренный
пришпандо́ривать, -аю,
-ает
пришпандо́рить, -рю, -рит
пришпи́ленный
пришпи́ливать(ся), -аю,
-ает(ся)
пришпи́лить, -лю, -лит
пришпо́ренный
пришпо́ривать(ся), -аю,
-ает(ся)
пришпо́рить, -рю, -рит
приштуко́ванный
приштукова́ть(ся), -ку́ю,
-ку́ет(ся)
приштуко́вывать(ся), -аю,
-ает(ся)
прищёлкивание, -я
прищёлкивать(ся), -аю,
-ает(ся)
прищёлкнутый
прищёлкнуть, -ну, -нет
прищеми́ть(ся), -млю́,
-ми́т(ся)
прищемлённый; *кр. ф.* -ён,
-ена́
прищемля́ть(ся), -я́ю,
-я́ет(ся)
прище́п, -а
прищепи́ть, -плю́, -пи́т
прище́пка, -и
прищеплённый; *кр. ф.* -ён,
-ена́
прищепля́ть(ся), -я́ю,
-я́ет(ся)
прищепно́й
прище́пок, -пка
прищи́пка, -и
прищи́пнутый
прищипну́ть, -ну́, -нёт
прищи́пывать(ся), -аю,
-ает(ся)
прищу́р, -а
прищу́ренный
прищу́ривать(ся), -аю(сь),
-ает(ся)
прищу́рить(ся), -рю(сь),
-рит(ся)

прищу́рка, -и
прищу́ченный
прищу́чивать, -аю, -ает
прищу́чить, -чу, -чит
при э́том
прию́т, -а
приюти́ть(ся), -ючу́(сь),
-юти́т(ся)
прию́тский
прия́зненный; кр. ф. -знен,
-зненна
прия́знь, -и
прия́мок, -мка
прия́тель, -я
прия́тельница, -ы
прия́тельский
прия́тельство, -а
прия́тие, -я
прия́тность, -и
прия́тный
прия́тый
прия́ть, буд. вр. не
употр.; прош. -я́л, -я́ла
проамерика́нский
проанализи́рованный
проанализи́ровать, -рую,
-рует
проа́хать, -аю, -ает
про́ба, -ы
пробавля́ться, -я́юсь, -я́ет-
ся
пробалагу́рить, -рю, -рит
проба́лтывать(ся), -аю(сь),
-ает(ся)
пробараба́ненный
пробараба́нить, -ню, -нит
пробаси́ть, -ашу́, -аси́т
пробе́г, -а
пробе́ганный
пробе́гать(ся), -аю(сь),
-ает(ся), сов. (от бе́гать)
пробега́ть(ся), -а́ю,
-а́ет(ся), несов. (к пробе-
жа́ть(ся)
пробежа́ть(ся), -егу́(сь),
-ежи́т(ся), -егу́т(ся)
пробе́жка, -и
пробе́л, -а
пробелённый; кр. ф. -ён,
-ена́
пробе́ливание, -я
пробе́ливать(ся), -аю,
-ает(ся)
пробели́ть(ся), -елю́,
-е́ли́т(ся)
пробе́лка, -и
про́бель, -и
пробе́льный
пробива́емость, -и
пробива́ние, -я
пробива́ть(ся), -а́ю(сь),
-а́ет(ся)
проби́вка, -и
пробивно́й
проби́вочный
пробира́ть(ся), -а́ю(сь),
-а́ет(ся)
проби́рер, -а
проби́рка, -и
проби́рный
проби́рованный
проби́ровать(ся), -рую, -ру-
ет(ся)
проби́рочный

пробира́рщик, -а
проби́тый
проби́ть(ся), -бью́(сь),
-бьёт(ся); прош. проби́л,
проби́л(ся), -и́ла(сь),
проби́ло, -и́лось
про́бка, -и
про́бковый
пробле́ма, -ы
проблема́тика, -и
проблемати́ческий
проблемати́чный
проблёмно-ориенти́рован-
ный
проблёмно-темати́ческий
проблёмный
про́блеск, -а
проблёскивать, -ает и проблёскивать, -ает
про́блесковый
проблесну́ть, -нёт
проблея́ть, -е́ю, -е́ет
проблиста́ть, -а́ю, -а́ет
проблуди́ть, -ужу́, -у́ди́т
проблужда́ть, -а́ю, -а́ет
про́бный
про́бованный
про́бовать(ся), -бую, -бу-
ет(ся)
пробода́нный
пробода́ть(ся), -а́ю,
-а́ет(ся)
прободе́ние, -я
прободённый; кр. ф. -ён,
-ена́
прободно́й
пробо́ина, -ы
пробо́й, -я
пробо́йник, -а
проболе́ть 1, -е́ю, -е́ет (к
боле́ть 1)
проболе́ть 2, -ли́т (к бо-
ле́ть 2)
проболта́нный
проболта́ть(ся), -а́ю(сь),
-а́ет(ся)
пробомби́ть, -блю́, -би́т
пробоотбо́рник, -а
пробо́р, -а
пробора́нивать(ся), -аю,
-ает(ся)
пробо́рка, -и
пробормота́ть, -очу́, -о́чет
проборождённый; кр. ф.
-ён, -ена́
пробороозди́ть, -зжу́, -зди́т
пробороонённый; кр. ф.
-ён, -ена́
пробороони́ть, -ню́, -ни́т
пробороно́ванный
пробороонова́ть, -ну́ю, -ну́ет
про́бочник, -а
про́бочный
пробра́нный
пробра́сывать(ся), -аю(сь),
-ает(ся)
пробра́ть(ся), -беру́(сь),
-берёт(ся); прош. -а́л(ся),
-ала́(сь), -а́ло, -а́ло́сь
пробре́дить, -е́жу, -е́дит
пробре́дший
пробренча́ть, -чу́, -чи́т
пробрести́, -еду́, -еде́т;
прош. -ёл, -ела́

пробрива́ть(ся), -а́ю,
-а́ет(ся)
пробри́тый
пробри́ть(ся), -ре́ю(сь),
-ре́ет(ся)
проброди́ть, -ожу́, -о́дит
пробро́санный
пробраса́ть(ся), -а́ю(сь),
-а́ет(ся)
пробро́сить(ся), -о́шу(сь),
-о́сит(ся)
пробро́шенный
проброюзжа́ть, -зжу́, -зжи́т
пробст, -а
пробубнённый; кр. ф. -ён,
-ена́
пробубни́ть, -ню́, -ни́т
пробуди́ть(ся), -бужу́(сь),
-бу́ди́т(ся)
пробужда́ть(ся), -а́ю(сь),
-а́ет(ся)
пробужде́ние, -я
пробуждённый; кр. ф. -ён,
-ена́
пробура́вить, -влю, -вит
пробура́вленный
пробура́вливать(ся), -аю,
-ает(ся)
пробурённый; кр. ф. -ён,
-ена́
пробу́ривать, -аю, -ает
пробури́ть, -рю́, -ри́т
пробурча́ть, -чу́, -чи́т
пробча́тка, -и
про́бчатый
пробы́ть, -бу́ду, -бу́дет;
прош. про́бы́л, пробыла́,
про́бы́ло
прова́живать, -аю, -ает
прова́л, -а
прова́ландаться, -аюсь,
-ается
прова́ленный (от провали́ть)
прова́ливать(ся), -аю(сь),
-ает(ся)
провали́ть(ся), -алю́(сь),
-а́лит(ся)
прова́лянный (от прова-
ля́ть)
проваля́ть(ся), -я́ю(сь),
-я́ет(ся)
провансаль, -я (соус), -и
(капуста) и неизм. (ка-
пуста провансаль)
прова́нский
прова́р, -а
прова́ренный
прова́ривание, -я
прова́ривать(ся), -аю,
-ает(ся)
провари́ть(ся), -арю́,
-а́рит(ся)
прова́рка, -и
прова́щивать(ся), -аю,
-ает(ся)
провева́ть(ся), -а́ю, -а́ет(ся)
(к ве́ять)
прове́данный
прове́дать, -аю, -ает
проведе́ние, -я
проведённый; кр. ф. -ён,
-ена́
прове́дший

прове́дывать(ся), -аю,
-ает(ся)
провезённый; кр. ф. -ён,
-ена́
провезти́, -зу́, -зёт; прош.
-ёз, -езла́
прове́зший
прове́ивать(ся), -аю,
-ает(ся)
провентили́рованный
провентили́ровать(ся),
-рую, -рует(ся)
провербиа́льный
прове́ренный
прове́рить(ся), -рю(сь),
-рит(ся)
прове́рка, -и
прове́рочный
провернуть(ся), -ну́,
-нёт(ся)
прове́рочный
проверте́ть(ся), -ерчу́(сь),
-е́ртит(ся)
прове́ртывать(ся), -аю,
-ает(ся)
прове́рченный
прове́рщик, -а
прове́рщица, -ы
проверя́ть(ся), -я́ю(сь),
-я́ет(ся)
прове́с, -а
прове́сить(ся), -е́шу(сь),
-е́сит(ся)
провесно́й
провести́, -еду́, -еде́т; прош.
-ёл, -ела́
прове́тренный
прове́тривание, -я
прове́тривать(ся), -аю(сь),
-ает(ся)
прове́трить(ся), -рю(сь),
-рит(ся)
прове́шенный (от прове́-
сить)
провешённый; кр. ф. -ён,
-ена́ (от провеши́ть)
прове́шивать(ся), -аю(сь),
-ает(ся)
провеши́ть, -шу́, -ши́т
прове́янный
прове́ять(ся), -е́ю, -е́ет(ся)
провиа́нт, -а
провиантме́йстер, -а
провиа́нтский
провиде́ние, -я (предвиде-
ние)
провиде́ние, -я (о боге)
прови́денный
провиденциали́зм, -а
провиденциа́льный
прови́деть(ся), -и́жу,
-и́дит(ся)
прови́дец, -дца
прови́дица, -ы
провизжа́ть, -жу́, -жи́т
провизио́нный
прови́зия, -и
прови́зор, -а
провизо́рный
прови́зорский
провини́ться, -ню́сь, -ни́тся
прови́нность, -и
провинти́ть(ся), -нчу́,
-нти́т(ся)

провинциа́л, -а
провинциали́зм, -а
провинциа́лка, -и
провинциа́льность, -и
провинциа́льный
прови́нция, -и
прови́нченный
прови́нчивать(ся), -аю,
    -ает(ся)
провира́ться, -а́юсь, -а́ется
прови́с, -а
провиса́ние, -я
провиса́ть, -а́ю, -а́ет
провисе́ть, -ишу́, -иси́т
прови́снуть, -снет; прош.
    -и́с, -и́сла
прови́сший
провитами́н, -а
про́вод, -а, мн. -а́, -о́в (про-
    волока)
прово́д, -а (действие)
проводи́мость, -и
проводи́мый
проводи́ть(ся), -ожу́,
    -о́дит(ся)
прово́дка, -и
проводни́к, -а́
проводнико́вый
проводни́ца, -ы
проводно́й (от про́вод)
прово́дчик, -а
про́воды, -ов
провоёванный
провоева́ть, -вою́ю, -вою́ет
провожа́ние, -я
провожа́тый, -ого
провожа́ть(ся), -а́ю(сь),
    -а́ет(ся)
провожде́ние, -я
прово́з, -а
провозве́стие, -я
провозвести́ть, -ещу́, -ести́т
провозве́стник, -а
провозве́стница, -ы
провозвеща́ть(ся), -а́ю,
    -а́ет(ся)
провозвещённый; кр. ф.
    -ён, -ена́
провозгласи́ть, -ашу́, -аси́т
провозглаша́ть(ся), -а́ю,
    -а́ет(ся)
провозглаше́ние, -я
провозглашённый; кр. ф.
    -ён, -ена́
провози́ть(ся), -ожу́(сь),
    -о́зит(ся)
прово́зка, -и
провозно́й
провозоспосо́бность, -и
провока́тор, -а
провока́торский
провокацио́нный
провока́ция, -и
провола́кивать(ся),
    -аю(сь), -ает(ся)
про́волока, -и
проволокобето́н, -а
проволокобето́нный
проволо́кший(ся)
проволо́ченный; кр. ф.
    -ен, -ена и проволочён-
    ный; кр. ф. -ён, -ена́
проволочи́ть(ся), -очу́(сь),
    -о́чит(ся)

про́волочка, -и (от про́во-
    лока)
проволо́чка, -и (задержка)
про́волочно-гвозди́льный
про́волочный
проволо́чь(ся), -оку́(сь),
    -очёт(ся), -оку́т(ся);
    прош. -о́к(ся), -окла́(сь)
проволы́нить(ся), -ню(сь),
    -нит(ся)
провоня́ть, -я́ю, -я́ет
провопи́ть, -плю́, -пи́т
провора́чивать(ся), -аю,
    -ает(ся)
проворкова́ть, -ку́ю, -ку́ет
прово́рный
проворова́ться, -ру́юсь, -ру́-
    ется
проворо́вываться, -аюсь,
    -ается
проворожи́ть, -жу́, -жи́т
проворо́ненный
проворо́нивать, -аю, -ает
проворо́нить, -ню, -нит
проворо́тить, -очу́, -о́тит
проворо́чать(ся), -аю(сь),
    -ает(ся)
проворо́ченный
прово́рство, -а
проворча́ть, -чу́, -чи́т
провоци́рование, -я
провоци́рованный
провоци́ровать(ся), -рую,
    -рует(ся)
провощённый; кр. ф. -ён,
    -ена́
провощи́ть, -щу́, -щи́т
провра́ть(ся), -ру́(сь),
    -рёт(ся); прош. -а́л(ся),
    -ала́(сь), -а́ло, -а́ло́сь
провы́ть, -во́ю, -во́ет
прова́ленный
прова́ливать(ся), -аю,
    -ает(ся)
прова́лить(ся), -лю,
    -лит(ся)
прога́данный
прогада́ть, -а́ю, -а́ет
прога́дывать, -аю, -ает
прога́лина, -ы
прога́линка, -и
прога́р, -а
прогарцева́ть, -цу́ю, -цу́ет
проги́б, -а
прогиба́ть(ся), -а́ю(сь),
    -а́ет(ся)
прогибициони́зм, -а
прогибициони́ст, -а
прогимна́зия, -и
прогла́дить(ся), -а́жу,
    -а́дит(ся)
прогла́женный
проглажи́вать(ся), -аю,
    -ает(ся)
прогла́тывать(ся), -аю,
    -ает(ся)
прогло́данный
проглода́ть, -ожу́, -о́жет и
    -а́ю, -а́ет
проглоти́ть, -очу́, -о́тит
прогло́ченный
прогляде́ть, -яжу́, -яди́т
прогля́дывать(ся), -аю,
    -ает(ся)

прогляну́ть, -яну́, -я́нет
про́гнанный
прогнати́зм, -а
прогнати́ческий
прогна́ть, -гоню́, -го́нит;
    прош. -а́л, -ала́, -а́ло
прогне́ванный
прогне́вать(ся), -аю(сь),
    -ает(ся)
прогневи́ть(ся), -влю́(сь),
    -ви́т(ся)
прогневлённый; кр. ф. -ён,
    -ена́
прогнива́ть, -а́ет
прогни́ть, -иёт; прош. -и́л,
    -ила́, -и́ло
прогноённый; кр. ф. -ён,
    -ена́
прогно́з, -а
прогнози́рование, -я
прогнози́ровать, -рую, -ру-
    ет
прогнои́ть, -ою́, -ои́т
прогно́стика, -и
прогности́ческий
прогнуса́вить, -влю, -вит
прогнуса́вленный
про́гнутый
прогну́ть(ся), -ну́(сь),
    -нёт(ся)
проговаривать(ся),
    -аю(сь), -ает(ся)
проговорённый; кр. ф. -ён,
    -ена́
проговори́ть(ся), -рю́(сь),
    -ри́т(ся)
проголода́ть(ся), -а́ю(сь),
    -а́ет(ся)
проголоси́ть, -ошу́, -оси́т
проголосо́ванный
проголосова́ть, -су́ю, -су́ет
прого́н, -а
прого́нка, -и
прого́нный
прого́нщик, -а
прого́ны, -ов
прогоня́ть(ся), -я́ю(сь),
    -я́ет(ся)
прогора́ние, -я
прогора́ть, -а́ю, -а́ет
прогоре́лый
прогоре́ть, -рю́, -ри́т
прого́рклый
прого́ркнуть, -нет; прош.
    -го́рк, -го́ркла
прого́ркший
прогорла́ненный
прогорла́нить, -ню, -нит
прогости́ть, -ощу́, -ости́т
програ́мма, -ы
програ́мма-консульта́нт,
    програ́ммы-консульта́н-
    та
програ́мма-ма́ксимум,
    програ́ммы-ма́ксимум
програ́мма-ми́нимум, про-
    гра́ммы-ми́нимум
программа́тор, -а
программи́рование, -я
программи́ровать, -рую,
    -рует
программи́ст, -а
програ́ммка, -и
програ́ммник, -а

програ́ммно-временно́й
програ́ммно-досту́пный
програ́ммно-математи́че-
    ский
програ́ммно-методи́че-
    ский
програ́ммно-совмести́мый
програ́ммно-целево́й
програ́ммный
прографи́ть, -флю́, -фи́т
прографлённый; кр. ф.
    -ён, -ена́
прографля́ть(ся), -я́ю,
    -я́ет(ся)
прогреба́ть, -а́ю,
    -а́ет(ся)
прогрёбший
прогрёв, -а
прогрева́ть(ся), -а́ю(сь),
    -а́ет(ся)
прогреме́ть, -млю́, -ми́т
прогре́сс, -а
прогресси́вка, -и
прогресси́вно-сде́льный
прогресси́вность, -и
прогресси́вный
прогресси́ровать, -рую, -ру-
    ет
прогресси́рующий
прогресси́ст, -а
прогресси́стка, -и
прогре́ссия, -и
прогрести́, -ребу́, -ребёт;
    прош. -рёб, -ребла́
прогре́тый
прогре́ть(ся), -е́ю(сь),
    -е́ет(ся)
прогромыха́ть, -а́ю, -а́ет
прогрохота́ть, -очу́, -о́чет
прогрузи́ть(ся), -ужу́(сь),
    -у́зи́т(ся)
прогрыза́ть(ся), -а́ю,
    -а́ет(ся)
прогры́зенный
прогры́зть(ся), -зу́,
    -зёт(ся); прош. -ы́з(ся),
    -ы́зла(сь)
прогры́зший(ся)
прогуде́ть, -ужу́, -уди́т
прогу́л, -а
прогу́ливать(ся), -аю(сь),
    -ает(ся)
прогу́лка, -и
прогу́лочный
прогу́льный
прогу́льщик, -а
прогу́льщица, -ы
прогу́лянный
прогуля́ть(ся), -я́ю(сь),
    -я́ет(ся)
продава́ть(ся), -даю́(сь),
    -даёт(ся)
продаве́ц, -вца́
продави́ть(ся), -авлю́,
    -а́вит(ся)
прода́вленный
прода́вливать(ся), -аю,
    -ает(ся)
продавщи́ца, -ы
прода́жа, -и
прода́жность, -и
прода́жный
прода́лбливать(ся), -аю,
    -ает(ся)

про́данный; *кр. ф.* про́дан, про́дана́, про́дано
прода́ть(ся), -а́м(ся), -а́шь(ся), -а́ст(ся), -ади́м(ся), -ади́те(сь), -аду́т(ся); *прош.* про́дал, -а́лся́, -ала́(сь), прода́ло, -а́лось
продвига́ть(ся), -а́ю(сь), -а́ет(ся), *сов.* (*от* дви́гать[ся])
продвига́ть(ся), -а́ю(сь), -а́ет(ся), *несов.* (к продви́нуть[ся])
продвиже́ние, -я
продви́нутый
продви́нуть(ся), -ну(сь), -нет(ся)
продебати́рованный
продебати́ровать, -рую, -рует
продева́ть(ся), -а́ю, -а́ет(ся)
продежу́ренный
продежу́рить, -рю, -рит
продезинфици́ровать, -рую, -рует
продеклами́рованный
продеклами́ровать, -рую, -рует
проде́л, -а
проде́ланный
проде́лать, -аю, -ает
проде́лка, -и
проде́лывать(ся), -аю, -ает(ся)
проде́льный
продельфи́н, -а
продемонстри́рованный
продемонстри́ровать, -рую, -рует
продёрганный
продёргать(ся), -аю, -ает(ся)
продёргивать(ся), -аю, -ает(ся)
продержа́нный
продержа́ть(ся), -ержу́(сь), -е́ржит(ся)
продёржечный
продёржка, -и
продёрнутый
продёрнуть(ся), -ну, -нет(ся)
проде́тый
проде́ть(ся), -е́ну, -е́нет(ся)
продефили́ровать, -рую, -рует
продешеви́ть, -влю, -ви́т
продешевлённый; *кр. ф.* -ён, -ена́
продикто́ванный
продиктова́ть, -ту́ю, -ту́ет
продира́ть(ся), -а́ю(сь), -а́ет(ся)
продирижи́ровать, -рую, -рует
продлева́ть(ся), -а́ю, -а́ет(ся)
продле́ние, -я
продлёнка, -и
продлённый; *кр. ф.* -ён, -ена́
продли́ть(ся), -лю́, -ли́т(ся)

продма́г, -а
прондана́лог, -а
продово́льственный
продово́льствие, -я
продово́льствовать(ся), -твую(сь), -твует(ся)
продолби́ть, -блю́, -би́т
продолблённый; *кр. ф.* -ён, -ена́
продолгова́то-ова́льный
продолгова́то-эллипти́ческий
продолгова́тый
продолжа́тель, -я
продолжа́тельница, -ы
продолжа́ть(ся), -а́ю, -а́ет(ся)
продолже́ние, -я
продолже́нный
продолжи́тельность, -и
продолжи́тельный
продо́лжить(ся), -жу, -жит(ся)
продо́льно-горизонта́льный
продо́льно-попере́чный
продо́льно-распило́вочный
продо́льно-строга́льный
продо́льно-фре́зерный
продо́льный
продорожи́ться, -жу́сь, -жи́тся
продотря́д, -а
продохну́ть, -ну́, -нёт
продпу́нкт, -а
продразвёрстка, -и
про́дранный
продра́ть(ся), -деру́(сь), -дерёт(ся); *прош.* -а́л(ся), -ала́(сь), -а́ло, -а́лось
продребезжа́ть, -зжу́, -зжи́т
продрема́ть, -емлю́, -е́млет
продро́гнувший
продро́гнуть, -ну, -нет; *прош.* -о́г, -о́гла
продро́гший
продрожа́ть, -жу́, -жи́т
продрома́льный
продры́хнувший
продры́хнуть, -ну, -нет; *прош.* -ых, -ыхла
продры́хший
продуби́ть, -блю́, -би́т
продублённый; *кр. ф.* -ён, -ена́
проду́в, -а
продува́ние, -я
продува́тельный
продува́ть(ся), -а́ю(сь), -а́ет(ся)
проду́вка, -и
проду́вно́й
проду́вочный
проду́кт, -а
продукти́вность, -и
продукти́вный
проду́ктовый
продуктообме́н, -а
продуктопрово́д, -а
проду́кция, -и
проду́манность, -и
проду́манный
проду́мать, -аю, -ает

проду́мывать(ся), -аю, -ает(ся)
проду́тый
проду́ть(ся), -ду́ю(сь), -ду́ет(ся)
про́дух, -а
продуце́нт, -а
проду́шенный; *кр. ф.* -ен, -ена и продушённый; *кр. ф.* -ён, -ена́
проду́шина, -ы
продуши́ть(ся), -ушу́(сь), -у́шит(ся)
продыми́ть(ся), -млю́(сь), -ми́т(ся)
продымлённый; *кр. ф.* -ён, -ена́
продыря́вить(ся), -влю, -вит(ся)
продыря́вленный
продыря́вливать(ся), -аю, -ает(ся)
продыша́ть(ся), -ышу́(сь), -ы́шит(ся)
продю́сер, -а
проеда́ть(ся), -а́ю(сь), -а́ет(ся)
прое́денный
прое́зд, -а
прое́здить(ся), -е́зжу(сь), -е́здит(ся)
прое́здка, -и
проездно́й
прое́здом, *нареч.*
проезжа́ть(ся), -а́ю(сь), -а́ет(ся)
проезжа́ющий, -его
прое́зженный
прое́зживать(ся), -аю, -ает(ся)
прое́зжий, -его
прое́кт, -а
проекта́нт, -а
проекти́вно-дифференциа́льный
проекти́вный
проекти́рование, -я
проекти́рованный
проекти́ровать(ся), -рую, -рует(ся)
проектиро́вка, -и
проектиро́вочный
проекти́ровщик, -а
прое́ктно-изыска́тельный
прое́ктно-изыска́тельский
прое́ктно-констру́кторский
прое́ктно-монта́жный
прое́ктно-рекла́мный
прое́ктно-сме́тный
прое́ктно-эксперимента́льный
прое́ктный
прое́ктор, -а
проекцио́нный
прое́кция, -и
проело́зить, -о́жу, -о́зит
проём, -а
проёмный
прое́сть(ся), -е́м(ся), -е́шь(ся), -е́ст(ся), -еди́м(ся), -еди́те(сь), -едя́т(ся); *прош.* -е́л(ся), -е́ла(сь)

прое́хать(ся), -е́ду(сь), -е́дет(ся)
проеци́рование, -я
проеци́ровать(ся), -рую, -рует(ся)
прожа́ренный
прожа́ривание, -я
прожа́ривать(ся), -аю(сь), -ает(ся)
прожа́рить(ся), -рю(сь), -рит(ся)
прожа́рка, -и
прожа́тый
прожа́ть, -жну́, -жнёт
прожа́ть(ся), -жму́(сь), -жмёт(ся)
про́жданный
прожда́ть, -ду́, -дёт; *прош.* -а́л, -ала́, -а́ло
прожёванный
прожева́ть(ся), -жую́, -жуёт(ся)
прожёвывать(ся), -аю, -ает(ся)
прожёгший(ся)
проже́кт, -а
прожектёр, -а
прожектёрский
прожектёрство, -а
прожектёрствовать, -твую, -твует
проже́ктор, -а, *мн.* -ы, -ов и -а́, -о́в
прожектори́ст, -а
проже́кторный
прожелть, -и
проже́чь(ся), -жгу́, -жжёт(ся), -жгу́т(ся); *прош.* -жёг(ся), -жгла́(сь)
прожжённый; *кр. ф.* -ён, -ена́
прожива́ние, -я
прожива́ть(ся), -а́ю(сь), -а́ет(ся)
прожига́ние, -я
прожига́тель, -я
прожига́тельница, -ы
прожига́ть(ся), -а́ю, -а́ет(ся)
прожи́лина, -ы
прожи́лка, -и
прожи́лково-вкра́пленный
прожи́лок, -лка
прожима́ть(ся), -а́ю, -а́ет(ся)
прожира́ть(ся), -а́ю(сь), -а́ет(ся)
прожи́тие, -я
прожи́ток, -тка
прожи́точный
про́жи́тый; *кр. ф.* про́жи́т, прожита́, про́жи́то
прожи́ть(ся), -иву́(сь), -ивёт(ся); *прош.* про́жи́л, -и́л(ся), -ила́(сь), про́жи́ло, -и́лось
прожо́г, -а, но *прош.* прожёг
прожо́рливость, -и
прожо́рливый
про́жранный
прожра́ть(ся), -ру́(сь), -рёт(ся); *прош.* -а́л(ся), -ала́(сь), -а́ло(сь)

прожужжа́ть, -жжу́, -жжи́т
про́за, -ы
прозаи́зм, -а
проза́ик, -а
прозаи́ческий
проза́ичный
прозакла́дывать, -аю, -ает
проза́падный
про запа́с
прозаседа́ть, -а́ю, -а́ет
прозва́ние, -я
про́званный
прозва́ть(ся), -зову́(сь), -зо-
  вёт(ся); прош. -а́л(ся),
  -ала́(сь), -а́ло, -а́лóсь
прозвене́ть, -ни́т
про́звище, -а
прозвони́ть, -ню́, -ни́т
прозвуча́ть, -чи́т
прозёванный
прозева́ть, -а́ю, -а́ет
прозёвывать, -аю, -ает
прозе́ктор, -а
прозе́кторская, -ой
прозе́кторский
прозе́кторство, -а
прозекту́ра, -ы
прозелене́ть, -е́ет
про́зелень, -и
прозели́т, -а
прозелити́зм, -а
прозели́тка, -и
прозели́тский
прозенхи́ма, -ы
прозимова́ть, -му́ю, -му́ет
прознава́ть, -наю́, -наёт
прозна́ть, -а́ю, -а́ет
прозоде́жда, -ы
прозонди́ровать, -рую, -ру-
  ет
прозопопе́я, -и
прозорли́вец, -вца
прозорли́вица, -ы
прозорли́вость, -и
прозорли́вый
прозра́чно-си́ний
прозра́чно-чи́стый
прозра́чный
прозрева́ть, -а́ю, -а́ет
прозре́ние, -я
прозре́ть, -рю́, -ри́т
прозу́бренный
прозу́бривать(ся), -аю,
  -ает(ся)
прозубри́ть, -убрю́, -у́бри́т
прозыва́ть(ся), -а́ю(сь),
  -а́ет(ся)
прозяба́ние, -я
прозяба́ть, -а́ю, -а́ет
прозя́бнуть, -ну, -нет;
  прош. -зя́б, -зя́бла
прозя́бший
проигнори́ровать, -рую,
  -рует
проигнори́рованный
прои́гранный
проигра́ть(ся), -а́ю(сь),
  -а́ет(ся)
проигрывание, -я
прои́грывать, -аю
прои́грывать(ся), -аю(сь),
  -ает(ся)
прои́грыш, -а
прои́грышный

произведе́ние, -я
произведённый; кр. ф. -ён,
  -ена́
произве́дший
произвести́(сь), -еду́,
  -едёт(ся); прош. -ёл(ся),
  -ела́(сь)
производи́тель, -я
производи́тельность, -и
производи́тельный
производи́ть(ся), -ожу́,
  -о́дит(ся)
произво́дный
произво́дственник, -а
произво́дственница, -ы
произво́дственно-ма́ссо-
  вый
произво́дственно-террито-
  риа́льный
произво́дственно-техни́че-
  ский
произво́дственно-эконо-
  ми́ческий
произво́дственный
произво́дство, -а
производя́щий
произво́л, -а
произволе́ние, -я
произво́льный
произнесе́ние, -я
произнесённый; кр. ф. -ён,
  -ена́
произнести́, -су́, -сёт; прош.
  -ёс, -есла́
произноси́тельный
произноси́ть(ся), -ошу́,
  -о́сит(ся)
произноше́ние, -я
произойти́, -йдёт; прош.
  -изошёл, -изошла́
произошедший
произраста́ние, -я
произраста́ть, -а́ет
произрасти́, -тёт; прош.
  -ро́с, -росла́
произрасти́ть, -ащу́, -асти́т
произращённый; кр. ф.
  -ён, -ена́
произро́сший
проиллюстри́рованный
проиллюстри́ровать, -рую,
  -рует
проинкуби́рованный
проинкуби́ровать, -рую,
  -рует
проинструкти́ровать, -рую,
  -рует
проинтервью́ированный
проинтервью́ировать,
  -рую, -рует
проинформи́рованный
проинформи́ровать, -рую,
  -рует
про́йсканный
происка́ть, -ищу́, -и́щет
про́иски, -ов
проистека́ть, -а́ет
происте́кший
происте́чь, -е́чёт, -еку́т;
  прош. -ёк, -екла́
происходи́ть, -ожу́, -о́дит
происходя́щий
происхожде́ние, -я
происше́дший

происше́ствие, -я
про́йденный; кр. ф. -ен,
  -ена и про́йдённый; кр.
  ф. -ён, -ена́
пройдо́ха, -и, м. и ж.
про́йма, -ы
про́йменный
пройти́(сь), -йду́(сь),
  -йдёт(ся); прош. про-
  шёл(ся), прошла́(сь)
прок, -а и -у
прокажённый, -ого
прока́за, -ы
прока́зить, -а́жу, -а́зит
прока́зливость, -и
прока́зливый
прока́зник, -а
прока́зница, -ы
прокали́ть, -лю́,
  -ли́т(ся)
прокалка, -и
прока́лывание, -я
прока́лывать(ся), -аю,
  -ает(ся)
прока́мбий, -я
проканите́лить(ся),
  -лю(сь), -лит(ся)
прока́пать, -ает
прока́пчивание, -я
прока́пчивать(ся), -аю,
  -ает(ся)
прока́пывание, -я
прока́пывать(ся), -аю(сь),
  -ает(ся)
прокара́уленный
прокара́улить, -лю, -лит
прокарио́ты, прока-
  рио́т, ед. прокарио́та,
  -ы
прока́ркать, -аю, -ает
прока́рмливать(ся),
  -аю(сь), -ает(ся)
прока́т, -а
прока́танный
проката́ть(ся), -а́ю(сь),
  -а́ет(ся)
прокати́ть(ся), -ачу́(сь),
  -а́тит(ся)
прока́тка, -и
прока́тно-вальцо́вочный
прока́тно-штампо́вочный
прока́тный
прокатоли́ческий
прока́тчик, -а
прока́тывание, -я
прока́тывать(ся), -аю,
  -ает(ся)
прока́чанный (от прока-
  ча́ть)
прокача́ть(ся), -а́ю(сь),
  -а́ет(ся)
прока́ченный (от прока-
  ти́ть)
прока́шивать(ся), -аю,
  -ает(ся)

прока́шливать(ся),
  -аю(сь), -ает(ся)
прока́шлянуть, -ну, -нет
прока́шлять(ся), -яю(сь),
  -яет(ся)
проква́сить(ся), -а́шу,
  -а́сит(ся)
проква́шенный
проква́шивать(ся), -аю,
  -ает(ся)
проки́данный
прокида́ть, -а́ю(сь),
  -а́ет(ся)
проки́дывать(ся), -аю(сь),
  -ает(ся)
проки́нутый
проки́нуть(ся), -ну(сь),
  -нет(ся)
прокипа́ть, -а́ю, -а́ет
прокипе́ть, -пи́т
прокипяти́ть(ся), -ячу́,
  -яти́т(ся)
прокипячённый; кр. ф.
  -ён, -ена́
прокиса́ть, -а́ет
проки́слый
проки́снуть, -нет; прош.
  -ки́с, -ки́сла
проки́сший
прокла́дка, -и
прокладно́й
прокла́дочный
прокла́дчик, -а
прокла́дывать(ся), -аю,
  -ает(ся)
прокламацио́нный
проклама́ция, -и
прокла́мированный
прокла́мировать(ся), -рую,
  -рует(ся)
проклёванный
проклева́ть(ся), -люю, -лю-
  ёт(ся)
проклёвывать(ся), -аю,
  -ает(ся)
проклеенный
прокле́ивание, -я
прокле́ивать(ся), -аю,
  -ает(ся)
прокле́ить(ся), -е́ю,
  -е́ит(ся)
прокле́йка, -и
проклина́ть(ся), -а́ю,
  -а́ет(ся)
прокли́тика, -и
проклю́нуть(ся), -ну,
  -нет(ся)
прокля́вший
прокля́сть, -яну́, -янёт;
  прош. про́клял, -яла́,
  про́кляло
прокля́тие, -я
прокля́тущий
прокля́тый; кр. ф. -ят, -ята́,
  -я́то, прич.
про́клятый, прил.
прокова́нный
прокова́ть(ся), -ку́ю, -ку-
  ёт(ся)
проко́вка, -и
проко́вочный
проко́вывать(ся), -аю,
  -ает(ся)
проковыля́ть, -я́ю, -я́ет

проковы́ривать(ся), -аю,
  -ает(ся)
проковы́рнутый
проковырну́ть, -ну́, -нёт
проковы́рянный
проковыря́ть(ся), -я́ю(сь),
  -я́ет(ся)
проко́л, -а
прокола́чивать(ся), -аю,
  -ает(ся)
проколеси́ть, -ешу́,
  -еси́т
проко́лка, -и
проколоти́ть(ся), -очу́(сь),
  -о́тит(ся)
проко́лотый
проколо́ть(ся), -олю́,
  -о́лет(ся)
проколо́ченный
проколу́панный
проколупа́ть(ся), -а́ю,
  -а́ет(ся)
проколу́пывать(ся), -аю,
  -ает(ся)
прокомменти́рованный
прокомменти́ровать, -рую,
  -рует
прокомпости́рованный
прокомпости́ровать, -рую,
  -рует
проконопа́тить(ся), -а́чу,
  -а́тит(ся)
проконопа́ченный
проконопа́чивать(ся), -аю,
  -ает(ся)
проконспекти́рованный
проконспекти́ровать, -рую,
  -рует
проко́нсул, -а
проко́нсульский
проко́нсульство, -а
проконсульти́ровать(ся),
  -рую(сь), -рует(ся)
проконтроли́рованный
проконтроли́ровать, -рую,
  -рует
проко́п, -а
проко́панный
прокопа́ть(ся), -а́ю(сь),
  -а́ет(ся)
проко́пка, -и
прокопте́лый
прокопте́ть 1, -е́ет (к копте́ть 1)
прокопте́ть 2, -пчу́, -пти́т (к
  копте́ть 2)
прокопти́ть, -пчу́, -пти́т
  (что; испускать копоть
  некоторое время)
прокопти́ться, -и́тся
прокопчённый; кр. ф. -ён,
  -ена́
прокорм, -а
прокорми́ть(ся), -орм-
  лю́(сь), -о́рмит(ся)
прокормле́ние, -я
прокормленный
прокорпе́ть, -плю́, -пи́т
прокорректи́рованный
прокорректи́ровать, -рую,
  -рует
проко́с, -а
прокоси́ть, -ошу́, -о́сит
прокосчик, -а

прокочева́ть, -чу́ю, -чу́ет
прокоше́нный
прокра́вшийся
прокра́дываться, -аюсь,
  -ается
прокра́сить(ся), -а́шу,
  -а́сит(ся)
прокра́ска, -и
прокра́сться, -адусь, -адёт-
  ся; прош. -а́лся, -а́лась
прокрахма́ленный
прокрахма́ливать(ся), -аю,
  -ает(ся)
прокрахма́лить(ся), -лю,
  -лит(ся)
прокра́шенный
прокра́шивать(ся), -аю,
  -ает(ся)
прокрича́ть, -чу́, -чи́т
прокро́ить, -ою́, -ои́т
прокружи́ть(ся), -ужу́(сь),
  -у́жи́т(ся)
прокру́стово ло́же
прокрути́ть(ся), -учу́(сь),
  -у́тит(ся)
прокру́ченный
прокряхте́ть, -хчу́, -хти́т
проксима́льный
прокти́т, -а
прокто́лог, -а
проктологи́ческий
проктоло́гия, -и
про́ктор, -а
прокультиви́ровать, -рую,
  -рует
прокура́т, -а
прокура́тор, -а
прокурату́ра, -ы
прокуренный
проку́ривать(ся), -аю,
  -ает(ся)
прокури́ст, -а
прокури́ть(ся), -урю́(сь),
  -у́рит(ся)
прокуро́р, -а
прокуро́рский
проку́с, -а
проку́санный
прокуса́ть, -а́ю, -а́ет
прокуси́ть, -ушу́, -у́сит
проку́сывать(ся), -аю,
  -ает(ся)
прокути́ть(ся), -учу́(сь),
  -у́тит(ся)
проку́ченный
проку́чивать(ся), -аю(сь),
  -ает(ся)
проку́шенный
пролага́ть(ся), -а́ю, -а́ет(ся)
прола́з, -а
прола́за, -ы, м. и ж.
  (пройдоха)
пролаза́ть, -аю, -ает
прола́зить, -а́жу, -а́зит
прола́зничество, -а
прола́мывать(ся), -аю,
  -ает(ся)
проля́ять, -я́ю, -я́ет
пролега́ть, -а́ет
пролего́мены, -ов
пролёгший
пролёжанный
пролежа́ть(ся), -жу́(сь),
  -жи́т(ся)

про́лежень, -жня
пролёживать(ся), -аю,
  -ает(ся)
пролеза́ть, -а́ю, -а́ет
проле́зть, -ле́зу, -ле́зет;
  прош. -ле́з, -ле́зла
проле́зший
пролепета́ть, -печу́, -пе́чет
проле́ска, -и (подснежник)
проле́сок, -ска (перелесок)
пролёт, -а
пролетариа́т, -а
пролетариза́ция, -и
пролетаризи́рованный
пролетаризи́ровать(ся),
  -рую(сь), -рует(ся)
пролетаризо́ванный
пролетаризова́ть(ся),
  -зу́ю(сь), -зу́ет(ся)
пролета́рий, -я
пролета́рка, -и
пролета́рский
пролета́ть, -а́ю, -а́ет
пролете́ть, -лечу́, -лети́т
пролётка, -и
пролеткультовец, -вца
пролеткультовский
пролётный
пролётом, нареч.
проле́ченный
проле́чивать(ся), -аю,
  -ает(ся)
пролечи́ть(ся), -ечу́(сь),
  -е́чит(ся)
проле́чь, -ля́жет, -ля́гут;
  прош. -лёг, -легла́
проли́в, -а
пролива́ть(ся), -а́ю,
  -а́ет(ся)
про́ливень, -вня
проливно́й (дождь)
пролино́ванный
пролинова́ть, -ну́ю, -ну́ет
проли́тие, -я
про́ли́тый; кр. ф. про́ли́т,
  проли́та́, про́ли́то
проли́ть(ся), -лью́,
  -льёт(ся); прош. про́ли́л,
  -и́лся, -ила́(сь), про́ли́ло,
  -и́лось
пролифера́ция, -и
пролифика́ция, -и
проло́г, -а (церк. книга)
проло́г, -а (вступление)
проло́женный
проложи́ть, -ожу́, -о́жит
проло́м, -а
проло́манный
проломá́ть(ся), -а́ю,
  -а́ет(ся)
проломи́ть(ся), -омлю́,
  -о́мит(ся)
проло́мленный
проло́мный
пролонга́ция, -и
пролонги́рованный
пролонги́ровать(ся), -рую,
  -рует(ся)
про́лысина, -ы
пролюви́а́льный
пролю́вий, -я
прома́занный
прома́зать, -а́жу, -а́жет
прома́зка, -и

прома́зывание, -я
прома́зывать(ся), -аю,
  -ает(ся)
прома́лывать(ся), -аю,
  -ает(ся)
проманёженный
проманёжить(ся), -жу(сь),
  -жит(ся)
промарино́ванный
промаринова́ть(ся),
  -ну́ю(сь), -ну́ет(ся)
промарте́ль, -и
промарширова́ть, -ру́ю,
  -ру́ет
прома́сленный
прома́сливать(ся), -аю,
  -ает(ся)
прома́слить(ся), -лю,
  -лит(ся)
прома́тывать(ся), -аю(сь),
  -ает(ся)
про́мах, -а
промахáть, -машу́, -ма́шет и
  -а́ю, -а́ет
прома́хиваться, -аюсь, -ает-
  ся
промахну́ться, -ну́сь, -нётся
прома́чивать(ся), -аю,
  -ает(ся)
прома́шка, -и
прома́ять(ся), -а́ю(сь),
  -а́ет(ся)
промба́нк, -а
промедле́ние, -я
проме́длить, -лю, -лит
промедо́л, -а
проме́ж и проме́жду,
  предлог
проме́жность, -и
проме́жуток, -тка
промежу́точный
промелькну́ть, -ну́, -нёт
промемо́рия, -и
проме́н, -а
промена́д, -а
проме́нивать(ся), -аю(сь),
  -ает(ся)
проме́нный
проме́нянный
променя́ть(ся), -я́ю(сь),
  -я́ет(ся)
проме́р, -а
проме́ренный
промерза́ть, -а́ю, -а́ет
промёрзлый
промёрзнуть, -ну, -нет;
  прош. -ёрз, -ёрзла
промёрзший
проме́ривать(ся), -аю,
  -ает(ся)
проме́рить(ся), -рю,
  -рит(ся) и -ряю, -ряет(ся)
проме́рник, -а
проме́ряный
промеря́ть(ся), -я́ю,
  -я́ет(ся)
промеси́ть(ся), -ешу́,
  -е́сит(ся)
проме́сса, -ы
промести́, -мету́, -метёт;
  прош. -мёл, -мела́
промётанный
промета́ть 1, -а́ю, -а́ет, сов.
  (о шитье)

прометать 2, -аю, -ает, *несов. (к прометти)*
прометать(ся), -ечу(сь), -ечет(ся)
прометённый; *кр. ф.* -ён, -ена
прометий, -я
прометнуть(ся), -ну(сь), -нёт(ся)
промётший
промётывать(ся), -аю, -ает(ся)
промешанный (*от* промешать)
промешать, -аю, -ает
промешенный (*от* промесить)
промешивать(ся), -аю, -ает(ся)
промешкать(ся), -аю(сь), -ает(ся)
промигать(ся), -аю(сь), -ает(ся)
промилле, *нескл. ж. и с.*
промин, -а
проминать(ся), -аю(сь), -ает(ся)
проминка, -и
промкомбинат, -а
промкооперация, -и
промёзглый
промёзгнуть, -ну, -нет; *прош.* -мёзг, -мёзгла
промёзгший
промбина, -ы
промокание, -я
промокательный
промокать(ся), -аю, -ает(ся)
промокашка, -и
промокнуть, -ну, -нет; *прош.* -ок, -окла
промокнуть, -ну, -нёт; *прош.* -нул, -нула (промокашкой)
промокший
промолачивать(ся), -аю, -ает(ся)
промолвить(ся), -влю(сь), -вит(ся)
промолвленный
промолотить, -очу, -отит
промолотый
промолоть, -мелю, -мелет
промолоченный
промолчать, -чу, -чит
промораживание, -я
промораживать(ся), -аю, -ает(ся)
проморгать(ся), -аю(сь), -ает(ся)
проморённый; *кр. ф.* -ён, -ена
проморить, -рю, -рит
проморóженный
проморóзить, -ожу, -óзит
проморочить, -чу, -чит
промостить, -ощу, -остит
промотанный
промотать(ся), -аю(сь), -ает(ся)
промотор, -а
промотыжить, -жу, -жит
промоченный

промочить(ся), -очу, -очит(ся)
промощённый; *кр. ф.* -ён, -ена
промтоварный
промтовары, -ов
промульгация, -и
промурлыкать, -ычу, -ычет и -аю, -ает
промученный
промучить(ся), -чу(сь), -чит(ся) и -чаю(сь), -чает(ся)
промфинплан, -а
промчать(ся), -чу(сь), -чит(ся)
промывание, -я
промывать(ся), -аю, -ает(ся)
промывка, -и
промывной
промывочный
промысел, -сла, *мн.* -ы, -ов
промысл, -а (*церк.*)
промысленный
промыслить, -лю, -лит
промысловик, -а
промыслово-кооперативный
промысловый (*от* промысел)
промытый
промыть(ся), -мою(сь), -моет(ся)
промычать, -чу, -чит
промышленник, -а
промышленно развитый
промышленность, -и
промышленно-транспортный
промышленно-финансовый
промышленно-экономический
промышленный
промышлять(ся), -яю, -яет(ся)
промякнуть, -нет; *прош.* -мяк, -мякла
промякший
промямленный
промямлить, -лю, -лит
промятый
промять(ся), -мну(сь), -мнёт(ся)
промякать, -аю, -ает
пронация, -и
пронашивать(ся), -аю, -ает(ся)
пронесённый; *кр. ф.* -ён, -ена
пронести(сь), -су(сь), -сёт(ся); *прош.* -ёс(ся), -есла(сь)
пронзать(ся), -аю, -ает(ся)
пронзённый; *кр. ф.* -ён, -ена
пронзительный
пронзить(ся), -нжу, -нзит(ся)
пронизанный
пронизать(ся), -ижу, -ижет(ся)
пронизка, -и

пронизывать(ся), -аю, -ает(ся)
пронизывающий
прóнизь, -и
проникание, -я
проникать(ся), -аю(сь), -ает(ся)
проникающий
проникновение, -я
проникновенность, -и
проникновенный; *кр. ф.* -енен, -енна
проникнувший(ся)
проникнутый
проникнуть(ся), -ну(сь), -нет(ся); *прош.* -ик(ся), -икла(сь)
проникший(ся)
пронимать(ся), -аю, -ает(ся)
проницаемость, -и
проницаемый
проницательность, -и
проницательный
проницать, -аю, -ает
прония, -и
прономинализация, -и
прономинация, -и
прононс, -а
пронос, -а
проносить(ся), -ошу(сь), -осит(ся)
проночевать, -чую, -чует
проношенный
пронумерованный
пронумеровать, -рую, -рует
пронунсиаменто и пронунциаменто, *нескл. с.*
проныра, -ы, *м. и ж.*
пронырливость, -и
пронырливый
пронырнуть, -ну, -нёт
пронырство, -а
проню́хать, -аю, -ает
проню́хивать(ся), -аю, -ает(ся)
проня́нчить(ся), -чу(сь), -чит(ся)
пронятый; *кр. ф.* пронят, пронята́, пронято
пронять(ся), пройму, проймёт(ся); *прош.* про́нял, -яла́(сь), -яла(сь), про́няло, -ялось
прообедать, -аю, -ает
прообраз, -а
проолифить, -флю, -фит
проорать, -ру, -рёт
прообхать, -аю, -ает
пропавший
пропаганда, -ы
пропагандирование, -я
пропагандировать(ся), -рую, -рует(ся)
пропагандист, -а
пропагандистка, -и
пропагандистский
пропадать, -аю, -ает
пропадом: пропади пропадом
пропажа, -и
пропазин, -а
пропаивать(ся), -аю, -ает(ся)

пропалённый; *кр. ф.* -ён, -ена
пропалзывать, -аю, -ает
пропаливать, -аю, -ает
пропалить, -лю, -лит
пропалывать(ся), -аю, -ает(ся)
пропан, -а
пропаренный
пропаривание, -я
пропаривать(ся), -аю(сь), -ает(ся)
пропарить(ся), -рю(сь), -рит(ся)
пропарка, -и
пропарочный
пропарывать(ся), -аю, -ает(ся)
пропасти(сь), -су, -сёт(ся); *прош.* -ас(ся), -асла(сь)
пропасть, -и
пропасть, -аду, -адёт; *прош.* -ал, -ала
пропасший(ся)
пропаханный
пропахать, -ашу, -ашет
пропахивание, -я
пропахивать(ся), -аю, -ает(ся)
пропахнувший
пропахнуть, -ну, -нет; *прош.* -ах, -ахла
пропахший
пропашка, -и
пропашник, -а
пропашной
пропащий
пропаять, -яю, -яет
пропедевтика, -и
пропедевтический
пропекать(ся), -аю, --ает(ся)
пропёкший(ся)
пропеллер, -а
пропеллерный
пропереть(ся), -пру(сь), -прёт(ся); *прош.* -пёр(ся), -пёрла(сь)
пропёртый
проперченный; *кр. ф.* -ен, -ена и проперчённый; *кр. ф.* -ён, -ена
проперчивать(ся), -аю, -ает(ся)
проперчить(ся), -чу, -чит(ся) и проперчить(ся), -чу, -чит(ся)
пропёрший(ся)
пропесочить, -очу, -очит
пропетлять, -яю, -яет
пропётый
пропеть, -пою, -поёт
пропечатанный
пропечатать(ся), -аю(сь), -ает(ся)
пропечатывать(ся), -аю, -ает(ся)
пропечённый; *кр. ф.* -ён, -ена
пропечь(ся), -еку(сь), -ечёт(ся), -екут(ся); *прош.* -ёк(ся), -екла(сь)
пропивать(ся), -аю(сь), -ает(ся)
пропил, -а

пропиле́и, -е́ев
пропиле́н, -а
пропи́ленный
пропи́ливание, -я
пропи́ливать(ся), -аю,
-ает(ся)
пропили́канный
пропили́кать, -аю, -ает
пропили́ть, -илю́, -и́лит
пропи́лка, -и
пропира́ть, -а́ю, -а́ет
пропи́санный
прописа́ть(ся), -ишу́(сь),
-и́шет(ся)
пропи́ска, -и
прописно́й
прописо́чный
прописывать(ся), -аю(сь),
-ает(ся)
про́пись, -и
про́писью, нареч.
пропита́ние, -я
пропи́танный
пропита́ть(ся), -а́ю(сь),
-а́ет(ся)
пропи́тие, -я
пропи́тка, -и
пропито́й, прил.
пропи́точно-отде́лочный
пропи́точный
пропи́тчик, -а
пропи́тывание, -я
пропи́тывать(ся), -аю(сь),
-ает(ся)
про́пи́тый; кр. ф. про́пи́т,
пропи́та́, про́пи́то, прич.
пропи́ть(ся), -пью́(сь),
-пьёт(ся); прош. -про́пи́л,
-и́лся, -ила́(сь), про́пи́ло,
-и́ло́сь
пропи́ханный
пропиха́ть(ся), -а́ю(сь),
-а́ет(ся)
пропи́хивать(ся), -аю(сь),
-ает(ся)
пропи́хнутый
пропихну́ть(ся), -ну́(сь),
-нёт(ся)
пропища́ть, -щу́, -щи́т
проплава́ть, -аю, -ает
пропла́вить, -влю, -вит
пропла́вка, -и
пропла́вленный
пропла́кать, -а́чу, -а́чет
пропле́сневеть, -еет
проплести́(сь), -лету́(сь),
-летёт(ся); прош. -ёл(ся),
-ела́(сь)
проплётший(ся)
пропле́шина, -ы
проплута́ть, -а́ю, -а́ет
проплы́в, -а
проплыва́ть, -а́ю, -а́ет
проплы́ть, -ыву́, -ывёт;
прош. -ы́л, -ыла́, -ы́ло
пропляса́ть, -яшу́, -я́шет
пропове́дать, -аю, -ает
пропове́дник, -а
пропове́дница, -ы
пропове́днический
пропове́дничество, -а
пропове́дование, -я
пропове́довать(ся), -дую,
-дует(ся)

проповеду́ющий
про́поведь, -и
пропо́бенный
пропози́ция, -и
пропои́ть, -ою́, -о́ит
пропо́йный
пропо́йца, -ы, м. и ж.
прополаскивание, -я
прополаскивать(ся), -аю,
-ает(ся)
пропо́лзать, -аю, -ает, сов.
(от по́лзать)
прополза́ть, -а́ю, -а́ет, несов. (к проползти́)
проползти́, -зу́, -зёт; прош.
-о́лз, -олзла́
пропо́лзший
пропо́лис, -а
прополка, -и
прополо́сканный
прополоска́ть(ся), -ощу́, .
-о́щет(ся) и -а́ю, -а́ет(ся)
прополосну́ть, -ну́, -нёт
пропо́лотый
прополо́ть, -олю́, -о́лет
пропо́лочный
пропо́ротый
пропоро́ть, -орю́, -о́рет
пропорхну́ть, -нёт
пропорциона́льно сло-
жённый
пропорциона́льность, -и
пропорциона́льный
пропорциони́рование, -я
пропо́рция, -и
пропоте́лый
пропоте́ть, -е́ю, -е́ет
пропре́тор, -а
пропре́ть, -е́ю, -е́ет
проприорецепто́р, -а
проприоцепти́вный
проприоце́птор, -а
проприоце́пция, -и
пропря́сть, -яду́, -ядёт;
прош. -я́л, -яла́, -я́ло
пропс, -а
пропуделя́ть, -я́ю, -я́ет
про́пуск, -а, мн. -и, -ов
(что-н. пропущенное) и
-а́, -о́в (документ)
пропуска́емость, -и
пропуска́ть(ся), -а́ю,
-а́ет(ся)
пропускни́к, -а́
пропускно́й
пропусти́ть, -ущу́, -у́стит
пропу́щенный
пропылённый; кр. ф. -ён,
-ена́
пропылесо́сить, -о́шу, -о́сит
пропыли́ть(ся), -лю́(сь),
-ли́т(ся)
пропыхте́ть, -хчу́, -хти́т
пропья́нствовать, -твую,
-твует
пропя́титься, -я́чусь, -я́тит-
ся
прора́б, -а
прораба́тывание, -я
прораба́тывать(ся), -аю,
-ает(ся)
прорабо́танный
прорабо́тать(ся), -аю,
-ает(ся)

прорабо́тка, -и
прора́бская, -ой
прора́бский
прора́бство, -а
прора́н, -а
прораста́ние, -я
прораста́ть, -а́ет
прорасти́, -тёт; прош. -ро́с,
-росла́
прорасти́ть, -ащу́, -асти́т
проращённый; кр. ф. -ён,
-ена́
проро́щенный
прора́щивание, -я
прора́щивать(ся), -аю,
-ает(ся)
про́рва, -ы
про́рванный
прорва́ть(ся), -ву́(сь),
-вёт(ся); прош. -а́л(ся),
-ала́(сь), -а́ло, -а́ло́сь
прореаги́ровать, -рую, -ру-
ет
пророве́ть, -ву́, -вёт
проредакти́рованный
проредакти́ровать(ся),
-рую, -рует(ся)
прореди́ть(ся), -ежу́,
-еди́т(ся)
проре́женный; кр. ф. -ен,
-ена и прорежённый; кр.
ф. -ён, -ена́
проре́живание, -я
проре́живать(ся), -аю,
-ает(ся)
проре́з, -а
прореза́ние, -я
проре́занный
проре́зать(ся), -е́жу,
-е́жет(ся), сов.
прореза́ть(ся), -а́ю,
-а́ет(ся), несов.
прорези́ненный
прорези́нивать(ся), -аю,
-ает(ся)
прорези́нить(ся), -ню,
-нит(ся)
проре́зка, -и
прорезно́й
проре́зчик, -а
прорезно́й
прорезыва́ние, -я
проре́зывать(ся), -аю,
-ает(ся)
про́резь, -и
прорека́ть, -а́ю, -а́ет
проре́ктор, -а
проре́кторский
прорепети́рованный
прорепети́ровать, -рую,
-рует
проре́ха, -и
прорецензи́рованный
прорецензи́ровать, -рую,
-рует
проре́шка, -и
проржаве́лый
проржа́веть, -еет и про-
ржаве́ть, -е́ет (покрыться
ржавчиной)
проржа́вить, -влю, -вит
(что)
проржа́вленный
проржа́ть, -жу́, -жёт
прорисо́ванный

прорисова́ть(ся), -су́ю, -су́-
ет(ся)
прорисо́вка, -и
прорисо́вывать(ся), -аю,
-ает(ся)
прорица́ние, -я
прорица́тель, -я
прорица́тельница, -ы
прорица́ть, -а́ю, -а́ет
пророга́ция, -и
проро́к, -а
проро́ненный; кр. ф. -ен,
-ена и проронённый, -ён,
-ена́
пророни́ть, -оню́, -о́нит
проро́ст, -а
проро́сток, -тка
проро́сть, -и
проро́сший
проро́ческий
проро́чество, -а
проро́чествовать, -твую,
-твует
проро́чить, -чу, -чит
проро́чица, -ы
пору́б, -а
прорубá́ть(ся), -а́ю(сь),
-а́ет(ся)
проруби́ть(ся), -ублю́(сь),
-у́бит(ся)
прору́бка, -и
прору́бленный
прорубно́й
про́рубь, -и
проруха, -и
проры́в, -а
прорыва́ть(ся), -а́ю(сь),
-а́ет(ся)
проры́вка, -и
прорывно́й
проры́сить, -си́т
проры́скать, -ы́щу, -ы́щет и
-аю, -ает
проры́тие, -я
проры́тый
проры́ть(ся), -ро́ю(сь), -ро́-
ет(ся)
прорыхлённый; кр. ф. -ён,
-ена́
прорыхли́ть, -лю́, -ли́т
прорыхля́ть(ся), -я́ю,
-я́ет(ся)
прорыча́ть, -чу́, -чи́т
просади́ть, -ажу́,
-а́дит
проса́дка, -и
просажа́ть, -а́ю, -а́ет
проса́женный
проса́живать(ся), -аю,
-ает(ся)
проса́ленный
проса́ливать(ся), -аю,
-ает(ся)
проса́лить(ся), -лю,
-лит(ся)
проса́сывать(ся), -аю,
-ает(ся)
проса́чивание, -я
проса́чиваться, -ается
просва́танный
просва́тать, -аю, -ает
просверка́ть, -а́ет
просверлённый; кр. ф. -ён,
-ена́

просверливать(ся), -аю,
　-ает(ся)
просверли́ть, -лю́, -ли́т
просве́т, -а
просвети́тель, -я
просвети́тельный
просвети́тельский
просвети́тельство, -а
просвети́ть(ся) 1, -ве-
　щу́(сь), -ве́тит(ся) (к
　просвеща́ть)
просвети́ть(ся) 2, -ве-
　чу́(сь), -ве́тит(ся) (к
　просве́чивать)
просветле́ние, -я
просветлённый; кр. ф. -ён,
　-ена́
просветле́ть, -е́ю, -е́ет
　(стать светлым)
просветли́ть, -лю́, -ли́т (ко-
　го, что)
просветли́ться, -ли́тся
просветля́ть(ся), -я́ю,
　-я́ет(ся)
просве́ченный
просве́чивание, -я
просве́чивать(ся), -аю(сь),
　-ает(ся)
просвеща́ть(ся), -а́ю(сь),
　-а́ет(ся)
просвеще́ние, -я
просвещённость, -и
просвещённый; кр. ф.
　прич. -ён, -ена́; кр. ф.
　прил. -ён, -ённа
просвира́, -ы́, мн. про́сви-
　ры, про́свир, про́свира́м
　и просфора́, -ы́, мн.
　про́сфоры, просфо́р,
　просфора́м
просви́рка, -и
просви́рник, -а
просви́рниковые, -ых
просви́рня, -и, р. мн. -рен
просви́рняк, -а́
просви́станный
просвиста́ть, -ищу́, -и́щет
просвисте́ть, -ищу́, -исти́т
просви́стывать, -аю, -ает
про себя́
просёв, -а
просева́ть(ся), -а́ю, -а́ет(ся)
проседа́ние, -я
проседа́ть, -а́ет
про́седь, -и
просе́ивание, -я
просе́ивать(ся), -аю,
　-ает(ся)
про́сек, -а и про́сека, -и
просека́ть(ся), -а́ю, -а́ет(ся)
просе́кший(ся) и просёк-
　ший(ся)
просёлок, -лка
просёлочный
просемени́ть, -ню́, -ни́т
просемина́р, -а и просеми-
　на́рий, -я
просемина́рский
просечённый; кр. ф. -ён,
　-ена́ и просе́ченный; кр.
　ф. -ен, -ена
просе́чка, -и
просе́чь(ся), -еку́,
　-ечёт(ся), -еку́т(ся);

прош. -е́к(ся) и -ёк(ся),
　-екла́(сь)
просе́янный
просе́ять(ся), -е́ю, -е́ет(ся)
просигна́ленный
просигнализи́рованный
просигнализи́ровать, -рую,
　-рует
просигна́лить, -лю, -лит
проси́женный
проси́живать(ся), -аю,
　-ает(ся)
просиллоги́зм, -а
просини́ть, -ню́, -ни́т
про́синь, -и
проси́тель, -я
проси́тельница, -ы
проси́тельский
проси́ть(ся), прошу́(сь),
　про́сит(ся)
проси́ять, -я́ю, -я́ет
проска́бливать(ся), -аю,
　-ает(ся)
проскака́ть, -скачу́, -ска́чет
проска́кивать, -аю, -ает
проска́льзывать, -аю, -ает
просканди́ровать, -рую,
　-рует
проска́чка, -и
прокскорзи́ть, -и́т
прокслоня́ть, -я́ю, -я́ет
проскоблённый
проскобли́ть(ся), -облю́,
　-обли́т(ся)
проско́к, -а
проскользну́ть, -ну́, -нёт
проскоми́дия, -и
проскочи́ть, -очу́, -о́чит
проскребённый; кр. ф. -ён,
　-ена́
проскрёбший(ся)
проскрежета́ть, -ещу́, -е́щет
проскрести́(сь), -ребу́(сь),
　-ребёт(ся); прош.
　-рёб(ся), -ребла́(сь)
проскрипе́ть, -плю́, -пи́т
проскрипцио́нный
проскри́пция, -и
проскурня́к, -а́
проскуча́ть, -а́ю, -а́ет
просла́бить, -ит
просла́вить(ся), -влю(сь),
　-вит(ся)
прославле́ние, -я
просла́вленный
прославля́ть(ся), -я́ю(сь),
　-я́ет(ся)
просла́ивать(ся), -аю,
　-ает(ся)
проследи́ть, -ежу́, -еди́т
проследовать, -дую, -дует
просле́женный
просле́живать(ся), -аю,
　-ает(ся)
прослеза́ться, -ежу́сь,
　-ези́тся
прослоённый; кр. ф. -ён,
　-ена́
прослои́ть(ся), -ою́,
　-ои́т(ся)

просло́й, -я
просло́йка, -и
прослони́ться, -я́юсь, -я́ется
прослу́женный
прослу́живать, -аю, -ает
прослужи́ть, -ужу́, -у́жит
прослу́шанный
прослу́шать, -аю, -ает
прослу́шивание, -я
прослу́шивать(ся), -аю,
　-ает(ся)
прослы́ть, -ыву́, -ывёт;
　прош. -ы́л, -ыла́, -ы́ло
прослы́шать, -шу, -шит
просма́ливать(ся), -аю,
　-ает(ся)
просма́тривать(ся), -аю,
　-ает(ся)
просме́янный
просмея́ть, -е́ю, -еёт
просмолённый; кр. ф. -ён,
　-ена́
просмоли́ть(ся), -лю́,
　-ли́т(ся)
просмо́тр, -а
просмо́тренный
просмотре́ть, -отрю́, -о́трит
просмо́тровый
проснуться, -ну́сь, -нётся
про́со, -а
прособи́рать(ся), -а́ю(сь),
　-а́ет(ся)
просове́тский
просо́вывать(ся), -аю(сь),
　-ает(ся)
просоди́ческий
просо́дия, -и
просо́л, -а
просо́ленный; кр. ф. -ен,
　-ена и просолённый; кр.
　ф. -ён, -ена́
просоли́ть(ся), -олю́,
　-оли́т(ся)
просо́лка, -и
просопопе́я, -и и прозопо-
　пе́я, -и
просору́шка, -и
просо́с, -а
просо́санный
прососа́ть(ся), -осу́,
　-осёт(ся)
просо́хнуть, -ну, -нет;
　прош. -о́х, -о́хла
просо́хший
просочи́ться, -и́тся
проспа́ть(ся), -плю́(сь),
　-пи́т(ся); прош. -а́л(ся),
　-ала́(сь), -а́ло́(сь)
проспе́кт, -а
проспе́рити, нескл. с.
проспиртова́нный
проспиртова́ть(ся),
　-ту́ю(сь), -ту́ет(ся)
проспирто́вывать(ся),
　-аю(сь), -ает(ся)
проспо́ренный
проспо́ривать, -аю, -ает
проспо́рить, -рю, -рит
проспряга́ть, -а́ю, -а́ет
просро́ченный
просро́чивать(ся), -аю,
　-ает(ся)
просро́чить, -чу, -чит
просро́чка, -и

проста́вить, -влю, -вит
проста́вленный
проставля́ть(ся), -я́ю,
　-я́ет(ся)
проста́ивать, -аю, -ает
проста́к, -а́
проста́та, -ы
простати́т, -а
простати́ческий
простачо́к, -чка́
простёганный
простёгать, -а́ю, -а́ет
простёгивать(ся), -аю,
　-ает(ся)
простёжка, -и
просте́йший
просте́ленный и про́-
　стланный
простели́ть и простла́ть,
　-стелю́, -сте́лет; прош.
　-стели́л, -стели́ла и -стла́л,
　-стла́ла
просте́нок, -нка
просте́ночный
про́стенький
простерёгший
простережённый; кр. ф.
　-ён, -ена́
простере́ть(ся), -стру́,
　-стрёт(ся); прош.
　-тёр(ся), -тёрла(сь)
простере́чь, -регу́, -режёт,
　-регу́т; прош. -рёг, -регла́
простёртый
просте́рший
просте́ть, -е́ю, -е́ет
просте́ц, -а́
просте́цкий
простила́ть(ся), -а́ю,
　-а́ет(ся)
прости́ранный
простира́ть(ся), -а́ю,
　-а́ет(ся)
прости́рнутый
простирну́ть, -ну́, -нёт
прости́рывать(ся), -аю,
　-ает(ся)
прости́тельный
проститу́ированный
проститу́ировать(ся), -рую,
　-рует(ся)
проститу́тка, -и
проститу́ция, -и
прости́ть(ся), прощу́(сь),
　прости́т(ся)
про́стланный и просте́-
　ленный
простла́ть и простели́ть,
　-стелю́, -сте́лет; прош.
　-стла́л, -стла́ла и -стели́л,
　-стели́ла
простова́тость, -и
простова́тый
простоволо́сый
простоду́шие, -я
простоду́шничать, -аю, -ает
простоду́шный
просто́й; кр. ф. прост,
　проста́, про́сто, про́сты́
просто́й, -я
просто́йный
простоква́ша, -и
простолюди́н, -а
простолюди́нка, -и

про́сто-на́просто
простонаро́дный
простонаро́дье, -я
простона́ть, -ону́, -о́нет и
-а́ю, -а́ет
просто́р, -а
просторе́чие, -я
просторе́чный
просто́рный
просторожённый; кр. ф.
-ён, -ена́
просторо́жить, -жу́, -жи́т
простосерде́чие, -я
простосерде́чный
простота́, -ы́
простофи́ля, -и, м. и ж.
простоя́ть, -ою́, -ои́т
простра́гивать(ся), -аю,
-ает(ся)
простра́нность, -и
простра́нный; кр. ф. -а́нен,
-а́нна
простра́нственно-времен-
но́й
простра́нственный
простра́нство, -а
простра́нствовать, -твую,
-твует
простра́нщик, -а
простра́ция, -и
простра́чивать(ся), -аю,
-ает(ся)
прострекота́ть, -очу́, -о́чет
простре́л, -а
простре́ленный (от про-
стрели́ть)
простре́ливать(ся), -аю,
-ает(ся)
прострели́ть, -елю́, -е́лит
простре́лянный (от про-
стреля́ть)
простреля́ть, -я́ю, -я́ет
прострига́ть(ся), -а́ю,
-а́ет(ся)
простри́гший
простри́женный
простри́чь, -игу́, -ижёт,
-игу́т; прош. -и́г, -и́гла
простро́ганный
прострога́ть, -а́ю, -а́ет
простро́ить, -о́ю, -о́ит
простро́ченный
прострочи́ть, -очу́, -о́чи́т
простру́ганный
простру́гать, -а́ю, -а́ет
простру́гивать(ся), -аю,
-ает(ся)
просту́да, -ы
простуди́ть(ся), -ужу́(сь),
-у́дит(ся)
просту́дный
простужа́ть(ся), -а́ю(сь),
-а́ет(ся)
просту́женный
просту́живать(ся), -аю(сь),
-ает(ся)
просту́канный
просту́кать, -аю, -ает
просту́кивать(ся), -аю,
-ает(ся)
проступа́ть, -а́ет
проступи́ть, -уплю́, -у́пит
просту́пок, -пка
простуча́ть, -чу́, -чи́т

просту́шка, -и
простыва́ть, -а́ю, -а́ет
просты́вший
просты́нка, -и
просты́нный
просты́нуть и просты́ть,
-ы́ну, -ы́нет; прош. -сты́л,
-сты́ла
простыня́, -и́, мн. просты́-
ни, просты́нь и -не́й, -ня́м
просты́ть и просты́нуть,
-ы́ну, -ы́нет; прош. -сты́л,
-сты́ла
просуди́ть(ся), -ужу́(сь),
-у́дит(ся)
просу́женный
просу́живать(ся), -аю(сь),
-ает(ся)
просу́нутый
просу́нуть(ся), -ну(сь),
-нет(ся)
просу́шенный
просу́шивание, -я
просу́шивать(ся), -аю(сь),
-ает(ся)
просуши́ть(ся), -ушу́(сь),
-у́шит(ся)
просу́шка, -и
просуществова́ть, -тву́ю,
-тву́ет
просфора́, -ы́, мн. про́сфо-
ры, просфо́р, просфора́м
и просвира́, -ы́, мн. про́-
свиры, про́свир, про́свир-
ра́м
просфо́рка, -и
просце́ниум, -а
просчёт, -а
просчи́танный
просчита́ть(ся), -а́ю(сь),
-а́ет(ся)
просчи́тывать(ся), -аю(сь),
-ает(ся)
про́сып, -а и -у: без про́сы-
па и без про́сыпу
просы́панный
просы́пать(ся), -плю
-плет(ся), сов.
просыпа́ть(ся), -а́ю(сь),
-а́ет(ся), несов.
просыха́ть, -а́ю, -а́ет
про́сьба, -ы
проси́нка, -и
прося́ной
прося́щий
протагони́ст, -а
протаза́н, -а
прота́ивать, -ает
протакти́ний, -я
прота́лина, -ы
прота́лкивать(ся), -аю(сь),
-ает(ся)
прота́ллий, -я
прота́ндрия, -и
протанцева́ть, -цу́ю, -цу́ет
протанцо́ванный
прота́пливать(ся), -аю(сь),
-ает(ся)
прота́птывать(ся), -аю(сь),
-ает(ся)
протара́ненный
протара́нивать(ся), -аю,
-ает(ся)
протара́нить, -ню, -нит

протарато́ренный
протарато́рить, -рю, -рит
протарахте́ть, -хчу́, -хти́т
протарго́л, -а
прота́сканный
протаска́ть(ся), -а́ю(сь),
-а́ет(ся)
прота́скивать(ся), -аю,
-ает(ся)
прота́чанный (от прота-
ча́ть)
прота́чать, -а́ю, -а́ет
прота́чивание, -я
прота́чивать(ся), -аю,
-ает(ся)
прота́щенный
протащи́ть(ся), -ащу́(сь),
-а́щит(ся)
протя́ть, -а́ет
протеже́, нескл., м. и ж.
протежи́ровать, -рую, -рует
проте́з, -а
протези́рование, -я
протези́ровать, -рую, -рует
протези́ст, -а
проте́зно-ортопеди́ческий
проте́зный
проте́йд, -а
протеи́н, -а
протеи́новый
проте́й, -я
протека́ние, -я
протека́ть, -а́ет
проте́ктор, -а
протектора́т, -а
протекциони́зм, -а
протекциони́ст, -а
протекциони́стский
проте́кция, -и
проте́кший
протелеграфи́ровать, -рую,
-рует
протелефони́ровать, -рую,
-рует
протере́ть(ся), -тру́(сь),
-трёт(ся); прош. -тёр(ся),
-тёрла(сь)
протероги́ния, -и
протерозо́й, -я
протерозо́йский
протерпе́ть, -ерплю́, -е́рпит
протёртый
протёрший
протёс, -а
протёсанный
протеса́ть, -ешу́, -е́шет
протесни́ться, -ню́сь, -ни́тся
проте́ст, -а
протеста́нт, -а
протестанти́зм, -а
протеста́нтка, -и
протеста́нтский
протеста́нтство, -а
протесто́ванный
протестова́ть(ся), -ту́ю, -ту́-
ет(ся)
протёсывать(ся), -аю,
-ает(ся)
проте́чка, -и
проте́чный
проте́чь, -ечёт, -еку́т; прош.
-ёк, -екла́
про́тив

про́тивень, -вня
противи́тельный
проти́виться, -влюсь, -вится
противле́ние, -я
проти́вник, -а
проти́вница, -ы
проти́вный
противоалкого́льный
противоа́томный
противоболево́й
противобо́рство, -а
противобо́рствовать, -твую,
-твует
противове́с, -а
противови́русный
противовозду́шный
противовоспали́тельный
противога́з, -а
противога́зовый
противогли́стный
противогни́лостный
противогосуда́рственный
противогрибко́вый
противогриппо́зный
противодавле́ние, -я
противоде́йствие, -я
противоде́йствовать, -твую,
-твует
противодеса́нтный
противодифтери́йный
противоды́мный
противоесте́ственный; кр.
ф. -вен и -венен, -венна
противозако́нный; кр. ф.
-о́нен, -о́нна
противозача́точный
противозени́тный
противоизлуче́ние, -я
противоипри́тный
противока́терный
противокорро́зи́йный
противокорро́зио́нный
противолежа́щий
противолихора́дочный
противоло́дочный
противолучево́й
противомаляри́йный
противоми́нный
противообва́льный
противообледени́тель, -я
противообще́ственный
противоо́ползневый
противоо́пухолевый
противоотка́тный
противопехо́тный
противопожа́рный
противопоказа́ние, -я
противопока́занный; кр.
ф. -ан, -ана
противополага́ть, -а́ю,
-а́ет
противоположе́ние, -я
противополо́жность, -и
противополо́жный
противопоста́вить, -влю,
-вит
противопоставле́ние, -я
противопоста́вленный
противопоставля́ть(ся),
-я́ю, -я́ет(ся)
противоправи́тельствен-
ный
противорадиацио́нный

противорадиолокацио́нный	протоиере́йский	протра́вленный	проу́лок, -лка
противораке́та, -ы	протоистори́ческий	протра́вливание, -я	проурча́ть, -чу́, -чи́т
противораке́тный	протоисто́рия, -и	протра́вливатель, -я	проутю́женный
противора́ковый	прото́к, -а	протра́вливать(ся), -аю, -ает(ся)	проутю́жить, -жу, -жит
противоречи́вый	прото́ка, -и	протравля́ть(ся), -я́ю, -я́ет(ся)	проу́чивать(ся), -аю, -ает(ся)
противоре́чие, -я	протоко́кк, -а	протравно́й	проучи́ть(ся), -учу́(сь), -у́чит(ся)
противоре́чить, -чу, -чит	протоко́кковый	протра́вочный	проу́шина, -ы
противосамолётный	протоко́л, -а	протра́ктор, -а	профа́за, -ы
противосеборе́йный	протоколи́рованный	протра́ленный	профакти́в, -а
противоселево́й и противосе́левый	протоколи́ровать(ся), -рую, -рует(ся)	протра́ливать(ся), -аю, -ает(ся)	профа́н, -а
противосия́ние, -я	протоколи́ст, -а	протра́лить, -лю, -лит	профана́ция, -и
противоскольже́ние, -я	протоко́льный	протранжи́ренный	профани́рованный
противоскользя́щий	протолканный	протранжи́рить, -рю, -рит	профани́ровать(ся), -рую, -рует(ся)
противоспу́тник, -а	протолка́ть(ся), -а́ю(сь), -а́ет(ся)	протрезве́ть, -е́ю, -е́ет (стать трезвым)	профаши́ст, -а
противостари́тель, -я	протолкнутый	протрезви́ть, -влю́, -ви́т (кого, что)	профаши́стский
противостолбня́чный	протолкну́ть(ся), -нёт(ся)	протрезви́ть(ся), -влю́(сь), -ви́т(ся)	профбиле́т, -а
противостоя́ние, -я	протолкова́ть, -кую, -кует	протрезвле́ние, -я	профбюро́, нескл., с.
противостоя́ть, -ою, -оит	протоло́кший	протрезвлённый; кр. ф. -ён, -ена́	профвре́дность, -и
противосу́дорожный	протоло́чь, -лку́, -лчёт, -лку́т; прош. -ло́к, -лкла́	протрезвля́ть(ся), -я́ю(сь), -я́ет(ся)	профгру́порг, -а
противота́нковый	протолчённый; кр. ф. -ён, -ена́	протреща́ть, -щу́, -щи́т	профгру́ппа, -ы
противотела́, -тел, ед. -те́ло, -а	протоми́ть(ся), -млю́(сь), -ми́т(ся)	протриеро́ванный	профдвиже́ние, -я
противотече́ние, -я	прото́н, -а	протриерова́ть, -ру́ю, -ру́ет	профterḿе́нт, -а
противотифо́зный	прото́нный	протромби́н, -а	профершпи́ленный
противоторпе́дный	протопа́ть, -аю, -ает	протруби́ть, -блю́, -би́т	профершпи́лить(ся), -лю(сь), -лит(ся)
противотуберкулёзный	протопекти́н, -а	протруси́ть(ся), -ушу́, -уси́т(ся)	профессиона́л, -а
противотума́нный	протопи́ть(ся), -оплю́, -о́пит(ся)	протряса́ть, -а́ю, -а́ет	профессионализа́ция, -и
противоуго́н, -а	протопла́зма, -ы	протрясённый; кр. ф. -ён, -ена́	профессионали́зм, -а
противоуда́рный	протоплазмати́ческий	протрясти́(сь), -су́(сь), -сёт(ся); прош. -я́с(ся), -ясла́(сь)	профессиона́лка, -и
противохими́ческий	протопла́зменный		профессиона́льно-техни́ческий
противохоле́рный	протопла́ст, -а	протря́сший(ся)	профессиона́льный
противоцинго́тный	прото́пленный	протря́хивать(ся), -аю, -ает(ся)	профе́ссия, -и
противочу́мный	прото́поп, -а	протря́хнутый	профе́ссор, -а, мн. -а́, -о́в
противошо́ковый	протопо́пский	протряхну́ть, -ну́, -нёт	профе́ссорский
противошумово́й	протопресви́тер, -а	протубера́нец, -нца	профе́ссорско-преподава́тельский
противоэпидеми́ческий	протоптанный	протурённый; кр. ф. -ён, -ена́	профе́ссорство, -а
противоэрози́йный	протопта́ть(ся), -опчу́(сь), -о́пчет(ся)	протури́ть, -рю́, -ри́т	профе́ссорствовать, -твую, -твует
противоэрозио́нный	протопте́р, -а	протуха́ть, -а́ет	профе́ссорша, -ы
противоя́дерный	проторго́ванный	протухлый	профессу́ра, -ы
противоя́дие, -я	проторгова́ть(ся), -гу́ю(сь), -гу́ет(ся)	проту́хнуть, -нет; прош. -у́х, -у́хла	профзаболева́ние, -я
протира́ние, -я	проторенесса́нс, -а	проту́хший	профила́ктика, -и
протира́ть(ся), -а́ю(сь), -а́ет(ся)	проторённый; кр. ф. -ён, -ена́	протыка́ть, -аю, -ает, сов. (от ты́кать)	профилакти́ческий
проти́рка, -и	прото́ржка, -и	протыка́ть(ся), -а́ю, -а́ет(ся), несов. (к проткну́ть)	профилакто́рий, -я
проти́рочный	прото́ри, -ей		профилеразмёр, -а
проти́сканный	протори́ть(ся), -рю́, -ри́т(ся)	протя́гивание, -я	профилешлифова́льный
проти́скать(ся), -аю(сь), -ает(ся)	протороза́вр, -а	протя́гивать(ся), -аю(сь), -ает(ся)	профили́рование, -я
проти́скивать(ся), -аю(сь), -ает(ся)	проторча́ть, -чу́, -чи́т	протяже́ние, -я	профили́рованный
проти́снутый	проторя́ть(ся), -я́ю, -я́ет(ся)	протяжённость, -и	профили́ровать(ся), -ру́ю, -ру́ет(ся)
проти́снуть(ся), -ну(сь), -нет(ся)	протоскова́ть, -кую, -кует	протяжённый; кр. ф. -ён, -ённа	профилиро́вка, -и
протистоло́гия, -и	прототи́п, -а	протя́жка, -и	профилиро́вочный
прото́канный	протофло́эма, -ы	протяжно́й (к протя́жка)	профило́метр, -а
проткать, -ку́, -кёт; прош. -а́л, -ала́, -а́ло	протохлорофи́лл, -а	протя́жный (тягучий)	про́филь, -я, мн. -и, -ей
про́ткнутый	проточенный (от проточи́ть)	протя́нутый	про́фильный
проткну́ть, -ну́, -нёт	прото́чина, -ы	протя́нутый	профильтро́ванный
протле́ть, -е́ю, -е́ет	проточи́ть, -очу́, -о́чит	протяну́ть(ся), -яну́(сь), -я́нет(ся)	профильтрова́ть(ся), -ру́ю, -ру́ет(ся)
протобе́стия, -и	прото́чка, -и	проу́жинать, -аю, -ает	профильтро́вывать(ся), -аю, -ает(ся)
протоги́ния, -и	прото́чный		профинти́ть(ся), -нчу́(сь), -нти́т(ся)
протоги́ппус, -а	протра́ва, -ы		профи́т, -а
протогра́ф, -а	протра́вливатель, -я		профко́м, -а
протоде́рма, -ы	протра́вить, -авлю́, -а́вит		профко́мовский
протодья́кон, -а и протодиа́кон, -а	протра́вка, -и		профнеприго́дность, -и
протодья́конский	протравле́ние, -я		профобъедине́ние, -я
протозвезда́, -ы			профо́рг, -а
протозоа́, нескл., мн.			
протозооло́гия, -и			
протоиере́й, -я			

профо́рган, -а
профорганиза́тор, -а
профорганиза́ция, -и
профориента́ция, -и
профо́рма, -ы
профо́с, -а
профрабо́та, -ы
профрабо́тник, -а
профсобра́ние, -я
профсою́з, -а
профсою́зно-комсомо́льский
профсою́зный
профтехни́ческий
профтехучи́лище, -а
профу́кать, -аю, -ает
профуполномо́ченный
профшко́ла, -ы
проха́живать(ся), -аю(сь), -ает(ся)
прохарчи́ть(ся), -чу́(сь), -чи́т(ся)
прохвати́ть, -ачу́, -а́тит
прохва́тывать(ся), -аю, -ает(ся)
прохва́ченный
прохвора́ть, -а́ю, -а́ет
прохво́ст, -а
прохинде́й, -я
прохинде́йка, -и
прохинде́йский
прохла́да, -ы
прохла́дец, -дца и прохла́дца, -ы: с прохла́дцем и с прохла́дцей
прохлади́тельный
прохлади́ть(ся), -ажу́(сь), -ади́т(ся)
прохла́дный
прохла́дца, -ы и прохла́дец, -дца: с прохла́дцей и с прохла́дцем
прохлажда́ть(ся), -а́ю(сь), -а́ет(ся)
прохлаждённый; кр. ф. -ён, -ена́
прохло́панный
прохло́пать, -аю, -ает
прохлопота́ть, -очу́, -о́чет
прохло́пывать, -аю, -ает
прохо́д, -а
проходи́мец, -мца
проходи́мка, -и
проходи́мость, -и
проходи́мый
проходи́ть(ся), -ожу́, -о́дит(ся)
прохо́дка, -и
проходно́й
прохо́дом, нареч.
проходче́ский
прохо́дчик, -а
проходчица, -ы
проходя́щий
прохожде́ние, -я
прохо́жий, -его
прохрапе́ть, -плю, -пи́т
прохрипе́ть, -плю, -пи́т
прохронометри́рованный
прохронометри́ровать, -рую, -рует
прохрусте́ть, -ущу́, -усти́т
прохуди́ться, -и́тся
процара́панный

процара́пать(ся), -аю(сь), -ает(ся)
процара́пывать(ся), -аю(сь), -ает(ся)
процвести́, -вету́, -ветёт; прош. -вёл, -вела́
процвета́ние, -я
процвета́ть, -а́ю, -а́ет
процве́тший
процеди́ть(ся), -ежу́, -е́дит(ся)
процеду́ра, -ы
процеду́рный
проце́женный
проце́живать(ся), -аю, -ает(ся)
проце́нт, -а, мн. -ы, -ов
проце́нтный
проце́нтовка, -и
процентома́ния, -и
проце́нтщик, -а
проце́нтщица, -ы
проце́сс, -а
проце́ссия, -и
проце́ссор, -а
проце́ссорный
процессуа́льный
процити́рованный
процити́ровать, -рую, -рует
прочека́ненный
прочека́нивать(ся), -аю, -ает(ся)
прочека́нить, -ню, -нит
прочёбанный
про́черк, -а
прочёркивать(ся), -аю, -ает(ся)
прочёркнутый
прочеркну́ть, -ну́, -нёт
прочерти́ть, -ерчу́, -е́ртит
прочёрченный
прочёрчивать(ся), -аю, -ает(ся)
прочёс, -а
прочёсанный
прочеса́ть, -ешу́, -е́шет
прочёска, -и
прочесть, -чту, -чтёт; прош. -чёл, -чла́
прочёсывание, -я
прочёсывать(ся), -аю, -ает(ся)
прочёт, -а
про́чий
прочини́ть, -иню́, -и́нит
прочи́стить(ся), -и́щу, -и́стит(ся)
прочи́стка, -и
прочи́танный
прочита́ть(ся), -а́ю, -а́ет(ся)
прочи́тывать(ся), -аю, -ает(ся)
прочи́ть(ся), -чу, -чит(ся)
прочиха́ться, -а́юсь, -а́ется
прочихну́ть, -ну, -нёт
прочища́ть(ся), -а́ю, -а́ет(ся)
прочище́ние, -я
прочи́щенный
прочне́ть, -еет
прочностно́й
про́чность, -и
про́чный
прочте́ние, -я

прочтённый; кр. ф. -ён, -ена́
прочу́вственный
прочу́вствованный
прочу́вствовать, -твую, -твует
прочь, нареч.
пршва, -ы
прошвырну́ться, -нусь, -нётся
проше́дший(ся)
прошелесте́ть, -ти́т
проше́ние, -я
прошённый, прич.
прошёный, прил.
прошепеля́вить, -влю, -вит
прошёптанный
прошепта́ть(ся), -шепчу́(сь), -ше́пчет(ся)
проше́ствие, -я: по проше́ствии (чего)
проше́ствовать, -твую, -твует
прошиба́ть(ся), -а́ю(сь), -а́ет(ся)
прошиби́ть(ся), -бу́(сь), -бёт(ся); прош. -ши́б(ся), -ши́бла(сь)
проши́бленный
прошива́ть(ся), -а́ю, -а́ет(ся)
про́шивень, -вня
проши́вка, -и
прошивно́й
проши́вочный
прошипе́ть, -плю, -пи́т
проши́тый
проши́ть(ся), -шью, -шьёт(ся)
прошлого́дний
про́шлый
прошля́пить, -плю, -пит
прошмыгивать, -аю, -ает
прошмыгну́ть, -ну, -нёт
прошнуро́ванный
прошнурова́ть, -ру́ю, -ру́ет
прошнуро́вывать(ся), -аю, -ает(ся)
прошпаклёванный
прошпаклева́ть, -лю́ю, -лю́ет
прошпаклёвывать(ся), -аю, -ает(ся)
прошпиго́ванный
прошпигова́ть, -гу́ю, -гу́ет
прошпиго́вывать(ся), -аю, -ает(ся)
проштампова́ть, -пу́ю, -пу́ет
проштемпелёванный
проштемпелева́ть, -лю́ю, -лю́ет
прошто́панный
прошто́пать, -аю, -ает
проштра́фиться, -флю́сь, -фится
проштуди́рованный
проштуди́ровать, -рую, -рует
проштукату́ренный
проштукату́рить, -рю, -рит
прошуме́ть, -млю, -ми́т
проща́й(те)
проща́льный
проща́ние, -я

проща́ть(ся), -а́ю(сь), -а́ет(ся)
про́ще, сравн. ст. (от просто́й, про́сто)
прощебета́ть, -ечу́, -е́чет
прощёлкать, -аю, -ает
прощелы́га, -и, м. и ж.
проще́ние, -я
прощённый; кр. ф. -ён, -ена́, прич.
прощёный, прил. (прощёное воскресе́нье)
прощу́панный
прощу́пать(ся), -аю, -ает(ся)
прощу́пывать(ся), -аю, -ает(ся)
проэкзамено́ванный
проэкзаменова́ть(ся), -ну́ю(сь), -ну́ет(ся)
проявитель, -я
прояви́ть(ся), -явлю́, -я́вит(ся)
проя́вка, -и
проявле́ние, -я
проя́вленный
проявля́ть(ся), -я́ю, -я́ет(ся)
проя́вочный
проясне́ние, -я
проясне́нный; кр. ф. -ён, -ена́
проясне́ть, -еет (о погоде)
проясне́ть, -еет (стать ясным)
проя́снивать(ся), -ает(ся) (о погоде)
проясни́ть, -ню́, -ни́т (что)
проясни́ться, -ится (о погоде)
проясни́ться, -и́тся
проясня́ть(ся), -я́ю, -я́ет(ся)
пруд, -а́ и -а, предл. о пруде́, в пруду́, на пруду́, мн. -ы́, -о́в
пруди́ть(ся), -ужу́, -у́ди́т(ся)
прудови́к, -а́
прудово́й
прудони́зм, -а
прудони́ст, -а
прудони́стский
пружи́на, -ы
пружи́нистый
пружи́нить(ся), -нит(ся)
пружи́нка, -и
пружи́нный
пружо́к, -жка́
прус, -а (насекомое)
пруса́к, -а́ (таракан)
пруса́чий, -ья, -ье
пру́сик, -а
прусс, -а (ист.)
пруса́к, -а́ (от Пру́ссия)
пру́ссачество, -а
пру́сский
пру́сско-австри́йский
прусти́т, -а
прут, -а́, мн. пру́тья, -ьев и (тех.) -ы́, -о́в
пру́тик, -а
прутко́вый
прутня́к, -а́
пруто́к, -тка́
прутяно́й

прыг, *неизм.*
прыгалка, -и
прыгать(ся), -аю, -ает(ся)
прыгнуть, -ну, -нет
прыгун, -а
прыгунчик, -а
прыгунья, -и, *р. мн.* -ний
прыгучий
прыжкóвый
прыжóк, -жка
прыскать(ся), -аю(сь),
 -ает(ся)
прыснуть, -ну, -нет
прыткий; *кр. ф.* -ток, -тка,
 -тко
прытче, *сравн. ст. (от*
 прыткий, прытко)
прыть, -и
прыщ, -а
прыщаветь, -ею, -еет
прыщавый
прыщеватый
прыщик, -а
прюнелевый
прюнель, -и
прядать, -аю, -ает
прядево, -а
прядевьющий
прядение, -я
пряденный, *прич.*
пряденый, *прил.*
прядильно-ткацкий
прядильный
прядильня, -и, *р. мн.* -лен
прядильщик, -а
прядильщица, -ы
прядка, -и
прядущий(ся)
прядь, -и
пряжа, -и
пряженец, -нца
пряженик, -а
пряжечный
пряжка, -и
прялка, -и
прямёхонький; *кр. ф.* -нек,
 -нька
прямёшенький; *кр. ф.*
 -нек, -нька
прямизна, -ы
прямиком, *нареч.*
прямило, -а
прямить(ся), -млю(сь),
 -мит(ся)
прямлённый; *кр. ф.* -ён,
 -ена, *прич.*
прямлёный, *прил.*
прямодействующий*
прямодушие, -я
прямодушный
прямоéзжий
прямоидущий*
прямой; *кр. ф.* прям, пря-
 ма, прямо, прямы
прямокрылый
прямолинейно-парал-
 лельный
прямолинейность, -и
прямолинейный
прямо-напрямо
прямо пропорциональ-
 ный
прямо противоположный
прямослойный

прямоствольный
прямостоячий
прямостоящий*
прямота, -ы
прямоточный
прямоугольник, -а
прямоугольный
пряник, -а
пряничек, -чка
пряничник, -а
пряничный
пряноароматный
пряность, -и
прянуть, -ну, -нет
пряный
прясельник, -а
пряслице, -а
прясло, -а
прясть(ся), пряду, пря-
 дёт(ся); *прош.* прял(ся),
 пряла(сь), пряло(сь)
прятать(ся), -прячу(сь),
 -прячет(ся)
прятки, -ток
пряха, -и
прячущий(ся)
псалмодия, -и
псалмопевец, -вца
псалмопение, -я
псалом, -лма
псаломщик, -а
псалтырный
псалтырщик, -а
псалтырь, -и и -я
псамма, -ы
псаммит, -а
псаммитовый
псаммофит, -а
псарный
псарня, -и, *р. мн.* -рен
псарский
псарь, -я
псевдо... — первая часть
 сложных слов, пишется
 всегда слитно (кроме
 имён собственных)
псевдоартроз, -а
псевдовектор, -а
псевдовитамин, -а
псевдогамия, -и
псевдогероический
псевдогерой, -я
псевдоготика, -и
псевдоготический
псевдографика, -и
псевдоистория, -и
псевдокислота, -ы, *мн.*
 -оты, -от
псевдоклассицизм, -а
псевдоклассический
псевдокристалл, -а
псевдомарксистский
псевдоморфизм, -а
псевдоморфоза, -ы
псевдонародный
псевдонаука, -и
псевдонаучный
псевдоним, -а
псевдоожижение, -я
псевдоожиженный
псевдооснование, -я
псевдопаренхима, -ы
псевдоподии, -дий, *ед.*
 псевдоподия, -и

псевдореализм, -а
псевдореволюционный
псевдоромантизм, -а
псевдорусский
псевдосфера, -ы
псевдотуберкулёз, -а
псевдоучёный, -ого
псина, -ы
псиный
псих, -а
психастеник, -а
психастенический
психастения, -и
психея, -и (бабочка)
психиатр, -а
психиатрический
психиатрия, -и
психика, -и
психически больной
психический
психоанализ, -а
психоаналитический
психовать, психую, пси-
 хует
психогенез, -а
психогенезис, -а
психогенный
психогигиена, -ы
психогигиенический
психоз, -а
психолингвист, -а
психолингвистика, -и
психолингвистический
психолог, -а
психологизм, -а
психологист, -а
психологистический
психологический
психологичный
психология, -и
психометрический
психометрия, -и
психомоторный
психоневроз, -а
психоневролог, -а
психоневрологический
психопат, -а
психопатический
психопатия, -и
психопатка, -и
психопатолог, -а
психопатологический
психопатология, -и
психопрофилактика, -и
психопрофилактический
психосоциология, -и
психотерапевт, -а
психотерапевтический
психотерапия, -и
психотехника, -и
психотехнический
психотропный
психофармаколог, -а
психофармакология, -и
психофизика, -и
психофизиологический
психофизиология, -и
психофизический
психрограф, -а
психрометр, -а
психрометрический
психушка, -и
псковитянин, -а, *мн.* -яне,
 -ян

псковитянка, -и
псоветь, -еет
псовина, -ы
псовый
псориаз, -а
птаха, -и
пташечка, -и
пташка, -и
птенец, -нца
птенцовый
птенчик, -а
птеранодон, -а
птеродактиль, -я
птерозавр, -а
птиалин, -а
птица, -ы
птицевод, -а
птицеводство, -а
птицеводческий
птицеед, -а
птицекомбинат, -а
птицелов, -а
птицеловство, -а
птицемлечник, -а
птиценожка, -и
птицеоткормочный
птицеперерабатывающий
птицесовхоз, -а
птицефабрика, -и
птицеферма, -ы
птичий, -ья, -ье
птичка, -и
птичка-невеличка, птич-
 ки-невелички
птичник, -а
птичница, -ы
птоз, -а
птомаин, -а
пуаз, -а
пуансон, -а
пуантилизм, -а
пуантировать, -рую, -ру-
 ет
пуантировка, -и
пуанты, -ов, *ед.* пуант, -а
пубертатный
публика, -и
публикационный
публикация, -и
публикованный
публиковать(ся), -кую(сь),
 -кует(ся)
публицист, -а
публицистика, -и
публицистический
публицистичный
публицистский
публичный
пугало, -а
пуганный, *прич.*
пуганый, *прил.*
пугать(ся), -аю(сь),
 -ает(ся)
пугач, -а
пугачёвский
пугачёвщина, -ы
пугливость, -и
пугливый
пугнуть, -ну, -нёт
пуговица, -ы
пуговичка, -и
пуговичный
пуговка, -и
пуд, -а, *мн.* -ы, -ов

пу́дель, -я, *мн.* -и, -ей и -я́, -ей
пуделя́ть, -я́ю, -я́ет
пу́дик, -а
пу́динг, -а
пудлингова́ние, -я
пудлингова́ть(ся), -гу́ю, -гу́ет(ся)
пу́длинговый
пудови́к, -а́
пудово́й и пудо́вый
пу́дра, -ы
пу́дреница, -ы
пу́дренный, *прич.*
пу́дреный, *прил.*
пудрёт, -а
пу́дрить(ся), -рю(сь), -рит(ся)
пудрома́нтель, -я
пуза́н, -а́
пуза́нок, -нка́
пуза́нчик, -а
пуза́стый
пуза́тенький
пуза́тый
пу́зо, -а
пузырёк, -рька́
пузыре́ногие, -их
пузы́ристый
пузы́рить(ся), -рю(сь), -рит(ся)
пузы́рник, -а
пузы́рный
пузырча́тка, -и
пузы́рчатый
пузы́рь, -я́
пузырько́вый
пук, -а, *мн.* -и, -о́в
пукци́ния, -и и пучци́ния, -и
пул, -а, *р. мн.* пу́лов
пулево́й
пулемёт, -а
пулемётный
пулемётчик, -а
пулемётчица, -ы
пуленепробива́емый
пуло́вер, -а
пульвериза́тор, -а
пульвериза́ция, -и
пульверизи́рованный
пульверизи́ровать(ся), -рую, -рует(ся)
пу́лька, -и
пу́льман, -а
пу́льмановский
пульмоно́лог, -а
пульмонологи́ческий
пульмоноло́гия, -и
пульну́ть, -ну́, -нёт
пу́льпа, -ы
пульпи́т, -а
пульпово́д, -а
пульпопрово́д, -а
пульс, -а
пульса́р, -а
пульса́тор, -а
пульса́ция, -и
пульси́ровать, -рует
пульси́рующий
пу́льсовый
пульсо́метр, -а
пульт, -а
пультова́я, -о́й

пультово́й, -о́го
пульчине́лла, -ы, *м.*
пу́ля, -и
пуля́рка, -и
пуля́ть, -я́ю, -я́ет
пу́ма, -ы
пу́на, -ы
пункт, -а
пу́нктик, -а
пункти́р, -а
пункти́рный
пунктирова́льный
пункти́рованный
пункти́ровать(ся), -рую, -рует(ся)
пункти́ровка, -и
пунктуа́льность, -и
пунктуа́льный
пунктуацио́нный
пунктуа́ция, -и
пу́нкция, -и
пу́ночка, -и
пунсо́н, -а
пунцо́во-кра́сный
пунцо́вый
пунш, -а
пу́ншевый
пу́ня, -и
пуп, -а́
пупа́вка, -и
пупови́дный
пупови́на, -ы
пупо́к, -пка́
пупо́чек, -чка
пупо́чный
пупс, -а
пу́псик, -а
пупы́ристый
пупы́рчатый
пупы́рышек, -шка
пурга́, -и́
пурге́н, -а
пури́зм, -а
пури́ст, -а
пуристи́ческий
пури́стка, -и
пури́стский
пуритани́зм, -а
пурита́нин, -а, *мн.* -а́не, -а́н
пурита́нский
пурита́нство, -а
пу́рка, -и
пу́рпур, -а (краска)
пу́рпура, -ы (заболевание)
пурпури́н, -а
пу́рпу́рно-кра́сный
пу́рпу́рный
пурпу́ровый
пуск, -а
пуска́й, *частица и союз*
пуска́тель, -я
пуска́ть(ся), -а́ю(сь), -а́ет(ся)
пусково́й
пусконала́дочный
пускопереключа́ющий
пускорегули́рующий
пустельга́, -и́
пу́стенький; *кр. ф.* -енек, -е́нька
пусте́ть, -е́ет
пусти́ть(ся), пущу́(сь), пу́стит(ся)
пустобо́лт, -а

пустобрёх, -а
пустова́тый
пустова́ть, -ту́ет
пустоголо́вый
пустозво́н, -а
пустозво́нить, -ню, -нит
пустозво́нный
пустозво́нство, -а
пустозёрность, -и
пусто́й; *кр. ф.* пуст, пуста́, пу́сто, пу́сты́
пустоме́ля, -и, *м. и ж.*
пустоплёт, -а
пустопля́с, -а
пустопоро́жний
пу́сторосль, -и
пустосвя́т, -а
пустосло́в, -а
пустосло́вие, -я
пустосло́вить, -влю, -вит
пустота́, -ы́, *мн.* -о́ты, -о́т
пустоте́лый
пусто́тный
пустоцве́т, -а
пу́стошный
пустошо́вка, -и
пу́стошь, -и
пу́стула, -ы
пустулёзный
пусты́нник, -а
пусты́нница, -ы
пусты́ннический
пустынножи́тель, -я
пустынножи́тельство, -а
пусты́нно-песча́ный
пусты́нный (*от* пусты́нь)
пусты́нь, -и
пусты́ня, -и, *р. мн.* -ы́нь
пусты́рник, -а
пусты́рный
пусты́рь, -я́
пусты́шка, -и
пусть, *частица и союз*
пустя́к, -а́
пустяко́вина, -ы
пустяко́вый
пустя́чный
пустячо́к, -чка́
пу́таник, -а
пу́таница, -ы
пу́танный, *прич.*
пу́таность, -и
пу́таный, *прил.*
пута́ссу́, *нескл., ж.*
пу́тать(ся), -аю(сь), -ает(ся)
путёвка, -и
путеводи́тель, -я
путево́дный
путево́й (*к* путь)
путёвый (сто́ящий)
путе́ец, -е́йца
путеизмери́тельный
путе́йский
путём, *нареч. и предлог*
путеобхо́дчик, -а
путепогру́зчик, -а
путеподъёмник, -а
путепрово́д, -а
путеукла́дка, -и
путеукла́дочный

путеукла́дчик, -а
путеше́ственник, -а
путеше́ственница, -ы
путеше́ствие, -я
путеше́ствовать, -твую, -твует
путеше́ствующий
пути́на, -ы
пути́нный
пу́тлище, -а
путло́, -а́, *мн.* пу́тла, путл
путля́ть, -я́ю, -я́ет
пу́тник, -а
пу́тница, -ы
пу́тный
путово́й
путора́к, -а
пу́тти, *нескл., с.*
путч, -а
путчи́зм, -а
путчи́ст, -а
путчи́стский
пу́ты, пут
путь, -и́
путь-доро́га, пути́-доро́ги
пуф, -а
пу́фик, -а
пуффи́н, -а
пух, -а и -у, *предл.* о пу́хе, в пуху́
пу́хленький
пухлоли́цый
пухлощёкий
пу́хлый; *кр. ф.* пухл, пухла́, пу́хло
пухля́вый
пу́хнувший
пу́хнуть, -ну, -нет; *прош.* пух и пу́хнул, пу́хла
пухови́к, -а́
пухо́вка, -и
пухо́вый
пухоёд, -а
пухоно́с, -а
пухоотдели́тель, -я
пу́хо-перово́й
пу́хший
пуццола́н, -а
пуццола́новый
нучегла́зие, -я
пучегла́зый
пуче́ние, -я
пучи́на, -ы
пучи́нный
пу́чить(ся), -чу, -чит(ся)
пучкова́тый
пучко́вый
пучкожа́берные, -ых
пу́чность, -и
пучо́к, -чка́
пучо́чек, -чка
пучо́чный
пучци́ния, -и и пукци́ния, -и
пушбо́л, -а
пушбо́льный
пуше́ние, -я
пушёнка, -и
пушённый, *прич.*
пушёный, *прил.*
пу́шечка, -и
пу́шечный
пуши́нка, -и
пушистохво́стый

пушистый
пушить(ся), -шу́, -ши́т(ся)
пу́шица, -ы
пу́шка, -и
пушка́рский
пушка́рь, -я́
пушкиниа́на, -ы
пушкини́зм, -а
пушкини́ст, -а
пушкинове́д, -а
пушкинове́дение, -я
пу́шкинский
пушни́на, -ы
пу́шно-заготови́тельный
пушно́й
пу́шно-мехово́й
пушо́к, -шка́, предл. о
пушке́, в пушку́
пушту́, неизм. и нескл., м.
пушту́н, -а,
пу́ща, -и
пу́ще, нареч.
пу́щенный
пу́щий: для пу́щей ва́ж-
ности
пу́обло, нескл., с. (жили-
ще) и нескл., м. и ж.
(народ)
пуэрпера́льный
пуэрторика́нец, -нца
пуэрторика́нка, -и
пуэ́рто-рика́нский
пфальцгра́ф, -а
пфа́льцский
пфе́нниг, -а
пфе́фер и фе́фер: зада́ть
пфе́феру и зада́ть фе́-
феру
пха́ть(ся), пха́ю(сь), пха́-
ет(ся)
пхнуть, пхну, пхнёт
пчела́, -ы́, мн. пчёлы, пчёл
пчели́ный
пчёлка, -и
пчелово́д, -а
пчелово́дный
пчелово́дство, -а
пчелово́дческий
пчелое́д, -а
пчелоку́к, -а́
пчелоопыле́ние, -я
пчелосемья́, -и́
пчели́ца, -а
пчёльный
пчельня́, -и, р. мн. -лен
пшени́ца, -ы
пшени́чка, -и
пшени́чно-кукуру́зный
пшени́чно-ржано́й
пшени́чный
пшёнка, -и
пшённик, -а
пшённый
пшено́, -а́
пшик, -а
пшют, -а
пшютова́тый
пыж, -а́
пы́жик, -а
пы́жиковый
пы́житься, -жусь, -жит-
ся
пыжо́вый
пыжья́н, -а

пыл, -а и -у, предл. о пы́ле,
в пылу́
пыла́ть, -а́ю, -а́ет
пылева́то-сугли́нистый
пылеви́дный
пылевлагозащи́тный
пылеводонепроница́емый
пылево́й
пылевса́сывающий
пылезащи́тный
пыле- и грязеоттáлкиваю-
щий
пылемёр, -а
пыленепроница́емый
пылеобра́зный
пылеоса́дочный
пылеочисти́тель, -я
пылепрово́д, -а
пылесо́с, -а
пылесо́сить, -о́шу,
-о́сит
пылесо́сный
пылеу́гольный
пылеудале́ние, -я
пылеула́вливание, -я
пылеула́вливатель, -я
пылеула́вливающий
пылеулови́тель, -я
пыли́нка, -и
пыли́ть(ся), -лю́(сь),
-ли́т(ся)
пыли́ща, -и
пы́лкий; кр. ф. -лок, -лка́,
-лко
пы́лкость, -и
пыле и пы́льче, сравн.
ст. (от пы́лкий, пы́л-
ко)
пыль, -и
пы́льник, -а
пы́льный; кр. ф. пы́лен,
пыльна́, пы́льно
пыльца́, -ы́
пыльцево́й
пыльцевхо́д, -а
пыльцее́д, -а
пыльцесме́сь, -и
пыре́й, -я
пыре́йный
пырну́ть, -ну́, -нёт
пы́танный, прич.
пы́таный, прил.
пыта́ть(ся), -а́ю(сь),
-а́ет(ся)
пы́тка, -и
пытли́вость, -и
пытли́вый
пы́точный
пы́хать, пы́шу, пы́шет
пыхну́ть, -ну́, -нёт
пыхте́ть, -хчу́, -хти́т
пы́шечка, -и
пы́шка, -и
пышне́ть, -е́ю, -е́ет
пышноволо́сый
пы́шность, -и
пы́шный
пы́шущий
пьедеста́л, -а
пье́за, -ы
пьезоква́рц, -а
пьезо́метр, -а
пьезометри́ческий
пьезометри́я, -и

пьезозле́ктрик, -а
пьезоэлектри́ческий
пьезоэлектри́чество, -а
пьезоэффе́кт, -а
пье́ксы, пьекс, ед. пье́кса,
-ы
пьеро́, нескл., м.
пье́са, -ы
пье́сса, -и
пью́щий
пья́ненький; кр. ф. -ёнек,
-ёнька
пьяне́ть, -е́ю, -е́ет (становиться пьяным)
пьяхо́нький; кр. ф. -нек,
-нька
пьянёшенький; кр. ф. -нек,
-нька
пьяни́ка, -и
пьяни́ть, -ни́т (кого, что)
пья́ница, -ы, м. и ж.
пья́нка, -и
пья́нство, -а
пья́нствовать, -твую, -тву-
ет
пьянчу́га, -и, м. и ж.
пьянчу́жка, -и, м. и ж.
пья́ный; кр. ф. пьян,
пьяна́, пья́но
пья́ный-распья́ный
пьяны́м-пьяно́
пья́нящий
пэр, -а
пэ́рство, -а
пэтэу́шник, -а
пюпи́тр, -а
пюре́, нескл., с.
пяде́ница, -ы
пядь, -и, мн. -и, -е́й и
-ей
пя́лить(ся), -лю(сь),
-лит(ся)
па́лка, -и
па́льцы, -лец и -ев
па́ртнерс, -а
па́стка, -и
па́стный
па́сточка, -и
пясть, -и
пята́, -ы́, мн. пя́ты, пят,
пята́м
пята́к, -а́
пятако́вый
пятачко́вый
пятачо́к, -чка́
патери́к, -а́
патерико́вый
патери́чный
патёрка, -и
патерно́й
патерня́, -и́, р. мн. -е́й
па́теро, -ы́х
патёрочка, -и
патёрочник, -а
патёрочница, -ы
патерчáтка, -и
патиáктный
патиалты́нный, -ого
патиарши́нный
патиба́лльный
патибо́рец, -рца
патибо́рка, -и
патибо́рье, -я
патиековой

пятивёрстка, -и
пятивёрстный
пятивершко́вый
пятигла́вый
пятигра́нник, -а
пятигра́нный
пятидесятиле́тие (50-ле́-
тие), -я
пятидесятиле́тний (50-
ле́тний)
пятидесятирублёвый (50-
рублёвый)
пятидеся́тник, -а
пятидеся́тница, -ы
пятидеся́тый
пятидне́вка, -и
пятидне́вный (5-дневный)
пятидюймо́вый, (5-дюй-
мо́вый)
пятизна́чный
пятикилогра́ммовый (5-ки-
логра́ммовый)
пятикилометро́вый (5-ки-
лометро́вый)
пятикла́ссник, -а
пятикла́ссница, -ы
пятикла́ссный
пятиконе́чный
пятикопе́ечный (5-копе́-
ечный)
пятикра́тный
пятила́мповый
пятиле́тие (5-ле́тие), -я
пятиле́тка, -и
пятиле́тний (5-ле́тний)
пятилине́йный
пятиме́сячный (5-ме́сяч-
ный)
пятимину́тка, -и
пятимину́тный (5-мину́т-
ный)
пяти́на, -ы
пяти́нный
пятипа́лый
пятипроце́нтный (5-про-
це́нтный)
пятипудо́вый (5-пудо́-
вый)
пятирублёвка, -и
пятирублёвый (5-рублё-
вый)
пятисло́жный
пятисло́йный
пятисо́тенник, -а
пятисо́тенный
пятисо́тка, -и
пятисоткилометро́вый
(500-километро́вый)
пятисотле́тие (500-ле́тие),
-я
пятисотле́тний (500-
ле́тний)
пятисотто́нный (500-
то́нный)
пятисо́тый
пятисте́нка, -и
пятисте́нный
пятисти́шие, -я
пятисто́пный
пятито́мник, -а
пятито́нка, -и
пятито́нный (5-то́нный)
пятиты́сячный

пя́тить(ся), пя́чу(сь), пя́тит (ся)
пятиуго́льник, -а
пятиуго́льный
пятиу́стка, -и
пяти́шница, -ы
пятиэта́жный (5-эта́жный)
пя́тка, -и
пятнадцатикопе́ечный (15-копе́ечный)
пятнадцатиле́тие (15-ле́тие), -я
пятнадцатиле́тний (15-ле́тний)
пятнадцатиминут́ный (15-минут́ный)
пятнадцатирублёвый (15-рублёвый)
пятна́дцатый
пятна́дцать, -и
пятна́ть(ся), -а́ю, -а́ет(ся)
пятна́шки, -шек
пятни́к, -а
пятни́стость, -и
пятни́стый
пятни́ть, -ню, -ни́т
пя́тница, -ы
пя́тничный
пятно́, -а́, мн. пя́тна, пя́тен
пятновыводи́тель, -я
пя́тнышко, -а, мн. -шки, -шек
пято́к, -тка́
пя́точек, -чка
пя́точный (от пя́тка)
пя́тый
пять, пяти́, пятью́
пятьдеся́т, пяти́десяти, пятью́десятью
пятьсо́т, пятисо́т, пятиста́м, пятьюста́ми, о пятиста́х
пя́тью (при умножении)

Р

раб, -а́
раба́, -ы́
раба́т, -а
раба́тка, -и
ра́бий, -ья, -ье
рабкоо́п, -а
рабко́р, -а
рабко́ровский
рабко́рство, -а
рабовладе́лец, -льца
рабовладе́льческий
рабовладе́ние, -я
раболе́пие, -я
раболе́пный
раболе́пство, -а
раболе́пствовать, -твую, -твует
рабо́та, -ы
рабо́тать(ся), -аю, -ает(ся)
работёнка, -и
рабо́тишка, -и
рабо́тища, -и
рабо́тка, -и
рабо́тник, -а
рабо́тница, -ы

рабо́тничек, -чка
рабо́тный (дом)
работода́тель, -я
работорго́вец, -вца
работорго́вля, -и
работоспосо́бность, -и
работоспосо́бный
рабоя́га, -и, м. и ж.
рабо́тящий
рабо́чая, -ей
рабочеде́лец, -льца
рабочеде́льство, -а
рабо́че-крестья́нский
рабо́чий, прил.
рабо́чий, -его
рабо́чий-специали́ст, рабо́чего-специали́ста
рабочко́м, -а
рабселько́р, -а
рабселько́ровский
рабси́ла, -ы
ра́бский
ра́бство, -а
рабфа́к, -а
рабфа́ковец, -вца
рабфа́ковский
рабы́ня, -и, р. мн. рабы́нь
равви́н, -а
равви́нский
равели́н, -а
равенду́к, -а
ра́венство, -а
равне́ние, -я (от равня́ться)
равни́на, -ы
равни́нный
равно́
равнобе́дренный
равновели́кий
равновели́кий
равновероя́тностный
равнове́сие, -я
равнове́сный
равновесо́мый
равноде́йствующий
равноде́йственный
равноде́нствие, -я
равноду́шие, -я
равноду́шный
равнозна́чащий
равнозна́чный
равноме́рно заме́дленный
равноме́рно ускоре́нный
равноме́рный
равнопереме́нный
равнопле́чий
равнопра́вие, -я
равнопра́вный
равнорасполо́женный
равносигна́льный
равноси́льный
равносло́жный
равносте́пенный
равносторо́нний
равноуго́льный
равноудалённый; кр. ф. -ён, -ена́
равноускоре́нный
равноце́нный; кр. ф. -е́нен, -е́нна
равночи́сленный; кр. ф. -лен, -ленна
ра́вный; кр. ф. ра́вен, равна́, равно́

равня́ть(ся), -я́ю(сь), -я́ет(ся) (к ра́вный)
рагу́, нескл, с.
рад, -а, р. мн. рад и -ов (физ.)
рад, ра́да, ра́ды
ра́да, -ы (совет)
рада́р, -а
рада́рный
раде́ние, -я
раде́тель, -я
раде́тельный
раде́ть, -е́ю, -е́ет
радёхонек, -нька
радёшенек, -нька
ра́джа, -и, р. мн. -ей и рад-жа́, -и́, р. мн. -е́й
ра́ди, предлог
радиа́льно-кольцево́й
радиа́льно-осево́й
радиа́льно-поршнево́й
радиа́льно расходя́щийся
радиа́льно-сверли́льный
радиа́льно-сфери́ческий
радиа́льный
радиа́н, -а
радиа́нт, -а
радиа́тор, -а
радиа́торный
радиацио́нно-терми́че-ский
радиацио́нно-хими́ческий
радиацио́нный
радиа́ция, -и
ра́диевый
ра́дий, -я
радика́л, -а
радикали́зм, -а
радика́льничать, -аю, -ает
радика́льный
радикули́т, -а
ради́мичи, -ей
ра́дио, нескл, с.
радио... — первая часть сложных слов, пишется всегда слитно
радиоавтогра́фия, -и
радиоактивацио́нный
радиоакти́вность, -и
радиоакти́вный
радиоальтиме́тр, -а
радиоанте́нна, -ы
радиоаппарату́ра, -ы
радиоастроно́м, -а
радиоастрономи́ческий
радиоастроно́мия, -и
радиоаэронавига́ция, -и
радиобио́лог, -а
радиобиологи́ческий
радиобиоло́гия, -и
радиобу́й, -я, мн. -и́, -ёв
радиоветроме́р, -а
радиовеща́ние, -я
радиовеща́тельный
радиови́димость, -и
радиоволна́, -ы́, мн. -во́л-ны, -во́лн, -волна́м
радиоволново́д
радиовысотоме́р, -а
радиогала́ктика, -и
радиоге́нный
радиогеоло́гия, -и
радиогидроакусти́ческий
радиогидрогеоло́гия, -и

радиогидрометеорологи́ческий
радиогониоме́тр, -а
радиогра́мма, -ы
радиографи́ческий
радиогра́фия, -и
радиодальноме́р, -а
радиода́нные, -ых
радиодета́ль, -и
радиодиапазо́н, -а
радиозаво́д, -а
радиоза́пись, -и
радиозащи́тный
радиозвезда́, -ы́, мн. -звё́з-ды, -звёзд
радиозе́ркало, -а, мн. -ала́, -а́л
радиозо́на, -ы
радиозо́нд, -а
радиоизлуче́ние, -я
радиоизмери́тельный
радиои́мпульс, -а
радиоинжене́р, -а
радиоинтерфероме́тр, -а
радиоинформа́ция, -и
радиокана́л, -а
радиокарбо́нный
радиокиноустано́вка, -и
радиокома́нда, -ы
радиокоммента́рий, -я
радиоколмента́тор, -а
радиокомпа́ния, -и
радиокомпара́тор, -а
радиоко́мпас, -а
радиоко́мплекс, -а
радиоконтро́ль, -я
радиоконце́рт, -а
радио́ла, -ы
радиола́мпа, -ы
радиолече́ние, -я
радиоли́з, -а
радиоли́ния, -и
радиоло́гич, -а
радиологи́ческий
радиоло́гия, -и
радиолока́тор, -а
радиолокацио́нный
радиолока́ция, -и
радиоло́т, -а
радиолуч, -а́
радиолюби́тель, -я
радиолюби́тельский
радиолюби́тельство, -а
радиолюминесце́нция, -и
радиоля́риевый
радиоляри́т, -а
радиоля́рия, -и
радиомастерска́я, -о́й
радиома́чта, -ы
радиома́як, -а
радиометеоро́граф, -а
радиометеорологи́ческий
радиометеороло́гия, -и
радиоме́тр, -а
радиометри́ческий
радиоме́трия, -и
радиомонта́ж, -а́
радиомо́ст, -а и -а́, мн. -ы́, -о́в
радионаведе́ние, -я
радионавигацио́нный
радионавига́ция, -и
радиооборудование, -я
радиоопера́тор, -а

радиопеленг, -а
радиопеленгатор, -а
радиопеленгация, -и
радиопеленгование, -я
радиопередатчик, -а
радиопередача, -и
радиоперехват, -а
радиопилот, -а
радиопомехи, -ёх
радиопостановка, -и
радиоприбор, -а
радиоприём, -а
радиоприёмник, -а
радиоприёмный
радиопроводной
радиопрогноз, -а
радиопромышленность, -и
радиорезистентность, -и
радиореле, нескл., с.
радиорелейный
радиорепортаж, -а
радиорепродуктор, -а
радиорубка, -и
радиосветовой
радиосвязь, -и
радиосексстант, -а
радиосенсибилизация, -и
радиосеть, -и
радиосигнал, -а
радиосистема, -ы
радиослужба, -ы
радиослушатель, -я
радиослушательница, -ы
радиоспектакль, -я
радиоспектрометр, -а
радиоспектроскопия, -и
радиостанция, -и
радиостудия, -и
радиотелевизионный
радиотелеграмма, -ы
радиотелеграф, -а
радиотелеграфия, -и
радиотелеграфный
радиотелеметрический
радиотелеметрия, -и
радиотелемеханика, -и
радиотелескоп, -а
радиотелеуправление, -я
радиотелефон, -а
радиотелефония, -и
радиотелефонный
радиотерапевтический
радиотерапия, -и
радиотехник, -а
радиотехника, -и
радиотехнический
радиотовары, -ов
радиоточка, -и
радиотрансляционный
радиотрансляция, -и
радиоуглеродный
радиоузел, -узла
радиоуниверситет, -а
радиоуправление, -я
радиоустановка, -и
радиофестиваль, -я
радиофизика, -и
радиофизический
радиофикация, -и
радиофицированный
радиофицировать(ся),
  -рую, -рует(ся)
радиофония, -и
радиофототелеграф, -а

радиохимический
радиохимия, -и
радиоцентр, -а
радиочастота, -ы, мн. -оты,
  -от
радиочастотный
радиочувствительность, -и
радиоэкология, -и
радиоэлектроника, -и
радиоэлектронный
радиоэхо, -а
радированный
радировать, -рую, -рует
радист, -а
радистка, -и
радиус, -а
радиус-вектор, радиуса-
  вектора
радовать(ся), -дую(сь), -ду-
  ет(ся)
радон, -а
радоновый
радостный
радость, -и
рад-радёхонек, рада-радё-
  хонька
рад-радёшенек, рада-ра-
  дёшенька
радуга, -и
радужина, -ы
радужка, -и
радужница, -ы
радужный
радула, -ы
радуница, -ы
радушие, -я
радушный
раёк, райка
раёшник, -а
раёшный
раж, -а
ражий
раз, -а и -у, мн. разы, раз
разагитировать, -рую, -рует
разахаться, -аюсь, -ается
разбавитель, -я
разбавить(ся), -влю,
  -вит(ся)
разбавка, -и
разбавление, -я
разбавленный
разбавлять(ся), -яю,
  -яет(ся)
разбазаренный
разбазаривать(ся), -аю,
  -ает(ся)
разбазарить, -рю, -рит
разбаливаться, -аюсь, -ает-
  ся
разбалованный
разбаловать(ся), -лую(сь),
  -лует(ся)
разбалтывать(ся), -аю(сь),
  -ает(ся)
разбег, -а
разбегаться, -аюсь, -ается,
  сов. (от бегать)
разбегаться, -аюсь, -ается,
  несов. (к разбежаться)
разбежаться, -бегусь, -бе-
  жится, -бегутся
разбёжка, -и
разбередить(ся), -ежу,
  -едит(ся)

разбережённый; кр. ф.
  -ён, -ена
разбивать(ся), -аю(сь),
  -ает(ся)
разбивка, -и
разбинтованный
разбинтовать(ся),
  -тую(сь), -тует(ся)
разбинтовывать(ся),
  -аю(сь), -ает(ся)
разбирательство, -а
разбирать(ся), -аю(сь),
  -ает(ся)
разбитие, -я
разбитной
разбитость, -и
разбитый
разбить(ся), разобью(сь),
  разобьёт(ся)
разблаговестить, -ещу, -ес-
  тит
разблаговещенный
разблокированный
разблокировать, -рую, -ру-
  ет
разблюдовка, -и
разбогатеть, -ею, -еет
разбой, -я
разбойник, -а
разбойница, -ы
разбойничать, -аю, -ает
разбойнический
разбойничество, -а
разбойничий, -ья, -ье
разбойный
разболеться 1, -еюсь, -еется
  (надолго заболеть)
разболеться 2, -лится (начать сильно болеть)
разболтанность, -и
разболтанный
разболтать(ся), -аю(сь),
  -ает(ся)
разболтить, -лчу, -лтит
разболтка, -и
разболтованный
разболтовать, -тую, -тует
разбомбить, -блю, -бит
разбомблённый; кр. ф. -ён,
  -ена
разбор, -а
разборка, -и
разборно-металлический
разборный
разборчивость, -и
разборчивый
разбракованный
разбраковать, -кую, -ку-
  ет
разбраковка, -и
разбранённый; кр. ф. -ён,
  -ена
разбранить(ся), -ню(сь),
  -нит(ся)
разбрасывание, -я
разбрасыватель, -я
разбрасывать(ся), -аю(сь),
  -ает(ся)
разбредаться, -ается
разбредшийся
разбрести́сь, -едётся; прош.
  -ёлся, -елась
разброд, -а
разбронированный

разбронировать(ся), -рую,
  -рует(ся)
разброс, -а
разбросанный
разбросать(ся), -аю(сь),
  -ает(ся)
разбросить, -ошу, -осит
разбросной
разброшенный
разбрызганный
разбрызгать(ся), -аю,
  -ает(ся) и -зжу, -зжет(ся)
разбрызгиватель, -я
разбрызгивать(ся), -аю,
  -ает(ся)
разбрызнуть, -ну, -нет
разбрюзжаться, -жусь,
  -жится
разбудить, -ужу, -удит
разбуженный
разбурённый; кр. ф. -ён,
  -ена
разбуривать(ся), -аю,
  -ает(ся)
разбурить, -рю, -рит
разбухание, -я
разбухать, -аю, -ает
разбухнуть, -ну, -нет; прош.
  -ух, -ухла
разбухший
разбушеваться, -шуюсь,
  -шуется
разбуяниться, -нюсь, -нит-
  ся
разважживать(ся), -аю,
  -ает(ся)
разважничаться, -аюсь,
  -ается
развал, -а
разваленный (от развал-
  лять)
развалец и развальца: с
  развальцем и с раз-
  вальцей
разваливать(ся), -аю(сь),
  -ает(ся)
развалина, -ы
развалистый
развалить(ся), -алю(сь),
  -алит(ся)
развалка, -и
развальца и развалец: с
  развальцей и с разваль-
  цем
развальцевать, -цую, -цует
развальцованный
развальцовка, -и
развальцовывать(ся), -аю,
  -ает(ся)
развалюха, -и
развалюшка, -и
развалянный (от разва-
  лять)
развалять(ся), -яю(сь),
  -яет(ся)
разваренный
разваривать(ся), -аю,
  -ает(ся)
разварить(ся), -арю,
  -арит(ся)
разварной
разве
развевание, -я

развева́ть(ся), -а́ю, -а́ет(ся)
(к ве́ять)
разве́данный
разве́дать, -аю, -ает
разведгру́ппа, -ы
разведе́ние, -я
разведённый; кр. ф. -ён,
-ена́
разве́дка, -и
разведотде́л, -а
разве́дочный
разве́дривать(ся), -ает(ся)
разве́дрить(ся), -ит(ся)
разведслу́жба, -ы
разве́дчик, -а
разве́дчица, -ы
разве́дший(ся)
разве́дывание, -я
разве́дывательно-инфор-
мацио́нный
разве́дывательный
разве́дывать(ся), -аю,
-ает(ся)
развезённый; кр. ф. -ён,
-ена́
развезти́, -зу́, -зёт; прош.
-ёз, -езла́
развёзший
разве́ивать(ся), -аю(сь),
-ает(ся)
развенча́нный
развенча́ть(ся), -а́ю(сь),
-а́ет(ся)
развенчивать(ся), -аю(сь),
-ает(ся)
развереди́ть, -ежу́, -еди́т
развережённый; кр. ф. -ён,
-ена́
разверза́ть(ся), -а́ю,
-а́ет(ся)
разве́рзнувший(ся)
разве́рзнуть(ся), -ну,
-нет(ся); прош. -е́рз(ся) и
-е́рзнул(ся), -е́рзла(сь)
разве́рзший(ся)
развёрнутый
разверну́ть(ся), -ну́(сь),
-нёт(ся)
развёрстание, -я
развёрстанный
разверста́ть(ся), -а́ю(сь),
-а́ет(ся)
развёрстка, -и
развёрсточный
развёрстывать(ся),
-аю(сь), -ает(ся)
развёрстый
разверте́ть(ся), -ерчу́, -е́р-
тит(ся)
развёртка, -и
развёрточный
развёртывание, -я
развёртывать(ся), -аю(сь),
-ает(ся)
разве́рченный
разве́рчивать(ся), -аю,
-ает(ся)
развес, -а
развеселённый; кр. ф. -ён,
-ена́
развесели́ть(ся), -лю́(сь),
-ли́т(ся)
развесёлый
разве́систый

разве́сить(ся), -е́шу,
-е́сит(ся)
разве́ска, -и
развесно́й
разве́сочный
развести́(сь), -еду́(сь),
-еде́т(ся); прош. -ёл(ся),
-ела́(сь)
разветви́ть(ся), -влю́,
-ви́т(ся)
разветвле́ние, -я
разветвлённый; кр. ф. -ён,
-ена́
разветвля́ть(ся), -я́ю,
-я́ет(ся)
разве́шанный (от разве́-
шать)
разве́шать, -аю, -ает
разве́шенный (от разве́-
сить)
разве́шивание, -я
разве́шивать(ся), -аю,
-ает(ся)
разве́янный
разве́ять(ся), -е́ю(сь),
-е́ет(ся)
развива́ть(ся), -а́ю(сь),
-а́ет(ся) (к вить)
развизжа́ться, -жу́сь, -жи́т-
ся
разви́лина, -ы
разви́листый
разви́лка, -и
разви́лок, -лка
развинти́ть(ся), -нчу́(сь),
-нти́т(ся)
разви́нченность, -и
разви́нченный
разви́нчивать(ся), -аю(сь),
-ает(ся)
разви́тие, -я
развито́й; кр. ф. ра́звит,
развита́, ра́звито, прил.
разви́тый; кр. ф. разви́т,
развита́, разви́то и ра́з-
витый; кр. ф. ра́звит,
ра́звита, ра́звито, прич.
разви́ть(ся), разовью́(сь),
разовьёт(ся); прош.
-и́л(ся), -ила́(сь), -и́ло,
-и́лось
развлека́тельный
развлека́ть(ся), -а́ю(сь),
-а́ет(ся)
развлёкший(ся)
развлече́ние, -я
развлечённый; кр. ф. -ён,
-ена́
развле́чь(ся), -еку́(сь),
-ечёт(ся), -еку́т(ся);
прош. -ёк(ся), -екла́(сь)
разво́д, -а
разводи́ть(ся), -ожу́(сь),
-о́дит(ся)
разво́дка, -и
разводно́й (к разводи́ть)
разво́дный (к разводи́ть-
ся)
разво́дчатый
разво́дье, -я, р. мн. -ьев и
-дий
разводя́щий, -его
развоева́ться, -вою́юсь,
-вою́ется

развожжа́ть(ся), -а́ю,
-а́ет(ся)
разво́з, -а
развози́ть(ся), -ожу́(сь),
-о́зит(ся)
разво́зка, -и
развозно́й
разво́зчик, -а
разво́й, -я
разволаки́вать(ся), -аю,
-ает(ся)
разволно́ванный
разволнова́ть(ся),
-ну́ю(сь), -ну́ет(ся)
разволо́кший
разволочённый; кр. ф. -ён,
-ена́
разволо́чь, -оку́, -очёт,
-оку́т; прош. -о́к, -окла́
развопи́ться, -плю́сь, -пи́тся
развора́чивание, -я
развора́чивать(ся),
-аю(сь), -ает(ся)
развора́шивать(ся), -аю,
-ает(ся)
разворкова́ться, -ку́юсь,
-ку́ется
разворо́ванный
разворова́ть, -ру́ю, -ру́ет
разворо́вывать(ся), -аю,
-ает(ся)
разворо́т, -а
развороти́ть, -очу́, -о́тит
разворо́чанный (от раз-
вороча́ть)
разворо́чать(ся), -аю(сь),
-ает(ся)
разворо́ченный (от разво-
роти́ть)
разворошённый; кр. ф.
-ён, -ена́
разворо́шить, -шу́, -ши́т
разворча́ться, -чу́сь, -чи́тся
развра́т, -а
развра́титель, -я
разврати́ть(ся), -ащу́(сь),
-ати́т(ся)
развра́тник, -а
развра́тница, -ы
развра́тничать, -аю, -ает
развра́тный
развраща́ть(ся), -а́ю(сь),
-а́ет(ся)
развраще́ние, -я
развращённость, -и
развращённый; кр. ф. -ён,
-ена́
развы́ться, -во́юсь, -во́ется
развью́ченный
развью́чивать(ся), -аю(сь),
-ает(ся)
развью́чить(ся), -чу(сь),
-чит(ся)
развя́занный
развяза́ть(ся), -яжу́(сь),
-я́жет(ся)
развя́зка, -и
развя́зность, -и
развя́зный
развя́зывание, -я
развя́зывать(ся), -аю(сь),
-ает(ся)
разга́данный
разгада́ть(ся), -а́ю, -а́ет(ся)

разга́дка, -и
разга́дчик, -а
разга́дчица, -ы
разга́дывать(ся), -аю,
-ает(ся)
разгазирова́ть, -ру́ю, -ру́ет
и разгази́ровать, -рую,
-рует
разга́р, -а
разгермети́зация, -и
разгерметизи́ровать(ся),
-рую(сь), -рует(ся)
разги́б, -а
разгиба́ние, -я
разгиба́ть(ся), -а́ю(сь),
-а́ет(ся)
разгильдя́й, -я
разгильдя́йка, -и
разгильдя́йничать, -аю,
-ает
разгильдя́йство, -а
разглаго́льствование, -я
разглаго́льствовать, -твую,
-твует
разгла́дить(ся), -а́жу,
-а́дит(ся)
разгла́женный
разгла́живать(ся), -аю,
-ает(ся)
разгласи́ть(ся), -ашу́,
-аси́т(ся)
разглаша́ть(ся), -а́ю,
-а́ет(ся)
разглаше́ние, -я
разглашённый; кр. ф. -ён,
-ена́
разгляде́ть, -яжу́, -яди́т
разгля́дывать(ся), -аю,
-ает(ся)
разгне́ванный
разгне́вать(ся), -аю(сь),
-ает(ся)
разгова́ривать, -аю, -ает
разгове́нье, -я, р. мн. -ний
и ро́згове́нье, -я, р. мн.
-ний
разгове́ться, -е́юсь, -е́ется
разговля́ться, -я́юсь, -я́ется
разгово́р, -а
разговори́ть(ся), -рю́(сь),
-ри́т(ся)
разгово́рник, -а
разгово́рный
разгово́рчивость, -и
разгово́рчивый
разгово́рчик, -а
разго́н, -а
разго́нистый
разго́нка, -и
разго́нный
разгоня́ть(ся), -я́ю(сь),
-я́ет(ся)
разгора́живать(ся),
-аю(сь), -ает(ся)
разгора́ться, -а́юсь, -а́ется
разгоре́ться, -рю́сь, -ри́т-
ся
разгороди́ть(ся), -ожу́(сь),
-о́дит(ся)
разгоро́женный
разгоряча́ть(ся), -а́ю(сь),
-а́ет(ся)
разгорячённый; кр. ф. -ён,
-ена́

разгорячи́ть(ся), -чу́(сь),
-чи́т(ся)
разгра́бить, -блю, -бит
разграбле́ние, -я
разгра́бленный
разгражде́ние, -я
разграниче́ние, -я
разграни́ченный
разграни́чивать(ся), -аю,
-ает(ся)
разграничи́тельный
разграни́чить(ся), -чу,
-чит(ся)
разграфи́ть, -флю́, -фи́т
разграфлённый; кр. ф. -ён,
-ена́
разграфля́ть(ся), -я́ю,
-я́ет(ся)
разгреба́ть(ся), -а́ю,
-а́ет(ся)
разгребённый; кр. ф. -ён,
-ена́
разгрёбший
разгрести́, -гребу́, -гребёт;
прош. -грёб, -гребла́
разгримиро́ванный
разгримиро́вывать(ся),
-рую(сь), -рует(ся)
разгро́м, -а
разгроми́ть, -млю́, -ми́т
разгро́мленный; кр. ф. -ен,
-ена и разгромлённый;
кр. ф. -ён, -ена́
разгружа́ть(ся), -а́ю(сь),
-а́ет(ся)
разгру́женный; кр. ф. -ен,
-ена и разгружённый;
кр. ф. -ён, -ена́
разгрузи́ть(ся), -ужу́(сь),
-у́зи́т(ся)
разгру́зка, -и
разгрузно́й
разгру́зочный
разгру́зчик, -а
разгруппиро́ванный
разгруппиро́вывать(ся),
-рую, -рует(ся)
разгрусти́ться, -ущу́сь,
-усти́тся
разгрыза́ть(ся), -а́ю,
-а́ет(ся)
разгры́зенный
разгры́зть, -зу́, -зёт; прош.
-ы́з, -ы́зла
разгу́л, -а
разгу́ливать(ся), -аю(сь),
-ает(ся)
разгу́лье, -я
разгу́льный
разгуля́ть(ся), -я́ю(сь),
-я́ет(ся)
разда́бривать(ся), -аю(сь),
-ает(ся)
раздава́ть(ся), -даю́(сь),
-даёт(ся)
раздави́ть(ся), -авлю́,
-а́вит(ся)
разда́вленный
разда́вливать(ся), -аю,
-ает(ся)
разда́ивание, -я
разда́ивать(ся), -аю,
-ает(ся)

раздалбливать(ся), -аю,
-ает(ся)
разда́ренный
разда́ривать(ся), -аю,
-ает(ся)
раздари́ть, -арю́, -а́рит
разда́точный
разда́тчик, -а
разда́тчица, -ы
разда́ть(ся), -а́м(ся),
-а́шь(ся), -а́ст(ся),
-ади́м(ся), -ади́те(сь),
-аду́т(ся); прош. роздал
и разда́л, -а́лся, -ала́(сь),
роздало и раздало,
раздало́сь
разда́ча, -и
раздва́ивать(ся), -аю(сь),
-ает(ся)
раздвига́ние, -я
раздвига́ть(ся), -а́ю,
-а́ет(ся)
раздви́жка, -и
раздвижно́й
раздви́нутый
раздви́нуть(ся), -ну,
-нет(ся)
раздвое́ние, -я
раздво́енность, -и
раздво́енный; кр. ф. -ен,
-ена и раздвоённый; кр.
ф. -ён, -ена́
раздвои́ть(ся), -ою́(сь),
-ои́т(ся)
раздева́лка, -и
раздева́льный
раздева́льня, -и, р. мн. -лен
раздева́ть(ся), -а́ю(сь),
-а́ет(ся)
разде́л, -а
разде́ланный
разде́лать(ся), -аю(сь),
-ает(ся)
разделе́ние, -я
разделённый; кр. ф. -ён,
-ена́
раздели́тель, -я
раздели́тельный
раздели́ть(ся), -елю́(сь),
-е́лит(ся)
разде́лка, -и
разде́лочный
разде́лывательный
разде́лывать(ся), -аю(сь),
-ает(ся)
раздельнолепе́стные, -ых
раздельнопо́лый
разде́льность, -и
разде́льный
разделя́ть(ся), -я́ю(сь),
-я́ет(ся)
разде́рганный
разде́ргать, -аю, -ает
разде́ргивать(ся), -аю,
-ает(ся)
разде́рнутый
раздёрнуть(ся), -ну,
-нет(ся)
разде́тый
раздира́тельный
раздира́ть(ся), -а́ю, -а́ет(ся)
раздира́ющий

раздиро́чный
раздо́бренный
раздобре́ть, -е́ю, -е́ет
раздо́брить(ся), -рю(сь),
-рит(ся)
раздобыва́ть(ся), -а́ю(сь),
-а́ет(ся)
раздобы́тый
раздобы́ть(ся), -бу́ду(сь),
-бу́дет(ся)
раздо́енный
раздои́ть(ся), -ою́, -ои́т(ся)
раздо́й, -я
раздолби́ть, -блю́, -би́т
раздолблённый; кр. ф. -ён,
-ена́
раздо́лье, -я
раздо́льный
раздо́р, -а
раздоро́жье, -я, р. мн. -жий
раздоса́дованный
раздоса́довать(ся),
-дую(сь), -дует(ся)
раздража́ть(ся), -а́ю(сь),
-а́ет(ся)
раздража́ющий(ся)
раздраже́ние, -я
раздражённый; кр. ф. -ён,
-ена́
раздражи́мость, -и
раздражи́мый
раздражи́тель, -я
раздражи́тельность, -и
раздражи́тельный
раздражи́ть(ся), -жу́(сь),
-жи́т(ся)
раздразнённый; кр. ф. -ён,
-ена́
раздра́знивать(ся), -аю,
-ает(ся)
раздразни́ть, -азню́, -а́знит
раздрако́нить, -ню, -нит
раздревесне́ние, -я
раздроби́ть(ся), -блю́,
-би́т(ся)
раздро́бленность, -и и
раздроблённость, -и
раздро́бленный; кр. ф. -ен,
-ена и раздроблённый;
кр. ф. -ён, -ена́
раздробля́ть(ся), -я́ю,
-я́ет(ся)
раз-друго́й
раздружи́ть(ся), -ужу́(сь),
-у́жи́т(ся)
разду́в, -а
раздува́ние, -я
раздува́ть(ся), -а́ю(сь),
-а́ет(ся)
разду́мать(ся), -аю(сь),
-ает(ся)
разду́мчивый
разду́мывать(ся), -аю(сь),
-ает(ся)
разду́мье, -я, р. мн. -мий
разду́тие, -я
разду́тый
разду́ть(ся), -ду́ю(сь),
-ду́ет(ся)
разду́шенный; кр. ф. -ен,
-ена и раздушённый; кр.
ф. -ён, -ена́
раздуши́ть(ся), -ушу́(сь),
-у́шит(ся)

раздыша́ться, -ышу́сь,
-ы́шится
разева́ть(ся), -а́ю, -а́ет(ся)
(раскрывать)
разжа́лобить(ся), -блю(сь),
-бит(ся)
разжа́лобленный
разжа́лование, -я
разжа́лованный
разжа́ловать, -лую, -лует
разжа́тый
разжа́ть(ся), разожму́,
разожмёт(ся)
разжёванный
разжева́ть(ся), -жую́,
-жуёт(ся)
разжёвывание, -я
разжёвывать(ся), -аю,
-ает(ся)
разжёгший(ся)
разжело́бок, -бка
разжени́ть(ся), -еню́(сь),
-е́нит(ся)
разже́чь(ся), разожгу́,
разожжёт(ся),
разожгу́т(ся); прош.
разжёг
разожгла́(сь)
разжи́ва, -ы
разжива́ться, -а́юсь, -а́ется
разжи́г, -а
разжига́ние, -я
разжига́ть(ся), -а́ю,
-а́ет(ся)
разжиди́ть(ся), -ижу́,
-иди́т(ся)
разжижа́ть(ся), -а́ю,
-а́ет(ся)
разжи́женный; кр. ф. -ен,
-ена и разжижённый;
кр. ф. -ён, -ена́
разжи́м, -а
разжима́ть(ся), -а́ю,
-а́ет(ся)
разжимно́й и разжи́мный
разжире́ть, -е́ю, -е́ет
разжи́ться, -иву́сь, -ивётся;
прош. -и́лся, -ила́сь
разжо́г, -а, но прош. разжёг
разжужжа́ться, -жжи́тся
раззаво́д: на раззаво́д
раззадо́ренный
раззадо́ривать(ся),
-аю(сь), -ает(ся)
раззадо́рить(ся), -рю(сь),
-рит(ся)
раз за ра́зом
раззва́нивать, -аю, -ает
раззвонённый; кр. ф. -ён,
-ена́
раззвони́ть, -ню́, -ни́т
раззева́ться, -а́юсь, -а́ется
(к зевать)
раззенко́вка, -и
раззнако́мить(ся),
-млю(сь), -мит(ся)
раззнако́мленный
раззнако́мливать(ся),
-аю(сь), -ает(ся)
раззола́чивать(ся), -аю,
-ает(ся)
раззолоти́ть, -очу́, -оти́т
раззоло́ченный

раззудёться, -удится
раззудить, -ужу, -удит
раззява, -ы, м. и ж.
разик, -а
разинутый
разинуть(ся), -ну,
-нет(ся)
разинщина, -ы
разиня, -и, м. и ж.
разительный
разить, ражу, разит
разлагать(ся), -аю(сь),
-ает(ся)
разлагающий(ся)
разлад, -а
разладить(ся), -ажу,
-адит(ся)
разладица, -ы
разлаженный
разлаживать(ся), -аю,
-ает(ся)
разлакомить(ся), -млю(сь),
-мит(ся)
разлакомленный
разламывать(ся), -аю,
-ает(ся)
разлапистый
разлапушка, -и
разлапый
разляяться, -яюсь, -яется
разлёгшийся
разлежаться, -жусь, -жится
разлёживаться, -аюсь, -ает-
ся
разлезаться, -ается
разлезться, -лезется; прош.
-лёзся, -лёзлась
разлёзшийся
разлёниваться, -аюсь, -ает-
ся
разлениться, -енюсь, -енит-
ся
разлепить(ся), -леплю, -ле-
пит(ся)
разлепленный
разлеплять(ся), -яю,
-яет(ся)
разлёт, -а и -у: с разлёта, с
разлёту
разлетайка, -и
разлетаться, -аюсь, -ается
разлететься, -лечусь, -ле-
тится
разлечься, -лягусь, -ляжет-
ся, -лягутся; прош. -лёгся,
-легла́сь
разлив, -а
разливание, -я
разливанное море
разливательный
разливать(ся), -аю(сь),
-ает(ся)
разливка, -и
разливной
разливочный
разлинованный
разлиновать, -ную, -ну-
ет
разлиновка, -и
разлиновывать(ся), -аю,
-ает(ся)
разлипаться, -ается
разлипнуться, -нется
разлитие, -я

разлитый; кр. ф. -ит, -ита,
-ито
разлить(ся), разолью, ра-
зольёт(ся); прош.
-ил(ся), -ила(сь), -ило,
-илось
различать(ся), -аю(сь),
-ает(ся)
различение, -я
различённый; кр. ф. -ён,
-ена
различествовать, -твую,
-твует
различие, -я
различимый
различительный
различить, -чу, -чит
различный
разлогий
разложение, -я
разложенный
разложимость, -и
разложить(ся), -ожу(сь),
-ожит(ся)
разлом, -а
разломанный
разломать(ся), -аю, -ает(ся)
разломить(ся), -омлю,
-омит(ся)
разломка, -и
разломленный
разлука, -и
разлучать(ся), -аю(сь),
-ает(ся)
разлучение, -я
разлучённый; кр. ф. -ён,
-ена
разлучить(ся), -чу(сь),
-чит(ся)
разлучник, -а
разлучница, -ы
разлюбезничаться, -аюсь,
-ается
разлюбезный
разлюбить(ся), -люблю,
-любит(ся)
разлюбленный
разлюблять(ся), -яю,
-яет(ся)
разлюли малина
разлютоваться, -туюсь, -ту-
ется
разляпанный
разляпать(ся), -аю, -ает(ся)
размагнитить(ся),
-ичу(сь), -итит(ся)
размагниченный
размагничивание, -я
размагничивать(ся),
-аю(сь), -ает(ся)
размазанный
размазать(ся), -ажу,
-ажет(ся)
размазня, -и, р. мн. -ей, м.
и ж.
размазывать(ся), -аю,
-ает(ся)
размаивать(ся), -аю(сь),
-ает(ся)
размалёванный
размалёвать(ся), -люю(сь),
-люет(ся)
размалёвка, -и
размалёвывание, -я

размалёвывать(ся),
-аю(сь), -ает(ся)
размалывание, -я
размалывать(ся), -аю,
-ает(ся)
размаривать(ся), -аю(сь),
-ает(ся)
разматывание, -я
разматывать(ся), -аю,
-ает(ся)
размах, -а и -у: с размаху, с
размаха
размахайка, -и
размахаться, -ашусь, -ашет-
ся и -аюсь, -ается
размахивать(ся), -аю(сь),
-ает(ся)
размахнуть(ся), -ну(сь),
-нёт(ся)
размачивание, -я
размачивать(ся), -аю,
-ает(ся)
размачтованный
размачтовать, -тую, -тует
размачтовывать(ся), -аю,
-ает(ся)
размашистый
размаянный
размаять(ся), -аю(сь),
-ает(ся)
размежевание, -я
размежёванный
размежевать(ся),
-жую(сь), -жует(ся)
размежёвка, -и
размежёвывать(ся),
-аю(сь), -ает(ся)
размельчать(ся), -аю,
-ает(ся)
размельчение, -я
размельчённый; кр. ф. -ён,
-ена
размельчить(ся), -чу,
-чит(ся)
размен, -а
разменивать(ся), -аю(сь),
-ает(ся)
разменный
разменянный
разменять(ся), -яю(сь),
-яет(ся)
размер, -а
размеренность, -и
размеренный
размерить, -рю, -рит и -ряю,
-ряет
размерность, -и
размерный
размерять(ся), -яю, -яет(ся)
размесить(ся), -ешу,
-ёсит(ся)
размести, -мету, -метёт;
прош. -мёл, -мела
разместить(ся), -ещу(сь),
-естит(ся)
размёт, -а
размётанный (от размета-
ть 2)
разметать(ся) 1, -аю,
-ает(ся), несов. (к размес-
ти́(сь)
разметать(ся) 2, -мечу(сь),
-мечет(ся), сов. (раски-
дать(ся)

размалёвывать(ся),
-аю(сь), -ает(ся)
размётенный; кр. ф. -ён,
-ена (от размести)
разметить, -мечу, -метит
разметка, -и (от разме-
тить)
разметка, -и (от разме-
тать)
разметочный (от размёт-
ка)
разметчик, -а (к разметка)
разметчица, -ы
размётший
размётывать(ся), -аю(сь),
-ает(ся)
размечать(ся), -аю, -ает(ся)
размеченный (от размё-
тить)
размечтаться, -аюсь, -ается
размешанный (от разме-
шать)
размешать(ся), -аю,
-ает(ся)
размешенный (от разме-
сить)
размешивать(ся), -аю,
-ает(ся)
размещать(ся), -аю(сь),
-ает(ся)
размещение, -я
размещённый; кр. ф. -ён,
-ена
разминать(ся), -аю(сь),
-ает(ся)
разминирование, -я
разминированный
разминировать(ся), -рую,
-рует(ся)
разминка, -и
разминуться, -нусь, -нёт-
ся
размножать(ся), -аю,
-ает(ся)
размножение, -я
размноженный
размножить(ся), -жу,
-жит(ся)
размозжённый; кр. ф. -ён,
-ена
размозжить(ся), -зжу,
-зжит(ся)
размоина, -ы
размокать, -ает
размокнуть, -ну, -нет;
прош. -ок, -окла
размокропогодить(ся),
-ит(ся)
размокший
размол, -а
размолачивать(ся), -аю,
-ает(ся)
размолвка, -и
размолотить(ся), -очу,
-отит(ся)
размолотый
размолоть(ся), -мелю, -мё-
лет(ся)
размолоченный
размонтировать, -рую, -ру-
ет
размораживание, -я
размораживать(ся), -аю,
-ает(ся)
разморённый; кр. ф. -ён,
-ена

размори́ть(ся), -рю́(сь),
-ри́т(ся)
разморо́женный
разморо́зить(ся), -о́жу,
-о́зит(ся)
размеро́зка, -и
размо́танный
размота́ть(ся), -а́ю, -а́ет(ся)
размо́тка, -и
размоты́женный
размоты́живать(ся), -аю,
-ает(ся)
размоты́жить, -жу, -жит
размоча́ленный
размоча́ливать(ся), -аю,
-ает(ся)
размочи́ть(ся), -лю,
-лит(ся)
размо́ченный
размочи́ть(ся), -очу́,
-о́чит(ся)
размо́чка, -и
размунди́ренный
размунди́рить, -рю, -рит
размуро́ванный
размурова́ть, -ру́ю, -ру́ет
размусо́ленный
размусо́ливать(ся), -аю,
-ает(ся)
размусо́лить(ся), -лю,
-лит(ся)
размы́в, -а
размыва́ние, -я
размыва́ть(ся), -а́ю(сь),
-а́ет(ся)
размывно́й
размы́вчатый
размыка́ние, -я
размы́канный
размыка́тель, -я
размыка́ть(ся), -аю,
-ает(ся), сов. (размы́кать
го́ре)
размыка́ть(ся), -а́ю,
-а́ет(ся), несов. (разъ-
единя́ть)
размы́кивать(ся), -аю,
-ает(ся)
размы́слить, -лю, -лит
размыта́рить, -рю, -рит
размы́тость, -и
размы́тый
размы́ть(ся), -мо́ю, -мо́-
ет(ся)
размы́чка, -и
размышле́ние, -я
размышля́ть, -я́ю, -я́ет
размягча́ть(ся), -а́ю(сь),
-а́ет(ся)
размягче́ние, -я
размягчённый; кр. ф. -ён,
-ена́
размягчи́тельный
размягчи́ть(ся), -чу́(сь),
-чи́т(ся)
размяка́ть, -а́ю, -а́ет
размя́клый
размя́кнуть, -ну, -нет;
прош. -мя́к, -мя́кла
размя́кший
размя́тый
размя́ть(ся), разомну́(сь),
разомнёт(ся)
ра́з (и) навсегда́

разнайто́вить, -влю, -вит
разнайто́вленный
разнайто́вливать, -аю, -ает
ра́з на ра́з
разнаря́дка, -и
разна́шивать(ся), -аю,
-ает(ся)
разнеду́житься, -жусь,
-жится
разне́женный
разне́живать(ся), -аю(сь),
-ает(ся)
разне́жить(ся), -жу(сь),
-жит(ся)
разне́жничаться, -аюсь,
-ается
разнемога́ться, -а́юсь, -а́ет-
ся
разнемо́чься, -огу́сь, -о́жет-
ся, -о́гутся; прош. -о́гся,
-огла́сь
разнена́ститься, -ится
разне́рвничаться, -аюсь,
-ается
разнесе́ние, -я
разнесённый; кр. ф. -ён,
-ена́
разнести́(сь), -су́, -сёт(ся);
прош. -ёс(ся), -есла́(сь)
разнесча́стный
разне́сший(ся)
разни́занный
разниза́ть(ся), -ижу́,
-и́жет(ся)
разни́зывать(ся), -аю,
-ает(ся)
разнима́ть(ся), -а́ю,
-а́ет(ся) и (устар.)
разъе́млю, разъе́м-
лет(ся)
ра́зниться, -нюсь, -нится
ра́зница, -ы
разнобо́й, -я
разнове́с, -а
разнове́ска, -и
разнове́сок, -ска
разнови́дность, -и
разнови́дный
разновозрастно́й и разно-
во́зрастный
разновреме́нный
разновысо́кий
разногла́зие, -я
разногла́зый
разногла́сие, -я
разногла́сить, -а́шу, -а́сит
разноглуби́нный
разноголо́сица, -ы
разноголо́сый
разножгу́тиковый
разножка, -и
разноимённый
разнокали́берный
разнока́чественный
разноле́сье, -я
разноли́кий
разноли́стный
разноли́стный
разнома́стный
разномасшта́бный
разноме́стный
разномы́слие, -я
разномы́слящий
разнонапра́вленный

разнообра́зие, -я
разнообра́зить(ся), -а́жу,
-а́зит(ся)
разнообра́зность, -и
разнообра́зный
разноотте́ночный
разнопёрый
разноплемённый
разнопо́лый
разнорабо́чая, -ей
разнорабо́чий, -его
разноречи́вый
разноре́чие, -я
разноре́чить, -чу, -чит
разноро́дный
разно́с, -а
разноси́ть(ся), -ошу́,
-о́сит(ся)
разноска, -и
разносклоня́емый
разносло́жный
разно́сный
разносо́лы, -ов
разносо́ртный
разнососта́вный
разноспо́ровый
разноспряга́емый
разности́льный
ра́зностно-вариацио́нный
ра́зностный
разносто́пный
разносторо́нний; кр. ф.
-нен, -ння
разносторо́нность, -и
ра́зность, -и
разно́счик, -а
разно́счица, -ы
разноте́мный
разноти́пный
разното́лки, -ов
разното́нный
разнотра́вный
разнотра́вье, -я
разнофасо́нный
разнохара́ктерный
разноцве́тный
разноцве́тье, -я
разночи́нец, -нца
разночи́нный
разночи́нский
разночте́ние, -я
разноше́нный
разношёрстный и разно-
шёрстый
разноэта́жность, -и
разноязы́кий
разноязы́чие, -я
разноязы́чный
ра́знствовать, -твую, -твует
разну́зданность, -и
разну́зданный; кр. ф.
прич. -ан, -ана; кр. ф.
прил. -ан, -анна
разнузда́ть(ся), -а́ю(сь),
-а́ет(ся)
разну́здывать(ся), -аю(сь),
-ает(ся)
ра́зный
разню́ниться, -ню́нюсь,
-ню́нится
разню́ханный
разню́хать, -аю, -ает
разню́хивать(ся), -аю,
-ает(ся)

разня́тый; кр. ф. разня́т и
ро́знят, разнята́, разня́то
и ро́знято
разня́ть(ся), -ниму́, -ни́-
мет(ся); прош. раз-
ня́л(ся) и ро́знял, разня́-
ла́(сь), разня́ло и ро́зня-
ло, разняло́сь
разоби́деть(ся), -и́жу(сь),
-и́дит(ся)
разоби́женный
разоблача́ть(ся), -а́ю(сь),
-а́ет(ся)
разоблаче́ние, -я
разоблачённый; кр. ф. -ён,
-ена́
разоблачи́тельный
разоблачи́ть(ся), -чу́(сь),
-чи́т(ся)
разо́бранный
разобра́ть(ся), разбе-
ру́(сь), разберёт(ся);
прош. -ала́(сь), -а́ло,
-а́ло́сь
разобща́ть(ся), -а́ю(сь),
-а́ет(ся)
разобще́ние, -я
разобщённость, -и
разобщённый; кр. ф. -ён,
-ена́
разобщи́ть(ся), -щу́(сь),
-щи́т(ся)
разовра́ться, -ру́сь, -рётся;
прош. -а́лся, -ала́сь, -а́ло́сь
ра́зовый
разо́гнанный
разогна́ть(ся), разго-
ню́(сь), разго́нит(ся);
прош. -а́л, -ала́(сь),
-а́ло, -а́ло́сь
разо́гнутый
разогну́ть(ся), -ну́(сь),
-нёт(ся)
разогре́в, -а
разогрева́ние, -я
разогрева́ть(ся), -а́ю(сь),
-а́ет(ся)
разогре́тый
разогре́ть(ся), -е́ю(сь),
-е́ет(ся)
разоде́тый
разоде́ть(ся), -е́ну(сь),
-е́нет(ся)
разодолжённый; кр. ф.
-ён, -ена́
разодолжи́ть, -жу́, -жи́т
разо́дранный
разодра́ть(ся), разде-
ру́(сь), раздерёт(ся);
прош. -а́л(ся), -ала́(сь),
-а́ло, -а́ло́сь
разожжённый, кр. ф. -ён,
-ена́
разозлённый; кр. ф. -ён,
-ена́
разозли́ть(ся), -лю́(сь),
-ли́т(ся)
разойти́сь, -йду́сь, -йдётся;
прош. -ошёлся, -ошла́сь
разо́к, разка́
разо́к-друго́й
разолга́ться, -лгу́сь, -лжёт-
ся, -лгу́тся; прош. -а́лся,
-ала́сь, -а́ло́сь

ра́зом, *нареч.*
разо́мкнутый
разомкну́ть(ся), -ну́, -нёт(ся)
разомле́ть, -е́ю, -е́ет
разонра́виться, -влюсь, -вится
разопрева́ть, -а́ю, -а́ет
разопре́ть, -е́ю, -е́ет
разо́р, -а
разора́ться, -ру́сь, -рётся
разо́рванно-дождево́й
разо́рванно-кучево́й
разо́рванный
разорва́ть(ся), -рву́(сь), -рвёт(ся); *прош.* -а́л(ся), -ала́(сь), -а́ло, -а́лось
разоре́ние, -я
разорённый; *кр. ф.* -ён, -ена́
разори́тель, -я
разори́тельный
разори́ть(ся), -рю́(сь), -ри́т(ся)
разоружа́ть(ся), -а́ю(сь), -а́ет(ся)
разоруже́ние, -я
разоружённый; *кр. ф.* -ён, -ена́
разоружи́ть(ся), -жу́(сь), -жи́т(ся)
разоря́ть(ся), -я́ю(сь), -я́ет(ся)
разо́сланный (*от* разосла́ть)
разосла́ть, -ошлю́, -ошлёт; *прош.* -сла́л, -сла́ла
разоспа́ться, -плю́сь, -пи́тся; *прош.* -а́лся, -ала́сь, -а́лось
разо́стланный и рассте́ленный
разостла́ть(ся) и расстели́ть(ся), расстелю́, расстёлет(ся); *прош.* разостла́л(ся), разостла́ла(сь) и расстели́л(ся), расстели́ла(сь)
разо́тканный
разотка́ть, -тку́, -ткёт; *прош.* -а́л, -ала́, -а́ло
разоткрове́нничаться, -аюсь, -ается
ра́з от ра́зу
разо́хаться, -аюсь, -ается
разохо́тить(ся), -о́чу(сь), -о́тит(ся)
разохо́ченный
разочарова́ние, -я
разочаро́ванность, -и
разочаро́ванный; *кр. ф. прич.* -ан, -ана; *кр. ф. прил.* -ан, -анна
разочарова́ть(ся), -ру́ю(сь), -ру́ет(ся)
разочаро́вывать(ся), -аю(сь), -ает(ся)
разочтённый; *кр. ф.* -ён, -ена́
разоше́дшийся
разраба́тывать(ся), -аю(сь), -ает(ся)
разрабо́танный

разрабо́тать(ся), -аю(сь), -ает(ся)
разрабо́тка, -и
разрабо́тчик, -а
разра́внивание, -я
разра́внивать(ся), -аю, -ает(ся)
разража́ться, -а́юсь, -а́ется
разрази́ть(ся), -ажу́(сь), -ази́т(ся)
разраста́ние, -я
разраста́ться, -а́ется
разрасти́сь, -тётся; *прош.* -ро́сся, -росла́сь
разрасти́ть, -ащу́, -асти́т
разраще́ние, -я
разращённый; *кр. ф.* -ён, -ена́
разреве́ться, -ву́сь, -вётся
разреди́ть(ся), -ежу́, -еди́т(ся) (сделать редким)
разрежа́ть(ся), -а́ю, -а́ет(ся) (к разреди́ть)
разреже́ние, -я (*от* разреди́ть)
разрежённость, -и
разрежённый; *кр. ф.* -ён, -ена́ (*от* разреди́ть)
разре́з, -а
разреза́льный
разреза́ние, -я
разре́занный
разре́зать(ся), -е́жу, -е́жет(ся), *сов.*
разреза́ть(ся), -а́ю, -а́ет(ся), *несов.*
разре́зка, -и
разрезно́й
разре́зывать(ся), -аю, -ает(ся)
разреклами́рованный
разреклами́ровать, -рую, -рует
разреша́ть(ся), -а́ю(сь), -а́ет(ся)
разреша́ющий(ся)
разреше́ние, -я
разрешённый; *кр. ф.* -ён, -ена́
разреши́мый
разреши́тельный
разреши́ть(ся), -шу́(сь), -ши́т(ся)
разрисо́ванный
разрисова́ть(ся), -су́ю, -су́ет(ся)
разрисо́вка, -и
разрисо́вывать(ся), -аю(сь), -ает(ся)
разро́вненный
разровня́ть, -я́ю, -я́ет (к ро́вный)
разроди́ться, -ожу́сь, -оди́тся
разро́зненный
разро́знивать(ся), -аю, -ает(ся)
разро́знить(ся), -ню, -нит(ся)
разроня́ть, -я́ю, -я́ет
разро́сшийся

разру́б, -а
разруба́ть(ся), -а́ю, -а́ет(ся)
разруби́ть(ся), -убдю́, -у́бит
разру́бка, -и
разру́бленный
разру́ганный
разруга́ть(ся), -а́ю(сь), -а́ет(ся)
разрумя́ненный
разрумя́нивать(ся), -аю(сь), -ает(ся)
разрумя́нить(ся), -ню(сь), -нит(ся)
разру́ха, -и
разруша́ть(ся), -а́ю, -а́ет(ся)
разруше́ние, -я
разру́шенный
разруши́тель, -я
разруши́тельный
разру́шить(ся), -шу, -шит(ся)
разры́в, -а
разрыва́ть(ся), -а́ю(сь), -а́ет(ся)
разрывно́й
разры́в-трава́, -ы́
разрыда́ться, -а́юсь, -а́ется
разры́тие, -я
разры́тый
разры́ть, -ро́ю, -ро́ет
разрыхле́ние, -я
разрыхлённый; *кр. ф.* -ён, -ена́
разрыхле́ть, -е́ет (стать рыхлым)
разрыхли́тель, -я
разрыхли́тельный
разрыхли́ть, -лю́, -ли́т (*что*)
разрыхли́ться, -и́тся
разрыхля́ть(ся), -я́ю, -я́ет(ся)
разря́д, -а
разряди́ть(ся) 1, -яжу́(сь), -яди́т(ся) (разоде́ть(ся))
разряди́ть(ся) 2, -яжу́, -яди́т(ся) (лишить(ся) заряда)
разря́дка, -и
разря́дник, -а
разря́дный
разряжа́ть(ся), -а́ю(сь), -а́ет(ся) (к разряди́ть(ся) 1—2)
разря́женный (*от* разряди́ть 1)
разря́женный; *кр. ф.* -ен, -ена и разряжённый; *кр. ф.* -ён, -ена́ (*от* разряди́ть 2)
разубеди́ть(ся), -ежу́(сь), -еди́т(ся)
разубежда́ть(ся), -а́ю(сь), -а́ет(ся)
разубеждённый; *кр. ф.* -ён, -ена́
разу́бранный
разубра́ть(ся), -беру́(сь), -берёт(ся); *прош.* -а́л(ся), -ала́(сь), -а́ло, -а́лось
разува́ть(ся), -а́ю(сь), -а́ет(ся)
разуве́рение, -я

разуве́ренный
разуве́рить(ся), -рю(сь), -рит(ся)
разуверя́ть(ся), -я́ю(сь), -я́ет(ся)
разуда́лый
разузнава́ть, -наю́, -наёт(ся)
разу́знанный
разузна́ть, -а́ю, -а́ет
разукомплекто́вание, -я
разукомплекто́ванный
разукомплектова́ть, -ту́ю, -ту́ет
разукра́сить(ся), -а́шу(сь), -а́сит(ся)
разукра́шенный
разукра́шивать(ся), -аю(сь), -ает(ся)
разукрупне́ние, -я
разукрупнённый; *кр. ф.* -ён, -ена́
разукрупни́ть(ся), -ню́, -ни́т(ся)
разукрупня́ть(ся), -я́ю, -я́ет(ся)
ра́зум, -а
разуме́ние, -я
разуме́ть(ся), -е́ю, -е́ет(ся)
разу́мник, -а
разу́мница, -ы
разу́мный
разупрочне́ние, -я
разу́тый
разу́ть(ся), -у́ю(сь), -у́ет(ся)
разутю́женный
разутю́живать(ся), -аю, -ает(ся)
разутю́жить(ся), -жу, -жит(ся)
разуха́бистый
разу́ченный
разу́чивать(ся), -аю(сь), -ает(ся)
разучи́ть(ся), -учу́(сь), -у́чит(ся)
разъе́вший(ся)
разъеда́ть(ся), -а́ю(сь), -а́ет(ся)
разъе́денный
разъедине́ние, -я
разъединённый; *кр. ф.* -ён, -ена́
разъедини́тель, -я
разъедини́тельный
разъедини́ть(ся), -ню́(сь), -ни́т(ся)
разъеди́нственный
разъеди́ный: оди́н-разъеди́ный
разъединя́ть(ся), -я́ю(сь), -я́ет(ся)
разъе́зд, -а
разъе́здить(ся), -е́зжу(сь), -е́здит(ся)
разъездно́й
разъезжа́ть(ся), -а́ю(сь), -а́ет(ся)
разъе́зженный
разъе́зживать(ся), -аю(сь), -ает(ся)
разъе́зжий
разъём, -а

разъёмный
разъерепе́ниться, -нюсь,
  -нится
разъе́сть(ся), -е́м(ся),
  -е́шь(ся), -е́ст(ся),
  -еди́м(ся), -еди́те(сь),
  -едя́т(ся); *прош.* -е́л(ся),
  -е́ла(сь)
разъе́хаться, -е́дусь, -е́дется
разъярённый; *кр. ф.* -ён,
  -ена́
разъяри́ть(ся), -рю́(сь),
  -ри́т(ся)
разъяря́ть(ся), -я́ю(сь),
  -я́ет(ся)
разъясне́ние, -я
разъяснённый; *кр. ф.* -ён,
  -ена́
разъя́снеть, -еет (о погоде)
разъя́сниваться, -ается (о
  погоде)
разъясни́тельный
разъя́снить(ся), -ит(ся) (о
  погоде)
разъясни́ть(ся), -ню́,
  -ни́т(ся) (объясни́ть(ся)
разъясня́ть(ся), -я́ю,
  -я́ет(ся)
разъя́тие, -я
разъя́тый
разъя́ть(ся), разойму́, ра-
  зоймёт(ся); разыму́,
  разы́мет(ся) и (*устар.*)
  разъе́млю, разъе́м-
  лет(ся)
разы́гранный
разыгра́ть(ся), -а́ю(сь),
  -а́ет(ся)
разы́грывание, -я
разы́грывать(ся), -аю(сь),
  -ает(ся)
разыма́ть(ся), -а́ю, -а́ет(ся)
разыменова́ние, -я
разымено́ванный
разыменова́ть, -ну́ю, -ну́ет
разы́мчивый
разы́скание, -я
разы́сканный
разыска́ть(ся), -ыщу́(сь),
  -ы́щет(ся)
разы́скивать(ся), -аю(сь),
  -ает(ся)
разыскни́к, -а́
разыскно́й
разэ́такий
разя́щий
ра́йна, -ы
ра́йновый
рай, -я, *предл.* о ра́е, в раю́
райвоенкома́т, -а
ра́йграс, -а
рай-де́рево, -а
райисполко́м, -а
ра́йковый
райко́м, -а
райко́мовский
райо́н, -а
райони́рование, -я
райони́рованный
райони́ровать(ся), -рую,
  -рует
райо́нка, -и
райо́нный
райпотребсою́з, -а

ра́йский
райсобе́с, -а
райсове́т, -а
райце́нтр, -а
ра́йя, -и
рак, -а
ра́ка, -и
рака́лия, -и
ра́кель, -я
ра́кельный
раке́та, -ы
раке́та-зо́нд, раке́ты-зо́нда
раке́та-носи́тель, раке́ты-
  носи́теля
раке́та-перехва́тчик, раке́-
  ты-перехва́тчика
раке́тка, -и
раке́тница, -ы
раке́тно-косми́ческий
раке́тно-прямото́чный
раке́тно-техни́ческий
раке́тно-я́дерный
раке́тный
ракетово́з, -а
ракетодина́мика, -и
ракетодро́м, -а
ракетомодели́ст, -а
ракетоно́сец, -сца
ракетоноси́тель, -я (раке-
  тоносец)
ракетоно́сный
ракетопла́н, -а
ракетострое́ние, -я
ракетострои́тель, -я
раке́точный
раке́тчик, -а
раки́та, -ы
раки́тник, -а
раки́тный
раки́товый
ра́кия, -и
ракли́ст, -а
ра́кля, -и
ра́ковина, -ы
ра́ковинный
ра́ковистый
ра́ковый
рако́лов, -а
ракообра́зный
ракорд, -а
ракоскорпио́н, -а
рак-отше́льник, ра́ка-от-
  ше́льника
ракоусто́йчивый
ра́курс, -а
ра́кушечник, -а
ра́кушечный
раку́шка, -и
ра́кушковый
ра́кша, -и
ракшеобра́зные, -ых
ра́лли, *нескл., с.*
ралли́йный
ралли́ст, -а
ра́ло, -а
ра́ма, -ы
рамаза́н, -а
рамбулье́, *неизм. и
  нескл., м. и ж.*
рамена́, -ме́н, -мена́м
ра́мень, -и
ра́менье, -я
рамифика́ция, -и
ра́мка, -и

ра́мно-консо́льный
ра́мный
рамоли́, *нескл., м.*
рамблик, -а
рамооборо́т, -а
рамотёс, -а
ра́мочка, -и
ра́мочный
ра́мпа, -ы
рампа́да, -ы
рамс, -а
рамфори́нх, -а
рамфоте́ка, -и
ра́на, -ы
ранг, -а
рангбут, -а
рангбу́тный
рандеву́, *нескл., с.*
раневой
ра́нее, *сравн. ст. (от* ра́-
  но)
ране́ние, -я
ра́ненный, *прич.*
ра́неный, *прил.*
ра́нёнько
ране́т, -а
ране́тка, -и
ранёхонько
ра́нец, ра́нца
ране́шенько
ранжи́р, -а
ра́нить, -ню, -нит
ра́нка, -и
ранневесе́нний
раннеосе́нний
раннеспе́лый
раннефеода́льный
раннехристиа́нский
раннецвету́щий
ра́нний
ра́но
ранова́то
рант, -а, *предл.* о ра́нте, на
  ранту́
рантово́й
рантовшивно́й
рантье́, *нескл., м.*
ра́нула, -ы
ранче́ро, *нескл., м.*
ра́нчо, *нескл., с.*
ра́ным-ранёхонько
ра́ным-ранёхонько
ра́ным-ранёшенько
ра́ным-ра́но
рань, -и
ра́ньше, *сравн. ст. (от*
  ра́но)
ра́ньшина, -ы
рапа́, -ы́
рапи́д, -а
рапи́дный
рапи́ра, -ы
рапири́ст, -а
рапири́стка, -и
рапно́й
ра́порт, -а, *мн.* -ы, -ов и -а́,
  -о́в (донесение)
рапорти́чка, -и
рапортова́ть, -ту́ю, -ту́ет
ра́пповский
раппо́рт, -а (узор)
рапс, -а
ра́псовый
рапсо́д, -а

рапсо́дия, -и
рарите́т, -а
ра́са, -ы
расе́йский (*от* Расе́я)
раси́зм, -а
раси́ст, -а
раси́стский
раскабалённый; *кр. ф.* -ён,
  -ена́
раскабали́ть(ся), -лю́(сь),
  -ли́т(ся)
раскабаля́ть(ся), -я́ю(сь),
  -я́ет(ся)
раска́выченный
раска́вычивать, -аю, -ает
раска́вычить, -чу, -чит
раскадро́вка, -и
расказнённый; *кр. ф.* -ён,
  -ена́
расказни́ть, -ню́, -ни́т
раска́иваться, -аюсь,
  -ается
раскалённый; *кр. ф.* -ён,
  -ена́
раскали́ть(ся), -лю́,
  -ли́т(ся)
раска́лывание, -я
раска́лывать(ся), -аю(сь),
  -ает(ся)
раскаля́каться, -аюсь, -ает-
  ся
раскаля́ть(ся), -я́ю, -я́ет(ся)
раскапри́зничаться, -аюсь,
  -ается
раска́пывание, -я
раска́пывать(ся), -аю,
  -ает(ся)
раска́рмливать(ся), -аю,
  -ает(ся)
раскасси́рованный
раскасси́ровать, -рую, -рует
раска́т, -а
раска́танный
раската́ть(ся), -а́ю(сь),
  -а́ет(ся)
раска́тисто-гро́мкий
раска́тисто-дли́нный
раска́тистый
раската́ть(ся), -ачу́(сь),
  -а́тит(ся)
раска́тка, -и
раскатно́й
раска́тывание, -я
раска́тывать(ся), -аю(сь),
  -ает(ся)
раска́чанный (*от* раскача́ть)
раскача́ть(ся), -а́ю(сь),
  -а́ет(ся)
раска́ченный (*от* раска-
  ти́ть)
раска́чивать(ся), -аю(сь),
  -ает(ся)
раска́чка, -и
раска́шивать(ся), -аю,
  -ает(ся)
раска́шливаться, -аюсь,
  -ается
раска́шляться, -яюсь, -яется
раска́явшийся
раска́яние, -я
раска́яться, -а́юсь, -а́ется
расквартиро́ванный

раскварти́ровать(ся), -ру́ю, -ру́ет(ся)
расквартиро́вывать(ся), -аю, -ает(ся)
расква́сить(ся), -а́шу(сь), -а́сит(ся)
расква́шенный
расква́шивать(ся), -аю(сь), -ает(ся)
расквити́ться, -а́юсь, -а́ется
раски́данный
раскида́ть(ся), -а́ю(сь), -а́ет(ся)
раски́дистый
раски́дка, -и
раскидно́й
раски́дывание, -я
раски́дывать(ся), -аю(сь), -ает(ся)
раски́нутый
раски́нуть(ся), -ну(сь), -нет(ся)
раскипе́ться, -плю́сь, -пи́тся
раскипяти́ться, -ячу́сь, -яти́тся
раскиса́ть, -а́ю, -а́ет
раскисле́ние, -я
раскисли́тель, -я
раскисли́ть, -лю́, -ли́т
раскисля́ть(ся), -я́ю, -я́ет(ся)
раски́снуть, -ну, -нет; прош. -и́с, -и́сла
раски́сший
раскла́д, -а
раскла́дка, -и
раскладно́й
раскла́дочный
раскладу́шка, -и
раскла́дчик, -а
раскла́дывать(ся), -аю(сь), -ает(ся)
раскла́ниваться, -аюсь, -ается
раскла́няться, -яюсь, -яется
расклёванный
расклева́ть, -люю, -люёт
расклёвывать(ся), -аю, -ает(ся)
раскле́енный
раскле́ивание, -я
раскле́ивать(ся), -аю(сь), -ает(ся)
раскле́ить(ся), -е́ю(сь), -е́ит(ся)
раскле́йка, -и
раскле́йщик, -а
расклёпанный
расклепа́ть(ся), -а́ю, -а́ет(ся)
расклёпка, -и
расклёпывание, -я
расклёпывать(ся), -аю, -ает(ся)
расклёшенный
расклёшивать(ся), -аю, -ает(ся)
расклёшить, -шу, -шит
расклинённый; кр. ф. -ён, -ена́ и раскли́ненный; кр. ф. -ен, -ена
раскли́нивать(ся), -аю, -ает(ся)

расклини́ть(ся), -ню́, -ни́т(ся) и раскли́нить(ся), -ню, -нит(ся)
раско́ванный
раскова́ть(ся), -кую́(сь), -куёт(ся)
раско́вка, -и
раско́вывание, -я
раско́вывать(ся), -аю(сь), -ает(ся)
расковы́ривать(ся), -аю, -ает(ся)
расковы́рянный
расковыря́ть, -я́ю, -я́ет
раскоди́рованный
раскоди́ровать, -рую, -рует
раско́канный
раско́кать(ся), -аю, -ает(ся)
раско́л, -а
раскола́чивать(ся), -аю, -ает(ся)
расколдо́ванный
расколдова́ть, -ду́ю, -ду́ет
раско́лка, -и
расколоти́ть(ся), -лочу́, -ло́тит(ся)
раско́лотый
расколо́ть(ся), -олю́(сь), -о́лет(ся)
расколоучи́тель, -я
расколо́ченный
расколошма́тить, -а́чу, -а́тит
расколу́панный
расколупа́ть, -а́ю, -а́ет
расколу́пывать(ся), -аю, -ает(ся)
расколыха́ть(ся), -ы́шу, -ы́шет(ся) и -а́ю, -а́ет(ся)
раско́льник, -а
раско́льница, -ы
раско́льнический
раско́льничество, -а
раско́льничий, -ья, -ье
раскомандирова́ть, -ру́ю, -ру́ет
раскомандиро́вка, -и
раскомандиро́вочный
раскомплекто́ванный
раскомплектова́ть, -ту́ю, -ту́ет
расконвои́рованный
расконвои́ровать, -рую, -рует
расконопа́тить, -а́чу, -а́тит
расконопа́ченный
расконопа́чивать(ся), -аю, -ает(ся)
расконсерва́ция, -и
расконсерви́рованный
расконсерви́ровать, -рую, -рует
раско́п, -а
раско́панный
раскопа́ть, -а́ю, -а́ет
раско́пка, -и
раско́пки, -пок
раскорми́ть, -ормлю́, -о́рмит
раско́рмленный
раскорчёванный
раскорчева́ть, -чу́ю, -чу́ет
раскорчёвка, -и
раскорчёвывание, -я

раскорчёвывать(ся), -аю, -ает(ся)
раскоря́ка, -и, м. и ж.
раскоря́ченный
раскоря́чивать(ся), -аю(сь), -ает(ся)
раскоря́чить(ся), -чу(сь), -чит(ся)
раскоря́чка, -и
раско́с, -а
раскоси́ть 1, -ошу́, -о́сит (скосить косой)
раскоси́ть 2, -ошу́, -оси́т (сделать косым; укрепить раскосами)
раско́ска, -и
раскосма́тить(ся), -а́чу(сь), -а́тит(ся)
раскосма́ченный
раско́сый
раскочевря́житься, -жусь, -жится
раскоше́ливаться, -аюсь, -ается
раскоше́литься, -люсь, -лится
раско́шенный (от раскоси́ть 1)
раскошённый; кр. ф. -ён, -ена́ и раско́шенный; кр. ф. -ен, -ена (от раскоси́ть 2)
раскра́денный
раскра́дывать(ся), -аю, -ает(ся)
раскра́ивание, -я
раскра́ивать(ся), -аю, -ает(ся)
раскраса́вец, -вца
раскраса́вица, -ы
раскра́сить(ся), -а́шу(сь), -а́сит(ся)
раскра́ска, -и
раскрасне́ться, -е́юсь, -е́ется
раскра́сть, -аду́, -аде́т; прош. -а́л, -а́ла
раскра́счик, -а
раскра́счица, -ы
раскра́шенный
раскра́шивание, -я
раскра́шивать(ся), -аю(сь), -ает(ся)
раскрепи́ть(ся), -плю́, -пи́т(ся)
раскреплённый; кр. ф. -ён, -ена́
раскрепля́ть(ся), -я́ю, -я́ет(ся)
раскрепо́ванный
раскрепова́ть, -пу́ю, -пу́ет
раскрепо́вка, -и
раскрепо́вывать, -аю, -ает
раскрепости́ть(ся), -ощу́(сь), -ости́т(ся)
раскрепоща́ть(ся), -а́ю(сь), -а́ет(ся)
раскрепоще́ние, -я
раскрепощённый; кр. ф. -ён, -ена́
раскритико́ванный
раскритикова́ть(ся), -ку́ю, -ку́ет(ся)

раскритико́вывать(ся), -аю, -ает(ся)
раскрича́ть(ся), -чу́(сь), -чи́т(ся)
раскровени́ть(ся), -ню́(сь), -ни́т(ся)
раскро́енный
раскро́ить, -ою, -ои́т
раскро́й, -я
раскро́йка, -и
раскро́йный
раскро́йщица, -ы
раскро́мсанный
раскромса́ть, -а́ю, -а́ет
раскро́шенный
раскроши́ть(ся), -ошу́, -о́ши́т(ся)
раскружа́ленный
раскружа́ливание, -я
раскружа́ливать, -аю, -ает
раскружа́лить, -лю, -лит
раскрути́ть(ся), -учу́(сь), -у́тит(ся)
раскру́тка, -и
раскру́ченный
раскру́чивание, -я
раскру́чивать(ся), -аю(сь), -ает(ся)
раскручи́нить(ся), -нюсь, -нится
раскрыва́емость, -и
раскрыва́ние, -я
раскрыва́ть(ся), -а́ю(сь), -а́ет(ся)
раскры́тие, -я
раскры́тый
раскры́ть(ся), -ро́ю(сь), -ро́ет(ся)
раскряжёванный
раскряжева́ть, -жу́ю, -жу́ет
раскряжёвка, -и
раскряжёвывать, -аю, -ает
раскуда́хтаться, -хчусь, -хчется
раскула́ченный
раскула́чивание, -я
раскула́чивать(ся), -аю, -ает(ся)
раскула́чить, -чу, -чит
раскуме́кать, -аю, -ает
раскупа́ть(ся), -а́ю, -а́ет(ся)
раскупи́ть, -уплю́, -у́пит
раску́пленный
раску́поренный
раску́поривание, -я
раску́поривать(ся), -аю, -ает(ся)
раску́порить, -рю, -рит
раску́порка, -и
раскура́житься, -жусь, -жится
раску́ренный
раску́ривание, -я
раску́ривать(ся), -аю, -ает(ся)
раскури́ть(ся), -урю́, -у́рит(ся)
раску́рка, -и
раскуси́ть, -ушу́, -у́сит
раскусти́ться, -и́тся
раску́сывать(ся), -аю, -ает(ся)
раску́танный

раскутать(ся), -аю(сь), -ает(ся)
раскутиться, -учусь, -утится
раскутывать(ся), -аю(сь), -ает(ся)
раскушенный (от раскусить)
расоведение, -я
расоведческий
расовый
расогенез, -а
распад, -а
распадаться, -ается
распадение, -я
распадок, -дка
распаивать(ся), -аю, -ает(ся)
распакованный
распаковать(ся), -кую(сь), -кует(ся)
распаковка, -и
распаковывание, -я
распаковывать(ся), -аю(сь), -ает(ся)
распалённый; кр. ф. -ён, -ена
распалзываться, -ается
распалить(ся), -лю(сь), -лит(ся)
распалубка, -и
распалять(ся), -яю(сь), -яет(ся)
распар, -а
распаренный
распаривать(ся), -аю(сь), -ает(ся)
распарить(ся), -рю(сь), -рит(ся)
распарка, -и
распарывание, -я
распарывать(ся), -аю, -ает(ся)
распасовать, -сую, -сует
распасовка, -и
распасовывать(ся), -аю, -ает(ся)
распасться, -адётся; прош. -ался, -алась
распатроненный
распатронивать(ся), -аю, -ает(ся)
распатронить, -ню, -нит
распаханный
распахать, -пашу, -пашет
распахивать(ся), -аю(сь), -ает(ся)
распахнутый
распахнуть(ся), -ну(сь), -нёт(ся)
распашка, -и
распашник, -а
распашной
распашонка, -и
распаянный
распаять, -яю, -яет(ся)
распев, -а
распевать(ся), -аю(сь), -ает(ся) (к петь)
распекание, -я
распекать(ся), -аю, -ает(ся)
распёкший
распелёнатый и распелёнутый

распеленать(ся), -аю(сь), -ает(ся)
распелёнывать(ся), -аю(сь), -ает(ся)
расперёть, разопру, разопрёт; прош. распёр, распёрла
распёртый
распёрший
распестрённый; кр. ф. -ён, -ена
распестрить, -рю, -рит
распетушиться, -шусь, -шится
распетый
распеть(ся), -пою(сь), -поёт(ся)
распечатанный
распечатать(ся), -аю, -ает(ся)
распечатывать(ся), -аю, -ает(ся)
распечённый; кр. ф. -ён, -ена
распечь, -еку, -ечёт, -екут; прош. -ёк, -екла
распивать(ся), -аю, -ает(ся) (к пить)
распивочный
распикированный
распикировать, -рую, -рует (от пикировать)
распил, -а
распиленный
распиливание, -я
распиливать(ся), -аю, -ает(ся)
распилить(ся), -илю, -илит(ся)
распилка, -и
распиловка, -и
распиловочный
распинать(ся), -аю(сь), -ает(ся)
распирать(ся), -аю, -ает(ся)
расписание, -я
расписанный
расписать(ся), -ишу(сь), -ишет(ся)
расписка, -и
расписной
расписывание, -я
расписывать(ся), -аю(сь), -ает(ся)
распитый; кр. ф. распит, роспит, распита, распито и роспито
распить, разопью, разопьёт; прош. распил и роспил, распила, распило и роспило
распиханный
распихать, -аю, -ает
распихивать(ся), -аю, -ает(ся)
распихнутый
распихнуть, -ну, -нёт
расплав, -а
расплавить(ся), -влю, -вит(ся)
расплавка, -и
расплавление, -я
расплавленный

расплавлять(ся), -яю, -яет(ся)
расплакаться, -ачусь, -ачется
распланированный
распланировать, -рую, -рует и распланировать, -рую, -рует
распланировка, -и
распланировывать(ся), -аю, -ает(ся)
распластанный
распластать(ся), -аю(сь), -ает(ся)
распластованный
распластовать, -тую, -тует
распластывать(ся), -аю(сь), -ает(ся)
расплата, -ы
расплатиться, -ачусь, -атится
расплачиваться, -аюсь, -ается
расплеваться, -лююсь -люётся
расплёвываться, -аюсь, -ается
расплёсканный
расплескать(ся), -ещу(сь), -ещет(ся) и -аю(сь), -ает(ся)
расплёскивать(ся), -аю, -ает(ся)
расплёснутый
расплеснуть(ся), -ну, -нёт(ся)
расплести(сь), -лету, -летёт(ся); прош. -ёл(ся), -ела(сь)
расплетать(ся), -аю, -ает(ся)
расплетённый; кр. ф. -ён, -ена
расплётший(ся)
расплод, -а
расплодить(ся), -ожу, -одит(ся)
распложать(ся), -аю, -ает(ся)
распложённый; кр. ф. -ён, -ена
распломбировать, -рую, -рует
расплываться, -аюсь, -ается
расплывчатость, -и
расплывчатый
расплыться, -ывусь, -ывёт-ся; прош. -ылся, -ылась, -ылось
расплюснутый
расплюснуть(ся), -ну, -нет(ся)
расплющенный
расплющивать(ся), -аю, -ает(ся)
расплющить(ся), -щу, -щит(ся)
расплясаться, -яшусь, -яшется
распогодиться, -ится
распогоживаться, -ается
расподобление, -я
расподобляться, -яется
распознавание, -я

распознавать(ся), -наю, -наёт(ся)
распознанный
распознать, -аю, -ает
располагать(ся), -аю, -ает(ся)
располагающий(ся)
расползаться, -аюсь, -ается
расползтись, -зусь, -зётся; прош. -олзся, -олзлась
расползшийся
располнеть, -ею, -еет
расположение, -я
расположенный
расположить(ся), -ожу(сь), -ожит(ся)
располосованный
располосовать, -сую, -сует
располосовывать(ся), -аю, -ает(ся)
распомаживать(ся), -ажу, -ажит(ся)
распомаженный
распоп, -а
распор, -а
распорка, -и
распорный
распоротый
распороть(ся), -орю, -орет(ся)
распорочный
распорошённый; кр. ф. -ён, -ена
распорошить, -шу, -шит
распорядитель, -я
распорядительница, -ы
распорядительность, -и
распорядительный
распорядительский
распорядиться, -яжусь, -ядится
распорядок, -дка
распоряжаться, -аюсь, -ает-ся
распоряжение, -я
распоследний
распотешить(ся), -шу(сь), -шит(ся)
распотрошённый; кр. ф. -ён, -ена
распотрошить, -шу, -шит
распоясанный
распоясать(ся), -яшу(сь), -яшет(ся)
распояска, -и (ходить рас-пояской)
распоясывать(ся), -аю(сь), -ает(ся)
расправа, -ы
расправить(ся), -влю(сь), -вит(ся)
расправленный
расправлять(ся), -яю(сь), -яет(ся)
распределение, -я
распределённый; кр. ф. -ён, -ена
распределитель, -я
распределительный
распределить(ся), -лю, -лит(ся)
распределять(ся), -яю, -яет(ся)
распредустройство, -а

распрекра́сный
распродава́ть(ся), -даю́,
-даёт(ся)
распрода́жа, -и
распро́данный
распрода́ть, -а́м, -а́шь, -а́ст,
-ади́м, -ади́те, -аду́т;
прош. -о́дал, -одала́, -о́да-
ло
распрокля́тый
распропаганди́рованный
распропаганди́ровать,
-рую, -рует
распростере́ть(ся),
-тру́(сь), -трёт(ся); *прош.*
-тёр(ся), тёрла(сь)
распростёртый
распростёрший(ся)
распростира́ть(ся),
-а́ю(сь), -а́ет(ся)
распрости́ться, -ощу́сь, -ос-
ти́тся
распростране́ние, -я
распространённость, -и
распространённый; *кр. ф.*
-ён, -ена́
распространи́тель, -я
распространи́тельница,
-ы
распространи́тельный
распространи́тельский
распространи́ть(ся),
-ню́(сь), -ни́т(ся)
распространя́ть(ся),
-я́ю(сь), -я́ет(ся)
распроща́ться, -а́юсь, -а́ется
распры́гаться, -аюсь, -ается
распры́сканный
распры́скать, -аю, -ает
распры́скивать(ся), -аю,
-ает(ся)
ра́спря, -и
распряга́ние, -я
распряга́ть(ся), -а́ю,
-а́ет(ся)
распря́гший(ся)
распряжённый; *кр. ф.* -ён,
-ена́
распря́жка, -и
распрями́ть(ся), -млю́(сь),
-ми́т(ся)
распрямле́ние, -я
распрямлённый; *кр. ф.*
-ён, -ена́
распрямля́ть(ся), -я́ю(сь),
-я́ет(ся)
распря́чь(ся), -ягу́,
-яжёт(ся), -ягу́т(ся);
прош. -я́г(ся), -ягла́(сь)
распублико́ванный
распубликова́ть, -ку́ю, -ку́-
ет
распу́ганный
распуга́ть, -а́ю, -а́ет
распу́гивать(ся), -аю,
-ает(ся)
распу́гнутый
распугну́ть, -ну́, -нёт
распуска́ть(ся), -а́ю(сь),
-а́ет(ся)
распустёха, -и, *м. и ж.*
распусти́ть(ся), -ущу́(сь),
-у́стит(ся)
распу́танный

распу́тать(ся), -аю(сь),
-ает(ся)
распу́тица, -ы
распу́тник, -а
распу́тница, -ы
распу́тничать, -аю, -ает
распу́тный
распу́тство, -а
распу́тывать(ся), -аю(сь),
-ает(ся)
распу́тье, -я, *р. мн.* -тий
распуха́ть, -а́ю, -а́ет
распу́хнуть, -ну, -нет;
прош. -у́х, -у́хла
распу́хший
распу́ченный
распу́чить, -чу, -чит
распушённый; *кр. ф.* -ён,
-ена́
распуши́ть(ся), -шу́,
-ши́т(ся)
распу́щенность, -и
распу́щенный; *кр. ф.*
прич. -ен, -ена; *кр. ф.*
прил. -ен, -енна
распы́л, -а
распыла́ться, -а́ется
распыле́ние, -я
распылённый; *кр. ф.* -ён,
-ена́
распы́ливание, -я
распы́ливать(ся), -аю,
-ает(ся)
распыли́тель, -я
распыли́ть(ся), -лю́,
-ли́т(ся)
распыля́ть(ся), -я́ю,
-я́ет(ся)
распы́танный
распыта́ть, -а́ю, -а́ет
распы́тывать, -аю, -ает
распья́ный: пья́ный-рас-
пья́ный
распя́ленный
распя́ливать(ся), -аю,
-ает(ся)
распя́лить(ся), -лю,
-лит(ся)
распя́тие, -я
распя́тый
распя́ть, -пну́, -пнёт
расса́да, -ы
рассади́ть, -ажу́, -а́дит
расса́дка, -и
расса́дник, -а
расса́дный
рассадопоса́дочный
рассадосажа́лка, -и
расса́женный
расса́живание, -я
расса́живать(ся), -аю(сь),
-ает(ся)
расса́сывать(ся), -аю,
-ает(ся)
рассверлённый; *кр. ф.* -ён,
-ена́
рассве́рливать(ся), -аю,
-ает(ся)
рассверли́ть(ся), -лю́,
-ли́т(ся)
рассвести́, -ветёт; *прош.*
-вело́
рассве́т, -а
рассвета́ть, -а́ет
рассве́тный
рассвирепе́лый

рассвирепе́ть, -е́ю, -е́ет
рассвисте́ться, -ищу́сь, -ис-
ти́тся
рассе́в, -а
рассева́ть(ся), -а́ю, -а́ет(ся)
рассе́даться, -а́ется
рассе́дина, -ы
рассёдланный
расседла́ть(ся), -а́ю,
-а́ет(ся)
рассёдлывать(ся), -аю,
-ает(ся)
рассе́ивание, -я
рассе́ивать(ся), -аю(сь),
-ает(ся)
рассека́ть(ся), -а́ю, -а́ет(ся)
рассекре́тить, -ре́чу, -ре́-
тит
рассекре́ченный
рассекре́чивать(ся), -аю,
ает(ся)
рассе́кший(ся) и рассёк-
ший(ся)
расселе́ние, -я
расселённый; *кр. ф.* -ён,
-ена́
рассе́лина, -ы
рассели́ть(ся), -елю́,
-е́ли́т(ся)
расселя́ть(ся), -я́ю, -я́ет(ся)
рассерди́ть(ся), -ержу́(сь),
-е́рдит(ся)
рассе́рженный
рассерча́ть, -а́ю, -а́ет
рассе́сться, -ся́дусь, -ся́дет-
ся; *прош.* -се́лся, -се́лась
рассече́ние, -я
рассечённый; *кр. ф.* -ён,
-ена́
рассе́чка, -и
рассе́чь(ся), -еку́, -ечёт(ся),
-еку́т(ся); *прош.* -ек(ся) и
-ёк(ся), -екла́(сь)
рассе́яние, -я
рассе́янность, -и
рассе́янный; *кр. ф. прич.*
-ян, -яна; *кр. ф. прил.* -ян,
-янна
рассе́ять(ся), -е́ю(сь),
-е́ет(ся)
рассиде́ться, -ижу́сь, -иди́т-
ся
расси́живаться, -аюсь, -ает-
ся
рассиро́пить(ся), -плю(сь),
-пит(ся)
рассиро́пленный
расска́з, -а
расска́занный
рассказа́ть, -ажу́, -а́жет
расска́зец, -зца
расска́зик, -а
расска́зчик, -а
расска́зчица, -ы
расска́зывание, -я
расска́зывать(ся), -аю,
-ает(ся)
расскака́ться, -скачу́сь,
-ска́чется
расслабева́ть, -а́ю, -а́ет
расслабе́ть, -е́ю, -е́ет (стать
слабым)
рассла́бить, -блю, -бит (*ко-*
го, что)

рассла́биться, -блюсь, -бит-
ся
расслабле́ние, -я
рассла́бленный
расслабля́ть(ся), -я́ю(сь),
-я́ет(ся)
расслабля́ющий(ся)
рассла́бнувший
рассла́бнуть, -ну, -нет;
прош. -а́б, -а́бла
рассла́бший
рассла́вить(ся), -влю,
-вит(ся)
рассла́вленный
расславля́ть(ся), -я́ю,
-я́ет(ся)
рассла́ивание, -я
рассла́ивать(ся), -аю,
-ает(ся)
расследование -я
рассле́дованный
рассле́довать(ся), -дую,
-дует(ся)
расслое́ние, -я
расслоённый; *кр. ф.* -ён,
-ена́
расслои́ть(ся), -ою́,
-ои́т(ся)
рассло́йка, -и
расслы́шанный
расслы́шать, -шу, -шит
рассма́тривание, -я
рассма́тривать(ся), -аю,
-ает(ся)
рассмешённый; *кр. ф.* -ён,
-ена́
рассмеши́ть, -шу́, -ши́т
рассмея́ться, -ею́сь, -еётся
рассмотре́ние, -я
рассмотре́нный
рассмотре́ть, -отрю́, -о́трит
расснасти́ть, -ащу́, -асти́т
рассна́стка, -и
расснащённый; *кр. ф.* -ён,
-ена́
расснащивать(ся), -аю,
-ает(ся)
рассо́ванный
рассова́ть, -сую́, -суёт
рассове́товать, -тую, -тует
рассо́вывать(ся), -аю,
-ает(ся)
рассогласова́ние, -я
рассо́л, -а
рассолоде́ть, -е́ет
рассо́льник, -а
рассо́льный
рассо́ренный (*от* рассо́-
рить)
рассорённый *кр. ф.* -ён,
-ена́ (*от* рассори́ть)
рассо́ривать(ся), -аю(сь),
-ает(ся)
рассо́рить, -рю, -рит (*к*
сор)
рассори́ть(ся), -орю́(сь),
-ори́т(ся) (*к* ссо́ра)
рассорти́рованный
рассортирова́ть(ся), -ру́ю,
-ру́ет(ся)
рассортиро́вка, -и
рассортиро́вывать(ся),
-аю, -ает(ся)
рассо́санный

рассосáть(ся), -осý,
-осёт(ся)
рассóха, -и
рассóхнуться, -нется;
 прош. -óхся, -óхлась
рассóхшийся
расспрáшивание, -я
расспрáшивать(ся), -аю,
 -ает(ся)
расспрóс, -а
расспросúть, -ошý, -óсит
расспрóшенный
рассредотóчение, -я
рассредотóченный
рассредотóчивать(ся),
 -аю(сь), -ает(ся) и рас-
 средотáчивать(ся),
 -аю(сь), -ает(ся)
рассредотóчить(ся),
 -чу(сь), -чит(ся)
рассрóченный
рассрóчивать(ся), -аю,
 -ает(ся)
рассрóчить, -чу, -чит
рассрóчка, -и
расставáние, -я
расставáться, -таюсь, -таёт-
 ся
расстáвить(ся), -влю,
 -вит(ся)
расстáвка, -и
расстáвленный
расставлять(ся), -яю,
 -яет(ся)
расстанáвливать(ся), -аю,
 -ает(ся)
расстановúть(ся), -овлю,
 -óвит(ся)
расстанóвка, -и
расстанóвленный
расстанóвочный
расстарáться, -áюсь, -áет-
 ся
расстáться, -áнусь, -áнется
расстаю́щийся
расстегáй, -я
расстёгивать(ся), -аю(сь),
 -ает(ся)
расстёгнутый
расстегнýть(ся), -нý(сь),
 -нёт(ся)
расстежнóй
расстекловáние, -я
расстéленный и разó-
 стланный
расстелúть(ся) и разо-
 стлáть(ся), расстелю́,
 расстéлет(ся); *прош.*
 расстелúл(ся), расстелú-
 ла(сь) и разостлáл(ся),
 разостлáла(сь)
расстúл, -а
расстилáние, -я
расстилáть(ся), -áю(сь),
 -áет(ся)
расстúлка, -и
расстоя́ние, -я
расстрáивать(ся), -аю(сь),
 -ает(ся)
расстрéл, -а
расстрéливать(ся), -аю,
 -ает(ся)
расстрел**я**́ние, -я
расстрéлянный

расстрелять(ся), -я́ю,
 -я́ет(ся)
расстрúга, -и, *м.*
расстригáть(ся), -áю(сь),
 -áет(ся)
расстрúженный
расстрúчь(ся), -игý(сь),
 -ижёт(ся), -игýт(ся);
 прош. -úг(ся), -úгла(сь)
расстрóенный
расстрóить(ся), -óю(сь),
 -óит(ся)
расстрóйка, -и
расстрóйство, -а
расступáться, -áется
расступúться, -ýпится
расстыковáть(ся),
 -кýю(сь), -кýет(ся)
расстыкóвка, -и
рассудúтельность, -и
рассудúтельный
рассудúть(ся), -ужý(сь),
 -ýдит(ся)
рассýдок, -дка
рассýдочность, -и
рассýдочный
рассуждáть, -áю, -áет
рассуждéние, -я
рассýженный
рассýживать, -аю, -ает
рассупóненный
рассупóнивать(ся),
 -аю(сь), -ает(ся)
рассупóнить(ся), -ню(сь),
 -нит(ся)
рассусóливать, -аю, -ает
рассýченный
рассýчивать(ся), -аю,
 -ает(ся)
рассучúть(ся), -учý,
 -ýчит(ся)
рассчúтанный
рассчитáть(ся), -áю(сь),
 -áет(ся)
рассчúтывать(ся), -аю(сь),
 -ает(ся)
рассылáть(ся), -áю,
 -áет(ся)
рассы́лка, -и
рассы́лочный
рассы́льный
рассыпáние, -я
рассы́панный
рассыпáть(ся), -плю(сь),
 -плет(ся), -плют(ся) и
 -пет(ся), -пят(ся), *сов.*
рассыпáть(ся), -áю(сь),
 -áет(ся), *несов.*
рассы́пка, -и
рассыпнóй
рассы́пчатый
рассыхáться, -áется
растабáры, -ов
растабáрывать, -аю, -ает
растáивать, -аю, -ает
растáлкивать(ся), -аю,
 -ает(ся)
растáпливание, -я
растáпливать(ся), -аю,
 -ает(ся)
растáптывать(ся), -аю,
 -ает(ся)
растáсканный
растаскáть, -áю, -áет

растáскивать(ся), -аю,
 -ает(ся)
растасóванный
растасовáть, -сýю, -сýет
растасóвка, -и
растасóвывать(ся), -аю,
 -ает(ся)
растáчанный
растачáть, -áю, -áет (к та-
 чáть)
растáчивание, -я
растáчивать(ся), -аю,
 -ает(ся)
растáщенный
растащúть, -ащý, -áщит
растáять, -áю, -áет
раствóр, -а
растворéние, -я
раствóренный; *кр. ф.* -ен,
 -ена и растворённый;
 кр. ф. -ён, -ена́ (*от* растворúть 1)
растворённый; *кр. ф.* -ён,
 -ена́ (*от* растворúть 2)
растворúмость, -и
растворúмый
растворúтель, -я
растворúть(ся) 1, -орю́,
 -óрит(ся) (раскрыть(ся)
растворúть(ся) 2, -орю́(сь),
 -орúт(ся) (распустить в
 жидкости и др.)
раствóрный
растворобетóнный
растворомешáлка, -и
растворонасóс, -а
растворя́емость, -и
растворя́ть(ся), -я́ю,
 -я́ет(ся)
растекáние, -я
растекáться, -áюсь, -áется
растёкшийся
растелúваться, -ается
растелúться, -éлится (оте-
 литься)
растéние, -я
растениевóд, -а
растениевóдство, -а
растениевóдческий
растениепитáтель, -я
растéньице, -а
растеребúть(ся), -блю́,
 -бúт(ся)
растереблённый; *кр. ф.*
 -ён, -ена́
растерéть(ся), разо-
 трý(сь), разотрёт(ся);
 прош. -тёр(ся), -тёрла(сь)
растерзáние, -я
растéрзанный
растерзáть, -áю, -áет
растéрзывать(ся), -аю,
 -ает(ся)
растирáть(ся), -áю(сь),
 -áет(ся)
растёртый
растёрший(ся)
растéря, -и, *м. и ж.*
растéрянность, -и
растéрянный
растеря́ть(ся), -я́ю(сь),
 -я́ет(ся)
растеря́ха, -и, *м. и ж.*
растёсанный

растесáть(ся), -тешý, -тé-
 шет(ся)
растёска, -и
растёсывание, -я
растёсывать(ся), -аю,
 -ает(ся)
растёчка, -и
растéчься, -ечётся, -екýтся;
 прош. -ёкся, -еклáсь
растú, -тý, -тёт; *прош.* рос,
 рослá
растиражúрованный
растиражúровать, -рую,
 -рует
растирáние, -я
растирáть(ся), -áю(сь),
 -áет(ся)
растúрка, -и
растúрочный
растúсканный
растúскать, -аю, -ает
растúскивать(ся), -аю,
 -ает(ся)
растúснутый
растúснуть(ся), -ну,
 -нет(ся)
растúтельность, -и
растúтельноя́дный
растúтельный
растúть(ся), ращý, рас-
 тúт(ся)
растлевáть(ся), -áю(сь),
 -áет(ся)
растлéние, -я
растлённый; *кр. ф.* -ён, -ён-
 на, *прил.*
растлённый; *кр. ф.* -ён,
 -ена́, *прич.*
растлúтель, -я
растлúть(ся), -лю́(сь),
 -лú́т(ся)
растóлканный
растолкáть, -áю, -áет
растолкóванный
растолковáть(ся),
 -кýю(сь), -кýет(ся)
растолкóвывать(ся), -аю,
 -ает(ся)
растолóкший(ся)
растолóчь(ся), -лкý,
 -лчёт(ся), -лкýт(ся);
 прош. -лóк(ся), -лклá(сь)
растолстéть, -éю, -éет
растолчённый; *кр. ф.* -ён,
 -ена́
растомúть(ся), -млю́(сь),
 -мúт(ся)
растомлённый; *кр. ф.* -ён,
 -ена́
растопúть(ся), -оплю́,
 -óпит(ся)
растóпка, -и
растóпленный
растопля́ть(ся), -я́ю,
 -я́ет(ся)
растóпочный
растóптанный
растоптáть(ся), -опчý, -óп-
 чет(ся)
растопы́ренный
растопы́ривать(ся),
 -аю(сь), -ает(ся)
растопы́рить(ся), -рю(сь),
 -рит(ся)

расторга́ть(ся), -а́ю,
-а́ет(ся)
расто́ргнувший
расто́ргнутый
расто́ргнуть, -ну, -нет;
прош. -о́рг и -о́ргнул, -о́рг-
ла
расторго́ванный
расторго́вывать(ся), -гу́ю(сь),
-гу́ет(ся)
расторго́вывать(ся),
-аю(сь), -ает(ся)
расто́ргший
расторже́ние, -я
расто́рженный
расторжи́мость, -и
расторма́живание, -я
расторма́живать(ся), -аю,
-ает(ся)
растормо́женный; *кр. ф.*
-ен, -ена и растормо́жён-
ный; *кр. ф.* -ён, -ена́
растормози́ть, -ожу́, -ози́т
растормошённый; *кр. ф.*
-ён, -ена́
растормоши́ть, -шу́, -ши́т
расторо́пность, -и
расторо́пный
растоскова́ться, -ку́юсь,
-ку́ется
расточа́ть(ся), -а́ю, -а́ет(ся)
(растрачивать)
расточе́ние, -я
расто́ченный (*от* расто́-
чи́ть 1)
расточённый; *кр. ф.* -ён,
-ена́ (*от* расточи́ть 2)
расточи́тель, -я
расточи́тельница, -ы
расточи́тельность, -и
расточи́тельный
расточи́тельство, -а
расточи́ть(ся) 1, -очу́,
-о́чит(ся) (обработать то-
чением)
расточи́ть(ся) 2, -чу́,
-чи́т(ся) (растратить)
расто́чка, -и
расто́чник, -а
расто́чный
растр, -а
ра́стра, -ы
растрави́ть(ся), -авлю́(сь),
-а́вит(ся)
растравле́ние, -я
растра́вленный
растра́вливать(ся),
-аю(сь), -ает(ся)
растравля́ть(ся), -я́ю(сь),
-я́ет(ся)
растранжи́ренный
растранжи́ривать(ся),
-аю(сь), -ает(ся)
растранжи́рить(ся),
-рю(сь), -рит(ся)
растра́та, -ы
растра́тить(ся), -а́чу(сь),
-а́тит(ся)
растра́тчик, -а
растра́тчица, -ы
растра́ченный
растра́чивание, -я
растра́чивать(ся), -аю(сь),
-ает(ся)

растрево́женный
растрево́живать(ся),
-аю(сь), -ает(ся)
растрево́жить(ся), -жу(сь),
-жит(ся)
растрезво́ненный
растрезво́нить, -ню, -нит
растрениро́вать(ся),
-ру́ю(сь), -ру́ет(ся)
растрёпа, -ы, *м. и ж.*
растрёпанный
растрепа́ть(ся), -еплю́(сь),
-е́плет(ся)
растрёпка, -и, *м. и ж.*
растре́скаться, -ается
растре́скиваться, -ается
ра́стровый
растро́ганный
растро́гать(ся), -аю(сь),
-ает(ся)
растру́б, -а
раструби́ть, -блю, -би́т
раструси́ть(ся), -ушу́,
-уси́т(ся)
растру́ска, -и
растру́шенный
растру́шивать(ся), -аю,
-ает(ся)
растряса́ть(ся), -а́ю(сь),
-а́ет(ся)
растрясённый; *кр. ф.* -ён,
-ена́
растрясти́(сь), -су́(сь),
-сёт(ся); *прош.* -я́с(ся),
-ясла́(сь)
растря́сший(ся)
растря́сывать(ся), -аю(сь),
-ает(ся)
растряха́ть, -а́ю, -а́ет
растря́хивать(ся), -аю,
-ает(ся)
растря́хнутый
растряхну́ть, -ну́, -нёт
растужи́ться, -ужу́сь,
-у́жится
растушёванный
растушева́ть(ся), -шу́ю,
-шу́ет(ся)
растушёвка, -и
растушёвывать(ся), -аю,
-ает(ся)
расту́шка, -и
расты́канный
расты́кать(ся), -аю,
-ает(ся), *сов.*
растыка́ть(ся), -а́ю,
-а́ет(ся), *несов.*
растюко́ванный
растюкова́ть, -ку́ю, -ку́ет
растюко́вка, -и
растюко́вывать(ся), -аю,
-ает(ся)
расти́гивание, -я
растя́гивать(ся), -аю(сь),
-ает(ся)
растяже́ние, -я
растяжи́мый
растя́жка, -и
растяжно́й
растя́нутый
растяну́ть(ся), -яну́(сь),
-я́нет(ся)
растя́па, -ы, *м. и ж.*
растя́пать, -аю, -ает

расфантази́роваться, -ру́-
юсь, -руется
расфасо́ванный
расфасова́ть, -су́ю, -су́ет
расфасо́вка, -и
расфасо́вочный
расфасо́вывание, -я
расфасо́вывать(ся), -аю,
-ает(ся)
расфокуси́ровать(ся),
-рую, -рует(ся)
расфокусиро́вка, -и
расформирова́ние, -я
расформиро́ванный
расформирова́ть(ся), -рую,
-ру́ет(ся)
расформиро́вка, -и
расформиро́вывать(ся),
-аю, -ает(ся)
расфранти́ться, -нчу́сь,
-нти́тся
расфранчённый; *кр. ф.*
-ён, -ена́
расфуфы́ренный
расфуфы́риться, -рюсь,
-рится
расха́живать(ся), -аю(сь),
-ает(ся)
расха́ивать(ся), -аю,
-ает(ся)
расхандри́ться, -рю́сь, -ри́т-
ся
расха́янный
расха́ять(ся), -а́ю, -а́ет(ся)
расхва́ленный
расхва́ливать(ся), -аю(сь),
-ает(ся)
расхвали́ть(ся), -алю́(сь),
-а́лит(ся)
расхва́рываться, -аюсь,
-ается
расхва́стать(ся), -аю(сь),
-ает(ся)
расхва́танный (*от* расхва-
та́ть)
расхвата́ть, -а́ю, -а́ет
расхвати́ть, -ачу́, -а́тит
расхва́тывать(ся), -аю,
-ает(ся)
расхва́ченный (*от* рас-
хвати́ть)
расхвора́ться, -а́юсь, -а́ется
расхити́тель, -я
расхи́тить, -и́щу, -и́тит
расхища́ть(ся), -а́ю,
-а́ет(ся)
расхище́ние, -я
расхи́щенный
расхлёбанный
расхлеба́ть(ся), -а́ю(сь),
-а́ет(ся)
расхлёбывать(ся), -аю(сь),
-ает(ся)
расхлёстанный
расхлеста́ть(ся), -ещу́,
-е́щет(ся)
расхлёстнутый
расхлестну́ть, -ну́, -нёт
расхлёстывать(ся), -аю,
-ает(ся)
расхлопота́ться, -очу́сь,
-о́чется
расхля́банность, -и
расхля́банный

расхля́бать(ся), -аю(сь),
-ает(ся)
расхля́бывать(ся), -аю(сь),
-ает(ся)
расхны́каться, -ы́чусь,
-ы́чется и -аюсь, -ается
расхо́д, -а
расходи́ться, -ожу́сь, -о́дит-
ся
расхо́дный
расхо́дование, -я
расхо́довать(ся), -дую(сь),
-дует(ся)
расходоме́р, -а
расходя́щийся
расхожде́ние, -я
расхо́жий
расхола́живать(ся),
-аю(сь), -ает(ся)
расхолоди́ть, -ожу́, -оди́т
расхоложённый; *кр. ф.*
-ён, -ена́
расхомута́ть(ся), -а́ю,
-а́ет(ся)
расхорохо́риться, -рюсь,
-рится
расхоте́ть(ся), -очу́, -о́чешь,
-о́чет(ся), -оти́м, -оти́те,
-отя́т
расхохота́ться, -хохочу́сь,
-хохо́чется
расхрабри́ться, -рю́сь, -ри́т-
ся
расхри́станный
расхулённый; *кр. ф.* -ён,
-ена́
расхули́ть, -лю́, -ли́т
расцара́панный
расцара́пать(ся), -аю(сь),
-ает(ся)
расцара́пывать(ся),
-аю(сь), -ает(ся)
расцвести́, -вету́, -ветёт;
прош. -вёл, -вела́
расцве́т, -а
расцвета́ние, -я
расцвета́ть, -а́ю, -а́ет
расцвети́ть(ся), -ечу́,
-ети́т(ся)
расцве́тка, -и
расцве́тший
расцве́ченный
расцве́чивание, -я
расцве́чивать(ся), -аю,
-ает(ся)
расцело́ванный
расцелова́ть(ся), -лу́ю(сь),
-лу́ет(ся)
расцело́вывать(ся),
-аю(сь), -ает(ся)
расценённый; *кр. ф.* -ён,
-ена́
расце́нивать(ся), -аю(сь),
-ает(ся)
расцени́ть, -еню́, -е́нит
расце́нка, -и
расце́ночно-конфли́кт-
ный
расце́ночный
расцепи́ть(ся), -цеплю́(сь),
-це́пит(ся)
расце́пка, -и
расцепле́ние, -я
расце́пленный

расцепля́ть(ся), -я́ю(сь),
-я́ет(ся)
расча́ленный
расча́ливать(ся), -аю,
-ает(ся)
расча́лить, -лю, -лит
расча́лка, -и
расчасо́вка, -и
расчека́ненный
расчека́нивать(ся), -аю,
-ает(ся)
расчека́нить, -ню, -нит
расчека́нка, -и
расчёркивать(ся), -аю(сь),
-ает(ся)
расчёркнутый
расчеркну́ть(ся), -ну́(сь),
-нёт(ся)
расчерти́ть, -ерчу́, -е́ртит
расче́рченный
расчёрчивать(ся), -аю,
-ает(ся)
расчёс, -а
расчёсанный
расчеса́ть(ся), -ешу́(сь),
-е́шет(ся)
расчёска, -и
расче́сть(ся), разочту́(сь),
разочтёт(ся); прош. рас-
чёл(ся), разочла́(сь)
расчёсывать(ся), -аю(сь),
-ает(ся)
расчёт, -а
расчётливость, -и
расчётливый
расчётно-платёжный
расчётно-техни́ческий
расчётный
расчётчик, -а
расчётчица, -ы
расчехлённый; кр. ф. -ён,
-ена́
расчехли́ть, -лю, -ли́т
расчехля́ть(ся), -я́ю,
-я́ет(ся)
расчири́каться, -ается
расчисле́ние, -я
расчи́сленный
расчи́слить, -лю, -лит
расчисля́ть(ся), -я́ю,
-я́ет(ся)
расчи́стить(ся), -и́щу, -и́с-
тит(ся)
расчи́стка, -и
расчиха́ться, -а́юсь, -а́ется
расчихво́стить, -о́щу, -о́с-
тит
расчихво́щенный
расчища́ть(ся), -а́ю,
-а́ет(ся)
расчи́щенный
расчлене́ние, -я
расчленённый; кр. ф. -ён,
-ена́
расчлени́ть(ся), -ню́,
-ни́т(ся)
расчленя́ть(ся), -я́ю,
-я́ет(ся)
расчу́вствоваться, -твуюсь,
-твуется
расчуде́сный
расчу́ханный
расчу́хать(ся), -аю(сь),
-ает(ся)

расшали́ться, -лю́сь, -ли́тся
расша́ркаться, -аюсь, -ается
расша́ркиваться, -аюсь,
-ается
расша́танный
расшата́ть(ся), -а́ю,
-а́ет(ся)
расша́тывать(ся), -аю,
-ает(ся)
расшвы́ривать(ся), -аю,
-ает(ся)
расшвы́рянный
расшвыря́ть(ся), -я́ю,
-я́ет(ся)
расшевелённый; кр. ф.
-ён, -ена́
расшеве́ливать(ся),
-аю(сь), -ает(ся)
расшевели́ть(ся), -елю́(сь),
-е́ли́т(ся)
расшиба́ть(ся), -а́ю(сь),
-а́ет(ся)
расшиби́ть(ся), -бу́(сь),
-бёт(ся); прош. -ши́б(ся),
-ши́бла(сь)
расши́бленный
расши́ва, -ы
расшива́ние, -я
расшива́ть(ся), -а́ю,
-а́ет(ся)
расши́вка, -и
расшивно́й
расшире́ние, -я
расши́ренный
расшири́тель, -я
расшири́тельный
расши́рить(ся), -рю,
-рит(ся)
расширя́емость, -и
расширя́ть(ся), -я́ю(сь),
-я́ет(ся)
расши́тый
расши́ть(ся), разо-
шью́(сь), разошьёт(ся)
расшифро́ванный
расшифрова́ть, -ру́ю, -ру́ет
расшифро́вка, -и
расшифро́вщик, -а
расшифро́вывать(ся), -аю,
-ает(ся)
расшлёпанный
расшлёпать, -аю, -ает
расшлихто́ванный
расшлихтова́ть, -ту́ю, -ту́ет
расшлихто́вка, -и
расшлихто́вывать(ся), -аю,
-ает(ся)
расшнуро́ванный
расшнурова́ть(ся),
-ру́ю(сь), -ру́ет(ся)
расшнуро́вка, -и
расшнуро́вывать(ся),
-аю(сь), -ает(ся)
расшуме́ться, -млю́сь, -ми́т-
ся
расшути́ться, -учу́сь, -у́тит-
ся
расщебенённый; кр. ф.
-ён, -ена́
расщебе́нивать(ся), -аю,
-ает(ся)
расщебени́ть, -ню, -ни́т
расщебёнка, -и

расщедриваться, -аюсь,
-аетоя
расщедри́ться, -рю́сь, -рит-
ся
расще́лина, -ы
расщёлканный
расщёлкать(ся), -аю(сь),
-ает(ся)
расщёлкивать(ся), -аю,
-ает(ся)
расщёлкнутый
расщёлкнуть, -ну, -нет
расщеми́ть, -млю́, -ми́т
расщемлённый; кр. ф. -ён,
-ена́
расщемля́ть(ся), -я́ю,
-я́ет(ся)
расщёп, -а
расщепа́ть, -щеплю́, -щёп-
лет и -а́ю, -а́ет (к ще-
па́ть)
расщепи́ть(ся), -плю́,
-пи́т(ся)
расщепле́ние, -я
расщеплённый; кр. ф. -ён,
-ена́
расщепля́ть(ся), -я́ю,
-я́ет(ся)
расщи́панный
расщипа́ть, -иплю́, -и́плет,
-и́плют и -и́пет, -и́пят;
также -а́ю, -а́ет (к щи-
па́ть)
расщи́пывать(ся), -аю,
-ает(ся)
ра́тай, -я
рата́ния, -и
рата́фия, -и
рати́н, -а
ратини́рование, -я
ратини́рованный
ратини́ровать(ся), -рую,
-рует(ся)
ратификацио́нный
ратифика́ция, -и
ратифици́рованный
ратифици́ровать(ся), -рую,
-рует(ся)
ра́тман, -а
ра́тник, -а
ра́тничий, -ья, -ье
ра́тный
ратобо́рец, -рца
ратобо́рство, -а
ратобо́рствовать, -твую,
-твует
ра́товать, -тую, -тует
ра́туша, -и
рать, -и
раунати́н, -а
ра́унд, -а
ра́ус, -а
ра́ут, -а
раухтопа́з, -а
рафи́ды, -ов
ра́фик, -а
рафина́д, -а и -у
рафина́дный
рафина́ция, -и
рафинёр, -а
рафини́рование, -я
рафини́рованный
рафини́ровать, -рую, -рует
ра́фия, -и

раффле́зия, -и
раха́т-луку́м, -а
ра́хис, -а
рахи́т, -а
рахити́зм, -а
рахи́тик, -а
рахити́ческий
рахити́чка, -и
рахити́чный
рацема́т, -а
рацемиза́ция, -и
рацеми́ческий
рацемо́зный
раце́я, -и (наставление)
рацио́н, -а
рационализа́тор, -а
рационализа́торский
рационализа́торство, -а
рационализа́ция, -и
рационализи́рованный
рационализи́ровать(ся),
-рую, -рует(ся)
рационали́зм, -а
рационализо́ванный
рационализова́ть(ся),
-зу́ю, -зу́ет(ся)
рационали́ст, -а
рационалисти́ческий
рационалисти́чный
рационали́стка, -и
рациона́льность, -и
рациона́льный
рациони́рование, -я
рациони́ровать, -рую, -рует
рацио́нный
ра́ция, -и (радиостанция)
рацпредложе́ние, -я
раче́ние, -я
ра́чий, -ья, -ье
рачи́тель, -я
рачи́тельность, -и
рачи́тельный
рачи́шка, -и, м.
рачо́к, рачка́
рачо́нок, -нка, мн. рача́та,
-а́т
раше́ль-маши́на, -ы
ра́шкуль, -я
ра́шпиль, -я
ра́щение, -я
ра́щенный; кр. ф. -ён, -ена́
рвани́на, -ы
рвану́ть(ся), -ну́(сь),
-нёт(ся)
рва́ный
рвань, -и
рваньё, -я́
рва́ть(ся), рву(сь),
рвёт(ся); прош.
рва́л(ся), рвала́(сь),
рва́ло, рва́ло́сь
рвач, -а́
рва́ческий
рва́чество, -а
рве́ние, -я
рво́та, -ы
рво́тный
рде́ние, -я
рдест, -а
рде́ть(ся), -е́ет(ся)
рдя́ный
реабилитацио́нный
реабилита́ция, -и
реабилити́рованный

реабилити́ровать(ся),
 -рую(сь), -рует(ся)
реабсо́рбция, -и
реаге́нт, -а
реаги́ровать, -рую, -рует
реадапти́ровать(ся),
 -рую(сь), -рует(ся)
реакклиматизи́ровать(ся),
 -рую(сь), -рует(ся)
реакта́нс, -а
реакти́в, -а
реакти́вность, -и
реакти́вный
реактоло́гия, -и
реа́ктор, -а, мн. -ы, -ов
реакторострое́ние, -я
реакцепта́ция, -и
реакционе́р, -а
реакционе́рка, -и
реакцио́нность, -и
реакцио́нный; кр. ф. -нен,
 -нна
реа́кция, -и
реа́л, -а (полигр.; старин-
 ная монета)
реализа́ция, -и
реали́зм, -а
реализо́ванный
реализова́ть(ся), -зу́ю(сь),
 -зу́ет(ся)
реали́ст, -а
реалисти́ческий
реалисти́чный
реали́стка, -и
реа́лия, -и
реальга́р, -а
реа́льность, -и
реа́льный
реанимато́лог, -а
реанимато́логи́ческий
реаниматоло́гия, -и
реанима́тор, -а
реанимацио́нный
реанима́ция, -и
реаними́ровать, -рую, -рует
реанимоби́ль, -я
ре-бемо́ль, ре-бемо́ля
ребёнок, -нка, мн. ребя́та,
 -я́т
ребёночек, -чка
рёберный
ребо́рда, -ы
ребри́стый
ребро́, -а́, мн. рёбра, рё-
 бер, рёбрам
ребро́вый
рёбрышко, -а
ре́бус, -а
ребя́тёнок, -нка, мн. -нки,
 -ов
ребяти́шки, -шек
ребя́тки, -ток
ребятня́, -и́
ребяту́шки, -шек
ребя́ческий
ребя́чество, -а
ребя́чий, -ья, -ье
ребя́читься, -чусь, -чится
ребя́чливый
рёв, -а
рёва, -ы, м. и ж.
ревакцина́ция, -и
ревалориза́ция, -и
ревальва́ция, -и

рева́нш, -а
реванши́ст, -а
реванши́ровать, -рую -рует
реванши́ст, -а
реванши́стский
рева́ншный
реве́нный
реве́нь, -я́ и -ю
реве́рс, -а
реверба́тор, -а
ревербера́тор, -а
ревербераци́онный
ревербера́ция, -и
ревербербо́метр, -а
ре́верс, -а
реверси́, нескл. с.
реверси́вный
реверси́рование, -я
реве́рсия, -и
реве́рсор, -а
реве́ть, реву́, ревёт
ревизиони́зм, -а
ревизиони́ст, -а
ревизиони́стка, -и
ревизиони́стский
ревизио́нный
реви́зия, -и
ревизо́ванный
ревизова́ть(ся), -зу́ю, -зу́-
 ет(ся)
ревизо́р, -а
ревизо́рский
реви́зский
ревко́м, -а
ревко́мовский
ревмати́зм, -а
ревма́тик, -а
ревмати́ческий
ревма́тичка, -и
ревмато́лог, -а
ревматологи́ческий
ревматоло́гия, -и
ревмокарди́т, -а
ревмя́ реве́ть
ревни́вец, -вца
ревни́вица, -ы
ревни́вый
ревни́тель, -я
ревни́тельница, -ы
ревнова́ть, -ну́ю, -ну́ет
ре́вностный
ре́вность, -и
ревока́ция, -и
револьве́р, -а
револьве́рный
револьве́рщик, -а
революционе́р, -а
революционе́рка, -и
революционизи́рование, -я
революционизи́рованный
революционизи́ро-
 вать(ся), -рую(сь), -ру-
 ет(ся)
революциони́зм, -а
революцио́нно-демокра-
 ти́ческий
революцио́нно-освободи́-
 тельный
революцио́нность, -и
революцио́нный; кр. ф.
 -о́нен, -о́нна
револю́ция, -и
ревтрибуна́л, -а
реву́н, -а́
реву́нья, -и, р. мн. -ний

реву́чий
реву́, нескл. с.
рега́лия, -и
рега́ль, -я
рега́та, -ы
ре́гби, нескл. с.
регби́йный
регби́ст, -а
регби́стский
регенера́т, -а
регенерати́вный
регенера́тный
регенера́тор, -а
регенера́торный
регенера́ция, -и
регенери́рованный
регенери́ровать(ся), -рую,
 -рует(ся)
ре́гент, -а
ре́гентский
ре́гентство, -а
ре́гентша, -и
регио́н, -а
региона́льный
региона́рный
реги́стр, -а
регистра́тор, -а
регистра́торский
регистра́торша, -и
регистрату́ра, -ы
регистрацио́нный
регистра́ция, -и
регистри́рование, -я
регистри́рованный
регистри́ровать(ся),
 -рую(сь), -рует(ся)
реги́стровый
регла́мент, -а
регламента́ция, -и
регламенти́рованный
регламенти́ровать(ся),
 -рую, -рует(ся)
регла́н, -а и неизм.
регле́т, -а
реголи́т, -а
ре́гот, -а
регота́ть, -очу́, -о́чет
деграда́ция, -и
регредие́нт, -а
регре́сс, -а
регресса́нт, -а
регресса́т, -а
регресси́вный
регресси́ровать, -рую,
 -рует
регре́ссия, -и
ре́гтайм, -а
регули́рование, -я
регули́рованный
регули́ровать(ся), -рую,
 -рует(ся)
регулиро́вка, -и
регулиро́вочный
регулиро́вщик, -а
регулиро́вщица, -ы
ре́гулы, -ул
регуля́рность, -и
регуля́рный
регуляти́вный
регуля́тор, -а
регуляцио́нный
регуля́ция, -и
редакти́рование, -я
редакти́рованный

редакти́ровать(ся), -рую,
 -рует(ся)
реда́ктор, -а, мн. -ы, -ов и
 -а́, -о́в
реда́кторский
реда́кторство, -а
реда́кторствовать, -твую,
 -твует
редакту́ра, -ы
редакцио́нно-изда́тель-
 ский
редакцио́нный
реда́кция, -и
реда́н, -а
редемаркацио́нный
редемарка́ция, -и
ре́денький; кр. ф. -енек,
 -енька
реде́ть, -е́ет
ре́дечка, -и
ре́дечник, -а
ре́дечный
редизна́, -ы́
реди́на, -ы (ткань)
рединго́т, -а
ре́дис, -а
реди́ска, -и
реди́сочный
ре́дкий; кр. ф. ре́док, ре-
 дка́, ре́дко, ре́дки
редкова́тый
редковоло́сый
редкоземе́льный
редкозу́бый
редколе́сье, -я; р. мн. -сий
редколле́гия, -и
редкометалли́ческий
редкомета́лльный
редкосло́йный
ре́дкостный
редкосто́йный
ре́дкость, -и
редресса́ция, -и
реду́ктор, -а
редукцио́нно-охлади́тель-
 ный
редукцио́нный
реду́кция, -и
редуплика́ция, -и
редуплици́рованный
реду́т, -а
редуци́рование, -я
редуци́рованный
редуци́ровать(ся), -рую,
 -рует(ся)
редча́йший
ре́дька, -и
редю́ит, -а
рее́стр, -а
рее́стрик, -а
рее́стровый
ре́ечка, -и
ре́ечный
ре́же, сравн. ст. (от ре́-
 дкий, ре́дко)
режи́м, -а
режи́мный
режиссёр, -а
режиссёрский
режиссёрство, -а
режисси́рованный
режисси́ровать, -рую, -рует
режиссу́ра, -ы
ре́жущий(ся)

рез, -а
резак, -а́
ре́зальный
ре́зана, -ы
ре́зание, -я
ре́занный, прич.
резану́ть, -ну́, -нёт
ре́заный, прил.
ре́зательный
ре́зать(ся), ре́жу(сь), ре́жет(ся)
резви́ться, -влю́сь, -ви́тся
резвоно́гий
ре́звость, -и
резву́нья, -и, р. мн. -ний
ре́звушка, -и
ре́звый; кр. ф. резв, резва́, ре́зво, ре́звы́
резеда́, -ы́
резедо́вый
резекцио́нный
резе́кция, -и
резе́рв, -а
резерва́ж, -а
резерва́т, -а
резерва́ция, -и
резерви́рованный
резерви́ровать(ся), -рую, -рует(ся)
резерви́ст, -а
резе́рвный
резервуа́р, -а
резерпи́н, -а
ре́зерфорд, -а, р. мн. -ов
резе́ц, -зца́
резеци́рованный
резеци́ровать(ся), -рую, -рует(ся)
резиде́нт, -а
резиде́нтский
резиде́нтура, -ы
резиде́нция, -и
рези́на, -ы
резина́т, -а
рези́нит, -а
рези́нить, -ню, -нит
рези́нка, -и
рези́новый
резино́зис, -а
резиносмеси́тель, -я
резинотехни́ческий
резинья́ция, -и
резисте́нтность, -и
резисти́вный
резистогра́фия, -и
рези́стор, -а
рези́т, -а
ре́зка, -и
ре́зкий; кр. ф. -зок, -зка́, ре́зко, ре́зки́
ре́зко континента́льный
ре́зко отрица́тельный
резкопересечённый*
ре́зкость, -и
резнатро́н, -а
резни́к, -а́
резно́й
резну́ть, -ну́, -нёт
резня́, -и́
резо́л, -а
резольве́нта, -ы
резолюти́вный
резолю́ция, -и
резо́н, -а

резона́нс, -а
резона́нсный
резона́тор, -а
резонёр, -а
резонёрский
резонёрство, -а
резонёрствовать, -твую, -твует
резони́ровать, -рует
резо́нный; кр. ф. -онен, -онна
резо́рбция, -и
резорци́н, -а
резорци́новый
ре́зочный
результа́нт, -а
результа́т, -а
результати́вный
результа́тный
результи́рующий
ре́зус, -а
ре́зус-фа́ктор, -а
резу́ха, -и
резцедержа́тель, -я
резцо́вый
ре́зче, сравн. ст. (от ре́зкий, ре́зко)
ре́зчик, -а
ре́зчица, -ы
ре́зчицкий
резь, -и
резьба́, -ы́
резьбово́й
резьбоизмери́тельный
резьбонака́тный
резьбонарезно́й
резьботока́рный
резьбофре́зерный
резьбошлифова́льный
резюме́, нескл., с.
резюми́рованный
резюми́ровать(ся), -рую, -рует(ся)
реи́мпорт, -а
реи́мпортный
реинфе́кция, -и
рей, -я и ре́я, -и
рейд, -а
ре́йдер, -а
рейди́ровать, -рую, -рует
ре́йдовый
рейконарезно́й
рейнве́йн, -а
рейс, -а
ре́йсмас, -а и ре́йсмус, -а
ре́йсмусовый
ре́йсовый
рейсфе́дер, -а
рейсши́на, -ы
рейта́р, -а (кавалерист)
ре́йтарский
ре́йтер, -а (тех.)
ре́йтинг, -а
ре́йтинг-ли́ст, -а́
рейту́зы, -у́з
рейх, -а
рейхсве́р, -а
рейхска́нцлер, -а
рейхсра́т, -а
рейхста́г, -а
река́, -и́, вин. ре́ку́, мн. ре́ки, рек, ре́ка́м
рекалесце́нция, -и

рекапитули́ровать, -рую, -рует
рекапитуля́ция, -и
рекарбониза́ция, -и
ре́квием, -а
реквизи́рованный
реквизи́ровать(ся), -рую, -рует(ся)
реквизи́т, -а
реквизи́тор, -а
реквизицио́нный
реквизи́ция, -и
реквире́нт, -а
рекла́ма, -ы
рекламацио́нный
реклама́ция, -и
реклами́рование, -я
реклами́рованный
реклами́ровать(ся), -рую, -рует(ся)
реклами́ст, -а
реклами́стка, -и
рекла́мно-изда́тельский
рекла́мный
рекогносци́рованный
рекогносци́ровать(ся), -рую, -рует(ся)
рекогносциро́вка, -и
рекогносциро́вочный
рекомбинацио́нный
рекомбина́ция, -и
рекоменда́тельный
рекоменда́ция, -и
рекомендо́ванный
рекомендова́ть(ся), -дую(сь), -дует(ся)
реконвалесце́нция, -и
реконве́рсия, -и
реконки́ста, -ы
реконструи́рованный
реконструи́ровать(ся), -рую, -рует(ся)
реконструкти́вный
реконстру́кция, -и
реко́рд, -а
реко́рдер, -а
рекорди́ст, -а
рекорди́стка, -и
рекорди́стский
реко́рдный
рекордсме́н, -а
рекордсме́нка, -и
рекордсме́нский
реккорта́н, -а
рекреати́вный
рекреацио́нный
рекреа́ция, -и
рекреати́в, -а, с
рекристаллиза́ция, -и
ре́крут, -а, мн. -ы, -ов
рекрути́рованный
рекрути́ровать(ся), -рую, -рует(ся)
рекру́тский
рекру́тство, -а
рекру́тчина, -ы
ректа́льный
ректифика́т, -а
ректифика́тор, -а
ректификацио́нный
ректифика́ция, -и
ректифико́ванный
ректифицова́ть(ся), -ку́ю, -ку́ет(ся)

ректифици́рованный
ректифици́ровать(ся), -рую, -рует(ся)
ректо́н, -а
ре́ктор, -а, мн. -ы, -ов
ректора́т, -а
ре́кторский
ре́кторство, -а
ре́кторствовать, -твую, -твует
ректоско́п, -а
ректоскопи́ческий
ректоскопи́я, -и
рекультиви́ровать(ся), -рую, -рует(ся)
рекуперати́вный
рекупера́тор, -а
рекупера́ция, -и
рекурре́нтный
рекурси́вный
релакса́тор, -а
релаксацио́нный
релакса́ция, -и
релакси́н,а
реле́, нескл., с.
реле́йно-конта́ктный
реле́йный
религио́зно-полити́ческий
религио́зность, -и
религио́зно-филосо́фский
религио́зно-эти́ческий
религио́зный
рели́гия, -и
реликва́рий, -я
рели́квия, -и
рели́кт, -а
рели́ктовый
рели́т, -а
релье́ф, -а
релье́фный
рельс, -а, р. мн. -ов
рельсобало́чный
рельсово́з, -а
ре́льсовый
рельсопрока́тный
релятиви́зм, -а
релятиви́ст, -а
релятиви́стский
реляти́вный
реля́ция, -и
ре́ма, -ы
ре мажо́р, ре мажо́ра
ре-мажо́рный
ремалло́й, -я
рема́рка, -ы
реме́диум, -а
ре́мез, -а
ремённый и ремённый
ремёнчатый
реме́нь, -мня́
реме́нь-ры́ба, -ы
реме́рия, -и
реме́сленник, -а
реме́сленница, -ы
реме́сленничать, -аю, -ает
реме́сленнический
реме́сленничество, -а
реме́сленно-куста́рный
реме́сленный
ремесло́, -а́, мн. ремёсла, ремёсел
ремешко́вый
ремешо́к, -шка́
реми́з, -а

РЕМ

реми́зить(ся), -и́жу(сь),
 -и́зит(ся)
реми́зка, -и
ремилитариза́ция, -и
ремилитаризо́ванный
ремилитаризи́ровать(ся),
 -рую, -рует(ся)
реминтгто́н, -а
реминисце́нция, -и
ре мино́р, ре мино́ра
ре-мино́рный
реми́ссия, -и
ремите́нт, -а
ремити́рованный
ремити́ровать(ся), -рую,
 -рует(ся)
ремнезу́б, -а
ремне́ц, -а́
ремнецве́тник, -а
ремнецве́тные, -ых
ремонстра́ция, -и
ремо́нт, -а
ремонта́нтный
ремонтёр, -а
ремонти́рование, -я
ремонти́рованный
ремонти́ровать(ся), -рую,
 -рует(ся)
ремо́нтник, -а
ремо́нтно-восстанови́тель-
 ный
ремо́нтно-механи́ческий
ремо́нтно-строи́тельный
ремо́нтно-техни́ческий
ремо́нтный
рена́та, -ы
ренатурализа́ция, -и
ренатурализо́ванный
ренатурализова́ть(ся),
 -зу́ю(сь), -зу́ет(ся)
ренега́т, -а
ренега́тка, -и
ренега́тский
ренега́тство, -а
ренега́тствовать, -твую,
 -твует
ренесса́нс, -а
рене́т, -а
ре́ний, -я
рени́н, -а
ренкло́д, -а
реноме́, нескл. с.
рено́нс, -а
ре́нта, -ы
рента́бельность, -и
рента́бельный
рентге́н, -а, р. мн. -е́н и
 -ов
рентге́новский
рентге́новы лучи́
рентгеногра́мма, -ы
рентгенографи́ческий
рентгеногра́фия, -и
рентгенодефектоскопи́я,
 -и
рентгенодиагно́стика, -и
рентгенодиагности́ческий
рентгенокимо́граф, -а
рентгенокимографи́че-
 ский
рентгенокимогра́фия, -и
рентгенокинематогра́фия,
 -и
рентгенокиносъёмка, -и

РЕП

рентгенбло́г, -а
рентгенологи́ческий
рентгеноло́гия, -и
рентгенолюминесце́нция,
 -и
рентгенометри́ческий
рентгеноме́трия, -и
рентгенорадиологи́ческий
рентгеноскопи́ческий
рентгеноскопи́я, -и
рентгеноспектра́льный
рентгеноспектроскопи́я,
 -и
рентгенострукту́рный
рентгенотелеви́дение, -я
рентгенотерапи́я, -и
рентгеноте́хник, -а
рентгеноте́хника, -и
рентгенотехни́ческий
рентге́нный
реоба́за, -ы
реогра́ф, -а
реогра́фия, -и
реокардиогра́мма, -ы
реокардиогра́фия, -и
реологи́ческий
реоло́гия, -и
реоме́тр, -а
реомо́йка,-и
реорганизацио́нный
реорганиза́ция, -и
реорганизо́ванный
реорганизова́ть(ся), -зу́ю,
 -зу́ет(ся)
реорганизо́вывать(ся),
 -аю, -ает(ся)
реоста́т, -а
реоста́тный
реота́ксис, -а
реотропи́зм, -а
реофи́льный
реохо́рд, -а
ре́па, -ы
репарацио́нный
репара́ция, -и
репатриа́нт, -а
репатриа́нтка, -и
репатриа́ция, -и
репатрии́рованный
репатрии́ровать(ся),
 -рую(сь), -рует(ся)
репеёк, -ейка́
репе́й, репья́, мн. репьи́,
 -ьёв
репе́йник, -а
репе́йница, -ы
репе́йничек, -чка
репе́йный
репелле́нт, -а
репе́ллер, -а
репёр, -а
репертуа́р, -а
репертуа́рный
репети́р, -а
репети́рование, -я
репети́рованный
репети́ровать(ся), -рую,
 -рует(ся)
репети́тор, -а
репети́торский
репети́торство, -а
репети́торствовать, -твую,
 -твует
репетицио́нный

РЕС

репети́ция, -и
репето́ванный
репетова́ть(ся), -ту́ю, -ту́-
 ет(ся)
репешо́к, -шка́
ре́пина, -ы
репи́тер, -а
ре́пица, -ы
ре́пища, -и
ре́пка, -и
репланта́ция, -и
ре́плика, -и
реплици́ровать, -рую,
 -рует
ре́пник, -а
ре́пница, -ы
ре́пный
репня́к, -а́
ре́повый
репози́ция, -и
реполо́в, -а
репо́рт, -а
репорта́ж, -а
репортёр, -а
репортёрский
репортёрство, -а
репортёрствовать,
 -твую, -твует
репрезента́нт, -а
репрезентати́вность, -и
репрезентати́вный
репрезента́ция, -и
репрезенти́рованный
репрезенти́ровать(ся),
 -рую, -рует(ся)
репрезенто́ванный
репрезентова́ть(ся), -ту́ю,
 -ту́ет(ся)
репресса́лии, -ий, ед. ре-
 пресса́лия, -и
репресси́вный
репресси́рованный
репресси́ровать(ся), -рую,
 -рует(ся)
репре́ссия, -и
репри́за, -ы и репри́з, -а
реприма́нд, -а
репри́нт, -а
репрогра́фия, -и
репроду́ктивный
репроду́ктор, -а
репродукцио́нный
репроду́кция, -и
репродуци́рованный
репродуци́ровать(ся),
 -рую, -рует(ся)
репс, -а
ре́псовый
репти́лия, -и
репти́льный
репульсио́нный
репута́ция, -и
ре́пчатый
реси́вер, -а
реско́нтро, нескл. с.
рескри́пт, -а
ре́слинг, -а (борьба́)
ресни́тчатый
ресни́ца, -ы
ресни́чка, -и
ресни́чный
респе́кт, -а
респекта́бельность, -и
респекта́бельный

РЕТ

респира́тор, -а
респира́торный
респира́ция, -и
респиро́метр, -а
респонде́нт, -а
респу́блика, -и
республика́нец, -нца
республикани́зм, -а
республика́нка, -и
республика́нский
рессо́ра, -ы
рессо́рный
реставра́тор, -а
реставра́торский
реставра́торство, -а
реставрацио́нный
реставра́ция, -и
реставри́рование, -я
реставри́рованный
реставри́ровать(ся), -рую,
 -рует(ся)
реституцио́нный
ретриту́ция, -и
рестора́н, -а
рестора́нный
рестора́нчик, -а
рестора́тор, -а
рестора́ция, -и
рестри́кция, -и
ресу́рс, -а
ресурсосберега́ющий
ресурсосбереже́ние, -я
ретарда́ция, -и
ретарде́р, -а
рете́нция, -и
ретиво́е, -о́го
рети́вость, -и
рети́вый
ретикули́н, -а
ретикули́новый
ретикулосарко́ма, -ы
ретикуля́рный
рети́на, -ы
рети́нен, -а
ретини́т, -а
ретино́л, -а
ретиноспо́ра, -ы
ретира́да, -ы
ретира́дный
ретира́ться, -ру́юсь,
 -ру́ется
ретрома́нский
ретрома́нцы, -цев
рето́рсия, -и
рето́рта, -ы
рето́ртный
ретрансли́ровать(ся),
 -рую, -рует(ся)
ретрансля́тор, -а
ретрансляцио́нный
ретрансля́ция, -и
ретраншеме́нт, -а
ретра́тта, -ы
ре́тро, неизм. и нескл. с.
ретроакти́вность, -и
ретрогра́д, -а
ретрогра́дка, -и
ретрогра́дный
ретрогра́дство, -а
ре́тро-мо́да, -ы
ретроспекти́ва, -ы
ретроспекти́вный
ретроспе́кция, -и
ретрофле́ксия, -и

ретрофлексный
ретушевальный
ретушёванный
ретушёвка, -и
ретушёр, -а
ретушёрный
ретуширование, -я
ретушированный
ретушировать(ся), -рую,
  -рует(ся)
ретушь, -и
реум, -а
реутилизационный
реутилизация,-и
рефакция, -и
реферат, -а
реферативный
референдум, -а
референт, -а
референция, -и
рефери, нескл., м.
реферированный
реферировать(ся), -рую,
  -рует(ся)
рефлекс, -а
рефлексивный
рефлексия, -и
рефлексный
рефлексогенный
рефлексология, -и
рефлективный
рефлектировать, -рую,
  -рует
рефлектометр, -а
рефлектор, -а
рефлекторный (от ре-
  флектор)
рефлекторный (от ре-
  флекс)
реформа, -ы
реформат, -а
реформатка, -и
реформатор, -а
реформаторский
реформатский
реформатство, -а
реформационный
реформация, -и
реформенный
реформизм, -а
реформирование, -я
реформированный
реформировать(ся), -рую,
  -рует(ся)
реформист, -а
реформистка, -и
реформистский
рефрактометр, -а
рефрактометрический
рефрактометрия, -и
рефрактор, -а
рефракторный
рефракционный
рефракция, -и
рефрен, -а
рефрижератор, -а
рефрижераторный
рефулёр, -а
рефулёрный
рефулирование, -я
рехнуться, -нусь, -нётся
рецензент, -а
рецензентский
рецензирование, -я

рецензированный
рецензировать(ся), -рую,
  -рует(ся)
рецензия, -и
рецеписса, -ы
рецепт, -а
рецептант, -а
рецептный
рецептор, -а
рецептура, -ы
рецептурный
рецепция, -и
рецессивный
рецидив, -а
рецидивизм, -а
рецидивист, -а
рецидивистка, -и
реципиент, -а
реципированный
реципировать(ся), -рую,
  -рует(ся)
рециркуляция, -и
рецитация, -и
рецитированный
рецитировать(ся), -рую,
  -рует(ся)
речевой
речение, -я
речённый; кр. ф. -ён, -ена
  и речённый; кр. ф. -ён,
  -ена
реченька, -и
речистый
речитатив, -а
речитативный
речка, -и
речник, -а
речной
речонка, -и
речушка, -и (ласкат.)
речушка, -и (маленькая
  река)
речь, -и, мн. -и, -ей
решать(ся), -аю(сь),
  -ает(ся)
решающий(ся)
решение, -я
решённый; кр. ф. -ён
  -ена
решетина, -ы
решетить, -шечу, -шетит
решётка, -и
решётник, -а
решётный
решето, -а, мн. решёта,
  решёт
решёточка, -и
решёточный
решетцо, -а и решётце, -а
решётчатый и решётча-
  тый
решеченный; кр. ф. -ен,
  -ена и решечённый; кр.
  ф. -ён, -ена
решимость, -и
решитель, -я
решительность, -и
решительный
решить(ся), -шу(сь),
  -шит(ся)
решка, -и
рештак, -а
реэвакуационный
реэвакуация, -и

реэвакуированный
реэвакуировать(ся),
  -рую(сь), -рует(ся)
реэкспорт, -а
реэкспортировать(ся),
  -рую, -рует(ся)
реэмигрант, -а
реэмигрантка, -и
реэмиграция, -и
реэмигрировать, -рую,
  -рует
рея, -и и рей, -я
реяние, -я
реять, реет
ржа, -и
ржаветь, -еет и ржаветь,
  -еет (покрываться ржав-
  чиной)
ржавить, -вит (что)
ржавление, -я
ржаво-бурый
ржаво-красный
ржаво-рыжий
ржавчина, -ы
ржавчинник, -а
ржавчинный
ржавый
ржавь, -и
ржанец, -нца
ржание, -я
ржанище, -а
ржанка, -и
ржаной
ржано-пшеничный
ржать, ржу, ржёт
ржище, -а
риал, -а (ден. ед.)
рибонуклеиновый
рибосома, -ы
рибофлавин, -а
риванол, -а
рига, -и
ригель, -я
ригельный
ригидность, -и
ригоризм, -а
ригорист, -а
ригористический
ригористичный
ригористка, -и
ригсдалер, -а (датская
  монета)
ридикюль, -я
риза, -ы
ризалит, -а
ризка, -и (от риза)
ризница, -ы
ризничий, -его
ризный
ризосфера, -ы
ризотто, нескл., с.
риккетсия, -и
рикошет, -а
рикошетировать, -ру-
  ет
рикошетный
рикошетом, нареч.
риксдаг, -а (шведский
  парламент)
риксдалер, -а (шведская
  монета)
рикша, -и, р. мн. рикш,
  м.
римесса, -ы

римлянин, -а, мн. -яне,
  -ян
римлянка, -и
римский
римско-католический
ринг, -а
ринит, -а
ринодерма, -ы
ринология, -и
ринопластика, -и
ринопластический
риносклерома, -ы
риноскопия, -и
ринуться, -нусь, -нется
ринхоцефал, -а
риолит, -а
рипус, -а
рирпроекция, -и
рис, -а
рисберма, -ы
риск, -а
риска, -и (тех.)
рискнуть, -ну, -нёт
рискованный; кр. ф. -ан,
  -анна
рисковать, -кую, -кует
рисковой (основанный на
  риске)
рисковый (готовый на
  риск)
рислинг, -а (вино)
рисовальный
рисовальщик, -а
рисовальщица, -ы
рисование, -я
рисованный
рисовать(ся), -сую(сь),
  -сует(ся)
рисовидка, -и
рисовка, -и
рисовод, -а
рисоводство, -а
рисоводческий
рисовый
рисозерновой
рисорушка, -и
рисосеющий
рисосеяние, -я
рисоуборочный
рисский
ристалище, -а
ристание, -я
рисунок, -нка
рисунчатый
ритенуто, неизм. и нескл.,
  с.
ритм, -а
ритм-группа, -ы
ритмизация, -и
ритмизировать(ся), -рую,
  -рует(ся)
ритмизованный
ритмика, -и
ритмический
ритмичность, -и
ритмичный
ритмомелодика, -и
ритмомелодический
ритмомелодия, -и
ритмопластика, -и
ритмопластический
ритон, -а
ритор, -а
риторика, -и

РИТ

рито́рический
рито́ричный
ри́торский
ри́торство, -а
ритуа́л, -а
ритуа́льно-похоро́нный
ритуа́льный
ритурне́ль, -я и -и
риф, -а
рифле́ние, -я
рифлёный
ри́фма, -ы
рифма́ч, -а́
ри́фменный
рифмо́ванный
рифмова́ть(ся), -му́ю,
  -му́ет(ся)
рифмо́вка, -и
рифмоплёт, -а
рифмоплётство, -а
ри́фовый
рифо́рминг, -а
рихтова́льный
рихто́ванный
рихтова́ть(ся), -ту́ю, -ту́-
  ет(ся)
рихто́вка, -и
рици́н, -а
рицини́н, -а
рици́нный
рици́новый
рици́нус, -а
ришелье́, нескл., с.
ркаците́ли, нескл., с.
ро́ба, -ы
ро́ббер, -а
робе́ть, -е́ю, -е́ет
робинзона́да, -ы
роби́ния, -и
ро́бкий; кр. ф. ро́бок, роб-
  ка́, ро́бко
ро́бость, -и
ро́бот, -а
роботе́хника, -и
роботиза́ция, -и
роботизи́ровать, -рую,
  -рует
ро́бот-опера́тор, ро́бота-
  опера́тора
робототе́хника, -и
роботро́н, -а
роброн, -а
ро́бче, сравн. ст. (от
  ро́бкий, ро́бко)
ров, рва, мн. рвы, рвов
ро́вдуга, -и
рове́сник, -а
рове́сница, -ы
ро́вик, -а
ро́вненький; кр. ф. -е́нек,
  -е́нька
ровнёхонький; кр. ф.
  -нек, -нька
ровнёшенький; кр. ф.
  -нек, -нька
ровни́тель, -я
ро́вница, -ы
ро́вничница, -ы
ровни́чный
ро́вно
ро́вность, -и
ровнота́, -ы́
ро́вный; кр. ф. ро́вен, ров-
  на́, ро́вно, ро́вны́

РОД

ро́вня, -и и ровня́, -и́
ровня́ть(ся), -я́ю, -я́ет(ся)
  (к ро́вный)
рог, -а, мн. -а́, -о́в
рога́лик, -а
рога́ль, -я
рога́стый
рога́теть, -еет
рога́тик, -а
рога́тина, -ы
рога́тка, -и
рога́тый
рога́ч, -а́
ро́глик, -а
рогове́ть, -еет
рогови́дный
рогови́к, -а́
рогови́на, -ы
рогови́ца, -ы
роговой
рогообма́нковый
рогогла́вник, -а
рого́жа, -и
рого́жина, -ы
рого́жка, -и
рого́жный
рого́з, -а
рого́зовый
рого́зуб, -а
рого́листник, -а
рого́листниковые, -ых
рогоно́сец, -сца
рогохво́ст, -а
рогу́лина, -ы
рогу́лька, -и
рогу́льник, -а
рогу́ля, -и
род 1, -а и -у, предл. о
  ро́де, на роду́, мн. -ы́
  -о́в (первобытная обще-
  ственная организация;
  ряд поколений)
род 2, -а, мн. -ы, -о́в
  (лингв.)
род 3, -а, мн. -а́, -о́в (род
  войск, оружия)
родами́н, -а
рода́н, -а
родани́д, -а
рода́нистый
рода́новый
роддо́м, -а
роде́о, нескл., с.
ро́диевый
ро́дий, -я
роди́льница, -ы
роди́льный
роди́менький
роди́мец, -мца
роди́мчик, -а
роди́мый
роди́на, -ы
ро́динка, -и
роди́ны, -и́н
роди́тели, -ей
роди́тель, -я
роди́тельница, -ы
роди́тельный паде́ж
роди́тельский
роди́ть(ся), рожу́(сь), ро-
  ди́т(ся); прош. сов. -и́л,
  -ила́сь, -ила́ -ила́сь, -ило,
  -ило́сь и несов. -и́л(ся),
  -ила́(сь), -и́ло(сь)

РОЗ

ро́дич, -а
ро́дненький
родни́к, -а́
родниковый
родни́ть(ся), -ню́(сь),
  -ни́т(ся)
роднико́вый, -чка́
родно́й
родня́, -и́
родови́тость, -и
родови́тый
родово́й
родовспомога́тельный
родовспоможе́ние, -я
рододе́ндровый
рододе́ндрон, -а
родонача́льник, -а
родонача́льница, -ы
родони́т, -а
родопси́н, -а
родосло́вие, -я
родосло́вная, -ой
родосло́вный
родохрози́т, -а
ро́дственник, -а
ро́дственница, -ы
ро́дственный; кр. ф. -вен,
  -венна
родство́, -а́
ро́ды, -ов (рождение)
рое́вня, -и, р. мн. -вен
роево́й
роёк, ройка́ (от рой)
рое́ние, -я
ро́жа, -ы
рожа́ть, -а́ю, -а́ет
рожда́емость, -и
рожда́ть(ся), -а́ю(сь),
  -а́ет(ся)
рожде́ние, -я
рожде́нница, -ы
рожде́нница, -ы
рождённый; кр. ф. -ён,
  -ена́
рожде́ственский
рождество́, -а́
роже́ница, -ы
роже́чник, -а
ро́жистый
ро́жица, -ы
рожки́, -о́в (макаронные
  изделия)
рожкови́дный
рожко́вый
рожо́к, рожка́, мн. рожки́,
  -о́в и (у животных)
  ро́жки, ро́жек
рожо́н, -жна́ (на рожо́н
  лезть)
рожо́чек, -чка
рожь, ржи, тв. ро́жью
ро́за, -ы
роза́лия, -и (зоол.)
ро́зан, -а
роза́нчик, -а
роза́рий, -я и роза́риум,
  -а
ро́зваль, -и
ро́звальни, -ей
ро́звязь, -и
ро́зга, -и, р. мн. ро́зог
розгове́нье, -я, р. мн. -ний
  и разгове́нье, -я, р. мн.
  -ний

РОЛ

ро́зговины, -ин
ро́зданный; кр. ф. ро́здан,
  раздана́ и ро́здана, ро́з-
  дано
ро́здых, -а и -у
розенкре́йцер, -а
розе́ола, -ы
розе́тка, -и
розе́тта, -ы
ро́зжиг, -а
ро́злив, -а
ро́зливень, -вня
розмари́н, -а
розмари́новый
ро́знить(ся), -ню(сь),
  -нит(ся)
ро́зница, -ы (в ро́зницу)
ро́знично-торго́вый
ро́зничный
ро́зно, нареч.
рознь, -и
ро́зовато-жёлтый
ро́зовато-сире́невый
розова́тый
розове́ть, -е́ю, -е́ет
розоволи́цый
розовощёкий
ро́зовый
розоцве́тные, -ых
ро́зочка, -и
ро́зыгрыш, -а
ро́зыск, -а
рои́стый
рои́ть(ся), рою́(сь), рои́-
  и́т(ся)
рой, ро́я, мн. рои́, роёв
ро́йба, -ы
ро́йный
рок, -а
рока́да, -ы
рока́дный
рока́йль, неизм. и нескл.,
  ж.
рокамбо́ль, -я
рок-анса́мбль, -я
рок-гру́ппа, -ы
ро́кер, -а
рокиро́ванный
рокирова́ть(ся), -ру́ю(сь),
  -ру́ет(ся)
рокиро́вка, -и
рок-му́зыка, -и
рок-н-ро́лл, -а
роково́й
роко́ко, неизм. и нескл., с.
рок-о́пера, -ы
ро́кот, -а
рокота́ние, -я
рокота́ть, -очу́, -о́чет
рокочу́щий
рокфо́р, -а
рол, -а
ролево́й
ро́лик, -а
роликобе́жец, -жца
ро́ликовый
роликодро́м, -а
роликоподши́пник, -а
роликоподши́пниковый
ро́лкер, -а
ро́ллер, -а
роль, -и, мн. -и, -е́й
рольга́нг, -а
рольмо́пс, -а

ро́льный
ро́льня, -и, р. мн. -лен
ро́льщик, -а
ро́льщица, -ы
ром, -а
рома́н, -а
романе́ска, -и
романе́я, -и
романиза́ция, -и
романизи́рованный
романизи́ровать(ся), -рую,
  -рует(ся)
романи́зм, -а
романизо́ванный
романизова́ть(ся), -зую,
  -зу́ет(ся)
романи́ст, -а
романи́стика, -и
романисти́ческий
романи́стка, -и
романи́стский
романи́ческий
рома́нный
рома́новский
рома́нс, -а
рома́нсе́ро, нескл., м.
рома́нский
рома́нсный
романтизи́рованный
романтизи́ровать(ся),
  -рую, -рует(ся)
романти́зм, -а
рома́нтик, -а
рома́нтика, -и
романти́ческий
романти́чный
романцеме́нт, -а
рома́нчик, -а
рома́шка, -и
рома́шковый
ромб, -а
ромби́ческий
ромбови́дный
ромбови́к, -а́
ро́мбовый
ромбододека́эдр, -а
ромбо́ид, -а
ромбоида́льный
ромбо́идный
ромбоэ́др, -а
ромбоэдри́ческий
роме́н-ролла́новский
роме́н-сала́т, -а
ро́мовый
ромште́кс, -а
ронгали́т, -а
ронгали́товый
ро́ндик, -а
ронди́но, нескл., с.
ро́ндо, нескл., с. (муз.)
рондо́, нескл., с. (в поэ-
  зии; полигр.)
ро́нжа, -и
роня́ть(ся), -я́ю, -я́ет(ся)
ропа́к, -а́
ро́пот, -а
ро́потный
ропта́ние, -я
ропта́ть, ропщу́, ро́пщет
ро́пщущий
роса́ -ы́, мн. ро́сы, рос
росина́нт, -а
роси́нка, -и
роси́стый

роси́ться, -и́тся
роси́чка, -и
роско́шество, -а
роско́шествовать, -твую,
  -твует
роско́шничать, -аю, -ает
роско́шный
ро́скошь, -и
ро́слость, -и
ро́слый
ро́сный
росо́граф, -а
росома́ха, -и
росома́ший, -ья, -ье
ро́спашь, -и
ро́спись, -и
ро́сплеск, -а
ро́сплывь, -и
ро́спуск, -а (действие)
ро́спуски, -ов (сани)
росс, -а
росси́йский
россия́нин, -а, мн. -я́не, -я́н
россия́нка, -и
россказни, -ей
ро́сстань, -и
ро́ссыпный (от ро́ссыпь)
ро́ссыпь, -и
рост, -а и -у
ро́стбиф, -а
ро́стверк, -а
ро́степель, -и
ростери́т, -а
ростко́вый
ростово́й
ростовщи́к, -а́
ростовщи́ца, -ы
ростовщи́ческий
ростовщи́чество, -а
ростовщи́чий, -ья, -ье
росто́к, -тка́
ростоме́р, -а
ростр, -а
ро́стра, -ы
ростра́льный
ро́стры, ростр и ро́стер
ро́счерк, -а
ро́счисть, -и
ро́сший
роса́нка, -и
росяно́й
рот, рта, предл. о рте, во
  рту, мн. рты, ртов
ро́та, -ы
рота́метр, -а
рота́нг, -а
ротапри́нт, -а
рота́тор, -а
рота́торный
ротаци́зм, -а
ротацио́нка, -и
ротацио́нно-ко́вочный
ротацио́нный
рота́ция, -и
ротве́йлер, -а
ротефе́ллы, -ёлл (лыжные
  крепления)
роти́шко, -а, м.
роти́ще, -а, м.
ро́тмистр, -а
ро́тмистрский
ро́тный
ротово́й
ротозе́й, -я

ротозе́йка, -и
ротозе́йничать, -аю, -ает
ротозе́йство, -а
рото́к, -тка́
рото́н, -а
рото́нда, -ы
ротоно́гие, -их
ро́тор, -а
ро́торно-ди́сковый
ро́торный
ро́ульс, -а
ро́хля, -и, р. мн. -лей, м. и
  ж.
ро́ща, -и
ро́щица, -ы
рояли́зм, -а
рояли́ст, -а
рояли́стка, -и
рояли́стский
роя́ль, -я
роя́льный
роя́щий
ртище, -а, м.
рту́тно-ква́рцевый
рту́тный
ртуть, -и
ртутьоргани́ческий
руба́й, нескл, с.
руба́ка, -и, м.
руба́нок, -нка
рубану́ть, -ну́, -нёт
руба́то, неизм.
руба́ть, -а́ю, -а́ет
руба́ха, -и
руба́ха-па́рень, руба́хи-
  па́рня
руба́шечка, -и
руба́шечный
руба́шка, -и
руба́шо́нка, -и
рубе́ж, -а́
рубе́жный
рубелли́т, -а
руберо́ид, -а
руберо́идный
руберо́идовый
рубе́ц, -бца́
руби́диево-стро́нциевый
руби́диевый
руби́дий, -я
руби́ло, -а
руби́льник, -а
руби́н, -а
руби́новый
руби́нчик, -а
руби́ть(ся), рублю́(сь),
  ру́бит(ся)
ру́бище, -а
ру́бка, -и
рублёвка, -а
рублёвка, -и
рублёвый
ру́бленный, прич.
ру́бленый, прил.
ру́блик, -а
рубли́шко, -а, м.
рубль, -я́
рубну́ть, -ну́, -нёт
ру́брика, -и
рубрика́ция, -и
рубцева́ние, -я
рубцева́тый
рубцева́ться, -цу́ется
рубцо́вый
ру́бчатый

ру́бчик, -а
ру́га, -и
ру́ганный, прич.
ру́ганый, прил.
ру́гань, -и
руга́тель, -я
руга́тельница, -ы
руга́тельный
руга́тельский
руга́тельство, -а
руга́ть(ся), -а́ю(сь),
  -а́ет(ся)
ругну́ть(ся), -ну́(сь),
  -нёт(ся)
ругня́, -и́
руго́за, -ы
руготня́, -и́
руда́, -ы́, мн. ру́ды, руд
рудбе́кия, -и
рудера́льный
рудиме́нт, -а
рудимента́рный
рудимента́ция, -и
рудни́к, -а́
рудни́чный
ру́дно-металлурги́ческий
ру́дный
рудово́з, -а
рудозна́тец, -тца
рудоиска́тель, -я
рудоконтроли́рующий
рудоко́п, -а
рудоно́сный
рудообразова́ние, -я
рудоподъёмный
рудопромы́вочный
рудоспу́ск, -а
рудоуправле́ние, -я
руди́к, -а́
ружейник, -а
ружейно-пулемётный
ружейный
ружьё, -я́, мн. ру́жья, -ей
ружьецо́, -а́
ружьи́шко, -а
руи́на, -ы
руи́нный
рука́, -и́, вин. ру́ку, мн.
  ру́ки, рук, рука́м
рука́в, -а́, мн. -а́, -о́в
рукави́цы, -и́ц, ед. рукави́-
  ца, -ы
рука́вчки, -чек, ед. рука́-
  вичка, -и
рука́вичный
рука́вный
рукодержа́тель, -я
рука́вчик, -а
рука́ о́б руку
рука́стый
рукоби́тье, -я
рукоблу́дие, -я
рукоблу́дничать, -аю, -ает
руково́д, -а
руководи́тель, -я
руководи́тельница, -ы
руководи́ть(ся), -ожу́(сь),
  -оди́т(ся)
руково́дство, -а
руково́дствовать(ся),
  -твую(сь), -твует(ся)
руководя́щий(ся)
рукоде́лие, -я
рукоде́льница, -ы

РУК

рукоде́льничать, -аю, -ает
рукоде́льный
рукокры́лые, -ых
рукомо́йник, -а
руконо́жка, -и
рукопа́шный
рукопёрые, -ых
рукописа́ние, -я
рукопи́сный
ру́копись, -и
рукоплеска́ния, -ий
рукоплеска́ть, -ещу́, -е́щет
рукопожа́тие, -я
рукополага́ть, -а́ю, -а́ет
рукоположе́ние, -я
рукоположённый; кр. ф.
  -ён, -ена́
рукоположи́ть, -жу́, -жи́т
рукоприкла́дство, -а
рукоприкла́дствовать,
  -твую, -твует
рукоя́тка, -и
рукоя́ть, -и
рула́да, -ы
рулево́й, -о́го
рулёжка, -и
рулёжный
рулёна, -ы
руле́ние, -я
руле́т, -а
руле́тка, -и
руле́точный
рули́ть, -лю́, -ли́т
руло́н, -а
руло́нный
руло́нчик, -а
руль, -я́
ру́лька, -и
румб, -а (деление компаса)
ру́мба, -ы (танец)
ру́мпель, -я
румы́н, -а
румы́нка, -и
румы́но-сове́тский
румы́нский
румя́на, -я́н
румя́ненький
румя́неть, -ею, -еет (становиться румяным)
румя́нец, -нца
румя́нить, -ню, -нит (кого,
  что)
румя́ниться, -нюсь, -нится
румя́нка, -и
румя́ный (от румя́на)
румя́ность, -и
румянощёкий
румя́ный
рунду́к, -а́
рунду́чный
рундучо́к, -чка́
руне́ц, -нца́
руни́ческий
ру́нный
руно́, -а́, мн. ру́на, рун
ру́ны, рун, ед. ру́на, -ы
  (письмена)
ру́пия, -и
ру́пор, -а, мн. -ы, -ов
ру́порный
руса́к, -а́
руса́лии, -ий
руса́лка, -и
руса́лочий, -ья, -ье

РУЧ

руса́лочка, -и
руса́лочный
руса́льный
руса́чий, -ья, -ье
руса́чка, -и
русачо́к, -чка́
русе́ть, -е́ю, -е́ет
руси́зм, -а
руси́н, -а
руси́нка, -и
руси́нский
руси́ст, -а
руси́стский
русифика́ция, -и
русифици́рованный
русифици́ровать(ся),
  -рую(сь), -рует(ся)
ру́слень, -я, мн. -и, -ей и
  -я́, -е́й
ру́сло, -а, мн. ру́сла, ру́сел
  и русл
ру́словый
руслоочисти́тельный
русоборо́дый
русоволо́сый
русоголо́вый
русоко́сый
русоку́дрый
русофи́л, -а
русофи́льский
русофи́льство, -а
русофо́б, -а
русофо́бский
русофо́бство, -а
ру́сская, -ой
ру́сский, прил.
ру́сский, -ого
ру́сско-англи́йский
ру́сско-неме́цкий
ру́сско-туре́цкий
ру́сско-францу́зский
русскоязы́чный
ру́сско-япо́нский
руссои́зм, -а (от Руссо́)
руст, -а
ру́стика, -и
русто́ванный
русто́вать, -ту́ю, -ту́ет
русто́вка, -и
ру́сый
ру́та, -ы
руте́, нескл., с.
руте́ниевый
руте́ний, -я
рутёрка, -и
рути́л, -а
рути́на, -ы
рутинёр, -а
рутинёрка, -и
рутинёрский
рутинёрство, -а
рути́нный
ру́товый
ру́хлядь, -и
рухля́к, -а́
рухляко́вый
ру́хнуть(ся), -ну(сь),
  -нет(ся)
руча́тельство, -а
руча́ться, -а́юсь, -а́ется
ручеёк, -ейка́
ручей́, -чья́
руче́йник, -а
руче́йный

РЫБ

ру́ченька, -и
ручи́ща, -и
ру́чка, -и
ручни́к, -а́
ручни́ст, -а
ручни́ца, -ы
ручничо́к, -чка́
ручно́й
ручо́нка, -и
ручьево́й
ручьи́стый
ру́шение, -я
руши́льный
ру́шить(ся), -шу, -шит(ся)
ры́ба, -ы
рыба́к, -а́
рыба́лка, -и
рыба́цкий
рыба́чий, -ья, -ье
рыба́чить, -чу, -чит
рыба́чка, -и
рыбе́ц, -бца́
рыбёшка, -и
ры́бий, -ья, -ье
ры́бина, -ы
рыбинспе́ктор, -а
рыбинспе́кция, -и
ры́бица, -ы
ры́бища, -ы
ры́бка, -и
рыбколхо́з, -а
рыбнадзо́р, -а
ры́бник, -а
ры́бница, -ы
ры́бный
рыбово́д, -а
рыбово́дный
рыбово́дство, -а
рыбово́дческий
рыбово́з, -а
рыбодобы́ча, -и
рыбозаво́д, -а
рыбозмея́, -и́, мн. -зме́и,
  -зме́й
рыбокомбина́т, -а
рыбоконсе́рвный
рыбокопти́льный
рыбокопти́льня, -и, р. мн.
  -лен
рыболо́в, -а
рыболове́цкий
рыболо́вный
рыболо́вство, -а
рыбомо́ечный
рыбоморози́льный
рыбомучно́й
рыбонасо́с, -а
рыбообраба́тывающий
рыбообра́зные, -ых
рыбоохра́на, -ы
рыбоохра́нный
рыбопито́мник, -а
рыбоподъёмник, -а
рыбоподъёмный
рыбоприёмный
рыбопродукти́вность, -и
рыбопроду́кты, -ов
рыбопромысло́вый
рыбопромы́шленник, -а
рыбопромы́шленный
рыбопропускно́й
рыборазведе́ние, -я
рыборазво́дня, -и, р. мн.
  -ден

РЫХ

рыборазде́лочный
рыботова́ры, -ов
рыботорго́вец, -вца
рыботорго́вля, -и
рыботорго́вый
рыбохо́д, -а
рыбохо́дный
рыбохозя́йственный
рыбоя́дный
рыбхо́з, -а
рыбчо́нка, -и
рыво́к, рывка́
рыга́ние, -я
рыга́ть, -а́ю, -а́ет
рыгну́ть, -ну́, -нёт
рыда́лец, -льца
рыда́ние, -я
рыда́ть, -а́ю, -а́ет
рыдва́н, -а
рыжеборо́дый
рыжева́тый
рыжеволо́сый
рыже́й, -я
рыжеку́дрый
рыже́ть, -е́ю, -е́ет
ры́же-ча́лый
рыжешёрстый
ры́жий; кр. ф. рыж, ры-
  жа́, ры́же
ры́жик, -а
ры́жиковый
ры́жичек, -чка
рык, -а
рыка́ние, -я и ры́канье,
  -я
рыка́ть, -а́ю, -а́ет и ры́кать,
  -аю, -ает
рыкну́ть, -ну́, -нёт и ры́к-
  нуть, -ну, -нет
ры́ло, -а
ры́льце, -а
рым, -а
ры́нда, -ы
ры́нок, -нка
ры́ночный
ры́паться, -аюсь, -ается
рыса́к, -а́
рысёнок, -нка, мн. рыся́та,
  -ся́т
ры́сий, -ья, -ье
ры́систый
рыси́ть, -и́т
ры́сиха, -и
рыск, -а (от ры́скать)
ры́скание, -я
ры́скать, ры́щу, ры́щет и
  -аю, -ает
рыскли́вость, -и
рыскли́вый
рысца́, -ы́ (рысцо́й е́хать)
рысь, -и
ры́сью, нареч.
ры́твина, -ы
ры́тый
рыть, ро́ю, ро́ет
ры́тьё, -я́
ры́ть(ся), ро́ю(сь), ро́-
  ет(ся)
рыхле́ние, -я
рыхле́ть, -е́ю, -е́ет (становиться рыхлым)
рыхли́тель, -я
рыхли́ть, -лю́, -ли́т (что)
рыхлокустово́й

Column 1 (РЫХ)

ры́хлый; *кр. ф.* рыхл, рыхла́, ры́хло
рыхля́к, -а́
ры́царский
ры́царство, -а
ры́царствовать, -твую, -твует
ры́царь, -я
рыча́г, -а́
рыча́жный
рыча́жо́к, -жка́
рыча́ние, -я
рыча́ть, -чу́, -чи́т
ры́ный
рэ́кет, -а
рэкети́р, -а
рэле́й, -я
рюкза́к, -а́
рюкза́чный
рю́мить(ся), -млю(сь), -мит(ся)
рю́мка, -и
рю́мочка, -и
рю́мочный
рю́ха, -и
рюш, -а
рю́шка, -и
рю́шный
ря́бенький
рябе́ть, -е́ю, -е́ет
ряби́на, -ы
ряби́нка, -и
ряби́нник, -а
ряби́нный
ряби́новка, -и
ряби́новый
рябиноли́стный
ряби́ть(ся), -и́т(ся)
рябо́й; *кр. ф.* ряб, ряба́, ря́бо, ря́бы
рябу́ха, -и
ря́бчик, -а
ря́бчиковый
рябь, -и
ря́вканье, -я
ря́вкать, -аю, -ает
ря́вкнуть, -ну, -нет
ряд, -а, *предл.* о ря́де, в ряду́, *мн.* -ы́, -о́в
ря́да, -ы
ряди́ть(ся), ряжу́(сь), ря́ди́т(ся)
рядко́вый
рядко́м, *нареч.*
рядни́на, -ы (ткань)
рядни́нный
рядно́, -а́, *мн.* ря́дна, ря́ден
ря́дность, -и
ря́дный
рядови́ч, -а́
ря́до́вка, -и
рядово́й
рядо́к, -дка́
ря́дом, *нареч.*
рядско́й
ря́дчик, -а
ря́дышком
ряж, -а
ря́женка, -и
ря́женый, *прич.*
ря́женый, *прил.*
ря́женье, -я
ря́пуха, -и
ря́пушка, -и

Column 2 (САД)

ря́са, -ы
ря́ска, -и
ря́сковые, -ых
рясофо́р, -а
рясофо́рный
ряст, -а
ря́шка, -и

С

с, со, *предлог*
саа́м, -а, *мн.* -ы, -ов
саа́ми, *нескл., м. и ж.*
саа́мка, -и
саа́мский
сабади́лла, -ы
саба́ль, -я
саба́н, -а
сабанту́й, -я
сабеи́зм, -а
са́белька, -и
са́бельник, -а
са́бельный
сабза́, -ы́
саблеви́дный
саблезу́бый
саблеобра́зный
саблеро́гий
сабли́ст, -а
са́бля, -и, *р. мн.* са́бель
сабляни́ца, -ы
сабо́, *нескл. с.*
сабота́ж, -а
сабота́жник, -а
сабота́жница, -ы
сабота́жничать, -аю, -ает
сабота́жнический
сабота́жничество, -а
саботи́рование, -я
саботи́рованный
саботи́ровать(ся), -рую, -рует(ся)
сабу́р, -а
са́ван, -а
сава́нна, -ы
сава́нный, (*от* сава́нна)
са́вка, -и (птица)
савра́с, -а
савра́ска, -и
са́вра́сый
са́га, -и (сказание)
сагайда́ри, -ы
сагайда́чный
сага́н, -а
саги́б, -а (устар. к сахи́б)
сагити́рованный
сагити́ровать, -рую, -рует
сагитта́льный
сагитта́рия, -и
са́го, *нескл. с.* (крупа)
са́говник, -а
са́говниковый
са́говый
сагу́н, -а
сад, -а, *предл.* о са́де, в саду́, *мн.* -ы́, -о́в
сада́нуть, -ну́, -нёт
саддуке́й, -я
саджа́, -и́
сади́зм, -а
са́дик, -а

Column 3 (САК)

сади́ст, -а
сади́стка, -и
сади́стский
сади́ть(ся), сажу́(сь), сади́т(ся)
сади́шко, -а, *м.*
са́дка, -и
садко́вый
са́днеть, -еет и садне́ть, -еет (рука́ са́днеет)
са́днить, -ит и садни́ть, -и́т (в го́рле садни́т)
садовладе́лец, -льца
садо́вник, -а
садо́вничать, -аю, -ает
садо́внический
садо́вничий, -ья, -ье
садово́д, -а
садо́во-декорати́вный
садово́дческий
садово́дство, -а
садо́во-огоро́дный
садо́во-па́рковый
садо́вый
садо́к, садка́
садо́чный
сад-я́сли, са́да-я́слей
са́ечка, -и
са́ечный
саж, -а́ и -а
са́жа, -и
сажа́лка, -и
сажа́льный
са́жанный (*от* сажа́ть)
сажа́ть(ся), -а́ю, -а́ет(ся)
са́женец, -нца
са́женка, -и и сажёнка, -и
сажёнки, -нок (способ плавания)
са́женный, *прич.* (*от* сади́ть)
саже́нный и сажённый (*от* са́жень)
са́женцевый
са́женый, *прил.*
са́жень, -и, *мн.* са́жени, са́жен и сажене́й и саже́нь, -и, *мн.* -и, -ей
са́живать(ся), *наст. вр. не употр.*
са́жный (*от* са́жа)
саз, -а
саза́н, -а
сазанда́ри, *нескл., м.*
саза́ний, -ья, -ье
сайга́, -и́ и сайга́к, -а
сайга́чий, -ья, -ье
са́йда, -ы
са́йка, -и
сайоди́н, -а
са́йра, -ы
сак, -а
саквоя́ж, -а
са́ккос, -а
саккули́на, -ы
са́кля, -и
са́кма, -ы
сакма́н, -а
сакрализа́ция, -и
сакра́льный
сакрамента́льный
сакри́стия, -и
саксау́л, -а

Column 4 (САЛ)

саксау́ловый
саксау́льник, -а
саксау́льный
саксго́рн, -а
са́кский
саксо́нец, -нца
саксо́нка, -и
саксо́нский
саксофо́н, -а
саксофо́нный
са́ксы, -ов, *ед.* сакс, -а
сакти́рованный
сакти́ровать, -рую, -рует
са́кура, -ы
сала́га, -и, *м.*
салажо́нок, -нка
сала́зки, -зок
сала́зковый
сала́зочный
сала́ка, -и
салама́ндра, -ы
салама́ндровый
салама́та, -ы
саланга́на, -ы
сала́т, -а
сала́тник, -а
сала́тница, -ы
сала́тный
сала́товый
салива́ция, -и
са́линг, -а
са́линговый
са́листый
са́лить(ся), -лю(сь), -лит(ся)
салици́лка, -и
салици́ловый
са́лки, -ок
са́ло, -а
саловаре́ние, -я
сало́л, -а
салома́с, -а
сало́н, -а
сало́н-ваго́н, -а
сало́нный
сало́п, -а
сало́пница, -ы
салото́пенный
салото́пня, -и, *р. мн.* -пен
са́лочки, -чек
салты́к: на свой салты́к
салфе́тка, -и
салфе́точный
салхино́, *нескл., с.*
сальди́рованный
сальди́ровать(ся), -рую, -рует(ся)
са́льдо, *нескл., с.*
са́льдовый
сальмоне́лла, -ы
сальмонеллёз, -а
са́льник, -а
са́льниковый
са́льность, -и
са́льный
сальпинги́т, -а
са́льто, *нескл., с.*
са́льто-морта́ле, *нескл., с.*
сальтомортали́ст, -а
са́льце, -а
салю́т, -а
салютова́ние, -я
салютова́ть, -ту́ю, -ту́ет
саля́ми, *нескл., ж.*

сам, самого́, сама́, само́й, самоё и саму́, само́, самого́, мн. са́ми, сами́х
сама́н, -а
сама́ не своя́
сама́нник, -а
сама́нный
сама́-пята́
сама́рий, -я
самаритя́нин, -а, мн. -я́не, -я́н
самаритя́нка, -и
самаритя́нский
сама́ собо́й
са́мба, -ы (танец)
самби́ст, -а
са́мбо, нескл., с. (борьба)
самбу́к, -а
самбу́ка, -и
сам-восьмо́й
сам-два́дцать
сам-девя́т
сам-деся́т
сам-дру́г
саме́ц, -мца́
самизда́т, -а
самизда́товский
са́мка, -и
са́м не сво́й
само́, самого́
самоана́лиз, -а
самобедне́йший
самобеспло́дный
самобичева́ние, -я
самобичу́ющий
самоблокиро́вка, -и
самобра́нка, -и
самобра́ный: ска́терть самобра́ная
самобы́тность, -и
самобы́тный
самова́р, -а
самова́рный
самова́рчик, -а
самовла́ствовать, -твую, -твует
самовла́стие, -я
самовласти́тельный
самовла́стный
самовлюблённый
самовнуше́ние, -я
самовозбужде́ние, -я
самовозвели́чение, -я
самовозвра́т, -а
самовозгора́емость, -и
самовозгора́ние, -я
самовозгора́ться, -а́ется
самово́лие, -я
самово́лка, -и
самово́льничать, -аю, -ает
самово́льный
самово́льство, -а
самовоспита́ние, -я
самовоспламене́ние, -я
самовосхвале́ние, -я
самовса́сывающий
самовыключа́ющийся
самовыра́внивание, -я
самовыраже́ние, -я
самовыявле́ние, -я
самовя́з, -а
самога́сящийся
самогипно́з, -а
самоговоря́щий

самого́н, -а
самого́нка, -и
самого́нный
самогоноваре́ние, -я
самогонокуре́ние, -я
самого́нщик, -а
самого́нщица, -ы
самодвиже́ние, -я
самодви́жущийся
самоде́йствующий
самоде́лка, -и
самоде́лковый
самоде́льный
самоде́льщина, -ы
самодержа́вие, -я
самодержа́вно-бюрократи́ческий
самодержа́вно-крепостни́ческий
самодержа́вный
самоде́ржец, -жца
самоде́ржица, -ы
самодея́тельность, -и
самодея́тельный
самоди́йский
самоди́йцы, -ев
самодисципли́на, -ы
самодовле́ющий
самодово́льный
самодово́льствие, -я
самодово́льство, -а
самоду́р, -а
самоду́рство, -а
самоду́рствовать, -твую, -твует
самое́д, -а
самое́дка, -и
самое́дский
самозабве́ние, -я
самозабве́нный
самозаготовка, -и
самозагружа́ющийся
самозажига́ние, -я
самозажига́ющийся
самозажимно́й и самозажи́мный
самозака́ливание, -я
самозака́ливающийся
самозака́лка, -и
самозакрепле́ние, -я
самозапи́сывающий
самозарожде́ние, -я
самозаря́дный
самозащи́та, -ы
самозва́нец, -нца
самозва́нка, -и
самозва́нство, -а
самозва́ный
самоизлуче́ние, -я
самоизоля́ция, -и
самоинду́кция, -и
самоистребле́ние, -я
самоистяза́ние, -я
самока́т, -а
самока́тный
самока́тчик, -а
самоконтро́ль, -я
самокорректи́рующий
самокри́тика, -и
самокрити́ческий
самокри́тичный
самокру́тка, -и
самолёт, -а

самолёт-амфи́бия, самолёта-амфи́бии
самолётно-раке́тный
самолётный
самолётовожде́ние, -я
самолёто-вы́лет, -а
самолётострое́ние, -я
самолётострои́тель, -я
самолётострои́тельный
самолёт-снаря́д, самолёта-снаря́да
самолёт-цисте́рна, самолёта-цисте́рны
самолече́ние, -я
самоликвида́ция, -и
самоли́чный
самоло́в, -а
самоло́вный
самолу́чший
самолюби́вый
самолю́бие, -я
самолюбова́ние, -я
самомале́йший
самомасса́ж, -а
самомне́ние, -я
самонаблюде́ние, -я
самонава́лка, -и
самонагрева́ние, -я
самонадея́нность, -и
самонадея́нный; кр. ф. -ян, -янна
самоназва́ние, -я
самонакла́д, -а
самонастра́ивающийся
самонастро́йка, -и
самонове́йший
самонужне́йший
самообвине́ние, -я
самооблада́ние, -я
самообличе́ние, -я
самообложе́ние, -я
самообма́н, -а
самообновле́ние, -я
самообогаще́ние, -я
самообогрева́ние, -я
самообожа́ние, -я
самооболыца́ться, -а́юсь, -а́ется
самооблыце́ние, -я
самооборо́на, -ы
самообразова́ние, -я
самообразова́тельный
самообслу́живание, -я
самообуча́ющийся
самообуче́ние, -я
самоограниче́ние, -я
самока́пывание, -я
самоокисле́ние, -я
самоокупа́емость, -и
самооплодотворе́ние, -я
самоопределе́ние, -я
самоопредели́ться, -лю́сь, -ли́тся
самоопределя́ться, -я́юсь, -я́ется
самопроки́дывающийся
самоопыле́ние, -я
самоопыли́тель, -я
самоопыля́ющийся
самооргани́за́ция, -и
самооргани́зу́ющийся
самоосвобожде́ние, -я
самооста́нов, -а
самооттерже́ние, -я

самоотве́рженность, -и
самоотве́рженный; кр. ф. -ен, -енна
самоотво́д, -а
самоотда́ча, -и
самоотравле́ние, -я
самоотрече́ние, -я
самоотрица́ние, -я
самоотчёт, -а
самоохра́на, -ы
самооце́нка, -и
самоочище́ние, -я
самоощуще́ние, -я
самопа́л, -а
самопередвиже́ние, -я
самопи́сец, -сца
самопи́ска, -и
самопи́шущий
самопла́вкий
самоплодный
самоповторе́ние, -я
самопогру́зчик, -а
самоподава́тель, -я
самоподгото́вка, -и
самоподъёмный
самопоже́ртвование, -я
самопозна́ние, -я
самопо́мощь, -и
самопре́сс, -а
самоприкоснове́ние, -я
самопрове́рка, -и
самопрове́рочный
самопроизво́льный
самопря́лка, -и
самопу́ск, -а
саморазвива́ющийся
саморазви́тие, -я
саморазгружа́ющийся
саморазложе́ние, -я
саморазоблаче́ние, -я
саморазруше́ние, -я
саморазря́д, -а
саморазря́дка, -и
самораспа́д, -а
саморегистри́рующий
саморегули́рование, -я
саморегули́рующий
саморекла́ма, -ы
саморекламирование, -я
саморо́дный
саморо́док, -дка
саморо́дочный
самоса́д, -а
самоса́дка, -и
самоса́дочный
самосбро́ска, -и
самосва́л, -а
самосва́льный
самосве́тящийся
самосе́в, -а
самосе́вка, -и
самосе́й, -я
самосе́йка, -и
самоси́льный
самосинхрониза́ция, -и
самосинхронизи́рующий
самосма́зка, -и
самосма́зывающийся
самоснабже́ние, -я
само́ собо́й
самосоверше́нствование, -я
самосогрева́ние, -я
самосожже́ние, -я

самосозерца́ние, -я
самосозна́ние, -я
самосопряжённый; кр. ф. -ён, -ена́
самосохране́ние, -я
самоспла́в, -а
самоста́в, -а
самостери́льность, -и
самостери́льный
самости́йник, -а
самости́йный
самостоя́тельность, -и
самостоя́тельный
самостре́л, -а
самостре́льный
самостро́й, -а
самосу́д, -а
самота́ска, -и
самотвердѐющий
самотёк, -а
самотёком, нареч.
самотёчный
самотка́нина, -ы
самотка́нка, -и
самотка́ный
самоторможе́ние, -я
самотормозя́щий
самотрениро́вка, -и
самоуби́йственный
самоуби́йство, -а
самоуби́йца, -ы, м. и ж.
самоуваже́ние, -я
самоуве́ренность, -и
самоуве́ренный; кр. ф. -ен, -енна
самоуглублённый; кр. ф. -ён, -ённа
самоудовлетворе́ние, -я
самоуниже́ние, -я
самоуничиже́ние, -я
самоуничижи́тельный
самоуничтоже́ние, -я
самоуплотне́ние, -я
самоуплотни́ться, -ню́сь, -ни́тся
самоуплотня́ться, -я́юсь, -я́ется
самоуправе́ц, -вца
самоуправле́ние, -я
самоуправля́ющийся
самоупра́вный
самоупра́вство, -а
самоупра́вствовать, -твую, -твует
самоусоверше́нствование, -я
самоуспока́иваться, -аюсь, -ается
самоуспоко́енность, -и
самоуспоко́иться, -о́юсь, -о́ится
самоустране́ние, -я
самоустрани́ться, -ню́сь, -ни́тся
самоустраня́ться, -я́юсь, -я́ется
самоутверди́ться, -ржу́сь, -рди́тся
самоутвержда́ться, -а́юсь, -а́ется
самоутвержде́ние, -я
самоутеше́ние, -я
самоучи́тель, -я
самоу́чка, -и

самоферти́льность, -и
самофинанси́рование, -я
самофлюсу́ющийся
самофокусиро́вка, -и
самохва́л, -а
самохва́лка, -и
самохва́льство, -а
самохо́д, -а
самохо́дка, -и
самохо́дно-артиллери́й-ский
самохо́дный
самохо́дчик, -а
самоцве́т, -а
самоцве́тный
самоце́ль, -и
самоцентри́рующийся
самочи́нный
самочи́нство, -а
самочи́нствовать, -твую, -твует
самочу́вствие, -я
са́м по себе́
сам-пя́т
сам-сём
са́м собо́й
сам-тре́тей
саму́м, -а
самура́й, -а
самура́йский
сам-четвёрт
сам-шёст
самши́т, -а
самши́товый
са́мый
са́мый-са́мый
сан, -а
санато́рий, -я
санато́рий-профилакто́-рий, санато́рия-профи-лакто́рия
санато́рно-куро́ртный
санато́рный
санато́рский
сана́ция, -и
санба́т, -а
сангви́н, -а и сангви́на, -ы
сангви́ник, -а
сангвини́ческий
сангви́на, -ы
санда́л, -а
сандале́ты, -ет, ед. санда-ле́та, -ы
санда́лии, -ий, ед. санда́-лия, -и
санда́лить(ся), -лю, -лит(ся)
санда́ловый и санта́ловый
санда́льный
сандара́к, -а
сандара́ковый
са́ндвич, -а
сандж́ак, -а
сандрильо́на, -ы
сандружи́на, -ы
сандружи́нница, -ы
са́ндхи, нескл., с.
са́ни, -е́й
саниди́н, -а
санинспе́ктор, -а
санинстру́ктор, -а
сани́рование, -я
сани́рованный

сани́ровать(ся), -рую, -ру-ет(ся)
санита́р, -а
санитари́я, -и
санита́рка, -и
санита́рно-ветерина́рный
санита́рно-гигиени́ческий
санита́рно-дезинфекцио́н-ный
санита́рно-защи́тный
санита́рно-контро́льный
санита́рно-пропускно́й
санита́рно-техни́ческий
санита́рно-тра́нспортный
санита́рно-хими́ческий
санита́рно-эпидемиологи́-ческий
санита́рный
са́нки, са́нок
санкциони́рование, -я
санкциони́рованный
санкциони́ровать(ся), -рую, -рует(ся)
са́нкция, -и
санкюло́т, -а
са́нно-тра́кторный
са́нный
санобрабо́тка, -и
сано́витый
сано́вник, -а
сано́вный
сано́рин, -а
са́ночки, -чек
са́ночник, -а
са́ночный
санпропускни́к, -а́
санскри́т, -а
санскрито́лог, -а
санскритоло́гия, -и
санскри́тский
санта́ловый и санда́ловый
санте́хник, -а
санте́хника, -и
сантехни́ческий
сантигра́мм, -а, р. мн. -ов
санти́м, -а
сантиме́нты, -ов
сантиме́тр, -а
сантиме́тровый
сантоли́на, -ы
сантони́н, -а
сантони́нный
сантони́новый
сану́зел, -зла́
санча́сть, -и, мн. -и, -е́й
санэпидемста́нция, -и
санэпидста́нция, -и
сап, -а (болезнь)
са́па, -ы (траншея)
сапажу́, нескл., м.
сапа́тый (от сап)
сапёр, -а
сапера́ви, нескл., с.
сапёрный
сапе́тка, -и
са́пка, -и
сапно́й
сапоги́, сапо́г, ед. сапо́г, -а́
сапоги́-скорохо́ды, сапо́г-скорохо́дов
сапоговаля́льный
сапожи́щи, -и́щ, ед. сапо-жи́ще, -а, м.

сапо́жки, -жек и сапожки́, -о́в, ед. сапожо́к, -жка́
сапо́жник, -а
сапо́жничать, -аю, -ает
сапо́жный
сапони́н, -а
сапони́т, -а
сапроге́нный
сапропе́левый
сапропели́т, -а
сапропе́ль, -я
сапрофи́т, -а
сапрофи́тный
сапса́н, -а
сапу́н, -а́
сапфи́р, -а
сапфи́рный
сапфи́ровый
сараба́нда, -ы
сара́ишко, -а, м.
сара́й, -я
сара́йный
сара́йчик, -а
саранча́, -и́
саранчо́вый
сарафа́н, -а
сарафа́нница, -ы
сарафа́нный
сарафа́нчик, -а
сараци́н, -а, р. мн. -и́н
сараци́нка, -и
сараци́нский
сара́юшка, -и, ж. и сара́-юшко, -а, м.
сарга́н, -а
сарга́ссовый
сарда́р, -а и серда́р, -а
сарде́лька, -и
сарди́на, -ы
сардине́лла, -ы
сарди́нка, -и
сарди́нный
сарди́новый
сарди́ночный
сардони́кс, -а
сардони́ческий
са́ржа, -и
са́ржевый
са́ри, нескл., с.
сарка́зм, -а
саркасти́ческий
саркасти́чный
сарколе́мма, -ы
сарко́ма, -ы
саркопла́зма, -ы
саркофа́г, -а
сарма́, -ы́
сарма́тка, -и
сарма́тский
сарма́ты, сарма́т и сарма́-тов, ед. -а́т, -а
са́рос, -а
сарпи́нка, -и
сарпи́нковый
сарсуэ́ла, -ы
сары́ч, -а́
сассафра́с, -а
сатана́, -ы́, м.
сатане́ть, -е́ю, -е́ет
сатани́зм, -а
сатани́нский
сатани́ческий
сателли́т, -а
сати́н, -а

САТ

сатинёр, -а
сатинёт, -а
сатинéтовый
сатинúрованный
сатинúровать(ся), -рую,
  -рует(ся)
сатúновый
сатúр, -а
сатúра, -ы
сатириáз, -а и сатириáзис,
  -а
сатúрик, -а
сатирúческий
сатирúчный
сатисфáкция, -и
сатрáп, -а
сатрáпия, -и
сатýра, -ы
сатурáтор, -а
сатурáторный
сатурáция, -и
сатурнáлии, -ий
сатурнúзм, -а
сатýрния, -и
сáуна, -ы
сафáри, неизм. и нескл.,с.
сафлóр, -а (бот.)
сафлóровый
сафранúн, -а
сафрóл, -а (хим.)
сафьян, -а
сафьянный
сафьяновый
сáхар, -а и -у; мн. сахарá,
  -óв
сахарáза, -ы (фермент)
сáхарец, -рца и -рцу
сахарúды, -ов
сахарúметр, -а
сахаримéтрия, -и
сахарúн, -а
сахарúнный
сáхаристость, -и
сáхаристый
сáхарить, -рю, -рит
сáхар-медóвич, сáхара-
  медóвича
сáхарница, -ы
сáхарный
сахаровáр, -а
сахаровáрение, -я
сахаровáренный
сахаровáрный
сахаровáрня, -и, р. мн. -рен
сахарóза, -ы (раститель-
  ный сахар)
сахарозавóд, -а
сахарозавóдчик, -а
сахаромицéт, -а, р. мн. -ов
сахаронóс, -а
сахаронóсный
сахарорафинáдный
сахарофúльный
сáхар-песóк, сáхара-пескá
  и сáхара-пескý
сáхар-рафинáд, сáхара-
  рафинáда и сáхара-ра-
  финáду
сахúб, -а и (устар.) сагúб,
  -а
сацúви, нескл., с.
сáчить, сáчý, сáчит
сачковáть, -кýю, -кýет
сачóк, -чкá

СБО

сашé, нескл., с.
сбáвить(ся), -влю, -вит(ся)
сбáвка, -и
сбáвленный
сбавлять(ся), -яю, -яет(ся)
сбáвочник, -а
сбáвочный
сбáгренный
сбáгрить, -рю, -рит
сбалансúрованный
сбалансúровать, -рую, -рует
сбáлтывать(ся), -аю,
  -ает(ся)
сбег, -а
сбéгать, -аю, -ает, сов. (от
  бéгать)
сбегáть(ся), -áю, -áет(ся),
  несов. (к сбежáть)
сбежáть(ся), сбегý, сбе-
  жúт(ся), сбегýт(ся)
сбербáнк, -а
сберегáтельный
сберегáть(ся), -áю, -áет(ся)
сберёгший(ся)
сбережéние, -я
сбережённый; кр. ф. -ён,
  -енá
сберéчь(ся), -егý(сь),
  -ежёт(ся), -егýт(ся)
  прош. -ёг(ся), -еглá(сь)
сберкáсса, -ы
сберкнúжка, -и
сбесúться, -ешýсь, -éсится
сбивáлка, -и
сбивáльный
сбивáние, -я
сбивáть(ся), -áю(сь),
  -áет(ся)
сбúвка, -и
сбивнóй
сбúвчивый
сбирáть(ся), -áю(сь),
  -áет(ся)
сбúтенщик, -а
сбúтень, -тня
сбúтый
сбить(ся), собью(сь),
  собьёт(ся)
сближáть(ся), -áю(сь),
  -áет(ся)
сближéние, -я
сблúженность, -и
сблúженный
сблúзить(ся), -úжу(сь),
  -úзит(ся)
сблокúрованный
сблокúровать(ся),
  -рую(сь), -рует(ся)
сбóечно-бурúльный
сбóина, -ы
сбóить, -ою, -оúт
сбой, сбоя, мн. сбóи, -ев и
  сбоú, -ёв
сбóйка, -и
сбóйный
сбóку, нареч. (сидеть сбóку)
с бóку нá бок
сбóку припёку и сбóку
  припёка
сбóлтанный
сболтáть, -áю, -áет
сболтúть(ся), -лчý,
  -лтúт(ся)

СБЫ

сбóлтнутый
сболтнýть(ся), -нý, -нёт
сбóлченный
сбóлчивать(ся), -аю,
  -ает(ся)
сбóндить, -дю, -дит
сбор, -а
сбóренный; кр. ф. -ен, -ена
  и сборённый; кр. ф. -ён,
  -енá
сборúть, -рю, -рúт и сбó-
  рить, -рю, -рит
сбóрище, -а
сбóрка, -и
сбóрная, -ой
сбóрник, -а
сбóрно-разбóрный
сбóрно-щитовóй
сбóрочно-автоматúческий
сбóрочный
сбóрчатый
сбóрщик, -а
сбóрщица, -ы
сбочкý, нареч.
сбрáживать(ся), -аю,
  -ает(ся)
сбрáсывание, -я
сбрáсывать(ся), -аю(сь),
  -ает(ся)
сбредáть(ся), -áю, -áет(ся)
сбрéдить, сбрéжу, сбрéдит
сбрéдший(ся)
сбрéндить, -дю, -дит
сбрестú(сь), -едý, -едёт(ся);
  прош. -ёл(ся), -елá(сь)
сбрехáть, -ешý, -éшет
сбрёхнутый
сбрехнýть, -нý, -нёт
сбривáть(ся), -áю, -áет(ся)
сбрúтый
сбрить, сбрéю, сбрéет
сброд, -а
сбродúть(ся), -ожý,
  -óдит(ся)
сбрóженный
сброс, -а
сбрóсанный (от сбросáть)
сбросáть, -áю, -áет
сбрóсить(ся), -óшу(сь),
  -óсит(ся)
сбрóска, -и
сброснóй и сбрóсный
сбрóсовый
сброшенный (от сбрó-
  сить)
сброшюрóванный
сброшюровáть, -рýю, -рý-
  ет
сбрýя, -и
сбрызгивать(ся), -аю,
  -ает(ся)
сбрызнутый
сбрызнуть(ся), -ну(сь),
  -нет(ся)
с бýхты-барáхты
сбывáть(ся), -áю, -áет
  (ся)
сбыт, -а
сбытовóй
сбытóчный
сбытчик, -а
сбытый

СВЕ

сбыть(ся), сбýду, сбý-
  дет(ся); прош. сбыл(ся),
  сбылá(сь), сбыло, сбы-
  лóсь
свáдебка, -и
свáдебный
свáдьба, -ы
сваебóец, -бóйца
сваебóйщик, -а
сваéчка, -и
свáечный
свáйка, -и
свáйный
свал, -а
свáленный (от свалúть)
свáливать(ся), -аю(сь),
  -ает(ся)
свалúть(ся), свалю(сь),
  свáлит(ся)
свáлка, -и
свáлочный
свáльный
свáлянный (от свалять)
свалять(ся), -яю, -яет(ся)
сван, -а, р. мн. -ов
свáнка, -и
свáнский
свáра, -ы
сваргáненный
сваргáнить, -ню, -нит
свáренный
свáриваемость, -и
свáривание, -я
свáривать(ся), -аю(сь),
  -ает(ся)
сварúть(ся), сварю(сь),
  свáрит(ся)
свáрка, -и
сварлúвый
сварнóй
свáрочно-монтáжный
свáрочный
свáрщик, -а
свáрщица, -ы
свáстика, -и
сват, -а, мн. сваты, сватóв
свáтанный
свáтанье, -я
свáтать(ся), -аю(сь),
  -ает(ся)
сватовствó, -á
сватóк, -ткá
свáтушка, -и, м. (от сват)
свáтьин, -а, -о
свáтьюшка, -и, ж. (от
  свáтья)
свáтья, -и, р. мн. свáтий
свáха, -и
свáхонька, -и
свáшенька, -и
свáя, -и
свевáть(ся), -áю, -áет(ся)
  (к свéять)
свéдать(ся), -аю(сь),
  -ает(ся)
сведéнец, -нца
сведéние, -я (сообщение)
сведéние, -я (от свестú)
сведённый; кр. ф. -ён, -енá
с вéдома
свéдущий
свéдший(ся)
свежáк, -á
свежáтина, -ы

свежачо́к, -чка́
свежёванный
свежева́ть(ся), -жу́ю, -жу́-
ет(ся)
свежевспа́ханный
свежевы́беленный
свежевы́бритый
свежевы́мытый
свежевы́печенный
свежевы́рытый
свежевы́стиранный
свежезава́ренный
свежезаморо́женный
свежеиспечённый
свежеморо́женый
свеженадо́енный
свежени́на, -ы
све́женький; кр. ф. -жёнек,
-же́нька
свежеокра́шенный
свежеосаждённый
свежеприготовленный
свежепросо́льный
свежеско́шенный
свежесре́занный
све́жесть, -и
свеже́ть, -ею, -еет
све́жий; кр. ф. свеж, све-
жа́, свежо́, све́жи
свежина́, -ы́
свежи́нка, -и
свежо́
свежьё, -я́
свезённый; кр. ф. -ён, -ена́
свезти́, -зу́, -зёт; прош. свёз,
свезла́
свёзший
свё́ивать(ся), -аю, -ает(ся)
свёкла, -ы
свекло́вица, -ы
свекло́вичный
свекло́вод, -а
свеклово́дство, -а
свеклово́дческий
свеклокомба́йн, -а
свеклому́бойка, -и
свеклопогру́зчик, -а
свеклоподъёмник, -а
свеклоре́зка, -и
свеклоса́харный
свеклосе́ющий
свеклосе́яние, -я
свеклосовхо́з, -а
свеклоубо́рочный
свекова́ть, -ку́ю, -ку́ет (век
свекова́ть)
свеко́льник, -а
свеко́льный
свёкор, -кра
свекро́вь, -и
свекру́ха, -и
свеликоду́шничать, -аю,
-ает
свербёж, -ежа́
свербе́ть, -би́т
сверга́ть(ся), -а́ю(сь),
-а́ет(ся)
сверѓнувший(ся)
свёргнутый
све́ргнуть(ся), -ну(сь),
-нет(ся); прош. сверг(ся)
и свергнул(ся), сверг-
ла(сь)
свергший(ся)

свёренный
све́ржение, -я
све́рженный
свёрзить(ся), -ржу(сь),
-рзит(ся)
све́рить(ся), -рю(сь),
-рит(ся)
све́рка, -и
сверка́ние, -я
сверка́ть, -а́ю, -а́ет
сверка́ющий
сверкну́ть, -ну́, -нёт
сверле́ние, -я
сверлённый; кр. ф. -ён,
-ена́, прич.
сверлёный, прил.
сверли́лка, -и
сверли́ло, -а, мн. -и́ла и
-и́лы, сверли́л, м.
сверли́льно-долбёжный
сверли́льно-нарезно́й
сверли́льно-расто́чный
сверли́льно-фре́зерный
сверли́льный
сверли́ть(ся), -лю́, -ли́т(ся)
сверло́, -а́, мн. свёрла,
свёрл
сверло́вка, -и
сверлово́й
сверло́вочный
сверло́вщик, -а
сверло́вщица, -ы
сверля́щий(ся)
свёрнутый
сверну́ть(ся), -ну́(сь),
-нёт(ся)
свёрстанный
сверста́ть, -а́ю, -а́ет
све́рстник, -а
све́рстница, -ы
свёрстывать(ся), -аю,
-ает(ся)
сверте́ть(ся), сверчу́, свёр-
тит(ся)
свёртка, -и
свёрток, -тка
свёрточек, -чка
свёртываемость, -и
свёртывание, -я
свёртывать(ся), -аю(сь),
-ает(ся)
сверх, предлог
сверхбалло́н, -а
сверхбыстроде́йствующий
сверхвысо́кий
сверхвысоково́льтный
сверхвысокочасто́тный
сверхвысо́тный
сверхгала́ктика, -и
сверхгига́нт, -а
сверхглубо́кий
сверхда́льний
сверхдальнобо́йный
сверхдержа́ва, -ы
сверхдопусти́мый
сверхжёсткий
сверхзада́ча, -и
сверхзвезда́, -ы́
сверхзвуково́й
сверхизы́сканный
сверхинтере́сный
сверхкомпле́кт, -а
сверхкомпле́ктный
сверхкрити́ческий

сверхлёгкий
сверх лими́та
сверхлими́тный
сверхмарафо́н, -а
сверхме́рный
сверхмо́дный
сверхмонопо́лия, -и
сверхмо́щный
сверхни́зкий
сверхнормати́вный
сверхопера́тивный
сверх пла́на
сверхпла́новый
сверхпло́тный
сверхпри́быль, -и, мн. -и,
-ей
сверхпроводи́мость, -и
сверхпроводни́к, -а́
сверхпроводя́щий
сверхпротекциони́зм, -а
сверхпро́чный
сверхра́нний
сверхсветово́й
сверхси́льный
сверхскоростно́й
сверхсме́тный
сверхсовреме́нный
сверхсро́чник, -а
сверхсрочнослу́жащий,
-его
сверхсро́чный
сверхсто́имость, -и
сверхтвёрдый
сверхтеку́честь, -и
сверхтеку́чий
сверхто́ки, -ов
сверхто́нкий
сверхто́чный
сверхтяжёлый
све́рху, нареч.
све́рху вни́з
све́рху до́низу
сверхуро́чный
сверхчелове́к, -а
сверхчелове́ческий
сверхчи́стый
сверхчу́вственный
сверхчувстви́тельный
сверхшта́тный
сверхъёмкий
сверхъесте́ственный; кр.
ф. -вен и -венен, -венна
сверхэкономи́чный
све́рченный
сверчко́вые, -ых
сверчо́к, -чка́
сверша́ть(ся), -а́ю, -а́ет(ся)
сверше́ние, -я
свершённый; кр. ф. -ён,
-ена́
сверши́ть(ся), -шу́,
-ши́т(ся)
све́рщик, -а
све́рщица, -ы
сверя́ть(ся), -я́ю(сь),
-я́ет(ся)
свес, -а
све́сить(ся), све́шу(сь),
све́сит(ся)
свести́(сь), сведу́, све-
дёт(ся); прош. свёл(ся),
свела́(сь)
свет, -а и -у, предл. в све́те,
на свету́

света́ть, -а́ет
свете́лка, -и
светёлочка, -и
светёлочный
свете́ц, -тца́
све́тик, -а
свети́ло, -а
свети́льник, -а
свети́льный
свети́льня, -и, р. мн. -лен
свети́мость, -и
свети́ть(ся), свечу́(сь),
све́тит(ся) (к свет)
светле́йший, -его
све́тленький; кр. ф. -ленек,
-ленька
светле́ть, -ею, -еет (становиться светлым)
светле́ться, -еется
светлина́, -ы́
светли́ть, -лю́, -ли́т (что)
светли́ца, -ы
светли́чный
светло́
светло-бе́жевый
светлоборо́дый
светлобрю́хий
светло́ванный
светлова́ть(ся), -лу́ю, -лу́-
ет(ся)
светловоло́сый
светлогла́зый
светлоголо́вый
светло-голубо́й
светлогру́дый
светло-жёлтый
светло-зелёный
светло-ка́рий
светло-кашта́новый
светло-кори́чневый
светло-кра́сный
светлокры́лый
светлоли́цый
светлоо́кий
светлоокра́шенный*
светло-ора́нжевый
светло-ро́зовый
светло-ру́сый
светло-се́рый
светло-си́ний
све́тлость, -и
светлоство́льный
светлу́ха, -и
све́тлый; кр. ф. све́тел,
светла́, светло́
светлы́м-светло́
светлы́нь, -и
светля́к, -а́
светлячо́к, -чка́
светобоя́знь, -и
светово́д, -а
световодолече́ние, -я
световозду́шный
светово́й
светодальноме́р, -а
светоза́рный
светоизмери́тельный
светокопирова́льный
светокопирова́льня, -и, р.
мн. -лен
светокопи́рование, -я
светоко́пия, -и
светокульту́ра, -ы
светолече́бница, -ы

светолечёбный
светолечёние, -я
светолю́б, -а
светолюби́вый
светомаскиро́вка, -и
светомаскиро́вочный
светому́зыка, -и
светонаправля́ющий
светонепроница́емый
светоно́сный
светоотда́ча, -и
светопи́сный
све́топись, -и
светопреломле́ние, -я
светопреломля́ющий
светопреставле́ние, -я
светопроница́емый
светопро́чный
светорассе́иватель, -я
светорассе́ивающий
светорассе́яние, -я
светосигнализа́ция, -и
светосигна́льный
светоси́ла, -ы
светоси́льный
светосто́йкий
светоте́нь, -и, мн. -и, -ей
светоте́хник, -а
светоте́хника, -и
светотехни́ческий
светофизиоло́гия, -и
светофи́льтр, -а
светофо́р, -а
светоцветово́й
све́точ, -а
светочувстви́тельность, -и
светочувстви́тельный
светоэкра́н, -а
све́тский
све́тскость, -и
светя́щий(ся)
свеча́, -и́, мн. све́чи, свеч
и свече́й, свеча́м
свече́ние, -я
свечере́ть, -е́ет
све́чечка, -и
све́чка, -и
свечно́й
све́шанный (от све́шать)
све́шать(ся), -аю(сь),
-ает(ся)
све́шенный (от све́сить)
све́шивать(ся), -аю(сь),
-ает(ся)
све́янный
све́ять, све́ю, све́ет
свива́льник, -а
свива́льный
свива́ние, -я
свива́ть(ся), -а́ю, -а́ет(ся)
(к свить)
свида́ние, -я
свида́ньице, -а
свиде́тель, -я
свиде́тельница, -ы
свиде́тельский
свиде́тельство, -а
свиде́тельствовать(ся),
-твую(сь), -твует(ся)
сви́деться, сви́жусь, сви́-
дится
с ви́ду
свилева́тость, -и
свилева́тый

свиль, -и
свина́рка, -и
свина́рник, -а
свина́рный
свина́рня, -и, р. мн. -рен
свина́рь, -я́
свинг, -а
свинёнок, -нка, мн. свиня́-
та, -я́т
свине́ц, -нца́
свинецоргани́ческий
свини́на, -ы
сви́нка, -и
свинобо́ец, -о́йца
свиново́д, -а
свиново́дство, -а
свиново́дческий
свино́й
свинокопчёности, -ей, ед.
-копчёность, -и
свинома́тка, -и
свинопа́с, -а
свиноподо́бный
свиноро́й, -я
свиносовхо́з, -а
свинофе́рма, -ы
сви́нский
сви́нство, -а
свинти́ть(ся), -нчу́,
-нти́т(ся)
сви́нтус, -а
свину́ха, -и
свину́шка, -и
свину́шник, -а
свинцева́ть(ся), -цу́ю, -цу́-
ет(ся)
свинцо́ванный
свинцо́вистый
свинцо́во-изото́пный
свинцо́во-ме́дный
свинцо́во-оловя́нный
свинцо́вый
свинча́тка, -и
свинча́тковые, -ых
сви́нченный
сви́нчивать(ся), -аю,
-ает(ся)
свинья́, -и́, мн. сви́ньи,
свине́й, сви́ньям
свинья́ свинье́й
свиньо́шник, -а
свиня́чий, -ья, -ье
свиня́чить, -чу, -чит
свире́ль, -и
свире́льный
свирепе́ть, -е́ю, -е́ет
свире́пость, -и
свире́пство, -а
свире́пствовать, -твую,
-твует
свире́пый
свиристе́лка, -и
свиристе́ль, -я
свиристе́ть, -рищу́, -рис-
ти́т
свиса́ть, -а́ет
сви́слый
сви́снуть, -ну, -нет; прош.
свис, сви́сла (к свиса́ть)
свист, -а
свиста́ть, свищу́, сви́щет
свисте́лка, -и
свисте́ть, свищу́, свисти́т

сви́стнуть, -ну, -нет (к сви-
сте́ть)
свисто́к, -тка́
свистопля́ска, -и
свисто́чек, -чка
свисту́лька, -и
свисту́н, -а́
свисту́нья, -и, р. мн. -ний
свистя́щий
сви́сший
сви́та, -ы
сви́тер, -а
сви́тка, -и
сви́ток, -тка
сви́тский
сви́тый; кр. ф. -и́т, -ита́,
-и́то
сви́ть(ся), совью́, совь-
ёт(ся); прош. -и́л(ся),
-ила́(сь), -и́ло, -и́ло́сь
сви́хнутый
свихну́ть(ся), -ну́(сь),
-нёт(ся)
свищ, -а́
свищева́тый
свищево́й
свищево́й
свищу́щий
свия́зь, -и
свобо́да, -ы
свободновися́щий*
свободновраща́ющийся*
свободноживу́щий*
свободномолекуля́рный
свободнонесу́щий*
свободнопа́дающий*
свободнопла́вающий*
свободноподве́шенный*
свободнопото́чный
свободнорождённый*
свобо́дный
свободолюби́вый
свободолю́бие, -я
свободомы́слие, -я
свободомы́слящий
свод, -а
своди́ть(ся), свожу́, сво́-
дит(ся)
сво́дка, -и
сво́дник, -а
сво́дница, -ы
сво́дничать, -аю, -ает
сво́днический
сво́дничество, -а
сво́дный
сво́дня, -и, р. мн. -ней и
сво́ден
сводообра́зный
сво́дчатый
сво́дчик, -а
своевла́стный
своево́лие, -я
своево́льничать, -аю, -ает
своево́льный
своево́льство, -а
своевре́менный; кр. ф.
-менен и -мен, -менна
своекоры́стие, -я
своекоры́стный
своеко́штный
своенра́вие, -я
своенра́вничать, -аю, -ает
своенра́вный
своеобра́зие, -я
своеобра́зный

своеобы́чный
своеру́чный
сво́женный (от свози́ть)
своз, -а
свози́ть(ся), свожу́, сво́-
зит(ся)
сво́зка, -и
сво́зчик, -а
свой, своего́, своя́, свое́й,
своё, своего́, мн. свои́,
свои́х
свойла́чивание, -я
свойла́чивать(ся), -аю,
-ает(ся)
сво́йский
сво́йственник, -а
сво́йственница, -ы
сво́йственный; кр. ф.
-ствен и -ственен, -ственна
сво́йство, -а (качество)
свойство́, -а́ (родство)
свола́кивать(ся), -аю,
-ает(ся)
своло́кший
сволочённый; кр. ф. -ён,
-ена и своло́ченный; кр.
ф. -ён, -ена́
сволочи́ть, -очу́, -о́чит, сов.
(своло́чь)
сволочи́ть(ся), -чу́(сь),
-чи́т(ся), несов. (ругать)
сволочно́й
сво́лочь, -и, мн. -и, -е́й
своло́чь, -оку́, -очёт, -оку́т;
прош. -о́к, -окла́
сво́ра, -ы
свора́чивать(ся), -аю,
-ает(ся)
сво́рить, -рю, -рит
своро́ванный
свороstreamtáть, -ру́ю, -ру́ет
своро́т, -а
свороти́ть(ся), -очу́,
-о́тит(ся)
своро́ченный
свояк, -а́
своя́ченица, -ы
свыка́ться, -а́юсь, -а́ется
свы́кнуться, -нусь, -нется;
прош. свы́кся, свы́клась
свы́кшийся
высока́
свы́чай, -я: свы́чай и обы́-
чай
свы́чай-обы́чай, свы́чая-
обы́чая
свы́чка, -и
свы́ше
свя́занный
связа́ть(ся), свяжу́(сь),
свя́жет(ся)
свя́зист, -а
свя́зистка, -и
свя́зка, -и
связни́к, -а́
связно́й, -о́го (посыльный)
свя́зный (последователь-
ный)
свя́зочный
свя́зующий
свя́зывание, -я
свя́зывать(ся), -аю(сь),
-ает(ся)
связь, -и

свясло, -а	сговаривать(ся), -аю(сь), -ает(ся)	сгущёнка, -и	сдобный; кр. ф. -бен, -бна, -бно
святейшество, -а	сговор, -а	сгущённый; кр. ф. -ён, -ена	сдобренный
святейший	сговорённый; кр. ф. -ён, -ена	сдабривать(ся), -аю, -ает(ся)	сдобрить, -рю, -рит
святилище, -а	сговорить(ся), -рю(сь), -рит(ся)	сдавать(ся), сдаю(сь), сдаёт(ся)	сдобенный
святитель, -я	сговорчивость, -и	сдавить(ся), сдавлю, сдавит(ся)	сдоить, сдою, сдоит
святить(ся), свячу, святит(ся) (к святой)	сговорчивый	сдавленный	сдойный
святки, -ток	сгодиться, сгожусь, сгодится	сдавливать(ся), -аю, -ает(ся)	сдохнуть, -ну, -нет; прош. сдох, сдохла
святой; кр. ф. свят, свята, свято	сгон, -а	сдаивать(ся), -аю, -ает(ся)	сдохший
святорусский	сгонка, -и	сдалека	сдрейфить, -флю, -фит
святость, -и	сгонный	сданный; кр. ф. сдан, сдана	сдрейфовать, -фую, -фует
святотатец, -тца	сгоношить, -шу, -шит	сдаточный	сдружать(ся), -аю(сь), -ает(ся)
святотатственный	сгонять(ся), -яю, -яет(ся)	сдатчик, -а	сдружённый; кр. ф. -ён, -ена
святотатство, -а	сгораемость, -и	сдатчица, -ы	сдружить(ся), -ужу(сь), -ужит(ся)
святотатствовать, -твую, -твует	сгораемый	сдать(ся), сдам(ся), сдашь(ся), сдаст(ся), сдадим(ся), сдадите(сь), сдадут(ся); прош. -ал(ся), -ала(сь), -ало, -алось	сдублированный
святочный	сгорание, -я	сдача, -и	сдублировать, -рую, -рует
святоша, -и, м. и ж.	сгорать, -аю, -ает	сдваивание, -я	сдувать(ся), -аю, -ает(ся)
святцы, -цев	сгорбить(ся), -блю(сь), -бит(ся)	сдваивать(ся), -аю, -ает(ся)	сдунутый
святыня, -и, р. мн. -ынь	сгорбленный	сдвиг, -а	сдунуть, -ну, -нет
свячёный (освящённый)	сгореть, -рю, -рит	сдвигание, -я	сдурить(ся), -рю(сь), -рит(ся)
священник, -а	с гору	сдвигать(ся), -аю(сь), -ает(ся)	сдуру
священнический	с горя	сдвижение, -я	сдутый
священнодейственный	сгоряча	сдвижка, -и	сдуть, сдую, сдует
священнодействие, -я	сготовить, -влю, -вит	сдвижной	сдыхать, -аю, -ает
священнодействовать, -твую, -твует	сготовленный	сдвинутый	сдюжить, -жу, -жит
священнослужитель, -я	сграбастанный	сдвинуть(ся), -ну(сь), -нет(ся)	се, частица
священный; кр. ф. -ён и -ёнен, -ённа, прил.	сграбастать, -аю, -ает	сдвоенный	сё, сего, местоим.
священный; кр. ф. -ён, -ена, прич.	сграбить, -блю, -бит	сдвоить(ся), -ою(сь), -оит(ся) и сдвоить(ся), -ою(сь), -оит(ся)	сеанс, -а
священство, -а	сграбленный	сдвойка, -и	сеансёр, -а
священствовать, -твую, -твует	сграффито, нескл., с.	сделанный	себе
с гаком	сгребать(ся), -аю(сь), -ает(ся)	сделать(ся), -аю(сь), -ает(ся)	себедовлеющий
сгаснуть, -ну, -нет; прош. сгас, сгасла	сгребённый; кр. ф. -ён, -ена	сделка, -и	себе на уме
сгасший	сгрёбший(ся)	сделочный	себестоимость, -и
сгиб, -а	сгрести(сь), сгребу(сь), сгребёт(ся); прош. сгрёб(ся), сгребла(сь)	сдельно-аккордный	себорейный
сгибание, -я	сгрубить, -блю, -бит	сдельно-премиальный	себорея, -и
сгибатель, -я	сгрудить(ся), -ужу, -удит(ся)	сдельно-прогрессивный	себялюбец, -бца
сгибать(ся), -аю(сь), -ает(ся)	сгруженный; кр. ф. -ен, -ена и сгружённый; кр. ф. -ён, -ена	сдельный	себялюбивый
сгибнуть, -ну, -нет; прош. сгиб, сгибла	сгрузить(ся), сгружу(сь), сгрузит(ся)	сдельщик, -а	себялюбие, -я
сгинуть, -ну, -нет	сгрузка, -и	сдельщина, -ы	сев, -а
сгладить(ся), сглажу, сгладит(ся)	сгруппированный	сдельщица, -ы	севалка, -и
сглаживать(ся), -аю, -ает(ся)	сгруппировать(ся), -рую(сь), -рует(ся)	сдёргать, -аю, -ает	севать, наст. вр. не употр.
сглаженный	сгруппировывать(ся), -аю(сь), -ает(ся)	сдёргивать(ся), -аю, -ает(ся)	север, -а
сглаживать(ся), -аю, -ает(ся)	сгрустнуть(ся), -ну, -нёт(ся)	сдержанность, -и	североамериканский
сглаз, -а	сгрызенный	сдержанный; кр. ф. прич. -ан, -ана; кр. ф. прил. -ан, -анна	североафриканский
сглазить, сглажу, сглазит	сгрызать(ся), -аю, -ает(ся)	сдержать(ся), сдержу(сь), сдержит(ся)	североевропейский
с глазу на глаз	сгрызть, -зу, -зёт; прош. сгрыз, сгрызла	сдерживать(ся), -аю(сь), -ает(ся)	севернорусский
сглоданный	сгрызший	сдёрнутый	северный
сглодать, -ожу, -ожет и -аю, -ает	сгубить, сгублю, сгубит	сдёрнуть, -ну, -нет	североамериканец, -нца
сглупа	сгубленный	сдирание, -я	североамериканский, но Северо-Американская котловина
сглупить, -плю, -пит	сгуститель, -я	сдирать(ся), -аю, -ает(ся)	североатлантический, но Северо-Атлантический хребет
сгнаивать(ся), -аю, -ает(ся)	сгустить(ся), сгущу, сгустит(ся)	сдирка, -и	североафриканский, но Северо-Африканская котловина
сгнести, сгнету, сгнетёт; прош. -ёл, -ела	сгусток, -тка	сдирочный	северо-восток, -а
сгнетать, -аю, -ает	сгущаемость, -и	сдоба, -ы	северо-восточный
сгнетённый; кр. ф. -ён, -ена	сгущать(ся), -аю, -ает(ся)	сдобить, -блю, -бит	североевропейский, но Северо-Европейское море
сгнивать(ся), -аю, -ает(ся)	сгущение, -я		северо-запад, -а
сгнить, сгнию, сгниёт; прош. -ил, -ила, -ило			северо-западный
сгноённый; кр. ф. -ён, -ена			северо- и юго-восток, -а
сгноить, сгною, сгноит			северокавказский, но Северо-Кавказская железная дорога

Колонка 1:

североказахста́нский, но Се́веро-Каза́хста́нская о́бласть
северокита́йский, но Се́веро-Кита́йская равни́на
северокоре́йский, но Се́веро-Коре́йские го́ры
северомо́рец, -рца
северомо́рский
северосахали́нский, но Се́веро-Сахали́нская ни́зменность
се́веро-се́веро-восто́к, -а
се́веро-се́веро-восто́чный
се́веро-се́веро-за́пад, -а
се́веро-се́веро-за́падный
северя́нин, -а, мн. -я́не, -я́н
северя́нка, -и
севе́ц, -вца́
сево́к, -вка́
севооборо́т, -а
севосме́н, -а
се́врский
севрю́га, -и
севрю́жий, -ья, -ье
севрю́жина, -ы
севрю́жка, -и
сегиди́лья, -и
сегме́нт, -а
сегмента́рный
сегментацио́нный
сегмента́ция, -и
сегме́нтный
сегментоукла́дчик, -а
сегнетоконденса́тор, -а
сегнетоэле́ктрик, -а
сегнетоэлектри́ческий
сегнетоэлектри́чество, -а
сего́дня
сего́дняшний
сеголе́тка, -и
сегрегацио́нный
сегрега́ция, -и
седалги́н, -а
седа́лище, -а
седа́лищный
седа́н, -а
седати́вный
седёлка, -и
седёлковый
седёлочный
седе́льник, -а
седе́льный
седе́льце, -а, р. мн. -лец
седе́льчатый
се́денький; кр. ф. седе́нек, седе́нька
седе́ть, -е́ю, -е́ет
седиментацио́нный
седимента́ция, -и
седина́, -ы́, мн. -и́ны, -и́н
седи́нка, -и
седла́ть(ся), -а́ю, -а́ет(ся)
седло́, -а́, мн. сёдла, сёдел
седлови́дный
седлови́на, -ы
седло́вка, -и
седлообра́зный
сёдлышко, -а
седми́на, -ы
седми́ца, -ы
седоборо́дый
седова́тый
седовла́сый

Колонка 2:

седоволо́сый
седоголо́вый
седо́й; кр. ф. сед, седа́, се́до, се́ды
седо́к, -а́
седоу́сый
седуксе́н, -а
седьмо́й
сеза́м, -а
сеза́мовый
сезо́н, -а
сезо́нник, -а
сезо́нница, -ы
сезо́нность, -и
сезо́нный
сейд, -а
сей, сего́, сия́, сей, сие́, сего́, мн. сии, сих
сейва́л, -а
сей же ча́с
сейм, -а
се́йнер, -а
се́йнерный
се́йсмика, -и
сейсми́ческий
сейсми́чный
сейсмоакти́вный
сейсмоакусти́ческий
сейсмогеоло́гия, -и
сейсмогра́мма, -ы
сейсмо́граф, -а
сейсмографи́ческий
сейсмогра́фия, -и
сейсмозонди́рование, -я
сейсмокардиогра́мма, -ы
сейсмокардиогра́фия, -и
сейсмо́лог, -а
сейсмологи́ческий
сейсмоло́гия, -и
сейсмо́метр, -а
сейсмометри́ческий
сейсмоме́трия, -и
сейсмоопа́сный
сейсмоприёмник, -а
сейсморазве́дка, -и
сейсморазве́дочный
сейсморазве́дчик, -а
сейсмоста́нция, -и
сейсмосто́йкий
сейсмосто́йкость, -и
сейсмотекто́ника, -и
сейсмотектони́ческий
сейф, -а
сейча́с, нареч.
се́йша, -и, р. мн. сейш
се́канс, -а
сека́рь, -я́
сека́тор, -а
сека́ч, -а́
секве́нция, -и
секве́стр, -а
секвестра́ция, -и
секвестрова́ние, -я
секвестро́ванный
секвестрова́ть(ся), -ру́ю, -ру́ет(ся)
секво́йя, -и
секи́ра, -ы
секо́мый
секре́т, -а
секретариа́т, -а
секрета́рша, -и, м.
секрета́рский
секрета́рство, -а

Колонка 3:

секрета́рствовать, -твую, -твует
секрета́рша, -и
секрета́рь, -я́
секрете́р, -а
секре́тец, -тца
секрети́н, -а
секре́тка, -и
секре́тничать, -аю, -ает
секре́тность, -и
секре́тный
секрето́рный
секре́ция, -и
секс, -а
сексагона́льный
сексапи́льный
секс-бо́мба, -ы
сексо́лог, -а
сексологи́ческий
сексоло́гия, -и
сексопатоло́гия, -и
се́кста, -ы
секстакко́рд, -а
секста́нт, -а
сексте́т, -а
секстиллио́н, -а и сек-стильо́н, -а
се́ксти́на, -ы
се́кстовый
сексуали́зм, -а
сексуа́льность, -и
сексуа́льный
секс-фи́льм, -а
секс-шо́у, нескл., с.
се́кта, -ы
секта́нт, -а
секта́нтка, -и
секта́нтский
секта́нтство, -а
се́ктор, -а, мн. -а́, -о́в и -ы, -ов
сектора́льный
се́кторный
секуляриза́ция, -и
секуляризи́рованный
секуляризи́ровать(ся), -рую, -рует(ся)
секуляризо́ванный
секуляризова́ть(ся), -зу́ю, -зу́ет(ся)
секу́нда, -ы
секу́нда в секу́нду
секундакко́рд, -а
секунда́нт, -а
секунда́нтский
секунда́нтствовать, -твую, -твует
секу́нд-майо́р, -а
секу́ндный
секундоме́р, -а
секу́ция, -и
секу́щая, -ей
секу́щий(ся)
секцио́нный
се́кция, -и
се́кший(ся) и сёкший(ся)
селадо́н, -а
селево́й и се́левый (от сель)
селегрязево́й
селёдка, -и
селёдочка, -и
селёдочница, -ы
селёдочный

Колонка 4:

селезёний, -ья, -ье
селезёнка, -и
селезёночник, -а
селезёночный
се́лезень, -зня
селезнёвый
селекти́вный
селекти́рование, -я
селе́ктор, -а
селе́кторный
селекционе́р, -а
селекциони́ровать, -рую, -рует
селекцио́нно-генети́ческий
селекцио́нный
селе́кция, -и
селе́н, -а (хим.)
селени́д, -а (хим.)
селе́ние, -я
селени́стый
селени́т, -а (минерал)
селени́товый
селёновый
селеногра́фи́ческий
селеногра́фия, -и
селенодезия, -и
селено́лог, -а
селенологи́ческий
селеноло́гия, -и
селеноргани́ческий
селеноцентри́ческий
селе́ньище, -а
селеопа́сный
сели́н, -а (бот.)
сели́тебный
сели́тра, -ы
селитро́ванный
селитрова́рный
селитрова́рня, -и, р. мн. -рен
селитрова́ть, -ру́ю, -ру́ет
сели́тряница, -ы
сели́тря́нка, -и
сели́тряный
сели́тьба, -ы
сели́ть(ся), селю́(сь), се́ли́т(ся)
село́, -а́, мн. сёла, сёл
сель, -я
се́льва, -ы
сельва́сы, -ов
се́льдевый
сельдеобра́зные, -ых
сельдере́й, -я
сельдере́йный
сельджу́ки, -ов, ед. -у́к, -а
сельджу́кский
сельдь, -и, мн. -и, -е́й
сельдяно́й
сельдяно́й
селькро́вский
селько́рство, -а
селькуп, -а, р. мн. -ов
селькупка, -и
селькупский
сельма́г, -а
сельпо́, нескл., с.
сельси́н, -а
се́льский
сельскохозя́йственный
сельсове́т, -а
сельсове́тский

се́льтерская, -ой
сельхозартёль, -и
сельхозинвента́рь, -я
сельхозмаши́на, -ы
сельхозналóг, -а
сельхозтéхника, -и
сельхозугóдье, -я, р. мн.
  -дий
сельцó, -á
сельча́нин, -а, мн. -áне, -áн
сельча́нка, -и
селямли́к, -а
селяни́н, -а, мн. -áне, -я́н
селя́нка, -и
селя́ночный
селя́нский
селя́нство, -а
сёма, -ы
сема́нтика, -и
семанти́ческий
семасиологи́ческий
семасиолóгия, -и
семафóр, -а
семафóрить, -рю, -рит
семафóрный
сёмга, -и
семéйка, -и
семéйный
семéйственность, -и
семéйственный
семéйство, -а
семени́стый
семени́ть, -ню́, -ни́т
семени́к, -á
семеннико́вый
семенно́й
семенове́дение, -я
семеновóд, -а
семеновóдство, -а
семеновóдческий
семенодóля, -и
семенозача́ток, -тка
семеномéр, -а
семеноно́сный
семенору́шка, -и
семенохрани́лище, -а
семери́к, -á
семери́чный
семёрка, -и
семерно́й
сéмеро, -ых
семéстр, -а
семéстровый
сéмечко, -а
сéмечковый
семéюшка, -и
семиба́лльный (7-ба́лль-
  ный)
семибоя́рщина, -ы
семигла́вый
семигра́нник, -а
семигра́нный
семидесятилéтие (70-лé-
  тие), -я
семидесятилéтний (70-
  лéтний)
семидесятипятилéтие (75-
  лéтие), -я
семидесятипятилéтний
  (75-лéтний)
семидесятипятимиллимéт-
  рóвый (75-миллимéтрó-
  вый)
семидеся́тник, -а

семидеся́тый
семиднéвка, -и
семиднéвный (7-днéвный)
семизаря́дный
семизвéздие, -я
семизна́чный
семи́к, -á
семикла́ссник, -а
семикла́ссница, -ы
семикла́ссный (7-кла́сс-
  ный)
семикра́тный
семилéтка, -и
семилéтний (7-лéтний)
семилéток, -тка
семимéстный (7-мéст-
  ный)
семимéсячный (7-мéсяч-
  ный)
семиметрóвый (7-метрó-
  вый)
семими́льный
семина́р, -а
семина́рий, -я
семинари́ст, -а
семина́рия, -и
семина́рский
семинедéльный (7-не-
  дéльный)
семиóтика, -и
семиоти́ческий
семипóлье, -я
семипóльный
семирублёвый (7-рублё-
  вый)
семисотлéтний (700-лéт-
  ний)
семисóтый
семистру́нный
семи́т, -а
семити́зм, -а
семити́ческий
семи́тка, -и
семитóлог, -а
семитологи́ческий
семитолóгия, -и
семитóнный (7-тóнный)
семи́то-хами́тский
семи́тский (к семи́т)
семиты́сячный (7-ты́сяч-
  ный)
семиугóльник, -а
семиугóльный
семицвéтный
семи́цкий (к семи́к)
семичасово́й (7-часо-
  во́й)
семи́шник, -а
семиэта́жный (7-эта́ж-
  ный)
семнадцатилéтний (17-
  лéтний)
семна́дцатый
семна́дцать, -и, тв. -ью
сёмный
сéмо и ова́мо
сéмпель, -я
семссу́да, -ы
сёмужий, -ья, -ье
сёмужка, -и
семфóнд, -а
семь, -и́, тв. -ью́
сéмьдесят, семи́десяти,
  семьюдесятью

семьсóт, семисóт, семи-
  ста́м, семьюста́ми, о се-
  миста́х
сéмью (при умножении)
семья́, -и́, мн. сéмьи, се-
  мéй, сéмьям
семьяни́н, -а
семьяни́нка, -и
сéмя, сéмени, мн. семена́,
  семя́н, семена́м
семявмести́лище, -а
семявхóд, -а
семявыноси́щий
семядóльный
семядóля, -и
семяéд, -а
семяизвержéние, -я
семяизлия́ние, -я
семя́нка, -и
семяно́жка, -и
семяно́сец, -сца
семяно́сный
семяочисти́тельный
семяпóчка, -и
семяприéмник, -а
семяпровóд, -а
семяшóв, -шва́
сена́ж, -á
сена́т, -а
сена́тор, -а
сена́торский
сена́торство, -а
сена́тский
сенберна́р, -а
сенега́лец, -льца
сенега́лка, -и
сенега́льский
сенеша́ль, -я
сéни, -éй
сени́льный
сени́стый
сéнна, -ы
сенни́к, -á
сенно́й
сéно, -а
сенова́л, -а
сеноворо́шилка, -и
сеногно́й, -я
сеноéд, -а
сенозаготови́тельный
сенозагото́вки, -вок
сенозагото́вочный
сенокопни́тель, -я
сенокóс, -а
сенокоси́лка, -и
сенокóсный
сенокошéние, -я
сенонагру́зчик, -а
сеноподъёмник, -а
сеноста́в, -а
сеноста́вка, -и
сеносуши́лка, -и
сеноубóрка, -и
сеноубóрочный
сенофура́ж, -а
сенофура́жный
сенохрани́лище, -а
сенсацио́нный; кр. ф.
  -óнен, -óнна
сенса́ция, -и
сенсибилиза́тор, -а
сенсибилиза́ция, -и
сенсибилизи́рованный

сенсибилизи́ровать, -рую,
  -рует
сенси́лла, -ы
сенсимони́зм, -а
сенсимони́ст, -а
сенсити́вный
сенситогра́мма, -ы
сенситóметр, -а
сенситомéтри́ческий
сенситомéтри́я, -и
сéнсор, -а
сéнсорный (тех.)
сенсóрный (мед.)
сенсуали́зм, -а
сенсуали́ст, -а
сенсуалисти́ческий
сенсуали́чный
сенсуали́стка, -и
сенсуа́льный
сента́во, нескл, с.
сентенцио́зный
сентéнция, -и
сентиментали́зм, -а
сентиментали́ст, -а
сентимента́льничать, -аю,
  -ает
сентимента́льность, -и
сентимента́льный
сентимента́льщина, -ы
сенти́мо, нескл., с.
сентя́брь, -я́
сентя́брьский
сенцó, -á (к сéно)
сéнцы, -ев (к сéни)
сень, -и, предл. в сéни
сеньóр, -а (феодал; обра-
  щение в Испании)
сеньóра, -ы (в Испании)
сеньора́т, -а
сеньорéн-конвéнт, -а
сеньориа́льный
сеньори́та, -ы
сеньори́я, -и (феодальное
  поместье)
сепарати́вный
сепарати́зм, -а
сепарати́ст, -а
сепарати́стский
сепара́тный
сепара́тор, -а
сепара́торный
сепарацио́нный
сепара́ция, -и
сепари́рование, -я
сепари́рованный
сепари́ровать(ся), -рую,
  -рует(ся)
сéпия, -и
сéпсис, -а
септакко́рд, -а
септéт, -а
сéптик, -а
септикопиеми́я, -и
сéптима, -ы
септицеми́я, -и
септи́ческий
сéра, -ы
сераде́лла, -ы
сера́ль, -я
сераоргани́ческий
сераски́р, -а
серафи́м, -а (ангел)
серб, -а

серби́я́нин, -а, мн. -я́не, -я́н
серби́я́нка, -и
се́рбка, -и
серболу́жицкий
сербохорва́тский
сербохорва́ты, -ов
се́рбский
сербскохорва́тский
сербскохорва́тско-ру́сский
серв, -а
серва́ж, -а
серва́л, -а
серва́нт, -а
сервела́т, -а
се́рвер, -а
серви́з, -а
серви́зный
сервили́зм, -а
серви́льный
сервиро́ванный
сервирова́ть(ся), -ру́ю, -ру́-
  ет(ся)
сервиро́вка, -и
се́рвис, -а
сервиту́т, -а
сервиту́тный
серводви́гатель, -я
сервокомпенса́тор, -а
сервомото́р, -а
сервоприво́д, -а, мн. -ы, -ов
  и сервопри́вод, -а, мн.
  -а́, -о́в
сергози́н, -а
серда́р, -а и сарда́р, -а
серде́чко, -а
серде́чник, -а
серде́чница, -ы
серде́чно-сосу́дистый
серде́чность, -и
серде́чный
серде́чушко, -а
серди́тый
серди́ть(ся), сержу́(сь),
  се́рдит(ся)
сердоболие, -я
сердобо́льничать, -аю, -ает
сердобо́льный
сердоли́к, -а
сердоли́ковый
се́рдце, -а, мн. -дца́, -де́ц
сердцебие́ние, -я
сердцеве́д, -а
сердцеве́дка, -и
сердцеви́дка, -и (моллюск)
сердцеви́дный
сердцеви́на, -ы
сердцеви́нный
сердцее́д, -а
сердцее́дка, -и
сердцеобра́зный
сердчи́шко, -а
сердю́к, -а́
сердя́га, -и, м. и ж.
серебре́ние, -я
серебре́ник, -а (монета;
  вассал; корыстолюбец)
серебрённый; кр. ф. -ён,
  -ена́, прич.
серебрёный, прил.
серебрецо́, -а́
серебри́сто-бе́лый
серебри́сто-се́рый
серебри́сто-си́ний
серебри́сто-чёрный

серебри́стый
серебри́ть(ся), -рю́,
  -ри́т(ся)
серебро́, -а́
серебронóсный
сереброплави́льный
серебросвинцо́вый
серебря́к, -а́
серебря́ник, -а (мастер)
серебря́нка, -и
серебря́ный
середи́ и середь
середи́на, -ы
середи́на на полови́ну
середи́нка, -и
середи́нка на полови́нку
середи́нный
серёдка, -и
серёдка на полови́нку
середня́к, -а́
середня́цкий
середня́чество, -а
середня́чка, -и
середнячо́к, -чка́
серёдочка, -и
середь и середи́, предлог
серёжечка, -и
серёжка, -и
серена́да, -ы
се́ренький
сере́ть(ся), -е́ю, -е́ет(ся)
сержа́нт, -а
сержа́нтский
сериа́л, -а
серизна́, -ы́
сери́йный
сери́стый
се́рить, -рю, -рит
сериц́и́т, -а
се́рия, -и
се́рка, -и
серми́́га, -и
сермя́жина, -ы
сермя́жка, -и
сермя́жник, -а
сермя́жный
се́рна, -ы
се́рник, -а
серни́сто-водоро́дный
сернистоки́слый
серни́сто-углеро́дный
серни́стый
сернобы́к, -а́
серноватистоки́слый
сернова́тый
се́рно-кисло́тный
сернокислый
се́рный
серобакте́рия, -и
се́ро-бе́лый
серобо́рдый
се́ро-бу́ро-мали́новый
серова́то-голубо́й
серова́то-жёлтый
серова́тый
сероводоро́д, -а
сероводоро́дный
сероглазый
се́ро-голубо́й
серодиагно́стика, -и
серодобыва́ющий
се́ро-жёлтый
серозём, -а
серозёмный

серо́зный
серока́менный
серо́лог, -а
сероло́ги́ческий
сероло́гия, -и
сероочи́стка, -и
серопесча́ный
серопрофила́ктика, -и
се́ро-ро́зовый
се́ро-свинцо́вый
серосодержа́щий
се́рость, -и
серотерапи́я, -и
серотони́н, -а
сероуглеро́д, -а
сероула́вливающий
серп, -а́
серпанти́на, -ы (сопряже-
  ние дорог)
серпанти́новый
серпе́нт, -а
серпента́рий, -я
серпенти́н, -а (мине-
  рал)
серпентини́т, -а
серпови́дный
серпови́ще, -а
серпово́й
серпоклю́в, -а
серпокры́лка, -и
серпообра́зный
серпу́ха, -и
серпя́нка, -и
серпя́нковый
серсо́, нескл., с.
сертифика́т, -а
сертифика́тный
серум, -а
сёрфинг, -а
сёрфинги́ст, -а
серча́ть, -а́ю, -а́ет
се́рый; кр. ф. сер, сера́,
  се́ро
серьга́, -и́, мн. се́рьги, се-
  рёг, серьга́м
серьёзничать, -аю, -ает
серьёзность, -и
серьёзный
серя́к, -а́
серя́нка, -и
серя́тина, -ы
серячо́к, -чка́
сесси́онный
се́ссия, -и
сестёрций, -я
сестра́, -ы́, мн. сёстры, се-
  стёр, сёстрам
сестрёнка, -и
сёстрин, -а, -о
сёстринский
сестри́ца, -ы
сестри́цын, -а, -о
сестри́чка, -и
сестроуби́йца, -ы, м. и ж.
сесть, ся́ду, ся́дет, прош.
  сел, се́ла
сет, -а (в теннисе)
сетбо́л, -а
сетево́й
сетевяза́льный
сетевяза́ние, -я
сетеподъёмник, -а
сетеподъёмный

сетесна́стный
се́тка, -и
сетно́й и се́тный
се́тование, -я
се́товать, се́тую, се́тует
се́точный
се́ттер, -а, мн. -ы, -ов и -а́,
  -о́в
се́ттер-гордо́н, се́ттера-
  гордо́на, мн. се́ттеры-
  гордо́ны, се́ттеров-гор-
  до́нов и се́ттера-гордо́-
  ны, се́ттеров-гордо́нов
се́ттер-лавера́к, се́ттера-
  лавера́ка, мн. се́ттеры-
  лавера́ки, се́ттеров-ла-
  вера́ков и се́ттера-лаве-
  ра́ки, се́ттеров-лавера́-
  ков
се́ттльмент, -а
сетча́тка, -и
сетчатокры́лые, -ых
се́тчатый
сеть, -и, мн. -и, -е́й
сетяно́й
сеце́ссия, -и
се́ча, -и
сечеви́к, -а́
сече́ние, -я
се́ченный; кр. ф. -ен, -ена
  и сечённый; кр. ф. -ён,
  -ена́, прич.
се́ченый, прил.
се́чка, -и
сечь(ся), секу́(сь), се-
  чёт(ся), секу́т(ся);
  прош. сёк(ся) и сёк(ся),
  секла́(сь)
се́ющий(ся)
се́ялка, -и
се́яльщик, -а
се́янец, -нца
се́янка, -и
се́яние, -я
се́янный, прич.
се́яный, прил.
се́ятель, -я
се́ять(ся), се́ю, се́ет(ся)
сжа́литься, -люсь, -лит-
  ся
сжа́ренный
сжа́рить(ся), -рю(сь),
  -рит(ся)
сжа́тие, -я
сжа́тый
сжа́ть(ся) 1, сожму́(сь),
  сожмёт(ся)
сжа́ть(ся) 2, сожну́, со-
  жнёт(ся)
сжёванный
сжева́ть(ся), сжую, сжу-
  ёт(ся)
сжёгший(ся)
сжечь(ся), сожгу́(сь), со-
  жжёт(ся), сожгу́т(ся);
  прош. сжёг(ся), со-
  жгла́(сь)
сжива́ть(ся), -а́ю(сь),
  -а́ет(ся)
сжига́ть(ся), -а́ю(сь),
  -а́ет(ся)
сжиди́ть(ся), сжижу́,
  сжиди́т(ся)
сжижа́ть(ся), -а́ю, -а́ет(ся)

сжиже́ние, -я
сжи́женный
сжим, -а
сжима́емость, -и
сжима́ть(ся), -а́ю(сь),
  -а́ет(ся)
сжина́ть(ся), -а́ю, -а́ет(ся)
сжира́ть, -а́ю, -а́ет
сжи́тый; кр. ф. сжит,
  сжита́, сжи́то
сжи́ть(ся), сживу́(сь),
  сживёт(ся); прош.
  сжи́л(ся́), сжила́(сь),
  сжи́ло, сжи́ло́сь
скульни́чать, -аю, -ает
сза́ди, нареч., предлог
сза́ду, нареч.
с запро́сом
сзыва́ть(ся), -а́ю, -а́ет(ся)
сиа́мский
сибари́т, -а
сибари́тка, -и
сибари́тничать, -аю, -ает
сибари́тский
сибари́тство, -а
сибари́тствовать, -твую,
  -твует
сибиля́нт, -а
сибиля́нтный
сибире́язвенный
сиби́рка, -и
сиби́рный
сиби́рский
сибиря́к, -а́
сибиря́чка, -и
си́веркий
си́верко, -а, м.
сиве́ть, -ею, -еет
сиви́лла, -ы
си́вка, -и, м. и ж. (ло-
  шадь) и ж. (птица)
си́вка-бу́рка, си́вки-бу́рки
си́вко, -а и сивко́, -а́, м.
сивоборо́дый
сивогри́вый
сиводу́шка, -и
сиводу́шчатый
сивола́п, -а
сивола́пый
сиволда́й, -я
сиворо́нка, -и
сивоу́сый
си́во-ча́лый
сиву́ха, -и
сиву́ч, -а́
сиву́чий, -ья, -ье
сиву́шный
си́вый; кр. ф. сив, сива́,
  си́во
сиг, -а́ и -а
сигану́ть, -ну́, -нёт
сига́ра, -ы
сигаре́та, -ы
сигаре́тка, -и
сигаре́тница, -ы
сигаре́тный
сига́рка, -и
сига́рница, -ы
сига́рный
сигарообра́зный
сига́ть, -а́ю, -а́ет
сигиллогра́фия, -и
си́гма, -ы
сигмати́ческий

си́гма-фу́нкция, -и
сигмови́дный
сигна́л, -а
сигнализа́тор, -а
сигнализацио́нный
сигнализа́ция, -и
сигнализи́ровать(ся),
  -рую, -рует(ся)
сигнали́ст, -а
сигна́лить, -лю, -лит
сигна́льный
сигна́льщик, -а
сигнара́нт, -а
сигнара́нтка, -и
сигнату́ра, -ы
сигнату́рка, -и
сигнату́рный
сигну́ть, -ну́, -нёт
сиго́вый
сиголо́в, -а
сигура́нца, -ы
сиде́лец, -льца
сиде́лка, -и
сиде́льческий
сиде́ние, -я (действие)
сиде́нье, -я (место)
сидера́ция, -и
сидери́т, -а
сидери́ческий
сидеро́з, -а
сидероли́т, -а
сидероста́т, -а
сиде́ть, сижу́, сиди́т
сиде́ться, сиди́тся (не си-
  ди́тся)
си́дка, -и
си́дмя сиде́ть
си́днем сиде́ть
сидр, -а
си́дя, нареч.
сидя́чий
сидя́щий
сие́, себо́
сие́на, -ы
сиени́т, -а
сиени́товый
сие́нский
сие́ста, -ы
си́жено
си́живать, наст. вр. не
  употр.
сижо́к, -жка́ (от сиг)
сиза́рь, -я́
сизе́ть, -ею, -еет
сизи́гия, -и
сизи́ф, -а (жук)
сизи́фов труд
с изна́нки
сизова́то-кра́сный
сизова́тый
сизоворо́нка, -и
си́зо-голубо́й
си́зо-зелёный
сизокры́лый
си́зый; кр. ф. сиз, сиза́,
  си́зо
сизя́к, -а́
си́кать, -аю, -ает
сиккати́в, -а
сикбз, -а
сико́мор, -а
сикофа́нт, -а
сику́рс, -а

сикх, -а
си́кхский
си́ла, -ы
сила́ч, -а́
сила́чка, -и
силён, -а (зоол.)
силёнка, -и
силика́льци́т, -а
силика́льци́тный
силика́т, -а
силикатиза́ция, -и
силикати́рование, -я
силикати́рованный
силикати́ровать(ся), -рую,
  -рует(ся)
силика́тный
силикатобето́н, -а
силикатобето́нный
силика́тчик, -а
силико́з, -а
силикока́льций, -я
силикома́рганец, -нца
силико́н, -а
силико́новый
си́литься, си́люсь, си́
  лится
силици́д, -а
сили́ций, -я
силици́рование, -я
силици́рованный
силицифика́ция, -и
си́лища, -и
силко́вый
силко́м, нареч.
силлаби́ческий
силла́бо-тони́ческий
силлимани́т, -а
силлоги́зм, -а
силлоги́стика, -и
силлогисти́ческий
силлоги́ческий
силово́й
сило́к, -лка́
силокси́д, -а
сило́м, нареч.
силоме́р, -а
сило́н, -а
сило́новый
си́лос, -а
си́лосный
силосова́ние, -я
силосо́ванный
силосова́ть(ся), -су́ю, -су́-
  ет(ся)
силосопогру́зчик, -а
силосоре́зка, -и
силосотрамбо́вщик, -а
силосоубо́рочный
силосохрани́лище, -а
силуми́н, -а
силури́йский
си́лушка, -и
силуэ́т, -а
силуэ́тный
сильва́нер, -а
сильви́н, -а
сильвини́т, -а
сильне́ть, -ею, -еет
сильноветви́стый
сильнодействующий*
сильнокамени́стый
сильнонапряжённый*
сильнопересечённый*
си́льно разви́тый

сильносолёный*
сильното́чный
си́льно укреплённый
си́льный; кр. ф. си́лен и
  силён, сильна́, си́льно,
  си́льны́
сильф, -а
сильфи́да, -ы
симбио́з, -а
симбио́нт, -а
си́мвол, -а
символиза́ция, -и
символизи́рованный
символизи́ровать(ся),
  -рую, -рует(ся)
символи́зм, -а
симво́лика, -и
символи́ст, -а
символи́стка, -и
символи́стский
символи́ческий
символи́чный
си́менс, -а, р. мн. си́менс и
  -ов
симмента́льский
симметри́ческий
симметри́чно-противопо-
  ло́жный
симметри́чно располо́-
  женный
симметри́чный
симме́три́я, -и
симони́я, -и
симпатизи́ровать, -рую,
  -рует
симпати́ческий
симпати́чный
симпа́тия, -и
симпа́тяга, -и, м. и ж.
си́мплекс, -а
си́мплексный
симпо́дий, -я
симпо́зиум, -а
симпомпо́нчик, -а
симпто́м, -а
симптома́тика, -и
симптомати́ческий
симптомати́чный
симптоматоло́гия, -и
симули́рование, -я
симули́рованный
симули́ровать(ся), -рую,
  -рует(ся)
симульта́нный
симуля́нт, -а
симуля́нтка, -и
симуля́нтский
симуля́ция, -и
симфи́з, -а
симфили́я, -и
симфоджа́з, -а
симфоние́тта, -ы и сим-
  фоньётта, -ы
симфониза́ция, -и
симфони́зм, -а
симфони́ст, -а
симфони́ческий
симфо́ния, -и
симфоньётта, -ы и симфо-
  ние́тта, -ы
синаго́га, -и
синагога́льный
синакса́рий, -я и синак-
  са́рь, -я

синантро́п, -а
синантро́пный
сина́пс, -а
синапти́ческий (к си́напс)
сингале́зский
сингале́ц, -льца
синга́лка, -и
синга́льский
сингармони́зм, -а
сингармони́ческий
сингенети́ческий
сингуля́рный
синдактили́я, -и
синдесмо́з, -а
синдесмологи́ческий
синдесмоло́гия, -и
синдетико́н, -а
си́ндик, -а
синдикали́зм, -а
синдикали́ст, -а
синдикали́стский
синдика́т, -а
синдици́рованный
синдици́ровать(ся), -рую,
   -рует(ся)
синдро́м, -а
си́ндх, -а
си́ндхи, неизм. и нескл.
   м. (язык)
си́ндхский
синеблу́зник, -а
синева́, -ы́
синева́то-зелёный
синева́то-кра́сный
синева́то-се́рый
синева́тый
синегла́зка, -и
синегла́зый
синегно́йный
синеголо́вник, -а
синедрио́н, -а
си́не-зелёный
синекдо́ха, -и
си́не-кра́сный
синеку́ра, -ы
синеле́вый
синело́мкость, -и
сине́ль, -и
сине́льный
синемате́ка, -и
сине́ние, -я
синённый; кр. ф. -ён, -ена́,
   прич.
сине́ный, прил.
си́ненький
синео́кий
синепла́менный
синера́ма, -ы
синерга́рий, -я
синере́зис, -а
синеро́д, -а
синеро́дистый
си́не-си́зый
синестези́я, -и
синестро́л, -а
сине́ть, -е́ю, -е́ет (становиться синим)
си́не-фиоле́товый
синехво́стка, -и
сине́ц, синца́
синигра́н, -а
си́ний; кр. ф. синь, сина́,
   си́не

сини́льный
сини́ть, синю́, сини́т
   (что)
сини́ца, -ы
сини́чий, -ья, -ье
сини́чка, -и
синклина́ль, -и
синклина́льный
синкли́т, -а
синко́па, -ы
синкопи́рованный
синкопи́ровать(ся), -рую,
   -рует(ся)
синкопи́ческий
синкрети́зм, -а
синкрети́ческий
синовиа́льный
сино́вия, -и
сино́д, -а
синода́льный
сино́дик, -а
синоди́ческий
сино́дский
сино́лог, -а
синологи́ческий
синоло́гия, -и
сино́ним, -а
синони́мика, -и
синоними́ческий
синоними́чный
синони́мия, -и
сино́псис, -а
сино́птик, -а
сино́птика, -и
синопти́ческий
синосто́з, -а
синта́гма, -ы
синтагма́тика, -и
синтагмати́ческий
си́нтаксис, -а
синтакси́ст, -а
синтакси́ческий
синта́ктика, -и
си́нтез, -а
синтези́рование, -я
синтези́рованный
синтези́ровать(ся), -рую,
   -рует(ся)
синтелли́ровать, -рую, -ру-
   ет
синте́тик, -а
синте́тика, -и
синтети́ческий
синтои́зм, -а
синтомици́н, -а
си́нус, -а
си́нусный
синусо́ида, -ы
синусоида́льный
синхондро́з, -а
синхрои́мпульс, -а
синхрониза́тор, -а
синхронизацио́нный
синхрониза́ция, -и
синхронизи́рованный
синхронизи́ровать(ся),
   -рую, -рует(ся)
синхрони́зм, -а
синхронисти́ческий
синхрони́ческий
синхрони́чный
синхрони́я, -и
синхро́нно-и́мпульсный
синхро́нный

синхроноско́п, -а
синхротро́н, -а
синхротро́нный
синхрофазотро́н, -а
синхрофазотро́нный
синхрофазоциклотро́н, -а
синхроциклотро́н, -а
синхроциклотро́нный
синци́тий, -я
синь, -и
синьга́, -и́
си́нька, -и
синьо́р, -а (в Италии)
синьо́ра, -ы (в Италии)
синьо́рина, -ы
синьори́я, -и (в средневе-
   ковых итальянских го-
   родах)
синэколо́гия, -и
синю́ха, -и
синю́шка, -и
синю́шник, -а
синю́шность, -и
синю́шный
синя́к, -а́
синячо́к, -чка́
сиони́зм, -а
сиони́ст, -а
сиони́стка, -и
сиони́стский
сип, -а
сипа́й, -я
сипёлка, -и
сипе́ть, сиплю́, сипи́т
сипова́тый
си́плый; кр. ф. сипл, си́п-
   ла́, си́пло
си́пнуть, -ну, -нет; прош.
   си́пнул и сип, си́пла
сипова́тый
сипо́вка, -и
сипота́, -ы́
сипоти́ца, -ы́
сипу́ха, -и
сире́на, -ы
сиренева́тый
сире́нево-си́ний
сире́невый
сире́нный (к сире́на)
сире́новые, -ых
сире́нь, -и
си́речь, союз
сири́ец, -и́йца
сири́йка, -и
сири́йский
си́рин, -а
сиро́кко, нескл., м.
сиро́п, -а
сиро́пный
сиро́повый
сирота́, -ы́, мн. -о́ты, -о́т, м.
   и ж.
сироте́ть, -е́ю, -е́ет
сироти́на, -ы, м. и ж.
сироти́нка, -и, м. и ж.
сироти́ночка, -и, м. и ж.
сироти́нушка, -и, м. и ж.
сиро́тка, -и, м. и ж.
сиротли́вый
сиро́тский
сиро́тство, -а
сиро́тствовать, -твую,
   -твует
сирта́ки, нескл., м. и с.

си́рый; кр. ф. сир, си́ра́,
   си́ро
систе́ма, -ы
систематиза́тор, -а
систематиза́ция, -и
систематизи́рованный
систематизи́ровать(ся),
   -рую, -рует(ся)
система́тика, -и
системати́ческий
системати́чный
системотехника, -и
си́стола, -ы
систоли́ческий
си́ська, -и
сита́лл, -а
сита́лловый
сиаллу́ргия, -и
сита́р, -а
си́тец, си́тца и си́тцу
си́течко, -а
си́тник, -а
си́тниковый
си́тничек, -чка
си́тный
ситня́г, -а
си́то, -а
ситове́йка, -и
ситови́дный
ситовни́к, -а
ситово́й и си́товый
ситотка́нь, -и
ситро́, нескл., с.
ситуати́вный
ситуацио́нный
ситуа́ция, -и
си́тце, -а, мн. си́тца, си́тец
си́тцевый
ситцекраси́льный
ситценаби́вно́й
ситцепеча́тание, -я
ситцепеча́тный
си́тчик, -а
сифилидо́лог, -а
сифилидологи́ческий
сифилидоло́гия, -и
сифили́ды, -и́д
си́филис, -а
сифили́тик, -а
сифилити́ческий
сифилити́чка, -и
сифило́ма, -ы
сифо́н, -а
сифо́нный
сифо́новый
сифонофо́ра, -ы
сихотэ́-али́нский
сицилиа́на, -ы
сиюмину́тный
сию́ мину́ту
сиюсеку́ндный
сию́ секу́нду
сия́, сей
сия́ние, -я
сия́тельный
сия́тельство, -а
сия́ть, сия́ю, сия́ет
сия́ющий
скабио́за, -ы
ска́бливать, наст. вр. не
   употр.
скабрёзность, -и
скабрёзный
скажённый

сказ, -а
сказа́ние, -я
ска́занный
сказану́ть, -ну́, -нёт
сказа́ть(ся), скажу́(сь), ска́жет(ся)
сказа́тель, -я
сказа́тельница, -ы
ска́зка, -и
ска́зовый
ска́зочка, -и
ска́зочник, -а
ска́зочница, -ы
ска́зочный
сказу́емое, -ого
сказу́емостный
сказу́емость, -и
ска́зывать(ся), -аю(сь), -ает(ся)
скайтерье́р, -а
скака́лка, -и
скака́ние, -я
скака́тельный
скака́ть, скачу́, ска́чет
скакну́ть, -ну́, -нёт
скаково́й
с како́й ста́ти
скаку́н, -а́
скаку́нья, -и, р. мн. -ний
скала́, -ы́, мн. ска́лы, скал
скаламбу́рить, -рю, -рит
скалды́рник, -а
скалды́рничать, -аю, -ает
скали́стый
ска́лить(ся), -лю(сь), -лит(ся)
ска́лка, -и
скалозу́б, -а
скалозу́бство, -а
скалола́з, -а
скалола́зание, -я
ска́лывание, -я
ска́лывать(ся), -аю, -ает(ся)
скальд, -а
скальки́рованный
скальки́ровать, -рую, -рует
скалькули́рованный
скалькули́ровать, -рую, -рует
ска́льный
скальп, -а
ска́льпель, -я
скальпи́рование, -я
скальпи́рованный
скальпи́ровать, -рую, -рует
скаля́р, -а
скаля́рный
скаме́ечка, -и
скаме́ечный
скаме́йка, -и
скамья́, -и́, мн. ска́мьи, скаме́й, скамья́м
сканда́л, -а
скандализи́рованный
скандализи́ровать(ся), -рую(сь), -рует(ся)
скандализо́ванный
скандализова́ть(ся), -зу́ю(сь), -зу́ет(ся)
скандали́ст, -а
скандали́стка, -и
сканда́лить(ся), -лю(сь), -лит(ся)

сканда́льничать, -аю, -ает
сканда́льный
сканда́льчик, -а
ска́ндиевый
ска́ндий, -я
скандина́в, -а
скандинави́зм, -а
скандина́вка, -и
скандина́вский
сканди́рование, -я
сканди́рованный
сканди́ровать(ся), -рую, -рует(ся)
скандиро́вка, -и
скандо́ванный
скандова́ть(ся), -ду́ю, -ду́ет(ся)
сканди́вка, -и
сканди́вочный
ска́нец, -нца
скани́рование, -я
скани́ровать, -рую, -рует
скани́рующий
ска́нщик, -а
ска́ный
скань, -и
ска́пливать(ся), -аю, -ает(ся)
скаполи́т, -а
скаполи́товый
скапоти́ровать, -рую, -рует
скапу́титься, -у́чусь, -у́тится
ска́пывать(ся), -аю, -ает(ся)
скарабе́й, -я
скарб, -а
скарбо́вый
ска́ред, -а
ска́реда, -ы, м. и ж.
ска́редник, -а
ска́редница, -ы
ска́редничать, -аю, -ает
ска́редный
скарифика́тор, -а
скарифика́ция, -и
скарифици́рованный
скарифици́ровать(ся), -рую, -рует(ся)
скарлати́на, -ы
скарлати́нный
скарлатино́зный
ска́рмливание, -я
ска́рмливать(ся), -аю, -ает(ся)
скарпе́ль, -я и -я́
скат, -а
ска́танный
скатапульти́ровать(ся), -рую(сь), -рует(ся)
ската́ть(ся), -а́ю, -ает(ся)
скатёрка, -и
скатёрочка, -и
ска́тертный
ска́терть, -и, мн. -и, -е́й
ска́терть-самобра́нка, ска́терти-самобра́нки, мн. ска́терти-самобра́нки, скатерте́й-самобра́нок
скати́ть(ся), скачу́(сь), ска́тит(ся)
ска́тка, -и
ска́тный
ска́тол, -а

ска́тывание, -я
ска́тывать(ся), -аю(сь), -ает(ся)
ска́ут, -а
скау́тизм, -а
ска́утский
скафа́ндр, -а
ска́чанный (от скача́ть)
скача́ть, -а́ю, -ает
ска́ченный (от скати́ть)
ска́чивать(ся), -аю(сь), -ает(ся)
ска́чка, -и
скачкообра́зность, -и
скачкообра́зный
скачо́к, -чка́
ска́чущий
ска́шивать(ся), -аю, -ает(ся)
ска́щивать(ся), -аю, -ает(ся)
скважи́на, -ы
сква́жинный
сква́жистый
сква́жность, -и
сква́жный
сквайр, -а
сквалы́га, -и, м. и ж.
сквалы́жник, -а
сквалы́жница, -ы
сквалы́жничать, -аю, -ает
сквалы́жнический
сквалы́жничество, -а
сквалы́жный
сква́сить(ся), -а́шу, -а́сит(ся)
сква́ттер, -а
сква́ттерство, -а
сква́шенный
сква́шивать(ся), -аю, -ает(ся)
сквер, -а
скве́рик, -а
скве́рна, -ы
скверна́вец, -вца
скверна́вка, -и
скве́рненький
скверне́ть, -е́ю, -е́ет (становиться скверным)
скверни́ть, -ню́, -ни́т (кого, что)
скверносло́в, -а
скверносло́вие, -я
скверносло́вить, -влю, -вит
сквернословя́щий, -и
скве́рный; кр. ф. -рен, -рна́, -рно, скве́рны
сквита́ть(ся), -а́ю(сь), -а́ет(ся)
сквити́ть(ся), -а́ю(сь), -а́ет(ся)
сквы́тывать(ся), -аю(сь), -ает(ся)
сквози́стый
сквози́ть, -и́т
сквозно́й
сквозня́к, -а́
сквознячо́к, -чка́
сквозь, предлог
скворе́ц, -рца́
скворе́чник, -а
скворе́чница, -ы
скворе́чный
скворе́чня, -и, р. мн. -чен

сквору́шка, -и, м.
скворцо́вый
скворчо́нок, -нка, мн. -ча́та, -ча́т
скеле́т, -а
скеле́тный
скё́на, -ы
скё́ннер, -а
скенни́рование, -я
скенногра́мма, -ы
ске́псис, -а
ске́птик, -а
скептици́зм, -а
скепти́ческий
скепти́чный
скё́рда, -ы (бот.)
ске́рцино, нескл, с.
скё́рцо, нескл, с.
ске́тинг-ри́нк, -а
скетч, -а
скиаскопи́ческий
скиаскопи́я, -и
скид, -а (тара)
ски́данный
скида́ть(ся), -а́ю, -а́ет(ся)
ски́дка, -и
скидно́й
ски́дывание, -я
ски́дывать(ся), -аю, -ает(ся)
скиксова́ть, -су́ю, -су́ет
ски́ния, -и
ски́нутый
ски́нуть(ся), -ну(сь), -нет(ся)
скин-эффе́кт, -а
скип, -а
скипа́ться, -а́ется
ски́петр, -а
скипе́ться, -пи́тся
скипида́р, -а
скипида́риться, -рюсь, -рит-ся
скипида́рно-канифо́льный
скипида́рный
скипбо́й и ски́пбовый
скирд, -а́, мн. -ы́, -бв и скирда́, -ы́, мн. ски́рды́, скирд, скирда́м
скирдова́ние, -я
скирдо́ванный
скирдова́ть(ся), -ду́ю, -ду́ет(ся)
скирдопра́в, -а
скирдоукла́дчик, -а
скиса́ть(ся), -а́ю, -а́ет(ся)
ски́снуть(ся), -ну, -нет(ся); прош. ски́с(ся), ски́сла(сь)
ски́сший, -и
скит, -а́, предл. о ските́, в скиту́, мн. -ы́, -бв (монастырь)
скита́лец, -льца
скита́лица, -ы
скита́льческий
скита́льчество, -а
скита́ние, -я
скита́ться, -а́юсь, -а́ется
ски́тник, -а
ски́тница, -ы
ски́тнический

СКИ

ски́тский
скиф, -а
ски́фский
скици́ровать, -рую, -рует
склад 1, -а, *мн.* -ы, -ов
склад 2, -а: ни скла́ду ни
  ла́ду
склад 3: чита́ть по скла-
  да́м
скла́день, -дня
склади́рование, -я
склади́рованный
склади́ровать(ся), -рую,
  -рует(ся)
скла́дка, -и
складкообразова́ние, -я
складно́й (складываю-
  щийся)
скла́дный; *кр. ф.* -аден, -ад-
  на́, -а́дно (ладный)
скла́дочка, -и
скла́дочный
складско́й
складчатогу́б, -а
складчатокры́лые, -ых
скла́дчатый
скла́дчина, -ы: в скла́дчи-
  ну
скла́дчинный
скла́дывание, -я
скла́дывать(ся), -аю(сь),
  -ает(ся)
склёванный
склева́ть, склюю, склюёт
склёвывать(ся), -аю,
  -ает(ся)
скле́енный
скле́ивание, -я
скле́ивать(ся), -аю, -ает(ся)
скле́ить(ся), -ею, -еит(ся)
скле́йка, -и
склеп, -а
склёпанный
склепа́ть(ся), -а́ю, -а́ет(ся)
склёпка, -и
склёпывать(ся), -аю,
  -ает(ся)
склёра, -ы
склера́льный
склеренхи́ма, -ы
склери́т, -а
склерифика́ция, -и
склероде́рма, -ы
склеродерми́я, -и
склеро́з, -а
склеро́зный
склеро́ма, -ы
склероме́тр, -а
склерометри́ческий
склероме́трия, -и
склеро́н, -а
склероско́п, -а
склероти́к, -а
склероти́ния, -и
склероти́ческий
склероти́чка, -и
склероти́чный
склеротоми́я, -и
склиз, -а
скли́зкий; *кр. ф.* -зок, -зка́,
  -зко
скли́зок, -зка
скли́кать, -и́чу, -и́чет,
  сов.

СКО

склика́ть(ся), -а́ю, -а́ет(ся),
  несов.
скло́ка, -и
склон, -а
склоне́ние, -я
склонённый; *кр. ф.* -ён,
  -ена́
склони́ть(ся), -оню́(сь),
  -о́нит(ся)
скло́нность, -и
скло́нный; *кр. ф.* склонен,
  склонна́, склонно
склоня́емый
склоня́ть(ся), -я́ю(сь),
  -я́ет(ся)
склочённый
скло́чить, -чу, -чит
скло́чник, -а
скло́чница, -ы
скло́чнический
скло́чничество, -а
скло́чный
склыну́ть, -ну, -нет
скля́ница, -ы
скля́нка, -и
скля́ночка, -и
скля́ночный
скоба́, -ы́, *мн.* скобы, скоб,
  ско́ба́м
скоба́рь, -я́
ско́бель, -я
скоби́ть, -блю́, -би́т
ско́бка, -и
ско́бочка, -и
ско́бленный, *прич.*
скоблёный, *прил.*
скобли́ть(ся), скоблю́(сь),
  ско́бли́т(ся)
ско́бочка, -и
ско́бочный
ско́бчатый
скобяно́й
сков, -а
ско́ванность, -и
ско́ванный
скова́ть(ся), скую́, ску-
  ёт(ся)
ско́вка, -и
сковно́й
сковорода́, -ы́, *вин.* сково-
  роду, *мн.* ско́вороды,
  сковоро́д, сковорода́м
ско́вородень, -дня
сковороди́ть, -ожу́, -оди́т
сковоро́дка, -и
сковоро́дник, -а
сковоро́дный
сковоро́дня, -и, *р. мн.*
  -ден
ско́вочный
ско́вывать(ся), -аю,
  -ает(ся)
сковы́ривать(ся), -аю,
  -ает(ся)
сковы́рнутый
сковырну́ть(ся), -ну́(сь),
  -нёт(ся)
сковы́рянный
сковыря́ть, -я́ю, -я́ет
скок, -а
скол, -а
скола́чивание, -я

СКО

скола́чивать(ся), -аю(сь),
  -ает(ся)
ско́лечко
сколио́з, -а
ско́лка, -и
ско́лок, -лка
сколопе́ндра, -ы
сколоти́ть(ся), -очу́(сь),
  -о́тит(ся)
сколо́ты, -ов
ско́лотый
сколо́ть(ся), сколю́, ско́-
  лет(ся)
сколо́ченный
сколупа́ть, -а́ю, -а́ет
сколу́пнутый
сколупну́ть, -ну́, -нёт
сколу́пывать(ся), -аю,
  -ает(ся)
сколь
скольже́ние, -я
скользи́ть, -льжу́, -льзи́т
ско́льзкий; *кр. ф.* -зок,
  скользка́, -зко
скользну́ть, -ну́, -нёт
ско́льзче, *сравн. ст. (от*
  ско́льзкий, ско́льзко)
скользя́щий
ско́лько, ско́льких: по
  ско́льку и по ско́лько
ско́лько бы ни...
ско́лько ни... (ско́лько ни
  спро́сишь, все полу́-
  чишь)
ско́лько-нибу́дь, ско́льких-
  ких-нибу́дь, по ско́льку-
  нибу́дь, но: сколько ни
  будь у него́ де́нег, он все
  истра́тит
ско́лько-то, ско́льких-то,
  по ско́льку-то
скома́ндовать, -дую, -дует
скомбини́рованный
скомбини́ровать, -рую, -ру-
  ет
ско́мканный
ско́мкать(ся), -аю, -ает(ся)
ско́мкивать(ся), -аю,
  -ает(ся)
скоморо́х, -а
скоморо́шеский
скоморо́шество, -а
скоморо́шествовать, -твую,
  -твует
скоморо́ший, -ья, -ье
скоморо́шничать, -аю, -ает
скоморо́шничество, -а
скомпенси́рованный
скомпенси́ровать(ся),
  -рую, -рует(ся)
скомпили́рованный
скомпили́ровать, -рую, -ру-
  ет
скомплекто́ванный
скомплектова́ть, -ту́ю, -ту́ет
скомпоно́ванный
скомпонова́ть, -ну́ю, -ну́ет
скомпромети́рованный
скомпромети́ровать(ся),
  -рую, -рует(ся)
с кондачка́
сконденси́рованный
сконденси́ровать(ся),
  -рую, -рует(ся)

СКО

сконструи́рованный
сконструи́ровать, -рую, -ру-
  ет
сконтра́ция, -и
ско́нто, *нескл., с.*
сконфу́женный
сконфу́зить(ся), -у́жу(сь),
  -у́зит(ся)
сконцентри́рованный
сконцентри́ровать(ся),
  -рую, -рует(ся)
сконча́ние, -я: до сконча́-
  ния ве́ка
сконча́ться, -а́юсь, -а́ется
скоопери́ровать(ся),
  -рую(сь), -рует(ся)
скоордини́ровать, -рую,
  -рует
скоп, -а (скопление)
скопа́, -ы́ (птица)
ско́панный
скопа́ть, -а́ю, -а́ет
скопе́ц, -пца́
скопидо́м, -а
скопидо́мка, -и
скопидо́мничать, -аю, -ает
скопидо́мство, -а
скопидо́мствовать, -твую,
  -твует
скопидо́мческий
скопи́рованный
скопи́ровать, -рую, -рует
скопи́ть, -плю́, -пи́т (кас-
  три́ровать)
скопи́ть(ся), скоплю́, ско́-
  пит(ся) (накопить)
ско́пище, -а
скопле́ние, -я
ско́пленный (накоплен-
  ный)
скоплённый; *кр. ф.* -ён,
  -ена́ (кастрированный)
скопля́ть(ся), -я́ю, -я́ет(ся)
скопнённый; *кр. ф.* -ён,
  -ена́
скопни́ть, -ню́, -ни́т
скополами́н, -а
ско́пом, *нареч.*
ско́пческий
ско́пчество, -а
скопчи́ха, -и
скопы́тить(ся), -ы́чу(сь),
  -ы́тит(ся)
скопы́ченный
скора́, -ы́
скорбе́ть, -блю́, -би́т
ско́рбный
скорбу́т, -а
скорбу́тный
скорбь, -и, *мн.* -и, -е́й
скордату́ра, -ы
скоре́е, *сравн. ст. (от*
  ско́рый, ско́ро)
скорёженный
скорёжить(ся), -жу(сь),
  -жит(ся)
скоре́нько
скорёхонько
скорёшенько
скорлупа́, -ы́, *мн.* -у́пы, -у́п
скорлу́пка, -и
скорлу́пчатый
скорми́ть, скормлю́, ско́р-
  мит

скормленный
скорняжий, -ья, -ье
скорняжить, -жу, -жит
скорняжничать, -аю, -ает
скорняжный
скорняк, -а
скоро
скоробить(ся), -бит(ся)
скоробленный
скороварка, -и
скороговорка, -и
скорода, -ы, р. мн. скород (бот.)
скорода, -ы, р. мн., скород (борона)
скородит, -а
скородить(ся), -ожу, -одит(ся)
скородум, -а
скороженный
скоромить(ся), -млю(сь), -мит(ся)
скоромник, -а
скоромница, -ы
скоромничать, -аю, -ает
скоромный
скороморозильный
скоропалительный
скоропашка, -и
скоропечатный
скоропечатня, -и, р. мн. -тен
скорописец, -сца
скорописный
скоропись, -и
скороплодный
скороподъёмник, -а
скороподъёмность, -и
скоропортящийся
скоропостижный
скоропреходящий
скоропроходчик, -а
скорорастущий
скороспелка, -и
скороспелый
скоростемер, -а
скоростник, -а
скоростной
скорострелка, -и
скорострельность, -и
скорострельный
скорость, -и, мн. -и, -ей
скоросшиватель, -я
скоротать, -аю, -ает
скоротельный
скоротечный
скороход, -а
скороходный
скороходь, -и
скорочтение, -я
скорпион, -а
скорректировать, -рую, -рует
скорцонера, -ы
скорченный
скорчить(ся), -чу(сь), -чит(ся)
скорый; кр. ф. скор, скора, скоро
скорье, -я
скос, -а
скосарь, -я
скосить, скошу, скосит (срезать)

скосить(ся), скошу(сь), скосит(ся) (сделать косым; к косой)
скособочиться, -ится
скосок, -ска
скостить, скощу, скостит
скот, -а
скотий, -ья, -ье
скотина, -ы
скотиний, -ья, -ье
скотинка, -и
скотинный
скотник, -а
скотница, -ы
скотный
скотобоец, -ойца
скотобойный
скотобойня, -и, р. мн. -бен
скотовод, -а
скотоводство, -а
скотоводческий
скотозаготовительный
скотокрадство, -а
скотоложец, -жца
скотоложство, -а
скотома, -ы
ското-место, -а
скотомогильник, -а
скотооткормочный
скотоподобие, -я
скотоподобный
скотопригонный
скотоприёмный
скотопрогонный
скотопромышленник, -а
скотосырьё, -я
скотский
скотство, -а
скошёвка, -и
скошенный
скощённый; кр. ф. -ён, -ена
скраденный
скрадывать(ся), -ает(ся)
скрап, -а
скрап-процесс, -а
скрасить(ся), скрашу, скрасит(ся)
скрасть, -аду, -адет; прош. скрал, скрала
скрашенный
скрашивать(ся), -аю, -ает(ся)
скребень, -бня
скрёбка, -и
скребково-ковшовый
скребковый
скребло, -а, мн. скрёбла, скрёбел
скребница, -ы
скребнуть, -ну, -нёт
скребок, -бка
скрежет, -а
скрежетать, -ещу, -ещет
скрежещущий
скрепа, -ы
скрепер, -а
скреперист, -а
скреперный
скрепить(ся), -плю(сь), -пит(ся)
скрепка, -и
скрепление, -я

скреплённый; кр. ф. -ён, -ена
скреплять(ся), -яю(сь), -яет(ся)
скрепя сердце
скрести(сь), скребу(сь), скребёт(ся); прош. скрёб(ся), скребла(сь)
скрестить(ся), -ещу, -естит(ся)
скрещение, -я
скрещённый; кр. ф. -ён, -ена
скрещиваемость, -и
скрещивание, -я
скрещивать(ся), -аю, -ает(ся)
скривить(ся), -влю(сь), -вит(ся)
скривлённый; кр. ф. -ён, -ена
скрижаль, -и
скрижапель, -я
скрип, -а
скрипач, -а
скрипачка, -и
скрипение, -я
скрипеть, -плю, -пит
скрипица, -ы
скрипичный
скрипка, -и
скрипнуть, -ну, -нет
скрипочка, -и
скрипун, -а
скрипучий
скрипучка, -и
скробеный
скроить, скрою, скроит
скромненький
скромнёхонько
скромник, -а
скромница, -ы
скромничать, -аю, -ает
скромность, -и
скромный; кр. ф. -мен, -мна, -мно, скромны
скромным-скромнёхонько
скропанный
скропать, -аю, -ает
скрофулёз, -а
скрофулодерма, -ы
скруббер, -а
скруглённый; кр. ф. -ён, -ена
скруглить(ся), -лю, -лит(ся)
скруглять(ся), -яю, -яет(ся)
скрупул, -а
скрупулёзность, -и
скрупулёзный
скрутить(ся), -учу, -утит(ся)
скрученный
скручивание, -я
скручивать(ся), -аю, -ает(ся)
скрывать(ся), -аю(сь), -ает(ся)
скрыня, -и, р. мн. -ынь
скрытничать, -аю, -ает
скрытноед, -а
скрытнохоботник, -а
скрытный
скрытоглав, -а

скрытожаберные, -ых
скрытозернистый
скрытокристаллический
скрытохвост, -а
скрытошейный
скрытый
скрыть(ся), скрою(сь), скроет(ся)
скрюченный
скрючивать(ся), -аю(сь), -ает(ся)
скрючить(ся), -чу(сь), -чит(ся)
скряга, -и, м. и ж.
скряжничать, -аю, -ает
скряжничество, -а
скудель, -и
скудельница, -ы
скудельный
скудеть, -ею, -еет
скудноватый
скудность, -и
скудный; кр. ф. -ден, -дна, -дно, скудны
скудо, нескл. с.
скудомыслие, -я
скудость, -и
скудоумие, -я
скудоумный
скука, -и
скукожиться, -жусь, -жится
скукота, -ы
скукситься, -кшусь, -ксится
скула, -ы, мн. скулы, скул
скуластость, -и
скуластый
скулёж, -ежа
скулистый
скулить, -лю, -лит
скуловатый
скуловой
скульптор, -а, мн. -ы, -ов
скульпторский
скульптура, -ы
скульптурный
скумбриевый
скумбрия, -и
скумпия, -и
скунс, -а
скунсовый
скупать(ся), -аю, -ает(ся)
скупенький; кр. ф. -енек, -енька
скупердяй, -я
скупердяйка, -и
скупец, -пца
скупить, скуплю, скупит (к купить)
скупиться, -плюсь, -пится (к скупой)
скупка, -и
скупленный
скупной
скупой; кр. ф. скуп, скупа, скупо, скупы
скупость, -и
скупочный
скупщик, -а
скупщина, -ы
скупщица, -ы
скусить, -ушу, -усит
скусывать(ся), -аю, -ает(ся)
скутер, -а, мн. -а, -ов

скутери́ст, -а
скуфе́йка, -и
скуфе́йный
скуфья́, -и́, р. мн. -фе́й
скуча́ть, -а́ю, -а́ет
скуча́ющий
ску́ченность, -и
ску́ченный
ску́чивать(ся), -аю, -ает(ся)
ску́чить(ся), -чу, -чит(ся)
ску́чища, -и
скучли́вый
ску́чно
скучнова́тый
ску́чный; кр. ф. -чен, -чна́, -чно, скучны́
ску́шанный (от ску́шать)
ску́шать, -аю, -ает
ску́шенный (от скуси́ть)
слабе́е, сравн. ст. (от сла́бый, сла́бо)
сла́бенький; кр. ф. -енек, -енька
слабе́ть, -е́ю, -е́ет
слабина́, -ы́
слаби́тельное, -ого
слаби́тельный
сла́бить, -ит
сла́блинь, -я
сла́бнуть, -ну, -нет; прош. сла́бнул и слаб, сла́бла
слабоакти́вный
слабоалкого́льный
слабова́тый
слабоветви́стый
слабови́дение, -я
слабови́дящий, -его
слабоволие, -я
слабоволокни́стый
слабово́льный
слабовы́раженный*
слабоголо́вый
слабого́льский
слабогру́дый
слабоду́шие, -я
слабоду́шный
сла́бо-ды́мчатый
сла́бо-жёлтый
слабозатуха́ющий*
слабозимосто́йкий
слабоизви́листый
слабоинтенси́вный
слабоионизи́рующий*
слабоки́слый
слаболеги́рованный
слабомы́слие, -я
слабонапра́вленный
слабонатя́нутый*
слабоне́рвный
слабоока́танный
слабопереме́нный
слабопересечённый
слабопроница́емый
слаборадиоакти́вный
слабора́звитый*
слабораствори́мый
слабосвя́занный*
слабоси́лие, -я
слабоси́льный
слабослы́шащий, -его
слабосолёный*
сла́бость, -и
слабоцементи́рованный*
слаботокси́чный

слабото́чный
слаботурбуле́нтный
слабоу́здый
слабоу́мие, -я
слабоу́мный
слабоуспева́ющий
слабохара́ктерный
слабощелочно́й
сла́бый; кр. ф. слаб, слаба́, сла́бо, сла́бы
сла́ва, -ы
слави́ровать, -рую, -рует
слави́ст, -а
слави́стика, -и
слависти́ческий
слави́стский
сла́вить(ся), -влю(сь), -вит(ся)
сла́вица, -ы
сла́вка, -и
сла́вление, -я
сла́вный; кр. ф. -вен, -вна́, -вно
славолю́бец, -бца
славолюби́вый
славолю́бие, -я
славосло́вие, -я
славосло́вить, -влю, -вит
славяниза́ция, -и
славянизи́рованный
славянизи́ровать(ся), -рую(сь), -рует(ся)
славяни́зм, -а
славяни́н, -а, мн. -я́не, -я́н
славя́нка, -и
славянове́д, -а
славянове́дение, -я
славянове́дческий
славя́но-гре́ко-лати́нский
славя́но-ру́сский
славянофи́л, -а
славянофи́лка, -и
славянофи́льский
славянофи́льство, -а
славянофи́льствовать, -твую, -твует
славянофо́б, -а
славянофо́бский
славянофо́бство, -а
славя́нский
славя́нство, -а
славя́нщина, -ы
слага́емое, -ого
слага́ть(ся), -а́ю, -а́ет(ся)
слад, -а и -у: сла́ду нет
сла́денький; кр. ф. -енек, -енька
сла́дить(ся), сла́жу(сь), сла́дит(ся)
сла́дкий; кр. ф. -док, -дка́, -дко
сладкова́тый
сладкогла́сие, -я
сладкогла́сный
сладкоголо́сый
сладкоёжка, -и, м. и ж.
сладкозву́чие, -я
сладкозву́чный
сладкопе́вец, -вца
сладкоречи́вый
сладкоя́годниковые, -ых
сла́достный
сладостра́стие, -я
сладостра́стник, -а

сладостра́стница, -ы
сладостра́стность, -и
сладостра́стный
сла́дость, -и
сладча́йший
сла́женность, -и
сла́женный
сла́живать(ся), -аю(сь), -ает(ся)
сла́зать, -аю, -ает
сла́зить, сла́жу, сла́зит
слайд, -а, р. мн. -ов
слайд-фи́льм, -а
сла́лом, -а
сла́лом-гига́нт, сла́лома-гига́нта
сало́мист, -а
сало́мистка, -и
сла́ломный
сла́мывать(ся), -аю(сь), -ает(ся)
сла́нец, -нца
сланцева́тость, -и
сланцева́тый
сла́нцевый
сланцезо́льный
сланцеперего́нный
сланцеперераба́тывающий
сластёна, -ы, м. и ж.
сла́сти, -ей
сласти́ть(ся), слащу́, сласти́т(ся)
сластоёжка, -и, м. и ж.
сластолю́бец, -бца
сластолюби́вый
сластолю́бие, -я
сласть, -и
сла́ть(ся), шлю(сь), шлёт(ся); прош. слал(ся), сла́ла(сь)
слаща́вость, -и
слаща́вый
сла́ще, сравн. ст. (от сла́дкий, сла́дко)
слащённый; кр. ф. -ён, -ена́, прич.
слащёный, прил.
сле́ва
слега́, -и́, мн. сле́ги, слег, слега́м
слегка́
слёгший
след, -а,-а́ и -у, дат. -у, предл. о сле́де, в сле́де и в следу́, на сле́де и на следу́, мн. -ы́, -о́в
след в след
сле́динг, -а
следи́ть, слежу́, следи́т
сле́дование, -я
сле́дованная псалты́рь
сле́дователь, -я
сле́довательно
сле́довательский
сле́довать, -дую, -дует
следово́й
следо́к, -дка́
сле́дом, нареч.
следопы́т, -а
следоуказа́тель, -я
сле́дчек, -чка
сле́дственный
сле́дствие, -я

сле́дуемый
сле́дующий
слежа́ться, -жи́тся
слеже́ние, -я
слёживаться, -ается
слёжка, -и
слеза́, -ы́, мн. слёзы, слёз, слеза́м
слеза́ть, -а́ю, -а́ет
слези́нка, -и
слези́ться, -и́тся
слёзка, -и
слезли́вость, -и
слезли́вый
слезни́к, -а́
слезни́ца, -ы
слёзный
слёзоньки, -нек
слезоотделе́ние, -я
слезоотдели́тельный
слезотече́ние, -я
слезоточи́вый
слезоточи́ть, -очи́т
слезть, -зу, -зет; прош. слез, слёзла
слёзший
сленг, -а
слепе́нь, -пня́
слепе́нький
слепе́ц, -пца́
слепи́ть 1, слеплю́, слепи́т, несов. (ослеплять)
слепи́ть 2, слеплю́, слепи́т, сов. (к лепи́ть)
слепи́ть(ся), слепи́т(ся), сов. (соединить(ся)
слеплённый
слепля́ть(ся), -я́ю, -я́ет(ся)
слепну́вший
слепну́ть, -ну, -нет; прош. слеп и слепну́л, сле́пла
слепня́к, -а́
слепова́тый
слепоглухонемо́й
слепо́й; кр. ф. слеп, слепа́, сле́по
слепо́к, -пка
слепорождённый
слепота́, -ы́
слепу́н, -а́
слепушо́нка, -и
слепы́ш, -а́
слесари́ть, -рю, -рит
слеса́рничать, -аю, -ает
слеса́рно-механи́ческий
слеса́рно-сбо́рочный
слеса́рно-штампо́вочный
слеса́рный
слеса́рня, -и, р. мн. -рен
слеса́рский
слеса́рство, -а
сле́сарь, -я, мн. -и, -ей и -я́, -е́й
сле́сарь-инструмента́льщик, сле́саря-инструмента́льщика, мн. сле́сари-инструмента́льщики, сле́сарей-инструмента́льщиков и слесаря́-инструмента́льщики, слесаре́й-инструмента́льщиков

слéсарь-сантéхник, слéса-
   ря-сантéхника, *мн.* слé-
   сари-сантéхники, слéса-
   рей-сантéхников и слеса-
   ря́-сантéхники, слеса-
   рéй-сантéхников
слéсарь-сбóрщик, слеса-
   ря́-сбóрщика, *мн.* слéса-
   ри-сбóрщики, слесарéй-
   сбóрщиков и слеса́ря-
   сбóрщики, слесарéй-
   сбóрщиков
слёт, -а
с лёта и с лёту
слётанность, -и
слета́ть(ся), -а́ю(сь),
   -áет(ся)
слетéть(ся), слечу́, сле-
   ти́т(ся)
слёток, -тка
слечь, сля́гу, сля́жет, сля́-
   гут; *прош.* слёг, слегла́
слиберáльничать, -аю,
   -ает
слив, -а
сли́ва, -ы
сливáние, -я
сливáть(ся), -а́ю(сь),
   -áет(ся)
сли́вка, -и
сли́вки, -вок
сливкоотдели́тель,
   -я
сливнóй (*от* слив)
сливня́к, -á
сли́вовый
сли́вочки, -чек
сли́вочник, -а
сли́вочный
сливя́нка, -и
сли́занный
слиза́ть, слижу́, сли́жет
слизеви́к, -á
слизевóй
сли́зень, -зня
слизеотдели́тельный
слизетечéние, -я
сли́зистый
сли́зкий
сли́знутый
слизну́ть, -нет, *несов.* (покрываться слизью)
слизну́ть, -ну́, -нёт, *сов.* (к
   лизну́ть)
слизня́к, -á
сли́зывать(ся), -аю,
   -ает(ся)
слизь, -и
слимóненный
слимóнить, -ню, -нит
слиня́ть, -я́ет
слип, -а
слипáть(ся), -áет(ся)
сли́пнуться, -нется; *прош.*
   сли́пся, сли́плась
сли́пшийся
сли́тие, -я
сли́тковый
сли́тность, -и
сли́тный
сли́ток, -тка
сли́точный
сли́тый; *кр. ф.* слит, сли-
   тá, сли́то

сли́ть(ся), солью́(сь),
   сольёт(ся); *прош.*
   сли́л(ся), слила́(сь),
   сли́ло, сли́лóсь
с лихвóй
сличáть(ся), -а́ю, -áет(ся)
сличéние, -я
сличённый; *кр. ф.* -ён, -ена́
сличи́тельный
сличи́ть, -чу́, -чи́т
сли́шком, *нареч.* (сли́ш-
   ком пóздно), но *сущ.* с
   ли́шком (пять киломéт-
   ров с ли́шком)
слия́ние, -я
слободá, -ы́, *мн.* слóбоды,
   слобóд, слободáм
слобóдка, -и
слободскóй
слободчáнин, -а, *мн.* -áне,
   -áн
слободчáнка, -и
слобожáнин, -а, *мн.* -áне,
   -áн
слобожáнка, -и
словáк, -а
словáрик, -а
словáрник, -а
словáрно-спрáвочный
словáрно-техни́ческий
словáрный
словáрь, -я́
словáцкий
словáчка, -и
словéнец, -нца
словéнка, -и
словéнский
словесá, -éс, -есáм
словéсник, -а
словéсница, -ы
словéсность, -и
словéсный
словéчко, -а
слови́нец, -нца
слови́нка, -и
слови́нский
слови́ть, словлю́, слóвит
слóвленный
слóвник, -а
слóвно (бы)
слóвно как
слóво, -а, *мн.* словá, слов,
   словáм
словоблу́дие, -я
слóво в слóво
словоизвержéние, -я
словоизлия́ние, -я
словоизменéние, -я
словоизмени́тельный
словоли́тный
словоли́тня, -и, *р. мн.* -тен
словоли́тчик, -а
слóвом, *вводн. сл.*
словообразовáние, -я
словообразовáтельный
словообразу́ющий
словоохóтливость, -и
словоохóтливый
слóво-предложéние, слó-
   ва-предложéния
словопрéние, -я
словопроизвóдный
словопроизвóдственный

словопроизвóдство, -а
словораздéл, -а
словосложéние, -я
словосочетáние, -я
словотвóрческий
словотвóрчество, -а
словоуказáтель, -я
словоупотреблéние, -я
словофóрма, -ы
словцó, -á
словчи́ть(ся), -чу́(сь),
   -чи́т(ся)
слог, -а, *мн.* -и, -óв
слоговóй
слогоделéние, -я
слогообразу́ющий
слогораздéл, -а
слоеви́ще, -а
слоеви́щный
слоевóй
слоевцóвый
слоёк, слойкá
слоéние, -я
слоённый; *кр. ф.* -ён, -ена́,
   прич.
слоёный, *прил.*
сложá ру́ки
сложéние, -я
слóженный, *прич.*
сложённый; *кр. ф.* -ён,
   -ена́, *прил.* (о человеке)
сложи́ть(ся), сложу́(сь),
   слóжит(ся)
сложноподчинённый
сложносокращённый
сложносочинённый
слóжность, -и
сложноцвéтные, -ых
слóжный; *кр. ф.* -жен,
   -жнá, -жно, слóжны
слóйсто-дождевóй
слóйсто-кучевóй
слóйсто-пéристый
слóйстость, -и
слóйстый
слои́ть(ся), слою́, сло-
   и́т(ся)
слой, слоя, *предл.* о слóе,
   в слóе и в слою́, *мн.*
   слои́, слоёв
слóйка, -и
слóйчатый
слом, -а
слóманный (*от* сломáть)
сломáть(ся), -а́ю(сь),
   -áет(ся)
сломи́ть(ся), сломлю́(сь),
   слóмит(ся)
слóмка, -и
слóмленный (*от* сломи́ть)
сломя́ гóлову
слон, -а
слонёнок, -нка, *мн.* слоня́-
   та, -ня́т
слóник, -а
слони́ха, -и
слонóвник, -а
слонóвость, -и
слонóвый
слонообрáзный
слоноподóбный
слоня́ть(ся), -á́ю(сь),
   -áет(ся)
слóпанный

слóпать, -аю, -ает
слоуфóкс, -а
слугá, -и́, *мн.* слу́ги, слуг,
   м.
служáка, -и, *м.*
служáнка, -и
служáщая, -ей
служáщий, *прич.*
служáщий, -его
слу́жба, -ы
служби́ст, -а
служби́шка, -и
служéбник, -а
служéбно-должностнóй
служéбно-разыскнóй
служéбный
служéние, -я
служи́вать, *наст. вр. не*
   употр.
служи́вый, -ого
служи́лый
служи́тель, -я, *мн.* -и, -ей
служи́тельница, -ы
служи́тельский
служи́ть(ся), служу́, слу́-
   жит(ся)
слу́жка, -и, *м.*
слу́зганный
слу́згать, -аю, -ает
слукáвить, -влю, -вит
слупи́ть(ся), слуплю́, слу́-
   пит(ся)
слу́пленный
слу́пливать(ся), -аю,
   -ает(ся)
слух, -а
слухáч, -á
слуховóй
слухопротези́рование, -я
слухоречедви́гательный
слу́чай, -я
случáйность, -и
случáйный
случáть(ся), -á́ю(сь),
   -áет(ся)
случённый; *кр. ф.* -ён, -ена́
случи́ть(ся), -чу́(сь),
   -чи́т(ся)
слу́чка, -и
случнóй
слу́шание, -я
слу́шанный
слу́шатель, -я
слу́шательница, -ы
слу́шать(ся), -аю(сь),
   -ает(ся)
слу́шаться, *наст. вр. не*
   употр.
слушóк, -шкá
слыть, слыву́, слывёт;
   прош. слыл, слыла́,
   слы́ло
слы́ханный (слы́ханное
   ли дéло?)
слыхáть, *наст. вр. не*
   употр.
слы́хивать, *наст. вр. не*
   употр.
слы́хом не слыхáть
слы́шанный
слы́шать(ся), -шу,
   -шит(ся)
слы́шимость, -и
слы́шимый

Column 1 (СЛЫ)

слы́шный; *кр. ф.* -шен,
  -шна́, -шно, слы́шны́
слышь, *вводн. сл.*
слюбезничать, -аю, -ает
слюби́ться, слюблю́сь,
  слюби́тся
слюбля́ться, -я́юсь, -я́ется
слюда́, -ы́, *мн.* слю́ды,
  слюд
слюдини́т, -а
слюдини́товый
слюди́стый
слю́довый
слюдоно́сный
слюдопла́ст, -а
слюдяни́стый
слюдяно́й
слюна́, -ы́
слюнённый; *кр. ф.* -ён, -ена́
слю́ни, слюне́й
слюни́ть(ся), -ню́, -ни́т(ся)
слю́нки, -нок
слю́нно-ка́менный
слю́нный
слюного́н, -а
слюного́нный
слюноотделе́ние, -я
слюноотдели́тельный
слюнотече́ние, -я
слюнти́й, -я
слюнти́йский
слюнти́йство, -а
слюня́вить(ся), -влю(сь),
  -вит(ся)
слюня́вка, -и
слюня́вчик, -а
слюня́вый
слюня́й, -я
сляб, -а
сля́бинг, -а
сля́бинговый
сля́котный
сля́коть, -и
сля́мзенный
сля́мзить, -зю, -зит
сля́панный
сля́пать, -аю, -ает
сма́занный
сма́зать(ся), сма́жу(сь),
  сма́жет(ся)
сма́зка, -и
смазли́вый
смазно́й
сма́зочно-охлажда́ющий
сма́зочный
сма́зчик, -а
сма́зчица, -ы
сма́зывание, -я
сма́зывать(ся), -аю(сь),
  -ает(ся)
смазь, -и
сма́ивать(ся), -аю(сь),
  -ает(ся)
смак, -а и -у
смакла́ченный
смакла́чить, -чу, -чит
смакова́ние, -я
смако́ванный
смакова́ть(ся), -ку́ю, -ку́
  ет(ся)
сма́лец, -льца
смалоду́шествовать, -твую,
  -твует
смалоду́шничать, -аю, -ает

Column 2 (СМЕ)

сма́лу
сма́лчивать, -аю, -ает
сма́лывать(ся), -аю,
  -ает(ся)
сма́льта, -ы
сманеври́ровать, -рую, -рует
сма́ненный; *кр. ф.* -ен, -ена
  и сманённый; *кр. ф.* -ён,
  -ена́
сма́нивать(ся), -аю,
  -ает(ся)
смани́ть, сманю́, сма́ни́т
смара́гд, -а
смара́гдовый
сма́ранный
смара́ть, -а́ю, -а́ет
сма́ргивать, -аю, -ает
сма́ривать(ся), -аю(сь),
  -ает(ся)
смари́да, -ы
сма́рывать(ся), -аю,
  -ает(ся)
смаста́ченный
смаста́чить, -чу, -чит
смастерённый; *кр. ф.* -ён,
  -ена́
смастери́ть, -рю́, -ри́т
сма́тривать, *наст. вр. не*
  употр.
сма́тывание, -я
сма́тывать(ся), -аю(сь),
  -ает(ся)
смаха́ть, -а́ю, -а́ет
сма́хивать(ся), -аю, -ает(ся)
сма́хнутый
смахну́ть, -ну́, -нёт
с ма́ху
сма́чивание, -я
сма́чиватель, -я
сма́чивать(ся), -аю(сь),
  -ает(ся)
сма́чный; *кр. ф.* -чен, -чна́,
  -чно
сма́янный
сма́ять(ся), сма́ю(сь),
  сма́ет(ся)
смежа́ть(ся), -а́ю, -а́ет(ся)
смежённый; *кр. ф.* -ён, -ена́
смежи́ть(ся), -жу́, -жи́т(ся)
сме́жник, -а
сме́жность, -и
сме́жный
смека́листость, -и
смека́листый
смека́лка, -и
смека́ть, -а́ю, -а́ет
смекну́ть, -ну́, -нёт
смеле́ть, -е́ю, -е́ет
сме́лость, -и
сме́лый; *кр. ф.* смел, сме-
  ла́, сме́ло, сме́лы́
смельча́к, -а́
сме́на, -ы
сменённый; *кр. ф.* -ён, -ена́
  (*от* смени́ть)
смени́ть(ся), сменю́(сь),
  сме́нит(ся)
сме́нность, -и
сме́нно-су́точный
сме́нный
сменове́ховец, -вца
сменове́ховский
сменове́ховство, -а
сме́нщик, -а

Column 3 (СМЕ)

сме́нщица, -ы
сменя́емость, -и
сменя́емый
сменя́нный (*от* сменя́ть)
сменя́ть(ся), -я́ю(сь),
  -я́ет(ся)
смерд, -а
смерде́ть, -ржу́, -рди́т
сме́ренный
смерза́ние, -я
смерза́ть(ся), -а́ю, -а́ет(ся)
смёрзнуть(ся), -ну,
  -нет(ся); *прош.*
  смёрз(ся), смёрзла(сь)
смёрзший(ся)
сме́рить(ся), -рю(сь),
  -рит(ся) и -ряю(сь), -ря-
  ет(ся)
смерка́ться, -а́ется
смерка́ться, -нется; *прош.*
  смерклось
смеро́к, -рка
смерте́льно больно́й
смерте́льный
сме́ртник, -а
сме́ртность, -и
сме́ртный
смертоно́сный
смертоуби́йственный; *кр.*
  ф. -вен, -венна
смертоуби́йство, -а
смерть, -и, *мн.* -и, -е́й
смерч, -а
смерчево́й
смесеобразова́ние, -я
смеси́тель, -я
смеси́тельный
смеси́ть, смешу́, сме́сит
сме́ска, -и
с ме́ста в карье́р
с ме́ста на ме́сто
смести́, смету́, сметёт;
  прош. смёл, смела́
смести́ть(ся), смещу́(сь),
  смести́т(ся)
смесь, -и
сме́та, -ы
смета́на, -ы
смета́нник, -а
смета́нница, -ы
смета́нный (*от* смета́на)
смётанный (*от* смета́ть)
смета́ть 1, -а́ю, -а́ет, *сов.* (о
  шитье)
смета́ть 2, смечу́, сме́чет,
  сов. (стог)
смета́ть(ся), -а́ю, -а́ет(ся),
  несов. (к смести́)
сметённый; *кр. ф.* -ён, -ена́
  (*от* смести́)
смётка, -и
сметли́вость, -и
сметли́вый
сме́тно-фина́нсовый
сметну́ть, -нёт
сме́тный
сме́тчик, -а
смётший
смётывать(ся), -аю,
  -ает(ся)
смести́, сметёт
смех, -а и -у
смехота́, -ы́
смехотво́рец, -рца

Column 4 (СМО)

смехотво́рный
сме́шанный (*от* смеша́ть)
смеша́ть(ся), -а́ю(сь),
  -а́ет(ся)
смеше́ние, -я
сме́шенный (*от* смеси́ть)
сме́шиваемость, -и
сме́шивание, -я
сме́шивать(ся), -аю(сь),
  -ает(ся)
смеши́нка, -и
смеши́ть, -шу́, -ши́т
смешли́вость, -и
смешли́вый
смешно́й; *кр. ф.* -шо́н, -шна́
смешо́к, -шка́
смеща́ть(ся), -а́ю(сь),
  -а́ет(ся)
смеще́ние, -я
смещённый; *кр. ф.* -ён,
  -ена́
смея́ться, смею́сь, смеётся
сми́гивать(ся), -аю(сь),
  -ает(ся)
смигну́ть(ся), -ну́(сь),
  -нёт(ся)
сми́ловаться, -луюсь, -лует-
  ся
сми́лостивиться, -влюсь,
  -вится
смина́ть(ся), -а́ю, -а́ет(ся)
с мину́ты на мину́ту
смирёна, -ы, *м. и ж.*
смире́ние, -я
смире́нник, -а
смире́нница, -ы
смире́нничать, -аю, -ает
смиренному́дрие, -я
смиренному́дрый
смире́нность, -и
смире́нный; *кр. ф.* -рён и
  -ре́нен, -ре́нна, *прил.*
смирённый; *кр. ф.* -ён,
  -ена́, *прич.*
смире́нство, -а
смири́тель, -я
смири́тельный
смири́ть(ся), -рю́(сь),
  -ри́т(ся)
сми́рна, -ы
сми́рненький; *кр. ф.* -енек,
  -енька
смирне́ть, -е́ю, -е́ет
смирнёхонько
сми́рный; *кр. ф.* -рен и
  -рён, -рна́, -рно, сми́рны́
смиря́ть(ся), -я́ю(сь),
  -я́ет(ся)
смит-вессо́н, -а
смла́да и смла́ду
смог, -а (туман)
смо́гший (*от* смочь)
смодели́ровать, -рую, -рует
смока́ть, -а́ю, -а́ет
смо́ква, -ы
смо́кинг, -а
смо́кнуть, -ну, -нет; *прош.*
  смок, смо́кла
смоко́вница, -ы
смоко́вничий, -ья, -ье
смоко́вный
смо́кший (*от* смо́кнуть)
смола́, -ы́, *мн.* смо́лы,
  смол

смола́чивать(ся), -аю, -ает(ся)
смолёвка, -и
смолевой
смоле́ние, -я
смолённый; кр. ф. -ён, -ена́, прич.
смолёный, прил.
смоли́стость, -и
смоли́стый
смоли́ть(ся), -лю, -ли́т(ся)
смо́лка, -и
смолка́ть, -а́ю, -а́ет
смо́лкнувший
смо́лкнуть, -ну, -нет; прош. смолк и смо́лкнул, смо́лкла
смо́лкший
смолова́р, -а
смолова́ренный
смолова́рня, -и, р. мн. -рен
смолого́н, -а
смолого́нный
смо́лоду
смолоку́р, -а
смолоку́рение, -я
смолоку́ренный
смолоку́рня, -и, р. мн. -рен
смолоно́сный
смолообразова́ние, -я
смолоперего́нный
смолосемя́нник, -а
смолотече́ние, -я
смолоти́ть, -очу́, -о́тит
с молотка́
смо́лотый
смоло́ть(ся), смелю́, сме́лет(ся)
смоло́ченный
смолча́ть, -чу́, -чи́т
смоль, -и
смолье́, -я́
смо́льный
смоляни́стый
смоля́нка, -и
смоляно́й
смонти́рованный
смонти́ровать, -рую, -рует
смора́живать(ся), -ает(ся)
сморгну́ть, -ну́, -нёт
сморённый; кр. ф. -ён, -ена́
смори́ть(ся), -рю́(сь), -ри́т(ся)
сморка́ние, -я
сморка́ть(ся), -а́ю(сь), -а́ет(ся)
сморка́ч, -а́
сморкну́ть(ся), -ну́(сь), -нёт(ся)
сморку́н, -а́
сморо́да, -ы
сморо́дина, -ы
сморо́динка, -и
сморо́динник, -а
сморо́динный
сморо́диновка, -и
сморо́диновый
сморо́женный
сморо́зить, -о́жу, -о́зит
сморчко́вый
сморчо́к, -чка́
смо́рщенный
смо́рщивать(ся), -аю(сь), -ает(ся)

смо́рщить(ся), -щу(сь), -щит(ся)
смо́танный
смота́ть(ся), -а́ю(сь), -а́ет(ся)
смо́тка, -и
смотр, -а, предл. на смо́тре, мн. -ы, -ов (общественная проверка) и предл. на смотру́, мн. -ы́, -о́в (парад)
смо́тренный
смотре́ть(ся), смотрю́(сь), смо́трит(ся)
смотри́ны, -и́н
смотри́тель, -я
смотри́тельница, -ы
смотри́тельский
смотр-ко́нкурс, смо́тра-ко́нкурса
смотрово́й
смо́тчик, -а
смо́ченный
смочи́ть(ся), смочу́(сь), смо́чит(ся)
смочь, смогу́, смо́жет, смо́гут; прош. смог, смогла́
смоше́нничать, -аю, -ает
смрад, -а
смра́дный
смугле́ть, -е́ю, -е́ет
смуглова́тый
смуглоко́жий
смуглоли́цый
сму́глость, -и
смуглота́, -ы́
сму́глый; кр. ф. смугл, смугла́, сму́гло, сму́глы
смугля́к, -а́
смугля́нка, -и
смудри́ть, -рю́, -ри́т
смудрова́ть, -ру́ю, -ру́ет
смурно́й
сму́рый; кр. ф. смур, сму́ра́, сму́ро
сму́та, -ы
смути́тель, -я
смути́ть(ся), смущу́(сь), смути́т(ся)
сму́тный; кр. ф. -тен, сму́тна́, -тно
смутья́н, -а
смутья́нить, -ню, -нит
смутья́нка, -и
смутья́нский
смутья́нство, -а
сму́шка, -и
сму́шковый
смуща́ть(ся), -а́ю(сь), -а́ет(ся)
смуще́ние, -я
смущённый; кр. ф. -ён, -ена́
смыв, -а
смыва́ние, -я
смыва́ть(ся), -а́ю(сь), -а́ет(ся)
смы́вка, -и
смывно́й
смы́вочный
смык, -а
смыка́ть(ся), -а́ю(сь), -а́ет(ся)

смы́лки, -ов
смысл, -а
смы́слить, -лю, -лит
смыслово́й
смы́тый
смы́ть(ся), смо́ю(сь), смо́ет(ся)
смы́чка, -и
смычко́вый
смы́чно-горта́нный
смы́чный
смычо́к, -чка́
смышлёность, -и
смышлёный
смышля́ть, -я́ю, -я́ет
смягча́ть(ся), -а́ю(сь), -а́ет(ся)
смягча́ющий(ся)
смягче́ние, -я
смягчённый; кр. ф. -ён, -ена́
смягчи́тель, -я
смягчи́тельный
смягчи́ть(ся), -чу́(сь), -чи́т(ся)
смяка́ть, -а́ю, -а́ет (к смя́кнуть)
смя́кнуть, -ну, -нет; прош. смяк, смя́кла
смя́кший
смяте́ние, -я
смяте́нность, -и
смяте́нный; кр. ф. -ён, -ённа
смя́тый
смя́ть(ся), сомну́, сомнёт(ся)
снабди́ть(ся), снабжу́(сь), снабди́т(ся)
снабжа́ть(ся), -а́ю(сь), -а́ет(ся)
снабже́нец, -нца
снабже́ние, -я
снабжённый; кр. ф. -ён, -ена́
снабже́нческий
снабже́нческо-сбытово́й
сна́добье, -я, р. мн. -бий
сна́йпер, -а, мн. -ы, -ов
сна́йперский
сна́йперство, -а
снайто́вить, -о́влю, -о́вит
снайто́вленный
с налёта и с налёту
снару́жи
снаря́д, -а
снаряди́ть(ся), -яжу́(сь), -яди́т(ся)
снаря́дный
снаря́довый
снаряжа́ть(ся), -а́ю(сь), -а́ет(ся)
снаряже́ние, -я
снаряжённый; кр. ф. -ён, -ена́
с наско́ка и с наско́ку
с насме́шкой
снасти́ть(ся), снащу́, снасти́т(ся)
сна́сточка, -и
снасть, -и, мн. -и, -ей
снача́ла, нареч. (снача́ла отдохни́)
с нача́ла до конца́

сна́шивать(ся), -аю, -ает(ся)
снег, -а и -у, предл. о сне́ге, в (на) снегу́, мн. -а́, -о́в
снеги́рь, -я́
снегоболотохо́д, -а
снегова́л, -а
снегова́ние, -я
снегови́к, -а́
снегови́чо́к, -чка́
снегово́й
снегозадержа́ние, -я
снегозаде́рживающий
снегозащи́та, -ы
снегозащи́тный
снеголави́нный
снеголо́м, -а
снегоме́р, -а
снегоме́рный
снегонакопле́ние, -я
снегообра́зный
снегоочисти́тель, -я
снегоочисти́тельный
снегоочи́стка, -и
снегопа́д, -а
снегопа́х, -а
снегопогру́зчик, -а
снегоподо́бный
снегосту́пы, -ов, ед. снегосту́п, -а
снегота́ялка, -и
снегота́яние, -я
снеготранспортёр, -а
снегоубо́рка, -и
снегоубо́рочный
снегоубо́рщик, -а
снегохо́д, -а
снегу́рка, -и
снегу́рочка, -и
снеда́емый
снеда́ть(ся), -а́ю, -а́ет(ся)
снедь, -и
снежи́на, -ы
снежи́нка, -и
снежи́ть, -и́т
снежи́к, -а́
снежи́ца, -ы
снежно-бе́лый
снежно-лави́нный
снежноя́годник, -а
снежны́й
снежо́к, -жка́ и -жку́
снежура́, -ы́
с непривы́чки
снесе́ние, -я
снесённый; кр. ф. -ён, -ена́
снести́(сь), -су́(сь), -сёт(ся); прош. снёс(ся), снесла́(сь)
снёсший(ся)
снетко́вый
снето́к, -тка́
снетосуши́льный
снето́чек, -чка
снето́чный
сниве́лированный
сниве́лировать, -рую, -рует
снижа́ть(ся), -а́ю(сь), -а́ет(ся)
сниже́ние, -я
сни́женный
сни́занный

снизáть(ся), снижý, сни́-
жет(ся)
сни́зить(ся), сни́жу(сь),
сни́зит(ся)
снизойти́, -йдý, -йдёт;
прош. -ошёл, -ошлá
снизошéдший
сни́зу, нареч.
сни́зу дóверху
сни́зывать(ся), -аю,
-ает(ся)
сникáть, -áю, -áет
сни́кнувший
сни́кнуть, -ну, -нет; прош.
сник, сни́кла
сни́кший
снимáние, -я
снимáть(ся), -áю(сь),
-áет(ся)
сни́мка, -и
сни́мок, -мка
сни́мочный
сни́сканный
снискáть, снищý, сни́щет
сни́скивать(ся), -аю,
-ает(ся)
снисходи́тельность, -и
снисходи́тельный
снисходи́ть, -ожý, -óдит
снисхождéние, -я
снисшéдший
сни́ться, снюсь, сни́тся
сноб, -а
сноби́зм, -а
сноби́стский
снóва
снóва-здорóво
сновáлка, -и
сновáльный
сновáльщик, -а
сновáльщица, -ы
сновáние, -я
сновáть(ся), снуȳ, сну-
ёт(ся)
сновидéние, -я
снови́дец, -дца
снови́дица, -ы
снóвка, -и
сногсшибáтельный
сноп, -á
снóпик, -а
сноповúдный
снопóвка, -и
снопóвый
сноповя́з, -а
сноповязáлка, -и
сноповязáльный
снопóк, -пкá
снопообрáзный
снопоподавáтель, -я
снопоподъёмник, -а
снопосуши́лка, -и
снопóчек, -чка
сноровúстый
сноровúть, -влю́, -ви́т
сnoрóвка, -и
снос, -а и -у
сносúть(ся), сношý(сь),
снóсит(ся)
снóска, -и
снóсный
снотвóрный
снотолковáтель, -я
снохá, -и́, мн. снóхи, снох

снохáч, -á
снохáческий
снохáчество, -а
сношéние, -я
снóшенный
снýлый
сныть, -и
сныч, -á
снȳхаться, -аюсь, -ается
снȳхиваться, -аюсь, -ается
сня́тие, -я
снятóй, прил.
сня́тый; кр. ф. снят, снятá,
сня́то, прич.
снять(ся), снимý(сь), сни́-
мет(ся); прош. снял(ся),
снялá(сь), сня́ло, сня-
лóсь
со, с, предлог
соáвтор, -а
соáвторский
соáвторство, -а
соарéнда, -ы
соарендáтор, -а
собáка, -и
собáка-поводȳрь, собáки-
поводыря́
собаковéд, -а
собаковéдение, -я
собаковóд, -а
собаковóдство, -а
собаковóдческий
собакоголóвые, -ых
собакообрáзный
собачáта, -áт
собачéй, -я
собáченька, -и
собáчий, -ья, -ье
собáчина, -ы
собáчиться, -чусь, -чится
собáчища, -и
собáчка, -и
собáчник, -а
собáчница, -ы
собачóнка, -и
собезья́нничать, -аю, -ает
собéс, -а
собесéдник, -а
собесéдница, -ы
собесéдование, -я
собéсовский
собирáние, -я
собирáтель, -я
собирáтельница, -ы
собирáтельный
собирáтельство, -а
собирáть(ся), -áю(сь),
-áет(ся)
собкóр, -а
собкóровский
соблаговолúть, -лю́, -лúт
соблаговоля́ть, -я́ю, -я́ет
соблáзн, -а
соблазнённый; кр. ф. -ён,
-енá
соблазни́тель, -я
соблазни́тельница, -ы
соблазни́тельный
соблазни́ть(ся), -ню́(сь),
-ни́т(ся)
соблазня́ть(ся), -я́ю(сь),
-я́ет(ся)
соблюдáть(ся), -áю,
-áет(ся)

соблюдéние, -я
соблюдённый; кр. ф. -ён,
-енá
соблю́дший
соблюсти́, -юдý, -юдёт;
прош. -ю́л, -юлá
соболевóд, -а
соболевóдство, -а
соболевóдческий
соболéзнование, -я
соболéзновать, -ную, -нует
соболёк, -лькá
соболёнок, -нка, мн. -ля́та,
-ля́т
соббóлий, -ья, -ье
соболи́ный
сóболь, -я, мн. -и, -ей и (о
мехе) -я́, -éй
соболю́шка, -и
соболя́тник, -а
собóр, -а
собóрность, -и
собóрный
собóрование, -я
собóрованный
собóровать(ся), -рую(сь),
-рует(ся)
соборя́нин, -а, мн. -я́не, -я́н
собрáние, -я
собрáнность, -и
сóбранный; кр. ф. прич.
-ан, -ана; кр. ф. прил. -ан,
-анна
собрáньице, -а
собрáт, -а, мн. собрáтья,
-ьев
собрáть(ся), -берý(сь), -бе-
рёт(ся); прош. -áл(ся),
-алá(сь), -áло, -áлóсь
сóбственник, -а
сóбственница, -ы
сóбственнический
сóбственно
сóбственно-возврáтный
сóбственноли́чный
сóбственноручный
сóбственность, -и
сóбственный
собутȳльник, -а
собутȳльничать, -аю, -ает
собы́тие, -я
событи́йный
совá, -ы́, мн. сóвы, сов
совáть(ся), суȳ(сь), су-
ёт(ся)
совдéп, -а
совёнок, -нка, мн. совя́та,
совя́т
соверéн, -а
совершáть(ся), -áю,
-áет(ся)
совершéние, -я
совершеннолéтие, -я
совершеннолéтний
совершённый; кр. ф.
-éнен, -éнна, прил.
совершённый; кр. ф. -ён,
-енá, прич.
совершéнство, -а
совершéнствование,
-я
совершéнствованный
совершéнствовать(ся),
-твую(сь), -твует(ся)

соверши́ть(ся), -шý,
-ши́т(ся)
сóвестить(ся), -ещу(сь),
-естит(ся)
сóвестливость, -и
сóвестливый
сóвестно
сóвестный
сóвесть, -и
совéт, -а
советизáция, -и
советизи́рованный
советизи́ровать(ся),
-рую(сь), -рует(ся)
совéтник, -а
совéтница, -ы
совéтничий, -ья, -ье
совéтовать(ся), -тую(сь),
-тует(ся)
советодáтель, -я
советóлог, -а
совéтский
совéтско-америкáнский
совéтско-афгáнский
совéтско-болгáрский
совéтско-китáйский
совéтско-пóльский
совéтско-францýзский
совéтско-япóнский
совéтчик, -а
совéтчица, -ы
совéть, -éю, -éет
совещáние, -я
совещáтельный
совещáться, -áюсь, -áется
совзнáк, -а
совúк, -á
совинóвность, -и
совинóвный
совинформбюрó, нескл.,
с.
совúный
сóвка, -и
сóвкий; кр. ф. сóвок, сов-
кá, сóвко
совкóвый
совладáть, -áю, -áет
совладéлец, -льца
совладéлица, -ы
совладéние, -я
совладéть, -éю, -éет
совладȳчество, -а
совлекáть(ся), -áю, -áет-
(ся)
совлёкший(ся)
совлечéние, -я
совлечённый; кр. ф. -ён,
-енá
совлéчь(ся), -екý,
-ечёт(ся), -екýт(ся);
прош. -ёк(ся), -еклá(сь)
совмести́мость, -и
совмести́мый
совмести́тель, -я
совмести́тельница, -ы
совмести́тельский
совмести́тельство, -а
совмести́тельствовать,
-твую, -твует
совмести́ть(ся), -ещý(сь),
-ести́т(ся)
совмéстник, -а
совмéстница, -ы
совмéстный

совмеща́ть(ся), -а́ю(сь),
 -а́ет(ся)
совме́щение, -я
совмещённый; кр. ф. -ён,
 -ена́
совнарко́м, -а
совнарко́мовский
совнархо́з, -а
совнархо́зовский
сово́к, совка́
совокупи́ть(ся), -плю́(сь),
 -пи́т(ся)
совокупле́ние, -я
совокуплённый; кр. ф. -ён,
 -ена́
совокупля́ть(ся), -я́ю(сь),
 -я́ет(ся)
совоку́пность, -и
совоку́пный
сово́чек, -чка
совпа́вший
совпада́ть, -а́ет
совпаде́ние, -я
совпартшко́ла, -ы
совпа́сть, -аду́, -аде́т; прош.
 -а́л, -а́ла
со́вранный
соврати́тель, -я
соврати́тельница, -ы
соврати́ть(ся), -ащу́(сь),
 -ати́т(ся)
совра́ть, -ру́, -рёт; прош. -а́л,
 -ала́, -а́ло
совраща́ть(ся), -а́ю(сь),
 -а́ет(ся)
совраще́ние, -я
совращённый; кр. ф. -ён,
 -ена́
со вре́менем
совреме́нник, -а
совреме́нница, -ы
совреме́нность, -и
совреме́нный; кр. ф. -е́нен,
 -е́нна
совсе́м, нареч. (совсе́м не
 по́нял)
совхо́з, -а
совхо́зно-колхо́зный
совхо́зный
согбе́нный; кр. ф. -ён, -е́н-
 на
согди́йский
согди́йцы, -ев
со́гды, -ов
согла́сие, -я
согласи́тельный
согласи́ть(ся), -ашу́(сь),
 -аси́т(ся)
согла́сная, -ой (буква)
согла́сно (чему, с чем)
согла́сный, прил.
согла́сный, -ого (звук)
согласова́ние, -я
согласо́ванность, -и
согласо́ванный
согласова́ть(ся), -су́ю, -су́-
 ет(ся)
согласо́вывать(ся), -аю,
 -ает(ся)
соглаша́тель, -я
соглаша́тельница,
 -ы
соглаша́тельский
соглаша́тельство, -а

соглаша́ть(ся), -а́ю(сь),
 -а́ет(ся)
соглаше́ние, -я
соглашённый; кр. ф. -ён,
 -ена́
согляда́тай, -я
согляда́тайствовать, -твую,
 -твует
сго́нанный
согна́ть, сгоню́, сго́нит;
 прош. -а́л, -ала́, -а́ло
сго́нутый
согну́ть(ся), -ну́(сь),
 -нёт(ся)
согражданѝн, -а, мн. -а́ж-
 дане, -а́ждан
согра́жданка, -и
согре́в, -а
согрева́ние, -я
согрева́тельный
согрева́ть(ся), -а́ю(сь),
 -а́ет(ся)
согрева́ющий(ся)
согре́тый
согре́ть(ся), -е́ю(сь),
 -е́ет(ся)
согреша́ть, -а́ю, -а́ет
согреше́ние, -я
согреши́ть, -шу́, -ши́т
сгда, -ы
содали́т, -а
содвига́ть(ся), -а́ю(сь),
 -а́ет(ся)
содви́нуть(ся), -ну(сь),
 -нет(ся)
соде́йствие, -я
соде́йствовать, -твую, -твует
содержа́ние, -я
содержа́нка, -и
содержа́тель, -я
содержа́тель, -я
содержа́тельница, -ы
содержа́тельность, -и
содержа́тельный
содержа́ть(ся), -ержу́,
 -е́ржит(ся)
содержа́щий(ся)
содержи́мое, -ого
содержи́мый
содѐянный
соде́ять(ся), -е́ю, -е́ет(ся)
со дня́ на́ день
содоваре́ние, -я
со́довый
содокла́д, -а
содокла́дчик, -а
содо́м, -а
содоми́я, -и
содо́мский
сго́дранный
содра́ть(ся), сдеру́, сде-
 рёт(ся); прош. -а́л(ся),
 -ала́(сь), -а́ло, -а́ло́сь
содрога́ние, -я
содрога́ться, -а́юсь, -а́ется
содрогну́ться, -ну́сь, -нётся
содру́жество, -а
сгбевый
соедине́ние, -я
соединённый; кр. ф. -ён,
 -ена́
соедини́мый
соедини́тель, -я
соединительнотка́нный

соедини́тельный
соедини́ть(ся), -ню́(сь),
 -ни́т(ся)
соединя́ть(ся), -я́ю(сь),
 -я́ет(ся)
сожале́ние, -я
сожале́ть, -е́ю, -е́ет
сожже́ние, -я
сожжённый; кр. ф. -ён,
 -ена́
сожи́тель, -я
сожи́тельница, -ы
сожи́тельство, -а
сожи́тельствовать, -твую,
 -твует
сожи́тие, -я
сожму́ренный
сожму́рить(ся), -рю(сь),
 -рит(ся)
сожра́нный
сожра́ть, -ру́, -рёт; прош.
 -а́л, -ала́, -а́ло
созастро́йщик, -а
созва́ниваться, -аюсь, -ает-
 ся
со́званный
созва́ть, созову́, созовёт;
 прош. -а́л, -ала́, -а́ло
созве́здие, -я
созвони́ться, -ню́сь, -ни́тся
созву́чие, -я
созву́чный
создава́ть(ся), -даю́, -да-
 ёт(ся)
созда́ние, -я
со́зданный; кр. ф. -ан, со́-
 здана́, -ано
созда́ньице, -а
созда́тель, -я
созда́тельница, -ы
созда́ть(ся), -а́м, -а́шь,
 -а́ст(ся), -ади́м, -ади́те,
 -аду́т(ся); прош. со́здал,
 создала́, создала́(сь),
 со́здало, со́здало́сь
созерца́ние, -я
созерца́тель, -я
созерца́тельница, -ы
созерца́тельность, -и
созерца́тельный
созерца́ть(ся), -а́ю, -а́ет(ся)
созида́ние, -я
созида́тель, -я
созида́тельный
созида́ть(ся), -а́ю, -а́ет(ся)
со зла́
сознава́ть(ся), -наю́(сь),
 -наёт(ся)
созна́ние, -я
сго́знанный
созна́тельность, -и
созна́тельный
созна́ть(ся), -а́ю(сь),
 -а́ет(ся)
созорнича́ть, -а́ю, -а́ет
созрева́ние, -я
созрева́ть, -а́ю, -а́ет
созре́ть, -е́ю, -е́ет
созы́в, -а
созыва́ть(ся), -а́ю, -а́ет(ся)
соизволе́ние, -я
соизво́лить, -лю, -лит
соизволя́ть, -я́ю, -я́ет
соизда́тель, -я

соизмери́мый
соизме́рить, -рю, -рит
соизмеря́ть(ся), -я́ю,
 -я́ет(ся)
соиме́нник, -а
соиме́нница, -ы
соиме́нный
соиска́ние, -я
соиска́тель, -я
соиска́тельница, -ы
соиска́тельство, -а
соистѐц, -тца́
со́йтие, -я
со́йка, -и
сойти́(сь), сойду́(сь), сой-
 дёт(ся); прош. со-
 шёл(ся), сошла́(сь)
сок, -а и -у, предл. в со́ке и
 в соку́, мн. -и, -ов
сока́мерник, -а
сокова́рка, -и
соковыжима́лка, -и
соковыжима́тель, -я
со́ковый
со́кол, -а, мн. -ы, -ов
соколёнок, -нка, мн. -ля́та,
 -ля́т
соколе́ц, -льца́
соко́лий, -ья, -ье
соко́лик, -а
соколи́ный
соколи́ха, -и
соколо́к, -лка́
соко́льник, -а
соко́льничий, -его
соколя́тник, -а
сокоотжима́лка, -и
сократи́мость, -и
сократи́мый
сократи́тельность, -и
сократи́тельный
сократи́ть(ся), -ащу́,
 -ати́т(ся)
сокраща́ть(ся), -а́ю,
 -а́ет(ся)
сокраще́ние, -я
сокращённый; кр. ф. -ён,
 -ена́
сокреди́тор, -а
сокрове́нный; кр. ф. -ве́н и
 -ве́нен, -ве́нна
сокро́вище, -а
сокро́вищница, -ы
сокруша́ть(ся), -а́ю(сь),
 -а́ет(ся)
сокруша́ющий(ся)
сокруше́ние, -я
сокрушённый; кр. ф. -ён,
 -ена́
сокруши́тель, -я
сокруши́тельный
сокруши́ть(ся), -шу́,
 -ши́т(ся)
сокры́тие, -я
сокры́тый
сокры́ть(ся), -кро́ю(сь),
 -кро́ет(ся)
соку́рсник, -а
соку́рсница, -ы
солани́н, -а
соло́но, нескл., м.
со́лганный
солга́ть, -лгу́, -лжёт, -лгу́т;
 прош. -а́л, -ала́, -а́ло

солда́т, -а
солда́тик, -а
солда́тка, -и
солдатня́, -и́
солда́тский
солда́тство, -а
солда́тушки, -шек
солда́тчина, -ы
солдатьё, -я́
солдафо́н, -а
солдафо́нский
солдафо́нство, -а
солева́р, -а
солеваре́ние, -я
солева́ренный
солева́рный
солева́рня, -и, р. мн. -рен
солево́з, -а
солево́й
солевыно́сливый
соледобыва́ющий
соледобы́тчик, -а
солело́мня, -и, р. мн. -мен
солемёр, -а
соле́ние, -я (действие)
со́ленный, прич.
соленои́д, -а
солёно-ки́слый
солёно-копчёный
солёно-марино́ванный
солёно-сла́дкий
солёность, -и
солёный; кр. ф. солон, соло-
  на́, со́лоно, со́лоны,
  прил.
соле́нье, -я, р. мн. -ний
  (продукт)
солепромы́шленник, -а
солепромы́шленность, -и
солераствори́тель, -я
солесодержа́ние, -я
солесо́с, -а
солесто́йкий
солесто́йкость, -и
солеусто́йчивость, -и
солеусто́йчивый
солеци́зм, -а
солея́, -и́
солидариза́ция, -и
солидаризи́роваться, -ру-
  юсь, -руется
солидаризова́ться, -зу́юсь,
  -зу́ется
солида́рность, -и
солида́рный
соли́дничать, -аю, -ает
соли́дность, -и
соли́дный
солидо́л, -а
солидолонагнета́тель, -я
соли́льный
соли́льня, -и, р. мн. -лен
солипси́зм, -а
солипси́ст, -а
солипси́ческий
соли́ровать, -рую, -рует
соли́ст, -а
соли́стка, -и
солите́р, -а (брильянт)
солитёр, -а (червь)
соли́ть(ся), солю́, со́-
  ли́т(ся)
со́лка, -и
со́лкий

со́ллюкс, -а
со́лнечник, -а
со́лнечность, -и
со́лнечный
солнопёк, -а
со́лнце, -а
солнцеворо́т, -а
солнцезащи́тный
солнцелече́ние, -я
солнцелюби́вый
солнцеобра́зный
солнцепёк, -а
солнцепокло́нник, -а
солнцепокло́нничество, -а
солнцестоя́ние, -я
со́лнышко, -а
со́ло, неизм. и нескл., с.
солове́й, -вья́
со́ло-ве́ксель, -я
солове́ть, -ею, -еет
солове́юшка, -и, м.
соло́вка, -и
соло́вушек, -шка
соло́вушка, -и, м.
соло́вый
соловьёнок, -нка, мн. -вья́-
  та, -вья́т
соловьи́ный
соловьи́ха, -и
со́лод, -а
солоде́лый
солоде́ть, -еет (превра-
  щаться в солод)
соло́дильный
соло́дильня, -и, р. мн. -лен
солоди́ть, -ожу́, -оди́т
  (что)
солоди́ться, -и́тся
соло́дка, -и
соло́дковый
соло́довенный
соло́довня, -и, р. мн. -вен
соло́довый
солододроби́лка, -и
соложе́ние, -я
соложённый; кр. ф. -ён,
  -ена́, прич.
соложёный, прил.
соло́ма, -ы
соло́менник, -а
соло́менно-жёлтый
соло́менно-фура́жный
соло́менный
соло́мина, -ы
соло́минка, -и
соло́мисто-мяки́нный
соло́мистый
соло́мит, -а
соло́митовый
соло́мка, -и
соломокопни́тель, -я
соломокру́тка, -и
соломоподъёмник, -а
соломопре́сс, -а
соломоре́зка, -и
соломосилосоре́зка, -и
соломотранспортёр, -а
соломотря́с, -а
со́лон, солона́, со́лоно
солоне́ть, -еет
солоне́ц, -нца́
солони́на, -ы
солони́нный
солони́ца, -ы

соло́нка, -и
солонова́тый
солонцева́тый
солонцо́вый
солонча́к, -а́
солончако́вый
соло́щий
соль 1, -и, мн. -и, -е́й
соль 2, нескл. с. (нота)
сольвата́ция, -и
сольве́нт-на́фта, -ы
со́льдо, нескл. с.
сольмиза́ция, -и
со́льный
сольфе́джио и сольфе́д-
  жо, нескл. с.
сольца́, -ы́
соля́ная кислота́
соля́нка, -и
соляно́й
соляноки́слый (к соля́ная
  кислота́)
соляриза́ция, -и
соля́рий, -я
соляри́метр, -а
соля́рка, -и
соля́рный
соля́ровое ма́сло
сом, -а́
со́ма, -ы
сомали́, неизм. и нескл.,
  м. (язык) и нескл., м. и
  ж. (народ)
сомали́ец, -и́йца
сомали́йка, -и
сомали́йский
somatíческий
соматоге́нный
соматоло́гия, -и
соматоме́трия, -и
соматопле́вра, -ы
соматоскопи́я, -и
сомбре́ро, нескл. с.
сомёнок, -нка, мн. сомя́та,
  сомя́т
соми́на 1, -ы, м. (сом)
соми́на 2, -ы (лодка)
соми́ный
со́мкнутый
сомкну́ть(ся), -ну́, -нёт(ся)
сомле́ть, -е́ю, -е́ет
сомнамбу́л, -а
сомнамбу́ла, -ы, м. и ж.
сомнамбули́зм, -а
сомнамбули́ческий
сомнева́ться, -а́юсь, -а́ется
сомне́ние, -я
сомни́тельный
сомно́житель, -я
сомб, неизм.
сомо́вий, -ья, -ье
сомо́вина, -ы
сомо́н, неизм.
сомча́ть, -чу́, -чи́т
сон, сна, мн. сны, снов
сонанима́тель, -я
сона́нт, -а
сонасле́дник, -а
сонасле́дница, -ы
сонасле́довать, -дую, -дует
сона́та, -ы
сонати́на, -ы
сона́тный
соне́т, -а

соне́тка, -и
соне́тный
со́ника, нареч.
сонли́вец, -вца
сонли́вица, -ы
сонли́вость, -и
сонли́вый
сонм, -а
со́нмище, -а
со́нник, -а
со́нный
соно́рный
сон-трава́, -ы́
сонь, -и
со́ня, -и, р. мн. со́ней и
  сонь, м. и ж.
соображ́ать(ся), -а́ю(сь),
  -а́ет(ся)
сображе́ние, -я
соображённый; кр. ф. -ён,
  -ена́
сообрази́тельность, -и
сообрази́тельный
сообрази́ть(ся), -ажу́(сь),
  -ази́т(ся)
сообра́зно (чему, с чем)
сообра́зность, -и
сообра́зный
сообразо́ванный
сообразова́ть(ся), -зу́ю(сь),
  -зу́ет(ся)
сообразо́вывать(ся),
  -аю(сь), -ает(ся)
сообща́, нареч.
сообща́ть(ся), -а́ю(сь),
  -а́ет(ся)
сообще́ние, -я
сообщённый; кр.ф. -ён,-ена́
сообщество, -а
сообщи́тельный
сообщи́ть(ся), -щу́,
  -щи́т(ся)
соо́бщник, -а
соо́бщница, -ы
соо́бщнический
соо́бщничество, -а
соопеку́н, -а́
сооруди́ть(ся), -ужу́,
  -уди́т(ся)
сооружа́ть(ся), -а́ю,
  -а́ет(ся)
сооруже́ние, -я
сооружённый; кр. ф. -ён,
  -ена́
соосажде́ние, -я
со́осный
соотве́тственно
соотве́тственный; кр. ф.
  -вен и -венен, -венна
соотве́тствие, -я
соотве́тствовать, -твую,
  -твует
соотве́тствующий
соотве́тчик, -а
соотве́тчица, -ы
соотечественник, -а
соотечественница, -ы
соотечественный
соотнесе́ние, -я
соотнесённый; кр. ф. -ён,
  -ена́
соотнести́, -су́, -сёт; прош.
  -ёс, -есла́
соотнёсший

соотноси́тельный
соотноси́ть(ся), -ошу́, -о́сит(ся)
соотноше́ние, -я
собтчич, -а
сопа́тка, -и
сопа́тый (к сопе́ть)
сопе́лка, -и
сопе́ль, -и
сопе́ние, -я
сопережива́ние, -я
сопережива́ть, -а́ю, -а́ет
сопе́рник, -а
сопе́рница, -ы
сопе́рничать, -аю, -ает
сопе́рнический
сопе́рничество, -а
сопе́рничествовать, -твую, -твует
сопе́ть, соплю́, сопи́т
со́пка, -и
соплеме́нник, -а
соплеме́нница, -ы
соплеме́нный
со́пли, -е́й, ед. сопля́, -и́
сопли́вец, -вца
сопли́вица, -ы
сопли́вый
сопло́, -а́, мн. со́пла, сопл и со́пел
сопло́вóй и со́пловый
соплóдие, -я
сопля́, -и́, м. и ж. (сопляк)
сопля́к, -а́
соподчине́ние, -я
соподчинённый; кр. ф. -ён, -ена́
соподчини́тельный
соподчини́ть(ся), -ню́, -ни́т
соподчиня́ть(ся), -я́ю, -я́ет(ся)
сополиме́р, -а
со́пор, -а
сопоро́зный
сопостави́мый
сопостави́тельный
сопоста́вить(ся), -влю, -вит(ся)
сопоставле́ние, -я
сопоста́вленный
сопоставля́ть(ся), -я́ю, -я́ет(ся)
сопостано́вщик, -а
со́почный
соправи́тель, -я
сопра́нный
сопра́но, нескл., с. (голос) и ж. (певица)
сопра́новый
сопрева́ть, -а́ю, -а́ет
сопреде́льный
сопре́лый
сопре́ть, -е́ю, -е́ет
соприкаса́ться, -а́юсь, -а́ется
соприкоснове́ние, -я
соприкоснове́нный; кр. ф. -ве́н и -ве́нен, -ве́нна
соприкосну́ться, -ну́сь, -нётся
сопрису́тствие, -я
сопрису́тствовать, -твую, -твует
соприча́стный

сопричесть, -чту́, -чтёт; прош. -чёл, -чла́
сопричи́сленный
сопричи́слить, -лю, -лит
сопричисля́ть(ся), -я́ю, -я́ет(ся)
сопричтённый; кр. ф. -ён, -ена́
сопроводи́ловка, -и
сопроводи́тель, -я
сопроводи́тельница, -ы
сопроводи́тельный
сопроводи́ть, -ожу́, -оди́т
сопровожда́ть(ся), -а́ю, -а́ет(ся)
сопровожда́ющий, -его
сопровожде́ние, -я
сопровождённый; кр. ф. -ён, -ена́
сопрогра́мма, -ы
сопрома́т, -а
сопротивле́ние, -я
сопротивля́емость, -и
сопротивля́ться, -я́юсь, -я́ется
сопроце́ссор, -а
сопряга́ть(ся), -а́ю(сь), -а́ет(ся)
сопря́гший(ся)
сопряже́ние, -я
сопряжённый; кр. ф. -ён, -ена́
сопря́чь(ся), -ягу́(сь), -яжёт(ся), -ягу́т(ся); прош. -я́г(ся), -ягла́(сь)
сопу́н, -а́ (к сопе́ть)
сопу́нья, -и, р. мн. -ний
сопу́тный
сопу́тствовать, -твую, -твует
сопу́тствующий
сор, -а и -у
соразме́рение, -я
соразме́ренный
соразме́рить, -рю, -рит
соразме́рно (чему, с чем)
соразме́рность, -и
соразме́рный
соразмеря́ть(ся), -я́ю, -я́ет(ся)
сора́тник, -а
сора́тница, -ы
сорби́т, -а
сорбитиза́ция, -и
со́рбция, -и
сорване́ц, -нца́
со́рванный
сорва́ть(ся), -ву́(сь), -вёт(ся); прош. -а́л(ся), -ала́(сь), -а́ло, -а́лóсь
сорвиголова́, -ы́, мн. -го́ловы, -голо́в, м. и ж.
сорганизо́ванный
сорганизова́ть(ся), -зу́ю, -зу́ет(ся)
сорганизо́вывать(ся), -аю, -ает(ся)
со́рго, нескл., с.
соревнова́ние, -я
соревнова́тель, -я
соревнова́тельный
соревнова́ть(ся), -ну́ю(сь), -ну́ет(ся)
соревну́ющийся
сореда́ктор, -а

сорежиссёр, -а
сориги́нальничать, -аю, -ает
сориенти́ровать(ся), -рую(сь), -рует(ся)
сори́нка, -и
сори́т, -а
сори́ть(ся), -рю́, -ри́т
со́рный
сорня́к, -а́
соро́га, -и
сорбдич, -а
сóрок, сорока́
соро́ка, -и
сорокаведёрный и сорокаведёрный (40-ведёрный и 40-ведёрный)
сорокагра́дусный (40-гра́дусный)
сорокадне́вный (40-дне́вный)
сорокакопе́ечный (40-копе́ечный)
сорокале́тие (40-ле́тие), -я
сорокале́тний (40-ле́тний)
сорокалитро́вый (40-литро́вый)
сорокаметро́вый (40-метро́вый)
сорокамину́тный (40-мину́тный)
сорокапятиле́тний (45-ле́тний)
сорокапя́тка, -и
сорокарублёвый (40-рублёвый)
сорокова́тка, -и
сорокови́ны, -и́н
соро́ковка, -и
соро́ко́вой
сороконо́жка, -и
сорокопу́т, -а
сорокоу́ст, -а
сора́т, -а
соро́чечный
сорóчий, -ья, -ье
сорочи́ны, -и́н
соро́чка, -и
сорт, -а, мн. -а́, -о́в
сорта́мент, -а
сорта́ментный
сортиме́нт, -а
сортиме́нтный
сорти́р, -а
сортирова́льный
сортирова́ние, -я
сортиро́ванный
сортирова́ть(ся), -ру́ю, -ру́ет(ся)
сортиро́вка, -и
сортиро́вочная, -ой
сортиро́вочный
сортиро́вщик, -а
сортиро́вщица, -ы
сóртность, -и
со́ртный
сортове́дение, -я
сортовóй
сортоиспыта́ние, -я
сортоиспыта́тельный
сортообновле́ние, -я
сортопрока́тка, -и
сортопрока́тный

сортосме́на, -ы
сортоуча́сток, -тка
соса́льце, -а
соса́льщик, -а
соса́ние, -я
со́санный
соса́тельный
соса́ть(ся), сосу́, сосёт(ся)
сосбо́ренный; кр. ф. -ен, -ена и сосборённый; кр. ф. -ён, -ена́
сосбо́рить, -рю, -рит и сосбори́ть, -рю, -рит
сосва́танный
сосва́тать(ся), -аю(сь), -ает(ся)
сосво́дничать, -аю, -ает
сосе́д, -а, мн. -и, -ей
сосе́дить, -е́жу, -е́дит
сосе́дка, -и
сосе́дний
сосе́дский
сосе́дственный
сосе́дство, -а
сосе́дствовать, -твую, -твует
сосе́душка, -и, м. и ж.
со́сенка, -и и сосёнка, -и
соси́ска, -и
соси́сочная, -ой
соси́сочный
со́ска, -и
соска́бливать(ся), -аю, -ает(ся)
соска́кивать, -аю, -ает
соска́льзывать, -аю, -ает
соско́б, -а
соско́бленный
соскобли́ть(ся), -облю́, -о́бли́т(ся)
соскови́дный
соско́вый
соскóк, -а
соскользну́ть, -ну́, -нёт
соскочи́ть, -очу́, -о́чит
соскреба́ть(ся), -а́ю, -а́ет(ся)
соскребённый; кр. ф. -ён, -ена́
соскрёбший
соскрёбывать(ся), -аю, -ает(ся)
соскрести́, -ребу́, -ребёт; прош. -рёб, -ребла́
соску́читься, -чусь, -чится
сослага́тельное наклоне́ние
со́сланный
сосла́ть(ся), сошлю́(сь), сошлёт(ся), прош. -сла́л(ся), -сла́ла(сь)
со́слепа и со́слепу
сосло́вие, -я
сосло́вно-ка́стовый
сосло́вность, -и
сосло́вный
сослу́женный
сослужи́вец, -вца
сослужи́вица, -ы
сослужи́ть, -ужу́, -у́жит
сосна́, -ы́, мн. сóсны, сóсен
сóсновый
соснýть, -нý, -нёт
сосня́к, -а́
сосня́чóк, -чка́

341

сосо́к, соска́
сосо́чек, -чка
со́сочка, -и
со́сочный (от со́ска)
сосо́чный (от сосо́к)
сосредото́чивать(ся),
　-аю(сь), -ает(ся) и сосре-
　дото́чивать(ся), -аю(сь),
　-ает(ся)
сосредото́чение, -я
сосредото́ченность, -и
сосредото́ченный
сосредото́чивать(ся),
　-аю(сь), -ает(ся) и сосре-
　дота́чивать(ся), -аю(сь),
　-ает(ся)
сосредото́чие, -я
сосредото́чить(ся), -чу(сь),
　-чит(ся)
соста́в, -а
состави́тель, -я
состави́тельница, -ы
состави́тельский
соста́вить(ся), -влю,
　-вит(ся)
составле́ние, -я
соста́вленный
составля́ть(ся), -я́ю,
　-я́ет(ся)
составно́й
соста́рить(ся), -рю(сь),
　-рит(ся)
состёганный
состега́ть, -а́ю, -а́ет
состёгивать(ся), -аю,
　-ает(ся)
сости́ранный
состира́ть, -а́ю, -а́ет
сости́рывать(ся), -аю,
　-ает(ся)
состоя́ние, -я
состоя́ньице, -а
состоя́тельность, -и
состоя́тельный
состоя́ть(ся), -ою, -ои́т(ся)
состру́гивать(ся), -аю,
　-ает(ся) и состру́ги-
　вать(ся), -аю, -ает(ся)
сострада́ние, -я
сострада́тельный
сострада́ть, -а́ю, -а́ет
со стра́ха и со стра́ху
состри́гать(ся), -а́ю,
　-а́ет(ся)
состри́гший
состри́женный
состри́чь, -игу́, -ижёт, -игу́т;
　прош. -и́г, -и́гла
состро́ганный и состру́-
　ганный
сострога́ть(ся), -а́ю,
　-а́ет(ся) и состру-
　га́ть(ся), -а́ю, -а́ет(ся)
состро́гнутый и состру́г-
　нутый
состро́гнуть, -ну́, -нёт и со-
　стругну́ть, -ну́, -нёт
состро́енный
состро́ить(ся), -о́ю, -о́ит
состро́ченный
сострочи́ть, -чу́, -чи́т
состру́ганный и состро́-
　ганный

соструга́ть(ся), -а́ю,
　-а́ет(ся) и состро-
　га́ть(ся), -а́ю, -а́ет(ся)
состру́гивать(ся), -аю,
　-ает(ся) и состра́гивать(ся), -аю, -ает(ся)
состру́гнутый и состро́г-
　нутый
состругну́ть, -ну́, -нёт и со-
　строгну́ть, -ну́, -нёт
состру́ненный
состру́нивать(ся), -аю,
　-ает(ся)
состру́нить, -ню, -нит
состря́панный
состря́пать, -аю, -ает
состыкова́ть(ся), -ку́ю(сь),
　-ку́ет(ся)
состыко́вка, -и
состяза́ние, -я
состяза́тельный
состяза́ться, -а́юсь, -а́ется
сосу́д, -а
сосу́дик, -а
сосу́дисто-вегетати́вный
сосу́дисто-волокни́стый
сосу́дистый
сосудодви́гательный
сосудорасширя́ющий
сосудосу́живающий
сосудосшива́ющий
сосу́лечка, -и
сосу́лька, -и
сосу́н, -а́
сосуно́к, -нка́
сосуществова́ние, -я
сосуществова́ть, -тву́ю,
　-тву́ет
сосцеви́дный
сосцы́, -о́в, ед. сосе́ц, сосца́
сосчи́танный
сосчита́ть(ся), -а́ю(сь),
　-а́ет(ся)
сосчи́тывать(ся), -аю(сь),
　-ает(ся)
сотворе́ние, -я
сотворённый; кр. ф. -ён,
　-ена́
сотвори́ть(ся), -рю́,
　-ри́т(ся)
сотво́рчество, -а
соте́, нескл., с.
соте́йник, -а
со́тенка, -и
со́тенный
сотёрн, -а
со́тка, -и
со́тканный
сотка́ть(ся), -ку́, -кёт(ся);
　прош. -а́л(ся), -ала́(сь),
　-а́ло(сь)
со́ткнутый
соткну́ть(ся), -ну́, -нёт(ся)
сотле́ть, -е́ю, -е́ет
со́тник, -а
со́тня, -и, р. мн. со́тен
сотня́га, -и
сотня́жка, -и
сотова́рищ, -а
со́товидный
со́товый
сотра́пезник, -а
сотра́пезница, -ы
сотра́пезничать, -аю, -ает

сотру́дник, -а
сотру́дница, -ы
сотру́дничать, -аю, -ает
сотру́дничество, -а
сотряса́ть(ся), -а́ю(сь),
　-а́ет(ся)
сотрясе́ние, -я
сотрясённый; кр. ф. -ён,
　-ена́
сотрясти́(сь), -су́(сь),
　-сёт(ся); прош. -я́с(ся),
　-ясла́(сь)
сотря́сший(ся)
со́тский, -ого
со́ты, сот и со́тов
со́тый
соударе́ние, -я
соударя́ться, -я́ется
соумы́шленник, -а
соумы́шленница, -ы
со́ус, -а и -у, мн. -ы, -ов
　и -а́, -о́в
соуси́рованный
со́усник, -а
со́усница, -ы
со́усный
соуча́ствовать, -твую, -твует
соуча́стие, -я
соуча́стник, -а
соуча́стница, -ы
соучени́к, -а́
соучени́ца, -ы
софа́, -ы́, мн. со́фы, соф,
　со́фам
софи́зм, -а
софи́ст, -а
софи́стика, -и
софисти́ческий
софи́стка, -и
софи́т, -а
соха́, -и́, мн. со́хи, сох
соха́тый, -ого
со́хлый
со́хнувший и со́хший
со́хнуть, -ну, -нет; прош.
　сох и со́хнул, со́хла
сохозя́йн, -а
сохране́ние, -я
сохранённый; кр. ф. -ён,
　-ена́
сохрани́ть(ся), -ню́(сь),
　-ни́т(ся)
сохра́нность, -и
сохра́нный; кр. ф. -а́нен,
　-а́нна
сохраня́ть(ся), -я́ю(сь),
　-я́ет(ся)
со́хший и со́хнувший
соцбытсе́ктор, -а
соцве́тие, -я
соцдогово́р, -а, мн. -до-
　гово́ры, -ов и -договора́,
　-о́в
социа́л-демокра́т, -а
социа́л-демократи́зм, -а
социа́л-демократи́ческий
социа́л-демокра́тия, -и
социализа́ция, -и
социализи́рованный
социализи́ровать(ся),
　-рую, -рует(ся)
социали́зм, -а
социа́л-империали́зм, -а
социа́л-империали́ст, -а

социа́л-империалисти́ческий
социа́л-империали́стский
социали́ст, -а
социалисти́ческий
социали́стка, -и
социали́ст-революционе́р,
　социали́ста-революцио-
　не́ра
социа́л-патрио́т, -а
социа́л-патриоти́зм, -а
социа́л-патриоти́ческий
социа́л-пацифи́зм, -а
социа́л-пацифи́ст, -а
социа́л-пацифи́стский
социа́л-преда́тель, -я
социа́л-преда́тельский
социа́л-преда́тельство, -а
социа́л-революцио́нный
социа́л-реформи́зм, -а
социа́л-соглаша́тель, -я
социа́л-соглаша́тельский
социа́л-соглаша́тельство,
　-а
социа́л-шовини́зм, -а
социа́л-шовини́ст, -а
социа́л-шовини́стский
социа́льно-бытово́й
социа́льно-истори́ческий
социа́льно-культу́рный
социа́льно обусло́влен-
　ный
социа́льно опа́сный
социа́льно-полити́ческий
социа́льно-психологи́ческий
социа́льно-экономи́ческий
социа́льный
социокульту́рный
социолингви́стика, -и
социолингвисти́ческий
социо́лог, -а
социологи́зм, -а
социологи́ческий
социоло́гия, -и
социо́лого-лингвисти́ческий
со́циум, -а
соцкульты́бт, -а
соцобяза́тельство, -а
соцреали́зм, -а
соцсоревнова́ние, -я
соцстрана́, -ы́
соцстра́х, -а
соцстрахово́й
соче́льник, -а
со́чень, со́чня
сочета́емость, -и
сочета́ние, -я
сочета́тельный
сочета́ть(ся), -а́ю(сь),
　-а́ет(ся)
сочи́во, -а
сочине́ние, -я
сочинённый; кр. ф. -ён,
　-ена́
сочини́тель, -я
сочини́тельница, -ы
сочини́тельный
сочини́тельский
сочини́тельство, -а
сочини́ть(ся), -ню́, -ни́т(ся)
со́чинский (от Со́чи)

сочиня́ть(ся), -я́ю, -я́ет(ся)
сочи́ть(ся), -чи́т(ся)
сочлён, -а
сочлене́ние, -я
сочленённый; *кр. ф.* -ён,
  -ена́
сочлено́вный
сочлени́ть(ся), -ню́,
  -ни́т(ся)
сочлено́вный
сочленя́ть(ся), -я́ю, -я́ет(ся)
со́чник, -а
со́чность, -и
со́чный; *кр. ф.* -чен, -чна́,
  -чно
сочтённый; *кр. ф.* -ён, -ена́
сочу́вственный; *кр. ф.* -вен
  и -венен, -венна
сочу́вствие, -я
сочу́вствовать, -твую, -твует
сочу́вствующий
соше́дший(ся)
соше́ствие, -я
со́шка, -и
сошни́к, -а́
сошнико́вый
со́шный
сощи́панный
сощипа́ть, -иплю́, -и́плет,
  -и́плют и -и́пет, -и́пят;
  также -а́ю, -а́ет
сощи́пнутый
сощипну́ть, -ну́, -нёт
сощи́пывать(ся), -аю,
  -ает(ся)
сощу́ренный
сощу́ривать(ся), -аю(сь),
  -ает(ся)
сощу́рить(ся), -рю(сь),
  -рит(ся)
союже́нный
сою́з, -а
сою́зить, союжу́, сою́зит
сою́зка, -и
сою́зник, -а
сою́зница, -ы
сою́знический
сою́зничество, -а
сою́зно-республика́нский
сою́зный
со́я, -и
спаге́тти, *нескл. с. и мн.*
спад, -а
спада́ние, -я
спада́ть, -а́ет
спаде́ние, -я
спазм, -а и спа́зма, -ы
спазмати́ческий
спазмолити́ческий
спазмофили́я, -и
спа́ивать(ся), -аю(сь),
  -ает(ся)
спай, -я
спа́йка, -и
спайнолепе́стные, -ых
спа́йность, -и
спайноцве́тник, -а
спа́йный
спа́ленка, -и
спа́ленный (*к* спа́льня)
спалённый; *кр. ф.* -ён, -ена́
спа́лзывание, -я
спа́лзывать, -аю, -ает
спали́ть(ся), -лю́, -ли́т(ся)
спа́льник, -а

спа́льный
спа́льня, -и, *р. мн.* -лен
с панталы́ку сби́ть(ся)
спанье́, -я́
спарашюти́ровать, -рую,
  -рует
спарде́к, -а
спарде́чный
спа́ренный
спа́ржа, -и
спа́ржевый
спа́ривание, -я
спа́ривать(ся), -аю(сь),
  -ает(ся)
спа́рить(ся), -рю(сь),
  -рит(ся)
спа́рринг, -а
спа́рринг-партнёр, -а
спартакиа́да, -ы
спарта́нец, -нца
спарта́нка, -и
спарта́нский
спа́рхивать, -аю, -ает
спа́рывать(ся), -аю,
  -ает(ся)
спас, -а (*церк.*)
спаса́ние, -я
спаса́тель, -я
спаса́тельный
спаса́ть(ся), -а́ю(сь),
  -а́ет(ся)
спасе́ние, -я
спасённый; *кр. ф.* -ён, -ена́
спаси́бо
спаси́бочки и спаси́боч-
  ко
спаси́тель, -я
спаси́тельница, -ы
спаси́тельный
спасова́ть, -су́ю, -су́ет
спассеро́ванный
спассерова́ть, -ру́ю, -ру́ет
спасти́(сь), -су́(сь),
  -сёт(ся); *прош.* спа́с(ся),
  спасла́(сь)
спасти́ческий
спасть, спаду́, спадёт;
  прош. спал, спа́ла
спа́су нет
спа́сший(ся)
спать(ся), сплю, спи́т(ся);
  прош. спал, спала́, спа́-
  ло, спа́лось
спа́ханный
спаха́ть, спашу́, спа́шет
спа́хивать(ся), -аю, -ает(ся)
спа́янность, -и
спа́янный
спая́ть(ся), -я́ю(сь),
  -я́ет(ся)
спева́ться, -а́юсь, -а́ется (*к*
  спе́ться)
спе́вка, -и
спека́ние, -я
спека́ть(ся), -а́ю, -а́ет(ся)
спекта́кль, -я
спектр, -а
спектра́льно-аналити́че-
  ский
спектра́льный
спектрогелио́граф, -а
спектрогелиоско́п, -а
спектрогра́мма, -ы

спектро́граф, -а
спектрографи́ческий
спектрозона́льный
спектрокомпара́тор, -а
спектро́метр, -а
спектрометри́ческий
спектрометри́я, -и
спектросенситогра́мма, -ы
спектросенсито́метр, -а
спектросенситоме́трия, -и
спектроско́п, -а
спектроскопи́ческий
спектроскопи́я, -и
спектрофо́тметр, -а
спектрофотометри́ческий
спектрофотоме́трия, -и
спекули́рование, -я
спекули́ровать, -рую, -рует
спекульну́ть, -ну́, -нёт
спекуля́нт, -а
спекуля́нтка, -и
спекуля́нтский
спекуляти́вный
спекуля́ция, -и
спёкший(ся)
спелена́тый и спелёну́тый
спелена́ть, -а́ю, -а́ет
спелебло́г, -а
спелеологи́ческий
спелеоло́гия, -и
спелеофа́уна, -ы
спе́лость, -и
спе́лый; *кр. ф.* спел, спе-
  ла́, спе́ло, спе́лы
спе́рва́
первонача́ла и спервона-
  ча́лу
спе́реди
с перепу́гу и с перепу́га
спере́ть(ся), сопру́, со-
  прёт(ся); *прош.*
  спёр(ся), спёрла(сь)
спе́рма, -ы
сперматогене́з, -а
сперматозо́ид, -а
сперматоре́я, -и
спермаце́т, -а
спермаце́товый
спе́рмий, -я
спёртый
спёрший(ся)
спеси́веть, -ею, -еет
спеси́вец, -вца
спеси́виться, -влюсь, -вится
спеси́вица, -ы
спеси́вость, -и
спеси́вый
спесь, -и
спе́тый
спеть, спе́ет (*созревать*)
спеть(ся), спою́(сь), спо-
  ёт(ся) (*к* петь)
спех: не к спе́ху
спец, -а́
спецвы́пуск, -а
спецгаше́ние, -я
спецдогово́р, -а
специализа́ция, -и
специализи́рованный
специализи́ровать(ся),
  -рую(сь), -рует(ся)
специали́ст, -а
специали́стка, -и
специа́льность, -и

специа́льный
специ́фика, -и
спецификатор, -а
специфика́ция, -и
специфи́рующий
специфици́рованный
специфици́ровать(ся),
  -рую, -рует(ся)
специфи́ческий
специфи́чный
спе́ция, -и
спецконво́й, -я
спецко́р, -а
спецко́ровский
спецку́рс, -а
спецнабо́р, -а
спецо́вка, -и
спецоде́жда, -ы
спецотде́л, -а
спецпереселе́нец, -нца
спецприём, -а
спецпроце́ссор, -а
спецраспредели́тель, -я
спецре́йс, -а
спецсемина́р, -а
спецслу́жба, -ы
спецтра́нспорт, -а
спецфо́нд, -а
спецхра́н, -а
спецхрани́лище, -а
спецшко́ла, -ы
спечённый; *кр. ф.* -ён, -ена́
спечь(ся), спеку́(сь), спе-
  чёт(ся), спеку́т(ся);
  прош. спёк(ся), спек-
  ла́(сь)
спе́шенный
спе́шивать(ся), -аю(сь),
  -ает(ся)
спеши́ть, -шу́, -ши́т (*торо-
  питься*)
спе́шить(ся), -шу, -шу(сь),
  -шит(ся) (*слезть с лошади*)
спе́шка, -и
спе́шный
спива́ть(ся), -а́ю(сь),
  -а́ет(ся) (*к* спи́ться)
спидве́й, -я
спидо́ла, -ы
спидо́метр, -а
спи́кер, -а
спики́ровать, -рую, -рует
спикка́то, *неизм. и нескл.,
  с.*
спи́ленный
спи́ливание, -я
спи́ливать(ся), -аю,
  -ает(ся)
спили́ть, спилю́, спи́лит
спи́лка, -и
спи́лок, -лка
спин, -а
спина́, -ы́, *вин.* спи́ну, *мн.*
  спи́ны, спин
спи́накер, -а
спин-ве́ктор, -а
спине́т, -а
спи́нка, -и
спи́ннинг, -а
спиннинги́ст, -а
спи́ннинговый
спи́нно-брюшно́й
спинно́й

спинномозговой
спинози́зм, -а
спин-орбита́льный
спинтарископ, -а
спиралеобра́зный
спира́ль, -и
спира́лька, -и
спира́льно-кони́ческий
спира́льный
спира́нт, -а
спира́нтный
спира́ть(ся), -а́ю, -а́ет(ся)
спире́я, -и
спири́лла, -ы
спири́т, -а
спирити́зм, -а
спирити́ческий
спири́тка, -и
спиритуали́зм, -а
спиритуали́ст, -а
спиритуалисти́ческий
спирогира, -ы
спиро́метр, -а
спирометри́ческий
спироме́три́я, -и
спирохе́та, -ы
спирохетоз, -а
спирт, -а и -у, предл. в
    спи́рте и в спирту́, на
    спирту́, мн. -ы́, -о́в
спиртно́й
спиртобензо́л, -а
спиртобензо́льный
спиртова́ние, -я
спиртованный
спиртова́ть(ся), -ту́ю, -ту́-
    ет(ся)
спирто́вка, -и
спиртово́дный
спиртово́дочный
спиртово́й
спиртоглицери́новый
спиртоме́р, -а
спиртоочисти́тельный
списа́ние, -я
спи́санный
списа́ть(ся), спишу́(сь),
    спи́шет(ся)
спи́сок, -ска
спи́сывание, -я
спи́сывать(ся), -аю(сь),
    -ает(ся)
спито́й
спить(ся), сопью́(сь),
    сопьётся; прош. спи́лся,
    спила́сь, спи́ло́сь
спи́хивать(ся), -аю, -ает(ся)
спи́хнутый
спихну́ть, -ну́, -нёт
спи́ца, -ы
спич, -а
спи́чечница, -ы
спи́чечный
спи́чка, -и
сплав, -а
спла́вать, -аю, -ает
спла́вина, -ы
спла́вить(ся), -влю,
    -вит(ся)
спла́вка, -и
сплавле́ние, -я
сплавленный
сплавля́ть(ся), -я́ю, -я́ет(ся)
сплавно́й

спла́вочный
спла́вщик, -а
сплани́рованный
сплани́ровать, -рую, -рует
спланхнологи́ческий
спланхноло́гия, -и
спланхноплёвра, -ы
спласи́рованный
спласи́ровать, -рую, -рует
спла́чивание, -я
спла́чивать(ся), -аю,
    -ает(ся)
сплёвывать(ся), -аю,
    -ает(ся)
сплёскивать(ся), -аю,
    -ает(ся)
сплёснутый
сплесну́ть, -ну́, -нёт
сплести́(сь), сплету́(сь),
    сплетёт(ся); прош.
    сплёл(ся), сплела́(сь)
сплета́ние, -я
сплета́ть(ся), -а́ю(сь),
    -а́ет(ся)
сплете́ние, -я
сплетённый; кр. ф. -ён,
    -ена́
сплётка, -и
сплетник, -а
сплетница, -ы
сплетничать, -аю, -ает
сплетня, -и, р. мн. -тен
сплётыный
сплеча́, нареч.
сплин, -а
сплоённый; кр. ф. -ён, -ена́
сплои́ть, -ою́, -ои́т
сплоти́ть(ся), -очу́,
    -оти́т(ся)
сплотка, -и
сплоточно-сортиро́вочный
сплоточный
сплохова́ть, сплохую,
    сплоху́ет
сплоче́ние, -я
сплочённость, -и
сплочённый; кр. ф. -ён,
    -ена́
сплошно́й
сплошня́к, -а́
сплошняко́м, нареч.
сплошь
сплошь да (и) ря́дом
сплутова́ть, -ту́ю, -ту́ет
сплыва́ть(ся), -а́ю(сь),
    -а́ет(ся)
сплы́ть(ся), -ыву́(сь),
    -ывёт(ся); прош. -ы́л(ся),
    -ыла́(сь), -ы́ло, -ы́ло́сь
сплю́нутый
сплю́нуть, -ну, -нет
сплю́снутый
сплю́снуть(ся), -ну,
    -нет(ся)
сплю́щенный
сплю́щивать(ся), -аю,
    -ает(ся)
сплю́щить(ся), -щу,
    -щит(ся)
спля́санный
спляса́ть, -яшу́, -я́шет
сподви́жник, -а
сподви́жница, -ы
спо́дличать, -аю, -ает

сподо́бить(ся), -блю(сь),
    -бит(ся)
сподо́бленный
сподобля́ть(ся), -я́ю(сь),
    -я́ет(ся)
сподру́чный
спозара́нку и спозара́нок
спозна́ться, -а́юсь, -на́-
    ётся
спознава́ться, -наю́сь, -на-
    ётся
спои́ть, спою́, спои́т
спока́яться, -а́юсь, -а́ется
споко́й, -я
споко́йный
споко́йствие, -я
споко́н ве́ка (ве́ку), веко́в
спола́горя
спола́скивать(ся), -аю(сь),
    -ает(ся)
сползать(ся), -а́ю, -а́ет(ся)
сползти́(сь), -зу́, -зёт(ся);
    прош. сполз(ся), сполз-
    ла́(сь)
спо́лзший(ся)
с поли́чным
сполна́
споло́сканный
сполоска́ть, -лощу́, -ло́щет
    и -а́ю, -а́ет
сполосну́ть, -ну́, -нёт
спо́лотый
споло́ть, сполю́, спо́лет
споло́х, -а
с полсло́ва и с полусло́ва
спо́лье, -я, р. мн. -льев
спо́льный
спонги́н, -а
спонги́т, -а
спонде́йческий
спонде́й, -я
спондилёз, -а
спондили́т, -а
спондилоартри́т, -а
спондилоартро́з, -а
спо́нсор, -а
спо́нсорный
спо́нсорство, -а
спонта́нный
спонти́ровать, -и́рую, -и́ру-
    ет
спор, -а и -у
спо́ра, -ы
споради́ческий
споради́чный
спора́нгий, -я
спо́рить, -рю, -рит
спо́риться, спо́рится
спор-клу́б, -а
спо́рный
спорови́к, -а́
спо́рово-пыльцево́й
спо́ровый
спорого́ний, -я
спородерма, -ы
спо́рок, -рка
спорока́рпий, -я
споро́листый, -а
спорообразова́ние, -я
спо́рость, -и
спо́ротый

спороть(ся), спорю́, спо́-
    рет(ся)
спорофи́лл, -а
спорофи́т, -а
спорт, -а
спортза́л, -а
спорти́вки, -вок, ед. спор-
    ти́вка, -и
спорти́вно-гимнасти́че-
    ский
спорти́вно-ма́ссовый
спорти́вно-охо́тничий, -ья,
    -ье
спорти́вно-показа́тельный
спорти́вно-трениро́воч-
    ный
спорти́вный
спортинвента́рь, -я́
спортклу́б, -а
спортко́мплекс, -а
спортлото́, нескл., с.
спортобщество, -а
спортплоща́дка, -и
спортсме́н, -а
спортсме́нка, -и
спортсме́н-разря́дник,
    спортсме́на-разря́дника
спорттова́ры, -ов
спорхну́ть, -ну́, -нёт
спо́рщик, -а
спо́рщица, -ы
спо́рый; кр. ф. спор, спо-
    ра́, спо́ро
спорыньи́, -и́
спо́рыш, -а́
спосо́б, -а
спосо́бность, -и
спосо́бный
спосо́бствовать, -твую, -тву-
    ет
поспеше́ствовать, -твую,
    -твует
спосыла́ть, -а́ю, -а́ет
споткну́ться, -ну́сь, -нётся
спотыка́ться, -а́юсь, -а́ется
спотыка́ч, -а́
споты́кливый
спотыкну́ться, -ну́сь, -нёт-
    ся
споха́бничать, -аю, -ает
спохвати́ться, -ачу́сь, -а́тит-
    ся
спохва́тываться, -аюсь,
    -ается
с похме́лья
спра́ва, -ы
спра́ва, нареч.
справедли́вость, -и
справедли́вый
спра́вить(ся), -влю(сь),
    -вит(ся)
спра́вка, -и
спра́вленный
справля́ть(ся), -я́ю(сь),
    -я́ет(ся)
спра́вный
спра́вочная, -ой
спра́вочник, -а
спра́вочно-библиографи́-
    ческий
спра́вочно-информацио́н-
    ный
спра́вочный
спрайт, -а

спра́шивать(ся), -аю(сь),
-ает(ся)
спрессо́ванный
спрессова́ть(ся), -ссую,
-ссует(ся)
спрессо́вывать(ся), -аю,
-ает(ся)
спри́нгер, -а
спри́нклер, -а
спринт, -а
спри́нтер, -а
спри́нтерский
спринцева́ние, -я
спринцева́ть(ся), -цую(сь),
-цует(ся)
спринцо́ванный
спринцо́вка, -и
спрова́дить, -а́жу, -а́дит
спрова́женный
спрова́живать(ся), -аю,
-ает(ся)
спрово́ренный
спрово́рить, -рю, -рит
спровоци́рованный
спровоци́ровать, -рую, -ру-
ет
спроекти́рованный
спроекти́ровать, -рую, -рует
спроказить, -а́жу, -а́зит
спрос, -а и -у
спроси́ть(ся), -ошу́(сь),
-о́сит(ся)
спросо́нок и спросо́нку
спросо́нья
спроста́
спрофили́рованный
спрофили́ровать, -рую, -ру-
ет
спрохвала́
спро́шенный
спружи́нить, -ит
спрут, -а
спры́гивать, -аю, -ает
спры́гнуть, -ну, -нет
спры́ски, -ов
спры́скивать(ся), -аю(сь),
-ает(ся)
спры́снутый
спры́снуть(ся), -ну(сь),
-нет(ся)
спряга́емый
спряга́ть(ся), -а́ю, -а́ет(ся)
спря́гший(ся)
спряде́нный; кр. ф. -ён,
-ена́ (от спрясть)
спряже́ние, -я
спряжённый; кр. ф. -ён,
-ена́ (от спрячь)
спря́жка, -и
спряжно́й
спрями́ть, -млю, -ми́т
спрямле́ние, -я
спрямлённый; кр. ф. -ён,
-ена́
спрямля́ть(ся), -я́ю,
-я́ет(ся)
спрясть, спряду́, спрядёт;
прош. -ял, -я́ла, -я́ло
спря́танный
спря́тать(ся), -я́чу(сь),
-я́чет(ся)
спря́чь(ся), -ягу́(сь),
-яжёт(ся), -ягу́т(ся);
прош. -яг(ся), -ягла́(сь)

спу́гивать(ся), -аю, -ает(ся)
спу́гнутый
спугну́ть, -ну́, -нёт
спуд, -а: из-под спу́да, под
спу́дом, под спуд
спурт, -а
спуртова́ть, -ту́ю, -ту́ет
спуск, -а и -у
спуска́ть(ся), -а́ю(сь),
-а́ет(ся)
спускно́й
спусково́й
спу́ско-подъёмный
спуста́
спусти́ть(ся), спущу́(сь),
спу́стит(ся)
спустя́
спу́танный
спу́тать(ся), -аю(сь),
-ает(ся)
спу́тник, -а
спу́тниковый
спу́тница, -ы
спу́тывать(ся), -аю(сь),
-ает(ся)
спу́щенный
спья́на и спья́ну
спя́тить, спя́чу, спя́тит
спя́чка, -и
спя́щий
сраба́тывать(ся), -аю(сь),
-ает(ся)
срабо́танность, -и
срабо́танный
срабо́тать(ся), -аю(сь),
-ает(ся)
сравне́ние, -я
сравнённый; кр. ф. -ён,
-ена́
сра́внивать(ся), -аю(сь),
-ает(ся)
сравни́мый
сравни́тельно
сравни́тельно-истори́че-
ский
сравни́тельно-палеонто-
логи́ческий
сравни́тельный
сравни́ть(ся), -ню́(сь),
-ни́т(ся)
сравня́ть(ся), -я́ю(сь),
-я́ет(ся) (к ра́вный)
сража́ть(ся), -а́ю(сь),
-а́ет(ся)
сраже́ние, -я
сражённый; кр. ф. -ён, -ена́
с разбе́га и с разбе́гу
с разва́льцей и с разва́ль-
цем
с разго́на и с разго́ну
срази́ть(ся), сражу́(сь),
срази́т(ся)
с разлёту и с разлёта
с разма́ху и с разма́ха
сра́зу
срам, -а и -у
срами́ть(ся), -млю́(сь),
-ми́т(ся)
срамни́к, -а́
срамни́ца, -ы
срамно́й
срамосло́вие, -я
срамота́, -ы́
сраста́ние, -я

сраста́ться, -а́юсь, -а́ется
срасти́сь, -ту́сь, -тётся;
прош. сро́сся, сросла́сь
срасти́ть, сращу́, срасти́т
сраще́ние, -я
сращённый; кр. ф. -ён, -ена́
сра́щивание, -я
сра́щивать(ся), -аю,
-ает(ся)
среаги́ровать, -рую, -рует
сре́бреник, -а (монета)
сребри́стый
сребри́ть(ся), -рю́, -ри́т(ся)
сребро́, -а́
среброко́ваный
среброку́дрый
среброли́стный и сребро-
ли́стый
сребролю́бец, -бца
сребролюби́вый
сребролю́бие, -я
среброно́сный
среброка́ный
среда́ 1, -ы́, вин. среду́,
мн. сре́ды, сре́дам (ок-
ружение)
среда́ 2, -ы́, вин. среду́,
мн. сре́ды, среда́м (день
недели)
среди́ и средь, предлог
средиземномо́рский
среди́на, -ы
среди́нно-ключи́чный
среди́нно-океани́ческий
среди́нный
среднеазиа́тский
среднеарифмети́ческий
средневеко́вый
средневеко́вье, -я
средневерхненеме́цкий
(язы́к)
средневе́с, -а
средневи́к, -а́
средневозрастно́й
средневолни́стый
средневоспри́имчивый
средневысо́тный
среднегармони́ческий
среднегодово́й
среднеевропе́йский
среднезерни́стый
среднезимосто́йкий
среднекали́берный
среднеквадрати́чный
среднеквалифици́рован-
ный
среднелати́нский
среднелеги́рованный
среднемедици́нский
среднеме́сячный
среднемноголе́тний
средненёбный
сре́дненький
среднепересече́нный
среднепо́здний
среднепрогресси́вный
среднепроце́нтный
среднепро́чный
среднера́нний
среднеру́сский, но Сре́д-
не-Ру́сская возвы́шен-
ность
среднесолёный

среднесо́ртный
среднеспе́лый
среднестатисти́ческий
среднесу́точный
среднетехни́ческий
среднеусто́йчивый
среднечасово́й
среднечернозёмный
среднея́зычный
сре́дний
сре́дник, -а
средосте́ние, -я
средо́бчие, -я
сре́дство, -а
средь и среди́, предлог
срежисси́ровать, -рую, -ру-
ет
срез, -а
среза́ние, -я
сре́занный
сре́зать(ся), сре́жу(сь),
сре́жет(ся), сов.
среза́ть(ся), -а́ю(сь),
-а́ет(ся), несов.
сре́зка, -и
срезно́й
сре́зок, -зка
сре́зывание, -я
сре́зывать(ся), -аю, -ает(ся)
срепети́рованный
срепети́ровать, -рую, -рует
срепето́ванный
срепетова́ть, -ту́ю, -ту́ет
сре́тение, -я
сре́тенский
срикоше́тить, -ит
срисо́ванный
срисова́ть, -су́ю, -су́ет
срисо́вка, -и
срисо́вывание, -я
срисо́вывать(ся), -аю,
-ает(ся)
срифмо́ванный
срифмова́ть, -му́ю, -му́ет
сробе́ть, -е́ю, -е́ет
сро́вненный
сровня́ть(ся), -я́ю(сь),
-я́ет(ся) (к ро́вный)
сроднённый; кр. ф. -ён,
-ена́
сро́дни, нареч.
сродни́ть(ся), -ню́(сь),
-ни́т(ся)
сро́дный
сро́дство, -а
сро́ду, нареч.
сроённый; кр. ф. -ён, -ена́
сро́ить, сро́ю(сь),
сро́ит(ся)
срок, -а и -у
сро́ненный
срони́ть, сроню́, сро́нит
срост, -а
сростнолепе́стные, -ых
сростноли́стные, -ых
сростночелюстны́е, -ых
сро́сток, -тка
сро́сшийся
сро́чность, -и
сро́чный
сруб, -а
сруба́ние, -я
сруба́ть(ся), -а́ю, -а́ет(ся)
сруби́ть, срублю́, сру́бит

срубка, -и
срубленный
срубный
срубовый
с руки
срыв, -а
срывать(ся), -аю(сь),
-ает(ся)
срыгивать(ся), -аю,
-ает(ся)
срыгнутый
срыгнуть, -ну, -нёт
срытие, -я
срытый
срыть, срою, сроет
срядить(ся), сряжу(сь),
срядит(ся)
сряду, нареч.
сряжать(ся), -аю(сь),
-ает(ся)
сряженный; кр. ф. -ен, -ена
и сряжённый; кр. ф. -ён,
-ена
ссадина, -ы
ссадить, ссажу, ссадит
ссаженный
ссаживать(ся), -аю(сь),
-ает(ся)
ссасывать(ся), -аю, -ает(ся)
сседаться, -ается
ссек, -а
ссекать(ся), -аю, -ает(ся)
с секунды на секунду
ссекший и ссёкший
сселение, -я
сселённый; кр. ф. -ён, -ена
сселить(ся), -елю, -ёлит(ся)
сселять(ся), -яю, -яет(ся)
ссесться, ссядется; прош.
ссёлся, ссёлась
ссеченный; кр. ф. -ен, -ена
и ссечённый; кр. ф. -ён,
-ена
ссечь, ссеку, ссечёт, ссе-
кут; прош. ссек и ссёк,
ссекла
ссовать, ссую, ссуёт
ссовывать(ся), -аю(сь),
-ает(ся)
с согласия
ссора, -ы
ссорить(ся), -рю(сь),
-рит(ся)
ссосанный
ссосать, ссосу, ссосёт
ссохнуться, -нусь, -нется;
прош. ссохся, ссохлась
ссохшийся
ссуда, -ы
ссудить, ссужу, ссудит
ссудный
ссудодатель, -я
ссудополучатель, -я
ссудо-сберегательный
ссужать(ся), -аю, -ает(ся)
ссуженный
ссунутый
ссунуть(ся), -ну(сь),
-нет(ся)
ссутуленный
ссутулить(ся), -лю(сь),
-лит(ся)
ссученный
ссучивальный

ссучивать(ся), -аю, -ает(ся)
ссучить(ся), ссучу, ссу-
чит(ся)
ссылать(ся), -аю(сь),
-ает(ся)
ссылка, -и
ссылочный
ссыльная, -ой
ссыльнокаторжный, -ого
ссыльнополитический,
-ого
ссыльнопоселенец, -нца
ссыльный, -ого
ссыпание, -я
ссыпанный
ссыпать(ся), -плю(сь),
-плет(ся), -плют(ся) и
-пет(ся), -пят(ся) сов.
ссыпать(ся), -аю, -ает(ся),
несов.
ссыпка, -и
ссыпной
ссыхаться, -аюсь, -ается
стабилизатор, -а
стабилизационный
стабилизация, -и
стабилизированный
стабилизировать(ся), -рую,
-рует(ся)
стабилизованный
стабилизовать(ся), -зую,
-зует(ся)
стабилитрон, -а
стабиловольт, -а
стабильность, -и
стабильный
стабуненный
стабунивать(ся), -аю,
-ает(ся)
стабунить(ся), -ню,
-нит(ся)
став, -а
ставать, стаёт
ставенка, -и
ставень, -вня, р. мн. -вней
и ставня, -и, р. мн. -вен
ставец, -вца и ставец, -вца
ставешок, -шка и ставеш-
ка, -и
ставить(ся), -влю, -вит(ся)
ставка, -и
ставленник, -а
ставленница, -ы
ставленный, прич.
ставленый, прил.: ставле-
ная грамота
ставник, -а
ставной
ставня, -и, р. мн. -вен и
ставень, -вня, р. мн.
-вней
ставок, -вка
ставрида, -ы
ставридка, -и
ставролит, -а
ставропигиальный
ставропигия, -и
ставропольский
стагнационный
стагнация, -и
стагфляция, -и
стадиальный
стадий, -я (мера длины)
стадийный

стадион, -а
стадия, -и
стадность, -и
стадный
стадо, -а, мн. стада, стад
стаж, -а
стажёр, -а
стажёрка, -и
стажировать(ся),
-ирую(сь), -ирует(ся)
стажировка, -и
стаз, -а (мед.)
стаза, -ы (биол.)
стаивать 1, -ает (к таять)
стаивать 2, наст. вр. не
употр. (к стоять)
стайер, -а
стайерский
стайка, -и
стайный
стакан, -а
стаканчик, -а
стакер, -а
стаккато, неизм. и нескл.,
с.
стакнуться, -нусь, -нётся
стаксель, -я
сталагмит, -а
сталагмитовый
сталагмометр, -а
сталагнат, -а
сталактит, -а
сталактитовый
сталеалюминиевый
сталебетон, -а
сталебетонный
сталевар, -а
сталеварение, -я
сталелитейный
сталеплавильный
сталепрокатный
сталепрокатчик, -а
сталеразливочный
сталефасонный
сталинизм, -а
сталинист, -а
сталинистский
сталинит, -а
сталинский
сталинщина, -ы
сталированный
сталировать(ся), -рую, -ру-
ет(ся)
сталистый
сталкивать(ся), -аю(сь),
-ает(ся)
стало быть
сталь, -и
стальник, -а
стальной
стамеска, -и
стамесочный
стаминодий, -я
стамуха, -и
стан, -а, предл. в стане, на
стану
стандарт, -а
стандартизация, -и
стандартизированный
стандартизировать(ся),
-рую, -рует(ся)
стандартизованный
стандартизовать(ся), -зую,
-зует(ся)

стандартность, -и
стандартный
станина, -ы
станинный
станиолевый
станиоль, -я
станица, -ы
станичник, -а
станичный
станковист, -а
станковый
станкозавод, -а
станкоинструментальный
станкосборочный
станкостроение, -я
станкостроитель, -я
станкостроительный
станко-час, -а, мн. -ы, -ов
станнид, -а (металл)
станнин, -а
станнит, -а (соль)
становить(ся), -овлю(сь),
-овит(ся)
становище, -а
становление, -я
становой
становье, -я, р. мн. -вий
станок, -нка
станок-автомат, станка-ав-
томата
станочек, -чка
станочник, -а
станочница, -ы
станочный
станс, -а
стансы, -ов
станцевать, -цую, -цует
станчийка, -и
станционный
станция, -и
станцованный
стапель, -я, мн. -я, -ей и
-и, -ей
стапельный
стапливать(ся), -аю,
-ает(ся)
стаптывать(ся), -аю,
-ает(ся)
старание, -я
старатель, -я
старательность, -и
старательный
старательский
стараться, -аюсь, -ает-
ся
старее, сравн. ст. (от
старый, старо)
старейший
старейшина, -ы, м.
старение, -я
старенький; кр. ф. -енек,
-енька
стареть, -ею, -еет (становиться старым)
старёхонький; кр. ф. -нек,
-нька
старец, -рца
старёшенький; кр. ф. -нек,
-нька
старик, -а
старикан, -а
старикашка, -и, м.
стариковский
старина, -ы (былина)

старина́, -ы́, ж. (древность)
и м. (старик)
стари́нка, -и
стари́нный
стари́нушка, -и, ж. (древность) и м. (старик)
ста́рить, -рю, -рит (кого)
ста́риться, -рюсь, -рится
ста́рица, -ы
старичи́на, -ы, м.
старичи́шка, -и, м.
старичо́к, -чка́
старичо́нка, -и, м.
старичьё, -я́
ста́рка, -и
старобы́тный
старова́тый
старове́р, -а
старове́рка, -и
старове́рский
старове́рство, -а
старове́рческий
старове́рчество, -а
старода́вний
стародёдовский
стародубка, -и
старожи́л, -а
старожи́лец, -льца
старожи́лка, -и
старожи́льский
старожи́льство, -а
старожи́льческий
старожи́тный
старозавётный
старозалежный
старозапа́шный
старокато́лик, -а
старокатоли́ческий
старолёсье, -я
старомо́дный
старообра́зный
старообря́дец, -дца
старообря́дка, -и
старообря́дческий
старообря́дчество, -а
старопа́хотный
старопеча́тный
старопи́сьменный
старорежи́мный
старорёчье, -я, р. мн. -чий
старору́сский
старосвётский
старосёлье, -я, р. мн. -лий
старославяни́зм, -а
старославя́нский
старослужа́щий, -его
старослужи́вый, -ого
старо́ста, -ы, м. и ж.
староста́т, -а
старости́ха, -и
ста́рость, -и
староцерко́вный
старт, -а
ста́ртер, -а и стартёр, -а
ста́ртерный и стартёрный
стартова́ть, -ту́ю, -ту́ет
ста́ртовый
стартстопный
стару́ха, -и
старушёнция, -и
стару́шечий, -ья, -ье
стару́шка, -и
старушо́нка, -и

ста́рческий
ста́рше, сравн. ст. (от
ста́рший)
старшекла́ссник, -а
старшекла́ссница, -ы
старшеку́рсник, -а
старшеку́рсница, -ы
ста́ршенький
ста́рший
старши́на, -ы (каза́цкая)
старшина́, -ы́, мн. -и́ны,
-и́н, м.
старши́нский
старши́нство, -а (долж-
ность старшины)
старшинство́, -а́ (первенст-
во)
старши́нствовать, -твую,
-твует
старшо́й, -о́го
ста́рый; кр. ф. стар, стара́,
ста́ро́
старьё, -я́
старьёвщик, -а
старьёвщица, -ы
стаска́ть, -а́ю, -а́ет
ста́скивать(ся), -аю,
-ает(ся)
стасо́ванный
стасова́ть(ся), -су́ю, -су́-
ет(ся)
стасо́вывать(ся), -аю,
-ает(ся)
стата́рный
статёечка, -и
статёйка, -и
статёйный
ста́тика, -и
стати́ст, -а
стати́стик, -а
стати́стика, -и
стати́стико-вероя́тностный
статисти́ческий
стати́стка, -и
стати́стый
стати́ческий
стати́чность, -и
стати́чный
статмологи́ческий
статмоло́гия, -и
ста́тность, -и
ста́тный
ста́тор, -а
статоско́п, -а
ста́точный
статс-да́ма, -ы
ста́тский
статс-секрета́рь, -я́
статуа́рный
статуеобра́зный
статуеподо́бный
ста́тус, -а
ста́тус-кво́, нескл., м. и с.
стату́т, -а
статуэтка, -и
ста́туя, -и
стать, ста́ну, ста́нет
стать, -и, р. мн. -тёй
ста́ться, ста́нется
статья́, -и́, р. мн. -тёй
стафило́кокк, -а
стафилоко́кковый

стафило́ма, -ы
стаффа́ж, -а
стаха́новец, -вца
стаха́новка, -и
стаха́новский
стациона́р, -а
стациона́рный
стационёр, -а (судно)
ста́ция, -и
ста́чанный
стача́ть, -а́ю, -а́ет
ста́чечник, -а
ста́чечница, -ы
ста́чечный
ста́чивание, -я
ста́чивать(ся), -аю, -ает(ся)
ста́чка, -и
стачно́й
ста́щенный
стащи́ть(ся), стащу́(сь),
ста́щит(ся)
стая, -и
стая́ть, стает
ствол, -а́
стволи́на, -ы
стволова́тый
стволово́й
ство́льный
створ, -а
створа́живать(ся), -аю,
-ает(ся)
ство́ренный; кр. ф. -ен,
-ена и створённый; кр.
ф. -ён, -ена́
створи́ть(ся), -орю,
-о́рит(ся)
ство́рка, -и
ство́рный
створо́женный
створо́жить(ся), -жу,
-жит(ся)
ство́рчатый
створя́ть(ся), -я́ю, -я́ет(ся)
стеари́н, -а
стеари́новый
стеати́т, -а
стеати́товый
стебану́ть, -ну́, -нёт
стеба́ть, -а́ю, -а́ет
стебелёк, -лька́
сте́бель, -бля, мн. -бли,
-блёй
стебелько́вый
стебе́льный
стебельчатогла́зые, -ых
стебе́льчатый
стеблева́ние, -я
стеблёвый и стеблево́й
стеблепло́д, -а
стеблеподъёмник, -а
стебли́стый
стебло́, -а́, мн. стёбла, -бел
стега́, -и́
стега́льный
стега́ние, -я
стёганка, -и
стёганый, прич.
стегану́ть, -ну́, -нёт
стёганый, прил.
стега́ть(ся), -а́ю(сь),
-а́ет(ся)
стёгнутый
стегну́ть, -ну́, -нёт

стегоза́вр, -а
стегоцефа́л, -а
стёжка 1, -и (действие)
стёжка 2, -и (дорожка)
стежо́к, -жка́ (шов)
стезя́, -и́
стек, -а
сте́ка, -и
стека́ть(ся), -а́ет(ся)
стекленёть, -ёет
стекли́ть(ся), -лю, -ли́т(ся)
стекло́, -а́, мн. стёкла, стё-
кол
стеклоблок, -а
стеклобо́й, -я
стеклова́льный
стекло́ванный
стеклова́р, -а
стекловаре́ние, -я
стеклова́ренный
стекло́варный
стекло́вата, -ы
стеклова́тый
стеклова́ть(ся), -лу́ю, -лу́-
ет(ся)
стекловидный
стекловолокни́стый
стекловолокни́т, -а
стекловолокно́, -а́
стекловыдувно́й
стеклограф, -а
стеклографи́рованный
стеклографи́ровать(ся),
-рую, -рует(ся)
стеклографи́ческий
стеклогра́фия, -и
стеклодёл, -а
стеклодёлательный
стеклодёлие, -я
стеклодёльный
стеклоду́в, -а
стеклоду́вный
стекложелезобето́н, -а
стекложелезобето́нный
стеклозаво́д, -а
стеклоиздёлие, -я
стеклокера́мика, -и
стеклокерами́ческий
стеклолакоткань, -и
стеклолитёйный
стекломасса, -ы
стеклони́ть, -и
стеклообра́зный
стеклоочисти́тель, -я
стеклопане́ль, -и
стеклоплави́льный
стеклопла́ст, -а
стеклопла́стик, -а
стеклопла́стиковый
стеклопроти́рочный
стеклорёжущий
стеклорёз, -а
стеклорёзный
стеклота́ра, -ы
стеклотекстоли́т, -а
стеклотка́нь, -и
стеклоформо́вочный
стеклошлифова́льный
стеклоэма́левый
стеклоэма́ль, -и
стёклышко, -а
стекляни́стый
стекля́нница, -ы
стекля́нный

стекля́рус, -а
стекля́русный
стекля́шка, -и
стекло́лышко, -а
стеко́льно-фарфо́ровый
стеко́льный
стеко́льце, -а
стеко́льщик, -а
стёкший(ся)
стёла, -ы (плита)
стёлечка, -и
стёлечный
стели́ть(ся) и стла́ть(ся),
  стелю́(сь), сте́лет(ся);
  прош. стели́л(ся), сте-
  ли́ла(сь) и стла́л(ся),
  стла́ла(сь)
стелла́ж, -á
стелла́жный
стелли́т, -а
стелли́товый
стелля́рия, -и
стёлька, -и
стёльный
стельюга, -и
стёлющий(ся)
стемна́
стемне́ть, -ет
стен, -а, *р. мн.* стен и -ов
  (единица силы)
стена́, -ы́, *вин.* сте́ну, *мн.*
  сте́ны, стен, сте́нам
стена́ние, -я
стена́ть, -а́ю, -а́ет
стенгазе́та, -ы
стенд, -а
сте́ндер, -а
стенди́ст, -а
стенди́стка, -и
стендови́к, -á
стёндовый
сте́нка, -и
стенме́тр, -а
стенно́вка, -и
стенно́й
стеноба́тный
стенобио́нтный
стеноби́тный
стенобо́йный
стеново́й
стенога́линный
стеногра́мма, -ы
стеногра́ммный
стено́граф, -а
стенографи́рованный
стенографи́ровать(ся),
  -рую, -рует(ся)
стеногра́фист
стенографи́стка, -и
стенографи́ческий
стеногра́фия, -и
стено́з, -а
стено́зный
стенокарди́я, -и
стенола́з, -а
стено́п, -а
стенопи́сец, -сца
стенопи́сный
стенопи́сь, -и
стено́п-ка́мера, -ы
стенотёрмный
стенотипи́ст, -а
стенотипи́стка, -и
стенотипи́ческий

стеноти́пия, -и
стенотбпный
стенофа́г, -а
стенофа́гия, -и
сте́нсиль, -я
сте́нтор, -а
стень-ва́нты, -ва́нт
сте́ньга, -и
сте́ньговый
степе́нность, -и
степе́нный; *кр. ф.* -éнен,
  -éнна
степе́нство, -а
степе́нь, -и, *мн.* -и, -éй
степно́й
степня́к, -á
степня́чка, -и
степс, -а
степь, -и, *предл.* о сте́пи, в
  степи́, *мн.* -и, -éй
стерадиа́н, -а
стёрва, -ы
стервене́ть, -ею, -еет
стерве́ц, -á
стервёза, -ы
стервёзный
стервоя́дный
стервя́тина, -ы
стервя́тник, -а
стере́женный; *кр. ф.* -ён,
  -ená
сте́рео, *неизм.* и *нескл., с.*
стерео... — первая часть
  сложных слов, пишется
  всегда слитно
стереоавто́граф, -а
стереоаппарату́ра, -ы
стереоба́т, -а
стереографи́ческий
стереогра́фия, -и
стереозву́к, -а
стереозвуча́ние, -я
стереоизображе́ние, -я
стереоизоме́р, -а
стереоизомери́я, -и
стереокана́л, -а
стереокино́, *нескл., с.*
стереокинока́мера, -ы
стереокомпара́тор, -а
стереомагнитофо́н, -а
стереометри́ческий
стереоме́трия, -и
стереому́зыка, -и
стереопа́ра, -ы
стереоплани́граф, -а
стереопласти́нка, -и
стереоприста́вка, -и
стереопроёктор, -а
стереопрои́грыватель, -я
стереоради́ола, -ы
стереора́ма, -ы
стереорентгеногра́фия, -и
стереосисте́ма, -ы
стереоско́п, -а
стереоскопи́ческий
стереоскопи́я, -и
стереосъёмка, -и
стереотакси́ческий
стереотелеви́дение, -я
стереотелеви́зор, -а
стереоти́п, -а
стереотипёр, -а
стереотипи́рованный

стереотипи́ровать(ся),
  -рую, -рует(ся)
стереоти́пия, -и
стереоти́пный
стереотруба́, -ы́, *мн.* -тру́-
  бы, -тру́б
стереоустано́вка, -и
стереофи́льм, -а
стереофони́ческий
стереофони́я, -и
стереофотограмметри́че-
  ский
стереофотограмме́трия, -и
стереофотографи́ческий
стереофотогра́фия, -и
стереохими́ческий
стереохи́мия, -и
стереохро́мия, -и
стереоэкра́н, -а
стереоэффе́кт, -а
стере́ть(ся), сотру́, со-
  трёт(ся); *прош.*
  стёр(ся), стёрла(сь)
стере́чь(ся), -регу́(сь), -ре-
  жёт(ся); *прош.* -рёг(ся),
  -регла́(сь)
стерженёк, -нька́
стерженщи́к, -á
стерженщи́ца, -ы
стёржень, -жня
стержнево́й
стержнекорнево́й
стерилиза́тор, -а
стерилиза́ция, -и
стерилизо́ванный
стерилизова́ть(ся), -зу́ю,
  -зу́ет(ся)
стери́льность, -и
стери́льный
стери́н, -а
стёрлинг, -а
стёрлинговый
стерля́дка, -и
стёрлядь, -и, *мн.* -и, -éй
  и -ей
стерля́жий, -ья, -ье
стерля́жина, -ы
стерневой
стернь, -и и стерня́, -й
стерби́д, -а
стерби́дный
стерпе́ть(ся), стерплю́(сь),
  сте́рпит(ся)
стёртый
стёрший(ся)
стёсанный
стеса́ть(ся), стешу́, сте́-
  шет(ся)
стесне́ние, -я
стеснённый; *кр. ф.* -ён,
  -ená
стесни́тельность, -и
стесни́тельный
стесни́ть(ся), -ню́(сь),
  -ни́т(ся)
стесня́ть(ся), -я́ю(сь),
  -я́ет(ся)
стёсывать(ся), -аю,
  -ает(ся)
стетокли́п, -а
стетоско́п, -а
стехиоме́трия, -и
с тех пор
стече́ние, -я

стечь(ся), стечёт(ся), сте-
  ку́т(ся); *прош.* стёк(ся),
  стекла́(сь)
стиби́т, -а
сти́бренный
сти́брить, -рю -рит
стивидо́р, -а
сти́гма, -ы
стигма́т, -а
стигматиза́ция, -и
стигмати́зм, -а
стигмати́ческий
стилево́й
стилёт, -а
стилиза́тор, -а
стилиза́торский
стилиза́ция, -и
стилизо́ванный
стилизова́ть(ся), -зу́ю, -зу́-
  ет(ся)
стили́ст, -а
стили́стика, -и
стилисти́ческий
стило́, *нескл., с.*
стилоба́т, -а
стило́метр, -а
стилоско́п, -а
стиль, -я
стильб, -а
стиль моде́рн, сти́ля мо-
  де́рн
сти́льный
стиль ре́тро, сти́ля ре́тро
стиля́га, -и, *м.* и *ж.*
стиля́жий, -ье, -ья
стиля́жничать, -аю, -ает
сти́мер, -а
сти́мул, -а
стимули́рование, -я
стимули́рованный
стимули́ровать(ся), -рую,
  -рует(ся)
стимуля́тор, -а
стимуля́ция, -и
стипендиа́льный
стипендиа́т, -а
стипендиа́тка, -и
стипе́ндия, -и
сти́плер, -а
стипль-чёз, -а
стиптици́н, -а
сти́ракс, -а
сти́раксовый
стира́льный
стира́ние, -я
сти́ранный, *прич.*
сти́раный, *прил.*
сти́раный-перести́раный
стира́ть(ся), -а́ю, -а́ет(ся)
сти́рка, -и
стиро́л, -а
стиро́ловый
стиро́льный
сти́рочный
сти́рывать, *наст. вр. не*
  употр.
сти́скивать(ся), -аю,
  -ает(ся)
сти́снутый
сти́снуть(ся), -ну, -нет(ся)
стих, -á
стиха́рь, -я́
стиха́ть, -а́ю, -а́ет
стихи́йно-бунта́рский

стихи́йность, -и
стихи́йный
стихи́ра, -ы
стихира́рь, -я
стихи́я, -и
сти́хнувший
сти́хнуть, -ну, -нет; *прош.*
   стих, сти́хла
стихове́д, -а
стихове́дение, -я
стихове́дческий
стихово́й
стихокропа́тель, -я
стихологи́ческий
стихоло́гия, -и
стихома́ния, -и
стихоплёт, -а
стихоплётство, -а
стихослага́тель, -я
стихосложе́ние, -я
стихотворе́ние, -я
стихотворе́ньице, -а
стихотво́рец, -рца
стихотво́рный
стихотво́рство, -а
стихотво́рческий
сти́хший
стиша́та, -а́т
стишо́к, -шка́
стла́нец, -нца
стла́ник, -а
стла́нцевый
стланьё, -я́
стла́ть(ся) и стели́ть(ся),
   стелю́(сь), сте́лет(ся);
   прош. стла́л(ся), стла́-
   ла(сь) и стели́л(ся),
   стели́ла(сь)
стли́ще, -а
сто, ста
стова́ттка, -и
стова́ттный (100-ва́ттный)
стове́рстный (100-вёрст-
   ный)
стовосьмидесятимиллио́н-
   ный (180-миллио́нный)
стог, -а, *предл.* о сто́ге, в
   сто́ге и в стогу́, *мн.* -а́,
   -о́в
стогла́вый
сто́гны, стогн, *ед.* сто́гна,
   -ы
стогова́ние, -я
стогова́ть(ся), -гу́ю, -гу́-
   ет(ся)
стогови́ще, -а
стогово́з, -а
стогово́й
стоголо́бсый
стогомёт, -а
стогомета́ние, -я
стогомета́тель, -я
стогра́дусный (100-гра́-
   дусный)
стограммо́вый (100-грам-
   мо́вый)
стодвадцатимиллиметро́-
   вый (120-миллиметро́-
   вый)
стодевяностомиллио́нный
   (190-миллио́нный)
стодне́вный (100-дне́в-
   ный)
стодо́ла, -ы и стодо́л, -а

стоеро́совый
стобе́чка, -и
стобе́чный
стожа́р, -а
стожи́ть, -жу, -жит
стожо́к, -жка́
стозву́чный
сто́ик, -а
стои́мостный
стои́мость, -и
сто́ить, сто́ю, сто́ит, сто́ят
стоици́зм, -а
стои́ческий
сто́йбище, -а
сто́йбищный
сто́йка, -и
сто́йкий; *кр. ф.* сто́ек,
   сто́йка, сто́йко
сто́йко́м, *нареч.*
сто́йкость, -и
сто́йлице, -а
сто́йло, -а
сто́йловый
стоймя́
сто́йче, *сравн. ст. (от*
   сто́йкий, сто́йко)
сток, -а
сто́кер, -а
стокилометро́вый (100-
   километро́вый)
стокле́точный
стоко́вый
стокра́т, *нареч.*
стокра́тный
стокс, -а
стол, -а́
столб, -а́
столбене́ть, -е́ю, -е́ет
столбе́ц, -бца́
сто́лбик, -а
столби́ть, -блю, -би́т
столблённый; *кр. ф.* -ён,
   -ена́
столбня́к, -а́
столбня́чный
столбово́й
столбообра́зный
столбча́тый
столе́тие (100-ле́тие), -я
столе́тний (100-ле́тний)
столе́чко
столе́шник, -а
столе́шница, -ы
сто́лик, -а
столитро́вый (100-литро́-
   вый)
столи́ца, -ы
столи́чный
столи́шко, -а, *м.*
столка́нный
столка́ть, -а́ю, -а́ет
столкнове́ние, -я
столкну́тый
столкну́ть(ся), -ну́(сь),
   -нёт(ся)
столкова́ться, -ку́юсь, -ку́-
   ется
столко́вываться, -аюсь,
   -ается
столова́нье, -я
столова́ться, -лу́юсь, -лу́ет-
   ся
столо́вая, -ой

столоверче́ние, -я
столо́вник, -а́
столо́вый
столо́кший(ся)
столо́н, -а
столонача́льник, -а
столообра́зный
столо́чь(ся), -лку́,
   -лчёт(ся), -лку́т(ся);
   прош. -ло́к(ся), -лкла́(сь)
столп, -а́
столпи́ть(ся), -плю́,
   -пи́т(ся)
сто́лпник, -а
столпово́й
столпообра́зный
столпотворе́ние, -я
столчённый; *кр. ф.* -ён,
   -ена́
столы́пинский
столы́пинщина, -ы
столь (же)
сто́лько
сто́лько (же), сто́льких
   (же), по сто́льку (же)
сто́лько-то, сто́льких-то,
   по сто́льку-то
столья́дник, -а
столья́дничать, -аю, -ает
столья́дничий, -ья, -ье
столья́дный
столя́р, -а́
столя́рить, -рю, -рит
столя́рничать, -аю, -ает
столя́рничество, -а
столя́рно-механи́ческий
столя́рно-пло́тничный
столя́рный
столя́рня, -и, *р. мн.* -рен
стомати́т, -а
стомато́лог, -а
стоматологи́ческий
стоматоло́гия, -и
стоматоско́п, -а
стоматоскопи́ческий
стома́х, -а
стометро́вка, -и
стометро́вый (100-метро́-
   вый)
стомиллио́нный (100-
   миллио́нный)
стон, -а
стона́ть, стону́, сто́нет и
   -а́ю, -а́ет
сто́нущий
сто́йкий
стоп, *неизм.*
стопа́, -ы́, *мн.* сто́пы (часть
   стиха; куча; сосуд) и
   стопы́ (часть ноги; ша-
   ги; мера длины)
стопи́н, -а
сто́пинг, -а
стопи́ть(ся), стоплю́, сто́-
   пит(ся)
сто́пка, -и
стоп-кра́н, -а
сто́пленный
стопово́й
сто́пор, -а
стопоре́зка, -и
сто́порить(ся), -рю,
   -рит(ся)

сто́порный
стопосложе́ние, -я
стопоходя́щие, -их
сто́почка, -и
сто́почный
сто́ппер, -а
стопроце́нтный
стоп-сигна́л, -а
сто́птанный
стопта́ть(ся), стопчу́, сто́-
   пчет(ся)
стопудо́вый (100-пудо́-
   вый)
стопятидесятиле́тие (150-
   ле́тие), -я
стопятидесятиле́тний
   (150-ле́тний)
стопятидесятимиллио́н-
   ный (150-миллио́нный)
сторго́ванный
сторгова́ть(ся), -гу́ю(сь),
   -гу́ет(ся)
сторго́вывать(ся), -аю(сь),
   -ает(ся)
стори́цей и стори́цею
сторни́рованный
сторни́ровать(ся), -рую,
   -рует(ся)
сто́рно, *нескл., с.*
сторно́ванный
сторнова́ть(ся), -ну́ю, -ну́-
   ет(ся)
сторно́вка, -и
сто́рож, -а, *мн.* -а́, -е́й
сторо́жа, -и
сторожеви́к, -а́
сторожево́й
сторожи́ть(ся), -жу́(сь),
   -жи́т(ся)
сторожи́ха, -и
сторо́жка, -и
сторо́жкий
сторожо́к, -жка́
сторона́, -ы́, *вин.* сто́рону,
   мн. сто́роны, сторо́н,
   сторона́м
сторони́ться, -оню́сь, -о́нит-
   ся
сторо́нка, -и
сторо́нний
сторо́нник, -а
сторо́нница, -ы
сторо́нушка, -и
сто́ртинг, -а
сторублёвка, -и
сторублёвый (100-рублё-
   вый)
сторýкий
сторцева́ть, -цу́ю, -цу́ет
сторцо́ванный
стосвечо́вый (100-свечо́-
   вый)
стоси́льный (100-си́ль-
   ный)
стоскова́ться, -ку́юсь, -ку́ет-
   ся
стоти́нка, -и
стото́нный (100-то́нный)
стоты́сячник, -а
стоты́сячный (100-ты́сяч-
   ный)
стоу́стый
стофунто́вый (100-фунто́-
   вый)

стохасти́ческий
сто́ченный
сточи́ть(ся), сточу́, сто́-
чит(ся)
сто́чка, -и
сто́чный
стошни́ть, -и́т
стоэта́жный (100-эта́ж-
ный)
стбя, нареч.
стоя́к, -а́
стоя́ковый
стбя́лец, -льца
стбя́лый
стоя́ние, -я
стоя́нка, -и
стоя́ночный
стоя́ть, стою́, стои́т
стоя́чий
стоячбк, -чка́
стоя́щий (от стбить)
стоя́щий (от стоя́ть)
страби́зм, -а
страви́ть(ся), стравлю́,
стра́вит(ся)
стра́вленный
стра́вливать(ся), -аю,
-ает(ся)
стравля́ть(ся), -я́ю, -я́ет(ся)
стра́гивать(ся), -аю(сь),
-ает(ся)
страда́, -ы́, мн. стра́ды,
страд
страда́лец, -льца
страда́лица, -ы
страда́льческий
страда́ние, -я
страда́тельность, -и
страда́тельный
страда́ть, -а́ю, -а́ет
страдива́риус, -а и стради-
ва́рий, -я
стра́дник, -а
стра́дный
стра́ж, -а
стра́жа, -и
стра́ждущий
стра́жник, -а
страз, -а
стра́зовый
стра́ивать(ся), -аю, -ает(ся)
страна́, -ы́, мн. стра́ны,
стран
странгуляцибнный
странгуля́ция, -и
страни́ца, -ы
страни́чка, -и
страни́чный
стра́нник, -а
стра́нница, -ы
стра́нничать, -аю, -ает
стра́ннический
стра́нничество, -а
стра́нно
страннова́тый
странноприи́мный
стра́нность, -и
стра́нный; кр. ф. -а́нен, -ан-
на́, -а́нно
страноведе́ние, -я
страноведческий
стра́нствие, -я
стра́нствование, -я
стра́нствователь, -я

стра́нствовать, -твую, -твует
стра́сбургский
страсти́шка, -и
страстно́й (страстна́я не-
де́ля)
стра́стность, -и
стра́стный
страстоте́рпец, -пца
страстоте́рпица, -ы
страстоцве́т, -а
страсть, -и, мн. -и, -е́й
стратаге́ма, -ы
страте́г, -а
стратеги́ческий
страте́гия, -и
страти́г, -а (ист.)
стратиграфи́ческий
стратигра́фия, -и
стратисфе́ра, -ы
стратифика́ция, -и
стратифици́ровать(ся),
-рую, -рует(ся)
стратовулка́н, -а
стратона́вт, -а
стратопла́н, -а
стратоста́т, -а
стратосфе́ра, -ы
стратосфе́рный
стра́ус, -а
страусёнок, -нка, мн. -ся́та,
-ся́т
стра́усовый
страуся́тник, -а
страх, -а
страхделега́т, -а
страхка́сса, -ы
страхка́ссовый
страхова́ние, -я
страхо́ванный
страхова́тель, -я
страхова́ть(ся), стра-
ху́ю(сь), страху́ет(ся)
страхо́вка, -и
страхово́й
страхо́вочный
страхо́вщик, -а
страхолю́дный
стра́чивать, наст. вр. не
употр.
страшённый
страши́ла, -ы, м. и ж.
страши́лище, -а
страши́ть(ся), -шу́(сь),
-ши́т(ся)
страшнова́тый
стра́шный
страща́ть, -а́ю, -а́ет
стребо́ванный
стребо́вать, -бую, -бует
стре́жень, -жня
стрежнево́й
стрека́ло, -а
стрека́ть, -ну́, -нёт
стрека́тельный
стрека́ть(ся), -а́ю(сь),
-а́ет(ся)
стрека́ч, -а́: дать стрекача́
стрекну́ть, -ну́, -нёт
стреко́за́, -ы́, мн. -о́зы, -о́з
стреко́зий, -ья, -ье
стрекози́ный
стрекози́ть, -и́т
стре́кот, -а
стрекота́ние, -я

стрекота́ть, -очу́, -о́чет
стрекотня́, -и́
стрекоту́нья, -и, р. мн. -ний
стрекоту́ха, -и
стрекочу́щий
стрекули́ст, -а
стрела́, -ы́, мн. стре́лы,
стрел
стреле́ц, -льца́
стреле́цкий
стре́ливать, наст. вр. не
употр.
стре́лка, -и
стрелко́во-спорти́вный
стрелко́вый
стрелови́дный
стрелово́й
стрело́к, -лка́
стрелоли́ст, -а
стрелообра́зный
стрело́чек, -чка
стре́лочка, -и
стре́лочник, -а
стре́лочница, -ы
стре́лочный
стрельба́, -ы́, мн. стре́ль-
бы, стрельб
стре́льбище, -а
стрельби́щный
стре́льница, -ы
стрельну́ть, -ну́, -нёт
стрельча́тка, -и
стрельчатосво́дный
стре́льчатый
стре́лянный, прич.
стре́ляный, прил.
стреля́ть(ся), -я́ю(сь),
-я́ет(ся)
стрёма, -ы: на стрёме, на
стрёму
стремгла́в
стременно́й, -о́го
стремечко, -а
стремёшка, -и
стреми́тельность, -и
стреми́тельный
стреми́ть(ся), -млю́(сь),
-ми́т(ся)
стремле́ние, -я
стремни́на, -ы
стремни́нный
стремни́стый
стре́мя, -мени, мн. -мена́,
-мя́н
стремя́нка, -и
стремя́нный, -ого
стре́нга, -и и стрендь,
-и
стре́нер, -а
стренбженный
стренбживать(ся), -аю,
-ает(ся)
стренбжить, -жу, -жит
стре́пет, -а
стрепетёнок, -нка, мн. -тя́-
та, -тя́т
стрепети́ный
стрептодерми́я, -и
стрептодимици́н, -а
стрептоко́кк, -а
стрептоко́кковый
стрептомицилли́н, -а
стрептомици́н, -а
стрептоци́д, -а

стре́скать, -аю, -ает
стресс, -а
стре́ссовый
стре́ссор, -а
стре́сс-реа́кция, -и
стре́сс-фа́ктор, -а
стре́тта, -ы
стре́тто, неизм.
стреха́, -и́, мн. стре́хи,
стрех
стречо́к, -чка́: дать стреч-
ка́
стрига́ла, -ы, м. и ж.
стрига́ль, -я́
стрига́льный
стрига́льщик, -а
стрига́льщица, -ы
стриго́льник, -а
стриго́льнический
стриго́льничество, -а
стригу́н, -а́
стригуно́к, -нка́
стригу́нчик, -а
стригу́щий(ся)
стри́гший(ся)
стриж, -а́
стри́женный, прич.
стри́женый, прил.
стрижа́йный
стри́жка, -и
стрижо́нок, -нка, мн. -жа́-
та, -жа́т
стрикту́ра, -ы
стри́нгер, -а
стри́ппер, -а
стри́пперный
стрипти́з, -а
стрихни́н, -а
стричь(ся), -игу́(сь),
-ижёт(ся), -игу́т(ся);
прош. -и́г(ся), -и́гла(сь)
стро́бил, -а
стробоско́п, -а
стробоскопи́ческий
строга́ль, -я́
строга́льно-фугова́льный
строга́льный
строга́льщик, -а
строга́льщица, -ы
строга́ние, -я
стро́ганый, прич.
стро́ганый, прил.
строга́ть(ся), -а́ю, -а́ет(ся)
и струга́ть(ся), -а́ю,
-а́ет(ся)
строга́ч, -а́
стро́гий; кр. ф. строг,
строга́, стро́го, стро́ги
стро́го-на́строго
строго нау́чный
строго́нек, -нька
стро́гость, -и
строеви́к, -а́
строево́й
строе́ние, -я
стро́енный (от стро́ить)
стро́енный; кр. ф. -ён, -ена́
(от строи́ть)
строе́ньице, -а
строжа́йший
стро́же, сравн. ст. (от
стро́гий, стро́го)
стро́жка, -и
строи́тель, -я

строи́тельно-архитекту́р-
ный
строи́тельно-монта́жный
строи́тельный
строи́тельский
строи́тельство, -а
строи́ть, стро́ю, стро́ит
(соедини́ть по три)
стро́ить(ся), стро́ю(сь),
стро́ит(ся) (возводи́ть)
строй 1, -я, предл. в стро́е,
мн. строи́, -о́ев (систе́ма)
строй 2, -я, предл. в
строю́, мн. строи́, -о́ев
(шере́нга)
стройба́т, -а
стройгородо́к, -дка́
стройдета́ль, -и
стро́йка, -и
стройконто́ра, -ы
стройматериа́лы, -ов
стро́йность, -и
стро́йный; кр. ф. -бен,
-о́йна́, -о́йно
стройотря́д, -а
стройплоща́дка, -и
стройтре́ст, -а
стройуправле́ние, -я
строка́, -и́, мн. стро́ки,
строк, стро́кам
стро́ковый
строкоме́р, -а
строкоотливно́й
строкопеча́тающий
строкоре́з, -а
строкоре́зный
стро́ма, -ы
строну́тый
строну́ть(ся), -ну(сь),
-нет(ся)
стронциани́т, -а
стро́нциевый
стро́нций, -я
строп, -а, мн. -ы, -ов; стро-
па́, -ы́ и стро́па, -ы, мн.
стро́пы, строп, стро́пам
стро́паль, -я
стро́пальщик, -а
стропи́лина, -ы
стропи́лить, -лю, -лит
стропи́ло, -а, мн. -а, -и́л
стропи́льный
стропти́вец, -вца
стропти́вица, -ы
стропти́вость, -и
стропти́вый
строти́ть, -ощу́, -ости́т
строфа́, -ы́, мн. стро́фы,
строф, стро́фам
строфа́нт, -а
строфа́нтин, -а
стро́фика, -и
строфи́ческий
строфока́мил, -а
строчевы́шитый
строчёвный, прич.
строчёный, прил.
стро́чечный
строчи́ла, -ы, м. и ж.
строчи́ть(ся), -очу́,
-очи́т(ся)
стро́чка, -и
строчкого́н, -а
строчно́й

строчо́к, -чка́
строщённый; кр. ф. -ён,
-ена́
струбци́на, -ы
струбци́нка, -и
струг, -а
стру́ганный, прич.
стру́ганый, прил.
струга́ть(ся), -а́ю, -а́ет(ся)
и строга́ть(ся), -а́ю,
-а́ет(ся)
стругово́й
стру́говый
струенаправля́ющий
стру́женчатый
стружи́ть(ся), -жу́,
-жи́т(ся)
стру́жка, -и
стружколо́м, -а
стружкоудале́ние, -я
стружо́к, -жка́
струи́стый
струи́ть(ся), -уи́т(ся)
стру́йка, -и
стру́йный
стру́йчатый
структу́ра, -ы
структурали́зм, -а
структурали́ст, -а
структурали́стский
структура́льный
структури́рование, -я
структури́рованный
структу́рно-геологи́че-
ский
структу́рно-семанти́че-
ский
структу́рность, -и
структу́рный
структурообразова́ние, -я
струна́, -ы́, мн. стру́ны,
струн
струне́ц, -нца́
струни́ть, -у́ню, -у́нит
стру́нка, -и
стру́нник, -а
стру́нный
струнобето́н, -а
струнобето́нный
струп, -а, мн. стру́пья, -ьев
стру́сить, -ушу, -усит (под-
да́ться стра́ху)
струси́ть, -ушу́, -уси́т
(стряхну́ть)
струхну́ть, -ну́, -нёт
стручкова́тый
стручко́вый
стручо́к, -чка́, мн. -и́, -о́в и
-чья, -чьев
стручо́чек, -чка
стру́шенный
стру́шивать(ся), -аю,
-ает(ся)
струй, -и́, мн. струи́,
струй, струя́м
стрю́цкий, -ого
стря́панный
стря́панье, -я
стря́пать(ся), -аю(сь),
-ает(ся)
стря́пка, -и
стряпня́, -и́
стря́пуха, -и
стря́пческий

стра́пчество, -а
стра́пчий, -его
стряса́ть(ся), -а́ю, -а́ет(ся)
стрясённый; кр. ф. -ён, -ена́
стрясти́(сь), -су́, -сёт(ся);
прош. -я́с(ся), -ясла́(сь)
стря́сший(ся)
стря́хивать(ся), -аю, -ает(ся)
стря́хивать(ся), -аю,
-ает(ся)
стря́хнутый
стряхну́ть(ся), -ну́, -нёт(ся)
студебе́кер, -а
студене́ть, -еет
студени́стый
студе́нт, -а
студе́нтка, -и
студе́нческий
студе́нчество, -а
студёный
сту́день, -дня
студи́ец, -и́йца
студи́йка, -и (к студи́ец)
студи́йный
студи́ть(ся), стужу́(сь),
сту́дит(ся)
сту́дия, -и
студнеобра́зный
студнеподо́бный
студсове́т, -а
сту́жа, -и
сту́женный, прич.
сту́женый, прил.
стук, -а
сту́калка, -и
сту́кать(ся), -аю(сь),
-ает(ся)
стука́ч, -а́
сту́кнутый
сту́кнуть(ся), -ну(сь),
-нет(ся)
стукотня́, -и́
стул, -а, мн. сту́лья, -ьев
стульча́к, -а́
сту́льчик, -а
сту́па, -ы
ступа́ть, -а́ю, -а́ет
ступе́нчато-симметри́ч-
ный
ступе́нчатый
ступе́нь, -и, мн. -и, -ей
(ступе́нька) и -и, -е́й
(сте́пень)
ступе́нька, -и
ступи́ть, ступлю́, сту́пит
сту́пица, -ы
ступи́чный
сту́пка, -и
ступня́, -и́
сту́пор, -а
сту́хнуть, -нет; прош. стух,
сту́хла
сту́хший
стуча́ть(ся), -чу́(сь),
-чи́т(ся)
стушёванный
стушева́ть(ся), -шу́ю(сь),
-шу́ет(ся)
стушёвка, -и
стушёвывать(ся), -аю(сь),
-ает(ся)
сту́шенный
стуши́ть, -ушу́, -у́шит
сты́вший

стыд, -а́
стыди́ть(ся), стыжу́(сь),
стыди́т(ся)
стыдли́вость, -и
стыдли́вый
сты́дно
сты́дный
стыдо́ба, -ы
стыдо́бушка, -и
стык, -а
стыка́ть(ся), -а́ю, -а́ет(ся)
стыкова́ние, -я
стыкова́ть(ся), -ку́ю(сь),
-ку́ет(ся)
стыко́вка, -и
стыково́й
стыко́вочный
стыкосва́рочный
с тыла́
сты́лый
сты́нувший
сты́нуть и стыть, сты́ну,
сты́нет; прош. сты́нул и
стыл, сты́ла
сты́ренный
сты́рить, -рю, -рит
стыть и сты́нуть, сты́ну,
сты́нет; прош. стыл и
сты́нул, сты́ла
сты́чка, -и
сты́чный
стюа́рд, -а
стюарде́сса, -ы
стяг, -а
стя́гивание, -я
стя́гивать(ся), -аю(сь),
-ает(ся)
стяжа́ние, -я
стя́жанный (от стяжа́ть)
стяжа́тель, -я
стяжа́тельский
стяжа́тельство, -а
стяжа́ть(ся), -а́ю, -а́ет(ся)
стяже́ние, -я
стяжённый (к стяже́ние)
стя́жка, -и
стяжно́й
стяжо́к, -жка́ (па́лка)
стя́нутый
стяну́ть(ся), стяну́(сь),
стя́нет(ся)
су, нескл. с.
суаре́, нескл. с.
суахи́ли, неизм. и нескл.,
м. (язы́к) и нескл., м. и
ж. (наро́д)
субаква́льный
субалте́рн-офице́р, -а
субальпи́йский
субантаркти́ческий
субаре́нда, -ы
субаркти́ческий
суба́томный
суббо́та, -ы
суббо́тний
суббо́тник, -а
субве́нция, -и
субгармони́ческий
субдомина́нта, -ы
субдомина́нтовый
субери́н, -а
субинспе́ктор, -а
субкле́точный
субконтине́нт, -а

351

subкортикáльный
сублимáт, -а
сублимациóнный
сублими́рованный
сублими́ровать(ся), -рую,
  -рует(ся)
сублиторáльный
субмари́на, -ы
субмикрóнный
субмикроскопи́ческий
субмиллиметрóвый
суборбитáльный
субординатýра, -ы
субординáция, -и
субóрь, -и
субподря́д, -а
субподря́дный
субподря́дчик, -а
субпрессцéнтр, -а
субпродýкты, -ов
субрéтка, -и
субсветовóй
субсиди́рованный
субсиди́ровать(ся), -рую,
  -рует(ся)
субси́дия, -и
субстантивáция, -и
субстанти́вированный
субстантиви́ровать(ся),
  -рую, -рует(ся)
субстанти́вный
субстанциáльный
субстанционализи́рован-
  ный
субстанционализи́ро-
  вать(ся), -рую, -рует(ся)
субстанционáльный
субстáнция, -и
субститýт, -а
субститýция, -и
субстрáт, -а
субстратостáт, -а
субстратосфéра, -ы
субти́льный
субти́тр, -а
субтитри́рование, -я
субтрóпики, -ов
субтропи́ческий
субчик, -а (о человеке)
субъедини́ца, -ы
субъéкт, -а
субъективи́зм, -а
субъективи́рованный
субъективи́ровать(ся),
  -рую, -рует(ся)
субъективи́ст, -а
субъективи́стский
субъекти́вно-идеалисти́че-
  ский
субъекти́вность, -и
субъекти́вный
субъéктный
субъя́дерный
субъядрó, -á
субэкваториáльный
субэ́тнос, -а
сувени́р, -а
сувени́рный
суверéн, -а
суверенитéт, -а
суверéнный; кр. ф. -éнен,
  -éнна
сувóй, -я

352

сýволока, -и
суворовец, -вца
суворовский
суггести́вный
суггéстия, -и
сугли́нистый
сугли́нок, -нка
суглиносýпесь, -и
сугóловный
сугóловье, -я, р. мн. -вий
сугрóб, -а
сугрóбистый
сугрóбище, -а, м.
сугýбый
суд, -á
судáк, -á
судакóвый
судáнец, -нца
судáнка, -и
судáнский
судáрик, -а
судáрка, -и
судáрушка, -и
судáрыня, -и, р. мн. -ынь
сýдарь, -я
судáчий, -ья, -ье
судáчить, -чу, -чит
судачóк, -чкá
сýдбище, -а
судéбник, -а
судéбно-баллисти́ческий
судéбно-медици́нский
судéбно-психиатри́ческий
судéбно-слéдственный
судéбный
судéец, -éйца
судéйский
судéйско-информациóн-
  ный
судéйство, -а
судéнышко, -а
суди́лище, -а
суди́мость, -и
суди́ть(ся), сужý(сь), сý-
  дит(ся)
судия́, -и́, мн. сýдии, сý-
  дий, м.
судкóвый
сýдно 1, -а, мн. судá, -óв
  (корабль)
сýдно 2, -а, мн. сýдна, сý-
  ден (сосуд)
сýдный (дéнь, чáс)
судовéрфь, -и
судовладéлец, -льца
судовладéльческий
судоводи́тель, -я
судоводи́тельский
судовождéние, -я
судовóй
судоговорéние, -я
судóк, -дкá
судомодели́зм, -а
судомодели́ст, -а
судомодéль, -и
судомодéльный
судомóйка, -и
судомóйня, -и, р. мн. -бен
судоподъéм, -а
судоподъéмник, -а
судоподъéмный
судопроизвóдственный
судопроизвóдство, -а

судоремóнт, -а
судоремóнтный
сýдорога, -и
сýдорожный
судострóение, -я
судострóитель, -я
судострои́тельный
судоустрóйство, -а
судохóдный
судохóдство, -а
судóчек, -чка
судьбá, -ы́, мн. сýдьбы, сý-
  дéб
судьби́на, -ы
судьбонóсный
судья́, -и́, мн. сýдьи, сý-
  дéй, сýдьям, м.
сýдя (по кому, чему)
судя́, дееп.
суевéр, -а
суевéрие, -я
суевéрка, -и
суевéрный
суемýдрие, -я
суемýдрствовать, -твую,
  -твует
суемýдрый
суеслóвие, -я
суеслóвный
суетá, -ы́
суети́ться, суечýсь, суе-
  ти́тся
суетли́вость, -и
суетли́вый
сýетность, -и
сýетный
суетня́, -и́
сужáть(ся), -áю, -áет(ся)
суждéние, -я
суждённый; кр. ф. -ён, -енá
сужденó
сýженая, -ой (о невесте)
сýженая-ря́женая, сýже-
  ной-ря́женой
сужéние, -я
сýженный (от сýзить)
сýженый, -ого (о женихе)
сýживать(ся), -аю, -ает(ся)
сýзить(ся), сýжу, сý-
  зит(ся)
сук, -á, предл. о сукé, на
  сукý, мн. суки́, -óв и
  сýчья, -ьев
сýка, -и
сýкин, -а, -о
сукнецó, -á
сукнó, -á, мн. сýкна, сýкон
сукновáл, -а
сукновáльный
сукновáльня, -и, р. мн.
  -лен
сукнодéл, -а
сукноделие, -я
сукномóйка, -и
суковáтый
сукóнка, -и
сукóнно-бумáжный
сукóнный
сукóнце, -а
сукóнщик, -а
сýкровица, -ы
сýкровичный
сукцéссия, -и
сулемá, -ы́

сулённый; кр. ф. -ён, -енá,
  прич.
сулёный, прил.
сулéй, -й
сули́ть(ся), -лю́(сь),
  -ли́т(ся)
сýлица, -ы
султáн, -а
султанáт, -а
султáнка, -и (зоол.)
султáнский
султáнство, -а
султáнчик, -а
сулугýни, нескл., м.
сульсéновый
сульфадимези́н, -а
сульфадиметокси́н, -а
сульфазóл, -а
сульфами́дный
сульфами́ды, -ов
сульфаниламúдный
сульфаниламúды, -ов
сульфáт, -а
сульфатáция, -и
сульфати́рование, -я
сульфáтный
сульфи́д, -а (минерал)
сульфиди́н, -а
сульфи́дный
сульфи́рование, -я
сульфи́рованный
сульфи́ровать, -рую, -рует
сульфи́т, -а (соль)
сульфитáция, -и
сульфити́рованный
сульфи́тный
сульфитóметр, -а
сульфокислотá, -ы́, мн.
  -óты, -óт
сумá, -ы́
сумасбрóд, -а
сумасбрóдить, -óжу, -óдит
сумасбрóдка, -и
сумасбрóдничать, -аю, -ает
сумасбрóдный
сумасбрóдство, -а
сумасбрóдствовать, -твую,
  -твует
сумасшéдшая, -ей
сумасшéдший, -его
сумасшéствие, -я
сумасшéствовать, -твую,
  -твует
суматóха, -и
суматóшиться, -шусь, -шит-
  ся
суматóшливый
суматóшный
сумбýр, -а
сумбýрный
сýмеречный
сýмерки, -рек и -рок
сýмерничать, -аю, -ает
сумéть, -éю, -éет
сýмка, -и
сýмма, -ы
суммáрный
суммáтор, -а
сумми́рование, -я
сумми́рованный
сумми́ровать(ся), -рую,
  -рует(ся)
сýммка, -и (от сýмма)
суммовóй

СУМ

су́ммочка, -и (от су́мма)
су́мничать, -аю, -ает
сумня́ся и сумня́шеся: ни-
  что́же сумня́ся (сумня́-
  шеся)
су́мочка, -и (от су́мка)
су́мочник, -а
су́мочный
су́мрак, -а
су́мрачность, -и
су́мрачный
су́мчатый
с у́мыслом
сумя́тица, -ы
сундук, -а́
сундучи́шко, -а, м.
сундучный
сундучо́к, -чка́
су́нна, -ы
сунни́зм, -а
сунни́т, -а
сунни́тский
су́нутый
су́нуть(ся), су́ну(сь), су́-
  нет(ся)
суп, -а и -у, предл. в су́пе и
  в супу́, мн. -ы́, -о́в
суперарби́тр, -а
суперви́зор, -а
супергармони́ческий
супергетероди́н, -а
супергетероди́нный
супердержа́ва, -ы
супериконоско́п, -а
суперинфе́кция, -и
суперка́рго, нескл., м.
суперла́йнер, -а
суперлати́в, -а и суперля-
  ти́в, -а
супермаллой, -я
супермаркет, -а
супермен, -а
суперми́кроЭВМ, нескл.,
  ж.
супермо́дный
суперобло́жка, -и
суперпози́ция, -и
суперрегенерати́вный
суперрегенера́тор, -а
суперсовреме́нный
суперстра́т, -а
суперта́нкер, -а
суперфи́ниш, -а
суперфосфа́т, -а
суперфосфа́тный
суперъядро́, -а́, мн. -я́дра,
  -я́дер
суперъя́хта, -ы
су́перЭВМ, нескл., ж.
суперэли́та, -ы
супе́сный
су́песок, -ска
су́песь, -и
супе́ц, су́пца и су́пцу и
  супе́ц, супца́ и супцу́
супи́н, -а
супина́тор, -а
супина́ция, -и
су́пить(ся), су́плю(сь), су́-
  пит(ся)
су́пник, -а
супово́й
супо́нить(ся), -ню, -нит(ся)

СУС

супо́нь, -и
супоро́сая и супоро́сная
супоста́т, -а
супплетиви́зм, -а
супплети́вный
суппозито́рий, -я
су́ппорт, -а
су́ппортный
супранатурали́зм, -а
супрасти́н, -а
супрема́ти́зм, -а
супремати́ст, -а
супремати́стский
супремати́ческий
супре́ссия, -и
супрефе́кт, -а
супроти́в
супроти́вник, -а
супроти́вница, -ы
супроти́вничать, -аю, -ает
супроти́вный
супру́г, -а
супру́га, -и
супру́жеский
супру́жество, -а
супря́га, -и
су́прядки, -док
супря́жник, -а
су́пчик, -а и -у (от суп)
сургу́ч, -а́
сургу́чик, -а
сургу́чный
сургучо́вый
сурди́на, -ы
сурди́нка, -и: под сурди́н-
  ку
сурдока́мера, -ы
сурдологи́ческий
сурдоло́гия, -и
сурдопедаго́г, -а
сурдопедаго́гика, -и
сурдотехника, -и
суре́пица, -ы
суре́пка, -и
суре́пный
су́ржа, -и
су́ржик, -а
су́рик, -а
су́риковый
сурко́вый
сурна́, -ы́
сурове́ть, -ею, -еет
суро́вость, -и
суро́вый
суро́вьё, -я́
суро́к, -рка́
сурочий, -ья, -ье
суррога́т, -а
суррога́тный
сурчи́на, -ы
сурчи́ный
сурчо́нок, -нка, мн. -ча́та,
  -ча́т
сурьма́, -ы́
сурьмаоргани́ческий
сурьми́ло, -а
сурьми́ть(ся), -млю́(сь),
  -ми́т(ся)
сурьмлённый; кр. ф. -ён,
  -ена́
сурьмяни́стый
сурьмяно́й и сурьмя́ный
суса́к, -а́
суса́ленный

СУХ

суса́лить(ся), -лю, -лит(ся)
суса́ль, -и
суса́льный
сусе́к, -а
сусле́нок, -нка, мн. -ля́та,
  -ля́т
су́слик, -а
су́сликовый
су́слить(ся), -лю(сь),
  -лит(ся)
су́сличий, -ья, -ье
су́сло, -а
суслова́рочный
сусло́н, -а
су́сляный
су́слить(ся), -лю(сь),
  -лит(ся)
суспенди́ровать, -рую, -ру-
  ет
суспензи́вный
суспензио́нный
суспензи́ровать, -рую, -рует
суспе́нзия, -и
суспензо́рий, -я
суста́в, -а
суставно́й
суставно-мы́шечный
суставча́тый
суста́вчик, -а
сута́ж, -а́
сута́на, -ы
су́темь, -и
сутенёр, -а
сутенёрство, -а
су́тки, су́ток
суто́лока, -и
суто́лочный
суто́лочь, -и
су́точный
су́тра, -ы
сутули́на, -ы
суту́листый
суту́лить(ся), -лю(сь),
  -лит(ся)
сутулова́тый
суту́лость, -и
суту́лый
су́рунка, -и
суть, -и
сутя́га, -и, м. и ж.
сутя́жник, -а
сутя́жница, -ы
сутя́жничать, -аю, -ает
сутя́жнический
сутя́жничество, -а
сутя́жный
суфи́зм, -а
суфле́, нескл., с.
суфлёр, -а
суфлёрский
суфли́ровать, -рую, -рует
суфражи́зм, -а
суфражи́стка, -и
суфражи́стский
су́ффикс, -а
суффикса́льный
суффикса́ция, -и
суффо́зия, -и
суха́рик, -а
суха́рница, -ы
суха́рный
суха́рь, -и, р. мн. -ре́н
суха́рь, -я́
су́хенький и су́хонький

СУЩ

сухме́нный
сухме́нь, -и
сухове́й, -я
сухове́йный
сухове́рхий
суховерши́нный
суховозду́шный
сухогру́зный
суходо́л, -а
суходо́льный
сухожи́лие, -я
сухожи́льный
сухоза́дый
сухо́й; кр. ф. сух, суха́,
  су́хо, су́хи
сухолю́б, -а
сухолю́бивый
сухомя́тка, -и
сухоно́гий
сухоно́с, -а
су́хонький и су́хенький
сухопа́рник, -а
сухопа́рый
сухоподсто́йный
сухопрессо́ванный
сухопу́тный
сухопу́тье, -я
сухорёбрый
сухору́кий
сухосто́й, -я
сухосто́йный
су́хость, -и
сухота́, -ы́
сухо́тка, -и
сухотра́вный
сухофру́кты, -ов
сухоцве́т, -а
сухоща́вый
сухоя́дец, -дца
суче́ние, -я
су́ченный, прич.
сучёный, прил.
сучий, -ья, -ье
сучи́льный
сучи́ть(ся), сучу́, су́-
  чи́т(ся)
су́чка, -и
сучка́стый
сучкова́тый
сучко́вый
сучкоре́зка, -и
сучкору́б, -а
сучо́к, -чка́
сучо́чек, -о́чка
сучьё, -я́
су́ша, -и
су́ше, сравн. ст. (от су-
  хо́й, су́хо)
суше́ние, -я
сушени́ца, -ы
су́шенный, прич.
сушёный, прил.
суши́лка, -и
суши́ло, -а
суши́льно-глади́льный
суши́льный
суши́льня, -и, р. мн. -лен
суши́ть(ся), сушу́(сь), су́-
  шит(ся)
су́шка, -и
сушня́к, -а́ и -у́
сушь, -и
суще́ственный; кр. ф. -вен
  и -венен, -венна

СУЩ

существи́тельное, -ого
существо́, -а́
существова́ние, -я
существова́ть, -тву́ю, -тву́-
ет
су́щий
су́щностный
су́щность, -и
су́зцкий (от Су́зц)
су́ягная
сфабрико́ванный
сфабрикова́ть, -ку́ю, -ку́ет
сфа́гновый
сфа́гнум, -а
сфалери́т, -а
сфальцева́ть, -цу́ю, -цу́ет
сфальцо́ванный
сфальши́вить, -влю, -вит
сфальши́вленный
сфантази́ровать, -рую, -ру-
ет
сфе́ра, -ы
сфери́ческий
сфери́чный
сферо́ид, -а
сфероида́льный
сфероко́нус, -а
сферокриста́лл, -а
сферо́метр, -а
сферосидери́т, -а
сферотэ́ка, -и
сфигмогра́мма, -ы
сфигмо́граф, -а
сфигмогра́фия, -и
сфигмомано́метр, -а
сфи́нкс, -а
сфи́нктер, -а
сфокуси́ровать(ся), -рую,
-рует(ся)
сформиро́ванный
сформирова́ть(ся),
-ру́ю(сь), -ру́ет(ся)
сформиро́вывать(ся),
-аю(сь), -ает(ся)
сформо́ванный
сформова́ть(ся), -му́ю, -му́-
ет(ся)
сформули́рованный
сформули́ровать(ся), -рую,
-рует(ся)
сфорца́ндо и сфорца́то,
неизм.
сфотографи́рованный
сфотографи́ровать(ся),
-рую(сь), -рует(ся)
сфраги́стика, -и
сфуго́ванный
сфугова́ть, -гу́ю, -гу́ет
сфуго́вывать(ся), -аю,
-ает(ся)
схапанный
схапать, -аю, -ает
схват, -а
схвати́ть(ся), -ачу́(сь),
-а́тит(ся)
схва́тка, -и
схва́тывание, -я
схва́тывать(ся), -аю(сь),
-ает(ся)
схва́ченный
схе́ма, -ы
схематиза́тор, -а
схематиза́ция, -и
схематизи́рованный

СЦА

схематизи́ровать(ся), -рую,
-рует(ся)
схемати́зм, -а
схемати́ческий
схемати́чность, -и
схемати́чный
схе́мный
схемотэ́хника, -и
схи́зма, -ы
схизма́тик, -а
схизмати́ческий
схизма́тичка, -и
схи́ма, -ы
схи́мить(ся), -млю(сь),
-мит(ся)
схи́мник, -а
схи́мница, -ы
схи́мнический
схи́мничество, -а
схимона́х, -а
схимона́хиня, -и, р. мн.
-инь
схимона́шеский
схитри́ть, -рю́, -ри́т
схлёбанный
схлеба́ть, -а́ю, -а́ет
схлёбнутый
схлебну́ть, -ну́, -нёт
схлёбывать(ся), -аю,
-ает(ся)
схлёстанный
схлеста́ть, -ещу́, -ещет
схлёстнутый
схлестну́ть(ся), -ну́(сь),
-нёт(ся)
схлёстывать(ся), -аю(сь),
-ает(ся)
схлопо́танный
схлопота́ть, -очу́, -о́чет
схлы́нуть, -нет
сход, -а
схо́дбище, -а
сходи́мость, -и
сходи́ть(ся), схожу́(сь),
схо́дит(ся)
схо́дка, -и
схо́дни, -ей
схо́дный; кр. ф. -ден, -дна́,
-дно
схо́дня, -и
схо́дственный; кр. ф. -вен,
-венна
схо́дство, -а
схо́дствовать, -твую, -твует
с хо́ду
сходя́щий(ся)
схожде́ние, -я
схо́жесть, -и
схо́жий
схола́ст, -а
схола́стик, -а
схола́стика, -и
схоласти́ческий
схоласти́чный
схолиа́ст, -а
схо́лия, -и
схоро́ненный
схорони́ть(ся), -оню́(сь),
-о́нит(ся)
схру́мкать, -аю, -ает
схулига́нить, -ню, -нит
сца́панный
сца́пать, -аю, -ает
сцара́панный

СЧЕ

сцара́пать, -аю, -ает
сцара́пнутый
сцара́пнуть, -ну, -нет
сцара́пывать(ся), -аю,
-ает(ся)
сцеди́ть, сцежу́, сце́дит
сцёженный
сцёживать(ся), -аю,
-ает(ся)
сцементи́рованный
сцементи́ровать, -рую, -ру-
ет
сце́на, -ы
сцена́рий, -я
сценари́ст, -а
сценари́стка, -и
сцена́риус, -а
сцена́рный
сцени́ческий
сцени́чный
сцено́граф, -а
сценогра́фия, -и
сцентри́ровать(ся), -и́рую,
-и́рует(ся)
сцентро́ванный
сцентрова́ть(ся), -ру́ю, -ру́-
ет(ся)
сцеп, -а
сцепи́ть(ся), сцеплю́(сь),
сце́пит(ся)
сце́пка, -и
сцепле́ние, -я
сце́пленный
сцепля́ть(ся), -я́ю(сь),
-я́ет(ся)
сцепно́й
сце́пщик, -а
сциенти́зм, -а
сцинтилля́тор, -а
сцинтилляцио́нный
сцинтилля́ция, -и
сцифо́идные, -ых
сцифомеду́за, -ы
счал, -а
сча́ленный
сча́ливание, -я
сча́ливать(ся), -аю, -ает-
(ся)
сча́лить(ся), -лю, -лит(ся)
сча́лка, -и
счастли́вец, -вца
счастли́вить(ся), -влю,
-вит(ся)
счастли́вица, -ы
счастли́вчик, -а
счастли́вый; кр. ф. счаст-
ли́в, сча́стлива
сча́стье, -я
сча́стьице, -а
с ча́су на ча́с
счека́ненный
счека́нивать(ся), -аю,
-ает(ся)
счека́нить, -ню, -нит
счёрпанный
счёрпать, -аю, -ает
счёрпнутый
счерпну́ть, -ну́, -нёт
счёрпывать(ся), -аю,
-ает(ся)
счерти́ть, счерчу́, сче́ртит
счёрченный
счёрчивать(ся), -аю,
-ает(ся)

СЪЁ

счёс, -а
счёсанный
счеса́ть(ся), счешу́, счё-
шет(ся)
счёска, -и
счесть(ся), сочту́(сь), со-
чтёт(ся); прош.
счёл(ся), сочла́(сь)
счёсывание, -я
счёсывать(ся), -аю, -ает(ся)
счёт, -а и -у, предл. на счё-
те и на счету́, мн. -а́, -о́в
счетверённый; кр.ф.-ён, -ена́
счетвери́ть, -рю́, -ри́т
счётец, -тца
счётно-аналити́ческий
счётно-вычисли́тельный
счётно-кла́вишный
счётно-маши́нный
счётно-перфорацио́нный
счётно-пи́шущий
счётно-реша́ющий
счётно-сумми́рующий
счётный
счетово́д, -а
счетово́дный
счетово́дство, -а
счетово́дческий
счёт-факту́ра, счёта-фак-
ту́ры
счётчик, -а
счёты, счётов
счисле́ние, -я
счи́сленный
счи́слить, -лю, -лит
счисля́ть(ся), -я́ю, -я́ет(ся)
счи́стить(ся), счи́щу, счи́-
стит(ся)
счи́стка, -и
счи́танный
счита́ть(ся), -а́ю(сь),
-а́ет(ся)
счи́тка, -и
счи́тчик, -а
счи́тчица, -ы
счи́тывание, -я
счи́тывать(ся), -аю,-ает(ся)
счища́ть(ся), -а́ю, -а́ет(ся)
счи́щенный
сше́дший
сше́ствие, -я
сшиба́ние, -я
сшиба́ть(ся), -а́ю(сь),
-а́ет(ся)
сшиби́ть(ся), -бу́(сь),
-бёт(ся); прош. сши́б(ся),
сши́бла(сь)
сши́бка, -и
сши́бленный
сшив, -а
сшива́ние, -я
сшива́ть(ся), -а́ю, -а́ет(ся)
сши́вка, -и
сшивно́й
сши́тый
сшить, сошью́, сошьёт
сшути́ть, сшучу́, сшу́тит
съеда́ть(ся), -а́ю, -а́ет(ся)
съе́денный
съедо́бность, -и
съедо́бный
съёженный

съёживать(ся), -аю(сь),
　　-ает(ся)
съёжить(ся), -жу(сь),
　　-жит(ся)
съезд, -а
съездить, съезжу, съездит
съездовский
съезжа́ть(ся), -а́ю(сь),
　　-а́ет(ся)
съе́зжий
съём, -а
съёмка, -и
съёмник, -а
съёмный
съёмочный
съёмцы, -ев
съёмщик, -а
съёмщица, -ы
съёрзнуть, -ну, -нет
съёрзывать, -аю, -ает
съестно́й
съесть, съем, съешь,
　　съест, съеди́м, съеди́те,
　　съедя́т; прош. съел, съе́-
　　ла
съе́хать(ся), съе́ду(сь),
　　съе́дет(ся)
съехи́дничать, -аю, -ает
съюти́ть(ся), -ти́т(ся)
съя́бедничать, -аю, -ает
съязви́ть, -влю́, -ви́т
съякша́ться, -а́юсь, -а́ется
сы́воротка, -и
сы́вороточный
сы́гранность, -и
сы́гранный
сыграну́ть, -ну́, -нёт
сыгра́ть(ся), -а́ю(сь),
　　-а́ет(ся)
сыгро́вка, -и
сы́грываться, -аюсь, -ается
сызвека и сызвёку
сы́здавна
сызде́тства
сы́змала и сы́змалу
сызмале́тства
сызма́льства
сы́знова
сыма́ть(ся), -а́ю, -а́ет(ся)
сымити́ровать, -рую, -рует
сымпровизи́рованный
сымпровизи́ровать, -рую,
　　-рует
сын, -а, мн. сыновья́, сы-
　　нове́й и сыны́, сыно́в
сыни́шка, -и, м.
сыно́вний
сыно́к, -нка́
сыноуби́йство, -а
сыноуби́йца, -ы, м. и ж.
сыно́чек, -чка
сыну́ля, -и, р. мн. -уль, м.
сы́панный
сыпану́ть, -ну́, -нёт
сы́пать(ся), сы́плю, сы́п-
　　лет(ся), -плют(ся) и
　　-пет(ся), -пят(ся)
сыпе́ц, -пца́
сы́пкий
сыпно́й
сыпнотифо́зный
сыпну́ть, -ну́, -нёт
сыпня́к, -а́

сыпу́честь, -и
сыпу́чий
сыпь, -и
сыр, -а и -у, предл. в сы́ре
　　и в сыру́, мн. -ы́, -о́в
сыр-бо́р, -а
сырдарьи́нский
сыре́ть, -е́ю, -е́ет
сыре́ц, -рца́
сырко́вый
сы́рник, -а
сы́рный
сырова́р, -а
сыроваре́ние, -я
сырова́ренный
сырова́рный
сырова́рня, -и, р. мн. -рен
сырова́тый
сыровец, -вца́ и -вцу́
сыроде́л, -а
сыроде́лие, -я
сыроде́льный
сыроду́тный
сырое́д, -а
сыроеде́ние, -я
сыроежка, -и
сыро́й; кр. ф. сыр, сыра́,
　　сы́ро
сыро́к, -рка́
сырокопчёный
сыромо́лка, -и
сыромоло́т, -а
сыромоло́тка, -и
сыромоло́тный
сыромя́тина, -ы
сыромя́тник, -а
сыромя́тный
сыромя́ть, -и
сыропу́ст, -а
сыропу́стный
сы́рость, -и
сырт, -а (возвышенность)
сырть, -и (рыба)
сырца́, -ы́: с сырцо́й
сырцо́вый
сырь, -и
сырьё, -я́
сырьево́й
сырьём, нареч.
сыск, -а
сы́сканный
сыска́ть(ся), сыщу́(сь),
　　сы́щет(ся)
сы́скивать(ся), -аю, -ает(ся)
сыскно́й
сы́скоса и сы́скосу
сыспоко́н ве́ка (ве́ку), ве-
　　ко́в
сы́сстари
сыта́, -ы́
сы́тенький; кр. ф. -енек,
　　-енька
сытёхонький; кр. ф. -нек,
　　-нька
сыти́ть, сычу́, сыти́т
сы́тник, -а
сы́тность, -и
сы́тный; кр. ф. -тен, -тна́,
　　-тно
сы́тость, -и
сы́тый; кр. ф. сыт, сыта́,
　　сы́то
сыть, -и
сыч, -а́

сычёный, прил.
сычи́ный
сычо́нок, -нка, мн. -ча́та,
　　-ча́т
сычу́г, -а́
сычу́жина, -ы
сычу́жный
сычужо́к, -жка́
сы́щик, -а
сы́щица, -ы
сы́щицкий
сье́рра, -ы
сэво́вский
сэконо́мить, -млю, -мит
сэконо́мленный
сэр, -а
сюда́
сюже́т, -а
сюже́тец, -тца
сюже́тность, -и
сюже́тный
сюзане́, нескл., с.
сюзере́н, -а
сюзеренитет, -а
сюзере́нный
сю́ита, -ы
сю́итный
сюрку́п, -а
сюрпри́з, -а
сюрпри́зец, -зца
сюрпри́зный
сюрреали́зм, -а
сюрреали́ст, -а
сюрреалисти́ческий
сюрту́к, -а́
сюртучи́шко, -а, м.
сюрту́чный
сюртучо́к, -чка́
сюсю́канье, -я
сюсю́кать, -аю, -ает
сяжки́, -ов и ся́жки, -ов, ед.
　　сяжо́к, -жка́
сяк: та́к и ся́к
ся́кнуть, -нет
сяко́й: тако́й-сяко́й
сям: та́м и ся́м

T

та, той
таба́к, -а́
таба́ка, неизм.: цыплёнок
　　табака́
табаке́рка, -и
табаково́д, -а
табаково́дство, -а
табаково́дческий
табаковяза́льный
табакокуре́ние, -я
табаконюха́ние, -я
табакоре́зальный
табакосуши́лка, -и
табаку́р, -а
таба́нить, -ню, -нит
табасара́н, -а, р. мн. -а́н
табасара́нец, -нца
табасара́нка, -и
табасара́нский
табачи́шко, -а, м.
табачи́ще, -а, м.
таба́чник, -а

таба́чница, -ы
таба́чно-махо́рочный
таба́чный
табачо́к, -чка́ и -чку́
та́бель, -я, мн. -и, -ей и -я́,
　　-ей (таблица учёта)
та́бель, -и: та́бель о ра́нгах
та́бель-календа́рь, та́беля-
　　календаря́
та́бельный
та́бельщик, -а
та́бельщица, -ы
та́бес, -а
таблетиро́вочный
табле́тка, -и
табли́тчатый
табли́ца, -ы
табли́чка, -и
табли́чный
табло́, нескл., с.
та́бльдо́т, -а
та́бор, -а
табори́ты, -ов, ед. табори́т,
　　-а
та́борный
табу́, нескл., с.
табули́рование, -я
табулягра́мма, -ы
табуля́тор, -а
табуля́ту́ра, -а
табу́н, -а́
табу́ниться, -и́тся
табу́нный
табуно́к, -нка́
табу́нщик, -а
табу́нщицкий
табу́нщичий, -ья, -ье
табуре́т, -а
табуре́тка, -и
табуре́тный
таве́рна, -ы
тавле́я, -и́, мн. -е́и, -е́й
та́волга, -и
та́волговый
таволжа́нка, -и
таволжа́ный
таволо́жка, -и
таволо́жник, -а
таво́т, -а
таво́тница, -ы
таврённый; кр. ф. -ён, -ена́,
　　прич.
таврёный, прил.
таври́ть(ся), -рю́, -ри́т(ся)
тавричанка, -и
тавро́, -а́, мн. та́вра, тавр,
　　та́врам
тавро́вый
та́вры, -ов, ед. тавр, -а
тавтогра́мма, -ы
тавтологи́ческий
тавтоло́гия, -и
тага́н, -а́
тага́нец, -нца́
тага́нный
тагано́к, -нка́
тага́нчик, -а
таджи́к, -а
таджи́кский
таджи́чка, -и
таёжник, -а
таёжница, -ы
таёжный

таз, -а, *предл.* в тáзе и в
тазý, *мн.* -ы́, -óв
тазепáм, -а
тáзик, -а
тазобéдренный
тáзовый
тáзы, -ов, *ед.* таз, -а
(удэгейцы)
тáи, *неизм.* и *нескл.*, *м.*
(язык) и *нескл.*, *м.* и *ж.*
(народ)
таилáндец, -дца
таилáндка, -и
таилáндский
таи́нственность, -и
таи́нственный; *кр. ф.* -вен
и -венен, -венна
тáинство, -а
таи́ть(ся), таю́(сь),
таи́т(ся)
таитя́нин, -а, *мн.* -тя́не, -тя́н
таитя́нка, -и
таитя́нский
тáйбола, -ы
тайгá, -и́
тайкóм
тайм, -а
тайм-áут, -а
таймéнь, -я
тáймер, -а
таймóграф, -а
тайм-чáртер, -а
тáймшит, -а
тáйна, -ы
тайни́к, -á
тайничóк, -чкá
тайнобрáчие, -я
тайнобрáчный
тайнови́дец, -дца
тайнодéйствие, -я
тайнопи́сный
тáйнопись, -и
тáйность, -и
тáйный
тайпотрóн, -а
тáйский
тайфýн, -а
такадиастáза, -ы
тáканье, -я
тáкать, -аю, -ает
тáк бы
такелáж, -а
такелáжить, -жу, -жит
такелáжник, -а
такелáжный
тáкже, *нареч.* и *союз* (он
тáкже пришёл), но
нареч. с частицей тáк
же (он тáк же дýмает,
как ты́)
тáк же, как и ...
таки, *частица*
тáкка, -и
тáк как, *союз*
тáк ли
так называемый
тáк на тáк
такóв, -á, -ó
таковóй
такóвский
такóй
такóй-сякóй
такóй-то
так-с, *частица*

тáкса, -ы
таксáтор, -а
таксациóнный
таксáция, -и
тáк себе
такси́, *нескл.*, *с.*
таксидерми́ст, -а
таксидерми́я, -и
такси́мéтр, -а
таксиметри́ческий
такси́мéтрия, -и
такси́рованный
такси́ровать(ся), -рую,
-рует(ся)
такси́рóвка, -и
такси́рóвщик, -а
тáксис, -а
такси́ст, -а
так сказáть
тáксовый
таксóмéтр, -а
таксомотóр, -а
таксомотóрный
таксóн, -а
таксономи́ческий
таксонóмия, -и
таксопáрк, -а
таксофóн, -а
таксофóнный
так-ся́к
такт, -а
тáк-таки
тáктик, -а
тáктика, -и
тáктико-огневóй
тáктико-техни́ческий
такти́льный
такти́ческий
такти́чность, -и
такти́чный
тáк-то
тактови́к, -á
тáктовый
тáк что
такы́р, -а
такы́рный
тал, -а
талалáкать, -аю, -ает
талáмус, -а
талáн, -а (судьба)
талáнить(ся), -ит(ся)
талáнливый (счастливый)
талáнт, -а
талáнтливость, -и
талáнтливый (одарённый)
талассотерапи́я, -и
талды́чить, -чу, -чит
тáлевый (*от* тáли)
тáлер, -а
тáлес, -а
тáли, -ей
тáлийка, -и
тали́на, -ы
тали́нка, -и
талисмáн, -а
талисмáнный
тáлия, -и
тáллиевый (*от* тáллий)
тáллий, -я
тáлловый
таллóм, -а
талмýд, -а
талмуди́зм, -а
талмуди́ст, -а

талмуди́стский
талмуди́ческий
тáловый (*от* тал)
таломёрзлый
талóн, -а
талóнный
талóнчик, -а
тáлреп, -а
тáлый
талы́ш, -á, *р. мн.* -éй
талы́шка, -и
талы́шский
таль, -и
тáльвег, -а
тальк, -а
тáлька, -и (моток)
тáльковый
тáльма, -ы
тальни́к, -á
тальникóвый
тáльянка, -и
там
тамадá, -ы́, *м.*
тамари́кс, -а и тамари́ск, -а
тамари́ксовый и тамари́с-
ковый
тамари́нд, -а
тамари́ск, -а и тамари́кс, -а
тамари́сковый и тамари́к-
совый
тáмбур, -а (проход;
вышивка)
тамбýр, -а (барабан)
тамбури́н, -а
тамбурмажóр, -а
тамбурмажóрский
тáмбурный
тáмга, -и́
тами́л, -а, *р. мн.* -ов
тами́лка, -и
тами́льский
тамóженник, -а
тамóженный
тамóжня, -и, *р. мн.* -жен
тáмошний
тамплиéр, -а
тампóн, -а
тампонáда, -ы
тампонáж, -а
тампонáция, -и
тампони́рование, -я
тампони́рованный
тампони́ровать(ся), -рую,
-рует(ся)
там-ся́м
тамтáм, -а
танáгра, -ы
танальби́н, -а
танатологи́я, -и
танатоценóз, -а
танбýр, -а
тáнгенс, -а
тáнгенс-буссóль, -и
тангенсóида, -ы
тангенциáльный
танги́р, -а
тáнго, *нескл.*, *с.*
тáндéм, -а
тáндéм-маши́на, -ы
тáнец, -нца
танзани́ец, -и́йца
танзани́йка, -и
танзани́йский
тани́н, -а

тани́нный
тани́новый
танк, -а
тáнка, -и и *нескл.*, *ж.*
танк-амфи́бия, тáнка-ам-
фи́бии
тáнкер, -а
тáнкерный
танкéтка, -и
танкéтки, -ток, *ед.*
танкéтка, -и (обувь)
танки́ст, -а
танки́стский
танковождéние, -я
тáнковый
танкодесáнт, -а
танкодесáнтный
танкодостýпный
танкодрóм, -а
танкозащи́тный
танкоопáсный
танкоремóнтный
танкостроéние, -я
танкострои́тельный
тантáл, -а (металл)
танталáт, -а
танталáт, -а
тантáловы мýки
тантáловый
тантьéма, -ы
тантьéмный
танцверáнда, -ы
танцевáльный
танцевáть(ся), -цýю,
-цýет(ся)
танцзáл, -а
танцклáсс, -а
танцмéйстер, -а
танцмéйстерский
танцóвщик, -а
танцóвщица, -ы
танцóр, -а
танцóрка, -и
танцплощáдка, -и
танцýлька, -и
танцýющий
тáпа, -ы
тапёр, -а
тапéрша, -и
тапиóка, -и
тапи́р, -а
тáпки, -пок, *ед.* тáпка, -и
тáпливать, *наст. вр. не*
употр.
тáпочки, -чек, *ед.* тáпочка,
-и
тáра, -ы
тарабáнить, -ню, -нит
тарабáрить, -рю, -рит
тарабáрский
тарабáрщина, -ы
таракáн, -а
таракáний, -ья, -ье
таракáновые, -ых
таракáшка, -и, *м.* и *ж.*
тарáн, -а
тарáний, -ья, -ье (*от*
тарáнь)
тарáнить, -ню, -нит
тарáнка, -и
тарáнный (*от* тарáн)
тарантá, -ы́, *м.* и *ж.*
тарантáс, -а
тарантáсный

356

тарантéлла, -ы
тарантúть, -нчý, -нти́т
тара́нтул, -а
тара́нь, -и
тарара́м, -а
тарара́х, неизм.
тарара́хать(ся), -аю(сь), -ает(ся)
тарара́хнуть(ся), -ну(сь), -нет(ся)
тарата́ечка, -и
тарата́йка, -и
тарато́рить, -рю, -рит
тарато́рка, -и, м. и ж.
тарахтéть, -хчý, -хти́т
тара́щить(ся), -щу(сь), -щит(ся)
тарбага́н, -а
тарбага́ний, -ья, -ье
тарбага́нчик, -а
таре́лка, -и
тарелкообра́зный
таре́лочка, -и
таре́лочник, -а
таре́лочный
таре́ль, -и
таре́льчатый
тари́рование, -я
тари́рованный
тари́ровать(ся), -рую, -рует(ся)
тарирóвка, -и
тари́ф, -а
тарифика́тор, -а
тарификацио́нный
тарифика́ция, -и
тарифици́рованный
тарифици́ровать(ся), -рую, -рует(ся)
тари́фно-квалификацио́н-ный
тари́фный
тарлата́н, -а
тарлата́новый
та́рный
тароупакóвочный
тарпа́н, -а
тарта́н, -а
тарта́ние, -я
тарта́новый
та́ртар, -а
тартарары́: провали́ться в тартарары́
тарти́нка, -и
та́ртуский (от Та́рту)
тарха́н, -а
тарха́нный
тархýн, -а
та́ры-ба́ры, других форм нет
та́ска, -и
та́сканный, прич.
та́сканый, прил.
таска́ть(ся), -а́ю(сь), -а́ет(ся)
та́скивать, наст. вр. не употр.
та́ском, нареч.
таскотня́, -и́
таскýн, -а́
таскýнья, -и, р. мн. -ний
тасóванный
тасова́ть(ся), -сýю, -сýет(ся)

тасóвка, -и
та́ссовец, -вца
та́ссовский
тат, -а, р. мн. -ов
тата́канье, -я
тата́кать, -аю, -ает
тата́ми, нескл., м. и с.
тата́рин, -а, мн. -а́ры, -а́р
тата́рка, -и
тата́рник, -а
тата́рский
тата́рчонок, -нка, мн. -ча́та, -ча́т
тата́рщина, -ы
та-та-та́, неизм.
та́тка, -и
та́тский
татуи́рованный
татуи́ровать(ся), -рую(сь), -рует(ся)
татуирóвка, -и
тать, -я
татьба́, -ы́
татья́нка, -и (платье)
та́у, нескл. с.
та́у-сагы́з, -а
тауси́нный
таутомери́я, -и
тафонóмия, -и
тафта́, -ы́
тафтянóй
тафья́, -и́, р. мн. -фей
тахеóметр, -а (геодезичес-кий инструмент)
тахеометри́ческий
тахеомéтрия, -и
тахикарди́я, -и
тахи́метр, -а (прибор для измерения скорости те-чения)
тахи́на, -ы
тахи́нно-вани́льный
тахи́нный
тахогенера́тор, -а
тахóметр(ся), -а (прибор для измерения скорости вращения)
тахометри́ческий
тахта́, -ы́
тацéт, -а
тача́лка, -и
тача́льный
тача́ние, -я
тача́нка, -и
та́чанный, прич.
та́чаный, прил.
тача́ть(ся), -а́ю, -а́ет(ся)
та́чечник, -а
та́чечный
та́чка, -и
тачнóй
ташúзм, -а
та́щенный
тащи́ть(ся), тащý(сь), та́щит(ся)
та́ялка, -и
та́яние, -я
та́ять, та́ю, та́ет
тварь, -и
тварю́га, -и и тварю́ка, -и, м. и ж.
твердéние, -я
твердéть, -éю, -éет

тверди́ть(ся), -ржý, -рди́т(ся)
твёрдо, -а и нескл. с. (буква)
твёрдо, нареч.
твердова́тый
твердозём, -а
твердока́менный
твердока́таный
твердокопчёный
твердолóбый
твердомéр, -а
твердонёбный
твердосемя́нный
твердоспла́вный
твёрдость, -и
твердотóпливный
твёрдый; кр. ф. твёрд, тверда́, твёрдо, тверды́ и твёрды
тверды́ня, -и, р. мн. -ы́нь
твердь, -и
тверёзый
твёрже, сравн. ст. (от твёрдый, твёрдо)
твёрженный; кр. ф. -ен, -ена и тверждённый; кр. ф. -ён, -ена́
твид, -а
тви́довый
твин, -а
твиндéк, -а
тви́новый
твист, -а
тви́ши, нескл. с.
твой, твоегó, твоя́, твоéй, твоё, твоегó, мн. твои́, твои́х
творéние, -я
творённый; кр. ф. -ён, -ена́, прич.
творёный, прил.
творéц, -рца́
твори́ло, -а
твори́тельный падéж
твори́ть(ся), -рю, -ри́т(ся)
творóг, -а и творóг, -á
творóжистый
творóжить(ся), -óжу, -óжит(ся)
творóжник, -а
творóжный
тво́рческий
тво́рчество, -а
теа́тр, -а
театра́л, -а
театрализа́ция, -и
театрализóванный
театрализова́ть(ся), -зýю, -зýет(ся)
театра́лка, -и
театра́льность, -и
театра́льный
театра́льщина, -ы
театровéд, -а
театровéдение, -я
театровéдческий
теа́тр-стýдия, теа́тра-стýдии
тебенева́ть, -нýет
тебенёвка, -и
тебенёвочный
тебенёк, -нька́

тебенькóвый
тевтóн, -а
тевтóнец, -нца
тевтóнка, -и
тевтóнский
тéга-тéга, неизм.
тегиля́й, -я
тéза, -ы
тезавра́тор, -а
тезавра́ция, -и
тезаври́рование, -я
тезаври́рованный
тезаври́ровать(ся), -рую, -рует(ся)
теза́урус, -а
тези́рованный
тези́ровать(ся), -рую, -рует(ся)
тéзис, -а
тёзка, -и, м. и ж.
тезоимени́тство, -а
тезоимени́тый
тейзм, -а
тейн, -а
тейст, -а
теисти́ческий
тейлериóз, -а
тейлори́зм, -а
теки́нец, -нца
теки́нка, -и
теки́нский
текóма, -ы
текс, -а
тексопри́нт, -а
текст, -а
тексти́ль, -я
тексти́льный
тексти́льщик, -а
тексти́льщица, -ы
текстови́к, -а
текстовини́т, -а
текстóвка, -и
текстовóй и тéкстовый
текстоли́т, -а
текстóлог, -а
текстологи́ческий
текстолóгия, -и
текстуа́льный
текстýра, -ы
текстурóванный
тектúт, -а
тектóника, -и
тектони́ст, -а
тектони́т, -а
тектони́ческий
тектонофи́зика, -и
текýчесть, -и
текýчий
текýчка, -и
текýщий
тёкший
телáнтроп, -а
теле... — первая часть сложных слов, пишется всегда слитно
телеавтома́тика, -и
телеавтомати́ческий
телеангиэктази́я, -и
телеателье́, нескл. с.
телеба́шня, -и, р. мн. -шен
телеви́дение, -я
телевизиóнный
телевизиóнщик, -а
телеви́зор, -а

телеви́зорный
телеви́к, -а́
телѐга, -и
телегаммааппара́т, -а
телегамматерапи́я, -и
телегени́чный
телегра́мма, -ы
телегра́ммка, -и
телегра́ммный
телегра́ф, -а
телеграфи́рование, -я
телеграфи́рованный
телеграфи́ровать(ся),
　-рую, -рует(ся)
телеграфи́ст, -а
телеграфи́стка, -и
телеграфи́я, -и
телегра́фно-ка́бельный
телегра́фно-телефо́нный
телегра́фный
теледокументали́стика, -и
телёжка, -и
телёжный
тележо́нка, -и
тележурнали́ст, -а
телезри́тель, -я
телеизмере́ние, -я
телеизмери́тельный
телеинтервью́, нескл., с.
телека́мера, -ы
телекинѐз, -а
телекинети́ческий
телекино́, нескл., с.
телекинопроѐкция, -и
телекиносъёмка, -и
телекоммента́тор, -а
телекоммуникацио́нный
телеконтро́ль, -я
телеконфере́нция, -и
те́лекс, -а
телеме́тр, -а
телеметри́ческий
телеметри́я, -и
телемеханиза́ция, -и
телемеханизи́ровать(ся),
　-рую, -рует(ся)
телемеха́ника, -и
телемехани́ческий
телемо́ст, -а и -а́, предл. в,
　на телемосте́, мн. -ы́, -о́в
теленабо́рный
телёнок, -нка, мн. теля́та,
　-я́т
теленобмус, -а
телёночек, -чка
телеобъекти́в, -а
телеоза́вр, -а
телеологи́ческий
телеологи́чный
телеоло́гия, -и
телеопера́тор, -а
телеобчерк, -а
телепати́ческий
телепа́тия, -и
те́лепень, -пня
телепереда́тчик, -а
телепереда́ча, -и
телеприёмник, -а
телепрогра́мма, -ы
телера́диевый
телерегули́рование, -я
телерекла́ма, -ы
телерепорта́ж, -а
телеса́, телѐс, телеса́м

телесериа́л, -а
телесигнализа́ция, -и
телеско́п, -а
телескопи́ческий
телескопи́я, -и
теле́сный
телеспекта́кль, -я
телеста́нция, -и
телестереоско́п, -а
теле́стих, -а
телесту́дия, -и
телета́йп, -а
телета́йпи́стка, -и
телета́йпный
телеуправле́ние, -я
телеуправля́емый
телеу́т, -а
телеу́тка, -и
телеу́тский
телефа́кс, -а
телефика́ция, -и
телефи́льм, -а
телефо́н, -а
телефо́н-автома́т, телефо́-
　на-автома́та
телефониза́ция, -и
телефонизи́рованный
телефонизи́ровать(ся),
　-рую, -рует(ся)
телефони́ровать, -рую,
　-рует
телефони́ст, -а
телефони́стка, -и
телефони́я, -и
телефо́нный
телефоногра́мма, -ы
телефотогра́фия, -и
телефото́метр, -а
телѐц, тельца́
телеце́нтр, -а
телешо́м, нареч.
телеэкра́н, -а
те́лик, -а
тели́ться, те́лится
тёлка, -и
теллу́р, -а
теллури́д, -а
теллу́рий, -я
теллу́ристый
теллури́ческий
теллурмеркапта́н, -а
теллу́ровый
теллуроргани́ческий
те́ло, -а, мн. тела́, тел, те-
　ла́м
телогре́йка, -и
телогре́я, -и
телодвиже́ние, -я
телóк, телка́
телорѐз, -а
телосложе́ние, -я
телофа́за, -ы
телохрани́тель, -я
тёлочка, -и
телу́шка, -и
тѐльник, -а
тѐльный
тельня́шка, -и
тѐльфер, -а
тѐльце, -а
теля́тина, -ы
теля́тки, -ток
теля́тник, -а
теля́тница, -ы

теля́чий, -ья, -ье
тѐма, -ы
темати́зм, -а
тема́тика, -и
темати́ческий
тѐм бóлее
тембр, -а
тѐмбровый
теменнóй
тѐмень, -и
тѐмечко, -а
темля́к, -а́
темля́чный
тѐм не мѐнее
тѐмненький; кр. ф. -ёнек,
　-ёнька
темнѐнько
темнѐть(ся), -ѐю, -ѐет(ся)
темнёхонький; кр. ф.
　-онек, -онька
темнёшенький; кр. ф.
　-енек, -енька
тѐмник, -а
темни́тель, -я
темни́ть(ся), -ню́, -ни́т(ся)
темни́ца, -ы
темни́чный
темноборóдый
тёмно-бу́рый
темнова́тый
темноволóсый
тёмно-жёлтый
тёмно-зелёный
тёмно-ка́рий
тёмно-кашта́новый
темнокóжий
тёмно-кра́сный
темноли́кий
темноли́ственный
темноли́стый
темноли́цый
темноокра́шенный*
тёмно-ру́сый
тёмно-сѐрый
тёмно-си́ний
темнота́, -ы́
тёмно-фиолѐтовый
темнохвóйный
темноцвѐтный
тёмно-шоколáдный
тёмный; кр. ф. тёмен,
　темна́, темнó
темны́м-темнó
темп, -а
тѐм па́че
тѐмпера, -ы
темпера́мент, -а
темпера́ментность, -и
темпера́ментный
температу́ра, -ы
температу́рить, -рю, -рит
температу́рно-вла́жност-
　ный
температу́рный
темпера́ция, -и
темпери́рованный
темпери́ровать(ся), -рую,
　-рует(ся)
тѐмперный
тѐмповый и (спорт.) тем-
　повóй
темпóграф, -а
темь, -и
тѐмя, тѐмени

тена́кль, -я
тенарди́т, -а
тенденцио́зность, -и
тенденцио́зный
тенде́нция, -и
тѐндер, -а
тѐндер-конденса́тор, тѐн-
　дера-конденса́тора
тѐндерный
теневóй
теневынóсливый
тенелюби́вый
тенери́ф, -а
тенёта, тенёт
тенётник, -а
тенёчек, -чка
тензода́тчик, -а
тензо́метр, -а
тензометри́ческий
тензометри́я, -и
тени́стый
тѐннис, -а
тенниси́ст, -а
тенниси́стка, -и
тѐнниска, -и
тѐннисный
тѐнор, -а, мн. -а́, -óв и -ы, -ов
тенорóвый
тенорóк, -рка́
тент, -а
тень, -и, предл. о тѐни и в
　тени́, мн. тѐни, -ѐй
тѐнькать, -аю, -ает
тенькóвка, -и
теоброми́н, -а
теогóния, -и
теоди́цея, -и
теодоли́т, -а
теократи́ческий
теокра́тия, -и
теблóг, -а
теологи́ческий
теолóгия, -и
теорѐма, -ы
теоретизи́рование, -я
теоретизи́ровать, -рую,
　-рует
теорѐтик, -а
теорѐтико-познава́тель-
　ный
теорѐтико-числовóй
теорет`и́ческий
теорети́чный
тебри́йка, -и
тебри́я, -и
теосóф, -а
теософи́ческий
теосóфия, -и
теосóфка, -и
теосóфский
теофедри́н, -а
теофилли́н, -а
тепѐрешний
тепѐрича
тепѐрь
тёпленький
теплѐть, -ѐю, -ѐет
теплёхонький; кр. ф. -нек,
　-нька
теплецó, -а́
теплёшенький; кр. ф. -нек,
　-нька
тёплить(ся), -лю, -лит(ся)
тепли́ца, -ы

теплично-парнико́вый
тепли́чный
тепло́, -а́
тепловла́жностный
тепловодоснабже́ние, -я
тепловодоэлектроизоля́-
ция, -и
тепловоз, -а
тепловозный
тепловозостроение, -я
тепловозостроитель, -я
тепловозостроительный
тепловой
тепловыделяющий
теплогазоснабжение, -я
теплоёмкий
теплоёмкость, -и
теплозащита, -ы
теплозащитный
тепло- и звукоизоляция,
-и
теплоизоляционный
теплоизоляция, -и
теплокровный
теплолечение, -я
теплолюбивый
теплома́гистра́ль, -и
тепломе́р, -а
теплонепроница́емый
теплоноситель, -я
теплообме́н, -а
теплообме́нник, -а
теплообме́нный
теплообразова́ние, -я
теплоотда́ча, -и
теплопеленга́тор, -а
теплопереда́ча, -и
теплопоте́ря, -и
теплоприёмник, -а
теплопрово́д, -а
теплопрово́дность, -и
теплопрово́дный
теплопроду́кция, -и
теплопрозра́чность, -и
теплопрозра́чный
теплосе́ть, -и
теплосилово́й
теплоснабжа́ющий
теплоснабже́ние, -я
теплосто́йкий
теплосто́йкость, -и
теплота́, -ы́
теплотво́рность, -и
теплотво́рный
теплоте́хник, -а
теплоте́хника, -и
теплотехни́ческий
теплотра́сса, -ы
теплоусто́йчивость, -и
теплоусто́йчивый
теплофи́зика, -и
теплофизи́ческий
теплофикацио́нный
теплофика́ция, -и
теплофици́рованный
теплофици́ровать(ся),
-рую, -рует(ся)
теплохо́д, -а
теплохо́дный
теплоходострое́ние, -я
теплоцентра́ль, -и
теплоэлектри́ческий
теплоэлектроста́нция, -и
теплоэлектроцентра́ль, -и

теплоэнерге́тика, -и
теплоэнергети́ческий
теплу́шка, -и
теплу́шка, -и
тёплый; *кр. ф.* тёпел,
тепла́, тепло́
теплы́нь, -и
тепля́к, -а́
терапе́вт, -а
терапевти́ческий
терапи́я, -и
тератологи́ческий
тератоло́гия, -и
терато́ма, -ы
те́рбий, -я
тереби́лка, -и
тереби́льный
тереби́ть(ся), -блю́,
-би́т(ся)
теребле́ние, -я
тереблённый; *кр. ф.* -ён,
-ена́, *прич.*
тереблёный, *прил.*
те́рем, -а, *мн.* -а́, -о́в
теремо́к, -мка́
тереске́н, -а
тере́ть(ся), тру(сь),
трёт(ся); *прош.* тёр(ся),
тёрла(сь)
те́рец, те́рца
терза́ние, -я
терза́ть(ся), -а́ю(сь),
-а́ет(ся)
терилен, -а
терилен, -а
терилен́овый
териодо́нт, -а
териоло́гия, -и
тёрка, -и
терма́льный
терменво́кс, -а
термидо́р, -а
термидориа́нец, -нца
термидориа́нский
те́рмин, -а
термина́л, -а
термина́льный
термина́тор, -а
терми́н́изм, -а
термини́рованный
терминировать(ся), -рую,
-рует(ся)
терминологи́ческий
терминоло́гия, -и
терми́ст, -а
терми́стор, -а
терми́т, -а
терми́тник, -а
терми́тный
терми́ческий
термо... — первая часть
сложных слов, пишется
всегда слитно
термоанемо́метр, -а
термоантраци́т, -а
термобарока́мера, -ы
термобатаре́я, -и
термобигуди́, -е́й и *нескл.,
мн.*
термовыно́сливый
термогальваномагни́т-
ный
термогенера́тор, -а
термогра́мма, -ы
термо́граф, -а
термографи́ческий

термогра́фия, -и
термодина́мика, -и
термодинами́ческий
термози́т, -а
термозитобето́н, -а
термоизоляцио́нный
термоизоля́ция, -и
термоио́нный
термока́мера, -ы
термока́рст, -а
термоконста́нтный
термолюминесце́нция, -и
термомагни́тный
термомаслосто́йкий
термо́метр, -а
термометри́ческий
термометри́я, -и
термомехани́ческий
термообрабо́тка, -и
термоограничи́тель, -я
термопа́ра, -ы
термопла́ст, -а
термопласти́чный
термо́псис, -а
термореакти́вный
терморегули́рование, -я
терморегуля́тор, -а
терморегуля́ция, -и
терморези́стор, -а
терморецеп́тор, -а
те́рмос, -а
термосифо́н, -а
термосифо́нный
термосопротивле́ние, -я
термоста́т, -а
термосто́йкий
термосто́йкость, -и
термота́ксис, -а
термотерапи́я, -и
термотропи́зм, -а
термофи́льный
термофо́бный
термофосфа́т, -а
термохими́ческий
термохи́мия, -и
термоэлектри́ческий
термоэлектро́нный
термоэлеме́нт, -а
термоэмиссио́нный
термоя́дерный
тёрмы, терм
тёрн, -а
тёрние, -я, *р. мн.* -иев и -ий
терни́стый
терно́вка, -и
терно́вник, -а
терно́вый
терносли́в, -а и терносли́-
ва, -ы
тёрочный
терпёж, -ежа́ и -ежу́
терпели́вость, -и
терпели́вый
терпе́н, -а
терпе́ние, -я
терпе́нный
терпе́новый
терпенти́н, -а
терпенти́нный
терпенти́новый
терпе́ть(ся), терплю́,
те́рпит(ся)
терпи́мость, -и
терпи́мый

терпингидра́т, -а
те́рпкий; *кр. ф.* те́рпок,
терпка́, те́рпко
те́рпко-горькова́тый
те́рпкость, -и
терпу́г 1, -а́ (брус)
терпу́г 2, -а (рыба)
те́рпче, *сравн. ст. (от
те́рпкий, те́рпко)*
те́рпящий
террази́т, -а
террако́та, -ы
террако́товый
террамици́н, -а
терра́рий, -я и терра́риум,
-а
терра́са, -ы
терраси́рование, -я
терраси́рованный
терраси́ровать(ся), -рую,
-рует(ся)
терра́ска, -и
терра́сный
террасообра́зный
терренку́р, -а
терриге́нный
террико́н, -а и террико́-
ник, -а
территориа́льно-админи-
страти́вный
территориа́льно-нацио-
на́льный
территориа́льно-произ-
во́дственный
территориа́льный
террито́рия, -и
терро́р, -а
терроризи́рование, -я
терроризи́рованный
терроризи́ровать(ся),
-рую, -рует(ся)
террори́зм, -а
терроризо́ванный
терроризова́ть(ся), -зу́ю,
-зу́ет(ся)
террори́ст, -а
террористи́ческий
террори́стка, -и
террори́стский
те́рский
тёртый
терце́т, -а
те́рцевый
терци́на, -ы
те́рция, -и
терцквартакко́рд, -а
терц-мажо́р, -а
тёрший(ся)
терье́р, -а
теря́ть(ся), -я́ю(сь),
-я́ет(ся)
тёс, -а
теса́к, -а́
теса́ние, -я
тёсаный, *прич.*
тёсаный, *прил.*
теса́ть(ся), тешу́,
те́шет(ся)
теса́чный
тесёмка, -и
тесёмочка, -и
тесёмочный
тесёмчатый
теси́на, -ы

тёска, -и (от тесать)
тесление, -я
теслить(ся), -лю, -лит(ся)
тесло, -а, мн. тёсла, тёсел
теснение, -я (от теснить)
теснённый; кр. ф. -ён, -ена
   (от теснить)
теснина, -ы
теснить(ся), -ню(сь),
   -нит(ся) (к тёсный)
тесноватый
тёсно расположенный
теснота, -ы
тёсный; кр. ф. тёсен,
   тесна, тёсно, тёсны
тесовый
тесситура, -ы
тест, -а
тестамент, -а
тестер, -а
тестирование, -я
тестировать(ся), -рую(сь),
   -рует(ся)
тесто, -а
тестовальцовочный
тестоделительный
тестомесильный
тестообразный
тестостерон, -а
тесть, -я
тестяной
тесьма, -ы
тетанический (от
   тетания)
тетания, -и
тетанус, -а
тет-а-тет, -а, нареч. и
   неизм.
тет-де-пон, -а, нареч.
тётенька, -и
тётерев, -а, мн. -а,
   -ов
тетеревёнок, -нка, мн.
   -вята, -вят
тетеревиный
тетеревятник, -а
тетёрка, -и
тетёря, -и, р. мн. тетерь и
   -ерей, м. и ж.
тетёха, -и
тётечка, -и
тетёшкать(ся), -аю(сь),
   -ает(ся)
тетива, -ы
тётка, -и
тетравакцина, -ы
тетрагональный
тетрадка, -и
тетрадный
тетрадочка, -и
тетрадочный
тетрадь, -и
тетралогия, -и
тетраметр, -а
тетрарх, -а
тетрархия, -и
тетрахлорэтан, -а
тетрахорд, -а
тетрациклин, -а
тетраэдр, -а
тетраздрит, -а
тетрил, -а
тетрод, -а
тётушка, -и

тётя, -и, р. мн. тёть и
   тётей
теург, -а
теургический
теургия, -и
тефлон, -а
тефрит, -а
тефтели, -ей и тефтели, -ей
тефф, -а
техасы, -ов
техминимум, -а
технадзор, -а
технарь, -я
технеций, -я
технизация, -и
техник, -а
техника, -и
техник-лейтенант,
   техника-лейтенанта
технико-производствен-
   ный
технико-экономический
техник-смотритель,
   техника-смотрителя
техникум, -а
техницизм, -а
технический
техничный
технократ, -а
технократический
технократия, -и
технолог, -а
технологический
технологичность, -и
технологичный
технология, -и
технорук, -а и -а
технохимический
техобслуживание, -я
техотдел, -а
техперсонал, -а
техпомощь, -и
техпромфинплан, -а
техпропаганда, -ы
техред, -а
техусловия, -ий
техуход, -а
техучилище, -а
течение, -я
течка, -и
течь 1, -и
течь 2, течёт, текут; прош.
   тёк, текла
тёша, -и
тёшащий(ся) (от тешить)
тешить(ся), -шу(сь),
   -шит(ся)
тёшка, -и
тёшущий (от тесать)
тёща, -и
тиамин, -а
тиара, -ы
тибетец, -тца
тибетка, -и
тибетский
тиверцы, -цев
тигель, -гля
тигельный
тигмотропизм, -а
тигр, -а
тигрёнок, -нка, мн. -рята,
   -рят
тигриный
тигрица, -ы

тигровый
тигролов, -а
тик, -а
тиканье, -я
тикать, -ает (о часах)
тикать, -аю, -ает (удирать)
тиковый
тик-так, неизм.
тильбюри, нескл. с.
тильда, -ы
тиляпия, -и
тимберс, -а
тимол, -а
тимоловый
тимофеевка, -и
тимпан, -а
тимпанальный
тимпания, -и
тимуровец, -вца
тимуровский
тимьян, -а
тина, -ы
тинистый
тинктура, -ы
тинник, -а
тиокол, -а
тиосоединение, -я
тиофос, -а
тиоциановый
тип, -а
типаж, -а
типец, типца (бот.)
типизация, -и
типизированный
типизировать(ся), -рую,
   -рует(ся)
типик, -а
типикон, -а
типический
типичность, -и
типичный
типовой
типограф, -а
типография, -и
типографский
типолитография, -и
типологический
типология, -и
типометр, -а
типометрия, -и
типоразмер, -а
типун, -а
типунеть, -еет
типчак, -а
типчик, -а
тир, -а
тирада, -ы
тираж, -а
тиражный
тиран, -а
тиранить, -ню, -нит
тиранический
тирания, -и
тиранка, -и
тираннозавр, -а
тираноборец, -рца
тиранство, -а
тиранствовать, -твую,
   -твует
тиратрон, -а

тиратронный
тире, нескл. с.
тиреоидин, -а
тиристор, -а
тиристорный
тиркушка, -и
тирлич, -а
тированный
тировать(ся), -рую,
   -рует(ся)
тировка, -и
тирозин, -а
тироксин, -а
тирольский
тирс, -а
тис, -а
тискальный
тисканный
тисканье, -я
тискать(ся), -аю(сь),
   -ает(ся)
тиски, -ов
тиснение, -я (от тиснить)
тиснённый; кр. ф. -ён, -ена,
   прич. (от тиснить)
тиснёный, прил.
тиснить, -ню, -нит
   (выдавливать)
тиснуть, -ну, -нет
тисовый
тисочный
титан, -а
титанид, -а (хим.)
титанистый
титанит, -а (минерал)
титанический (от титан)
титановый
титаномагнетит, -а
титестер, -а
титло, -а, р. мн. титл
титловый
титовка, -и
титр, -а
титрирование, -я
титрированный
титрировать(ся), -рую,
   -рует(ся)
титрование, -я
титрованный
титровать(ся), -рую,
   -рует(ся)
титул, -а
титулование, -я
титулованный
титуловать(ся), -лую(сь),
   -лует(ся)
титульный
титулярный
тиун, -а
тиунский
тиф, -а, предл. о тифе и в
   тифу
тифдрук, -а
тифлопедагогика, -и
тифлотехника, -и
тифлотипография, -и
тифозный
тифоидный
тифон, -а
тихвинка, -и
тихенький и тихонь-
   кий
тихий; кр. ф. тих, тиха,
   тихо, тихи

ти́хнуть, -ну, -нет; *прош.*
тих, ти́хла
тихове́йный
тихово́дный
тихово́дье, -я
тиходо́л, -а
тихомо́лком, *нареч.*
ти́хонький и ти́хенький
тихо́нько
тихо́ня, -и, *р. мн.* тихо́нь и
-ней, *м. и ж.*
тихоокеа́нский
ти́хо-сми́рно
тихостру́йный
тихохо́д, -а
тихохо́дка, -и
тихохо́дный
тихо́хонько
тиша́йший
тиша́ть, -а́ю, -а́ет
ти́ше, *сравн. ст. (от* ти́-
хий, ти́хо)
тишина́, -ы́
тишко́м, *нареч.*
тишь, -и
тка́невый (к ткань)
тка́нный; *кр. ф.* ткан, тка-
на́, ткано́, *прич.*
тка́ный, *прил.*
ткань, -и
тканье́, -я́
тканьёвый (тканый)
тка́ть(ся), тку, ткёт(ся);
прош. тка́л(ся),
ткала́(сь), тка́ло,
ткало́сь
тка́цкий
тка́цко-отде́лочный
ткач, -а́
тка́чество, -а
ткачи́ха, -и
ткема́ли, *нескл., ж. и с.*
ткну́ть(ся), ткну(сь),
ткнёт(ся)
тлен, -а
тле́ние, -я
тле́нный; *кр. ф.* тле́нен,
тле́нна
тлетво́рный
тле́ть(ся), тле́ю, тле́ет(ся)
тли́ться, тли́тся
тля, -и, *мн.* тли, тлей
тмин, -а
тми́нный
тми́ть(ся), тми́т(ся)
то, того́
то́ бишь
това́р, -а
това́рищ, -а
това́рищеский
това́рищество, -а
това́рка, -и
това́рно-де́нежный
това́рно-материа́льный
това́рность, -и
това́рный
товарове́д, -а
товарове́дение, -я
товарове́дный
товарове́дческий
товарообме́н, -а
товарообора́чиваемость, -и
товарооборо́т, -а
товаропассажи́рский

товаропроводя́щий
товаропроизводи́тель, -я
товароснабже́ние, -я
товаротра́нспортный
то́га, -и
тогда́ (же)
тогда́-то
тогда́шний
того́, *частица*
тоголе́зец, -зца
тоголе́зка, -и
тоголе́зский
то́дес, -а
тоё, *частица*
то́ есть
тож, *союз, но местоим. с*
частицей то ж
тожде́ственный; *кр. ф.* -вен
и -венен, -венна
тожде́ство, -а
то́же, *нареч. и союз* (я
то́же приду), но
местоим. с частицей то
же (я сде́лал то́ же, что́
и ты́)
то́ же са́мое
тоже́ственный; *кр. ф.* -вен
и -венен, -венна
тоже́ство, -а
то́ и де́ло
той, -я
тойо́н, -а
тойтерье́р, -а
ток 1, -а и -у, *мн.* -и, -ов
ток 2, -а, *предл.* о то́ке, на
току́, *мн.* -а́, -о́в (место,
где молотят или где
току́ют птицы)
тока́й, -я (вино)
тока́йское, -ого
тока́рничать, -аю, -ает
тока́рно-винторе́зный
тока́рно-карусе́льный
тока́рно-копирова́льный
тока́рно-револьве́рный
тока́рный
тока́рня, -и, *р. мн.* -рен
то́карь, -я, *мн.* -я́, -е́й и -и,
-ей
токка́та, -ы
то́кмо
токова́ние, -я
токова́ть, току́ет
токови́ще, -а
токонесу́щий
токоограничи́тель, -я
токоприёмник, -а
токосъёмник, -а
токсеми́я, -и
токсико́з, -а
токсико́лог, -а
токсикологи́ческий
токсиколо́гия, -и
токсикома́н, -а
токсикома́ния, -и
токси́н, -а
токси́ческий
токси́чный
токсопла́зма, -ы
токсоплазмо́з, -а
тол, -а
толай, -я
то́левый (*от* толь)
толера́нтность, -и

толера́нтный
толи́ка, -и
толи́кий
толи́ко, *нареч.*
толк 1, -а
толк 2, *неизм.*
толка́ние, -я
толкану́ть(ся), -ну́(сь),
-нёт(ся)
толка́тель, -я
толка́ть(ся), -а́ю(сь),
-а́ет(ся)
толка́ч, -а́
то́лки, -ов
толкну́ть(ся), -ну́(сь),
-нёт(ся)
толкова́ние, -я
толко́ванный
толкова́тель, -я
толкова́тельница, -ы
толкова́ть(ся), -ку́ю,
-ку́ет(ся)
толко́вый
толко́м, *нареч.*
толкотня́, -и́
толку́н, -а́
толку́нчик, -а
толку́чий
толку́чка, -и
толма́ч, -а́
толма́чить, -чу, -чит
то́ловый (*от* тол)
толо́ка, -и
толокно́, -а
толокня́нка, -и
толокня́ный
толоко́нный
толо́кший(ся)
толо́чь(ся), -лку́(сь),
-лчёт(ся), -лку́т(ся);
прош. -ло́к(ся), -лкла́(сь)
толпа́, -ы́, *мн.* то́лпы, толп
толпи́ться, -пи́тся
толпи́ща, -и
толсте́нный
то́лстенький; *кр. ф.* -енек,
-енька
толсте́ть, -е́ю, -е́ет (стано-
ви́ться то́лстым)
толстина́, -ы
толсти́ть, -и́т (*кого*)
толстобо́кий
толстобрю́хий
толсто́вец, -вца
толсто́вка, -и
толсто́вский
толсто́вство, -а
толсто́вщина, -ы
толстоголо́вка, -и
толстоголо́вый
толстогу́бый
толстоза́дый
толстокло́вый
толстоко́жесть, -и
толстоко́жий
толстоли́стник, -а
толстоли́стный и
толстоли́стый
толстолисто́й
толстоло́бик, -а
толстомо́рдый
толстомя́сый

толстоно́гий
толстоно́жка, -и
толстоно́сый
толстопокры́тый*
толстопу́зый
толстопя́тый
толстро́ржий
толсторы́лый
толстосте́нный
толстосу́м, -а
толстотёл, -а
толстоте́лый
толсто́тный
толсту́шечий, -ёяя, -ёее
толстощёкий
толсту́ха, -и
толсту́шка, -и
толсту́щий
то́лстый; *кр. ф.* толст,
толста́, то́лсто, то́лсты
то́лстый-претолстый
толстя́к, -а́
толстя́нковые, -ых
толстячо́к, -чка́
толу́бл, -а
толу́бловый
толче́йный
толче́ние, -я
толчённый; *кр. ф.* -ён, -ена́,
прич.
толчёный, *прил.*
толче́я, -и́
толчо́к, -чка́
то́лща, -и
то́лще, *сравн. ст. (от*
то́лстый, то́лсто)
толщина́, -ы́
толщи́нка, -и
толщино́мер, -а
толь, -я
то́лько
то́лько-то
то́лько-то́лько
то́лько что
том, -а, *мн.* -а́, -о́в
томага́вк, -а
томаси́рование, -я
тома́совский
томасшла́к, -а
тома́т, -а
тома́тный
томатопроду́кты, -ов, *ед.*
-у́кт, -а
тома́т-па́ста, тома́та-па́сты
тома́т-пюре́, тома́та-пюре́
томбуй, -я
то́мик, -а
томи́льный
томи́тельный
томи́ть(ся), -млю́(сь),
-ми́т(ся)
томле́ние, -я
томлённый; *кр. ф.* -ён,
-ена́, *прич.*
томлёный, *прил.*
томнобо́кий
то́мность, -и
то́мный; *кр. ф.* то́мен,
томна́, то́мно
томогра́мма, -ы
томогра́фия, -и
томофлюорогра́фия, -и
томоша́, -и́
томоши́ться, -шу́сь, -ши́тся

томпа́к, -а́
томпа́ковый
тон, -а, *мн.* тона́, -о́в (цвет)
  и то́ны, -ов и -о́в (звук)
тона́льность, -и
тона́льный
то́ндо, *нескл., с.*
тоневӧй и то́невый
то́ненький; *кр. ф.* -енек,
  -енька
тонёхонький; *кр. ф.* -нек,
  -нька
тонзилли́т, -а
тонзу́ра, -ы
тониза́ция, -и
тонизи́рованный
тонизи́ровать(ся), -рую,
  -рует(ся)
то́ник, -а
то́ника, -и
тонина́, -ы́
тони́рованный
тони́ровать(ся), -рую, -ру-
  ет(ся)
тони́ческий
то́нкий; *кр. ф.* то́нок, тон-
  ка́, то́нко, то́нки́
тонкобро́вый
тонкова́тый
тонковолокни́стый
тонкоголо́сый
тонкогу́бый
тонкозерни́стый
тонкоклю́вный
тонкоко́жий
тонкоко́рый
тонкокристалли́ческий
тонколистовӧй
тонкомо́лотый
тонконо́г, -а
тонконо́гий
тонкопа́лый
тонкопа́нцирный
тонкопокры́тый*
тонкопо́ристый
тонкопря́д, -а
тонкопряде́ние, -я
тонкопряди́льный
то́нко размо́лотый
тонкораспылённый*
тонкору́нный
тонкосло́йный
тонкоство́льный
тонкосте́нный
то́нкость, -и
тонкосуко́нный
тонкоте́л, -а
тонкоте́лый
тонкоше́ий, -е́яя, -е́ее
тонкошёрстный и тонко-
  шёрстый
тонме́йстер, -а
то́нна, -ы
тонна́ж, -а
тоннелестрое́ние, -я и тун-
  нелестрое́ние, -я
тонне́ль, -я и тунне́ль, -я
тонне́льный и тунне́ль-
  ный
то́нно-киломе́тр, -а
то́нно-ми́ля, -и
то́нный
тоновӧй (*полигр.*)
то́новый (*муз.*)

то́пчущий(ся)
топы́рить(ся), -рю(сь),
  -рит(ся)
топь, -и
топяно́й
то́ра, -ы
торакоа́устика, -и
торакопла́стика, -и
тораскоски́я, -и
то́рба, -ы
торбаса́, -о́в, *ед.* то́рбас,
  -а
торг 1, -а, *предл.* о то́рге,
  на торгу́, *мн.* -и́, -о́в
  (действие; базар)
торг 2, -а, *мн.* -и, -ов (тор-
  говая организация)
торга́ш, -а́
торга́шеский
торга́шество, -а
торги́, -о́в (аукцион)
торгова́ть(ся), -гу́ю(сь),
  -гу́ет(ся)
торго́вец, -вца
торго́вка, -и
торго́влишка, -и
торго́вля, -и
торгово-заготови́тельный
торгово-заку́почный
торгово-правовӧй
торгово-промы́шленный
торгово-ремёсленный
торгово-сбытовӧй
торгово-техноло́гический
торгово-экономи́ческий
торго́вый
торгпре́д, -а
торгпре́дство, -а
торгу́ющий(ся)
тореадо́р, -а
торе́втика, -и
торённый; *кр. ф.* -ён, -ена́,
  прич.
торёный, *прил.*
торе́ро, *нескл., м.*
торе́ц, -рца́
торе́ц в торе́ц
торже́ственность, -и
торже́ственный; *кр. ф.* -вен
  и -венен, -венна
торжество́, -а
торжествова́ть, -тву́ю, -тву́-
  ет
торжеству́ющий
то́ржище, -а
то́ри, *нескл., м.*
то́риевый
то́рий, -я
тори́рованный
тори́т, -а
тори́ть, -рю́, -рю,
  -ри́т(ся)
тори́ца, -ы
то́ричник, -а
то́ркать(ся), -аю(сь),
  -ает(ся)
то́ркнуть(ся), -ну(сь),
  -нет(ся)
торкрети́рование, -я
торма́шки: вверх торма́ш-
  ками
торможе́ние, -я
торможённый; *кр. ф.* -ён,
  -ена́

то́пнуть, -ну, -нет
топо́граф, -а
топографи́ческий
топогра́фия, -и
то́полевый и тополёвый
тополи́ный
топо́лог, -а
тополо́гический
тополо́гия, -и
то́поль, -я, *мн.* -я́, -е́й
топони́мика, -и
топоними́ческий
топони́мия, -и
топо́р, -а́
топо́рик, -а
топори́шко, -а, *м.*
топо́рище, -а
топо́рный
топо́рщить(ся), -щу(сь),
  -щит(ся)
топоско́п, -а
то́пот, -а
топота́ть(ся), -очу́(сь),
  -о́чет(ся)
топотня́, -и́
то́почный
топта́ние, -я
то́птанный, *прич.*
то́птаный, *прил.*
топта́ть(ся), топчу́(сь),
  то́пчет(ся)
топты́гин, -а
топча́н, -а́
то́пче, *сравн. ст.* (*от* то́п-
  кий, то́пко)
топчи́ло, -а

тонӧметр, -а
то́нус, -а
тону́ть, тону́, то́нет
тонфи́льм, -а
тонча́йший
тонча́ть, -а́ю, -а́ет (стано-
  ви́ться тонким)
тончи́ть, -чу́, -чи́т (*что*)
то́ньше, *сравн. ст.* (*от*
  то́нкий, то́нко)
то́ня, -и, *р. мн.* -ей
топ, -а
топа́з, -а
топа́зовый
то́панье, -я
то́пать, -аю, -ает
топена́нт, -а
топинамбу́р, -а
топи́ть(ся), топлю́, то́-
  пит(ся)
то́пка, -и
то́пкий; *кр. ф.* то́пок, топ-
  ка́, то́пко
топле́ние, -я
то́пленный, *прич.*
топлёный, *прил.*
то́пливно-энергети́ческий
то́пливный
то́пливо, -а
топливодозиру́ющий
топливодозиру́ющий
топливозапра́вочный
топливомаслозапра́вщик,
  -а
топливопита́ющий
топливопода́ча, -и
то́пля(сь), -я
то́пнуть, -ну, -нет

то́рмоз, -а, *мн.* -а́, -о́в и -ы,
  -ов
тормози́ть(ся), -ожу́,
  -ози́т(ся)
тормознӧй
тормозну́ть, -ну́, -нёт
тормоши́ть(ся), -шу́(сь),
  -ши́т(ся)
торна́до, *нескл., м.*
то́рный
торова́тый
торока́, -о́в
торопи́ть(ся), -оплю́(сь),
  -о́пит(ся)
торо́пкий; *кр. ф.* -пок, -пка́,
  -пко и то́ропкий; *кр. ф.*
  -пок, -пка, -пко
торопли́вость, -и
торопли́вый
торопы́га, -и, *м. и ж.*
торо́с, -а, *мн.* -ы, -ов
торо́систый
тороси́ть(ся), торо́сит(ся)
торо́совый
торо́ченный
торочи́ть(ся), -чу́, -чи́т(ся)
торо́шение, -я
торпе́да, -ы
торпеди́рование, -я
торпеди́рованный
торпеди́ровать(ся), -рую,
  -рует(ся)
торпе́дно-артиллери́й-
  ский
торпе́дный
торпедоно́сец, -сца
торпедоно́сный
торриче́ллиева пустота́
торс, -а
торт, -а, *мн.* -ы, -ов
то́ртовый
торф, -а и -у
торфоболо́тный
торфобрике́т, -а
торфова́ние, -я
торфо́ванный
торфова́ть(ся), -фу́ю, -фу́-
  ет(ся)
торфодобыва́ние, -я
торфодобыва́ющий
торфодобы́ча, -и
торфозаготови́тельный
торфозагото́вки, -вок
торфоизоляцио́нный
торфокомпо́ст, -а
торфома́сса, -ы
торфообразова́ние, -я
торфоперегно́йный
торфоплита́, -ы́, *мн.* -пли́-
  ты, -и́т
торфопредприя́тие, -я
торфоразрабо́тки, -ток
торфоре́з, -а
торфосо́с, -а
торфотерапи́я, -и
торфоубо́рочный
торфоукла́дчик, -а
торфяни́к, -а́ и торфя́ник,
  -а
торфяни́стый
торфя́но-боло́тный
торфянӧй
торфя́но-расти́тельный
торцева́ние, -я

торцева́ть(ся), -цу́ю, -цу́-
ет(ся)
торцево́й и торцо́вый
торцо́ванный
торцо́вка, -и
торцо́вочный
торцо́вый и торцево́й
торча́ть, -чу́, -чи́т
торчко́м, нареч.
торчмя́, нареч.
торчо́к, -чка́
торше́р, -а
торшо́н, -а
торшони́рование, -я
торшони́рованный
торшони́ровать(ся), -рую,
    -рует(ся)
то́-сё, того́-сего́
тоска́, -и́
тоскли́вый
тоскова́ть, -ку́ю, -ку́ет
тоску́ющий
тост, -а
то́стер, -а
тот, того́
тотализа́тор, -а
тоталитари́зм, -а
тоталита́рный
тота́льный
тоте́м, -а
тотеми́зм, -а
тотемисти́ческий
тотеми́ческий
то́т же
то́-то
то́тчас, нареч.
тоха́рский
тоха́ры, -а́р и -ов
точе́ние, -я
то́ченный; кр. ф. -ен, -ена и
    точённый; кр. ф. -ён,
    -ена́, прич.
точёный, прил.
то́чечка, -и
то́чечно-конта́ктный
то́чечный
точи́лка, -и
точи́ло, -а
точи́льный
точи́льня, -и, р. мн. -лен
точи́льщик, -а
точи́ть(ся), точу́, то́-
    чит(ся)
то́чка, -и
то́чка в то́чку
точнёхонько
то́чность, -и
то́чно та́к же
то́чный; кр. ф. то́чен, точ-
    на́, то́чно, то́чны
точо́к, точка́
точь-в-то́чь
тошнёхонько
тошни́ть, -и́т
то́шно
тошнота́, -ы́
тошнотво́рный
тошно́тный
то́шный; кр. ф. то́шен,
    тошна́, то́шно
тоща́ть, -а́ю, -а́ет
тоще́ватый
то́щенький; кр. ф. -енек,
    -енька

то́щий; кр. ф. тощ, тоща́,
    то́ще
тощи́ща, -и
тпру, неизм.
тпру́канье, -я
тпру́кать, -аю, -ает
трава́, -ы́, мн. тра́вы, трав,
    тра́вам
травене́ть, -еет
тра́верз, -а (направление)
тра́верс, -а (насыпь)
тра́верса, -ы (тех.)
тра́версный
траверти́н, -а
травести́, неизм. и нескл.,
    с. (амплуа); ж. (актри-
    са)
трави́льный
трави́нка, -и
трави́ть(ся), травлю́(сь),
    тра́вит(ся)
тра́вка, -и
травле́ние, -я
тра́вленный, прич.
тра́вленый и травлёный,
    прил.
тра́вливать, наст. вр. не
    употр.
тра́вля, -и
тра́вма, -ы
травмати́зм, -а
травмати́ческий
травмато́лог, -а
травматологи́ческий
травматоло́гия, -и
травми́рованный
травми́ровать(ся), -рую,
    -рует(ся)
травмотропи́зм, -а
травмпу́нкт, -а
тра́вник, -а и травни́к, -а́
тра́вниковый
тра́вничек, -чка и травни-
    чо́к, -чка́
траволе́чение, -я
травопо́лье, -я
травопо́льный
травосе́яние, -я
травосме́сь, -и
травосто́й
траво́йдный
тра́вушка, -и
тра́вчатый
травяни́к, -а́ и травя́ник, -а
травяни́стый
травя́нка, -и
травяно́й
трагака́нт, -а
трагеди́йность, -и
трагеди́йный
траге́дия, -и
траги́зм, -а
тра́гик, -а
трагикоме́дия, -и
трагикоми́ческий
трагикоми́чный
траги́ческий
траги́чный
традеска́нция, -и
традиционали́зм, -а
традицио́нный; кр. ф.
    -о́нен, -о́нна
тради́ция, -и
траекто́рия, -и

трайбали́зм, -а
трак, -а
тракт, -а
тракта́т, -а
тракти́р, -а
тракти́рный
тракти́рчик, -а
тракти́рщик, -а
тракти́рщица, -ы
трактова́ние, -я
тракто́ванный
трактова́ть(ся), -ту́ю, -ту́-
    ет(ся)
тракто́вка, -и
тра́ктовый
тра́ктор, -а, мн. -ы, -ов и -а́,
    -о́в
трактори́ст, -а
трактори́стка, -и
тра́кторный
тракторострое́ние, -я
трактороремо́нтный
тракторосбо́рочный
трактороиспользование, -я
трактороистроитель, -я
тракторостроительный
тра́кторо-ча́с, -а, мн. -ы́, -о́в
трал, -а
трале́ние, -я
тра́лер, -а (тральщик)
тра́лить(ся), -лю, -лит(ся)
тра́ловый
тра́льщик, -а
трамблёр, -а
трамбова́ние, -я
трамбо́ванный
трамбова́ть(ся), -бу́ю, -бу́-
    ет(ся)
трамбо́вка, -и
трамбо́вочный
трамва́й, -я
трамва́йный
трамва́йчик, -а
трамонта́на, -ы
трампли́н, -а
трампли́нный
тра́нец, -нца
транжи́р, -а
транжи́ра, -ы, м. и ж.
транжи́рить(ся), -рю,
    -рит(ся)
транжи́рка, -и
транжи́рство, -а
транзи́стор, -а
транзи́сторный
транзи́т, -а
транзити́вность, -и
транзити́вный
транзи́тный
транквилиза́тор, -а
транс, -а
трансаге́нтство, -а
транса́кция, -и
трансальпи́йский
трансаркти́ческий
трансатланти́ческий
трансбо́рдер, -а
трансве́ртер, -а
трансгресси́вный

трансгре́ссия, -и
трансду́кция, -и
трансзо́нд, -а
трансильва́нский
трансиорда́нский
трансконтинента́льный
транскриби́рование, -я
транскриби́рованный
транскриби́ровать(ся),
    -рую, -рует(ся)
транскрипцио́нный
транскри́пция, -и
трансли́рованный
трансли́ровать(ся), -рую,
    -рует(ся)
транслитера́ция, -и
транслитери́ровать(ся),
    -рую, -рует(ся)
трансляцио́нный
трансля́ция, -и
трансмисси́вный
трансмиссио́нный
трансми́ссия, -и
трансми́ттер, -а
трансокеа́нский
транспара́нт, -а
транспара́нтный
транспирацио́нный
транспира́ция, -и
транспири́ровать, -рует
транспланта́т, -а
транспланта́ция, -и
транспланти́ровать, -рую,
    -рует
транспози́ция, -и
транспо́лярный
транспони́рование, -я
транспони́рованный
транспони́ровать(ся),
    -рую, -рует(ся)
транспониро́вка, -и
тра́нспорт, -а, мн. -ы, -ов
транспо́рт, -а (в бухгалте-
    рии)
транспорта́бельный
транспортёр, -а
транспортёрный
транспорти́р, -а
транспорти́рование, -я
транспорти́рованный
транспорти́ровать(ся),
    -рую, -рует(ся)
транспортиро́вка, -и
тра́нспортник, -а
тра́нспортно-грузово́й
тра́нспортно-экспедици-
    о́нный
тра́нспортно-энергети́че-
    ский
тра́нспортный (от тра́нс-
    порт)
транспо́ртный (от транс-
    по́рт)
транспью́тер, -а
транссиби́рский
транссуда́т, -а
транссуда́ция, -и
трансура́новый
трансферка́р, -а
трансфе́рт, -а
трансфе́ртный
трансфока́тор, -а
трансформа́тор, -а

трансформа́торный
трансформаторострое́ние, -я
трансформа́ция, -и
трансформи́зм, -а
трансформи́рованный
трансформи́ровать(ся), -рую, -рует(ся)
трансфу́зия, -и
трансцендентали́зм, -а
трансцендента́льный
трансценде́нтный
трансъевропе́йский
траншеекопа́тель, -я
транше́йный
транше́я, -и
трап, -а (лестница)
трапе́за, -ы
трапе́зная, -ой
трапе́зник, -а
трапе́зница, -ы
трапе́зничать, -аю, -ает
трапе́зный
трапе́зовать, -зую, -зует
трапецеида́льный
трапециеви́дный
трапе́ция, -и
трапецо́эдр, -а
трапп, -а (геол.)
тра́ппер, -а
траппи́ст, -а
тра́пповый (от трапп)
трас, -а
тра́совый (от трас)
тра́сса, -ы
трасса́нт, -а
трасса́т, -а
трассёр, -а
трасси́рование, -я
трасси́рованный
трасси́ровать(ся), -рую, -рует(ся)
трассиро́вка, -и
трасси́рующий
трассоиска́тель, -я
трассоло́гия, -и
тра́та, -ы
тра-та-та́, неизм.
тра́тить(ся), тра́чу(сь), тра́тит(ся)
тра́тта, -ы (вексель)
траттори́я, -и
тра́улер, -а (рыболовное судно)
тра́ур, -а
тра́урница, -ы
тра́урный
трафаре́т, -а
трафаре́тить(ся), -ре́чу, -ре́тит(ся)
трафаре́тка, -и
трафаре́тный
трафаре́тчик, -а
трафаре́ченный
тра́фить, тра́флю, тра́фит
трах, неизм.
тра́хать(ся) -аю(сь), -ает(ся)
трахе́иды, -ид (бот.)
трахеи́т, -а (мед.)
трахейноды́шащие, -их
трахе́йный
трахеобронхи́т, -а
трахеобронхоскопи́я, -и

трахеомико́з, -а
трахеотоми́я, -и
трахе́я, -и (анат.)
трахимеду́за, -ы
трахи́т, -а (камень)
трахи́товый
тра́хнуть(ся), -ну(сь), -нет(ся)
трахо́ма, -ы
трахомато́зный
трах-тарара́х, неизм.
тра́ченный, прич.
тра́ченый, прил.
тра́чивать, наст. вр. не употр.
тре́ба, -ы
тре́бник, -а
тре́бование, -я
тре́бовательность, -и
тре́бовательный
тре́бовать(ся), -бую, -бует(ся)
требуха́, -и́
требуши́на, -ы
трево́га, -и
трево́жить(ся), -жу(сь), -жит(ся)
трево́жный
треволне́ние, -я
треволне́нный
трегу́бый
тред-юнио́н, -а
тред-юниони́зм, -а
тред-юниони́ст, -а
тред-юниони́стский
тре́звенник, -а
тре́звенный
трезве́ть, -е́ю, -е́ет
трезвомы́слящий
трезво́н, -а
трезво́нить, -ню, -нит
тре́звость, -и
трезву́чие, -я
трезву́чный
тре́звый; кр. ф. трезв, трезва́, тре́зво, тре́звы́
трезу́бец, -бца
трезу́бый
тре́йлер, -а
трек, -а
трекля́тый
тре́ковый
трелёванный
трелева́ть(ся), -люю, -люет(ся)
трелёвка, -и
трелёвочный
трелёвщик, -а
тре́лить, -лю, -лит
трель, -и
трелья́ж, -а
трелья́жный
тремато́да, -ы, р. мн. -то́д
тремато́до́з, -а
трембо́йта, -ы
тремоли́ровать, -рую, -рует
тремоли́т, -а
тре́моло, нескл. с.
трен, -а
трена́ж, -а́ и -а
тренажёр, -а
тре́нер, -а, мн. -ы, -ов
тре́нерский

тре́нзель, -я, мн. -я́, -е́й и -и, -ей
трензе́лька, -и
тре́нзельный
тре́ние, -я
тре́нинг, -а
трениро́ванный
трениро́вать(ся), -ру́ю(сь), -ру́ет(ся)
трениро́вка, -и
трениро́вочный
трено́га, -и
трено́гий
трено́жить(ся), -жу, -жит(ся)
трено́жник, -а
тре́нчик, -а
трень-бре́нь, неизм.
тре́ньканье, -я
тре́нькать, -аю, -ает
трёп, -а
трепа́к, -а́
трепа́лка, -и
трепа́ло, -а (орудие)
трепа́льный
трепа́льня, -и, р. мн. -лен
трепа́н, -а
трепана́ция, -и
трепа́нг, -а
трепа́ние, -я
трепани́рованный
трепани́ровать(ся), -рую, -рует(ся)
трёпанный, прич.
трёпаный, прил.
трепа́ть(ся), треплю́(сь), тре́плет(ся)
трепа́ч, -а́
трепа́чка, -и
тре́пел, -а
тре́пельный
тре́пет, -а
трепета́ние, -я
трепета́ть(ся), -пещу́(сь), -пе́щет(ся)
тре́петный
трепе́щущий
тре́пка, -и
трепло́, -а́
трепотня́, -и́
трепыха́ние, -я
трепыха́ть(ся), -а́ю(сь), -а́ет(ся)
треск, -а
треска́, -и́
тре́скать(ся), -аю(сь), -ает(ся)
треско́вый
трескообра́зные, -ых
трескотня́, -и́
треску́чий
тре́снуть, -ну
тре́снуть(ся), -ну(сь), -нет(ся)
трест, -а
треста́, -ы́
трести́рованный
трести́ровать(ся), -рую, -рует(ся)
тре́стовский
трете́йский
тре́тий, -ья, -ье
трети́рование, -я
трети́рованный

трети́ровать(ся), -рую(сь), -рует(ся)
трети́чный
третни́к, -а́
третно́й
треть, -и, мн. -и, -е́й
третьёводни, нареч.
третьёводнишний
третьёвось, нареч.
третьегоди́чный
третьего́дний
третьегодня́шний
третьекла́ссник, -а
третьекла́ссница, -ы
третьекла́ссный
третьеку́рсник, -а
третьеку́рсница, -ы
третьеочередно́й
третьеразря́дник, -а
третьеразря́дница, -ы
третьеразря́дный
третьесо́ртный
третьестепе́нный
третья́к, -а́
треуго́лка, -и
треуго́льник, -а
треуго́льный
треу́х, -а
треф, -а
тре́фа, -ы
трефно́й (от треф)
трефо́вка, -и
тре́фовый (от тре́фы)
тре́фы, треф
трёха́ктный
трёхарши́нный (3-арши́нный)
трёха́томный
трёхба́лльный (3-ба́лльный)
трёхквале́нтный
трёхвалко́вый
трёхведёрный и трёхвё́дерный
трёхвеково́й
трёхвёрстка, -и
трёхвёрстный (3-вёрстный)
трёхверши́нный
трехвёстка, -и
трёхгла́вый
трёхгоди́чный (3-годи́чный)
трёхгодова́лый
трёхгодово́й (3-годово́й)
трёхголо́сный
трёхголо́сый
трёхгра́нник, -а
трёхгра́нный
трёхгрошо́вый
трёхдё́чный
трёхдне́вный (3-дне́вный)
трёхдо́льный
трёхдюймо́вка, -и
трёхдюймо́вый (3-дюймо́вый)
трёхжи́льный
трёхза́льный
трёхзна́чный
трёхзу́бый
трёхка́мерный
трёхкилометро́вка, -и
трёхкилометро́вый (3-километро́вый)

трёхкла́ссный (3-класс-
ный)
трёхколёсный
трёхко́мнатный (3-ко́м-
натный)
трёхкопе́ечный (3-копе́еч-
ный)
трёхкра́тный
трёхкубово́й и трёхку́бо-
вый (3-кубово́й и 3-ку́-
бовый)
трёхкулачко́вый
трёхла́мповый
трёхле́тие (3-ле́тие), -я
трёхле́тка, -и
трёхле́тний (3-ле́тний)
трёхле́ток, -тка
трёхлине́йка, -и
трёхлине́йный
трёхли́стный
трёхлитро́вый (3-литро́-
вый)
трёхло́пастный
трёхма́стный
трёхма́чтовый
трёхме́рный
трёхме́стный (3-ме́стный)
трёхме́сячный (3-ме́сяч-
ный)
трёхметро́вый (3-метро́-
вый)
трёхмиллиа́рдный (3-
миллиа́рдный)
трёхмиллио́нный (3-мил-
лио́нный)
трёхмину́тный (3-мину́т-
ный)
трёхмото́рный
трёхнеде́льный (3-неде́ль-
ный)
трёхно́гий
трёхо́кись, -и
трёхоко́нный
трёхопо́рный
трёхо́ска, -и
трёхо́сный
трёхпа́лубный
трёхпа́лый
трёхпёрстка, -и
трёхпёрстный
трёхпо́лье, -я
трёхпо́льный
трёхпроце́нтный (3-про-
це́нтный)
трёхпудо́вый (3-пудо́вый)
трёхразде́льный
трёхра́зовый
трёхро́жковый
трёхрублёвка, -и
трёхрублёвый (3-рублё-
вый)
трёхря́дка, -и
трёхря́дный
трёхсаже́нный (3-сажён-
ный)
трёхска́тный
трёхсло́жный
трёхсло́йный
трёхсме́нка, -и
трёхсме́нный
трёхсо́тенный
трёхсотле́тие (300-летие),
-я

трёхсотле́тний (300-ле́т-
ний)
трёхсотрублёвый (300-
рублёвый)
трёхсо́тый
трёхсполови́нный
трёхство́лка, -и
трёхство́льный
трёхство́рчатый
трёхсте́нный
трёхсти́шие, -я
трёхсто́пный
трёхсторо́нний
трёхстру́нный
трёхступе́нчатый
трёхсу́точный (3-су́точ-
ный)
трёхта́ктный
трёхто́мник, -а
трёхто́мный (3-то́мный)
трёхто́нка, -и
трёхто́нный (3-то́нный)
трёхтру́бный
трёхты́сячный (3-ты́сяч-
ный)
трёххво́стка, -и
трёхходо́вка, -и
трёхходово́й
трёхцве́тка, -и
трёхцве́тный
трёхчасово́й (3-часово́й)
трёхчле́н, -а
трёхчле́нный
трёхшёрстный
трёхъязы́чный
трёхъя́русный
трёхэлектро́дный
трёхэлеме́нтный
трёхэта́жный (3-эта́жный)
трече́нто, нескл., с.
трёшка, -и
трешко́ут, -а
трёшник, -а
трёшница, -ы
треща́ть, -щу́, -щи́т
тре́щина, -ы
тре́щинка, -и
тре́щинный
трещинова́тость, -и
трещинова́тый
трещо́тка, -и
трещо́точный
три, трёх, трём, тремя́, о
трёх
триа́да, -ы
триангуляцио́нный
триангуля́ция, -и
триа́с, -а
триа́совый
триацета́тный
триба́, -ы
трибология, -и
трибо́метр, -а
трибометри́ческий
трибометри́я, -и
трибоэлектри́чество, -а
трибра́хий, -я
трибу́н, -а
трибу́на, -ы
трибуна́л, -а
тривакци́на, -ы
тривиа́льный

три́ггер, -а
три́гла, -ы
триглиф, -а
тригона́льный
тригонометри́ческий
тригономе́трия, -и
тридевя́тый
три́девять: за три́девять
земе́ль
тридеся́тый
тридцативедёрный и
тридцативёдерный
тридцативёрстный (30-
вёрстный)
тридцатигра́дусный (30-
гра́дусный)
тридцатидне́вный (30-
дне́вный)
тридцатиле́тие (30-ле́тие),
-я
тридцатиле́тний (30-ле́т-
ний)
тридцатиметро́вый (30-
метро́вый)
тридцатипятиле́тие (35-
ле́тие), -я
тридцатирублёвый (30-
рублёвый)
тридца́тка, -и
тридца́тый
три́дцать, -и, тв. -ью
три́дцатью (при умноже-
нии)
триеди́нство, -а
триеди́ный
триенна́ле, нескл., м. (фе-
стиваль) и ж. (выстав-
ка)
три́ер, -а
трие́ра, -ы
три́ерный (от три́ер)
триеро́ванный
триерова́ть(ся), -ру́ю, -ру́-
ет(ся)
триеро́вка, -и
три́жды
тризм, -а
три́зна, -ы
трикальцийфосфа́т, -а
трики́рий, -я
трикли́ний, -я
трикли́нный
трико́, нескл., с.
трико́вый
трикота́ж, -а
трикота́жно-вяза́льный
трикота́жный
трикоти́н, -а
трикрезо́л, -а
трикра́к, -а
трили́стник, -а
триллио́н, -а
триллио́нный
трилоби́т, -а
трило́гия, -и
трило́пастный
тримара́н, -а
триме́стр, -а
триме́тровый
тримети́н, -а
три́ммер, -а
тримолекуля́рный
тринадцатиле́тний (13-
ле́тний)

трина́дцатый
трина́дцать, -и, тв. -ью
тринитротолуо́л, -а
три́о, нескл., с.
трио́д, -а (лампа)
трио́дь, -и (церк. книга)
триоксази́н, -а
триоксиметиле́н, -а
триоле́т, -а
трио́ль, -и
трио́стренник, -а
трип, -а
трипаносо́ма, -ы
трипафлави́н, -а
три́плекс, -а
трипле́т, -а
трипло́ид, -а
три́повый
три́ппер, -а
трипси́н, -а
три́птих, -а
триптофа́н, -а
трире́ма, -ы
трисе́кция, -и
три́сель, -я
трисоста́вный
три́ста, трёхсо́т, трёмста́м,
тремяста́ми, о трёхста́х
три́стих, -а
три́тий, -я
трито́н, -а
триумви́р, -а
триумвира́т, -а
триу́мф, -а
триумфа́льный
триумфа́тор, -а
трифолиа́та, -ы
трифо́ль, -и
трифто́нг, -а
трифтонги́ческий
трихи́на, -ы
трихине́лла, -ы
трихинеллёз, -а
трихино́з, -а
трихино́зный
трихлорэтиле́н, -а
трихогра́мма, -ы
трихо́м, -а
трихомоно́з, -а
трихотоми́я, -и
трихофити́я, -и
три́цепс, -а
трици́кл, -а
трищети́нник, -а
три́здр, -а
троа́кар, -а
трог, -а
тро́гательный
тро́гать(ся), -аю(сь),
-ает(ся)
троглоди́т, -а
тро́е, трои́х, трои́м, трои́-
ми, о трои́х
троебо́рье, -я
троебра́чие, -я
троебра́чный
троеже́нец, -нца
троеже́нство, -а
троекра́тный
троему́жие, -я
троепе́рстие, -я
троепе́рстный
троетёс, -а
тро́ечка, -и

тро́ечник, -а
тро́ечница, -ы
тро́ечный
тройть(ся), трою́, тро-
и́т(ся)
тро́ица, -ы
тро́ицын де́нь
тро́ичный (к тро́ица)
тро́ичный (о системе
счисле́ния)
тро́йка, -и
тройни́к, -а́
тройни́чный: тройни́чный
не́рв
тройно́й
тройня́, -и, р. мн. тро́ен
тройня́шка, -и
тро́йственный
тройча́тка, -и
тройча́тый
трок, -а
тролле́й, -я
тролле́йбус, -а
тролле́йбусный
троллейво́з, -а
троллейка́р, -а и троллей-
ка́ра, -ы
тролле́йный
тролль, -я
тромб, -а (мед.)
тромби́н, -а
тромбо́з, -а
тромбо́н, -а
тромбони́ст, -а
тромбо́нный
тромбообразова́ние, -я
тромбофлеби́т, -а
тромбоци́т, -а
тромбоцито́з, -а
тромп, -а (архит.)
трон, -а
тро́нный
тро́нутый
тро́нуть(ся), -ну(сь),
-нет(ся)
троп, -а
тропа́, -ы́, мн. тро́пы, троп,
тро́па́м
тропа́рь, -я́
тропи́зм, -а
тро́пик, -а
тропи́нка, -и
тропи́ть, -плю́, -пи́т
тропи́ческий
тро́пка, -и
тропопа́уза, -ы
тропосфе́ра, -ы
тропосфе́рный
тро́пот, -а
тропота́ть, -очу́, -о́чет
тро́почка, -и
трос, -а
тро́совый
тростево́й
тро́стильно-крути́льный
тро́стильный
трости́на, -ы
трости́нка, -и
трости́ночка, -и
трости́ть(ся), -ощу́, -ос-
ти́т(ся)
тро́стка, -и
тростни́к, -а́
тростнико́вый

тро́сточка, -и
трость, -и, мн. -и, -е́й
тростя́нка, -и
тростяно́й
трот, -а
троти́л, -а
троти́ловый
тротуа́р, -а
тротуа́рный
трофе́й, -я
трофе́йный
тро́фика, -и
трофи́ческий
трофоневро́з, -а
трохеи́ческий
трохе́й, -я (хорей)
трохо́ида, -ы
троцки́зм, -а
троцки́ст, -а
троцки́стский
троще́ние, -я
трощёный, прил.
трою́родный
троя́к, -а
троя́кий
трояче́к, -чка́
троя́шка, -и
труба́, -ы́, мн. тру́бы, труб
трубаду́р, -а
труба́ч, -а́
труба́ческий
труби́ть, -блю́, -би́т
тру́бка, -и
трубоёмкание, -я
трубкове́рт, -а
трубкови́дный
трубкозу́б, -а
трубкозу́бые, -ых
трубконо́с, -а
трубконо́сые, -ых
трубкообра́зный
трубкоры́л, -а
тру́бный
трубоволоче́ние, -я
трубоволочи́льный
трубоги́бочный
трубозаготови́тельный
трубокла́д, -а
трубоку́р, -а
труболи́тейный
трубонарезно́й
трубообраба́тывающий
трубоотрезно́й
трубоправи́льный
трубопрово́д, -а
трубопрово́дный
трубопрово́достро́итель-
ный
трубопрока́тный
трубопрока́тчик, -а
труборе́з, -а
трубосва́рочный
трубоста́в, -а
трубоукла́дчик, -а
трубочи́ст, -а
тру́бочка, -и
тру́бочный
трубоэлектросва́рочный
труба́тка, -и
тру́бчато-кольцево́й
тру́бчатый
труве́р, -а
труд, -а́
труддисципли́на, -ы

труди́ть(ся), -ужу́(сь),
-у́дит(ся)
трудколо́ния, -и
трудне́нько
труднобольно́й, -о́го
труднова́тый
трудновоспиту́емый
трудновыполни́мый
труднодосту́пный
трудноизлечи́мый
трудноизмери́мый
труднообраба́тывае-
мый
труднообъясни́мый
трудноосуществи́мый
труднопла́вкий
труднопла́вкость, -и
труднопреодоли́мый
труднопроизноси́мый
труднопроходи́мый
труднораздели́мый
трудноразреши́мый
труднораствори́мый
труднорегули́руемый
тру́дность, -и
трудноулови́мый
трудноуправля́емый
трудноуязви́мый
тру́дный; кр. ф. -ден, -дна́,
-дно, тру́дны́
трудови́к, -а́
трудово́й
трудоде́нь, -дня́
трудолюби́вый
трудолю́бец, -бца
трудолюби́вый
трудолю́бие, -я
трудоспосо́бность, -и
трудоспосо́бный
трудотерапи́я, -и
трудоустра́ивать(ся),
-аю(сь), -ает(ся)
трудоустро́енный
трудоустро́ить(ся),
-о́ю(сь), -о́ит(ся)
трудоустро́йство, -а
трудя́га, -и, м. и ж.
трудя́щиеся, -ихся, ед.
-ийся, -егося
трудя́щийся
тру́женик, -а
тру́женица, -ы
тру́женический
тру́женичество, -а
труни́ть, -ню́, -ни́т
труп, -а
тру́пный (от труп)
тру́ппа, -ы
тру́ппка, -и
тру́ппный (от тру́ппа)
трус, -а
тру́сики, -ов
тру́сить, тру́шу, тру́сит
(бояться)
труси́ть, трушу́, труси́т
(трясти; ехать рысцой)
труси́ться, -и́тся (сыпать-
ся)
тру́сиха, -и
труси́шка, -и, м. и ж.
трусли́вость, -и
трусли́вый
трусова́тый
тру́сость, -и

трусца́, -ы́ (бегать трус-
цо́й)
трусы́, -о́в
трут, -а
тру́тень, -тня
трутнево́й
тру́тник, -а
трутови́к, -а́
трутови́ковые, -ых
трутови́ца, -ы
тру́товка, -и
тру́товые, -ых
трутяно́й
труха́, -и́
трухле́ть, -е́ет
трухля́веть, -еет
трухля́виться, -вится
трухля́вый
трухля́к, -а́
трухну́ть, -ну́, -нёт
трущо́ба, -ы
трущо́бный
тры́нка, -и
трын-трава́, -ы́
трюи́зм, -а
трюк, -а
трюка́ч, -а́
трюка́ческий
трюка́чество, -а
трюко́вый
трюм, -а
трю́мный
трюмо́, нескл., с.
трю́мсель, -я
трюфелёвый
трю́фель, -я, мн. -и, -ей и -я́,
-е́й
трю́фельный
трю́хать, -аю, -ает
трюх-трю́х, неизм.
тря́пица, -ы
тряпи́чка, -и
тряпи́чник, -а
тряпи́чница, -ы
тряпи́чный
тря́пка, -и
тряпкоре́зка, -и
тряпно́й
тря́почка, -и
тря́почный
тряпьё, -я
тряса́вица, -ы
трясе́ние, -я
тряси́лка, -и
тряси́льный
тряси́на, -ы
тряси́нный
тря́ска, -и
тря́ский; кр. ф. тря́сок,
тряска́, тря́ско
трясогу́зка, -и
трясти́(сь), трясу́(сь), тря-
сёт(ся); прош. тря́с(ся),
трясла́(сь)
трясу́н, -а́
трясу́нка, -и
трясу́чий
трясу́чка, -и
тря́сче, сравн. ст. (от
тря́ский, тря́ско)
тря́сший(ся)
тряхану́ть, -ну́,
-нёт
тря́хнутый

тряхну́ть(ся), -ну́(сь),
　-нёт(ся)
тсс, *неизм.*
туале́т, -а
туале́тный
туальдено́р, -а
туальдено́ровый
туаре́г, -а, *р. мн.* -ов
ту́ба, -ы
тубдиспансе́р, -а
тубе́ркул, -а
туберкулёз, -а
туберкулёзник, -а
туберкулёзница, -ы
туберкулёзный
туберкули́н, -а
туберо́за, -ы
туберо́зовый
тубо́, *неизм.* (команда)
тубофо́н, -а
ту́бус, -а
туви́нец, -нца
туви́нка, -и
туви́нский
тугова́тый
тугоду́м, -а
туго́й; *кр. ф.* туг, туга́, ту́-
　го, туги́
ту́го-на́туго
ту́гонький; *кр. ф.* -онек,
　-онька
тугопла́вкий
тугопла́вкость, -и
тугоу́здый
тугоу́хий
ту́грик, -а
тугу́н, -а́
туда́ (же)
туда́-сюда́
туда́-то
ту́евый
ту́ер, -а
ту́ес, -а, *мн.* -а́, -о́в
туесо́к, -ска́
ту́же, *сравн. ст. (от* ту-
　го́й, ту́го)
тужи́ть, тужу́, ту́жит
тужи́ться, тужу́сь, ту́жит-
　ся
тужу́рка, -и
туз, -а́
тузе́мец, -мца
тузе́мка, -и
тузе́мный
тузи́ть, тужу́, тузи́т
тузлу́к, -а́
тузлу́чный
тук, -а
тука́н, -а
ту́кать(ся), -аю(сь),
　-ает(ся)
ту́кнутый
ту́кнуть(ся), -ну(сь),
　-нет(ся)
ту́ковый
туковысева́ющий
тукоразбра́сыватель, -я
тукосме́сь, -и
тук-ту́к, *неизм.*
туле́йный
ту́лес, -а
ту́лий, -я
ту́ловище, -а
тулу́з, -а

тулу́зец, -зца
тулу́зка, -и
тулу́зский
тулу́к, -а́
тулумба́с, -а
тулу́п, -а
тулу́пный
тулу́пчик, -а
тулья́, -и́, *р. мн.* -ле́й
туляреми́йный
туляреми́я, -и
тума́к, -а́
тума́н, -а
тума́нистый
тума́нить(ся), -ню(сь),
　-нит(ся)
тума́нность, -и
тума́нный; *кр. ф.* -нен, -нна
туманóграф, -а
ту́мба, -ы
ту́мблер, -а
ту́мбочка, -и
ту́мор, -а
тунг, -а
ту́нговый
тунгу́с, -а, *р. мн.* -ов
тунгу́ска, -и
тунгу́со-маньчжу́рский
тунгу́сский
ту́ндра, -ы
ту́ндреный и ту́ндровый
тундря́нка, -и
ту́не, *нареч.*
туне́ц, тунца́
тунея́дец, -дца
тунея́дка, -и
тунея́дный
тунея́дство, -а
тунея́дствовать, -твую, -тву-
　ет
тунея́дческий
туни́ка, -и
туни́сец, -сца
туни́ска, -и
туни́сский
туннелестрое́ние, -я и тон-
　нелестрое́ние, -я
тунне́ль, -я и тонне́ль, -я
тунне́льный и тонне́ль-
　ный
тунцело́вный
тунцо́вый
тупе́й, -я
тупе́йный
тупе́ть, -е́ю, -е́ет (стано-
　виться тупым)
ту́пик, -а (птица)
тупи́к, -а́
ту́пиковый (*от* ту́пик)
тупико́вый (*от* тупи́к)
тупи́ть, туплю́, ту́пит
　(*что*)
тупи́ться, ту́пится
тупи́ца, -ы, *м. и ж.*
тупичо́к, -чка́
тупова́тый
тупоголо́вый
тупо́й; *кр. ф.* туп, тупа́,
　ту́по, ту́пы́
тупоконе́чный
туполи́стный и туполи́-
　стый
туполо́бый
тупомо́рдый

тупоно́сый
тупоры́лый
ту́пость, -и
тупоуго́льный
тупоу́мие, -я
тупоу́мный
тур, -а
тура́нга, -и
тура́ч, -а́
турба́за, -ы
турби́на, -ы
турбини́ст, -а
турби́нный
турбоагрега́т, -а
турбобу́р, -а
турбовентиля́тор, -а
турбовентиля́торный
турбовинтово́й
турбово́з, -а
турбовоздуходу́вка, -и
турбовозду́шный
турбогенера́тор, -а
турбокомпре́ссор, -а
турбокомпре́ссорный
турбонасо́с, -а
турборакéтный
турбореакти́вный
турбострое́ние, -я
турбострои́тель, -я
турбострои́тельный
турбохо́д, -а
турбоэлектри́ческий
турбоэлектрохо́д, -а
турбуле́нтность, -и
турбуле́нтный
туре́ль, -и
турёнок, -нка, *мн.* туря́та,
　-я́т (*от* тур)
туре́цкий
туре́цко-сове́тский
тури́зм, -а
ту́рий, -ья, -ье
тури́ный
тури́ст, -а
тури́стический
тури́стка, -и
тури́стский
тури́ть, -рю́, -ри́т
тури́ца, -ы
ту́рка, -и (сосуд)
ту́ркать, -аю, -ает
туркеста́нский
туркме́н, -а, *р. мн.* -е́н и -ов
туркме́нка, -и
туркме́нский
турлы́кать, -ает и -ычет
турмали́н, -а
турмали́новый
турма́н, -а, *мн.* турмана́,
　-о́в и ту́рманы, -ов
турнé, *нескл. с.*
турне́пс, -а
турни́к, -а́
турнике́т, -а
турни́р, -а
турни́рный
турни́ст, -а
турну́ть, -ну́, -нёт
ту́рмук, -а
ту́рок, -рка, *мн.* ту́рки, ту́-
　рок
турпа́н, -а
турпбезд, -а
турпохо́д, -а

турппутёвка, -и
турсу́к, -а́
туру́сы на колёсах
турухта́н, -а
турухта́ний, -ья, -ье
турча́нка, -и (к ту́рок)
турчо́нок, -нка, *мн.* -ча́та,
　-ча́т
тусклова́тый
ту́скло-зелёный
ту́склый; *кр. ф.* тускл, ту-
　скла́, ту́скло, ту́склы́
тускне́вший
тускне́ть, -е́ет; *прош.* -е́л,
　-е́ла
ту́скнувший
ту́скнуть, -нет; *прош.* ту́ск-
　нул, ту́скла
тусте́п, -а
тут
тут, -а и ту́та́, -ы и -ы́
ту́т же
ту́то́вник, -а
тутово́д, -а
тутово́дство, -а
тутово́дческий
ту́товый
ту́тор, -а, *мн.* тутора́, -о́в и
　ту́торы, -ов
ту́тотка, *нареч.*
ту́тошний
ту́тти, *неизм. и нескл. с.*
ту́т-то
туф, -а
ту́фелька, -и
ту́фельный
ту́фли, -фель, *ед.* ту́фля,
　-и
туфобето́н, -а
ту́фовый
туфола́ва, -ы
туфта́, -ы́
туффи́т, -а
тухли́нка, -и
ту́хлый; *кр. ф.* тухл, тух-
　ла́, ту́хло
тухля́тина, -ы
ту́хнувший
ту́хнуть, -нет; *прош.* тух и
　ту́хнул, ту́хла
ту́ча, -и
ту́ча ту́чей
тучево́й
ту́чища, -и
ту́чка, -и
тучне́ть, -е́ю, -е́ет
ту́чность, -и
ту́чный; *кр. ф.* -чен, -чна́,
　-чно, ту́чны́
туш, -а (муз.)
ту́ша, -и
тушé, *нескл. с.*
тушева́льный
тушева́ние, -я
тушёванный
тушева́ть(ся), тушу́ю(сь),
　тушу́ет(ся)
тушёвка, -и
тушёвый
туше́ние, -я
тушёнка, -и
тушённый, *прич.*
тушёный, *прил.*
туши́лка, -и

ТУШ

туши́льник, -а
туши́льный
туши́н, -а, р. мн. -и́н
туши́нка, -и
туши́нский
туши́ровать, -рую, -рует
туши́ст
туши́ть(ся), тушу́, ту́-
  шит(ся)
ту́шка, -и
тушка́нчик, -а
тушь, -и (краска)
ту́я, -и
тшш, неизм.
тща́ние, -я
тща́тельность, -и
тща́тельный
тщеду́шие, -я
тщеду́шность, -и
тщеду́шный
тщесла́вие, -я
тщесла́виться, -влюсь, -вит-
  ся
тщесла́вный
тщета́, -ы́
тще́тный
тщи́ться, тщусь, тщи́тся
ты, тебя́, тебе́, тобо́й и то-
  бо́ю, о тебе́
ты́канье, -я
ты́кать, -аю, -ает (говорить
  «ты»)
ты́кать(ся), ты́чу(сь), ты́-
  чет(ся) и ты́каю(сь),
  ты́кает(ся), несов. (к
  ткну́ть(ся))
ты́ква, -ы
ты́квенник, -а
ты́квенный
ты́квина, -ы
тыквообра́зный
тыквоподо́бный
ты́кнуть, -ну, -нет
ты́ковка, -и
тыл, -а, предл. о ты́ле, в
  тылу́, мн. -ы́, -о́в
тылови́к, -а́
тылово́й
ты́льный
тын, -а
ты́нный
ты́новый
ты́рить, -рю, -рит
ты́ркать(ся), -аю(сь),
  -ает(ся)
ты́рло, -а
ты́рса, -ы (бот.)
тырса́, -ы́ (смесь песка и
  опилок)
тысчо́нка, -и
ты́сяцкий, -ого
ты́сяча, -и, тв. ты́сячей и
  ты́сячью, р. мн. ты́сяч
тысячевёрстный
тысячегла́вый
тысячеголо́в, -а
тысячеголо́вый
тысячеголо́сый
тысячегра́дусный
тысячегра́нный
тысячекилометро́вый
тысячекра́тный
тысячеле́тие, -я
тысячеле́тний

ТЮР

тысячели́стник, -а
тысячено́жка, -и
тысячерублёвый
тысячечетвёртый
тысячеу́стый
ты́сячка, -и
ты́сячник, -а
ты́сячница, -ы
ты́сячный
тычи́на, -и
тычи́нка, -и
тычи́нковый
тычи́нник, -а
тычи́ночный
тычко́м, нареч.
тычо́к, -чка́
ты́чущий(ся)
тьма, -ы
тьма-тьму́щая, тьмы-тьму́-
  щей
тьфу, неизм.
тэта-фу́нкция, -и
тюбете́й, -я
тюбете́йка, -и
тю́бик, -а
тю́бинг, -а
тю́бинговый
тюбингоукла́дчик, -а
тю́зовец, -вца
тю́зовский
тюк, -а́
тю́канье, -я
тю́кать(ся), -аю(сь),
  -ает(ся)
тю́кнутый
тю́кнуть(ся), -ну(сь),
  -нет(ся)
тюко́ванный
тюкова́ть(ся), -ку́ю, -ку́-
  ет(ся)
тюко́вка, -и
тю́левый
тюлегарди́нный
тюленебо́ец, -о́йца
тюленебо́йный
тюле́невый
тюлено́к, -ёнка, мн. тю-
  леня́та, -я́т
тюле́ний, -ья, -ье
тюле́нина, -ы
тюле́нщик, -а
тюле́нь, -я
тюль, -я
тю́лька, -и
тюльпа́н, -а, р. мн. -ов
тюльпа́нный
тюльпа́нчик, -а
тюлюлю́канье, -я
тюлюлю́кать, -аю, -ает
тюни́к, -а и тюни́ка, -и
тюрба́н, -а
тюре́мный
тюре́мщик, -а
тю́рки, тю́рок и -ов, ед.
  тюрк и тю́рок, тю́рка
тюрко́лог, -а
тюркологи́ческий
тюрколо́гия, -и
тюрко́с, -а
тю́рко-тата́рский
тю́ркский
тюрча́нка, -и (к тюрк)

ТЯЖ

тюрьма́, -ы́, мн. тю́рьмы,
  тю́рем
тю́ря, -и
тю́телька в тю́тельку
тю-тю́, неизм.
тютю́н, -а́
тюфя́к, -а́
тюфя́чный
тюфячо́к, -чка́
тю́чный
тючо́к, -чка́
тябло́, -а́
тя́вканье, -я
тя́вкать, -аю, -ает
тя́вкнуть, -ну, -нет
тя́вкуша, -и
тя́га, -и
тяга́льный
тяга́ть(ся), -а́ю(сь), -а́ет(ся)
тяга́ч, -а́
тя́гивать, наст. вр. не
  употр.
тягле́ц, -а́
тя́гло, -а и тягло́, -а́, мн.
  тя́гла, тягл и тя́гол, тя́г-
  ла́м
тя́гловый
тя́глый
тя́говый
тягоме́р, -а
тягомо́тина, -ы
тя́гостный
тя́гость, -и
тягота́, -ы́, мн. тя́готы, тя́-
  гот
тяготе́ние, -я
тяготе́ть, -е́ю, -е́ет (испытывать тягу)
тяготи́ть, -ощу́, -оти́т (кого,
  что)
тяготи́ться, -ощусь, -оти́т-
  ся
тя́гу (тягуна́) дать
тягу́честь, -и
тягу́чий
тягча́йший
тягчи́ть, -чу́, -чи́т
тяж, -а́
тя́жба, -ы
тя́жебный
тяжеле́е, сравн. ст. (от
  тяжёлый, тяжело́)
тяжелённый
тяжёленький; кр. ф. -енек,
  -енька
тяжеле́ть, -е́ю, -е́ет (становиться тяжёлым)
тяжели́ть, -лю́, -ли́т (кого,
  что)
тяжелоатле́т, -а
тяжелоатлети́ческий
тяжелобольно́й
тяжелобомбардиро́воч-
  ный
тяжелова́тый
тяжелове́с, -а
тяжелове́сность, -и
тяжелове́сный
тяжелово́дный
тяжеловодоро́дный
тяжелово́з, -а
тяжеловооружённый
тяжело́ гру́женный и тя-
  жело́ гружённый

УБЕ

тяжелогружёный, прил.
тяжелогру́зный
тяжелоду́м, -а
тяжелокипя́щий
тяжелоподви́жный
тяжело́ ра́ненный
тяжелора́неный, прил.
тяжелоу́мный
тяжёлый; кр. ф. -ёл, -ела́,
  -ело́
тя́жесть, -и
тя́жкий; кр. ф. тя́жек,
  тяжка́, тя́жко
тяжкоду́м, -а
тя́жущийся
тя́жче, сравн. ст. (от
  тя́жкий, тя́жко)
тяни́-толка́й, -я
тя́нутый
тяну́ть(ся), тяну́(сь), тя́-
  нет(ся)
тяну́чка, -и
тя́нущий(ся)
тянь-ша́ньский
тя́пать, -аю, -ает
тя́п да ля́п
тя́пка, -и
тяп-ля́п
тя́пнутый
тя́пнуть(ся), -ну(сь),
  -нет(ся)
тя́тенька, -и, м.
тя́тька, -и, м.
тя́тя, -и, р. мн. -ей, м.

У

уансте́п, -а
уба́вить(ся), -влю, -вит(ся)
уба́вка, -и
убавле́ние, -я
уба́вленный
убавля́ть(ся), -я́ю, -я́ет(ся)
убаю́канный
убаю́кать(ся), -аю(сь),
  -ает(ся)
убаю́кивать(ся), -аю(сь),
  -ает(ся)
убаю́кивающий(ся)
убега́ть, -а́ю, -а́ет
убега́ться, -аюсь, -ается
убеди́тельность, -и
убеди́тельный
убеди́ть(ся), -и́т(ся)
убежа́ть, убегу́, убежи́т,
  убегу́т
убежда́ть(ся), -а́ю(сь),
  -а́ет(ся)
убежда́ющий(ся)
убежде́ние, -я
убеждённость, -и
убеждённый; кр. ф. -ён,
  -ена́
убе́жище, -а
убелённый; кр. ф. -ён,
  -ена́
убели́ть(ся), -лю́, -ли́т(ся)
убеля́ть(ся), -я́ю, -я́ет(ся)
уберега́ть(ся), -а́ю(сь),
  -а́ет(ся)
уберёгший(ся)

убережённый; *кр. ф.* -ён, -ена́
убере́чь(ся), -егу́(сь), -ежёт(ся), -егу́т(ся); *прош.* -ёг(ся), -егла́(сь)
убива́ть(ся), -а́ю(сь), -а́ет(ся)
убие́ние, -я
убие́нный
уби́йственный; *кр. ф.* -вен, -венна
уби́йство, -а
уби́йца, -ы, *м. и ж.*
убикви́ст, -а
убира́ть(ся), -а́ю(сь), -а́ет(ся)
уби́тый
уби́ть(ся), убью́(сь), убьёт(ся)
ублаготворе́ние, -я
ублаготворённый; *кр. ф.* -ён, -ена́
ублаготвори́ть(ся), -рю́(сь), -ри́т(ся)
ублаготворя́ть(ся), -я́ю, -я́ет(ся)
ублажа́ть(ся), -а́ю, -а́ет(ся)
ублаже́ние, -я
ублажённый; *кр. ф.* -ён, -ена́
ублажи́ть(ся), -жу́, -жи́т(ся)
ублю́док, -дка
ублю́дочный
убо́гий
убого́нький; *кр. ф.* -нек, -нька
убо́гость, -и
убо́жество, -а
убо́ина, -ы
убо́истый
убо́й, -я
убо́йность, -и
убо́йный
убо́р, -а
убо́ристый
убо́рка, -и
убо́рная, -ой
убо́рный
убо́рочный
убо́рщик, -а
убо́рщица, -ы
убо́ться, убою́сь, убои́тся
у́бранный; *кр. ф.* -ан, -ана и -ана́, -ано
убра́нство, -а
убра́ть(ся), уберу́(сь), уберёт(ся); *прош.* -а́л(ся), -ала́(сь), -а́ло, -а́лось
убре́дший
убрести́, -еду́, -едёт; *прош.* -ёл, -ела́
убру́с, -а
убыва́ние, -ы
убыва́ть, -а́ю, -а́ет
у́быль, -и
убыстре́ние, -я
убыстрённый; *кр. ф.* -ён, -ена́
убыстри́ть(ся), -рю́, -ри́т(ся)
убыстря́ть(ся), -я́ю, -я́ет(ся)
убы́тие, -я

убы́ток, -тка
убы́точность, -и
убы́точный
убы́ть, убу́ду, убу́дет; *прош.* у́был, убыла́, у́было
уважа́емый
уважа́ть(ся), -а́ю, -а́ет(ся)
уваже́ние, -я
ува́женный
уважи́тельность, -и
уважи́тельный
ува́жить, -жу, -жит
ува́л, -а
ува́ленный (*от* ували́ть)
у́валень, -льня
ува́ливать(ся), -аю, -ает(ся)
ува́листый
ували́ть(ся), увалю́, ува́лит(ся)
ува́льность, -и
ува́льный
ува́льчивость, -и
ува́льчивый
ува́лянный (*от* уваля́ть)
уваля́ть(ся), -я́ю(сь), -я́ет(ся)
ува́ренный
ува́ривание, -я
ува́ривать(ся), -аю, -ает(ся)
увари́ть(ся), уварю́, ува́рит(ся)
ува́рка, -и
ува́рочный
уведённый; *кр. ф.* -ён, -ена́
уве́домитель, -я
уве́домительный
уве́домить, -млю, -мит
уведомле́ние, -я
уве́домленный
уведомля́ть(ся), -я́ю, -я́ет(ся)
уве́дший
увезённый; *кр. ф.* -ён, -ена́
увезти́, -зу́, -зёт; *прош.* увёз, увезла́
увёзший
увекове́чение, -я
увекове́ченный
увекове́чивать(ся), -аю(сь), -ает(ся)
увекове́чить(ся), -чу(сь), -чит(ся)
увеличе́ние, -я
увели́ченный
увели́чивать(ся), -аю, -ает(ся)
увеличи́тель, -я
увеличи́ть(ся), -чу, -чит(ся)
увенча́ние, -я
уве́нчанный
увенча́ть(ся), -а́ю(сь), -а́ет(ся)
уве́нчивать(ся), -аю(сь), -ает(ся)
увере́ние, -я
уве́ренность, -и
уве́ренный; *кр. ф. прич.* -ен, -ена; *кр. ф. прил.* -ен, -енна
уве́рить(ся), -рю(сь), -рит(ся)

уверну́ть(ся), -ну́(сь), -нёт(ся)
уве́ровать, -рую, -рует
уве́ртка, -и
уве́ртливость, -и
уве́ртливый
уве́ртывать(ся), -аю(сь), -ает(ся)
увертю́ра, -ы
уверя́ть(ся), -я́ю(сь), -я́ет(ся)
увеселе́ние, -я
увесели́тельный
увеселя́ть(ся), -я́ю(сь), -я́ет(ся)
уве́систый
уве́сить, уве́шу, уве́сит
увести́, уведу́, уведёт; *прош.* увёл, увела́
уве́т, -а
уве́чить(ся), -чу(сь), -чит(ся)
уве́чный
уве́чье, -я, *р. мн.* -чий
уве́шанный (*от* уве́шать)
уве́шать(ся), -аю(сь), -ает(ся)
уве́шенный (*от* уве́сить)
уве́шивать(ся), -аю(сь), -ает(ся)
увеща́ние, -я
увеща́тельный
увеща́ть, -а́ю, -а́ет
увещева́ние, -я
увещева́ть, -а́ю, -а́ет
увива́ть(ся), -а́ю(сь), -а́ет(ся)
увида́ть(ся), -а́ю(сь), -а́ет(ся)
уви́денный
уви́деть(ся), уви́жу(сь), уви́дит(ся)
уви́ливать, -аю, -ает
увильну́ть, -ну́, -нёт
уви́тый; *кр. ф.* уви́т, уви́та́, уви́то
уви́ть(ся), увью́, увьёт(ся); *прош.* уви́л(ся), увила́(сь), уви́ло, уви́лось
увла́женный (*от* увла́жить)
увла́жить(ся), -жу, -жит(ся)
увлажне́ние, -я
увлажнённый; *кр. ф.* -ён, -ена́ (*от* увлажни́ть)
увлажни́тель, -я
увлажни́тельный
увлажни́ть(ся), -ню́, -ни́т(ся)
увлажня́ть(ся), -я́ю, -я́ет(ся)
увлека́тельный
увлека́ть(ся), -а́ю(сь), -а́ет(ся)
увлека́ющий(ся)
увлёкший(ся)
увлече́ние, -я
увлечённость, -и
увлечённый; *кр. ф.* -ён, -ена́

увле́чь(ся), -еку́(сь), -ечёт(ся), -еку́т(ся); *прош.* -ёк(ся), -екла́(сь)
уво́д, -а
уводи́ть(ся), -ожу́, -о́дит(ся)
уво́з, -а
увози́ть(ся), -ожу́, -о́зит(ся)
увола́кивать(ся), -аю(сь), -ает(ся)
уво́ленный
уволи́ть(ся), -лю(сь), -лит(ся)
уволо́кший(ся); *кр. ф.* -ен, -ена и уволочённый; *кр. ф.* -ён, -ена́
уволочи́ть(ся), -чу́(сь), -чи́т(ся)
уволо́чь(ся), -оку́(сь), -очёт(ся), -оку́т(ся); *прош.* -о́к(ся), -окла́(сь)
увольне́ние, -я
увольни́тельная, -ой
увольни́тельный
увольня́ть(ся), -я́ю(сь), -я́ет(ся)
уворо́ванный
уворова́ть, -ру́ю, -ру́ет
увра́ж, -а
уврачева́ть(ся), -чу́ю(сь), -чу́ет(ся)
увуля́рный
увы́, *неизм.*
увяда́ние, -я
увяда́ть, -а́ю, -а́ет
увя́дший
увя́занный
увяза́ть, -а́ю, -а́ет, *несов.* (к увя́знуть)
увяза́ть(ся), увяжу́(сь), увя́жет(ся), *сов.* (к увя́зывать)
увя́зка, -и
увя́знувший
увя́знуть, -ну, -нет; *прош.* увя́з, увя́зла
увя́зший
увя́зывание, -я
увя́зывать(ся), -аю(сь), -ает(ся)
увя́лый
увя́нувший
увя́нуть, -ну, -нет; *прош.* увя́л, увя́ла
уга́данный
угада́ть, -а́ю, -а́ет
уга́дчик, -а
уга́дчица, -ы
уга́дывание, -я
уга́дывать(ся), -аю, -ает(ся)
уга́р, -а
уга́рный
угароочища́ющий
угаса́ние, -я
угаса́ть, -а́ю, -а́ет
угаси́ть, -ашу́, -а́сит
уга́снувший
уга́снуть, -ну, -нет; *прош.* уга́с, уга́сла
уга́сший
угаша́ть(ся), -а́ю, -а́ет(ся)
уга́шенный
углебрике́т, -а

углеви́дный
углево́д, -а
углеводоро́д, -а
углеводоро́дный
углево́з, -а
углевыжига́тельный
угледобыва́ющий
угледобы́ча, -и
угледроби́лка, -и
угледроби́льный
углежже́ние, -я
углежо́г, -а
углекислота́, -ы́
углекисло́тный
углеки́слый
углеко́п, -а
углемо́ечный
углемо́йка, -и
углено́сность, -и
углено́сный
углеобогати́тельный
углеобогаще́ние, -я
углеобразова́ние, -я
углеочисти́тельный
углеочи́стка, -и
углепогру́зка, -и
углепогру́зочный
углепогру́зчик, -а
углепода́тчик, -а
углеподъёмник, -а
углеподъёмный
углепромы́шленник, -а
углепромы́шленность, -и
углепромы́шленный
углеразве́дчик, -а
углеразре́з, -а
углеро́д, -а
углеро́дистый
углеро́дный
углеродсодержа́щий
углерудово́з, -а
углесо́с, -а
углехи́мия, -и
у́глистый
углова́тость, -и
углова́тый
углово́й
угломе́р, -а
угломе́рный
углуби́тель, -я
углуби́ть(ся), -блю́(сь),
   -би́т(ся)
углубле́ние, -я
углублённый; кр. ф. -ён,
   -ена́
углубля́ть(ся), -я́ю(сь),
   -я́ет(ся)
угляде́ть, -яжу́, -яди́т
у́гнанный
угна́ть(ся), угоню́(сь),
   уго́нит(ся); прош.
   -а́л(ся), -ала́(сь), -а́ло,
   -а́лось
угнезди́ть(ся), -и́т(ся)
угнести́, угнету́, угне-
   тёт
угнета́тель, -я
угнета́тельский
угнета́ть(ся), -а́ю, -а́ет(ся)
угнета́ющий
угнете́ние, -я
угнетённость, -и
угнетённый; кр. ф. -ён,
   -ена́

угова́ривать(ся), -аю(сь),
   -ает(ся)
угово́р, -а
уговорённый; кр. ф. -ён,
   -ена́
уговори́ть(ся), -рю́(сь),
   -ри́т(ся)
угово́рный
уго́да: в уго́ду
угоди́ть, угожу́, угоди́т
уго́дливость, -и
уго́дливый
уго́дник, -а
уго́дница, -ы
уго́дничание, -я
уго́дничать, -аю, -ает
уго́днический
уго́дничество, -а
уго́дный
уго́дье, -я, р. мн. -дий
угожда́ть, -а́ю, -а́ет
угожде́ние, -я
у́гол, угла́, предл. об угле́,
   в углу́ и (матем.) в у́г-
   ле́, на углу́
уголёк, -лька́
уголо́вник, -а
уголо́вно наказу́емый
уголо́вно-правово́й
уголо́вно-процессуа́ль-
   ный
уголо́вный
уголо́вщина, -ы
уголо́к, -лка́
у́голь 1, у́гля, мн. у́гли,
   у́глей (топливо)
у́голь 2, у́гля, мн. у́гли,
   угле́й и у́голья, у́гольев
   (кусок обгоревшего де-
   рева)
у́голье, -я
у́гольник, -а
у́гольно-погру́зочный
у́гольно-чёрный
у́гольный (от у́голь)
у́гольный (от у́гол)
у́гольщик, -а
угомо́н, -а и -у
угомонённый; кр. ф. -ён,
   -ена́
угомони́ть(ся), -ню́(сь),
   -ни́т(ся)
уго́н, -а
уго́нный
угоня́ть(ся), -я́ю(сь),
   -я́ет(ся)
угора́здить(ся), -ит(ся)
угора́ть, -а́ю, -а́ет
угоре́лый
угоре́ть, -рю́, -ри́т
у́горский (от у́гры)
у́горь, угря́
у́горье, -я, р. мн. -рий и
   -рьев
угости́ть(ся), -ощу́(сь), -ос-
   ти́т(ся)
угота́вливать(ся), -аю,
   -ает(ся)
угото́ванный
угото́вать, -аю, -ает
угото́вить, -влю, -вит
угото́вленный
уготовля́ть(ся), -я́ю,
   -я́ет(ся)

угоща́ть(ся), -а́ю(сь),
   -а́ет(ся)
угоще́ние, -я
угощённый; кр. ф. -ён, -ена́
угрева́тый
угрево́й (от у́горь —
   прыщ)
угрёвый (от у́горь — ры-
   ба)
угрёнок, -нка, мн. угря́та,
   угря́т
угре́ть(ся), -е́ю(сь),
   -е́ет(ся)
угро́бить(ся), -блю(сь),
   -бит(ся)
угро́бленный
угрожа́емый
угрожа́ть, -а́ю, -а́ет
угрожа́ющий
угро́за, -ы
угро́зыск, -а
угроро́русский
угроро́русский
у́гро-фи́нны, -ов, ед. у́гро-
   фи́нн, -а
у́гро-фи́нский
угро́хать, -аю, -ает
у́гры, -ов, ед. угр, -а
угрыза́ть, -а́ю(сь),
   -а́ет(ся)
угрызе́ние, -я
угры́зенный; кр. ф. -ен,
   -ена и угрызённый; кр.
   ф. -ён, -ена́
угры́зть, -зу́, -зёт; прош. уг-
   ры́з, угры́зла
угры́зший
угрю́мость, -ею, -еет
угрю́мость, -и
угрю́мый
угу́, неизм.
уда́, -ы́, мн. у́ды, уд, у́дам
уда́бривать(ся), -аю,
   -ает(ся)
уда́в, -а
удава́ться, удаётся
удави́ть(ся), -авлю́(сь),
   -а́вит(ся)
уда́вка, -и
уда́вленник, -а
уда́вленный
уда́вливать(ся), -аю(сь),
   -ает(ся)
уда́вчик, -а
удале́ние, -я
удалённость, -и
удалённый; кр. ф. -ён, -ена́
удале́ц, -льца́
удали́ть(ся), -лю́(сь),
   -ли́т(ся)
удало́й и уда́лый; кр. ф.
   уда́л, удала́, уда́ло, уда-
   лы́
у́даль, -и
уда́льский
удальство́, -а́
удаля́ть(ся), -я́ю(сь),
   -я́ет(ся)
уда́р, -а
ударе́ние, -я
уда́ренный
уда́рить(ся), -рю(сь),
   -рит(ся)
уда́рник, -а

уда́рница, -ы
уда́рничество, -а
уда́рно-механи́ческий
уда́рно-тепловой
уда́рный
ударовибростойкий
ударопро́чный
ударостойкий
ударя́емый
ударя́ть(ся), -я́ю(сь),
   -я́ет(ся)
уда́ться, -а́стся, -аду́тся;
   прош. -а́лся, -ала́сь,
   -ало́сь
уда́ча, -и
уда́чливость, -и
уда́чливый
уда́чник, -а
уда́чный
удва́ивать(ся), -аю, -ает(ся)
удвое́ние, -я
удво́енный
удвои́тель, -я
удво́ить(ся), -о́ю, -о́ит(ся)
удво́яющий
уде́л, -а
уде́ланный
уде́лать, -аю, -ает
уделённый; кр. ф. -ён, -ена́
удели́ть, -лю́, -ли́т
уде́лывать(ся), -аю,
   -ает(ся)
уде́льный
уделя́ть(ся), -я́ю, -я́ет(ся)
у́держ: без у́держу; у́дер-
   жу нет; у́держу не
   зна́ть
удержа́ние, -я
уде́ржанный
удержа́ть(ся), -ержу́(сь),
   -е́ржит(ся)
уде́рживать(ся), -аю(сь),
   -ает(ся)
удесятерённый; кр. ф. -ён,
   -ена́
удесятери́ть(ся), -рю́,
   -ри́т(ся)
удесятеря́ть(ся), -я́ю,
   -я́ет(ся)
удешеви́ть(ся), -влю́,
   -ви́т(ся)
удешевле́ние, -я
удешевлённый; кр. ф. -ён,
   -ена́
удешевля́ть(ся), -я́ю,
   -я́ет(ся)
удиви́тельный
удиви́ть(ся), -влю́(сь),
   -ви́т(ся)
удивле́ние, -я
удивлённый; кр. ф. -ён,
   -ена́
удивля́ть(ся), -я́ю(сь),
   -я́ет(ся)
удила́, уди́л, удила́м
уди́лище, -а
уди́льный
уди́льщик, -а
удира́ть, -а́ю, -а́ет
уди́ть(ся), ужу́, у́дит(ся)
удлине́ние, -я
удлинённый; кр. ф. -ён,
   -ена́
удлини́тель, -я

удлини́ть(ся), -ню́, -ни́т(ся)
удлиня́ть(ся), -я́ю, -я́ет(ся)
удму́рт, -а, р. мн. -ов
удму́ртка, -и
удму́ртский
удо́бно
удо́бность, -и
удо́бный
удобовари́мый
удобоисполни́мый
удобообозри́мый
удобообраба́тываемый
удобообтека́емый
удобопоня́тный
удобопроизноси́мый
удобопроходи́мый
удобоуправля́емый
удобоусво́яемый
удобочита́емый
удобре́ние, -я
удо́бренный
удобри́тельный
удо́брить(ся), -рю, -рит(ся)
удобря́ть(ся), -я́ю, -я́ет(ся)
удо́бство, -а
удовлетворе́ние, -я
удовлетворённость, -и
удовлетворённый; кр. ф. -ён, -ена́
удовлетвори́тельно
удовлетвори́тельный
удовлетвори́ть(ся), -рю́(сь), -ри́т(ся)
удовлетворя́ть(ся), -я́ю(сь), -я́ет(ся)
удово́льствие, -я
удово́льствовать(ся), -твую(сь), -твует(ся)
удо́д, -а
удо́довый
удо́й, -я
удо́йливость, -и
удо́йливый
удо́йный
удорожа́ние, -я
удорожа́ть(ся), -а́ю, -а́ет(ся)
удорожённый; кр. ф. -ён, -ена́
удорожи́ть(ся), -жу́, -жи́т(ся)
удоста́ивать(ся), -аю(сь), -ает(ся)
удостовере́ние, -я
удостове́ренный
удостове́рить(ся), -рю(сь), -рит(ся)
удостоверя́ть(ся), -я́ю(сь), -я́ет(ся)
удосто́енный; кр. ф. -оен, -оена
удосто́ить(ся), -о́ю(сь), -о́ит(ся)
удосу́живаться, -аюсь, -ается
удосу́житься, -жусь, -жится
удочере́ние, -я
удочерённый; кр. ф. -ён, -ена́
удочери́ть, -рю́, -ри́т
удочеря́ть(ся), -я́ю, -я́ет(ся)
у́дочка, -и

удра́ть, удеру́, удерёт; прош. -а́л, -ала́, -а́ло
удружи́ть, -жу́, -жи́т
удруча́ть(ся), -а́ю(сь), -а́ет(ся)
удруча́ющий
удручённый; кр. ф. -ён, -ена́
удручи́ть(ся), -чу́(сь), -чи́т(ся)
уду́манный
уду́мать, -аю, -ает
уду́мывать(ся), -аю, -ает(ся)
удуша́ть(ся), -а́ю, -а́ет(ся)
удуша́ющий
удуше́ние, -я
удушённый
удуши́ть(ся), удушу́(сь), уду́шит(ся)
уду́шливый
уду́шье, -я
удэ́ и удэге́, нескл., м. и ж.
удэге́ец, -е́йца
удэге́йка, -и
удэге́йский и удэ́йский
уеда́ть, -а́ю, -а́ет
уе́денный
уедине́ние, -я
уединённость, -и
уединённый; кр. ф. прич. -ён, -ена́; кр. ф. прил. -ён, -ённа
уедини́ть(ся), -ню́(сь), -ни́т(ся)
уединя́ть(ся), -я́ю(сь), -я́ет(ся)
уе́зд, -а
уе́здить(ся), уе́зжу(сь), уе́здит(ся)
уе́здный
уезжа́ть, -а́ю, -а́ет
уе́зженный
уе́зживать(ся), -аю(сь), -ает(ся)
уёмистый
уе́сть, уе́м, уе́шь, уе́ст, уеди́м, уеди́те, уедя́т; прош. уе́л, уе́ла
уе́хать, уе́ду, уе́дет
уж, -а́
уж, нареч. и частица
ужа́ленный
ужа́лить, -лю, -лит
ужа́ренный
ужа́ривать(ся), -аю, -ает(ся)
ужа́рить(ся), -рю, -рит(ся)
у́жас, -а
ужаса́ть(ся), -а́ю(сь), -а́ет(ся)
ужаса́ющий(ся)
ужасну́ть(ся), -ну́(сь), -нёт(ся)
ужа́сный
ужа́тый
ужа́ть(ся), ужму́(сь), ужмёт(ся)
у́же, сравн. ст. (от у́зкий, у́зко)
уже́, нареч. и частица
ужели и уже́ль, частица
уже́нье, -я

ужеобра́зные, -ых
ужесточа́ть(ся), -а́ю, -а́ет(ся)
ужесточе́ние, -я
ужесточённый; кр. ф. -ён, -ена́
ужесточи́ть, -чу́, -чи́т
ужива́ть, наст. вр. не употр.
ужива́ться, -а́юсь, -а́ется
ужи́вчивость, -и
ужи́вчивый
ужима́ть(ся), -а́ю(сь), -а́ет(ся)
ужи́мка, -и
у́жин, -а
ужи́н, -а (к ужина́ть)
у́жинать, -аю, -ает (к у́жин)
ужина́ть, -а́ю, -а́ет (сжинать)
у́жинный (от у́жин)
ужи́ный (от уж)
ужи́ться, уживу́сь, уживётся; прош. -и́лся, -ила́сь, -и́лось
ужли́, частица
ужо́, нареч.
ужо́вник, -а
ужо́вый
ужо́нок, -нка, мн. ужа́та, ужа́т
у́за, -ы и уза́, -ы́
узаконе́ние, -я
узако́ненный
узако́нивание, -я
узако́нивать(ся), -аю, -ает(ся)
узако́нить(ся), -ню, -нит(ся)
узаконя́ть(ся), -я́ю, -я́ет(ся)
узбе́к, -а, р. мн. -ов
узбе́кский
узбе́чка, -и
узда́, -ы́, мн. у́зды, узд, у́здам
узде́нь, -я́
узде́чка, -и
узде́чный
уздцы́: под уздцы́
уздяно́й
у́зел, узла́
узело́к, -лка́
узело́чек, -чка
у́зенький; кр. ф. узёнек, узёнька
у́зерк, -а и у́зерка, -и
узи́лище, -а
узина́, -ы́
у́зить(ся), у́жу, у́зит(ся)
у́зкий; кр. ф. у́зок, узка́, у́зко, у́зки́
узкобёдрый
узкобо́ртный
узкове́домственный
узкогла́зый
узкого́рлый
узкогру́дый
узкоза́дый
узкозахва́тный
узко- и широкоплёночный
узкокла́ссовый

ужеобра́зные, -ых
узкоколе́йка, -и
узкоколе́йный
узкокоры́стный
узколи́стный и узколи́стый
узколи́цый
узколо́бие, -я
узколо́бость, -и
узколо́бый
узкомо́рдый
узконапра́вленный
узконо́сый
узкоплёночный
узкопле́чий
узкополо́сица, -ы
узкопракти́ческий
узкопрофессиона́льный
узкоря́дный
узкоспециализи́рованный
узкоспециа́льный
у́зкость, -и
узкотёлка, -и
узла́стый
узли́стый
узлова́тый
узлово́й
узловяза́льный
узловяза́тель, -я
узнава́ние, -я
узнава́ть(ся), узнаю́, узнаёт(ся)
у́знанный
узна́ть(ся), -а́ю, -а́ет(ся)
у́зник, -а
у́зница, -ы
узо́р, -а
узо́рный
узо́рочье, -я
узо́рчатый
у́зость, -и
у́зренный
узре́ть, узрю́, у́зри́т
узуа́льный
узурпа́тор, -а
узурпа́торский
узурпа́торство, -а
узурпа́ция, -и
узурпи́рованный
узурпи́ровать(ся), -рую, -рует(ся)
у́зус, -а
узуфру́кт, -а
у́зы, уз
уик-э́нд, -а
уитле́ндер, -а
уйгу́р, -а, р. мн. уйгу́р и -ов
уйгу́рка, -и
уйгу́рский
у́йма, -ы
у́ймища, -и
уйти́, уйду́, уйдёт; прош. ушёл, ушла́
ука́з, -а
указа́ние, -я
ука́занный
указа́тель, -я
указа́тельный
указа́ть, укажу́, ука́жет
ука́зка, -и
ука́зный
ука́зующий
ука́зчик, -а

УКА

ука́зчица, -ы
ука́зывать(ся), -аю, -ает(ся)
ука́лывать(ся), -аю(сь), -ает(ся)
укарау́ленный
укарау́лить, -лю, -лит
ука́танный
уката́ть(ся), -аю, -ает(ся)
укати́ть(ся), укачу́, ука́тит(ся)
ука́тка, -и
ука́тывание, -я
ука́тывать(ся), -аю, -ает(ся)
ука́чанный (от укача́ть)
укача́ть(ся), -а́ю(сь), -а́ет(ся)
ука́ченный (от укати́ть)
ука́чивание, -я
ука́чивать(ся), -аю(сь), -ает(ся)
укипа́ть, -а́ет
укипе́ть, -пи́т
укиса́ть, -а́ет
уки́снуть, -нет; прош. уки́с, уки́сла
уки́сший
укла́д, -а
укла́дистый
укла́дка, -и
укла́дочный
укла́дчик, -а
укла́дчица, -ы
укла́дывать(ся), -аю(сь), -ает(ся)
укле́ечный
укле́йка, -и
укло́н, -а
уклоне́ние, -я
уклонённый; кр. ф. -ён, -ена́
уклони́зм, -а
уклони́ст, -а
уклони́стка, -и
уклони́стский
уклони́ть(ся), -оню́(сь), -о́нит(ся)
укло́нный
уклономе́р, -а
уклоноуказа́тель, -я
укло́нчивость, -и
укло́нчивый
уклоня́ть(ся), -я́ю(сь), -я́ет(ся)
уклю́чина, -ы
уко́вка, -и
уковыля́ть, -я́ю, -я́ет
укоко́шенный
укоко́шить, -шу, -шит
уко́л, -а
укола́чивать(ся), -аю, -ает(ся)
уколоти́ть(ся), -очу́, -о́тит(ся)
уко́лотый
уколо́ть(ся), -олю́(сь), -о́лет(ся)
уколо́ченный
укомплектова́ние, -я
укомплекто́ванный
укомплектова́ть(ся), -ту́ю, -ту́ет(ся)
укомплекто́вка, -и
укомплекто́вывание, -я

УКР

укомплекто́вывать(ся), -аю, -ает(ся)
уко́р, -а
укора́чивание, -я
укора́чивать(ся), -аю(сь), -ает(ся)
укорене́ние, -я
укоренённый; кр. ф. -ён, -ена́
укорени́ть(ся), -ню́, -ни́т(ся)
укоренённый; кр. ф. -ён, -ена́
укореня́ть(ся), -я́ю, -я́ет(ся)
укори́зна, -ы
укори́зненный
укори́тельный
укори́ть, -рю́, -ри́т
укороти́ть(ся), -очу́(сь), -оти́т(ся)
укороче́ние, -я
укоро́ченный
укоря́ть(ся), -я́ю, -я́ет(ся)
уко́с, -а
уко́сина, -ы
уко́сный
укра́денный
украдко́й
украи́нец, -нца
украиниза́ция, -и
украинизи́рованный
украинизи́ровать(ся), -рую, -рует(ся)
украини́зм, -а
украи́нка, -и
украи́нский
укра́сить(ся), -а́шу(сь), -а́сит(ся)
укра́сть, украду́, украдёт; прош. укра́л, укра́ла
украша́тельский
украша́тельство, -а
украша́ть(ся), -а́ю(сь), -а́ет(ся)
украше́ние, -я
укра́шенный
укрепи́тельный
укрепи́ть(ся), -плю́(сь), -пи́т(ся)
укрепле́ние, -я
укреплённый; кр. ф. -ён, -ена́
укрепля́ть(ся), -я́ю(сь), -я́ет(ся)
укро́мный
укро́п, -а и -у
укро́пный
укро́пчик, -а и -у
укроти́тель, -я
укроти́тельница, -ы
укроти́ть(ся), -ощу́(сь), -оти́т(ся)
укроща́ть(ся), -а́ю(сь), -а́ет(ся)
укроще́ние, -я
укрощённый; кр. ф. -ён, -ена́
укрупне́ние, -я
укрупнённый; кр. ф. -ён, -ена́
укрупни́ть(ся), -ню́, -ни́т(ся)
укрупня́ть(ся), -я́ю, -я́ет(ся)

УЛЁ

укрути́ть(ся), -учу́(сь), -у́тит(ся)
укру́тка, -и
укру́ченный
укру́чивать(ся), -аю(сь), -ает(ся)
укрыва́ние, -я
укрыва́тель, -я
укрыва́тельница, -ы
укрыва́тельство, -а
укрыва́ть(ся), -а́ю(сь), -а́ет(ся)
укры́тие, -я
укры́тый
укры́ть(ся), укро́ю(сь), укро́ет(ся)
у́ксус, -а
у́ксусник, -а
у́ксусница, -ы
уксуснокисло́вый
уксусно-эти́ловый
у́ксусный
укупи́ть, укуплю́, уку́пит
уку́пленный
уку́поренный
уку́поривание, -я
уку́поривать(ся), -аю, -ает(ся)
уку́порить, -рю, -рит
уку́порка, -и
уку́порочный
уку́с, -а
укуси́ть, укушу́, уку́сит
уку́танный
уку́тать(ся), -аю(сь), -ает(ся)
уку́тывать(ся), -аю(сь), -ает(ся)
уку́шенный
ула́вливание, -я
ула́вливатель, -я
ула́вливать(ся), -аю, -ает(ся)
ула́дить(ся), -а́жу, -а́дит(ся)
ула́женный
ула́живание, -я
ула́мывать(ся), -аю, -ает(ся)
ула́мывать(ся), -аю, -ает(ся)
ула́н, -а, р. мн. ула́н (при собир. знач.) и ула́нов (при обознач. отдельных лиц)
ула́нский
уланду́йнец, -нца
ула́н-уди́нский (от Ула́н-Удэ́)
ула́стить, -а́щу, -а́стит
ула́щенный
ула́щивать(ся), -аю, -ает(ся)
улёгшийся
улежа́ть(ся), -жу́, -жи́т(ся)
у́лей, у́лья
уле́йный
улепетну́ть, -ну́, -нёт
улепётывать, -аю, -ает
улепи́ть, улеплю́, уле́пит
уле́пленный
улепля́ть(ся), -я́ю, -я́ет(ся)
улести́ть, улещу́, улести́т
улёт, -а

УЛЬ

улета́ть, -а́ю, -а́ет
улете́ть, улечу́, улети́т
улету́ченный
улету́чивание, -я
улету́чивать(ся), -аю(сь), -ает(ся)
улету́чить(ся), -чу(сь), -чит(ся)
уле́чься, уля́гусь, уля́жется, уля́гутся; прош. улёгся, улегла́сь
улеща́ть(ся), -а́ю, -а́ет(ся)
улещённый; кр. ф. -ён, -ена́
уле́щивать(ся), -аю, -ает(ся)
улизну́ть, -ну́, -нёт
ули́ка, -и
ули́т, -а (птица)
ули́та, -ы
ули́тка, -и
ули́тковый
улиткообра́зный
ули́точный
у́лица, -ы
улицезре́ть, -рю́, -ри́т
улича́ть(ся), -а́ю, -а́ет(ся)
уличе́ние, -я
уличённый; кр. ф. -ён, -ена́
у́личи, -ей
ули́чи́тельный
уличи́ть, -чу́, -чи́т
ули́чка, -и
у́личный
уло́в, -а
улови́мый
уло́вистый
уло́витель, -я
улови́ть, -овлю́, -о́вит
уло́вка, -и
уловле́ние, -я
уло́вленный
уловля́ть(ся), -я́ю, -я́ет(ся)
уло́вный
уложе́ние, -я
уло́женный
уложи́ть(ся), уложу́(сь), уло́жит(ся)
уло́манный (от уло́мать)
уло́мать, -а́ю, -а́ет
уломи́ть, -омлю́, -о́мит
уло́мленный (от уломи́ть)
у́лочка, -и
улу́с, -а
улу́сный
улуча́ть(ся), -а́ю, -а́ет(ся)
улучённый; кр. ф. -ён, -ена́
улучи́ть(ся), -чу́, -чи́т(ся)
улучша́ть(ся), -а́ю, -а́ет(ся)
улучше́ние, -я
улу́чшенный
улу́чшить(ся), -шу, -шит(ся)
улыба́ться, -а́юсь, -а́ется
улы́бка, -и
улыбну́ться, -ну́сь, -нётся
улы́бочка, -и
улы́бчивый
ули́шко, -а, м.
ультимати́вный
ультимати́зм, -а
ультимати́ст, -а
ультимати́стский
ультима́тум, -а

ультимо, *нескл., с.*
ультра, *нескл., м. и ж.*
ультра... — первая часть
сложных слов, пишется
всегда слитно
ультравирус, -а
ультравысокий
ульравысокочастотный
ультразвук, -а
ультразвуковой
ультракороткий
ультракоротковолновый
ультралевый
ультрамарин, -а
ультрамариновый
ультрамикроб, -а
ультрамикроскоп, -а
ультрамикроскопический
ультрамикроскопия, -и
ультрамодный
ультрамонтан, -а
ультрамонтанство, -а
ультранационалисти́че-
ский
ультрапористый
ультраправый
ультрареакционер, -а
ультрареакционный
ультрасовременный
ультраструктура, -ы
ультрафарфор, -а
ультрафильтр, -а
ультрафильтрация, -и
ультрафиолетовый
ультрацентрифуга, -и
ульч, -а, *р. мн.* -ей
ульчанка, -и
ульчский
улюлю, *неизм.*
улюлюканье, -я
улюлюкать, -аю, -ает
улягнуть, -ну́, -нёт
ум, -а́, *мн.* умы, -о́в
умазанный
умазать(ся), -а́жу(сь),
-а́жет(ся)
умазывать(ся), -аю(сь),
-ает(ся)
умаивать(ся), -аю(сь),
-ает(ся)
умаление, -я
умаленный; *кр. ф.* -ён, -ена́
(*от* умали́ть)
умаливать, -аю, -ает
умалить(ся), -лю́(сь),
-ли́т(ся) (*к* ма́лый)
умалишённый
умалчивание, -я
умалчивать(ся), -аю,
-ает(ся)
умалять(ся), -я́ю(сь),
-я́ет(ся) (*к* умали́ть)
уманённый; *кр. ф.* -ён,
-ена́
уманивать(ся), -аю,
-ает(ся)
уманить, -аню́, -а́нит
умасленный
умасливать(ся), -аю,
-ает(ся)
умаслить(ся), -лю, -лит(ся)
умастить(ся), умащу́(сь),
умасти́т(ся) (нама-
зать(ся)

уматывать(ся), -аю(сь),
-ает(ся)
умащать(ся), -а́ю(сь),
-а́ет(ся)
умащённый; *кр. ф.* -ён,
-ена́ (*от* умасти́ть)
умащивать(ся), -аю(сь),
-ает(ся)
умаянный
умаять(ся), умаю(сь),
умае́т(ся)
умбра, -ы
умбрский
умбры, -ов
умелец, -льца
умелость, -и
умелый
умение, -я
уменьшаемое, -ого
уменьшать(ся), -а́ю(сь),
-а́ет(ся)
уменьшение, -я
уменьшенный; *кр. ф.* -ен,
-ена *и* уменьшённый;
кр. ф. -ён, -ена́
уменьшительность, -и
уменьшительный
уменьшить(ся), -шу(сь),
-шит(ся) *и* умень-
ши́ть(ся), -шу́(сь),
-ши́т(ся)
умеренно жаркий
умеренность, -и
умеренный; *кр. ф. прич.*
-ен, -ена; *кр. ф. прил.* -ен,
-енна
умереть, умру́, умрёт;
прош. умер, умерла́,
у́мерло
умеривать(ся), -аю,
-ает(ся)
умерить(ся), -рю, -рит(ся)
умертвить, умерщвлю́,
умертви́т
умерший
умерщвление, -я
умерщвлённый; *кр. ф.* -ён,
-ена́
умерщвлять(ся), -я́ю,
-я́ет(ся)
умерять(ся), -я́ю, -я́ет(ся)
умесить, -ешу́, -е́сит
умести, умету́, уметёт;
прош. -ёл, -ела́
уместить(ся), умещу́(сь),
уме́сти́т(ся)
уместный
умёт, -а
уметать(ся), -а́ю, -а́ет(ся)
уметённый; *кр. ф.* -ён, -ена́
умётший
уметь, -е́ю, -е́ет
умешанный (*от* умеша́ть)
умешать, -а́ю, -а́ет
умешенный (*от* умеси́ть)
умешивать(ся), -аю,
-ает(ся)
умещать(ся), -а́ю(сь),
-а́ет(ся)
умещённый; *кр. ф.* -ён,
-ена́
умеючи
ум за разум (заходит)
умиление, -я

умилённый; *кр. ф.* -ён, -ена́
умилительный
умилить(ся), -лю́(сь),
-ли́т(ся)
умилосердить(ся), -ит(ся)
умилостивить(ся),
-влю(сь), -вит(ся)
умилостивленный
умилостивлять(ся),
-я́ю(сь), -я́ет(ся)
умильный
умилять(ся), -я́ю(сь),
-я́ет(ся)
умирать(ся), -а́ю, -а́ет(ся)
умирать, -а́ю, -а́ет
умирающий
умирённый; *кр. ф.* -ён, -ена́
умирить(ся), -рю́(сь),
-ри́т(ся)
умиротворение, -я
умиротворённый; *кр. ф.*
-ён, -ена́
умиротворитель, -я
умиротворить(ся), -рю́(сь),
-ри́т(ся)
умиротворять(ся), -я́ю(сь),
-я́ет(ся)
умиротворяющий(ся)
умирять(ся), -я́ю(сь),
-я́ет(ся)
умишко, -а, *м.*
умище, -а, *м.*
умлаут, -а *и* умляут, -а
умнённый; *кр. ф.* -ёнек,
-е́нька
умнеть, -е́ю, -е́ет
умник, -а
умница, -ы, *м. и ж.*
умничанье, -я
умничать, -аю, -ает
умножать(ся), -а́ю, -а́ет(ся)
умножение, -я
умноженный
умножитель, -я
умножить(ся), -жу,
-жит(ся)
умный; *кр. ф.* умён, умна́,
у́мно
умовение, -я
умозаключать(ся), -а́ю,
-а́ет(ся)
умозаключение, -я
умозаключить, -чу́, -чи́т
умозрение, -я
умозрительный
умоисступление, -я
умокать, -ает
умокнуть, -нет; *прош.*
умок, умо́кла
умокнуть, -ну́, -нёт (перо́ в
черни́льницу)
умокший
умолённый; *кр. ф.* -ён, -ена́
(*от* умоли́ть)
умолить, умолю́, умо́ли́т
(*к* моли́ть)
у́молк: без у́молку
умолкать, -а́ю, -а́ет
умолкнувший
умолкнуть, -ну, -нет; *прош.*
умо́лк, умо́лкла
умолкший
умолот, -а
умолотить, -очу́, -о́тит

умолотный
умолоченный
умолчание, -я
умолчать, -чу́, -чи́т
умолять, -я́ю, -я́ет
умоляющий
умонастроение, -я
умопомешательство, -а
умопомрачающий
умопомрачение, -я
умопомрачительный
умора, -ы
уморение, -я
уморённый; *кр. ф.* -ён, -ена́
уморительный
уморить(ся), -рю́(сь),
-ри́т(ся)
умостить(ся), умощу́(сь),
умости́т(ся)
умотанный
умотать(ся), -а́ю(сь),
-а́ет(ся)
умощённый; *кр. ф.* -ён,
-ена́ (*от* умости́ть)
ум-разум, ума́-ра́зума
(уму́-ра́зуму учи́ть)
умственный
умствование, -я
умствовать, -твую, -твует
умудрённый; *кр. ф.* -ён,
-ена́
умудрить(ся), -рю́(сь),
-ри́т(ся)
умудрять(ся), -я́ю(сь),
-я́ет(ся)
умученный
умучивать, -аю, -ает
умучить(ся), -чу(сь),
-чит(ся) *и* -чаю(сь), -ча-
ет(ся)
умформер, -а
умчать(ся), -чу́(сь),
-чи́т(ся)
умывалка, -и
умывальник, -а
умывальный
умывальня, -и, *р. мн.* -лен
умывание, -я
умывать(ся), -а́ю(сь),
-а́ет(ся)
умыкание, -я
умыкать(ся), -аю(сь),
-ает(ся), *сов.* (*от* мы́-
кать(ся)
умыкать(ся), -а́ю, -а́ет(ся),
несов. (*к* умыкну́ть(ся)
умыкнуть, -ну́, -нёт
умысел, -сла
умыслить, -лю, -лит
умытый
умыть(ся), -мою(сь), -мо́-
ет(ся)
умышленный; *кр. ф. прич.*
-лен, -лена; *кр. ф. прил.*
-лен, -ленна
умышлять(ся), -я́ю,
-я́ет(ся)
умягчать(ся), -а́ю(сь),
-а́ет(ся)
умягчение, -я
умягчённый; *кр. ф.* -ён,
-ена́
умягчить(ся), -чу́(сь),
-чи́т(ся)

373

умя́кнуть, -ну, -нет; *прош.* умя́к, умя́кла
умя́кший
умя́тый
умя́ть(ся), умну́, умнёт(ся)
унаво́женный
унаво́живать(ся), -аю, -ает(ся) и **унава́живать(ся)**, -аю, -ает(ся)
унаво́зить, -о́жу, -о́зит
унаними́зм, -а
унаними́ст, -а
уна́рный
унасле́дование, -я
унасле́дованный
унасле́довать, -дую, -дует
ундеви́т, -а
ундерву́д, -а
унде́цима, -ы
ундецимакко́рд, -а
унди́на, -ы
унесённый; *кр. ф.* -ён, -ена́
унести́(сь), -су́(сь), -сёт(ся); *прош.* -ёс(ся), -есла́(сь)
унёсший(ся)
униа́т, -а
униа́тка, -и
униа́тский
униа́тство, -а
универма́г, -а
универса́л, -а
универсализа́ция, -и
универсали́зм, -а
универса́льно-ги́бочный
универса́льно-сбо́рный
универса́льность, -и
универса́льно-фре́зерный
универса́льный
универса́м, -а
универса́нт, -а
универса́нтский
универсиа́да, -ы
университе́т, -а
университе́тский
унижа́ть(ся), -а́ю(сь), -а́ет(ся)
униже́ние, -я
уни́женность, -и и **унижённость**, -и
уни́женный, *прич.*
уни́женный; *кр. ф.* -ен, -ена и **унижённый**; *кр. ф.* -ён, -ённа, *прил.*
уни́занный
униза́ть(ся), унижу́(сь), уни́жет(ся)
унизи́тельный
уни́зить(ся), уни́жу(сь), уни́зит(ся)
уни́зывать(ся), -аю(сь), -ает(ся)
уника́льный
у́никум, -а
унима́ть(ся), -а́ю(сь), -а́ет(ся)
униони́зм, -а
униони́ст, -а
униполя́рный
унисо́н, -а
унисо́нный
унита́з, -а

унита́рии, -иев, *ед.* унита́рий, -я
унита́рный
унифика́тор, -а
унифика́торский
унифика́ция, -и
унифици́рованный
унифици́ровать(ся), -рую, -рует(ся)
унифо́рма, -ы
униформи́ст, -а
уничижа́ть(ся), -а́ю(сь), -а́ет(ся)
уничиже́ние, -я
уничижённый; *кр. ф.* -ён, -ена́
уничижи́тельный
уничижи́ть(ся), -жу́(сь), -жи́т(ся)
уничтожа́ть(ся), -а́ю(сь), -а́ет(ся)
уничтожа́ющий(ся)
уничтоже́ние, -я
уничто́женный
уничто́жить(ся), -жу(сь), -жит(ся)
у́ния, -и
уно́с, -а
уноси́ть(ся), -ошу́(сь), -о́сит(ся)
уносно́й и **уно́сный**
у́нтер, -а
у́нтер-офице́р, -а
у́нтер-офице́рский
у́нтер-офице́рство, -а
у́нтерский
унтерто́н, -а
унты́, -о́в, *ед.* унт, -а́ и у́нты, унт, *ед.* у́нта, -ы
унциа́льный
у́нция, -и
унывáть, -а́ю, -а́ет
уны́лость, -и
уны́лый
уны́ние, -я
уня́тый; *кр. ф.* уня́т, уня́та́, уня́то
уня́ть(ся), уйму́(сь), уймёт(ся); *прош.* уня́л(ся), уняла́(сь), уня́ло, уня́ло́сь
уоднообра́зить, -а́жу, -а́зит
упа́вший
упа́д, -а и -у: до упа́ду (упа́да)
упада́ть, -а́ю, -а́ет
упа́док, -дка
упа́дочник, -а
упа́дочнический
упа́дочничество, -а
упа́дочность, -и
упа́дочный
упа́ивать(ся), -аю, -ает(ся)
упако́ванный
упакова́ть(ся), -ку́ю(сь), -ку́ет(ся)
упако́вка, -и
упако́вочный
упако́вщик, -а
упако́вщица, -ы
упако́вывать(ся), -аю(сь), -ает(ся)
упа́ренный

упа́ривание, -я
упа́ривать(ся), -аю(сь), -ает(ся)
упа́рить(ся), -рю(сь), -рит(ся)
упа́рка, -и
упа́рхивать, -аю, -ает
упасённый; *кр. ф.* -ён, -ена́
упасти́(сь), упасу́(сь), упасёт(ся); *прош.* упа́с(ся), упасла́(сь)
упа́сть, упаду́, упадёт; *прош.* упа́л, упа́ла
упёк, -а
упека́ть(ся), -а́ю, -а́ет(ся)
упёкший(ся)
упелёнатый и **упелёну́тый**
упелена́ть, -а́ю, -а́ет
упелёнывать, -аю, -ает
упереди́ть(ся), -ежу́(сь), -еди́т(ся)
упережа́ть(ся), -а́ю(сь), -а́ет(ся)
упережённый; *кр. ф.* -ён, -ена́
упере́ть(ся), упру́(сь), упрёт(ся); *прош.* упёр(ся), упёрла(сь)
упёртый
упёрший(ся)
упеча́танный
упеча́тать(ся), -аю, -ает(ся)
упеча́тывать(ся), -аю, -ает(ся)
упечённый; *кр. ф.* -ён, -ена́
упе́чь(ся), упеку́, упечёт(ся), упеку́т(ся); *прош.* упёк(ся), упекла́(сь)
упива́ться, -а́юсь, -а́ется
упира́ть(ся), -а́ю(сь), -а́ет(ся)
упи́санный
уписа́ть(ся), упишу́, упи́шет(ся)
упи́сывать(ся), -аю, -ает(ся)
упи́танность, -и
упи́танный; *кр. ф. прич.* -ан, -ана; *кр. ф. прил.* -ан, -анна
упита́ть(ся), -а́ю(сь), -а́ет(ся)
упи́тывать(ся), -аю(сь), -ает(ся)
упи́ться, упью́сь, упьётся; *прош.* упи́лся, упила́сь, упи́ло́сь
упи́ханный
упиха́ть, -а́ю, -а́ет
упи́хивать(ся), -аю, -ает(ся)
упи́хнутый
упихну́ть, -ну́, -нёт
упля́нд, -а
упла́та, -ы
уплати́ть, -ачу́, -а́тит
упла́ченный
упла́чивать(ся), -аю, -ает(ся)
уплести́(сь), уплету́(сь), уплетёт(ся); *прош.* уплёл(ся), уплела́(сь)

уплета́ть(ся), -а́ю(сь), -а́ет(ся)
уплетённый; *кр. ф.* -ён, -ена́
уплётший(ся)
уплотне́ние, -я
уплотнённый; *кр. ф.* -ён, -ена́
уплотни́тель, -я
уплотни́ть(ся), -ню́(сь), -ни́т(ся)
уплотня́ть(ся), -я́ю(сь), -я́ет(ся)
уплоща́ть(ся), -а́ю, -а́ет(ся)
уплоще́ние, -я
уплощённый; *кр. ф.* -ён, -ена́
уплоща́ть(ся), -щу́, -щи́т(ся)
уплыва́ть, -а́ю, -а́ет
уплы́ть, -ыву́, -ывёт; *прош.* -ы́л, -ыла́, -ы́ло
упова́ние, -я
упова́ть, -а́ю, -а́ет
уподо́бить(ся), -блю(сь), -бит(ся)
уподобле́ние, -я
уподо́бленный
уподобля́ть(ся), -я́ю(сь), -я́ет(ся)
упое́ние, -я
упоённый; *кр. ф.* -ён, -ена́
упои́тельный
упои́ть, -ою́, -ои́т
упокоева́ть(ся), -а́ю(сь), -а́ет(ся)
упокое́ние, -я
упоко́енный
упоко́ить(ся), -о́ю(сь), -о́ит(ся)
упоко́й, -я
уполза́ть, -а́ю, -а́ет
уползти́, -зу́, -зёт; *прош.* упо́лз, уползла́
упо́лзший
уполномо́ченный, -ого
уполномо́чивать(ся), -аю, -ает(ся)
уполномо́чие, -я: по уполномо́чию
уполномо́чить, -чу, -чит
уполо́вник, -а
упомина́ние, -я
упомина́ть(ся), -а́ю, -а́ет(ся)
упоминове́ние, -я
упо́мненный
упо́мнить, -ню, -нит
упомя́нутый
упомяну́ть, -яну́, -я́нет
упо́р, -а
упо́ристый
упо́рность, -и
упо́рный
упо́рство, -а
упо́рствовать, -твую, -твует
упорхну́ть, -ну́, -нёт
упоря́дочение, -я
упоря́доченный; *кр. ф. прич.* -ен, -ена; *кр. ф. прил.* -ен, -енна
упоря́дочивать(ся), -аю, -ает(ся)

упоря́дочить(ся), -чу,
-чит(ся)
употе́ть, -е́ю, -е́ет
употреби́тельность, -и
употреби́тельный
употреби́ть(ся), -блю́,
-би́т(ся)
употребле́ние, -я
употреблённый; кр. ф. -ён,
-ена́
употребля́ть(ся), -я́ю,
-я́ет(ся)
упо́тчеванный
упо́тчевать, -чую, -чует
упра́ва, -ы
управде́л, -а
управдела́ми, нескл., м. и
ж.
управдо́м, -а
управи́тель, -я
управи́тельница, -ы
упра́вить(ся), -влю(сь),
-вит(ся)
управле́ние, -я
управле́нческий
управля́емость, -и
управля́емый
управля́ть(ся), -я́ю(сь),
-я́ет(ся)
управля́ющий, -его
управхо́з, -а
упражне́ние, -я
упражня́ть(ся), -я́ю(сь),
-я́ет(ся)
упраздне́ние, -я
упразднённый; кр. ф. -ён,
-ена́
упраздни́ть(ся), -ню́,
-ни́т(ся)
упраздня́ть(ся), -я́ю,
-я́ет(ся)
упра́шивать(ся), -аю,
-ает(ся)
упрева́ть, -а́ю, -а́ет
упреди́ть, -ежу́, -еди́т
упрежда́ть(ся), -а́ю,
-а́ет(ся)
упрежда́ющий
упрежде́ние, -я
упреждённый; кр. ф. -ён,
-ена́
упрёк, -а
упрека́ть(ся), -а́ю, -а́ет(ся)
упрекну́ть, -ну́, -нёт
упре́ть, -е́ю, -е́ет
упроси́ть(ся), -ошу́(сь),
-о́сит(ся)
упрости́ть(ся), -ощу́, -ос-
ти́т(ся)
упро́чение, -я
упро́ченный
упро́чивать(ся), -аю(сь),
-ает(ся)
упро́чить(ся), -чу(сь),
-чит(ся)
упрочне́ние, -я
упрочнённый; кр. ф. -ён,
-ена́
упрочни́ть(ся), -ню́,
-ни́т(ся)
упрочня́ть(ся), -я́ю,
-я́ет(ся)
упро́шенный
упроща́ть(ся), -а́ю, -а́ет(ся)

упрощёнец, -нца
упроще́ние, -я
упрощённый; кр. ф. прич.
-ён, -ена́; кр. ф. прил. -ён,
-ённа
упроще́нческий
упроще́нчество, -а
упру́гий
упру́гость, -и
упру́же, сравн. ст. (от
упру́гий, упру́го)
упры́гать(ся), -аю(сь),
-ает(ся)
упры́гивать, -аю, -ает
упры́гнуть, -ну, -нет
упря́жечный
упря́жка, -и
упряжно́й
у́пряжь, -и
упря́мец, -мца
упря́миться, -млюсь, -мится
упря́мица, -ы
упря́мство, -а
упря́мствовать, -твую, -тву-
ет
упря́мый
упря́танный
упря́тать(ся), -я́чу(сь),
-я́чет(ся)
упря́тывать(ся), -аю(сь),
-ает(ся)
упуска́ть(ся), -а́ю, -а́ет(ся)
упусти́ть, упущу́, упу́стит
упуще́ние, -я
упу́щенный
упы́рь, -я́
упятерённый; кр. ф. -ён,
-ена́
упятери́ть(ся), -рю́,
-ри́т(ся)
упятеря́ть(ся), -я́ю, -я́ет(ся)
ура́, неизм.
ураба́таться, -аюсь, -ается
уравне́ние, -я
ура́вненный; кр. ф. -ен,
-ена и уравнённый; кр.
ф. -ён, -ена́ (от уравн-
я́ть)
ура́внивание, -я
ура́внивать(ся), -аю(сь),
-ает(ся)
уравни́ловка, -и
уравни́тельный
уравнове́сить(ся), -е́шу,
-е́сит(ся)
уравнове́шение, -я
уравнове́шенность, -и
уравнове́шенный; кр. ф.
прич. -ен, -ена; кр. ф.
прил. -ен, -енна
уравнове́шивание, -я
уравнове́шивать(ся), -аю,
-ает(ся)
уравня́ть(ся), -я́ю(сь),
-я́ет(ся) (к ра́вный)
урага́н, -а
урага́нный
уразумева́ть(ся), -а́ю,
-а́ет(ся)
уразуме́ние, -я
уразуме́ть(ся), -е́ю, -е́ет(ся)
ура́лец, -льца
урали́т, -а
ура́ло-алта́йский

ура́льский
ура́н, -а
урани́нит, -а
ура́новый
ураногра́фия, -и
ураноско́п, -а
ура́-патрио́т, -а
ура́-патриоти́зм, -а
ура́-патриоти́ческий
ура́ртский
ура́рты, -ов
ураста́ть, -а́ю, -а́ет
ураста́, -ту́, -тёт; прош.
уро́с, уросла́
урбаниза́ция, -и
урбани́зм, -а
урбани́ст, -а
урбанисти́ческий
урбани́стский
у́рванный
урва́ть(ся), урву́(сь), ур-
вёт(ся); прош. -а́л(ся),
-ала́(сь), -а́ло, -а́лось
урду́, неизм. и нескл., м.
урегули́рование, -я
урегули́рованный
урегули́ровать(ся), -рую,
-рует(ся)
уре́з, -а
уре́занный
уре́зать, уре́жу, уре́жет,
сов.
уреза́ть, -а́ю, -а́ет(ся),
несов.
уре́зка, -и
урезо́ненный
урезо́нивать(ся), -аю,
-ает(ся)
урезо́нить, -ню, -нит
уре́зывание, -я
уре́зывать(ся), -аю,
-ает(ся)
уре́ма, -ы
уреми́ческий
уреми́я, -и
уре́тра, -ы
уретри́т, -а
уретроско́п, -а
уретроскопи́ческий
уретроскопи́я, -и
уретротоми́я, -и
ури́льник, -а
у́рка, -и, м.
у́рна, -ы
уробакте́рия, -и
уробили́н, -а
у́ровень, -вня
уровнеме́р, -а
уро́вненный (от уровн-
я́ть)
уровня́ть(ся), -я́ю, -я́ет(ся)
(к ро́вный)
урогинекологи́ческий
урогинеколо́гия, -и
уро́д, -а
урода́н, -а
уро́дец, -дца
уро́дина, -ы, м. и ж.
уроди́ть(ся), -ожу́(сь),
-оди́т(ся)
уро́дище, -а, м. и с.
уро́дливость, -и
уро́дливый
уро́дование, -я

уро́дованный
уро́довать(ся), -дую(сь),
-дует(ся)
уро́дский
уро́дство, -а
урожа́й, -я
урожа́йность, -и
урожа́йный
урождённый; кр. ф. -ён,
-ена́
уроже́нец, -нца
уроже́нка, -и
уро́к, -а
уро́лог, -а
урологи́ческий
уроло́гия, -и
уро́метр, -а
уро́н, -а
уро́ненный
урони́ть, уроню́, уро́нит
уротропи́н, -а
урохро́м, -а
уро́чище, -а
уро́чный
уругва́ец, -а́йца
уругва́йка, -и
уругва́йский
урча́ние, -я
урча́ть, урчу́, урчи́т
урыва́ть(ся), -а́ю(сь),
-а́ет(ся)
уры́вками, нареч.
урю́к, -а и -у
урю́ковый
урю́чный
уря́д, -а
уряди́ть(ся), уряжу́(сь),
уряди́т(ся)
уря́дник, -а
уря́дничий, -ья, -ье
уряжа́ть(ся), -а́ю(сь),
-а́ет(ся)
уря́женный
уса́дебка, -и
уса́дебный
усади́ть, усажу́, уса́дит
уса́дка, -и
уса́дочный
уса́дьба, -ы, р. мн. уса́деб
и уса́дьб
уса́женный
уса́живать(ся), -аю(сь),
-ает(ся)
уса́ливать(ся), -аю, -ает(ся)
уса́стый
уса́тенький
уса́тый
уса́ч, -а́
усва́ивание, -я
усва́ивать(ся), -аю, -ает(ся)
усвое́ние, -я
усво́енный
усво́ить(ся), -о́ю, -о́ит(ся)
усвоя́емость, -и
усвоя́емый
усвоя́ть(ся), -я́ю, -я́ет(ся)
усева́ть(ся), -а́ю, -а́ет(ся)
усе́ивать(ся), -аю, -ает(ся)
усека́ть(ся), -а́ю, -а́ет(ся)
усекнове́ние, -я
усе́кший и усёкший
усе́рдие, -я
усе́рдный
усе́рдствовать, -твую, -твует

УСЕ

усе́сться, уся́дусь, уся́дет-
ся; *прош.* усе́лся, усе́-
лась
усече́ние, -я
усечённый; *кр. ф.* -ён,
-ена́
усе́чь, усеку́, усече́т, усе-
ку́т; *прош.* усёк, усекла́
усе́янный
усе́ять(ся), -ею, -еет(ся)
усиде́ть, усижу́, усиди́т
уси́дчивость, -и
уси́дчивый
уси́женный
уси́живать(ся), -аю,
-ает(ся)
у́сики, -ов, *ед.* у́сик, -а
усиле́ние, -я
уси́ленный
уси́ливать(ся), -аю(сь),
-ает(ся)
уси́лие, -я
усили́тель, -я
усили́тельный
уси́лить(ся), -лю(сь),
-лит(ся)
уси́щи, уси́щ, *ед.* уси́ще,
-а, *м.*
ускака́ть, ускачу́, уска́чет
уска́льзывать, -аю, -ает
ускольза́ть, -а́ю, -а́ет
ускользну́ть, -ну́, -нёт
ускоре́ние, -я
уско́ренный
ускори́тель, -я
уско́рить(ся), -рю, -рит(ся)
ускоря́ть(ся), -я́ю, -я́ет(ся)
усла́вливаться, -аюсь, -ает-
ся и усло́вливаться,
-аюсь, -ается
усла́да, -ы
услади́тельный
услади́ть(ся), -ажу́(сь),
-ади́т(ся)
услажда́ть(ся), -а́ю(сь),
-а́ет(ся)
услажде́ние, -я
услаждённый; *кр. ф.* -ён,
-ена́
у́сланный (*от* усла́ть)
усласти́ть(ся), -ащу́, -ас-
ти́т(ся)
усла́ть, ушлю́, ушлёт;
прош. усла́л, усла́ла
услаща́ть(ся), -а́ю, -а́ет(ся)
услащённый; *кр. ф.* -ён,
-ена́
уследи́ть, -ежу́, -еди́т
усле́женный
усле́живать, -аю, -ает
усло́вие, -я
усло́виться, -влюсь, -вит-
ся
усло́вленный
усло́вливаться, -аюсь, -ает-
ся и усла́вливаться,
-аюсь, -ается
усло́вно-беспо́шлинный
усло́вно-досро́чный
усло́вно поражённый
усло́вно-рефлекто́рный
усло́вность, -и
усло́вно сходя́щийся
усло́вный

УСП

усложнённый; *кр. ф.* -ён,
-ена́
усложни́ть(ся), -ню́,
-ни́т(ся)
усложня́ть(ся), -я́ю,
-я́ет(ся)
услу́га, -и
услужа́ющий
служе́ние, -я
услу́живать, -аю, -ает
услужи́ть, -ужу́, -у́жит
услу́жливость, -и
услу́жливый
услыха́ть, -ышу, -ышит
услы́шанный
услы́шать, -шу, -шит
усма́тривать(ся), -аю,
-ает(ся)
усмеха́ться, -а́юсь, -а́ется
усмехну́ться, -ну́сь, -нётся
усме́шка, -и
усме́шливый
усмире́ние, -я
усмирённый; *кр. ф.* -ён,
-ена́
усмири́тель, -я
усмири́ть(ся), -рю́(сь),
-ри́т(ся)
усмиря́ть(ся), -я́ю(сь),
-я́ет(ся)
усмотре́ние, -я
усмо́тренный
усмотре́ть, -отрю́, -о́трит
уснасти́ть, -ащу́, -асти́т
уснаща́ть(ся), -а́ю, -а́ет(ся)
уснащённый; *кр. ф.* -ён,
-ена́
усну́ть, усну́, уснёт
усо́бица, -ы
усоверше́нствование, -я
усоверше́нствованный
усоверше́нствовать(ся),
-твую(сь), -твует(ся)
усо́вестить(ся), -ещу(сь),
-естит(ся)
усове́щенный
усове́щивать(ся), -аю(сь),
-ает(ся)
усо́ленный
усоли́ть(ся), усолю́, усо́-
ли́т(ся)
усо́лье, -я, *р. мн.* -лий
усомни́ться, -ню́сь, -ни́тся
усоно́гий
усо́пший
усо́хнуть, -нет; *прош.* усо́х,
усо́хла
усо́хший
успева́емость, -и
успева́ть, -а́ю, -а́ет
успева́ющий
успе́ется
успе́ние, -я
успе́нский
успе́ть, -е́ю, -е́ет
успе́х, -а
успе́шный
успока́ивать(ся), -аю(сь),
-ает(ся)
успока́ивающий(ся)
успокое́ние, -я
успокое́нность, -и
успокое́нный
успокои́тель, -я

УСТ

успокои́тельный
успоко́ить(ся), -о́ю(сь),
-о́ит(ся)
усредне́ние, -я
усредни́ть, -ню́, -ни́т
уссури́йский
уста́, уст, уста́м
уста́в, -а
устава́ть, устаю́, устаёт
уста́вить(ся), -влю(сь),
-вит(ся)
уста́вленный
уставля́ть(ся), -я́ю(сь),
-я́ет(ся)
уста́вный
уста́ивать(ся), -аю, -ает(ся)
уста́лостный
уста́лость, -и
уста́лый
уста́ль, -и: без у́стали
устана́вливать(ся),
-аю(сь), -ает(ся)
установи́ть(ся), -овлю́(сь),
-о́вит(ся)
устано́вка, -и
установле́ние, -я
устано́вленный
устано́вочный
устарева́ть, -а́ю, -а́ет
устаре́вший
устаре́лый
устаре́ть, -е́ю, -е́ет
уста́ток: с уста́тка и с ус-
та́тку
уста́ть, -а́ну, -а́нет
устаю́щий
устла́нный
устели́ть(ся) и уст-
ла́ть(ся), устелю́, устé-
лет(ся); *прош.* усте-
ли́л(ся), устели́ла(сь)
и устла́л(ся), устла́-
ла(сь)
устережённый; *кр. ф.* -ён,
-ена́
устере́чь(ся), -регу́(сь), -ре-
жёт(ся), -регу́т(ся);
прош. -рёг(ся), -регла́(сь)
устила́ть(ся), -а́ю, -а́ет(ся)
у́стланный (*от* устла́ть)
устла́ть(ся) и усте-
ли́ть(ся), устелю́, устé-
лет(ся); *прош.* уст-
ла́л(ся), устла́ла(сь) и
устели́л(ся), устели́-
ла(сь)
у́стно-разгово́рный
у́стность, -и
у́стный
усто́й, -я
усто́йчивость, -и
усто́йчивый
усторожённый; *кр. ф.* -ён,
-ена́
усторожи́ть, -жу́, -жи́т
устоя́ть(ся), -ою, -ои́т(ся)
устра́ивать(ся), -аю(сь),
-ает(ся)
устране́ние, -я
устранённый; *кр. ф.* -ён,
-ена́
устрани́мый
устрани́ть(ся), -ню́(сь),
-ни́т(ся)

УСЫ

устраня́ть(ся), -я́ю(сь),
-я́ет(ся)
устраша́ть(ся), -а́ю(сь),
-а́ет(ся)
устраша́ющий
устраше́ние, -я
устрашённый; *кр. ф.* -ён,
-ена́
устраши́тельный
устраши́ть(ся), -шу́(сь),
-ши́т(ся)
устреми́ть(ся), -млю́(сь),
-ми́т(ся)
устремле́ние, -я
устремлённость, -и
устремлённый; *кр. ф.* -ён,
-ена́
устремля́ть(ся), -я́ю(сь),
-я́ет(ся)
у́стрица, -ы
у́стричный
устрое́ние, -я
устро́енный
устрои́тель, -я
устрои́тельница, -ы
устро́ить(ся), -о́ю(сь),
-о́ит(ся)
устро́йство, -а
усту́п, -а
уступа́ть(ся), -а́ю, -а́ет(ся)
уступи́тельный
уступи́ть, уступлю́, усту́-
пит
усту́пка, -и
усту́пленный
уступно́й и усту́пный
уступообра́зный
усту́пчатый
усту́пчивость, -и
усту́пчивый
устыди́ть(ся), -ыжу́(сь),
-ыди́т(ся)
устыжа́ть(ся), -а́ю(сь),
-а́ет(ся)
устыжённый; *кр. ф.* -ён,
-ена́
у́стье, -я, *р. мн.* -ьев
устьево́й и у́стьевый
у́стьице, -а
у́стьичный
усугуби́ть(ся), -у́блю,
-у́бит(ся)
усугубле́ние, -я
усугу́бленный; *кр. ф.* -ен,
-ена и усугублённый;
кр. ф. -ён, -ена́
усугубля́ть(ся), -я́ю,
-я́ет(ся)
усуша́ть(ся), -а́ю, -а́ет(ся)
усу́шенный
усуши́ть(ся), усушу́, усу́-
шит(ся)
усу́шка, -и
усчи́танный
усчита́ть, -а́ю, -а́ет
усчи́тывать(ся), -аю,
-ает(ся)
усы́, усо́в, *ед.* ус, у́са
усыла́ть(ся), -а́ю, -а́ет(ся)
усынови́тель, -я
усынови́ть, -влю́, -ви́т
усыновле́ние, -я
усыновлённый; *кр. ф.* -ён,
-ена́

Column 1 (УСЫ)

усыновля́ть(ся), -я́ю,
  -я́ет(ся)
усыпа́льница, -ы
усы́панный
усы́пать(ся), -плю(сь),
  -плет(ся), -плют(ся) и
  -пем(ся), -пят(ся), сов.
усыпа́ть(ся), -а́ю(сь),
  -а́ет(ся), несов.
усыпи́тельный
усыпи́ть, -плю́, -пи́т
усы́пка, -и
усыпле́ние, -я
усыплённый; кр. ф. -ён,
  -ена́
усыпля́ть(ся), -я́ю, -я́ет(ся)
усыпля́ющий
усыха́ние, -я
усыха́ть, -а́ю, -а́ет
у́ськать, -аю, -ает
утае́ние, -я
утаённый; кр. ф. -ён, -ена́
ута́ивание, -я
ута́ивать(ся), -аю(сь),
  -ает(ся)
утаи́ть(ся), утаю́(сь),
  утаи́т(ся)
ута́йка, -и
ута́птывать(ся), -аю,
  -ает(ся)
ута́скивать(ся), -аю(сь),
  -ает(ся)
утача́нный
утача́ть(ся), -а́ю, -а́ет(ся)
утачивать(ся), -аю, -ает(ся)
ута́чка, -и
ута́щенный
утащи́ть(ся), утащу́(сь),
  ута́щит(ся)
у́тварь, -и
утверди́тельный
утверди́ть(ся), -ржу́(сь),
  -рди́т(ся)
утвержда́ть(ся), -а́ю(сь),
  -а́ет(ся)
утвержде́ние, -я
утверждённый; кр. ф. -ён,
  -ена́
утека́ть, -а́ю, -а́ет
уте́кший
утемнённый; кр. ф. -ён,
  -ена́
утемни́ть(ся), -ню́, -ни́т(ся)
утемня́ть(ся), -я́ю, -я́ет(ся)
утёнок, -нка, мн. утя́та, -я́т
утёныш, -а
утепле́ние, -я
утеплённый; кр. ф. -ён,
  -ена́
утепли́тель, -я
утепли́тельный
утепли́ть(ся), -лю́(сь),
  -ли́т(ся)
утепля́ть(ся), -я́ю(сь),
  -я́ет(ся)
утере́ть(ся), утру́(сь), ут-
  рёт(ся); прош. утёр(ся),
  утёрла(сь)
утерпе́ть, утерплю́, утер-
  пит
утёртый
уте́рший(ся)
уте́ря, -и
утерянный

Column 2 (УТИ)

утеря́ть(ся), -я́ю, -я́ет(ся)
утёс, -а
утёсанный
утеса́ть, -ешу́, -ёшет
утёсистый
утесне́ние, -я
утеснённый; кр. ф. -ён,
  -ена́
утесни́тельный
утесни́ть(ся), -ню́(сь),
  -ни́т(ся)
утесня́ть(ся), -я́ю(сь),
  -я́ет(ся)
утёсывать(ся), -аю, -ает(ся)
уте́ха, -и
уте́чка, -и
уте́чь, утеку́, утечёт, уте-
  ку́т; прош. утёк, утекла́
утеша́ть(ся), -а́ю(сь),
  -а́ет(ся) (к уте́шить)
утеше́ние, -я
уте́шенный
уте́шитель, -я
утеши́тельница, -ы
утеши́тельный
уте́шить(ся), -шу(сь),
  -шит(ся)
уте́шный
утилиза́торский
утилиза́торство, -а
утилизацио́нный
утилиза́ция, -и
утилизи́рованный
утилизи́ровать(ся), -рую,
  -рует(ся)
утилитари́зм, -а
утилитари́ст, -а
утилитари́стка, -и
утилитари́стский
утилита́рно-практи́ческий
утилита́рность, -и
утилита́рный
ути́ль, -я
ути́льный
утильсырьё, -я́
утильсырьево́й
ути́ный
утира́льник, -а
утира́ние, -я
утира́ть(ся), -а́ю(сь),
  -а́ет(ся)
ути́рка, -и
ути́сканный
ути́скать(ся), -аю(сь),
  -ает(ся)
ути́скивать(ся), -аю(сь),
  -ает(ся)
ути́-ути́, неизм.
утиха́ть, -а́ю, -а́ет
ути́хнувший и ути́хший
ути́хнуть, -ну, -нет; прош.
  ути́х, ути́хла
утихоми́ренный
утихоми́ривать(ся),
  -аю(сь), -ает(ся)
утихоми́рить(ся), -рю(сь),
  -рит(ся)
ути́хший и ути́хнувший
у́тица, -ы
утиша́ть(ся), -а́ю(сь),
  -а́ет(ся) (к утиши́ть)
утишённый; кр. ф. -ён, -ена́
утиши́ть(ся), -шу́(сь),
  -ши́т(ся)

Column 3 (УТО)

у́тка, -и
у́тканный
утка́ть, утку́, уткёт; прош.
  утка́л, уткала́, утка́ло
у́ткнутый
уткну́ть(ся), -ну́(сь),
  -нёт(ся)
утконо́с, -а
утлёгарь, -я
у́тлый
уто́к, утка́
утоле́ние, -я
утолённый; кр. ф. -ён, -ена́
утоли́ть(ся), -лю́(сь),
  -ли́т(ся)
утоло́кший(ся)
утоло́чь, -лку́,
  -лчёт(ся), -лку́т(ся);
  прош. -ло́к(ся), -лкла́(сь)
утолсти́ть(ся), -лщу́(сь),
  -лсти́т(ся)
утолчённый; кр. ф. -ён,
  -ена́
утолща́ть(ся), -а́ю(сь),
  -а́ет(ся)
утолще́ние, -я
утолщённый; кр. ф. -ён,
  -ена́
утоля́ть(ся), -я́ю, -я́ет(ся)
утоми́тельно-однообра́з-
  ный
утоми́тельный
утоми́ть(ся), -млю́(сь),
  -ми́т(ся)
утомле́ние, -я
утомлённый; кр. ф. -ён,
  -ена́
утомля́емость, -и
утомля́ть(ся), -я́ю(сь),
  -я́ет(ся)
утоне́ние, -я
утонённый; кр. ф. -ён, -ена́
утони́ть(ся), -ню́, -ни́т(ся)
утону́ть, -ону́, -о́нет
утонча́ть(ся), -а́ю(сь),
  -а́ет(ся)
утонче́ние, -я
утончённость, -и и утон-
  ченность, -и
утончённый; кр. ф. -ен,
  -енна, прил.
утончённый; кр. ф. прил.
  -ён, -ённа; кр. ф. прич.
  -ён, -ена́
уточни́ть(ся), -чу́(сь),
  -чи́т(ся)
утоня́ть(ся), -я́ю, -я́ет(ся)
утопа́ть, -а́ю, -а́ет
утопа́ющий
утопи́зм, -а
утопи́ст, -а
утопи́стка, -и
утопи́ть(ся), утоплю́(сь),
  уто́пит(ся)
утопи́ческий
утопи́чный
уто́пия, -и
утопле́ние, -я
уто́пленник, -а
уто́пленница, -ы
уто́пленный
уто́пнуть, -ну, -нет; прош.
  уто́п, уто́пла
уто́птанный

Column 4 (УТР)

утопта́ть(ся), утопчу́,
  уто́пчет(ся)
уто́р, -а
ут́о́ренный
ут́о́рить(ся), -рю, -рит(ся)
ут́о́рка, -и
ут́о́ченный
уто́чина, -ы
уточи́ть(ся), уточу́, уто́-
  чит(ся)
у́точка, -и (от у́тка)
у́точка, -и (от точи́ть)
уточне́ние, -я
уточнённый; кр. ф. -ён,
  -ена́
уточни́ть(ся), -ню́, -ни́т(ся)
уто́чно-мота́льный
уто́чно-шпу́льный
уто́чный
утра́ивать(ся), -аю, -ает(ся)
утракви́ст, -а
утракви́стский
утрамбо́ванный
утрамбова́ть(ся), -бу́ю, -бу́-
  ет(ся)
утрамбо́вка, -и
утрамбо́вывание, -я
утрамбо́вывать(ся), -аю,
  -ает(ся)
утра́та, -ы
утра́тить(ся), -а́чу,
  -а́тит(ся)
утра́фить, -флю, -фит
утрафля́ть, -я́ю, -я́ет
утра́ченный
утра́чивать(ся), -аю,
  -ает(ся)
у́тренний
у́тренник, -а
у́треня, -и
у́тречко, -а
у́тречком, нареч.
у́трешний
утри́рование, -я
утри́рованный
утри́ровать(ся), -рую, -ру-
  ет(ся)
утриро́вка, -и
у́тро, -а и до утра́, с утра́,
  дат. у́тру и к утру́, мн.
  у́тра, утр, дат. у́трам и
  по утра́м, тв. у́трами
утро́ба, -ы
утро́бистый
утро́бища, -и
утро́бный
утро́ение, -я
утро́енный
утро́ить(ся), -о́ю, -о́ит(ся)
у́тром, нареч.
утруди́ть(ся), -ужу́(сь),
  -уди́т(ся)
утружда́ть(ся), -а́ю(сь),
  -а́ет(ся)
утруждённый; кр. ф. -ён,
  -ена́
утруси́ться, -и́тся
утру́ска, -и
утряса́ние, -я
утряса́ть(ся), -а́ю(сь),
  -а́ет(ся)
утрясённый; кр. ф. -ён,
  -ена́

УТР

утря́ска, -и
утрясти́(сь), -су́(сь), -сёт(ся); *прош.* -я́с(ся), -ясла́(сь)
утря́сший(ся)
утряха́ть, -а́ю, -а́ет
утучнённый; *кр. ф.* -ён, -ена́
утучни́ть(ся), -ню́, -ни́т(ся)
утучня́ть(ся), -я́ю, -я́ет(ся)
утуша́ть(ся), -а́ю, -а́ет(ся)
уту́шенный
утуши́ть(ся), -ушу́, -у́шит(ся)
уты́канный
уты́кать(ся), -аю(сь), -ает(ся), *сов.*
утыка́ть(ся), -а́ю(сь), -а́ет(ся), *несов.*
утю́г, -а́
утюже́ние, -я
утю́женный, *прич.*
утю́женый, *прил.*
утю́жить(ся), -жу, -жит(ся)
утю́жка, -и
утюжо́к, -жка́
утя́гивать(ся), -аю, -ает(ся)
утяжеле́ние, -я
утяжелённый; *кр. ф.* -ён, -ена́
утяжели́тель, -я
утяжели́ть(ся), -лю́, -ли́т(ся)
утяжеля́ть(ся), -я́ю, -я́ет(ся)
утя́жка, -и
утя́нутый
утяну́ть, -яну́, -я́нет
утя́тина, -ы
утя́тник, -а
утя́тница, -ы
у́тя-у́тя, *неизм.*
уха́, -и́
уха́б, -а
уха́бина, -ы
уха́бистый
ухажёр, -а
уха́живание, -я
уха́живать, -аю, -ает
у́ханье, -я
у́харский
у́харство, -а
у́харствовать, -твую, -твует
у́харь, -я
у́хать(ся), у́хаю(сь), у́хает(ся)
ухва́т, -а
ухва́тистый
ухвати́ть(ся), -ачу́(сь), -а́тит(ся)
ухва́тка, -и
ухва́тливый
ухва́тывать(ся), -аю(сь), -ает(ся)
ухва́ченный
ухи́тить(ся), ухи́чу(сь), ухи́тит(ся)
ухитри́ться, -рю́сь, -ри́тся
ухитря́ться, -я́юсь, -я́ется
ухи́ченный
ухи́чивать(ся), -аю(сь), -ает(ся)
ухищре́ние, -я

УЧЕ

ухищрённый; *кр. ф.* -ён, -ённа
ухищря́ться, -я́юсь, -я́ется
ухлёстанный
ухлеста́ть, -ещу́, -е́щет
ухлёстнутый
ухлестну́ть, -ну́, -нёт
ухлёстывать(ся), -аю, -ает(ся)
ухло́панный
ухло́пать, -аю, -ает
ухло́пывать(ся), -аю, -ает(ся)
ухмы́лка, -и
ухмыльну́ться, -ну́сь, -нётся
ухмыля́ться, -я́юсь, -я́ется
у́хнутый
у́хнуть(ся), у́хну(сь), у́х-нет(ся)
у́хо, у́ха, *мн.* у́ши, уше́й
уховёртка, -и
ухо́д, -а
уходи́ть(ся), ухожу́(сь), ухо́дит(ся)
уходя́щий
ухо́женный
ухо́жь, -и
ухо́жье, -я
ухоли́ть, -лю, -лит
ухоро́ненный
ухорони́ть(ся), -оню́(сь), -о́нит(ся)
ухоро́нка, -и
ухочи́стка, -и
ухудша́ть(ся), -а́ю, -а́ет(ся)
ухудше́ние, -я
уху́дшенный
уху́дшить(ся), -шу, -шит(ся)
уцеле́ть, -е́ю, -е́ет
уценённый; *кр. ф.* -ён, -ена́
уце́нивать(ся), -аю, -ает(ся)
уцени́ть(ся), уценю́, уце́нит(ся)
уце́нка, -и
уцепи́ть(ся), уцеплю́(сь), уце́пит(ся)
уце́пленный
уцепля́ть(ся), -я́ю(сь), -я́ет(ся)
уча́ствовать, -твую, -твует
уча́ствующий
уча́стие, -я
участи́ть(ся), учащу́, участи́т(ся)
уча́стковый
уча́стливость, -и
уча́стливый
уча́стник, -а
уча́стница, -ы
уча́сток, -тка
у́часть, -и
уча́ть, учну́, учнёт; *прош.* учал, учала́
учаща́ть(ся), -а́ю, -а́ет(ся)
уча́щаяся, -ейся
уча́щение, -я
учащённый; *кр. ф.* -ён, -ена́
уча́щийся, -егося
учёба, -ы
учебник, -а
учебно-воспита́тельный
учебно-вспомога́тельный

УЧР

учебно-инструкти́вный
учебно-консультацио́нный
учебно-методи́ческий
учебно-нагля́дный
учебно-о́пытный
учебно-педагоги́ческий
учебно-познава́тельный
учебно-показа́тельный
учебно-произво́дственный
учебно-спорти́вный
учебно-телевизио́нный
учебно-трениро́вочный
уче́бный
уче́ние, -я
учени́к, -а́
учени́ца, -ы
учени́ческий
учени́чество, -а
учёный; *кр. ф.* учён, учена́, *прич.*
учёность, -и
учёный; *кр. ф.* учён, учё-на, *прил.*
учёный, -ого
учёс, -а
учёсанный
учеса́ть(ся), учешу́, уче́шет(ся)
уче́сть, учту́, учтёт; *прош.* учёл, учла́
учёсывать(ся), -аю, -ает(ся)
учёт, -а
учетверённый; *кр. ф.* -ён, -ена́
учетвери́ть(ся), -рю́, -ри́т(ся)
учетверя́ть(ся), -я́ю, -я́ет(ся)
учётно-креди́тный
учётно-спра́вочный
учётно-ссу́дный
учётно-статисти́ческий
учётно-экономи́ческий
учётный
учётчик, -а
учётчица, -ы
учи́лище, -а
учи́лищный
учинённый; *кр. ф.* -ён, -ена́
учини́ть(ся), -ню́, -ни́т(ся)
учиня́ть(ся), -я́ю, -я́ет(ся)
учи́тель, -я, *мн.* -я́, -е́й (преподаватель) и -и, -ей (глава учения)
учи́тельница, -ы
учи́тельская, -ой
учи́тельский
учи́тельство, -а
учи́тельствовать, -твую, -твует
учи́тывать(ся), -аю, -ает(ся)
учи́ть(ся), учу́(сь), у́чит(ся)
учреди́тель, -я
учреди́тельница, -и
учреди́тельный
учреди́тельство, -а
учреди́ть(ся), -ежу́, -еди́т(ся)

УЩЕ

учрежда́ть(ся), -а́ю, -а́ет(ся)
учрежде́ние, -я
учреждённый; *кр. ф.* -ён, -ена́
учрежде́нческий
учтённый; *кр. ф.* -ён, -ена́
учти́вость, -и
учти́вый
учу́г, -а
учу́жный
учу́ивать, -аю, -ает
учу́янный
учу́ять, учу́ю, учу́ет
учхо́з, -а
уша́н, -а
уша́нка, -и
уша́стый
уша́т, -а
увы́ривать, -аю, -ает
ушвы́рнутый
ушвырну́ть, -ну́, -нёт
уше́дший
ушераздира́ющий
ушестерённый; *кр. ф.* -ён, -ена́
ушестери́ть(ся), -рю́, -ри́т(ся)
ушестеря́ть(ся), -я́ю, -я́ет(ся)
уши́б, -а
ушиба́ть(ся), -а́ю(сь), -а́ет(ся)
ушиби́ть(ся), -бу́(сь), -бёт(ся); *прош.* уши́б(ся), уши́бла(сь)
уши́бленный
ушива́ть(ся), -а́ю, -а́ет(ся)
уши́вка, -и
уши́вочный
уши́ренный
ушири́тельный
ушири́ть(ся), -рю, -рит(ся)
уширя́ть(ся), -я́ю, -я́ет(ся)
уши́тый
уши́ть, ушью, ушьёт
уши́ца, -ы
ушки́, -о́в (макаронное изделие)
у́шко, -а и ушко́ 1, -а́, *мн.* у́шки, у́шек (*от* у́хо)
ушко́ 2, -а́, *мн.* ушки́, -о́в (отверстие)
ушку́й, -я
ушку́йник, -а
ушку́йничать, -аю, -ает
у́шлый
ушни́к, -а́
ушно́й
ущели́стый
уще́лье, -я, *р. мн.* -лий
ущеми́ть(ся), -млю́, -ми́т(ся)
ущемле́ние, -я
ущемлённый; *кр. ф.* -ён, -ена́
ущемля́ть(ся), -я́ю, -я́ет(ся)
уще́рб, -а
ущерби́ть(ся), -блю́, -би́т(ся)
ущерблённый; *кр. ф.* -ён, -ена́
ущербля́ть(ся), -я́ю, -я́ет(ся)

ущёрбный
ущипнутый
ущипнуть, -ну, -нёт
ущипывать(ся), -аю,
  -ает(ся)
ущупанный
ущупать, -аю, -ает
ущупывать, -аю, -ает
уют, -а
уютный
уязвимый
уязвить, -влю, -вит
уязвлённый; кр. ф. -ён,
  -ена
уязвлять(ся), -яю, -яет(ся)
уяснение, -я
уяснённый; кр. ф. -ён, -ена
уяснить(ся), -ню, -нит(ся)
уяснять(ся), -яю, -яет(ся)

Ф

фабзавком, -а
фабзавкомовец, -вца
фабзавкомовский
фабзавуч, -а
фабианец, -нца
фабианский
фабком, -а
фабкомовец, -вца
фабкомовский
фабльо и фаблио, нескл.,
  с.
фабренный, прич.
фабреный, прил.
фабрика, -и
фабрикант, -а
фабрикантский
фабрика-прачечная, фаб-
  рики-прачечной
фабрикат, -а
фабрикация, -и
фабрикованный
фабриковать(ся), -кую,
  -кует(ся)
фабрить(ся), -рю(сь),
  -рит(ся)
фабричка, -и
фабрично-заводской
фабричный
фабричонка, -и
фабула, -ы
фабульный
фабулярный
фавела, -ы
фаверболь, -и
фавн, -а
фавор, -а
фаворизированный
фаворизировать, -рую, -ру-
  ет
фаворизованный
фаворизовать, -зую, -зует
фаворит, -а
фаворитизм, -а
фаворитка, -и
фавус, -а
фаг, -а
фагопрофилактика, -и
фагот, -а
фаготерапия, -и

фаготист, -а
фаготный
фаготовый
фагоцит, -а
фагоцитарный
фагоцитоз, -а
фаевый
фаза, -ы
фазан, -а
фазанарий, -я
фазаний, -ья, -ье
фазановые, -ых
фазис, -а
фазный
фазоамплитудный
фазово-амплитудный
фазово-импульсный
фазовый
фазоинвертор, -а
фазокомпенсатор, -а
фазометр, -а
фазопреобразователь, -я
фазорегулятор, -а
фазосдвигающий
фазотрон, -а
фазоуказатель, -я
фазочастотный
фай, -я
файдешин, -а
файдешиновый
файл, -а, р. мн. файл и -ов
файловый
файф-о-клок, -а
факел, -а
факельный
факельцуг, -а
факельщик, -а
факир, -а
факолит, -а
факсимиле, неизм. и
  нескл., с.
факсимильный
факт, -а
фактический
фактографический
фактографичный
фактография, -и
фактор, -а
факториал, -а
факторйя, -и
факторский
факторство, -а
фактотум, -а
фактура, -ы
фактурный
факультатив, -а
факультативный
факультет, -а
факультетский
фал, -а
фалалей, -я
фаланга, -и
фалангист, -а
фаланстер, -а
фалбала, -ы
фалда, -ы
фалдить, -дит
фалерист, -а
фалеристика, -и
фалинь, -я
фаллический
фаллопиева труба
фаллос, -а
фалреп, -а

фалрепный, -ого
фальконет, -а
фальсификат, -а
фальсификатор, -а
фальсификаторский
фальсификация, -и
фальсифицированный
фальсифицировать(ся),
  -рую, -рует(ся)
фальстарт, -а
фальц, -а
фальцаппарат, -а
фальцевальный
фальцевание, -я
фальцевать(ся), -цую, -цу-
  ет(ся)
фальцет, -а
фальцетный
фальцованный
фальцовка, -и
фальцовочный
фальцовщик, -а
фальцовщица, -ы
фальшборт, -а
фальшивить, -влю, -вит
фальшивка, -и
фальшивомонетчик, -а
фальшивый
фальшкиль, -я
фальшфейер, -а
фальшь, -и
фамилия, -и
фамильный
фамильярничать, -аю, -ает
фамильярность, -и
фамильярный
фанаберия, -и
фанариот, -а
фанариотский
фанат, -а
фанатизм, -а
фанатик, -а
фанатический
фанатичка, -и
фанатичный
фанг, -а
фанговый
фанданго, нескл., с.
фанера, -ы
фанерка, -и
фанерный
фанерование, -я
фанерованный
фанеровать(ся), -рую, -ру-
  ет(ся)
фанеровка, -и
фанеропильный
фанерострогальный
фанза, -ы (дом)
фанза, -ы (ткань)
фанзовый (от фанза)
фант, -а
фантазёр, -а
фантазёрка, -и
фантазёрство, -а
фантази, неизм.
фантазировать, -рую, -рует
фантазия, -и
фантасмагорический
фантасмагория, -и
фантаст, -а
фантастика, -и
фантастический
фантастичный

фантик, -а
фантом, -а
фантомный
фанфара, -ы
фанфарист, -а
фанфарный
фанфарон, -а
фанфаронада, -ы
фанфаронить(ся), -ню(сь),
  -нит(ся)
фанфаронишка, -и, м.
фанфаронство, -а
фара, -ы
фарада, -ы
фарадей, -я, р. мн. -еев
фарадизация, -и
фарандола, -ы
фараон, -а
фараонов, -а, -о
фарватер, -а
фарингит, -а
фарингоскопия, -и
фарисей, -я
фарисейский
фарисейство, -а
фарисействовать, -твую,
  -твует
фармазон, -а
фармакогнозия, -и
фармакогностический
фармаколог, -а
фармакологический
фармакология, -и
фармакопейный
фармакопея, -и
фармакотерапия, -и
фармакохимический
фармакохимия, -и
фармацевт, -а
фармацевтика, -и
фармацевтический
фармация, -и (фармацев-
  тика)
фарс, -а
фарси, неизм. и нескл., м.
фарсовый
фарт, -а
фартинг, -а
фартить, -ит
фартовый
фартук, -а, мн. -и, -ов
фартучный
фарфор, -а
фарфоровый
фарфоро-фаянсовый
фарцевать, -цую, -цует
фарцовка, -и
фарцовщик, -а
фарш, -а
фаршевый
фаршемешалка, -и
фарширование, -я
фаршированный
фаршировать(ся), -рую,
  -рует(ся)
фаршировка, -и
фас, -а
фасад, -а
фасадный
фасет, -а
фасетка, -и
фасеточный
фасетчатый
фаска, -и

фаскоснима́тель, -я
фасо́ванный
фасова́ть(ся), -су́ю, -су́-
ет(ся)
фасо́вка, -и
фасо́вочный
фасо́вщик, -а
фасо́вщица, -ы
фасо́левый
фасолеубо́рочный
фасо́ль, -и
фасо́н, -а
фасо́нистый
фасо́нить, -ню, -нит
фасо́нно-отрезно́й
фасо́нно-строга́льный
фасо́нный
фасциа́ция, -и
фа́сции, -ий (прутья)
фасциолёз, -а
фа́сция, -и (оболочка)
фат, -а
фата́, -ы́
фатали́зм, -а
фатали́ст, -а
фаталисти́ческий
фаталисти́чный
фатали́стка, -и
фата́льный
фа́та-морга́на, -ы
фатова́тый
фатовство́, -а́
фа́тум, -а
фа́уна, -ы
фаустпатро́н, -а
фа́хверк, -а
фа́хверковый
фаце́лия, -и
фаце́т, -а
фаце́тный
фаце́ция, -и
фа́ция, -и
фашиза́ция, -и
фашизи́рованный
фашизи́ровать(ся), -ру-
ет(ся)
фаши́зм, -а
фаши́на, -ы
фаши́нник, -а
фаши́нно-хворостяно́й
фаши́нный
фаши́ст, -а
фаши́ствующий
фаши́стка, -и
фаши́стский
фаэзбо́н, -а
фаяли́т, -а
фая́нс, -а
фая́нсовый
февра́ль, -я́
февра́льский
федерализа́ция, -и
федерали́зм, -а
федерали́ст, -а
федерали́стский
федера́льный
федера́т, -а
федерати́вный
федера́ция, -и
фе́динг, -а
фееери́ческий
фее́рия, -и
фейербахиа́нство, -а

фейерве́рк, -а
фейерве́ркер, -а
фейерве́рочный
фейхоа́, нескл., ж.
фека́лии, -ий
фека́льный
фелла́х, -а
фелле́ма, -ы
феллоге́н, -а
феллоде́рма, -ы
фелло́ид, -а
фело́нь, -и
фельдма́ршал, -а
фельдма́ршальский
фельдма́ршальство, -а
фельдсвя́зь, -и
фельдфе́бель, -я
фельдфе́бельский
фельдцейхме́йстер, -а
фельдцейхме́йстерский
фельдша́нец, -нца
фе́льдшер, -а, мн. -а́, -о́в и
-ы, -ов
фельдшери́ца, -ы
фе́льдшерский
фе́льдшерско-акуше́рский
фельдъе́герский
фельдъе́герь, -я, мн. -и, -ей
и -я́, -е́й
фельето́н, -а
фельетони́ст, -а
фельетони́стка, -и
фельето́нный
фелю́га, -и
фемениза́ция, -и
фемениэи́рованный
фемениэи́ровать(ся), -ру-
ет(ся)
фемини́зм, -а
фемини́ст, -а
феминисти́ческий
фемини́стка, -и
фемини́стский
фен, -а (сушилка)
фён, -а (ветер)
феназепа́м, -а
фена́льгин, -а
фенами́н, -а
фенацети́н, -а
фе́ндрик, -а
фе́никс, -а
фени́л, -а
фенилаланани́н, -а
фенилкетонури́я, -и
фенилэти́ловый
фенобарбита́л, -а
фено́л, -а
фено́ловый
фено́лог, -а
феноло́гия, -и
фенолфтале́ин, -а
феноме́н, -а
феноменали́зм, -а
феноменали́ст, -а
феноменалисти́ческий
феноменали́стский
феномена́льный
феноменологи́ческий
феноменоло́гия, -и
фенопла́ст, -а
феноти́п, -а
фе́нхель, -я
фе́бд, -а

феода́л, -а
феодализа́ция, -и
феодали́зм, -а
феода́льно-земледе́льче-
ский
феода́льно-крепостни́че-
ский
феода́льный
фе́рзевый
ферзь, -я́ (в шахматах)
ферлаку́р, -а
ферлаку́рить, -рю, -рит
ферлаку́рство, -а
фе́рма, -ы
ферма́та, -ы
ферме́нт, -а
ферментати́вный
ферментацио́нный
ферме́нта́ция, -и
ферменти́ровать(ся), -рую,
-рует(ся)
ферме́нтный
фермента́ло́гия, -и
фе́рмер, -а
фе́рмерский
фе́рмерство, -а
фе́рмий, -я
фермуа́р, -а
фернамбу́к, -а
фернамбу́ковый
фероне́рка, -и
ферра́т, -а
ферри́т, -а
ферри́тный
ферри́товый
феррована́дий, -я
ферровольфра́м, -а
ферродинами́ческий
ферромагнети́зм, -а
ферромагне́тик, -а
ферромагни́тный
феррома́рганец, -нца
ферромолибде́н, -а
ферросили́ций, -я
ферроспла́в, -а
феррофо́сфор, -а
феррохро́м, -а
ферт, -а
фе́ртик, -а
ферти́льность, -и
фе́ртильный
фе́рула, -ы (бот.)
феру́ла, -ы, (линейка)
фе́рязь, -и (одежда)
фе́ска, -и
феста́л, -а
фестива́ль, -я
фестива́льный
фесто́н, -а
фесто́нный
фесто́нчатый
фесто́нчик, -а
фети́ш, -а и -а́
фетишиза́ция, -и
фетишизи́рованный
фетишизи́ровать(ся),
-рую, -рует(ся)
фетиши́зм, -а
фетиши́ст, -а
фетиши́стский
фетр, -а
фе́тровый
фетю́к, -а́
фефёла, -ы

фе́фер и пфе́фер: зада́ть
фе́феру и зада́ть пфе́-
феру
фехтова́льный
фехтова́льщик, -а
фехтова́ние, -я
фехтова́ть, -ту́ю, -ту́ет
фешене́бельный
фе́я, -и
фиа́кр, -а
фиа́л, -а
фиа́лка, -и
фиа́лковый
фиа́ско, нескл. с.
фибергла́с, -а
фибергла́совый
фи́бра, -ы
фибри́лла, -ы
фибрилля́рный
фибрилля́ция, -и
фибри́н, -а
фибриноге́н, -а
фибрино́зный
фибринолизи́н, -а
фиброадено́ма, -ы
фибробла́ст, -а
фи́бровый
фибро́з, -а
фибро́зный
фибро́ин, -а
фиброли́т, -а
фиброли́товый
фибро́ма, -ы
фибромио́ма, -ы
фиброцеме́нтный
фиброци́т, -а
фи́була, -ы
фи́га, -и
фигаро́, нескл. с.
фи́гли-ми́гли, фи́глей-
ми́глей
фигля́р, -а
фигля́рничать, -аю, -ает
фигля́рский
фигля́рство, -а
фи́говый
фигу́ра, -ы
фигура́льный
фигура́нт, -а
фигура́нтка, -и
фигурацио́нный
фигура́ция, -и
фигури́ровать, -рую, -рует
фигури́ст, -а
фигури́стка, -и
фигу́ристый
фигу́рка, -и
фигу́рный
фигуря́ть, -я́ю, -я́ет
фиде́изм, -а
фиде́ист, -а
фидеисти́ческий
фи́дер, -а
фио́льд, -а и фье́льд, -а
фи́жмы, фижм
физа́лис, -а
физиа́тр, -а
физиатри́ческий
физиатри́я, -и
фи́зик, -а
фи́зика, -и
физикогео́граф, -а
фи́зико-географи́ческий

физико-математический
физико-механический
физико-технический
физико-химический
физикохимия, -и
физик-ядерщик, физика-
  ядерщика
физиогномика, -и
физиогномический
физиократ, -а
физиократический
физиолог, -а
физиологический
физиологичный
физиология, -и
физиономика, -и
физиономист, -а
физиономистка, -и
физиономический
физиономия, -и
физиотерапевт, -а
физиотерапевтический
физиотерапия, -и
физический
физия, -и
физкульт-привет, -а
физкультура, -ы
физкульт-ура
физкультурник, -а
физкультурница, -ы
физкультурно-массовый
физкультурно-оздорови-
  тельный
физкультурный
физмат, -а
физматшкола, -ы
физорг, -а
физостигмин, -а
физрук, -а и -а́
фикомицет, -а, р. мн. -ов
фикс, -а
фиксаж, -а
фиксатив, -а
фиксатор, -а
фиксатуар, -а
фиксация, -и
фиксирование, -я
фиксированный
фиксировать(ся), -рую,
  -рует(ся)
фиксоловый
фиктивный
фикус, -а
фикционализм, -а
фикция, -и
фила, -ы
филант, -а
филантроп, -а
филантропизм, -а
филантропический
филантропия, -и
филантропка, -и
филармонический
филармония, -и
филателизм, -а
филателист, -а
филателистический
филателистский
филателия, -и
филе, нескл. с.
филей, -я
филейный
филёнка, -и
филёночный

филёнчатый
филёр, -а
филёрский
филиал, -а
филиальный
филиация, -и
филигранный; кр. ф.
  -анен, -анна
филигранщик, -а
филигрань, -и
филин, -а
филиппика, -и
филиппинец, -нца
филиппинка, -и
филиппинский
филипповки, -вок
филирование, -я
филированный
филировать(ся), -рую, -ру-
  ет(ся)
филировка, -и
филистер, -а
филистерский
филистерство, -а
филистимлянин, -а, мн.
  -яне, -ян
филистимлянка, -и
филлер, -а
филлит, -а
филлодий, -я
филлокактус, -а
филлокладий, -я
филлоксера, -ы
филлоксероустойчивый
филлотаксис, -а
филлофора, -ы
филогенез, -а
филогенетический
филодендрон, -а
филокартист, -а
филокартия, -и
филолог, -а
филологический
филология, -и
филонить, -ню, -нит
философ, -а
философический
философичный
философия, -и
философский
философствование, -я
философствовать, -твую,
  -твует
филофонист, -а
филофония, -и
филуменист, -а
филуменистка, -и
филумения, -и
фильдекос, -а
фильдекосовый
фильдеперс, -а
фильдеперсовый
фильера, -ы
филькина грамота
фильм, -а
фильм-мюзикл, фильма-
  мюзикла
фильмокопия, -и
фильмоскоп, -а
фильмотека, -и
фильмохранилище, -а
фильмпак, -а
фильм-спектакль, филь-
  ма-спектакля
фильтр, -а

фильтрат, -а
фильтрация, -и
фильтровальный
фильтрование, -я
фильтрованный
фильтровать(ся), -рую, -ру-
  ет(ся)
фильтровентиляционный
фильтровка, -и
фильтровый
фильтрующий(ся)
фильц, -а
фимиам, -а
финал, -а
финалист, -а
финаль, -и
финальный
финансирование, -я
финансированный
финансировать(ся), -рую,
  -рует(ся)
финансист, -а
финансово-банковский
финансово-валютный
финансово-кредитный
финансово-монополисти-
  ческий
финансово-промышлен-
  ный
финансово-экономиче-
  ский
финансовый
финансы, -ов
финвал, -а
финик, -а
финикиец, -ийца
финикийка, -и
финикийский
финикиянин, -а, мн. -яне,
  -ян
финикиянка, -и
финиковый
финиметр, -а
фининспектор, -а
финифтевый
финифть, -и
финифтяный
финиш, -а
финишировать, -рую -рует
финишный
финка, -и
финляндский
финн, -а
финна, -ы (личинка)
финноз, -а
финнозный
финно-угорский
финно-угроведение, -я
финно-угры, -ов
финотдел, -а
финплан, -а
финский
финтить, -нчу, -нтит
финтифлюшка, -и
финшампань, -и
фиолетово-красный
фиолетово-синий
фиолетовый
фиорд, -а и фьорд, -а
фиоритура, -ы
фиоритурный
фирма, -ы
фирман, -а
фирмацит, -а

фирменный
фирн, -а
фирновый
фисгармония, -и
фиск, -а
фискал, -а
фискалить, -лю, -лит
фискальный
фискальство, -а
фисташка, -и
фисташковый
фистула, -ы (мед.)
фистула, -ы (муз.)
фистулография, -и
фита, -ы
фитилёк, -лька
фитиль, -я, мн. -и, -ей
фитильный
фитин, -а
фитинг, -а
фитобентос, -а
фитогеография, -и
фитология, -и
фитонциды, -ов
фитопалеонтология, -и
фитопатолог, -а
фитопатология, -и
фитопланктон, -а
фитотерапия, -и
фитотрон, -а
фитофаг, -а
фитофизиология, -и
фитофтора, -ы
фитоценоз, -а
фитоценология, -и
фитюлька, -и
фифи, нескл. м.
фифти-фифти, неизм.
фихтеанец, -нца
фихтеанский
фихтеанство, -а
фишбалка, -и
фишечный
фишка, -и
фишю, нескл. с.
флаг, -а
флагеллант, -а
флагман, -а, мн. -ы, -ов
флагманский
флаг-офицер, -а
флагшток, -а
флаг-штурман, -а
флажковый
флажный
флажок, -жка
флажолет, -а
флакон, -а
флакончик, -а
фламандец, -дца
фламандка, -и
фламандский
фламенко, нескл. с. (та-
  нец)
фламин, -а
фламинго, нескл. м.
фламинговый
фланг, -а
фланговый
фланелевый
фланель, -и
фланелька, -и
фланельный
фланёр, -а

фла́нец, -нца
флани́ровать, -рую -рует
фланк, -а
фланкёр, -а
фланки́рование, -я
фланки́рованный
фланки́ровать(ся), -рую, -рует(ся)
фланкиро́вка, -и
фланцева́ть(ся), -цу́ю, -цу́ет(ся)
фла́нцевый
флат, -а
фла́товый
фла́ттер, -а
флеби́т, -а
флебогра́мма, -ы
флебото́мус, -а
флегма́, -ы
флегмати́зм, -а
флегма́тик, -а
флегмати́ческий
флегмати́чность, -и
флегмати́чный
флегмо́на, -ы
флейта, -ы
флейти́ст, -а
флейти́стка, -и
флейтный
флейтовый
флейтщик, -а
флейц, -а
флейцева́ть(ся), -цу́ю, -цу́ет(ся)
флейцо́ванный
флейцо́вка, -и
флексато́н, -а
флекси́йный
фле́ксия, -и
фле́ксор, -а
флексу́ра, -ы
флекти́вный
флекти́ровать, -рует
флекти́рующий
флёр, -а
флёрдора́нж, -а
флёрдора́нжевый
флёровый
флеш, -а (бот.)
флешь, -и, мн. -и, -ей (воен.)
флибустье́р, -а
флибустье́рский
флигелёк, -лька́
фли́гель, -я, мн. -я́, -ей и -и, -ей
фли́гель-адъюта́нт, -а
фли́гель-адъюта́нтский
флигельшла́г, -а
флик, -а
флик-фля́к, -а
флинтгла́с, -а
флирт, -а
флиртова́ть, -ту́ю, -ту́ет
флобафе́н, -а
фловерла́к, -а
флогисто́н, -а
флогисто́нный
флогопи́т, -а
фло́кен, -а
флокс, -а
флокуля́ция, -и
флома́стер, -а
фло́ппи-ди́ск, -а

382

фло́ра, -ы
флореа́ль, -я
флоренти́ец, -и́йца
флоренти́йский
флоридзи́н, -а
флориди́н, -а
флориди́новый
флори́н, -а
флори́ст, -а
флори́стика, -и
флористи́ческий
флороглюци́н, -а
флот, -а, мн. -ы, -ов и -ы́, -о́в
флота́рий, -я
флота́тор, -а
флотацио́нный
флота́ция, -и
флоти́лия, -и
флоти́руемость, -и
флотово́дец, -дца
флотово́дческий
фло́тский
фло́эма, -ы
флуктуа́ция, -и и флюктуа́ция, -и
флукту́ировать и флюкту́ировать, -рует
флуоресце́нтный и флюоресце́нтный
флуоресце́нция, -и и флюоресце́нция, -и
флуга́рка, -и
флюга́рочный
флюгельго́рн, -а
флю́гер, -а, мн. -а́, -о́в и -ы, -ов
флю́герный
флюи́д, -а
флюида́льный
флюктуа́ция, -и и флукта́ция, -и
флюкту́ировать и флукту́ировать, -рует
флюоресце́нция, -и и флуоресце́нция, -и
флюоресци́ровать и флуоресци́ровать, -рует
флюори́т, -а
флюоро́граф, -а
флюорографи́ческий
флюорогра́фия, -и
флюоро́з, -а
флюс, -а, мн. -ы, -ов (мед.) и -ы́, -о́в (тех.)
флю́сный
флюсо́ванный
флюсова́ть(ся), -су́ю, -су́ет(ся)
флюсо́вка, -и
флюсово́й и флю́совый (тех.)
флю́совый (мед.)
флю́тбет, -а
фля́га, -и
флягомбе́чный
флягомбо́йка, -и
фля́жечный
фля́жка, -и
фля́жный
фляк, -а
фоб, неизм. и нескл., с.
фо́бия, -и
фогт, -а
фо́гтство, -а

фойе́, нескл, с.
фок, -а
фо́ка-га́лс, -а
фока́льный
фо́ка-рей, -я
фок-ва́нты, -ва́нт
фок-ма́чта, -ы
фокстерье́р, -а
фокстро́т, -а
фокстро́тный
фо́кус, -а, мн. -ы, -ов
фокуси́ровка, -и
фо́кусник, -а
фо́кусница, -ы
фо́кусничанье, -я
фо́кусничать, -аю, -ает
фо́куснический
фо́кусный
фо́кус-по́кус, -а
фолиа́нт, -а
фо́лио, нескл., с.
фолли́кул, -а
фоллику́лин, -а
фоллику́ли́т, -а
фолликуля́рный
фольва́рк, -а
фольга́, -и́
фольго́вый
фольгопрока́тный
фо́лькетинг, -а
фолькло́р, -а
фолькло́ри́ст, -а
фолькло́ри́стика, -и
фолькло́ристи́ческий
фолькло́ри́стка, -и
фолькло́рно-этнографи́ческий
фолькло́рный
фольксдо́йче, нескл., м. и ж.
фо́мка, -и
фон, -а
фона́рик, -а
фона́рный
фона́рщик, -а
фона́рь, -я́
фонастени́я, -и
фона́ция, -и
фонацио́нный
фон-баро́н, -а
фонд, -а
фонди́ровать, -рую, -рует
фонди́руемый
фо́ндовый
фондоёмкость, -и
фондооснащённость, -и
фондоотда́ча, -и
фоне́ма, -ы
фонемати́ческий
фоне́мный
фонендоско́п, -а
фоне́тика, -и
фонети́ст, -а
фонети́стка, -и
фонети́ческий
фо́ника, -и
фони́ческий
фо́новый
фоногра́мма, -ы
фоногра́ммный
фоно́граф, -а
фонографи́ческий
фонокардиогра́мма, -ы
фонокардио́граф, -а

фонокардиографи́я, -и
фоно́лог, -а
фонологи́ческий
фоноло́гия, -и
фоно́метр, -а
фонометри́ческий
фоно́н, -а
фоноско́п, -а
фоноте́ка, -и
фонта́н, -а
фонтане́ль, -и
фонтани́ровать, -рует
фонта́нный
фонта́нчик, -а
фо́ра, -ы
форамини́фера, -ы
форва́куум, -а
форва́куумный
фо́рвард, -а
форд, -а
фордеви́нд, -а
фо́рдек, -а
фордзо́н, -а
форди́зм, -а
фо́рдик, -а
фордыба́чить(ся), -чу(сь), -чит(ся)
форе́йтор, -а
форе́йторский
форе́левый
форе́ль, -и
форе́льный
фо́рзац, -а
форинже́ктор, -а
фо́ринт, -а
фо́рма, -ы
формализа́ция, -и
формали́зм, -а
формализо́ванный
формализова́ть, -зу́ю, -зу́ет
формали́н, -а
формали́ст, -а
формали́стика, -и
формалисти́ческий
формалисти́чный
формали́стка, -и
формали́стский
формальдеги́д, -а
форма́льно-правово́й
форма́льность, -и
форма́льный
форма́льщина, -ы
форма́нт, -а
форма́нта, -ы
фор-ма́рс, -а
фор-ма́рсель, -я, мн. -я́, -ей
форма́т, -а
формати́в, -а
формати́ровать, -рую, -рует
форма́тный
форма́тор, -а
формацио́нный
форма́ция, -и
фо́рменка, -и
фо́рменный
формирова́ние, -я
формиро́ванный
формирова́ть(ся), -ру́ю(сь), -ру́ет(ся)
формиро́вка, -и
формиро́вочный
фо́рмный
формова́льный
формова́ние, -я

формо́ванный
формова́ть(ся), -мую, -му́ет(ся)
формо́вка, -и
формово́й и фо́рмовый
формо́вочный
формо́вщик, -а
формоизмене́ние, -я
формообразова́ние, -я
формообразова́тельный
формообразу́ющий
фо́рмула, -ы
формули́рование, -я
формули́рованный
формули́ровать(ся), -рую, -рует(ся)
формулиро́вка, -и
формуля́р, -а
формуля́рный
формфа́ктор, -а
фо́рпик, -а
форпо́ст, -а
форпо́стный
форс, -а
форса́ж, -а
форси́рование, -я
форси́рованный
форси́ровать(ся), -рую, -рует(ся)
форси́стый
форси́ть, форшу́, форси́т
форс-мажо́р, -а
форсну́ть, -ну́, -нёт
фор-сте́ньга, -и
форстери́т, -а
форсу́н, -а́
форсу́нка, -и
форсу́ночный
форсу́нья, -и, р. мн. -ний
форт, -а, предл. о фо́рте, в форту́, мн. -ы́, -о́в
фо́рте, неизм. и нескл., с.
фо́ртель, -я
фортепиа́нный и фортепья́нный
фортепиа́но и фортепья́но, нескл., с.
форти́ссимо, неизм. и нескл., с.
фортифика́тор, -а
фортификацио́нный
фортифика́ция, -и
фо́ртка, -и
фо́рточка, -и
фо́рточный
фортра́н, -а
форту́на, -ы
фо́рум, -а
форшла́г, -а
форшма́к, -а́
форшта́дт, -а
форшта́дтский
форште́вень, -вня
фосге́н, -а
фосге́нный
фосге́новый
фо́ска, -и
фоссилиза́ция, -и
фосфа́т, -а
фосфати́ровать(ся), -рую, -рует(ся)
фосфа́тный
фосфа́товый
фосфи́д, -а

фо́сфор, -а
фосфоресце́нция, -и
фосфоресци́ровать, -рует
фосфорили́рование, -я
фосфори́стый
фосфори́т, -а
фосфори́тный
фосфори́то-апати́товый
фосфори́товый
фосфори́ться, -ри́тся
фосфори́ческий
фосфорноки́слый
фо́сфорный
фосфороргани́ческий
фосфороско́п, -а
фосфорсодержа́щий
фот, -а, р. мн. фот и -ов
фота́рий, -я
фоти́ния, -и
фо́то, нескл., с.
фото... — первая часть сложных слов, пишется всегда слитно
фотоавтома́т, -а
фотоальбо́м, -а
фотоаппара́т, -а
фотоателье́, нескл., с.
фотобакте́рия, -и
фотобума́га, -и
фотовитри́на, -ы
фотовспы́шка, -и
фотовы́ставка, -и
фотогелио́граф, -а
фотогени́чность, -и
фотогени́чный
фотогравирова́льный
фотогравю́ра, -ы
фотограммaccept etríческий
фотограмме́трия, -и
фото́граф, -а
фотографи́рование, -я
фотографи́рованный
фотографи́ровать(ся), -рую(сь), -рует(ся)
фотографи́ческий
фотографи́чный
фотогра́фия, -и
фотодокуме́нт, -а
фотожурнали́ст, -а
фото- и киносъёмка, -и
фотоинформа́ция, -и
фотоиониза́ция, -и
фотока́мера, -ы
фотока́рточка, -и
фотокера́мика, -и
фотокинопулемёт, -а
фотоко́нкурс, -а
фотоко́пия, -и
фотокорреспонде́нт, -а
фотокорреспонде́нция, -и
фотокружо́к, -жка́
фотоксилогра́фия, -и
фотолаборато́рия, -и
фотоленинниа́на, -ы
фотолитографи́ческий
фотолитогра́фия, -и
фотолюби́тель, -я
фотолюби́тельский
фотолюби́тельство, -а
фотолюминесце́нция, -и
фотомагази́н, -а
фотома́стер, -а, мн. -а́, -о́в
фото́метр, -а

фотометри́рование, -я
фотометри́ческий
фотоме́трия, -и
фотомеха́ника, -и
фотомехани́ческий
фотомонта́ж, -а́
фото́н, -а
фотонабо́р, -а
фотонабо́рный
фотони́ка, -и
фото́нный
фотообъекти́в, -а
фотоофсе́тный
фотоохо́та, -ы
фотопереда́тчик, -а
фотопериоди́зм, -а
фотопеча́ть, -и
фотопласти́нка, -и
фотоплёнка, -и
фотопортре́т, -а
фотоприёмник, -а
фотопроекцио́нный
фоторегистра́тор, -а
фотореклама, -ы
фотореле́, нескл., с.
фоторепорта́ж, -а
фоторепортёр, -а
фотопроду́кция, -и
фоторужьё, -я́, мн. ру́жья, -ей
фотоси́нтез, -а
фотосинтети́ческий
фотосни́мок, -мка
фотоста́т, -а
фотосфе́ра, -ы
фотосъёмка, -и
фотота́ксис, -а
фототе́ка, -и
фототелегра́мма, -ы
фототелегра́ф, -а
фототелегра́фия, -и
фототелеграфи́рование, -я
фототеодоли́т, -а
фототерапи́я, -и
фототе́хника, -и
фототехни́ческий
фототипи́ческий
фототи́пия, -и
фототова́ры, -ов
фототопогра́фия, -и
фототропи́зм, -а
фотоувеличи́тель, -я
фотоумножи́тель, -я
фотоупру́гость, -и
фотофи́ниш, -а
фотофо́бия, -и
фотохими́ческий
фотохи́мия, -и
фотохро́мия, -и
фотохро́ника, -и
фотоцинкогра́фия, -и
фотоэлектри́ческий
фотоэлектрогенера́тор, -а
фотоэлектро́нный
фотоэлеме́нт, -а
фотоэму́льсия, -и
фотоэтю́д, -а
фотоэффе́кт, -а
фо́фан, -а
фрагме́нт, -а
фрагмента́рный
фра́за, -ы
фразеологи́зм, -а
фразеологи́ческий

фразеоло́гия, -и
фразёр, -а
фразёрка, -и
фразёрский
фразёрство, -а
фразёрствовать, -твую, -твует
фрази́рованный
фрази́ровать(ся), -рую, -рует(ся)
фразиро́вка, -и
фрази́стый
фра́зовый
фра́ер, -а, мн. фраера́, -о́в и фра́еры, -ов
фрак, -а
фраки́ец, -и́йца
фраки́йский
фракту́ра, -ы
фракционе́р, -а
фракциони́рование, -я
фракцио́нный
фракциони́ровать(ся), -рую, -рует(ся)
фракцио́нный
фра́кция, -и
фраму́га, -и
фраму́жный
франк, -а
франки́зм, -а
франки́рование, -я
франки́рованный
франки́ровать(ся), -рую, -рует(ся)
франкиро́вка, -и
франки́стский
франклиниза́ция, -и
франкмасо́н, -а
франкмасо́нский
франкмасо́нство, -а
фра́нко, неизм.
фра́нко-ваго́н, других форм нет
фра́нковый
фра́нко-заво́д, других форм нет
фра́нко-при́стань, других форм нет
фра́нко-пру́сский
фра́нко-ру́сский
фра́нко-скла́д, других форм нет
фра́нко-ста́нция, других форм нет
франкофи́л, -а
франкоязы́чный
фра́нкский
франт, -а
франтирёр, -а
франти́ть, -нчу́, -нти́т
франти́ха, -и
франтова́тый
франтовско́й
франтовство́, -а́
фра́нций, -я
францискане́ц, -нца
франциска́нский
францу́женка, -и
францу́з, -а
французома́н, -а
французома́ния, -и
францу́зский
францу́зско-сове́тский
фраппи́рованный

фраппи́ровать, -рую, -рует
фра́трия, -и
фра́у, *нескл., ж.*
фрахт, -а
фрахтова́ние, -я
фрахто́ванный
фрахтова́тель, -я
фрахтова́ть(ся), -ту́ю, -ту́-
　ет(ся)
фрахто́вка, -и
фрахто́вщик, -а
фрахто́вый
фра́чный
фрёбелевский
фребели́чка, -и
фрега́т, -а
фрез, *неизм.*
фреза́, -ы́, *мн.* фре́зы,
　фрез, фре́зам
фре́зерно-обто́чный
фре́зерно-центрова́льный
фре́зерный
фрезерова́льный
фрезерова́ние, -я
фрезеро́ванный
фрезерова́ть(ся), -ру́ю, -ру́-
　ет(ся)
фрезеро́вка, -и
фрезеро́вочный
фрезеро́вщик, -а
фрезеро́вщица, -ы
фрезо́вание, -я
фрезо́ванный
фрезова́ть(ся), -зу́ю, -зу́-
　ет(ся)
фрейди́зм, -а
фрейди́ст, -а
фрейди́стский
фре́йлейн, *нескл., ж.*
фре́йлина, -ы
фрейм, -а
фре́ймовый
фре́кен, *нескл., ж.*
френо́лог, -а
френологи́ческий
френоло́гия, -и
френч, -а
фрео́н, -а
фрео́новый
фре́ска, -и
фре́сковый
фри, *неизм.*
фриво́льность, -и
фриво́льный
фриги́дность, -и
фриги́дный
фриги́ец, -и́йца
фриги́йский
фриго́льдер, -а
фриз, -а
фри́зовый
фри́зский
фрикаде́льки, -лек, *ед.*
　фрикаде́лька, -и
фрикасе́, *нескл., с.*
фрикати́вный
фрикцио́нный
фриме́р, -а
фриста́йл, -а
фритре́дер, -а
фритре́дерский
фритре́дерство, -а
фритю́р, -а
фритю́рница, -ы

фришёванный
фришева́ть(ся), -шу́ю, -шу́-
　ет(ся)
фро́нда, -ы
фрондёр, -а
фрондёрка, -и
фрондёрский
фрондёрство, -а
фрондёрствовать, -твую,
　-твует
фронди́ровать, -рую, -рует
фронт, -а, *мн.* -ы́, -о́в
фронта́льный
фронти́спи́с, -а
фронти́т, -а
фронтови́к, -а́
фронтови́чка, -и
фронтово́й
фронто́н, -а
фронто́нный
фру, *нескл., ж.*
фрукт, -а
фру́ктово-я́годный
фру́ктовый
фрукто́за, -ы
фруктоперераба́тываю-
　щий
фруктохрани́лище, -а
фрюктидо́р, -а
фря́жский
фталазо́л, -а
фтивази́д, -а
фтизиа́тр, -а
фтизиатри́ческий
фтизиатри́я, -и
фтириа́з, -а
фтор, -а
фторзамещённый
фтори́ровать, -рую, -рует
фто́ристо-водоро́дный
фто́ристый
фторопла́ст, -а
фтороргани́ческий
фторпроизво́дный
фторсодержа́щий
фторхло́ристый
фу́га, -и
фуга́нок, -нка
фуга́ночный
фуга́с, -а
фуга́ска, -и
фуга́сный
фуга́то, *нескл., с.*
фуге́тта, -ы
фуги́рованный
фуги́ровать, -рую, -рует
фугова́льный
фугова́ние, -я
фуго́ванный
фугова́ть(ся), -гу́ю, -гу́-
　ет(ся)
фуго́вка, -и
фуго́вочный
фуго́вый
фуже́р, -а
фузарио́з, -а
фузе́я, -и
фузилёр, -а
фузилёрный
фузио́нный
фу́зия, -и
фуй, *неизм.*
фук, -а
фу́канье, -я

фу́кать, -аю -ает
фу́кнутый
фу́кнуть, -ну, -нет
фукс, -а
фукси́н, -а
фукси́ново-кра́сный
фу́ксия, -и
фу́ксом, *нареч.*
фу́кус, -а
фу́кусовый
фуле́, *нескл., с.*
фульгури́т, -а
фуля́р, -а
фуля́ровый
фумаро́ла, -ы
фумига́нт, -а
фумига́ция, -и
фунги́цид, -а
фунгици́дный
фунда́мент, -а
фундамента́льный
фунда́ментный
фунди́рованный
фунди́ровать(ся), -рую,
　-рует(ся)
фунду́к, -а́
фуникулёр, -а
фуникулёрный
функционали́зм, -а
функционали́ст, -а
функциона́льно-морфоло-
　ги́ческий
функциона́льный
функционе́р, -а
функциони́рование, -я
функциони́ровать, -рую,
　-рует
фу́нкция, -и
фунт, -а
фу́нтик, -а
фунтово́й и фу́нтовый
фу́ра, -ы
фура́ж, -а́
фура́жечка, -и
фура́жечный
фуражи́р, -а
фуражи́ровать, -рую, -рует
фуражиро́вка, -и
фура́жка, -и
фура́жный
фурацили́н, -а
фурго́н, -а
фурго́нный
фурго́нчик, -а
фурго́нщик, -а
фу́рия, -и
фурка́ция, -и
фу́рма, -ы
фурма́нка, -и
фу́рменный
фурниту́ра, -ы
фурниту́рный
фуро́р, -а
фуросеми́д, -а
фуру́нкул, -а
фурункулёз, -а
фурча́ть, -чу́, -чи́т
фурша́т, -а
фурша́тский
фурьери́зм, -а
фурьери́ст, -а
фурьери́стский
фут, -а, *р. мн.* -ов
футбо́л, -а

футболи́ст, -а
футболи́стка, -и
футбо́лка, -и
футбо́льный
футерова́ние, -я
футеро́ванный
футерова́ть(ся), -ру́ю, -ру́-
　ет(ся)
футеро́вка, -и
футля́р, -а
футля́рчик, -а
фу́товый
фу́тор, -а
футури́зм, -а
футури́ст, -а
футуристи́ческий
футури́стский
футуро́лог, -а
футурологи́ческий
футуроло́гия, -и
футу́рум, -а
футшто́к, -а
фу́-ты
фу́-ты ну́-ты
фуфае́чка, -и
фуфае́чный
фуфа́йка, -и
фуфу́: на фуфу́
фуфы́риться, -рюсь, -рится
фу́хтель, -я, *мн.* -и, -ей
фуэте́, *нескл., с.*
фы́рканье, -я
фы́ркать, -аю, -ает
фы́ркнуть, -ну, -нет
фырча́нье, -я
фырча́ть, -чу́, -чи́т
фье́льд, -а и фие́льд, -а
фьо́рд, -а и фио́рд, -а
фьють, *неизм.*
фэбэ́эровец, -вца
фэбэ́эровский
фюзеля́ж, -а
фю́рер, -а

Х

хабане́ра, -ы
хаба́р, -а и -у
хаба́рник, -а
ха́вбе́к, -а
хавро́нья, -и, *р. мн.* -ний
хавта́йм, -а
хадж, -а
хаджи́, *нескл. м.*
ха́живать, *наст. вр. не*
　употр.
хаз, -а
хаза́рский
хаза́ры, -а́р, *ед.* хаза́р, -а и
　хаза́рин, -а
ха́зовый
хай, ха́я
хайло́, -а́, *мн.* ха́йла, хайл
хака́с, -а, *р. мн.* -ов
хака́ска, -и
хака́сский
ха́ки, *неизм. и нескл., с.*
ха́ла, -ы
хала́т, -а
хала́тик, -а
хала́тник, -а

халáтный
халвá, -ы́
халвóвый
хáлда, -ы (грубиянка)
халдéй, -я
халдéйский
хáлдский
хáли-гáли, нескл., с.
халúф, -а
халифáт, -а
халтýра, -ы
халтýрить, -рю, -рит
халтýрный
халтýрщик, -а
халтýрщина, -ы
халтýрщица, -ы
халýпа, -ы
халцедóн, -а
халцедóновый
халькозúн, -а
халькопирúт, -а
халя́ва: на халя́ву
хам, -а
хамелеóн, -а
хамéть, -éю, -éет (становиться хамом)
хамúтский
хамúть, хамлю́, хамúт (вести себя по-хамски)
хáмка, -и
хáмов, -а, -о
хамовáтый
хамóвник, -а
хамóвный
хамсá, -ы́ и камсá, -ы́
хáмский
хáмство, -а
хамьё, -я́
хан, -а
хандрá, -ы́
хандрúть, -рю́, -рúт
ханжá, -и́, р. мн. -жéй, м. и ж.
хáнжески
хáнжеский и ханжéской
хáнжество, -а и ханжествó, -á
ханжúть, -жý, -жúт
хáнский
хáнство, -а
хáнты, нескл., м. и ж.
ханты́йский
ханýм, нескл., ж.
канýрик, -а
хáос, -а (в мифологии)
хаóс, -а и хáос, -а (беспорядок)
хаотúческий
хаотúчный
хáпанный, прич.
хáпанцы, -цев
хáпаный, прил.
хáпать, -аю, -ает
хáпнутый
хáпнуть, -ну, -нет
хапýга, -и, м. и ж.
хапýн, -á
хапýнья, -и, р. мн. -ний
харакúри, нескл., с.
харáктер, -а
харáктерец, -рца
характеризóванный
характеризовáть(ся), -зýю(сь), -зýет(ся)

характерúстика, -и
характеристúческий
характéрность, -и
харáктерный (упрямый)
характéрный (типичный)
характерологúческий
характерологúя, -и
характрóн, -а
харатéйный
харатья́, -и́
хáриус, -а
хáрканье, -я
хáркать, -аю, -ает
хáркнуть, -ну, -нет
харкóтина, -ы
хáртия, -и
харч, -а и харчú, -éй
харчéвня, -и, р. мн. -вен
харчевóй
харчú, -éй и харч, -á
харчúть(ся), -чý(сь), -чúт(ся)
харчó, нескл., с.
хáря, -и
хасúд, -а
хасидúзм, -а
хасúдский
хáта, -ы
хáта-лаборатóрия, хáты-лаборатóрии
хáтка, -и
хáуз, -а (бассейн)
хáуса, неизм. и нескл., м. (язык) и нескл., м. и ж. (народ)
хафúз, -а
хáхаль, -я
ха-ха-хá, неизм.
хáханьки, -нек
хачапýри, нескл., с.
хая́нный
хáять, хáю, хáет
хвалá, -ы́
хвалéбный
хвáленный, прич.
хвалёный, прил.
хвáливать, наст. вр. не употр.
хвалúть(ся), хвалю́(сь), хвáлит(ся)
хвáрывать, наст. вр. не употр.
хвастáть(ся), -аю(сь), -ает(ся)
хвастлúвость, -и
хвастлúвый
хвастнýть, -нý, -нёт
хвастня́, -и́
хвастовствó, -á
хвастýн, -á
хвастунúшка, -и, м. и ж.
хвастýнья, -и, р. мн. -ний
хват,, -а
хвáтанный (от хватáть)
хватанýть, -нý, -нёт
хватáтельный
хватáть(ся), -áю(сь), -áет(ся)
хватúть(ся), хвачý(сь), хвáтит(ся)
хвáтка, -и
хвáткий; кр. ф. хвáток, хваткá, хвáтко
хватнýть, -нý, -нёт

хвáтский
хвáтывать, наст. вр. не употр.
хвать, неизм.
хвáченный (от хватúть)
хвóйник, -а
хвóйниковые, -ых
хвóйный
хворáть, -áю, -áет
хворóбба, -ы
хвóрост, -а и -у
хворостúна, -ы
хворостúнник, -а
хворостúнный
хворостня́к, -á
хвóрость, -и
хворостяннóй
хвóрый; кр. ф. хвор, хворá, хвóро
хворь, -и
хвост, -á
хвостáтый
хвостáть(ся), хвощý(сь), хвóщет(ся)
хвостéц, -тцá
хвостúзм, -а
хвóстик, -а
хвостúст, -а
хвостúстка, -и
хвостúстский
хвостúшко, -а, м.
хвостúще, -а, м.
хвостовúк, -á
хвостовóй
хвостцóвый
хвощ, -á
хвощевúдный
хвощóвый
хвоя́, -и
хевсýр, -а, р. мн. -ов
хевсýрка, -и
хевсýрский
хéдер, -а
хедúв, -а
хеймвéр, -а
хек, -а
хéкер, -а
хемилюминесцéнция, -и
хемогéнный
хеморецéптор, -а
хемосúнтез, -а
хемосóрбция, -и
хемотáксис, -а
хемотрóпика, -и
хемотропúзм, -а
хéпенинг, -а
хéппи-энд, -а
хéрес, -а
херувúм, -а
херувúмский
херувúмчик, -а
хéттский
хéтты, -ов, ед. хетт, -а
хе-хе-хé, неизм.
хеш-адресáция, -и
хешúрование, -я
хеш-таблúца, -ы
хиáзм, -а
хиазмóд, -а
хиастолúт, -а
хиáтус, -а
хибáра, -ы
хабáрка, -и
хивúнский

хúджра, -ы
хúжина, -ы
хилéть, -éю, -éет
хилиáзм, -а
хилиáст, -а
хилиастúческий
хúлый; кр. ф. хил, хилá, хúло
химволокнó, -á
химéра, -ы
химерúческий
химерúчный
химзащúта, -ы
химизáтор, -а
химизáция, -и
химизúрованный
химизúровать(ся), -рую, -рует(ся)
химúзм, -а
хúмик, -а
химикáлии, -ий
химикáт, -а
хúмико-металлургúческий
хúмико-механúческий
хúмико-термúческий
хúмико-технологúческий
хúмико-фармацевтúческий
химиопрепарáт, -а
химиопрофилáктика, -и
химиотерапевтúческий
химиотерапúя, -и
химúческий
химúчески чúстый
химúчить, -чу, -чит
хúмия, -и
хúмкинский (от Хúмки)
химкомбинáт, -а
химозúн, -а
хúмус, -а
химчúстка, -и
хúна, -ы
хúнди, неизм. и нескл., м.
хиндустáни, неизм. и нескл., м.
хинúн, -а
хинкáли, нескл., с. и мн.
хúнный
хинозóл, -а
хинóидный
хúнтерланд, -а
хинь, -и; хúнью идёт (пошлó)
хионофúл, -а
хионофóб, -а
хиппáрь, -я́
хúппи, нескл., м. и ж.
хипповáть, -пýю, -пýет
хирéть, -éю, -éет
хиромáнт, -а
хиромáнтия, -и
хиромáнтка, -и
хиротóния, -и
хирýрг, -а
хирургúческий
хирургúя, -и
хитúн, -а
хитúнный
хитúновый
хитóн, -а
хúтренький; кр. ф. -енек, -éнька
хитрéть, -éю, -éет (становиться хитрым)

хитре́ц, -а́
хитреца́, -ы́: с хитрецо́й
хитри́нка, -и
хитри́ть, -рю́, -ри́т (проявлять хитрость)
хитросплете́ние, -я
хитросплетённый
хи́тростный
хи́трость, -и
хитроу́мие, -я
хитроу́мный
хитру́щий
хи́трый; кр. ф. хитёр, хитра́, хи́тро́
хитрю́га, -и, м. и ж.
хитрю́щий
хитря́га, -и, м. и ж.
хи́ханьки, -нек (хи́ханьки да ха́ханьки)
хихи́канье, -я
хихи́кать, -аю, -ает
хихи́кнуть, -ну, -нет
хи-хи-хи, неизм.
хище́ние, -я
хи́щник, -а
хи́щница, -ы
хи́щничать, -аю, -ает
хи́щнический
хи́щничество, -а
хи́щный
хлад, -а
хладаге́нт, -а
хладнокро́вие, -я
хладнокро́вный
хладноло́мкий
хладноло́мкость, -и
хла́дный
хладобо́йня, -и, р. мн. -бен
хладокомбина́т, -а
хладосто́йкий
хладосто́йкость, -и
хладотра́нспорт, -а
хлам, -а
хлами́да, -ы
хламидомона́да, -ы
хламьё, -я́
хлеб, -а, мн. хле́бы, -ов (печёные) и хлеба́, -о́в (злаки)
хлёбанный
хлеба́ть, -а́ю, -а́ет
хле́бенный
хле́бец, -бца
хле́бина, -ы
хле́бница, -ы
хлебну́ть, -ну́, -нёт
хле́бный
хлебобу́лочный
хле́бово, -а
хлебода́р, -а
хлебозаво́д, -а
хлебозаготови́тельный
хлебозаготовки, -вок
хлебозаку́пки, -пок
хлебозаку́почный
хлебо́к, -бка́
хлебопа́шенный
хлебопа́шеский
хлебопа́шество, -а
хлебопа́шец, -шца
хлебопёк, -а
хлебопека́рный
хлебопека́рня, -и, р. мн. -рен

хлебопече́ние, -я
хлебопоста́вки, -вок
хлебоприёмный
хлебопроду́кты, -ов, ед. -у́кт, -а
хлебопроизводя́щий
хлебопромы́шленник, -а
хлеборе́з, -а
хлеборе́зка, -и
хлеборе́зный
хлеборо́б, -а
хлеборо́дный
хлебосда́точный
хлебосда́тчик, -а
хлебосда́ча, -и
хлебосо́л, -а
хлебосо́лка, -и
хлебосо́льный
хлебосо́льство, -а
хлеботорго́вец, -вца
хлеботорго́вля, -и
хлеботорго́вый
хлеботоргу́ющий
хлебоубо́рка, -и
хлебоубо́рочный
хлебофура́ж, -а́
хлебофура́жный
хлебохрани́лище, -а
хлеб-со́ль, хле́ба-со́ли
хле́бушек, -шка
хле́бушко, -а, м.
хле́бывать, наст. вр. не употр.
хлев, -а, предл. в хле́ве и в хлеву́, мн. -а́, -о́в
хлевушо́к, -шка́
хлестако́вщина, -ы
хлёстанный
хлестану́ть, -ну́, -нёт
хлеста́ть(ся), хлещу́(сь), хле́щет(ся)
хлёсткий; кр. ф. хлёсток, хлестка́ и хлёстка, хлёстко
хлёстнутый
хлестну́ть(ся), -ну́(сь), -нёт(ся)
хлёстче и хле́ще, сравн. ст. (от хлёсткий, хлёстко)
хлёстывать, наст. вр. не употр.
хлесть, неизм.
хле́щущий
хли́пать, -аю, -ает
хли́пкий; кр. ф. -пок, хли́пка́, -пко
хли́пче, сравн. ст. (от хли́пкий, хли́пко)
хлобыста́ть, -ыщу́, -ы́щет
хлобыстну́ть(ся), -ну́(сь), -нёт(ся)
хлоп 1, -а
хлоп 2, неизм.
хло́пальщик, -а
хло́панье, -я
хло́пать, -аю(сь), -ает(ся)
хло́пец, -пца
хлопково́д, -а
хлопково́дство, -а
хлопково́дческий
хлопково́з, -а
хло́пковый

хлопкозаво́д, -а
хлопкозаготови́тельный
хлопкозаготовки, -вок
хлопкокомба́йн, -а
хлопкоочисти́тельный
хлопкоочи́стка, -и
хлопкопряде́ние, -я
хлопкопряди́льный
хлопкоро́б, -а
хлопкосе́ющий
хлопкосе́яние, -я
хлопкоубо́рочный
хло́пнутый
хло́пнуть(ся), -ну(сь), -нет(ся)
хло́пок, -пка
хлопо́к, -пка́
хло́пок-сыре́ц, хло́пка-сырца́
хлопота́ть, -очу́, -о́чет
хлопотли́вый
хло́потный
хлопотня́, -и́
хлопоту́н, -а́
хлопоту́нья, -и, р. мн. -ний
хло́поты, -о́т, хло́потам
хлопо́чущий
хло́пушка, -и
хлопча́тник, -а
хлопча́тниковый
хлопчатобума́жный
хлопча́тый
хло́пчик, -а
хлопьеви́дный
хло́пья, -ьев
хлопяно́й
хлор, -а
хлорази́д, -а
хлоралгидра́т, -а
хлорами́н, -а
хлорангидри́д, -а
хлора́т, -а
хлораце́тон, -а
хлорацетофено́н, -а
хлорбензо́л, -а
хлорвини́ловый
хлоре́лла, -ы
хлорзамещённый
хлори́д, -а (хим.)
хлори́рование, -я
хлори́рованный
хлори́ровать(ся), -рую, -рует(ся)
хло́ристо-водоро́дный
хло́ристый
хлори́т, -а (минерал)
хлорнова́тистый
хлорнова́тый
хло́рный
хлорбакте́рии, -ий
хлоро́з, -а
хлоропла́ст, -а
хлороргани́ческий
хлоросере́бряный
хлорофи́лл, -а
хлорофи́лловый
хлорофи́льный
хлорофо́рм, -а
хлороформи́рованный
хлороформи́ровать(ся), -рую, -рует(ся)
хлорофо́с, -а
хлорпикри́н, -а

хлорпроизво́дный
хлорсодержа́щий
хлору́ксусный
хлуп, -а и хлупь, -и
хлы́нуть, хлы́нет
хлыст, -а́
хлыста́ть(ся), хлыщу́(сь), хлы́щет(ся)
хлы́стик, -а
хлы́стнутый
хлыстну́ть(ся), -ну́(сь), -нёт(ся)
хлыстови́к, -а́
хлысто́вка, -и
хлысто́вский
хлысто́вство, -а
хлысто́вый
хлыщ, -а́
хлы́щущий
хлю́панье, -я
хлю́пать(ся), -аю(сь), -ает(ся)
хлю́пающий
хлю́пик, -а
хлю́пкий; кр. ф. -пок, хлю́пка, -пко
хлю́пнуть(ся), -ну(сь), -нет(ся)
хлюст, -а́
хлюстово́й и хлюсто́вый
хля́бать, -ает
хля́бкий
хлябь, -и
хля́скать, -аю, -ает
хля́снутый (от хля́снуть)
хля́снуть, -ну, -нет (к хля́скать)
хля́стать, -аю, -ает
хля́стик, -а
хля́стнутый (от хля́стнуть)
хля́стнуть, -ну, -нет (к хля́стать)
хмарь, -и
хмелево́д, -а
хмелево́дство, -а
хмелево́дческий
хмелево́й
хмелегра́б, -а
хмелёк, -лька́ и -льку́
хмеле́ть, -е́ю, -е́ет (становиться хмельным)
хмели́на, -ы
хмели́ть, -лю́, -ли́т (кого, что)
хмель, -я, предл. о хме́ле, во хмелю́
хмельне́нек, -е́нька
хме́льник, -а
хмельно́й; кр. ф. -лён и -лен, -льна́, -льно́ и хме́льный; кр. ф. -лен -льна́, -льно
хмель-проду́кт, -а
хму́рить(ся), -рю(сь), -рит(ся)
хму́рый; кр. ф. хмур, хму́ра
хмурь, -и
хмы́кать, -аю, -ает
хмы́кнуть, -ну, -нет
хмы́рь, -я́
хна, хны
хны́канье, -я

хны́кать, хны́чу, хны́чет и
-аю, -ает
хны́кающий и хны́чущий
хо́бби, нескл., с.
хо́бот, -а
хоботно́й и хо́ботный
хобо́тные, -ых
хобото́к, -тка́
ход, -а и -у, предл. в хо́де,
в (на) ходу́, мн. -ы́, -о́в и
-ы, -ов, -а́, -о́в
хода́тай, -я
хода́тайство, -а
хода́тайствовать, -твую,
-твует
ходе́бщик, -а
хо́день, ходеня́ и хо́дня:
ходенём (хо́днем) хо-
ди́ть
ходжа́, -и́, м.
хо́дики, -ов
ходи́ть, хожу́, хо́дит
хо́дкий; кр. ф. хо́док, ход-
ка́, хо́дко
ходово́й
ходо́к, -а́
ходоме́р, -а
ходу́ли, -ей и -у́ль, ед. хо-
ду́ля, -и
ходу́льный
ходу́н, -а́: ходуно́м ходи́ть
ходунки́, -о́в
хо́дче, сравн. ст. (от
хо́дкий, хо́дко)
ходьба́, -ы́
ходя́чий
хожа́лый
хожде́ние, -я
хо́жено
хо́жено-перехо́жено
хо́женый
хоздогово́р, -а
хоздогово́рный
хозедини́ца, -ы
хозма́г, -а
хозо́рган, -а
хозрасчёт, -а
хозрасчётный
хозча́сть, -и, мн. -и, -е́й
хозя́ин, -а, мн. -я́ева, -я́ев
хозя́йка, -и
хозя́йничанье, -я
хозя́йничать, -аю, -ает
хозя́йский
хозя́йственник, -а
хозя́йственно-организа-
ци́онный
хозя́йственно-полити́че-
ский
хозя́йственно-произво́дст-
венный
хозя́йственно-управле́нче-
ский
хозя́йственный; кр. ф. -вен
и -венен, -венна
хозя́йство, -а
хозя́йствование, -я
хозя́йствовать, -твую, -твует
хозя́йчик, -а
хозя́юшка, -и
хокке́и́ст, -а
хокке́й, -я
хокке́йный
хо́кку, нескл., с.

холанги́т, -а
хо́леный, прич.
хо́леный и холёный, прил.
холе́ра, -ы
холе́рик, -а
холери́на, -ы
холери́ческий
холе́рный
холестери́н, -а
холецисти́т, -а
холецистогра́фия, -и
холецистэктоми́я, -и
холи́зм, -а
холинерги́ческий
холи́ть(ся), -лю, -лит(ся)
хо́лка, -и
холл, -а
холм, -а́
хо́лмик, -а
холми́стый
холми́ться, -и́тся
холмого́рка, -и
холмого́рский
холмого́рье, -я, р. мн. -рий
холмообра́зный
холмообразова́ние, -я
хо́лод, -а, мн. -а́, -о́в
холода́ть, -а́ю, -а́ет
холоде́ть, -е́ю, -е́ет
холоде́ц, -дца́
холоди́льник, -а
холоди́льный
холоди́на, -ы, м. и ж.
холоди́ть(ся), -ожу́,
-оди́т(ся)
холоди́ще, -а, м.
холодне́нько
холодне́нек, -ее́т
холоднёхонек, -нька
холоднёшенек, -нька
холодни́к, -а́
хо́лодно
холоднова́тый
холоднодеформи́рован-
ный
холоднока́таный
холоднокро́вный
хо́лодность, -и
холоднотя́нутый
холо́дный; кр. ф. хо́лоден,
холодна́, хо́лодно, хо́-
лодны́
холодо́вый
холодо́к, -дка́
холодолюби́вый
холодосто́йкий
холодосто́йкость, -и
холодоусто́йчивый
холоди́га, -и и холоди́ка,
-и
холожённый, прич.
холожёный, прил.
холо́п, -а, мн. -ы, -ов
холо́пий, -ья, -ье
холо́пка, -и
холо́пский
холо́пство, -а
холо́пствовать, -твую, -тву-
ет
холостёжь, -и
холости́ть(ся), -ощу́, -ос-
ти́т(ся)
холосто́й; кр. ф. хо́лост,
холоста́, хо́лосто

холостя́к, -а́
холостя́цкий
холоще́ние, -я
холощённый; кр. ф. -ён,
-ена́, прич.
холощёный, прил.
холст, -а́
холсти́на, -ы
холсти́нка, -и
холсти́нковый
холсти́нный
холстяно́й
холу́й, -я́
холу́йский
холу́йство, -а
холу́йствовать, -твую,
-твует
холщо́вый
холя́ва, -ы
хому́т, -а́
хомута́ть(ся), -а́ю,
-а́ет(ся)
хому́тик, -а
хому́тина, -ы
хому́тный
хомуто́к, -тка́
хомя́к, -а́
хомя́чий, -ья, -ье
хомячо́к, -чка́
хондри́лла, -ы
хондри́т, -а
хондро́ма, -ы
хонингова́льный
хонингова́ние, -я
хонингова́ть(ся), -гу́ю, -гу́-
ет(ся)
хоп, неизм.
хо́ппер, -а
хор, -а, предл. о хо́ре, в
хо́ре и в хору́, мн. -ы́, -о́в
и -ы, -ов
хора́л, -а
хора́льный
хорва́т, -а, р. мн. -ов
хорва́тка, -и
хорва́тский
хо́рда, -ы
хо́рдовый
хордо́метр, -а
хордоугломе́р, -а
хоре́вый
хоре́ический
хоре́й, -я (стих. размер)
хорёк, хорька́
хореба́граф, -а
хореографи́ческий
хореогра́фия, -и
хоре́я, -и (болезнь)
хори́ный
хорио́н, -а
хори́ст, -а
хори́стка, -и
хория́мб, -а
хоркружо́к, -жка́
хорме́йстер, -а
хорме́йстерский
хорово́д, -а
хорово́дить(ся), -о́жу(сь),
-о́дит(ся)
хорово́дница, -ы
хорово́дный
хорово́й
хоро́мный
хоро́мы, -о́м

хорони́ть(ся), -оню́(сь),
-о́нит(ся)
хорохо́риться, -рюсь, -рится
хоро́шенький
хоро́шенько
хороше́ть, -е́ю, -е́ет
хоро́ший; кр. ф. хоро́ш,
хороша́, хорошо́
хорошо́
хорт, -а
хоругвено́сец, -сца
хору́гвь, -и
хору́нжий, -его
хо́ры, -ов (балкон)
хорь, -я́
хорько́вый
хорьчо́нок, -нка, мн. -ча́та,
-ча́т
хо́та, -ы
хоте́ние, -я
хоте́ть(ся), хочу́, хо́чешь,
хо́чет(ся), хоти́м, хоти́-
те, хотя́т
хоть и хотя́
хохла́теть, -ею, -еет (стано-
ви́ться хохла́тым)
хохла́тить, -а́чу, -а́тит (кого, что)
хохла́тка, -и
хохла́тый
хохла́цкий
хохла́ч, -а́
хо́хлить(ся), -лю(сь),
-лит(ся)
хохлома́, -ы́
хохлу́шка, -и
хо́хма, -ы
хохми́ть, -млю́, -ми́т
хо-хо́, неизм.
хохо́л, -хла́
хохоло́к, -лка́
хо́хот, -а
хохота́ть, хохочу́, хохо́чет
хохотли́вый
хохотня́, -и́
хохото́к, -тка́
хохоту́н, -а́
хохоту́нья, -и, р. мн. -ний
хохоту́шка, -и
хохо́чущий
храбре́ть, -е́ю, -е́ет
храбре́ц, -а́
храбри́ться, -рю́сь, -ри́тся
хра́брость, -и
хра́брый; кр. ф. храбр,
храбра́, хра́бро, хра́бры́
храм, -а
хра́мина, -ы
храмо́вник, -а
храмо́вый
храмозда́тель, -я
храмозда́тельство, -а
хране́ние, -я
хранённый
храни́лище, -а
храни́тель, -я
храни́тельница, -ы
храни́тельный
храни́ть(ся), -ню́, -ни́т(ся)
храп, -а
храпа́к, -а́: задава́ть храпа-
ка́
храпе́ние, -я
храпе́ть, -плю́, -пи́т

храпну́ть, -ну́, -нёт
храпови́к, -а́
храпово́й
храпо́к, -пка́
храпу́н, -а́
храпу́нья, -и, р. мн. -ний
хребе́т, -бта́
хребе́тный
хребти́на, -ы
хребто́вый
хребту́г, -а́
хрен, -а и -у
хрени́на, -ы
хрено́вина, -ы
хрено́вка, -и
хрено́вник, -а
хрено́вый
хрено́к, -нка́ и -нку́
хрестома́тийный
хрестома́тия, -и
хризали́да, -ы
хризанте́ма, -ы
хризобери́лл, -а
хризобери́лловый
хризоли́т, -а
хризоли́товый
хризопра́з, -а
хризопра́зовый
хризоти́л, -а
хрип, -а
хрипа́тый
хрипе́ние, -я
хрипе́ть, -плю́, -пи́т
хриплова́тый
хри́плый; кр. ф. хрипл,
  хрипла́, хри́пло
хри́пнувший
хри́пнуть, -ну, -нет; прош.
  хрип и хри́пнул, хри́пла
хрипота́, -ы́
хрипотца́, -ы́
хрипу́н, -а́
хрипу́нья, -и, р. мн. -ний
христара́дник, -а
христара́дничать, -аю, -ает
христианиза́ция, -и
христианизи́рованный
христианизи́ровать(ся),
  -рую, -рует(ся)
христиани́н, -а, мн. -а́не,
  -а́н
христиа́нка, -и
христиа́нский
христиа́нство, -а
христолюби́вый
христопрода́вец, -вца
христо́сик, -а
христо́сование, -я
христо́соваться, -суюсь, -су-
  ется
хрия, -и
хром, -а
хрома́т, -а
хромати́зм, -а
хромати́н, -а
хромати́ческий
хроматогра́фия, -и
хроматоме́трия, -и
хрома́ть, -а́ю, -а́ет
хро́менький
хроме́ть, -е́ю, -е́ет
хроми́рование, -я
хроми́рованный

хроми́ровать(ся), -рую, -ру-
  ет(ся)
хромиро́вка, -и
хромиро́вочный
хро́мистый
хроми́т, -а
хромоальбуми́н, -а
хро́мовый
хромоге́н, -а
хромоге́нный
хромо́й; кр. ф. хром, хро-
  ма́, хро́мо
хромолито́граф, -а
хромолитографи́ческий
хромолитогра́фия, -и
хромолитогра́фский
хромомагнези́товый
хромомолибде́новый
хромони́келевый
хромо́ногий
хромоно́жка, -и
хромопла́ст, -а
хромоско́п, -а
хромосо́ма, -ы
хромосфе́ра, -ы
хромота́, -ы́
хромотипи́ческий
хромофо́р, -а
хромофо́рный
хромофотогра́фия, -и
хромофототи́пия, -и
хромоцистоскопи́я, -и
хро́мпик, -а
хромсодержа́щий
хрому́ша, -и, м. и ж.
хрониза́тор, -а
хро́ник, -а
хро́ника, -и
хроника́льно-докумен-
  та́льный
хроника́льный
хроникёр, -а
хроникёрский
хрони́ст, -а
хрони́ческий
хронобиоло́гия, -и
хроногра́мма, -ы
хроно́граф, -а
хроногра́фия, -и
хроно́лог, -а
хронологиза́ция, -и
хронологи́ческий
хроноло́гия, -и
хроно́метр, -а
хронометра́ж, -а
хронометражи́ст, -а
хронометражи́стка, -и
хронометри́рованный
хронометри́ровать(ся),
  -рую, -рует(ся)
хрономе́трист, -а
хронометри́ческий
хроноско́п, -а
хру́мкать, -аю, -ает
хру́панье, -я
хру́пать, -аю, -ает
хру́пкий; кр. ф. -пок, -пка́,
  -пко
хру́пнуть, -ну, -нет
хруп-хру́п, неизм.
хру́пче, сравн. ст. (от
  хру́пкий, хру́пко)
хруст, -а
хруста́лик, -а

хруста́ль, -я́
хруста́льный
хру́стать, -аю, -ает
хрусте́ть, хрущу́, хрусти́т
хру́сткий; кр. ф. -сток,
  хрустка́, -стко
хру́снуть, -ну, -нет
хру́стче, сравн. ст. (от
  хру́сткий, хру́стче)
хрущ, -а́
хруща́к, -а́
хрущёвский
хруще́дка, -и
хрыч, -а́
хрычо́вка, -и
хрю́кало, -а
хрю́канье, -я
хрю́кать, -аю, -ает
хрю́кнуть, -ну, -нет
хрю-хрю́, неизм.
хрю́шка, -и
хряк, -а́
хря́па, -ы
хря́пать, -аю, -ает
хряск, -а
хря́скать, -аю, -ает
хря́ский
хря́снувший(ся) (от
  хря́снуть)
хря́снуть(ся), -ну(сь),
  -нет(ся) (к хря́скать)
хря́стать, -аю, -ает
хря́стнувший(ся) (от
  хря́стнуть)
хря́стнуть(ся), -ну(сь),
  -нет(ся) (к хря́стать)
хрясть и хрясь, неизм.
хрячо́к, -чка́
хрящ, -а́
хряще́ватый
хрящеви́на, -ы
хрящево́й
хря́щик, -а

худа́ть, -а́ю, -а́ет
худе́е, сравн. ст. (от ху-
  до́й - тощий)
ху́денький; кр. ф. -е́нек,
  -е́нька
худе́ть, -е́ю, -е́ет (становиться худым)
худи́ть, -и́т (кого, что)
худи́щий
ху́до, -а
худоба́, -ы́
ху́до-бе́дно
худо́жественно-констру́к-
  торский
худо́жественно-промы́ш-
  ленный
худо́жественность, -и
худо́жественный; кр. ф.
  -вен и -венен, -венна
худо́жество, -а
худо́жник, -а
худо́жница, -ы
худо́жнический
худо́й; кр. ф. худ, худа́,
  ху́до, ху́ды
худоко́нный
худоро́дный
худоро́дство, -а
худосо́чие, -я
худосо́чный
худоте́лый

худошёрстный и худо-
  шёрстый
худоща́вый
худру́к, -а и -а́
худсове́т, -а
ху́дший
ху́дший, сравн. и превосх.
  ст. (от худо́й - плохой
  и от плохо́й)
худы́шка, -и, м. и ж.
худю́щий
ху́же, сравн. ст. (от ху-
  до́й - плохой, ху́до и от
  плохо́й, пло́хо)
хуже́ть, -е́ю, -е́ет
хула́, -ы́
хулаху́п, -а
хуле́ние, -я
хулённый, -ён, -ена́, прич.
хулёный, прил.
хулига́н, -а
хулига́нистый
хулига́нить, -ню, -нит
хулига́нка, -и
хулига́нский
хулига́нство, -а
хулига́нствующий
хулиганьё, -я́
хули́тель, -я
хули́ть, -лю́, -ли́т
хунвейби́н, -а
ху́нта, -ы
хунху́з, -а
хунху́зский
хура́л, -а
хурма́, -ы́
ху́тор, -а, мн. -а́, -о́в
хуторно́й и ху́торный
хуторо́к, -рка́
хуторско́й
хуторя́нин, -а, мн. -а́не, -я́н
хуторя́нка, -и

Ц

ца́дик, -а
ца́нга, -и
ца́нговый
ца́пать(ся), -аю(сь),
  -ает(ся)
ца́пка, -и
ца́пля, -и, р. мн. ца́пель
ца́пнуть, -ну, -нет
цапона́к, -а
ца́пфа, -ы
ца́пфенный
цап-цара́п, неизм.
цара́панье, -я
цара́пать(ся), -аю(сь),
  -ает(ся)
цара́пина, -ы
цара́пинка, -и
цара́пнутый
цара́пнуть, -ну, -нет
царёв, -а, -о
царе́вич, -а
царе́вна, -ы
царедво́рец, -рца
царёк, -рька́
цареуби́йство, -а
цареуби́йца, -ы, м. и ж.

цари́зм, -а
цари́стский
цари́ть, -рю́, -ри́т
цари́ца, -ы
ца́рский
ца́рственный; кр. ф. -вен и -венен, -венна
ца́рствие, -я
ца́рство, -а
ца́рствование, -я
ца́рствовать, -твую, -твует
ца́рствующий
царь, -я́
царь-деви́ца, -ы
царь-ко́локол, -а
царь-пу́шка, -и
ца́ца, -ы
ца́цка, -и
ца́цкаться, -аюсь, -ается
цвель, -и
цвести́, цвету́, цветёт; прош. цвёл, цвела́
цвет, -а, предл. в цвете и в цвету́, мн. -а́, -о́в
цвета́стый
цвете́ние, -я
цвете́нь, -тня
цве́тик, -а
цвети́стый
цвети́ть(ся), цвечу́, цвети́т(ся)
цветко́вый
цветнево́й
цветни́к, -а́
цветничо́к, -чка́
цветно́й
цве́тность, -и
цветове́дение, -я
цветово́д, -а
цветово́дство, -а
цветово́дческий
цветово́й
цветоделе́ние, -я
цветодели́тель, -я
цветодели́тельный
цветое́д, -а
цветозвуково́й
цвето́к, -тка́, мн. цветки́, -о́в (цветущие части растений) и цветы́, -о́в (цветущие растения)
цветокорре́ктор, -а
цветоли́стик, -а
цветоло́же, -а
цветоме́р, -а
цветому́зыка, -и
цветоно́жка, -и
цветоно́с, -а
цветоно́сный
цвето́чек, -чка
цвето́чница, -ы
цвето́чный
цветочувстви́тельность, -и
цвету́ха, -и
цвету́щий
цве́тший
цветы́, -о́в, ед. цвето́к, -тка́
цвинглиа́нство, -а
цеба́рка, -и
цёвка, -и
цевни́ца, -ы
цёвочный
цевьё, -я́
цеди́лка, -и

цеди́льный
цеди́ть(ся), цежу́, це́дит(ся)
це́дра, -ы
цеж, -а
цеже́ние, -я
це́женный, прич.
цежёный, прил.
це́живать, наст. вр. не употр.
цезари́зм, -а
цезари́стский
це́зий, -я
це́зский
цезу́ра, -ы (пауза)
цейло́нский
це́йсовский
цейтлу́па, -ы
цейтно́т, -а
цейхга́уз, -а
целе́бный
целево́й
целенапра́вленность, -и
целенапра́вленный; кр. ф. -лен, -ленна
целесообра́зность, -и
целесообра́зный
целеуказа́ние, -я
целеустремлённость, -и
целеустремлённый; кр. ф. -лён, -лённа
целиба́т, -а
це́лик, -а и -а́ (воен.)
цели́к, -а́ (целина)
целико́м, нареч.
целина́, -ы́
цели́нник, -а
цели́нный
цели́тель, -я
цели́тельный
це́лить(ся), це́лю(сь), це́лит(ся) (наводить оружие)
цели́ть(ся), целю́(сь), цели́т(ся) (лечить)
целко́вик, -а
целко́вый, -ого
целли́т, -а
целлоиди́н, -а
целло́н, -а
целло́новый
целлофа́н, -а
целлофани́рованный
целлофа́новый
целлуло́ид, -а
целлуло́идный
целлуло́идовый
целлюло́за, -ы
целлюло́зно-бума́жный
целлюло́зный
целобла́стула, -ы
целова́льник, -а
целова́ние, -я
цело́ванный
целова́ть(ся), целу́ю(сь), целу́ет(ся)
целодне́вный
целому́дренность, -и
целому́дренный; кр. ф. -рен, -ренна
целому́дрие, -я
целоста́т, -а
це́лостный

це́лость, -и
целочи́сленный
це́лый; кр. ф. цел, цела́, це́ло
цель, -и
цельногну́тый
цельноголо́вые, -ых
цельнока́таный
цельноко́ваный
цельноко́рпусный
цельнокро́еный
цельнометалли́ческий
цельномоло́чный
цельнорези́новый
цельносварно́й
цельноста́льный
цельнотя́нутый
цельноштампо́ванный
це́льный; кр. ф. це́лен, цельна́, це́льно
цеме́нт, -а
цементацио́нный
цемента́ция, -и
цементи́рование, -я
цементи́рованный
цементи́ровать(ся), -рую, -рует(ся)
цементиро́вка, -и
цементиро́вочный
цеме́нтно-грунтово́й
цеме́нтный
цементобето́н, -а
цементобето́нный
цементо́ванный
цементова́ть(ся), -ту́ю, -ту́ет(ся)
цементово́з, -а
цеме́нт-пу́шка, -и
цемя́нка, -а
цена́, -ы́, вин. це́ну, мн. це́ны, цен, це́нам
ценз, -а
це́нзовый
це́нзор, -а
це́нзорский
цензу́ра, -ы
цензу́рный
цензуро́ванный
цензурова́ть(ся), -ру́ю, -ру́ет(ся)
цени́тель, -я
цени́тельница, -ы
цени́ть(ся), ценю́(сь), це́нит(ся)
це́нник, -а
це́нностный
це́нность, -и
це́нный; кр. ф. це́нен, ценна́
ценово́й
ценообразова́ние, -я
цент, -а
цента́вр, -а
центифо́лия, -и
це́нтнер, -а
центр, -а
центра́л, -а
централиза́ция, -и
централи́зм, -а
централизо́ванность, -и
централизова́ть(ся), -зу́ю, -зу́ет(ся)
центра́лка, -и

центра́ль, -и
центральноазиа́тский
центральноамерика́нский
центральноафрика́нский
центральноевропе́йский
центра́льно-чернозёмный
центра́льный
центри́зм, -а
центри́рование, -я
центри́рованный
центри́ровать(ся), -рую, -рует(ся)
центри́рование, -и
центри́ст, -а
центри́стский
центрифу́га, -и
центрифуга́льный
центрифуги́рование, -я
центрифуги́ровать(ся), -рую, -рует(ся)
центрифу́жный
центри́ческий
центробе́жно-ва́куумный
центробе́жно-вихрево́й
центробе́жный
центрова́льный
центрова́ние, -я
центро́ванный
центрова́ть(ся), -ру́ю, -ру́ет(ся)
центро́вка, -и
центрово́й
центро́вочный
центропла́н, -а
центросо́ма, -ы
центростреми́тельный
центросфе́ра, -ы
центурио́н, -а
центу́рия, -и
цеоли́т, -а
цеп, -а́, мн. цепы́, -о́в
цепене́ть, -ею, -еет (замирать)
цепени́ть, -ню́, -ни́т (кого, что)
це́пень, це́пня
це́пка, -и
це́пкий; кр. ф. -пок, цепка́, -пко
це́пкость, -и
цепля́ние, -я
цепля́ть(ся), -я́ю(сь), -я́ет(ся)
цепно́й
цепо́чечный
цепо́чка, -и
цеппели́н, -а
це́пче, сравн. ст. (от це́пкий, це́пко)
цепь, -и, мн. це́пи, -е́й
це́рбер, -а
церебра́льный
цереброспина́льный
церези́н, -а
церемониа́л, -а
церемониа́льный
церемонийме́йстер, -а
церемо́ниться, -нюсь, -нится
церемо́ния, -и
церемо́нность, -и
церемо́нный; кр. ф. -нен, -нна
це́реус, -а

це́риевый
це́рий, -я
церкву́шка, -и
церко́вка, -и
церко́вник, -а
церко́вница, -ы
церко́вно-прихо́дский
церковнославяни́зм, -а
церко́вно-славя́нский
церковнослужи́тель, -я
церко́вность, -и
церко́вный
це́рковь, -кви, тв. -ковью, мн. -кви, -кве́й, -ква́м и -квя́м
церопла́стика, -и
цесаре́вич, -а
цесаре́вна, -ы
цеса́рка, -и
цеса́рский (от це́сарь)
цеса́рская ку́рица
це́сарь, -я
цефалофло́ра, -ы
цех, -а, предл. в це́хе и в цеху́, мн. це́хи, -ов и цеха́, -о́в
цехи́н, -а
цехко́м, -а
цехови́к, -а́
цехово́й
цеховщи́на, -ы
цехя́че́йка, -и
цеце́, нескл. ж.
циа́н, -а
цианами́д, -а
циани́д, -а
цианиза́ция, -и
циани́н, -а
циани́рование, -я
циа́нисто-водоро́дный
циа́нистый
цианкобалами́н, -а
цианобакте́рия, -и
циа́новый
циано́з, -а
циано́метр, -а
циансодержа́щий
ци́бик, -а
цибу́ля, -и
цивилиза́тор, -а
цивилиза́торский
цивилиза́ция, -и
цивилизо́ванный; кр. ф. прич. -ан, -ана; кр. ф. прил. -ан, -анна
цивилизова́ть(ся), -зу́ю(сь), -зу́ет(ся)
цивили́ст, -а
цивили́стика, -и
циви́льный
цига́йский
цига́рка, -и
циге́йка, -и
циге́йковый
циду́ла, -ы
циду́лка, -и
цизальпи́нский
цика́да, -ы
цикл, -а
цикламе́н, -а
циклёванный
циклева́ть(ся), -лю́ю, -лю́ет(ся) (к ци́кля)
циклёвка, -и

циклёвочный
циклиза́ция, -и
цикли́ческий
цикли́чность, -и
цикли́чный
циклобута́н, -а
циклова́ние, -я
цикло́ванный
циклова́ть(ся), -лу́ю, -лу́ет(ся) (к цикл)
циклово́й
циклогекса́н, -а
циклогене́з, -а
циклогра́мма, -ы
циклографи́ческий
циклогра́фия, -и
циклодро́м, -а
циклои́да, -ы
циклоида́льный
цикло́идный
цикло́н, -а
циклони́ческий
цикло́нный
циклопи́ческий
циклотими́я, -и
циклотро́н, -а
циклотро́нный
ци́кля, -и
цико́рий, -я
цико́рный
цику́та, -ы
цили́ндр, -а
цилиндри́ческий
цили́ндровый
цимбали́ст, -а
цимба́лы, -а́л
цимля́нское, -ого
цина́ндали, нескл. с.
цинга́, -и́
цинго́тный
цинера́рия, -и
цини́зм, -а
ци́ник, -а
цини́ческий
цини́чный
цинк, -а
цинкова́ние, -я
цинко́ванный
цинкова́ть(ся), -ку́ю, -ку́ет(ся)
ци́нковый
цинко́граф, -а
цинкографи́ческий
цинкогра́фия, -и
цинкогра́фский
цинкоргани́ческий
цинксодержа́щий
ци́нния, -и
цино́вка, -и
цино́вочный
цину́бель, -я
ци́перус, -а
ци́рик, -а
цирк, -а
цирка́ч, -а́
цирка́ческий
цирка́чество, -а
цирково́й
цирко́н, -а
цирко́ниевый
цирко́ний, -я
циркора́ма, -ы
циркора́мный

циркули́ровать, -рую, -рует
ци́ркуль, -я
ци́ркульный
циркуля́р, -а
циркуля́рный
циркуляцио́нный
циркуля́ция, -и
циркумполя́рный
циркумтропи́ческий
циркумфле́кс, -а
ци́рлих-мани́рлих, неизм.
цирро́з, -а
цирю́льник, -а
цирю́льня, -и, р. мн. -лен
ци́ста, -ы
цистаденома, -ы
циста́льгия, -и
цисте́рна, -ы
цисти́т, -а
цистицерко́з, -а
цистоско́п, -а
цистоскопи́я, -и
цитаде́ль, -и
цита́та, -ы
цита́тничество, -а
цита́тный
цита́ция, -и
цитва́рный
цити́рование, -я
цити́рованный
цити́ровать(ся), -рую, -рует(ся)
цито́ванный
цитова́ть, цитую, цитует
цитогене́тика, -и
цитогеронтоло́гия, -и
цитодиагно́стика, -и
цито́лиз, -а
цитолизи́н, -а
цито́лог, -а
цитологи́ческий
цитоло́гия, -и
цитопла́зма, -ы
цитоплазмати́ческий
цитохи́мия, -и
цитохро́м, -а
цитоэколо́гия, -и
ци́тра, -ы
цитрамо́н, -а
цитра́т, -а
цитри́н, -а
цитро́н, -а
ци́трус, -а
цитрусово́д, -а
цитрусово́дство, -а
цитрусово́дческий
ци́трусовый
цифербла́т, -а
цифи́рный
цифи́рь, -и
цифи́рька, -и: игра́ в цифи́рьки
цифр, -а
ци́фра, -ы
цифра́ция, -и
ци́фро-бу́квенный
цифро́ванный
цифрова́ть(ся), -рую, -ру́ет(ся)
цифрово́й
цифропеча́тающий
ци́церо, нескл. м. и с.
цо́канье, -я
цо́кать, -аю, -ает

цо́кнуть, -ну, -нет
цо́коль, -я
цо́кольный
цо́кот, -а
цокота́ть, -очу́, -о́чет
цокоту́ха, -и
цо́пать, -аю, -ает
цо́пнуть, -ну, -нет
цуг, -а
цуг-маши́на, -ы
цугово́й
цу́гом, нареч.
цугу́ндер: на цугу́ндер
цу́гцванг, -а
цук, -а (спорт.)
цука́нье, -я
цука́т, -а
цука́тный
цука́ть, -аю, -ает
цуна́ми, нескл. с.
цу́цик, -а
цыга́н, -а, мн. -а́не, -а́н
цыгане́нок, -ёнка, мн. цыга́нта, -а́т
цыга́нистый
цыга́нить, -ню, -нит
цыга́нка, -и
цыга́ночка, -и
цыга́нский
цыга́нщина, -ы
цы́канье, -я
цы́кать, -аю, -ает
цы́кнуть, -ну, -нет
цы́па, -ы
цы́пка, -и
цы́пки, цы́пок
цыплёнка, -нка, мн. -ля́та, -ля́т
цыплёночек, -чка
цыпля́тина, -ы
цыпля́тки, -ток
цыпля́тник, -а
цыпля́тница, -ы
цыпля́чий, -ья, -ье
цы́понька, -и
цы́почка, -и
цы́почки, -чек: на цы́почках, на цы́почки
цы́пушка, -и
цып-цы́п, неизм.
цыц, неизм.

Ч

чаба́н, -а́
чаба́ний, -ья, -ье
чаба́нить, -ню, -нит
чаба́нский
ча́бер, ча́бра и чабёр, чабра́
чабре́ц, -а́
ча́вканье, -я
ча́вкать, -аю, -ает
ча́вкнуть, -ну, -нет
чавы́ча, -и и чавыча́, -и́
ча́га, -и
чагата́йский
чад, -а и -у, предл. о ча́де, в чаду́
чади́ть, чажу́, чади́т
ча́дный

ча́до, -а	чароде́йственный; *кр. ф.* -вен, -венна	частотно-фа́зовый	че́й-нибудь, чья́-нибудь, чьё-нибудь
чадолюби́вый	чароде́йство, -а	часто́тный	че́й-то, чья́-то, чьё-то
чадра́, -ы́	чароде́йствовать, -твую, -твует	частотоизмери́тельный	чек, -а
ча́душко, -а		частотоме́р, -а	чека́, -и́
чаева́ть, чаю́ю, чаю́ет	ча́рочка, -и	часту́шечник, -а	чека́н, -а
чае́вник, -а	ча́рочный	часту́шечница, -ы	чека́ненный
чаёвница, -ы	ча́ртер, -а	часту́шечный	чека́нить(ся), -ню, -нит(ся)
чаёвничать, -аю, -ает	ча́ртерный	часту́шка, -и	чека́нка, -и
чаево́д, -а	чарти́зм, -а	ча́стый; *кр. ф.* част, часта́, ча́сто	чека́нный
чаево́дство, -а	чарти́ст, -а		чека́ночный
чаево́дческий	чарти́стский	часть, -и, *мн.* -и, -е́й	чека́нщик, -а
чаевы́е, -ых	чаруса́, -у́с, -уса́м	ча́стью, *нареч.* (отчасти)	чеки́ст, -а
чадроби́лка, -и	чару́ющий(ся)	часы́, часо́в	чеки́стский
чаеза́вочный	ча́ры, чар	часы́ пик, часо́в пик, *ед.*	чекма́рь, -я́
чаёк, чайку́ и чайка́	час, -а и (с колич. числит. 2, 3, 4) -á, *предл.* в ча́се и в часу́, *мн.* -ы́, -о́в	час пик, ча́са пик	чекме́нь, -я́, *р. мн.* -не́й
ча́емый		чата́л, -а и чата́ло, -а	че́ковый
чаеобрабо́тка, -и		чать, *вводн. сл.*	чекода́тель, -я
чаепи́тие, -я	ча́с в ча́с	ча́ус, -а	чекры́жить, -жу, -жит
чаепрессо́вочный	час за ча́сом	ча́уш, -а	чеку́ша, -и
чаепроизводя́щий	ча́сик, -а	ча́хлый	чеку́шка, -и
чаеразве́сочный	ча́сики, -ов	ча́хнувший	челе́ста, -ы
чаесуши́льный	часифика́ция, -и	ча́хнуть, -ну, -нет; *прош.* чах и ча́хнул, ча́хла	чёлка, -и
чаеубо́рочный	часо́венка, -и		чёлн, челна́, *мн.* челны́, -о́в
чаеупако́вочный	часо́венный	чахо́тка, -и	
чаеформо́вочный	часо́вня, -и, *р. мн.* -вен	чахо́точный	челно́к, -а́
ча́йнка, -и	часово́й, *прил.*	чахохби́ли, *нескл., с.*	челно́чник, -а
чай, ча́я и ча́ю, *предл.* в ча́е и в ча́ю, *мн.* чаи́, ча́ёв	часово́й, -о́го	ча́ча, -и	челно́чница, -ы
	часовщи́к, -а́	ча-ча-ча́, *нескл., с.*	челно́чный
	часо́к, часка́	чачва́н, -а	челно́чок, -чка́
чай, *вводн. сл.*	часо́к-друго́й	ча́ша, -и	чело́, -а́, *мн.* чёла, чёл
ча́йка, -и	ча́сом, *нареч.*	чашеви́дный	чело́битная, -ой
ча́йная, -ой	часосло́в, -а	чаше́льстик, -а	чело́битчик, -а
ча́йнворд, -а	час о́т часу	чашеобра́зный	чело́битчица, -ы
ча́йник, -а	часо́чек, -чка	ча́шечка, -и	чело́битье, -я, *р. мн.* -тий
ча́йница, -ы	часте́нько	ча́шечный	челове́к, -а
ча́йничанье, -я	частёхонько	ча́шка, -и	человекове́дение, -я
ча́йничать, -аю, -ает	части́к, -а́	ча́шник, -а	челове́ко-де́нь, -дня́
ча́йничек, -чка	частико́вый	ча́ща, -и	челове́ко-едини́ца, -ы
ча́йный	части́ть, чащу́, части́т	ча́ще, *сравн. ст.* (*от* ча́стый, ча́сто)	человеколю́бец, -бца
чайхана́, -ы́	части́ца, -ы		человеколюби́вый
чайха́нщик, -а	части́чка, -и	чащо́ба, -ы	человеколю́бие, -я
чака́н, -а	части́чно-рекурси́вный	ча́ющий	человеконенави́стник, -а
чака́новый	части́чно упоря́доченный	ча́яние, -я	человеконенави́стниче- ский
чако́на, -ы	части́чный	ча́ятельно	
чал, -а	ча́стник, -а	ча́ять, ча́ю, ча́ет	человеконенави́стниче- ство, -а
чалда́р, -а	ча́стница, -ы	ча́ячий, -ья, -ье	
чалдо́н, -а	ча́стнический	чва́ниться, -нюсь, -нится	человекообра́зный
ча́лить(ся), -лю, -лит(ся)	частноба́нковский	чванли́вость, -и	человекоподо́бный
ча́лка, -и	частновладе́льческий	чванли́вый	человекоуби́йство, -а
чалма́, -ы́	ча́стное, -ого	чва́нный; *кр. ф.* чва́нен, чва́нна	человекоуби́йца, -ы, *м. и ж.*
чалмоно́сный	частноземлевладе́льче- ский		
ча́ло-пе́гий		чва́нство, -а	челове́ко-ча́с, -а, *мн.* -ы́, -о́в
ча́лый	частнокапиталисти́ческий	чеба́к, -а́	челове́чек, -чка
чан, -а, *предл.* в ча́не и в чану́, *мн.* -ы́, -о́в и -ы, -о́в	частнокоoperatíвный	чебота́рить, -рю, -рит	челове́ческий
	частномонополисти́че- ский	чебота́рный	челове́чественный
		чебота́рский	челове́чество, -а
чана́х, -а	частноправово́й	чебота́рь, -я́	челове́чий, -ья, -ье
чанобо́й	частнопракти́кующий	чёботы, -ов, *ед.* чёбот, -а	челове́чина, -ы, *м. и ж.*
ча́о, *неизм.*	частнопредпринима́тель- ский	чебура́хнуть(ся), -ну(сь), -нет(ся)	челове́чишка, -и, *м.*
ча́пельник, -а			челове́чище, -а, *м.*
чапы́га, -и	частнособственни́ческий	чебура́шка, -и	челове́чность, -и
чапы́жник, -а	ча́стность, -и	чебуре́к, -а	челове́чный
ча́ра, -ы	частнохозя́йственный	чебуре́чная, -ой	челове́чка, -и
чарда́ш, -а	ча́стный	чегло́к, -а́	челюстно́й
ча́рка, -и	частоко́л, -а	чего́-то	чёлюстно-лицево́й
чарльсто́н, -а	частопе́тельный	чего́-чего́	че́люсть, -и
чарова́ть(ся), -ру́ю(сь), -ру́ет(ся)	часторебри́стый	чёддер, -а	челяди́н, -а
	частоступе́нчатый	чей, чьего́, чья, чьей, чьё, чьего́, *мн.* чьи, чьих	челяди́нец, -нца
чаровни́к, -а́	частота́, -ы́, *мн.* -о́ты, -о́т		челяди́нка, -и
чаровни́ца, -ы	часто́тно-амплиту́дный		че́лядь, -и
чароде́й, -я	часто́тно-модули́рован- ный	чёй бы (то) ни́ был	чем, *союз*
чароде́йка, -и		че́й-либо, чья́-либо, чьё- либо	чёмбало, *нескл., с.*
чароде́йный	часто́тность, -и		чембу́р, -а
чароде́йский			

чёмер, -а
чемерица, -ы
чемеричный
чём ни попадя
чемодан, -а
чемоданишко, -а, м.
чемоданище, -а, м.
чемоданный
чемоданчик, -а
чемпион, -а
чемпионат, -а
чемпионка, -и
чемпионский
чём попадя
чепан, -а
чепе, нескл., с.
чепец, чепца
чепрак, -а
чепрачный
чепуха, -и
чепуховина, -ы
чепуховый
чепчик, -а
черва, -ы (личинки пчёл)
червеобразный
червец, -а
червеязычные, -ых
черви, -ей, -ям и червы,
   черв, -ам (карточная
   масть)
червиветь, -еет
   (становиться червивым)
червивить, -влю, -вит
   (что)
червивиться, -ится
червивый
червить, -ит
червление, -я
червлёный
червобоина, -ы
червобой, -я
червобойный
червовидный
червовод, -а
червоводня, -и, р. мн. -ден
червовый
червонец, -нца
червонка, -и
червонный
червончик, -а
червоточина, -ы
червоточинка, -и
червоточный
червы, черв, -ам и червfcи,
   -ей, -ям (карточная
   масть)
червь, -я, мн. черви, -ей
червяк, -а
червяковый
червяной
червячный
червячок, -чка
чердак, -а
чердачный
черевики, -ов, ед. черевик,
   -а
черевички, -ов, ед. -чек,
   -чка
черёд, -еда, предл. о
   череде, в череду
череда, -ы
чередование, -я
чередовать(ся), -дую(сь),
   -дует(ся)

через 1, предлог
через 2, -а (кошелёк)
череззёрница, -ы
черемис, -а
черемиска, -и
черемисский
черёмуха, -и
черёмуховый
черёмушник, -а
черёмушный
черемша, -й
черенкование, -я
черенковать(ся), -кую,
   -кует(ся)
черенковый
черенок, -нка
черенóчный
череп, -а, мн. -а, -ов
черепаха, -и
черепаховый
черепаший, -ья, -ье
черепашина, -ы
черепашка, -и
черепенник, -а
черепитчатый
черепица, -ы
черепицеделательный
черепичина, -ы
черепичный
черепной
черепно-мозговой
черепок, -пка
черепяной и черепяный
чересполосица, -ы
чересполосный
чересседельник, -а
чересседельный
чересстрочный
чересчур
черешенка, -и
черешковый
черешневый
черешня, -и, р. мн. -шен
черешок, -шка
черешчатый
черкан, -а
черкание, -я
чёрканный
чёрканье, -я
черкас, -а
черкасский
черкать(ся), -аю(сь),
   -ает(ся) и чёркать(ся),
   -аю, -ает(ся)
черкес, -а, р. мн. -ов
черкеска, -и (одежда)
черкесский
черкешенка, -и (к черкес)
черкнуть, -ну, -нёт
чёрмный; кр. ф. -мен,
   -мна
чернавка, -и
чёрневый и черневой
чернение, -я
чернённый; кр. ф. -ён,
   -ена, прич.
чернёный, прил.
чернеть, -и (вид утки)
чернеть, -ею, -еет
   (становиться чёрным)
чернеться, -еется
чернёхонький; кр. ф. -нек,
   -нька
чернец, -а

чернёшенький; кр. ф.
   -нек, -нька
чернила, -и
чернила, -ил
чернильница, -ы
чернильный
чернить, -ню, -нит (кого,
   что)
черниться, -ится
черница, -ы
черничина, -ы
черничка, -и
черничник, -а
черничный
чёрно-белый
чернобородый
чернобровый
чернобурка, -и
черно-бурый
чернобыл, -а, черно-
   быль, -я и чернобыль-
   ник, -а
черноватый
черновик, -а
черновичок, -чка
черновой
черноволосый
черноглазый
черноголовка, -и
черноголовый
черногорец, -рца
черногорка, -и
черногорский
черногривый
чернозём, -а
чернозёмный
чернозобик, -а
черноклён, -а
чернокнижие, -я
чернокнижник, -а
чернокожий
чернокорень, -рня
чернокрылый
чернокудрый
чернолесье, -я
чернолицый
черномазый
черномордый
черноморец, -рца
черноморский
чернобокий
чёрно-пегий
чёрно-пёстрый
черноплодный
чернорабочая, -ей
чернорабочий, -его
черноризец, -зца
чернорубашечник, -а
чёрно-синий
чернослив, -а
черносливина, -ы
черносмородинный
черносмородиновый
черносотенец, -нца
черносотенный
черносотенство, -а
черносошный
черносотня, -и
черностоп, -а
чернота, -ы
чернотал, -а
чернотелка, -и
чернотроп, -а
черноусый

черношёрстный и
   черношёрстый
чернушка, -и
чёрный; кр. ф. чёрен,
   черна, черно и чёрно
черным-черно
черныш, -а
чернь, -и
чернявый
чернядь, -и
черняк, -а
черпак, -а
черпалка, -и
черпальный
черпание, -я
черпанный
черпать(ся), -аю, -ает(ся)
черпнуть, -ну, -нёт
черстветь, -ею, -еет
   (становиться чёрствым)
черствить, -вит (что)
чёрствый; кр. ф. чёрств,
   черства, чёрство
чёрт, чёрта, мн. черти, -ей
черта, -ы
чёрта с два
чертёж, -ежа
чертёжик, -а
чертёжник, -а
чертёжница, -ы
чертёжно-конструктор-
   ский
чертёжно-копировальный
чертёжный
чертёнок, -нка, мн. -енята,
   -енят
чёртик, -а
чертилка, -и
чертить, черчу, чертит
   (куролесить)
чертить(ся), черчу,
   чёртит(ся) (рисовать)
чёртов, -а, -о
чертовка, -и
чертовски
чертовский
чертовщина, -ы
чертог, -а
чертополох, -а
чертополоховый
чёрточка, -и
чёрт-те что, где, куда,
   когда
чёртушка, -и, м. и ж.
чертыхаться, -аюсь, -ается
чертыхнуться, -нусь, -нётся
чертяка, -и, м. и ж.
черчение, -я
чёрченный, прич.
чёрченый, прил.
чёс, -а
чесалка, -и
чесальный
чесальня, -и, р. мн. -лен
чёсанец, -нца
чесание, -я
чёсанки, -нок, ед. чёсанок,
   -нка
чёсанный, прич.
чесануть, -ну, -нёт
чёсаный, прил.
чесать(ся), чешу(сь),
   чёшет(ся)
чёска, -и

чеснок, -á и -ý
чесноковый
чесночина, -ы
чесночник, -а
чесночница, -ы
чесночный
чесночок, -чка́ и -чкý
чесотка, -и
чесоточный
чествование, -я
чествованный
чествовать(ся), -твую,
-твует(ся)
честер, -а
честить, чещý, чести́т
честной
честный; кр. ф. честен,
честна́, честно, честны
честолюбец, -бца
честолюбивый
честолюбие, -я
честь 1, -и
честь 2, чту, чтёт, чтут
честь честью
чесуча́, -и
чесучовый
чёсывать, наст. вр. не
употр.
чёт, -а (чёт и нечет)
чета́, -ы
четверг, -á
четверговый
четвереньки, -нек
четверик, -á
четвериковый
четверить(ся), -рю,
-ри́т(ся)
четвери́чный
четвёрка, -и (цифра;
четыре предмета)
четверно́й (в четыре раза
больший)
четверня́, -и, р. мн. -ей
че́тверо, -ых, -ым, -ыми, о
четверых
четвероева́нгелие, -я
четвероклассник, -а
четвероклассница, -ы
четверокурсник, -а
четверокурсница, -ы
четвероно́гий
четверорукий
четверости́шие, -я
четверохолмие, -я
четвёрочка, -и
четвёрочница, -ы
четвероя́кий
четверта́к, -á
четвертако́вый
четвертачок, -чка́
четвертина, -ы
четвертинка, -и
четверти́нный
четверти́чный
четвёртка, -и (четвёртая
часть)
четвертно́й (от четверть)
четвертование, -я
четвертованный
четвертова́ть(ся), -тýю,
-тýет(ся)
четвертóк, -тка́
четвертýшка, -и
четвёртый

четверть, -и, мн. -и, -ей
четвертьфина́л, -а
четвертьфина́льный
чётки, -ток
чёткий; кр. ф. чёток,
четка́ и четка́, чётко
чёт-нечет (играть в чёт-
нечет)
четник, -а
чётный
четýшка, -и (четвертинка)
чётче, сравн. ст. (от
чёткий, чётко)
четыре, четырёх,
четырём, четырьмя́, о
четырёх
четырежды
четыреста, четырёхсот,
четырёмста́м,
четырьмяста́ми, о
четырёхста́х
четырёхактный
четырёхба́лльный (4-ба́л-
льный)
четырёхби́тный
четырёхбо́рье, -я
четырёхвалко́вый
четырёхведёрный и
четырёхвёдерный
четырёхвесёльный и
четырёхвёсельный
четырёхгла́вый
четырёхгла́зый
четырёхгоди́чный (4-го-
ди́чный)
четырёхгодова́лый
четырёхголо́сный
четырёхгра́нник, -а
четырёхгра́нный
четырёхдне́вный (4-дне́в-
ный)
четырёхдо́льный
четырёхдоро́жечный
четырёхжа́берный
четырёхзна́чный
четырёхкана́льный
четырёхкла́ссный
четырёхколёсный
четырёхконе́чный
четырёхкра́тный
четырёхкубово́й и
четырёхку́бовый (4-ку-
бово́й и 4-ку́бовый)
четырёхле́тие (-ле́тие), -я
четырёхле́тка, -и
четырёхле́тний (4-лет-
ний)
четырёхле́ток, -тка
четырёхли́стный
четырёхлучево́й
четырёхме́рный
четырёхме́стный
четырёхме́сячный (4-ме-
сячный)
четырёхметро́вый (4-мет-
ро́вый)
четырёхмото́рный
четырёхно́гий
четырёхо́кись, -и
четырёхоруди́йный
четырёхо́сный
четырёхпа́лый
четырёхпо́лье, -я
четырёхпо́льный

четырёхполюсник, -а
четырёхпрогра́ммный
четырёхпроце́нтный (4-
проце́нтный)
четырёхрублёвый (4-руб-
лёвый)
четырёхру́чный
четырёхря́дный
четырёхска́тный
четырёхсло́жный
четырёхсло́йный
четырёхсоткилометро́вый
(400-километро́вый)
четырёхсотле́тие (400-ле́-
тие), -я
четырёхсотле́тний (400-
ле́тний)
четырёхсо́тый
четырёхсте́нный
четырёхсто́пный
четырёхсторо́нний
четырёхстру́нный
четырёхта́ктный
четырёхта́ктовый
четырёхто́мный (4-то́м-
ный)
четырёхты́сячный
четырёхуго́льник, -а
четырёхуго́льный
четырёххло́ристый
четырёхцве́тный
четырёхцили́ндровый
четырёхчасово́й (4-часо-
во́й)
четырёхча́стный
четырёхчле́нный
четырёхъя́русный
четырёхэлеме́нтный
четырёхэта́жный (4-эта́ж-
ный)
четырнадцатила́мповый
четырнадцатиле́тний (14-
ле́тний)
четырнадцатиэта́жный
(14-эта́жный)
четы́рнадцатый
четы́рнадцать, -и, тв. -ью
четь, -и
чётья мине́я, чётьи мине́и
чех, -а
чехарда́, -ы
чехли́ть, -лю́, -ли́т
чехо́л, чехла́
чехо́льный
чехо́льчик, -а
чехо́нь, -и
чехо-слова́цкий
чехослова́цко-болга́рский
чехослова́цко-сове́тский
чечеви́ца, -ы
чечевицеобра́зный
чечеви́чка, -и
чечеви́чный
чече́нец, -нца
чече́нка, -и
чече́нский
чёчет, -а
чечётка, -и
чёшка, -и (к чех)
чёшки, чёшек, ед. чёшка,
-и (обувь)
чёшский
чёшско-ру́сский
чешуеви́дный

чешуедре́в, -а
чешуекры́лые, -ых
чешуеобра́зный
чешуецве́тные, -ых
чешу́йка, -и
чешу́йница, -ы
чешу́йчатый
чёшущий(ся)
чешуя́, -и́
чиану́ри, нескл., с.
чи́бис, -а
чибисёнок, -нка, мн. -ся́та,
-ся́т
чи́бисовый
чиви́канье, -я
чиви́кать, -аю, -ает
чиви́кнуть, -ну, -нет
чиги́рь, -я́ (механизм)
чиж, -а́
чи́жик, -а
чижи́ный
чижо́вка, -и
чижо́вый
чи́зель, -я
чий, -я
чи́канье, -я
чи́кать(ся), -аю(сь),
-ает(ся)
чи́кнуть, -ну, -нет
чик-чири́к, неизм.
чикчи́ры, -и́р
чилибу́ха, -и
чили́га, -и (кустарник)
чили́ец, -и́йца
чили́жник, -а
чили́йка, -и
чили́йский
чили́канье, -я
чили́кать, -аю, -ает
чили́кнуть, -ну, -нет
чили́м, -а
чиля́га, -и (сорт
винограда)
чин, -а, мн. -ы́, -о́в
чи́на, -ы
чина́ра, -ы и чина́р, -а
чина́ровый
чи́ненный, прич. (от
чини́ть 1)
чинённый; кр. ф. -ён, -ена́
(от чини́ть 2)
чинёный, прил.
чини́ть(ся) 1, чиню́(сь),
чи́нит(ся) (исправля́ть)
чини́ть(ся) 2, чиню́(сь),
чини́т(ся) (устра́ивать;
церемо́ниться)
чи́нка, -и
чинквече́нто, нескл., с.
чи́нность, -и
чи́нный; кр. ф. чи́нен,
чинна́, чи́нно
чино́вник, -а
чино́вница, -ы
чино́внический
чино́вничество, -а
чино́вничий, -ья, -ье
чино́вный
чинодра́л, -а
чинонача́лие, -я
чинопочита́ние, -я
чинопроизво́дство, -а
чину́ша, -и, м.
чи́н чи́ном

чинш, -а
чиншевой
чи́псы, -ов
чи́рей, чи́рья
чирёнок, -нка, мн. чиря́та, -я́т
чири́к, неизм.
чири́канье, -я
чири́кать, -аю, -ает
чири́кнуть, -ну, -нет
чи́рканный
чи́ркать, -аю, -ает
чи́ркнуть, -ну, -нет
чиро́к, чирка́
чиру́ха, -и
чиря́тина, -ы
чи́сленник, -а
чи́сленность, -и
чи́сленный
числи́тель, -я
числи́тельное, -ого
чи́слить(ся), -лю(сь), -лит(ся)
число́, -а́, мн. чи́сла, чи́сел
числово́й
чи́стенький
чистёха, -и, м. и ж.
чисте́ц, -а́
чи́стик, -а
чисти́лище, -а
чисти́льный
чи́стильщик, -а
чи́стить(ся), чи́щу(сь), чи́стит(ся)
чи́стка, -и
чи́сто-бе́лый
чистови́к, -а́
чистово́й
чистога́н, -а
чи́сто-голубо́й
чистокро́вный
чисто́ль, -я
чистолья́ной
чи́сто-на́чисто
чистописа́ние, -я
чистоплемённый
чистопло́тность, -и
чистопло́тный
чистоплю́й, -я
чистоплю́йство, -а
чистопоро́дный
чистопро́бный
чистопсо́вый
чи́сто ржано́й
чи́сто ру́сский
чистосерде́чие, -я
чистосерде́чный
чистосо́ртный
чистота́, -ы́
чистоте́л, -а
чистошерстяно́й
чи́стый; кр. ф. чист, чиста́, чи́сто, чи́сты
чистю́ля, -и, м. и ж.
чистя́к, -а́
чита́бельный
чита́емый
чита́лка, -и
чита́льный
чита́льня, -и, р. мн. -лен
чи́танный, прич.
чи́тано-перечи́тано
чи́таный, прил.
чи́таный-перечи́таный

чита́тель, -я
чита́тельница, -ы
чита́тельский
чита́ть(ся), -аю, -ает(ся)
чи́тка, -и
чи́тчик, -а
чи́тывать, наст. вр. не употр.
чифи́рный
чифи́рь, -я́ (чай)
чих, -а и неизм.
чиха́нье, -я
чиха́тельный
чиха́ть(ся), -аю, -ает(ся)
чихво́стить, -о́щу, -о́стит
чихи́рь, -я́ (вино)
чихну́ть, -ну́, -нёт
чи́чер, -а
чичеро́не, нескл., м.
чичисбе́й, -я
чи́ще, сравн. ст. (от чи́стый, чи́сто)
чи́щенный, прич.
чи́щеный, прил.
член, -а
члене́ние, -я
чле́ник, -а
членистоно́гие, -их
чле́нистый
члени́ть(ся), -ню, -ни́т(ся)
членко́р, -а
член-корреспонде́нт (чл.-корр.), чле́на-корреспонде́нта
чле́нный
членовреди́тель, -я
членовреди́тельский
членовреди́тельство, -а
членоразде́льный
чле́нский
чле́нство, -а
чмок, неизм.
чмо́канье, -я
чмо́кать(ся), -аю(сь), -ает(ся)
чмо́кнутый
чмо́кнуть(ся), -ну(сь), -нет(ся)
чо́канье, -я
чо́кать(ся), -аю(сь), -ает(ся)
чо́кер, -а
чо́кнутый
чо́кнуть(ся), -ну(сь), -нет(ся)
чо́мга, -и
чо́мпи, нескл., м.
чон, -а (ден. ед.)
чонгу́ри, нескл., с.
чо́порность, -и
чо́порный
чох, -а
чоха́, -и́
чо́хом, нареч.
чрева́тый
чре́во, -а
чревовеща́ние, -я
чревовеща́тель, -я
чревовеща́тельница, -ы
чревосече́ние, -я
чревоуго́дие, -я
чревоуго́дник, -а
чревоуго́дница, -ы
чревоуго́дничать, -аю, -ает

чреда́, -ы́
чрез, предлог
чрезвыча́йность, -и
чрезвыча́йный
чрезме́рность, -и
чрезме́рный
чре́сла, чресл
чте́ние, -я
чте́ние-за́пись, чте́ния-за́писи
чтец, -а́
чте́цкий
чти́во, -а
чти́мый
чти́ть(ся), чту, чти́т(ся), чтя́т(ся) и чтут(ся)
чти́ца, -ы
что, чего́, чему́, чем, о чём
что́б(ы), союз, но местоим. что бы (что бы предприня́ть?)
что бы ни (что бы ни случи́лось, дай знать)
что ж(е), чего́ ж(е)
что́-либо, чего́-либо
что́-нибудь, чего́-нибудь
что ни есть
что ни на есть
что́-то, чего́-то
что-что, а ...
чуб, -а, мн. -ы́, -о́в
чуба́рый
чуба́стый
чуба́тый
чубу́к, -а́
чубу́чный
чубучо́к, -чка́
чубу́шник, -а
чу́бчик, -а
чува́л, -а
чува́ш, -а и -а́, мн. чува́ши́, р. мн. -а́шей
чува́шка, -и
чува́шский
чу́вственность, -и
чу́вственный; кр. ф. -вен и -венен, -венна
чувстви́тельность, -и
чувстви́тельный
чу́вство, -а
чу́вствование, -я
чу́вствовать(ся), -твую, -твует(ся)
чува́ки, -ов и -я́к, ед. -я́к, -а
чувя́чный
чугу́н, -а́
чугу́нка, -и
чугу́нный
чугуново́з, -а
чугуно́к, -нка́
чугунолите́йный
чугуноплави́льный
чугу́нчик, -а
чуда́к, -а́
чудакова́тость, -и
чудакова́тый
чуда́к-челове́к
чуда́ческий
чуда́чество, -а
чуда́чествовать, -твую, -твует
чуда́чить, -чу, -чит
чуда́чка, -и

чудеса́, чуде́с, -а́м
чуде́сить, -е́сит
чуде́сный
чуди́ла, -ы, м. и ж.
чуди́нка, -и : с чуди́нкой
чуди́ть, -и́т
чуди́ться, -ится
чу́дище, -а
чудно́й; кр. ф. чу́ден и чудён, чудна́ (странный)
чу́дный; кр. ф. чу́ден, чудна́ (превосходный)
чу́до, -а, мн. чудеса́, чуде́с
чу́до-богаты́рь, -я́
чудо́вище, -а
чудо́вищный
чудоде́й, -я
чудоде́йка, -и
чудоде́йственный; кр. ф. -вен и -венен, -венна
чу́до-ко́нь, -я́
чу́дом, нареч.
чу́до-пе́чка, -и
чудотво́рец, -рца
чудотво́рный
чудотво́рство, -а
чу́до чу́дное
чу́до-ю́до, чу́да-ю́да
чудско́й
чудь, -и
чу́ечка, -и
чужа́к, -а́
чужа́нин, -а, мн. -а́не, -а́н
чужа́чка, -и
чужби́на, -ы
чужби́нный
чужда́ться, -а́юсь, -а́ется
чу́ждый; кр. ф. чужд, чужда́, чу́ждо, чу́жды
чужеда́льний
чужезе́мец, -мца
чужезе́мка, -и
чужезе́мный
чужезе́мщина, -ы
чужеплеме́нник, -а
чужеплеме́нный
чужеро́дный
чужестра́нец, -нца
чужестра́нка, -и
чужестра́нный
чужея́дный
чужо́й
чу́йка, -и
чуко́тский
чу́кча, -и, р. мн. -чей, м. и ж.
чукча́нка, -и
чула́н, -а
чула́нный
чула́нчик, -а
чулки́, чуло́к, ед. чуло́к, чулка́
чулки́ гольф, чуло́к гольф
чуло́чки, -чек, ед. чуло́чек, -чка
чуло́чно-носо́чный
чуло́чно-трикота́жный
чуло́чный
чум, -а
чума́, -ы́
чума́зый
чума́к, -а́
чумакова́ть, -ку́ю, -ку́ет

чума́цкий
чуме́ть, -е́ю, -е́ет
чуми́за, -ы
чуми́зный
чуми́чка, -и
чумно́й (от чума́)
чу́мный (от чум)
чумово́й
чу́ни, -ей, ед. чу́ня, -и
чупри́на, -ы
чупру́н, -а́
чур, неизм.
чура́ться, -а́юсь, -а́ется
чурба́н, -а
чурбачо́к, -чка́
чуре́к, -а
чу́рка, -и
чу́рочка, -и
чу́рочный
чур-чура́, неизм.
чурхе́ла, -ы
чу́ткий; кр. ф. чу́ток,
　чутка́, чу́тко
чу́ткость, -и
чуто́к (чуточку)
чу́точку, нареч.
чу́точный
чу́тче, сравн. ст. (от
　чу́ткий, чу́тко)
чуть, нареч.
чутьё, -я́
чутьи́стый
чуть ли не
чуть что
чуть-чу́ть
чуха́, -и́
чухна́, -ы́ (чухонцы)
чухо́нец, -нца
чухо́нка, -и
чухо́нский
чу́чело, -а
чу́чельный
чу́шка, -и
чушь, -и
чу́янный
чу́ять(ся), чу́ю, чу́ет(ся)
чхать, чха́ю, чха́ет
чхнуть, чхну, чхнёт
чьё, чьего́
чья, чьей

Ш

шабала́, -ы́
ша́баш, -а (субботний от-
　дых; также ша́баш
　ведьм)
шаба́ш, неизм. (кончено,
　довольно)
шаба́шить, -шу, -шит
шаба́шка, -и
шаба́шник, -а
шаба́шничать, -аю, -ает
ша́бер, -а (инстру-
　мент)
шабёр, шабра́ (сосед)
шабли́, нескл. с.
шабло́н, -а
шаблонизи́рованный
шаблонизи́ровать(ся),
　-рую, -рует(ся)

шабло́нный; кр. ф. -онен,
　-онна
шабо́т, -а
шабре́ние, -я
ша́бренный, прич.
ша́бреный, прил.
ша́брить(ся), -рю, -рит(ся)
шабро́ванный
шаброва́ть, -рую, -рует
шабро́вка, -и
шабро́вочный
ша́вка, -и
шаг, -а и у и (с колич.
　числит. 2, 3, 4) -а́,
　предл. в шаге и в шагу́,
　мн. -и, -о́в
шага́ть(ся), -а́ю, -а́ет(ся)
шага́ющий
шаг в шаг
шаг за ша́гом
шаги́стика, -и
шагну́ть, -ну́, -нёт
ша́говый и шаговой
ша́гом, нареч.
шагоме́р, -а
ша́гом ма́рш!
шагре́невый
шагрени́рованный
шагрени́ровать(ся), -рую,
　-рует(ся)
шагре́нь, -и
ша́ечка, -и
ша́ечный
шажко́м, нареч.
шажо́к, шажка́
ша́йба, -ы
ша́йка, -и
шайта́н, -а
шака́л, -а
шака́лий, -ья, -ье
шала́нда, -ы
шала́ш, -а́
шалбе́рник, -а
шалбе́рничать, -аю, -ает
шале́, нескл. с.
шалёванный
шалева́ть(ся), -лю́ю, -лю́-
　ет(ся)
шалёвка, -и
ша́левый
шале́ть, -е́ю, -е́ет
шали́ть, -лю́, -ли́т
шалма́н, -а
шаловли́вость, -и
шаловли́вый
шалопа́й, -я
шалопа́йничать, -аю, -ает
шалопу́т, -а
шалопу́тный
ша́лость, -и
шалта́й-болта́й, -я, неизм.
　и нескл. м.
шалу́н, -а́
шалу́нишка, -и, м.
шалу́нья, -и, р. мн. -ний
шалфе́й, -я
шалыга́н, -а
шалыга́нить, -ню, -нит
ша́лый
шаль, -и
шальвары, -а́р
шально́й
шаля́й-валя́й, неизм.
шама́н, -а

шама́нский
шама́нство, -а
шамато́н, -а
шамберье́р, -а
ша́мканье, -я
ша́мкать, -аю, -ает
шамози́т, -а
шамо́т, -а
шамо́тный
шампаниза́ция, -и
шампанизи́рованный
шампанизи́ровать(ся),
　-рую, -рует(ся)
шампа́нский
шампа́нское, -ого
шампиньо́н, -а
шампиньо́нный
шампу́нь, -я
шампу́р, -а
шанда́л, -а
ша́нежка, -и
ша́нец, ша́нца
ша́нкерный
ша́нкр, -а
шанс, -а
шансоне́тка, -и
шансонье́, нескл. м.
шанта́ж, -а́
шантажи́рованный
шантажи́ровать, -рую, -рует
шантажи́ст, -а
шантажи́стка, -и
шантажи́стский
шанта́жный
шанта́н, -а
шанта́нный
шантрапа́, -ы́, м. и ж.
ша́нцевый
ша́ньга, -и
шапиро́граф, -а
шапито́, нескл. с.
ша́пка, -и
ша́пка-невиди́мка, ша́пки-
　невиди́мки
ша́пка-уша́нка, ша́пки-
　уша́нки
шапкозакида́тельство, -а
шапокля́к, -а
ша́почка, -и
ша́почник, -а
ша́почный
шапсу́г, -а, р. мн. -ов
шапсу́гский
шапчо́нка, -и
шар, -а и (с колич. числит.
　2, 3, 4) -а́, мн. -ы́, -о́в
шараба́н, -а
шара́да, -ы
шара́п: на шара́п
шара́ханье, -я, р. мн. -ний
шара́хать(ся), -аю(сь),
　-ает(ся)
шара́хнуть(ся), -ну(сь),
　-нет(ся)
шара́шкина конто́ра
шарж, -а
шаржи́рование, -я
шаржи́рованный
шаржи́ровать, -рую, -рует
шаржиро́вка, -и
шарж́ист, -а
шар-зо́нд, ша́ра-зо́нда
шариа́т, -а
шаривари, нескл. с.

ша́рик, -а
ша́риковый
шарико- и роликоподши́пники, -ов
шарикоподши́пник, -а
шарикоподши́пниковый
ша́рить, -рю, -рит
ша́рканье, -я
ша́ркать(ся), -аю(сь),
　-ает(ся)
ша́ркнуть(ся), -ну(сь),
　-нет(ся)
шарку́н, -а́
шарлата́н, -а
шарлата́нить, -ню, -нит
шарлата́нка, -и
шарлата́нский
шарлата́нство, -а
шарла́х, -а
шарло́т, -а
шарло́тка, -и
шарм, -а
шарма́нка, -и
шарма́нщик, -а
шарни́р, -а
шарни́рно-подвижно́й
шарни́рно-ро́ликовый
шарни́рно-сочленённый
шарни́рный
шарова́нный
шарова́ры, -а́р
шарова́ть(ся), шару́ю, ша-
　ру́ет(ся)
шарови́дный
шаро́вка, -и
шарово́й (к шар)
ша́ровый (серый)
шаромы́га, -и, м. и ж.
шаромы́жник, -а
шаромы́жничать, -аю, -ает
шаромы́жничество, -а
шарообра́зный
шароско́п, -а
шаро́шечный
шаро́шка, -и
ша́рпать, -аю, -ает
шар-пило́т, ша́ра-пило́та
шартре́з, -а
шарф, -а
шарфяно́й
шасла́, -ы́
шассе́, нескл. с. (в танце)
шасси́, нескл. с.
ша́станье, -я
ша́стать, -аю, -ает
шасть, неизм.
шата́ние, -я
шата́ть(ся), -а́ю(сь),
　-а́ет(ся)
шатён, -а
шате́нка, -и
шатёр, шатра́
шати́рованный
шати́ровать(ся), -рую, -ру-
　ет(ся)
шатиро́вка, --и
ша́тия, -и
ша́ткий; кр. ф. ша́ток,
　шатка́, ша́тко
шатну́ть(ся), -ну́(сь),
　-нёт(ся)
шато́-ике́м, -а и -у
шатро́вый
шату́н, -а́

шату́нный
шату́нья, -и, р. мн. -ний
ша́фер, -а, мн. -а́, -о́в (в свадебной церемонии)
ша́ферский
шафра́н, -а
шафра́нный
шафра́новый
шах, -а
ша́хер-ма́хер, -а
ша́хер-ма́херский
шахерма́херство, -а
шахинша́х, -а
шахинша́хский
шахи́ня, -и, р. мн. -и́нь
шахмати́ст, -а
шахмати́стка, -и
ша́хматный
ша́хматы, -ат
шахова́ть, шаху́ю, шаху́ет
шахсе́й-вахсе́й, -я
ша́хский
ша́хта, -ы
ша́хтенный
шахтёр, -а
шахтёрка, -и
шахтёрский
шахтко́м, -а
ша́хтный
шахтовладе́лец, -льца
ша́хтовый
шахтоподъёмник, -а
шахтопрохо́дчик, -а
шахтострои́тель, -я
шахтоуправле́ние, -я
ша́шечка, -и
ша́шечница, -ы
ша́шечный
шаши́ст, -а
шаши́стка, -и
ша́шка, -и
шашлы́к, -а́
шашлы́чная, -ой
шашлы́чный
шашлычо́к, -чка́
ша́шни, -ей
шваб, -а
шва́бка, -и
шва́бра, -ы
шва́бский
шваль, -и
шва́льня, -и, р. мн. -лен
шва́ркать(ся), -аю(сь), -ает(ся)
шва́ркнутый
шва́ркнуть(ся), -ну(сь), -нет(ся)
шварто́в, -а
швартова́ние, -я
швартова́ть(ся), -ту́ю(сь), -ту́ет(ся)
шварто́вить(ся), -влю, -вит(ся)
шварто́вка, -и
шварто́вный
швах, неизм.
швед, -а
шве́дка, -и
шве́дский
шве́дско-норве́жский
шве́дско-сове́тский
швейно-галантере́йный
шве́йный
швейца́р, -а

швейца́рец, -рца
швейца́рка, -и
швейца́рский
швёллер, -а
швёллерный
швертбо́т, -а
швея́, -и́
шви́цкий
шво́рень, -рня и шкво́рень, -рня
швырко́вый
швырну́ть(ся), -ну́(сь), -нёт(ся)
швыро́к, -рка́
швыря́лка, -и
швыря́ние, -я
шви́рянный
швыря́ть(ся), -я́ю(сь), -я́ет(ся)
шебарши́ть(ся), -шу́(сь), -ши́т(ся)
шебутно́й
шевалье́, нескл., м.
шевеле́ние, -я
шевелённый; кр. ф. -ён, -ена́, прич.
шевелёный, прил.
шевели́ть(ся), -елю́(сь), -е́ли́т(ся)
шевельну́ть(ся), -ну́(сь), -нёт(ся)
шевелю́ра, -ы
шевингова́ние, -я
ше́винг-проце́сс, -а
шевио́т, -а
шевио́товый
шевро́т, -а
шевро́, нескл., с.
шевро́вый
шеврон, -а
шевро́нный
шед, -а
шеде́вр, -а
ше́дший
шеели́т, -а
шезло́нг, -а
ше́ища, -и
шейк, -а (танец)
ше́йка, -и
ше́йный
шейх, -а (титул)
шёлеп, -а, мн. -а́, -ов
ше́лест, -а
шелесте́ть, -ти́т
шёлк, -а и -у, предл. в шёлке и в шелку́, мн. шелка́, -о́в
шелкови́на, -ы
шелкови́нка, -и
шелкови́стый
шелкови́ца, -ы
шелкови́чный
шелко́вка, -и
шелково́д, -а
шелково́дный
шелково́дство, -а
шелково́дческий
шёлковый и (нар.-поэт.) шелко́вый
шёлкокомбина́т, -а
шёлкокрути́льный
шёлкокруче́ние, -я
шёлкомота́льный

шёлкомота́льня, -и, р. мн. -лен
шёлкомота́ние, -я
шёлкообраба́тывающий
шёлкоотде́лочный
шелкопря́д, -а
шёлкопряде́ние, -я
шёлкопряди́льный
шёлкопряди́льня, -и, р. мн. -лен
шёлкотка́цкий
шёлкотка́чество, -а
шёлк-сыре́ц, шёлка-сырца́
шелла́к, -а
шелла́ковый
шеллаконо́с, -а
шелла́чный
шеллингиа́нец, -нца
шеллингиа́нство, -а
шело́м, -а
шелохну́ть(ся), -ну́(сь), -нёт(ся)
шелуди́веть, -ею, -еет
шелуди́вый
шелуха́, -и́
шелуше́ние, -я
шелуши́льный
шелуши́ть(ся), -шу́, -ши́т(ся)
ше́льма, -ы, м. и ж.
шельме́ц, -а́
шельмова́ние, -я
шельмо́ванный
шельмова́тый
шельмова́ть(ся), -му́ю, -му́ет(ся)
шельмовско́й
шельмовство́, -а́
шельтерде́к, -а
шельф, -а
ше́льфовый
шелю́га, -и
шема́й, -я́
шемизе́тка, -и
шема́кин суд
шенапа́н, -а
ше́нкель, -я, мн. -я́, -е́й
шепеля́тый
шепеля́вить, -влю, -вит
шепеля́вость, -и
шепеля́вый
шепну́ть, -ну́, -нёт
шёпот, -а
шепотко́м, нареч.
шёпотный
шепото́к, -тка́
шёпотом, нареч.
шептала́, -ы́
шепта́ть(ся), шепчу́(сь), ше́пчет(ся)
шепту́н, -а́
шепту́нья, -и, р. мн. -ний
ше́пчущий(ся)
шербе́т, -а
шере́нга, -и
шере́ножный
шереспёр, -а
шери́ф, -а
шерохова́тость, -и
шерохова́тый
ше́рпы, -ов, ед. шерп, -а
ше́рри, нескл., м. и с.
ше́рри-бре́нди, нескл., м. и с.

шерстезаготови́тельный
шерстезаготовки, -вок
шерстембе́чный
шерстеобраба́тывающий
шерсти́нка, -и
шерсти́стый
шерсти́ть, -и́т
шёрстка, -и
шёрстность, -и
шёрстный
шерстоби́т, -а
шерстоби́тный
шерстоби́тня, -и, р. мн. -тен
шерстобо́й, -я
шерстобо́йный
шерстобо́йня, -и, р. мн. -бен
шерстокры́л, -а
шерстомо́йка, -и
шерстомо́йный
шерстомо́йня, -и, р. мн. -бен
шерстоно́сный
шерстопряде́ние, -я
шерстопряди́льный
шерстопряди́льня -и, р. мн. -лен
шерстотка́цкий
шерсточеса́льный
шерсть, -и мн. -и, -е́й
шерстя́нка, -и
шерстяно́й
шерфова́льный
шерфова́ние, -я
шерхе́бель, -я
шерша́веть, -еет (становиться шершавым)
шерша́вить, -влю, -вит (что)
шерша́вый
шёршень, -шня
шест, -а
ше́ствие, -я
ше́ствовать, -твую, -твует
шестерёнка, -и
шестерённый
шестерёночный
шестерёнчатый
шестери́к, -а́
шестери́чный
шестёрка, -и
шестерно́й
шестерня́, -и́, р. мн. -рён (колесо) и -не́й (шестёрка)
шёстеро, -ы́х
шестёрочный
шестиба́лльный (6-ба́лльный)
шестибо́рье, -я
шестивесе́льный и шестивёсельный
шестигла́вый
шестигра́нник, -а
шестигра́нный
шестидесятиле́тие (60-ле́тие), -я
шестидесятиле́тний (60-ле́тний)
шестидесятирублёвый (60-рублёвый)
шестидеся́тник, -а

шестидеся́тый
шестидне́вный (6-дне́вный)
шестидюймо́вка, -и
шестидюймо́вый (6-дюймо́вый)
шестизаря́дный
шестизна́чный
ше́стик, -а
шестикилометро́вый (6-километро́вый)
шестикла́ссник, -а
шестикла́ссница, -ы
шестикла́ссный
шестиколо́нный
шестикра́тный
шестикры́лый
шестиле́тие (6-ле́тие), -я
шестиле́тний (6-ле́тний)
шестилине́йный
шестилучево́й
шестиме́стный
шестиме́сячный (6-ме́сячный)
шестиметро́вый (6-метро́вый)
шестимото́рный
шестинеде́льный (6-неде́льный)
шестипа́лый
шестипо́лье, -я
шестипо́льный
шестипудо́вый (6-пудо́вый)
шестирублёвый (6-рублёвый)
шестисотле́тие (600-ле́тие), -я
шестисотле́тний (600-ле́тний)
шестисо́тый
шестиство́льный
шестисто́пный
шестито́мник, -а
шестито́мный (6-то́мный)
шеститы́сячный
шестиуго́льник, -а
шестиуго́льный
шестичасово́й (6-часово́й)
шестиэта́жный (6-эта́жный)
шестия́русный
шестнадцатери́чный
шестнадцатикилогра́ммовый (16-килогра́ммовый)
шестнадцатиле́тний (16-ле́тний)
шестна́дцатый
шестна́дцать, -и, тв. -ью
шестови́к, -а́
шестово́й
шесто́й
шесто́к, -тка́
шестопёр, -а
шестопса́лмие, -я
шесть, -и, тв. -ью
шестьдеся́т, шести́десяти, тв. шестью́десятью
шестьсо́т, шестисо́т, шестиста́м, шестью́ста́ми, о шестиста́х
ше́стью (при умножении)
шеф, -а

шеф-пило́т, -а
шеф-по́вар, -а, мн. -а́, -ов
ше́фский
ше́фство, -а
ше́фствовать, -твую, -твует
ше́я, ше́и
шибану́ть, -ну́, -нёт
шиба́ть, -а́ю, -а́ет
ши́бер, -а, мн. -ы, -ов и -а́, -о́в
ши́бкий; кр. ф. ши́бок, шибка́, ши́бко
ши́бче, сравн. ст. (от ши́бкий, ши́бко)
ши́ворот, -а
ши́ворот-навы́ворот
ши́зик, -а
шизогони́я, -и
шизо́ид, -а
шизофре́ник, -а
шизофрени́ческий
шизофрени́чка, -и
шизофрени́я, -и
ши́зм, -а
ши́ит, -а
ши́итский
шик, -а и -у
ши́канье, -я
шика́рный
ши́кать, -аю, -ает
шик-моде́рн, неизм.
ши́кнуть, -ну, -нет (к ши́кать)
шикну́ть, -ну́, -нёт (к шикова́ть)
шикова́ть, шику́ю, шику́ет
ши́ллинг, -а
ши́ло, -а, мн. ши́лья, -ьев
шилови́дный
шилоклю́вка, -и
шилохво́стка, -и и шилохво́сть, -и
ши́льник, -а
ши́льничать, -аю, -ает
ши́льный
ши́льце, -а, р. мн. -лец
ши́мми, нескл., м.
шимо́за, -ы
шимпанзе́, нескл., м. и ж.
ши́на, -ы
шинга́рд, -а
шинёлишка, -и
шине́ль, -и
шине́лька, -и
шине́льный
шинка́рить, -рю, -рит
шинка́рка, -и
шинка́рский
шинка́рство, -а
шинка́рь, -я́
шинкова́льный
шинкова́ние, -я
шинко́ванный
шинкова́ть(ся), -ку́ю, -ку́ет(ся)
шинко́вка, -и
ши́нник, -а
ши́нный
шино́к, шинка́
шиноремо́нтный
шинши́лла, -ы
шинши́лловый
шиньо́н, -а
шип 1, -а (к шипе́ть)

шип 2, -а́ (выступ; рыба)
шипде́рево, -а
шипе́ние, -я
шипе́ть, шиплю́, шипи́т
шипо́вки, -вок, ед. шипо́вка, -и
шипо́вник, -а
шипово́й
шипоре́з, -а
шипоре́зный
шипохво́ст, -а
шипу́н, -а́
шипу́чий
шипу́чка, -и
шипя́щий
ши́ре, сравн. ст. (от широ́кий, широко́)
ширина́, -ы́
ши́ринка, -и
ши́рить(ся), -рю, -рит(ся)
ши́рма, -ы
широ́кий; кр. ф. -о́к, -ока́, -о́ко
широкобёдрый
широкобо́ртный
широкове́твистый
широковеща́ние, -я
широковеща́тельный
широкогру́дый
широкодосту́пный
широкоза́дый
широкозахва́тный
широко́ изве́стный
ширококоле́йка, -и
ширококоле́йный
ширококры́лый
широколанцетови́дный
широколи́ственный
широколи́стный и широколи́стый
широколи́цый
широколо́бый
широкомасшта́бный
широконо́ска, -и
широконо́сый
широ́конький, кр. ф. -о́нек, -о́нька
широко́ образо́ванный
широкоплёночный
широкопле́чий
широкополо́сный
широкопо́лый
широкопредстави́тельный
широко́ предста́вленный
широко́ распространённый
широкоро́тый
широкоря́дный
широкоску́лый
широкоупотреби́тельный
широкоформа́тный
широкохво́стка, -и
широкоэкра́нный
широта́, -ы́, мн. широ́ты, -о́т
широ́тный
широча́йший
широчённый
ширпотре́б, -а
ширь, -и
ширя́ть, -я́ю, -я́ет
шистосомато́з, -а
ши́то-кры́то
ши́тый
шить, шью, шьёт

шитьё, -я́
ши́ться, шьётся
ши́фер, -а
ши́ферный
шифо́н, -а
шифо́новый
шифонье́р, -а
шифонье́рка, -и
шифр, -а
шифра́тор, -а
шифрова́льщик, -а
шифрова́ние, -я
шифро́ванный
шифрова́ть(ся), -ру́ю, -ру́ет(ся)
шифро́вка, -и
шиха́н, -а
ши́хта, -ы
шихтова́льный
шихто́ванный
шихтова́ть, -ту́ю, -ту́ет
шихто́вка, -и
ши́хтовый и шихто́вой
шиш, -а́
шиша́к, -а́
ши́шечка, -и
ши́шига, -и
ши́шка, -и
шишка́рь, -я́
шишкова́тый
шишкови́дный
шишконо́сный
шкала́, -ы́, мн. шка́лы, шкал
шка́лик, -а
шка́льный
шка́нечный
шка́нцы, -ев
шкату́лка, -и
шкату́лочка, -и
шкату́лочный
шкаф, -а, предл. о шка́фе, в (на) шкафу́, мн. -ы́, -ов
шка́фик, -а
шкафно́й и шка́фный
шкафу́т, -а
шка́фчик, -а
шквал, -а
шква́листый
шква́льный
шква́ра, -ы
шква́рка, -и
шкво́рень, -рня и швво́рень, -рня
шке́нтель, -я, мн. -и, -ей и -я́, -ей
шкерт, -а
шкет, -а
шкив, -а и -а́, мн. -ы́, -ов
шки́пер, -а, мн. -ы, -ов и -а́, -о́в
шки́перский
шко́да, -ы
шко́дить, -ит
шкодли́вый
шко́ла, -ы
шко́ла-интерна́т, шко́лы-интерна́та
шко́лить, -лю, -лит
школове́дение, -я
шко́льник, -а
шко́льница, -ы
шко́льнический
шко́льно-пи́сьменный

шко́льный
школя́р, -а́
школя́рский
школя́рство, -а
шкот, -а
шко́товый
шку́ра, -ы
шку́рить(ся), -рю, -рит(ся)
шку́рка, -и
шку́рник, -а
шку́рничать, -аю, -ает
шку́рнический
шку́рничество, -а
шку́рный
шкуродёр, -а
шлаг, -а (мор.)
шлагба́ум, -а
шлак, -а (тех.)
шлакобето́н, -а
шлакобето́нный
шлакобло́к, -а
шлакобло́чный
шлакова́та, -ы
шлакова́ть(ся), -ку́ю, -ку́-
　ет(ся)
шла́ковый
шлакодроби́лка, -и
шлакообразова́ние, -я
шлакопе́мза, -ы
шлакопортландцеме́нт, -а
шлакосита́лл, -а
шлакоудале́ние, -я
шлам, -а
шланг, -а
шла́нговый
шла́фор, -а и шлафро́к, -а
шлёвка, -и
шлёечный
шле́йка, -и
шле́йный
шлейф, -а
шлем, -а
шле́мник, -а
шлемообра́зный
шлемофо́н, -а
шлемофо́нный
шлёндать, -аю, -ает
шлёп, неизм.
шлёпанцы, -ев, ед. -нец,
　-нца
шлёпанье, -я
шлёпать(ся), -аю(сь),
　-ает(ся)
шлёпка, -и
шлёпнутый
шлёпнуть(ся), -ну(сь),
　-нет(ся)
шлепо́к, -пка́
шле́ппер, -а
плей, -й
шлиф, -а
шлифова́льно-полиро-
　ва́льный
шлифова́льно-прити́роч-
　ный
шлифова́льный
шлифова́ние, -я
шлифо́ванный
шлифова́ть(ся), -фу́ю, -фу́-
　ет(ся)
шлифо́вка, -и
шлифо́вщик, -а
шлифо́вщица, -ы
шлих, -а

шлиховой
шли́хта, -ы
шли́хтик, -а
шлихтова́льный
шлихтова́ние, -я
шлихто́ванный
шлихтова́ть(ся), -ту́ю, -ту́-
　ет(ся)
шлихто́вка, -и
шлихту́бель, -я
шлиц, -а и -а́, мн. -ы, -ев и
　-ы́, -ов (тех.)
шли́ца, -ы (в одежде)
шли́цевый
шлицефре́зерный
шлык, -а́
шлычо́к, -чка́
шлюз, -а
шлю́зный
шлюзова́ние, -я
шлюзо́ванный
шлюзова́ть(ся), -зу́ю, -зу́-
　ет(ся)
шлюзово́й
шлюп, -а
шлю́пбалка, -и
шлю́пба́лочный
шлю́пка, -и
шлю́почный
шля́гер, -а
шля́мбур, -а
шля́па, -ы
шля́пка, -и
шля́пный
шля́почный
шляпчо́нка, -и
шля́ться, шля́юсь, шля́ется
шлях, -а, предл. о шля́хе,
　на шляху́ и на шля́хе,
　мн. -и, -ов и -и́, -о́в
шляхе́тский
шляхе́тство, -а
шля́хта, -ы
шля́хтич, -а
шмальти́н, -а
шмато́к, -тка́
шмели́ный
шмель, -я́
шмо́тки, -ток, -ткам
шмуцро́ль, -я
шмуцти́тул, -а
шмы́гать, -аю, -ает
шмыгну́ть, -ну́, -нёт
шмя́кать(ся), -аю(сь),
　-ает(ся)
шмя́кнутый
шмя́кнуть(ся), -ну(сь),
　-нет(ся)
шнапс, -а
шнек, -а (транспортёр)
шне́ка, -и (судно)
шнёковый
шнёллер, -а
шнитт, -а
шнитт-лу́к, -а
шни́цель, -я, мн. -и, -ей и
　-я́, -ей
шнур, -а
шнурова́льный
шнурова́ние, -я
шнуро́ванный
шнурова́ть(ся), -ру́ю(сь),
　-ру́ет(ся)
шнуро́вка, -и

шнурово́й
шнуро́к, -рка́
шны́рить, -рю, -рит
шнырну́ть, -ну́, -нёт
шныря́ние, -я
шныря́ть, -я́ю, -я́ет
шов, шва
шовини́зм, -а
шовини́ст, -а
шовинисти́ческий
шовини́стка, -и
шо́вно-стыково́й
шо́вный
шок, -а
шоки́рованный
шоки́ровать(ся), -рую(сь),
　-рует(ся)
шо́ковый
шокола́д, -а
шокола́дка, -и
шокола́дница, -ы
шокола́дный
шо́мпол, -а, мн. -а́, -о́в
шо́мпольный
шо́рец, -рца
шо́рка, -и
шо́рканье, -я
шо́ркать, -аю, -ает
шо́рник, -а
шо́рно-седе́льный
шо́рный
шо́рня, -и, р. мн. -рен
шо́рох, -а, мн. -и, -ов
шо́рский
шо́рты, шорт и шо́ртов
шо́ры, шор, ед. шо́ра, -ы
шоссе́, нескл. с.
шоссе́йный
шосси́рованный
шосси́ровать(ся), -рую,
　-рует(ся)
шотла́ндец, -дца
шотла́ндка, -и
шотла́ндский
шо́у, нескл. с.
шофёр, -а, мн. -ы, -ов
шофери́ть, -рю, -ри́т
шофе́рня, -и
шофёрский
шофёрство, -а
шпа́га, -и
шпага́т, -а
шпагоглота́тель, -я
шпажи́ст, -а
шпа́жка, -и
шпа́жник, -а
шпа́жный
шпажо́нка, -и
шпак, -а
шпаклева́ние, -я
шпаклёванный
шпаклева́ть(ся), -лю́ю,
　-лю́ет(ся)
шпаклёвка, -и
шпаклёвочный
шпа́ла, -ы
шпале́ра, -ы
шпале́рный
шпалоподби́вочный
шпалоподбо́йка, -и
шпалопропи́тка, -и
шпалопропи́точный
шпалоре́зка, -и
шпалоре́зный

шпалосверли́лка, -и
шпалосверли́льный
шпана́, -ы́
шпангоу́т, -а
шпа́ндырь, -я
шпа́нка, -и
шпа́нский
шпарга́лка, -и
шпа́ренный
шпа́рить(ся), -рю(сь),
　-рит(ся)
шпат, -а
шпа́тель, -я, мн. -и, -ей
шпатлева́ние, -я
шпатлева́ть(ся), -лю́ю, -лю́-
　ет(ся)
шпатлёвка, -и
шпа́товый
шпа́хтель, -я
шпа́ция, -и
шпенёк, -нька́
шпига́т, -а
шпиго́ванный
шпигова́ть(ся), -гу́ю, -гу́-
　ет(ся)
шпиго́вка, -и
шпик 1, -а (сало)
шпик 2, -а́ (сыщик)
шпилево́й
шпи́лечка, -и
шпи́лечный
шпиль, -я
шпи́лька, -и
шпи́льман, -а
шпина́т, -а
шпина́тный
шпингале́т, -а
шпи́ндель, -я, мн. -и, -ей
шпине́ль, -и
шпио́н, -а
шпиона́ж, -а
шпио́нить, -ню, -нит
шпио́нка, -и
шпиономи́ния, -и
шпио́нский
шпио́нско-диверсио́нный
шпио́нство, -а
шпиц, -а
шпицру́тен, -а
шплинт, -а и -а́
шплинтова́ть(ся), -ту́ю, -ту́-
　ет(ся)
шплинто́вка, -и
шплинтово́й
шпон, -а и шпо́на, -ы
шпо́нка, -и
шпо́ночно-долбёжный
шпо́ночно-фре́зерный
шпо́ночный
шпор, -а (мор.)
шпо́ра, -ы
шпо́рец, -рца
шпо́рить, -рю, -рит
шпо́рник, -а
шпо́рца, -ы
шпо́рцевый
шпрехшталме́йстер, -а
шпринто́в, -а
шприц, -а и -а́, мн. -ы, -ев
　и -ы́, -о́в
шприц-бето́н, -а
шприцева́ние, -я
шприцева́ть(ся), -цу́ю, -цу́-
　ет(ся)

шпри́цевый
шприц-маши́на, -ы
шприцо́ванный
шприцо́вка, -и
шпро́тина, -ы
шпро́тный
шпро́ты, -от и -ов, ед.
  шпро́та, -ы и шпрот, -а
шпу́лечный
шпу́лька, -и
шпу́льный
шпу́ля, -и
шпунт, -а́
шпунти́на, -ы
шпунтова́льный
шпунто́ванный
шпунтова́ть(ся), -ту́ю, -ту́-
  ет(ся)
шпунтово́й
шпунту́бель, -я
шпур, -а и -а́, мн. -ы, -ов и
  -ы́, -о́в
шпурово́й
шпыня́ть, -я́ю, -я́ет
шрам, -а
шрапне́ль, -и
шрапне́льный
шредерова́ть(ся), -ру́ю,
  -ру́ет(ся)
шрифт, -а, мн. -ы́, -о́в и -ы,
  -ов
шрифт-ка́сса, -ы
шрифтово́й
шрифтолите́йный
шрифтоноси́тель, -я
шрот, -а
штаб, -а, мн. -ы́, -о́в и -ы,
  -ов
штабелева́ние, -я
штабелева́ть(ся), -лю́ю,
  -лю́ет(ся)
штабелёвка, -и
штабелеукла́дчик, -а
штабели́рование, -я
штабели́рованный
штабели́ровать(ся), -рую,
  -рует(ся)
штабелиро́вка, -и
шта́бель, -я, мн. -я́, -ей и
  -и, -ей
штаби́ст, -а
штаб-кварти́ра, -ы
штаб-ле́карь, -я, мн. -и, -ей
штабни́к, -а́
штабно́й
штаб-офице́р, -а
штаб-офице́рский
штаб-ро́тмистр, -а
штаб-ро́тмистрский
штабс-капита́н, -а
штабс-капита́нский
штаг, -а
штади́в, -а
штаке́тник, -а
шталме́йстер, -а
шталме́йстерский
штамб, -а (ствол дерева)
шта́мбовый
штамм, -а
штамп, -а (печать)
штампова́льный
штампо́ванный
штампова́ть(ся), -пу́ю, -пу́-
  ет(ся)

штампо́вка, -и
штампо́вочный
штампо́вщик, -а
штампо́вщица, -ы
шта́нга, -и
штангенглубиноме́р, -а
штангензубоме́р, -а
штангенре́йсмас, -а
штангенци́ркуль, -я
штанги́ст, -а
шта́нговый
штандарт, -а
штандартенфю́рер, -а
штанда́ртный
штани́на, -ы
штани́шки, -шек
штанно́й
штаны́, -о́в
штапели́рующий
шта́пель, -я
шта́пельный
штат, -а
штатга́льтер, -а
штати́в, -а
шта́тно-фина́нсовый
шта́тный
шта́тский
штафи́рка, -и, ж. (подклад-
  ка) и м. (о человеке)
ште́вень, -вня
ште́йгер, -а
ште́йгерский
штейн, -а
ште́кер, -а
штемпелева́льный
штемпелева́ние, -я
штемпелёванный
штемпелева́ть(ся), -лю́ю,
  -лю́ет(ся)
ште́мпель, -я, мн. -я, -ей и
  -и, -ей
ште́мпельно-гравёрный
ште́мпельный
ште́псель, -я, мн. -я, -ей и
  -и, -ей
ште́псельный
штибле́ты, -ет, ед. -ета, -ы
штиле́вать, -лю́ю, -лю́ет
штилево́й
штиль, -я
шти́рборт, -а
штифт, -а́, предл. о штиф-
  те́, на штифту́, мн. -ы́,-о́в
шти́фтик, -а
штифтово́й
штих, -а
шти́хель, -я, мн. -и, -ей
шти́хмас, -а
шток, -а
што́кверк, -а
што́ковый
штокро́за, -ы
што́льня, -и, р. мн. -лен
што́пальный
што́панный, прич.
што́паный, прил.
што́пано-перешто́пано
што́паный-перешто́паный
што́панье, -я
што́пать(ся), -аю, -ает(ся)
што́пка, -и
што́пор, -а
што́порить, -рю, -рит
што́порный

штопорообра́зный
што́ра, -ы
што́рка, -и
шторм, -а, мн. -ы, -ов и
  -а́, -о́в
шторми́ть, -и́т
штормова́ть, -му́ю, -му́ет
штормо́вка, -и
штормово́й
штормтра́п, -а
што́рный
штос, -а
штоф, -а
што́фный
штраба́, -ы́
штраф, -а
штрафба́т, -а
штрафни́к, -а́
штрафно́й
штрафо́ванный
штрафова́ть(ся), -фу́ю,
  -фу́ет(ся)
штрейкбре́хер, -а
штрейкбре́херский
штрейкбре́херство, -а
штре́йфлинг, -а
штрек, -а
штре́ковый
штри́пка, -и
штри́пфель, -я
штрих, -а́
штрихо́ванный
штрихова́ть(ся), штрихую,
  штрихует(ся)
штрихо́вка, -и
штрихово́й
штрихпункти́р, -а
штрихпункти́рный
штуди́рованный
штуди́ровать(ся), -рую,
  -рует(ся)
шту́ка, -и
штука́рить, -рю, -рит
штука́рский
штука́рство, -а
штука́рь, -я́
штукату́р, -а
штукату́ренный
штукату́рить(ся), -рю(сь),
  -рит(ся)
штукату́рка, -и
штукату́рный
штуке́нция, -и
штукова́нный
штукова́ть(ся), -ку́ю, -ку́-
  ет(ся)
штуко́вины, -ы
штуко́вка, -и
шту́нда, -ы
штунди́зм, -а
штунди́ст, -а
штунди́стка, -и
штунди́стский
штурва́л, -а
штурва́льный
штурм, -а
шту́рман, -а, мн. -ы, -ов
  и -а́, -о́в
шту́рманский
шту́рманство, -а
штурмбаннфю́рер, -а
штурмо́ванный
штурмова́ть(ся), -му́ю, -му́-
  ет(ся)

штурмови́к, -а́
штурмо́вка, -и
штурмово́й
штурмовщи́на, -ы
штуртро́с, -а
штуф, -а
шту́цер, -а, мн. -ы, -ов и -а́,
  -о́в
шту́церный
шту́чка, -и
шту́чный
штыб, -а
штык, -а́
штык-бо́лт, -а
штыкова́ние, -я
штыко́ванный
штыкова́ть(ся), -ку́ю, -ку́-
  ет(ся)
штыко́вка, -и
штыково́й
штык-ю́нкер, -а, мн. -а́, -о́в
штыревой
штырь, -я́
шуа́ны, -ов, ед. шуа́н, -а
шу́ба, -ы
шубе́йка, -и
шубёнка, -и
шу́бка, -и
шу́бный
шуга́, -и́
шуга́й, -я
шугану́ть, -ну́, -нёт
шуга́ть, -а́ю, -а́ет
шугну́ть, -ну́, -нёт
шугосбро́с, -а
шу́йца, -ы
шу́лер, -а, мн. -ы, -ов и -а́,
  -о́в
шу́лерский
шу́лерство, -а
шум, -а и -у, мн. -ы, -ов
  и -ы́, -о́в
шуме́рский
шуме́ры, -ов, ед. шуме́р, -а
шуме́ть, шумлю́, шуми́т
шуми́ха, -и
шуми́вый
шу́мный; кр. ф. шу́мен,
  шумна́, шу́мно, шу́мны
шумови́к, -а́
шумо́вка, -и
шумово́й
шумоглуше́ние, -я
шумозащи́тный
шумоизмери́тельный
шумо́к, шумка́
шумоме́р, -а
шумопеленга́тор, -а
шумопоглоща́ющий
шум-фа́ктор, -а
шунги́т, -а
шу́рин, -а, мн. -ы, -ов и
  шурья́, -ьёв
шурбва́нный
шурова́ть(ся), шуру́ю,
  шуру́ет(ся)
шуро́вка, -и
шурпа́, -ы́
шуру́м-буру́м, -а
шуру́п, -а
шуру́пный
шуру́пчик, -а
шурф, -а́
шурфова́ние, -я

Column 1 (ШУР):

шурфова́ть(ся), -фу́ю, -фу́-
ет(ся)
шурша́ние, -я
шурша́ть, -шу́, -ши́т
шу́ры-му́ры, *других форм
нет*
шуст, -а
шустова́ть(ся), -ту́ю, -ту́-
ет(ся)
шустро́вка, -и
шу́стрость, -и
шу́стрый; *кр. ф.* шустёр и
шустр, шустра́, шустро́,
шу́стры
шут, -а́
шути́ть(ся), шучу́, шу́-
тит(ся)
шути́ха, -и
шу́тка, -и
шу́тка шу́ткой
шу́тки шу́тками
шутли́вость, -и
шутли́вый
шутни́к, -а́
шутни́ца, -ы
шутовско́й
шутовство́, -а́
шу́точка, -и
шу́точный
шутя́
шу́цман, -а
шу́чивать, *наст. вр. не
употр.*
шу́шваль, -и
шу́шера, -ы
шушу́канье, -я
шушу́кать(ся), -аю(сь),
-ает(ся)
шушу́н, -а́
шу-шу-шу́, *неизм.*
шхе́ры, шхер
шху́на, -ы
шэн, -а
шюцко́р, -а
шюцко́ровец, -вца
шюцко́ровский

Щ

щавелевоки́слый
щаве́левый
щаве́ль, -я́
щаве́льный
щади́ть(ся), щажу́, ща-
ди́т(ся)
щажённый; *кр. ф.* -ён, -ена́
щаной (*от* щи)
щебени́ть(ся), -ню́,
-ни́т(ся)
щебёнка, -и
щебёночный
щебёнчатый
ще́бень, ще́бня
ще́бет, -а
щебета́ние, -я
щебета́ть, щебечу́, щебе́-
чет
щебету́нья, -и, *р. мн.*
-ний
щебе́чущий
щебнево́й

Column 2 (ЩЕП):

щеглёнок, -нка, *мн.* -ля́та,
-ля́т
щегло́вка, -и
щегля́чий, -ья, -ье
щегбл, щегла́
щеголева́тый
щеголи́ха, -и
щёголь, -я
щегольну́ть, -ну́, -нёт
щего́льско́й
щего́льство, -а́
щеголя́ть, -я́ю, -я́ет
ще́дрость, -и
щедро́ты, -о́т
ще́дрый; *кр. ф.* щедр,
щедра́, ще́дро, ще́дры
щека́, -и́, *вин.* щёку и ще-
ку́, *мн.* щёки, щёк, ще-
ка́м
щека́стый
щеко́лда, -ы
щёкот, -а
щекота́ние, -я
щекота́ть(ся), -очу́,
-о́чет(ся)
щеко́тка, -и
щекотли́вый
щеко́тно
щеко́чущий
щелева́тый
щелево́й
щелеобра́зный
щелинный
щели́стый
щёлк, *неизм.*
щёлка, -и
щелкану́ть, -ну́, -нёт
щёлканье, -я
щёлкать(ся), -аю(сь),
-ает(ся)
щёлкнуть(ся), -ну(сь),
-нет(ся)
щелкопёр, -а
щелку́н, -а́
щелку́нчик, -а
щёлок, -а и -у
щелоче́ние, -я
щёлочесто́йкий
щёлочеупо́рный
щёлочеусто́йчивый
щелочи́ть(ся), -чу́, -чи́т(ся)
щёлочка, -и
щёлочно-земе́льный
щелочно́й
щёлочно-кисло́тный
щёлочность, -и
щёлочь, -и, *мн.* -и, -ей
щелчо́к, -чка́
щель, -и, *мн.* -и, -ей
щеля́сто́й
щеми́ть, -и́т
щени́ться, -и́тся
щённая; *кр. ф.* щённа
щено́к, щенка́, *мн.* щенки́, -о́в и щеня́та, -я́т
щеня́чий, -ья, -ье
щепа́, -ы́, *мн.* щёпы, щеп,
щепа́м
щепа́льный (*к* щепа́ть)
щёпанный, *прич.*
щёпаный, *прил.*
щепа́ть(ся), щеплю́, щёп-
лет(ся) и -а́ю, -а́ет(ся)
(откалывать лучину)

Column 3 (ЩУК):

щепа́ющий(ся) (*от* ще-
па́ть)
щепети́льный
ще́пка, -и
щёпляющий(ся)
щепно́й
щеповоз, -а
щепо́тка, -и
щепо́ть, -и и щёпоть, -и
щепо́чка, -и
щепяно́й
щерба́тый
щерби́на, -ы
щерби́нка, -и
щерби́ть(ся), -блю́, -би́т(ся)
ще́рить(ся), ще́рю(сь),
ще́рит(ся)
щети́на, -ы
щети́нистый
щети́нить(ся), -ню,
-нит(ся)
щети́нка, -и
щетинкочелюстны́е, -ых
щети́нник, -а
щети́нно-щёточный
щети́нный
щетинови́дный
щетинозу́б, -а
щетиноли́стный
щетинообра́зный
щетинохво́стые, -ых
щётка, -и
щёткодержа́тель, -я
щёточка, -и
щёточный
щёчка, -и
щёчный
щи, щей
щи́колотка, -и
щипа́льный (*к* щипа́ть)
щипа́ние, -я
щи́панный, *прич.*
щи́паный, *прил.*
щипа́ть(ся), -иплю́(сь),
-и́плет(ся), -и́плют(ся) и
-и́пет(ся), -и́пят(ся);
также -а́ю(сь), -а́ет(ся)
(защемлять; рвать)
щипа́ющий (*от* щипа́ть)
щипе́ц, щипца́
щи́пка, -и
щипко́вый
щи́плющий
щипну́ть, -ну́, -нёт
щипо́вка, -и
щипо́к, щипка́
щипцо́вый
щипцы́, -о́в
щи́пчики, -ов
щири́ца, -ы
щит, -а́
щи́тень, щи́тня
щитко́вый
щитови́дный
щито́вка, -и
щито́вник, -а
щитово́й
щито́к, щитка́
щитомо́рдник, -а
щитоно́ска, -и
щитообра́зный
щитоформиру́ющий
щитохво́стый
щу́ка, -и

Column 4 (ЭВО):

щукообра́зные, -ых
щуня́ть, -я́ю, -я́ет
щуп, -а
щу́пальце, -а, *мн.* -льца,
-лец и -ев
щу́пальцевые, -ых
щу́панный, *прич.*
щу́паный, *прил.*
щу́панье, -я
щу́пать, -аю, -ает
щу́пик, -а
щу́плый; *кр. ф.* щупл,
щупла́, щу́пло
щур 1, -а (предок)
щур 2, -а́ (птица)
щурёнок, -нка, *мн.* щуря́-
та, щуря́т
щу́рить(ся), щу́рю(сь),
щу́рит(ся)
щу́рка, -и
щу́чий, -ья, -ье
щу́чина, -ы
щу́чка, -и

Э

эбе́новый
эберти́ст, -а
эбони́товый
эбони́т, -а
эбулиоско́п, -а
эбулиоскопи́я, -и
э́ва, *неизм.*
эвакогоспиталь, -я
эвакоприёмник, -а
эвакопу́нкт, -а
эвакуа́тор, -а
эвакуацио́нный
эваку́ация, -и
эвакуи́рованный
эвакуи́ровать(ся),
-ру́ю(сь), -рует(ся)
эвальва́ция, -и
эвапора́тор, -а
эвапора́ция, -и
эвапорогра́фия, -и
эвапоро́метр, -а
эвгено́л, -а
эвгле́на, -ы
эвдемони́зм, -а
эвдемонисти́ческий
эвдиали́т, -а
эвдио́метр, -а
эве́н, -а, *р. мн.* -ов
эвэ́нк, -а, *р. мн.* -ов
эвэ́нка, -и (*к* эвэ́н)
эвенки́йка, -и (*к* эвэ́нк)
эвенки́йский (*от* эвэ́нк)
эвэ́нский (*от* эвэ́н)
эвентуа́льный
эвкали́пт, -а
эвкали́птовый
эвкла́з, -а
эвко́ммия, -и
эвольве́нта, -ы
эвольве́нтный
эволю́та, -ы
эволюциони́зм, -а
эволюциони́ровать, -рую,
-рует
эволюциони́ст, -а

эволюциони́стский
эволюцио́нный
эволю́ция, -и
зво́н, зво́на, зво́но, неизм.
зво́сь, зво́ся, неизм.
зво́т, частица
эвпатри́д, -а
эвригали́нный
зври́ка, неизм.
эври́стика, -и
эвристи́ческий
эвритми́я, -и
эвстати́ческий
эвте́ктика, -и
эвтекти́ческий
эвфеми́зм, -а
эвфемисти́ческий
эвфони́ческий
эвфони́я, -и
эвфуи́зм, -а
эвфуисти́ческий
эгалитари́зм, -а
эгалитари́ст, -а
эгалита́рный
эге́, неизм.
э-ге-ге́, неизм.
эги́да, -ы
эгои́зм, -а
эгои́ст, -а
эгоисти́ческий
эгоисти́чный
эго́йстка, -и
эготи́зм, -а
эгофутури́зм, -а
эгоцентри́зм, -а
эгоцентри́ст, -а
эгоцентри́ческий
эгре́т, -а и эгре́тка,
  -и
зда́к
зда́кий
эдельве́йс, -а
эде́м, -а
эди́кт, -а
эди́кула, -ы
эди́л, -а
эдифика́тор, -а
эдицио́нный
эди́ция, -и
эже́ктор, -а
эжекцио́нный
эже́кция, -и
ззо́повский
ззотери́ческий
ззофаги́т, -а
ззофагоско́п, -а
ззофагоскопи́я, -и
ззофаготоми́я, -и
эй, неизм.
эйдети́зм, -а
эйдети́ческий
эйнште́йний, -я
эйфори́я, -и
эк, зка, неизм.
экарте́, нескл., с.
эквадо́рец, -рца
эквадо́рка, -и
эквадо́рский
эква́тор, -а
экваториа́л, -а
экваториа́льный
эквивале́нт, -а
эквивале́нтный
эквивока́ция, -и

эквилибри́ровать, -рую,
  -рует
эквилибри́ст, -а
эквилибри́стика, -и
эквилибристи́ческий
эквилибри́стка, -и
эквилинеа́рный
эквимолекуля́рный
эквипотенциа́льный
зке́р, -а
экзальтацио́нный
экзальта́ция, -и
экзальти́рованный; кр. ф.
  -ан, -анна
экза́мен, -а
экзамена́тор, -а
экзамена́торский
экзаменацио́нный
экзамено́ванный
экзаменова́ть(ся),
  -ну́ю(сь), -ну́ет(ся)
экзанте́ма, -ы
экзара́ция, -и
экза́рх, -а
экзарха́т, -а
экзеге́за, -ы
экзеге́т, -а
экзеге́тика, -и
экзегети́ческий
экзекву́ра, -ы
экзеку́тор, -а
экзеку́ция, -и
экзе́ма, -ы
экземато́зный
экземпля́р, -а
экзерси́с, -а
экзерци́ргауз, -а
экзерци́ция, -и
экзистенциали́зм, -а
экзистенциали́ст, -а
экзистенциа́льный
экзобиоло́гия, -и
экзога́мия, -и
экзога́мный
экзоге́нный
экзоде́рма, -ы
экзокри́нный
экзо́космос, -а
экзосто́з, -а
экзосфе́ра, -ы
экзо́т, -а
экзотери́ческий
экзотерми́ческий
экзоте́ций, -я
экзо́тика, -и
экзоти́ческий
экзоти́чный
экзотокси́н, -а
экзотро́фный
экзоферме́нт, -а
экзофта́льм, -а
экиво́ки, -ов
зки́й
экипа́ж, -а
экипа́жный
экипиро́ванный
экипирова́ть(ся), -ру́ю(сь),
  -ру́ет(ся)
экипиро́вка, -и
экипиро́вочный
эклампси́ческий
эклампси́я, -и
эклекти́зм, -а

экле́ктик, -а
экле́ктика, -и
эклекти́ческий
эклекти́чный
экле́р, -а
экли́метр, -а
экли́птика, -и
эклипти́ческий
экло́га, -и
экогене́з, -а
экологи́ческий
экологи́чески чи́стый
эколо́гия, -и
экблого-культу́рный
экомоли́н, -а
эконо́м, -а
экономайзер, -а
экономгеогра́фия, -и
экономе́трия, -и
экономи́зм, -а
эконо́мика, -и
эконо́мико-географи́че-
  ский
эконо́мико-математи́че-
  ский
эконо́мико-статисти́че-
  ский
экономи́ст, -а
эконо́мить(ся), -млю,
  -мит(ся)
экономи́ческий
экономи́чный
эконо́мия, -и
эконо́мка, -ы
эконо́мничать, -аю, -ает
эконо́мность, -и
эконо́мный
экосе́з, -а
экосисте́ма, -ы
экосфе́ра, -ы
зкось, зкося, неизм.
экра́н, -а
экраниза́ция, -и
экрани́рование, -я
экрани́рованный
экрани́ровать(ся), -рую,
  -рует(ся)
экрани́рование, -я
экрани́рованный
экрани́ровать(ся), -рую,
  -рует(ся)
экрани́ровка, -и
экра́нный
эксгума́ция, -и
эксгуми́рованный
эксгуми́ровать(ся), -рую,
  -рует(ся)
эксе́дра, -ы
эксика́тор, -а
эксито́н, -а
экскава́тор, -а
экскава́торный
экскаваторостро́ение, -я
экскава́торщик, -а
экскава́ция, -и
экскориа́ция, -и
экс-коро́ль, -я́
экскреме́нты, -ов
экскрето́рный
экскре́ты, -ов
экскре́ция, -и
зкску́рс, -а
экскурса́нт, -а
экскурса́нтка, -и

экскурсбюро́, нескл., с.
экскурсио́нно-тури́стский
экскурсио́нный
экску́рсия, -и
экскурсово́д, -а
экскурсово́дческий
эксли́брис, -а
экс-мини́стр, -а
экспанси́вность, -и
экспанси́вный
экспансиони́зм, -а
экспансиони́стский
экспа́нсия, -и
экспатриа́нт, -а
экспатриа́нтка, -и
экспатриа́ция, -и
экспатри́рованный
экспатри́ровать(ся),
  -рую(сь), -рует(ся)
экспеди́рование, -я
экспеди́рованный
экспеди́ровать(ся), -рую,
  -рует(ся)
экспеди́тор, -а
экспеди́торский
экспедицио́нно-тра́нспор-
  тный
экспедицио́нный
экспеди́ция, -и
экспериме́нт, -а
эксперимента́льно-иссле́-
  довательский
эксперимента́льно-конст-
  ру́кторский
эксперимента́льно-психо-
  логи́ческий
эксперимента́льно-физио-
  логи́ческий
эксперимента́льный
эксперимента́тор, -а
эксперимента́торство, -а
эксперименти́рование, -я
эксперименти́ровать, -рую,
  -рует
экспе́рт, -а
эксперти́за, -ы
экспе́ртный
экспирато́рный
экспира́ция, -и
эксплланта́ция, -и
экспликация, -и
эксплици́рованный
эксплици́ровать(ся), -рую,
  -рует(ся)
экспло́зивный
эксплоз́ия, -и
эксплуата́тор, -а
эксплуата́торский
эксплуатацио́нно-тра́нс-
  портный
эксплуатацио́нный
эксплуата́ция, -и
эксплуати́рование, -я
эксплуати́ровать(ся), -рую,
  -рует(ся)
экспозе́, нескл., с.
экспози́метр, -а
экспозицио́нный
экспози́ция, -и
экспона́т, -а
экспона́тный
экспоне́нт, -а
экспоненциа́льный
экспони́рованный

экспони́ровать(ся), -рую,
-рует(ся)
экспоно́метр, -а
экспонометри́ческий
э́кспорт, -а
экспортёр, -а
экспорти́рование, -я
экспорти́рованный
экспорти́ровать(ся), -рую,
-рует(ся)
э́кспортно-и́мпортный
э́кспортный
экс-председа́тель, -я
экс-президе́нт, -а
экс-премье́р, -а
экспре́сс, -а
экспре́сс-ана́лиз, -а
экспре́сс-диагно́стика, -и
экспресси́вность, -и
экспресси́вный
экспре́сс-изда́ние, -я
экспре́сс-интервью́,
нескл., с.
экспре́сс-информа́ция, -и
экспрессиони́зм, -а
экспрессиони́ст, -а
экспрессионисти́ческий
экспрессиони́стский
экспре́ссия, -и
экспре́сс-лаборато́рия, -и
экспре́ссный
экспре́сс-сти́рка, -и
экспро́мт, -а
экспро́мтный
экспро́мтом, нареч.
экспроприа́тор, -а
экспроприа́ция, -и
экспроприи́рованный
экспроприи́ровать(ся),
-рую, -рует(ся)
экс-рекордсме́н, -а
экссуда́т, -а
экссудати́вный
экссуда́ция, -и
экста́з, -а
экстати́ческий
экстати́чный
экстемпора́ле, нескл., с. и
экстемпора́лия, -и
эксте́нзор, -а
экстенси́вный
эксте́рн, -а
экстерна́т, -а
эксте́рном, нареч.
экстерореце́птор, -а и экс-
тероце́птор, -а
экстерореце́пция, -и и экс-
тероце́пция, -и
экстерриториа́льность, -и
экстерриториа́льный
экстерье́р, -а
экстирпацио́нный
экстирпа́ция, -и
э́кстра, -ы и неизм.
экстравага́нтный
экстравага́за́т, -а
экставе́рт, -а
экстраверти́вный
экстраге́нт, -а
экстраги́рование, -я
экстраги́рованный
экстраги́ровать(ся), -рую,
-рует(ся)
экстради́ция, -и

экстразона́льный
э́кстра-кла́сс, -а
экстра́кт, -а
экстракти́вный
экстра́ктовый
экстра́ктор, -а
экстракцио́нный
экстра́кция, -и
экстралингвисти́ческий
экстрамо́дный
экстраордина́рный
экстраполи́рование, -я
экстраполи́рованный
экстраполи́ровать(ся),
-рую, -рует(ся)
экстраполя́ция, -и
экстрасе́нс, -а
экстрасенсо́рный
экстрасисто́ла, -ы
экстрасистоли́я, -и
экстрема́льный
экстреми́зм, -а
экстреми́ст, -а
экстреми́стский
э́кстренность, -и
э́кстренный
эксфолиати́вный
эксфолиа́ция, -ы
эксцентриа́да, -ы
эксцетри́зм, -а
эксце́нтрик, -а
эксце́нтрика, -и
эксце́нтриковый
эксцентрисите́т, -а
эксцентри́ческий
эксцентри́чность, -и
эксцентри́чный
эксце́сс, -а
эксцитати́вный
экс-чемпио́н, -а
эктази́я, -и
эктипографи́ческий
эктипогра́фия, -и
эктогене́з, -а
эктоде́рма, -ы
эктодерма́льный
эктопарази́т, -а
эктопи́ческий
эктопи́я, -и
эктопла́зма, -ы
экумени́зм, -а
экумени́ческий
экю́, нескл., м. и с.
элами́ты, -ов, ед. элами́т, -а
эла́мский
эласмоте́рий, -я
эла́стик, -а
эласти́н, -а
эласти́ческий
эласти́чность, -и
эласти́чный
эластоме́р, -а
эластопла́ст, -а и -а́
элеа́т, -а
элева́тор, -а
элева́торный
элева́ция, -и
элега́нтность, -и
элега́нтный
элеги́ческий
элеги́чный
эле́гия, -и
электи́вный
электре́т, -а

электриза́ция, -и
электризо́ванный
электризова́ть(ся), -зу́ю,
-зу́ет(ся)
эле́ктрик, -а (электротех-
ник)
электри́к, неизм. (цвет)
электри́но, нескл., с.
электри́нный
электрифика́ция, -и
электрифици́рованный
электрифици́ровать(ся),
-рую, -рует(ся)
электри́ческий
электри́чество, -
электри́чка, -и
электро... — первая часть
сложных слов, пишется
всегда слитно
электроаку́стика, -и
электроакусти́ческий
электроана́лиз, -а
электроаппара́т, -а
электроаппаратостро́ение,
-я
электроаппарату́ра, -ы
электроармату́ра, -ы
электробатаре́я, -и
электробри́тва, -ы
электробу́р, -а
электробу́с, -а
электробытово́й
электрова́куумный
электровале́нтный
электровибра́тор, -а
электрово́з, -а
электровоздухораспреде-
ли́тель, -я
электрово́зный
электровозостро́ение, -я
электровозострои́тельный
электровооружённость, -и
электровосстановле́ние, -я
электрогазоочи́стка, -и
электрогастрогра́фия, -и
электрогенера́тор, -а
электрогидравли́ческий
электрогита́ра, -ы
электро́д, -а
электродви́гатель, -я
электродви́жущий
электродетона́тор, -а
электродиагно́стика, -и
электродина́мика, -и
электродинами́ческий
электродинамо́метр, -а
электро́дный
электродои́льный
электродо́йка, -и
электродре́ль, -и
электродрена́ж, -а и -а́
электродугово́й
электроёмкий
электроёмкость, -и
электрозаво́д, -а
электрозаво́дский и элек-
трозаводско́й
эле́ктро- и газосва́рка, -и
электроизмери́тельный
электроизоли́рующий
электроизоляцио́нный
электроимпульсный
электроинструме́нт, -а
электроинтегра́тор, -а

электроискрово́й
электрока́мин, -а
электрокапилля́рный
электрока́р, -а и электро-
ка́ра, -ы
электрокардиогра́мма, -ы
электрокардио́граф, -а
электрокардиографи́че-
ский
электрокардиогра́фия, -и
электрокинети́ческий
электрокипяти́льник, -а
электроклассифика́ция, -и
электрокоагуля́ция, -и
электроконта́ктный
электрокофемо́лка, -и
электрокра́н, -а
электрокраскораспыли́-
тель, -я
электрола́мпа, -ы
электрола́мповый
электролебёдка, -и
электролече́бный
электролече́ние, -я
электро́лиз, -а
электролизёр, -а
электро́лизный
электроли́ния, -и
электроли́т, -а
электролити́ческий
электроли́тный
электролюминесце́нтный
электролюминесце́нция,
-и
электромагистра́ль, -и
электромагнети́зм, -а
электромагни́т, -а
электромагни́тный
электромаши́на, -ы
электромаши́нный
электромашиностро́ение,
-я
электромашинострои́тель-
ный
электромедици́нский
электрометаллиза́ция, -и
электрометаллурги́ческий
электрометаллу́ргия, -и
электро́метр, -а
электрометри́ческий
электроме́трия, -и
электромеха́ник, -а
электромеха́ника, -и
электромехани́ческий
электромиогра́мма, -ы
электромиогра́фия, -и
электромоби́ль, -я
электромолоти́лка, -и
электромолото́к, -тка́
электромолотьба́, -ы́
электромонта́ж, -а́
электромонта́жный
электромонтёр, -а
электромото́р, -а
электромузыка́льный
электро́н, -а
электронагрева́тельный
электронарко́з, -а
электронасо́с, -а
электро́н-во́льт, -а, р. мн.
-во́льт и -во́льтов
электро́ник, -а
электро́ника, -и
электро́нно-акусти́ческий

электрóнно-вычисли́тель-
ный
электрóнно-измери́тель-
ный
электрóнно-ио́нный
электрóнно-компью́тер-
ный
электрóнно-лучевóй
электрóнно-микроскопи́-
ческий
электрóнно-опти́ческий
электрóнно-счётный
электрóнно-я́дерный
электрóнный
электрона́рамма, -ы
электронографи́ческий
электроногра́фия, -и
электрóнщик, -а
электрообмóтка, -и
электрообогрева́тель, -я
электрообору́дование, -я
электродéло, -а
электрооптика, -и
электроопти́ческий
электроосвети́тельный
электроосвеще́ние, -я
электропая́льник, -а
электропереда́ча, -и
электропéчь, -и, мн. -и, -éй
электропила́, -ы́, мн. -пи́-
лы, -пи́л
электропита́ние, -я
электроплави́льный
электропла́вка, -и
электроплита́, -ы́, мн. -пли́-
ты, -пли́т
электропли́тка, -и
электропневмати́ческий
электроподста́нция, -и
электроподъёмный
электропо́езд, -а, мн. -á,
-óв
электрополоте́нце, -а
электропотóк, -а
электропредохрани́тель, -я
электроприбóр, -а
электропри́вод, -а, мн. -ы,
-ов и -á, -óв
электропрóвод, -а, мн. -á,
-óв
электропровóдка, -и
электропровóдность, -и
электропровóдный
электропроводя́щий
электропрои́грыватель, -я
электропромы́шленность,
-и
электропрофили́рование,
-я
электропылесóс, -а
электроразвéдка, -и
электроразря́дный
электрораспредели́тель-
ный
электрореакти́вный
электрорéзка, -и
электроретиногра́мма, -ы
электроретиногра́фия, -и
электрорубáнок, -нка
электросамова́р, -а
электросва́рка, -и
электросва́рочный
электросва́рщик, -а
электросва́рщица, -ы

электросверлó, -á, мн.
-свёрла, -свёрл
электросвети́льник, -а
электросветоводолечéние,
-я
электросéть, -и, мн. -сéти,
-éй
электросиловóй
электроси́нтез, -а
электроскóп, -а
электроснабжéние, -я
электросталеплави́льный
электростáль, -и
электростáнция, -и
электростáтика, -и
электростати́ческий
электрострúжка, -и
электрострúкция, -и
электросуши́лка, -и
электросчётчик, -а
электротаблó, нескл. с.
электротáксис, -а
электротéльфер, -а
электротерапевти́ческий
электротерапи́я, -и
электротерми́ческий
электротерми́я, -и
электротéхник, -а
электротéхника, -и
электротехни́ческий
электротипи́я, -и
электротóк, -а
электротóн, -а
электротрáнспорт, -а
электротя́га, -и
электротя́говый
электроустанóвка, -и
электроутю́г, -á
электрофизиологи́ческий
электрофизиологи́я, -и
электрофи́льтр, -а
электрофóр, -а
электрофорéз, -а
электрохими́ческий
электрохи́мия, -и
электрохирурги́я, -и
электрохóд, -а
электрочасы́, -óв
электрошла́ковый
электроэнергети́ческий
электроэнéргия, -и
электроэнцефалогра́мма,
-ы
электроэнцефалогра́фия,
-и
электроэрозиóнный
элемéнт, -а
элемента́рность, -и
элемента́рный
элементоорга́ника, -и
элементооргани́ческий
элéниум, -а
элеоли́т, -а
элерóн, -а
элерóнный
элеутерокóкк, -а
элефантиáз, -а
эли́зий, -я и эли́зиум, -а
эли́зия, -и
эликси́р, -а
элимина́ция, -и
элими́нирование, -я
элими́нированный

элими́нировать(ся), -рую,
-рует(ся)
элинва́р, -а
эли́та, -ы
элита́рный
эли́тный
э́ллин, -а
э́ллинг, -а
э́ллинговый
эллини́зм, -а
эллини́ст, -а
эллинисти́ческий
э́ллинка, -и
э́ллинский
э́ллипс, -а
э́ллипсис, -а
э́ллипсный
эллипсóграф, -а
эллипсóид, -а
эллипсоида́льный
эллипсóидный
эллипти́ческий
эллипти́чный
элодéя, -и
элоквéнтный
элоквéнция, -и
элонга́ция, -и
эль, -я
эльдора́до, нескл. с.
эльзáсец, -сца
эльзáска, -и
эльзáсский
эльзеви́р, -а
эльф, -а
элювиáльный
элю́вий, -я
элюéнт, -а
элюи́рование, -я
эля́тив, -а
эмалеви́дный
эма́левый
эмали́рование, -я
эмали́рованный
эмали́ровать(ся), -рую, -рý-
ет(ся)
эмали́рóвка, -и
эмали́рóвочный
эма́ль, -и
эмальéр, -а
эмальéрный
эма́н, -а
эмана́ция, -и
эманóметр, -а
эмансипа́тор, -а
эмансипа́ция, -и
эмансипé, неизм. и
нескл. ж.
эмансипи́рованный
эмансипи́ровать(ся),
-рую(сь), -рует(ся)
эмба́рго, нескл. с.
эмблéма, -ы
эмблемати́ческий
эмболи́ческий
эмболи́я, -и
эмбриогенéз, -а
эмбриóлог, -а
эмбриологи́ческий
эмбриологи́я, -и
эмбриóн, -а
эмбриона́льный
эмбриотоми́я, -и
эмерита́льный
эмериту́ра, -ы

эмети́н, -а
эмигра́нт, -а
эмигра́нтка, -и
эмигра́нтский
эмигра́нтщина, -ы
эмиграциóнный
эмигра́ция, -и
эмигри́ровать, -рую, -рует
(выезжать)
эминéнция, -и
эми́р, -а
эмира́т, -а
эмиритóн, -а
эмисса́р, -а
эмиссиóнный
эми́ссия, -и
эмитéнт, -а
эми́тированный (от эми-
ти́ровать)
эми́тировать, -рую, -рует
(производить эмиссию)
эми́ттер, -а
эми́ттерный
э́мка, -и
э́ммер, -а
эмметропи́я, -и
эмоциона́льно окра́шен-
ный
эмоциона́льно-оцéночный
эмоциона́льность, -и
эмоциона́льный
эмбция, -и
эмпиéма, -ы
эмпирéй, -я
эмпири́зм, -а
эмпи́рик, -а
эмпи́рика, -и
эмпириокри́тик, -а
эмпириокритици́зм, -а
эмпириомони́зм, -а
эмпириосимволи́зм, -а
эмпири́ческий
эмпири́чность, -и
эмпири́чный
эмпи́рия, -и
эмтээсóвец, -вца
эмтээсóвский
э́му, нескл. м.
эмульга́тор, -а
эмульги́рование, -я
эмульги́ровать(ся), -ру-
ет(ся)
эмульси́н, -а
эмульсиóнный
эмульси́рование, -я
эмульси́ровать(ся), -ру-
ет(ся)
эму́льсия, -и
эмульсóид, -а
эму́льсор, -а
эмуля́ция, -и
эмфáза, -ы
эмфати́ческий
эмфизéма, -ы
эмфизематóзный
эна́лиды, -ов
энантéма, -ы
энантиотропи́зм, -а
энантиотрóпный
энгармони́зм, -а
энгармони́ческий
эндартери́ит, -а
эндéмик, -а
эндеми́ческий

эндеми́чный
эндеми́я, -и
эндога́мия, -и
эндога́мный
эндоге́нный
эндогено́та, -ы
эндоде́рма, -ы
эндока́рд, -а
эндокарди́т, -а
эндока́рпий, -я
эндокинематогра́фия, -и
эндокри́нный
эндокрино́лог, -а
эндокриноло́гический
эндокриноло́гия, -и
эндоме́трий, -я
эндометри́т, -а
эндомито́з, -а
эндопарази́т, -а
эндопла́зма, -ы
эндоплазмати́ческий
эндорадиозо́нд, -а
эндоско́п, -а
эндоскопи́ческий
эндоскопи́я, -и
эндо́смос, -а
эндоспе́рм, -а
эндоспо́рий, -я
эндоте́лий, -я
эндотерми́ческий
эндотокси́н, -а
эндотро́фный
эндоферме́нт, -а
эндофотогра́фия, -и
э́ндшпиль, -я
энеоли́т, -а
энергети́зм, -а
энерге́тик, -а
энерге́тика, -и
энергети́ческий
энерги́да, -ы
энерги́ческий
энерги́чный
эне́ргия, -и
энерго... — первая часть
　　сложных слов, пишется
　　всегда слитно
энергобала́нс, -а
энергобло́к, -а
энерговооружённость, -и
энергоёмкий
энергоёмкость, -и
энергомашинострое́ние, -я
энергооборýдование, -я
энергопо́безд, -а, мн. -á, -óв
энергосберега́ющий
энергосе́ть, -и, мн. -се́ти,
　　-сете́й
энергосилово́й
энергосисте́ма, -ы
энергоснабже́ние, -я
энергострои́тельный
энергоустано́вка, -и
энергохозя́йство, -а
эне́цкий
энзи́м, -а
энзимоло́гия, -и
энзоо́тия, -и
энигмати́ческий
энигмати́чный
энкавэдэ́шник, -а
энка́устика, -и
энкаусти́ческий
энкли́тика, -и

энклити́ческий
энкомье́нда, -ы
энкрини́т, -а
э́нный
энографи́ческий
эноте́ра, -ы
энофта́льм, -а
э́нский
энта́зис, -а
энтальпи́я, -и
энтеле́хия, -и
энтери́т, -а
энтеробио́з, -а
энтерогене́з, -а
энтерокина́за, -ы
энтероко́кк, -а
энтероколи́т, -а
энтероптоз, -а
энтеросе́птол, -а
энтоде́рма, -ы
энтомо́лог, -а
энтомологи́ческий
энтомоло́гия, -и
энтомофа́г, -а
энтомофа́уна, -ы
энтомофили́я, -и
энтомофи́льный
энтропи́я, -и
энтузиа́зм, -а
энтузиа́ст, -а
энтузиасти́ческий
энтузиа́стка, -и
энцефали́т, -а
энцефали́тный
энцефалогра́мма, -ы
энцефало́граф, -а
энцефалографи́ческий
энцефалогра́фия, -и
энцефаломиели́т, -а
энцефалопати́я, -и
энци́клика, -и
энциклопеди́зм, -а
энциклопеди́ст, -а
энциклопеди́ческий
энциклопеди́чный
энциклопе́дия, -и
э́нцы, -ев
эози́н, -а
эозинофи́л, -а
эозинофили́я, -и
эозо́йский
эозо́он, -а
эоли́т, -а
эоли́товый
э́оловый
эоце́н, -а
эпата́ж, -а
эпати́рование, -я
эпати́рованный
эпати́ровать, -рую, -рует
эпейрогене́з, -а
эпейрофоре́з, -а
эпёндима, -ы
эпенте́за, -ы и эпенте́зис, -а
эпентети́ческий
эпигене́з, -а
эпигенети́ческий
эпиглотти́с, -а
эпиго́н, -а
эпиго́нский
эпиго́нство, -а
эпиго́нствовать, -твую,
　　-твует
эпигра́мма, -ы
эпиграммати́ст, -а

эпиграммати́ческий
эпи́граф, -а
эпигра́фика, -и
эпиграфи́ческий
эпидемио́лог, -а
эпидемиологи́ческий
эпидемиоло́гия, -и
эпидеми́ческий
эпиде́мия, -и
эпиде́рма, -ы
эпидерма́льный
эпиде́рмис, -а
эпидермофити́я, -и
эпидиапрое́ктор, -а
эпидиаско́п, -а
эпизо́д, -а
эпизоди́ческий
эпизоди́чный
эпизооти́ческий
эпизоо́тия, -и
эпизоотоло́гия, -и
э́пика, -и
эпика́рд, -а
эпико́тиль, -я
эпикри́з, -а
эпикуре́ец, -е́йца
эпикуреи́зм, -а
эпикуре́йский
эпикуре́йство, -а
эпиле́псия, -и
эпиле́птик, -а
эпилепти́ческий
эпило́г, -а
эпиля́ция, -и
эписиллоги́зм, -а
эписклери́т, -а
еписко́п, -а (прибор)
эписо́ма, -ы
эпи́стиль, -я
эписто́ла, -ы
эпи́столия, -и
эпистоля́рный
эпи́строфа, -ы и эпистро-
　　фа́, -ы́
эпитала́ма, -ы
эпита́фия, -и
эпителиа́льный
эпите́лий, -я
эпителио́ма, -ы
эпи́тет, -а
эпитрохо́ида, -ы
эпифено́мен, -а
эпице́нтр, -а
эпици́кл, -а
эпицикло́ида, -ы
эпи́ческий
эпо́д, -а
эпокси́дный
эполе́ты, -ов и -ле́т, ед. эполе́т, -а и эполе́та, -ы
эпо́нж, -а
эпо́нжевый
эпони́м, -а
эпопе́я, -и
э́пос, -а
эпо́ха, -и
эпоха́льный
э́пули́с, -а
эпю́р, -а
эпю́рный
э́ра, -ы
э́рбиевый
э́рбий, -я
эрг, -а, р. мн. эрг и -ов

эргастопла́зма, -ы
эргати́в, -а
эргати́вный
эргати́ческий
эрго́граф, -а
эргогра́фия, -и
эргоди́чность, -и
эрго́метр, -а
эргоме́трия, -и
эрго́номика, -и
эргономи́ческий
эргономи́чный
эргостери́н, -а
эрготи́зм, -а
эрготи́н, -а
эрготокси́н, -а
эрдельтерье́р, -а
э́ре, нескл. с.
эреги́ровать, -рует
эре́ктор, -а
эре́кция, -и
эре́мурус, -а
ерети́зм, -а
эрза́ц, -а
эрза́ц-проду́кт, -а
эрза́ц-това́ры, -ов
э́рзя, -и
эрзя́нин, -а, мн. -я́не, -я́н
эрзя́нка, -и
эрзя́нский
эрите́ма, -ы
эритри́т, -а
эритродерми́я, -и
эритромици́н, -а
эритроци́т, -а
э́ркер, -а
э́рлифт, -а
эроди́рованный
эроди́ровать(ся), -рую, -ру-
　　ет(ся)
эрозио́нный
эрбзия, -и
эроти́зм, -а
эро́тика, -и
эроти́ческий
эроти́чный
эрото́ман, -а
эрома́ния, -и
эрото́манка, -и
эррати́ческий (геол.)
эрсте́д, -а, р. мн. эрсте́д и
　　-ов
эруди́рованность, -и
эруди́рованный; кр. ф. -ан,
　　-а́нна
эруди́т, -а
эруди́ция, -и
эрупти́вный
эру́пция, -и
э́рфуртский
эрцге́рцог, -а
эрцгерцоги́ня, -и, р. мн.
　　-и́нь
эрэ́с, -а
эсдѐк, -а
эсдѐковский
эсѐр, -а
эсѐрка, -и
эсѐровский
эсѐровщина, -ы
эсѐро-меньшеви́стский
эска́дра, -ы
эска́дренный

эскадри́лья, -и, р. мн. -лий
эскадро́н, -а
эскадро́нный
эскала́да, -ы
эскала́тор, -а
эскала́торный
эскала́ция, -и
эскало́п, -а
эскамота́ж, -а
эскамоти́рованный
эскамоти́ровать(ся), -рую,
   -рует(ся)
эскапа́да, -ы
эска́рп, -а
эскарпи́ровать, -рую, -рует
эсква́йр, -а
эски́з, -а
эски́зный
эскимо́, нескл., с.
эскимо́с, -а, р. мн. -ов
эскимо́ска, -и
эскимо́сский
эско́рт, -а
эскорти́рованный
эскорти́ровать(ся), -рую,
   -рует(ся)
эско́ртный
эску́до, нескл., м. и с.
эскула́п, -а
эсми́нец, -нца
эспа́да, -ы, м.
эспадо́н, -а
эспадрони́ст, -а
эспадро́нный
эспа́ндер, -а
эспаньо́лка, -и
эспа́рто, нескл., с.
эспарце́т, -а
эсперанти́ст, -а
эспера́нто, нескл., м. и с.
эспера́нтский
эсплана́да, -ы
эссе́, нескл., с.
эссеи́ст, -а
эссе́нция, -и
эст, -а, р. мн. -ов
эстака́да, -ы (мост)
эстака́дный
эста́мп, -а (оттиск)
эста́мпный
эстафе́та, -ы
эстафе́тный
эстезиологи́ческий
эстезиоло́гия, -и
эстезио́метр, -а
эсте́т, -а
эстетизи́ровать(ся),
   -рую(сь), -рует(ся)
эстети́зм, -а
эсте́тик, -а
эсте́тика, -и
эстети́ческий
эстети́чный
эсте́тский
эсте́тство, -а
эсте́тствовать, -твую, -твует
эстока́да, -ы (в фехтова-
   нии)
эсто́мп, -а (растушевка ко-
   жи)
эсто́нец, -нца
эсто́нка, -и
эсто́нский

эстраго́н, -а (растение)
эстраго́нный
эстра́да, -ы
эстра́дный
эстроге́н, -а (гормон)
эстро́н, -а
эстуа́рий, -я
эсхатологи́ческий
эсхатоло́гия, -и
эсэ́совец, -вца
э́та, э́той
эта́ж, -а́
этаже́рка, -и
эта́жность, -и
этазо́л, -а
э́так
э́такий
этало́н, -а
эталони́ровать(ся), -рую,
   -рует(ся)
этало́нный
эта́н, -а
этано́л, -а
этано́ловый
эта́п, -а
эта́пный
этати́зм, -а
э́твеш, -а
этерифика́ция, -и
э́тика, -и
этике́т, -а
этикета́ж, -а
этике́тка, -и
этике́тный
этике́тчик, -а
этике́тчица, -ы
э́тико-психологи́ческий
эти́л, -а
этилацета́т, -а
этилбензо́л, -а
эти́лен, -а
этиленглико́ль, -я
этиле́новый
этиленокси́д, -а
эти́ловый
этилхлори́д, -а
этилцеллюло́за, -ы
этимо́лог, -а
этимологиза́ция, -и
этимологизи́рованный
этимологизи́ровать(ся),
   -рую, -рует(ся)
этимологи́ческий
этимоло́гия, -и
этимо́н, -а
этиоли́рование, -я
этиоли́рованный
этиологи́ческий
этиоло́гия, -и
этиоля́ция, -и
эти́ческий
эти́чный
этишке́т, -а
этни́ческий
этнобота́ника, -и
этноботани́ческий
этногене́з, -а
этногеогра́фия, -и
этно́граф, -а
этнографи́ческий
этногра́фия, -и
этнолингви́стика, -и
этноло́гия, -и
этно́ним, -а

этнони́мика, -и
этоними́мия, -и
этнопсихоло́гия, -и
э́тнос, -а
э́то, э́того
этогра́мма, -ы
э́тот, э́того
этру́ски, -ов
этру́сский
этю́д, -а
этю́дник, -а
этю́дный
эуфилли́н, -а
э́фа, -ы
эфеби́я, -и
эфе́дра, -ы
эфедри́н, -а
эфеме́р, -а
эфеме́рида, -ы
эфеме́ридный
эфеме́рный
эфемеро́ид, -а
эфемеро́идный
эфе́нди, нескл., м.
эфе́с, -а
эфио́п, -а
эфио́пка, -и
эфио́пский
эфи́р, -а
эфи́рно-ма́сличный
эфи́рный
эфирома́сличный
эфироно́с, -а
эфироно́сный
эфирсульфона́т, -а
эфицилли́н, -а
эфо́р, -а
эфора́т, -а
эффе́кт, -а
эффекти́вность, -и
эффекти́вный
эффе́ктность, -и
эффе́ктный
эффере́нтный
эффузи́вный
эффузио́метр, -а
эффу́зия, -и
э-хе-хе́, неизм.
эхи́н, -а
эхина́цея, -и
эхинока́ктус, -а
эхиноко́кк, -а
эхиноко́кковый
эхинококко́з, -а
эхино́пс, -а
эхинопсило́н, -а
эхма́, неизм.
э́хо, -а
эхогра́мма, -ы
э́хо-и́мпульс, -а
э́хо-ка́мера, -ы
эхолока́тор, -а
эхоло́т, -а
э́хо-резона́тор, -а
э́хо-сигна́л, -а
эшафо́т, -а
эшело́н, -а
эшелони́рование,
   -я
эшелони́рованный
эшелони́ровать(ся), -рую,
   -рует(ся)
эшело́нный
эякуля́ция, -и

Ю

юа́нь, -я
юбе́я, -и
юбиле́й, -я
юбиле́йный
юбиля́р, -а
юбиля́рша, -и
ю́бка, -и
ю́бочка, -и
ю́бочник, -а
ю́бочница, -ы
ю́бочный
юбчо́нка, -и
ювели́р, -а
ювели́рно-часово́й
ювели́рный
ювена́лии, -ий
ювена́льный
ювеноло́гия, -и
юг, ю́га
ю́гер, -а
ю́го-восто́к, -а
ю́го-восто́чный
ю́го-за́пад, -а
ю́го-за́падный
юго́рский
югосла́в, -а
югосла́вка, -и
югосла́вский
ю́го-ю́го-восто́чный
ю́го-ю́го-за́падный
юдо́ль, -и
юдофи́л, -а
юдофи́льский
юдофи́льство, -а
юдофо́б, -а
юдофо́бский
юдофо́бство, -а
южа́нин, -а, мн., южа́не,
   южа́н
южа́нка, -и
южноавстрали́йский, но
   Ю́жно-Австрали́йская
   котлови́на
южноамерика́нец, -нца
южноамерика́нский, но
   Ю́жно-Америка́нская
   платфо́рма
южноатланти́ческий, но
   Ю́жно-Атланти́ческий
   хребе́т
южноафрика́нский, но
   Ю́жно-Африка́нская Ре-
   спу́блика
южнобере́жный
южновьетна́мский
южнойе́менский
южнокавка́зский, но
   Ю́жно-Кавка́зское на-
   го́рье
южнокита́йский, но Ю́ж-
   но-Кита́йское мо́ре
южнокоре́йский
южнору́сский
южносахали́нский, но
   Ю́жно-Сахали́нская же-
   ле́зная доро́га
южнофранцу́зский, но
   Ю́жно-Францу́зские
   А́льпы
ю́жный

юз, -а (аппарат)
юзи́ст, -а
юзи́стка, -и
юзом, нареч.
юка́ги́р, -а, р. мн. -ов
юка́ги́рка, -и
юка́ги́рский
ю́кка, -и
ю́кола, -ы
юла́, -ы́
юлиа́нский
юли́ть, юлю́, юли́т
ю́мор, -а
юморе́ска, -и
юмори́ст, -а
юмори́стика, -и
юмористи́ческий
юмористи́чный
юмори́стка, -и
юна́к, -а и -а́
юна́цкий
ю́нга, -и, м.
юнгштурмо́вка, -и
юне́ть, -е́ю, -е́ет
юне́ц, юнца́
юнио́р, -а
юнио́рка, -и
ю́нкер, -а, мн. -ы, -ов (помещики) и -а́, -о́в (воен.)
ю́нкерс, -а
ю́нкерский
ю́нкерство, -а
ю́нкерьё, -я́
ю́нкор, -а
юнко́ровский
юнна́т, -а
юнна́товский
юнна́тский
ю́ность, -и
ю́ноша, -и, м.
ю́ношеский
ю́ношество, -а
ю́ный; кр. ф. юн, юна́, юно
юньна́ньский (от Юнь-нань)
юпи́тер, -а, мн. -ы, -ов (прожектор)
юпитериа́нский
юр: на (са́мом) юру́
ю́ра, -ы (геол.)
юридиза́ция, -и
юриди́ческий
юрисди́кция, -и
юрисконсу́льт, -а
юрисконсу́льтский
юрисконсу́льтство, -а
юриспруде́нция, -и
юри́ст, -а
юрк, неизм.
ю́ркать, -аю, -ает
ю́ркий; кр. ф. ю́рок, юрка́, ю́рко
юркну́ть, -ну, -нет и юркну́ть, -ну́, -нёт
юрко́вый и вьюрко́вый
ю́ркость, -и
юро́д, -а
юро́дивость, -и
юро́дивый, -ого
юро́дский
юро́дство, -а
юро́дствовать, -твую, -твует

юро́к, юрка́ и вьюро́к, вьюрка́
ю́рский
юрт, -а́ и -а, мн. ю́рты, юрто́в
ю́рта, -ы
ю́рче, сравн. ст. (к ю́ркий, ю́рко)
юс, -а (буква)
ю́совый
юсти́рный
юстирова́льный
юстирова́ние, -я
юсти́рованный
юстирова́ть(ся), -ру́ю, -ру́ет(ся)
юстиро́вка, -и
юсти́ция, -и
юсти́ц-колле́гия, -и
ют, -а
юти́ться, ючу́сь, юти́тся
ю́товый
ю́ферс, -а
ю́фтевый
ю́фть, -и
ю́фтяно́й
ю́шка, -и
ю́юба, -ы

Я

я, меня́, мне, мной и мно́ю, обо мне́
я́беда, -ы, м. и ж.
я́бедник, -а
я́бедница, -ы
я́бедничать, -аю, -ает
я́бедничество, -а
я́блоко, -а
я́блоневый
я́блонный
я́блонька, -и
я́блоня, -и, р. мн. -онь
я́блочко, -а
я́блочный
ява́нец, -нца
ява́нка, -и
ява́нский
яви́ть(ся), явлю́(сь), я́вит(ся)
я́вка, -и
явле́ние, -я
я́вленный (от яви́ть)
явлённый (явлённая ико́на)
явля́ть(ся), -я́ю(сь), -я́ет(ся)
явнобра́чный
явнозерни́стый
явнокристалли́ческий
явнополю́сный
я́вный
я́вор, -а
я́воровый
я́ворчатый
я́вочный
я́вственность, -и
я́вственный; кр. ф. -вен и -венен, -венна
я́вствовать, -твует

явь, -и
яга́, -и́
ягдта́ш, -а
я́гелевый
я́гель, -я
я́гельник, -а
я́гельный
ягне́ние, -я
ягнёнок, -нка, мн. ягня́та, -я́т
ягнёночек, -чка
ягни́ться, -и́тся
ягно́бский
ягно́бцы, -ев
ягня́тки, -ток
ягня́тник, -а
ягня́чий, -ья, -ье
я́года, -ы
я́годица, -ы
я́годичный
я́годка, -и
я́годковые, -ых
я́годник, -а
я́годница, -ы
я́годный
ягуа́р, -а
ягуарёнок, -нка, мн. -ря́та, -ря́т
ягуа́ровый
яд, -а и -у
я́дерник, -а
я́дерно-акти́вный
я́дерно-реакти́вный
я́дерно-резона́нсный
я́дерно-энергети́ческий
я́дерный
я́дерщик, -а
ядови́тик, -а
ядови́то-зелёный
ядови́тость, -и
ядови́тый
ядозу́б, -а
ядоно́сный
ядохимика́т, -а
ядрене́ть, -е́ю, -е́ет
ядрёность, -и
ядрёный
я́дрица, -ы
ядри́ще, -а
ядро́, -а́, мн. я́дра, я́дер
ядро́вый
ядрореа́кторный
я́дрышко, -а
я́зва, -ы
я́звенник, -а
я́звенный
я́звина, -ы
я́звинка, -и
язви́тельность, -и
язви́тельный
язви́ть, язвлю́, язви́т
я́звочка, -и
язёвый
язы́к, -а́
языка́стый
языка́тый
языкове́д, -а
языкове́дение, -я
языкове́дный
языкове́дческий
языково́й (от язы́к — речь)
языко́вый (от язы́к — орган)
языкоглото́чный

языкозна́ние, -я
языкотво́рец, -рца
языкотво́рческий
языкотво́рчество, -а
язы́ческий
язы́чество, -а
язычко́вый
язы́чник, -а
язы́чница, -ы
язы́чно-нёбный
язы́чный
язычо́к, -чка́
язь, язя́
яи́цкий
яи́чко, -а
яи́чник, -а
яи́чниковый
яи́чница, -ы
яи́чный
яйла́, -ы́
яйцеви́дный
яйцево́д, -а
яйцево́й
яйцее́д, -а
яйцезаготови́тельный
яйцезагото́вки, -вок
яйцекла́д, -а
яйцекла́дка, -и
яйцекладу́щий
яйцекле́тка, -и
яйцекле́точный
я́йце-мясно́й
яйцено́ский
яйцено́скость, -и
яйцеобра́зный
яйцеобразова́ние, -я
яйцеро́дный
яйцерожде́ние, -я
яйцо́, -а́, мн. я́йца, яи́ц, я́йцам
як, -а
я́канье, -я
я́кать, я́каю, я́кает
я́ко
якоби́нец, -нца
якоби́нский
якоби́нство, -а
я́кобы
якорёк, -рька́
я́корный
я́корь, -я, мн. -я́, -е́й
яку́т, -а, мн. -ы, -ов
яку́тка, -и
яку́тский
якути́нин, -а, мн. -я́не, -я́н (от Яку́тск)
якша́ться, -а́юсь, -а́ется
ял, -а
ялбо́т, -а
я́лик, -а
я́личник, -а
я́личный
я́ловеть, -еет
я́ловица, -ы
я́ловичный
я́ловка, -и
я́ловость, -и
я́ловочный
я́ловый
я́лтинец, -нца
я́лтинский (от Я́лта)
ям, -а
я́ма, -ы
яма́ец, -а́йца

яма́йка, -и	яркова́тый	я́сеневый	ятры́шниковые, -ых
яма́йский	я́рко вы́раженный	ясенели́стный	ять, -я
ямб, -а	я́рко-голубо́й	ясене́ц, -нца́	яфетидо́лог, -а
ямби́ческий	я́рко-жёлтый	я́сень, -я, мн. -и, -ей	яфетидоло́гия, -и
ямбохоре́й, -я	я́рко-зелёный	яско́лка, -и	яфети́ческий
я́мина, -ы	я́рко-кра́сный	я́сли, -ей	я́хонт, -а
я́мистый	яркоме́р, -а	я́сли-сад, я́слей-са́да	я́хонтовый
я́мища, -и	я́рко-ора́нжевый	ясме́нник, -а	я́хта, -ы
я́мка, -и	я́рко-си́ний	ясми́н, -а	яхт-га́вань, -и
ямкоголо́вые, -ых	я́ркость, -и	ясми́нный	я́хтенный
я́мочка, -и	ярлы́к, -а́	ясне́йший	яхт-клу́б, -а
ямско́й	ярлы́чный	яснёхонький; кр. ф. -нек,	яхтклу́бовец, -вца
ямщи́к, -а́	ярлычо́к, -чка́	-нька	яхт-клу́бовский
ямщи́на, -ы	я́рмарка, -и	я́сниться, -ится	я́хтный
ямщи́цкий	я́рмарочный	ясновельмо́жный	я́хтовый
ямщи́чий, -ья, -ье	ярмо́, -а́, мн. я́рма, ярм,	яснови́дение, -я	яхтсме́н, -а
ямщичо́к, -чка́	я́рма́м	яснови́дец, -дца	яхтсме́нка, -и
янва́рский	яровиза́тор, -а	яснови́дица, -ы	яхтсме́нский
янва́рь, -я́	яровиза́ция, -и	яснови́дящая, -ей	яче́ечный
я́нки, нескл., м.	яровизи́рованный	яснови́дящий, -его	яче́исто-ле́нточный
янсени́зм, -а	яровизи́ровать(ся), -рую,	ясногла́зый	яче́истый
янсени́ст, -а	-рует(ся)	ясноо́кий	ячея́, -и́
янсени́стский	яро́вище, -а	я́сность, -и	яче́йковый
янта́рный	ярово́й	ясно́тка, -и	я́чество, -а
янта́рь, -я́	я́ровые, -ых	я́сный; кр. ф. я́сен, ясна́,	ячея́, -и́
яныча́р, -а, р. мн. яныча́р	ярози́т, -а	я́сно, я́сны́	я́чий, я́чья, я́чье (от як)
и яныча́ров	яросла́вец, -вца	ясо́чка, -и	ячмене́к, -нька́ и
яныча́рский	яросла́вский	я́спис, -а	-ньку́
япо́нец, -нца	я́ростный	я́списовый	ячме́нка, -и
япони́ст, -а	я́рость, -и	я́ствие, -я	ячме́нник, -а
япони́стика, -и	я́рочка, -и	я́ство, -а	ячме́нный
япони́стка, -и	яру́га, -и	я́ство, -а	ячме́нь, -я́
япо́нка, -и	яруно́к, -нка́	я́стреб, -а, мн. -а́, -о́в и -ы,	я́чневик, -а
японове́д, -а	я́рус, -а, мн. -ы, -ов	-ов	я́чневый
япо́но-кита́йский	я́русный	ястребёнок, -нка, мн. -бя́та,	я́чный
япо́но-сове́тский	яру́тка, -и	-бя́т	я́шма, -ы
япо́нский	ярча́йший	ястреби́нка, -и	яшмови́дный
япо́нско-кита́йский	я́рче, сравн. ст. (от я́р-	ястреби́ный	я́шмовый
япо́нско-ру́сский	кий, я́рко)	ястребо́к, -бка́	я́щер, -а
яр, -а, предл. о я́ре, в (на)	яры́га, -и, м.	я́стык, -а́	ящерёнок, -нка, мн. -ря́та,
яру́, мн. я́ры, яро́в	яры́жка, -и, м.	ясты́чный	-ря́т
яра́нга, -и	яры́жник, -а	ясы́рь, -я́	я́щерица, -ы
ярд, -а, р. мн. -ов	яры́жный	ятага́н, -а	ящерицеобра́зный
ярём, -а	я́рый	ятвя́ги, -ов	я́щеричный
ярёмный	ярь, -и	ятвя́жский	я́щерка, -и
яри́ть(ся), ярю́(сь),	ярь-медя́нка, я́ри-медя́н-	ято́вь, -и	я́щерный
яри́т(ся)	ки	ято́вье, -я	я́щик, -а
я́рица, -ы	яса́к, -а́	ятроге́ния, -и	я́щичек, -чка
я́рка, -и	яса́чный	ятроге́нный	я́щичный
я́ркий; кр. ф. я́рок, ярка́,	я́сельник, -а	ятрофи́зика, -и	я́щур, -а
я́рко, я́рки́	я́сельничий, -его	ятрохи́мия, -и	я́щурка, -и
я́рко-бе́лый	я́сельный	ятры́шник, -а	я́щурный

СПИСОК ЛИЧНЫХ ИМЕН*

Мужские имена

Абаку́м (Абаку́мович, Абаку́мовна)
Абра́м (Абра́мович, Абра́мовна)
Абро́сим (Абро́симович, Абро́симовна)
Авваку́м (Авваку́мович, Авваку́мовна)
А́вгуст (А́вгустович, А́вгустовна)
Авде́й (Авде́евич, Авде́евна)
А́вдий (А́вдиевич, А́вдиевна)
А́вель (А́велевич, А́велевна)
Авени́р (Авени́рович, Авени́ровна)
Аве́рий (Аве́риевич, Аве́риевна)
Аве́ркий (Аве́ркиевич, Аве́ркиевна)
Аверья́н (Аверья́нович, Аверья́новна)
Авксе́нтий (Авксе́нтиевич, Авксе́нтиевна и Авксе́нтьевич, Авксе́нтьевна)
Авра́м (Авра́мович, Авра́мовна)
Аврелиа́н (Аврелиа́нович, Аврелиа́новна)
Автоно́м (Атоно́мович, Автоно́мовна)
Ага́п (Ага́пович, Ага́повна)
Ага́пий (Ага́пиевич, Ага́пиевна и Ага́пьевич, Ага́пьевна)
Агапи́т (Агапи́тович, Агапи́товна)
Агафа́нгел (Агафа́нгелович, Агафа́нгеловна)
Агафо́н (Агафо́нович, Агафо́новна)
Агге́й (Агге́евич, Агге́евна)
Ада́м (Ада́мович, Ада́мовна)
Адриа́н (Адриа́нович. Адриа́новна)
Аза́р (Аза́рович, Аза́ровна)
Аза́рий (Аза́риевич, Аза́риевна и Аза́рьевич, Аза́рьевна)
Ака́кий (Ака́киевич, Ака́киевна)
Аки́ла (Аки́лич, Аки́лична)
Аки́м (Аки́мович, Аки́мовна)
Акинди́н (Акинди́нович, Акинди́новна)
Аки́нф (Аки́нфович, Аки́нфовна)
Аки́нфий (Аки́нфиевич, Аки́нфиевна и Аки́нфьевич, Аки́нфьевна)
Аксён (Аксёнович, Аксёновна)
Аксе́нтий (Аксе́нтиевич, Аксе́нтиевна и Аксе́нтьевич, Аксе́нтьевна)
Алекса́ндр (Алекса́ндрович, Алекса́ндровна)
Алексе́й (Алексе́евич, Алексе́евна)
Алекси́й (Алекси́евич, Алекси́евна)
Альбе́рт (Альбе́ртович, Альбе́ртовна)
Альфре́д (Альфре́дович, Альфре́довна)
Амвро́сий (Амвро́сиевич, Амвро́сиевна и Амвро́сьевич, Амвро́сьевна)
Амо́с (Амо́сович, Амо́совна)
Амфило́хий (Амфило́хиевич, Амфило́хиевна и Амфило́хьевич, Амфило́хьевна)
Ана́ний (Ана́ниевич, Ана́ниевна и Ана́ньевич, Ана́ньевна)
Анаста́сий (Анаста́сиевич, Анаста́сиевна и Анаста́сьевич, Анаста́сьевна)
Анато́лий (Анато́лиевич, Анато́лиевна и Анато́льевич, Анато́льевна)
Андре́й (Андре́евич, Андре́евна)

Андриа́н (Андриа́нович, Андриа́новна)
Андро́н (Андро́нович, Андро́новна)
Андро́ний (Андро́ниевич, Андро́ниевна и Андро́ньевич, Андро́ньевна)
Андро́ник (Андро́никович, Андро́никовна)
Ане́кт (Ане́ктович, Ане́ктовна)
Анемподи́ст (Анемподи́стович, Анемподи́стовна)
Аникей (Аникеевич, Аникеевна)
Ани́кий (Ани́киевич, Ани́киевна)
Аники́та (Аники́тич, Аники́тична)
Ани́сий (Ани́сиевич, Ани́сиевна и Ани́сьевич, Ани́сьевна)
Ани́сим (Ани́симович, Ани́симовна), Они́сим
Антио́х (Антио́хович, Антио́ховна)
Анти́п (Анти́пович, Анти́повна)
Анти́па (Анти́пич, Анти́пична)
Анти́пий (Анти́пиевич, Анти́пиевна и Анти́пьевич, Анти́пьевна)
Анто́н (Анто́нович, Анто́новна)
Антони́н (Антони́нович, Антони́новна)
Антро́п (Антро́пович, Антро́повна)
Антро́пий (Антро́пиевич, Антро́пиевна и Антро́пьевич, Антро́пьевна)
Ану́фрий (Ану́фриевич, Ану́фриевна), Ону́фрий
Аполлина́рий (Аполлина́риевич, Аполлина́риевна и Аполлина́рьевич, Аполлина́рьевна)
Аполло́н (Аполло́нович, Апполо́новна)
Аполло́с (Аполло́сович, Аполло́совна)
Ардалио́н (Ардалио́нович, Ардалио́новна), Ардало́н (Ардало́нович, Ардало́новна)
Аре́ф (Аре́фович, Аре́фовна)
Аре́фий (Аре́фиевич, Аре́фиевна и Аре́фьевич, Аре́фьевна)
А́рий (А́риевич, А́риевна и А́рьевич, А́рьевна)
Ариста́рх (Ариста́рхович, Ариста́рховна)
Аристи́д (Аристи́дович, Аристи́довна)
Арка́дий (Арка́диевич, Арка́диевна и Арка́дьевич, Арка́дьевна)
Арно́льд (Арно́льдович, Арно́льдовна)
Аро́н (Аро́нович, Аро́новна)
Арсе́ний (Арсе́ниевич, Арсе́ниевна и Арсе́ньевич, Арсе́ньевна)
Арсе́нтий (Арсе́нтиевич, Арсе́нтиевна и Арсе́нтьевич, Арсе́нтьевна)
Артамо́н (Артамо́нович, Артамо́новна)
Артём (Артёмович, Артёмовна)
Арте́мий (Арте́миевич, Арте́миевна и Арте́мьевич, Арте́мьевна)
Арту́р (Арту́рович, Арту́ровна)
Архи́п (Архи́пович, Архи́повна)
Аса́ф (Аса́фович, Аса́фовна)
Аса́фий (Аса́фиевич, Аса́фиевна и Аса́фьевич, Аса́фьевна)
Аско́льд (Аско́льдович, Аско́льдовна)
Афана́сий (Афана́сиевич, Афана́сиевна и Афана́сьевич, Афана́сьевна)

---

* В список включены в основном русские имена, наиболее распространенные в быту и встречающиеся в художественной литературе или имеющие орфографические трудности. При мужских именах в скобках приводятся образуемые от них отчества.

Афиноге́н (Афиноге́нович, Афиноге́новна)
Афинодо́р (Афинодо́рович, Афинодо́ровна)
Африка́н (Африка́нович, Африка́новна)

Баже́н (Баже́нович, Баже́новна)
Бенеди́кт (Бенеди́ктович, Бенеди́ктовна)
Богда́н (Богда́нович, Богда́новна)
Болесла́в (Болесла́вович, Болесла́вовна и Болесла́вич, Болесла́вна)
Бонифа́т (Бонифа́тович, Бонифа́товна)
Бонифа́тий (Бонифа́тиевич, Бонифа́тиевна и Бонифа́тьевич, Бонифа́тьевна)
Бори́с (Бори́сович, Бори́совна)
Борисла́в (Борисла́вович, Борисла́вовна и Борисла́вич, Борисла́вна)
Бронисла́в (Бронисла́вович, Бронисла́вовна и Бронисла́вич, Бронисла́вна)
Будими́р (Будими́рович, Будими́ровна)

Вави́ла (Вави́лич, Вави́лична и Вави́лович, Вави́ловна)
Вади́м (Вади́мович, Вади́мовна)
Валенти́н (Валенти́нович, Валенти́новна)
Валериа́н (Валериа́нович, Валериа́новна), Валерья́н (Валерья́нович, Валерья́новна)
Вале́рий (Вале́риевич, Вале́риевна и Вале́рьевич, Вале́рьевна)
Варла́м (Варла́мович, Варла́мовна)
Варла́мий (Варла́миевич, Варла́миевна и Варла́мьевич, Варла́мьевна)
Варна́ва (Варна́вич, Варна́вична)
Варсоно́ф (Варсоно́фович, Варсоно́фовна)
Варсоно́фий (Варсоно́фиевич, Варсоно́фиевна и Варсоно́фьевич, Варсоно́фьевна)
Варфоломе́й (Варфоломе́евич, Варфоломе́евна)
Васи́лий (Васи́льевич, Васи́льевна)
Вассиа́н (Вассиа́нович, Вассиа́новна)
Велиза́р (Велиза́рович, Велиза́ровна)
Велими́р (Велими́рович, Велими́ровна)
Венеди́кт (Венеди́ктович, Венеди́ктовна)
Вениами́н (Вениами́нович, Вениами́новна), Веньями́н (Веньями́нович, Веньями́новна)
Венцесла́в (Венцесла́вович, Венцесла́вовна и Венцесла́вич, Венцесла́вна)
Вике́нтий (Вике́нтиевич, Вике́нтиевна и Вике́нтьевич, Вике́нтьевна)
Ви́ктор (Ви́кторович, Ви́кторовна)
Викто́рий (Викто́риевич, Викто́риевна)
Вику́л (Вику́лович, Вику́ловна)
Вику́ла (Вику́лич, Вику́лична)
Виле́н (Виле́нович, Виле́новна)
Вилени́н (Вилени́нович, Вилени́новна)
Вильге́льм (Вильге́льмович, Вильге́льмовна)
Виссарио́н (Виссарио́нович, Виссарио́новна)
Ви́т (Ви́тович, Ви́товна)
Вита́лий (Вита́лиевич, Вита́лиевна и Вита́льевич, Вита́льевна)
Ви́товт (Ви́товтович, Ви́товтовна)
Вито́льд (Вито́льдович, Вито́льдовна)
Владиле́н (Владиле́нович, Владиле́новна)
Влади́мир (Влади́мирович, Влади́мировна)
Владисла́в (Владисла́вович, Владисла́вовна и Владисла́вич, Владисла́вна)
Владле́н (Владле́нович, Владле́новна)
Вла́с (Вла́сович, Вла́совна)
Вла́сий (Вла́сиевич, Вла́сиевна и Вла́сьевич, Вла́сьевна)
Вонифа́т (Вонифа́тович, Вонифа́товна)
Вонифа́тий (Вонифа́тиевич, Вонифа́тиевна и Вонифа́тьевич, Вонифа́тьевна)
Все́волод (Все́володович, Все́володовна)
Всесла́в (Всесла́вович, Всесла́вовна и Всесла́вич, Все́славна)
Вуко́л (Вуко́лович, Вуко́ловна)

Вышесла́в (Вышесла́вович, Вышесла́вовна и Вышесла́вич, Вышесла́вна)
Вячесла́в (Вячесла́вович, Вячесла́вовна и Вячесла́вич, Вячесла́вна)

Гаври́л (Гаври́лович, Гаври́ловна)
Гаври́л, Гаври́ла (Гаври́лович, Гаври́ловна)
Галактио́н (Галактио́нович, Галактио́новна)
Гедео́н (Гедео́нович, Гедео́новна)
Гедими́н (Гедими́нович, Гедими́новна)
Гела́сий (Гела́сиевич, Гела́сиевна и Гела́сьевич, Гела́сьевна)
Ге́лий (Ге́лиевич, Ге́лиевна)
Генна́дий (Генна́диевич, Генна́диевна и Генна́дьевич, Генна́дьевна)
Ге́нрих (Ге́нрихович, Ге́нриховна)
Гео́ргий (Гео́ргиевич, Гео́ргиевна)
Гера́сим (Гера́симович, Гера́симовна)
Герва́сий (Герва́сиевич, Герва́сиевна и Герва́сьевич, Герва́сьевна)
Ге́рман (Ге́рманович, Ге́рмановна)
Гермоге́н (Гермоге́нович, Гермоге́новна)
Геро́нтий (Геро́нтиевич, Геро́нтиевна и Геро́нтьевич, Геро́нтьевна)
Гиаци́нт (Гиаци́нтович, Гиаци́нтовна)
Глеб (Гле́бович, Гле́бовна)
Гора́ций (Гора́циевич, Гора́циевна)
Горго́ний (Горго́ниевич, Горго́ниевна и Горго́ньевич, Горго́ньевна)
Горде́й (Горде́евич, Горде́евна)
Гостомы́сл (Гостомы́слович, Гостомы́словна)
Гремисла́в (Гремисла́вович, Гремисла́вовна и Гремисла́вич, Гремисла́вна)
Григо́рий (Григо́рьевич, Григо́рьевна)
Гу́рий (Гу́риевич, Гу́риевна и Гу́рьевич, Гу́рьевна)
Гурья́н (Гурья́нович, Гурья́новна)

Дави́д (Дави́дович, Дави́довна)
Давы́д (Давы́дович, Давы́довна)
Далма́т (Далма́тович, Далма́товна)
Дании́л (Дании́лович, Дании́ловна)
Дани́л, Дани́ла (Дани́лович, Дани́ловна)
Деме́нтий (Деме́нтиевич, Деме́нтиевна и Деме́нтьевич, Деме́нтьевна)
Деми́д (Деми́дович, Деми́довна)
Демья́н (Демья́нович, Демья́новна)
Дени́с (Дени́сович, Дени́совна)
Дени́сий (Дени́сиевич, Дени́сиевна и Дени́сьевич, Дени́сьевна)
Дими́трий (Дими́триевич, Дими́триевна)
Диоми́д (Диоми́дович, Диоми́довна)
Диони́сий (Диони́сиевич, Диони́сиевна и Диони́сьевич, Диони́сьевна)
Дми́трий (Дми́триевич, Дми́триевна)
Добромы́сл (Добромы́слович, Добромы́словна)
Добры́ня (Добры́нич, Добры́нична)
Довмо́нт (Довмо́нтович, Довмо́нтовна)
Домини́к (Домини́кович, Домини́ковна)
Дона́т (Дона́тович, Дона́товна)
Доримедо́нт (Доримедо́нтович, Доримедо́нтовна)
Дормедо́нт (Дормедо́нтович, Дормедо́нтовна)
Дормидо́нт (Дормидо́нтович, Дормидо́нтовна)
Дорофе́й (Дорофе́евич, Дорофе́евна)
Досифе́й (Досифе́евич, Досифе́евна)

Евге́ний (Евге́ниевич, Евге́ниевна и Евге́ньевич, Евге́ньевна)
Евгра́ф (Евгра́фович, Евгра́фовна)
Евгра́фий (Евгра́фиевич, Евгра́фиевна и Евгра́фьевич, Евгра́фьевна)
Евдоки́м (Евдоки́мович, Евдоки́мовна)
Евла́мпий (Евла́мпиевич, Евла́мпиевна и Евла́мпьевич, Евла́мпьевна)
Евло́гий (Евло́гиевич, Евло́гиевна)

Евме́н (Евме́нович, Евме́новна)
Евме́ний (Евме́ниевич, Евме́ниевна и Евме́ньевич, Евме́ньевна)
Евсе́й (Евсе́евич, Евсе́евна)
Евста́фий (Евста́фиевич, Евста́фиевна и Евста́фьевич, Евста́фьевна)
Евста́хий (Евста́хиевич, Евста́хиевна и Евста́хьевич, Евста́хьевна)
Евстигне́й (Евстигне́евич, Евстигне́евна)
Евстра́т (Евстра́тович, Евстра́товна)
Евстра́тий (Евстра́тиевич, Евстра́тиевна и Евстра́тьевич, Евстра́тьевна)
Евти́хий (Евти́хиевич, Евти́хиевна и Евти́хьевич, Евти́хьевна)
Евфи́мий (Евфи́миевич, Евфи́миевна и Евфи́мьевич, Евфи́мьевна)
Его́р (Его́рович, Его́ровна)
Его́рий (Его́риевич, Его́риевна и Его́рьевич, Его́рьевна)
Елиза́р (Елиза́рович, Елиза́ровна)
Елисе́й (Елисе́евич, Елисе́евна)
Елистра́т (Елистра́тович, Елистра́товна)
Елпидифо́р (Елпидифо́рович, Елпидифо́ровна)
Емелья́н (Емелья́нович, Емелья́новна)
Епифа́н (Епифа́нович, Епифа́новна)
Епифа́ний (Епифа́ниевич, Епифа́ниевна и Епифа́ньевич, Епифа́ньевна)
Ереме́й (Ереме́евич, Ереме́евна)
Ёрмий (Ёрмиевич, Ёрмиевна)
Ерми́л (Ерми́лович, Ерми́ловна)
Ерми́ла (Ерми́лич, Ерми́лична)
Ерми́лий (Ерми́лиевич, Ерми́лиевна и Ерми́льевич, Ерми́льевна)
Ермола́й (Ермола́евич, Ермола́евна)
Ерофе́й (Ерофе́евич, Ерофе́евна)
Ефи́м (Ефи́мович, Ефи́мовна)
Ефи́мий (Ефи́миевич, Ефи́миевна и Ефи́мьевич, Ефи́мьевна)
Ефре́м (Ефре́мович, Ефре́мовна)
Ефре́мий (Ефре́миевич, Ефре́миевна и Ефре́мьевич, Ефре́мьевна)

Заха́р (Заха́рович, Заха́ровна)
Заха́рий (Заха́риевич, Заха́риевна и Заха́рьевич, Заха́рьевна)
Зено́н (Зено́нович, Зено́новна)
Зино́вий (Зино́виевич, Зино́виевна и Зино́вьевич, Зино́вьевна)
Зо́сим (Зо́симович, Зо́симовна)
Зоси́ма (Зоси́мич, Зоси́мична)

Иаки́м (Иаки́мович, Иаки́мовна)
Иаки́нф (Иаки́нфович, Иаки́нфовна)
Ива́н (Ива́нович, Ива́новна)
Игна́т (Игна́тович, Игна́товна)
Игна́тий (Игна́тиевич, Игна́тиевна и Игна́тьевич, Игна́тьевна)
Ѝгорь (Ѝгоревич, Ѝгоревна)
Иеро́ним (Иеро́нимович, Иеро́нимовна)
Измаи́л, (Измаи́лович, Измаи́ловна и Изма́йлович, Изма́йловна)
Измара́гд (Измара́гдович, Измара́гдовна)
Изо́сим (Изо́симович, Изо́симовна)
Изо́т (Изо́тович, Изо́товна)
Изясла́в (Изясла́вович, Изясла́вовна и Изясла́вич, Изясла́вна)
Илларио́н (Илларио́нович, Илларио́новна), Иларио́н (Иларио́нович, Иларио́новна)
Илиодо́р (Илиодо́рович, Илиодо́ровна)
Илья́ (Ильи́ч, тв. Ильичо́м, Ильи́нична)
Инноке́нтий (Инноке́нтиевич, Инноке́нтиевна и Инноке́нтьевич, Инноке́нтьевна)
Иоа́нн (Иоа́ннович, Иоа́нновна)
Ѝов (Ѝович, Ѝовна)
Ио́на (Ио́нич, Ио́нична)

Иосафа́т (Иосафа́тович, Иосафа́товна)
Ио́сиф (Ио́сифович, Ио́сифовна)
Ипа́т (Ипа́тович, Ипа́товна)
Ипа́тий (Ипа́тиевич, Ипа́тиевна и Ипа́тьевич, Ипа́тьевна)
Ипполи́т (Ипполи́тович, Ипполи́товна)
Ира́клий (Ира́клиевич, Ира́клиевна)
Ирина́рх (Ирина́рхович, Ирина́рховна)
Ирине́й (Ирине́евич, Ирине́евна)
Иродио́н (Иродио́нович, Иродио́новна)
Исаа́к (Исаа́кович, Исаа́ковна)
Исаа́кий (Исаа́киевич, Исаа́киевна)
Иса́й (Иса́евич, Иса́евна)
Иса́к (Иса́кович, Иса́ковна)
Иса́кий (Иса́киевич, Иса́киевна)
Иси́дор (Иси́дорович, Иси́доровна)
Иусти́н (Иусти́нович, Иусти́новна)

Казими́р (Казими́рович, Казими́ровна)
Каллима́х (Каллима́хович, Каллима́ховна)
Калли́ник (Калли́никович, Калли́никовна)
Каллио́пий (Каллио́пиевич, Каллио́пиевна)
Ка́ллист (Ка́ллистович, Ка́ллистовна)
Каллистра́т (Каллистра́тович, Каллистра́товна)
Каллисфе́н (Каллисфе́нович, Каллисфе́новна)
Калу́ф (Калу́фович, Калу́фовна)
Канди́дий (Канди́диевич, Канди́диевна и Канди́дьевич, Канди́дьевна)
Кантидиа́н (Кантидиа́нович, Кантидиа́новна)
Ка́пик (Ка́пикович, Ка́пиковна)
Капито́н (Капито́нович, Капито́новна)
Карио́н (Карио́нович, Карио́новна)
Карл (Ка́рлович, Ка́рловна)
Карп (Ка́рпович, Ка́рповна)
Кастри́хий (Кастри́хиевич, Кастри́хиевна и Кастри́хьевич, Кастри́хьевна)
Касья́н (Касья́нович, Касья́новна)
Ким (Ки́мович, Ки́мовна)
Киприа́н (Киприа́нович, Киприа́новна)
Кир (Ки́рович, Ки́ровна)
Кириа́к (Кириа́кович, Кириа́ковна), Кирья́к (Кирья́кович, Кирья́ковна)
Ки́рик (Ки́рикович, Ки́риковна)
Кири́лл (Кири́ллович, Кири́лловна)
Кирса́н (Кирса́нович, Кирса́новна)
Кла́вдий (Кла́вдиевич, Кла́вдиевна)
Клим (Кли́мович, Кли́мовна)
Кли́мент (Кли́ментович, Кли́ментовна)
Климе́нтий (Климе́нтиевич, Климе́нтиевна и Климе́нтьевич, Климе́нтьевна)
Кондра́т (Кондра́тович, Кондра́товна)
Кондра́тий (Кондра́тиевич, Кондра́тиевна и Кондра́тьевич, Кондра́тьевна)
Ко́нон (Ко́нонович, Ко́ноновна)
Ко́нрад (Ко́нрадович, Ко́нрадовна)
Константи́н (Константи́нович, Константи́новна)
Корне́й (Корне́евич, Корне́евна)
Корне́лий (Корне́лиевич, Корне́лиевна и Корне́льевич, Корне́льевна)
Корни́л (Корни́лович, Корни́ловна)
Корни́лий (Корни́лиевич, Корни́лиевна и Корни́льевич, Корни́льевна)
Ксенофо́нт (Ксенофо́нтович, Ксенофо́нтовна)
Кузьма́ (Кузьми́ч, Кузьми́нична)
Куприя́н (Куприя́нович, Куприя́новна)

Лавр (Ла́врович, Ла́вровна)
Лавре́нтий (Лавре́нтиевич, Лавре́нтиевна и Лавре́нтьевич, Лавре́нтьевна)
Ладими́р (Ладими́рович, Ладими́ровна)
Ла́зарь (Ла́заревич, Ла́заревна)
Ларио́н (Ларио́нович, Ларио́новна)
Лёв (Льво́вич, Льво́вна)
Лео́н (Лео́нович, Лео́новна)

Леона́рд (Леона́рдович, Леона́рдовна)
Леони́д (Леони́дович, Леони́довна)
Лео́нтий (Лео́нтиевич, Лео́нтиевна и Лео́нтьевич, Лео́нтьевна)
Леопо́льд (Леопо́льдович, Леопо́льдовна)
Ло́гвин (Ло́гвинович, Ло́гвиновна)
Ло́нгин (Ло́нгинович, Ло́нгиновна)
Лука́ (Луки́ч, Луки́нична)
Лука́н (Лука́нович, Лука́новна)
Лукья́н (Лукья́нович, Лукья́новна)
Люби́м (Люби́мович, Люби́мовна)
Любоми́р (Любоми́рович, Любоми́ровна)
Любомы́сл (Любомы́слович, Любомы́словна)
Люциа́н (Люциа́нович, Люциа́новна)

Ма́вр (Ма́врович, Ма́вровна)
Маври́кий (Маври́киевич, Маври́киевна и Маври́кьевич, Маври́кьевна)
Мавро́дий (Мавро́диевич, Мавро́диевна и Мавро́дьевич, Мавро́дьевна)
Ма́й (Ма́евич, Ма́евна)
Мака́р (Мака́рович, Мака́ровна)
Мака́рий (Мака́риевич, Мака́риевна и Мака́рьевич, Мака́рьевна)
Македо́н (Македо́нович, Македо́новна)
Македо́ний (Македо́ниевич, Македо́ниевна и Македо́ньевич, Македо́ньевна)
Макси́м (Макси́мович, Макси́мовна)
Максимиа́н (Максимиа́нович, Максимиа́новна)
Максимилиа́н (Максимилиа́нович, Максимилиа́новна), Максимилья́н (Максимилья́нович, Максимилья́новна)
Ма́лх (Ма́лхович, Ма́лховна)
Мануи́л (Мануи́лович, Мануи́ловна)
Мара́т (Мара́тович, Мара́товна)
Марда́рий (Марда́риевич, Марда́риевна и Марда́рьевич, Марда́рьевна)
Мариа́н (Мариа́нович, Мариа́новна)
Мари́н (Мари́нович, Мари́новна)
Ма́рк (Ма́ркович, Ма́рковна)
Маркиа́н (Маркиа́нович, Маркиа́новна)
Марле́н (Марле́нович, Марле́новна)
Мартимья́н (Мартимья́нович, Мартимья́новна)
Марти́н (Марти́нович, Марти́новна)
Мартиниа́н (Мартиниа́нович, Мартиниа́новна)
Марти́рий (Марти́риевич, Марти́риевна и Марти́рьевич, Марти́рьевна)
Марты́н (Марты́нович, Марты́новна)
Мартья́н (Мартья́нович, Мартья́новна)
Матве́й (Матве́евич, Матве́евна)
Меле́нтий (Меле́нтиевич, Меле́нтиевна и Меле́нтьевич, Меле́нтьевна)
Меле́тий (Меле́тиевич, Меле́тиевна и Меле́тьевич, Меле́тьевна)
Мерку́л (Мерку́лович, Мерку́ловна)
Мерку́рий (Мерку́риевич, Мерку́риевна и Мерку́рьевич, Мерку́рьевна)
Мефо́дий (Мефо́диевич, Мефо́диевна и Мефо́дьевич, Мефо́дьевна)
Мечисла́в (Мечисла́вович, Мечисла́вовна и Мечисла́вич, Мечисла́вна)
Мила́н (Мила́нович, Мила́новна)
Миле́н (Миле́нович, Миле́новна)
Ми́лий (Ми́лиевич, Ми́лиевна)
Ми́на (Ми́нич, Ми́нична)
Мина́й (Мина́евич, Мина́евна)
Миро́н (Миро́нович, Миро́новна)
Миросла́в (Миросла́вович, Миросла́вовна и Миросла́вич, Миросла́вна)
Мисаи́л (Мисаи́лович, Мисаи́ловна)
Митрофа́н (Митрофа́нович, Митрофа́новна)
Митрофа́ний (Митрофа́ниевич, Митрофа́ниевна и Митрофа́ньевич, Митрофа́ньевна)
Михаи́л (Миха́йлович, Миха́йловна)

Михе́й (Михе́евич, Михе́евна)
Моде́ст (Моде́стович, Моде́стовна)
Моисе́й (Моисе́евич, Моисе́евна)
Моке́й (Моке́евич, Моке́евна)
Мо́кий (Мо́киевич, Мо́киевна)
Мстисла́в (Мстисла́вович, Мстисла́вовна и Мстисла́вич, Мстисла́вна)

Наза́р (Наза́рович, Наза́ровна)
Наза́рий (Наза́риевич, Наза́риевна и Наза́рьевич, Наза́рьевна)
Нарки́с (Нарки́сович, Нарки́совна)
Ната́н (Ната́нович, Ната́новна)
Нау́м (Нау́мович, Нау́мовна)
Не́стер (Не́стерович, Не́стеровна)
Не́стор (Не́сторович, Не́сторовна)
Нефёд (Нефёдович, Нефёдовна)
Ника́ндр (Ника́ндрович, Ника́ндровна)
Никано́р (Никано́рович, Никано́ровна)
Ники́та (Ники́тич, Ники́тична)
Ники́фор (Ники́форович, Ники́форовна)
Никоди́м (Никоди́мович, Никоди́мовна)
Никола́й (Никола́евич, Никола́евна)
Ни́кон (Ни́конович, Ни́коновна)
Нил (Ни́лович, Ни́ловна)
Ни́фонт (Ни́фонтович, Ни́фонтовна)

Оле́г (Оле́гович, Оле́говна)
Оли́мпий (Оли́мпиевич, Оли́мпиевна)
Они́сим (Они́симович, Они́симовна), Ани́сим
Ониси́фор (Ониси́форович, Ониси́форовна)
Ону́фрий (Ону́фриевич, Ону́фриевна), Ану́фрий
Оре́ст (Оре́стович, Оре́стовна)
О́сип (О́сипович, О́сиповна)
Оска́р (Оска́рович, Оска́ровна)
Оста́п (Оста́пович, Оста́повна)
Остроми́р (Остроми́рович, Остроми́ровна)

Па́вел (Па́влович, Па́вловна)
Павли́н (Павли́нович, Павли́новна)
Паи́сий (Паи́сиевич, Паи́сиевна и Паи́сьевич, Паи́сьевна)
Палла́дий (Палла́диевич, Палла́диевна и Палла́дьевич, Палла́дьевна)
Памфи́л (Памфи́лович, Памфи́ловна)
Памфи́лий (Памфи́лиевич, Памфи́лиевна и Памфи́льевич, Памфи́льевна)
Панкра́т (Панкра́тович, Панкра́товна)
Панкра́тий (Панкра́тиевич, Панкра́тиевна и Панкра́тьевич, Панкра́тьевна)
Пантеле́й (Пантеле́евич, Пантеле́евна)
Пантелеймо́н (Пантелеймо́нович, Пантелеймо́новна)
Панфи́л (Панфи́лович, Панфи́ловна)
Парамо́н (Парамо́нович, Парамо́новна)
Парме́н (Парме́нович, Парме́новна), Пармён (Пармёнович, Пармёновна)
Парфён (Парфёнович, Парфёновна)
Парфе́ний (Парфе́ниевич, Парфе́ниевна и Парфе́ньевич, Парфе́ньевна)
Парфе́нтий (Парфе́нтиевич, Парфе́нтиевна и Парфе́нтьевич, Парфе́нтьевна)
Патрике́й (Патрике́евич, Патрике́евна)
Патри́кий (Патри́киевич, Патри́киевна)
Пафну́тий (Пафну́тиевич, Пафну́тиевна и Пафну́тьевич, Пафну́тьевна)
Пахо́м (Пахо́мович, Пахо́мовна)
Пахо́мий (Пахо́миевич, Пахо́миевна и Пахо́мьевич, Пахо́мьевна)
Перфи́лий (Перфи́лиевич, Перфи́лиевна и Перфи́льевич, Перфи́льевна)
Пётр (Петро́вич, Петро́вна)
Пи́мен (Пи́менович, Пи́меновна)

Питири́м (Питири́мович, Питири́мовна)
Плато́н (Плато́нович, Плато́новна)
Полие́вкт (Полие́вктович, Полие́вктовна)
Полие́кт (Полие́ктович, Полие́ктовна)
Полика́рп (Полика́рпович, Полика́рповна)
Полика́рпий (Полика́рпиевич, Полика́рпиевна и Полика́рпьевич, Полика́рпьевна)
Порфи́р (Порфи́рович, Порфи́ровна)
Порфи́рий (Порфи́риевич, Порфи́риевна и Порфи́рьевич, Порфи́рьевна)
Пота́п (Пота́пович, Пота́повна)
Пота́пий (Пота́пиевич, Пота́пиевна и Пота́пьевич, Пота́пьевна)
Пров (Про́вич, Про́вна)
Про́кл (Про́клович, Про́кловна)
Проко́п (Проко́пович, Проко́повна)
Проко́пий (Проко́пиевич, Проко́пиевна и Проко́пьевич, Проко́пьевна)
Проко́фий (Проко́фиевич, Проко́фиевна и Проко́фьевич, Проко́фьевна)
Прота́с (Прота́сович, Прота́совна)
Прота́сий (Прота́сиевич, Прота́сиевна и Прота́сьевич, Прота́сьевна)
Про́хор (Про́хорович, Про́хоровна)

Ра́дий (Ра́диевич, Ра́диевна)
Ради́м (Ради́мович, Ради́мовна)
Радисла́в (Радисла́вович, Радисла́вовна и Радисла́вич, Радисла́вна)
Радова́н (Радова́нович, Радова́новна)
Ратибо́р (Ратибо́рович, Ратибо́ровна)
Ратми́р (Ратми́рович, Ратми́ровна)
Рафаи́л (Рафаи́лович, Рафаи́ловна)
Ро́берт (Ро́бертович, Ро́бертовна)
Родио́н (Родио́нович, Родио́новна)
Рома́н (Рома́нович, Рома́новна)
Ростисла́в (Ростисла́вович, Ростисла́вовна и Ростисла́вич, Ростисла́вна)
Рубе́н (Рубе́нович, Рубе́новна)
Руви́м (Руви́мович, Руви́мовна)
Рудо́льф (Рудо́льфович, Рудо́льфовна)
Русла́н (Русла́нович, Русла́новна)
Рю́рик (Рю́рикович, Рю́риковна)

Са́вва (Са́ввич, Са́ввична)
Савватей (Саввате́евич, Савватее́вна)
Савва́тий (Савва́тиевич, Савва́тиевна и Савва́тьевич, Савва́тьевна)
Савёл (Савёлович, Савёловна)
Савёлий (Савёлиевич, Савёлиевна и Савёльевич, Савёльевна)
Саве́рий (Саве́риевич, Саве́риевна и Саве́рьевич, Саве́рьевна)
Сави́н (Сави́нович, Сави́новна)
Савиниа́н (Савиниа́нович, Савиниа́новна)
Сакердо́н (Сакердо́нович, Сакердо́новна)
Салта́н (Салта́нович, Салта́новна)
Само́йла (Само́йлович, Само́йловна)
Самсо́н (Самсо́нович, Самсо́новна)
Самсо́ний (Самсо́ниевич, Самсо́ниевна и Самсо́ниевич, Самсо́ньевна)
Самуи́л (Самуи́лович, Самуи́ловна)
Светоза́р (Светоза́рович, Светоза́ровна)
Свири́д (Свири́дович, Свири́довна)
Святопо́лк (Святопо́лкович, Святопо́лковна)
Святосла́в (Святосла́вович, Святосла́вовна и Святосла́вич, Святосла́вна)
Себастья́н (Себастья́нович, Себастья́новна)
Севастья́н (Севастья́нович, Севастья́новна)
Севери́н (Севери́нович, Севери́новна)
Северья́н (Северья́нович, Северья́новна)
Селива́н (Селива́нович, Селива́новна)
Селиве́рст (Селиве́рстович, Селиве́рстовна)

Селифа́н (Селифа́нович, Селифа́новна)
Семён (Семёнович, Семёновна)
Семио́н (Семио́нович, Семио́новна)
Серапио́н (Серапио́нович, Серапио́новна)
Серафи́м (Серафи́мович, Серафи́мовна)
Серге́й (Серге́евич, Серге́евна)
Сигизму́нд (Сигизму́ндович, Сигизму́ндовна)
Си́дор (Си́дорович, Си́доровна)
Си́ла (Си́лич, Си́лична)
Сила́н (Сила́нович, Сила́новна)
Сила́нтий (Си́лантиевич, Сила́нтиевна и Сила́нтьевич, Сила́нтьевна)
Силуя́н (Силуя́нович, Силуя́новна)
Сильва́н (Сильва́нович, Сильва́новна)
Сильве́стр (Сильве́стрович, Сильве́стровна)
Си́мон (Си́монович, Си́моновна)
Смара́гд (Смара́гдович, Смара́гдовна)
Созо́н (Созо́нович, Созо́новна)
Созо́нт (Созо́нтович, Созо́нтовна)
Созо́нтий (Созо́нтиевич, Созо́нтиевна и Созо́нтьевич, Созо́нтьевна)
Сокра́т (Сокра́тович, Сокра́товна)
Соломо́н (Соломо́нович, Соломо́новна)
Сосипа́тр (Сосипа́трович, Сосипа́тровна)
Софо́н (Софо́нович, Софо́новна)
Софо́ний (Софо́ниевич, Софо́ниевна и Софо́ньевич, Софо́ньевна)
Софро́н (Софро́нович, Софро́новна)
Софро́ний (Софро́ниевич, Софро́ниевна и Софро́ньевич, Софро́ньевна)
Спарта́к (Спарта́кович, Спарта́ковна)
Спиридо́н (Спиридо́нович, Спиридо́новна и Спиридо́ньевич, Спиридо́ньевна)
Спиридо́ний (Спиридо́ниевич, Спиридо́ниевна и Спиридо́ньевич, Спиридо́ньевна)
Станими́р (Станими́рович, Станими́ровна)
Ста́хий (Ста́хиевич, Ста́хиевна)
Станисла́в (Станисла́вович, Станисла́вовна и Станисла́вич, Станисла́вна)
Степа́н (Степа́нович, Степа́новна)
Стоя́н (Стоя́нович, Стоя́новна)
Стра́тоник (Стра́тоникович, Стратони́ковна)
Сысо́й (Сысо́евич, Сысо́евна)

Тара́с (Тара́сович, Тара́совна)
Твердисла́в (Твердисла́вович, Твердисла́вовна и Твердисла́вич, Твердисла́вна)
Твори́мир (Твори́мирович, Твори́мировна)
Тере́нтий (Тере́нтиевич, Тере́нтиевна и Тере́нтьевич, Тере́нтьевна)
Те́ртий (Те́ртиевич, Те́ртиевна)
Тигра́н (Тигра́нович, Тигра́новна)
Ти́грий (Ти́гриевич, Ти́гриевна)
Тимофе́й (Тимофе́евич, Тимофе́евна)
Тиму́р (Тиму́рович, Тиму́ровна)
Тит (Ти́тович, Ти́товна)
Ти́хон (Ти́хонович, Ти́хоновна)
Триста́н (Триста́нович, Триста́новна)
Трифи́лий (Трифи́лиевич, Трифи́лиевна и Трифи́льевич, Трифи́льевна)
Три́фон (Три́фонович, Три́фоновна)
Трофи́м (Трофи́мович, Трофи́мовна)

Ува́р (Ува́рович, Ува́ровна), Уа́р (Уа́рович, Уа́ровна)
Улья́н (Улья́нович, Улья́новна)
Усти́н (Усти́нович, Усти́новна)

Фабиа́н (Фабиа́нович, Фабиа́новна)
Фаде́й (Фаде́евич, Фаде́евна)
Фалале́й (Фалале́евич, Фалале́евна)
Фатья́н (Фатья́нович, Фатья́новна)
Фёдор (Фёдорович, Фёдоровна)
Федо́с (Федо́сович, Федо́совна)

Федосе́й (Федосе́евич, Федосе́евна)
Федо́сий (Федо́сиевич, Федо́сиевна и Федо́сьевич, Федо́сьевна)
Федо́т (Федо́тович, Федо́товна)
Федо́тий (Федо́тиевич, Федо́тиевна и Федо́тьевич, Федо́тьевна)
Феду́л (Феду́лович, Феду́ловна)
Фе́ликс (Фе́ликсович, Фе́ликсовна)
Фемисто́кл (Фемисто́клович, Фемисто́кловна)
Феогно́ст (Феогно́стович, Феогно́стовна)
Феокти́ст (Феокти́стович Феокти́стовна)
Феофа́н (Феофа́нович, Феофа́новна)
Феофи́л (Феофи́лович, Феофи́ловна)
Феофила́кт (Феофила́ктович, Феофила́ктовна)
Ферапо́нт (Ферапо́нтович, Ферапо́нтовна)
Филаре́т (Филаре́тович, Филаре́товна)
Фила́т (Фила́тович, Фила́товна)
Филимо́н (Филимо́нович, Филимо́новна)
Фили́пий (Фили́пиевич, Фили́пиевна и Фили́пьевич, Фили́пьевна)
Фили́пп (Фили́ппович, Фили́пповна)
Филофе́й (Филофе́евич, Филофе́евна)
Фирс (Фи́рсович, Фи́рсовна)
Флавиа́н (Флавиа́нович, Флавиа́новна)
Фла́вий (Фла́виевич, Фла́виевна и Фла́вьевич, Фла́вьевна)
Флего́нт (Флего́нтович, Флего́нтовна)
Флоре́нтий (Флоре́нтиевич, Флоре́нтиевна и Флоре́нтьевич, Флоре́нтьевна)
Флоренти́н (Флоренти́нович, Флоренти́новна)
Флориа́н (Флориа́нович, Флориа́новна)
Фо́ка (Фо́кич, Фо́кична)
Фома́ (Фоми́ч, Фоми́нична)
Фортуна́т (Фортуна́тович, Фортуна́товна)
Фо́тий (Фо́тиевич, Фо́тиевна и Фо́тьевич, Фо́тьевна)
Фри́дрих (Фри́дрихович, Фри́дриховна)
Фрол (Фро́лович, Фро́ловна)

Харито́н (Харито́нович, Харито́новна)
Харито́ний (Харито́ниевич, Харито́ниевна и Харито́ньевич, Харито́ньевна)
Харла́м (Харла́мович, Харла́мовна)
Харла́мп (Харла́мпович, Харла́мповна)
Харла́мпий (Харла́мпиевич, Харла́мпиевна и Харла́мпьевич, Харла́мпьевна)
Хриса́нф (Хриса́нфович, Хриса́нфовна)
Христофо́р (Христофо́рович, Христофо́ровна)

Эдуа́рд (Эдуа́рдович, Эдуа́рдовна)
Эми́лий (Эми́лиевич, Эми́лиевна и Эми́льевич, Эми́льевна)
Эми́ль (Эми́льевич, Эми́льевна)
Эммануи́л (Эммануи́лович, Эммануи́ловна)
Эра́зм (Эра́змович, Эра́змовна)
Эра́ст (Эра́стович, Эра́стовна)
Эрне́ст (Эрне́стович, Эрне́стовна)
Эрнст (Эрнстович, Эрнстовна)

Ювена́лий (Ювена́лиевич, Ювена́лиевна и Ювена́льевич, Ювена́льевна)
Юлиа́н (Юлиа́нович, Юлиа́новна)
Ю́лий (Ю́лиевич, Ю́лиевна и Ю́льевич, Ю́льевна)
Ю́рий (Ю́рьевич, Ю́рьевна)
Юстиниа́н (Юстиниа́нович, Юстиниа́новна)

Яки́м (Яки́мович, Яки́мовна)
Я́ков (Я́ковлевич, Я́ковлевна)
Яку́б (Яку́бович, Яку́бовна)
Ян (Я́нович, Я́новна)
Януа́рий (Януа́риевич, Януа́риевна и Януа́рьевич, Януа́рьевна)
Яропо́лк (Яропо́лкович, Яропо́лковна)
Яросла́в (Яросла́вович, Яросла́вовна и Яросла́вич, Яросла́вна)

Женские имена

А́вгу́ста	Ади́на	Анастаси́я	Ариа́дна	Вале́рия
Августи́на	Адо́лия	Анато́лия	Ари́на	Ва́нда
Авдо́тья	Адриа́на	Анге́ла	А́рия	Варва́ра
Авре́лия	А́за	Ангели́ка	Арми́ния	Васёна
Авре́я	Аза́лия	Ангели́на	Арсе́ния	Васили́да
Авро́ра	Азе́лла	А́нджела	Артеми́да	Васили́на
Ага́па	Аи́да	Андре́я	Арте́мия	Васили́са
Ага́пия	Акили́на	Андро́на	А́ста	Васи́лия
Ага́рь	Акси́нья, Акси́ния	Андро́ника	А́стра	Васи́лла
Ага́та	Акули́на	Анжели́ка	Афана́сия	Ва́сса
Ага́фа	Алеви́на	Ани́сья, Ани́сия	Аэли́та	Вацла́ва
Агафо́клия	Алекса́ндра	А́нна		Вевёя
Агафо́ника	Александри́на	Антиго́на	Беа́та	Велими́ра
Ага́фья, Ага́фия	Алекси́на	Антони́на	Беатри́са	Велисла́ва
Аглаи́да	Алёна	Антони́да	Бе́лла	Венеди́кта
Агла́я	Али́на	Анто́ния	Бенеди́кта	Вену́ста
А́гна	Али́са	Анто́ния	Бе́рта	Венцесла́ва
Агне́сса	А́лла	Анфи́ма	Бланди́на	Ве́ра
А́гния	Алфея́	Анфи́са	Богда́на	Верени́ка
Аграфе́на	Альбе́рта	А́нфия	Боже́на	Верони́ка
Агриппи́на	Альберти́на	Анфу́са	Болесла́ва	Веро́ния
А́да	Альби́на	Аполлина́рия	Борисла́ва	Весели́на
Аделаи́да	Альви́на	Аполло́ния	Бо́йна	Ве́ста
Адели́на	А́льфия	Апра́ксия	Бронисла́ва	Вести́та
Аде́лла	Ама́лия	Апре́лия		Ви́ва
Аде́ль	Ама́та	А́нфия	Валенти́на	Виве́я
Адельфи́на	Аме́лфа	Аргенте́я	Вале́нсия	Вивиа́на

Вида́на
Вике́нтия
Викто́рина
Викто́рия
Ви́ла
Виле́на
Вилени́на
Вильгельми́на
Виоле́тта
Вирги́ния
Вирине́я
Ви́та
Вита́лика
Витали́на
Вита́лия
Вито́льда
Вла́да
Владиле́на
Владими́ра
Владисла́ва
Владле́на
Воисла́ва
Во́ля
Всесла́ва

Гаа́фа
Га́ла
Гала́та
Галате́я
Гали́
Гали́на
Га́лла
Га́ля (Гали́)
Га́я
Гела́сия
Геме́лла
Геми́на
Ге́ния
Генна́дия
Генове́фа
Генрие́тта
Георги́на
Ге́ра
Герма́на
Гертру́да
Ге́я
Глафи́ра
Глике́рия
Глориоза
Голинду́ха
Гоне́ста
Гонора́та
Горго́ния
Горисла́ва
Горте́нзия
Градисла́ва
Гре́та

Дали́ла
Дана́я
Да́рья, Да́рия
Дебо́ра
Дее́на
Декабри́на
Дени́сия
Денни́ца
Де́я
Диа́на
Ди́гна
Ди́на
Диодо́ра
Диони́на
Ди́я
Доброгне́ва

Добро́мила
Добро́мира
Добросла́ва
Домини́ка
Домити́лла
До́мна
Домни́ка
Домни́кия
Домни́на
Дона́ра
Дона́та
До́ра
Дорофе́я
До́са
Досифе́я
Дроси́да
Дукли́да

Е́ва
Евангели́на
Ева́нфия
Евге́ния
Евдоки́я
Евдо́ксия
Евла́лия
Евла́мпия
Евме́ния
Евми́ния
Евни́ка
Евни́кия
Евню́мия
Евпра́ксия
Евсе́вия
Евста́фия
Евсто́лия
Евти́хия
Евтро́пия
Евфа́лия
Евфи́мия
Евфроси́ния
Екатери́на
Еле́на
Елизаве́та
Еликони́да
Еписти́ма
Еписти́мия
Ермио́ния
Ефи́мия, Ефи́мья
Ефроси́ния, Ефро-
      си́нья
Жа́нна
Жозефи́на

За́ра
Заре́ма
Зари́на
Заря́
Заря́на
Звезда́
Земфи́ра
Зено́на
Зи́на
Зинаи́да
Зино́вия
Зла́та
Зо́я

Йва
Ива́нна
Йда
Иде́я
Изабе́лла
Изи́да

Изо́льда
Ила́рия
Или́я
Ильи́на
Йнга
Ине́сса
Йнна
Иоа́нна
Иови́лла
Ио́ла
Иола́нта
Ипполи́та
Ираи́да
Ири́на
Йрма
Иси́дора
Ифиге́ния
Йя

Каздо́я
Казими́ра
Кале́рия
Кали́да
Кали́са
Каллини́кия
Калли́ста
Каллисфе́ния
Ка́ма
Ками́лла
Канди́да
Капитоли́на
Кари́на
Кароли́на
Каси́ния
Келести́на
Керки́ра
Кетева́нь
Кики́лия
Ки́ма
Ки́ра
Кириа́кия
Кириа́на, Кирья́на
Кири́лла
Кла́вдия
Кла́ра
Клари́са
Клементи́на
Клеопа́тра
Конко́рдия
Конста́нция
Корне́лия
Кристи́на
Ксанфи́ппа
Ксе́ния
Купа́ва

Лави́ния
Ла́вра
Ла́да
Лари́са
Лау́ра
Лёда
Ле́йла
Леми́ра
Лени́на
Леока́дия
Леони́ла
Леони́ла
Леони́на
Лео́ния
Ле́я
Лиа́на
Ли́вия
Ли́дия

Лилиа́на
Ли́лия
Ли́на
Ли́ра
Ли́я
Ло́лия
Лонги́на
Ло́ра
Ло́та
Луи́за
Луке́рья
Лукиа́на
Луки́я
Лукре́ция
Люба́ва
Любо́вь
Любоми́ла
Любоми́ра
Людми́ла
Люци́на
Лю́ция

Ма́вра
Ма́гда
Магдали́на
Ма́гна
Ма́йна
Ма́йя
Макри́на
Макси́ма
Мала́ния, Мала́нья
Мали́на
Мальви́на
Маме́лфа
Мане́фа
Маргари́та
Мариа́м
Мариа́мна
Мариа́на
Мариа́нна, Марья́на
Марие́тта
Мари́на
Мариони́лла
Мари́я, Ма́рья
Ма́рка
Маркелли́на
Маркиа́на
Маркси́на
Марле́на
Ма́рта
Марти́на
Мартиниа́на
Ма́рфа
Ма́рья, Мари́я
Марья́на, Мариа́нна
Мастри́дия
Мати́льда
Матрёна
Матро́на
Ма́я
Меде́я
Мела́ния, Мела́нья
Мелити́на
Мерку́рия
Мербна
Мила́на
Миле́на
Мили́ца
Ми́лия
Милосла́ва
Милюти́на
Ми́на
Ми́нна
Минодо́ра

Ми́ра
Миро́пия
Миросла́ва
Ми́рра
Митродо́ра
Михайли́на
Мла́да
Моде́ста
Мо́йка
Мо́ника
Мстисла́ва
Му́за

На́да
Наде́жда
На́на
Нарки́сса
Наста́сия, Наста́сья
Ната́лия, Ната́лья
Не́лли
Нени́ла
Неони́ла
Ни́да
Ни́ка
Ни́ла
Ни́мфа
Нимфодо́ра
Ни́на
Нине́ль
Нове́лла
Но́нна
Но́оми
Ноябри́на
Нуне́хия

Окса́на
Окта́вия
Октябри́на
Олда́ма
Оли́вия
Олимпиа́да
Олимпиодо́ра
Оли́мпия
О́льга
О́льда
Офе́лия

Па́вла
Павли́на
Паи́сия
Палла́да
Палла́дия
Пальми́ра
Параске́ва
Патри́кия
Пелаге́я
Перегри́на
Перпету́я
Пе́тра
Петри́на
Петрони́лла
Петро́ния
Пиа́ма
Пи́нна
Плаки́да
Плаки́лла
Платони́да
Побе́да
Пола́ктия
Поликсе́на
Поликсе́ния
Поли́на
По́плия
Правди́на

Праско́вья
Препеди́гна
Приски́лла
Просдо́ка
Пульхе́рия, Пуль-
  хе́рья

Ра́да
Рада́на
Радисла́ва
Радми́ла
Радоми́ра
Радосве́та
Радосла́ва
Ра́дость
Раи́са
Рафаи́ла
Рахи́ль
Реве́кка
Ревми́ра
Реги́на
Ре́ма
Рена́та
Ри́мма
Рипси́мия
Робе́рта
Рогне́да
Ро́за
Розали́на
Розали́нда
Роза́лия
Рози́на
Рокса́на
Рома́на
Ростисла́ва
Руса́на
Русла́на
Руфи́на
Руфиниа́на
Руфь

Саби́на
Савва́тия
Саве́лла
Сави́на

Саломе́я
Са́львия
Само́на
Са́рра
Сати́ра
Светисла́ва
Светла́на
Светоза́ра
Святосла́ва
Севастья́на
Севери́на
Секлете́я
Секлети́нья
Селе́на
Селести́на
Сели́на
Серафи́ма
Сиби́лла
Си́льва
Сильва́на
Сильве́стра
Си́львия
Симо́на
Синклитики́я
Си́ра
Сла́ва
Снанду́лия
Снежа́на
Со́ла
Соломони́да
Сосипа́тра
Софро́ния
Со́фья, Софи́я
Станисла́ва
Сте́лла
Степани́да
Стефани́да
Стефа́ния
Суса́нна
Сюза́нна

Тави́фа
Таи́сия, Таи́сья
Тама́ра
Тара́сия

Татья́на
Теку́са
Тере́за
Ти́грия
Тихоми́ра
Тихосла́ва
То́ма
Томи́ла
Транквилли́на
Трифе́на
Трофи́ма

Ули́та
Улья́на
Урба́на
Урсу́ла
Усти́на
Усти́ния, Усти́нья

Фабиа́на
Фа́вста
Фавсти́на
Фаи́на
Фанти́на
Февро́ния,
  Февро́нья
Федо́за
Федо́ра
Федо́сия, Федо́сья
Федо́тия, Федо́тья
Феду́ла
Фёкла
Феку́са
Фели́кса
Фели́ца
Фелица́та
Фелициа́на
Фелицита́та
Фели́ция
Феогния
Феодо́ра
Феодо́сия
Феодо́та
Феодо́тия
Феоду́ла

Феоду́лия
Феозва
Феокти́ста
Феона
Феони́лла
Феония
Феопи́стия
Феосе́вия
Феофа́ния
Феофи́ла
Ферву́фа
Фессало́ника
Фессалони́кия
Фети́ния, Фети́нья
Фе́я
Фи́ва
Фиве́я
Филаре́та
Фили́ппа
Фили́ппия
Филоме́на
Филони́лла
Филофе́я
Фи́ста
Фла́вия
Флёна
Флоренти́на
Флоре́нция
Флориа́на
Флори́да
Фома́ида
Фортуна́та
Фоти́на
Фоти́ния, Фоти́нья
Франци́ска
Фри́да
Фридери́ка

Хавро́ния
Харие́сса
Хари́са
Хари́та
Харити́на
Хибо́ния

Хри́са
Хри́сия
Христиа́на
Христи́на

Цве́та
Цвета́на
Целести́на
Цеци́лия
Шарло́тта
Шуша́ника

Эвели́на
Эги́на
Эди́т
Элеоно́ра
Эли́сса
Э́лла
Элла́да
Элли́на
Эло́иза
Эльви́ра
Эмилиа́на
Эми́лия
Э́мма
Энна́фа
Э́ра
Эрне́ста
Эрнести́на
Эсмера́льда
Эсфи́рь

Юди́фь
Юлиа́на
Юлиа́ния
Ю́лия
Ю́ния
Юно́на
Ю́рия
Юсти́на

Ядви́га
Я́на
Яни́на
Яросла́ва

Содержание

Предисловие к двадцать девятому изданию.......................3
Предисловие к тринадцатому изданию 5
Состав и структура словаря.......................8
Список сокращений и обозначений, используемых в
    словаре.......................12
Словарь.......................13
Список личных имен 408

Справочное
издание

**ОРФОГРАФИЧЕСКИЙ
СЛОВАРЬ
РУССКОГО
ЯЗЫКА**

Редакция филологических
словарей русского языка

Зав. редакцией
Е. А. Гришина

Редактор
В. В. Бурцева

Художественный редактор
С. А. Литвак

Технический редактор
С. В. Дроздова

**Оригинал-макет изготовлен
оператором Щербонос А. И.
с использованием программы
WORD® Microsoft**

Корректор
Ю. В. Стрижак

ИБ № 9336

Подписано в печать (с гот. диапозитивов) 29.01.92 г. Формат 70×100¹/₁₆. Бумага
офсетная. Гарнитура таймс. Печать офсетная. Усл. печ. л. 33,8. Усл. кр.-отт. 67,93.
Уч.-изд. л. 60,27. Тираж 200 000 экз. Изд. № 24. Заказ № 304.

Издательство «Русский язык» Министерства печати и информации
Российской Федерации.
103012, Москва, Старопанский пер., 1/5.
ПО «Периодика» Министерства печати и информации Российской Федерации.
142300, г. Чехов Московской области, ул. Полиграфистов, 1.

Отпечатано на ордена Трудового Красного Знамени Чеховском полиграфическом
комбинате Министерства печати и информации Российской Федерации.
142300, г. Чехов Московской области